文库

王桐龄 著

中国史 上

江西教育出版社
JIANGXI EDUCATION PUBLISHING HOUSE

图书在版编目（CIP）数据

中国史 / 王桐龄著. -- 南昌：江西教育出版社，
2018.8
（大家学术文库）
ISBN 978-7-5705-0180-9

Ⅰ. ①中… Ⅱ. ①王… Ⅲ. ①中国历史－通俗读物
Ⅳ. ①K209

中国版本图书馆 CIP 数据核字(2018)第 036368 号

中国史
ZHONGGUO SHI

王桐龄　著

江西教育出版社出版

(南昌市抚河北路 291 号　　邮编：330008)
各地新华书店经销
三河市三佳印刷装订有限公司印刷
635 毫米×960 毫米　　16 开本　　86 印张　　字数 1238.5 千字
2018 年 8 月第 1 版　　2018 年 8 月第 1 次印刷
ISBN 978-7-5705-0180-9
定价：198.00 元

赣教版图书如有印装质量问题，请向我社调换　电话：0791-86706047
投稿邮箱：JXJYCBS@163.com　　　　电话：0791-86705643
网址：http://www.jxeph.com

赣版权登字-02-2018-259

"大家学术文库"编者按

中国学术，昉自伏羲画卦，至周公制礼作乐而规模始备。其后，王官失守，孔子删述六经，创为私学，是为诸子百家之始。《庄子》曰："道术将为天下裂。"孔子殁后，儒分为八；墨子殁后，墨分为三。诸子周游天下，游说诸侯，皆以起衰救弊、发明学术为务，各国亦以奖励学术、招徕人才为务，遂有田齐稷下学官之设。商鞅变法，诗书燔而法令明；始皇一统，儒士坑而黔首愚，当此之时，学在官府，以吏为师，先王之学，不绝如缕。至汉高以匹夫起自草泽，诛暴秦，解倒悬，中国学术始获一线生机。其后，汉惠废挟书之律，民间藏书重见天日。孝武之世，董子献"罢黜百家，表彰六经"之策，定六经于一尊。其后，虽有今古之分、儒释之争、汉宋之异、道学心学之别、义理考据之殊，而六经独尊之势，未曾移也。

及鸦片战起，国门洞开，欧风美雨，遍于中夏，诚"三千年未有之变局"。当此之时，国人震于列强之船坚炮利，思有以自强；又羡于西人之政教修明，思有以自效。于是有"变法守旧之争""革命改良之争""排满保皇之争"，而我国固有之学术传统，亦因之而起变化。清季罢科举而六经独尊之势蹙，蔡子民废读经而六经独尊之势丧。当此之时，立论有疑古、信古、释古之别，学派有"古史辩"与"学衡"之争，学说有"文学革命""思想革命""文字革命""伦理革命"诸说，师法有"师俄""师日""师西"之分，众说纷纭，莫衷一是，百家争鸣，复见于近代。

民国诸家，为阐明道术、解救时弊，著书立说、授课讲学，其学术思想，历久弥新，至今熠熠生辉，予人启迪。然近人著作，汗牛充栋，多如恒河之沙，使人难免望书兴叹，不知从何下手，穷其一生，亦难以卒读。因此之故，我社特精选最具代表性之近人著作62种，分为6辑，依次出版，俾读者略窥学术门墙，得进学之阶。此次选辑出版，虽未能穷尽近人学术之精品，难免有遗珠之憾；然能示人以门径，使人借此以知近人学术规模之宏大、体系之完密，亦不失我社编辑出版"大家学术文库"之初衷。

此次出版，为适应今人阅读习惯，提升丛书品质，我社特对所选书籍做了必要之编辑加工。总体说来，约有如下诸端：

一、改繁体竖排为简体横排；

二、核查各书引文，改讹正误；

三、规范各书之标点符号用法，为一些书加新式标点；

四、校改原稿印刷产生之错字、别字、衍字、脱字；

五、凡遇同一书稿中同一人名有两种及以上不同写法者，一律统改为常用写法。

除以上所举五点之外，其余一仍其旧，力求完整保持各书原貌。

然限于编者之有限学力，书中疏漏之处，在所难免，尚祈广大方家、读者诸君不吝批评斧正。

编者

2017年6月（农历丁酉郁蒸）

目 录

上 册

序 论

本　论

第一编　上古史　汉族胚胎时代

第一期　传说时代

第二期　唐虞三代时代

第二期　三国两晋南北朝时代

中 册

第三期 隋唐时代

第三编　近古史　汉族衰微时代

第一期　辽、宋、金时代

下　册

第二期　元时代

第三期　明时代

历代学术与政治之交互的影响

游禹域、入燕京、登城门之高楼，近观殿阁之参差、远望川原之
萦迥，怀古思今之慨，油然而生者何也，因其为同一土地，而为辽、
金、元、明、清及当代之国都；又足征契丹、女真、蒙古、汉族盛衰
兴亡之迹故也。然同一土地，而阅历代之兴亡者，不独燕京！长安
然，洛阳然，开封、江宁，亦莫不然！虽此等土地屡易国主，为中国
几经革命易世应有之现象；而其间犹有通古今一贯之汉文化，能流传
至于今日，不可谓非一大奇迹也！今试以各民族之盛衰兴亡为经、汉
文化之消长变迁为纬，观察中国四千年之大势。

◎中国民族之中心

中国位于东亚大陆之一端，领有广大版图，其域内能容各种民
族，又与周围之民族交涉关系常不绝者，固为当然之事；而由古及
今，为各种民族之中心及文化之枢轴者，厥为汉族。约当西历纪元前
二千年，汉族住居黄河流域之沃野，有总部落，有社会，其文化程

度，似已较他族为优，黄帝、尧舜之事迹，属于传说区域，虽不敢断定其有无；而夏、殷二代，皆汉族建设之君主政体国家，当时各部落之酋长——即诸侯，皆割据一方，外民族之戎狄亦杂居内地，中央政府统一力一衰，诸侯专横，戎狄内侵之祸必起，移至演成革命。夏之衰也，诸侯中之殷起而代之；殷之衰也，诸侯中包有外民族之周起而代之。

◎周代文化之特色　管仲之功业

周朝继承其固有之文化，又融合夏殷传来之文化，组织一种新文化，遂呈郁郁乎发皇之观！语言为单音、文字为象形，富于敬天尊祖之思想；以家庭为社会之单位、以礼乐为教化机关，维持君主政体，采用封建制度。周衰，统一之力弛、诸侯之专横、戎狄之侵入，相继而起。因而王室东迁，变为春秋时代。古来发达之汉文化，际此衰乱时期，几濒于破产之境。当时山东有一大英雄，名管仲者；相齐桓公，创立霸业，纠合小诸侯，抑制强诸侯，尊周室、攘夷狄，维持汉族之文化！孔子称其功曰："微管仲，吾其被发左衽矣。"诚哉是言！其后强有力之诸侯，各假霸业为名，以自逞其野心，驯至酿成晋楚之争衡、吴越之迭兴，混乱纠纷，不可名状，遂渐变为战国时代。

◎春秋战国时代诸家学说纷起之原因及其影响

霸业最初之目的，原为救济国家与社会，其后霸者徒以争权夺利为事，不惟不能达救济之目的，反成为纷乱之祸源。又其救济之手段，专依赖政治的权力，未及于社会思想之根本问题，是为识者之遗憾。于是自春秋至战国，中间诸家之学说辈出；内容虽不一致，而多向根本问题，试行解决，则几为诸家之所同。其主要之学说，为儒家之仁义礼乐，墨家之兼爱节用，道家之虚无自然，法家之刑名法术，以上诸家皆未能统一思想界，其互立门户相竞争之情形，与战国七雄日以攻伐争战为事之形势同。当时秦人僻处西陲，杂居戎狄之间，据天然形胜，采用法家学说，以富国强兵，为内治之要具，以远交近攻，为对外之政策，着着努力于拓地殖民。关东诸国，或合纵，或连横，其国是常动摇不定，于是秦遂乘机陆续并吞六国，建立一统之大帝国。

◎秦始皇之统一政策

夏、殷及周初之中国，仅在黄河流域，及秦始包有扬子江流域。始皇帝废封建，设郡县，以图政权之统一，用法家学说，以图思想界之统一，其焚书坑儒，虽受后世学者非难，但与其谓为破坏汉文化，毋宁谓为统一中国政权后，并企图统一中国教权之较适当也。惟此统一事业，未及完成而中辍，其代之者为汉。汉虽大体袭用秦制，而恢复封建制度，使与郡县制度并行。当时分封各地之诸侯王，强大有势力，凌驾中央政府，于是汉之国家，政权上有统一之外形而无其实。又除秦挟书律，诸家学派再现于各地，主张自己学说，思想界亦缺乏统一之致。形势如此！敌国外患遂乘机来相侵陵，几有双方受压迫之势。当时威逼汉之国家者，为北方之匈奴与南方之南越。

◎匈奴南下之原因及其影响　封建问题之解决与思想界之统一　对匈奴问题之解决

先是汉民族建国于黄河流域时，北方之患在今长城一带，南方之患在今江淮流域。其后汉民族之国家，发展至于江南；南方之患，限于五岭以南，其祸稍舒，而北方之患，依然如旧。因五岭以南之地形，不似朔北之广漠奥衍，气候炎热，富于天然之食物，住民多土著而居，无冒险北侵之必要。朔北地势高燥、气候寒冷、土地斥卤、天惠缺乏、人民慓悍、逐水草移徙，彼等南下一步，即有一步之利。每乘天高气清之秋，南下牧马，故当秦汉之交，北方之患，常较南方之患为大。秦筑万里长城以为国防，征发多数人民使为守备，诚属于事之不得已。而因是引起内乱，遂以亡秦。然则录图书中所载"亡秦者胡"一语，毋宁释为匈奴较适当也。秦亡以后，楚汉相争，汉民族无暇注意外事。匈奴乘机统一其部族，西走月氏，东灭东胡，复南下侵略中国北境。前汉统一中国后，不能不与北方之强敌匈奴对抗。汉高帝自将拒匈奴，被围于平城，不得已，用和亲政策，求一时苟安，固因汉室建国，为日犹浅、创痍未愈；抑亦因内部封建之诸侯王，割据各地，政权不能统一之所致也。职是之故，欲解决对匈奴问题，不得不先解决封建问题。吴楚七国之乱，虽一时海内动摇，然其镇定之结果，幸将封建问题解决。武帝施行推恩令，诸侯遂全成有名无实。于是政权统一，遂进而试行统一思想界。当时儒、墨、道、法、阴阳诸家对峙，人心缺乏归一，武帝以最有历史的根据、便于统治国民的儒教，为政治道德之标准，以图统一思想界，于是汉民族之国家的统一逐渐完成。凭借此统一的大国家，试行解决匈奴问题，实为千载一时之好机会。武帝先征南方，灭南越、闽越、东瓯等国，以除后顾之忧，东取朝鲜、以断匈奴之左臂。西通西域、遣使大月氏、结好乌孙，以断匈奴之右臂。更举大兵北伐，驱逐匈奴于漠北。坐是之故，财政紊乱，民心动摇，于是对匈奴问题，遂未能完全解决而中止。武帝崩后，霍光秉政，汉廷对外政策，暂取收缩方针，专图整理内政。会匈奴内乱起，诸酋分党相争，汉用抑强扶弱策，助呼韩邪，灭郅支，于是匈奴服从于汉。自汉兴以来，几经困难，未曾解决之对匈奴问题，至是遂完全告一结束。

◎佛教之输入与道教之成立　儒教学说及于时局之影响　清谈派学说及于时局之影响

外患绝灭，同时内乱发生，王莽以外戚篡主家，开以臣篡君之例，内政外交皆失败，外民族悉背叛。后汉中兴，先整理内政，然后经略外民族，恢复西域，征服匈奴，汉民族之威灵，扩张到外蒙及中亚。当时汉与西域交通频繁，汉文化传至西方者固多，西方文化输入中国者亦不少，佛教由此时输入，其初无甚势力，后来汉民族逐渐流行信仰，影响及于汉文化者甚大。同时道家学说与方士之神仙说相合，造成道教基础，后更受佛教影响，渐具宗教的形势。儒教自前汉时，受国教的待遇，研究经学之风极盛，尚古思想与迷信风习相伴，信天人之关系，重阴阳五行，酿成谶纬说之流行。当时科学家虽发明地动说及地震器，而儒教解释经学，陷于训诂之末，选举孝廉，激成矫饰之风，一般人心流于形式，拘于外观，东汉末年号称气节之士之言动，实为当时思想界之反映。彼等屡与外戚宦官冲突，几招全灭之祸，因而内乱迭起，汉室卒为曹魏所篡，刘备、孙权起而抗之，于是变为三国鼎峙之形势，相持者约五十年，复为晋所统一。此时思想界，为后汉时代之反动，清谈之风盛行，崇拜老庄学说，好为放诞不羁之言行，不顾礼法名教，甚至有倡为无政府论者。此等放荡风俗，使当时社会从根本动摇，遂酿成八王之乱，终至引起五胡十六国之大乱。

◎民族之迁移与汉族文化之南下

自后汉以来，西北民族杂居于内地者甚多，匈奴、鲜卑、氐、羌等诸民族，由中国北边，蔓延及于中国西边，彼等乘晋室内乱与社会之颓废，击破耽于清谈之汉民族，占领黄河流域，建立若干短命之帝国王国。汉民族奔避于江南，凭借长江流域立国，是为中国民族之大移转，汉文化普及于江南，亦由于此。自此以后，遂成南北两朝对立形势，南朝为汉民族所建，北朝为鲜卑民族所建。南北相争之际，南晋北为索虏，北晋南为岛夷。南北两朝俱怀抱统一中国之理想。南朝欲恢复北方，北朝欲并吞南方，双方冲突时常不绝。秦晋之战，汉民族胜，宋魏之战，鲜卑民族胜，齐魏之战，梁魏之战，相继而起，虽大体鲜卑民族战胜，然汉民族尚能保持对抗态度，卒未为鲜卑民族所兼并。及隋以汉民族起于北朝，终并吞南朝，混一宇内。

◎南北文化之融合

汉民族久居长江流域，外民族久居黄河流域，南北之文化颇受影响。清谈之风传于南朝，北朝不行；骈体文学盛于南朝，北朝不振；儒教经传之注释，南北注意之点不同。惟佛教道教，南北俱盛行，则因当时社会昏乱，求安身立命于宗教之人甚多故也。儒教依然为注疏训诂之学，势甚不振。道佛两教之争颇烈，影响及于思想界者甚深。西域艺术随佛教之流行以俱来，影响及于汉文化者亦不少。北方民族风俗输入，颇变更汉民族一部分旧风，例如汉民族旧尚右，至是改尚左，汉民族旧日席地坐卧，至是改用床椅，汉民族旧日着屐与履，至是改着靴鞋等，皆其例也。北朝风俗多风靡南朝，南朝文艺反压倒北朝，南北文化逐渐混合融化，遂产生出隋唐时代之新文化。

◎隋唐文化之特色

秦汉与隋唐之文化，相似之点甚多，绝对不同之点亦不少。隋唐文化大体系胚胎于南北朝时代者，学者不可不知也。唐代儒教经传之研究，虽多数不能轶出五经正义范围，而道教因受帝室崇拜，颇得势力，佛教则大乘各宗并立，高尚如天台宗、华严宗，缜密如禅宗、法相宗等，各发挥特色，有百花灿漫之观。文章虽未脱骈体余习，而诗学异常发达，书画雕刻之技艺，亦无不面目一新。然其间犹有古来一贯之汉文化的特色，依然继续存在，受此汉文化之洗礼者，无论何种民族，无一不受其支配，终至被同化于汉民族。北朝君臣，崇拜汉文化者甚多，彼等移居中国以后，用汉语、写汉字、编译儒教佛教经典，几与汉民族无异。是固由于外民族中无较优之文化，抑亦因鲜卑民族资质颖悟，与汉民族有同等之脑力故也。隋唐统一以后，南北民族，遂同时投入汉文化之熔矿炉中，不复留差异之迹。此等事实，后世其例甚多，此番为其嚆矢也。

◎隋唐之武功　安史之乱及于中国之影响

隋唐时代，为汉民族最隆盛之时代，其文化上之势力与政治上之势力，同时波及于周围各民族。先是南北朝时代，朝鲜半岛上，高丽、百济、新罗三国鼎立，东与日本，西与中国大陆，关系时常不绝。当时蒙古境内，有鲜卑人创立之游牧帝国曰柔然者，通好南朝，屡侵北朝。及柔然衰亡，突厥勃兴，常威压北朝。隋唐时代，征服突厥，汉民族之威灵振于漠北。唐室与新罗结合，翦灭百济、高丽，驱逐半岛上日本之势力。而西方吐蕃勃兴，唐自力不能抗，乃北结回纥，西通大食，南招南诏，从三面牵掣之，虽其计划未能完全成功，然一时汉民族之势力，伸张到亚洲大半。安史之乱以后，内则宦官跋扈，挟制宫廷，外则藩镇专横，割据土地。后梁起于藩镇，翦除宦官，篡夺唐室，他藩镇尤而效之，各据地自王，变成五代十国之形势，互相争者五十年。中国内部分裂，汉民族无力统一，外民族契丹之势力，乘机由北方侵入。石晋与后唐争国，乞援于契丹，割燕云十六州以赂之，于是河北山西北部藩篱尽撤。代表汉民族之君主，欲攘契丹，不可不先统一中国。后周世宗、宋太祖、太宗之统一计划，皆顺应时势者也。

◎宋代理学之发达及其及于政争之影响

有宋勃兴，鉴于唐末五代以来藩镇跋扈之祸，力行尚文之政治，其结果，汉文化虽异常发达，而文弱之弊益甚。北惧契丹之侵陵，西畏西夏之扰乱，不得不忍辱媾和。神宗用王安石，行新法，讲求富国强兵策，思欲对外雪耻，然其改革终归失败。是时宋之文化益发展，自唐以来久支配思想界之道佛二教，其本身虽势渐不振，而影响及于儒教方面，于是儒教哲学——即宋儒所谓"道学"——发生。濂——周濂溪——洛——程明道、伊川——关——张横渠——闽——朱晦庵——诸家，融化消纳道佛二教之思想，用以解释儒教经典，于是儒教呈复活之曙光，现出活泼有为之气势。彼等精于儒学，立一种宇宙观，抱一定之人生观，自信力太强，容易与第三者不相容，此风触及政治问题，遂成党争之远因。前有旧法派与新法派之争，后有主战派与主和派之争，其原因虽甚复杂，然与学风颇有间接之关系。而其一胜一败，直接妨碍汉民族之统一，动摇国家之基础，甚可惜也。

◎宋室之南迁

是时女真民族勃兴于松花江流域，轻骑南下，侵略契丹边境。宋人以为有机可乘，与女真联盟，南北夹攻契丹，以图恢复燕云十六州。契丹既灭，女真仅与宋燕京及山前六州。又欺宋人文弱，背盟南侵，黄河之险不守，汴京陷落，徽钦二宗被虏，拘留于五国城，女真遂占领黄河流域。宋人奔避于江南，忍辱割地乞和，称臣纳贡，以求一时之苟安。虽时有倡为主战论者，轻启衅端，惹起南北之纷争，终不能成功而止。

◎蒙古民族之大一统

是时外蒙古不儿罕山麓，斡难河边，蒙古民族中，有一大英雄出现，即历史上著名之成吉思汗，先征服近邻同族，率漠北健儿南侵，略取女真北境。复大举西征，平定中亚诸国，又东旋，灭西夏，然后再大举侵女真，途中构疾，殂于六盘山，未及成功而殁。其子孙继其伟业，一时蒙古民族之意气，几有统一全世界之概。宋人不与女真联合，以当蒙古，反蹈从前覆辙，与蒙古同盟，击灭女真，一时虽稍有成功，不旋踵即与蒙古冲突。蒙古兵大举南下，宋之忠臣义士，声罪致讨、仗义勤王者虽多，然实力无一足与蒙古抗者，遂演成临安之降服，崖山之没落，汉民族完全屈服于蒙古民族之下。宋之灿烂光华的文化，终不能救亡国之祸，可慨也！

◎契丹女真蒙古民族之汉化

由来契丹女真民族之文化程度，远不如汉民族，然犹各制国字，思以易汉字。其中若女真之世宗、章宗等，皆努力保存国粹，然终不能排除汉文化之势力，一未几皆被汉文化所侵蚀，同化于汉民族。蒙古民族建设空前之大帝国，包容许多民族，吸收东西文化，本不偏重汉文化，复欲使汉民族行使蒙古文字，然终不能发生效力，汉文化之伟大势力依然存在。蒙古人统治中国，不满百年，其间君位之争夺，宰相之专横，加以喇嘛之跋扈，财政之紊乱，遂致国本动摇，内乱迭起，为汉民族所驱逐，复奔回外蒙古，于是元亡明兴，汉文化复入于隆盛之运。

◎明代理学及于政局之影响　满洲民族之勃兴

通元明二代，宋代儒教哲学，支配当时上流社会之人心。其他各种文艺，虽非无足观者，然明代复古之气重，东林党受儒教哲学影响，尽瘁于无聊之三案争议。加以宦官跋扈，流寇扰乱，政局纷纠益甚。又自明初以来，北虏南倭，更迭骚扰，汉民族疲于奔命。其中有女真遗族之满洲人，勃起于浑河流域，渡辽河、破长城、克燕京、下江南，击败文弱之汉民族，颠覆明之宗社，禹域山河全归爱新觉罗氏掌握，遂变为清朝时代。

◎满洲民族之汉化

清朝盛时，征服中国本部，平定蒙古、青海、西藏、新疆，建设统一汉、满、蒙、回、藏五民族之大帝国。上有世祖、圣祖、世宗、高宗之英主，相继在位，一方面努力保存国粹，防被汉人同化，强制汉民族使从满洲风俗；一方面又为收揽人心计，内外百官参用满汉人物，奖励中国学术。清廷施行此等自相矛盾之政策，固出于不得已。然满洲民族终为汉文化之奴隶，完全被同化于汉民族。镇压汉人机关之满洲八旗，驻屯中国已久，尚武精神消失。形势如此，满洲朝廷之不能久有中国，固已为识者所共喻矣。

◎清代之学术

明代之儒教哲学，流于空理空论。清初，反动力起，考据之风盛行，经学之讲明，史学之研究，多倾向于考据。同时金石文字之学大兴，然尚不足以刺激汉民族之思想。中叶以后，春秋公羊学派出现，影响及于少数一部分之人心。佛教虽存，只余形式，道教只能支配下流社会。回教虽在一定之地方绰有势力，然中流以上之士大夫社会，概不流行。明末西人东渐，西方文化，若耶稣教，若天文学、地理学、数学等各种科学，同时随之输入中国，然对于汉文化上，尚未能大有影响。因之汉民族一般之思想界，大体近于消沉。清朝犹赖历史上因循之惰力，得以统治中国。

◎鸦片之战及于中国之影响　湘军起义及于中国之影响

已而清廷因对英通商关系，惹起鸦片战争，连战连败之结果，订立南京条约，在清朝外交史上，留下第一次国耻纪念，是为西人之政治上的权力伸入中国之始。一方面损清朝之威严，一方面促汉民族之觉醒。未几，耶稣教徒洪杨作乱，创立太平天国，以颠覆清室为目的，同时并试行破坏汉文化，企图政治的兼社会的革命。曾国藩倡义湖南，率湘军，讨乱党，一方面为清廷效忠，一方面亦为汉民族拥护汉文化。及其大功告成，汉文化得以保存，汉民族之势力亦大行膨胀。以汉民族之力，平汉民族之乱，当时清室虽号为中兴，然清朝之死活，已归汉民族掌握中矣。已而清廷受俄人压迫，复与英、法、日本等国冲突，每战必败，徒损威灵，始觉国政有改革之必要，欲采泰西文化所长，补汉族文化所短。派遣多数学生，留学海外，吸收外国新文化。其结果使多数青年，发生民族的观念，增长政治的识见。武昌举义，满洲民族二百余年之社稷颠覆，于是以汉民族为中心，组织共和政体之中华民国，是为新来之泰西文化，影响及于汉文化者之一。此共和政体，果适于中国与否，虽为疑问，然民国成立已十余年，南北纷争犹未息，伟人、政客、军阀日从事于内讧。循此以往，中国之统一无期，汉民族之结合不固，周围外民族之势力，必重来压迫，可危也已！

◎中国历史上之外民族与当代外民族之比较

从来历史上压迫中国之外民族，武力虽优于汉民族，文化常劣于汉民族。故外民族虽以武力征服中国，同时被中国文化所征服。而今何如也！今日压迫中国之外民族，非满族，非蒙古族，非回族、藏族，乃文化与武力双方俱优越之欧美民族。此等诸民族，利用富强之实力，与海陆交通之便利，欧洲大战以后，同向东亚伸张势力。其首先受影响者，当为汉民族发祥地之中国本部，因而关于汉民族之前途与汉文化之将来，不得不发生许多悬念，汉文化存，则有汉民族，汉文化亡，则无汉民族。中国自有史以来，虽经过四千余年之变迁，几多民族之盛衰消长，然其国家依然有继续存在之观者，实以通古今各时代，犹有一贯之汉文化存在故也。然则为中国计，联络土地最接近之国，文化最类似之民族，互相扶助，以抵抗欧美诸民族，拥护本国民族，保持本国文化，岂非当代之急务？不此之图，而徒袭远交近攻之旧策，蹈宋联女真灭辽，联蒙古灭金之覆辙，他日一有变动，不但危及汉民族国家之独立，并影响及于汉文化之存灭。故为日本计，固当提倡中日亲善，即为中国计，亦何可不主张中日亲善也。

右系日本东京帝国大学教授、文学博士市村瓒次郎先生所作之短篇论文，原名《支那历代史观》，以其文简单明了，可以通观中国历代之大势，译登于右，以代序文。

中华民国十四年一月二十六日

王桐龄自志

历代各民族之盛衰兴亡

中国者，合六大族组织而成，中国之历史，实六大族相竞争相融合之历史也。此六大族中，现于中原者曰汉族，现于南方者曰苗族，现于东北方者曰通古斯族，现于正北方者曰蒙古族，现于西北方者曰突厥族，现于西方者曰西藏族。汉族以文化胜，他族以武力胜，他族以武力压倒汉族者，汉族以文化制服之。故每一竞争，而汉族势力一膨胀。其终也，他族自忘其为他族，相率融合于汉族之中，遂合多数人民，铸成今日庞大之中国。

◎汉苗之冲突

距今四千余年前，汉族滋生于黄河流域，以耕耘为业。同时有苗族者，据有扬子江流域，与之对抗。虞帝舜倦勤，大禹摄政，自将以征之，三旬弗克，是为汉族与苗族冲突时代。其终也，班师振旅诞敷文德而苗降，顽梗者窜之三危，柔顺者留居故土。于是汉族势力一膨胀。

◎东夷南蛮之汉化

中国确史，始于春秋。春秋之时，汉族势力范围最狭，所谓中原者，不过河南全省及陕西、山西、河北、山东、安徽、湖北一部分而已。环汉族周围而居者，曰东夷、西戎、南蛮、北狄。东夷、南蛮，杂居于山东、江苏、安徽、江西、浙江、湖北、湖南等省，土著而居，以耕耘为业，其生活状态略如汉族。其后东夷并于齐，南蛮入于楚，汉族文化所及，东跨海，抵朝鲜，南越扬子江，迄五岭，旧时苗族领域，大半入汉族势力范围矣。

◎汉藏之冲突　汉与满蒙之冲突

当是时，西北二方有异民族出现，以游牧为业，逐水草而居，性质慓悍，喜争斗、好杀伐。其现于西方者曰戎，陷长安、灭西周，略取陕西、甘肃一大部分，是为有史以来汉族与西藏族冲突之始。现于北方者曰狄，现于东北方者曰山戎，侵卫、灭邢、攻燕，略取山西、河北一大部分，焚掠及于河南北部，是为有史以来汉族与通古斯族及蒙古族冲突之始。幸而齐以山东兵救燕，击破山戎，于是通古斯族气焰稍息。其后秦起陕西，破戎、复长安。晋起山西，燕起河北，蚕食狄国略尽。狄人大半北窜，仅少之遗留者，亦被同化于汉族。于是今日长城以南各地，悉入汉族势力范围，汉族势力再膨胀。

◎管仲之功业

当是时，周室已衰，汉族各国，大者不过数百里，小者不及数十里，形势涣散，如一团散沙。异族有豪杰，如冒顿、苻坚、忽必烈者起，略而取之至易也。幸也戎狄二族，其涣散与汉族等，汉族有大英雄曰管仲，崛起山东，相齐桓公，纠合汉族各小国，击退异族，于是中原得安枕者垂二百年，而变为战国之世。

◎秦与匈奴之对峙

战国之时，汉族益强，合众小国为七大国。而通古斯族、蒙古族之势力亦盛，所谓东胡、林胡、匈奴等部落，时常南下牧马，滨北方秦赵燕三国，乃筑长城以拒之。始皇勃兴，并吞六国，统一中原。同时冒顿崛起匈奴，亦灭东胡、林胡，统一北方各国。汉族之秦与蒙古族之匈奴南北对峙，形势皆异常发展，是为东亚史上一大变动。

◎汉族第一次大一统

始皇崩，中原乱，汉族内讧，不暇对外。冒顿南侵，汉高帝御之，败于白登，匈奴骤强，汉族屡受其侮。文景之世，养精蓄锐，汲汲谋自保。武宣之世，乘匈奴内乱，一举破之，呼韩邪款关内附，处之五原塞下。匈奴势衰，汉族势力益膨胀，北抵贝加尔湖，西逾葱岭，皆为汉族势力范围，是为汉族第一次大一统时代。

◎西北民族第二次侵入中原

当是时，通古斯、蒙古混血族之鲜卑出现于东北方，据有辽河上流地。后汉末年，略取匈奴故地，与汉族南北对峙。同时西藏族之氐羌现于西方，侵略四川、陕西、甘肃境，匈奴遗族据有山西北境，亦蠢蠢欲动。汉族中衰，代表汉族之司马晋，南迁扬子江流域。黄河流域上流为氐羌所据，中流、下流为匈奴鲜卑所据，是为西北民族第二次侵入中原时代。

◎南北朝之对峙

当是时，西藏族英雄有苻坚者，崛起陕西，统一扬子江上流及黄河流域全土，略取中国本部十分之八。惜也好大喜功，知攘外不知治内，淝水一役，为晋所败，全国土崩瓦解，身死敌手，为天下笑，西藏族之势力骤衰。继起之英雄曰拓拔珪，系出鲜卑，为通古斯、蒙古之混血族，崛起山西北境，统一黄河流域，国号魏。与代表汉族之刘宋，南北对峙，是为南北朝时代。

◎南北民族之汉化　汉族第二次大一统

当是时，汉族文明渐渍于南方，举凡昔日之东越、闽越、南越，断发文身之族悉被汉化，而固有之中原反为异族所据。同时鲜卑据有中原，亦弃其固有之风俗习惯，而同化于汉族。后魏孝文帝时，迁都洛阳，禁胡服、冠姓氏，凡百举措，皆以汉族固有文化为标准，冥冥之中，已自忘其为异族。隋室勃兴，合汉族、通古斯族、蒙古族、西藏族，铸成一大帝国。是为汉族第二次大一统时代。而突厥族之突厥勃起于西北方，据有漠南、漠北，为隋室大患。通古斯族之高丽勃起于东方，据有朝鲜西北及辽宁东南境，亦与隋为敌。

唐室继隋而兴，北灭突厥，东灭高丽，通古斯、突厥族始服属于中国，漠南、漠北无王庭焉。而突厥族之回纥勃起于西北方，西藏族之吐蕃勃起于西方，苗族之南诏勃起于南方，终唐之世为边患。

◎西北民族第三次侵中原

以上有史以来千余年间六大族之竞争，为汉族优胜时代，虽有时异族侵入中原，或占领之者，大抵为汉族所击退，或融合之使同化于汉族。强大如苻秦，绵延如元魏，奄有中原，声施烂焉，其终也，如朝露之花，忽焉凋谢。遗族服汉衣，用汉语，冠汉姓，不自知其为异族也。曾几何时，唐室骤衰，汉族内讧，突厥族之沙陀，通古斯、蒙古混血族之契丹，更迭云扰中原，黄河流域主权为二族所攘夺，汉族各小国，苟延残喘于南方。党项遗族拓跋氏乘势占领夏州，略取河套地，开异日西夏之基础，黄河流域上流复为西藏族所据，是为西北民族第三次侵入中原时代。

◎宋室之褊小

周室勃兴，代沙陀刘氏为君主，黄河流域主权，复归于汉族。宋室继之，翦除群雄，统一中国。而辽宁全省及河北、山西北境为契丹所据，陕西、甘肃北境为西夏所据，终北宋之世不能复，三国鼎峙者百余年。虽时有战争，汉族大半败衄，幅员缩小，无复汉唐时旧观也。

◎北方民族第四次侵入中原

金兴，率猛鸷慓悍之通古斯族南下，灭辽、服夏、败北宋兵，略取河北、山东、山西、河南、陕西、甘肃及安徽、江苏之淮北地，尽有黄河流域，是为北方民族第四次侵入中原时代。代表汉族之南宋奮居江左，称臣纳贡，苟且以求自保，不敢与之抗也。

◎蒙古民族大一统　明室之褊小　通古斯民族大一统

元起漠北，灭金、灭宋，统一中国本部。遣兵四出，略取亚洲大半及欧洲东部。黄祸之声，腾喧于白色人种耳鼓，是为蒙古族大一统时代。奈长于外攻者，短于内治，种族庞杂，则易启纷争，幅员辽阔，则难于统一。不得已，分国为四，以皇子皇孙领之。而宗族内讧，时常构兵，未及百年，土崩瓦解。明太祖起长淮流域，逐蒙古而代之，中原复归于汉族。壤地褊小，声灵远不及汉唐。漠北蒙古遗族，若鞑靼、卫拉特等，又时常内犯，明廷苦之。清室勃起满洲，乘明室之衰而灭之，略取中国本部，蒙古、青海、西藏及天山南北路，合汉族、通古斯族、蒙古族、突厥族、西藏族为一大帝国，鸭绿江以西，葱岭以东，贝加尔湖以南，交趾以北悉内属，幅员之广，逾于汉唐，是为通古斯族大一统时代。惜也清廷内政，专注意于防家贼，以科举牢笼汉人，以宗教愚弄蒙藏，其终也，国民脑力日趋于愚昧，体力日趋于惰弱，欧人东渐，无力抵抗，国势日削。国民之发愤求自强者，起而议改革，清廷复不能因势利导之，国民乃诉之于干戈，清帝退位，一变而为共和之世。

民国成立，袁世凯以前清内阁总理大臣资格，被举为临时大总统。违背世界潮流，颇欲励行专制。宋案发生以后，民党诸钜子，群起而抵抗之，于是有第二次革命。已而民党失败，袁氏自为正式大总统，解散正式国会，变更临时约法，利用人民心理上之弱点，万机皆欲复古。复乘欧战正酣无暇东顾之际，颇思偷窃尊号，聊以自娱。筹安会起，帝制发生，革除民国，改元洪宪，王公侯伯，一时辈出，颁圣恩献符瑞者，纷然群集辇下，人才济济，称极盛焉。国民多忿懑不平，外人尤多訾议。已而第三次革命军起，民党诸钜子，凭借西南各省为根据地，联合举兵讨袁氏，袁氏气结成病，郁郁以终，黎副总统继任为大总统，罢兵息民，复成为共和之世。

以上中国有史以来数千年间，六大民族所创立之帝国王国，不知凡几，以幅员之广狭言之，则蒙古民族之元为最，通古斯民族之清，汉民族之汉、唐次之，西藏民族之苻秦，突厥民族之后唐、后晋、后汉，虽一时奄有黄河流域，蔚为大国，不得厕于其列也。以国祚之修短言之，则汉民族之汉，享国四百余年者为最久——起西历纪元前二〇六年，终西历纪元二六三年，共四六九年。中间除去新莽篡位十五年不计外，共得四五四年。汉民族之唐——起西历纪元六一九年，终九〇七年，共二八八年。宋——起九六〇年，终一二七九年，共三一九年。明——起一三六八年，终一六六一年，共二九三年。通古斯民族之辽——起九一六年，终一二〇一年，共二八五年。清——起一六一六年，终一九一一年，共二九五年。——享国三百年者，次之。西藏民族之西夏——起九九〇年，终一二二七年，共二三七年。——享国二百余年者又次之。蒙古民族之元，享国仅百余年——起一二〇六年，终一三六九年，共一六三年。虽子孙绵延至今，犹为民国贵族，然主权久不在握，不得与汉唐比隆也。闲尝考之：领土之广狭，与国家武力之强弱为正比例；国祚之修短，与主权者政治上的能力之大小为正比例。六大民族中，以武力论，当以蒙古民族为第一，而其政治上能力终不如汉族，故蒙古帝国，幅员之广，为中国史上所仅见，然不旋踵瓦解云散，不能追踪汉唐也。通古斯族界居二者之间，武力亚于蒙古族，政治上的能力亚于汉族，故所创立之帝国，政治文化绰有可观，不似蒙古帝国之短命也。突厥民族势力虽膨胀于西方，然在中国史上，则关系较为薄弱。西藏民族益甚。至于苗族势力，则仅上古史上昙花一现，迄中古已烟消云敛，现今已在若存若亡之间矣。

　　右系拙著《东洋史》序论第四章，原名"中国史概略"，以其详于中国境内各民族之盛衰兴亡，且眉目清醒，容易了解，录登于右，以代序文。

中华民国十四年一月二十六日
王桐龄自志

编辑缘起及经过

一、本编原稿为北京高等师范学校历史地理部中国史讲义。民国二年九月，为第一届学生开始编辑，五年三月脱稿；是年九月，为第三届学生订正增补，删繁就简；八年九月，为第六届学生重行订正增补；十二年九月，为第七届学生三次订正增补；至十四年冬季始付印。盖前后改正凡四次以上，虽间有错误漏略重复之处，然自信当不甚多。

二、本书第一编以民国十五年一月出版，十六年一月再版，增加附表七十六张，页数四十页；第二编以民国十五年七月出版，十七年七月再版，增加附表一百三十五张，页数一百二十四页；第三编以民国十五年十月出版，十八年七月再版，增加附表八十一张，页数七十六页；第四编上卷以民国十八年八月出版，二十年五月再版，增加附表七十张，页数五十二页。

三、本编第四编内容为清史，编辑异常困难；实录既不足据，野史更不足凭，苦于断定，一难也。对外交涉，我国记载与对方国家之记载互有出入，甚且彼此冲突，穷于取舍，二难也。职是之故，秉笔已数年，艰于脱稿；现将已脱稿之一部分，即清史前半部付印，以应社会需要，以餍读者诸君渴望。其余一部分，继续订正修改，俟就绪后即行出版。

中华民国二十年四月二十三日

王桐龄自志于北平察院胡同十五号之寓所

凡例

一、本书共分四编：第一编为序论及上古史，第二编为中古史，第三编为近古史，第四编为近世史。上古史分三期：第一期为传说时代，第二期为唐虞三代时代，第三期为春秋战国时代。中古史分三期：第一期为秦汉时代，第二期为三国两晋南北朝时代，第三期为隋唐时代。近古史分三期：第一期为辽宋金对峙时代，第二期为元时代，第三期为明时代。近世史分二期：第一期为清室勃兴时代，第二期为清室衰亡时代。

二、本编之体裁为通史，最注意于民族之盛衰，国家之兴亡。凡有关于盛衰兴亡事迹，一一详述其原因结果，以为当代及后世借镜之资。正面文章因有正史可查，故多从略。

三、中国旧史书，分纪传体、编年体、纪事本末体、书志体。本编用纪事本末体，而去其琐碎事迹；每一时代之盛衰兴亡大事，多用统括的形式，以一二章说明之。凡欲明了一时代之大局者，熟读本编，自能得明确概念。

四、每一时代之终，必详载其时代之制度、学术、宗教、风俗、实业，以观其社会文化之隆替。

五、每章每节之终，附载本章本节事迹表；每时代之终，附载大事表；每朝代之终，附载世系表；每大人物出现，附载本人事略表或与其他伟人比较表以便检查。

六、本编所引人名间或注明其家世籍贯；所引地名，皆注明为现今何地，以便参考。

七、本编引证前贤或时贤学说，皆写明著者姓名及书名以便读者自己翻阅。

八、每时代之终，当加附图，每编之终，当加索引；现在时间做不到，姑且俟诸将来。

九、中国对外关系，可参考商务印书馆出版之拙著《东洋史》；中国六大民族对内之混合、对外之发展事迹，可参考文化学社出版之拙著《中国民族史》；本编恕不多叙。

十、中国史料浩如烟海，多数未加整理，非个人所能遍读。著者能力有限，所引用之史料多系人所共知，无特别新发现。然对于事迹皆持客观态度，无主观夹杂于其间，自问尚属忠实。大雅君子有赐函以匡所不逮者，极表欢迎。将来三版或四版时，定加补正。

中华民国十九年十月十五日

王桐龄自志于北平察院胡同十五号之寓庐

序论

第一章

定义

第一节 历史之范围

历史者，研究人类之进化，社会之发达，与凡百事物变迁代替之现象者也。宇内事物，皆有过去、现在、未来三界。未来之想象，模糊暧昧。冥搜潜索，当归之哲学家。过去之现象，昭昭在天壤间，一一确定之，指实之，不涉影响含混，是为史学家责任。广义之历史，自当兼有生物与无生物而言，然广义历史之研究，当归之各科专家，历史学者未遑兼顾也。历史学者所研究，专在人类社会，凡道德智慧之进化、农工商业之发达、治术学术之隆替，皆属历史范围。研究历史学之目的，在考据过去人类社会之进化事迹，编纂成书，以启迪今人之智慧。又以现在人类社会之进化事迹，笔之于书，启迪后人之智慧者也。明乎此，则凡无益之考据、泛漫之议论，虽篇幅冗长，皆与历史无涉。诸君研究中国史，愿着眼我邦建国之体制，历代学术之隆替，武备之张，政治之沿革，文明之进步与退化，实业之发达与衰退，风俗之变迁，与夫伟人贤哲之事迹，以激发国民之爱国心，团结其合群力，以与世界列强竞争于此大舞台上，是则著者之所厚望也。

第二节 历史之种类

历史者，亘古今，通中西，为极繁博无涯之学，若欲一一取而读之，恐穷年莫殚，故研究是学者，宜先明析其种类。概而言之，考据世界之大势，研究国与国之关系者，曰万国史，如东洋史、西洋史之类是也；考据一国家或一民族之盛衰兴亡者曰某国史，如日本史、朝鲜史之类是也。本编定名曰《中国史》，属于第二类，故其内容详于中国内部之兴衰治乱，而对于世界之大势，则以参考拙著之《东洋史》为归宿焉。

历史有政治史、文化史之区别，政治史者，研究国家之状态者也，凡法制史、外交史、教育史、战争史之类属之；文化史者，研究社会之状态者也，凡风俗史、宗教史、言语史、文学史、美术史、农业工业商业等史之类属之。专研究一类者曰专门史，泛涉及各类者曰普通史。普通史者，普通学校用之，专门史者，专门学校用之。本编为师大诸君说法，师大者，为将来中等学校教员储材起见，中等学校者，造就国民普通知识，纯系普通学校，与专门无涉，故本编泛涉及于各类，宁详毋略，养成诸君之普通知识，以供他日之参考焉。

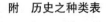

附　历史之种类表

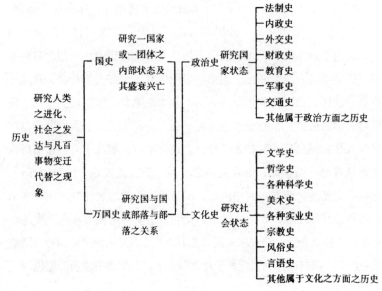

第三节　历史与国家之关系

国民爱国心发达则国兴，薄弱则国衰，绝无则国亡。历史者，爱国心之源泉，国民教育之基础也。历史教授之得法与否，与国家盛衰兴亡有直接关系。东西洋各国教育家，皆以本国史占教科最高地位，我国亦然。民国二年教育部部令小学校教则第五条云：

> 本国历史要旨，在使儿童知国体之大要，兼养成国民之志操。本国历史，宜略授黄帝开国之功绩，历代伟人之言行，亚东文化之渊源，民国之建设，与近百年来中外之关系。

又，中学校令施行规则第五条云：

> 历史要旨，在使知历史上重要事迹，明于民族之进化，社会之变迁，邦国之盛衰，尤宜注意于政体之沿革，与民国建立之本。

云云。诚重之也。法国对于越南，日本对于朝鲜，严禁止其读本国史，凡越南、朝鲜旧日已出版之本国史书，皆被法日政府搜索焚毁殆尽。此外，凡征服者对于被征服者，皆取一致手段，诚恐其一读本国史，即发动爱国心，对于上国，未免有反抗之举动也。是故史学发达，则国民爱国心日强，史学衰微，则国民爱国心日弱。我国土地之广，人口之众，物产之丰饶，气候之温和，甲于五洲，顾日趋于贫弱者，则以国民缺乏爱国心故。爱国心所以缺乏，虽有种种原因，而史学不发达，历史教授不得法，亦其最重要原因之一端。诸君研究历史，担任我国将来普通学校教育责任，愿注重我国国粹，考求立国之根本、国祚之绵延、历代先民之盛业、文化之由来、外交之关系，知我国为文明之古国，而思有以光大之；知我国为现在极贫极弱之国，而思有以补救之，养成一般中小学校学生之国民志操，以为救国之本，中国之兴，庶指日可待乎。

第四节　中国旧史学之缺点

欲研究中国历史，不可不知中国旧史学。欲研究中国旧史学，思得其利益，不可不知其缺点，以免为其所误。梁任公先生《饮冰室全集》中有《中国之旧史学》一篇，批评颇详，兹节录于下以供参考：（前略）

中国史学之派别如下——

史学
- 第一　正史
  - 甲　官书　所谓二十四史是也。
  - 乙　别史　如华峤《后汉书》、习凿齿《蜀汉春秋》《十六国春秋》《华阳国志》《元秘史》等。其实皆正史体也
- 第二　编年——《资治通鉴》等是也
- 第三　纪事本末
  - 甲　通体　如《通鉴纪事本末》《绎史》等是也
  - 乙　别体　如《平定某某方略》《三案始末》等是也
- 第四　政书
  - 甲　通体　如《通典》《文献通考》等是也
  - 乙　别体　如《唐开元礼》《大清会典》《大清通礼》等是也
  - 丙　小纪　如《汉官仪》等是也
- 第五　杂史
  - 甲　综记　如《国语》《战国策》等是也
  - 乙　琐记　如《世说新语》《唐代丛书》《明季稗史》等是也
  - 丙　诏令奏议　四库另列一门。其实杂史耳
- 第六　传记
  - 甲　通体　如《满汉名臣传》《国朝先正事略》等是也
  - 乙　别体　如某帝实录、某人年谱　等是也
- 第七　地志
  - 甲　通体　如各省通志、《天下郡国利病书》等是也
  - 乙　别体　如纪行等书是也
- 第八　学史——如《明儒学案》《国朝汉学师承记》等是也
- 第九　史论
  - 甲　理论　如《史通》《文史通义》等是也
  - 乙　事论　如《历代史论》《读通鉴论》等是也
  - 丙　杂论　如《二十二史札记》《十七史商榷》等是也
- 第十　附庸
  - 甲　外史　如《西域图考》《职方外纪》等是也
  - 乙　考据　如《禹贡图考》等是也
  - 丙　注释　如裴松之《三国志注》等是也

都为十种二十二类

试一翻四库之书，其汗牛充栋、浩如烟海者，非史学书居十之六七乎。上自太史公、班孟坚，下至毕秋帆、赵瓯北，以史家名者，不下数百。兹学之发达，二千年于兹矣。然而陈陈相因，一丘之貉，未闻能有为史界辟一新天地，而令兹学之功德普及于国民者，何也，吾推其病源，有四端焉：

一曰知有朝廷而不知有国家。吾党常言二十四史非史也，二十四

姓之家谱而已。其言似稍过当，然按之作史者之精神，其实际固不诬也。吾国史家以为天下者君主一人之天下，故其为史也，不过叙某朝以何而得之、以何而治之、以何而失之而已，舍此则非所问也。昔人谓《左传》为相斫书，岂惟《左传》，若二十四史，真可谓地球上空前绝后之一大相斫书也。虽以司马温公之贤，其作《通鉴》，亦不过以备君主之浏览，其论语无一非忠告君主者。盖从来作史者，皆为朝廷上之君若臣而作，曾无有一书为国民而作者也。其大弊在不知朝廷与国家之分别，以为舍朝廷外无国家，于是乎有所谓正统闰统之争论，有所谓鼎革前后之笔法。如欧阳公之《新五代史》，朱子之《通鉴纲目》等。今日盗贼，明日圣神，甲也天命，乙也僭逆，正如群蛆啄矢，争其甘苦。狙公伺狙，辨其四三，自欺欺人，莫此为甚。吾中国国家思想至今不能兴起者，数千年之史家岂能辞其咎也。

二曰知有个人而不知有群体。历史者，英雄之舞台也。舍英雄几无历史。虽泰西良史，亦岂能不置重于人物哉。虽然，善为史者，以人物为历史之材料，不闻以历史为人物之画像。以人物为时代之代表，不闻以时代为人物之附属。中国之史，则本纪列传，一篇一篇，如海岸之石，乱堆错落。质而言之，则合无数之墓志铭而成者耳。夫所贵乎史者，贵其能叙一群人相交涉相竞争相团结之道，能述一群人所以休养生息同体进化之状，使后之读者爱其群善其群之心油焉生焉。今史家多于鲫鱼，未闻有一人之眼光能见及此者。此则国民之群为群智群德所以永不发生，而群体终不成立也。

三曰知有陈迹而不知有今务。凡著书贵宗旨。作史者将为若干之陈死人作纪念碑耶？为若干之过去事作歌舞剧耶？殆非也。将使今世之人，鉴之裁之，以为经世之用也。故泰西之史，愈近世则记载愈详。中国不然，非鼎革之后，则一朝之史不能出现。又不惟正史而已，即各体莫不皆然。故温公《通鉴》，亦起战国而终五代。果如是也，使其朝自今以往永不易姓，则史不其中绝乎。使如日本之数千年一系，岂不并史之为物而无之乎。太史公作《史记》，直至今上本纪，且其记述不少隐讳焉，史家之天职然也。后世专制政体日以进步，民气学风日以腐败，其末流遂极于今日。推病根所从起，实由认历史为朝廷所专有物，舍朝廷外无可记载故也。不然，则虽有忌讳于朝廷，而民间之事，其可纪者不亦多多乎，何并此而无也。今日我辈欲研究二百六十八年以来之事实，并无一书可凭借。非官牍铺张循例之言，则口碑影响疑似之说耳。时或借外国人之著述，窥其片鳞残甲，然甲国人论乙国之事，例固百不得一。况吾国之向闭关不与人通者耶，于是乎吾辈乃穷。语曰："知古而不知今，谓之陆沉。"夫陆沉我国民之罪，史家实尸之矣。

四曰知有事实而不知有理想。人身者，合四十余种原质而成者也。合眼耳鼻舌手足脏腑皮毛筋络骨节血输精管而成者也。然使采集四十余种原质，作为眼耳鼻舌手足脏腑皮毛筋络骨节血输精管，无一不备。若是者可谓之人乎，必不可，何则，无其精神也。史之精神为何，理想是已。大群之中有小群，大时代之中有小时代。而群与群之相际，时代与时代之相续，其间有消息焉，有原理焉。作史者苟能勘破之，知其以若彼之因，故生若此之果，鉴既往之大例，示将来之风潮，然后其书乃有益于世界。今中国之史，但呆然曰某日有甲事，某日有乙事。至其事之何以生，其远因何在，近因何在，莫能言也。其事之影响于他事或他日者，若何当得善果，当得恶果，莫能言也。故汗牛充栋之史书，皆如蜡人院之偶像，毫无生气，读之徒费脑力。是中国之史，非益民智之具，而耗民智之具也。

以上四者，实数千年史家学识之程度也。缘此四弊。复生二病：

其一能铺叙而不能别裁。英儒斯宾塞曰："或有告者曰：'邻家之猫昨日产一子。'以云事实，诚事实也，然谁不知为无用之事实乎。何也，以其与他事毫无关涉，于吾人生活上之行为毫无影响也。然历史上之事迹，其类是者正多。能推此例以读书、观万物，则思过半矣。"此斯氏教人以作史读史之方也。泰西旧史家固不免之，而中国殆更甚焉。某日日食也，某日地震也，某日册封皇子也，某日某大臣死也，某日有某诏书也，满纸填塞皆此等邻猫生子之事实。往往有读书一卷，而无一语有入脑之价值者。就中如《通鉴》一书，属稿十九年，别择最称精善。然今日以读西史之眼光读之，觉其有用者，亦不过十之二三耳（《通鉴》载奏议最多，盖此书专为格君而作也，吾辈今日读之实嫌其冗），其他更何论焉。至如《新五代史》之类，以别裁自命，实则将大事皆删去，而惟存邻猫生子等语，其可厌不更甚耶。故今日欲治中国史学，真有无从下手之慨。二十四史也，九通也，通鉴续通鉴也，大清会典大清通礼也，十朝实录十朝圣训也，此等书皆万不可不读，不读其一，则挂漏正多。然尽此数书而读之，日读十卷，已非三四十年不为功矣。况仅读此数书，而决不能足用。势不可不于前所例十种二十二类者，一一涉猎之（杂史、传志、札记等所载常有有用过于正史者，何则，彼等常载民间风俗，不似正史专为帝王作家谱也）。人寿几何，何以堪此。故吾中国史学智识之不能普及，皆由无一善别裁之良史故也。

其二能因袭而不能创作。中国万事，皆取述而不作主义，而史学其一端也。细数二千年来史家，其稍有创作之才者惟六人：一曰太史公，诚世界之造物主也，其书亦常有国民思想。如项羽而列诸本纪，孔子、陈涉而列诸世家，儒林、游侠、刺客、货殖而为之列传，皆有深意存焉。其为立传者，大率皆于时代极有关系之人也，而后世之效颦者则胡为也；二曰杜君卿。《通典》之作，不纪事而纪制度。制度于全体国民之关系，有重于事焉者也，前此所无，而杜创之。虽其完备不及《通考》，然创作之功，马何敢望杜耶；三曰郑渔仲。夹漈之史识卓绝千古，而史才不足以称之。其通志二十略，以论断为主，以记述为辅，实为中国史界放一光明也。惜其为太史公范围所困，以记传十之七八填塞全书，支床叠屋，为大体玷；四曰司马温公。《通鉴》亦天地一大文也。其结构之宏伟，其取材之丰赡，使后世有著通史者势不能不据为蓝本，而至今卒未有能逾之者焉。公亦伟人哉；五曰袁枢。今日西史，大率皆纪事本末之体也，而此体在中国实惟袁枢创之，其功在史界者亦不少。但其著《通鉴纪事本末》也，非有见于事与事之相联属，而欲求其原因结果也，不过为读《通鉴》之方便法门，著此以代抄录云尔。虽为创作，实则无意识之创作。故其书不过为《通鉴》之一附庸，不能使学者读之有特别之益也；六曰黄梨洲。黄梨洲著《明儒学案》，史家未曾有之盛业也。中国数千年，惟有政治史，而其他一无所闻，梨洲乃创为学史之格，使后人能师其意，则中国文学史可作也，中国种族史可作也，中国经济史可作也，中国宗教史可作也。诸类此者其数何限。梨洲既成《明儒学案》，复为《宋元学案》，未成而卒。使假以十年，或且有汉唐学案、周秦学案之宏著，未可料也。梨洲诚我国思想界之雄也。若夫此六君子以外，则皆所谓公等碌碌，因人成事。《史记》以后，而二十一部皆刻画《史记》。《通典》以后，而八部皆摹仿《通典》。何其奴隶性至于此甚耶。若琴瑟之专台，谁能听之。以故每一读辄惟恐卧，而思想所以不进也。

合此六弊，其所贻读者之恶果厥有三端：一曰难读。浩如烟海，穷年莫殚，前既言之矣；二曰难别择。即使有暇日，有耐性，遍读应读之书，而苟非有极敏之眼光、极高之学识，不能别择其某条有用，某条无用，徒枉费时日脑力；三曰无感触。虽尽读全史，而曾无有足以激励其爱国之心，团结其合群之力，以应今日之时势，而立于万国者。然则吾中国史学，外貌虽极发达，而不能如欧美各国民之实受其益也职此之由。（后略）

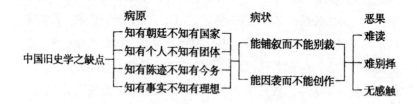

本编系著者于民国二年九月，为北京高等师范学校历史地理部第一届学生开始编纂，随编随讲，每周三小时以八学期讲毕。五年九月，为第三届学生重新校订，删繁就简，再行出版。八年九月，复为第六届学生二次校订，三次出版。虽于以上诸弊，未必能删除净尽，然总期以减少为目的焉。

第五节　中国史之命名

东西洋各国，若英，若法，若美，若日本，各有固定国名，与朝代无涉。我国自唐虞以后，历夏商周秦汉晋隋唐宋元明清，凡数千年，国号随朝代为转移，朝代易则国号亦易。是直以我国为一家一姓私产，非国民之共有物，自西洋史学家之眼光观之，亦一大笑话也。中国上古时代，自称曰夏，或曰华夏；中古时代，西北各国称我曰汉，东南各国称我曰唐，此皆以一代之名为国名，非确论也。近世西洋各国称我曰 China，日本书汉字称我曰"支那"。"支那"二字之起源，一见于南北朝时《宋书》之夷蛮列传，再见于唐太宗时玄奘三藏禅师所作之《大唐西域记》。其文字亦不一，或作"支那"，或作"震旦"，或作"脂难"。说者谓"震旦"二字始于印度佛经：震东方、旦朝也，谓东方之开明地。顾印度不能为我创国号，称为"震旦"，亦当有所本也。据史学家所研究："支那"二字，实秦之转音，秦始皇统一中国，废封建，设郡县，创立汉族第一次之大帝国，声名传至欧洲，适当罗马时代，以拉丁字母译秦字之音则作为 Chin。而西洋各国语，例加一二字母为语尾，Chin 加 a 字为语尾，则为 China，此"支那"二字之名称所由来也。顾外人加我之名称，不能当作我之国号，我国自来为东方开化地，自称多曰中华，或曰中国，以与四围未开化之民族区别。民国成立，兼取中华及中国二义，定名曰"中华民国"。兹特正名定分，截长取短，用吾人口头之习惯称号，命名曰《中国史》，以表明本编范围，系通古今各朝代兼收并蓄之作，非一家一姓之传记也。

第二章

中国史上之种族

第一节 中国民族之分布

历史者，人类所衍成，无人类则无历史。世界五洲种族至复杂，有全开化之人种，有半开化之人种，有不开化之人种。不开化之人种，无历史可稽，考求其盛衰存灭之迹，当委之人类学者，与历史学者无与也。全开化之人种，与历史有密切关系，半开化之人种，亦时有关系焉。我中国为文明古国，其内部系合六大族组织而成，而其与历史上有关系者，则除此六大族外，尚有若干种族。其中开化人种实居最大多数，其历史斐然可观。故欲述中国历史，必先叙中国种族。

中国境内人民号称四亿余万，细别之有十余族，历史上最有关系者约六大族。兹略述如下：

一、交趾支那族，即苗族（Indo-chinese）

蛰居于云南、贵州、广西及湖南西部、四川南部，有生苗、熟苗之别。生苗居深山中，不与汉人来往。熟苗居山边，学耕作，渐与汉人同化。面方、颈长、皮肤褐色、性愚陋。在中国本部为不开化之民族。西洋人类学者，谓此族为中国本部旧土人，有史以前曾占优胜地位。及汉族日渐发达，此族遂日渐衰退，僻居西南深山中，仅得保其残喘。

二、汉族（Chinese）

现时遍布于全国，所谓文明之胄，黄帝之子孙也。人口约三亿八千三百万。发黑而直、头圆、额平、眉目清秀、须少、皮肤带黄色。西洋学者，谓此族旧居帕米尔高原，东下入中国本部，栖息黄河两岸，次第蕃殖于四方。数千年来，赫赫有声于世界，所谓东亚文化者，皆此族之生产物。中国历代君主，大半出于此族，数千年来政权教权，大半握于此族之手。

三、通古斯族，即满洲族（Tungus）

自朝鲜北部，经奉天、吉林，直抵黑龙江滨，皆此族所分布地。人口约五百万。发黑而直、面平而圆、颧骨突出、鼻低而广、皮肤带黄色、须稍多。此族旧居乌苏里江、松花江流域，逐渐西下南下，占有势力。金之帝室，前清之帝室，皆起于此族。

四、蒙古族（Mongol）

住居内外蒙古、青海及天山北路。人口约四百余万。体格伟大，容貌概与通古斯族同。性强悍喜杀伐。住居概用天幕，逐水草移徙，言语文字与他族异。此族旧居贝加尔湖以南，鄂嫩克鲁伦色楞、格鄂尔坤等河流域，逐渐南下，蔓延于长城以西以北。有元之帝室实起于此族。

五、突厥族，即回族（Turk）

住居天山南北路，散布于黄河流域各省，蔓延及于扬子江及西江流域。人口百余万。容貌概与通古斯族同。其中间有深目、高鼻、发蜷屈而须浓厚者，则白色人种之穆罕默德教徒，与突厥人同时归化中国，中国人误认为突厥族者，非真正突厥族也。此族旧居土耳基斯坦地方，逐渐东下，移入中国内地。现今除宗教以外，风俗习惯与汉族无异。唐宋之际，此族强盛达于极点。后唐、后晋、后汉之帝室，皆起于此族。

六、图伯特族，即西藏族（Tibet）

旧居前藏后藏，散布于青海及天山南路。人口约五百余万。体格类似汉族，而身长稍低、颧突、须疏、鼻平、口广、唇薄、眼小而角微斜。富于宗教思想，迷信甚深，崇拜喇嘛教。以牧畜耕作为业。唐宋时此族最强，西夏之帝室起于此族。

以上六大族为中国史上重要人物。此外东北各地，与韩民族、大和民族时有关系。沿江沿海各地，与塞民族（Semitic race），阿利安民族（Aryan race），时有关系。讲中国史者，时常连类及之。

第二节　汉民族之特性

中国虽有六大族，然以人口之多寡、开化之程度、握政权年代之久暂论，自当以汉族为主人翁。中国史者，汉族之历史，舍汉族以外，几无历史可言，舍汉族史学家所著之书以外，亦无史书可研究。兹特先述汉族特色，以代表中国民族。

汉族优点在于文化。四千年前，孳生于黄河流域，有固有之言语，固有之文字，固有之宗教，固有之伦理，与西亚之埃及、美索波达米亚、南亚之印度遥遥对峙为东半球四大文明祖国。他族以武力压倒汉族者，汉族以文化征服之，故苗族、通古斯族、蒙古族、突厥族、西藏族，士风勇悍，凭陵汉族，非不煊赫于一时。其终也声气消沉，相率同化于汉族而不自觉。汉族传世久远，人口繁多，其性格亦有种种特色。欲以最短之时间批评判断之，甚非易易。且著者亦系汉民族一分子，以自己批评自己，所批评容或不当。兹特置身于第三者位置，以历史家的眼光，批评汉族性格之优劣点，不置毁誉，不加褒贬，公平论断，以供研究历史者之参考。知我罪我，是在诸君。

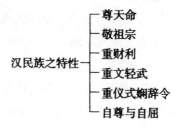

汉民族之特性 —— 尊天命
敬祖宗
重财利
重文轻武
重仪式娴辞令
自尊与自屈

一、尊天命

天之为物，儒教尊为上帝，道教号称玉皇，西洋人称之曰Heaven、曰God，日本人称之曰神样，实各民族之共同崇拜物也。然天之为物，虚无缥缈，颇难下定义。自历史上汉民族之思想观之，天有三义：一为物质上之天。《诗·王风·黍离篇》所谓"悠悠苍天"，《秦风·黄鸟篇》所谓"彼苍者天"者是也；一为万物主宰之天。《诗·大雅·皇矣篇》所谓"皇矣上帝，临下有赫"者是也；一为人力所不能做到者则归之于天。《孟子·万章上》所谓"天也，非人之所能为也"者是也。上古之人思想幼稚，凡自然现象，有不可思议者，则崇拜之，敬畏之。汉民族第一义之天，即自然现象也。及思想稍进步，则取自然现象，悉以人类比附之。希腊上古神话，谓风神、雨神、火神、海神，悉具人类之体格性质，日本谓之人间化。汉民族第二义之天，即人间化的自然现象也。及思想再进步，则凡人力所不能及者悉归之于天。凡侥幸之成功，不幸之失败，皆谓为天所命。以抽象观念解释天命二字，是为汉族第三义之天，儒教所谓天命者是也。第一义第二义之天，为各民族之共同思想，无足诧异。第三义之天，则儒教之精髓：儒教所以含有几分宗教性质者以此，不可不注意也。

《中庸》曰："天命之谓性。"《论语》曰："五十而知天命。"孟子曰："莫之为而为者天也，莫之致而至者命也。"是为天命二字之定义，天命二字作为抽象的解释实始于此。孔子曰："天生德于予。桓魋其如予何！"又曰："天之将丧斯文也，后死者不得与于斯文也，天之未丧斯文也，匡人其如予何！"盖孔子当患难之时，所恃者惟一天也。孔子曰："莫我知也夫！"子贡曰："何为其莫知子也？"子曰："不怨天，不尤人，下学而上达，知我者，其天乎！"盖孔子当烦闷之时，所借以排遣者亦惟一天也。孟子曰："夫天，未欲平治天下也！如欲平治天下，当今之世，舍我其谁也？吾何为不豫哉！"盖孟子自负之心，亦自料惟天谅之也。惟儒教以人力所不能及者归之于天，故有守分安命顺时听天之说。由命生运，故有委心任运之说。于是当穷困之时，能以淡泊处之，患难之际能以镇定将之，不营营以求利，不汲汲以求生，所谓"见利思义，见危授命"者，二千年来儒教中大人物概服膺于此。是亦儒教中一特别休养方法，我辈所急宜提倡者也。南宋亡国时，宰相文天祥为元所擒，幽于大都狱中三年，强迫使降，天祥不从，作正气歌以自发表其志趣。其歌云：

> 天地有正气，杂然赋流形。下则为河岳，上则为日星。于人曰浩然，沛乎塞苍冥。皇路当清夷，含和吐明庭。时穷节乃见，一一垂丹青：在齐太史简，在晋董狐笔，在秦张良椎，在汉苏武节；为严将军头，为嵇侍中血，为张睢阳齿，为颜常山舌；或为辽东帽，清操厉冰雪。或为出师表，鬼神泣壮烈；或为渡江楫，慷慨吞胡羯；或为击贼笏，逆竖头破裂。是气所磅礴，凛烈万古存。当其贯日月，生死安足论。地维赖以立，天柱赖以尊。三纲实系命，道义为之根。嗟予遘阳九，隶也实不力。楚囚缨其冠，传车送穷北。鼎镬甘如饴，求之不可得。阴房阒鬼火，春院闭天黑。牛骥同一皂，鸡栖凤凰食。一朝蒙雾露，分作沟中瘠。如此再寒暑，百沴自辟易。嗟哉沮洳场，为我安乐国。岂有他谬巧，阴阳不能贼。顾此耿耿在，仰视浮云白。

悠悠我心悲，苍天曷有极。哲人日已远，典型在夙昔。风檐展书读，古道照颜色。

以上所举，知儒教伟人，于颠沛流离中，而能守分安命如此，是真尊天命之特色也。然信天命太过，于是凡事皆诿之于天，虽宜尽之人事亦不尽，甚或措施不当以取败，反诿过于天以自解释。纣曰："我生不有命在天。"项羽曰："此天亡我，非战之罪也。"此等不负责任之言，充满于二十四史，误解生存竞争优胜劣败之理，使天代人认过，甚可笑也。历代鼎革之时，新邦多借口于天命，以耸动世人耳目。商人代夏，周之代商，皆托言受天之命，后世篡臣奉为衣钵，王莽、曹操、司马炎、刘裕、杨坚辈皆师之。无耻之徒，身为贰臣，复假托天命，以自解其失节之罪。故历代新朝佐命，往往多旧朝遗老，此真历史上污点，我辈所不敢苟同者也。顾儒教所谓之天，与西洋宗教家所称之"God"异。西洋之天与民无涉，儒教之天则否。《书经·大禹谟》曰："天聪明自我民聪明，天明畏自我民明威。"《泰誓》曰："天矜下民，民之所欲，天必从之。"又曰："天视自我民视，天听自我民听。"天人混为一体，以民为天之代表。是故苟顺民心，虽匹夫可奉之戴之，曰天与也，苟拂民意，虽君主可诛之戮之，曰天所弃也。惟此等思想发达，故舜禹以匹夫而为天子，桀纣以君主而为独夫，中国士大夫不以为怪 Republicanism 思想，古来略见一斑。此真儒教特色，西洋小儒所望而咋舌者也。然天下事不能有利而无弊，儒教既以民心天意混为一谈，奸雄遂假天命以钳制民意。王莽篡汉，乃曰："天生德于予，汉兵其如予何！"曹操窃弄汉柄，乃曰："苟天命在孤，孤为周文王矣。"矫诬上天如此，此亦利用汉民族崇拜天命思想之流弊，不可不知也。

代表天意者曰民心，代表天之主宰权者曰天子。天子者，奉天之命，以治理万民者也。天子对于天有父子之关系，郊天之礼异常严肃，历代君主例须亲往，其仪式隆重，犹在祭太庙以上焉。

```
              ┌ 自然现象 ……………………………… 物质上之天
天之定义 ───┤ 具有人格的自然现象 ………………… 万物主宰之天
              └ 凡人力所不能及者 …………………… 以抽象观念解释之天

              ┌ 当穷困之时，能以淡泊处之，不营营以求利 …… 见利思义
尊天命之优点┤
              └ 当患难之际，能以镇定将之，不汲汲以求生 …… 见危授命

              ┌ 凡事皆诿之于天，不尽人事；甚或措施不当以取败，反诿过于天以自解释
尊天命之劣点┤
              └ 历代鼎革时，新朝多借口于天命以耸动世人耳目，贰臣复假托天命以
                自解其失节之罪

尊天命之特色……天人混为一体，以民为天之代表
```

附　梁任公先生论中国学术思想变迁之大势

梁任公先生《饮冰室文集》，载有《论中国学术思想变迁之大势》一篇，其中叙述中国古代思想颇详，兹节录于下，以供参考。

第二章　胚胎时代
　　第一　黄帝时代
　　第二　夏禹时代
　　第三　周初时代
　　第四　春秋时代

综观此时代之学术思想，实为我民族一切道德法律制度学艺之源泉。约而论之，盖有二端：一曰天道，二曰人伦，三曰天人相与之际是也。而其所以能构成此思想者，亦有二因：一曰由于天然者。盖其地理之现象，空界（即天然界近于地文学范围者）之状态，能使初民（此名词从侯官严氏译，谓古代最初之民族也）对于上天，而生出种种之观念也。二曰出于人为者。盖哲王先觉利导民族之特性，因而以天事比附人事，以为群利也。请一一论次之。

中国无宗教，无迷信，此就其学术发达以后之大体言之也。中国非无宗教思想，且其思想之起特早，且常倚于切实。故迷信之力不甚强，而受益受弊皆少。中国古代思想，敬天畏天，其第一著也。其言天也，与今日西教言造化主者颇近。但其语圆通，不似彼之拘墟迹象，易滋人惑。综观经传所述，以为天者，生人生物，万有之本原

也。(《诗》：天生蒸民；《书》：惟天阴骘，下民体记，万物本乎天) 天者，有全权，有活力，临察下士者也。(《诗》：皇矣上帝，临下有赫，监观四方，求民之瘼；又，天监在下，有命既集) 天者，有自然之法则，以为人事之规范，道德之基本也。(《诗》：天生蒸民有物有则；《书》：天叙有典，天秩有礼) 故人之于天也，敬而畏之。一切思想皆以此为基焉。

各国之尊天者，常崇之于万有之外。而中国则常纳之于人事之中，此吾中华所特长也。中国文明起于北方，其气候严寒，地位确瘠，得天较薄，故其人无余裕，以驰心广远，游志幽微，专就寻常日用之问题悉心研究。是以思想独倚于实际。凡先哲所经营想象，皆在人群国家之要务。其尊天也，目的不在天国而在世界，受用不在未来而在现在。是故人伦亦称天伦，人道亦称天道。《记》曰："善言天者必有验于人。"此所以虽近于宗教，而与他国之宗教自殊科也。

人群进化第一期，必经神权政治之一阶级，此万国之所同也。吾中国上古，虽亦为神权时代，然与他国之神权又自有异。他国之神权，以君主为天帝之化身，中国之神权，以君主为天帝之雇役。故寻常神权之国，君主一言一动，视之与天帝之自言自动等。中国不然，天也者，统君民而并治之也。所谓天秩天序天命天讨，达于上下，无贵贱一焉。质而言之，则天道者，犹今世之宪法也。欧洲今世君民，同受治于法之下。中国古代君民，同受治于天之下。不过法实而有功，天远而无效耳。但在邈古之世而有此精神，不得不谓为文明想象力之独优也。泰西皆言君主无责任(古代神权之无责任，以其为天地之化身也，今世立宪之无责任，归其责于大臣，使人民不必有所顾忌得以课其功罪也。过渡时代不得不然也)，惟中国则君主有责任。责任者何？对于天而课其功罪也。日食、彗见、水旱蝗螟，一切灾异，君主实尸其咎。此等学说，以今日科学家之眼视之，可笑孰甚，而不知其有精义存焉也。其践位也，荐天而受。其殂死也，称天而谥。《春秋》所谓以天统君，盖虽专制，而有不能尽专制者存。此亦神权政体之所无也。不宁惟是，天也者，非能谆谆然命之者也。于是乎有代表之者，厥为我民。《书》曰："天聪明自我民聪明，天明畏自我民明威。"又曰："天视自我民视。天听自我民听。"又曰："天矜下民，民之所欲，天必从之。"于是无形之天，忽变为有形之天。他国所谓天帝化身者，君主也。而吾中国所谓天帝化身者，人民也。然则所谓天之秩序命讨者，实无异民之秩序命讨也，立法权在民也。所谓君主对于天而负责任者，实无异对于民而负责任也，司法权在民也。然则中国古代思想，其形质则神权也，其精神则民权也（虽其法不立，其效不睹，然安可以责诸古代）。当邃古之初而有此，非伟大之国民其孰能与于斯。

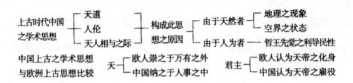

附　市村博士《支那革命论》

日本《史学杂志》第二十二编第十号，载有东京帝国文科大学教授文学博士市村瓒次郎先生《支那革命论》一篇，解释"革命"二字之义颇详，兹节译于下，以供参考。

（一）革命之语原及其定义

革命一语，始见于《尚书·多士篇》，其辞曰："殷革夏命。"将二字隔离用之，不称其为专门名词。二字联合用者，始于《易经·革卦·象传》，其辞曰："汤武革命，顺乎天而应乎人。"程子《易传》，释为"王者之兴，受命于天。故易世谓之革命"。申言之，即一国之主权，名实俱移归他人之谓。所谓王朝之更迭，乃政局上一大变动也（纬书解革命谓为一时代间天道之变革，借以表验人事之应征，是为阴阳五行家言与儒家之解释异）。西文所用革命之原字为 Revolution，与儒教之解释，大体相似而不同。Revolution 之义为转回，大抵应用于政体。而不必一定牵掣及国体与皇室。革命之义为天命之变化，其意义虽高尚，而国体与皇室之移动俱包含于其中。欧美解释革命，与中国解释革命，不同之点在是。

（中略）

天既不能直接用言语动作，表示自己意见，不得不借人民之思想及感情以代表之。天子受天命而为天子，直接受民意之监督，即间接受天意之钳制。有敢悍然拂民意者，即可承认其为逆天意。逆天意者，天得褫夺其天子之资格，而另委诸适当之人。所谓王朝之更动，国家主权之转移，皆于此时见之，此革命二字之定义也。独是天不能直接行使其权力，执行革命之任务者，不得不委之于人。于是一世骁雄，或大野心家，凡具有篡窃之质格者，皆假托天命，以自文其大盗移国之罪。《汤誓》曰："非台小子敢行称乱。有夏多罪，天命殛之。"又曰："夏氏有罪。予畏上帝，不敢不正。"《泰誓》曰："商罪贯盈，天命诛之。予弗顺天，厥罪惟钧。"又曰："上帝弗顺，祝降时丧。尔其孜孜奉予一人，恭行天罚。"强诸侯夺国，动以天命为口实，若有所甚不得已于其间者。此固后世莽、操所奉为衣钵者也。（后略）

（二）革命之种类

革命约分二类：一平和革命；二武力革命。平和革命，史称之曰禅让；武力革命，史称之曰征诛。

征诛复分为二种：一内乱之结果；二外患之结果。内乱之结果复分为二：甲、同族间之内乱。若汉之与秦，其成功者也。秦末之陈胜、吴广、项羽，唐末之黄巢、明末之李自成等，其失败者也；乙、异族间之内乱。若刘石之于西晋、明之于元，其成功者也。唐之安、史，清之洪、杨，其失败者也。外患之结果亦分为二：甲、同族间之外患。若秦之于六国、魏之于蜀、晋之于吴、后赵之于前赵、后秦之于前秦、北周之于北齐、隋之于陈、后晋之于后唐、宋之于后蜀、南汉、南唐、明之于夏，其成功者也。列国对峙时代，皆其一时未能即刻成功者也；乙、异族间之外患。若前燕之于后赵、前秦之于前燕、后魏之于大夏、北凉、北燕、后唐之于后梁、前蜀、契丹之于后晋、元之于金、于夏、于宋、清之于明，其成功者也。前秦之于晋、北周之于梁、金之于南宋，皆其未能成功者也。

以上所举内乱外患之结果。凡以武力夺取人国之主权者，史书皆定名曰征诛，此列国之所同，非中国之所独也。其为中国独有之特色，而列国之所无者，厥为禅让。禅让亦分为二种：一自由禅让；二强迫禅让。自由禅让复分为二。甲、君臣之间自由禅让。若尧之于舜、舜之于禹，其成功者也。燕王哙之于子之，其失败者也。乙、国际间之自由禅让。若行河西五郡大将军事窦融之于东汉（窦融与光武同于新莽末年举兵，君臣之分未定，故列为邻国），吴越王钱弘俶之于北宋，其成功者也。定难节度使李继捧之于北宋，其失败者也。强迫禅让亦分为二。甲、君臣间之强迫禅让。若新莽之于孺子婴、曹丕之于汉献帝、司马炎之于魏元帝、刘裕之于晋恭帝、萧道成之于宋顺帝、萧衍之于齐和帝、陈霸先之于梁敬帝、高洋之于东魏孝静帝、宇文觉之于魏恭帝、杨坚之于周静帝、李渊之于隋恭帝、朱温之于唐昭宣帝、徐知诰之于吴让皇、郭威之于汉湘阴公、赵匡胤之于周恭帝，其成功者也。西晋之赵王伦、东晋之桓玄、梁之侯景，其失败者也。乙、国际间之强迫禅让。若周赧王之于秦（周与秦名义上虽君臣，实则等于邻国）是也。尧舜之自由禅让，古今传为美谈。然理想上之唐虞，未必实有其人，实有其事。春秋战国时代，儒家鉴于时局之险恶，极力鼓吹唐虞郅治，以为后世朝廷模范。燕王哙欣慕艳羡以为盛德事，起而实行试验，及一度失败以后，自由禅让之风乃中绝，强迫禅让之风乃大起矣。实行强迫禅让之鼻祖，当推王莽。王莽生于西汉末年，当经学盛行之际，儒家理想皆企慕唐虞。王莽利用人民心理上之弱点，事事效法古人，移世篡臣奉为衣钵。凡有志实行篡窃者，例须拥立少主，自握国柄。大臣有反对者则除去之，然后讽示己党，上书君主，请求禅位。及诏书已下，又为敷衍场面计，表面上辞让数次，然后由君主敦请、臣民劝进，貌为不得已而受之。此历代禅让式之通例，王莽之所创，后世篡臣之所因也。至于国际间之自由禅让，其例绝少。光武之与窦融，一为宗室，一为世臣。表面虽为敌国，实则非敌国。融之归汉，乃大势所趋，不得不尔，非自由禅让也。吴越王之于宋，差近于自由禅让矣，然其中实含强迫之迹。至于英之于印度，法之于越南及马达加斯加，日本之于琉球、朝鲜，更无论矣。故虽谓国际间无自由禅让可也。

（三）革命之原因

革命之原因，亦因禅让与征诛而异。君臣之间自由禅让，历史上不成问题，姑置勿论。君臣间之强迫禅让，大抵因君弱臣强而起。其君主幼弱或庸暗，其大臣或以武功，或以文望，或以外戚资格当国，积之数年或数十年，威权遂远出君主上，于是强迫禅让乃成为事实矣。国际间之禅让，大抵因国力悬隔而起。若匹敌之国，未闻有以国授人者也。

外患结果演成之征诛，其原因有种种。其一，二国并立，有连鸡不同栖之势。非甲并乙，即乙并甲，其结果自然并为一国。若七雄竞争时代、三国鼎立时代、南北朝对峙时代之类是也。亦有因敌国之君主或国民野心之所驱，而为所兼并者。若六国之并于秦、亚欧二洲诸国之并于元是也。又有因国势衰弱，不能自立，而与强国结同盟，以冀维持于一时者。然其势不能久，大抵不旋踵即为其同盟国所吞并。若北宋之于金、南宋之于元、朝鲜之于日本之类是也。

内乱结果演成之征诛，原因甚复杂。要而言之，国家之进行状态，妨害国民生命财产之安全时，往往酿成革命。而其中又分为二种：一天然状态，若水旱饥馑之荐臻是也；二人为状态，若暴君污吏所施之虐政苛税酷法之类是也。而此二种又连类而起，若秦末汉末唐末宋末元末明末之状态皆然。草莽英雄，往往乘衅起兵，颠覆帝室。汉高祖、明太祖之徒，皆其成功者也。此外又有利用宗教思想酿成革命者，若汉末之黄巾贼、元末之红巾贼、明末之白莲教、清末之太平天国是也。然中国人迷信思想薄弱，故利用宗教者往往不能成功。不若以维持人民之生命财产为口实者，较为有把握也。

（四）革命后之处置

革命后之处置约分二种：一对于前朝主权者及其子孙之待遇；二对于前朝人民之待遇。

对于前朝主权者及其子孙之待遇分为二种。甲、优待。若周之对于虞夏殷之后人，皆封以大国，款以宾礼（周灭殷，封纣子武庚于朝歌，其后以谋叛诛。复封纣庶兄微子启于宋，封夏后于杞，封舜后于陈），所谓三恪者是也。周礼八议中有议宾之条，对于前朝子孙，有罪可以减刑，亦一种特别优待法也。此外若曹魏之对于汉献帝、蜀后主，司马晋之对于魏元帝、吴归命侯，唐之对于隋恭帝、宋之对于周恭帝、后蜀孟后主、南汉刘后主、南唐李后主等，概取优待主义；对于吴越王之礼尤隆重，及身封王，子孙皆列台阁，终宋之三百有余年，功名相继。元之对于宋恭宗、明之对于元崇礼侯，大都待以相当之礼，皆其例也。乙、虐待。南北朝时代，对于前朝或敌国君主，大都处以极刑。若刘裕之于晋恭帝，陈霸先之于梁敬帝、宇文护之于西魏恭帝之类是也。或竟夷其族，若萧道成之于宋顺帝、萧衍之于齐和帝、高洋之于东魏孝静帝、北周武帝之于北齐后主、杨坚之于北周静帝之类是也。

对于前朝人民之待遇亦分为二种。甲、优待。汉高祖之初入关也，除秦苛法。光武帝之初至河北也，除莽苛政。此外若唐高祖之代隋，明太祖之代元，宋太祖之统一列国时，皆除去弊政，与民更始者，是其例也。乙、虐待。秦始皇并吞六国，对于六国人民之生命财产，滥用无度，绝不加以保护爱惜者之类是也。大抵历代开国方针，对于新附之人民，多取优待主义，所以怀柔人心也。秦始皇用李斯为相，承商鞅学说，专以刑名法术为治，往往流于苛刻。隋文帝之初即位也，亦以宽大为治，至炀帝时始逐渐酷虐，在历史上为例外，故秦隋两代皆二世而亡，不足以为后世法也。此外若周初对于殷之遗民，清初对于明之遗老，时或流于残虐。然一时为防御内乱计，取高压手段，故不避暴虐之名而行之。至内乱绝不发生时，仍取缓和政策也。至对于前朝主权者及其子孙之待遇则稍异于是。当新朝全盛时代，度前朝子孙生命虽存，不足为害，则姑且优待，以博宽大之名。若大局未定，或虑前朝遗民以奉戴故君为名，起兵反抗时，则用极残忍手段，虽杀逆亦所不顾。往往有故君已没数十年，犹不能保其宗族者。若周世宗时，周师伐南唐，取扬州，南唐园苑使尹延范恐其故主吴让皇遗族为乱，尽杀其族之男子六十人者是也。

（五）革命后之天命论

中国儒教思想发达，故历代鼎革之时，大都借口于天命。三国六朝时代禅让盛行之时，禅位者之诏书，篡立者之诏书，无一不以天命为解释，几乎千篇一律。其后宋室成立，苏轼表忠观碑文，引用赵抃疏曰："大宋受命。"有元建国号诏书亦云"诞膺景命，奄四海以宅尊。必有美名，绍百王而纪统"云云。明太祖即位诏书云"朕为中国之君。自宋运既终，天命真人于沙漠，入中国为天下主。传及子孙百有余年。今运亦终，海内土疆豪杰分争。朕本淮右庶民，荷上天眷顾祖宗之灵，遂乘逐鹿之秋，致英贤于左右"云云。宋景濂之代祀高丽山川记亦云："皇帝受天明命。"清室之勃兴也，明室降人上书于太宗者，多称说天命以劝进。其中若马光远之劝进表云"天命靡常，惟德是与。人心不贰，惟恩乃归"云云。太宗之克旅顺也，亦云"旅顺天险，非人力所能致。是非得天命之助不至此"云云。此外之例尚多，不胜枚举。诸如此类，凡口谈天命者，其衷心诚信与否，姑不具论。然中国既崇奉孔教，则表面上不得不推崇天命，以压倒一切也。独秦始皇一代为例外。始皇之统一六国也，巡行海内，到处立颂德碑，大都昌言自力，无有推尊天命者。盖此时李斯当国，法家学说流行，自信力绝强，故不屑以天命为口实也。

以上所举天命二字，系儒教中鼓吹革命之独有思想。独是儒教思想中，有自相矛盾之点。即一方面鼓吹革命，一方面复提倡忠孝。每当新旧朝代更迭之时，旧朝遗老与新朝降臣互起冲突。遗老詈降臣为不忠，降臣詈遗老为不识天命。双方俱持之有故，言之成理。

此则儒教提倡鼓吹方法自相矛盾之所致也。然历代鼎革之时，倡忠孝论者往往不能成功，倡天命论者往往坐享富贵。于是世人多舍忠孝而谈天命。至于降臣之中，亦间有为新朝尽节者，则又豫让"众人遇我，众人报之，国士遇我，国士报之"等议论提倡之所致也。（后略）

附　梁任公先生《中国历史上革命之研究》

梁任公先生《饮冰室全集》，载有《中国历史上革命之研究》一篇，兹节录于下，以与市村博士学说相对照。

革命之义有广狭。其最广义，则社会上一切无形之事物，所生之大变动皆是也。其次广义，则政治上之异动，与前此划然成一新时代者。无论以平和得之，以铁血得之，皆是也。其狭义，则专以兵力向于中央政府者是也。吾中国数千年来，惟有狭义的革命。今之持极端革命之论者，惟心醉狭义的革命。故吾今所研究亦在此狭义的革命。

十九世纪者，全世界革命之时代也。而吾中国亦介立其间，曾为一次大革命者也。顾革命同，而其革命之结果不同。所谓结果者，非成败之云也，欧洲中原之革命军，败者强半，而其所收结果，与成焉者未或异也。胡乃中国而独若此。西哲有言，历史者民族性质之缫演物也。吾缘恶果以溯恶因，吾不得不于此焉询之。中国革命与泰西革命比较，其特色有七。

一曰有私人革命，而无团体革命　泰西之革命，皆团体革命也。英人一千六百四十六年之役，冲其锋者为国会军。美人一千七百七十六年之役，主其事者为十三省议会。又如法国三度之革命，则皆议员大多数之发起，而市民从而附和之者也。一千八百四十八年以后欧洲中原诸地之革命，莫非由上流团体主持其间也。综而论之，则自希腊罗马以迄近世，革命之大举百十见罔非平民团体与贵族团体相斗争也。独吾中国不然。数千年来，革命之迹不绝于史乘，而求其主动之革命团体无一可见。惟董卓之役，关东州郡会合推袁绍为盟主以起义，庶几近之，然不旋踵而同盟涣矣。其余若张角之天书，徐鸿儒之白莲教，洪秀全之天主教，虽处心积虑历有年所，聚众稍伙然后从事，顾皆由一二私人之权术，于团体之义仍无当也。其在现世，若哥老三合之徒，就外观视之，俨然一团体，然察其实情无有也。且其结集已数百年，而革命之实竟不克一举也。此后或别有枭雄者起，乃走附焉而受其利用，则非吾所敢言。若此团体之必不能以独立革命，则吾所敢言也。故数千年莽莽相寻之革命，其畜谋焉戮力焉喋血焉奏凯焉者，靡不出于一二私人。此我国革命与泰西革命最相违之点也。

二曰有野心的革命，而无自卫的革命　革命之正义，必其起于不得已者也。曷云乎不得已？自卫心是已。泰西之自卫，每用进取。中国人之自卫，惟用保守。故以自卫之目的，乃崛起而从事革命者，未之前闻。若楚汉间之革命，固云父老苦秦苛法，然陈涉不过曰"苟富贵，毋相忘"，项羽不过曰"彼可取而代也"，汉高不过曰"仲之所就孰与我多"。其野心自初起时而已然矣。此外若赵氏之南越、窦氏之河西、马氏之湖南、钱氏之吴越、李氏之西夏，其动机颇起于自卫，然于大局固无关矣。故中国数十次之革命，自其客观的言之，似皆不得已，自其主观的言之，皆非有所谓不得已者存也。何也？无论若何好名目，皆不过野心家之一手段也。

三曰有上等下等社会革命，而无中等社会革命　泰西革命之主动，大率在中等社会。盖上等社会则其所革者，而下等社会又无革之思想，无革之能力也。今将中国革命史上事实类表之。则：

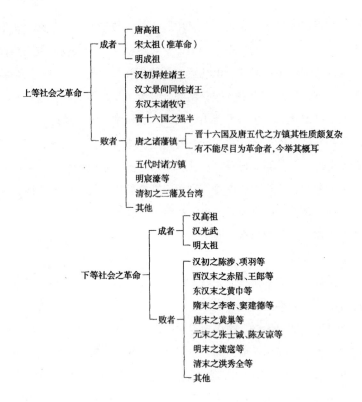

表例说明：（一）凡在本朝任一方镇，拥土地人民以为凭借者，皆谓之上等社会。（二）凡欺人孤儿寡妇，假名禅让以窃国者，不以入革命之列。

准此以谈，则数千年历史上求所谓中等社会之革命者，舍周共和时代，国人流王于彘之一事，此后盖阒乎未有闻也（或疑中等与下等之界线颇难划，同为无所凭，籍则中与下等耳于何辨？曰起事者为善良之市民命之曰中等，其为盗贼命之曰下等，或由下等而渐进为中等，不能计也，或裹胁善良之市民，亦不能计也）。夫泰西史上之新时代，大率以生计问题为枢纽焉。即胎孕革命者，此亦其重要之一原因也。故中等社会，常以本身利害之关系，遂奋起而立于革命之场。若中国则生计之与政治，向固绝对影响者存也，故彼中革命一最要之机关，而我独阙如也。

四曰革命之地段　吾欲假名泰西之革命曰单纯革命，假名中国之革命曰复杂革命。长期国会时之英国，除克林威尔一派外，无他革命军也。独立时之美国，除华盛顿一派外，无他革命军也。自余各国前事，大都类是。（其成者每类是，反之，而各地蜂起者每不成。）中国不然，秦末之革命，与项羽汉高相先后者，则陈涉、吴广也，武臣也，陈婴也，周市也，田儋也，景驹也，韩广也，吴芮也。如是者数十辈。西汉末之革命，与光武相先后者，则樊崇也，徐宣、谢禄、杨音也，刁子都也，王郎也，秦丰也，平原女子迟昭平也，王常、成丹也，王匡、王凤也，朱鲔、张印也，陈牧、廖湛也，李宪也，公孙述也，隗嚣也，窦融也，卢芳也，彭宠也，刘永也，张步也，董宪也。如是者数十辈。东汉末之革命，与曹操、刘备、孙权相先后者，则黄巾十余大部也，董卓也，北宫伯玉也，张举也，李傕、郭汜也，袁绍也，袁术也，吕布也，公孙瓒也，张鲁也，刘璋也，韩遂、马腾也，陶谦也，张绣也，刘表也，公孙渊。如是者数十辈。隋末之革命，与李唐相先后者，则王簿、孟让也，窦建德也，张金称、高士达也，郝孝德也，杨玄感也，刘元进也，杜伏威、辅公祐也，宇文化及也，翟让、李密也，徐圆朗也，梁师都也，王世充也，刘武周也，薛举也，李轨也，郭子和也，朱粲也，林士弘也，高开道也，刘黑闼也。如是者数十辈。自余各朝之鼎革，大都类是。即如最近洪杨之役，前乎彼者，广西群盗既已积年，后乎彼者，捻回苗夷蜂起交迫，犹前代也。由是观之，中国无革命则已，苟其有之，则必百数十之革命军同时并起。原野餍肉，川谷阗血，全国糜烂，靡有孑遗，然后仅获底定。苟不尔者，则如汉之翟义、魏之毌丘俭、唐之徐敬业，并其破坏之目的亦不得达，更无论成立也。故泰西革命，被革命之祸者不过一方面，而食其利者全国。中国革命，则被革命之祸者全国，而食其利者并不得一方面。中国人闻革命而战栗，皆此之由。

五曰革命之时日　泰西之革命，其所敌者在旧政府。旧政府一倒，而革命者之潮落矣。所有事者，新政府成立善后之政略而已。其若法兰西之变为恐怖时代者，盖仅见也。故其革命之日不长。中国不然，非群雄并起，天下鼎沸，则旧政府必不可得倒。如是者有年，既倒之后，新政府思所以削平群雄，绥靖鼎沸，如是者复有年。故吾中国每一度大革命，长者数十年，短者亦十余年。试表列之：

时代	旧政府未倒以前		既倒以后		合计
秦末	三年	二世元年壬辰陈涉起首难，二年甲午沛公入关，秦亡。	十三年	高帝十二年丙午平陈豨卢绾兵事息。	十六年
西汉末	八年	新莽天凤四年丁丑新市下江兵起，地皇五年癸更始入长安，莽亡。	十八年	光武建武十五年庚子卢芳降，兵事息。	二十六年
东汉末	十二年	灵帝中平元年甲子黄巾起献帝兴平二年乙亥李傕郭汜作乱，汉亡。	八十五年	晋太康元年庚子平吴，兵事息。	九十七年
隋末	九年	炀帝大业七年辛未王簿张金称等起，恭帝二年王世充弑帝，隋亡。	十一年	唐太宗贞观二年平梁师都兵事息。	二十年
唐末	三十四年	僖宗乾符元年甲午王仙芝作乱，昭宣帝天佑四年丁卯朱温篡弑，唐亡。	七十四年	宋太宗太平兴国四年己卯北汉主刘继元降，兵事息。	一百零四年
元末	二十一年	顺帝至正八年戊子方国珍起，二十八年戊申徐达定中原，元主北遁，元亡。	二年	明太祖洪武二年己酉徐达擒张良臣，兵事息。	二十三年
明末	十七年	思宗崇祯元年戊辰陕西流贼起，十七年甲申帝殉国，明亡。	四十年	清圣祖康熙二十二年癸亥平三藩，台湾兵事息。	五十七年
附洪杨	道光二十三年癸卯李沅发始乱，二十九年己酉洪秀全起广西，同治七年李鸿章平捻，兵事息。				二十六年

（附注）若晋十六国南北朝间，混乱固极矣。然其性质复杂，不纯然为革命。且大革命中复包含无数小革命焉，故今不列于表。又东汉末，旧政府既倒后，犹拥虚号，其嬗代亦与他时代之性质稍异。以严格算之，其年数略可减少，谓献帝建安十八九年间为一段落可也，则亦二十年矣。

由是观之，中国革命时日之长，真有令人失惊者。且犹有当注意者一事，则旧政府既倒以后，其乱亡之时日，更长于未倒以前是也。

（其间惟元明之交其现象出常例外，则由革命军太无力，久不能倒旧政府耳，其性质非有以异于前代也。）当其初革伊始，未尝不曰吾之目的在倒旧政府而已，及其机之既动，则以悬崖转石之势，波波相续，峰峰不断，驯至数十年百年而未有已。泰西新名词曰强权，强权之行，殆野蛮交涉之通例，而中国其尤甚者也，中国之革命时代其尤甚者也。如斗蟋蟀然，百蟀处于笼，越若干日而毙其半，越若干日而毙其六七，越若干日而毙其八九，更越若干若干日，群蟀悉毙，仅余其一，然后斗之事息。中国数千年之革命殆皆若是。故其人民襁褓已生金革之裹，垂老犹餍鼛鼓之声。朝避猛虎夕长蛇，新鬼烦冤旧鬼哭。此其事影响于社会之进步者最酷且烈。夫中国通称三十年为一世，谓人类死生递嬗之常期也。其在平和时代，前人逝而后人直补其缺，社会之能力殆继续而不断。若其间有青黄不接之顷，则进化之功用，或遂中止焉矣。英国博士福亚民，尝以统计上学理，论人口死亡之率，"谓英国生产者，一百万人中其十五岁至四十五岁间，以肺痨病死者七万二千三百九十七人。譬如每人以三十年间力作所得，平均可得二百磅。则是肺痨一疾，使英国全国之总殖损失千四百四十七万九千四百磅也。"此等语随机指点，已有足令人瞿然惊者。然此犹生计上直接之损害也，若语其间接者，则壮者死亡离散，而生殖力为之损耗，有去无来，人道或几乎息。观中国历史上汉末隋末唐末之人口，比于前代全盛时十仅存一（参观第三节附录《中国史上人口之统计篇》）。此岂尽由于杀戮耶？亦生殖力之锐减为之原也。坐事之故，其所影响者，若生计上、若学术上、若道德上、若风俗上，前此经若干年之群演，而始达于某级程度者，至是忽一切中绝，混然复还于天造草昧之状态，文明之凝滞不进皆此之由。泰西革命，蒙革命之害者不过一二年，而食其利者数百岁。故一度革命，而文明程度进一级。中国革命，蒙革命之害者动百数十岁，而食其利者不得一二年。故一度革命，而所积累以得之文明与之俱亡。此真东西得失之林哉。

六曰革命家与革命家之交涉　泰西革命家，其所认为公敌者，惟现存之恶政府而已，自他皆非所敌也。若法国革命后而有各党派之相残，则其例外仅见者也。中国不然，百数十之革命军并起，同道互戕。于旧政府之外，而为敌者各百数十焉。此鼎革时代之通例，毋庸枚举者也，此犹曰异党派者为然也。其在同党，或有事初起而相屠者，如庄贾之于陈涉、陈友谅之于徐寿辉之类是也。或有事将成而相屠者，如刘裕之于刘毅、李密之于翟让之类是也。或有事已成而相屠者，如汉高祖、明太祖之于其宿将功臣皆是也。求其同心戮力全始全终者，自汉光武以外殆无一人。夫岂必远征前代，即如最近洪杨之役，革命之进行尚未及半，而韦昌辉与石达开同杀杨秀清矣，昌辉旋复谋杀达开矣，诸将复共杀昌辉矣。军至金陵，喘息甫定，而最初歃血聚义之东西南北翼五王，或死或亡，无复一存矣。其后陈玉成被卖于苗沛霖，而上游始得安枕。谭绍洸被杀于郜云官等，而苏州始下，金陵随之而亡。岂必官军之能强，毋亦革命家之太不济也。吾前者屡言，非有高尚严正纯洁之道德心者，不可以行革命，亦谓此而已。彼时洪杨等固无力以倒北京政府也，藉令有之，试思其后此与张总愚、赖汶洸辈之交涉何如，与苗沛霖辈之交涉何如，即与其部下石达开、陈玉成、李秀成、李世贤辈之交涉何如，此诸党魁之各各互相交涉又何如。其必缫演前代血腥之覆轨，无待蓍蔡矣。此真吾中国革命史上不可洗涤之奇辱也。

七曰革命时代外族势力之消长　呜呼，吾观法国大革命后，经过恐怖时代，巴黎全市血污充塞，而各国联军干涉，犹能以独力抵抗，不移时而出拿破仑，大行复仇主义，以震慑欧陆。吾因是以反观中国，吾不自知其汗浃背而泪承睫矣。中国每当国内革命时代，即外族势力侵入之时代也。综观历史上革命与外族之关系，可分为五种：

一曰革命军借外族之力以倒旧政府者　如申侯之以犬戎亡周、李世民之以突厥亡隋、石敬瑭之以燕云十六州赂契丹等类是也。

二曰旧政府借外族之力以倒革命军者　如郭子仪之以回纥讨安史、李鸿章之以戈登灭洪秀全等类是也。

三曰旧政府借外族之力以倒革命军，而彼此两毙者　如吴三桂以满洲亡李闯，而并以亡明是也。

四曰革命军借外族之力以倒旧政府，而彼此两毙者　如成都王颖以刘渊为大单于，同抗王室，卒不能成，而遂以亡晋是也。

五曰革命军败后，引外族以为政府患者　如汉初陈豨、卢绾辈，东汉初卢芳辈之导匈奴，唐初刘黑闼、梁师都辈之导突厥等类是也。

此皆其直接关系也。若语其间接者，则如刘项斗而冒顿坐大，八王乱而十六国势成，安史扰而蕃鹘自强，五代棼而契丹全盛，闯献毒氛遍中原，而满洲遂尽收关外部落。此则未假其力以前，而先有以养其势者矣。鸣呼，以汉高之悍鸷，而忍垢于白登之役，以唐太之神武，而遗憾于高丽之师。我国史之污点其何日之能雪耶？即如最近数十年间西方之东渐，固有帝国主义自然膨胀之力，而常胜军之关系亦宁浅薄耶？识者观此，毛发俱栗矣。（后略）

附　革命种类表一

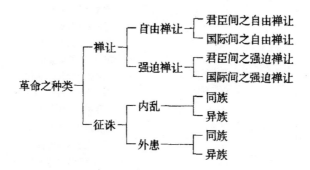

附　革命种类表二

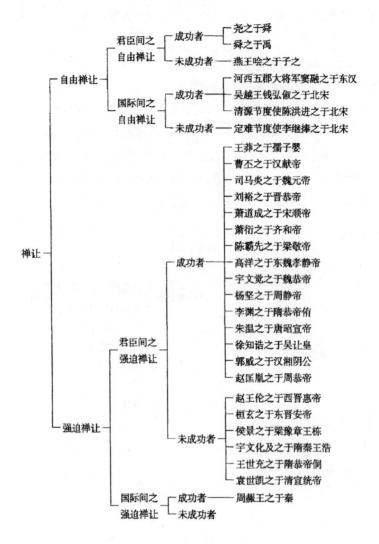

附 革命种类表三

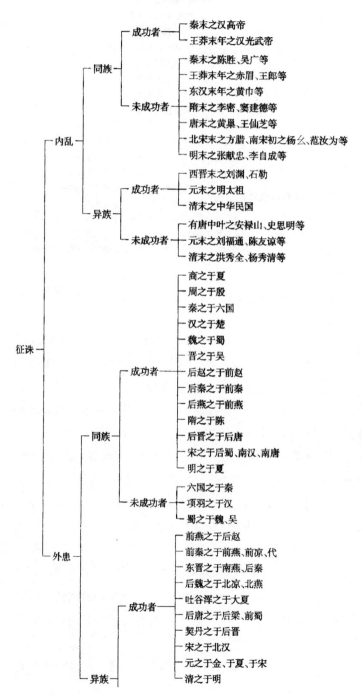

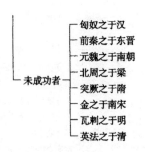

	匈奴之于汉
未成功者	前秦之于东晋
	元魏之于南朝
	北周之于梁
	突厥之于隋
	金之于南宋
	瓦剌之于明
	英法之于清

中国革命与泰西革命比较	中国	泰西
	皆私人革命	多团体革命
	多野心的革命	多自卫的革命
	皆上等下等社会革命	多中等社会革命
	革命军士派别极多	革命军只有一派
	革命之时间甚长	革命之时间甚短
	革命军互相残杀	革命之目的物只有旧政府
	革命时代外族势力伸入	革命时代外族势力不能伸入

附 历代革命原因表

（一）人主昏暴 如夏桀、商纣、周厉王，幽王、吴归命侯孙皓、宋前废帝子业、后废帝昱、齐东昏侯宝卷、北周宣帝、隋炀帝、南汉后主刘铱、金海陵王完颜亮等之类，皆是也。

或庸愚。如秦二世、西汉成帝、哀帝、东汉桓帝、灵帝、蜀后主禅、晋惠帝、东晋孝武帝、安帝、北齐后主纬、陈后主叔宝、唐懿宗、僖宗、昭宗、后蜀后主孟昶、南唐后主李煜、宋徽宗、辽末帝天祚、元顺帝、明武宗、世宗、神宗、熹宗、思宗等之类，皆是也。

或幼弱。如西汉平帝、东汉献帝、西晋愍帝、东晋恭帝、宋顺帝、齐郁林王昭业、海陵王昭文、和帝、梁敬帝、陈临海王伯宗、周静帝、隋恭帝侑、恭帝侗、唐昭宣帝、前蜀后主王衍、汉隐帝、周恭帝、南宋恭宗、帝昺、清文宗、毅宗、德宗、宣统帝等之类，皆是也。

（二）女后 擅权如汉高帝皇后吕氏、元帝皇后王氏、晋惠帝皇后贾氏、唐高宗皇后武氏、中宗皇后韦氏、后唐庄宗皇后刘氏、清毅宗德宗太后那拉氏等之类，皆是也。

（三）女宠 如夏桀之妹喜、商纣之妲己、周幽王之褒姒、南齐东昏侯之潘贵妃、陈后主之张丽华、唐玄宗之杨太真等之类，皆是也。

（四）宦官　如秦二世之赵高、汉灵帝之十常侍、蜀后主之黄皓、唐玄宗之杨思勖、高力士、肃宗之李辅国、代宗之程元振、鱼朝恩、德宗之窦文场、霍仙鸣、宪宗之吐突承璀、陈弘志、敬宗之刘克明、文宗之王守澄、仇士良、僖宗之田令孜、杨复恭、昭宗之刘季述、韩全诲、南汉后主之龚澄枢、李托、宋徽宗之童贯、明武宗之刘瑾、熹宗之魏忠贤、清孝钦皇后之安德海、李莲英等之类，皆是也。

（五）外戚　如西汉之霍禹、王莽、东汉之窦宪、梁冀等之类，皆是也。

（六）权臣　如汉末之曹操、曹丕，魏之司马懿、司马师、司马昭、司马炎，东晋之桓温、桓玄、刘裕，宋之萧道成、齐之萧鸾、萧衍，梁之陈霸先、魏之尔朱荣、高欢、宇文泰、北周之杨坚、后周之赵匡胤等之类，皆是也。

（七）朋党　如东汉末之钩党、唐之牛李党、北宋之元祐党、熙丰党、明末之东林党、阉党、清末之立宪党、革命党及守旧党等之类，皆是也。

（八）藩镇　如夏之商汤，殷之周武王，周之七雄，西汉初之七国，东汉末之守牧，隋末之李渊，有唐中叶以后之河朔诸藩镇，后唐之李从珂、石敬瑭，后汉之郭威，元之海都、纳延，明之燕王棣、宁王宸濠，清初之吴三桂、耿精忠、尚之信等之类，皆是也。

（九）乱民　如秦末之陈胜、吴广、项羽、刘邦等，西汉末之赤眉、王郎等，东汉末之黄巾等，隋末之李密、窦建德等，唐末之黄巢、王仙芝等，北宋末之方腊等，元末之刘福通、陈友谅、朱元璋等，明末之张献忠、李自成等，清末之洪秀全、杨秀清等之类，皆是也。

（十）外国　如汉之匈奴，晋之匈奴及鲜卑、魏之柔然、北周隋唐之突厥、唐之回纥、吐蕃、南诏、宋之辽金，西夏及元、明之鞑靼、瓦剌、满洲，清之英、法、俄、日诸国等之类，皆是也。

二、敬祖宗

西洋伦理横以计算，中国伦理纵以计算；西洋社会思想发达，中国家族思想发达；西洋重公德，故慈善事业流行于社会间；中国重私德，故孝友风尚流行于家庭间，敬祖宗之习惯，即由孝友思想沿习养成者也。《中庸》曰："春秋，修其祖庙，陈其宗器，设其裳衣，荐其时食。宗庙之礼，所以序昭穆也。序爵，所以辨贵贱也。序事，所以辨贤也。旅酬，下为上，所以逮贱也。燕毛，所以序齿也。践其位，行其礼，奏其乐，敬其所尊，爱其所亲，事死如事生，事亡如事存，孝之至也。"《论语》曰："慎终，追远，民德归厚矣。"圣经贤传对于敬祖宗再三致意。此外，若《书经》《诗经》《礼记》等书无不皆然，故天子有七庙、诸侯五庙、大夫三庙、士二庙、庶人一庙，对于祖宗之崇报，无贵贱一也。中国思想，谓死者魂升魄降，魄入于地，毫无知觉，魂升于天，其精灵依旧存在。故每一祭祀，必招魂归来受享。又恐死者寂寞，于是有殉死之风。后世象形为俑，至今流行未辍。惟其以家庭为本位，故同居之风盛行，唐张公艺家九世同居，宋陈兢家十八世同居，历史上传为美谈。子弟富于依赖性质，人少独立之风，而恬不为怪。惟其敬祖主义发达，故凡事必则古称先，老师宿儒，猾胥劣吏，动辄持以要挟君主长官，而当局者不敢与抗。分明恶劣习惯，而不敢不从，曰祖宗有此例也。分明良法美意，而不敢遽从，曰祖宗无此例也。历代变法之难概由于此。以宋神宗之英武而不能成功，以清德宗之聪明而竟以贾祸。变更祖宗成法，虽君主亦有力与心违之叹。至于商鞅、王安石、康有为辈，以匹夫上干天子，持一己学说，欲令世风丕变，岂不难哉？惟其敬祖主义发达，故历代君主，多推崇古圣先贤为祖宗，以门阀笼络百姓。夏祖禹、商祖契，此毫无疑义者也。周祖后稷，则稍费考据。秦祖伯益、汉祖尧，则微觉荒唐。至于新莽祖虞舜，凡天下姚、妫、陈、田、王五姓皆为宗室。唐祖老子，追尊为玄元皇帝，则尤为妄诞无稽矣。政治家如此，宗教家亦然。古代创立学说者，往往推崇古圣贤为教祖，以夸耀其学说所自出。儒教，孔子所创也，而祖述尧舜。道教，老庄所创也，而推崇黄帝。至于墨子尊崇夏禹，许行尊崇神农，更无论矣。政治家宗教家如此，各界皆然。书家摹拟钟、王、颜、柳（钟繇、王羲之、颜真卿、柳公权），诗家效法李杜元白（李白、杜甫、元稹、白居易），古文家崇拜唐宋八大家（韩愈、柳宗元、欧阳修、王安石、苏洵、苏轼、苏辙、曾巩），词曲家推崇李笠翁、王实甫。至于靴工祀孙膑，木工祀鲁班，造酒者祀杜康，女闾祀管仲，梨园祀明皇，虽其中不无迷信讹误，要皆出于则古称先之一念也。则古之念太重，流弊至于卑今，置理想之黄金世界于过去时代。于是凡事皆欲复古，对于未来希望太薄。保守之风盛，研究之风衰，思想界一时停滞。中国自战国以后二千余年，形而上形而下之学问，所以无新发明者，职此之由。

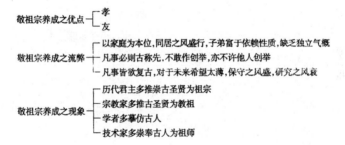

三、重财利

自来天子不言有无，诸侯不计多寡。利之一字，似为儒教所讳言。顾历史上之现象则颇异是。伊古以来，家庭及国家之剧变，由利而起者恒十之八九。古圣贤恻然尤之，乃亟思所以防御之术。儒教提倡仁义说以抵制之，道教提倡虚无说以排除之。《论语》曰："君子喻于义，小人喻于利。"又曰："见利思义。"此孔子学说，举义以与利对抗者也。孟子之见梁惠王也，王曰："叟不远千里而来，亦将有以利吾国乎？"孟子对曰："王何必曰利。亦有仁义而已矣。王曰何以利吾国，大夫曰何以利吾家，士庶人曰何以利吾身。上下交征利，而国危矣。万乘之国，弑其君者，必千乘之家。千乘之国，弑其君者，必百乘之家。万取千焉、千取百焉，不为不多矣。苟为后义而先利，不夺不餍，未有仁而遗其亲者也，未有义而后其君者也。王亦曰仁义而已矣，何必曰利。"此孟子学说，兼举仁义以与利对抗者也。老子《道德经》云："绝圣弃智，民利百倍。绝仁弃义，民复孝慈。绝巧弃利，盗贼无有。"此老子学说，举极端消极之虚无说以与利对抗者也。惟古昔圣贤极力排斥利字，故其结果，中上流社会中修深养到之人，往往有自甘清贫，超然于富贵名利之外者。若伊尹之耕莘、太公之钓渭、诸葛武侯之躬耕南阳、谢太保之高卧东山。先圣后贤，其揆一也。希世之大政治家犹恬淡如此，其他高人逸士之流风余韵概可知矣。顾中下流社会之人颇难以语此。唐人张谓题长安主人壁诗云："世人结交须黄金，黄金不多交不深。纵令然诺暂相许，终是悠悠行路心。"此为一般世人写照也。惟修深养到之人少，而一般世人多，故鄙夫市侩贱丈夫触目皆是，朝野上下皆为若辈逐鹿之场。功名可以捐纳，罪人可以贿放，政治家新闻记者可以买收，金钱万能主义纵横跋扈于世界。循是以往，举国男女老少，无贵无贱，不相率沦为盗贼娼妓不可得也。老子曰："天下攘攘，皆为利往。天下熙熙，皆为利来。"此真用画火画影画水画声手段，描尽世态人情。可谓他人有心，予忖度之矣。圣贤深知好利之弊也，故极力排斥之。《论语》曰："子罕言利。"孟子曰："鸡明而起，孳孳为善者，舜之徒也。鸡明而起，孳孳为利者，跖之徒也。欲知舜与跖之分，无他，利与善之间也。"深恶痛绝之如此，终不能挽回大多数俗人心理也。

说者谓西洋人开口动言权利，与中国之言利者将毋同。顾"权利"二字，系"right"之译语，与中文利字之义稍有区别。利字之义，以金钱为唯一目的。故苟有金钱，虽丧名屈节亦所不惜。权利二字之义，所包含者广。不仅金钱，且有时与金钱主义相抵触，而亦不得不谓之权利。德儒 Jhering 所著之《权利竞争论》(*Der Kampf ums Recht*) 云："英国人之游历欧洲大陆者，或偶遇旅馆舆夫有无理之需索，辄毅然斥之。斥之不听，或争议不决者，往往宁延迟行期数日数旬。所耗旅费，视所争之数增至十倍亦所不恤焉。无识者莫不笑其大愚，而岂知此人所争之数先令（英国货币名，一先令约当墨银半圆实），所以使堂堂英吉利国屹然独立于世界之要具也。盖权利思想之丰富，权利感情之敏锐，即英人所以立国之大原也。今试举一奥地利人（伊氏著书教授于奥地利，故以此鞭策奥人）与此英人地位同财力同者相比较，其遇此等事，则所以处置者如何。必曰此区区也，岂值以之自苦而滋事端，直掷金拂衣而去耳。而乌知夫此英人所拒奥所掷数片先令之中，有一绝大之关系隐伏焉，即两国数百年来政治上之发达，社会上之变迁，皆消息乎其间也。"又民国二年间，《亚细亚报》载一剧谈，标题为《丹马人之特性》。据云，"丹马人某甲，遗失一千元纸币于途。某乙行经其地，拾得之，坐待某甲之来寻而还之。某甲惊喜过望，愿分其半以酬乙。乙不受曰：君宜向余行一大礼。某甲怒，谓君若向余行一大礼，余宁以千元赠君。二人争执多时，卒委其纸币于途而去。"此虽笑谈，然亦可知西洋人所争之权利，与中国人所好之金钱，固自有别。唯此二者二而一、一而二。故中国人往往丧失权利，而博得金钱，西洋人则损失金钱，而换得权利。得金钱者固未尝不自鸣得意，而得权利者乃窃笑于傍矣。

中国古语，名利二字往往并举。顾好利者多，好名者少。一当名利关头，则舍名而取利，此中国社会所以日趋于腐败也。

财之字义，与利有别。《大学》曰："生财有大道。生之者众，食之者寡，为之者疾，用之者舒，则财恒足矣。仁者以财发身，不仁者以身发财。"财之一字，固圣贤所不讳言。而大政治家尤着眼于此。昔者子适卫，冉有仆，子曰："庶矣哉。"冉有曰："既庶矣，又何加焉。"曰："富之。"曰："既富矣，又何加焉。"曰："教之。"孟子曰："富岁子弟多赖，凶岁子弟多暴。"管子《治国篇》曰："凡治国之道，必先富民。民富则易治也，民贫则难治也。（中略）是以善为国者，必先富民，然后治之。"又《牧民篇》云："国多财则远者来，地僻举则民留处。仓廪实则知礼节，衣食足则知荣辱。"盖财之为物，与国计民生有密切关系。财政丰裕则国强，财政紊乱则国弱，财源枯竭则国亡。当代西洋政治家以理财为治国唯一要义，与中国古代圣经贤传学说相近。非若孳孳谋利者，纯为一己之私也，顾理财者不必孳孳以言利，谋利者则必先汲汲以求财。财利二字，遂若有形影相随之势。中国一般社会多倾向之，而商人尤甚。试一游街市，商家门首之春联，皆取发财主义为吉祥语。入其室则家家供享财神。其供献物则为旧式铜币与元宝式纸锭。又北方风气，阴历新年，亲友初对面时，必互行一揖礼，口称"见面发财"以为祝。此亦重财利之思想发达后逐渐养成之习惯也。惟此等思想发达，故储蓄之风盛。人人勤俭，善于治家及经商，中国富力因而增进。同时，金钱万能主义流行，上下交争利，一有金钱，则置国家于脑后，弃名节而不顾，举国相率流为市侩。其长处即其短处，优点即其劣点也。推此等思想发达之由来，其原因厥有二端：

一、封建制度及井田之破坏　中国上古时代，诸侯、卿、大夫、士，世禄世官，有土有民以为终身之业，无事营营为利。且井田之制盛行，取均产制度，不准自由垄断，贫富之悬隔未甚，故利心淡泊。秦时，废井田，开阡陌，贫富之差渐生。南北朝及唐时，虽有颁田之制，行之未久，旋复废弃。均产之制破，人人得以自由扩置财产，贫富之差益甚。富者连阡累陌，贫者无立锥之地。经济界上大野心家，乃明目张胆，实行其垄断政策。小民为糊口计，不得不以金钱为生命也。

二、战争之频繁　中国数千年历史，战争之历史也。内乱外患，更迭繁兴。未有经过百年而无战事者。战事一起，王侯将相槁死沙场，公子王孙流为饿殍。当此之时，爵位不足恃，权利不足赖，名誉不足依。所恃以为唯一不二之救济物者厥惟财产。故人人竞以金钱为目的，不顾廉耻为何物。

或谓印度国情与中国同，顾印人能超然于名利之外者，何也？曰印度为理想之国民，中国为实际之国民。印度宗教哲学思想发达，中国政治经济思想发达。印度人注重未来，故幸福期之死后或来生，现世虽甘穷饿而不悔。中国人注重现在，死后及来生皆所不计，而惟取实利主义，满足目前之欲望。故两大民族对于财利之观念固自不同也。

中国人财利思想与西洋人权利观念之比较 {中国——金钱或可以用金钱估计之物品
西洋——right

重财利思想养成之原因 {封建制度及井田之破坏
战争之频繁

重财利之利弊 {储蓄之风盛，人人勤俭，善于治家或经商
金钱万能主义流行，上下交争利，知有个人不知有团体

中印国民思想之比较	印度	中国
	重理想	重实际
	宗教哲学思想发达	政治经济思想发达
	注重未来幸福，现在虽甘穷饿而不悔	注重现在幸福，不甚计较未来

四、重文轻武，喜平和恶杀伐

自来风俗习惯，由于人造者半，由于天然者亦半。满蒙地方，气候寒冷，土壤硗瘠，人民习于劳苦，养成一种慓悍强勇气概。故尚武之风盛，人尽知兵。虽妇人孺子，皆能马上劳动，而于文学则藐乎无闻焉。汉民族所处地位，适与之成反比例。土壤肥沃，气候温和。农业适宜，故开化最早。自唐虞时代，典章文物，斐然可观，历三代迄周而大备。虞书周礼，为中国法制史之滥觞。《禹贡》一篇，为中国地志之原本。此后若战国之骚体，六朝之选体，唐之诗，宋之文，元之词曲，明清之时文及试帖诗赋，皆萃一代文人学士之精神，融合而成著作。文笔之优美高尚，文字之华丽瑰奇，实为全球各国冠。世界谈文学者，莫不于中国首屈一指焉。顾重文太甚，则轻武之风起。孔孟学说，尊重文德，排斥战祸，故于周文王推崇甚至，而于武王时有微词。老庄学说，虽不推崇文德，而亦极力排斥战祸。此外各种圣经贤传，以及历史上称述之事迹，时露重文轻武之风，以为文德能胜武力。《虞书·大禹谟》云："帝曰，'咨禹。惟时有苗弗率，汝徂征。'（中略）三旬。苗民逆命。益赞于禹曰：'惟德动天。无远弗届。（中略）至诚感神，矧兹有苗。'禹拜昌言曰'俞'。班师振旅。帝乃诞敷文德，舞干羽于两阶。七旬，有苗格。"武力为异族所压倒者，乃以文德制服异族，是为汉民族最得意手段，儒教诸生所津津乐道者也。顾经

书所载者，系上古时代汉民族之思想，不可认作实事。经生泥古，不知变通，效法古人，动辄失败，可笑人也。昔者王莽末年，汉兵入长安，烧作室门（在未央宫西北）。火及掖庭，王莽犹貌为镇定，持虞帝匕首，旋席，随斗柄而坐曰："天生德于予，汉兵其如予何。"已而众兵入宫，遂诛莽。梁元帝末年，西魏柱国于谨率师来侵。前锋济汉，将抵江陵。元帝犹讲老子于龙光殿，百官戎服以听。已而魏师围江陵，元帝巡城，犹口占为诗，群臣亦有和者。外栅陷，元帝退保子城，诸将皆散。乃焚古今图书十四万卷，以宝剑击柱，折之，叹曰："文武之道，今夜尽矣。"或问焚书何意，帝曰："读书万卷，犹有今日。故焚之。"已而内城亦陷，帝遂为魏人所杀。君主推崇文德，犹自欺以欺人如此，其他腐儒更何责焉。惟其然也，故武人为社会所轻视。有唐以后，文武分途。武臣不能握政柄，终身受文臣节制。于是有中等财产之家，中等脑力体力之人，皆乐于习文，不乐于习武。学书不成者，始去而学剑。军人资格渐渐低下，聪明材力，远不如文人。中国数千年来，学界有名儒，军界无壮士。与异族战，动辄失败。六朝时代，南北构兵，北朝多胜，南朝多负。北朝疆土逐渐扩张，南朝疆土逐渐削减，终至于亡。宋辽金对峙时代，辽与宋战则胜，与金战则败。辽亡，宋与金比邻，金与宋战则胜，与元战则败。金亡，宋与元比邻，乃不得不折而入于元矣。北朝天子，多以马上得天下，军事知识素发达。南朝天子，往往傅脂粉，坐深宫，深居简出，不知军事为何物。汉族对外之不竞，职此之由。惟其然也，故历代对外战争，多系被动，非主动。汉武帝、唐太宗，经略异域，着着成功，武力之强，为汉族历代君主冠。顾其对外战争，纯为防卫起见，非为侵略起见，是以汉武末年有轮台之悔。以秦始皇之英武，击退匈奴后，不思荡平漠北，犹筑长城以自保。以汉武帝、昭帝、宣帝累世英主，击败匈奴，呼韩邪称臣内徙后，不移殖汉族，经略漠南漠北，收复为中国有，乃任匈奴复还故地。东汉和帝时代，大将军窦宪击灭北匈奴，南匈奴内徙五原，漠北空虚，鲜卑遂乘势窃据其地，卒为中国大患，土地可以归我有而仍不有。与蒙古族之成吉思汗、帖木儿，终年以战争为事，至死方休，累世以开疆拓土为业，历祖及孙而不倦者相较，其野心之大小为何如也。惟其然也，故中国历史上幅员最大之帝国，实推蒙古族之元为巨擘，通古斯族之清次之，汉族之汉、唐又次之。宋、明褊小，始终为北方民族所凌侮。其他更无论矣。惟其然也，故汉民族之人，皆以从军为苦，以老死不知兵革为幸福。谚云：宁作太平犬，不当离乱民。杜工部《石壕吏》诗云：

> 暮投石壕村，有吏夜捉人。老翁逾墙走，老妇出门看。吏呼一何怒，妇啼一何苦。听妇前致辞，"三男邺城戍。一男附书至，二男新战死。存者且偷生，死者长已矣。室中更无人，惟有乳下孙。孙有母未去，出入无完裙。老妪力虽衰，请从吏夜归。急应河阳役，犹得备晨炊。"夜久语声绝，如闻泣幽咽。天明登前途，独与老翁别。

又《兵车行》诗云：

> 车辚辚，马萧萧，行人弓箭各在腰。爷娘妻子走相送，尘埃不见咸阳桥。
>
> 牵衣顿足拦道哭，哭声直上干云霄。道旁过者问行人，行人但云点行频。
>
> 或从十五北防河，便至四十西营田。去时里正与裹头，归来头白还戍边。
>
> 边庭流血成海水。武皇开边意未已。君不闻汉家山东二百州，千村万落生荆杞。
>
> 纵有健妇把锄犁，禾生陇亩无东西。况复秦兵耐苦战，被驱不异犬与鸡。
>
> 长者虽有问，役夫敢申恨？且如今年冬，未休关西卒。县官急索租，租税从何出？信知生男恶，反是生女好。生女犹得嫁比邻，生男埋没随百草。
>
> 君不见青海头，古来白骨无人收。新鬼烦冤旧鬼哭，天阴雨湿声啾啾。

白香山《新丰折臂翁》诗云：

新丰老翁八十八，头鬓眉须皆似雪。玄孙扶向店前行，左臂凭肩右臂折。

问翁臂折来几年，兼问致折何因缘。翁云贯属新丰县，生逢圣代无征战。

惯听梨园歌管声，不识旗枪与弓箭。无何天宝大征兵，户有三丁点一丁。

点得驱将何处去？五月万里云南行。闻道云南有泸水，椒花落时瘴烟起。

大军徒涉水如汤，未过十人二三死。村南村北哭声哀，儿别爷娘夫别妻。

皆云前后征蛮者，千万人行无一回。是时翁年二十四，兵部牒中有名字。

夜深不敢使人知，偷将大石槌折臂。张弓簸旗俱不堪，从兹始免征云南。

骨碎筋伤非不苦，且图拣退归乡土。此臂折来六十年，一肢虽废一身全。

至今风雨阴寒夜，直到天明痛不眠。痛不眠，终不悔，且喜老身今独在。

不然当时泸水头，身死魂孤骨不收。应作云南望乡鬼，万人冢上哭呦呦。

老人言，君听取。君不闻开元宰相宋开府，不赏边功防黩武。

又不闻天宝宰相杨国忠，欲求恩幸立边功。边功未立生人怨，请问新丰折臂翁。

此外若杜工部之《哀江头》《哀王孙》《彭衙行》《羌村》《新安吏》《潼关吏》《新婚别》《垂老别》《无家别》，李华之《吊古战场文》等篇，其描写世人厌倦兵戈心理，皆为独到。与古代之 Sparta 现今之大和民族、日耳曼民族相较，一则以从军为乐，一则以从军为苦，一则以战死沙场为乐，一则以老死牖下为幸，其民气之强弱为何如也。惟其然也，故军人社会为下流无赖者所盘据，中上流社会之人不屑就。谚云："好人不当兵，好铁不打钉。"鄙夷轻侮无所不至。军人亦自甘暴弃，奸淫掳掠，与强盗无异。以视欧、美、日本各社会，崇拜军人为国家保障，皇帝总统自为海陆军大元帅，皇太子以下皆就军职。大学卒业之博士、学士补充海陆军下级军官，轻裘缓带，有儒将风，为社会之表率者异矣。惟其然也，故前清末年，对外战争有败无胜，割地纳款，忍辱乞和，瓜分之说，公然昌言于外人之口。欲求平和，而平和不能保；欲避战争，而战争不能免。则何如及早改弦易辙，提倡尚武精神，整顿军国民教育，与世界各国以武装的和平相维持之为愈哉！

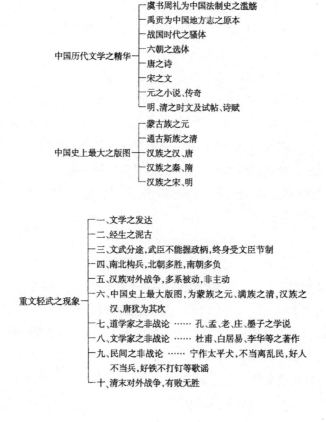

重文轻武习惯养成之原因
　由于天然者
　　土壤肥沃
　　气候温和
　　农业适宜
　由于人为者
　　教育家之鼓吹
　　政治家之提倡

中国历代文学之精华
　虞书周礼为中国法制史之滥觞
　禹贡为中国地方志之原本
　战国时代之骚体
　六朝之选体
　唐之诗
　宋之文
　元之小说、传奇
　明、清之时文及试帖、诗赋

中国史上最大之版图
　蒙古族之元
　通古斯族之清
　汉族之汉、唐
　汉族之秦、隋
　汉族之宋、明

重文轻武之现象
　一、文学之发达
　二、经生之泥古
　三、文武分途，武臣不能握政柄，终身受文臣节制
　四、南北构兵，北朝多胜，南朝多负
　五、汉族对外战争，多系被动，非主动
　六、中国史上最大版图，为蒙族之元、满族之清，汉族之汉、唐犹为其次
　七、道学家之非战论 …… 孔、孟、老、庄、墨子之学说
　八、文学家之非战论 …… 杜甫、白居易、李华等之著作
　九、民间之非战论 …… 宁作太平犬，不当离乱民，好人不当兵，好铁不打钉等歌谣
　十、清末对外战争，有败无胜

五、重仪式娴辞令

由来汉民族好礼。礼之为用，上至国家之官制军制刑制，下至庶民之冠婚丧祭，胥受其范围者也。礼起于何时，莫知其详。大抵人类社会，由野蛮之域，进入文明之域，上流阶级之人，制为一种仪式，维持社会秩序，以束缚人民之野蛮自由。盖几经进化，几经变更，始成为一种神圣不可侵犯之习惯法。有违背者，群起而非难之。圣人制礼之时，礼与法有密切关系。《尚书》《礼记》《周书》《仪礼》诸书，皆为古代通礼，而实含法制性质。历夏、商、周无改。春秋战国时代，礼法渐分。至秦统一天下，礼与法乃截然划为两途。法为国家之专有物，政府司之。礼为社会之通用品，自天子以至于庶人共之。惟其然也，故法随政府为消长，政府易则法亦变更。礼与社会结不解缘，社会不变，礼终不能大变也。圣人又恐束缚人民太甚则人类感痛苦也，乃制为乐以调和之。行礼之时必作乐，借以涵养德行，娱悦性情。顾几经变乱战争，礼虽犹存而乐已废。盖乐之为物，人存则举，人亡则息。乐人长逝，乐节失传。乐谱乐具虽存，于事无补也。民国成立，征求国歌，提倡军乐。大中小学校内，钢琴风琴依次排列，非不整然可观。顾此系外洋输入之新乐，与中国旧有之古乐无涉也。

重礼太甚，其弊流于形式。亲没之际，必衰服庐墓三年。葬时必行哭礼，葬式必用木葬。衣衾棺椁异常华侈。召集亲友，大开筵席，呼僧唤道，唪经诵佛，甚或演剧娱宾以助余兴，繁华奢丽，耗费金钱。与儒教所谓"礼与其奢也宁俭，丧与其易也宁戚"之义大相背谬（参观《地学杂志》第十六年第二期二二一页刘半农译《苏莱曼东游记》）。察省南部各县，每一丧亲，例须破产以营葬礼，否则乡人群起而非难之。以有限之金钱，用之于不生产之地，其为害于社会经济为何如也。官吏遭丧，例须免官家居二十七个月，以有用之时间，消耗于无聊之生活，其妨碍于国家行政又何如也。此外若婚礼、寿礼及小儿诞弥月之礼，皆异常奢侈。而嫁女为尤甚。为父兄者，牺牲一岁收入之赢余犹不足，往往借贷亲友，或卖却不动产以补充之。否则女儿抱怨，婿家不快，尤为末节，日须受社会之讥诮也。文学上亦重形式，战国时之骚体，六朝之选体，唐宋之四六文章，元之词曲，明清之八股文章，及律诗、律赋，文字华丽，音调谐和，固不必论。且注重对偶，句必有双。此外若诗钟、春联皆如此。与东西洋各国文字相较，一整一散，风韵自别也。日本汉学家效法中文，颇能作偶语。顾其本国固有之国语，纯系复音，与西洋同，不宜于对偶。东施效颦，适增其丑也。建筑上亦重形式。西洋房屋，盘环曲折，自成风致。中国房屋，则以四合为标准。上房倒座之间数，两厢房之间数，必分配匀称。即富有金钱者，建筑五层、十层之房屋，亦不过一大四合房，规模略扩充而已。北京紫禁城内之乾清宫、坤宁宫，与颐和园内之离宫，形势大都如此。准此类推，若秦始皇之阿房宫，西汉之未央宫、建章宫，陈后主之临春、结绮、望仙阁，隋炀帝之西苑，宋徽宗之艮岳，虽层楼叠阁，千门万户，历史上传为美谈，然大概之形势，亦不过如此而已。无富贵贫贱，千篇一律也。法制上亦重形式。日本维新之初，为时势所迫，往往先设机关，后布官制。我国照抄日本原文，朝颁一法，夕布一令。事件尚未发生，文字已连篇累牍。日本各官署公文多用草书，拟稿者自写，无专司誊清者。我国官署多用书记、录事，专司写稿，于时间金钱及保守秘密上，诸多不便也。重形式之结果，人娴辞令，善于交际。试观春秋之时，郑宋等小国，界居强国之间，使臣素号多才。往往樽俎折冲，化干戈为玉帛。武力所不能抵抗者，以口舌抵抗之，小邦赖以自立。言语之学，孔门列为一科，与德行、行事、文学并重。战国之时，纵横家学说发达。苏张之徒，皆以口舌操纵群雄，致位宰相，天下安危系其一言。历汉及晋，挥麈清谈之辈，犹存古风。其后言语学渐衰，而书札之学日益发达。历代名人书札，皆能以最简单之笔，述极复杂之事，委婉曲折，道尽人情，实为全球各国书札冠。顾交际太谙练者，其末流容易流于虚伪，辞气款式之间，往往有足恭之处。孔子曰："巧言令色，鲜矣仁。"又曰："不有祝鮀之佞，而有宋朝之美，难乎免于今之世矣。"可见此等谄谀风气，匪今斯令，振古如兹矣。是则我辈所深戒也。

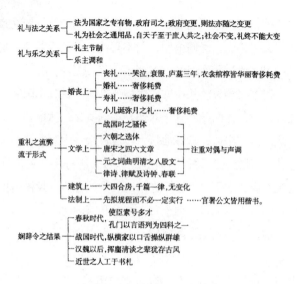

六、自尊与自屈

中国为自古文明国。环我而居之民族，文化不如我国远甚。又与西洋隔绝，心目中未尝有埃及美索波达米亚之文化，僻处东方，泰然自大，养成一种傲慢风习。自称曰中国、曰中华，或曰华夏，而目四邻民族曰蛮、夷、戎、狄。对于非我族类者，往往不以人类齿之。对外交际，苟非万不得已，绝不肯行平等礼。前清外交之失败，此亦一大原因。国内虽无阶级，而君对于臣、主对于仆、长官对于属僚、官吏对于平民，皆异常傲慢，叱喝驱使，等于牛马，俨若有一种神圣不可侵犯之阶级存焉。富人对于贫民亦如此，蹴尔嗟来，壮夫所耻，而施者不以为意，受者亦怡然自若也。宦途秘诀，曰能骄能谄。同一人也，对于尊者及卑者，做成两副面孔对待。一方面极力恭维，一方面尽情慢待也。姑妇间之关系亦如此，一方面极端干涉，一方面绝对服从。有权利者无义务，有义务者无权利也。西洋仆婢，若受主人无礼诮责，必极力抗辩，主张自己权利，虽被辞退亦不悔。中国仆婢，则安之若命，未闻有抗辩者，有之则社会群起而非难之也。由来自尊心与自屈心本为一种极端之反对态度，而中国人兼而有之。推其原因，厥有三端。

一、外族之压制　汉族对于外国民族，虽时常以文化傲之，而武力上则常受其压制。抵抗之力不足，乃与之议和。战争失败之余，虽屈膝而不悔。晋怀帝之青衣行酒，愍帝之执戟前驱。宋徽宗、钦宗之受封为昏德公、重昏侯。南宋对于金、元，称侄、称孙、称臣，此犹其战败者也。中国强盛时代，若汉对于匈奴、隋对于突厥、唐对于吐蕃回纥，皆以和亲为政策。以公主嫁外国君主，而与之论婚媾。君主犹不惮屈辱如此，无惑乎降臣、降将，屈膝虏庭，朝诋之为盗贼者，暮事之如神圣，恬不知耻也。汉民族对外，由骄慢化为柔顺者，此为第一原因。

二、伦理上阶级制度之严重　君臣、父子、姑妇之间，一方面有无上之权利，一方面有绝对服从之义务。尊卑、长幼、贵贱等之区别太甚，助长社会上自尊与自卑之风。

三、儒教教义之主张　儒教宗旨，提倡忠孝。忠孝者，臣子之义务，人所当为。但义务与权利相交换，有义务则权利与之俱来。儒教极力提倡臣子义务，而绝口不言臣子权利。就表面上观之，似乎只有义务，并无权利。专制君主利用此损下益上主义，极力鼓吹，行之既久，为臣子者遂绝口不敢言权利。是为养成柔顺之第三原因。

有此三原因，而柔顺之习惯成矣。顾汉民族所最重者曰生命财产，有犯及此者，必竭力抵抗，虽杀身破家而不悔，历代革命军之兴半由于此。古来大政治家，时时以省刑罚、薄税敛为治国要件，其虑深矣。民犹水矣，水能载舟，亦能覆舟。不可忽也。

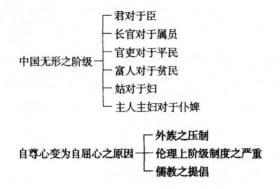

以上所述六大条件，汉民族历史上现出之特性尽于是矣。将来之国民性如何，有无变化，此不敢预定者也。由来汉民族富于同化力，外族有入中国者，不及百年，辄被汉化。元魏之苗裔，金、元之遗民，河北、关西人口想当不少，然形式上无以别也。此外若江南之苗族，陇右之氐、羌，其被汉化者尤指不胜屈。以古例今，欧美各民族将来若移殖于中国，或者竟被汉化，未可知也。顾两民族平和之竞争，文化较优者胜。以汉族与四邻民族比较，汉族之文化优，以汉族与欧美民族比较，欧美民族之文化优。将来若两民族互相接触，汉族或者竟被同化，亦未敢定也。顾养成国民性之要素，其原动力有二：

一、外部之关系

　　甲、外族文化之输入

　　乙、外族武力之压迫

二、内部之关系

　　甲、土地及气候

　　乙、遗传

　　丙、风俗

　　丁、教义

　　戊、言语

现在外部之关系，汉民族诚居劣败地位。内部之关系，则土地气候，亘古未尝变更。泰山不改，秉性难移，黄河尚流，民情如故。天然现象，非人力所能争也，古代遗传至今未改。一时代之性格，化为异时代性格之引导者，形体虽异，性情不大异也。中国风俗，古今不甚相远，孔教道德，一时不能动摇。言语皆单音，文字皆衍形。欲用欧文为标准，而改弦更张之，谈何容易。然则汉族文化，从根本取消，固属绝无之事。汉族性格，逐渐改变，又岂一朝一夕所能及哉。

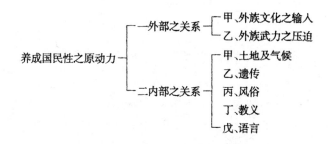

梁任公先生《饮冰室全集》新民说论私德篇，载有《中国历代民德升降表》及《中国历代民德升降原因表》各一兹录登于下，以供参考。

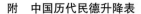

附　中国历代民德升降表

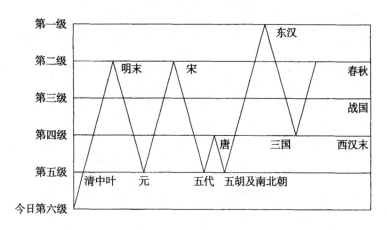

附　中国历代民德升降原因表

	国势	君主	战争	学术	生计	民德
春秋	列国并立，贵族专制	权不甚重，影响颇少	虽多而不甚烈	各宗派虽萌芽而未甚发达，多承先王遗风	交通初开，竞争不甚剧	醇朴忠实
战国	列国并立，集权专制渐巩固	大率以尚武精神、外交手段两者奖励臣下	甚烈	自由思想极发达，儒墨道法纵横诸派互角，而法家纵横家最握实权	商业渐兴，兼并大起，因苛税及兵乱，民困殊甚	其长在任侠尚气，其短在慓狡诈伪，破坏秩序
秦	中央集权专制力甚强	以塞民智、挫民气为主	继续	屏弃群学，稍任法家	大窘	卑屈浮动
西汉	同	高祖承用秦法，专挫任侠，刻薄寡恩	少	儒老并行	文景间家给人足，武昭以后稍困	卑屈甚于秦时
东汉	同	光武、明、章奖励名节	少	儒学最盛时代，收孔教之良果	复苏	尚气节，崇廉耻，风俗称最美
三国	本族分裂	魏武提倡恶风，吴、蜀亦奖励权术	烈	缺乏	颇艰	污下
六朝	外族侵入	奖励浮薄侈靡之风	甚多，而本族率战败	佛老并用，词章与清谈极盛	憔悴	混浊柔靡
唐	本族恢复中央集权，旋复分裂	骄汰	上半期平和，下半期大乱	儒者于词章外无所事，佛学稍发达	上半期颇苏，下半期大困	上半期柔靡卑屈，下半期混浊
五季	不成国	无主	战败于外族	无	民不聊生	最下
宋	主权微弱，外族频侵	真、仁爱民，崇礼	战败于外族	道学发达最盛，朱陆为其中心点	稍苏	尚节义而稍文弱
元	外族主权专制力甚强	以游牧性蹂躏本族	本族全败，战争与国民无与	摭朱学末流而精神不存	困	卑屈寡廉耻
明	本族恢复专制力甚强	太祖残忍刻薄，挫抑民气	战胜后平和时代稍长	王学大兴，思想高尚	稍苏	发扬尚名节几比东汉

	国势	君主	战争	学术	生计	民德
清	外族同化，主权专制力甚强	雍正、乾隆以蹊刻阴险威群下	战败后平和时代稍长	士以考据词章自遁，不复知学，其黠者以腐败矫伪之朱学文其奸	颇苏	庸懦卑怯狡诈
现今	文明之外族侵入，主权无存	四十年来主权者以压制敷衍为事，近而益甚	内乱未已外患又作，数败后四海骚然	旧学澌灭，新学未成，青黄不接，谬想重叠	漏卮既甚而世界生计竞争风潮侵来全国憔悴	混浊达于极点，诸恶俱备

第三节　历代户口之消长

自来国以民为本。户口之多寡，与国家之盛衰有密切关系，政治家每于其消长特别注意焉。我中国建国于东亚已数千年，生殖力之强甲于全球。顾迄今户口仍不十分增进，其密度较之欧美诸强国殊有逊色者，则以历代战争之频繁，有以减杀其生殖力，使不得畅遂其蕃殖故也。孟子曰："天下之生久矣，一治一乱。"中国自有史以来，未有经过三十年而不乱者，户口之不能迭增，职是之故。然亦统计之学不讲，调查之术不精，无确凿之实数故也。梁任公先生《饮冰室文集》有《中国史上人口之统计》一篇，叙历代户口消长之原因颇详，兹节录于下，以供参考。

中国历代户口比较表

（据三通考撮录，其失载者不杜撰，其正误者不臆改）

年代	户数	口数
夏禹时	……	一三、五五三、九二三
周初	……	一三、七〇四、九二二
周东迁时	……	一一、九四一、九二二
周末	……	……
汉初	……	……

年代	户数	口数
西汉末	一二、二三三、〇六二	五九、五九四、九七八
汉光武时	四、二七九、六三四	二一、〇〇七、八二〇
明帝时	五、八六〇、一七三	三四、一二五、〇二一
章帝时	七、四五六、七八四	四三、三五六、三六七
和帝时	九、二三七、一一二	五三、二五六、二二九
东汉末	一六、〇七〇、九〇六	五〇、〇六六、八五六
三国时	……	七、六七二、八八一
晋武帝时	二、四五九、八〇四	一六、一六三、八六三
南北朝全盛时	……	四八、〇〇〇、〇〇〇
南北朝之末	……	一一、〇〇九、六〇四
隋全盛时	八、九〇七、五三六	四六、〇一九、九五六
唐太宗时	三、〇〇〇、〇〇〇不满	……
武后时	六、三五六、一四一	……
玄宗天宝时	九、六一九、二五四	五二、九〇九、三〇六
肃宗至德二年	八、〇一八,七〇一	……
乾元二年	一、九三三、一二五	……
德宗时	三、八〇五、〇七六	……
宪宗时	二、四七三、九六三	……
武宗时	四、九五五、一五一	……
宋艺祖时	三、〇九〇、五〇四	……
真宗时	八、六七七、六七七	一九、九三〇、三二〇
神宗时	一五、六八四、五二九	二三、八〇七、一六五
徽宗时	二〇、〇一九、〇五〇	四三、八二〇、七六九
南宋高宗时（金在外）	一一、三七五、七三三	一九、二二九、〇〇八
光宗时（并金合计）	一九、二四一、八七三	七三、二九二、九八五
元初	一一、八四〇、八〇〇	五八、八三四、七一一
元末	……	……
明成祖时	一一、四一五、八二九	六六、五九八、三三七
英宗时	九、四六六、二八八	五四、三三八、四七六

年代	户数	口数
武宗时	九、一五一、七七三	四六、八〇二、〇〇五
神宗时	九、八二五、四二六	五一、六五五、四五九
清顺治十八年		二一、〇六八、六〇九
康熙五十年	……	二四、六二一、三三四
乾隆十四年	……	一七七、四九五、〇三九
四十八年	……	二八四、〇三三、七五五

（表例附）

甲、周末、汉初、元末诸时代极关紧要，然原书不能言其数，今别证他书，附考于后。惟表中则空之。

乙、原书于唐著户不著口，其他或著口不著户，今悉依以为存阙。

丙、原书于东汉唐宋元明列表甚详，每帝皆有。今惟取其比较之率有大涨落者乃列次之。

丁、当数主分立时代，必须合观各主所属之户口，乃为全国总数。上表所列者，惟南宋高宗时代，未将金所属列入。其时金之户数三百万，合诸宋之数，共一千四百余万户也。口数则原书不载，无从搀入，故阙之。其余如三国时、六朝时及南宋光宗时，皆综合其总数列表。所据者如下：

三国时

	户	口
魏	六六三、四二三	四、四三二、八八一
蜀（亡时）	二八〇、〇〇〇	九四〇、〇〇〇
吴（亡时）	五三〇、〇〇〇	二、三〇〇、〇〇〇
合计	一、四七三、四二三	七、六七二、八八一（即前表之数）

南北朝全盛时

南朝所可考者，惟《宋书》载"孝武时户九十万六千八百七十，口四百六十八万五千五百一"。北朝所可考者，惟《魏书》载"孝文迁都河洛，时为全盛，户口之数，比晋太康倍而有余"。马氏原案云："太康平吴后，户二百四十五万余，口千六百十四万余，云倍而有余，则是户五百余万，口三千一百万以上也。"故累列如前表。

南宋时

	户	口
宋（光宗时）	一二、三〇一、八七三	二七、八四五、〇八五
金（章宗时）	六、九二九、〇〇〇	四五、四四七、九〇〇
合之即前表之数也。		

（一）周末人口略算

苏秦说六国，于燕赵韩齐，皆言带甲数十万。于楚，则言带甲百万。于魏，则言武士苍头奋击各二十万。张仪言秦，虎贲之士百余万。又苏秦言齐楚赵，皆车千乘，骑万匹。言燕，车六百，骑六千。言魏，车六百，骑五千。张仪言秦，车千乘，骑万匹。以秦楚两国例推之，大抵当时兵制，有车一乘骑十匹者，则配卒一千人，故秦楚千乘而卒百万，燕六百乘而卒六十万。然则苏秦虽不确言齐赵燕韩之卒数，然亦可比例以得其概。大约齐赵皆当百万，燕韩皆当六十万。盖当时齐秦楚工力悉敌，而苏秦亦言山东之国莫强于赵。故合纵连横时，齐赵秦楚皆一等国，而魏韩燕二等国也。以此计之，七雄所养兵，当合七百万内外也。

由兵数以算户数，据苏秦说齐王云，临淄七万户，户三男子，则临淄之卒可得二十一万。是当时之制，大率每一户出卒三人，则七国之众，当合二百五十余万户也。

由户数以算人数，据孟子屡言八口之家，是每户以八人为中数，则二百五十余万户，应得二千余万人也。

此专以七雄推算者，当时尚有宋、卫、中山、东西周、泗上小侯及蜀、闽、粤等不在此数。以此约之，当周末时，人口应不下三千万。

（二）汉初人口略算

据《史记·秦本纪》及六国表，则自秦孝公至始皇之十三年，其破六国兵，所斩首虏，共百二十余万。（余别有表）而兵之被杀于六国者尚不计。六国自相攻伐所杀人尚不计。然则七雄交斗，所损士卒当共二百万有奇矣。而始皇一天下之后，犹以四十余万使蒙恬击胡，以五十万守五岭，以七十万作骊山驰道。三十年间，百姓死亡相踵于路。陈、项又资其酷烈，新安之坑二十余万，彭城之战睢水不流。汉高定天下，人之死伤亦数百万。及平城之围，史称其悉中国兵，而为数不过三十万耳。方之六国，不及二十分之一矣（参用马氏原案语略加考证）。

汉既定天下，用民服兵役者，当不至如六国之甚。然以此拟计之，当亦无逾五六百万者（南越、东越等不计）。

由前表观之，则中国自清乾隆以前，民数未有逾百兆者。其最盛为南宋，宋金合七十三兆余。次则明成祖时，六十六兆余。又次则西汉孝平时，五十九兆余。最少者为三国，乃仅为七兆余。呜呼！孰谓吾先民而仅有此。今姑据此不实不尽之统计一研究之。

上古邈矣，不可考。但据原案，周东迁时得十一兆余，今所揣度，则至战国而进为三十兆。其间以卫生之不备、战争之频数，进率只于如是，其与理论殆不相远。及至汉初而六去其五矣，则暴秦陈项之乱为之也。汉休养生息二百年，自文景迄孝平，由五兆进为五十九兆，殆加十倍。及建武中兴，复锐减至二十一兆，几去三之二矣，则王莽赤眉以来之乱为之也。东汉二百年稍苏，复进至五十兆，然犹不及西京之盛。曾几何时，而三国时代仅余七兆，比盛汉时南阳汝南两郡之数（窃疑三国时户口最确实，盖史所载者并将士若干人，吏若干人，后官若干人，而一一备列之也）盖七而余一矣。马贵与谓兴平建安之际，海内荒废，白骨盈野，三十余年。及文帝受禅，人众之损，万有一存。此皆甚言之词，然生民之不遭，亦至是极矣。隋之极盛，可比汉代，其所以致此者下节论之。隋与唐之比较原书于唐，记户而略口，故民数无稽焉。然隋大业间，有户八百九十万余。唐贞观间乃不满三百万，亦去三之二矣，其有户无民者尚不在此数。马氏谓经乱离之后，十存不能一二，则豪杰共逐隋鹿之为之也。至武后时而增一倍，为六百万户。至玄宗天宝时而增二倍，为九百余万户，则唐之极盛也。盖其休养者凡百三十余年而始得此。肃宗至德二年，即玄宗幸蜀之次年也，犹八百余万。再越三年为乾元二年（以至德三年改元曰乾元），乃仅有百余万户，视天宝时（相距不过五年）十去其八矣，则安史之乱为之也。其后终唐之世以及宋艺祖之定天下，虽时有进退，然仅如贞观时耳。则藩镇迭扰，十国交斗之为之也。元明之交，竟弗可深考。而元初与明初之比较殆相若，今无置论焉。明代民籍，大率上下于五六十兆间。天启中犹有五十余兆，及顺治十八年仅二十兆，又五去其三矣。则流寇恣虐，满洲入篡，三藩继乱之为之也。综览二千年来，我先民之宅于斯土者，稍得置田庐，长子孙，度数十寒暑，辄复一度草剃禽狝，使靡孑遗。如佳期将至，风雨便来。如萌蘖方生，牛羊滋牧。呜呼！举天下含生负气之俦，其遭遇之大不幸者，孰有中国人若哉！孰有中国人若哉！玛尔梭士人口论之公例，独不行于我中国也亦宜。抑以如此之遭际，而欲责其文明发达与他国享平和幸福者并辔而驰亦何望矣！

虽然，右表所列，固绝不足为信据也。不足信据而复列之，则以其于中国国情之考证固别有裨也。宋李心传所著《建炎以来朝野杂记》云："西汉户口至盛之时，率以十户为四十八口有奇。东汉率以十户为五十二口。唐人率以十户为五十八口（按由此略可推算唐时公报之人数，大率天宝最盛时六百兆矣）。自本朝元丰至绍兴，率以十户为二十一口。以一家止于两口，则无是理。盖诡名子户，漏口者众也。然今浙中户口率以十户为十五口有奇，蜀中户口率以十户为二十口弱。蜀人生齿非盛于东南，意者蜀中无丁赋，于漏口少尔。"吾证以南宋时之统计，而再观夫宋光宗间，为户千二百余万，为口仅二千七百余万。金章宗间，为户六百九十余万，为口乃四千五百余万。宋之户倍于金，而口乃仅及金之半，宁有是理耶。以金例宋，则当光宗时，宋民八九千万，乃始与其户相应矣。宋金合计，则彼时之民，已应在百二三十兆以上

矣。且吾以为此数不至宋而始然也，自唐时而当已然。宋之所隐匿者
在口，而唐之所隐匿者在户（实则户、口两者俱匿，特唐宋更各有所偏重耳）。杜
君卿云："我朝自武德初，至天宝末，凡百三十八年。可以比崇汉室，
而人户才比于隋氏。盖法令不行，所在隐漏之甚也。"考隋文帝初年，
有户三百六十万，平陈所得，又五十万耳。乃至大业之始，不及二十
年，而增至八百九十余万。其增进之率，适与玛氏二十五年加一倍者
相合，夫唐贞观以后之治过隋远也。吾先民之安居乐业者，在历史中
实以彼时为最长，人口焉有不蕃殖之理。以隋例唐，隋初据四百万户
之业，阅二十年而得八百余万者。唐初据三百万户之业，阅百三十余
年，最少亦应至千八百万有奇矣（此尚非以几何级数递算）。以当时每户五
口有奇之比例算之，则盛唐时代，应有民百四五十兆以上。顾统计表
上，隋唐之相违如彼其远者。则史称隋文帝恭俭为治，不加赋于人。
而唐代行租庸调之法，以调税户，以庸税口（陆宣公奏议云：有田则有租，有
户则有调，有身则有庸）。玛氏所谓庸调之征愈增，则户口之数愈减，诚哉
然也。（唐制户口有课者有不课者，凡鳏寡孤独废疾不课，九品以上官不课，部曲客奴婢不
课。天宝十四年，户数共八百九十一万有奇，课者五百三十四万有奇，不课者三百五十六万有
奇，口数共五千二百九十万有奇。课者八百二十万有奇，不课者四千四百七十万有奇。以全
国之户而穷无告者，居三之二，以全国之民而鳏寡孤独废疾奴居六之五，天下有是理乎？此
虽由立法不善，然官吏之不能综核与国民之不解纳税义务皆可见矣。中国官牍之统计，皆此
等类，何足怪乎，特附记以资一粲云尔。）《明史·食货志》云："太祖当兵变之
后昌户口顾极盛，其后承平日久，反不及焉。靖难兵起，淮以北鞠为
茂草，其时民数反增于前，后乃递减。至天顺间为最衰。成弘继盛。
正德以后又减。"户口所以减者，周忱谓"投倚于豪门，或昌匠窜两
京，或冒引贾四方，或举家舟居，莫可踪迹也"。然则明时民数不进
之所由，亦可以见矣。清顺治十八年，人数二十一兆有奇。康熙五十
年，二十四兆有奇。乾隆十四年，一百七十七兆有奇。前此五十年间
所增仅三兆，不过递加十分之一。后此三十余年间陡增一百五十兆，
递加八倍有余。使前表而为信史也，则是吾中国数千年来濡滞不进之
民数，常往来于四五六十兆之间者。至彼二十七年间，乃改其度，而
为一大飞跃也。使前表而为信史也，则玛尔梭士之徒闻之，当更增数

倍之悲观也。而岂知自唐以来，我民族既早有此数，徒以避赋役而自匿蔽。自康熙五十一年，下"滋生人丁永不加赋"之谕，取汉唐以来口算庸调之法而扫除之，然后千余年间人口之实数，始渐发现也（康熙五十一年以后，曾两次编审人丁而数仍不进者，法令新行，未信于民也，故至乾隆十四年，第三次编审始得此数）。迨乾隆四十八年，所增复逾半倍，为二百八十余兆。则依玛氏所算之率，秩序而进矣。东坡尝云："自汉以来，丁口之蕃息与仓廪府库之盛莫如隋，其贡赋输籍之法大有可观者。"孔子曰："不以人废言，而况可以废一代之良法乎。"三代之制既不可考信，炎汉以还计口课税之法，骚扰民间者垂二千年。其余毒，乃至使吾侪今日欲求一征信之统计表而不可得。及康熙间一举而廓清之，不谓为中国财政史上一新纪元不得也。若是者亦安可以民族主义之余愤而抹煞之。

　　夫前表之不足征信，固也。虽然，其累朝鼎革时代与其全盛时代之比较率，则原书所记虽不中亦当不远。如东汉初视西汉全盛得三之一，三国视西汉全盛得七之一，唐初视隋全盛得三之一，宋初视唐全盛得四之一，清初视明全盛得三之一，此真大较也。盖扰乱既亘二三十年，则壮者涂膏血于原野，举凡有生殖力者而一空之，无以为继，一也。壮者既去，老弱妇女势不能自存，二也。血肉满地，疹疫缘生，三也。田弃不治，饥馑相随，四也。故每一次革命后则当代之人未有能存其半者也。唐盛时已得百余兆（此著者推度之数，下同），而宋初仅数十兆。宋盛时已得百余兆，而明初仅数十兆。明盛时已得百余兆，而清初复仅数十兆，皆此之由。泰西历史为进化，我国历史为循环。岂必论他事，即户口一端而已然矣。不然，岂有九百年前（指前表所记南宋时）拥二千万户一百三四十兆人之国，而至今仅以四百兆称者哉。

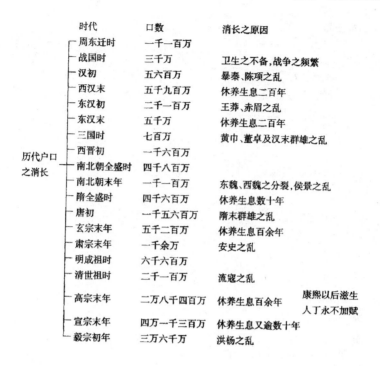

	时代	口数	消长之原因
历代户口之消长	周东迁时	一千一百万	
	战国时	三千万	卫生之不备，战争之频繁
	汉初	五六百万	暴秦、陈项之乱
	西汉末	五千九百万	休养生息二百年
	东汉初	二千一百万	王莽、赤眉之乱
	东汉末	五千万	休养生息二百年
	三国时	七百万	黄巾、董卓及汉末群雄之乱
	西晋初	一千六百万	
	南北朝全盛时	四千八百万	
	南北朝末年	一千一百万	东魏、西魏之分裂，侯景之乱
	隋全盛时	四千六百万	休养生息数十年
	唐初	一千五六百万	隋末群雄之乱
	玄宗末年	五千二百万	休养生息百余年
	肃宗末年	一千余万	安史之乱
	明成祖时	六千六百万	
	清世祖时	二千一百万	流寇之乱
	高宗末年	二万八千四百万	休养生息百余年　康熙以后滋生人丁永不加赋
	宣宗末年	四万一千三百万	休养生息又逾数十年
	毅宗初年	三万六千万	洪杨之乱

　　西人之称我者，动曰四百兆人，此道光二十二年料民之数也（其年凡四百十三兆有二万人云）。吾中国官牍上文字多不足措信。虽康熙改革以后，视前代征实数倍，犹未敢谓其为实录也。顾舍此亦无他可援据。即以道光二十四年此数论之，后此经洪杨之难，两军死者殆七八百万，合之流宴殃及疫疫饥馑及生殖力所损亡，可除出五千万。以所余三百六十兆为本位，计道光二十四年迄今凡六十年，以乾隆十四年至四十八年间之比例，则约四十五年而增一倍。然则光绪十五年时，固应有七百二十兆人矣，今日其或当在八百兆之间耶。以今者行政机关之混乱如此，谁与正之？悬此数以俟将来新政府之调查而已。

第三章

中国史上之地理

第一节　中国地势大略

中国位于亚洲大陆之东南，东接日本海、朝鲜、黄海，南接中国海、安南、暹罗、缅甸、印度，西接印度及俄领土耳其斯坦，北接俄领西伯利亚，东经自七十三度至一百三十四度（以英国绿林天文台子午线为零度而算之），北纬自十八度二十二分至五十六度十六分。东西广约九千里，南北长约七千里，面积三千六百余万方里，占亚洲全体三分之一、世界全陆地十分之一，为本洲第一大国。

一、区域

境内约分五区。一、中国本部。二、东三省。三、蒙古。四、新疆。五、青海及西藏。

中国本部分十八行省。黄河流域行省六，曰河北、山东、山西、河南、陕西、甘肃，扬子江流域行省七，曰江苏、安徽、浙江、江西、湖北、湖南、四川，西江流域行省五，曰福建、广东、广西、贵州、云南。全面积一千二十二万四百二十方里，大于日本本国者十倍，为东亚文化发源地。汉族历代帝王多肇基于此。与中国历史有密切关系。

东三省在本部东北，曰辽宁、吉林、黑龙江。面积约二百八十一万九千三百二十九方里，为满洲民族起源地。上古之肃慎、南北朝时之高句骊、隋唐时之秣鞨、渤海、宋时之金、前清之帝室，皆起于此地。

蒙古在本部正北。分为二部。以大沙漠为界，漠南为内蒙古，漠北为外蒙古，面积约九百二万二千六百七十方里。上古之獯狁、獫狁，秦汉时之匈奴、东胡，汉时之乌桓、鲜卑，南北朝时之柔然、突厥，唐时之回纥，宋时之辽，有元之帝室，皆起于此地。

新疆在本部西北，面积约五百六万九千四百八十四方里。为分二部，以天山为界，南曰天山南路，北曰天山北路。汉代之西域，唐代之北庭、安西两都护府，即此地。

青海在本部正西，西藏在本部西南。面积共约五百六万九千八十四方里。秦汉时之氐羌，南北朝时之吐谷浑，唐时之吐蕃，明时之西蕃，皆起于此地。

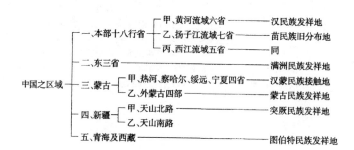

二、山脉

中国境内之大山脉有四，概为东西山脉。

最南一支曰喜马拉雅山脉，为西藏与英领印度分界处。

稍北一支曰昆仑山脉，为西藏与天山南路分界处。蜿蜒东下，抵青海，遂分为二。一支东行曰祁连山，为青海北境。自此东行，复分为二。傍黄河北处，为贺兰山、阴山，迄于兴安岭以纵贯蒙古之东部，入于西伯利亚。其由阴山山脉分支南下者曰太行山脉，历河北、山西之交，迄黄河北岸而止。一支东下为秦岭山脉，历甘肃、陕西、河南南界，迄安徽东界而止，是为北岭。其由青海分支东南行者曰巴颜哈喇山，为青海与西藏分界处。折而东入中国本部，为云岭山脉。缘四川之西边，经云南、广西、广东、福建北境、四川、贵州、湖南、江西、浙江南境，迄东海岸而止，是为南岭。南岭北岭两山脉横穿中国本部。划分黄河、扬子江、西江三大流域界限。列国对峙之时，其山脉为两国竞争之中心点，在历史上有无上价值。

再北一支为天山脉，为天山南北路分界处。

最北一支为阿尔泰山脉，为外蒙古与俄领西伯利亚分界处。

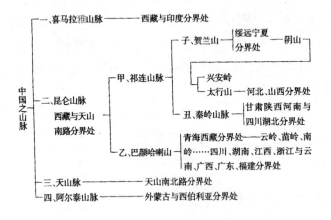

三、河流

本部之大河有三，曰黄河、扬子江、西江。黄河发源于青海之巴颜哈喇山北麓，经过甘肃、陕西、山西、河南、河北、山东境内。陕西之渭水、山西之汾水，河南之洛水等，各率其省内诸水会之，下流入渤海。长约八千八百余里，为我国境内第二大河。其流域各省，为汉族文化发源地，又为汉族与通古斯族、蒙古族、突厥族、图伯特族竞争场，在历史上最有价值。

扬子江发源于巴颜哈喇山南麓，经过云南、四川、湖南、湖北、江西、安徽、江苏境内。四川之无量河、鸦泷（青龙）江、岷江、沱江、嘉陵江，贵州之乌江、湖北之汉江、湖南之洞庭湖、江西之鄱阳湖等，各率其省内诸水会之，下流入黄海。长约九千九百六十里，为亚洲第一大河。其流域各省，为中国境内最富庶之地，又为汉族文化荟萃处，在历史上亦有价值。

西江发源于云南沾益县，经过广西、广东境内。广西之柳江、郁江、桂江，广东之北江、东江，各率其省内诸水会之，下流入南海。长约四千五百里。其流域各省，旧为交趾支那民族巢窟，又为汉族与交趾支那民族竞争地。

此外入北冰洋之水，有色楞格河、额尔齐斯河。入日本海之水有黑龙江，其支流有松花江、乌苏里江。入渤海之水，有鸭绿江、辽河、涑河、白河。入黄海之水有淮水。入东海之水有钱塘江、瓯江、闽江，入南海之水有澜沧江。入印度洋之水有怒江、伊勒瓦第江、雅鲁藏布江、印度河。不入海之水有塔里木河、伊犁。皆与中国史有关系。兹不具述。

中国之河流

水名	发源地	经过地	容纳之水名	下流入海处	全长	其流域之民族
黄河	巴颜哈喇山北麓	甘肃		渤海	八千八百余里	汉族与满、蒙、回、藏族接触地
		陕西	渭水			
		绥远				
		山西	汾水			
		河南	洛水			
		河北				
		山东				

水名	发源地	经过地	容纳之水名	下流入海处	全长	其流域之民族
扬子江	巴颜哈喇山南麓	云南		黄海	九千九百六十里	汉族、苗族融合地
		四川	无量河、鸦泷江、岷江、沱江、嘉陵江、贵州境内之乌江			
		湖南	洞庭湖			
		湖北	汉江			
		江西	鄱阳湖			
		安徽				
		江苏				
西江	云南沾益县	云南		南海	四千五百里	汉族与苗族接触地
		广西	柳江、郁江、桂江			
		广东	北江、东江			

四、长城

起甘肃西境之嘉峪关，经过陕西、山西、河北北境，迄辽宁西南境，至山海关而止。长约五千四百四十里，高十五尺乃至三十尺，基址广二十五尺，顶面广十五尺。堑山堙谷，其升降或有差至数百尺者，以坚牢之砖及石筑之，每三十六尺则筑一堡塞，置烽火台于其上。寇至，昼则举烟，夜则举火，警告远近，以征集防兵。要害之口，则筑堡塞二三重以固边防。为人造之山脉，创建于战国时之秦、赵、燕三国，秦始皇大成之，历代帝王修复之，遗址至今无恙。汉族与通古斯、蒙古、突厥族竞争时，以此为界限。在历史上最有价值。

五、运河

起浙江之杭县，经过江苏、山东、河北境，迄北平东之通县为止，长约三千五百余里，为人造之大河。创始于春秋时之吴王夫差，隋炀帝大成之，历代帝王修复之。利用西湖、太湖、扬子江、淮水、汶水、漳河、白河诸水，南北疏浚，以为交通机关，借以联络南北民族感情，交换知识。元、明、清三代转南方之米以饷京师。为南北唯一不二之交通路。海运开通以后，漕运渐废，而运河亦不修浚，渐见淤塞。然平均之深度尚有九尺，河身广百尺乃至六百尺。灌溉与交通、民间尚利赖焉。

中国最大之工程

名称	起点	经过地	终点	全长	创修人	完成人	利用之山脉河流
长城	甘肃嘉峪关	甘肃、陕西、山西、河北北境、热察绥南境、辽宁西南境	山海关	五千四百四十里	秦、赵、燕	秦始皇	贺兰山脉、阴山脉
运河	浙江杭县	江苏、山东、河北	河北通县	三千五百余里	吴王夫差	隋炀帝	西湖、太湖、扬子江、淮水、汶水、漳河、白河

六、地势

地势分山地、高地、平地三部。山地为云南、四川、贵州、甘肃、陕西、山西诸省，及青海、西藏、天山南北路、与东三省北部，殆居全国面积五分之二。高地为福建、广东、广西、湖南、湖北、江西等省，及内蒙古、热河、察哈尔、绥远、宁夏四省、外蒙古四部、与东三省南部。平地为河北、山东、河南、江苏、安徽、浙江等省。全国西方高燥，东方卑湿，故水多东流入海。

七、土脉

土脉之肥瘠，因地而异。青海硗薄，西藏高寒，蒙古及新疆有大沙漠、大戈壁横亘于中央，适于农耕之地绝少。中国本部、西南之地山岳绵互，西北之地土质干燥，俱不便于耕作，惟中部地势平坦、土壤膏腴，物产之丰甲于全国。东三省境内有松花江流贯于其中，丰穰之地亦不少。

```
                    ┌ 山地：┌ 云南、四川、贵州、甘肃、陕西、山西、青海、西藏、天山南北路、
                    │      └ 东三省北部
中国之地势 ─────┼ 高地：┌ 福建、广东、广西、湖南、湖北、江西、热河、察哈尔、绥远、宁夏、
                    │      └ 外蒙古、东三省南部
                    └ 平地： ── 河北、山东、河南、江苏、安徽、浙江
```

八、气候

试以土地比之人身。地势者身体，山脉者骨，河流者血，气候则其体温也。中国幅员辽阔，气候亦因地不同，南北之差甚大。概而言之，黄河流域寒冷，西江流域炎热，扬子江流域寒暑得中，适于农耕。北部雨泽少，水田少，土产以小麦棉花为重要品。中部南部雨泽多、水田多，土产以米茶蚕丝为重要品。东三省寒暑俱烈，而距海近，雨泽多，故农产物甚盛。蒙古及新疆距海悬远，空气干燥，雨泽缺乏，寒暑俱烈。西藏青海气候高寒，夏期常见雪，俱不宜于农业。

第二节　历代史域之伸缩

史域之广狭，因时代而有伸缩。三代以前，仅限于黄河流域。文明之中心点，在陕西、山西、河南、山东之交。战国时代，汉族势力范围，扩张至扬子江以南、辽河以东。文明之中心点，在陕西、山西、河北、湖北与江北之淮水流域。秦始皇时，南并百越，汉族势力范围扩张至西江流域，与安南北境，北取朔方，扩张至黄河套南北，文明之中心点，集中于陕西。汉时东取朝鲜，并吞鸭绿江流域，北灭匈奴，兼领内外蒙古，西服西域，兼领天山南北路与俄领中央亚细亚，幅员之广，为亚洲中古第一大国，文明之中心点仍在陕西、河南。南北朝时，幅员缩小，辽河以东为高句骊所据，长城以北为柔然

突厥所据，西域诸国复离中国而独立，中国史域，仅限于本部各行省及安南国西境，文明之中心点移至江南。隋唐时代，汉族势力扩张，鸭绿江流域、内外蒙古、天山南北路、中央亚细亚复入中国史域，幅员之广与汉伯仲，文明之中心点复移至陕西、河南。五代之时，领土复缩小，朝鲜为后高丽所据，东三省及内外蒙古为契丹所据，天山南北路及云南亦离中国而独立，中国史域限于本部各省。宋时幅员益小，河北、山西北境为契丹所据，陕西、甘肃北为西夏所据，安南亦离中国而独立，文明之中心点复由河南移至江南。元时幅员骤大，亚洲大陆全部及欧洲东部、非洲东北部皆入中国史域范围，为有史以来最扩张时代，政治之中心点移至河北，而文明之中心点不与俱移。自是以后，江南文化常优于北方，而政治上之势力反不及，文明之中心点与政治之中心点划分为二，亦有史以来一大变相也。明时领土复缩小，中国史域限于中国本部及东三省南部。清时势力复扩张，本部以外，东三省、内外蒙古、天山南北路、青海、西藏皆入中国史域内。民国成立，外蒙及西藏受人蛊惑，倡言独立，东三省及热河为日本所据，建立满洲国。将来若何结局，现尚未敢断言也。

	时代	区域	文明中心点
中国历代之史域	三代以前	黄河流域	陕西东部、山西南部、河北西南部、河南北部、山东西部
	战国时	黄河、扬子江、辽河流域	陕西、山西、河北、河南、山东、湖北、江北
	秦始皇时	黄河、扬子江、西江、辽河流域与安南北境	陕西
	汉全盛时	黄河、扬子江、西江、辽河、鸭绿江、清川江、汉江流域及安南北境、内外蒙古、天山南北路与俄领中亚一部分	陕西、河南
	南北朝	黄河、扬子江、西江流域与安南北境	江南
	隋	黄河、扬子江、西江流域与安南北境	陕西、河南
	唐	与汉略同	陕西河南
	五代	黄河、扬子江、西江流域与安南北境	
	宋	黄河、扬子江、西江流域	先河南后江南

	时代	区域	文明中心点
中国历代之史域	元	亚洲大陆大部及欧洲东部	江南
	明	黄河、扬子江、西江、辽河流域	江南
	清	黄河、扬子江、西江流域、东三省、内外蒙古、新疆、青海、西藏	江南
	民国	黄河、扬子江、西江流域、东三省、内外蒙古、新疆、青海、西藏	江南

第三节　历代帝都之地点

帝都为历代政府驻在地，政治之中心点、文化之中心点在焉。故观历代帝都所在地，可知其时代政治文化之趋势。中国历代帝都，或东或西或南或北，时有变迁，大抵多在黄河流域，扬子江流域次之，西江流域则无有也。有时全国一统，则国内只有一都。有时数国对立，则同时都城常有二三以上。

都城选择之法，其条件有五：

一、国家领土之中心点

二、要害之地

三、交通便利、物产丰饶之地

四、本国起兵时之根据地

五、前代之旧都

以上五条件，前三条为政治上之关系，后二条为历史上之关系。历代都城之选择法，大率不过如此。其中有兼备二条件或三四条件者。而具备五条件者则绝无也。历史上建都最久之地有六，兹例举于下，以供参考。

一、长安　周之镐京、秦之咸阳，皆距长安密迩，并入长安内计算。计起西周，经秦、西汉、西晋、前赵、前秦、后秦、西魏、北周、隋唐，凡九百七十余年。

二、洛阳 起东周，经东汉、曹魏、西晋、后魏、后唐，凡八百六十三年。

三、北平 起金之中叶，经元、明、清，迄民国，凡六百九十三年（迄民国十七年为止）。

四、南京 起三国时之孙吴，经东晋、宋、齐、梁、陈、南唐，迄有明初年而止，凡三百六十六年。

五、开封 起五代时之朱梁，经后晋、后汉、后周、北宋，迄金末年而止，凡二百三十一年。

六、杭县 南宋都城，凡一百四十五年。

以上六处，奠都俱在百年以上。历史上最有价值者为长安、洛阳，次为北京，次为南京，次为开封，而杭县为殿。此外虽尚有若干都城，皆列国对峙时偏邦所建，非一统时之都会也。兹特一一列举各处定都之原因，并批评其条件如下。

长安砺山带河，地势险要，凭函谷以东瞰，有居高临下之势。土脉膏腴，物产丰饶，人民富庶，闭关自守，经济力足以支持。西周、秦汉、前秦、后秦、北周、隋唐诸代，根据地皆在陕西，故地方虽非全国中心点，交通亦不甚便利，而为历代建都最久之地者，职此之由。

洛阳地在河南，为本部之中心点。水陆交通便利，西周、西汉、隋、唐奠都长安时，皆以为陪都。因四方来者道里适中，且交通便利故也。地处洛水之北，四围有山环绕，形势颇为险要。又为历代帝王之旧都，因历史上之习惯，奠都于此者亦不少。

开封为古之大梁，地势平坦，无险要可守。顾地处平原，南有汴水，北有黄河，交通便利。后五代及宋，俱以强藩凭借此处为根据地，以篡其前代。故继续奠都于此。

杭县在钱塘江流域，交通便利，地味膏腴，人民富庶，物产丰饶。又系吴越王钱氏之故都，故有宋播迁时徙都之。然地偏东南，不利于进取，又地势平坦，无险要可守。故蒙古兵一至，宋室随以颠覆也。

南京在扬子江下游，为扬子江流域之中心点，交通便利。钟山龙蟠，石城虎踞，形势亦颇险要。孙吴勃兴，建康实为其根据地。东晋以降，建康系前朝旧都，故奠都于此者亦不少。顾中国全都一统时，则此地稍偏东南，控制西北不易。故建都南京者多偏安之国。有明勃兴，凭借此为根据地，及统一天下后，传二代，历年三十有五，即已北迁矣。

北平在白河上流，地偏东北，非全国之中心点。河路缺乏，交通不便，物产不丰。而地势东临渤海，西控太行，北负万里长城，形势颇为险要。南面则一面平原，绝无险要可守。汉民族凭借北平以起兵者，大抵皆归于失败，无成为具体之国家者。金、元、清三代，皆以北方民族入主中国。金与清之根据地在东三省，元之根据地在内外蒙古，凭借北平以控制中国本部，形势甚为便利。又合满蒙及中国本部通盘计算之，则北平实为全国之中心点。建都北平之金、元、清三代，皆起家游牧民族，以驼马为交通机关，故亦无交通不便之虑。

明室起家汉民族，其根据地在淮水流域，北平邻于强敌，非中心点。顾成祖毅然北迁者何也？曰：成祖旧封燕王，凭借北平起兵，以颠覆其帝室，故北平实为成祖之根据地，又为前代之旧都。成祖一世骁雄，有混一漠北之志。迁都北平，身临前敌，凭借河北为根据地，自将劲旅经略外蒙，以阻鞑靼、瓦剌南下之势。所谓"不入虎穴，焉得虎子"。成祖之迁都北平，韩信之背水阵也。此等非常计划，人存则举，人亡则息。成祖没后，继起者无大英雄，鞑靼、瓦剌更迭入寇，终至土木之变，天子北狩，而明室中衰。清室勃起满洲，乘势南侵，明廷遂以不祀矣。

中华民国成立，仍建都北平者何也？曰满洲、蒙古为中国势力与日俄二国势力接触之中心点，风云万变，中央政府不能遥制。中国如有意弃满蒙也则已，中国而无意弃满蒙也，则必置政府于北方。当国者自为北门锁钥身临前敌以经略之，庶几犹有保存之望。都城之不敢南迁，势使然也。况北平系前朝旧都，设备较为完备。平汉、北宁、平绥、津浦四大铁路干线交会于北平，交通亦较为便利。故大总统袁世凯系前清直隶总督北洋大臣出身，继任之冯大总统、徐大总统、曹大总统、段执政皆北洋派旧人。其根据地亦在北方故也。

选择都城之条件
- 国家领土之中心点 ┐
- 要害之地 ├ 政治上之关系
- 交通便利，物产丰饶之地 ┘
- 本国起兵时之根据地 ┐ 历史上之关系
- 前代之帝都 ┘

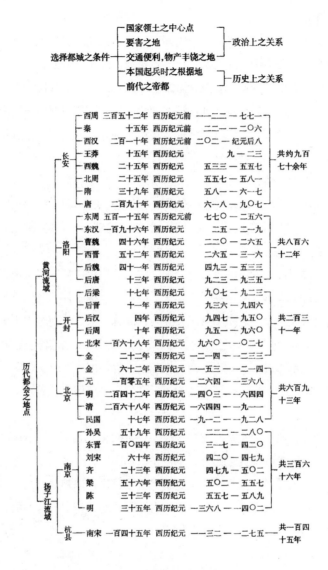

流域	都会	朝代	年数	纪元	年代	合计
黄河流域	长安	西周	三百五十二年	西历纪元前	一一二二—一七七一	共约九百七十余年
		秦	十五年	西历纪元前	二二一—二〇六	
		西汉	二百一十年	西历纪元前	二〇一—纪元后八	
		王莽	十五年		九—二三	
		西魏	二十五年	西历纪元	五三三—五五七	
		北周	二十五年	西历纪元	五五七—五八一	
		隋	三十九年	西历纪元	五八一—六一七	
		唐	二百九十年	西历纪元	六一八—九〇七	
	洛阳	东周	五百一十五年	西历纪元前	七七〇—二五六	共八百六十二年
		东汉	一百九十六年	西历纪元	二五—二一九	
		曹魏	四十六年	西历纪元	二二〇—二六五	
		西晋	五十二年	西历纪元	二六五—三一六	
		后魏	四十一年	西历纪元	四九三—五三四	
		后唐	十三年	西历纪元	九二三—九三五	
	开封	后梁	十七年	西历纪元	九〇七—九二三	共二百三十一年
		后晋	十一年	西历纪元	九三六—九四六	
		后汉	四年	西历纪元	九四七—九五〇	
		后周	十年	西历纪元	九五一—九六〇	
		北宋	一百六十八年	西历纪元	九六〇——〇二七	
		金	二十二年	西历纪元	一二一四——二三三	
	北京	金	六十二年	西历纪元	一一五三—一二一四	共六百九十三年
		元	一百零五年	西历纪元	一二六四—一三六八	
		明	二百四十二年	西历纪元	一四〇三—一六四四	
		清	二百六十八年	西历纪元	一六四四—一九——	
		民国	十七年	西历纪元	一九——一九二八	
扬子江流域	南京	孙吴	五十九年	西历纪元	二二二—二八〇	共三百六十六年
		东晋	一百〇四年	西历纪元	三一七—四二〇	
		刘宋	六十年	西历纪元	四二〇—四七九	
		齐	二十三年	西历纪元	四七九—五〇二	
		梁	五十六年	西历纪元	五〇二—五五七	
		陈	三十三年	西历纪元	五五七—五八九	
		明	三十五年	西历纪元	一三六八——四〇二	
	杭县	南宋	一百四十五年	西历纪元	一三二——二七五	共一百四十五年

附 梁任公《中国地理大势论》

梁任公先生《饮冰室全集》有《中国地理大势论》一篇。其论中国地理，颇有独到见解，兹节录于下，以供参考：

（前略）

文明之发生莫要于河流。中国者，富于河流之名国也。就本部而三分之，可分为中南北三部。北部者黄河流域也，中部者扬子江流域也，南部者西江流域也。三者之发达先后不同，而其间民族之性质亦自差异，此亦有原理焉。凡河流之南北向者，则能连寒温热三带之地而一贯之，使种种之气候、种种之物产、种种之人情，互相调和，而利害不至于冲突。河流之东西向者反是，所经之区，同一气候，同一物产，同一人情，故此河流与彼河流之间，往往各为风气。故在美国则东西异尚（美国之河皆自北而南），而常能均调。在中国则南北殊趋（中国之河皆自西而东），而间起冲突。于一统之中而精神有不能悉一统者存，皆此之由。

自周以前，以黄河流域为全国之代表。自汉以后，以黄河、扬子江两流域为全国之代表。近百年来，以黄河、扬子江、西江三流域为全国之代表。穷古之事不可纪，今后之局犹未来。然则过去历史之大部分，实不外黄河、扬子江两民族竞争之舞台也。前者西江未发达，故通称中部为南部。数千年南北相竞之大势，即中国历史之荣光，亦中国地理之骨相也。今请以政治上、文学上、风俗上、兵事上两两比较而论之。

其在政治上。北方视南方（以下所言南方皆指扬子江流域也，非指极南之西江）常占优势。盖我黄族之始祖，本自帕米尔高原，迤逦东下。而扬子江上流，崇峦峻岭，壁立障之。故避难就易，沿河以趋。全国文明，自黄河起点，而传布于四方。帝王实力亦起于是，积之者厚，故其势至今犹昌也。今以历代帝王都征之。

黄河流域国都表

	代	都	今地	河系
三皇	太昊伏羲氏	陈	河南陈州府	在蔡河之岸。蔡河后淤入黄河
	炎帝神农氏	曲阜	山东兖州府	在泗水之南，洙水之北
	黄帝轩辕氏	涿鹿	直隶顺天府	在拒马河右岸。拒马经两淀而入白河，然案古地图实属黄河河系
五帝	少昊金天氏	穷桑	山东兖州府	泗水附近
	颛顼高阳氏	帝丘	直隶大名府	黄河古金隄附近
	帝喾高辛氏	亳	河南河南府	在伊水之岸。伊水入洛，洛入河
	帝尧陶唐氏	平阳	山西平阳府	在汾河左岸，平水之北
	帝舜有虞氏	蒲坂	山西蒲州府	妫汭之傍
三代	夏	安邑	山西解州府	在永河之傍
	殷	亳	河南归德府	在黄河、扬子江之间，淤河之南
	周	洛阳	河南河南府	洛水之北，即其左岸
汉	秦	咸阳	陕西西安府	渭水之北，即其左岸
	西汉	长安	陕西西安府	渭水之南，即其右岸
	东汉	洛阳	见上。凡见上者则缺之，下同	
	魏三国之一	邺	河南彰德府	
	西晋	洛阳		
	后魏	洛阳		孝文帝自代徙都之
	北齐	邺		北齐承东魏之旧
	后周	长安		后周承西魏之旧
	隋	长安		文帝都长安，炀帝迁洛阳
	唐	长安		其末叶为后梁所劫迁于洛阳
五代	后梁	汴	河南开封府	黄河干流之南，即其右岸
	后唐	洛阳		
	后晋	汴		
	后汉后周	汴汴		
	宋	汴		初都汴。百六十六年，而南迁，自此后称南宋。

代	都	今地	河系
金	北京汴		金初都上京（今会宁），后厌其僻，北迁燕京（今北京）。后为蒙古所逼南迁汴京。
元	大都	直隶顺天府	即北京也
明	北京	直隶顺天府	北京虽非黄河流系，然实延缘于此河系之平原上也，明永乐始迁
清	北京		

由此观之，历代王霸定鼎，其在黄河流域者最占多数。固由所蕴所受使然，亦由对于北狄取保守之势，非据北方而不足以为拒也。而其据于此者，为外界之现象所风动，所薰染，其规模常宏远，其局势常壮阔，其气魄常磅礴英鸷，有俊鹘盘云横绝朔漠之概。

扬子江流域国都表

代		都	今地	河系
六朝	吴三国之一	建业	江苏江宁府即南京	扬子江干流之南，即其右岸
	东晋	建康	同上	
	宋	建康		
	齐	建康		
	梁	建康		
	陈	建康		
	南宋	临安	浙江杭州府	虽在钱塘江，然实延缘扬子江之河系也，高宗始迁扬州，继定都于此
	明	应天府	江苏江宁府	即南京也。太祖初都之。成祖迁于北京，末叶福王复都之

由此观之，建都于扬子江流域者，除明太祖外，大率皆创业未就，或败亡之余，苟安旦夕者。为其外界之现象所风动，所薰染，其规模常绮丽，其局势常清稳，其气魄常文弱，有月明画舫缓歌曼舞之观。

此外，不依此两河流以立国，而其历史稍有可观者，则有蜀之成都，今四川成都府也（蜀本据长江之上游，亦可强谓之扬子江流域）。后魏之平城，今山西大同府也。其割据年代稍短，或地位稍偏于政治历史无甚关系者。汉初则有若南越尉佗之在广东，凡八十五年。闽越无诸之在福建，凡九十五年（皆不在两流域内）。两晋则有若汉刘渊之都平阳（黄河流域）。赵石勒、燕慕容皝之都邺（黄河流域）。秦苻坚、后秦姚苌之都长安（黄河流域）。南燕之在山东（黄河流域）。诸凉之在甘肃（不在两流域内）。唐末则有若吴杨行密之在淮南（扬子江流域），凡四十九年。蜀王建孟知祥之在四川（准扬子江流域），前后凡六十四年。楚马殷之在湖南（准扬子江流域），凡五十五年。闽王审知之在福建（不入两流域内），凡四十九年。吴越钱镠之在两浙（准扬子江流域），凡八十四年。南汉刘隐之在广东（不入两流域内），凡七十年。近世则有若太平洪秀全之在金陵（扬子江流域），凡十一年。合前两表统计之，数千年王霸之国都，其在黄河流域者十六，得姓三十六。其在扬子江流域者二，得姓十。其准黄河流域者一（北京），得姓四。其准扬子江流域者三（成都、临安、湖南），得姓六。其不在两流域内者五，得姓七。数千年政治都会略具于是矣。校其发达之大势，东周以前，南方未始建国也。春秋战国以后，而楚、吴、越始强，其力足与北方诸国相埒。及于汉末而窃据者率起于北。及于唐末而窃据者多起于南。此亦两地势力平均之一消息也。今请将五大都气运之久暂，列为一表，以求其原因结果。

一　长安　黄河流域，凡九百七十年。

二　洛阳　同，凡八百四十五年。

三　汴京　同，凡二百五十年。

四　燕京　准黄河流域，凡七百八十年（迄今日）。

五　金陵　扬子江流域，凡三百六十六年。

北方宅都时代，而南方无他都者垂二千余年。其南方宅都时代，而北方无他都者，惟明太祖、建文共三十五年耳。然则虽谓政治之中心点常在黄河流域可也。至同一黄河流域，而其势力自西趋于东者则亦有故。黄族初发轫于昆仑之墟，次第东下，至黄帝颛顼已浸达黄河下流。而为洪水所苦，不得不复折而邑于山陕之高土。及夏禹成第一次统一之业。文武周公成第二次统一之业。秦政成第三次统一之业。而皆起自黄河上游，积千余年之精英，而黄河上游遂为全国之北辰。仁人君子之所经营，枭雄桀黠之所挽夺，莫不在于此土。取精多，用物宏。故至唐而犹极盛焉。东北方之燕，自古以来，不足为中原之重轻久矣。故自隋以前，其地只能如蜀闽南粤，以僻陋在远，不为群雄之所争。当扰攘之世，常自立数十年，以待戡定焉耳。试征其历史，北燕在春秋时最称弱小，能自见于中国者不过三四。七雄之时为齐所取，后赖五国之力，乐毅为将，然后胜齐。然卒于得七十余城不能守也，然则幽燕非能自立之地也。（《战国策》苏秦说赵王曰：赵北有燕，燕固弱，国不足畏也。又燕王曰：寡人国小，西迫强秦，南近齐赵，齐赵强国也。又曰：天下之战国七，而燕处弱焉。又奉阳君曰：燕国弱也，东不如齐，西不如赵，云云。此外尚多，洪迈《容斋随笔》备引之）。及楚汉之交，赵王武臣为燕军所得，赵厮养卒谓其将曰："一赵尚易燕。况以两贤王，灭燕易矣。"其在东汉，彭宠以渔阳叛，即时夷灭。其在三国，公孙渊据地僭号二十余年，终不能并鼎而四。其在十六，国称燕称赵者多矣，未尝有仅据燕蓟之地者也。夫在昔之燕不足重轻也如彼。而今则海宇之内敛衽而往朝者七百余年，他地视之瞠乎其后者何也？其转捩之机皆在于运河。中国南北两大河流，各为风气，不相属也。自隋炀浚运河以连贯之，而两河之下游遂别开交通之路。夫交通之便不便，实一国政治上变迁之最大原因也。自运河既通以后，而南北一统之基础遂以大定。此后千余年间，分裂者不过百余年耳。而其结果能使江河下游日趋繁盛。北京、南京两大都，握全国之枢要而吸其精华。故逮唐中叶，而安禄山、史思明用范阳卢龙之众蹂躏中国，实惟幽燕势力之嚆矢。至宋而金源宅京于此，用之以俘二帝，盗中国之强半矣。蒙古绍金臂而夺之，遂以灭金灭宋，混一寰区矣。明祖南人安南，奠都金陵。而燕王棣卒以靖难之师起北方，复宅金元之故宅，以至于今。非地运使然，实地势使然也。尔后运河虽淤涸，而燕京之势力不衰者，一由积之既久，取精用宏，与千年前之镐洛相等。一由海道既通，易河运以海运，而燕、齐、吴、浙、闽、越一气相属，燕乃建高瓴而注之也。由此观之，凡一地之或盛或衰，其间必有原因焉。以消息之，凡百皆然，而燕京其一例耳。自今以往，其在陆者长城之险已夷，其在海者津、沽、威海、旅顺重重门户亦已尽失，铁路轮船既通，而运输交通之形势亦大异畴昔。此后有宅中图治者乎，他日之燕京，或成为今日之长安洛阳，未可知也。（后略）

第四节　历代地方行政区域之变迁

唐尧以前，分立万国，划为九州，即冀州、兖州、青州、徐州、荆州、扬州、豫州、梁州、雍州是也。虞舜摄政，分为十二州，分冀之北部为并州、东北部为幽州，青之东北部为营州，其余皆如故也。夏禹即位，废幽并营三州，复合为九州。大抵因山川自然形势划为区域，其中若三面距河为冀州，济河为兖州，海岱为青州，海岱及淮为徐州，淮海为扬州，荆及衡阳为荆州，荆河为豫州，华阳黑水为梁州，黑水西河为雍州是也。州内侯国分立，州之长曰牧，表面上有统辖一州之权，事实上则各侯国对于中央皆具半独立之势。故州之区域，非实在之行政区域，不过因土壤之肥瘠、物产之多寡、定划一赋税厚薄之标准区域而已。商之初年，诸侯只余三千余国，九州制仍夏之旧，更名九有。周初只余一千八百余国。并徐于青，并梁于雍，并营于幽。表面上仍划为九州，曰扬州、荆州、豫州、青州、兖州、雍州、幽州、冀州、并州是也。州之长曰方伯，除去畿内千里地之属于中央政府直辖外，每州各有一伯，八州八伯。八伯各以其属属于天子之老二人，曰二伯。顾行政区域，仍以国为单位。方伯徒拥虚名，无节制一州之实权也。春秋战国时代，诸侯互相兼并，强凌弱、众暴寡。其结果化为春秋之百七十国，复化为战国之七雄。各大国多自分郡县为国内行政区域，九州之制全废。行政区划，始以郡县为单位矣。

秦兴，分天下为三十六郡，曰内史、三川、河东、上党、太原、代郡、雁门、云中、九原、上郡、北地、陇西、颍川、南阳、砀郡、邯郸、上谷、钜鹿、渔阳、右北平、辽西、辽东、东郡、齐郡、薛郡、琅琊、泗水、汉中、巴郡、蜀郡、九江、鄣郡、会稽、南郡、长沙、黔中。又平百越，得四郡，曰闽中、南海、桂林、象郡，合为四十郡。是为地方行政区域划一之始。以今日中国本部十八行省相较，多辽宁一省及法领越南北部，而少四川、甘肃西部、贵州大半及云南全省。北部之郡较小，约当今日一道。南部之郡较大，约当今日二三道，或一省。北部户口稠密，且邻于匈奴，时常被兵，到处须严密防御，故设郡较多。南部人烟稀少，大半为新归化地，故设郡较少。郡设守以理民政，尉以主兵柄，监以司纠察，为地方行政长官。郡下有县，县设令长为亲民官。

汉兴，矫秦孤立而亡之弊，大封子弟为诸王，界于诸郡之间，是为郡国制。当时同姓为王者九国，曰齐、荆（后改为吴）、楚、淮南、燕、赵、梁、代、淮阳，而异姓王之长沙吴氏界居其中，凡十大国。汉所有者，仅三河、东郡、颍川、南阳、江陵、蜀郡、云中、陇西、内史等十五郡。而公主、列侯颇食邑其中，与王国相交错。郡设太守以理民政，都尉以主兵柄。国有相以监理国政，内史以理民政，为地方行政长官。其下有县，县设令长为亲民官。景帝之时，王国或灭或绝或削，汉廷直辖之郡增至八九十。武帝之时，东取朝鲜，西服西域，南平百越及西南夷，北逐匈奴，始分天下为十三部，曰司隶、豫州、冀州、兖州、徐州、青州、荆州、扬州、益州、凉州、并州、幽州、交趾，为地方最大行政区域。司隶设校尉，诸州及交趾各设刺史，为地方行政长官。顾刺史之位卑于郡守国相。刺史之职，督察郡县行政，而不能指挥行政，实为一种监政官，与秦之郡监，明之省巡按御史相等，非实在之行政长官。故实际上前汉之地方最大行政区域，仍以郡为断。

后汉因前汉制，仍以郡为地方最大行政区域。太守为行政长官。灵帝时，罢刺史，置州牧，选列卿、尚书以本秩居之，总揽一州之民政、财政、军政、大权，统辖郡守、国相。州秩始重，渐成地方最大行政区域矣。

三国之时，地方制度紊乱，行政区域分离破碎。魏有州十三，曰豫州、幽州、冀州、并州、青州、兖州、徐州、扬州、荆州、雍州、秦州、凉州及司隶是也。蜀有州三，曰梁州、益州、交州。吴有州五，曰扬州、郢州、荆州、交州、广州。大率一州之地两国分据，则并建二州。其名复出，其疆域缩小。

西晋统一中国，分天下为十九州，曰司州（即司隶改名）、兖州、豫州、冀州、幽州、平州、并州、雍州、凉州、秦州、梁州、益州、宁州、青州、徐州、荆州、扬州、交州、广州，为地方最大行政区域。州下有郡有国，郡国之下有县，为实三级制度。州设都督、刺史，或监军、刺史，总揽军政、民政、财政全权，为地方行政长官。郡设太守，国设内史，县设令长，为亲民官。

南北朝时，地方制度破坏。州郡名号愈设愈多，州郡管辖之区域愈缩愈小。及其末年，一州之区域不敌汉时之一郡，一郡之区域仅抵汉时之一县。隋室勃兴，统一中国，废诸郡名号，以州统县。其上复置总管府，设总管统辖诸州。顾总管非常设之官，时置时废。隋室地方行政区域，实只州县两级。州设刺史为地方行政长官，县设令为亲民官。寻复改州为郡，改刺史曰太守。其管辖区域及职权如故。

唐兴，改郡为州，改太守为刺史。因山川形势之便，分天下为十道。潼关以西、陇山以东、河套以南、秦岭以北曰关内。潼关以东、黄河以南、淮水及桐柏山脉以北曰河南。黄河以东、太行山脉以西曰河东。太行山脉以东、渤海以西、黄河以北曰对北。秦岭山脉以南、剑阁以北、现今川陕湖北之交、汉水流域曰山南。陇山以西、直抵青海曰陇右。淮水以南、扬子江以北曰淮南。扬子江以南、五岭山脉以北、现今三江两湖及浙江等省之大半曰江南。四川剑阁之南、直抵云南北境曰剑南。五岭山脉以南、直抵南海曰岭南。玄宗时，复分天下为十五道。曰京畿，治西京。曰都畿，治东都。曰关内，京官遥领。曰河南，治汴州。曰河东，治蒲州。曰河北，治魏州。曰陇右，治鄯州。曰山南东道，治襄州。曰山南西道，治梁州。曰剑南，治益州。曰淮南，治扬州。曰江南东道，治苏州。曰江南西道，治洪州。曰黔中，治黔州。曰岭南，治广州。为地方最大行政区域。其下有府十五，州三百一十三，县一千五百七十三。道设采访处置使，两畿以中丞领之，余皆择贤刺史领之。以六条检察非法，为临时官，不常置。道下有府、州，府、州下有县。府设尹，州设刺史，县设令为亲民官。大抵以道统府、州，府、州统县，行虚三级制度。沿边复设六大都护府，曰安北、单于、安西、北庭、安东、安南大都护府。府设大都护为行政长官，以统诸羁縻府、州。开元以后，始于沿边各道设节度使，总揽民政、军政、财政大权，管辖州县，为实三级制度。其后节度之设遍及于内地，复分道置军以统辖诸州，藩镇林立，行政区域愈分愈小，十五道之制遂破坏矣。

五代之时，地方行政区域破坏。宋兴，尽罢诸节镇，因山川形势，分天下为十五路，曰京东、京西、河北、河东、陕西、淮南、江南、湖南、湖北、两浙、福建、四川、峡西、广东、广西。其后又分为十八路，神宗时复增为二十三路。路之统辖区域甚狭，约当唐道之半。路设转运使，有纠察权，无行政权。路下有府、州、军，府、州、军下有县，各设知事为亲民官，实行虚三级制度。其后西北用兵，始设宣抚使、制置使、安抚使、经略使等官，总揽一路或二路以上行政大权，变为实三级制度矣。

元兴，分天下为十二省。中央政府所在地曰中书省，统辖河北、山东、山西地。此外行中书省十一，曰岭北、辽阳、河南、陕西、四川、甘肃、云南、江浙、江西、湖广、征东行中书省，分辖各地方，略称之曰行省，是为现今省制之始。省设左右丞相、平章政事、左右丞、参知政事，为地方行政长官。省以下有府、州、路，府、州、路下有县，各设知事为亲民官，是为实三级制度。边境设宣慰、宣抚等使以统羁縻之地。

明代因元之制，改行中书省为承宣布政使司，曰山东、山西、陕西、河南、浙江、江西、湖广、四川、福建、广东、广西、云南、贵州，凡十三布政使司，加以北直隶、南直隶，凡十五区。其后复增设辽东一区，为十六区。一区幅员略如今之一省。北直隶、南直隶为中央政府及行在政府所在地。以六部长官分理地方行政。其余十三布政使司，皆设布政使以理民政，按察使以司纠察，都指挥使以主兵柄，为地方行政长官。布政使司以下有府、州、县。府设知府，州设知州，县设知县，为亲民官。布政使司统府、州，府、州统县。为实三级制度。其后三司以上，复设总督、总制、总理、巡抚、巡视、抚治等官，统辖军政、民政。三司以下，复设参政、参议、副使、佥事等官，分辖各府、州、县，变为五级制度矣。

清兴，分天下为二十一省，曰直隶、山东、山西、河南、陕西、甘肃、新疆、江苏、安徽、江西、湖北、湖南、四川、福建、浙江、广东、广西、云南、贵州、奉天、吉林、黑龙江。省设总督、巡抚或将军，为地方行政长官。省下有府、州、厅、县。府设知府，州设知州，厅设同知，县设知县，为亲民官，大抵以省统府州厅，以府州统县，为实三级制度。而督抚以下有布按二司，其下又有分巡各道，叠床架屋，亦几等于五级制度矣。

明代行政区域之划分，不依山川自然形势。湖北、南畿等省，跨长江、淮水、汉水为一区域。河南、山东等省，跨黄河为一区域。清廷因之，地势支离破碎，不可思议。大抵明室肇基于江宁，以南驭北，故欲保长江，不能不守江北，欲保长淮，不能不守淮北，欲保黄河，不能不守河北。其跨江、跨淮、跨河设省者，势使之然。清廷因陋就简，不欲变更前朝制度，故勉强仍其旧。然分省制不适用于今日，则述者所敢断言者也。

以上二十二行省，为前清政府直辖地方。此外内蒙古境内，分为东四盟、西二盟、察哈尔、鄂尔多斯、乌喇特、西套等部落。设热河、察哈尔两都统，绥远、宁夏两将军，以统辖之。外蒙古境内，分为车臣汗、土谢图汗、三音诺颜汗、札萨克图汗，及乌梁海、科布多等部落。设乌雅苏台将军一员，库伦、恰克图、科布多办事大臣各一员，以统辖之。西藏境内分为前藏、后藏，设驻藏办事大臣、帮办大臣各一员以统辖之。青海境内设西宁办事大臣一员以统辖之。是为前清藩方行政区域制度。

民国成立，内地二十二省悉依前清之旧。省设都督，总揽军政、民政大权，为地方行政长官。罢府、州、厅，以县直隶于省，县设知事为亲民官，是为二级制度。其后袁世凯秉政，恶都督权太重，乃增设民政长以理民政，而以都督主兵柄。复恶省之地方行政区域太大，乃分省为道，设观察使以理民政，上承民政长，下统县知事，变为三级制度。其后复改都督为将军，民政长为巡按使，观察使为道尹，而职权如故。洪宪改元以后，西南各省群起兵讨袁氏，复罢巡按使，改将军为都督，总揽民政军政以一事权。而北方各省在袁氏势力范围下者官职如故。黎元洪就职以后，折衷于南北之间，改将军都督之名称为督军，巡按使之名称为省长，分理军政民政，是为省行政长官。省以下有道，道设尹，道以下有县，县设知事，为亲民官，仍为三级制度。

以上二十二行省，为政府直辖地方。此外内蒙古境内，分为热河、察哈尔、绥远三特别行政区域。每区设都统一，总揽民政军政大权，为地方行政长官。最西之阿拉善、额鲁特旗地，则设宁夏护军使，监理蒙旗行政。外蒙古自治区域，则设库伦办事大员一，科布多、乌里雅苏台、恰克图佐理员各一，监理行政。外蒙古最西部阿尔泰地方，设办事长官一，总揽民政、军政大权，为地方行政长官。西藏境内，设办事长官一。青海境内，设甘边宁海镇守使一，监理行政。四川之西旧西康地，划为川边特别行政区域，设镇守使一，总揽民政、军政大权，为地方行政长官。是为民国初年藩方行政区域制度。

国民政府成功以后，废督军及省长，各省政府设委员五人至十人，以资格深者兼充主席行使省长职权，其余分兼内务、财政、教育、工商、农矿厅长，行使各厅职权，而以无所统之委员数人辅之。升热河、察哈尔、绥远三特别区为省。废都统，设省政府主席，行使都统职权。复升阿拉善、额鲁旗地为宁夏省，青海为西宁省，川边为西康省，废护军使、镇守使，而以省政府主席代之。是为现今行政制度。

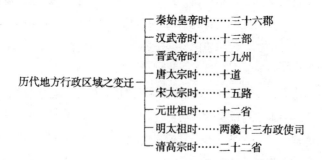

历代地方行政区域之变迁
- 秦始皇帝时……三十六郡
- 汉武帝时……十三部
- 晋武帝时……十九州
- 唐太宗时……十道
- 宋太宗时……十五路
- 元世祖时……十二省
- 明太祖时……两畿十三布政使司
- 清高宗时……二十二省

第四章

中国史上之年代

第一节　中国史年代之确数

历史之要素有三，曰种族，曰区域，曰年代。有种族，有区域，而无年代，则其史迹等于小说，无征信之价值。种族明，区域明，而年代不甚明时，其史迹亦在疑似之间，论史者不敢据为实事也。故欲述中国历史，不可不知中国史上之年代。

春秋以前之年代，史书言言人殊，苦无精确证据。例如商之传国，或曰四百九十六年《竹书纪年》，或曰六百年《左传》、或曰六百二十九年《汉书》，或曰六百四十四年《通鉴前编》与《皇极经世书》，其最多数与最少数之差为一百四十八年，可谓咄咄奇谈。有商一代之年代，史书所载犹互相出入如此，其他唐虞夏概可知矣。故欲论中国史上年代之确数，自当以春秋以后为断。

《春秋》为鲁国正史，系编年纪月体裁，以鲁国历代君主即位之年代纪元。后经孔子手订，考据颇为精确。自《春秋》以后。则有司马温公之《通鉴》，朱紫阳之《纲目》，王凤洲之《纲鉴》，毕秋帆之《续通鉴》，清高宗之《御批通鉴集览》等书，皆编年纪月体裁，考据尤为精确。兹自春秋初年即鲁隐公元年、周平王四十九年起，断自现在，即民国廿三年止。计中国史上之正确年代，凡二千六百五十六年，即起西历纪元前七二二年，至纪元一九三四年。

然则《春秋》以前之编年纪月史书，竟无确凿可据者乎？曰《春秋》以前之编年纪月史书，为《竹书纪年》《帝王世纪》《通鉴前编》三种。《帝王世纪》为晋儒皇甫谧撰，《通鉴前编》为宋儒金履祥撰，两书皆以《竹书纪年》为滥本。《竹书纪年》一书，系晋武帝太康二年，汲郡人发魏襄王冢所得。其所纪，始黄帝元年，终魏襄王二十年。盖六国时晋魏史官所作。以战国时之史官，记载三代以前之年代，所记载容或不确。又此书好言符瑞，于历代事实罕有发明，亦可知其历史上之价值较为薄弱矣。无已而上溯春秋以前，则自周幽王六年起，以后年代，差为可信。据《竹书纪年》所载，"幽王六年冬十月辛卯朔，日有食之。"《诗经·小雅·十月之交》篇云："十月之交，朔月辛卯。日有食之，亦孔之丑。"据郑笺云："周之十月，夏之八月也。"幽王六年乙丑，实西历纪元前七七六年。幽王六年十月朔日之日食，与后世天文家、历学家推定之西历纪元前七七六年之日食适相符合。据此推测，则自周幽王六年，即春秋前五十四年，西历纪元前七七六年起，至周平王四十八年，即春秋前一年，西历纪元前七二三年止，凡五十三年间，其年代差为可信。中国史上正确年代，为二六五六加五三，等于二七〇九年。

或问前清宣统三年民军初起义时，其文书布告，俱称黄帝纪元四千六百零九年，毕竟有无证据。曰，此事证以古史，知自黄帝即位之年起，至民军起义之年止，实为四千六百零九年。但春秋以前之史书，年代颇不精确。尧舜以前之年代，尤荒渺不足信。兹姑且参考古史，列表于下，以资对照。

黄帝轩辕氏	一〇〇	西历纪元前二六九八至前二五九九
少昊金天氏	八四	西历纪元前二五九八至前二五一五
颛顼高阳氏	七八	西历纪元前二五一四至前二四三七
帝喾高辛氏	七〇	西历纪元前二四三六至前二三六七
帝挚	九	西历纪元前二三六六至前二三五八
帝尧陶唐氏	一〇〇	西历纪元前二三五七至前二二五八
帝舜居尧丧	二	西历纪元前二二五七至前二二五六
帝舜有虞氏	四八	西历纪元前二二五五至前二二〇八
夏禹居舜丧	二	西历纪元前二二〇七至前二二〇六
夏	四三九	西历纪元前二二〇五至前一七六七
殷	六四四	西历纪元前一七六六至前一一二三
周武王十三年即克殷之年至平王四十八年	四〇〇	西历纪元前一一二二至前〇七二三
春秋	二四二	西历纪元前七二二至前四八一
春秋战国之间	一二	西历纪元前四八〇至前四六九
战国	二四七	西历纪元前四六八至前二二二
秦	一五	西历纪元前二二一至前二〇七
汉高帝称王之元年至哀帝元寿二年	二〇六	西历纪元前二〇六至前〇〇一
汉平帝元始元年至民国纪元前一年，即清宣统三年	一九一一	西历纪元后〇〇二年至后一九一一
合计四千六百零九年		

以上黄帝、少昊、高阳、高辛、帝挚五代之年表，系参考《竹书纪年》《帝王世纪》《通鉴纲目前编》及唐类函引陶弘景之说以定者。帝尧以下至战国，系参考《通鉴前编》与《春秋》《左传》以定者。战国以后至前清末年，则参考《通鉴纲目》《续通鉴》及西历纪元所足成者。证以年数固为吻合，然春秋以前之年代，亦只以疑传疑，未敢据为定案也。

第二节　历代之纪年法及岁首

纪年之法，古今不同，东西亦各异。有仅以太阳为标准者，是为太阳历纪年法。有兼以太阴为标准者，是为太阴历纪年法。西洋各国多用太阳历，中国则概用太阴历。太阳历纪年法，以地球绕日一周之总日数为一年。地球绕日一周，为三百六十五日五时四十八分四十六秒，太阳历平年为三百六十五日，所余之五时四十八分四十六秒，积至四年约满一日。故每过三年加增一日为闰年。但四年之闰余仅二十三时十五分四秒，闰一日则超过四十四分五十六秒，积至二十五闰约得四分日之三。故每满百年废一闰，至第四百年又不废。如是每四年置一闰，每四百年中减三闰。平均计算，每年得三百六十五日五时四十五分十二秒，须三千年后始有一日之差。太阴历纪年法，以月之盈虚为标准。计地球绕日一周，为三百六十五日有奇。月绕地球一周，为二十九日有奇。以月绕地球一周之日数，除地球绕日一周之日数，为十二有奇。故太阴历假定每年为十二月，以余数置闰，分配日与月之差。计三年一闰，五年再闰，积十九年而七闰。则气朔分齐，号为一章。是为太阴历纪年法。

中国之太阴历纪年法，自有史以来起，至民国纪元前一年止，历代皆为一致。顾历代之岁首则时常变更。夏正以建寅月为岁首，约当今之二月。商正以建丑月为岁首，约当今之一月。周正以建子月为岁首，约当今之十二月。所谓建寅、建丑、建子者，以北斗星柄所指之方向而名。所谓建寅月者，即斗柄指寅方之月；建丑月者，即斗柄指丑方之月；建子月者，即斗柄指子方之月也。三代岁首不同，而总不出太阴历范围内。商代夏，周代商，凡百制度，皆除旧布新。历法亦制度之一端，故变更岁首；以示改玉改步之意，使人民耳目焕然一新，并非有天文上科学上之深意存于其间也。

以上所举，为三代时政府之法定历。顾民间之习惯历与此颇有出入。夏正便于农时，民间多自由奉行之，历商迄周无改。《诗经·豳风》之七月篇，为周公所作。《礼记》之月令，为秦相国吕不韦所作。周公为西周初年人，吕不韦为战国末年人。据所举之月数，以推测当时之时令，系以夏正计算，并非用周正。可知有周一代民间之习惯历，犹参用夏正也。故孔子曰："行夏之时。"有味乎其言哉。

秦兴，从齐人邹衍之五行说，以为周得火德，秦代周，从所不胜，为水德。改正朔，以建亥月为岁首，约当旧历之十月，今之十一月。顾仍称建寅月为正月，而称建亥月为十月，以十月为岁首。汉兴因之，至武帝太初元年（西历纪元前一〇四年）夏五月，从御史大夫倪宽、太史令司马迁议，造太初历，始改正朔，以正月为岁首。是为三代以后采用夏正之始。自是以后，直至民国纪元前一年止，凡二千零十九年间，罔或改焉。

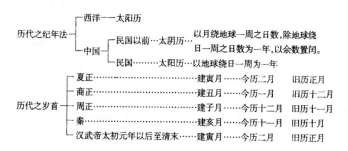

第三节　历代之纪元法及年号

西洋耶教各国，概以耶稣（Christ）降生之年纪元。回教各国，概以穆罕默德（Muhammed）由麦加（Mecca）出奔麦地拿（Medina）之年纪元。纪元法定于一尊，甚简单便利也。中国之纪元法，概以君主在位之年数计算。君主即位之年为元年，次年为二年。君主薨逝，新君即位，则纪元变更，从新另算。春秋、战国时代，各国君主之谥法往往相同。秦汉至明清，历代帝王之谥法及庙号亦往往一致，仅云某公某年、某侯某年、某王某年、某帝某年、某祖某年、某宗某年，字形字音字义概无分别，读史者殊嫌混杂也。汉文帝以后，纪元愈多，愈益混杂。计文帝一代，在位二十三年，纪元二次，史家为计算上便利起见，定名曰元年，曰后元年。景帝一代，在位十六年，纪元三次，史家定名曰元年，曰中元年，曰后元年。至武帝时，纪元愈繁复，辨别愈困难，始创年号以冠数字之上。凡纪元从新计算时，必变更年号以便记忆，名曰改元。计武帝在位五十四年间，凡改元十一次，曰建元，凡六年。曰元光，凡六年。曰元朔，凡六年。曰元狩，凡六年。曰元鼎，凡六年。曰元封，凡六年。曰太初，凡四年。曰天汉，凡四年。曰太始，凡四年。曰征和，凡四年。曰后元，仅二年而武帝崩。昭帝即位，至翌年又改元始元矣。据史书所载，武帝元狩元年（西历纪元前一二二年）冬十月，上行幸雍，祠五时，获兽一角而五蹄，有司奏以为麟，目为天瑞，请以天瑞纪元。于是始创年号，追定名称，一元曰建，二元以长星曰光，今元以郊得一角兽曰狩，是为中国史上有年号之始。

年号之字数不一定。有用二字者，如上所举武帝之例是也。有用三字者，如新莽之始建国之类是也。有用四字者，如后唐废帝从珂之应顺清泰、宋太宗之太平兴国、真宗之大中祥符、徽宗之建中靖国、西夏毅宗谅祚之福圣承道之类是也。有用六字者，如西夏惠宗秉常之天赐礼盛国庆是也。顾普通年号，仍以二字为标准，三字以上者不常见也。

年号之取义亦不一定。有仅取吉祥语为祝辞者，如东汉明帝之永平、西晋武帝之咸宁、太康、明太祖之洪武、成祖之永乐，清圣祖之康熙、高宗之乾隆之类是也。有因祥瑞之事，偶然发现而定名者，如汉武帝时，因郊得一角兽，故改元元狩。因汾阴获宝鼎，故改元元鼎。宣帝时，因神爵数集，故改元神爵。因凤凰集杜陵，故改元五凤之类是也。有因迷信五行思想，取相生相克之意以定名者。史称汉以火德王，故色尚赤。及汉亡，三国对峙，魏吴二国皆自谓以土德绍汉。故魏改元曰黄初，吴改元曰黄武之类是也。有因政治上之关系，选定特别名词，以代表朝廷趋向者。例如宋神宗时，厉行新法，其时新法派与旧法派时常轧轹。神宗崩，哲宗即位，宣仁太后摄政。旧法派之首领司马光当国，尽罢新法。宣仁崩，哲宗亲政，罢旧法派之阁员吕大防、范纯仁等，以章惇为首相，仍行新法。其时改元绍圣，所以表示继续神宗遗志之意也。哲宗崩，徽宗即位，时议以新旧两派各有所失，欲以大公至正消释朋党，遂诏改元为建中靖国，所以示无偏无党之意也。未几，新法派获胜。新法派之首领曾布当国，主张绍述，请改元崇宁，诏从之，所以表示崇拜熙宁（神宗年号）之意也。以上所举四类，第一类最多，第四类最少。此外虽有例外，然大体具于是矣，兹不赘述。

　　改元之规则亦无一定。普通习惯法，天子崩，太子即位，逾年改元。亦有未逾年而改元者，如蜀汉后主禅延熙十五年（吴大帝权太元二年），吴大帝殂，子亮立，未逾年即改元建兴。十七年（魏邵陵厉王嘉平六年），魏司马师废其主芳，立高贵乡公髦，未逾年即改元正元之类是也。普通习惯法，一帝一元，亦有一帝在位之间，改元至数次者，如上所举汉武帝之例是也。读史者一一记忆，甚非易易。年号愈多，愈紊乱矣。有明初年，始规定一帝一元制，非易世不改元。前清因之，立法逐渐严密。故视其年号为何名，即可知其在位之皇帝为何帝。观其年号数字之多寡，即可知其在位皇帝年代之修短。综合其一朝年号之固有名词共有若干，可知其传世若干代，较之一帝在位之间屡次改元者，计算诚为便利。顾通古今年代之总数计算，或综合一朝年代之总数计算，毕竟中国有史以来，至今共若干年，某朝传世共若干年，某事发生于某朝某帝某年某月，终止于某朝某帝某年某月，中间共历若干年。其发生之年月，及终止之年月，迄今又若干年。仍苦无便利方法计算。于是乎中国史上之纪元法乃穷。我辈论史者，只好参用西历，以耶稣纪元之数字，定我国年代之先后，及其修短。堂堂古文明国，借用西历为标准，此亦史家之耻也。日本小国，犹能效法西洋，规定以神武天皇即位之年纪元，以示不忘艰难缔造之意。我国为东洋最古之国，顾乃无一定纪元法。康南海主张用孔子降生纪元，顾除康氏著作外，未闻有遵行其说者。民军起义，虽曾以黄帝即位之年纪元，然不久旋废弃。民国成立以后，虽法定以民国成立之年纪元，然民国未成立以前之年代，是否用倒溯法计算，政府亦未有明文规定。袁氏盗国，突下令以洪宪纪元，致遭列强反对。于是对内则以洪宪纪元，对外则以民国纪元，演成历史上未曾有之笑柄。蔡松坡以云南兵倒袁氏，恢复民国五年年号。然民国未成立以前之纪元法，则至今仍未规定也。

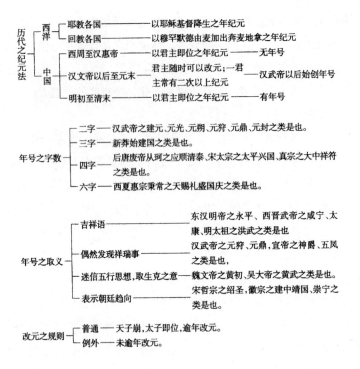

第四节　干支纪年法

中国纪年法，于君主在位纪元法外，尚有一种特别纪年法，即以十干、十二支配合为一种特别名词，用以计算年代者也。十干为甲、乙、丙、丁、戊、己、庚、辛、壬、癸，十二支为子、丑、寅、卯、辰、巳、午、未、申、酉、戌、亥。以干与支相配合，共得六十名词。以六十名词为数字代表，计算年代。每六十年为一甲子，周而复始，是为干支纪年法。十干之字，自上古已有之，似用以代数字者。十二支之字，至周时亦见经传。以干与支配合，初用以纪日，至汉时遂用以纪年。此法虽繁，但差错极少，与数字有同等效力，亦一种便利法也。

第五节 中国史时代之区分

自来中国史学家，知有朝代之变更，不知有时代之区划。由夏易为商，由秦易为汉时，史家异常注意。以为九鼎下移，天子最大事莫过于此也。至于夏商之间，有无分明界限，秦汉之际，有无联络潮流，彼辈眼光见不到，其所作之史书，大抵如白地光明锦，裁为负贩裤——原料虽美，而殊欠剪裁。读史者往往读尽终编，犹未明其宗旨之所在。至于一时代之思潮何若，风尚何若，更非所问矣。西洋史学家，例分历史为上古、中古、近古、近世等时代，以观一时之趋向，法至善也。顾朝代之区分，以帝室为标准，其界限明而显。由曹传马，以李代杨，历史上有确凿之迹象可寻。时代之区分、以趋向为标准，其界限隐而微，中古之事迹，往往胚胎于上古，而影响于近世，有抽刀断水水复流之概。欲求一最大事件以为一定界限而划分之，事实上做不到也。然则历史家将奈何？曰历史家宜统观全体，由政治文化各方面着想，通盘筹算，以为时代界限之标准。一方面虽有变动，一方面尚无变动时，不得划分为二时代也。知此者可与论中国史上之时代。

史学之内容，有政治史、文化史之殊。其时代之区分，亦因其内容而时有差异。由法制方面、文学方面、军事方面、外交方面种种观察，其时代之区分时或略有出入。本编为普通历史，故时代之区分，亦从最普通例。约分为四时代：

第一编 上古史 汉族胚胎时代

起太古，终战国末年。西历纪元前四千余年至二二二年，共约四千余年。此时代复约分为三期。

第一期，传说时代 唐虞以前。

此时代尚无文字，所遗史事，皆得之先民口碑，故称为传说时代。大抵由家庭制度渐变为酋长制度，日用必需之要品逐渐发明。其领土之范围以何处为界限，现今尚难指定。

第二期，唐虞三代时代 由唐舜即位，至西周末年。

此时代虽有文字，但书籍存者太少，年代不确实，事迹不联络。

大抵汉族据有黄河流域，生聚逐渐繁衍，由部落酋长制度，渐变为贵族制度，又变为封建制度，中央集权思想渐萌。其初年与交趾支那民族对抗，汉族占优势。及其末年，西北民族侵入中国，汉族乃居劣败地位矣。

第三期，春秋战国时代　由周平王东迁，至秦王政统一六国。

此时代书籍甚多，有正确之史书以传述事迹，文化异常发达，汉族固有之文化皆肇基于此时。大抵由封建制度变为地方集权制度。各国多怀抱大一统理想，日以武力相并吞。南服交趾支那民族，占领扬子江流域，又击退西北民族，筑造万里长城以为中外界限。汉族势力之膨胀，实始于此时。

第二编　中古史　汉族全盛时代

起秦统一六国，至唐亡。西历纪元前二二一年至纪元九〇六年，共一千一百二十七年。此时代复约分为三期。

第一期，秦汉时代　起秦始皇帝之统一，终汉献帝之禅让。

汉族大帝国成立，废封建，设郡县，中央集权之势渐成。内力充盈，遂以攘外为务，四围诸国皆内属。对外交涉频繁。其文化大抵承袭春秋战国之余，无特别新发明者。其初年法学发达。其中年儒学发达。及其末年，印度文化始东渐，为佛教输入中国之嚆矢，然尚未抵于发达之程度也。

第二期，三国两晋南北朝时代　起魏蜀吴之对峙，终陈之灭亡。

汉族大帝国破坏，势力骤衰。异族乘势侵入中原，占领黄河流域及扬子江上流。汉族奔避于江南，苟且偷安以求自保。交趾支那民族旧领土，受汉族南迁影响，逐渐开化。汉族旧领土，受异族蹂躏影响，文化逐渐衰退。儒教之不振达于极点。其初年道教披猖，及其末年佛教发达。中国固有文化与外来文化始逐渐混合矣。其文学南北两派迥殊，大率南较浮华，北较沉着。

第三期，隋唐时代　起隋室之统一，终唐室之瓦解。

汉族受民族压迫之结果，反动力起。复压倒外族，建立大帝国。其幅员之广，与秦汉时代相伯仲，而对外交涉之频繁过之。外来文化，与固有文化水乳交融，变成一种新文化。复输出文化于外国，四围未开化民族，多受其影响，因而开化。若日本、新罗、渤海、南诏其最著者也。佛教异常发达。文学承袭南北两派融合为一，号为中兴。

第三编　近古史　汉族衰微时代

起五代，终明亡。西历纪元九〇七年至一六四四年，共七百三十七年。此时代复约分为三期。

第一期，辽宋金对峙时代　起朱梁篡立，终南宋灭亡。

西北民族势力发达，政治上成为具体之国家，与汉族南北对峙。汉族受其影响，政治思想异常发达，文人学士喜谈政论。北宋中叶以后政党名称始出现于中国，因而酿成新旧之争。儒教哲学异常发达，周、程、朱、张诸钜子，以佛教、道教哲理，参入训诂学中，号为道学。文学多用古体，六朝文体渐衰。欧阳、曾、王、三苏诸大家出现，号称古文家。其文学好为政论，为古来所未有。此时代历史上之特色有三：一政治思想之发达；二政争之剧烈；三学术之隆盛。

第二期，元时代　起世祖统一，终顺帝北狩。

蒙古民族势力之发达，达于极点。始并吞中国全部，建立大帝国。汉族悉为所压制。为中国有史以来所创见幅员之广，亘古无与比伦。始制文字，以与汉族文化相抵抗，中国古文学中衰，通俗文学异常发达。对于宗教取平等主义，中国旧有之儒教、佛教、道教与西洋新来耶教、回教、祆教一体受政府优待，而喇嘛教尤为皇室所崇拜。制度大半承袭中国古制，兼采西域诸国制度以辅之。

第三期，明时代　起太祖即位，终庄烈帝殉国。

汉族受压制日久，反动力起，驱逐蒙古民族，复建立大帝国。元室遗民窜据内外蒙古故地，与汉族对抗，中国无力扑灭之。终有明一代，汉族与蒙古民族有南北对峙之概。幅员之广虽差强于宋，而远逊于汉、唐。文化亦仅恢复旧观，无特别新发明者。文学上之八股文章及律诗、律赋，为此时流行品。束缚人心太甚，文人学士日流于卑鄙龌龊，无高尚之思想、精深之学问。及其末年，西学遂乘虚输入中国矣。

第四编　近世史　西力东渐时代

起清初，迄清末。西历纪元一六四五年至一九一一年，共二百六十六年。此时代复约分为二期。

第一期，清室勃兴时代　起世祖，迄高宗。

第二期，清室衰亡时代　起仁宗，迄宣统。

通古斯族勃起于东方，建立大帝国。幅员之广逾于汉唐。西洋文化东来，天文学、数学及各种科学输入中国。于是二千年间中绝之春秋、战国时代文明，借尸还魂而复活。汉族固有文化与西洋新来文化混合。向来之理想学问，一变而为实际应用学问，大地上放出一种特别光明。顾一般国民，处专制政体之下已久，教育不普及，依赖心重，乏进取精神，愚昧性成，无团结力量。欧美势力东下，澎湃磅礴，四围浸入，政治界、经济界、悉为外人压倒。贫弱不成为国，清室遂以下祀矣。

上古——汉族胚胎时代	第一期	传说时代	唐虞以前
	第二期	唐虞三代时代	由唐尧即位至西周末年
	第三期	春秋战国时代	由周平王东迁至秦王政统一六国
中古——汉族全盛时代	第一期	秦汉时代	起秦始皇帝之统一，终汉献帝之禅让
	第二期	三国两晋南北朝时代	起魏蜀吴之对峙，终陈之灭亡
	第三期	隋唐时代	起隋室之统一，终唐室之瓦解
近古——汉族衰微时代	第一期	辽宋金时代	起朱梁篡立，终南宋灭亡
	第二期	元时代	起世祖统一，终顺帝北狩
	第三期	明时代	起太祖即位，终庄烈帝殉国
近世——西力东渐时代	第一期	清室勃兴时代	起世祖，迄高宗
	第二期	清室衰亡时代	起仁宗，迄宣统

本论

第一编　上古史　汉族胚胎时代

第一期　传说时代

第一章

中国文化之发源地

世界文化发源地有六。一埃及、二美索波达米亚、三印度、四中国、五墨西哥、六秘鲁是也。埃及等五国，皆处亚热带地方，气候温暖，物产丰饶，得天者独优，故文化发达最早。中国本部地分三带。黄河流域为北带，扬子江流域为中带，西江流域为南带。南带居亚热带地方，与埃及之尼罗河、印度之恒河、印度河流域同纬度。中带居北温带之南方，与美索波达米亚之欧夫拉底士河、底格里士河流域同纬度。北带居北温带之中央，其纬度远在埃及、印度及美索波达米亚之北。以现今地学家眼光观之，南带中带气候温暖，土脉肥沃，物产丰饶，适宜于发生文化。北带气候较寒，地味较劣，物产较少，得天者较薄，其必不能发生文化无疑也。顾历史上之现象，则颇异是。南带中带，旧为交趾支那民族巢窟，屡与汉民族竞争，直至战国末年，扬子江流域始被汉化。秦汉之时，西江流域始被汉化。两地之文化灿烂，实在中古以后，而上古无闻焉。上古之文化发源地，实在北带。汉民族起黄河流域，以人力战胜天然力之压制，首先创造东亚文明，在历史上不可谓非特别现象也。据泰西学者所研究，世界人类，始于东半球。东半球人类，始于亚洲。亚洲人类，始于帕米尔高原。自此分道四下，其西下者为埃及，为美索波达米亚，南下者为印度，东下者为中国。中国民族，由帕米尔高原，越葱岭，至天山南路，沿塔里木河东下，至青海。自此分为二路，南路由扬子江顺流而下，抵四川，东阻于三峡，不得至湖北。北阻于秦岭，不得至陕西，乃蟠据扬子江上流，滋生繁衍，是为后来巴、蜀二国之前身。北路沿黄河而下，抵甘肃、陕西，自此顺流而东，一泻千里，平原旷野，一望无际，适于人类之生存，是为有史以前唯一不二之东西交通路。中国文化不发生于中带、南带，而发生于北带者，势使然也。近世欧洲学者 Lacouperie 谓中国文化与美索波达米亚文化有密切关系，其所著之书曰 *Eastern Origin of the Chinese Sivilization*，盛倡中国文化西来说。德国地学家 Richthofen 则谓中国文化来自于阗（今新疆和阗县）。李氏为地质学家，以中国地理与地质为根据，研究中国历史。其所著之书，曰 "China"，盛倡中国文化发生于 Loss，此为历史家最新学说，足供吾辈参考。至其来自于阗之说，则亦无确凿证据也。据日本东京帝国大学教授文学博士白鸟库吉先生所研究，中国文化，系汉民族自创，非外来者。汉民族自有史以前，久居黄河流域，与西方民族隔绝。自骨相学方面观之，汉民族面貌平正，西方民族骨格清奇。自言语学方面观之，汉语皆单音，西方民族语多复音。此为二民族根本上迥不相同之点，未敢强为撮合也。亚洲民族，其言语容貌，与汉民族差为近似者，惟安南、暹罗、缅甸、西藏及希马拉亚山南麓近傍诸民族。中国本部之苗族亦然，皆久居东亚南部，非至有史以后始移居者。可知汉民族之东下，亦历有年代也。据 Richthofen 所研究，汉族文化之发生，实被 loss 之惠。loss 者，俗名黄土，其色黄，其性黏，遍布于黄河流域全土。干时极轻，随风飘扬，混入空中。北方都会，大风一起，动辄黄尘万丈者，职是之由。一遇阴雨，化为泥泞，土脉轻松，不能任重，动辄没轮陷胫，为交通之阻碍。顾其质极腴，得水即能发酵，助长植物之发达，不需肥料。其肥沃之点，与尼罗河之沉淀物相等，而土地之广漠过之。现在中亚水蒸气减少，昔日丰肥之地，往往化为沙漠，黄河流域亦被其影响。昔日之沃壤，渐化为斥卤者有之。顾在有史以前时代，水蒸气充足，雨泽涵濡，黄河流域全土，实为东亚膏腴之地。陕西渭水流域、河南洛水流域，尤为丰饶，号称天府之国。河北南部、山东西部，极目平原，一望无际，宜于种植。汉民族久居此地，经过狩猎牧畜两时代，渐入农业时代，由行国变为居国，有一定住所、一定职业。就其历年所得之经验，可以逐渐改良其事业。农业性质，宜于共同经营，不宜于单独运动，可以养成人类之团结力。且三时劳动一时休息，可以利用此闲暇，研究学术，或经营他种事业。又一年耕必有一年之蓄，九年耕必有三年之蓄，可以养成贮蓄之风。是故农业勃兴地方，社会文明易于发达。黄河流域全土，农业发达最早。汉族文明所以发生于此地者，职是之由。

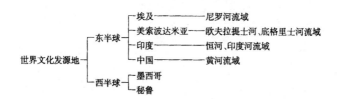

第二章

太古之神话

人群进化第一期，必须经过神权政治之一阶级，此万国之所同，而中国亦不能自外者也。神权政治时代，多在有史以前。其时代之传说，史家名为神话。神话者，国民思想之反映。神话自身之为物虽非历史，而其中实含有历史性质。故欲研究一国有史以前之事迹，则其国之神话尚焉。中国最古之史籍为《尚书》，次为汉儒司马迁之《史记》，次为西晋时发现之《竹书纪年》。《尚书》断自唐虞，《史记》及《竹书纪年》皆始于黄帝。黄帝以前之事迹，散见于《左传》《庄子》《尸子》《韩非子》诸书。皆支离破碎，不成片段。故欲述中国史迹，自当始于黄帝。黄帝以前之史迹，只能作为神话观，未可执以为真也。记载黄帝以前之史籍，始于纬书。纬书者，阴阳五行家学说，前汉末年始出现，所载多荒唐不足信。次为三国时代蜀汉谯周之《古史考》。此书已佚，惟散见于裴骃《史记注》之引用文中。次为晋儒皇甫谧之《帝王世纪》，次为唐儒司马贞之《三皇本纪》，次为宋儒罗泌之《路史》、金履祥之《通鉴前编》。皇甫氏、罗氏、金氏之书，记载较详。大略以纬书为蓝本，而参以秦汉时诸子学说。其荒渺无稽之处，荐绅先生难言之，兹节录其事迹稍近似者于下，以供参考。

相传太极生两仪，两仪生四象，四象变化，而人物生焉。首出御世者曰盘古氏，明天地之道，达阴阳之理，为三才首君，于是混沌开矣。又曰混沌氏。

继盘古以治者，一姓十三人。取天开于子之义，名曰天皇。澹泊无为而俗自化，制干支以定岁，而民始知天地所向矣。

继天皇以治者，一姓十一人。取地辟于丑之义，名曰地皇。爰定三辰以分昼夜，以三十日为一月。

继地皇以治者，一姓九人。取人生于寅之义，名曰人皇。相厥山川，分为九区。人居一方，又曰居方氏。是时万物群生，淳风沕今物穆，饮食男女所自始，而君臣政教起焉。

次为有巢氏。太古之民，穴居野处，与物相友，无有妎（下介反）伤。逮乎后世，人民机智，而物始为敌。有圣者出，构木为巢，教民居之，以避爪牙角毒之害。故曰有巢氏。

次为燧人氏。太古之民，未知稼穑，食草木之实，未有火化。饮禽兽之血，而茹其毛，有圣者出，钻木取火，教民烹饪，而民利之。故曰燧人氏。

次为赫胥氏。次为葛天氏，始教民歌八阕。次为无怀氏。次为辰放氏，始教民摘（九華反）木菇皮，以代卉服，号为衣皮之民。次为阴康氏，始教民舞以利其关节。大抵此时之民，鼓腹而游，含哺而嬉，昼动夜息，渴饮饥食，形有动作，心无好恶。鸡犬之音相闻，民至老死不相往来。是时之治，不言而信，不化而行，俗以熙熙。

次为伏羲氏。其母居于华胥之渚（今陕西关中道蓝田县），生帝于成纪，今甘肃渭川道秦安县。以木德王，故风姓。有圣德，像日月之明，故曰太昊。帝德洽上下，有龙马负图出于河，乃仰观象于天，俯观法于地，中观万物之宜。近取诸身，远取诸物，始作八卦，以通神明之德，以类万物之情，而卜筮自此生焉。上古结绳而治，大事结大绳，小事结小绳。帝易之以书契，百官以治，万氏以察。上古民处草野，逐捕禽兽，茹毛饮血，帝乃作网罟，教民佃渔，故号伏羲氏。养牺牲以充庖厨，故又号庖牺氏。于是当时人类社会，始由渔猎时代，渐进为牧畜时代。始立周天历度，作甲历，日月岁时，自此而生焉。太古男女无别，与禽兽无异，知有母而不知有父，知有爱而不知有礼。太昊始制嫁娶，以俪皮为礼，正姓氏，通媒妁，以重人伦之本，而民始不渎。作荒乐歌扶徕咏，斫桐为琴，绳丝为弦。弦二十有七，命之曰离徵，以通神明之赆，以合天人之和缰。桑为二十六弦之琴，以修身理性，反其天真，而乐音自是兴。因龙马负图出于河之瑞，以龙纪官。春官为青龙氏，夏官为赤龙氏，秋官为白龙氏，冬官为黑龙氏，中官为黄龙氏。是为五官。命朱襄为飞龙氏，造书契。昊英为潜龙氏，造甲历。大庭为居龙氏，治屋庐。浑沌为降龙氏，驱民害。阴康为土龙氏，治田里。栗陆为水龙氏，繁滋草木，疏导泉源。以共工为上相，柏皇为下相。朱襄、昊英常居左右。栗陆居北，赤胥居南，昆连居西，葛天居东，阴康居下，分理宇内，而政化大治。奠都于陈（今河南开封道淮阳县），在位一百十有五年崩。葬于陈。

　　女弟女娲氏袭，号曰女皇。大诸侯共工氏作乱，女娲诛之。是为太古时代兵争之始。历柏皇氏、中央氏、大庭氏、栗陆氏、骊连氏、浑沌氏、赫胥氏、尊卢氏、昊英氏、有巢氏、朱襄氏、葛天氏、阴康氏、无怀氏，凡十五代，而神农氏兴。

　　神农氏者，少典君之子，名石年。其母有乔音桥之女曰安登。生帝于烈山（一名厉山，在今湖北江汉道随县，即故德安府随州北，有石穴相传为神农生处，世谓之神农穴），故又号烈山氏。长于姜水（在今陕西关中道岐山县，即故凤翔府岐山县东，本名歧水，东至宝鸡县，经姜氏城南，易名姜水），故以姜为姓。以火德代伏羲治天下，故曰炎帝。初都陈，迁曲阜（今山东济宁道曲阜县），以火纪官。春官为大火，夏官为鹑火，秋官为西火，冬官为北火，中官为中火。古者民茹草木之实，食禽兽之肉，不知耕稼。帝因天时，相地宜，斫木为耜，揉木为耒，教民艺五谷，而农事兴焉。于是人类社会，始由牧畜时代，渐进为农业时代。古者民有疾病，不知药石，帝始味草木之滋，察其寒温平热之性，辨其君臣佐使之义。尝一日而遇七十毒，神而化之，遂作方书以疗民疾，于是中国始有医药。复察水泉甘苦，令人知所趋避，由是民居安食力，而无夭札之患，天下宜之，故号神农氏。列廛于国，日中为市，致天下之民，聚天下之货，交易而退，各得其所，于是中国始有商业。诸侯夙沙氏叛，煮海为盐，不用帝命，是为盐业之起点。其臣箕文谏而被杀，帝益修厥德。夙沙之民，自攻其君，杀之，而来归其地。于是东至旸谷，西至三危，南至交趾，北至幽都，莫不向化。帝兴万世生养之利，法省而不烦，威厉而不试。其俗朴重端悫，不忿争而财足，无制令而民从。在位一百四十年，崩于长沙之茶乡（今湖南湘江道茶乡县），葬茶陵（在今湖南衡阳道酃县西）。子帝临魁袭，传帝承、帝明、帝宜、帝来、帝裹、帝榆罔。榆罔为政束急，务乘人而斗其捷。诸侯携贰蚩尤作乱，帝逊居于涿鹿。自神农至榆罔，凡传八世，五百二十年。而炎帝世衰，诸侯有熊国之君公孙轩辕代立，是为黄帝。

第三章

黄帝之治绩

自黄帝以后，始有史记可凭。故另叙一章，不列入神话之内。

第一节　黄帝之外征

人类社会之发达，必须经过三阶段：一渔猎时代、二牧畜时代、三农业时代是也。汉民族自有史以前，即由西北方，迤逦入中国内地。分无数小部落，以游牧为业，至伏羲时，已进入牧畜时代。神农时，又进入农业时代，社会文明逐渐发达，团结力逐渐稳固。于是对外之竞争，日益剧烈，始有种族战争之事。内部之中央集权，亦从此始矣。

凡人群之迁徙，必因山川自然形势以前进。中国之山脉河流皆由西向东，与地球纬度为平行线。故各民族之分布，亦自西徂东，划分中国为数部。当炎帝末年，中国约划分为三部。最北一支为荤粥，分布于今日长城以北。最南一支为九黎，分布于扬子江流域。汉族界居于其间，分布于黄河流域。荤粥者，蒙古民族。九黎者，交趾支那民族。两族南北遥遥对峙，与汉族争此黄河流域一片干净土。汉族苦之，史称黄帝以师兵为营卫，迁徙往来无常处。盖犹未脱游牧民族习惯，然亦以界居民族之间，非武装不足以立国也。黄帝者，少典君之子，姓公孙，名轩辕，有圣德，国于有熊（今河南开封道新郑县），故号有熊氏。长子姬水，故又以姬为姓。是时炎帝衰微，九黎之君主蚩尤作乱，率师北上，略取黄河流域。炎帝榆罔出奔涿鹿（今察哈尔口北道涿鹿县，即故宣化府保安州）。轩辕氏起兵靖难，征师诸侯，与蚩尤战于涿鹿之野。蚩尤能为大雾，军士昏迷。轩辕氏作指南车以示四方，遂擒蚩尤诛之。是为汉苗二族种族战争之始。诸侯共尊轩辕氏为天子，是为黄帝。降封榆罔于潞，神农氏遂亡。黄帝即位，始建大帝国，经略四方。天下有不顺者，从而征之，平者去之。披山通道，未尝宁居。东至于海，登丸山及岱宗，西至于空桐（一作崆峒，在今甘肃安肃道高台县西南），登鸡头。南至于江，登熊湘，北逐荤粥，合符釜山（在今口北道涿鹿县西南），而邑于涿鹿之阿。迁徙无常处，以师兵为营卫。于是汉游势力一膨胀。

第二节　黄帝之内治

黄帝即位，四征不庭，天下咸服，乃修内政。帝初受命时，适有云瑞，遂以云纪官。春官为青云、夏官为缙云、秋官为白云、冬官为黑云、中官为黄云，举风后、力牧、太山、稽、常先、大鸿以治民谐是为六相，分治天地四方，是为周礼六官之嚆矢。命苍颉为左史，沮诵为右史，记朝廷之举措，是为中国有史官之始。命苍颉观鸟兽蹄远之迹，体类象形而制字。字有六义，曰象形、指事、会意、转注、谐声、假借，是为六书。于是中国始有文字学。衍握奇之法，设五旗五麾、六毒，而制其阵。熊罴貔貅以为前行，雕鹖雁鹯以为左右，于是中国始有兵学。命挥作弓，夷牟作矢，以威天下。岐伯作鼓吹、铙鱼、灵鞞、神钲，以扬德建武，于是中国始有兵器。

设灵台，立占天官。命鬼臾蒐占星，斗苞授规，正日月星辰之象，于是中国始有星官之书。命羲和占日，尚仪占月，车区占风，是为后世中央观象台之嚆矢。命大挠探五行之情，占斗柄所建，始作甲子。以甲、乙、丙、丁、戊、己、庚、辛、壬、癸为干，子、丑、寅、卯、辰、巳、午、未、申、酉、戌、亥为枝。枝干相配以名日，而定之以纳音，是为后世干支纪日之始。命容城作盖天，以象周天之形，是为后世浑天仪之始。因五量（龠合升斗斛）定五气（五行之气），起消息、（阳生阴死），察发敛（春夏为发秋冬为敛），以作《调历》。岁纪甲寅，日纪甲子，而时节定。迎日推策，造十六神历。积斜（音余）分以置闰，配甲子而设部（音薄）。于是时惠而辰从，是为后世历法之始。命隶首定数，以率其羡（余数）要其会（总数），而律度量衡由是而成，是为后世数学及度量衡之始。命伶伦取竹嶰溪之谷，断两节间而吹之，以为黄钟之官。制十二筒以像凤凰之鸣。其雄鸣六，雌鸣亦六，以比黄钟之宫。损益相生，为六律六宫。又命荣猨铸十二钟，以协月篇。于是文之以五声，播之以八音，命大容作云门大卷之乐。中春之月，乙卯之辰，日在奎，始奏之，命曰咸池，是为后世音乐学之始。做冕、垂旒充纩，为玄衣黄裳，以像天地之正色。旁观晕翟草木之华，乃染五采为文章，以表贵贱，于是衮冕衣裳之制兴，是为后世礼服之始。命宁封为陶正，赤将为木正，以利器用。做杵臼而谷粟始凿，做釜灶而民始粥，做甑而民始饭。以烹以匏，以为醴酪，是为后世割烹学之始。见窍木浮而知为舟，观蓬转而知为轮。命共鼓、化狐刳木为舟，剡木为楫，以济不通，邑夷作车，以行四方，服牛乘马，备物致用，是为后世交通机关之始。上古巢居而野处，至是始易之以宫室。上栋下宇以待风雨，是为后世建筑学之始。做合宫以祀上帝，享百神，是为后世天坛之嚆矢。范（范同）金为货，制金刀，立五币，以制国用，是为中国货币之权舆。察五气，立五运，洞性命，纪阴阳，咨于歧伯而作《内经》。复命俞跗、雷公察明堂，究息脉，巫彭、桐君处方饵，而人得以尽年，是为后世医药学之始。命元妃西陵氏（名嫘祖），教民育蚕，治茧丝以供衣服，而天下无皴（七伦反）、瘃（陟玉反）之患，是为后世蚕桑学之始。划野分州，得百里之国万区。命匠营国邑，置左右大监监于万国，是为地方行政区域划分之始。经土设井以塞争端，立步制亩以防不足。使八家为井，井开四道而分八宅。井一为邻，邻三为朋。朋三为里，里五为邑。邑十为都，都十为师。师十为州。分之于井而计于州。故地著而数详，是为后世城乡市镇制之始。在位百年，天下大治。人民安乐，不使而成，不禁而止。屈轶生于庭，凤凰巢于阿阁，麒麟游于苑囿。崩于荆山之阳（在今河南河洛道阌乡县即故陕州阌乡县南），葬桥山（在今陕西榆林道中部县，即故鄜州中部县西北）。

第三节　黄帝子孙之相续

现今我中国四万万人民，皆自称为黄帝子孙。细考其大别，有太古帝王之苗裔，有太古诸侯或大臣之苗裔，有异族归化人之苗裔，实不尽黄帝子孙。顾皆自称为黄帝子孙者，则以黄帝功德巍巍，詟服宇内，战胜异族，始建大帝国。实行中央集权制度，取精用宏，子孙袭其荫者垂千余年。经唐虞三代，直至嬴秦，皆其直系苗裔。史家艳称，有由然也。兹先叙黄帝没世后，其子孙相续之事迹如下，以为唐虞三代史之基础。

一、少昊金天氏

黄帝元妃西陵氏，生子挚，已姓。又名玄嚣，降居江水（在蜀地），邑于穷桑（今山东济宁道曲阜县北），故号穷桑氏。国于青阳，因号青阳氏。黄帝崩，即位，都曲阜。以金德王天下，遂号金天氏。能修太昊之法，故曰少昊。其即位也，凤鸟适至，因以鸟纪官。凤鸟氏为历正，玄鸟（燕也）氏司分，伯赵（伯劳也）氏司至，青鸟（鸧鹒也）氏司启，丹鸟（鷩雉也）氏司闭，是为历正之四属。祝鸠（孝鸟）氏为司徒，鴡鸠（王鸠鸷而有别）氏为司马，鳲鸠（鹁鸪性均平）。氏为司空，爽鸠（鹰也性鸷）氏为司寇，鹘鸠（鹘雕）氏为司事，是为鸠民之官。又立五雉为五工正，利器用，正度量，以夷平民。立九扈为九农正，以扈民无淫。作大渊之乐，以谐人神和上下。在位八十四年崩，葬云阳（在曲阜县东北二里）。犹子高阳氏践位。

二、颛顼高阳氏

高阳氏之父曰昌意，少昊氏之母弟。降居若水（即泸水，今名打冲河，源出西番经四川西界流入金沙江）。娶蜀山氏女，曰昌仆，是为女枢。生颛顼，姬姓。年十岁，佐少昊。二十，即帝位，以水德王。初国高阳（今河南开封道，即故开封府杞县，故高阳城是），故号高阳氏。都帝邱（今直隶大名道，即故大名府开州，故濮阳城是），以少昊之子重为木正，曰勾芒。该为金正，曰蓐收。修熙二人相代为水正，曰玄冥。又以炎帝之后句龙为土正，曰后土。而帝之孙黎为火正，曰祝融。分治五方，谓之五官，是为后世以民事纪官之始。少昊之衰，九黎乱德，民神杂糅，不可方物。家为巫史，无有要质。民渎齐盟，灾祸荐臻。帝乃命南正重司天以属神，北正黎司地以属民。使复旧常，无相轻渎，民用安生，于是政教渐分为二。帝作历，以孟春之月为元，是为后世以建寅月为岁首之始。始建九州，曰兖州、冀州、青州、徐州、豫州、荆州、扬州、雍州、梁州，以统领万国，是为后世九州之始。命飞龙氏会八风之音，为圭水之曲，以召气而生物。浮金效珍，铸之为钟，作五基六英之乐，以享上帝，朝群侯，名曰承云之乐。帝静渊而有谋，疏通而知事，养材以任地，载时以象天，依鬼神以制义，治气以教化，洁诚以祭祀。于是东至蟠木，西至流沙，北至幽陵，南至交趾，动静之物，大小之神，日月所照，莫不砥属。在位七十八年崩，葬濮阳（即帝邱），犹子高辛氏践位。

三、帝喾高辛氏

先是少昊有子曰桥极，桥极生子曰夋。姬姓，生而神异。年十五，佐颛顼，受封于辛（今河南开封道商邱县，即故归德府附郭首县南有高辛里），年三十，即帝位。以木德王，都亳（今河南河洛道，即故河南府偃师县西有亳城即其地），号帝喾。以其肇基于辛，故曰高辛氏。作九招之乐，帝普施利物，不私其身。聪以知远，明以察微。顺天之义，知民之急。仁而威，惠而信，修身而天下服。取地之财而节用之，抚教万民而利诲之。历日月而迎送之，明鬼神而敬事之。其色郁郁，其德嶷嶷。其动也时，其服也士。执中而遍天下。日月所照，风雨所至，莫不服从。在位七十年崩，葬顿邱（在今河北大名道即故大名府清丰县西南）。子挚践位，九年，荒淫无度，诸侯废之而立其弟尧为天子，是为陶唐氏。

第四节　黄帝子孙之蕃衍

黄帝四妃。元妃，西陵氏之女，曰嫘祖。生三子，曰玄嚣、昌意、龙苗。二妃方累氏之女，曰节。生二子，曰休、曰清。三妃肜鱼氏之女，生二子，曰挥、曰夷彭。四妃嫫母，貌恶德充，生二子。曰苍林、禺阳。其众妾之子十六人。总四妃之子为二十有五人。其得姓者十有四人。别为十二姓，曰祁已、滕、箴任、荀嬉、姞、嬛、依、二姬、二酉。及有虞氏有天下，封帝后为诸侯者十有九焉。

黄帝之子玄嚣，是为少昊金天氏。少昊氏元妃生倍伐，降处缗渊。次妃生般，为弓正，制弓矢，封于尹城。诸子曰桥极。桥极生焱，是为高辛氏。曰昧。为玄冥师于高阳之世。曰重。为高阳氏之木正。曰该。为高阳氏之金正。曰修、曰熙。为高阳氏之水正。其不才子曰穷奇。

黄帝之孙、昌意之子曰颛顼。是为高阳氏。颛顼初娶邹屠氏之女，生骆明。又娶胜溃氏之女，生卷章。庶子曰穷蝉。其才子八人。曰苍舒、陨凯、捣戫、大临、庞降、庭坚，仲容、叔达。天下谓之八恺。舜摄政时，举八恺，使主后土，以揆百事，莫不时叙、庭坚，即皋陶，为舜士，主兵刑之政。其不才子曰梼杌、骆明、蚁姓。生伯鲧，鲧生禹，是为夏后氏。卷章娶妻女娇，生黎及回，代为祝融。回生陆终。陆终生子六人。曰樊、曰惠连、曰篯铿、曰会人、曰曹姓、曰季连。樊封于昆吾。篯铿封于彭，是为彭祖。其孙元哲封于韦，是为豕韦。昆吾豕韦，当夏之世，代为侯伯。季连，芈姓，其后为楚。穷蝉生敬康，敬康生句望，句望生桥牛，桥牛生瞽叟，瞽叟生重华，是为有虞氏。颛顼之裔孙曰女修，生大业。大业之妻曰女荤，生大费，是为伯益，佐禹治水有功，舜赐姓嬴氏。其长子曰大廉，其后为秦为赵。

黄帝之曾孙、少昊之孙、桥极之子，曰夋。是为帝喾高辛氏。帝喾四妃。元妃有邰氏女，曰姜嫄，生弃。为舜后稷，其后为周。次妃有娀氏女，曰简狄，生契，为舜司徒，其后为商。三妃陈锋氏女曰庆都，生尧，是为陶唐氏。四妃娵（子须反），訾（将伙反）氏女，曰常仪，生挚，挚母位最卑。挚在诸子中年最长，故嗣位为帝。以荒淫无度，为诸侯所废。其才子八人，曰伯奋、仲堪、叔献、季仲、伯虎、仲熊、叔豹、季狸，天下谓之八元。舜摄政时，使布五教于四方。于是五典克从，而无违教。其不才子曰实沈、阏伯。

以上所举黄帝之子孙，繁复错杂，难于记忆，兹特列表于下，以供参考。

以上所列四表，凡唐虞三代之帝室及强诸侯之祖宗，悉在于是。而皆为黄帝及元妃西陵氏子孙。血统之华贵，阀阅之绵延，与现今日本帝室相等。而领土之广大，人口之蕃衍，传世之久远，文明之发达，则远过之。此真欧洲王族贵族所望而却步者也。欧人谓日耳曼民族为帝王生产地，若我黄帝血统，乃真帝王生产地也，汉民族尊之为始祖，岂不宜哉！

第四章

太古时代开化之程度

太古之都城，概在黄河流域。其疆域范围，亦以黄河流域为限。大抵由家族制度，渐变为部落制度，又变为贵族制度，中央集权思想渐萌。诸侯势力伟大，天子废立时出其手。天子崩，其相续人能否嗣位，以诸侯之向背为标准。故自黄帝以后，历代相续，极不规则。始有官制及地方行政区划，同时礼制、乐制、兵制俱创造。始有文字以便记忆，同时天文学、历学、数学、医学、药学、农学俱发明，是为学术之起点。其民间生活状态，则由游牧渐变为土著。始从事稼穑。饮食渐用火化。始有宫室、车马、衣服之设备。人民之衣食住渐稳固。政府对于人民，以发明日用必需之要品，为唯一不二天职。是为农业、工业之起点。天子及大臣，亲自研究或管理之。始有货币及市场以便交易，同时交通机关亦发明，是为商业之起点。政教两权同归政府主管，迷信思想颇深，崇拜上帝及自然现象与动物。故历代帝王之降生，史书称其多呈异状。历代官制及兵制，亦多取自然现象或动物之名以名之（如以龙、以云、以鸟纪官之类）。

始有婚姻礼以端人伦之本，于是夫妇之道立。始有丧葬礼，作棺椁掩埋死者，以尽人子之情，于是孝道生，家族制度逐渐完备。同时实行一夫多妻主义，上流社会之人于蓄妾之外，有正妻二人至四人，与现今回教之土耳其国相类，故人口生殖力极旺。其对外关系，则以九黎为最大问题。其和战之事，影响及于后世者不少。其时人类社会之大害，则以洪水猛兽为最。盖太古烟户稀疏，草木畅茂，禽兽易于蕃殖，故时为民害。而初民时代，体力脑力俱薄弱，无战胜自然现象之能力，故时为自然现象所窘也。

第五章

三皇五帝说

三皇五帝之说，始见于《周礼·春官外史》，而不言其为何如人。后世遂滋疑义，种种臆断之说由此生焉。《史记·秦始皇本纪》，称"古有天皇，有地皇，有泰皇，泰皇最贵"之说，是为三皇姓名见于载纪之始。汉儒孔安国书序，乃以伏羲、神农、黄帝为三皇，少昊、颛顼、高辛、尧、舜为五帝。郑康成则以伏羲、女娲、神农为三皇，帝鸿、金天、高阳、高辛、唐虞为五帝，是为三皇五帝说聚讼之始。汉儒司马迁始作《五帝本纪》，以黄帝、颛顼、帝喾、尧、舜当之。唐儒司马贞又作《三皇本纪》，关于三皇之姓名，共举二说。第一说曰太皞庖羲氏、女娲氏、炎帝神农氏，第二说曰天皇氏、地皇氏、人皇氏。而以第一说所举者当之。唐天宝中，从孔颖达学说，祀伏羲、神农、黄帝为三皇，少昊、颛顼、高辛、唐尧、虞舜为五帝，是为政府下命令定三皇五帝名称之始。

其后宋儒胡五峰，断定以《易经系辞》孔子所述伏羲、神农、黄帝、尧、舜为五帝。元儒胡一桂，又从而引申之谓，"《孔子家语》，自伏羲以下皆称帝。《易大传》《春秋内外传》有黄帝、炎帝之称。《月令》有帝太昊、帝炎帝、帝黄帝之文。可见太昊伏羲氏、炎帝神农氏、黄帝轩辕氏，本皆称帝。秦以前未尝列之于三皇也。其三皇之号，终不可泯。则仍以秦博士所谓天皇、地皇、人皇者当之。而不必附会其人"云云。宋儒罗泌《路史》，又有初三皇纪，曰初天皇、初地皇、初人皇，有中三皇纪，曰天皇氏、地皇氏、泰皇氏。元儒曾先之《十八史略》，则以太昊伏羲氏、炎帝神农氏、黄帝轩辕氏为三皇，少昊金天氏、颛顼高阳氏、帝喾高辛氏、帝尧陶唐氏、帝舜有虞氏为五帝，与汉儒孔安国学说、唐儒孔颖达学说合。盖三皇五帝姓名之考证，古今聚讼久矣，迄今犹未决也。顾《尚书》为最古史书，又经孔子手订，其所载之事迹，较为确实。《尚书》开始于唐虞，唐虞以前之事，绝口不道及。历数百年至西汉时，司马迁始作《五帝本纪》。再历数百年至唐时，司马贞始作《三皇本纪》。愈后出之史学家，愈能考据前代之事迹，此亦我辈怀疑未释者也。据白鸟库吉先生所研究，三皇五帝者，未必实有其人，不过汉民族国民思想之反映，臆造之架空的理想人物而已。汉民族阴阳五行家学说，至战国时始发生，至秦汉时而极盛。五行者，火、水、木、金、土，乃现今化学上九十原素中之化合物，而古人所谓原素者也。据阴阳五行家学说，帝王应运御世，皆本于五行之德。五行之中木、火、土、金、水相生，故太皞伏羲氏以木德王，炎帝神农氏以火德王，黄帝轩辕氏以土德王，少皞金天氏以金德王，颛顼高阳氏以水德王。皆以相生之故，而前后继续御宇者也。五行之中，水、火、金、木、土相克，故秦始皇之时，以为周得火德，色尚赤。秦代周，从所不胜为水德，色尚黑。汉文帝时，黄龙见成纪，从鲁人公孙臣说，以为汉得土德，当尚黄，皆以相克之故，而前后继续御宇者也。据《礼记·月令》所载：

孟春、仲春、季春之月，盛德在木。其日甲乙，其帝太皞，其神句芒。

孟夏、仲夏、季夏之月，盛德在火。其日丙丁，其帝炎帝，其神祝融。

中央土，其日戊己，其帝黄帝，其神后土。

孟秋、仲秋、季秋之月，盛德在金。其日庚辛，其帝少皞，其神蓐收。

孟冬、仲冬、季冬之月，盛德在水。其日壬癸，其帝颛顼，其神玄冥。

据《淮南子·天文训》所载：

东方木也，其帝太皡，其佐句芒，其日甲乙。南方火也，其帝
炎帝，其佐朱明，其日丙丁。

中央土也，其帝黄帝，其佐后土，其日戊己。

西方金也，其帝少昊，其佐蓐收，其日庚辛。

北方水也，其帝颛顼，其佐玄冥，其日壬癸。

皆以太皡、炎帝、黄帝、少昊、颛顼代表五行之德，而以四时或
四方分配之。《月令》一书，为秦时吕不韦所作。《淮南子》一书，为
汉时淮南王安所作，适当阴阳五行家学说盛行之时。所谓五帝者，系
阴阳五行家学说思想之反映，架空理想的人物，不必实有其人。以哲
学家思想解释之，则可以融会其理于虚无缥缈之中，而毋庸臆断。以
史学家眼光推测之，多见其扞格而难入也。

然则三皇之说将如何解释？曰三皇者，三才思想之反映，所谓天神、
地祇、人鬼者是也。三才之说，始见于《易经·系辞下传》第十章，谓：
"易之为书也，广大悉备。有天道焉，有地道焉，有人道焉。兼三才而两
之，故六。"《系辞传》为孔子所作，然则三才之说，固始于春秋时代矣。
后世愈衍愈奇，以三才之自然现象，比附于古帝王之人格。于是有天皇、
地皇、人皇之说。所谓三皇者，即三才之人间化者也。司马贞《三皇本
纪》第二说，差足代表古人思想。而其第一说则无足取云。

三才之思想，东亚各民族间皆有之，不仅流行于中国。中古突厥
之碑文，近世鄂尔浑河畔发见之蒙古碑文，皆有句云："上有青天，
下有黑地，其中为吾人。"日本古代之神话，有高天原夜见国之名称。
所谓高天原者，指天而言。夜见国者，指地而言。其中间之国为现
国，即指人类社会而言也。顾日本神话中天地人之分配，与中国哲学
上之三才思想有异。日本所谓高天原者，指天国而言。夜见国者，指
地狱而言。高天原、夜见国之人物，皆具有神鬼魔力，非普通人类
也。中国之天皇、地皇、人皇，则悉比附之于人类。无论道德如何高
尚，人格如何完备，智慧如何发达，其聪明才力法术，总不能脱离人
类社会。其所演之事迹，亦总不出人类社会以外。神代之传说，处处

倚于实际如此，不似日本之拘墟迹象，易滋人惑也。

然则三皇五帝，概为架空理想的人物，未必实有其人。顾后世史学家凿凿言之者何也？曰，敬祖宗思想之发达，为我国民族特色，政治家、宗教家多利用之。故古代创立学说者，往往推崇古圣贤、古帝王为教祖，以夸耀其学说所自出。春秋战国之交，儒道二教，中分思想界之天下。孔子祖述尧舜，孟子推崇汤武，以为完全人格之模范。孔孟以中庸为道，不语怪力乱神，故儒教中所推尊之模范人物，概为道德家、政治家，别无灵异之迹。后起之道教，推崇黄帝为教祖，以抵制儒教。其支流变为阴阳五行家学说，以木、火、土、金、水五物质，综合消纳宇宙间万事万物，而以人类悉融合于其中。于是 human society 皆变为 nature。代表完全人格之五帝，乃以木、火、土、金、水五行之德而出现。其后至战国末年，《山海经》脱稿，西汉之时，《纬书》脱稿，乃以崇拜动物的思想，及崇拜自然现象的思想，夹杂比附于崇拜古帝王、古圣贤思想之内。于是伏羲氏牛首龙身，女娲氏牛首蛇身，神农氏牛首人身之说出现。谓古帝王皆不具人形，甚且谓伏羲氏之母，履巨人迹而有娠（见《诗纬含神雾》及《孝经钩命决》）；神农氏之母，感神龙而有娠（见《春秋元命苞》）；轩辕氏之母，感电光绕斗而有娠（见《帝王世纪》及《河图握枢》）；金天氏之母，感大星如虹，下临华渚而有娠（见《宋书·符瑞志》）；颛顼氏之母，感瑶光贯月而有娠（见《山海经》及《诗纬含神雾》）等说出现，乃竟公然毁谤古帝王皆非人种，伪妄怪诞如此。此则与希腊、印度、日本等国古代神话颇近似矣。

然则三皇五帝者，固古代哲学家理想中人物。史学家司马迁、司马贞以实际上莫须有之事迹比附足成之，以代表完全人格者。顾其数字必以三五起算者，何也？曰，易有之："天一、地二、天三、地四、天五、地六、天七、地八、天九、地十"。盖奇为阳数，偶为阴数。凡数皆起于奇，由五溯三，渐至于一，即为太极。是为混沌时代，史书以盘古代表之，故以三五计算。后世史家称夏、商、周为三代，而秦汉不与焉。称魏、蜀、吴为三国，而辽东之公孙氏不与焉。称齐桓公、晋文公、秦穆公、宋襄公、楚庄王为五霸，而吴王夫差、越王勾践不与焉。称前赵刘渊、后赵石勒、燕慕容廆、前秦苻健、后秦姚苌为五胡，而十六国中之他国皆不与焉。载笔者虽偶然乎？未必非尊三重五之习惯有以养成之也。突厥人、契丹人，皆重七之数字。故其古传说云："使七大将，率七百人出战。"其实实在之数，未必一定如此也。蒙古民族，重九之数，凡事物多以九计算。日本民族重八之数，凡事物多以八计算。盖各民族间对于数字之观念，各有其特别习惯，其所重视之点，不必同也。

然则三皇五帝之解释，除去三才五行之外，别有说乎，曰，有。太古理想之帝名，往往与文化之发生，有接近之联络。有巢氏、燧人氏等古帝王之称号皆然，此自有特别取义也。凡人类初开化之时，莫不欲知其本国文化之所自出。而其时尚无文字记载，乃一依故老之口碑以为凭。中国之开化始终何人，此初民所急欲知之者也。于是古之学者，乃造为传说，以解释国民之疑惑。曰，上古之时，诸事不备，有圣帝出，教民构木为巢，以避爪牙角毒之害，故曰有巢氏。教民钻木取火以备火化，故曰燧人氏。教民佃渔畜牧，故曰伏羲。教民养牺牲以充庖厨，故又曰庖牺。教民艺五谷以资民生，故曰神农。教民造车以任重致远，故曰轩辕。此等学说，乃中国文化本源之解释，与五行思想无关系。后人取此等理想中臆造之皇帝，比附消纳之于五行之内，于是五帝之说成矣。然则三皇之说，将若何解释？曰，天地人者，组织宇宙之要素。天开于子，地辟于丑，人生于寅，于是始有宇宙间之万事万物。有宇宙间之万事万物，于是始有历史。则三皇之说，固亦汉民族追本溯源之一念，沿习养成者也。

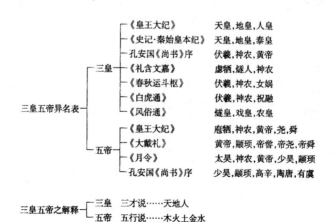

三皇五帝异名表	三皇	《皇王大纪》	天皇，地皇，人皇
		《史记·秦始皇本纪》	天皇，地皇，泰皇
		孔安国《尚书》序	伏羲，神农，黄帝
		《礼含文嘉》	虑牺，燧人，神农
		《春秋运斗枢》	伏羲，神农，女娲
		《白虎通》	伏羲，神农，祝融
		《风俗通》	燧皇，戏皇，农皇
	五帝	《皇王大纪》	庖牺，神农，黄帝，尧，舜
		《大戴礼》	黄帝，颛顼，帝喾，帝尧，帝舜
		《月令》	太昊，神农，黄帝，少昊，颛顼
		孔安国《尚书》序	少昊，颛顼，高辛，陶唐，有虞

| 三皇五帝之解释 | 三皇 三才说……天地人 |
| | 五帝 五行说……木火土金水 |

三才分配表

三才	三皇	三代	三王	三国	三公将军	三纲	三正
天	天皇	夏	禹	魏	张角称天公将军	君为臣纲	周正建子为天正
地	地皇	商	汤	吴	张宝称地公将军	父为子纲	商正建丑为地正
人	人皇	周	文武	蜀	张梁称人公将军	夫为妻纲	夏正建寅为人正

五行分配表

五行	五方	五气	五味	五臭	五声	五色	五事	五常	五脏	五官	五帝
木	东	燠	酸	膻	角	青	视	仁	肝	眼	太皥
火	南	旸	苦	焦	征	赤	言	礼	心	舌	炎帝
土	中	风	甘	香	宫	黄	思	信	脾	口	黄帝
金	西	寒	辛	腥	商	白	听	义	肺	鼻	少皥
水	北	雨	咸	朽	羽	黑	貌	智	肾	耳	颛顼

五神	五祀	五虫	五日	五霸	五胡	前五代	后五代	五福
勾芒	户	鳞	甲乙	齐桓公	前赵刘氏	刘宋	朱梁	寿
祝融	灶	羽	丙丁	宋襄公	后赵石氏	萧齐	李唐	富
后土	中溜	倮	戊己	晋文公	燕慕容氏	萧梁	石晋	康宁
蓐收	门	毛	庚辛	秦穆公	前秦苻氏	陈陈	刘汉	攸好德
玄冥	行	介	壬癸	楚庄王	后秦姚氏	杨隋	郭周	考终命

第二期　唐虞三代时代

第一章

唐虞之郅治

唐虞两朝，为中国人民理想之黄金时代。唐帝尧，虞帝舜，为儒教中理想之模范皇帝，兹特述其概略于下。

第一节　尧之事迹

帝尧姬姓，高辛氏次子，曰放勋。母庆都，孕十四月而生于母家伊侯之国（今河南河洛道伊阳县，即故汝州伊阳县），后徙耆（今山西冀宁道黎城县，即故潞安府黎城县），故曰伊耆氏。年十三，佐帝挚封植，受封于陶（今山东济宁道，即故曹州府定陶县）。年十五，复封于唐（今河北保定道，即故保定府唐县），故号陶唐氏。年十六，代兄挚践天子位。都平阳（今山西河东道，即故平阳府临汾县），命重黎之后羲氏、和氏治历象，授人时。命羲仲宅嵎夷（或谓今朝鲜地），平秩东作，以殷仲春。羲叔宅南交（或谓今安南地），平秩南讹，以正仲夏。和仲宅西（或谓为流沙以西地），平秩西成，以殷仲秋。和叔宅朔方（或谓为大漠以北地），平在朔易，以正仲冬。始以三百有六旬有六日为一岁。以闰月定四时。于是历法渐精密，日月气候始参会，后世章法仿于此。置敢谏之鼓，使天处得尽其言。立诽谤之木，使天下得攻其过。作戒以自警曰："战战栗栗，日谨一日。人莫踬于山而踬于垤。"五载，南夷越裳氏（今法领越南南境，上交趾支那地）重译来朝，献大龟，方三尺余，背有科斗文，记开辟以来事。帝命录之，名曰龟历。时有草生于庭冀荚，每月十五日以前，日生一叶。十五日以后，日落一叶。月小则一叶附而不落。观之可以知旬朔，故又名历草。在位七年，民不作忒。鸱久（即鹠鹠恶鸟也）逃于绝域，麒麟游于郊薮，凤凰巢于阿阁。十有二载，帝巡狩，周流五岳。存鳏寡，赈荒札。夭折也。一民饥则曰我饥之，一民寒则曰我寒之，一民罹辜则曰我陷之。故民戴之如日月，爱之如父母。

五十载，帝游于康衢。有儿童歌曰："立我烝民，莫匪尔极。不识不知，顺帝之则。"有老人击壤而歌曰："日出而作，日入而息，凿井而饮，耕田而食。帝力何有于我哉。"帝又观于华。华封人祝曰："使圣人富寿多男子。"尧曰："辞。多男子则多惧；富则多事，寿则多辱。"封人曰："天生烝民，必授之职。多男子而授之职，何惧之有。富而使人分之，何事之有。天下有道，与物皆昌。天下无道，修德就闲，千岁厌世，至于帝乡，何辱之有。"可想见上古时代君民间无暌隔、无隐情之实况。七十载，帝年老。咨于群臣，举舜登庸。寻命宅百揆，摄行国政。于是实际上之主权者归于舜。

第二节 舜之事迹

史称舜为颛顼之后。颛顼生穷蝉，穷蝉生敬康，敬康生句望，句望生桥牛，桥牛生瞽瞍。自穷蝉至瞽瞍，皆不显于世。瞽瞍娶妻握登，以帝尧四十一载，生舜于诸冯之姚墟（在今山西河东道，即故蒲州府永济县），故姚姓。后居沩汭（二水名，在永济县首阳山下，南曰沩，北曰汭），故又为伪姓。母早丧，父再娶后妻，生象，象傲。瞽瞍惑后妻之言，爱少子，尝欲杀舜。舜尽孝弟之道，日以笃谨。年二十，以孝闻。耕于历山（即雷首山，今曰中条，跨河东道永济等县界），人皆让畔。渔于雷泽，在雷首山下（一名雷水），人皆让居。陶于河滨（今永济县北有陶城，相传为舜旧居之地），器不苦窳（勇主反，苦窳，薄恶不正也），作什器（什物）于寿邱（今山东济宁道，即故兖州府曲阜县东），就时（逐时以贩也）于负夏（郑康成曰卫地）。一年所居成聚，二年成邑，三年成都。有友七人，曰雄陶、方回、续牙、但阳、东不訾、秦不虚、灵甫，常辅翼之，于是令德彰闻。帝尧在位之七十载，耄期倦勤，以嗣子朱嚣讼，不堪大位，乃询于四岳，求可以逊位者。四岳及群臣咸举舜，帝亦素闻其名，乃使二女娥皇女英妻舜以观其内，使九男与处以观其外。久之舜内行弥谨，二女执妇道，九男皆益笃。帝以舜为贤，命总百揆。舜举高阳氏之才子八人，使主后土，以揆百事，莫不时叙。举高辛氏之才子八人，使布五教于四方，内平外成，宾于四门。流四凶族，帝鸿氏之不才子浑沌、少昊氏之不才子穷奇、颛顼氏之不才子梼杌、黄帝时大臣缙云氏之不才子饕餮皆被黜。于是赏罚严明，人心悦服。七十有二载，命舜摄位。先是帝尧在位，命崇伯鲧治洪水，九载无功。驩兜为司徒，掌教育。共工掌制造。至是皆以罪黜。殛鲧于羽山（在今江苏徐海道，即故海州赣榆县东），放驩兜于崇山（在今湖南武陵道大庸县，即故澧州永定县东），流共工于幽州（今河北密云县东北有共城，相传即共工流处），于是朝廷之威肃。窜交趾支那民族之三苗于三危（山名，在今甘肃安肃道敦煌县南。三蜂耸峙，如危欲坠，故名），于是汉族之势张，内外咸服。命崇伯鲧之子禹治水，颛顼氏之裔孙伯益佐之。禹与益胼手胝足，勤劳八年，洪水之祸渐熄。七十有三载正月朔日，舜受终于文祖，以摄位告。在璇玑玉衡，以齐七政。定祭祀之礼，类于上帝，禋于六宗。望于山川，遍于群神。定朝觐之礼。辑五瑞，择吉月日。觐四岳群牧，班瑞于群后。定巡守之礼，岁二月东巡守，至于岱宗（泰山，在今山东济南道，即故泰安府泰安县），柴、望秩于山川。肆觐东后，协时月、正日。同律、度、量、衡。修五礼、五玉、三帛、二生、一死、贽。如五器，卒乃复。五月南巡守，至于南岳（衡山，在今湖南衡阳道，即故衡州府衡山县），如岱礼。八月西巡守，至于西岳（华山，在今陕西关中道，即故西安府华阴县），如初。十有一月朔巡守，至于北岳（恒山在今山西雁门道浑源县，即故大同府浑源州），如西礼。归格于艺祖，用特。定刑法，分为五等，曰墨、劓、剕、宫、大辟。因罪之大小而用之。罪之可宥者，以流放代之。轻罪以鞭朴代之。鞭为官府之刑，朴为学校之刑。罪之极轻者，以罚金代之，名曰赎刑。过误者免罪，名曰肆赦。再犯者从重治罪，名曰贼刑。于是中国刑律粗备。八十载，禹治水告成功，人民始有安土之乐。分天下为十二州，分冀之北为并州，东北为幽州，青之东北为营州。于是黄河流域之行政区域划分渐密。每州封表一山以为之镇，设牧一人以为之长。于是地方最大行政区域始有行政长官。大封功臣为诸侯，以统率各部落。封禹于夏（今河南开封道禹县，即故开封府禹州），赐姓姒氏，统领州伯，以巡十二部，是为夏后氏之始祖。封高辛氏之子契于商（在今陕西关中道商县，即故商州），赐姓子氏，是为商之始祖。封契之弟弃于邰（今陕西关中道即故乾州武功县），赐姓姬氏，是为周之始祖。封四岳（神农氏之后）于吕（今河南汝阳道，即故汝宁府新蔡县），赐姓姜氏，是为齐之始祖。赐伯益姓嬴氏，是为秦之始祖。尧在位百年，年一百十七岁，崩于成阳（故城在今山东东临道濮县，即故濮州），葬谷林。百姓如丧考妣。三载，四海遏密八音。舜避尧之子于南河之南，天下诸侯不归尧之子而归舜，舜乃践天子位，是为有虞氏。徙都蒲坂（故城在今山西河东道，即故蒲州府永济县），封尧子朱于丹（今山东胶东道，即故青州府临朐县，东北有丹水，即其地），以奉尧祀，待以不臣之礼。封弟象于有庳（今湖南衡阳道道县，即故永州府道州）。命禹宅百揆，总理国政。弃为后稷，播百谷。契为司徒，敷五教。皋陶作士，明五刑。勾龙之子垂为共工，主工作。益作虞，治山泽。伯夷作秩宗，典三礼。夔典乐，教胄子。龙作纳言，出纳帝命。三载考绩，九载三考，陟明黜幽，于是内政修明。询于四岳，咨十有二牧。五载一巡狩，群后四朝，于是外情联络。建太学曰上庠，小学曰下庠，于是中国始有学校。用燕礼，养国老于上庠，庶老于下庠，于是朝廷始行养老礼。禹、皋陶、益、稷，共陈谟，于是中国始有政论。弹五弦之琴，歌南风之诗，作九韶之乐，赓喜起之歌。天下大治，凤凰来仪，百兽率舞，庶尹允谐。三十有三载，舜年九十三岁，耄期倦于勤。乃命禹摄政，于是实际上之主权者归于禹。

　　唐虞之时，官制粗备，兹列表于下，以明当时内外官系统：

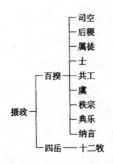

　　摄政一官，系天子之代理者，平时不设。内官以百揆为首领，略如民国之国务总理，兼内务总长。其下设九官，略如民国之内阁。曰司空，掌水土，略如民国之全国水利局总裁。曰后稷，掌稼穑，略如民国之农务总长。曰司徒，掌教育，略如民国之教育总长。曰士，掌兵刑，略如民国之陆军总长、司法总长、兼参谋总长、大理院院长。曰共工，掌制造，略如民国之工务总长。曰虞，掌山泽草木鸟兽，略如民国之林务总长，及日本之主猎局局长。曰秩宗，掌礼式，略如民国之大总统府掌仪，及日本之式部长官。曰典乐，掌皇族及贵族之教育，略如日本之学习院长。曰纳言，掌命令，略如民国之大总统府秘书长。外官以四岳为首领，总理全国民政。其职在民国分属于国务总理及内务总长。其下设十二牧，分理各州民政，略如民国各省之省长。其设官分职，与现今各行政机关形式大致相似，而精神则迥乎不同。唐虞之设官，以教养为主，而以刑罚辅之。故首后稷、司徒而次士。积极的与民兴利之机关多，消极的防民为害之机关少。故水利、农务、工务、林务，现今以一农商总长兼之者，当时分属于司空、后稷、共工、虞四大臣。诘奸除暴，现今以海陆军司法三总长分任之者，当时统属于士之一人。以现今普通政治家眼光观之，未免重其所轻，而轻其所重。盖上古风俗淳朴，人民浑噩，各种实业尚未萌芽，故政府不得不勤于提倡，而简于防范。理想之共和政府，与实际之共和政府，其设施固未必同也。

第三节　洪水说

洪水之祸，不知始于何时。据 chaldea 古砖文载世界原始云，"当上覆无天，下载无地之时，冯翼洞浊，浩荡混滑，洪水浮溢。是为洪荒之世。"巴比伦史家 Bersos（巴比伦之高僧，纪元前三世纪时用希腊语翻译巴比伦史）之遗书亦云"纪元前三万七千年，有大洪水。洪水以前有十王相继，约四十三万二千年。洪水以后，经过八十六王，凡三万四千年。而入 Chaldea 正史时代"云云。《旧约全书·创世记》亦云："耶和华（Jehovah）鉴世人罪恶贯盈，以洪水灭之，历百五十日。不死者惟挪亚（Noa）一家"云云。印度古书 Satapatha Brahmana 亦云"现世人类之祖先摩奴（Manu），一日洗手于河，有游鱼浮于水面，谓摩奴曰，'饲我，我将救君。'摩奴依言饲鱼。鱼告之曰，'今年必有大水。君宜造舟，举家族从余避难。'摩奴依言造舟。洪水果至，摩奴乃棹舟从鱼之后，遂达北方山岭，系舟于树。及洪水去，乃下山。是时万物皆灭，世界生存之人物，唯有摩奴一家"云云。日本安成贞雄氏译 Welhelm Maier 氏著《地球之生灭》上编"地球之终灭"六"冰河时代"引波斯神话云"全身由猛火而成之巨龙，从南方翔于天空。天地晦冥，日月无光。恒星不见，昼夜不分。彗星流星，布满太空。电光闪烁，眩人心目。遍大地之森林，化为一片猛火，枝叶根干皆着。大雨如倾盆，其热如沸汤。地上泛滥之浊水，高过人顶。经过九十昼夜，暴风吹来，洪水渐退。火龙始隐于地中"云云。维也纳地质学者 Suetzs 谓"此龙即爆发火山喷火口吐出之火焰。其他可恐之现象，亦火山爆发后之现象也"云云。日本人类学家鸟居龙藏博士，谓"最近发见之云南猓猓古书，亦言古有宇宙干燥时代，其后即洪水时代，有兄弟四人，三男一女，各思避水。长男乘铁箱，次男乘铜箱，三男与四女同乘木箱。其后惟木箱不没，而人类遂存"云云。《列子·汤问篇》亦云："天地亦物也。物有不足，故昔者女娲氏炼五色石以补其阙，断鳌之足以立四极。其后共工氏与颛顼争为帝，怒而触不周之山。折天柱，绝地维。故天倾西北，日月星辰就焉。地不满东南，百川水潦归焉。"《淮南子·天文训》云："昔者共工与颛顼争为帝，怒而触不周之山。天柱折，地维绝，天倾西北，故日月星辰移焉。地不满东南，故水潦尘埃归焉。"《本经训》云"共工振滔洪水，以薄空桑。龙门未开，吕梁未发。江淮通流，四海溟津（无岸畔也）。民皆上丘陵，赴树木"云云。又《览冥训》云"往古之时，四极废，九州裂。天下兼覆，地不周载。火炎烂而不灭，水浩洋而不息。猛兽食颛（善也）民，鸷鸟攫老弱。于是女娲炼五色石以补苍天，断鳌足以立四极，杀黑龙以济冀州，积芦灰以止淫水。苍天补，四极正，淫水涸，冀州平，狡虫死"云云。《洪水传》说，东西文野民族，如出一辙，亦可见太古实有其事，非尽属乌有子虚矣。据吾人所推测，前世界之末期，地球表面曾起一大变化，大陆多震裂，沉为洋海，一时有生物同归于殄灭。最终之人类，乃奔避于世界最高处，是为帕米尔高原。迟之几千万年，地球表面之水，渐收敛为大洋。新大陆逐渐浮出，遂成为现世界。现世界人类之始祖，犹及见洪水泛滥之时，而智短力乏，不知以人力胜天，遂听其自由泛滥。一时孑遗之人类，相率蛰居于高处，与毒蛇战，与猛兽战，忍饥耐寒，以待洪水之减退。盖世界人类之苦楚，未有甚于此时者也。据《尚书》所载，帝尧之时，洪水滔天，浩浩怀山襄陵，下民昏垫，帝尧询于四岳，举崇伯鲧治之。鲧堙洪水，大兴徒役，作九仞之城。九载，讫无成功。舜摄政时，殛鲧，以其子禹为司空，使代父业，以益稷佐之。命诸侯百姓，兴人徒以传土。禹伤父大功不成，乃劳身焦思，菲衣恶食。八年于外，三过其门而不入。水乘舟，陆乘车，泥乘橇，山乘檋，随山刊木以遍洪水。先导黄河，次导济水，以杀北方之水患。复导汉水、江水、淮水，以杀南方之水患。决九川，距四海，浚畎浍、距川，于是北条之水皆入于河、济，南条之水皆入于江、淮。水患大减，人民始有安土之乐。寻暨益奏庶鲜食，暨稷奏庶艰食，人民始免冻馁之虞。使益掌火，烈山泽而焚之，禽兽逃匿，人民始免爪牙角毒之害。

水患既平，乃检查九州之土质，区别九州之田赋，各定为九等。冀州为帝都所在，人口繁庶，土地开辟，故赋最重。兖州为黄河下游所经，水患过重，土壤硗瘠，民生凋敝，故赋最轻。又调查各州之土产，使人民随宜入贡。因道路之远近，分领土为五服。中央五百里为甸服，直隶于天子。百里赋纳总，二百里纳铚，三百里纳秸服。四百里粟，五百里米，其外五百里为侯服，亲臣领之。百里采，二百里男邦，三百里诸侯。其外五百里为绥服，大诸侯领之。三百里揆文教，二百里奋武卫。其外五百里为要服。三百里夷，二百里蔡，其外五百里为荒服。三百里蛮，二百里流，皆蛮夷领土。中央特羁縻之使不为患。于是声教所及，东渐于海，西被于流沙，朔、南暨、禹锡玄圭，告厥成功，以功封于夏。

第四节　三苗之征服

三苗者，交趾支那民族。旧居扬子江流域，与汉族为敌。其酋长蚩尤，几逐炎帝而代之。黄帝征，师与战于涿鹿之野，仅乃得胜，而其余焰未熄，至少昊时复作乱。颛顼即位，征克之。至尧时复作乱，舜摄政，窜其顽梗者于三危。而留居故土者，恃其险远，仍时常作乱。禹摄政，席席定九州之威，征服三苗，苗人震慑。于是数千年来两大民族之竞争，其胜利卒归于汉族。

第二章

夏之兴亡

第一节 夏初之内治

夏后氏之始祖曰禹。姒姓，颛顼氏之孙，崇伯鲧之子。母修己，生禹于石纽（在今四川西川道，即故茂州汶川县），长于西羌。舜摄政时为司空，代父治水有功，封夏伯，故称为伯禹。舜即位，命宅百揆，寻命摄国政，征三苗有功，内外咸服。帝舜四十有八载，南巡狩，崩于苍梧之野（山名，亦曰九嶷，在今湖南衡阳道，即故永州府宁远县），葬零陵，年百有十岁。三年丧毕，禹避舜之子商均于阳城（故城在今河南河洛道，即故河南府登封县），天下诸侯不归舜之子而归禹。禹乃践天子位。因所封国为有天下之号曰夏，故曰夏后氏。都安邑（今山西安邑县，即故解州夏县），改载曰岁。以建寅月为岁首，色尚黑。封丹朱于唐（即尧初封地）、商均于虞（今河南开封道，即故归德府虞城县），以奉尧舜之祀。

禹承洪水之后，务以节俭为治。菲饮食，卑宫室，恶衣服。出见罪人，下车泣之。天下归心焉。其内政之关系于后世者凡二端。

一、称号 禹以前之君皆称帝，禹始改称王。王者往也，天下民所归往也，三代之君皆因之。

二、传统 禹以前君统授受，不必一定传子。有传同族者，如颛

134

顼帝喾等是也。有传异姓者，如尧舜是也。至禹乃确定传子之法，数千年因之。五帝官天下，三王家天下。官天下者，不过贵族之选举制。而家天下，则直以天下为个人私产矣。

第二节　夏初之外征

禹承尧、舜，揖让之后，而欲以君位传之子孙。最难使之听从者惟诸侯。故其政策，纯以中央集权为主。即位三岁，即合诸侯于涂山（今安徽淮泗道怀远县），执玉帛而至者万国。八岁，又合诸侯于会稽（今浙江会稽道绍兴县，本亦名涂山，自禹合诸侯而会计其贡赋，乃有会稽之名），防风氏（今浙江钱唐道武康县）之君后至，禹执而戮之（相传其身横九亩，车载其首，眉见于轼），自是诸侯震惧，而中央之权益盛。禹寻崩于会稽，因葬焉。子启嗣立。三岁，大享诸侯于钧台（今河南开封道禹县），有扈氏（今陕西关中道鄠县）不服，王召六卿誓师，与战于甘（在鄠县西南。）而灭之。于是诸侯不敢抗，而传子之局定。中央权势日益巩固。

第三节　夏统之中绝及其中兴

启在位九岁崩。子太康即位，盘游无度。十九岁，畋于洛（水名，在今河南西部）表。十旬弗返。有穷（今安徽淮泗道寿县）之君弈，因民弗忍，拒之于河。王不得返。因筑城阳夏（今河南开封太康县）而居之。二十九岁，王崩。弟仲康即位。仲康英明，即位之初，命胤（今四川嘉陵道广元县，山名）侯掌六师，征灭羲和（尧时羲和之后司天时者），翦羿之羽翼。羿亦灭王党天官伯封氏（夔之后）以为报复。王在位十三岁崩。子相立。为羿所逼，徙居商丘（今河南开封道商丘县），依其同族诸侯斟灌氏（今山东胶东道寿光县）及斟寻氏（今山东胶东道潍县）。羿遂自立，是为后世权臣篡国之始。恃其善射，不修民事，荒于田猎。委政于其臣寒浞。八岁，浞杀羿而自立。因羿之室，生浇及豷。二十有八岁，使浇用师灭斟灌及斟寻氏。遂弑相。相后缗方娠，逃出自窦。归其母家有仍氏（一名任太昊之后，在今山东济宁道金乡县）。遗臣靡逃奔有鬲氏（今山东东临道德县），夏统于是中绝。

次年，缗生少康于仍。长为仍牧正。浇知之，惎而求之。少康逃奔有虞（今河南开封道虞城县，禹封舜子商均于此），为之庖正。虞君以二女妻少康，而邑之纶（今虞城县东南地），有田一成（方十里），有众一旅。能布其德，而兆其谋，以收夏众，抚其官职。少康降生后第四十年，靡自有鬲氏收合斟灌、斟寻二国遗民，举兵灭浞，奉少康即位。使女艾谍浇，使季杼（少康子）诱豷，并诛之。复旧禹绩。是为后世称中兴者之始。夏统中绝者凡四十岁。

第四节　夏之衰亡

少康践位后二十一岁崩。子杼立。克师禹道，征三寿之国（今山东胶东道，即故莱州府潍县），藩服来朝，夏道大兴。七传至孔甲，淫乱而信鬼神，夏道始衰。三传至履癸，淫虐有殊力，世称为桀。能申钩索铁，负恃其力，不务德而武伤百姓。百姓苦之，为之语曰："时日曷丧，予及汝偕亡。"盖以桀曾以日自喻也。桀又伐蒙山有施氏（今山东济宁道滕县东北）。有施氏进女妹喜，桀嬖之，惟言是听，为之作琼室、象廊、瑶台、玉床，行淫纵乐。为肉山、脯林、酒池，可以运舟。一鼓而牛饮者三千人，以为戏剧。又大会诸侯于有仍。有缗氏叛，攻克之。诸侯韦氏（一名豕韦氏，彭姓，在今河南河北道滑县）、顾氏（已姓之国，在今山东东临道范县）、昆吾氏（已姓，在今河北大名道濮阳县）皆助桀为虐。民生愈困。关龙逢谏，不听。龙逢立而不去，桀怒。杀之。是为有史以来杀谏臣之始。商汤率诸侯来讨，战于鸣条（今山西河东道安邑县）。桀不胜，奔南巢（在今安徽安庆道巢湖中）。汤因而放之。后三年，卒于亭山（今安徽安庆道和县历阳山），夏亡。自禹至桀，凡传十七世，四百三十九岁（西历纪元前二二〇五至一七六六）。

第三章

商之兴亡

第一节　商初之内治

商之始祖曰契，子姓，为舜司徒，封于商。十三传而至汤，始居亳（商代亳邑有三，北亳即景亳，为汤所受命之地，今河南开封道，商邱县之薄县故城是也。南亳，一名谷熟，汤初所都，今商邱县之南亳城是也。西亳，汤后所迁，后盘庚亦徙此，今河南河洛道偃师县之亳城是也，此当是南亳），有圣德，诸侯归心。其邻国葛（今河南开封道宁陵县）伯不祀，汤遗以牛马，又使亳众往为之耕。葛仍不祀，且杀其馈饷之童子。汤始用兵征葛，服之。又聘伊尹于有莘（今山东济甯道曹县）尹，黄帝臣力牧之后，生于空桑（今河南开封道陈留县），耕于有莘。有圣德，以天下自任。汤始聘不就，三聘乃出就焉。汤荐之桀，说桀以尧舜之道。桀不听，尹复归于汤，如是者五。汤以行仁，大得诸侯和。桀忌之，召而囚之夏台（即钧台），已而释之。汤寻起兵灭昆吾，凡十一征，无敌于天下。遂率诸侯放桀，而即王位。因旧所封国为有天下之号曰商，是为诸侯革命之始。都南亳，改建丑月为岁首。改岁曰祀，色尚白，立禹后及古圣贤之裔为诸侯，以伊尹、仲虺为左右相。是祀，天大旱。汤发庄（今四川建昌道雅安县，即汉之蜀道铜山）之金，铸币以赈民。历七祀，旱不已。汤乃以身祷于桑林之野（今河南商丘县地）祝曰："无以予一人之不敏，伤民之命。"又以六事自责。曰："政不节欤；民失职欤，宫室崇欤，女谒盛欤，苞苴行欤，谗夫昌欤。"言未已，大雨方数千里，是为后世祈雨之始。在位十有三祀崩，葬汾阴（在今山西河东道逝，即故蒲州府荣河县）。

汤子太丁早逝，孙太甲嗣位。颠覆汤之典型。伊尹谏而不听，乃放之于桐（今山西河东道闻喜县汤墓所在），而自摄政。太甲居桐三年，悔过，自怨自艾。伊尹乃迎太甲归亳复位，是为后世人臣废立君主之始。

第二节　中叶之兴衰

太甲以后，凡五兴五衰，皆以诸侯之至不至为断。盖唐虞以来，虽集权中央已数百年，然诸侯之势仍重，故仍为兴衰所系。当其兴时，诸侯毕来。及其既衰，诸侯去之。历祀六百，守府之时盖不少矣。兹分为五段述之：

一、太甲复辟后　修德行仁，保惠庶民，不敢侮鳏寡，于是诸侯咸归，而商道一兴。在位三十有三祀崩，庙号太宗，是为人君有庙号之始（汤称武王，乃徽号，非庙号也）。再传至其子太庚。兄终弟及之制开，遂为家天下者传世之变例。然争夺之祸，亦商代最烈也。再传至雍己时，纪纲渐紊，诸侯不至，商道一衰。

二、雍己崩　弟太戊即位，亳有祥桑谷生于朝，一暮大拱。王惧而修德，明养老之礼，早朝宴退，问疾吊丧，三日而祥桑枯死。三祀而远方重译来朝者七十六国。又有贤臣巫咸（巫官名，所以交鬼神者。商人重鬼，故特尊之，巫觋之兴自此始。咸，人名）、伊陟（伊尹子）、臣扈等为之辅相。于是商道复兴。在位七十五祀崩，庙号中宗。子仲丁以河决迁都于嚣（今河南开封道荥泽县）。其后内乱屡作，再传至河亶甲。复以河决迁相（今河南河北道安阳县），商道复衰。

三、河亶甲崩　子祖乙践位。河水又决，迁都于耿（今山西河东道河津县）。河水复圮，乃迁于邢（今直隶大名道邢台县）。用巫贤（咸子）为相，诸侯宾服，天下大和，商道又一兴。数传之后，内乱代作。至阳甲时，诸侯莫朝，商道又一衰。

四、阳甲崩　弟盘庚立。以商道已衰，乃谋迁都于殷（即西亳），以从先王之政。臣民皆安土重迁，盘庚再三告谕之，遂归于亳，改国号曰殷。遵汤之德，行汤之政，诸侯来朝，商道复兴。盘庚在位二十有八祀崩。弟小辛立，商道复衰。

五、小辛崩　弟小乙、从子武丁，相继在位。武丁旧学于甘盘，既即位，以甘盘为相。居丧宅忧，三年不言。百官总己，以听于甘盘。既免丧，以傅说为相，总百官。朝夕纳诲，以受学焉。又以祖己之言，修政行德。蛮夷重译来朝者六国。鬼方（今湖北西南部及湖南西部等地）恃固而扰诸夏，王伐之，三祀乃克。荆楚（今湖北省地）亦服，氐羌来宾，是为汉族与西藏族接触之始。自是内外无患，殷道又一兴。王在位五十九祀崩，庙号高宗。子祖庚、祖甲，相继在位。祖甲能让国，且久在田间。即位后，能知小人之依，加以保惠，为殷之贤君。故国势不衰，四传至武乙，迁都朝歌（今河南河北道淇县）。淫佚荒纵，无道，为偶人，谓之天神。与之博，令人为行，天神不胜，乃僇辱之。又为革囊盛血，仰射之，谓之射天。畋猎河渭之间，为暴雷震死。自此殷道遂衰，终不复振。

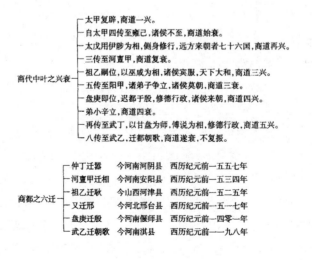

商代中叶之兴衰

- 太甲复辟，商道一兴。
- 自太甲四传至雍己，诸侯不至，商道始衰。
- 太戊用伊陟为相，侧身修行，远方来朝者七十六国，商道再兴。
- 三传至河亶甲，商道复衰。
- 祖乙嗣位，以巫咸为相，诸侯宾服，天下大和，商道三兴。
- 五传至阳甲，诸弟子争立，诸侯莫朝，商道三衰。
- 盘庚即位，迟都于殷，修德行政，诸侯来朝，商道四兴。
- 弟小辛立，商道四衰。
- 再传至武丁，以甘盘为师，傅说为相，修德行政，商道五兴。
- 八传至武乙，迁都朝歌，商道遂衰，不复振。

商都之六迁

仲丁迁嚣	今河南河阴县	西历纪元前一五五七年
河亶甲迁相	今河南安阳县	西历纪元前一五三四年
祖乙迁耿	今山西河津县	西历纪元前一五二五年
又迁邢	今河北邢台县	西历纪元前一五一七年
盘庚迁殷	今河南偃师县	西历纪元前一四零一年
武乙迁朝歌	今河南淇县	西历纪元前一一九八年

第三节 商之衰亡

武乙三传至帝辛。资辩捷疾，闻见甚敏，材力过人，手格猛兽。智足以拒谏，言足以饰非。矜人臣以能，高天下以声，以为皆出己下，故世号为纣。纣者，残忍捐义之谓也。伐有苏氏（在今河南河北道济源县），得其女妲己，嬖之，惟其言是从。所好者贵之，所恶者诛之。于是使师涓作朝歌北鄙之音，北里之舞，靡靡之乐。造鹿台（在今河南河北道淇县），为琼室玉门，台广三里，高千尺，七祀乃成。厚赋敛以实之。又盈钜桥（仓名，在今河北大名道曲周县）之粟。益收狗马奇物，充物宫室。益广沙丘（今河北大明道，平乡县）苑台，南距朝歌，北距邯郸（今河北大名道邯郸县），皆为离宫别馆，大聚戏乐于沙丘。以酒为池，悬肉为林，男女裸相逐其间。宫中九市，为长夜之饮。诸侯有叛者，妲己以为罚轻诛薄，故威不立，乃重为刑辟。为熨斗，以火烧热，使人举之，手烂。更为铜柱，以膏涂之，加于炭火之上，使有罪者缘之，足滑坠火中。与妲己观之为乐，名曰炮烙之刑。天下颤怨。纣以西伯昌、九（今河南河北道涉县）侯、鄂（今河南河北道沁阳县）侯为三公。九侯有女人之纣，不喜淫。纣怒，杀之，而醢九侯。鄂侯争之疆，辩之疾，并脯鄂侯。又剖孕妇视其胎。散朝涉之胫，视其髓。西伯闻之窃叹，崇（今陕西关中道鄠县）侯虎知之，以告纣。乃囚昌于羑里（殷狱名，在今河南河北道汤阴县）。西伯之臣散宜生、闳夭等患之，求有莘氏美女，骊戎（今陕西关中道临潼县）之文马，及奇怪之物，因嬖臣费仲而献之，纣大喜，释西伯。西伯归，献洛（陕西上洛水）西之地，请除炮烙之刑。许之，赐之弓矢斧钺，使专征伐。纣任费仲为政，仲善谀，好利。又用蜚廉（伯益裔）及其子恶来。蜚廉善走，恶来多力。二人善谗言，诸侯益疏。纣庶兄微（今山西冀宁道潞城县）子启，诸父箕（今山西冀宁道榆社县）子比干皆谏，纣不听。比干强谏，纣怒曰："比干自以为圣人，吾闻圣人心有七窍，信有诸乎。"乃杀比干，剖视其心。箕子惧，被发佯狂而为奴，纣又囚之。微子度王终不能听，遂去之以存宗祀。西伯昌之子发率诸侯来伐，纣发兵七十万拒之，战于牧野（今河南河北道汲县）。纣众皆无战心，倒戈以开西伯之师。纣反走登鹿台，衣其宝玉衣自燔死。商亡。自成汤受命，至纣亡国，凡传十六世，二十八王，共六百四十四祀（西历纪元前一七六六至一一二二）。

第四章

西周之兴亡

第一节　周室勃兴之原因

　　周之始祖曰弃，姬姓，为舜后稷。有功，封于邰（今陕西关中道，即故乾州武功县）。后稷薨，子不窋嗣。遭夏丧乱，去稷弗务，用失其官。窜居戎狄之间，再传至公刘。以夏桀二十有二岁迁豳（今陕西关中道栒邑县，即故邠州）。修后稷之业，百姓怀之，周室之兴自兹始。九传至古公亶父，复修后稷、公刘之业。避獯鬻患。以殷王小乙二十有六祀，徙居岐山之下（今陕西关中道，即故凤翔府岐山县），改国号曰周，始为城郭宫室，变戎狄之俗。古公有三子，长泰伯、次仲雍、次季历。季历生子昌，有圣德，古公因有翦商之志。而泰伯不从。古公遂欲传位季历以及昌。泰伯知之，遂与仲雍逃之荆蛮。殷王祖甲二十有八祀，古公薨，季历嗣。尝伐西落鬼、余无、始呼、翳徒等戎，皆克之。殷王帝乙嘉其功，锡之圭瓒秬鬯，加九命为侯伯。季历笃行于义，诸侯顺之。帝乙七祀，季历薨。子昌嗣。笃仁、敬老、慈幼、礼下贤者，日中不暇食以待士。孤竹（神农之后，姓墨胎氏，商汤所封地，在今河北卢龙县境）君之二子伯夷、叔齐，本以让国，出亡在外，至是皆归之。贤士泰颠、闳夭、散宜生、鬻熊（颛顼之裔）、辛甲亦归焉。见纣失政，阴行善政以怀诸侯。虞（今山西河东道平陆县）、芮（今山西河东道芮城县）之君相与争田，久而不平，乃相与朝周。入其境，见耕者让畔，行者让路。入其邑，男女异路，颁白者不提挈。入其朝，士让为大夫，大夫让为卿。二国之君感而相谓曰："我等小人。不可以履君子之庭。"乃相让，以所争为闲田。天下诸侯闻而归之者四十余国。其后归者益众，遂有天下三分之二（扬、荆、雍、豫、徐、梁归周，青、兖、冀属纣）。于是西伐密须（今甘肃泾原道灵台县），自阮（今甘肃泾原道泾川县）徂共（阮之邑在泾川县西）而及其地。密须人自缚其君而来归。又来攻崇，三旬弗降，乃攻灭之。作邑于丰（即崇），遂徙都焉。商纣二十祀，昌薨，子发继立。进兵戡黎（今山西冀宁城黎城县，为河朔险要地，当朝歌之西境，密迩王畿。黎亡，则商震矣。故武王渡孟津而莫之或御也。狄人逐黎，而卫灭秦，拔上党，而韩赵危，唐平泽潞而三镇服，形势所在可见矣），殷臣祖伊恐，奔告于纣，纣不省。越二年，西伯发遂率周师，及庸（今湖北襄阳道竹山县）、蜀（今四川西川道成都县）、羌（今甘肃西境青海等地，此为用外兵以攻同族之始）、茅（今四川东部地）、微（同上）、卢（今湖北襄阳道南漳县）、彭（今湖北襄阳道房县）濮（今四川东川道合川县北）之众，伐纣。至孟津（今河南河洛道孟津县），诸侯不期而会者八百国。于是诛纣，并灭党纣之奄国（今山东济宁道曲阜县）等四十九国。驱蜚廉于海隅而戮之。遂即王位，是为武王。因旧有之国号为天下号曰周。作镐京（在今陕西关中道鄠县东三十里）于渭水之南，徙都之。以建子月为岁首，改祀曰年，色尚赤，尊古公为太王。季历为王季，昌为文王，是为后世追尊之始。计周之胜商，其可考之原因如下：

第一，周都岐丰，东带黄河，南绕渭水。西北山麓绵亘，势极雄固。殷都朝歌，土地平衍，无险可扼。此地势胜于殷也

第二，周居陕西，世与戎狄角逐，富武勇朴实之气。殷居中夏，不免流干靡羽。此民风胜于殷也

第三，周自公刘以来，累世休养其民，文王尤有恩惠，故民乐为用。殷虽贤圣之君六七作，然历世久远，流风渐邈。加以纣之残暴，不啻为渊驱鱼。此政治胜于殷也

第二节　周初之内治

唐虞之时，诸侯之权犹盛，天子废立，时出其手。有夏之初，君权逐渐发达。选侯之职不设，传子之局大定。禹会诸侯于涂山，防风氏后至则戮之。启享诸侯于钩台，有扈氏不服则伐之。元后之权力，与群后迥殊矣。自夏迄殷，凡历千载。综其政体，大率相同。大抵以朝诸侯为有天下之证据。其间王权虽渐张，而霸者亦屡起。王室苟有失德，号令即不能行于诸侯，强诸侯即起而代之。夏之有穷后羿、寒浞、昆吾氏，商之大彭氏、豕韦氏等，皆尝于一时代中，代夏殷而有天下者也。周至勃兴，采封建制度，大封亲贤，爪牙腹心，遍布宇内，与向来土著之酋长相错处，据要害而制其死命，复有王室为其根据，有同封者相与应援，于是中央之权力日张，土著部落酋长之势力日杀。相传禹会诸侯于涂山，执玉帛者万国。商汤受命，只余三千。周武王观兵孟津，只余八百。降及春秋之时，见于记载者，仅百六十三国。酋长之数，逐渐减少，即中央集权之返照也。武王之初即位也，首布列爵分土之制。仿唐虞之五服，于王畿外，别为九畿。王畿即甸服，侯甸即侯服，男采即绥服，卫蛮即要服，夷、镇、藩即荒服也。其余制度据《孟子·万章下》《礼记·王制》《周礼》所载，其可考者如下。

（一）列爵　共五等，曰公、侯、伯、子、男。其下有附庸。

（二）分土　公侯百里，伯七十里，子男五十里，附庸不足五十里。

（三）置军　大国三军，次国二军，小国一军。

（四）置监　方伯之国三人。大国置三卿，其二卿命于天子。次国置二卿，其一卿命于天子。皆监之类也。

（五）定等级　上公九命（一命受职，再命受服，三命受位，四命受器，五命赐则，六命赐官，七命赐国，八命作牧，九命作伯。此殷制也），侯伯七命，子男五命。其宫室、车马、衣服等礼制，皆以其数为节，不得僭踰。

（六）定统系　五国为属。属有长，二长为连。连有帅，三连为卒。卒有正，七卒为州。州有伯，八州八。伯有天子之老二人，统之曰左右二伯。大小相维，尊卑相属，其意深远矣。自陕（今河南河洛道陕县）以东，周公旦主之。自陕以西，召公奭主之。即二伯之任也。

（七）定黜陟 五年，天子巡守，集诸侯于方岳之下，以行黜陟。诸侯于天子，比年小聘，三年大聘，五年一朝。与唐虞之制相同。

以上七者，非限制，即防闲，皆所以为集权中央计也。然各地多土酋，中央之封建制度，其推行之可能程度实为有限，故周用种种政策以推行之。

（一）对于四方之政策

诸侯既从周灭商，必有以报其功。故颁爵土以封之，又大赉以富之。又封黄帝之后于蓟（今河北蓟县）、帝尧之后于祝（今山东济南道长清县）、帝舜之后于陈（今河南开封道淮阳县），是为三恪。又封禹后于杞（今河南开封道杞县），纣子武庚于殷。并为二王之后，以示无私。又归马于华山（在今陕西关中道华阴县南）之阳，放牛于桃林之野（今河南河洛道陕县以西）。衅（音信，以血涂器而藏之也）车甲，櫜弓矢，而藏之府库，示天下不复用兵，皆所以安慰之意也。

（二）对于勋戚之政策

封兄弟之国十五人，以周公旦为之首，封于鲁（今山东济宁道曲阜县）。同姓之国四十人，以召公奭为之首，封于燕（今北平）。异姓之国二十人，以师尚父为之首，封于齐（今山东胶东道临淄县）。皆所以酬其勋劳，而命作屏藩也。

西周封建制度表

国名	爵	姓	始封	今地
蓟		任	黄帝后	河北蓟县
祝		祁	尧后	山东长清县
陈	侯	妫	舜后胡公	河南淮阳县，即宛丘
杞	公	姒	禹后东楼公	河南杞县，即雍丘

国名	爵	姓	始封	今地
殷	侯	子	纣子武庚	河南淇县，即朝歌
周	公	姬	武王弟旦	陕西岐山县
召	公	姬	王族奭	陕西岐山县西南
毕	公	姬	文王子	陕西咸阳县北
管		姬	文王子叔鲜	河南郑县
蔡	侯	姬	文王子叔度	河南上蔡县
霍	侯	姬	文王子叔处	山西霍县
卫	侯	姬	文王子康叔封	河南淇县，即殷故都，武庚灭封此
曹	伯	姬	文王子叔振铎	山东定陶县，即陶邱
滕	侯	姬	文王子叔绣	山东滕县
郕	伯	姬	文王子叔武	山东汶上县北
郜	子	姬	文王子	山东城武县
原	伯	姬	文王子	河南济源县
毛	伯	姬	文王子叔郑	河南宜阳县
聃		姬	文王子季载	湖北荆门县
雍		姬	文王子	河南修武县
郢		姬	文王子	陕西鄂县东
郇	侯	姬	文王子	山西临晋县
鲁	侯	姬	周公旦子伯禽	山东曲阜县
燕	侯	姬	召公奭子	北平
东虢		姬	文王弟虢仲	河南汜水县
西虢	公	姬	文王弟虢叔	陕西宝鸡县
虞	公	姬	仲雍后虞仲	山西平陆县
魏		姬		山西芮城县东北
随	侯	姬		湖北随县
巴	子	姬		四川巴县
贾	伯	姬		陕西蒲城县
滑	伯	姬		河南偃师县南
耿		姬		山西河津县

国名	爵	姓	始封	今地
阳	侯	姬		山东益都县
密		姬		河南密县
沈	子	姬		河南汝宁县
息	侯	姬		河南息县
芮	伯	姬		陕西大荔县南
齐	侯	姜	太公望	山东临淄即营丘
舒	子	偃	皋陶后	安徽舒城县
邓	侯	曼		河南邓县
郯	子	巳	少昊后	山东郯城县
吕	侯	姜		河南南阳县西
莒	子	妘	兹舆斯	山东即墨县
桧		妘	祝融后	河南密县东北
州	公	姜		山东安丘县
南燕	伯	姞	黄帝后	河南汲县
纪	侯	姜		山东寿光县
申	侯	姜	伯夷后	河南南阳县
宿	男	风	太皞后	山东东平县
许	男	姜	伯夷后文叔	河南许县
邾	附庸	曹	颛顼后挟	山东邹县
薛	侯	任	黄帝后奚仲	山东滕县南
宋	公	子	汤后微子启	河南商丘县

以上所列表内，公侯之国为大国，伯国为次国，子男之国为小国。大国三卿，皆命于天子。下大夫五人，上士二十七人。次国三卿，二卿命于天子，一卿命于其君，下大夫五人，上士二十七人。小国二卿。皆命于其君，下大夫五人，上士二十七人。此当时侯国国内之官制也。其封建之总数：据《左传》云：“兄弟之国十有五人，姬姓之国四十人。”《荀子》曰：“周公立七十一国，周姓之国五十有五。”大抵新建之邦，在七十以上，而同姓者居其大半。其配置地方，

多在东西两京附近，或东南北要害之地，以镇压异族，屏藩王室，独西方不与焉。缘周之根据地在陕西，天子自都镐京以镇抚之，不假宗室之力也。其新邦与旧邦之总数，史无明文，约计之犹当有数百。然旧邦弱小，新邦强盛。地方大诸侯，皆朝廷懿亲。旧邦以有所惮而不敢肆，故能维持一时之治安也。

（三）对于胜国之政策

武王虽封武庚于殷，然仍使其弟管叔鲜、蔡叔度、霍叔处监之，使复商之旧政。又释箕子之囚，箕子不臣，遁之朝鲜（今朝鲜半岛西北部），因而封之。又封比干之墓，表其贤臣商容之闾。命南宫适散鹿台之财，发钜桥之粟，以赈贫弱，于是万姓悦服。其后武王崩，成王幼，周公旦为冢宰，总百官，摄政。管叔及其群弟忌之，流言于国曰："公将不利于孺子。"生成疑焉，周公乃避居东山。后二年，成王悟，迎周公归。流言之罪人亦得。三叔惧，遂挟武庚以叛。初，武王灭奄后，更置其君而复封。至是以（淮夷淮水下流流域一带民族）、徐戎（淮水中流流域一带民族）并叛，以应武庚。王命周公东征，大诰天下。周公杀武庚，诛管叔，囚蔡叔于郭邻（畿内乡遂之地），降霍叔为庶人。又命鲁侯伯禽（周公子）帅师平徐戎，定鲁；（即奄），宁淮夷，改封微子启于宋（今河南开封道商丘县），以奉汤祀。逾年，奄及淮夷复叛。王亲征之，灭奄，迁其君于蒲姑（今山东济南道博兴县）。

（四）对于殷顽之政策

商自成汤至武丁，贤圣之君六七作。德泽甚深，一时为纣之暴虐所迫而归周。然历久则不免故国之思。伯夷、叔齐，不臣周而饿死于首阳山（今山西永济县）。箕子奔朝鲜，广宗祀，以系其思。故周人虽以武力灭商，而自武庚以后，殷民屡有不靖者，周目之曰顽民。迁之于洛（今河南洛阳县）。洛者，九州之中。武王克商，迁九鼎（禹复九州之旧，九牧贡金铸鼎象物，使民知神奸入山林川泽不逢，不若历代相传以为重器）于此。将营都而未果，至是成王命周召二公成之，谓之东都。使四方入贡者，道里平均。且使殷顽密迩王室，不敢妄动。更制礼作乐以检束其身心。三纪之后，四方始无虞，其经营亦苦矣。

西周之封建制度	列爵	公 侯	伯 子	男
	分土	百里	七十里	五十里
	置军	三军	二军	一军
	设官	三卿	二卿	一卿

第三节 周初之外患

武王在位九年而崩，寿七十三岁。子成王诵立，年幼，周公旦摄政。管蔡流言，周公讨而诛之。于是制礼作乐，与召公奭共相王室。周之典章文物，大率皆备于此时。成王崩，子康王钊立，能修文武之业，刑措不用者四十年。康王崩，子昭王瑕立，周道始衰，诸侯渐恣。往往有篡杀或互相攻击之举动。尤甚者为种族之争。当时汉族以上国自居，对于四围文化较低之民族，动以蛮夷戎狄目之。其别有二，一为本系他族而杂居中国者，一为本与汉族同族因僻处而退化者。兹顺次述之于下：

一、荆蛮

昭王之时，南蛮不服。王南巡以威之，反济汉。汉滨之人以胶船进王。至中流，胶液，船解。王及祭周公之后、公皆溺于水。辛余靡振王以济，王发疾崩。此为后日春秋时代南北冲突之远因。

二、徐戎

子穆王满立，惩父之祸，用君牙、伯冏诸贤。国家复治，后渐怠荒。得八骏马，使蜚廉之后造父为御，西巡狩，登昆仑之丘，以观黄帝之宫。又升春山，宿于阆风玄圃。更至群玉之山，容成氏之所守，先王之策府在焉（据穆天子传）。更西至于西王母之邦，而宾于西王母，宴于瑶池，乐而忘返（据《山海经》）。是时，中原诸侯以争讼无所质正，遂归于徐。徐君，嬴姓，伯益之后，能行仁义。又得朱弓赤矢，以为天瑞，自称偃王。诸侯朝之者三十六国。穆王恐其遂称受命，长驱而归，使楚伐徐。徐子不忍斗其民，北走彭城（今江苏徐海道铜山县），百姓从之者以万数。穆王以造父为有功，封之于赵（今山西河东道赵城县），是为赵之始祖。

三、犬戎

是时西藏民族日渐蕃殖。夏之衰也，入居邠岐之间，周时号为犬戎。穆王将征之，祭公谋父谏，不听，得四白狼、四白鹿以归。迁其一部于太原（今甘肃泾原固原县），为西戎。自是克服者不至。

四、俨狁

穆王崩，子共王繄扈立。共王崩，子懿王囏立。蒙古民族之俨狁内逼，因迁槐里（今陕西关中道兴平县东南十一里），懿王崩，共王弟辟方立，是为孝王。孝王崩，诸侯立懿王之子燮为夷王。始下堂见诸侯，周礼遂替。

五、荆楚

初，成王封鬻熊曾孙熊绎于丹阳（今湖北荆南道秭归县），名曰荆，后改曰楚。锡以子男之田，姓芈氏。传至其玄孙熊渠，王室衰微，诸侯相伐，熊渠甚得江汉间民和，乃兴兵伐庸，东侵扬粤（本扬州之分野，故名），至于鄂（今湖北武昌县），立其长子康为句亶王，中子红为鄂王，少子执疵为越章王。分处江上，而徙都枝江（今湖北荆南道枝江县），仍称丹阳。

第四节　西周之衰亡

周以忠厚开基，文教为治，故其君多弱。诸侯攻杀，或跋扈而不能讨。昭王南征不返而不能复仇。夷王下堂迎诸侯之觐者而与之抗礼，其弱甚矣。夷王崩，子厉王胡即位，暴而好利，以荣夷公为卿士，黩货无厌，国人谤之。王怒，得卫巫，使监谤者。以告，则杀之。国人莫敢言，道路以目。王喜，自以为能弭谤。召穆公虎谏，不听。民不能忍，乃相与畔，袭王。三十七年，王出奔于彘（今山东河东道霍县）。太子靖匿于召公家，国人围之。召公以其子代太子，太子始得免。西北诸族乘机群起为患，西戎逼犬丘，灭秦大骆之族。大骆，非子之父也。大骆之先即恶来，为武王所诛。非子当孝王时，为王养马于汧渭之间。马大蕃息，孝王嘉之，分土为附庸。而邑之秦（今甘肃渭川道天水县）是为嬴秦之始祖。然其地甚小弱，故大骆族见灭。獯狁南侵，深入至泾阳（今陕西关中道泾阳县）。荆蛮叛于南，淮夷徐戎讧于东，王室不绝者如缕。周召二相，相与协和，共理国事，号曰共和。

厉王在位五十一年崩。周召二相奉太子靖即位，是为宣王。王侧身修行，欲复文武之业，命秦仲（大骆之后）为大夫，率其国人征西戎。命尹吉甫北伐獯狁，追至太原而还。命方叔南征荆蛮，破之。命召公虎率师徇江汉，讨平淮南之夷，王自将讨平淮北之夷。四方略定。秦仲战败，为西戎所杀。王与其子庄公兵七千人，讨破西戎，更以其先大骆犬丘之地与之，使为西垂大夫。秦于是渐大。王勤于政，早朝晏退，号为中兴之君。晚年伐姜戎（初居瓜州，在今甘肃敦煌县境，后迁中土，在今甘肃中部地），败绩于千亩（今甘肃固原县境）。又以非罪杀其臣杜伯，功业渐衰。

王在位四十六年崩。子幽王涅即位。嬖褒姒，生子伯服。褒姒与虢石父比，废皇后姜氏及太子宜臼，立褒姒为后，伯服为太子。宜臼出奔申（今河南汝阳道南阳县，宜臼母家，亦四岳之裔）。褒姒不好笑，王悦之万方，终不笑。乃无故举烽火，诸侯悉至。至而无寇，褒姒乃大笑。王又欲杀故太子宜臼，求之于申。申侯不与，召犬戎与共攻王。王举烽火征兵，兵莫至，遂杀王于骊山下（今陕西关中道临潼县），虏褒姒。司徒郑伯友（宣王弟，封国在今陕西关中道华县）死之。西周亡。自武王即位，至幽王被杀，凡传十一世，共三百五十一年（西历纪元前一一二二至七七一）。

第五章

西周之文化

周代制作之事，上监二代，集上古之大成，而开后世之文化，对于中国文化关系甚深。兹分述于下。

第一节　制　度

一、官制

夏有三公，九卿，二十七大夫，八十一元士。殷有二相（右相、左相），六太（太宰、太宗、太史、太祝、太士、太卜），五官（司徒、司马、司空、司士、司寇），六府（司土、司木、司水、司草、司器、司货），六工（土工、金工、石工、木工、兽工、草工）。周有三公，三孤，六官，分理庶政。夏殷之制，史书不详，姑从阙略。周之官制曰太师、太傅、太保，兹惟三公；曰少师、少傅、少保，曰三孤。皆论道之官，以待有德者。其位置略如今之顾问，非行政官也。其行政部长，厥为六官，略如今之国务院。天官之长曰冢宰，掌邦治，统百官，均四海，略如今之行政院长。地官之长曰司徒，掌邦教，敷五典，扰兆民，略如今之内务总长兼教育总长。春官之长曰宗伯，掌邦礼，治神人，和上下。古人重视宗教，故特设一大臣以管理之，略如故俄帝国之宗教总监。夏官之长司马，掌邦政，统六师，平邦国，略如今之陆军总长兼参谋总长。秋官之长曰司寇，掌邦禁，诘奸慝，刑暴乱，略如今之司法总长兼大理院院长。冬官之长曰司空，掌邦土，居四民，时地利，略如今之农工商务总长兼水利局总裁。此制创于周初，历汉、唐、宋、明、清，号为六部尚书，分理庶政。六官之属，各有六十，合成三百六十官，以象周天之度。其官名等，皆因前代之旧，而稍加以变通。冢宰即殷之太宰，宗伯即殷之太宗也。然天官中有宰夫、女官、奄人等官，春官中有巾车之官，夏官中有太仆之官，皆为君主一人而设，去为民立官之意已远矣。此外又有卿大夫等名，亦因夏制。

二、地方制

尧平洪水后，置十二州。夏有天下，复九州之旧。殷因于夏无所变更。周夏官职方氏所掌九州，与夏略异，有幽并，无徐梁。盖并梁于雍，并徐于青，而析冀野为幽并，此其大异者也。荆州、青州分占豫州之境，幽州又犬牙于青州之壤，兖州又错出于徐方。此其小异者也。

三、田制

田赋之制，唐虞之世无可考。盖洪水以后，农业未勃兴也。夏以田五十亩为一间，十间为一组，一夫受田一间。殷时由井田之法，划为九区。区凡七十亩，外为私田，中为公田。八家各受一区之田而耕之，公田则八家合耕。周时仍其制，惟每区凡百亩。其受田之法，年二十而受，六十而归。未成年者称余夫，受田二十五亩。俟其壮而有室，更受百亩之田。其宅亦由官给，人得五亩。二亩半在田，二亩半在邑。凡人民不得私有田宅，其受又有定额，故无失业之民，而亦无甚贫富。近世所谓社会主义，盖无有精于此者。惟其试行之区域，只限于东西二都近旁，并未能推行全国也。

四、赋税制

夏用贡法。贡者，较数岁之中以为常，而取其五亩之所入也。殷用助法，助者借也，借民力以耕公田，而即以其公田之收获为租税也。周用彻法，彻者通也，通用贡助之两法也。都鄙地远，年之丰歉无可征，故用助。乡遂地近，年之丰歉有可见，故用贡。此三者皆所谓粟米之征也。此外尚有力役之征。岁用民力，以供百役，终岁不过三日，年歉则递减。有布缕之征，地宅之税也。每家岁收绢布若干，宅不毛者有罚。山泽漆林关市，亦皆有征。山泽之征，主于蓄材。漆林之征，主于崇俭。关市之征，主于崇本。含有一种限制之意，非专厉民以自养也。

五、兵制

民即兵，官即将。其居乡者，五家为比。比有长，五比为闾。闾有首，四闾为族。族有师，五族为党。党有正，五党为州。州有长，五州为乡。乡有大夫。其居遂者，五家为邻。邻有长，五邻为里。里有宰，四里为酂。酂有长，五酂为鄙。鄙有师，五鄙为县。县有正，五县为遂。遂有大夫。此皆平日之民也。至于治军，则每家各出一人，比邻之所出为一伍。伍有长，即在朝之下士也。闾里之所出为一两，两有司马，即在朝之中士也。族酂之所出为卒。卒有正，即在朝之上士也。党鄙之所出为旅。旅有帅，即在朝之下大夫也。州县之所出为师。师有帅，即在朝之中大夫也。乡遂之所出为军。军有帅，即在朝之卿也。天子六卿，故有六军。此编制之法也。至于征调，则方里而井，井有八家，四井为邑。四邑为丘，四后为甸。丘出戎马一匹，牛三头。甸出戎马四匹，兵车一乘，牛十二头，甲士三人，步卒七十二人，运辎重者二十五人。周时谓兵为赋，意盖因此。其器械则弓矢之外，有刀剑矛戟等，以铁为之，甲以犀兕之皮为之。其胄或以革，或以铜。人民服兵期限，自二十岁至六十岁止。王畿之民，半岁一更替，一生中仅就役一次。诸侯之民一岁一更替，一生中就役亦仅两三次。其训练方法，则春搜、夏苗、秋狝、冬狩，皆于农隙简练士卒。

六、刑制

民事分数种。关于人事者，以邻人为证。关于土地者，以邦国之图为证。关于借贷者，以券为证。关于卖买者，以约剂为证，皆有史官以记两造之辞。其诉讼之时，先使人束矢钧金，以禁刁讼。刑事先训后断，须得大夫国人之同意决死刑之时，则士师受其宣告书，择日而加刑焉。

王族有爵者及妇人，皆不刑于朝市。其刑制则墨、劓、剕、宫、大辟为五刑，本唐虞所创，三代因之。更有髡刵桎梏等刑，及徒刑、赎刑之类。又有嘉石以平罢民。凡万民之有罪过，未丽于法而害于州里者，桎梏而坐诸嘉石，役诸司空。重罪旬有三日坐，期役。其次九日坐，九月役。其次七日坐，七月役。其次五日坐，五月役。下罪三日坐，三月役。又有圜土以聚教罢民。凡害民者，寘之圜土，而施职事焉，以明刑耻之。其能改者，返于国中，不齿三年。其不能改而出圜土者杀。又有宥恕、减轻之法。老者、幼者、愚者，宥恕。不识者、过失者、遗忘者，减轻。出诉之期限，因地而一定，过期者不理。岁终则以一岁中所断定之狱，集而藏之，名曰法例，以备他日参考。命夫命妇，不躬莅狱讼，使其臣下代之。公族无官刑，刑者致之甸人，不于朝市。贵者议，亲者议。此皆贵族阶级之制也。

七、选举制

乡大夫举一乡之秀者，移名于司徒，曰选士。司徒又举选士之秀者而升之学，曰俊士。即举于司徒，则其身虽在乡，可免乡役，不给社事，不供田赋。升于学者，其身在学，亦可免司徒之役，不赴军旅。二者皆谓之造士。大乐正又举在国学中造士之秀者，移名于司马，曰进士。司马论其才，授以官，然后赐以爵禄。由乡进者，乡大夫掌之，大司徒用之，为乡遂之吏者也。由国学进者，大乐正掌之，大司马用之，为大夫士者也。其选举之法，则以德行道艺为主。知、仁、圣、义、忠、和为六德，孝、友、睦、姻、任、恤为六行，礼、乐、射、御、书、数为六艺。闾胥比长旅师等，日而记之，月而考之，岁而计之。三岁则汇集于乡大夫，加以宗核，而宾兴之礼出焉。

八、学校制

有虞时代大学曰上庠，小学曰下庠。庠者养也。夏代小学曰西序，大学曰东序。序者叙也。夏重射，射以叙为主，故以名其学。殷代小学曰左学，大学曰右学，亦曰瞽宗。殷重鬼，祭祀则尚乐，故以名其学也。周代兼用之，其制之可考者有七事：

甲、类别　有乡学、国学二种。二种中又各有大小之别。

乙、地址　天子小学在王宫东，诸侯小学在宫南之左，庶民小学随处有之。天子大学在国中，诸侯大学在郊。天子大学有在西郊者，乡学也。

丙、名称　大学在国内者有五，辟雍在中，为周制。其余在南之成均，黄帝制也。在东之东序，夏制也。在西之瞽宗，殷制也。在北之上庠，虞制也。在乡者乡有校，州有序，党有庠，亦兼各代之名。小学则间有塾。诸侯之大学曰泮宫。

丁、教授　以养老教德行为主。大学教六艺及修己、治人之道，小学教洒扫、应对、进退之节。军人凯旋，受俘献馘，亦于大学，以厉其尚武敌忾之气。不率教者，则有移郊、移遂、屏远方及夏楚以收威之法。

戊、生徒　国学为王太子、王子群后世子、卿大夫、元士适子及国内俊选之士学习之所。乡学为庶民子弟学习之所。天子乡学，亦以待俊选及诸侯之贡士者也。

己、教师　国学有师保、大乐正、小乐正、大胥、小胥、太师、大司成等教之。乡学以乡之有德行道艺者教之。小学或有易子而教者。

庚、学龄 小学自八岁至十四岁。大学自十五岁至二十四岁。

九、实业制

周时极重实业，法亦极详。兹分七事，述之于下：

甲、农业 天子亲耕籍田，以为民率。立稻人、田畯等官，以为之督。不毛者有罚，不给者有助。又辨其土宜，察其种植，置其肥料，以教之。故农业极盛。

乙、蚕业 后妃亲蚕，以为民率。宅之旁皆树桑。茧出时，因桑之多少而纳茧税。

丙、林业 有山虞、林衡等官守之。斩伐有时有法。仲冬斩阳木，仲夏斩阴木之类是也。

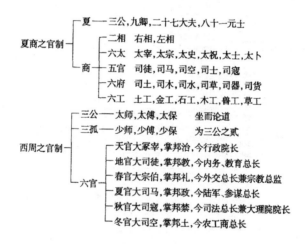

丁、水产业 有川衡、泽虞等官守之。取之亦有时有法，如獭祭鱼，然后虞人入泽梁，及数罟不入洿池之类是也。

戊、矿业 有矿人之官守之。欲开采者，以图授之。物其地，定以时。

已、工业 有玉人、雕人、攻金、攻木、攻皮、搏埴等官，以掌其事。

庚、商业 有司市之官，掌其治教政刑。禁华靡，去诈伪。美恶不得混淆，价值不得无常。圭璧金璋宗庙之器及戎器等，皆禁贩卖。盖当时以此为末业，故御之甚严也。行商周历各地，皆有关税，私越者没其货。

以上九者，以田制、学校制、实业制三者最为重要。盖田制善则民有恒产，自有恒心。学校多则教育普及，礼义自立。实业兴则生计宽裕，暴戾自少。成康之世，刑措不用者四十余年，非偶然也。故读史者以此为极盛之时。

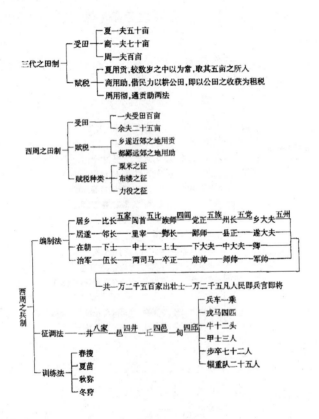

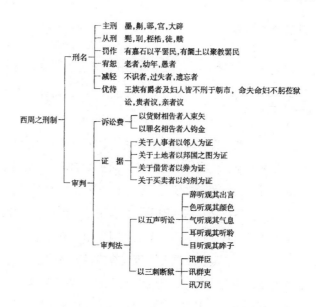

西周之刑制
- 刑名
  - 主刑　墨,劓,剕,宫,大辟
  - 从刑　髡,刵,桎梏,徒,赎
  - 罚作　有嘉石以平罢民,有圜土以聚教罢民
  - 宥恕　老者,幼年,愚者
  - 减轻　不识者,过失者,遗忘者
  - 优待　王族有爵者及妇人皆不刑于朝市,命夫命妇不躬莅狱
    讼,贵者议,亲者议
- 审判
  - 诉讼费
    - 以货财相告者入束矢
    - 以罪名相告者入钧金
  - 证据
    - 关于人事者以邻人为证
    - 关于土地者以邦国之图为证
    - 关于借贷者以券为证
    - 关于买卖者以约剂为证
  - 审判法
    - 以五声听讼
      - 辞听观其出言
      - 色听观其颜色
      - 气听观其气息
      - 耳听观其听聆
      - 目听观其眸子
    - 以三刺断狱
      - 讯群臣
      - 讯群吏
      - 讯万民

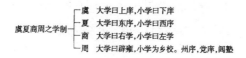

虞夏商周之学制
- 虞　大学曰上庠,小学曰下庠
- 夏　大学曰东序,小学曰西序
- 商　大学曰右学,小学曰左学
- 周　大学曰辟雍,小学为乡校。州序,党庠,闾塾

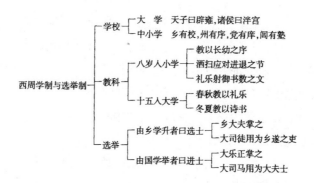

西周学制与选举制
- 学校
  - 大学　天子曰辟雍,诸侯曰泮宫
  - 中小学　乡有校,州有序,党有庠,闾有塾
- 教科
  - 八岁入小学
    - 教以长幼之序
    - 洒扫应对进退之节
    - 礼乐射御书数之文
  - 十五入大学
    - 春秋教以礼乐
    - 冬夏教以诗书
- 选举
  - 由乡学升者曰选士
    - 乡大夫掌之
    - 大司徒用为乡遂之吏
  - 由国学举者曰进士
    - 大乐正掌之
    - 大司马用为大夫士

第二节　礼教

礼之大要，以辨尊卑上下之等威为主。兹分为五项，述之如下。

（一）吉礼

祭祀之礼是也。古者政治与宗教合一，故祭祀之礼极重。周时祭祀之礼，仍为天神、地祇、人鬼三种，而制度加详。筑坛于南郊，曰圜丘。燔柴而祀之，郊天之仪也。为坎于北郊，瘗埋而祀之，社地之仪也。郊惟天子得行之，诸侯则否。社有王社、侯社、州社、里社之别，而仪各不同。其他日、月、星辰、风、雨、霜、露、寒、暑等皆有祀，山、川、河、海、川泽五祀等皆有祭。天子诸侯同之。人鬼之享，天子七庙，中为太祖，左为昭，右为穆。诸侯五庙，大夫三庙，适士二庙，官师一庙，庶人无庙，祭于寝。天子之祭，有春礿、夏禘、秋尝、冬烝等名。诸侯只得其一，不能兼备。天子之乐舞，用八佾。诸侯六，大夫四，士二，皆有等差，不得僭越。

（二）凶礼

丧葬之礼是也。自天子以至于庶人，殡葬皆有定期。天子七日而殡，诸侯五日，大夫士三日。天子之葬，同轨毕至，故定期七月。诸侯须同盟至，故定期五月。大夫须同位至，故定期三月。士须外姻至，故定期逾月而已。其葬时或有他故，则可改时，如郑子产不毁子太叔之庙，朝窆改为日中而窆是也。或中止，如滕君之会鲁丧，雨不克葬是也。其丧具，则天子之棺椁四重，木用松。其葬法，隧道悬棺。诸侯三重，木与天子同。大夫二重，木如柏。士二重，木以杂品为之。又造竹瓦等器，纳之于棺中，名曰明器。其敛也，含饭衣衾等，皆以丰为主。丧服分五等。父母之丧，斩衰三年。祖父母、伯叔父母、兄弟等，齐衰一年。从父母、昆弟等，大功九月。再从伯叔父母、昆弟、外祖父母等，小功五月。三从伯叔父母、昆弟等，缌麻三月。此五服之制，至今沿用。惟周制，齐衰以下，诸侯绝，大夫降，则不平等之制也。谥号之典起于周初，贵人死，综其一生善恶之迹，以一二字概括之，所以劝善惩恶也。臣下之谥，由朝议而以君命赐之。天子则称天以诔，不以臣议君、子议父也。然当时直道尚存，恶人恶谥，若幽，若厉，虽孝子慈孙，百世不能改，故可行之而有效。既谥之后，则讳其名。《左传》曰："周人以讳事神。名终将讳之。"故讳亦起于此时也。

（三）军礼

师均（周礼，地官司徒均人掌、均地政、均地神、均地职、均人民牛马车辇之力，政凡均，力政以岁上下，丰年则公旬用三日焉，中年则公旬用二日焉，无年则公旬用一日焉，凶札则无力政，无财赋，不收地守、地职，不均地政，三年大比，则大均），田役封之类是也。五者皆须用众，以整齐为主，故有军礼。平时则司马以旗致民，列陈而教以坐作进退疏数之节。有事则入庙誓众，而授以兵。其命将也，跪而推毂曰："阃以内寡人主之，阃以外将军主之。"故将在外，君命有所不受，其礼甚严也。此外若凯旋之日，献俘饮至，或于庙，或于学，皆有礼制。又介者不拜，军中不驰，亦军礼也。

（四）宾礼

相见之礼是也。宾之来也，有介绍以达情，主之延见也。有摈相以传命，又以击物以将意。天子甩鬯，诸侯甩圭，卿用羔，大夫用雁，士用雉，庶人用鹜，童子用束修，妇人以脯修枣栗糗（音矩，石李也）榛等。野外军中无挚，以缨拾矢为之。今将其礼分三等述之于下：

甲、天子　诸侯北面见天子曰觐。诸侯西面，诸公东面，曰朝。时见曰会，殷见曰同。诸侯称宾，大夫称客。宾常飨，客当燕。飨有体荐，以礼为主。燕有折俎，以情为主。飨燕之时，有赋诗赠答之节。此外又有郊劳、赠贿、授馆、授餐等礼。

乙、诸侯　相期曰会，不期曰遇。使大夫往曰聘，歃血为誓曰盟。其余燕飨之礼、宾客之称等，均与天子同。

丙、臣民　有士大夫相见礼，有士见君之礼，有见异邦人之礼，有侍坐、侍食之礼，有初见复见之礼。有称谓之礼，有执物之礼。《仪礼》一书，载之甚详。

（五）嘉礼

冠昏之礼是也。兹分述之于下：

甲、冠礼　男子年二十行之，表其为成人之意。筮日，筮宾，至期，冠者之父迎宾，使加冠其子，且命其子以字。冠毕，有见其母与兄弟及乡大夫、乡先生之礼。

乙、昏礼　娶妻不娶同姓。男子三十而娶，女子二十而嫁。行昏礼时，有纳采、问名、纳吉、纳征、请期、亲迎之六礼。纳采以下之五礼，皆使媒氏通之。亲迎则婿自往，奠雁而迎妇归。当时王侯至庶人，皆行此六礼。诸侯嫁女列国，必使侄娣从其姑姊同嫁为媵妾，夫人死则代之，故诸侯一娶九女。天子于后之外，更有三夫人、九嫔、二十七世妇、八十一御妻。

丙、乡饮酒礼　乡大夫每三年，集一乡之人而礼饮。自为主人，乡父老为宾客，推宾客中齿德尤尊者一人为大宾。余为众宾，皆以齿叙坐。有德行道艺之士，则亦以宾礼待之。燕时，乐人歌诗，进退揖让，其制甚繁。厥明，则以贤能之书献于王，王拜受之。

此外尚有君臣燕饮及习射等，亦皆属嘉礼。

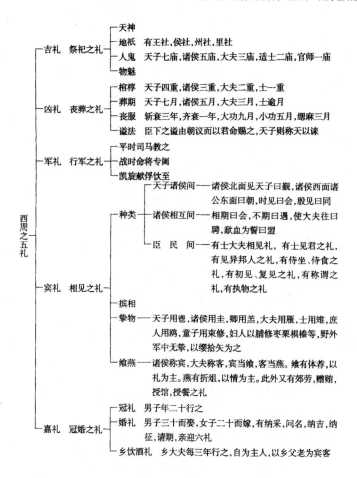

西周之五礼

吉礼 祭祀之礼
- 天神
- 地祇 有王社,侯社,州社,里社
- 人鬼 天子七庙,诸侯五庙,大夫三庙,适士二庙,官师一庙
- 物魅

凶礼 丧葬之礼
- 棺椁 天子四重,诸侯三重,大夫二重,士一重
- 葬期 天子七月,诸侯五月,大夫三月,士逾月
- 丧服 斩衰三年,齐衰一年,大功九月,小功五月,缌麻三月
- 谥法 臣下之谥由朝议而以君命赐之,天子则称天以诔

军礼 行军之礼
- 平时司马教之
- 战时命将专阃
- 凯旋献俘饮至

宾礼 相见之礼
- 种类
  - 天子诸侯间——诸侯北面见天子曰觐,诸侯西面诸公东面曰朝,时见曰会,殷见曰同
  - 诸侯相互间——相期曰会,不期曰遇,使大夫往曰聘,歃血为誓曰盟
  - 臣民间——有士大夫相见礼,有士见君之礼,有见异邦人之礼,有侍坐、侍食之礼,有初见、复见之礼,有称谓之礼,有执物之礼
- 摈相
- 挚物——天子用鬯,诸侯用圭,卿用羔,大夫用雁,士用雉,庶人用鹜,童子用束修,妇人以脯修枣栗椴榛等,野外军中无挚,以缨拾矢为之
- 飨燕——诸侯称宾,大夫称客,宾当飨,客当燕。飨有体荐,以礼为主。燕有折俎,以情为主。此外又有郊劳,赠贿,授馆,授餐之礼

嘉礼 冠婚之礼
- 冠礼 男子年二十行之
- 婚礼 男子三十而娶,女子二十而嫁,有纳采,问名,纳吉,纳征,请期,亲迎六礼
- 乡饮酒礼 乡大夫每三年行之,自为主人,以乡父老为宾客

第三期　春秋战国时代

第一章

王室之陵夷与霸权之消长

第一节　东周之式微

幽王既杀，秦襄公力战破戎。晋文侯、卫武公以兵来援，击退戎兵，郑世子掘突收父散兵。从诸侯东迎故太子宜臼立之，是为平王。平王以戎狄强横，西都残破，乃东迁洛。自此以后，王室衰微，内乱外患踵作。

　　一、桓王时代郑庄公攻王，其部将射王，中肩，王不能讨。

　　二、惠王时，弟子颓作乱，王出奔，子颓自立，郑厉公与虢公讨平之。

　　三、襄王立，弟子带作乱，王出奔郑。晋文公讨杀子带，奉王复位。

　　四、定王时，楚庄王伐陆浑之戎，遂至于雒，观兵于周疆。王使王孙满劳之，楚子问鼎之大小轻重，满婉辞谢绝之。

　　五、悼王敬王之时，庶兄子朝作乱，逐敬王而自立。晋人以兵讨平之。

　　六、晋大夫赵鞅与荀寅、士吉射争权作乱。王朝卿士刘氏世与士氏为婚姻，故右士氏。赵鞅以为讨，王杀大夫苌弘以谢。

传至赧王，为秦所灭。凡传二十五世，五百一十五年（西历纪元前七七一至二五六），史称东周。

第二节　齐桓晋文之霸业

平王东迁以后，王室衰微，诸侯涣散，戎狄内逼。汉族有累卵之危，中国有瓦解之势。有大英雄起，提倡纠合政策，假尊王攘夷为名，以号令天下，击退异族，维持将涣散之社会，使之保存现状，是为霸者。霸者者，无天王之名，而有 Sovereign 之实者也。霸者之首为齐桓公，凭藉山东半岛为根据地，举管夷吾为相，行富强政策。救燕、封卫、迁邢，击退山戎、北狄，黄河流域皆服。周惠王二十一年（纪元前六五六年），南伐楚，至于陉（在今河南开封道郾城县旧属许州）。扬子江中流流域蛮夷大长之楚成王遣使来请和，盟于召陵（今郾城县）。楚人遵约，入贡于周室，扬子江流域亦服。于是九合诸侯，一匡天下。葵丘（今河南开封道考城县，故属归德府）之会，天王遣使来莅盟。束牲载书而不歃血，声名文物，称极盛焉，实一时朝诸侯有天下之共主也。桓公薨，管仲卒，齐国内乱，霸业骤衰。代表扬子江流域民族之楚复举兵北上，侵入中原，压迫黄河流域之汉民族。有殷遗裔之宋襄公，凭藉现今河南开封道东部旧归德府一带为根据地，号召河北、山东诸国，欲击退楚兵，承袭桓公霸业。周襄王十四年（纪元前六三八年），与楚人战于泓（水名，在今河南开封道柘城县境内），宋师败绩，襄公负伤而卒，楚人益横。适晋文公勃兴于山西，率晋、齐、秦联军救宋。二十年（纪元前六三二年），大破楚人于城濮（今山东东临道濮县，即旧濮州），于是黄河流域霸权归于晋。

第三节　秦晋之争霸

秦自平王东迁后，力战破戎，尽得岐西之地。乃东徙汧渭之间（今陕西关中道凤翔县），尽取现在陕西关中道。筑王城，以塞周西来之路。东向而窥中原，遂与晋冲突。晋自献公在位，已灭虢，取崤函（今河南河洛道陕县等地），凭借山河之险，扼秦东下之路。晋文公卒，襄公即位。秦穆公乘其丧，出兵袭郑。襄公要击之于崤，擒其三帅（百里孟明视，西乞术，白乙丙），匹马只轮无返者。穆公知晋不可敌，乃转锋西上经略黄河上流流域，征服西戎诸国，受天王命为西方诸侯伯。时晋势方张，秦屡次与晋冲突，迄无效果，故不得主盟中国。穆公卒后，秦人方针一变，专注意于内治，不复争霸于东方，养精蓄锐数百年，卒吞并六国，为中国一统之君主。

第四节　晋楚之争霸与弭兵会

晋文公卒，子襄公、成公，孙景公，曾孙厉公，玄孙悼公，相继为黄河流域霸主，屡与秦楚构兵。秦人以有所忌惮而不敢东侵，楚人以有所牵制而不能北上。平公在位，赵武为政，受宋向戌调停，与楚令尹屈建开弭兵会于宋，约定晋楚之属国互相朝会，号称南北二伯，划定势力范围。于是晋之霸权渐替。

先是春秋初年，楚武王文王相继在位，据湖北为根据地，蚕食汉水流域各小国，日益强大。成王在位，国势益张，北上争霸于中原，败宋于泓，杀宋襄公，一时河南淮北诸侯皆服于楚。城濮之战，为晋文公所败，楚势稍衰。其后历穆王至庄王，国势益盛，观兵洛水，问鼎之轻重，阴有图周之意。复败晋师于（今河南开封道郑县），河南山东各国皆服，一时霸权归于楚。共王之时，与晋战于鄢陵（今河南开封道鄢陵县），败绩，国势稍衰。至康王时，与晋开弭兵会于宋，南北分为二伯，楚势复振。传四世至昭王，国多内乱，为吴王阖闾所破，国几亡。于是扬子江流域霸权归于吴。

第五节　吴越之争霸

吴王阖闾者，泰伯之后，国于扬子江下流现今江苏南部，与蛮夷杂处。泰伯十九传至寿梦，国势始张，始僭王号。邲战以后，晋势稍衰。楚亡臣申公巫臣在晋，请于晋景公，通使于吴。以两之一卒往，舍偏两之一焉（司马法百人为卒，二十五人为两，车九乘为小偏，十五乘为大偏，盖留九乘车与二十五人以教吴也）。教吴乘车，教吴战阵，教之叛楚。于是吴势日强，楚国东方出一大敌。鄢陵败后，楚用全力争霸于中原，吴乘隙统一扬子江下流流域各国，蚕食楚之东境。楚平王在位，以谗杀其臣伍奢。奢子员奔吴，说吴王僚伐楚，僚不从。员进专诸于公子光，杀僚。光自立，是为阖闾。从员言，亟肆以疲楚，多方以误楚。敬王十四年，纪元前五〇六年。遂率师败楚。入郢（楚都城，今湖北荆南道江陵县），楚昭王奔随。楚大夫申包胥乞师于秦，立哭其庭七日。秦哀公为之出师，败吴。楚昭王得复国。自是楚骤衰而吴日强盛。二十四年，纪元前四九六年。阖闾帅师伐越，越王勾践御之。战于槜李（今浙江钱塘道嘉兴县），吴师败，阖闾伤将指而卒。其子夫差志复父仇，使人立于庭而警之。越二年，攻越，越王勾践战败。以甲楯五千，保于会稽，请成于吴，夫差许之。勾践与其臣范蠡臣妾于吴者三年，乃得归。用其臣文种之策，卑辞厚礼，进美女西施以蛊吴。卧薪尝胆，阴谋报复。夫差恃其强，不为备，怠于政而黩于武。伍员固谏，不从而杀之。于邗江（今江苏淮扬道江都县）筑城穿沟，通江淮之道，而出师北攻齐鲁。又辟深沟于商鲁之间，北属之沂，西属之济，以会晋于黄池（今河南开封道封丘县）。勾践乘虚袭吴，吴太子友战死。时夫差与晋争先歃血，闻警，恐诸侯轻己，乃以武力迫晋，得先歃血。急引兵归，卑礼厚币请和于越，于是吴日衰而越日强盛。自此以后，越屡伐吴。周元王二年（纪元前四六六年），卒灭吴，夫差自杀。于是扬子江流域霸权归于越。

越王勾践者，史称其为夏后少康氏之庶子无余之后。国于会稽（今浙江会稽道），以奉禹墓。传二十余世至允常，国始强大。允常卒，子勾践立，国势日张。既灭吴，遂以兵北渡淮，与齐晋诸侯会于徐州，致贡于王。王使人赐勾践胙，命为伯。勾践号令齐、晋、秦、楚，皆辅王室。秦不如命，勾践选吴越将士西渡河，攻秦。会秦引罪，乃还军。渡淮而南，以淮上地与楚。又与鲁泗东地方百里，归吴所侵地于宋。越兵横行于江淮，东诸侯毕贺，号称霸王。

以上诸霸者之中，惟齐桓、晋文，差足名副其实。宋襄则谋而未成。秦穆割据一方，其尊攘之功不及齐晋，然尚以尊攘为政策犹属名实相副。楚、吴、越虽大国，有号召诸侯能力，顾帝制自为，目无周室。所谓己身且为蛮夷而有待华夏诸国来攘者也，曷足语于霸者。虽然，春秋末年，中原多故，中国之主权者，渐由北而南，移至扬子江流域。此亦运会使然，人力无可如何者欤。

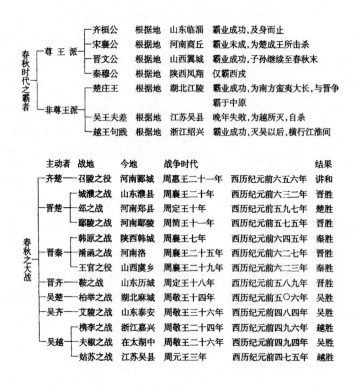

春秋时代之霸者

尊王派

主	根据地	今地	结果
齐桓公	根据地	山东临淄	霸业成功，及身而止
宋襄公	根据地	河南商丘	霸业未成，为楚成王所击杀
晋文公	根据地	山西翼城	霸业成功，子孙继续至春秋末
秦穆公	根据地	陕西凤翔	仅霸西戎

非尊王派

	根据地	今地	结果
楚庄王	根据地	湖北江陵	霸业成功，为南方蛮夷大长，与晋争霸于中原
吴王夫差	根据地	江苏吴县	晚年失败，为越所灭，自杀
越王句践	根据地	浙江绍兴	霸业成功，灭吴以后，横行江淮间

春秋之大战

主动者	战地	今地	战争时代		结果
齐楚	召陵之役	河南郾城	周惠王二十一年	西历纪元前六五六年	讲和
晋楚	城濮之战	山东濮县	周襄王二十年	西历纪元前六三二年	晋胜
	邲之战	河南郑县	周定王十年	西历纪元前五九七年	楚胜
	鄢陵之战	河南鄢陵	周简王十一年	西历纪元前五七五年	晋胜
晋秦	韩原之战	陕西韩城	周襄王七年	西历纪元前六四五年	秦胜
	淆函之战	河南洛	周襄王二十五年	西历纪元前六二七年	晋胜
	王官之役	山西虞乡	周襄王二十九年	西历纪元前六二三年	秦胜
晋齐	鞍之战	山东历城	周定王十八年	西历纪元前五八九年	晋胜
吴楚	柏举之战	湖北麻城	周敬王十四年	西历纪元前五〇六年	吴胜
吴齐	艾陵之战	山东泰安	周敬王三十六年	西历纪元前四八四年	吴胜
吴越	槜李之战	浙江嘉兴	周敬王二十四年	西历纪元前四九六年	越胜
	夫椒之战	在太湖中	周敬王二十六年	西历纪元前四九四年	吴胜
	姑苏之战	江苏吴县	周元王三年	西历纪元前四七五年	越胜

第二章

封建制度之破坏与地方 集权制度之发达

由来霸者以尊攘为口实，将以收束涣散之社会，使人维持现状者也。顾事实与理想颇不相容，霸者既持富终主义，号召天下。属国与国或仇敌之国，有妨碍己国权利之发展者，为自保计，不能不用武力解决。用武力之结果，霸国国势骤张，诸侯辗转效尤。强凌弱，众暴寡，侵略主义盛行，兼并政策活现。于是弱者愈弱，渐即于灭亡。强者愈强，渐毓为大国。晋、楚、齐、秦皆跨州连郡，割据数千百里。一方面提倡尊攘之名，一方面实行兼并之实。口仁义而行暴乱，名实不相符，而名利兼收。于是封建制度，从根本动摇，地方集权制度流行。权不集于中央，而分集于各国政府。兹列春秋兼并表于下，以供参考。

春秋兼并表（见于经传者）

兼并者	被兼并者
鲁	项
齐	纪，郕，谭，遂，鄣，阳，莱等七国
晋	虢，虞，耿，霍，魏，潞氏，甲氏，留吁，铎辰，偪阳，肥，鼓，陆浑，焦，杨，韩等十六国
宋	宿，曹等二国
卫	邢
蔡	沈
郑	许
邾	须句
莒	鄫，杞，淳于
楚	权，申，邓，息，弦，黄，夔，江，六，庸，舒蓼，萧，舒庸，舒鸠，赖，陈，蔡，蛮氏，唐，顿，胡等二十一国
秦	梁，滑，郜等三国。西戎二十国
吴	州来，徐，巢等三国

据上表以观，山东诸国多入于齐，河北诸国多入于晋。汉阳诸国皆入于楚。顾当时小国，犹能介居强国之间，差足自保者，因国际之间，尚有所谓礼法，即今所谓公法也。其大略有四：

一、大事小　救灾恤贫，定乱扶危，教其不知，助其不足。不如此者，小国叛之，由此失霸。

二、小事大　平时有朝见之礼，有赋贡之礼，战时有从征之礼。大国来伐，则援据礼法，以曲直为老壮，往往可藉片言以退敌师。

三、平时交际　平时则有事而会，不协而盟。君即位则卿出聘，灾患至则互相补救。优礼使臣，恪守典章，皆是也。

四、战争之时　师出必有名，闻丧必退师。有乞师之礼，有假道之礼，有献捷之礼（戎捷则献中国则否），有归俘之礼。不害使臣，不伤国君。

因上四者之维系，故大国之图霸者，犹须假仁义以行，而小国亦得借以自保。春秋之所以异于战国者以此。春秋前半期，颇能遵守之，后亦渐蔑弃之矣。其中强国，以晋、楚、齐、秦、吴、越为最。其所以强者，以得地势之故。晋居北，楚居南，齐居东，秦居西，吴、越居东南，皆僻处一隅。当时中原诸侯，地丑德齐，方从事于会盟朝聘，莫敢先动。诸国既边僻，则肆意兼并，无所顾忌。且各以一面向中原争霸，无后顾之忧，其势尤易强大也。六国之中，以晋、楚为最强。晋之近旁皆戎狄，楚之近旁皆诸姬。凭恃武力以翦除异族，尤无所踌躇，故二国兼并独多。若齐之近邻，则为鲁、卫、宋、燕诸望国，未能逞其野心。秦欲东出，则有晋之强与周之尊以隔之，吴、越僻在荒远，开化最晚，故一则仅能表东海，一则仅能霸西戎，一则至春秋之季始能崛起。而前半期大势，不能不属之晋、楚也。惟楚与吴、越，当时皆以夷狄遇之。晋与齐、秦，则皆以尊王自命。故其战争，有谓之为夷夏之争者，实则南北之争也。至吴、越皆衰，于是楚势复盛矣。

第三章

世家之专横与主权之凌替

春秋时代，天王守府，主权下移于诸侯。南北构兵，竞争剧烈。斯人才辈出，各国执政大臣皆极一时之选，赞襄国政，握有君主实权。名望愈高，斯位置愈固。父死子继，兄终弟及，根深蒂固，不能动摇。其所可者，国民从而赞成之。其所否者，国民从而反对之。鼓吹者一人，附和者千百。其一言一动，可以转移全国之舆论。其势力之雄厚，与印度上古之婆罗门、欧洲中古之天主教、蒙古西藏当代之喇嘛相等，虽君主亦无如之何也。其后大诸侯开疆拓土，国势日强，一传再传，庸主杂出，安富尊荣，养成般乐怠傲习惯。朝廷之事，惮于躬亲。凡百政务，委之臣下。奸臣盗弄国柄，渐成尾大不掉之势。诸侯守府，政权复移于大夫。君主有不堪其逼者，起而与之争，大率成功者十一，失败者十九。逐君篡国之事，屡见不一见。若鲁之三桓、齐之田氏、晋之六卿，其尤著者也。兹分述其事迹如下。

第一节 鲁三桓

三桓者，鲁桓公有四子，长庄公，次庆父，次叔牙，次季友。季友之后为季孙氏，叔牙之后为叔孙氏，庆父之后为孟孙氏，是曰三桓。文公时，公室始衰，三桓稍强，宣公时欲假晋力以去之，未果。其后昭公在位。季孙氏与郈氏有隙，公助郈氏攻季孙氏，叔孙氏、孟孙氏共救季孙氏。败公之军，杀郈昭伯，公奔齐，诸侯观望不讨。由是三桓之势益盛，而季孙氏尤强。定公时，孔子为政，谋堕三桓之城，收其兵，不果。哀公时，欲借越之助以去之，未成功，哀公出奔越。是时上凌下僭，变乱相寻。季孙氏之家臣阳虎、公山弗扰相继作乱，叛季氏。叔孙氏、孟孙氏之家臣从而效尤。于是三桓亦渐弱。

第二节 齐田氏

田氏之先曰陈完，陈厉公之子。厉公二传至宣公，有内乱，完奔齐，为大夫，卒谥敬仲。时齐桓公十四年。是为田氏入齐之始。敬仲之后陈无宇，事齐景公为大夫，是为桓子。厚施于国，以大斗贷民粟，小斗收之，大得民心，众多归之。桓子卒，子乞嗣为大夫，是为僖子。僖子在职之时，齐景公薨。国内乱，僖子乘隙，操废立之权，是为田氏得政于齐之始。

初，齐景公无嫡子，嬖妾鬻姒之子荼有宠，欲立之。诸大夫数请立世子，公不应。公疾笃，属大臣国惠子、高昭子立荼。公薨，荼即位。僖子与诸大夫密谋，举兵逐惠子、昭子，废荼。立景公子阳生，是为悼公。由是僖子恃其援立之功，遂揽大政。悼公卒，子壬立，是为简公。僖子之子成子恒辅政，与大夫阚止争权，杀阚止，遂杀简公，立平公。以安平至琅琊之地，为己之封邑。至田盘为齐宣公相，兄弟宗人悉为齐邑大夫，遂与晋之韩、魏、赵氏通使联交，共谋篡国。

第三节 晋六卿

晋六卿为范、中行、智、赵、魏、韩六氏。厉公时，六卿始强。厉公暴虐，中行偃与栾书共弑公。昭公时，六卿益盛，公室愈衰。顷公时，晋之公族祁氏、羊舌氏俱灭绝，分其邑为十县，各以其亲属为大夫，于是六卿权威愈强。定公时，范吉射、中行寅与赵鞅争权。荀栎、韩不佞、魏哆三氏，奉公命伐吉射、寅。吉射、寅奔朝歌，遂奔齐。出公时，智瑶与韩康子、魏桓子、赵襄子共灭范中行氏而分其地。公大怒，告齐鲁伐四氏，四氏反而攻公，公奔齐。是时智氏最强，智瑶立哀公，专国政。求地于韩魏二氏，魏桓子、韩康子皆与之。又求地为赵，赵襄子不应。瑶怒，率韩魏之兵攻赵。

初，赵简子（襄子父）使尹铎治晋阳。尹铎减其户数，轻其租税，大得民心。简子疾笃，谓襄子曰："晋国有难，必托身晋阳。"至是襄子出奔晋阳，三氏随而围之。决水以灌晋阳，沉灶产蛙，民无畔意。襄子与韩、魏密谋，共破智氏之军。杀瑶，灭智氏，三分其地。于是三家之势益强，遂亡公室。

自是以后，风俗日漓，礼乐废坠，廉耻道丧。竞争剧烈之惯家，知有权利，不知有道德。君臣之间，杀杀相寻。家庭之间，烝淫数见。名教纲常，扫地以尽。乱臣贼子之横行，其祸甚于洪水猛兽。循是以往，世道人心将不可问。有心人怒焉尤之，乃各出学说，以思挽救世道人心于万一。希世之大哲学家，若孔孟、老庄之徒，乃出现于世界矣。

春秋弑逆表

年次	被弑者	弑者	被弑者与弑者伦理上之关系
周幽王十一年	周幽王	犬戎	主从之国
周平王三十二年	晋昭侯	潘父	君臣
同四十七年	晋孝侯	庄伯	君臣，从叔侄
周桓王元年	卫桓公	公子州吁	君臣，兄弟
同八年	鲁隐公	公子翚	君臣，叔侄

年次	被弑者	弑者	被弑者与弑者伦理上之关系
同十年	晋哀侯	武公	君臣，再从叔侄
同十年	宋殇公	华父督	君臣，同族
同十年	晋小子侯	武公	君臣，三从祖孙
同二十二年	秦出子	三父	君臣
周庄王二年	郑昭公	高渠弥	同
同十一年	齐襄公	公孙无知	君臣，从兄弟
同十五年	宋潘公	南宫长万	君臣
周僖王二年	郑郑子	傅瑕	同
同三年	晋侯缗	武公	君臣，再从叔侄
周惠王五年	楚杜敖	成王	君臣，兄弟
同十七年	鲁闵公	公子庆父	君臣，叔侄
周襄王十六年	晋怀公	文公	君臣，伯侄
同二十六年	楚成王	穆王	君臣，父子
同三十二年	宋成公	公孙固	君臣，同族
周匡王二年	宋昭公	卫伯	君臣
同四年	齐懿公	丙歜	同
同六年	晋灵公	赵穿	同
周定王二年	郑灵公	公子归生	君臣，从祖孙
全八年	陈灵公	夏征舒	君臣
周简王十三年	晋厉公	栾书	同
周灵王六年	郑僖公	公子騑	君臣，从祖孙
同二十四年	齐庄公	崔杼	君臣
周景王元年	吴余祭	守门阍者	同
同二年	蔡景侯	灵侯	君臣，父子
同四年	楚郏敖	灵王	君臣，叔侄
周敬王五年	吴王僚	阖庐	君臣，从兄弟
同十年	曹声公	隐公	君臣，从祖孙
同十四年	曹隐公	靖公	君臣，从祖孙
同二十九年	蔡昭侯	大夫等	君臣

年次	被弑者	弑者	被弑者与弑者伦理上之关系
同二十一年	齐晏孺子	田乞	君臣
同三十五年	齐悼公	鲍子	同
同三十九年	齐简公	田常	同
同四十一年	卫庄公	石圃	同

第四章

周末学术之隆盛

第一节　学术勃兴之原因

中国学术全盛时代，实在战国之时，而发端在春秋之末。九流十家，继轨并作，非特中华学界之大观，抑亦世界学界之伟迹也。求其所以致此之原因，盖七事焉。

一、蕴蓄之宏富

人群初起，皆自草昧而进于光华。文明者，非一手一足所能成，非一朝一夕所可几也。传记所载，黄帝尧舜以来，文化已起，然太史公犹谓缙绅难言焉。观夏殷时代质朴之风犹且若此，则唐虞以前之文明概可想矣。及文王化被南国，武周继起。而中央集权之制大定。自豳岐以至春秋，又数百年。休养生息，遂一脱蛮野固陋之态。列国士大夫之多才艺娴文学者，所在皆然矣。积数千年民族之脑精，递相遗传，递相扩充。其机固有磅礴郁积一触即发之势，而其所承受大陆之气象，与两河流之精华，机会已熟，则沛然矣。此固非岛夷谷民崎岖偪仄者之所能望也。此其一。

二、社会之变迁

由尧舜至于周初，由周初至于东迁，由东迁至于春秋之末，其间固划然分为数时代，其变迁之迹，亦有不可掩者。虽然，其迹不甚著，而《史传》亦不详焉。独至获麟以后，迄于秦始，实为中国社会变动最剧之时代。上自国土政治，下及人心风俗，皆与前此截然划一鸿沟。而其变动之影响，一一皆波及于学术思想界。盖阀阅之阶级一破，前此为贵族世官所垄断之学问，一举而散诸民间，遂有秦失其鹿天下共逐之观。周室之势既微，其所余虚文仪式之陈言，不足以范围一世之人心，遂有河出伏流一泻千里之概。此其二。

三、思想言论之自由

凡思想之分合，当与政治之分合成正比例。国土隶于一王，则教学亦定于一尊，势使然也。周室为中央一统之祖，当其盛也，威权无外。思想言论，颇被束缚。周既不纲，权力四散，游士学者，各称道其所自得，以横行于天下。不容于一国，则去而之他。言论之自由，至是而极。加以自古以来，无宗教臭味。先进学说，未深入人心。学者尽其力之所及，拓殖新土，无挂无碍。庄子曰："天下大乱，贤圣不明，道德不一，学者多得一察焉以自好。"（《天下篇》）孟子曰："圣王不作，诸侯放恣，处士横议。"盖政权之聚散，影响于学术思想者如是其甚也。此其三。

四、交通之频繁

春秋、战国之时，兼并盛行，互相侵伐。其军队所及，自濡染其国政教风俗之一二，归而调和于其本邦。征伐愈多，则调和愈多，而一种新思想自不得不生。其在平时，则聘享交际之道，常为国家休戚所关，故各国皆不得不妙选人才以相往来。其膺交际之任者，既为国中文学最优之士。及其游于他社会，自能吸取其精英，赍之归以为本国用。而当时通商之业亦渐盛，豪商巨贾，往往与士大夫相酬酢（如郑商弦高能以身救国。子贡废著鬻财于曹鲁之间。结驷连骑，以聘享诸侯，所至国君无不分庭与之抗礼。而阳翟大贾吕不韦至能召集门客著《吕氏春秋》等，皆其例也）。盖商业之盛通，为学术思想之媒介者，亦不少焉。若夫纵横捭阖之士，专以奔走游说为业者，又不待言矣。故数千年来，交通之道，莫盛于战国。此其四。

五、人材之见重

一统独立之国，务绥靖内尤，驯扰魁桀不羁之气，故利民之愚。并立争竞之国，务防御外侮，动需奇材异能之徒，故利民之智。衰周之际，兼并最烈。时君之求人才，载饥载渴。又不徒奖励本国之人才而已，且专吸他国者而利用之。盖得之则可以为雄，失之且恐其走胡走越以为吾患也。贵族阶级，摧荡廓清，布衣卿相之局遂起。士之欲得起于时者，莫不研精学问，标新欲异，以自取重。虽其中颇有努力无能者，而学问以辩而明，思潮以摩而起。道术之言，遂遍于天下。此其五。

六、文字之趋简

中国文字，衍形不衍音，故进化之难，原因于此者不少。但衍形之中，亦多变异。而改易最剧者，惟周末为甚。仓颉以来所用古籀，象形之文，十而八九。近世学者搜罗商周钟鼎，其字体盖大略相类。至秦皇刻石而大变。《说文》序云："诸侯力政分为七国，言语异声，文字异形。秦始皇帝初兼天下，丞相李斯乃奏同之。罢其不与秦文合者。"然则当时各国，各因所宜，随言造文，转变非一。故今传《墨子》《楚辞》所用之字，往往与北方中原之书互有出入。《汉书艺文志》谓"秦始皇造隶书，起于官狱多事，苟趋省易"。其实日趋简易者，人群进化之公例，积之者已非一日，而必非秦所能骤创也。文字既简，则书籍渐盛。墨子载书五车以游诸侯，庄子亦言"惠施多才，其书五车"。学者之研究日易，而发达亦因之以速，势使然也。此其六。

七、讲学之风盛

前此学术既在世官，则非其族者不敢希望。及学风兴于下，则不徒其发生也骤，而其传播也亦速。凡创一学说者，辄广求徒侣，传与其人。而千里负笈者，亦不绝于道。孔子之弟子三千，墨子之钜子遍于宋、郑、齐之间。孟子后车数十乘，从者数百人。许行之徒数十人，捆屦织席以为食。盖百家莫不皆然矣，此实定哀以前之所无也。故有一主义于此，一人倡之，百人从而和之。一人启其端，而百人扬其华，安得而不昌明也。此其七。

以上所举七端，学术勃兴之原因，略具于是矣。周末学术之隆盛，岂偶然哉！

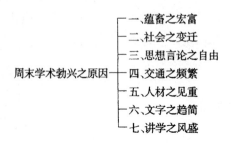

周末学术勃兴之原因
- 一、蕴畜之宏富
- 二、社会之变迁
- 三、思想言论之自由
- 四、交通之频繁
- 五、人材之见重
- 六、文字之趋简
- 七、讲学之风盛

第二节　诸家之派别

一、儒家

首创此派者为孔子。鲁之曲阜人，名丘，字仲尼。生于周灵王二十一年，没于周敬王四十一年。尝仕鲁，为司空，又为大司寇，摄行相事。后不终用，乃周游四方，历聘宋、齐、楚、卫、陈、蔡诸国，卒无所遇，退而讲学于鲁。与其徒删诗书，定礼乐，赞周易，修春秋。孔子卒后，弟子纂其学说，著《论语》二十篇。其学以仁为本，论治国平天下，以修身为先。其教人以循循善诱为法。其弟子三千人，身通六艺者七十二人，以颜回、曾参、闵损、有若、卜商、言偃、冉求、仲由、端本赐、颛孙师等为尤著。孔子没，诸弟子散之四方，或出仕，或设教，皆传其道。至战国时，分派甚多。最著者有二，一为孟轲，邹（山东邹县）人，私淑孔子之孙伋（伋尝师事曾参，而著《中庸》一书，独得其祖心传者也）。其学尊王，贱霸，重仁义，轻功利。谓人性皆善，人皆可以为尧舜。其政术主法先王，与当时法学家学说相反。历游魏、齐、宋、滕、薛等国，时君皆以为迂阔无用者。退而与门人讲学。门人纂其学说，著《孟子》七篇。一为荀况，赵人，受业谷梁赤，为卜商私淑弟子。周末时，仕楚为兰陵（山东峄县）令，后废免。著《荀子》三十二篇。其说以孔子为标准，对于其余诸圣贤，率多微词。谓人性本恶。非以礼义为矫正之，不能为善。与孟子学说相反。

二、道家

首创者为老子。姓李，名耳，又名聃，楚人。或谓与孔子同时，或谓在孔子前，或谓在孔子后。仕周为柱下史，博观古代圣贤遗籍，洞悉古今治乱兴衰之事，善言成败祸福。后世奉为神仙之祖。晚年见周之衰，去之，至函谷关，知关吏令尹喜亦隐君子，乃著书五千言遗之，即今所传之《老子》是也。其说主无为，尚自然。以清虚自守，以卑弱自持。其后有列御寇、庄周之徒祖述其说。列御寇，郑人。庄周，蒙（今河南商丘县）人。二人皆愤世嫉俗，庄周所著书，多系寓言，而大旨则外生死，齐物我。以放任为高，无用为贵，徜徉自喜，颇合于近世哲学家之所谓厌世主义，老子之正宗也。列御寇书中，载有禽滑厚与杨朱问答之语。杨朱之学，专以利己为主。统人世之悲喜、勤怠、啬靡，皆以纵乐主义赅之。充其极端，则不肯拔一毛以利天下。孟子所谓杨氏为我也，此派战国时亦盛行。

三、墨家

首创者为墨子。名翟，宋人，或曰鲁人。为宋大夫。善守御，尝与公输子竞，公输子不能克也。其学主兼爱，崇节俭。欲略葬礼，短丧服，节宫室饮食。去音乐，右鬼，非命，尊侠，尚义。孟子称墨子

"摩顶放踵，利天下为之"。兼爱之作用，亦尚侠之作用也。古书言墨子之徒可使赴汤蹈火。游侠之宗，当首推墨子。其徒有田俅子、随巢子、胡非子等，皆有著作，今不传。战国时，其学盛行。历秦至汉初，犹与儒家并重。

四、法家

始于齐管仲，成于魏李悝。秦商鞅、韩申不害及韩非皆主之。其说以正刑名为本，循名以责实。尊君卑臣，崇上抑下。刘原父曰："刑者刑家，名者名家，即太史公所论六家之二，并学之耳。"其论治天下之道，谓宜以法术，不宜以仁义。秦始皇时之丞相李斯，亦此派之铮铮者。

五、名家

以赵人公孙龙坚白同异之辩为最著。龙尝著《守白论》，坚白即守白，坚执其说而守之也。同异者，合异以为同也。又尝与孔子之玄孙穿，论臧三耳，两耳形也，兼听而言之，可得为三。其说与今之论理学相似。然辨别苛细，使人失其真慧。其派有邓析、惠施之徒，而其传不广。

六、兵家

春秋时齐穰苴、吴孙武，战国时齐孙膑、楚吴起、魏公子无忌等皆有兵书。战术渐精。秦白起、王翦，赵廉颇、李牧，俱以善战著名。

七、纵横家

以鬼谷子（姓王名栩，隐于河南之鬼谷，故以为号）为祖。苏秦、张仪之徒皆师事之。熟谙地理及统计学，而以口辨辅之。权时应变，以神其用者也。

八、计学家

越人计然者，范蠡之师也，名研，亦名倪，工心算。范蠡用其策之五而霸越。更用其二于家，三致千金。战国时，魏白圭善观时变。人弃我取，人取我与。能薄饮食，忍嗜欲，节衣服，与用事僮同苦乐。操奇而计赢，趋时若猛兽鸷鸟之发。其言曰："吾治生产，犹伊尹、吕尚之谋，孙吴用兵，商鞅行法是也。是故其智不足与权变，勇不足以决断，仁不能以取予，强不能有所守。虽欲学吾术，终不告之矣。"故后世言治生者多祖之。孔子之徒端木赐在白圭之先，以货殖闻。亿则屡中，盖亦精于计学者也。

九、文学家

分为二类。一散文。以《尚书》为最古，备载唐虞三代之文。实为史书，体专记载，与议论驰骤之文不同也。春秋以后，文明大启，学术日昌。于时瑰奇之士，各本其理想发为文章。若管子之劲拔，老子之高古，庄子之飘逸奇谲，孟子之博辩，荀子之富赡，墨子之切著，韩非国策之奇峭，《左传》《国语》之浮华典丽。后人得其一二，即为名家。故世称此时为文章极盛时代，信不诬也。一韵文。尧有康衢之歌，舜有光华复旦之歌。周世学校教科，诗居其一。有太师之官，采取里巷歌谣，上之王廷，以观民风。列国燕飨之时，率赋诗相赠答，以见其志，故其学大盛。其义有比、兴、赋、风、雅、颂六端。其体裁则或四言，或五言，长短无定。皆善述情写景，与后世之浮丽纤巧者不同。战国时，楚屈原创骚体。骚者愁也，屈原以忠谏而遭放逐，幽愁尤思，托之文词，冀以悟其君，故曰《离骚》。其文依诗取兴，引类譬喻。温而雅，皎而明，与三百篇相若。其徒宋玉等推而衍之，名曰《楚辞》，为后世词章学之祖。韩非创连珠体，其文体词丽而言约，不指说事情，必假喻以达其指。而览者微悟，合于古时讽兴之义。欲使历历如贯珠，易看而可悦，故曰连珠。如韩非子中之《外储说》等篇是也，后世骈文盖本于此。荀卿创赋体。赋者敷陈其事而直言之者也。体物则曲肖，言理则尽致，而以整炼之韵语出之。

如《荀子》中之赋篇所载是也。

十、史学家

古者左史记言，右史记行。朝廷之上记载当甚多，特以年代悠远，半归遗佚。春秋时列国之史，如晋有《乘》，郑有《书》，宋有《志》，鲁有《春秋》，楚有《祷杌》，皆史名也。其著名良史，有齐之南史、晋之董狐等，皆身为史官，记载一时一国之事者也。孔子修《春秋》，为编纂国史之祖，编年体也。左丘明作《国语》《左传》，为分国史，纪事体也。

十一、天文学及数学家

尧时以璇为玑，以玉为衡。以象天体之转运，窥日月五星之运行。以三百有六旬有六日为一期，以闰月定四时，是为阴历之祖。夏、商、周皆因之。惟月正之建，则各不同。其法以斗柄所指为主。斗柄一岁而周天，画其周天之度，为十二辰，以应十二月。子为正北，午为正南，卯为正东，酉为正西。其余以次左旋，天开于子，地辟于丑，人生于寅。斗柄建此三辰之月，皆可以为岁首。夏以寅为人正，故建寅为正月。商以丑为地正，故建丑为正月。周以子为天正，故建子为正月。此其异者也。周有冯相、保章二氏，以掌天文（冯乘也，相视也，世登高台以视天文之次叙者也，保守也，世守天文而占其象，以察时变者也）。分天体中各星辰为二十八宿（角、亢、氐、房、心、尾、箕、斗、牛、女、虚、危、室、壁、奎、娄、胃、昴、毕、觜、参、井、鬼、柳、星、张、翼、轸），辨某宿为某分野。见某分野之天象如何，即可以征其国之吉凶。春秋鲁昭公时，吴伐越。晋史墨曰："不及四十年，越其有吴乎。越得岁而吴伐之，必受其凶。"盖是年岁星在越故也。吴越同分野，而斗主吴，牵牛主越，是年岁星在牵牛。故史墨云然。后吴果为越灭，可谓验矣。又昭公时，有星孛于大辰（房、心、尾），西及汉，鲁申须知诸侯必有火灾。梓慎且因分野之所在，而知宋、郑、卫、陈四国必将有火。郑裨灶更欲以瓘斝玉瓒禳之，使不火。是亦皆有验者也。至于《周髀算经》《九章算法》等，皆演于战国时。于推测星宿运行之术，颇有发明。

十二、医学家

周官制有医师，掌医之政令，聚毒药以共医事。食医则宜其饮食以防病于先，疾医则以五味、五谷、五药（草、木、虫、石、谷为五药）养其病。以五脏所出之五气，及言语宫、商、角、征、羽之五声，及面貌青、黄、赤、黑、白之五色，察其盈虚休王。而知其吉凶死生又以九窍之变，及九岁（与脏通，心、脾、肝、肺、肾、胃、膀胱、大肠、小肠曰九脏）之动等，参酌之。医则攻以五毒之药，养之以五谷，疗之以五药，节之以五味，亦专门之学也。春秋时，秦有和缓，能知晋平公及景公之病。一为近女色之无度，一为病在肓（鬲也，今译为横隔膜）之上，膏（《左传》原注，心下为膏）之下皆如目击，可谓良医。又有扁鹊者，姓秦，号越人。其治病能见五脏症结，且能割皮解肌，抉脉结筋。搦髓脑，湔洗肠胃，尤其著者。

十三、音乐学家

周以礼乐为治，且以乐为学校之教科，故其术甚精。春秋时，周有苌弘，鲁有师襄，均为孔子师。晋有师旷，其奏乐能深入神妙。皆其知名者。

十四、文字学家

古之文字，著于竹帛，以漆液书之，所谓蝌蚪文也。其后以刀刻字于方策，谓之削。鲁为诗书礼乐之国，故其削最有名。周时以六艺教士，书居其一，故人争务焉。宣王时，史籀始变古文，著大篆十五篇，亦名籀书，是为改良文字之祖。春秋后，儒学大兴，通六艺者甚多。又有石刻者，书字于石而刻之，为后世碑版之祖。齐薛稷以松烟和水而成墨，是为墨之始。秦蒙恬以柘木为管，鹿毛为柱，羊毛为被，合而成笔，是为笔之始。

十五、画学家

舜以日、月、星、辰、山、龙、华、虫作绘。夏禹铸魑魅、魍魉之形于鼎，使民鉴戒。殷武丁梦得传说，图形以求之，皆为画学之明证。周时有设色之官，故其术特精。春秋时，鲁臧孙辰画藻于梲，楚沈诸梁好观画龙，宋元君召诸史作画。皆其著者。

十六、术数学家

约分为四：

甲、阴阳　起于《洪范》一书，推阴阳五行之消长生克及天文地理之变动，以占人事之吉凶。春秋时，鲁梓慎、郑裨灶皆通之，战国时，邹衍著五行终始之说。

乙、卜筮　卜以龟，以火灼之。视其纹理以断吉凶。筮以蓍，以其数之奇偶，合之卦象，以断吉凶。卜起于黄帝，夏商沿用之，周设卜筮专官。春秋时尤盛行，无论小事大事、灾祥、梦眚等，几无不卜筮者。亦几无人不知卜筮者。

丙、望气　周礼，视祲（音侵，妖气也，日旁气也阴阳气相侵，赤云为阳，黑云为阴）氏掌十辉（音辉，光也）之法，以观妖祥，辨吉凶。战国时，其术大行。俗传凡天子所居所游，及所欲游之地，皆能望得之。如汉高帝匿芒砀山而吕后尝求得之。秦始皇东游以厌胜等皆是也。

丁、形法　《山海经》一书，考异物，识谣俗，殆为古代形法之真传。夏禹铸鼎象物，更足资形法家之参考。春秋时，周内史叔服相公孙敖之子谷，丰下有后。晋姑布子卿相赵简子之子毋恤，必为将军，其言皆验。战国时，平原君于渑池之会，阴相白起，知其不克令终，荀子尝作《非相篇》攻之，亦可见当时其学之盛矣。

以上所举十六宗，为先秦学派大略。其中最有势力者，为儒、道、墨三家。儒、道二派，发生于春秋末年，时代稍先于墨。其后分裂混合，至战国末年，变为若干学派。兹列表于下，以供参考。

附诸家派别表

学派名		首创者	继承之大家	著作
儒学		孔子	孟子、荀子	《论语》《孟子》《荀子》
道学		老子	列子、庄子	《老子》《列子》《庄子》
墨学		墨子	禽滑禧、田俅子、随巢子、韩非子	《墨子》《尹文子》《慎子》
法学		管子	李悝、商鞅、申不害、韩非子、李斯	《管子》《商子》《韩非子》《邓析子》
名学		公孙龙	邓析、惠施	《公孙龙子》《邓析子》
兵学		穰苴、孙武	孙膑、吴起、公子无忌、尉缭	《司马法》《孙子》《吴子》《尉缭子》
纵横学		鬼谷子	苏秦、张仪	《鬼谷子》
计学		计然	范蠡、白圭	《计倪子》
文学家	散文	《书经》之作者	老子、庄子、孟子、荀子、墨子、韩非、左丘明	《老子》《庄子》《孟子》《荀子》《墨子》《韩非子》《左传》《国语》《战国策》
	韵文	《诗经》之作者	屈原、韩非子、荀子	《离骚》
史学家		《春秋》之作者	左丘明	《左传》《国语》《战国策》《公羊传》《穀梁传》
天文数学家			史墨、申须、梓慎、神灶	
医学家			和、缓、秦越人	
音乐学家			师襄、师旷	
文字学家			史籀、李斯	
画学家				
术数学家	阴阳 卜筮 望气 形法	《易经》之作者	梓慎、神灶、邹衍	
			内史服、姑布子卿	《山海经》

附　先秦学派表一（南北对峙时代）

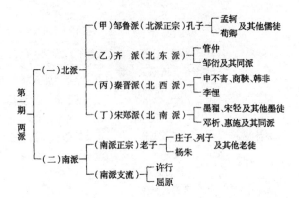

附　先秦学派表二（三宗鼎立时代）

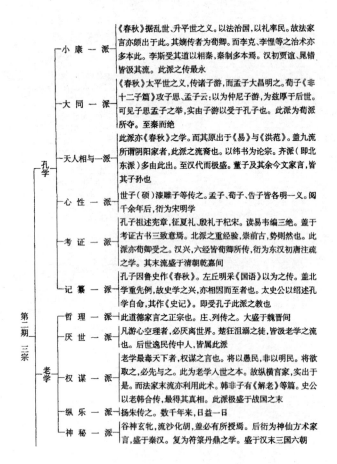

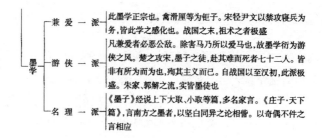

墨学

- 兼爱一派——此墨学正宗也。禽滑厘等为钜子。宋轻尹文以禁攻寝兵为务,皆此学之感化也。战国之末,祖术之者极盛
- 游侠一派——凡兼爱者必恶公敌。除害马乃所以爱马也,故墨学衍为游侠之风。楚之攻宋,墨子之徒,赴其难而死者七十二人。皆非有所为而为也,殉其主义而已。自战国以至汉初,此派极盛。朱家、郭解之流,实皆墨徒也
- 名理一派——《墨子》经说上下大取、小取等篇,多名家言。《庄子·天下篇》,言南方之墨者,以坚白同异之论相訾。以奇偶不件之言相应

附　先秦学派表三（六家分立时代）

第三期
六家

- 儒家
- 墨家
- 名家——北派
- 法家
- 阴阳家
- 道家——南派

附　先秦学派表四（分裂混合时代）

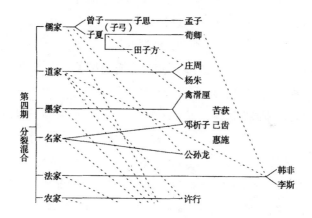

第四期
分裂混合

- 儒家——曾子、子夏（子弓）——子思——孟子、荀卿、田子方
- 道家——庄周、杨朱
- 墨家——禽滑厘——苦获、己齿、惠施
- 名家——邓析子——公孙龙
- 法家——韩非、李斯
- 农家——许行

第三节　孔道不行之原因及其结果

以上所举各派诸大家，自当以孔子为巨擘。孔子为中国伟大人物，其所著之学说，含有哲学、宗教、教育、法律、政治、经济等各种科学理想。流传至今，已历二千余载，支配东亚各民族之心灵。各国人民无论贵贱老幼，皆崇之为先圣先师。其尊荣可谓至矣。顾孔子生前，颇不得志。历访列国，时君皆不能用。晚年归隐林下，教授弟子，以老寿终。天其不祚善人欤，抑有意祸中国也。孔子卒后，其弟子散之四方，宣布孔道。三传而至孟子，绍述孔子遗志，游说诸侯，欲大有为于天下。顾仍不得志，以教授终。岂生存竞争优胜劣败使然欤，抑亦曲高者和寡，道大莫能容之所致也。闲尝考之，人群进化之第一级，必须经过神权专制政体一阶级。神权专制时代，政教统于一尊，初无教主与君主之别。其后世界进化，政教遂分。西洋上古时代，埃及、波斯、罗马之君主，皆兼握政教两权。其后至中古时，遂分为二，皇帝与教皇各为其代表。日本中古时代，幕府与皇室之关系亦然。回教初创立时，哈利发亦兼握政教两大柄，其后政权为苏丹所攘夺，哈利发仅保有教权一部分。盖政教一致之现象，世界进化上所不许也。中国古代思想，谓君主受天命以治万民。君主为政治上之主权者，同时为宗教上之代表，握有政教两大权，惟有德者可以当之。君主所行之政治，实以纯粹之道德行之，非以法律行之也。周衰，道废，诸侯僭乱割据兼并之风盛行，理想之黄金世界已成为过去时代，政治与道德逐渐分离。政治上之大权，各国君主握之。顾握政权者，往往无道德。于是政治与道德相隔愈远。宗教上之责任，乃泛滥无所归。有起而以维持道德自任者是为当代大教育家之孔子、孟子。孔孟者，无君主之名，而有教主之实者也。昔者阳虎曾暴于匡，孔子去卫，将适陈。过匡，匡人以其貌似阳虎，聚众围之。孔子曰："文王既没，文不在兹乎。天之将丧斯文也，后死者不得与于斯文也，天之未丧斯文也。匡人其如予何。"孔子适宋，与弟子习礼于大树下。宋司马桓魋欲杀孔子，拔其树。孔子曰："天生德于予，桓魋其如予何。"《中庸》亦曰："仲尼祖述尧舜，宪章文武。"盖绍述先王之道德思想，以素王自命，负维持宗教之完全责任。不惟孔子自知之，即孔门之弟子，亦无不以是推许崇拜之也。孟子去齐，亦曰："五百年必有王者兴，其间必有名世家。由周而来，七百有余岁矣，以其数则过矣。以其时考之，则可矣。夫天未欲平治天下也，如欲平治天下，当今之世，舍我其谁也"云云。其以教主自命之心，亦犹是孔子也。顾剧乱之世，宗教上负完全责任者，政治上无实在权力。孔孟之道德思想，非得主权者之同意，不能向人类社会发挥。故孔子周游列国，历事诸君主。孟子亦历事齐宣王、梁惠王，将假其政柄，以大有为于天下。顾所至多不合，竟以儒生终者，其原因有二：凡政治家欲有所作为，必准现今社会之时势以定标准，其设施始易于着手。春秋战国时代，社会尚功利，而孔孟谈道德。时君重富强，而孔孟谈仁义。其所主张之学说，非不正大光明，但对于当时时势，似乎过于高尚，政治家所不取也。孔孟祖述尧舜、推崇汤武，复古之念太重，与世界进化之公例微觉抵触，亦时势所不许，故所至多不合也。惟孔子所至多不合，故道德主义屈抑，杂霸主义流行。人类社会上乱暴险诈之风盛，礼义仁让之风衰。东周之政界，遂成为不可收拾之局面。春秋时代，乃一变而为战国时代矣。虽然，孔孟为当时道德家代表，其一言一行，足为万世师法。春秋之口诛笔伐，严于刀剧斧钺，乱臣贼子望望然畏之。《诗》《书》《礼》《乐》诸书。凡经孔子手订者，俱为后世之金科玉律。孔孟之道，屈抑于一时，流行于万世。于孔孟个人人格上毫无所损，于世界人类社会进化上固大有益也。

第五章

战国七雄之对峙

春秋时代既终，战国时代乃始。所谓战国时代者，起周威烈王十九年，终秦王政二十五年，即西历纪元前四〇三年至二二二年，凡一八一年间事也。此一百八十余年间，为中国有史以来变动最剧烈时代。政治上由封建制度，变为地方集权制度，复变为中央集权制度。楚、齐、秦三方对峙，而终并于秦。学术上由两派变为三宗，复变为六家，终则分裂混合，而汇合于秦。故西北方面，为中国政治界、思想界荟萃之中心点。嬴秦之勃兴，亦时势使然也。思想界变迁之大势，上章已言其略，本章述政治界大势。

第一节　晋之衰亡与韩赵魏之建国

先是春秋时代，黄河流域诸侯，晋为最大。跨陕西、山西、河北、河南四省立国，握中国霸权者百余年。晋衰，政柄入于六卿之手。赵鞅（简子）与荀跞、韩不信（简子）、魏曼多（襄子）共灭范、中行氏而分其地。鞅卒，子无恤（襄子）与不信之孙虎（康子）、曼多之孙驹（桓子）复共杀荀跞之孙瑶（即知襄子）而分其地，于是晋国只余三卿。赵以晋阳为根据地，魏以安邑为根据地，韩以平阳为根据地，各扩张势力于四方。晋国土地皆入于三家之手，公室所领只余绛与曲沃二城。无恤卒，兄之孙浣（献子）立，与魏驹之子斯（文侯）、韩虎之子启章（武子）鼎峙，自通周室，体统等于列国。晋哀公畏其强，反朝于三家，以求免祸。周威烈王二十三年（西历纪元前四〇三年），斯与浣之子烈侯籍、启章之子景侯虔，始受王命，列于诸侯。自三家灭智氏，至是凡五十一年。而三家建国，号为三晋。其后复经二十七年，斯之子武侯击、籍之子敬侯章、虔之曾孙哀侯，共废晋靖公俱酒为家人而分其地。晋亡。时周安王二十六年，西历纪元前三七六年也。

先是宣化大同等地，为北狄族代国所据。赵襄子姊适代，为代王夫人。襄子诱杀代王，平其地，以封兄子周。于是河北、山西北境，为赵所有。烈侯在位，任公仲连为相，国政修明。以故士马精强，雄于北方。

魏文侯好学，以卜子夏、田子方为师。每过段干木之庐必式，四方贤士多归之。以魏成为相，李克、翟璜等分任国事。命李悝掌农政。悝作尽地力之教，以为"地方百里，除山泽居邑，三分去一。为田六百万亩，治田勤谨，则亩益三斗。不勤，则损亦如之。地方百里之增减，辄为粟百八十万石"。又用邺令西门豹言，引用漳水（清漳出山西冀宁道平定县沽岭，浊漳出山西冀宁道长子县，发鸠山二水分流，至河南河北道，故彰德府涉县始合，东北经河北界分二支，一东行入卫，一东北行合滏阳呼沱诸水至天津入海）穿渠，灌邺田（今河北道有西门渠，豹所开。后汉元初中尝诏修之）。河内之民利之。魏以是益富强。又以乐羊为将，伐中山，克之。复以吴起为将，击秦，拔五城，使守西河。秦兵不敢东向，于是魏之版图，扩张至现今河北中部及陕西东北部。周安王十五年（西历纪元前三八七年），文侯卒。子武侯击立，公叔为相，害吴起之宠，潜之，起奔楚。周烈王五年（西历纪元前三七一年），武侯卒。武侯生前不立太子，至是子罃与公中缓争立。国内乱，韩赵合兵伐魏。围安邑，国几亡。赵成侯议杀罃，立公中缓，割地而退。韩懿侯不听，乃解围去。罃遂杀公中缓，自立为魏侯，寻僭号称王，是为梁惠王。

　　韩自景侯卒后，传子烈侯取、孙文侯、曾孙哀侯。哀侯为严遂所弑，子懿侯立。懿侯卒，子昭侯立，以申不害为相。不害学本黄老，而主刑名。内修政教，外应诸侯十五年，终其身国治兵强。

第二节　齐之衰亡与田齐之建国

　　先是春秋初年，陈厉公之子完以事奔齐，事齐桓公为工正。卒谥敬仲，是为田齐之始祖。完生稚孟夷，夷生湣孟庄。庄生文子须无，事齐庄公。为大夫，有贤名。须无生桓子无宇，无宇生武子开与禧子乞。乞事景公为大夫，厚施于国，大得民心。景公薨，晏孺子荼立。乞杀荼，逐齐世臣国氏、高氏，立悼公。悼公以乞为相，于是田氏始得政柄。乞卒，子成子恒嗣为相。弑齐简公，杀公族及大臣之不附己者鲍氏、阚氏等。立平公骜，遂专国政。割齐领土自安平以东至琅琊为己封邑，大于公室所食。常卒，子襄子盘代立。使其兄弟宗人尽为齐都邑大夫，垄断公室权利。复与三晋通好，结为外援，谋篡齐国。盘卒，传子庄子白。至孙太公和，相齐康公。康公荒于酒色，不听政。和乃迁康公于海上，食一城，尽有齐国领土。复会魏文侯于浊泽（安邑旁地名），求为诸侯。文侯为请于周安王，王许之。安王十六年（西历纪元前三八六年），命和为齐侯，列于周室。和卒，子桓公午立。午卒，子威王因齐立。是岁，故齐康公卒，无子。田氏遂并齐地，姜氏之齐亡，其旧地皆为田氏所有。时周安王二十三年，西历纪元前二七九年也。

　　威王勤于治国。即位九年以后，封即墨大夫、烹阿大夫以肃内政。以驺忌为相，田忌、孙膑为将。屡破魏兵，杀其将庞涓，虏其太子申。于是魏人之势不振，三晋之王皆朝于齐。齐人称霸于东方。

第三节　越之衰亡与楚之强大

楚自春秋时代，已与晋争霸于中原。悼王之时，用吴起为相，起明法审令，捐不急之官，废公族疏远者以养战士，破游说之言纵横者。南平百越，北却三晋，西伐秦。诸侯皆患楚之强，而贵戚大臣多怨起者。悼王卒，贵戚大臣作乱，攻起，杀之。肃王即位，讨乱者，夷七十余家。

威王在位，越王无强伐楚，楚大败之。尽取吴故地，东至浙江，越以此败。诸公族争立，或为王，或为君，滨于海上，而朝服于楚。复遣将军庄蹻，将兵循江略巴、黔中，遂定滇池以傍诸部落。复北越汉水、淮水，与齐、魏争霸于中原。于是扬子江及汉水、淮水流域皆入于楚。

第四节　燕之勃兴

燕在现今北平，为周武王佐命召公奭之后。召公卒，传十七世至庄公。当春秋初年，现今河北东北境之山戎来侵，燕请救于齐。齐桓公灭山戎，以其地与燕，于是燕国始大。后传十六世至闵公。适当战国时代，燕僻处北方，距中原悬远，不为竞争之中心点，故幸免兵祸。又开化较迟，内部竞争亦薄弱，故内乱较少。休养生息数百年，蔚为大国。

大抵战国初年，山东六国，楚最强，跨有现今湖北、湖南、江西、安徽、江苏、浙江六省全部及河南、四川、云南、贵州四省各一部分，都郢（今湖北荆南道江陵县，即故荆州府）。齐次之，据山东一大部分及河北一小部分，都临淄（今山东胶东道临淄县）。次为赵，跨河北、山西、察哈尔、绥远四省，都邯郸（今河北大名道邯郸县）。次为魏，跨陕西、山西、河南三省，都安邑（今山西河东道，即故解州夏县）。次为燕，跨河北、辽宁、热河三省，都蓟（今北平大宛县）。最小者为韩，跨山西、河南二省，都阳翟（今河南开封道禹县）。此外则山东之鲁，河南之宋、郑，河北之卫、中山，及泗上小诸侯，犹介居大国之间，苟延残喘。其后郑为韩所灭，鲁与泗上诸侯皆为楚所灭，宋为齐所灭，中山为赵所灭。于是小诸侯皆尽，山东只余六大国，与关西之秦对峙。诸国陆续皆僭称王号，东周共主之位置全失，界居七国之间，苟延残喘，至赧王时卒为秦所灭。独卫国以谨事大国，得不被兵，至秦二世时始亡。

七雄表

国名	姓氏	始封	爵	始僭王号者	都城	今地	灭亡先后
秦	嬴	非子	伯	惠文王	咸阳	陕西咸阳	统一列国
楚	芈	熊绎	子	武王	郢、寿春	湖北江陵、安徽寿县	五
燕	姬	召公奭	侯	易王	蓟	北平	四
齐	田	太公和	侯	威王	临淄	山东临淄	六
赵	原嬴姓后氏赵	烈侯籍	侯	武灵王	邯郸	河北邯郸	二
韩	原姬姓后氏韩	景侯虔	侯	宣惠王	阳翟、新郑	河南禹县、新郑山西安邑	一
魏	原姬姓后氏魏	文侯斯	侯	惠王	安邑、大梁	河南开封	三

春秋战国对照表

春秋	战国
尊王	不言尊王
世禄世官	无世禄世官
交际犹尊礼重信	交际不言礼信
严祭祀，重宗姓氏族	轻祭祀，不言宗姓氏族
重聘享，好赋诗	轻聘享，不赋诗
南北对峙，晋楚战争多	东西对峙，秦与三晋战争多

第六章

六国之衰亡与秦之一统

第一节　商鞅之富强策

秦自穆公卒后，国多内乱，久不争霸于中原。传五世至哀公，始出兵汉南，救楚。大破吴师，秦之声势一振。又传七世至简公，始入战国。是时秦室衰微，大臣专政，易君之事数见。三晋乘隙西侵，复取河西地为晋有。又三传至献公，徙都栎阳（今陕西关中道潼县），有恢复河西之志，屡败韩魏之师。周显王五年，大败三晋之师于石门（今山西解县东南白径岭），斩首六万。王赐以黼黻之服。是为秦人东向得志之始。献公卒，子孝公立。孝公英明果断，绍述父志，求才若渴。是时河山以东强国六，淮泗之间小国十余。楚魏与秦接界，魏筑长城。自郑滨洛以北有上郡，楚自汉中，南有巴、黔中。皆以夷翟遇秦，摈斥之不得与中国之会盟。于是孝公发愤修政，欲以强秦。下令国中，"凡宾客群臣有能出奇计强秦者，吾且尊官与之分土"。于是卫鞅西入秦，说孝公以富国强兵策，是为秦国勃兴之基础。时周显王八年，秦孝公元年，西历纪元前三六一年也。

卫鞅者，卫之庶孙，好刑名之学，事魏相公叔痤。痤知其贤，荐之于魏惠王。惠王不用，鞅既至秦。因嬖臣景监以求见孝公。公大悦，与议国事。

由来秦据渭水流域立国，土地肥饶，宜于农业。而秦开化较晚，农业不发达。鞅欲提倡农业，申明法制，使秦成为法政修明、实业发达之国家，大臣守旧者多群起反对。鞅言于孝公，谓"民不可与虑始，而可与乐成。论至德者不和于俗，成大功者不谋于众。是以圣人苟可以强国，不法其故"。孝公从之。以鞅为左庶长，定变法之令。令民为什五（五家为保，十家为连），而相收司连坐（收司相纠发也，一家有罪，九家举发。不纠则十家连坐），告奸者与斩敌首同赏，匿奸者与降敌同罚。民有二男以上不分异者，倍其赋。有军功者，各以率受爵（率约数也，犹言差也），为私斗者，各以轻重被刑。大小僇力本业，耕织致粟帛多者，复其身（复，除也。谓除免其身役），事末利（谓工商）及怠而贫者，举以为收孥（谓收其妻子，没为官奴婢）。宗室非有军功论，不得为属籍（无战功可论，不得入宗属之籍）。明尊卑爵秩等级。各以差次名田（占田也）宅。臣妾衣服以家次（各随其家爵秩之班次）。有功者显荣，无功者虽富无所芬华。令既具，未布。恐民之不信，乃立三丈之木于国都南门。募民能徙置北门者，予十金。民怪之，莫敢徙。复曰："能徙者予五十金。"一人徙之，辄予五十金。乃下令，令行期年。民言新令之不便者以千数。于是太子犯法，鞅曰："法之不行，自上犯之太子君嗣也，不可施刑。"刑其缚公子虔，黥其师公孙贾。明日，秦人皆趋令。行之十年，秦国道不拾遗，山无盗贼。民勇于公战，怯于私斗。乡邑大治。乃徙都咸阳，并诸小乡、聚、集为县。县置令、丞，是为后世郡县制度之始。复废井田，开阡陌，更赋税之法，是为后世田赋制度之始。于是封建井田制度，同时破坏，社会状态一变，人文上一进化。

秦人内力既充，乃思乘间东略，以恢复穆公霸业。是时魏居太行山脉以西，都安邑，与秦界河，独擅山东之利。利则西侵秦，不利则东收地。故魏之与秦如连鸡不同栖，非魏并秦，即秦并魏。吴起守西河时代，屡破秦兵，一时秦人不敢东向。魏武侯卒，魏国多故，秦人东侵屡破魏师，蚕食河西地。适魏惠王在位，不知西邻之野心，兄弟阋墙，连侵韩、赵。魏将庞涓恃其兵术，伐赵，围邯郸。赵请救于齐，齐将孙膑，涓之仇也。以齐兵直走魏都，涓还救，大败于桂陵（今山东济宁道菏泽县）。逾数年。涓又伐韩，韩亦请救于齐。齐将孙膑又引兵直走魏都，涓又还救，大败于马陵（今河北大名县），涓被杀，魏太子申亦被虏。于是魏始衰。卫鞅言于孝公，请兵伐魏。诱执魏将公子卯。大破其兵。魏割河西地于秦以请和，因去安邑，徙都大梁（今河南开封道开封县）。于是魏势不振，秦人尽据山河之险，东扼崤函以瞰三晋。魏韩与秦比邻，当秦人东下之路。连年被兵，屡战屡败，土地削减。于是秦人之势骤张，列国皆大惊恐。

第二节 苏秦之合纵策

是时秦人东下，屡破魏韩之师，侵略河南、山西地。均势之局渐破，列国大惊。于是反动力起，各自研究对秦策。有利用此反动力发动之机会，组织列国攻守同盟以摈秦者，是为合纵派。其发起人为苏秦。

苏秦者，洛阳人。事鬼谷子，学纵横之术。以秦为天下最强国，欲凭藉之以成事业，乃西游于秦，说秦惠文王以兼天下之术。时惠文王初即位，以卫鞅行法严峻，秦人多恐之者。杀卫鞅，灭其家。因恶诸侯游客，谢绝苏秦不用。秦发愤归家，昼夜攻苦，揣摩天下大势。欲联合山东六国，组织攻守同盟以拒秦。乃北游于燕，说燕文公以联赵拒秦之利，文公从之。资秦车马，使之赵，说赵肃侯以联合韩魏拒秦之利，请一韩、魏、齐、楚、燕、赵以摈秦，且令诸侯之将相会盟洹水（源出河南河北道，即故彰德府林县隆虑山至内黄入于卫）之上。约以秦攻一国，则五国各出锐师以挠秦，或救之，有不如约者，五国共伐之，则秦兵必不败出函谷关以害山东。肃侯大悦，厚赐赍之，以约于诸侯。于是苏秦周历列国，说韩宣惠王、魏襄王、齐宣王、楚威王，皆从其计，以苏秦为从约长，并相六国。于是合纵策成立。合纵者，联合南北诸侯以摈秦之谓也。苏秦归赵，赵肃侯封为武安君。时周显王三十六年，西历纪元前三三三年也。

纵约既成，列国声势甚盛，秦人大惊。然虚声吓人者，事实上未必能收效果。列国对秦关系，大体虽同，地位各异。韩魏距秦密迩，动受切肤之灾。燕齐距秦悬远，常如风马牛不相及。利害本不一致，欲以口舌之力，强其行动一致，势不能持久也。合纵策成立之第二年，秦使公孙衍欺骗魏与共伐赵，欲败纵约。赵肃侯让苏秦，秦恐，请使燕，必报齐。乃去赵适燕，纵约皆解。是时燕文侯已卒，易王新立，厚遇苏秦。秦通于文夫人，惧诛，奔齐。齐宣王以为客，卿齐大夫嫉其宠，刺杀之。于是合纵策之张本人长逝，合纵派受一大打击。

第三节　张仪之连衡策

合从策成立后，秦人反动力起，亟欲离间列国之邦交，使之内讧，又怂恿之使与秦连合。于是游士之中，有逢迎秦之政策，游说列国，使之联合以事秦者，是为连衡派。其发起人为张仪。

张仪者，魏人。始尝与苏秦俱事鬼谷先生，学纵横之术。游诸侯，无所遇，苏秦召而辱之，激怒之使入秦。秦惠文王悦之，以为客卿。合纵策成立之后五年，仪以秦兵伐魏，取蒲阳（今山西河东道蒲县）。言于惠文王，请复归之，且使公子繇为质于魏。仪因往说魏襄王，谓"秦之遇魏甚厚，魏不可以无礼于秦"。魏因尽入上郡十五县以谢秦。仪归，秦以为相。是为连衡策小试其端之始。时周显王四十一年，西历纪元前三二八年也。

次年，秦人归焦（在今河南河洛道陕县东北）、曲沃（今山西河东道曲沃县）于魏，以牢笼之。四十五年，复遣张仪伐魏取陕（今河南河洛道陕县）以威吓之，欲使魏人率先事秦，顾魏人西向之心颇不固。次年，张仪自免秦相，出相魏，说魏事秦。魏王不听，仪嗾秦伐魏，取曲沃、平周（今山西冀宁道介休县），留魏四年。至周慎靓王二年，魏襄王卒，哀王新立，与诸侯合纵。适秦人大败韩师于修鱼（今河南河北道原武县有修武亭即其地），斩首八万，诸侯震恐。张仪因说哀王，谓："梁地方不至千里，卒不过三十万。地四平，无名山大川之限。卒戍四境者不下十万。梁之地势，固战场也。夫诸侯之约纵，盟洹水之上，结为兄弟，以相坚也。今亲兄弟，同父母，尚有争钱财，相杀伤。而欲恃反复苏秦之余谋，其不可成亦明矣。大王不事秦，秦下兵攻河外，据卷（今河南河北道原武县）、衍（今开封道郑县）、酸枣（今河北道延津县）、劫卫，取阳晋（今山东济宁道郓城县有阳晋城），则赵不南，梁不北，而纵道绝矣。大王之国，虽欲无危，不可得也。"哀王乃倍纵约而因仪以请成于秦。仪归报命，秦复以仪为相。于是秦魏之邦交渐合。越二年，至周赧王元年，秦败韩师于岸门（在今河南开封道许昌县东北），质其太子仓以和。于是秦韩之邦交亦合。

是时齐楚从亲，秦欲离间二国，乃使张仪说于楚怀王。谓："大王诚能闭关绝约于齐臣，请献商（今陕西关中道商县于今河南汝阳道淅川县）之地六百里，使秦女得为大王箕帚妾。"楚王悦而许之，厚赐张仪，而闭关绝约于齐。使勇士宋遗，借宋之符，北骂齐王。齐湣王怒，折节事秦。于是齐楚之邦交离，齐秦之邦交合。仪归而倍约，楚王怒。周赧王二年（西历纪元前三一三年），使将军屈丐率师伐秦，秦庶长章拒之。次年，大破楚师于丹阳（丹水之阳在武关外），斩首八万，虏屈丐。楚复发兵袭秦，大败于蓝田（今陕西关中道蓝田县），割两城以和于秦。于是楚人之势大挫。越二年，至周赧王四年，秦欲得楚黔中地（今湖南辰沅道及武陵道境内之故常德府，永顺直隶州贵州镇远道境内之故黎平，思南二府），使使告楚王，请以武关（在今陕西关中道商县东）外之地易之，楚王辞以愿得张仪而献黔中。仪乃行，楚王囚仪，将杀之。仪故与楚嬖臣靳尚善，使尚说王幸姬郑袖，泣请于王。王乃赦仪而厚礼之。仪因说楚王曰："夫为纵者，无异于驱群羊而攻猛虎，不格明矣。今王不事秦，秦劫韩驱梁而攻楚，则楚危矣。又自巴蜀治船积粟，浮岷江而下，一日行三百余里，不十日而钜扞关（楚之西界，在今四川东川道奉节县，即故夔州府治），扞关惊，则黔中、巫郡（今四川东川道东部）非王之有。又举甲而出武关，则北地绝。夫秦之攻楚，危难在三月之内。而楚待诸侯之救，在半岁之外。此臣所为大王患也。大王诚听臣，请令秦楚长为兄弟之国。"楚王已得仪而重出地，乃许之。仪因去楚之韩，说韩襄王以事秦之利，王许之。仪归报命，秦人大悦，封以六邑，号武信君。复使东说齐湣王、赵武灵王、燕昭王。各国皆听命。于是连衡策成立。连衡者，连和东方诸侯，西向事秦之谓也。仪归报命，未至咸阳，秦惠文王卒，子悼武王立。悼武王自为太子时，不喜张仪，左右多谗仪者。诸侯闻张仪与秦王有隙，皆畔衡，复合纵。于是连衡事业未及一年而瓦解，时周赧王四年，西历纪元前三一一年，苏秦合纵后二十二年也。次年，仪复出相魏，越一岁卒。于是六国对秦之形势一变。

以上合纵连衡二策，各维持势力不及一年，其结果皆归于失败，顾苏张以口舌致位通显，四方游说之士，争慕效之。以辩给相尚，诈伪相高，世人争崇拜之。知有富贵，不知有廉耻。苏秦之弟苏代、苏厉，与周最、楼缓、公孙衍之徒，皆以险诈躐取禄位。忠厚仁让之风，荡然无存。风俗浇漓，达于极点。孔子之徒孟子起而议改革，以维持世道人心为己任。顾竞争时代，儒教学说，不生效果。法学大家商鞅、李斯之徒，乃借虎狼之秦为后援，挟其势力以东下矣。

第四节　列国之内讧与秦人势力之膨胀

是时山东诸国，形势日非，大有折而入于秦之势。为六国计，提倡合纵政策，结攻守同盟以拒秦，策之上也。否则闭关自守，练兵息民。用武装平和政策，静观时变。一旦西方有警，犹可挟国家全力以与秦抗，亦策之次也。顾六国君相计不出此，时而合纵，时而连衡，朝秦暮楚，为策士所愚弄。又时常内讧，甲与乙战，丙与丁战，自耗国力，力尽俱毙，使秦坐收渔人之利。大好河山，供虎狼之鱼肉，甚可惜也。兹述其事迹如下。

一、齐燕之冲突

苏秦合纵后一年，齐魏受秦之愚弄，连兵伐赵，是为纵约破坏之始。是年，齐伐燕，是为齐燕结怨之始。越十六年，至周慎靓王五年（西历纪元前三一六年），燕王哙让国于其相子之。将军市被不服，奉太子平攻子之，国内大乱。齐以燕有隙可乘，乃命匡章为大将，以周赧王元年，大举伐燕。燕士卒不战，城门不闭，遂破燕。醢子之，杀哙。时孟子在齐，劝齐为燕立君，齐不能用。越二年，燕人举兵抗齐，立故太子平为君，是为昭王。昭王即位于国破之后，吊死问孤，与百姓同甘苦，卑礼厚币以招贤者。于是魏名将乐羊之后毅自魏往，以为亚卿。授以国政。

是时齐宣王已卒，湣王即位，恃胜而骄，乘宋康王之恶，起兵伐之。初，宋有雀生鹯于城之陬，占曰："以小生大，必霸天下。"康王喜，起兵灭滕（今山东济宁道滕县），伐薛今（滕县西南有薛城，即其地）。东败齐，取五城。南败楚，取地三百里。西败魏军，与齐魏为敌国。又多行无礼于国，天下之人谓之桀宋。至是湣王伐之，民散，城不守，遂灭之。齐之疆土益拓张，湣王之骄暴亦益甚。南侵楚，西侵三晋，欲并二周为天子。列国嫉之。燕乃使乐毅如赵，联合列国共攻齐。诸侯患齐之骄暴，皆许之。周赧王三十一年（西历纪元前二八四年），燕以乐毅为上将军，率秦、魏、韩、赵五国联军攻齐。战于济西，齐师大败。毅还秦、韩之师，分魏师以略宋地，部赵师以收河间。身率燕师长驱深入，齐国大乱。燕军入临淄（今山东胶东道临淄县），湣王走莒。楚使淖齿将兵救齐。齿欲与燕分齐地，乃杀湣王。毅下齐七十余城，皆为郡县。唯莒（齐东境邑）、即墨（今山东胶东道平度县，即故莱州府平度州）二城未下。次年，齐遗臣王孙贾讨杀淖齿，立王子法章，保莒城，是为襄王。即墨人奉齐宗人田单为将，以拒燕。乐毅攻之，累年不下。周赧王三十六年，燕昭王卒，惠王立。田单纵反间计，以离间乐毅。惠王罢毅兵柄，以骑劫代将，毅奔赵。田单纵火牛阵，大破燕军，杀骑劫，尽复七十余城，迎襄王归临淄。自是以后，燕齐两国皆虚耗，秦益无敌于天下矣。

二、赵之盛衰

六国之中，齐、赵、燕三国皆远于秦，不受蹂躏，颇具有为之资格。当燕秦构兵之际，赵武灵王独能发愤自强，开拓疆土于域外，不可谓非铮铮佼佼者也。武灵王即位之初，置博闻师三人、左右司过三人，以自策励。又教民胡服、习骑射，以便战争。北略狄地，破林胡楼烦。至代、(今山西雁门道东北部，察哈尔口北道西部) 云中 (今雁门道北部，绥远道东部)，西及九原。(今绥远道五原县)，并筑长城。自代并阴山下至高阙 (在雁门道大同县城西北四百二十里) 为塞，而置云中、雁门 (今雁门道中南部)、代三郡，东灭中山，疆土大拓。晚年，爱少子何，废太子章，传国于何，自号主父。将士大夫西北略胡地，将自云中、九原，南袭咸阳 (今陕西关中道咸阳县)。于是诈为使者入秦，欲以观秦地形，及秦王之为人。秦王不知，已而怪其状甚伟，非人臣之度，使人逐之，主父行已脱关矣。秦人大惊。周赧王十六年 (西历纪元前二九九年)，故太子章作乱，公子成、李兑讨诛之。遂杀主父。赵之霸业骤衰。列国君主各自疲国力于内讧，无暇顾及西事。秦人乘势东下，着着进行，于是现在湖北、山西、河南等地，渐入于秦人势力范围之内。

三、秦人之势力扩张　蜀之衰亡与韩魏楚之削弱

是时四川西部尚为蜀所有。蜀国者，本汉族之别部，史称为黄帝时所封，历夏、商、周，世为诸侯。周衰，蜀蚕业始称王。于是蜀渐强大。周安王十五年 (西历纪元前三八七年)，秦伐蜀，取南郑 (今陕西汉中道南郑县)。是为秦蜀构兵之始。于是秦人势力，越秦岭山脉而南下。蜀王封其弟于汉中，号曰苴侯。苴侯与巴 (今四川东川道) 为好，而巴与蜀为雠。蜀王伐苴侯，苴侯奔巴。周慎靓王五年 (西历纪元前三一六年)，巴蜀相攻，俱告急于秦。秦惠文王从司马错计，起兵伐蜀。十月，取之。于是扬子江上流之地入于蜀。虏屈丐之年，秦乘胜攻楚，取汉中。于是汉水上流之地亦入于秦。秦尽据江汉上流，大有气吞云梦之概。周赧王十四年 (西历纪元前三〇一年)，秦以韩、魏、齐之师伐楚，取重丘 (在今山东东临道聊城县东南，跨茌平县界)。次年，秦芈戎复伐楚，取襄城 (今河南开封道襄城县)。十六年，复伐楚取八城，诱楚怀王至武关，劫之以归。次年，复伐楚，取十六城。于是楚之西境多入于秦。

同时秦复分兵东下，经略黄河流域。先是三家分晋，魏得其南部，赵得其北部，韩得其中部。韩国疆域最小，其根据地为平阳 (今

山西河东道临汾县）。距魏都安邑（今河东道安邑县）密迩。卧榻之侧，实逼处此。韩人心常岌岌，乃避强攻弱。逾太行山脉，侵略卫地。复越河，侵略郑地，遂迁都阳翟（今河南开封道禹县）。经略中原，屡与宋郑构兵，侵略其属地。卒于周烈王元年（西历纪元前三七五年）灭郑，自阳翟徙都之。于是韩之根据地移于河南。魏惠王时，以庞涓为将，屡伐韩赵，越太行山脉经略东方，卒为齐兵所败。庞涓见杀，猛将劲卒多战没于马陵。秦卫鞅乘其衰弊，大破其兵，取河西地，于是魏与秦隔河为界。安邑在河东，据太行之余脉。魏若以重兵驻守，犹可扼秦人东下之路。为惠王计，自当置中央政府于安邑。竭国家全力以守，魏安则六国亦安。顾惠王惧秦兵威，愿赌国家生命，与秦人争太行山脉以西地。又东方齐、赵、韩等国，不顾大局，屡侵魏之东境。惠王为自保计，乃去安邑，徙都大梁，既以避秦之逼，又可以经略东方。失之于甲者，将以取偿于乙。于是之魏根据地亦移于河南，距韩国都密迩，两国时常内讧。韩魏重兵多移屯于东方。安邑、平阳旧都，驻屯兵力渐薄弱。秦人乘势渡河，蚕食太行山脉以西地。周显王四十一年（西历纪元前三二八年），张仪伐魏，取蒲阳，于是黄河北岸地入于秦。四十五年，伐魏，取陕。于是黄河南岸地亦入于秦。崤函守兵，后路断绝，不攻自破。秦人之势，遂如虎兕出柙，凭高以瞰河南全省。韩魏之新根据地渐危。韩在魏西，先被秦害。乃悉国内重兵，西守宜阳（今河南河洛道宜阳县），拒秦人东下之路。周赧王八年（西历纪元前三〇七年），秦丞相甘茂悉国内重兵攻宜阳，围困一年，拔之。于是韩人西门之锁钥破。韩人乃以重兵守伊阙（今河南河洛道洛阳县城南之山脉）。魏亦顾全大局。发兵助守。周赧王二十三年（西历纪元前二九二年），秦左更白起大破韩魏之师于伊阙，斩首二十四万，拔五城。于是第二防御线又破，河南大局渐不可为矣。二十四年，秦伐韩，拔宛（今河南汝阳道南阳县）。次年，秦魏冉伐魏，魏入河东，韩入武遂（在平阳近傍）于秦。次年，秦白起伐魏，拔六十一城。二十八年，二十九年，复连伐魏，魏献安邑以和，于是韩魏西境多入于秦，太行山脉以西皆为秦所有。三十五年，秦司马错以蜀兵伐楚，拔黔中，楚献汉北、上庸于秦。于是汉水下流之地为秦所有。次年，白起伐楚。取鄢（今湖北襄阳道宜城县）、邓（今河南汝阳道邓县）、西陵（今湖北江汉道黄冈县境）。三十七年，复伐楚，拔郢（楚都，今湖北荆南道江陵县），烧夷陵（今湖北荆南道宜昌县，楚先王墓在焉）。楚徙都陈（今河南开封道淮阳县）。秦置南郡、黔中郡。于是扬子江中流之地亦入于秦。四十五年，秦灭西戎族之义渠，于是陕甘边境皆为秦所有。秦人尽据黄河扬子江上流地，乘高屋建瓴之势，东向以临六国。屡败魏师，围大梁，蚕食魏韩腹地，齐赵亦屡被兵。山东六国岌岌不能自保矣。

第五节　列国对秦之抵抗策

是时大局日危，列国为自保计，不得不出于联合。周慎靓王三年（西历纪元前三一八年），楚、赵、魏、韩、燕五国，组织第二次合纵，连兵伐秦，攻函谷关。秦出兵逆之，五国皆败走。于是第二次合纵失败。周赧王九年（西历纪元前三〇六年），楚、齐、韩三国组织第三次合纵以摈秦。楚寻背约，与秦盟于黄棘（故城在今湖北襄阳道房县）。秦复与楚上庸（今湖北襄阳道西部）。齐、韩怨楚，与魏连兵伐楚。楚怀王使其太子横为质于秦以请救。秦人救之，三国引去。于是第三次合纵又失败。十七年，齐相田文为主动力，与韩魏二国组织第四次合纵，连兵伐秦，败其军于函谷关，河渭绝一日。秦割河东三城以和，三国乃退。于是第四次合纵亦终于虎头鼠尾。四十五年，魏复与齐合纵。秦魏冉伐魏，拔四城。齐坐视不敢救，于是第五次合纵亦终无效果。秦人无所忌惮，日肆侵陵。各国为自保计，不得不铤而走险，背城借一，与秦人争一日之命。其能以一国之力与秦对抗者，厥为赵。能以一英雄之力屡败秦兵者，厥为魏信陵君公子无忌。

赵僻处北方，与北狄为邻，风俗剽悍。武灵王在位，士马雄于一时。惠文王在位，以廉颇、蔺相如为将相，数折辱秦，未尝屈服。会秦人已屡败韩魏之师，略取太行山脉以西地，凭山脉之高脊东向以瞰赵，赵之西境逐渐被兵。周赧王四十五年（西历纪元前二七〇年），秦伐赵，围阏与（故城在今山西冀宁道沁县城西北二十里）。赵以赵奢为将大破秦兵，赵人之势一振。五十三年，秦白起伐韩，拔野王（今河南河北道沁阳县，即故怀庆府河内县）以逼上党。上党与韩本国联络之路中断。上党守冯亭不愿属秦，乃以上党降赵。时赵惠文王已卒，孝成王在位，从叔父平原君公子胜劝，受之。越二年（周赧王五十五年），秦攻拔上党，遂移师攻赵。孝成王听秦离间，罢廉颇兵柄，以赵括代之。军长平（今山西冀宁道即故泽州府高平县西北二十一里）以拒秦。蔺相如固谏，不听。秦白起攻破长平，杀赵括，坑降卒四十万人。赵人为之虚耗，于是太行山脉之险悉入于秦。秦乘胜拔武安（今河南河北道武安县）、皮牢（故城在今山西河东道河津县），定太原、上党（二郡今山西冀宁道），尽取山西地，赵之西境无险可守，势渐岌岌。五十七年，复伐赵，图邯郸（今河北大名道，邯郸县）。赵使平原君公子胜如楚乞师，楚使春申君黄歇率师救赵。惮秦兵强，不敢进。是时魏安禧王在位，其弟公子无忌封信陵君，仁而下士，有贤名。无忌之姊为公子胜夫人，赵数请救于魏，使者冠盖相望。魏安禧王使将军晋鄙率师十万以救赵。秦遣使者威吓魏王，魏王恐，止晋鄙军留屯邺（今河南河北道安阳县），持两端以观望。公子胜数遣使让无忌，无忌患之。数请进兵，王不许。赵势危急，无忌用隐士侯嬴计，矫王命，袭夺鄙军。自将以救赵，大破秦兵于邯郸下。秦解围走还，无忌遂留赵不敢归魏。时周赧王五十八年，西历纪元前二五七年也。

第六节　范雎之远交近攻策

秦人之内政外交，皆有一定方针。内政之方针曰富国强兵，外交之方针曰远交近攻。富国强兵策为商鞅所献纳，远交近攻策为范雎所主张。秦累世君主能实行之，遂得天下。故商范二人对于秦之统一事业，实有莫大关系者也。兹述其事迹如下：

先是周显王二十一年（西历纪元前三三八年），秦孝公卒，惠文王，张仪为相。外交政策注意连衡，顾不能收十分效果。周赧王四年（西历纪元前三一一年），惠文王卒，悼武王立。越四年（西历纪元前三〇七年）而卒，异母弟昭襄王立。年幼不能亲政，母芈氏治国事，以舅魏冉为将军，主兵柄。寻以冉为丞相，封穰（今河南汝阳道邓县）侯。于是政权归于冉。冉战胜攻取，雄于一时。顾军事及外交方针犹无定见。越韩魏以攻齐赵，得地而不便于守。周赧王四十五年（西历纪元前二七○年），魏人范雎至秦说昭襄王，谓"穰侯越韩魏而攻齐刚（故城在今山东济宁道定陶县）、寿（故城在今山东东临道寿张县），非计也。齐湣王攻楚，再辟地千里，而尺寸无得焉者，岂不欲得地哉，形势不能有也。诸侯见其罢敝而伐之，齐几于亡。今王不如远交而近攻，得寸则王之寸也，得尺亦王之尺也。今夫韩魏，中国之处，而天下之枢也。王若欲霸必亲中国以为天下枢。而威楚赵，则齐附，而韩魏因可虏矣。"王悦，以雎为客卿。寻以为丞相，封应侯。于是外交方针一定，东结好于齐，而一意攻韩魏。韩魏不支，将折入于秦。乃进兵攻赵。将取河北，为魏公子无忌所败而还，雎寻以故解官。顾秦仍袭其政策不变，于是秦人之势日张，六国之势日蹙。

第七节　秦之统一　周室之衰亡与列国之颠覆

一、东周之衰亡

邯郸战后，秦人之气稍挫。顾是时三晋已衰，实力不足与秦抗。秦实行远交近攻策，次年，复伐韩，取阳城（今河南河洛道登封县）、负黍（故城在今登封县境内），伐赵，取二十余县。周赧王恐，与诸侯合纵，欲伐秦。秦使将军摎攻西周。西周公恐，入秦，顿首受罪尽献其邑三十六，口三万。秦受其献，而归公于西周。是岁，赧王卒，王室遂不祀，周亡。时周赧王五十九年，西历纪元前二五六年也。

自武王受命以后，传十二世，凡三百五十二年，而西周为犬戎所灭。平王东迁以后，复传二十五世，凡五百一十四年，而东周亡。两周合计，凡传三十七世，八百六十六年。

王室灭后，东周西周尚存。国于河南，秦周祀。东周西周者，本周公揭之后。先是考王在位，封弟揭于河南，以续周公之职，是为桓公。桓公卒，子威公、孙惠公，相继在位。威烈王时代，惠公自封其少子班于巩以奉王，号东周，而河南遂号西周。夹辅王室。王室亡后之第二年，秦灭西周，迁西周文公于𢘑（音惮）狐聚（在今河南河洛道临汝县东北）。越五年，复灭东周。迁东周惠公于阳人聚（在临汝县西），周室遂不祀。周比亡。凡有河南（即王城。洛阳、即下都。谷城、在今洛阳城西北十八里）、平阴（在今孟津县东）、偃师、巩、缑氏（在今偃师县南二十里）七邑。

二、河外之战

范雎罢相后四年（西历纪元前二五一年），昭襄王薨，子孝文王立。次年（西历纪元前二五〇年），孝文王薨，子庄襄王立，以吕不韦为相国，封文信侯。于是秦之政权归于不韦。庄襄王立三年而薨（西历纪元前二四七年）。子政立，年甫十三岁，国事皆委之不韦，号仲父。是时秦数攻韩魏。昭襄王时代，韩桓惠王入朝于秦。昭襄王葬，桓惠王衰绖入吊祠。魏亦举国听令于秦以求免祸。顾秦人欲心未餍，侵略益急。庄襄王三年（西历纪元前二四七年），遣蒙骜大举伐魏。是时魏公子无忌留赵十年不归，魏安禧王患秦兵。召无忌归国，授为上将军。求援于诸侯，诸侯闻无忌主兵，皆遣兵救魏。无忌率五国之师，败秦兵于河外，追至函谷关而还。秦人东下之势稍阻。

秦既败于河外，使人行万金以间公子无忌。求得晋鄙客，使谗无忌于魏王。安禧王信其谗罢无忌兵柄。无忌谢病不朝，日夜以酒色自娱，四岁而卒。秦人大喜，连年伐韩魏与赵，诸侯患秦攻伐无已时。秦王政六年（西历纪元前二四一年），楚、赵、魏、韩、卫五国复合纵以伐秦，楚考烈王为纵长。取寿陵（今河南河洛道新安县境），至函谷。秦师出，五国皆败走。于是最后之合纵亦终无结果。秦人东下之势日急。

三、韩赵之衰亡

是时秦焰日张，列国自保不暇，顾内讧之事犹时常不绝。赵自长平败后，国势骤衰。燕王喜乘机，遣将栗腹伐赵。赵使廉颇击败之，燕人气阻。秦王政二年，赵孝成王殂，悼襄王立。罢廉颇兵柄，颇奔魏，于是赵失一良将。次年，赵使李牧伐燕，取武遂（在今河北保定道安肃县）、方城（在今河北固安县）。牧果敢善用兵，屡破匈奴、林阴等族有功，为赵北边良将。秦王政三年，秦桓齮伐赵，杀其将扈辄。赵以李牧为大将军，复战宜安（今河北保定道藁城县），大败秦兵。秦人东下之势又经一波折。

是时秦相国吕不韦有罪免官，秦王政始亲政。用客卿楚人李斯计，阴遣辩士赍金玉，游说诸侯。厚遗结其名士，不可下者刺杀之，离其君臣之计。然后使良将将兵随其后。秦王政十七年（西历纪元前二三〇年），秦内史胜灭韩，虏王安。次年，使王翦伐赵。厚赂赵嬖臣郭开，使谗杀李牧。次年，灭赵，虏王迁。迁之嫡长兄公子嘉，率宗族数百人奔代。于是韩赵皆亡，山东只余四国。时秦王政十九年，西历纪前二二八年也。

四、燕之衰亡

先是秦庄襄王未即位时，为质于赵，生秦王政。适燕太子丹亦质于赵，与政善。及政即位，丹质于秦。秦王不礼焉，丹怒，亡归。秦王翦既灭赵，乃进军屯中山以临燕。适赵公子嘉自立为代王，与燕合兵军上谷（今河北保定道）。燕太子丹怨秦，使刺客卫人荆轲劫秦王。不克，见杀。王翦遂破燕代兵，围蓟，拔之。燕王喜走辽东，斩太子丹以献于秦。时秦王政二十一年，西历纪元前二二八年也。

五、楚之衰亡

楚自与赵、魏、韩、卫合纵无成之后，徙都寿春（今安徽淮泗道寿县），以避秦逼。秦王政九年（西历纪元前二三八年），考烈王薨，养子幽王悍立。立十年而薨，同母弟哀王犹立。立二月而为庶兄负刍所杀，负刍自立。立之年，秦灭赵。越二年，秦破燕，拔蓟。遂遣李信将二十万人伐楚，为楚所败。次年，复遣王翦以兵六十万伐楚，大破楚军，杀其将项燕，遂灭楚。虏王负刍，楚亡。扬子江流域悉入于秦。时秦王政二十四年，西历纪元前二二三年也。

六、魏之衰亡

王翦南征之际，其子王贲率师伐魏，引河沟以灌其城。秦王政二十二年（西历纪元前二二五年），魏王假降，杀之，遂灭魏。乘胜北下。二十五年（西历纪元前二二四年），灭燕，虏王喜。还灭代，虏王嘉。于是韩、赵、魏、楚、燕五国皆亡。山东只余齐一国。

七、齐之衰亡

先是周赧王五十年（西历纪元前二六五年），齐襄王法章卒，子建立。年幼，国事皆决于其母君王后。君王后事秦谨，与诸侯信。齐亦东边海上。秦日夜攻五国，五国各自救。以故王建立四十余年不被兵。君王后卒，后胜相齐。与宾客多受秦间金，劝王朝秦。不修战备，不助五国攻秦。以故秦得灭五国。王贲既灭燕，遂南袭齐。突入临淄，建降。秦迁之共（今河南河北道辉县），处之松柏之间，饿而死。齐亡。秦遂统一中国。时秦始皇二十六年，西历纪元前二二一年也。

自平王东迁以后，王室凌夷，天下无共主。经春秋战国五百余年，至是中国复一统。计秦所以成功之原因有四：

第一，秦居关中，据上游，扼地势之要害

第二，秦居西北，与戎狄为邻，生存竞争之结果，民风尚武，民气胜于六国

第三，秦历代多英主，能招贤才而登庸之。不拘资格，不论亲故，故能吸收六国之人才使为己用

第四，秦之政策一定，历代皆循预定之方针进行，不轻易变更，与六国之朝秦暮楚，无一定之见解，动辄受人愚弄者异

以上四大条件，为列国竞争时必需之要素。六国之中无能一具备者，故不得不处于劣败地位。于是秦人一统，东亚大帝国始出现矣。

附战国兼并表（春秋之际，诸侯百六十余国，次第并吞攘夺。战国时只十余国，后并为七大国，遂为秦所统一。独卫介居七国之间，至秦并六国后而始亡。今欲明诸国之分合离并，特表示如图）

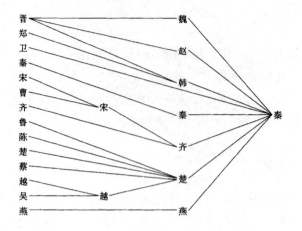

第七章

春秋战国时代之文化

第一节　制　度

一、官制

是时地方集权制度流行，封建制度逐渐破坏，郡县制度逐渐发达。其地方官制，春秋时曰宰、曰尹、曰公、曰大夫。名称虽异，职权则同，皆县行政长官也（鲁称宰，如孔子为中都宰、子游为武城宰、子羔为费宰之类是也。楚称公，如叶公、陈公、蔡公之类是也；又称尹，如沈尹戊之类是也。晋称大夫，如赵衰为原大夫、狐溱为温大夫之类是也）。战国时复置守，郡行政长官也。各国中央官制，春秋时概为三卿，半天子六官之数，曰司徒、司马、司空。然晋之中上下军将佐，楚之令尹、司马，秦之右、左庶长，宋之右师、左师，司城、司寇。名虽互异，皆执政大臣也。至战国时则定名为相，秦改名为丞相，后更尊为相国，实当民国国务总理之职。陆军之长官曰将军，即总司令之职也。

二、田制、赋税制

春秋时有税亩之法（鲁宣公十五年初税亩于公田之外复逐亩什取其一，是田税加一倍也）、丘甲之法（鲁成公元年作邱甲于甸，出兵车一乘，戎马四匹，牛十二头，甲士三人，步卒七十二人外，复令邱重出也），大率承袭井田遗制，而稍加以变通。至战国时，秦用商鞅政策，废井田，开阡陌，招诱三晋之人，使垦辟之。田不受之官使民自相买卖，改什一之制，计亩而定赋。一切任民自耕，不加限制。于是地方尽辟，而贫富之差，亦渐悬殊。

三、兵制

春秋时代犹寓兵于农，而以车战为主。晋为最大国，其全盛时代，甲车不过四千乘（每乘七十五人，共约三十万人）。至战国时始用召募之法。赵武灵王胡服习骑射，各国多效之。于是中国始有骑兵。大国之兵，动辄以数十万或百万计。车骑之数，以千万计。于是军制及战术一变，军数亦骤增。汉民族之武力始压倒东西各民族。

四、刑制

春秋时，刑法概依五刑之旧。但劓、刵、刖、黥之法，惟行之于平民，不适用于贵族。贵族有罪，例以流放代之。至战国时，君权益张，刑法益密。秦有三族、七族、十族连坐诸法，有腰斩、车裂诸刑。楚有灭家之法。齐有烹刑。赵有夷刑。大率人君以喜怒为之，不遵照成文法及习惯法，于是刑法日流于残酷。

五、人才登庸法

春秋时代世禄世官，纯为贵族专制政体。选举之制虽有而不用。战国时代，竞争剧烈，得士者霸，失士者亡。列国君主及大臣各卑礼厚币，招致游士。不论亲疏，不问新旧。苟有奇才异能，虽仇必用，虽奸必赏，大率以多为贵。齐宣王时，稷下谈士至数千人。中下流社会之人杂居其半。其后至战国末年，齐孟尝君田文、魏信陵君公子无忌、赵平原君公子胜、楚春申君黄歇，各养士数千人，天下号曰四君。平民之中有一技之长者，皆可凭借之以取富贵，于是阶级制度从根本打破。加以群雄割据方隅，各自有用人行政之主权。士之求显名者，甲国不用，则去而之乙国。昨日为逃亡之羁旅，今日为名誉之宰相。苏秦、张仪、商鞅、范雎、孙膑、庞涓之徒，或起自刑余，或出自逃虏，皆以匹夫崛起为大国将相。世不以为怪也。

学术异常发达。中国数千年来，凡哲学、文学、各种科学以及美术技艺等，除去自外国输入者外，大抵皆发端于此时。文字亦逐渐趋于简单，由象形文字，一变而为大篆（一曰籀文，周宣王时史籀作），再变而为小篆（秦丞相李斯作），于是记忆力及时间俱省。学校制度虽废，讲学之风流行。孔子、孟子以及其他各派诸大家，弟子之数，皆以千百计，是为后世私塾之权舆。其结果则得士之盛，反胜于学校。不过学校所造就者，多循规蹈矩之人。私家所养成者，多跌宕不羁之士。微嫌其道德观念轻，英雄气息重耳。然此自是战国时特色，无害其为多士也。游侠之风盛行，急人之难，虽粉身碎骨而不辞。如晋之程婴、公孙杵臼、豫让，魏之侯嬴、朱亥，赵之蔺相如、毛遂，燕之荆轲、田光、樊於期、高渐离之徒，皆以匹夫名重天下。其轻死重义之风操，流传至海东，化为日本之武士道。非近世中国一般醉生梦死热心利禄之徒所能及也。

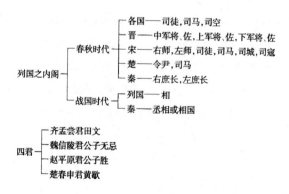

第二节 礼 教

一、家族制度

家族制度逐渐发达，始禁止同姓为婚。纳采、问名、纳吉、纳征、请期、亲迎之礼亦渐完备。同时一夫多妻制盛行。天子三夫人、九嫔、二十七世妇、八十一御妻。诸侯一娶九女（诸侯一娶九女，有嫡夫人，有右媵，有左媵，嫡及两媵，又各有其侄与娣，是为九女，见《春秋·公羊传》隐元年何注）。士大夫之家，公然蓄妾，为法律所不禁。其时社会上女子地位甚卑，男子视女子等于奴婢。往往因小故出妻，世不以为怪。被出之妇，无再嫁之禁。在室之女，多早婚之弊，所谓待年之媵，皆早婚之过度者也。

同时淫风流行。荡妇游子公然无礼，不以为耻。《诗经·国风》所载《桑中》《洧上》《采兰》《赠芍》《月皎》《人僚》等篇，迄今犹脍炙人口。大抵郑最甚，卫次之，陈又次之。各国亦不甚相远。《左传》《国语》所载，子烝父妻（卫宣公烝于夷姜，晋献公烝于齐姜，惠公烝于夷姜，之类是也），父夺子妇（卫宣公纳太子伋之妻宣姜、楚平王纳太子建之妻秦嬴之类是也），兄弟争室（鲁公孙敖为公子遂聘已氏而自娶之，郑公孙黑与公孙楚争室之类是也），朋友易妻（齐庆封与卢蒲嫳易内而饮酒，晋祁胜与邬臧通室之类是也）或兄妹为奸，诗有雄狐之诮（鲁桓公夫人姜氏通于其兄齐襄公），或内外同婆，史贻艾豭之羞（卫灵公夫人南子与其大夫宋朝），或国母下匹优人（晋献公之妾骊姬），或内子私通室老（晋栾桓子之妻栾祁与其老州宾通），属辞比事，连类而书。上自王室公室，下至士大夫家，内室秽恶，不堪言状。史书所载，班班可考者，不下数十百件。上流社会如此，下流社会可知。春秋战国时代之社会犹如此，唐虞三代以前之社会更可知矣。

二、姓氏制

姓氏之制逐渐完备。太古之时，男女无别，人民知有母而不知有父。有圣人出，制嫁娶，正姓氏，通媒，始有夫妇之伦。有夫妇而后有父子，有父子而后有兄弟。伦理由此正，家族之制亦于是定。春秋时代，同姓不婚，谓男女同姓，其生不蕃也。故当时之姓，皆为女子所用。如齐为姜姓，鲁为姬姓，宋为子姓。其公族男子，名字上皆不冠姓，而独称已嫁之女曰某姬、某姜、某子者是也。氏则为一家之标识。各国世族，或以官为氏，或以事为氏，或以封邑为氏，或以王父字为氏，为普通男子名字上所冠用。至春秋战国之交，遂去姓不复用，而以氏行，族制之分别愈严矣。

三、别号与易名之典

字与谥之流行亦盛于此时。古者生子三日，咳而名之。男子二十而行冠礼，冠则字之。女子许嫁笄而字。《礼·檀弓》曰："幼名冠字，周道也。"盖周以前之人，其见于史传者，鲜闻有字，周以后始流行。至春秋战国时代，其见于经传之名人，大抵皆有字，流传至前清末年。贩夫俗子，人各有字。于是以一人之身，无端而用两个以上之固有名词，作为称号。繁复错杂，为外国东方交际家所哂。死后易名之典，创于周初，盛行于春秋战国之时，流传至前清末年未辍。民国成立，尚有议复之者。甚矣人心之好古也。

四、葬祭之礼

家族制度发达之完备，为我国特色。故葬祭之礼亦最隆重，葬礼至周而大备。饭含殡殓哭泣擗踊，各有定制。衣衾棺椁务尽其美。自天子至于庶人，以贵贱为等级，其葬期各有长短。春秋时代，始有殉葬之俗。秦穆公卒，以子车氏之三子奄息、仲行、针虎为殉。楚文王卒，鬻拳自杀以殉。晋景公卒，杀梦负公登于天之小臣以殉。载在史册，其尤著者也。至战国时则变而加厉，君主一殂，殉葬者动至数十百人，真虐政也。后乃易以木偶，流传至今未辍。仲尼曰："始作俑者，其无后乎。"此亦古圣人深非难之点。有志者所为欲改革而未遑者也。丧服期间之长短略如周制。父母丧中食飦粥，不御酒肉。丧服之久，为古今世界各国所仅见。旷时废日，消磨锐气。实际行之，往往发生许多窒碍。故庐墓之制，古有明文，而实行者甚鲜。墨经从军之事，历史上屡不一见。西汉文帝始遗诏短丧，经学家群起而非难之。然事实上已成为历代通行之习惯法。泥古者张目熟视无可如何也。

祭礼亦逐渐完备。天神地祇而外，尤重人鬼。礼称天子七庙，诸侯五庙，大夫三庙，适士二庙，官师一庙，庶人无庙。则祭于寝。传曰："吾见新鬼大，故鬼小。先大后小，顺也。跻圣贤，明也。明顺，礼也。"凡此皆由尊祖思想沿习养成者也。

五、卜筮法及神仙说

卜筮之法，盛行于此时。国有大事，恒先筮而后卜。此外或以物变，或因梦异，或征诸人事，或验诸童谣，皆可以辨吉凶，定祸福。而掌其事者，则卜祝之属也。至战国末年，神仙学说始盛，骀衍既以阴阳之运显于诸侯。而燕齐海上之方士，竞为神仙怪诞之言，以荧惑世主。齐威王、宣王、燕昭王等，深信其说，使人入海求三神山，谓仙人及不死之药咸在。然终莫有至者。此宗教思想上一变动也。

六、各国之民风

各处民风不同。大抵鲁俗尚礼，齐俗逐利，越俗信鬼，秦俗尚功，郑卫之俗淫靡。邹鲁滨洙泗，好儒，备于礼，畏罪远邪。三河之地，土狭人众，其俗纤俭习事。燕赵多慷慨悲歌之士。梁宋重厚，多君子，有先王遗风。楚俗清刻，夸诈而少信。代地边胡，人民慓悍，好气任侠为奸，不事农商。大抵各国地理气候及历史之遗传不同，故养成之民风如此。至秦室一统，各处民风，始逐渐混合矣。

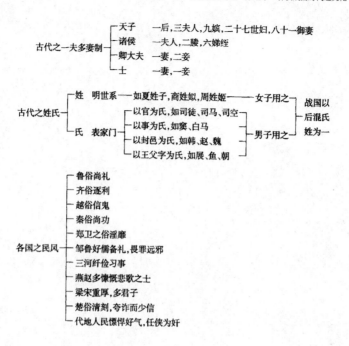

第二编　　中古史　　汉族全盛时代

第一期　秦汉时代

第一章

秦始皇之统一政策

第一节　秦始皇之内治

　　封建制度盛于周初，至春秋时而破坏。春秋二百四十年间，被灭之国六十有五。及战国之末，只余七雄，各据一方，竞以实力相雄长，并吞小国，分设郡县。是为地方集权制度全盛时代。秦王政勃兴，并吞六国，统一中原。奋乾断，排舆论，从廷尉李斯议，废封建，分天下为三十六郡。郡置守、尉、监，分掌民政、军政、监政三大权。朝廷置丞相、太尉、御史大夫以总其成。于是地方集权制度，一变而为中央集权制度。王自以为德兼三皇，功过五帝，乃更号曰皇帝。是为中国有史以来君主尊号称为皇帝之始。自称曰朕，命为制，令为诏，除谥法，自称始皇帝。大修官室，以示天子之尊严。命李斯作小篆以统一中国文字。一法度衡石丈尺。收天下兵器，销以为钟镰金人，置官廷中。徙天下豪杰于咸阳，凡十二万户。屡次巡行诸郡，到处立石颂功德。一以示天子之尊严，一以察民间之情状，于是内政统一，中央对于地方，始收身使臂使指之效。顾自春秋战国以来，思想言论之自由，已成习惯。始皇之内政，过于专制武断，儒者群起而非难之。丞相李斯上言："五帝不相复，三代不相袭。今陛下创大业，建万世之功，固非愚儒所知。今诸生不师今而学古，以非当世，惑乱黔首。人闻令下，则各以其学议之。入则心非，出则巷议。夸主以为名，异趣以为高，率群下以造谤。如此弗禁，则主势降乎上，党与成乎下。禁之便。臣请史官非秦记，皆烧之。非博士官所职，天下有藏诗书百家语者，皆诣守尉杂烧之。偶语诗书者弃市，以古非今者族。吏见知不举，与同罪。令下三十日不烧，黥为城旦。所不去者，医药卜筮种树之书。欲学法令者，以吏为师"云云。诏从其议。已而侯生卢生相与讥议始皇，因亡去。始皇大怒，使御史按问之。诸生传相告引。乃自除犯禁者四百六十余人，皆坑之咸阳。长子扶苏谏，始皇怒，使北监蒙恬军于上郡，是为焚书坑儒之祸。

第二节　秦始皇之外征

内地既平，遂思攘外。当时匈奴据有漠南漠北，势力强大，日思南下。不制服之，将演成春秋时代戎狄猾夏之活剧。始皇乃思厚集兵力以制服之。然将欲北征，必先统一南方各族，绝后顾之患。二十五年，先遣王翦乘灭楚之威，进兵定江南。降百越君长，置会稽郡以治之。于是浙东、浙西地皆内属。三十三年，发诸尝逋亡人及赘婿、贾人为兵，略取南越陆梁地。置桂林、南海、象郡。以谪徙民五十万戍之。于是广东、广西全土及越南北部皆内属。南方既平，遂整军北伐。三十二年，自将巡北边，遣将军蒙恬率师三十万伐匈奴。三十三年，败其兵，斥逐匈奴，收河南地（即河套，今绥远省鄂尔多斯旗）为四十四县。因战国时代秦、赵、燕所筑长城之旧址增筑之。西起临洮（今甘肃兰山道岷县，即故巩昌府岷州），东至辽东（今辽宁辽沈道辽阳县，即故辽阳州），延袤万余里，暴师于外十余年。虽劳民伤财，为世诟病，然北方藩篱，自此始固。帝国版图，扩张至禹域以外。东亚空前之大帝国成立。

第三节　秦始皇之神仙思想

以上所举始皇之内政外交，颇流于残忍刻薄，诚为君子所不取。顾以一国之大政治家，欲统一历来积久涣散之社会人心，使之归于一致时，实亦出于不得已。儒家万事师古，始皇以法治天下，其思想与儒家学说不相容也。万里长城之大工程，劳师费财十余年，害在目前，利在百世，非专制之君主不为功。儒家治国，主张节用爱人，不能有此大举动也。顾始皇在位久，政治上压制太甚，思想界之自由全失。故自秦以后迄于近代，我国思想界忽然停滞。汉以后之文化，皆胚胎于先秦，间以外来之文化润色之，新发生之文化绝无，不得不归咎于始皇也。儒教既受压制，阴阳五行家学说乃流行。《山海经》《穆天子传》等神话式的历史地理书逐渐出现。始皇亦人也，不能无宗教思想。既排斥浅近易行之儒教学说，乃驰心于荒渺无稽之神仙怪诞议论，于是封泰山，禅梁父，数遣人入海，寻三神山，求神仙及长生不死之药。一时语怪之方士纷至沓来，阴阳五行家学说异常发达。顾求之愈殷者，得之愈困难。荏苒十年，求神仙之使节，多鱼沉雁渺，羁留绝域不复返，长生不死之药卒不可得，而始皇乃羸然病矣。三十七年（西历纪元前二一〇年），东巡狩，还崩于沙丘（台名，纣所筑，在今大名道即故顺德府平乡县东北）。始皇生前不立太子，至是相续问题起，秦乃大乱。

秦代诸郡表

郡　　名	今地释要
内史	陕西中部
三川	河南黄河两岸各地
河东	山西西南部
上党	山西东南部
太原	山西中部
代	山西东北部及河北蔚县附近一带
雁门	山西西北部
云中	察哈尔西南部，绥远东部

郡　名	今地释要
九原	绥远中部
上郡	陕西北部
北地	甘肃东北部
陇西	甘肃东南部
颍川	河南中部，南部
南阳	河南西南部，湖北北部
砀	河南东部，山东西南部，江苏西北部，安徽北部
邯郸	河南北部及河北西南之一部
上谷	河北西部，中部
钜鹿	河北西南部
渔阳	河北旧京兆
右北平	河北东北部，热河南部
辽西	热河东南部，辽宁西南部
辽东	辽宁东南部
东河	河北南部，山东西北部
齐	山东东部及东北部
薛	山东南部，江苏东北部
琅玡	山东东南部
泗水	江苏北部安徽东北部
汉中	陕西西南部，湖北西北部
巴	四川东部
蜀	四川中部
九江	江苏安徽江北一带及江西境内之地
鄣	江苏西南部，安徽东南部，浙江西北部
会稽	江苏东南部及浙江东部南部各地
南	湖北东部南部
长沙	湖南东半部及广东一部
黔中	湖南西半部
闽中	福建全境

郡 名	今地释要
南海	广东全境除西南部外皆是
桂林	广西全境
象	广东西南部及安南北部

秦代官制表

名 称	职 权
丞相	总理行政事务
太尉	总理全国军政
御史大夫	言论及纠察之事
奉常	祭祀
郎中令	宫殿掖门
治粟内史	钱谷出入
卫尉	门卫屯兵
宗正	皇族宗籍等事
廷尉	刑法狱讼
典客	宾客之事
太仆	舆马服御
少府	山泽租税
博士	撰述
将作少府	营造
将行	统率宦官及宫内后妃之事
郡守	一郡之政其下有尉监等属官
县令	一县之政其下有尉丞等属官

秦代刑制表

（一）谪治	（二）弃市	（三）族	（四）坑
（五）戮	（六）矾（陟格即音䏼、同磔、裂也开也）	（七）黥为城旦	（八）相坐收族
（九）搒掠	（十）具五刑	（十一）腰斩	（十二）夷三族

秦代文字表

体类	作　用
大篆	用之简册
小篆	用之简册
刻符	用之符传
摹印	用之印玺
虫书	用之幡信
署门	用之封检题字
殳书	用之铭一切兵器
隶书	施之徒隶

阿房宫表

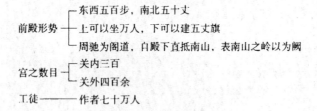

前殿形势 ┬ 东西五百步，南北五十丈
　　　　 ├ 上可以坐万人，下可以建五丈旗
　　　　 └ 周驰为阁道，白殿下直抵南山，表南山之岭以为阙

宫之数目 ┬ 关内三百
　　　　 └ 关外四百余

工徒 ─── 作者七十万人

秦始皇事略表

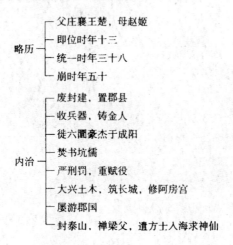

略历 ┬ 父庄襄王楚，母赵姬
　　 ├ 即位时年十三
　　 ├ 统一时年三十八
　　 └ 崩时年五十

内治 ┬ 废封建，置郡县
　　 ├ 收兵器，铸金人
　　 ├ 徙六国豪杰于咸阳
　　 ├ 焚书坑儒
　　 ├ 严刑罚，重赋役
　　 ├ 大兴土木，筑长城，修阿房宫
　　 ├ 屡游郡国
　　 └ 封泰山，禅梁父，遣方士入海求神仙

外征 ┬ 北伐匈奴，筑长城
　　 └ 南降百越，置四郡

第二章

秦之衰亡

　　自来创业之主，贵乎英断；守成之主，贵乎仁慈。故文武之后，继以成康，周之基础始固。高帝之后，继以文景，汉之大业乃兴。盖丧乱之余，民生凋敝，非慈祥恺悌之君主，不能休养生息，与民更始也。始皇帝以雄武之姿，席累世之业并吞六国，行武断政治者十余年。其间干戈未尽息，创痍未尽复，教育未普及，实业未振兴，民生之凋敝如故，元气之摧残如故。虽法严令行，国内整齐划一；顾民畏其威，不怀其德，仇视始皇者日益增加。始皇二十九年，帝东游，至阳武（秦县名，今属河南河北道），韩人张良与力士狙击帝于博浪沙（在阳武县东），误中副车，始皇幸免。顾天下之仇始皇者何限，其欲得而甘心者何限。嗣位之君主，正宜大施仁政，删除苛法，休兵息民，以怀天下。庶几民望未尽去，宗社犹可保也。二世昏庸，虑不及此，为奸臣所愚弄。身死家奴手，国随以灭，可慨也。兹述其事迹如下。

第一节　二世之昏庸　群雄之蜂起

先是始皇长子扶苏贤，因谏坑儒故，与始皇意见相左，出监蒙恬军于上郡。始皇病笃，遗诏命扶苏会葬咸阳。始皇崩，宦者赵高，故得幸于少子胡亥，又与蒙氏有隙。乃密与丞相李斯谋，矫诏立胡亥为太子，赐扶苏、蒙恬死。还至咸阳，胡亥袭位，大行杀僇，兄弟姊妹死者数十人。葬始皇帝于骊山下，后宫无子者皆令从死，治陵之工匠皆生闭墓中。又大修宫室，盘游无度，天下骚动。于是阳城（在今安徽淮泗道宿县，即故凤阳府宿州南）人陈胜、阳夏（今河南开封道，即故陈州府太康县）人吴广起兵于蕲（今江苏徐海道即故徐州府丰县），诈称公子扶苏及故楚将项燕以号召天下，是为民间起兵叛秦之始。行略地，下陈（今河南开封道淮阳县），胜自立为楚王，都于陈，以吴广为假王，监诸将击荥阳（今河南开封道，荥阳县），分遣诸将徇赵魏。郡县苦秦苛法者，争杀长吏以应之。于是沛（今江苏徐海道，即故徐州府沛县）人刘邦起兵于沛，自立为沛公；故楚将项燕之子梁及梁兄子籍起兵于吴（今江苏苏常道）。豪杰蜂起以应楚，秦军屡败。二世以少府章邯为将，赦骊山徒，东向以击楚，屡败楚军，楚王胜为其下所杀。项梁引兵渡江北伐，胜故部将及刘邦等皆以兵附之。梁用居鄛（今安徽安庆道，即故庐州府巢县）人范增计，立故楚怀王孙心为楚怀王以收民望。

第二节　钜鹿之战

当是时，楚将周市略定魏地，立魏公子咎为魏王。楚将张耳、陈余略定赵地，立故赵王后歇为赵王。赵将韩广略定燕地，自立为燕王。齐人田儋起兵，自立为齐王。楚人秦嘉起兵于朐（今江苏徐海道东海县，即故海州），立景驹为楚王。大河南北，群雄并起。独项梁地最广，兵最强。击秦嘉、景驹，杀之。既立楚怀王孙心为楚王，复从韩人张良计，立韩公子成为韩王，西略韩地，往来为游兵于颍川，自树党，为秦树敌。秦将章邯引兵东下，大破齐、楚、魏联军于临济（在今河南开封道陈留县境内）。齐王儋、魏王咎及周市皆败死，复破楚军于定陶（今山东济宁道，即故曹州府定陶县），项梁亦败死，楚王心徙都彭城（今江苏徐海道铜山县，即故徐州府）。邯以楚兵为不足忧，乃北击赵。破邯郸（今河北大名道邯郸县），赵王歇走钜鹿（今河北大名道，即故顺德府钜鹿县），邯进兵围之。赵数请救于楚，楚王心以宋义为上将军，项籍为次将，范增为末将，大发兵救赵。宋义引兵至安阳（在今山东济宁道，即故曹州府曹县境），留四十六日不进，日置酒高会。天寒大雨，士卒冻饥。项籍固请急救赵，义不听。籍怒，因晨朝义，即其帐中斩之。下令军中，诬义与齐谋反。自立为上将军，率师救赵。

当是时，钜鹿兵少食尽。赵将陈馀、张敖，齐将田都，燕将臧荼等，皆引兵救钜鹿。惮秦兵强不敢进，钜鹿旦暮且破。项籍既杀宋义，乃使蒲将军将二万人渡河。绝秦饷道。复自将全军渡河。沉船破甑，烧庐舍，持三日粮，以示士卒必死无还心。与秦军遇，九战皆破之。虏其将王离，章邯走。时诸侯军救钜鹿者十余壁，莫敢纵兵。及楚击秦，皆从壁上观楚战。士卒无不一当十，呼声动天地，观者人人惴恐。既破秦军，诸侯将入辕门，膝行而前，莫敢仰视。籍由是始为诸侯上将军，诸侯兵皆属焉。

第三节　沛公入关

当是时，宦官赵高专政。赞杀右丞相冯去疾、左丞相李斯，自为中丞相。二世深拱禁中，凡事听高播弄，凌侮诸将，诸将嫉之。章邯既败，退屯棘原（在今钜鹿县南境），与项籍相拒。邯军屡败，二世使人让邯。邯恐，使长史欣请事，留司马门三日，赵高不见。欣恐，走还报邯。陈馀亦遗邯书劝降。邯狐疑未决，籍复大破其兵。邯乃请降，籍与盟于洹水（在今河南河北道安阳县境内）上，立以为雍王，置楚军中。而使欣将其军为前行，渡河西上。

先是楚王心与诸将约，先入定关中者王之。时秦兵尚强，诸将莫利先入关。独项籍怨秦，奋力愿与沛公西。诸将皆以籍慓悍猾贼，所过无不残灭，不如更遣长者，扶义而西。沛公素宽大，可遣。王既遣宋义发大军救赵，复遣沛公收散卒伐秦。沛公由南路进兵，所过之处，秋毫不犯。至昌邑（故城在今山东济宁道，即故兖州府金乡县西南十里），邑人彭越以兵从。过高阳（今河南开封道杞县西境），邑人辩士郦食其从。说陈留（今河南开封道陈留县），下之。遂攻颍川，略南阳，沿路多降。遂入武关（关名，在今陕西关中道商县，即故商州东）。

当是时，赵高专政已久，数言关东盗无能为，以荧惑二世，二世信之。沛公已入武关，二世使责让高，高惧，乃与其婿咸阳令阎乐谋，诈为有大贼，召吏发卒。使乐将之入望夷宫（建临泾水以望北夷为名，在今陕西关中道，即故西安府泾阳县东南八十里），弑二世，立其兄子子婴为秦王。子婴称疾不朝，高自往请之，子婴遂刺杀高，族其家。会沛公已破峣关（今蓝田关，在陕西关中道，即故西安府蓝田县东南九十八里），屯兵霸（水名，在陕西长安县城东三十里）上。子婴素车白马，系颈以组，封皇帝玺符节降轵道（亭名。在今长安县城东十三里）旁，沛公遂入咸阳。从部将樊哙、谋臣张良议，还军霸上。悉除秦苛法，与民约法三章，秦民大悦。计二世立三年而被弑，又逾月而秦亡。自襄公建国至是，凡五百六十四年（西历纪元前七七〇至二〇七）。自始皇一统至是，凡十五年（二二一至二〇七）。

第三章

楚汉之争

第一节　项籍之专横

诸侯之起兵也，独楚地最广，兵最强。楚王心既遣宋义救赵，复遣沛公灭秦。天下大势，将有折而入于楚之势。项籍自以身为楚国世将，其祖父燕为殉国烈士，其叔父梁为创业元勋，楚王心又为其家所立，有专制天下之意。既降章邯，遂引兵西。所属诸侯吏卒与秦降兵有宿隙，至是乘胜折辱降兵。降兵多窃有怨言，籍恐众心不服，入关必危，至新安（今河南河洛道，即故河南府新安县），夜引楚兵击秦降兵二十余万人，悉坑之新安城南。行略定秦地，遂至函谷关。

初，沛公之还军霸上也，或说以急遣兵守函谷关（在今河南河洛道灵宝县城西），无纳诸侯兵，沛公从之。项籍既至函谷关，见有兵守关，不得入。又闻沛公已破咸阳，大怒，攻破函谷关。进至戏（水名，在今陕西关中道临潼县东，源出骊山下，流入渭水）西，飨士卒，欲击沛公。时籍兵四十万在鸿门（亭名，在今关中道即故西安府临潼县东十七里），沛公兵十万在霸上。范增说籍急击沛公，籍季父项伯与张良善，夜驰告之，欲与俱去。良要伯见沛公，沛公奉卮酒为寿，约为婚姻，使伯以"遣兵守关，以备他盗"为辞代谢籍。伯从之。旦日，沛公从百余骑往谢籍。因留饮，范增数劝籍杀沛公，籍不忍。公脱身独骑还霸上，留张良使谢籍。籍遂引兵西，屠咸阳，杀秦降王子婴。烧宫室，掘始皇帝冢，收宝货妇女，大掠而东，秦民大失望。韩生说籍以"关中阻山带河，四塞之地，肥饶可都以霸"。籍见秦残破，又思东归，竟不能从。

先是始皇焚书，民间书籍虽销毁，政府书籍无恙也。沛公入咸阳，诸将皆争取金帛财物，从事萧何独先入丞相府，收图籍，以此得具知天下厄塞户口多少强弱之处。惟政府之书籍无人过问。至项籍焚咸阳，火三月不灭，帝室图书馆同时付之一炬。古来珍藏之天府秘籍与民间流行之通俗书卷，一概化为乌有。中国上古文明，一时中断。后之考古者，仅于焚余之残编断简中，拾取一二，作为金科玉律。可胜叹哉。

当是时，项籍兵最强，诸侯兵皆属，有帝制自为之意。嫉沛公之得人心，不欲使之王关中。其初入关也，使人致命楚王心。王曰："如约。"籍怒。灭秦之翌年（汉王元年，西历纪元前二〇六年）正月，阳尊王为义帝，徙之江南，都郴（今湖南衡阳道彬县，即故彬州）。使其党吴芮、黥布、共敖等，击杀之于江中。是年二月，籍自立为西楚霸王。王梁楚地九郡，都彭城。于是义帝起兵时旧根据地为籍所有。立沛公为汉王，王巴、蜀、汉中，都南郑（今陕西汉中道南郑县），而三分秦地。王秦降将章邯、司马欣、董翳，以距塞汉路。复徙各国故王于僻远地，而立己所亲信及诸侯部将之从己入关者于善地以代之。于是人心不平，争欲背籍。汉王以项籍负约，怒欲攻之，纳萧何谏，乃止。是年四月，诸侯罢兵就国。汉王赴南郑，以萧何为丞相。

第二节　汉兵之东下

当是时，昌邑人彭越在钜野（今山东济宁道钜野县），有众万余人，无所属。齐田荣愤项籍封建之不公，与越将军印，使击西楚军。大破之。是为诸侯背籍之始。是年八月，汉王用萧何言，以淮阴（故城在今江苏淮阳道淮安县城西四十里）人韩信为大将，还定三秦。章邯逆战，败走废丘（故城在今陕西关中道兴平县东南十里）。司马欣、董翳降。关中悉定。

当是时，项籍自将击田荣。张良遗籍书，谓"汉王失职，如约即止，不敢东"，故籍不以汉为意。汉王得以其间略定河南、河北。至洛阳，从新城三老董公言，为义帝发丧。告诸侯讨项籍，于是诸侯响应。次年四月，汉王率五诸侯兵，凡五十六万人伐楚。彭越以兵属汉，汉以越为魏相国，使西略梁地。王自将乘虚袭破彭城，收其宝货美人，日置酒高会。会籍已击破田荣，自以精兵三万，还袭汉军，大破之。汉王走荥阳，筑甬道属之河，取敖仓（秦置太仓于敖山，故以为名。在今河南开封道河阴县西北二十里）粟为军食以拒楚。命萧何守关中，立宗庙社稷。何调兵给军，未尝乏绝。复从张良议，遣随何使九江（今安徽淮泗道寿县，即故凤阳府寿州一带地），说九江王英布叛楚归汉。拜韩信为左丞相，北渡河，伐魏（时都平阳，在今山西河东道），虏王豹，遂出井陉（今河北保定道井陉县）击赵。背绵蔓水（在今保定道井陉县南门外）为阵，大破赵军，虏王歇，斩代王陈余，遣使下燕。于是现在河北、山西等地皆于汉。

汉王自将屯荥阳，与楚相拒经年。楚数侵夺汉甬道，汉军乏食。楚围荥阳甚急，汉将军纪信伪为汉王装，乘王车，出东门以诳楚，楚人杀之。汉王得以其间微服出西门，走入关。收兵复东，出武关，军宛（今河南汝阳道南阳县）、叶（今汝阳道叶县），与黥布行收兵。项籍引兵南下，汉坚壁不与战。会彭越袭下邳（今江苏徐海道邳县），大破楚军，杀其将薛公。项籍引兵还救，汉王复军成皋（今河南开封道汜水县）。

已而籍破彭越，还攻荥阳及成皋，皆下之。汉王走渡河，至小修武（今河南河北道，即故怀庆府修武县东四里），驰入韩信营，夺其军，于是军势复大振。使韩信收赵兵之未发者东击齐。又从郎中郑忠议，深沟高垒，不与楚战。使刘贾、卢绾渡白马津（在今河南河北道延津县），入楚地，佐彭越烧楚积聚。越下梁十七城，籍还击越，破走之。汉王乘势渡河，复取成皋。军广武（山名，在今河南河阴县北。东连荥泽，西接汜水，有二城。西城汉所筑，东城楚所筑），就敖仓粟以拒楚。

当是时，韩信已破齐兵，齐求救于楚。楚使大将龙且，将兵二十万救齐，与汉军夹潍水而阵。信囊沙壅水上流，诱楚军半渡而击之，大破楚军，杀龙且，虏齐王广，悉定齐地。于是现今山东等地皆入于汉。汉立信为齐王，征其兵击楚。项籍大惧，使武涉说信，欲与连和，三分天下。信不听。

第三节 垓下之战

当是时，彭越将游兵居梁地，往来侵夺楚馈道，烧其积聚，楚军乏食。齐王信复将兵南下，虎视楚之北境。汉立黥布为淮南王，使南袭九江，绝楚后路。项籍军广武，自知少助食尽，乃与汉约，中分天下。鸿沟（水名，在今河南开封道河阴县东）以西为汉，以东为楚，解而东归。汉王欲西归，张良、陈平固谏，王乃自将追项籍。至固陵（在今河南开封道淮阳县，即故陈州府淮宁县西北），与韩信、彭越期会击楚。不至，楚击汉军，大破之。汉王复入壁，深堑而守。用张良议，许以楚封信，魏封越。遣使召之，信、越皆引兵来会。汉遣使诱楚大司马周殷，殷举九江兵叛楚。迎黥布，与汉王及信越兵会，围项籍于垓下（今安徽淮泗道，即故凤阳府灵璧县东南垓下聚）。韩信自将大军以击楚，大破其兵。项籍走乌江（今安徽安庆道和县，即故和州乌江浦），自杀。楚地悉定。时汉王五年，西历纪元前二〇二年，秦亡后之第五年也。

计刘项兴亡之原因如下：

第一，汉王出身微贱，久经患难，备尝艰苦，通达世事人情，有笼络人才手段，驾驭群雄能力；项籍起家贵族，年少性暴，不知世故，无将将之能力。仅一范增犹不能用，故卒无成功

第二，汉之根据地在陕西，据山河形胜，东向以临天下，其势易。项籍之根据地在江北，据长淮下流，西向以争天下，其势难

第三，汉王困守荥阳、成皋间数年，而其偏师已略定河北、山东，收各处兵马，由西、南、北三方面合击楚。项籍围攻荥阳、成皋数年，而其根据地数为彭越所袭击，猛将劲卒多战殁，诸将多叛。籍数数回救，疲于奔命

第四，汉据荥阳，取敖仓粟以给军，故粮足而军气壮。楚之积

聚数被彭越焚掠，故粮乏而士苦饥

第五，项籍弑义帝，天下所共愤。汉王为义帝讨项籍，群情之所归。

此外若汉王宽厚，民心趋向，项籍骄暴，民心厌恶等节，又事之彰明较著，无俟赘言者也。

项籍分封各国表

古国地	古国	名人	得封原因	都邑	今地
秦	汉	刘邦	先入关	南郑	陕西南郑县
	雍	章邯	降项籍	废邱	陕西兴平县
	翟	董翳	劝章邯降项籍	高奴	陕西鄜县
	塞	司马欣	旧有德于项梁	栎阳	陕西临潼县
魏	西魏	豹	旧国新徙	平阳	山西临汾县
	殷	司马卬	赵将取河内有功	朝歌	河南沁阳县
韩	韩	成	旧国	阳翟	河南禹县
	河南	申阳	先下河南迎楚	洛阳	河南洛阳县
赵	代	歇	旧国新徙	代	河北蔚县
	常山	张耳	为赵相从入关	襄国	河北邢台县
燕	辽东	韩广	旧国新徙	无终	河北玉田县
	燕	臧荼	燕将从楚救赵入关	蓟	河北蓟县
齐	齐	田都	齐将从楚救赵入关	临淄	山东临淄县
	胶东	田市	旧国新徙	即墨	山东即墨县
	济北	田安	王建孙下济北引兵隆楚	博阳	山东泰安县
楚	九江	英布	为楚将常冠军		安徽六安县
	衡山	吴芮	率百越佐诸侯从入关	邾	湖北黄冈县
	临江	共敖	为柱国击南郡功多	江陵	湖北江陵县

汉王三困于楚表

一、汉王二年四月，王率五诸侯兵五十六万人入彭越，日置酒高会，项羽还破汉军，睢水为之不流。
二、汉王三年五月，项羽围荥阳益急，将军记信伪为汉王降楚，王微服出西门，走入关。
三、汉王三年六月，楚破彭越还，拔荥阳及成皋。汉王走渡河。

楚汉比较表

西楚霸王项籍	汉高帝
一、少年时，学书剑皆不成	一、为亭长时，好酒及色
二、观始皇帝东游，曰：彼可取而代也	二、见始皇帝威严，曰：嗟乎！大丈夫当如是也
三、性强悍，善战	三、性豁达，善将将
四、性残忍，好杀，坑秦降卒二十万，屠咸阳，杀秦降王子婴，烧秦宫室，掘始皇帝冢，收宝货妇女而东	四、性宽厚，尚权术，优礼秦降王子婴，除秦苛法，与秦民约法三章，还军霸上，财帛无所取，妇女无所幸
五、遣部将杀义帝，负弑君之恶名	五、为义帝发丧，告诸侯讨项籍，动天下之公愤
六、有一范增而不能用	六、以张良陈平为谋主
七、彭越略梁地，积聚尽被烧	七、萧何守关中，兵饷得无乏
八、英布在九江，叛楚归汉	八、韩信下河北，灭齐制楚
九、都彭城不能制西北，故一败而失天下	九、都关中，可以制东南，故一胜而得天下

第四章

汉初之封建问题

封建制度之流弊，至东周末年达于极点，秦始皇一旦扩清之。及其衰也，天子孤立于上，亲贵束手于下。强臣专权，敢于弑逆；暴民作乱，颠覆政府，其流弊与封建制度亦约略相当。

汉兴，折衷于封建制度与郡县制度之间，实行郡国制度。天子都长安，自有三河（河南、河东、河内三郡）、东郡、颍川、南阳，北自云中，西至陇西，凡十五郡（陇西、北地、上郡、云中、河东、河南、河内、东郡、颍川、南阳、南郡、汉中、巴郡、蜀郡、内史），而其余以分封同姓。大者跨州带郡，连城数十，置百官宫殿，势力雄厚，侔于天子，将以使之藩卫国家，维持中央政府势力于不坠也。其终也尾大不掉，强诸侯事事与中央为难，中央无力驾驭之。新进之书生起而议改革，激而成七国之变。周亚夫以名将知兵，击灭七国。朝廷用推恩子弟策，削减诸侯势力。及诸侯衰而外戚兴，政柄入于外戚之手，同姓诸侯无力补救，汉室遂鼎革矣。兹略述其事迹如下。

第一节　汉初封建之由来

汉王起丰沛，八年而成帝业，遂以汉为有天下之号，受诸侯推戴，即皇帝位，是为太祖高皇帝。罢兵归农，以安百姓。用娄敬言，西都关中，据山河形胜以临天下。用张良言，先封雍齿为什方侯，以安诸将之心。令博士叔孙通起朝仪，以维持天子之尊严。置丞相、太尉、御史大夫，总理民政、军政、监政三大权。内官大抵仍秦制，于是大局粗定。顾是时有两大问题起，一曰对强诸侯处置问题，一曰对匈奴防御问题。

初，楚汉之战争也，高帝用韩信等诸将力，击灭项籍。项籍未灭之时，诸将多已封王。及项籍已亡，天下粗定。诸将韩信、彭越、英布、卢绾，故王臧荼、张耳、吴芮、无诸、韩王信等，或以战功故，或以旧爵故，皆得分茅裂土，锡封大国。高帝深谋远虑，以为天下已定，诸将多拥重兵，据广土，与中央对峙，非长治久安之计，乃用狠毒手段，不五六年，除长沙、闽越外，悉剪灭之。其间或废，或杀，或族诛。因其人智略之大小，政府对于其人疑忌之深浅而定，不以罪也。在内之大臣，若萧何、樊哙等，亦数以谗，几危其身。盖专制君主，欲私有天下，不得不自贪土地。自贪土地，不得不废诸侯。诸侯废国内始能统一。其残酷刻薄忍于杀戮者，盖为统一内政而然，非有恶于其人也。高帝深思远虑，知秦之失国，以自剪羽翼而成。于是一方面剪除异姓之诸侯，一方面大封同姓之诸侯。灭项籍之翌年，立从兄贾为荆王（王淮东五十三县），弟交为楚王（王薛郡、东海、彭城三十六县），兄喜为代王（王云中、雁门、代郡五十三县），子肥为齐王（王胶东、胶西、临淄、济北、博阳、城阳郡七十三县）。其后代王喜因匈奴入寇、荆王贾因英布作乱，相继失国。复立子如意为赵王，恒为代王，恢为梁王，友为淮阳王，长为淮南王，建为燕王，兄子濞为吴王。刘氏子弟遍布要地，凡为王者九国。内以防贵戚重臣之跋扈，外以防草泽英雄之横行。用意不可谓不深，然而异日祸机伏于是矣。

第二节 吕氏之乱

高帝在位七年崩,太子盈即位,是为孝惠皇帝。母后吕氏专政。吕氏者,高帝微时糟糠之妻。性强毅果决,勇于杀戮。韩信、彭越之死,皆其所主张,帝严惮之。惠帝仁厚柔弱,高帝嫌其不类己,数欲废之而立宠妾戚夫人所生之子赵王如意。惮吕后牵掣,未果。高帝崩,惠帝即位。诸将韩信、彭越等,先已诛夷。相国酂侯萧何、相国平阳侯曹参及留侯张良等,亦相继去世。老成凋谢,辅佐无人。惠帝仁弱,受制于母后,不能有所作为。吕后追念旧怨,毒杀赵王如意,残杀戚夫人,惨酷非人道。惠帝在位七年崩,太后拥立惠帝庶子为主,临朝称制,益肆无忌惮,为所欲为。命兄子吕台、吕产将南北军。于是兵权归于吕氏。寻欲立诸吕为王。右丞相王陵固争,不听,左迁陵为帝太傅。自此大权归于吕氏,大臣无敢抗者。复以吕氏诸女配刘氏诸王。诸女多骄横,高帝皇子赵王友、赵王恢及燕王建之子等,皆以开罪于夫人故,不得令终。于是刘吕之间,渐生嫌隙。太后在位八年崩,遗诏以吕产为相国,吕禄为上将军,分将南北军,专国政。是时齐王襄(齐王肥子)之弟朱虚侯章、东牟侯兴居,皆入宿卫。章娶禄女为妇,知吕氏欲为变,乃遣使告襄,令发兵西,己为内应,以诛诸吕。襄从之,遗诸侯王书,声吕氏罪致讨。产使大将军灌婴将兵击齐,婴留屯荥阳,与齐连和,以待吕氏之变。产闻警,欲作乱。丞相陈平、太尉周勃矫诏夺禄兵柄,命章率兵击产,杀之,遂尽灭诸吕。废吕后所立之少帝,迎立代王恒是为孝文皇帝。于是政权复归于刘氏。

初,吕氏之既诛也,诸大臣谋迎立新君。或言"齐王高帝长孙可立"。大臣皆谓"吕氏几危宗庙。今齐王舅驷钧,虎而冠。即立齐王,复为吕氏矣。代王高帝子最长,仁孝宽厚。太后家薄氏谨良"。乃召文帝。代诸臣多谓汉大臣习兵,多谋,愿称疾勿往,以观其变。中尉宋昌曰:"秦失其政,诸侯豪杰并起。卒践天子之位者,刘氏也。天下绝望,一矣。高帝封王子弟地,犬牙相制,此所谓磐石之安也。天下服其强,二矣。汉兴,除秦苛政,约法令,施德惠,人人自安,难动摇，三矣。夫以吕太后之严，立诸吕为三王，擅权专制，然而太尉以一节入北军，一呼士皆左袒，为刘氏叛诸吕，卒以灭之。此乃天授，非人力也。今大臣虽欲为变，百姓弗为使。内有朱虚、东牟之亲；外畏吴、楚、淮南、琅玡、齐、代之强。方今高帝子，独淮南王与大王。大王又长，贤圣仁孝，闻于天下。故大臣因天下之心而迎立大王。大王勿疑也。"文帝从之，遂应召，赴长安，即帝位。吕氏之乱，卒抵于治安者，封建制度之力也。

第三节　济北王兴居之乱

文帝即位，拜宋昌为卫将军，主兵柄。以俭约率天下，除历来苛法（收拿相坐令诽谤妖言法及肉刑）以恤刑。定振穷养老之令以周济无告者。亲耕籍田以提倡实业。屡减免田租，弛省费，以苏民困。举贤良方正直言极谏之士，以延揽人才。一时司法大臣，若吴公、张释之辈，皆能持平守法，为有汉一代循吏。纳贾谊之言，遇大臣以礼，养庶僚有节，此后人人自爱。大臣有罪，皆自杀，不受刑。于是士风丕变。高帝以来箕踞谩骂养成之卑污苟贱习惯革除。在位二十三年间，内政修明，人民乐业。顾是时封建之弊端已兆，于是有济北王兴居之变。兴居者，高帝之孙，齐悼惠王肥之子，初封东牟侯。陈平、周勃诛诸吕时，兴居与其兄朱虚侯章皆有大功。大臣许以赵王章，以梁王兴居。文帝即位，闻二人初欲立其兄齐王襄，绌其功不录。割齐之二郡，立章为城阳王，兴居为济北王，兴居怏怏。文帝三年，闻匈奴入寇，帝幸太原，遂发兵反。帝遣大将军柴武将兵击之，兴居兵败自杀。

第四节　淮南王长之跋扈

淮南王长者，帝之异母弟。三年，入朝。以母怨故，杀辟阳侯审食其，帝伤其志为亲，赦弗治，袁盎固请加以制裁。不听，已而长益骄恣。出警入跸，拟于天子。自作法令行于其国。逐汉所置吏，又擅爵赏刑罚人。帝下诏切责之。长怨望，遂谋反。六年，发觉。废徙蜀，道死。梁王太傅贾谊知诸侯权太重，非长治久安之策，上疏劝帝削诸侯之权。其言曰："方今天下少安者何也？大国之王，幼弱未壮，汉所置之傅、相方握其事。数年之后，诸侯之王，大抵皆冠，血气方刚，汉之傅、相称病而赐罢。彼自丞尉以上，遍置私人。此时欲为治安，虽尧舜不治。（中略）欲天下之治安，莫若众建诸侯而少其力，力少则易使以义，国小则亡邪心。"帝嘉纳之。会齐王则（襄之子）薨，无子，诏分齐地。立悼惠王子六人为王（将闾为齐王、志为济北王、贤为菑川王、雄渠为胶东王、卬为胶西王、辟光为济南王）。复分淮南地，立厉王（长谥）子三人为王（安为淮南王，勃为衡山王，赐为庐江王）。于是齐与淮南国势皆削弱，而吴楚之势力如故。

第五节　七国之乱

已而文帝崩，太子启即位，是为孝景皇帝，景帝之为太子也。适吴太子入见，侍帝饮博。吴太子争道不恭，帝取博局击杀之，吴王濞怒，称疾不朝，始有反谋。太子家令晁错数上疏言吴罪可削，文帝弗忍，以是吴日益骄横。景帝即位，以错为御史大夫。错上疏曰："昔高帝初定天下，昆弟少，诸子弱，大封同姓。齐七十余城，楚四十余城，吴五十余城，封三庶孽，分天下半。今吴王前有太子之隙，诈称病不朝，于古法当诛。文帝弗忍，因赐几杖。德至厚，当改过自新。反益骄溢，即山铸钱，煮海水为盐，诱天下亡人谋作乱。今削之亦反，不削亦反；削之其反亟祸小，不削反迟祸大。"上从错议。于是楚王戊、赵王遂、胶西王卬，皆以有罪为错所弹劾，削地。廷臣方议削吴，吴王恐削地无已，因发谋举事。闻胶西王卬勇而好兵，使人说之反，发使约齐、菑川、胶东、济南，皆许诺。于是吴王濞、胶西王卬、胶东王雄渠、菑川王贤、济南王辟光、楚王戊、赵王遂以诛晁错为名，同时举兵反，齐王后悔，背约城守。胶西、胶东、菑川、济南共攻齐，围临淄。赵王遂引兵屯西境，遣使北约匈奴为援。吴王濞悉起兵二十余万，北渡淮，与胶东、胶西等国合兵西上，闽越、东越皆以兵从。帝信袁盎谗，杀晁错以谢七国。七国不奉诏。

初，文帝之在位也，从贾谊计，封少子武于梁。以扼东西咽喉。文帝且崩时，嘱景帝以"即后有缓急，周亚夫真可使将兵"。至是梁王武守睢阳（今河南开封道商丘县），扼吴楚西下之路。诏以周亚夫为太尉，将三十六将军，往击吴楚。曲周侯郦寄击赵，将军栾布击齐。拜窦婴为大将军，屯荥阳，为郦寄、栾布后援。吴楚悉兵围睢阳，梁王坚守不下，周亚夫用赵涉计，轻骑走蓝田，偷渡武关，直抵洛阳，吴楚大惊。梁数乞援，亚夫不应，进兵北屯昌邑，遣轻骑出淮泗口，绝吴楚兵后，塞其饷道。吴王攻亚夫营，亚夫坚壁不与战，吴楚士卒多饥死叛散，乃引去，亚夫追击，大破之。楚王戊自杀，吴王濞走东越（国名，在今浙江钱塘江南），越人杀之以谢汉，于是吴楚皆下。胶西、胶东、菑川、济南四国兵，久围临淄，不下。会栾布至，大破其兵，卬、雄渠、贤、辟光皆死。布旋师至赵，与郦寄合兵，攻破其城，遂亦死。七国之乱平。时景帝三年，西历纪元前一五四年也。

七国既平，景帝乃为思患预防计，抑损诸侯，减黜其官。梁王武以帝弟有功，王四十余城，居天下膏腴地，骄姿多不法。王薨。诏分梁地为五国，尽立其子五人为王（买为梁王，明为济川王，彭离为济东王，定为山阳王，不识为济阴王），于是梁势分，其余诸国亦多削弱。燕、代无北边之郡；吴、淮南、长沙无南边之郡；齐、赵、梁、楚之支郡，名山陂海，咸纳于汉，诸侯渐微。大国不过十余城，小侯不过数十里。而汉郡八九十杂居其间，犬牙相错，扼其要害。王国大臣，由汉廷派遣。诸侯唯衣食租税而已。

武帝即位，用主父偃计，令诸侯得推恩分子弟以地，诸侯皆喜从之，于是诸藩始分，子弟毕侯矣。其后淮南王安、衡山王赐谋反，事觉，自杀。诏收其地为郡县，作左官之律，仕诸侯者不能复仕王朝。于是人才多集于中央，诸侯之势益削弱矣。

景帝仁爱节俭，留心民事，省刑罚、薄税敛，能绍文帝之业。在位十七年间，民殷国富，史称文景之治。比于周之成康，非过誉也。顾帝天性稍刻薄，多疑忌，故太子临江王荣、故丞相条侯周亚夫，皆以微嫌，不得令终，为世所诟病焉。

汉初封建之乱表

一、高帝五年七月，燕王臧荼反，帝自将击虏之。
二、同六年九月，匈奴寇边，围马邑，韩王信叛，与连兵。七年，帝自将讨信，信及匈奴皆败走，帝追击之，被围平城，七日乃解。
三、十年九月，代相陈豨反，帝自将讨平之。
四、同十一年七月，淮南王英布反，帝自将讨平之。
五、同十二年十一月，燕王卢绾谋反，遣樊哙以相国将兵讨之。
六、文帝三年十一月，淮南王长来朝，杀辟阳侯审食其。
七、同年五月，济北王兴居反，遣大将军柴武击杀之。
八、同六年十月，淮南王长谋反，废徙蜀，道死。
九、景帝三年正月，吴王濞、胶西王卬、胶东王雄渠、菑川王贤、济南王辟光、楚王戊、赵王遂反，以条侯周亚夫为太尉，将兵讨平之。
十、景帝中二年九月，梁王武使刺客杀故太常袁盎。
十一、武帝元狩元年十月，淮南王安，衡山王赐谋反，自杀。

贾谊推恩策施行表

一、文帝十六年四月，齐王则薨，无子，诏分齐地，立悼惠王子六人为王。
二、文帝十六年四月，分淮南地，立厉王子三人为王。
三、景帝中六年四月，梁王武卒，分梁地，立其子五人为王。

晁错削藩策施行表

景帝初年，楚王戊、赵王遂有罪，削一郡，胶西王卬有罪，削六县，方欲削吴，吴王濞遂约胶西、胶东、菑川、济南同举兵反。

第五章

汉初之对外关系

汉初之封建问题，经七国之乱而解决。然对外问题如故也。对外问题之复杂，虽稍逊于封建问题，而困难过之。计自汉兴传国百有余年，经高、惠、文、景四代，朝廷所以宵旰忧勤，全国之智士谋臣，所以绞脑筋耗心血者，半为解决此问题而起。武帝有雄才大略，在位五十余年，用兵数十次，集全国之兵力财力，以从事于对外。于是对外问题解决，而汉室亦疲敝矣。兹述其概略于下。

第一节　汉与匈奴之关系

先是秦室盛时，北破蒙族之匈奴，略取河南地，南降苗族之百越，略取岭南地，一时中国疆域，西抵临洮、东至鸭绿江西岸、南尽交趾、北迄九原、云中，汉族势力骤膨胀，四夷之国皆辟易。及秦衰而匈奴兴，略取内外蒙古为根据地，进逼中国北境。汉楚战争时，其单于冒顿乘中国内乱，复取河南地，统一漠南漠北，数寇中国边境。韩王信叛，与连兵。高帝自将御之，败绩于平城（在今山西雁门道大同县城东五里)，被围白登（山名。上有台在平城东七里），七日乃解。是时中国当丧乱之余，民生凋敝，强诸侯跋扈，有割据之势，中央势力薄弱，未能集权，对于强大之匈奴，有不敌之势。高帝用娄敬言，实行和亲政策，卑礼厚币以事匈奴。惠帝、高后及文景二帝，皆踵行此种姑息政策，屡遣宗女下嫁异族，子女玉帛，唯其所欲，识者鄙之，然亦深谅其不得已也。顾匈奴之跋扈滋甚，屡侵略中国边境，北鄙骚然。代相国陈豨、燕王卢绾、济北王兴居、赵王遂等作乱，匈奴皆与之遥为声援，收纳中国亡人，使南下与汉室为敌，朝廷苦之。是时百越旧地，为南越、闽越、东瓯所分据，皆为半独立国，不直隶于汉。南越地广兵强，其王赵佗雄勇有智略。高后摄政时，与中国有隙，数寇长沙之边境。文帝即位，遣大中大夫陆贾说降之。然对于汉室，常取独立态度，不受约束也。内地之大诸侯，若齐，若吴，若楚，若赵，皆地广兵多，有半独立之势，朝廷常受各方面牵制，不敢以全力向匈奴，以故匈奴日益恣横。已而七国之乱平，中国内部统一，中央集权之理想见诸事实，朝廷之气一振。西历纪元前一四一年，景帝崩，太子彻即位，是为武帝。武帝英明刚断，知人善任，思雪历来国耻。拔卫青、霍去病于厮养中，拜为大将，前后击匈奴十余次，汉兵得利，匈奴远飏。复乘南越、闽越、东瓯内乱，遣兵击灭之。于是西江、闽江、瓯江流域皆内属。分兵下朝鲜，于是鸭绿江流域内属。遣使通西域诸国，于是天山南北路亦羁縻于中国。一时汉族势力，包围匈奴三面。昭宣之世，乘匈奴内乱，一举破之。于是匈奴遂降为属国，受汉室保护矣。其事迹始末，已见于拙著东洋史中。兹从略。

匈奴内情表

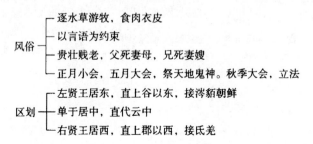

匈奴对汉之关系表

一、高帝时，冒顿单于势强，汉以家人子为公主，与冒顿和亲
二、文帝时，匈奴屡入寇，以宗室女为公主，妻老上单于
三、景帝时，匈奴与赵王遂通谋，遣宗女翁主婚军臣单于
四、武帝时，汉屡大举兵伐匈奴，伊稚斜单于远遁，漠南无王庭
五、昭帝时，壶衍鞮单于立，国内乖离
六、宣帝时，匈奴内乱，五单于争立，呼韩邪请降于汉
七、文帝时，西域副校尉陈汤击斩郅支单于。呼韩邪来朝，诏以后宫良家子王嫱妻之

汉武帝伐匈奴表

第一次	元光二年六月	西历纪元前一三三年	用大行王恢计，诱匈奴至马邑，伏兵邀之，无功而还
第二次	元光六年春	西历纪元前一二九年	匈奴寇上谷，遣车骑将军卫青等击郤之，是为匈奴受创之始
第三次	元朔二年春	西历纪元前一二七年	匈奴入寇，遣卫青等将兵击走之，遂取河南地，置朔方郡，北边始有险可守
第四次	元朔五年春	西历纪元前一二四年	匈奴寇朔方，遣卫青率六将军击走之，虏获甚众
第五次	元朔六年四月	西历纪元前一二三年	遣卫青率六将军出定襄，击匈奴，嫖姚校尉霍去病以功封冠军侯
第六次	元狩二年春	西历纪元前一二一年	以霍去病为骠骑将军，出陇西，击匈奴，败之。秋，匈奴浑邪王降，始得河西地，以断羌胡交通路
第七次	元狩四年夏	西历纪元前一一九年	卫青、霍去病分道出击匈奴，青至寘颜山，去病封狼居胥山而还。自此匈奴远遁，漠南无王庭
第八次	太初二年秋	西历纪元前一〇三年	遣将军赵破奴击匈奴，败没
第九次	天汉二年夏	西历纪元前九九年	遣将军李广利击匈奴，无功而还。骑都尉李陵将兵别从别道进，战败，降匈奴
第十次	天汉四年春	西历纪元前九七年	遣李广利击匈奴，不利，引还
第十一次	征和三年春	西历纪元前九〇年	遣李广利等将兵击匈奴，败之；复战，败续，遂降匈奴

第二节 汉与南越之关系

西江流域，旧为蛮夷巢窟。秦始皇定天下，始略取福建、广东、广西及安南北部，开郡置吏。秦亡，中原大乱，诸郡复乘隙离中国独立。汉初，两广、安南为南越所据，福建为闽越所据，浙东为东瓯所据，四川、南境及贵州、云南二省则为苗族诸小国所分据。各戴君主，不奉正朔。而南越地最广，兵最强，与汉为敌。高帝即位，因其故地，封为王爵以羁縻之，是为南越建国之始。

南越王赵佗者，真定（今河北保定道正定县）人，有大略。秦始皇时，略定岭南。置南海、桂林、象郡，徙谪戍民与粤人杂处，以佗为南海龙川（今广东潮循道即故惠州府龙川县）令。秦二世时，中原大乱，南海尉任嚣病且死，召佗，属以后事。并被佗书行南海尉事，嚣死，佗即移檄关隘，绝道聚兵。因稍以法诛秦吏，击并桂林象郡，自立为南粤武王。高帝既定中原，以天下初定，与民休息，不欲劳师远伐，乃立佗为南越王。使陆贾往授玺绶，与剖符通使，使和集百越，无为南边患害，佗称臣奉汉约。吕后时，有司请禁粤关市铁器，佗怒，遂反，自号为南越武帝，发兵攻长沙。吕后使隆虑侯周灶击之，会暑湿，士卒大疫，兵不能逾岭。佗因以兵威财物，赂遗闽越西瓯骆（今广西苍梧道郁林县地）役属焉。东西万余里，乘黄屋左纛，称制，与中国侔。文帝既立，以南越、滨海负山，地势险远，天气暑湿，不可以武力服，乃为佗亲冢在真定者置守邑，岁时奉祀，召其昆弟厚赐之；更命陆贾往，以书谕之。佗谢罪，去帝号，称臣如故。武帝时，南越王兴欲内属，比内诸侯，三岁一朝，除边关，用汉法，因治行装，欲奉其太后樛氏入朝。其相吕嘉为南越重臣，以樛氏淫乱，与汉使者安国少季通，乃称疾不见使者，数上书谏止兴入朝。樛氏惧，置酒召嘉，谋因宴会杀之。嘉恐，遂谋作乱。朝廷闻警，使韩千秋及樛氏弟乐将兵二千人入越境以诛嘉。嘉闻汉兵入境，遂弑王及太后，杀汉使者，更立兴兄建德为王，举兵反，伏兵袭杀千秋等，发兵守要害处。朝廷闻警，发楼船师十万，使路博德杨、仆等分兵五路伐之。仆击败越兵，嘉奉建德走入海，追获之。诏分其地，置南海（治番禺，今广东粤海道）、苍梧（治广信，今广西苍梧道旧梧州府）、**郁林**（治布山，今广西苍梧道旧浔州府及郁林直隶州）、**合浦**（治徐闻，今广东高雷道）、**交趾**（治赢楼，今法领越南河内附近北宁县）、**九真**（治胥浦，今法领越南东京附近清华县）、**日南**（治朱梧，今法领越南又安附近河靖县）、**珠崖**（今广东琼州岛北部）、**儋耳**（今广东琼州岛南部）等九郡。南越亡。自赵佗建国，传五世，九十三年而亡。现今广东、广西二省及法领越南北部皆入于汉。时武帝元鼎六年，西历纪元一一一年也。

第三节　汉与闽越及东瓯之关系

闽越王无诸、东海王摇，其先皆越王勾践之后，姓驺氏。周显王三十五年，越王无强伐楚，楚人大败之，尽取吴故地，东至浙江。越以此败，诸王族争立，或称王，或称君，滨于海上，而朝服于楚。于是无诸、摇先人，皆降为百越君长。秦兴，取其地置闽中郡，无诸、摇等皆废为平民。顾越之宗族，君临东南久，受人民崇拜，故仍为豪族。及诸侯叛秦，无诸、摇率其旧部落，归鄱阳令吴芮。从诸侯灭秦，有功，项籍分封天下，不与之爵，以故二人不附楚。汉楚战争时，无诸、摇率越人佐汉。高帝五年，楚亡，汉统一中国。论功，立无诸为闽越王，王闽中故地，都东冶（故城在今福建闽侯县冶山之麓），而摇仍为百越君长。惠帝三年，追论佐命旧功，立摇为东海王，都东瓯（今浙江瓯海道，即故温州府永嘉县）。是为闽越、东瓯建国之始。

景帝三年，七国作乱，吴王濞以淮南为根据地，招闽越、东瓯与共攻汉。闽越不从，东瓯从之。及吴王败，走渡淮，保丹徒（今江苏金陵道丹徒县），欲依东瓯以拒汉。东瓯受汉贿，杀吴王以谢罪以故得不问。吴王子驹亡走闽越，怨东瓯杀其父，常劝闽越击东瓯。武帝建元三年，闽越发兵围东瓯，东瓯食尽，困且降，乃使人告急于汉。武帝使中大夫庄助持节，发会稽兵，浮海救东瓯。未至，闽越解兵，东瓯请举国内徙。乃徙其众于江淮间，于是浙东地遂空。时建元三年，西历纪元前一三八年也。

闽越既北摧东瓯，复乘胜西攻南越。时南越王佗已卒，其孙胡在位。守天子约，不敢擅发兵，遣使告急于汉。武帝嘉其义，遣大行王恢为将军，出豫章，大司农韩安国为将军，出会稽，伐闽越以救南越。兵未逾岭，闽越王郢发兵拒险。其弟余善先与郢谋乱，至是畏汉兵威，恐己身及祸，乃与宗族谋杀郢。使使奉其头致王恢，恢乃以便宜案兵，告安国，而使使驰奏，诏罢兵。以无诸孙繇君丑始终不与乱谋，嘉其义，立丑为越繇王，与以闽越故地。使奉先王祀。余善既杀郢，威行全国，国民多属。窃自立为王，丑不能制，乃以上闻。武帝以余善疥癣之病，不足复劳师动众，乃以余善诛郢有功为名，立余善为东越王，与繇王分王闽越故地，东南事始定。时建元六年，西历纪元前一三五年也。

　　已而南越相吕嘉拒命，余善请以卒八千人，从楼船将军杨仆击南越，诏从之。兵至揭阳（今广东潮循道，即故潮州府揭阳县）以海风波为辞，逗遛不进。阴通使南越，持两端。南越亡后，杨仆请移师击东越，上以士卒劳倦，不许，令屯豫章梅岭（山名。在今豫南道，即故南昌府新建县西上有梅仙坛）以待命。余善闻汉兵临境，遂反，发兵拒汉道，以部将驺力等为吞汉将军，率师攻武林（地名。有武林山今浙江钱塘道等地）、白沙（地名。今浙江瓯海道即故温州府乐清县有白沙岭上有关为水陆要隘）、梅岭，败汉兵，杀三校尉，遂僭号，自称武帝。诏遣横海将军韩说、楼船将军杨仆、中尉王温舒及戈船、下濑两将军，分兵五路击东越。东越发兵拒险，败杨仆兵。故越衍侯吴阳前在汉，汉使归谕余善，余善不听。阳与越建成侯敖、繇王居股谋，共杀余善，以其众降汉。诏封居股等三人为侯。以闽地险阻，数反复，终为后世患，诏诸将悉徙其民于江淮间，遂虚其地，于是现今福建全省皆入于汉。时武帝元封元年，西历纪元前一〇年也。

第四节　汉与西南夷之关系

　　西南诸国形势，与东南诸国异。东南皆大国，西南皆小国。东南皆居国，西南多行国。东南各国君主皆汉族，有完全之政府，成为具体的国家。西南各国君主多蛮夷，概系部落酋长制度，不成为国家也。相传西南夷君长以十数，夜郎（今四川永宁道故叙州府宜宾、乐山二县及泸县界东南至贵州西边地）最大，其西靡莫之数以十数，滇（今云南滇中道，即故云南府附近）最大。自滇以北，君长以十数，邛都（今四川建昌道，即故宁远府附近）最大。皆椎结耕田，有邑聚。其外西自桐师以东，北至叶榆（泽名因以为部落号，即今洱海），名为嶲、昆明（二部皆在今云南迤西一带）。编发，随畜迁徙，无常处，无君长。地方可数千里。自嶲以东北，君长以十数，徙（音斯）、筰（音昨）、都（今四川建昌道，即故雅州府清溪县附近）最大。自筰以东北，君长以十数，冉駹（今四川西川道茂县即故茂州附近）最大，皆苗族也。其俗或土著，或移徙，在蜀之西。自冉駹以东北，君长以十数，白马最大，皆氐族也。惟滇之王室为汉族，滇在云南境内，有大泽，方三百里，名滇池（在今云南昆明县），因以泽名名其国。其旁平地肥饶，可数千里。滇王庄氏，楚之疏族。战国时代，楚威王（纪元前三三九年至三二九年）以庄蹻（楚庄王苗裔）为将军，将兵循江，上略巴（今四川东川道，即故重庆府附近）、黔中（今湖南武陵道，即故常德府及贵州东北部）以西，遂至今云南境内，略定滇池近傍诸部落。欲归报命，会威王薨，怀王立。秦将司马错灭蜀，乘势袭取楚之巴、黔中郡，归路阻绝。乃以其众王滇，变服从其俗以长之，是为滇国之始祖。其后秦遣兵略西南夷诸部，通五尺道，颇置吏焉。秦亡汉兴，弃西南诸部，而以蜀故徼为塞。于是西南诸部复沦于域外。巴蜀或窃出商贾，取其筰马、僰（蒲北切王制屏之远方西曰僰，西南夷部落名也）僮、髦牛之属，与中国土产交换。巴蜀以此殷富。是为汉初西南塞外之形势。

　　武帝时，使番阳（今江西鄱阳县）令唐蒙使南粤。访知南粤通蜀之道在夜郎，夜郎临群牁江（系船栈曰牂牁牂，庄蹻伐夜郎椓船于此而步战，既灭夜郎，以江有椓船柯处，因名。今名盘江，在广西），乃请武帝通夜郎。谓夜郎精兵可十余万，浮船牂牁，出其不意，为制粤一奇，帝从之。使蒙从筰关，（今四川建昌道清溪县）入见夜郎侯，厚赐之。谕以威德，约为置吏，夜郎侯听约，遂置犍为郡。邛、筰君长闻南夷得赏赐，多欲请吏，请为内臣。帝皆从之。后张骞使西域还，言："在大夏见邛竹杖及蜀布，知其市之身毒，身毒宜近蜀，且使大夏者，从羌中（今青海地）险。少北则为匈奴所得，不如由蜀经身毒市往为便。"乃使骞因蜀、犍为。发间使，四道并出，求身毒国。各行一二千里，终莫得通，于是始通滇国。昆明（在云南腾越道大理县地）不服，帝将伐之。闻其地有池甚大（即洱海），乃于近郊穿昆明池以习水师。南粤之叛也，帝使使发南夷（南夷国，今贵州平越县）兵。且兰君反，杀使者。南粤既灭，移师讨之，诛且兰君，遂平南夷为牂牁郡。夜郎侯入朝，帝以为夜郎王。西夷冉駹之属皆震恐，请臣置吏。乃以邛都为越巂郡，筰郡为沈黎郡，冉駹为汶上郡，广汉西白马为武都郡。

上乘灭越及征服西南夷之威，使王然于使滇，讽使其王入朝。滇大国，有众数万人。其东北境有劳深、靡莫（西南夷二国名，即今云南滇中道故曲靖府及姚州等地），皆同姓相扶，不肯入朝。劳深、靡莫数侵犯使者吏卒。元封二年（西历纪元前一〇九年），诏将军郭昌、中郎将卫广，发巴蜀兵击灭劳深、靡莫，以兵临滇。滇王恐，举国降，请置吏，入朝。诏以其地为益州郡（治滇池，今云南昆明县，即故云南府等地），赐滇王玉印，复长其民，于是云南东中北部皆入于汉。西南夷君长以百数，独滇及夜郎受王印，而滇最宠焉。

当是时汉灭两越，平西南夷，置初郡十七，威震塞外。欲遂通大夏，岁遣使十余辈，出此初郡，皆闭昆明，为所杀夺。元封六年（西历纪元一〇五年），赦京师亡命，遣拔胡将军郭昌将以击之，大破其兵，昆明终不下，后复遣使，竟不得通。于是汉廷政治上统辖范围，西南至益州郡为界，不复西矣。

第五节　汉与朝鲜之关系

朝鲜建国在周时。相传为殷太师箕子之后，殷亡，箕子耻臣周室，率国人五千避地朝鲜，遂君临其地。战国时，始与燕人接触；秦时，为辽东外徼。汉兴，修辽东故塞，与朝鲜以浿水（今鸭绿江）为界。燕王卢绾叛入匈奴，燕人卫满亡命，聚党东走出塞，渡浿水，袭破朝鲜，逐其王箕准而代之，传至其孙右渠，所诱汉亡人甚多。辰国（朝鲜半岛东南隅之辰韩）欲上书请见，又壅阏不通，又攻杀辽东东部都尉涉何。诏遣楼船将军杨仆浮渤海，左将军苟彘出辽东，分道伐朝鲜。朝鲜人杀右渠以降。诏分其地为乐浪（今平安北道、平安南道、黄海道及京畿道北部，治朝鲜县）、玄菟（今咸镜南道，治高句骊县）、临屯（今江原道，治东暆县）、真番（今奉天东边道，治云县）四郡，于是现今日领朝鲜及辽宁东部皆入于汉。时武帝元封三年，西历纪元前一〇八年也。其详具载于拙著《东洋史》中古史第一期第二章。兹从略。

第六节　汉与西域诸国之关系

西域诸国，大月氏最大，乌孙次之。两国皆突厥民族，旧居敦煌祁连间。汉初，为匈奴所破，陆续西走。大月氏走阿母河流域，乌孙走天山北路，皆征服其地而君之。武帝时，使张骞出使大月氏，招与夹击匈奴。骞出陇西，途中为匈奴所虏，留十余年。予妻有子，然骞持汉节不失也，已而得间西走，至大宛（今俄属费尔干省）。大宛为发译导至康居（今俄属吉尔吉思荒原），传致大月氏。大月氏地肥饶少寇，殊无报胡之心。骞留岁余，不得要领，乃还。复建议联络乌孙以断匈奴右臂，武帝然之，使骞赍金帛值数千万，往乌孙致赐谕指。因分遣副使，使大宛、康居、大月氏、安息（今波斯）、身毒（今印度）、于阗（今新疆喀什噶尔道和阗县）及诸旁国，皆与其人俱来，于是西域诸国始通于汉。

当时西域凡三十六国，车师（今新疆迪化道土鲁番县）、楼兰（在今罗布淖尔近旁）二国最偏东。楼兰王姑师为匈奴耳目，数攻劫汉使。元封三年（西历纪元前一〇八年），将军赵破奴以七百骑深入，虏姑师，遂击车师，破之。西域诸国震骇，大宛故产善马，上得宛汗血马，爱之，名曰天马。使者相望于道以求之，会汉使还，言宛有善马，在贰师城，匿不肯与汉。上遣壮士持千金并金马以请，宛王不肯。汉使怒，携金马以去，宛人杀之。上以李广利为贰师将军，大发兵伐宛，宛杀其王以降，于是汉室威灵震于葱岭以西。征和三年（西历纪元前九〇年），发西域诸国兵，击车师，虏其王。昭帝元凤四年（西历纪元前七七年），使付介子袭杀楼兰王，于是南北要道皆通行无阻，乌孙与汉和亲。宣帝本始二年（西历纪元前七二年），大发兵与汉东西犄角，夹击匈奴，大破之。地节三年（西历纪元前六七年），侍郎郑吉将免刑罪人，经略西域，与匈奴相持八年，卒破其兵。朝廷拜吉为西域都护，兼护诸国，于是现今天山南北路皆入于汉。时神爵二年，西历纪元前六〇年也。其详已见于拙著东洋史中。兹从略。

张骞奉使表

第一次，建元中，出陇西，为匈奴所得，亡走大宛，经康居，至大月氏，不得要领而还。初行时百余人，在外十三岁，惟二人得还。

第二次，元狩元年夏，出蜀道，求身毒不得，始通滇国。

第三次，元鼎二年夏，将三百人使乌孙，遣其副分使诸旁国，乌孙王遣使随骞报聘。后岁余，西域诸国皆通汉。

西域三十六国表

（据徐松《汉书·西域传补注》，南道诸国自东而西，北道诸国自西而东）

南　道	北　道
一、婼羌；二、楼兰，行国；三、且末；四、小宛；五、精绝；六、戎卢；七、扜弥，渠勒；九、于阗；十、皮山；十一、乌秅居国；十二、西夜；十三、子合；十四、蒲犁；十五、依能；十六、无雷，行国；十七、难兜，居国	十八、大宛；十九、桃槐；二十、休循；二十一、捐毒；二十二、莎车；二十三、疏勒；二十四、尉头；二十五、姑墨；二十六、温宿；二十七、龟兹；二十八、尉犁；二十九、危须；三十、焉耆；三十一、姑师；三十二、墨山；三十三、劫；三十四、狐胡；三十五、渠犁；三十六、乌垒。皆行国
以上十七国具在葱岭东塔里木河南，计居国十、行国七	以上十九国具在葱岭东塔里木河北岸

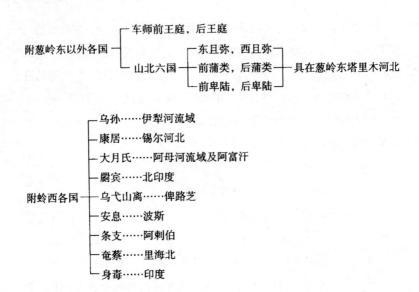

附葱岭东以外各国 ── 车师前王庭，后王庭
　　　　　　　　　── 山北六国 ── 东且弥，西且弥
　　　　　　　　　　　　　　　── 前蒲类，后蒲类 ── 具在葱岭东塔里木河北
　　　　　　　　　　　　　　　── 前卑陆，后卑陆

附岭西各国 ── 乌孙……伊犁河流域
　　　　　── 康居……锡尔河北
　　　　　── 大月氏……阿母河流域及阿富汗
　　　　　── 罽宾……北印度
　　　　　── 乌弋山离……俾路芝
　　　　　── 安息……波斯
　　　　　── 条支……阿剌伯
　　　　　── 奄蔡……里海北
　　　　　── 身毒……印度

汉女外嫁表

一、高帝九年，与匈奴和亲，以家人子为公主，妻冒顿单于
二、惠帝二年，以宗女为公主，嫁冒顿单于
三、文帝六年，遣宗女翁主嫁匈奴老上单于
四、景帝时，遣公主嫁匈奴军臣单于
五、武帝时，遣江都王建女细君，嫁乌孙昆莫猎骄靡
六、武帝时，遣楚王戊之女孙解忧，嫁乌孙昆弥军须靡
七、元帝时，以后宫良家子王嫱，妻匈奴呼韩邪单于

第六章

武帝之内治

汉室全盛时代，实在武帝之时。其内治外征，皆能发挥一代特色。外征之事迹已见上章。兹述其内治事业。

第一节　儒学之奖励

中国学术之发达，至战国时达于极点。自经秦火后，受一大打击，奄奄不振者垂数十年。高帝出身微贱，轻谩儒生。既得天下，任用叔孙通、陆贾等，始知儒教之有益于人主。于是过鲁以太牢祀孔子，慨然兴学。惠帝之时，始除挟书律。文帝之世，始购求遗书，于是学术渐有生机。顾当时墨学流行，朱家郭解之流，皆以大侠名闻天下。及墨学衰而老派兴，惠帝之相国曹参，文帝之皇后窦氏皆崇拜之。景帝之时，晁错用事；武帝之时，张汤用事，皆以法治天下。此三派在朝廷及社会上，一时各占有无上势力，及三派皆衰，而儒教始勃然兴矣。

初，孔子之既没也，其弟子卜子夏设教于西河。魏文侯从之受经，初置博士官，是为以国力推行孔教之始。秦始皇焚书，儒教亦同时受一大打击。有汉初年，墨、老、法三派先后流行于社会，儒教势力依然不振。武帝即位之元年（西历纪元前一四〇年），诏举贤良方正直言极谏之士。广川（前汉王国治信都，今河北保定道、故深州直隶州大名道、故冀州直隶州及津海道、故河间府景州等地）名儒董仲舒对策，请表章六艺，罢黜百家，诏从之。以仲舒为江都（今江苏淮扬道故扬州府）相，治申韩苏张之言者皆罢之。于是儒教之尊严，回绝百流。建元五年（西历纪元前一三六年），初置五经博士。从董仲舒议，令郡国各举孝廉一人，孝廉之名始于此。元朔元年，定二千石不举孝廉者罪。五年，从公孙弘议，置博士弟子五十人。民年十八以上仪状端正者，得为博士弟子，复其身。每岁课第其高下，以补郎中、文学、掌故。有秀才异等者，辄以名闻，其不事学若下材者罢之。吏通一艺以上者，得选择补右职。于是公卿士大夫间，彬彬多文学士。其中若丞相公孙弘、御史大夫儿宽，皆以布衣致位宰相。此外侍从之臣，若司马迁、司马相如、庄助、朱买臣、吾邱寿王、东方朔、枚皋、终军等，学问文章，皆极一时之选。孔子之裔孙孔安国，以经学为侍中。帝兄河间王德、帝诸父淮南王安，皆以天潢贵胄，雅好儒学，著作鸿富。当时著述之书，现今流传者不少。西汉文学，极于此时矣。

第二节　法学家与经济学家之登庸

武帝虽尊重孔道、提倡儒学，顾性情奢侈、好大喜功、察察为明，用法制以御下，于是以需财孔急之结果，财政上不得不加以改革；犯法者多之结果，法律上不得不加以改革。一时经济大家若孔仅、桑弘羊辈；法学大家若张汤、赵禹辈，乃应时而出现矣。

武帝之在位也，外则连年征伐，又与西域诸国交际。内则大兴土木，宫廷苑囿备极华丽。文景以来之积蓄，挥霍一空。岁入与岁出不相符，因之财政困难。元朔元年，诏民得买爵赎罪，置武功爵卖之。元鼎三年，令株送徒（所忠言世家子弟富人乱齐民，乃征诸犯令相引数千人名曰株送徒）得入财补郎，是为后世捐纳之始。元狩四年，置盐铁官，禁民间私铸铁器或煮盐。天汉三年，初榷酒酤，禁民间酿酒，是为后世政府盐、铁、酒专卖之始。元狩四年，造皮币白金，是为后世纸币及银币之权舆。元光六年，初算商车。元狩四年，又算缗钱舟车，是为后厘金及交通税之权舆。元鼎二年，置均输法，作平准仓于京师，都受天下委输，贵卖贱买，于是商业上利权悉归于政府。元鼎五年，尝酎（酒名以献宗庙），令列侯献金助祭。金有轻及色恶者，上皆令劾以不敬，夺爵者百有六人。天汉四年，令死罪入钱五十万者，得减死一等。凡所以营营谋利者，无微不至。是时齐大煮盐东郭成阳、南阳大冶孔仅（大农令）、洛阳贾人子桑弘羊（大农中丞后为御史大夫）皆以巧于理财。致位大臣，操奇计赢，与民争利，百姓疲敝，流为盗贼。犯法者多，朝廷乃严刑峻法以治之。先后任用张汤、赵禹、义纵、王温舒、杜周等为司法大臣，皆以残酷著名，史称酷吏。民不堪命。东方盗贼蜂起。天汉二年，朝廷发绣衣直指使者讨之，死者甚众。又作《沉命法》（韦昭曰：沉没也，致蔽匿盗贼者没其命）曰："盗起不发觉，发觉而捕弗满品者，二千石以下至小吏主者皆死。"于是郡县吏畏诛，相与隐匿，盗贼益多，国家元气大损。又以法制御群臣，朝廷大臣，往往以小过被杀，人人自危，朝不保夕。已而巫蛊狱起，长安流血，皇后太子皆罹惨祸，于是武帝一生事业，以喜剧始，以悲剧终，亦可慨矣。顾孔、桑、东郭所行之财政，张、赵、义、王所行之法律，多为后世所则效，且与现今西洋学说相近，亦一代之人杰也。

第三节　巫蛊之狱

先是秦始皇时，朝廷好神仙怪诞之说。一时语怪之方士，纷至沓来。始皇没后，道教中衰。汉文帝时，鲁人公孙臣以五行代嬗说，赵人新垣平以神气符应说，受帝知遇，致位通显，是为汉初以神仙说易富贵者之始。武帝初年，方士李少君以祠灶却老方见上，上尊信之，始亲祠灶。方士齐人少翁、栾大，数为神仙鬼怪之言以蛊惑帝，帝深信之。其后二人相继以罪诛。方士齐人公孙卿复有宠，于是封泰山，禅梁父，数遣人入海求神仙。天子亲幸缑氏城（在今河洛道偃师县南二十里），幸东莱山。巡行海上，以候神仙，不至。帝在位岁久，为神仙说所惑，脑筋益流于荒诞，几成为一种精神病，宫廷惨祸，从此起矣。

征和元年（西历纪元前九二年），上居建章宫，见一男子带剑入中龙华门，命收之，弗获，上怒，斩门侯。大搜长安十日，无所得。是时方士及诸神巫，多聚京师，惑众变幻，无所不为。女巫往来宫中，教美人度厄，埋木人祭祀之，更相告讦以为咒诅。上心益疑，尝昼寝，梦木人数千，持杖欲击上。上为惊寤，因是体不平，益严刑峻法以威群臣，群臣罹祸者滋众。是时皇后弟大将军卫青已卒，皇后卫氏、皇太子据，皆仁厚恭谨，斤斤自守，顾颇不得上欢。邪臣因而毁之，皇后姊夫丞相公孙贺、贺子太仆敬声、皇后女诸邑、阳石两公主，皇后犹子长平侯卫伉，皆先后以谗，坐巫蛊罪，被杀。赵人江充有宠于上，为水衡都尉，陵侮太子。见上年老，恐晏驾后，为太子所诛。因言上疾祟在巫蛊，上使充治巫蛊狱，前后杀三辅及郡国居民数万人，搜治后宫希幸夫人，次及皇后、太子。声言于太子宫得木人尤多，将白上，穷治其罪。太子窘迫无计，乃从少傅石德议，收斩江充。白皇后发兵自守，诏丞相刘屈牦击败之，皇后、太子皆自杀，皇孙二人被害。已而吏民以巫蛊告者，案验多不实。高寝郎（高帝陵寝官）田千秋上书讼太子冤，上深感寤。族灭江充家，诛其党与宦官苏文，作思子宫，为归来望思之台，以吊太子。然事已无及矣。

已而帝知海内愁苦，罢方士候神人者，以田千秋为丞相，封富民侯，赵过为搜粟都尉。休兵息民，与天下更始。下轮台之诏，陈既往之非。除诸苛政，汉室复少安。然而帝已老矣，在位五十四年。以后元二年（西历纪元前八七年）崩，太子弗陵即位，是为孝昭皇帝。

汉武帝事略表

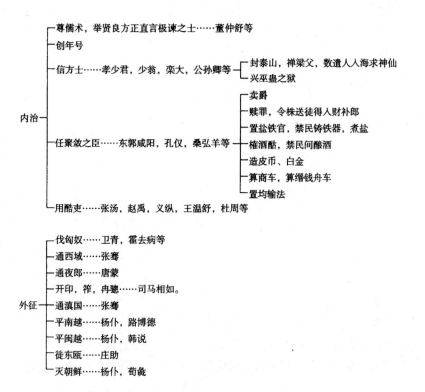

内治
┌─ 尊儒术，举贤良方正直言极谏之士……董仲舒等
├─ 创年号
├─ 信方士……孝少君，少翁，栾大，公孙卿等 ─┬ 封泰山，禅梁父，数遣人入海求神仙
│   └ 兴巫蛊之狱
├─ 任聚敛之臣……东郭咸阳，孔仅，桑弘羊等 ─┬ 卖爵
│   ├ 赎罪，令株送徒得入财补郎
│   ├ 置盐铁官，禁民铸铁器，煮盐
│   ├ 榷酒酤，禁民间酿酒
│   ├ 造皮币、白金
│   ├ 算商车，算缗钱舟车
│   └ 置均输法
└─ 用酷吏……张汤，赵禹，义纵，王温舒，杜周等

外征
┌─ 伐匈奴……卫青，霍去病等
├─ 通西域……张骞
├─ 通夜郎……唐蒙
├─ 开邛，筰，冉駹……司马相如。
├─ 通滇国……张骞
├─ 平南越……杨仆，路博德
├─ 平闽越……杨仆，韩说
├─ 徙东瓯……庄助
└─ 灭朝鲜……杨仆，荀彘

第七章

外戚之擅权

自来殷忧所以启圣，多难所以兴邦。有汉初年，君臣协心。孜孜图治、文事武备、蒸蒸日上者，曰惟敌国外患故。及七国之乱平，封建问题解决，匈奴降附后，对外问题亦解决。昭宣之世，汉室隆盛，达于极点。元成继之，朝野上下，歌舞升平，文恬武嬉，不知乾惕。天子多傅脂粉，坐深宫，左抱美人，右拥嬖妾，以图目前之快乐。凡百庶政，委之左右近习之人，于是与天子最接近之外戚宦官，遂凭城狐社鼠之威，盗弄国柄。汉室诸姬，多出身微贱，悉尝民间疾苦，知人情之信伪。且较帝龄遥少，天子没后，尚能久存。往往以皇太后、太皇太后之资格，专执朝政。天子多受深宫教育，其经验阅历远不如皇太后。汉室尚孝，往往以隆重太后之故，推恩于其父兄子弟，追尊太后之父为侯，使长丞奉守寝庙，而以元舅为大司马大将军，领尚书事，辅政。元舅没后，诸舅继之。于是政柄入于外戚之手。外戚常借太后之力，压制天子。汉家末代之天子，不过外戚之傀儡。其终也，寡妇孤儿拱手于上，大司马大将军弄权于下。高帝以来艰难缔造之大业，遂为此辈牺牲矣。兹述其概略于下。

第一节　吕氏之专横

先是高帝在位，内惧吕后，高帝没后，吕氏擅权，几危宗庙。刘氏之所以安然无恙者，赖有诸侯之藩卫故也。顾强诸侯之跋扈，与外戚之擅权，其弊相等。以强诸侯制外戚，犹之以强盗御猛兽，虽一时免于吞噬，而剥肤吸髓之祸继之。主人痛楚难堪，仍不得不设法驱除强盗，及强盗去而猛兽又来，终难免吞噬之患。盖专制政体以下无良法，徒恃各机关互相牵制以为治，未有能长治久安者也。

第二节　薄昭之骄恣

吕后殂后，大臣迎立文帝，其理由则因其母家薄氏谨良。薄氏固谨良矣，设有不谨良者将何法以处置，则大臣曾未议及。盖陈平、周勃之徒，皆起家草泽，有经验无学问，有急智无远虑，法制思想不发达，不能思患预防也。文帝仁孝，凡事多请命于太后，以帝舅昭为车骑将军，辅政。卒因骄恣杀汉使者，帝不忍加诛，使公卿从之饮，欲令自裁，昭不肯。使群臣丧服往哭之，昭不得已，自杀。谨良者之结果如此，其不谨良者可知也。

第三节　窦后之擅权　田蚡之专横

景帝即位，母后窦氏擅权，天子大臣莫敢逆。皇子临江王荣之下吏也，中尉郅都禁不与刀笔，荣恚，自杀。太后怒，以危法中都，杀之。太后好黄老，景帝及诸窦不得不读《老子》，尊其术，史称老徒黄生与儒徒辕固生，尝辩难于帝前，黄生不胜。太后怒，使辕固生入圈刺豕，欲杀之。太后对于政治及学术权力之大如此，其他可知矣。七国反时，太后从兄子窦婴为大将军，屯荥阳，监齐赵军，有功，封魏其侯。武帝即位，以婴为丞相。母王太后之异父弟田蚡为太尉。窦太后崩，婴为蚡所倾，被杀，蚡为丞相，富贵终其身。盖外戚多借太后为护身符，太后崩则失所恃，得保首领以没者甚寥寥也。

第四节　卫氏之盛衰　钩弋夫人之无罪赐死

其后帝姊平阳公主家讴者卫子夫有宠，入宫，拜为夫人。生皇子据，立为皇后，据为太子。后弟卫青以战功拜大司马大将军，封长平侯。青三子伉、不疑、登皆封列侯。后姊卫少儿子霍去病，亦以战功拜大司马骠骑大将军，封冠军侯，声势赫濯。其后去病、青相继病没，不疑、登皆坐酎金失侯。后姊君孺为公孙贺夫人，贺为丞相，封侯，子敬声为太仆。坐巫蛊狱，与青子袭长平侯卫伉皆被杀。皇后、太子相继以巫蛊之狱自杀，卫氏骤衰。帝之晚年，鉴于吕后之专政，将立幼子弗陵为皇太子，先杀其母钩弋夫人赵氏。帝意以为"往古国家所以乱，由于主少母壮，女主独居骄蹇，淫乱自恣，故不得不先去之"。此论固然，然而欲立其子，先杀其母，未免太忍。况母后专政之恶习，本当立严法以限制，武帝不以法治，而以个人之武断治，亦非正本清源之长计也。

第五节　上官桀安之乱　霍氏之盛衰

帝疾笃，以霍去病之异母弟光为大司马大将军，金日碑为车骑将军，上官桀为左将军，受遗诏辅政。帝崩，弗陵即位，是为孝昭皇帝。命光、日碑、桀皆以将军领尚书事，由是大权归于领尚书事之将军。大司马、大将军，永为外戚辅政者之位置，丞相一职等于虚设。是时昭帝年才八岁，未能亲政。霍光忠厚有重望，辅幼主，政自己出，天下想闻其风采。光与桀相亲善，日碑卒后，光与桀同辅政，每休沐出，桀常代入决事。光女为桀子安妻，生女，年甫五岁。安因帝姊盖长公主嬖人丁外人，纳之宫中，立为皇后，拜安车骑将军。安为外人求封，光不许，盖长公主以是怨光。自武帝时，桀位在光右，至是安为后父，光乃其外祖。顾专制朝政，桀安滋不平，乃与盖主及帝兄燕王旦、御史大夫桑弘羊共谋退光。诈令人为燕王上书，告光专权自恣，疑有非常，候光出沐日奏之，桀欲从中下其事。令弘羊与诸大臣共执退光，是时昭帝年才十四，知其欺诈，持不可。桀、安惧，乃与盖主、燕王、弘羊、外人等谋反。事觉，伏诛，于是大权悉归于光。

自武帝没后，霍光独秉政者垂二十年（自昭帝始元元年至宣帝地节二年）。承奢侈之余，持以恭俭。内安百姓，外抚四夷，屡遣使者巡行郡国。举贤良，问民疾苦，罢战争以来新加之恶税。赈贫民，减口赋，人望归之。昭帝在位十三年，以元平元年（西历纪元前七四年）崩，无嗣。光承皇后诏，迎皇侄昌邑王贺入即位，尊皇后曰皇太后。贺狂纵，淫戏无度，大臣谏不听，光深以为忧。用大司农田延年议，率群臣奏太后而废之，迎武帝曾孙病已入即位，是为孝宣皇帝。

宣帝者，太子据之孙，皇孙进之子。遭巫蛊之祸，太子三男、一女及诸妻妾皆被害。帝生才数月，亦坐系郡邸狱。廷尉监丙吉受诏决狱，哀其无辜而免之，择谨厚乳媪抚养。长受诗于东海澓中翁，高材好学，喜游侠，斗鸡走马，上下诸陵，周遍三辅，以是具知闾里奸邪，吏治得失。昭帝崩后，丙吉上书于光，称帝仁孝恭俭，可嗣大位。光乃率群臣奏太后迎帝入宫，封为阳武侯，遂即帝位。尊皇太后为太皇太后，归长乐宫。霍光请归政，上谦让不许。

当是时霍光秉政岁久，威权甚重，家门繁盛。帝即位后，议立皇后，公卿皆心拟光女，帝不听，而立微时糟糠之妻许氏为皇后。光夫人显欲贵其小女成君，道无从，会皇后免身。显与女医淳于衍密谋，进毒弑后。因劝光纳成君于宫中，光不得已，从之，立为皇后。地节二年，光卒，诏以其子禹为右将军，兄孙山为奉车都尉，领尚书事。是时光女婿范明友为未央卫尉，任胜为中郎将、羽林监，邓广汉为长乐卫尉，分握兵柄。霍氏骄侈恣横，太夫人显僭拟淫放，帝内不能善，又颇闻霍氏毒杀许后而未察。乃用御史大夫魏相议，令上封事者去副封，以夺霍山之权。寻以相为丞相，丙吉为御史大夫，总理庶政。于是领尚书事之权渐绌，复以张安世为大司马卫将军，长乐、未央卫尉，诸军皆属，而徙明友、胜、广汉他官。以霍禹为大司马，冠小冠，亡印绶，罢其屯兵官属。诸领胡、越骑、羽林及两宫卫将屯兵，凡霍氏党与皆转职，而以所亲信许、史子弟代之，霍氏怨望。地节四年，谋大逆，事觉，族诛，连坐者数十家。皇后霍氏废处昭台宫，后十二岁，徙云林馆，自杀。

先是宣帝微时，受掖庭令张贺教养，为娶许后，恩义甚笃。昭帝在位，贺弟安世为右将军，辅政。昭帝崩，安世与霍光定策，迎立宣帝。光卒后，擢安世为大司马车骑将军，领尚书事，辅政。寻改授大司马卫将军，两宫卫尉，总统诸军，以收霍氏兵权。于是大权归于安世，安世谨慎周密，每定大政，已决，辄移病出，闻有诏令，乃惊。使吏之丞相府问焉，自朝廷大臣，莫知其与议也。久之，安世卒。以许后叔父延寿为大司马车骑将军，辅政。

第六节　宣帝之内治

宣帝生长闾阎，深知民间疾苦。霍光卒后，帝始亲政，以魏相、丙吉等为丞相，于定国、黄霸等为廷尉，赵广汉、萧望之、尹翁归、张敞、盖宽饶、韩延寿等尹京邑，韩增、赵充国等为将军。公卿大臣，皆极一时之选，厉精为治，五日一听事，自丞相以下，各奉职而进。枢机周密，品式备具，上下相安，莫有苟且之意。拜刺史、守、相辄亲见问，观其所由，退而考察所行，有名实不相应，必知其所以然。常称曰："庶民所以安其田里，而亡叹息愁恨之声者，政平讼理也，与我共此者，其惟良二千石乎。"以为太守吏民之本，数变易则下不安。民知其将久，不可欺罔，乃服从其教化，故二千石有治理效。辄以玺书勉励，增秩赐金，或爵至关内侯。公卿缺，则选用之。汉世良吏，于斯为盛。举贤良方正之士，求直言。省京师屯兵，罢郡国宫馆，假贷贫民，置廷尉平，令郡国岁上系囚掠笞瘐死以课殿最。益小吏俸以养廉，诏诸儒讲五经异同于石渠阁，立梁丘易、夏侯尚书、谷梁春秋博士以奖励经学。袭武帝余威，征服匈奴及西域诸国，以统一塞外民族。在位二十五年，令行禁止，史称中兴之世。独惜帝果于刑戮。京兆尹赵广汉、司隶校尉盖宽饶、左冯翊韩延寿、光禄勋杨恽，皆以能臣不得其死，又惑于神怪祥瑞之说，遣使至益州，求金马碧鸡之神。郡国希旨，数言凤凰见，甘露降，朝廷为之大赦。则亦未能免俗也，黄龙元年崩（西历纪元前四九年），太子奭即位，是为孝元皇帝。

汉宣帝事略表

内治
- 任贤相魏相，丙吉相继为御史大夫、丞相，朝廷称治
- 任循吏赵广汉、黄霸、张敞相继为京兆尹，于定国为廷尉，朱邑为大司农，龚遂为水衡都尉，尹翁归为右扶风，萧望之，韩延寿相继为左冯翊，百官循理
- 杀京兆尹赵广汉，司隶校尉盖宽饶，光禄勋平通侯杨恽，左冯翊韩延寿，直臣短气
- 任弘恭为中书令，石显为仆射，为宦官之祸所自始
- 用许广汉，史高，为外戚之祸所自始

外征
- 遣校尉常惠护乌孙兵，击破匈奴
- 遣侍郎郑吉平定西域，卫侯冯奉世破莎车
- 遣后将军赵充国平先零羌

第七节　弘恭石显之祸

孝元柔仁好儒，为太子时，其师疏广疏受知其愦愦不堪造就，同时谢病归。宣帝以其不类己，数欲废之。因许后微时所生，时后已亡，不忍。宣帝病笃，以祖母史良娣之兄子高为大司马车骑将军，太子太傅萧望之为前将军，少傅周堪以光禄勋领光禄大夫，受遗诏，辅政，领尚书事。元帝即位，望之堪皆以当世名儒，又为帝师，数言治乱，陈王事。选白宗室明经有行者，与同心谋议，劝导上以古制，多所匡正，上甚向纳之，史高充位而已。由是与二人有隙。宦官中书令（少府属官）弘恭、仆射石显，自宣帝时，久典枢机。元帝多病，以显中人无外党，遂委以政。事无大小，因显以白。贵幸倾朝廷，显为人巧慧习事，内深贼，持诡辞以中伤人。与高为表里，论议常持故事，不

从望之等。望之患苦许史放纵，又疾恭显专权，建白以为"中书政本，国家枢机，宜以通明公正处之，罢中书宦官，应古不近刑人之义"。帝初即位，谦让重改作，议久不定。恭显与高密谋，谮望之等"谮诉大臣，毁离亲戚，欲以专擅权势，为臣不忠，诬上不道，请召致廷尉"。上从之，下望之等狱，免其官，寻逼杀望之。堪亦忧愤而卒，高庸碌无他长，旅进旅退，充位而已。恭寻卒，朝廷大权悉归于显。显谗害正人，引进同类，朝政日益腐败。元帝在位十五年，以竟宁元年（西历纪元前三三年）崩，太子骜即位，是为孝成皇帝。

第八节　王氏之祸

成帝之为太子也，后父许嘉以大司马车骑将军，辅政。即位以后，以元舅王凤为大司马大将军，领尚书事，免石显官，放归故郡。寻策免嘉，以凤专录朝政。封其弟崇、谭、商、立、根、逢时，皆为列侯。于是大权悉归于凤。凤骄恣专横，杀戮直臣。丞相乐昌侯王商、京兆尹王章，皆以贤臣不得其死，郡国守相刺史皆出其门。王氏竟为奢侈，赂遗珍宝，四面而至。凤在职十一年卒，诏以其从弟音为大司马车骑将军，辅政。音在职七年卒，诏以凤弟商为大司马卫将军，辅政。商在职三年卒，诏以其弟根为大司马骠骑将军，辅政。根在职四年，病免。诏以其从子莽为大司马，辅政。王氏父子五代，握政权二十余年，内有太后为之奥援，门生故吏遍天下，根深蒂固，牢不可拔。成帝荒淫，数微行，出入市里郊野，远至旁县，斗鸡走马，无所不为。过阳阿主家，悦歌舞者赵飞燕，召入宫，大幸。其女弟合德，姿性尤醲粹，亦召入，有宠。飞燕姊妹谮废许后，立飞燕为皇后，合德为昭仪，宠倾后宫，性淫荡妒嫉，后宫美人不得召幸，以故帝无子。帝在位二十六年，以绥和二年（西历纪元前八年）暴崩。民间喧哗，咸归罪赵昭仪，昭仪自杀。计元成二代四十余年，君臣酣嬉，夜以继日，大权旁落，王氏篡汉之祸，兆于此矣。

第八章

新莽之篡

汉室中叶以后，例以外戚辅政。天子高拱于上，丞相束手于下，公卿百官奔走趋承于其左右。孝元皇后历汉四世，为天下母，享国六十余载。群弟世权，更持国柄，五将十侯，声势赫濯。其侄王莽席累世积威，乘大统更迭之际，拥戴幼主，利用经学谶纬学说，淆惑世人耳目，窃据九五，自称天子。汉祚因以中斩。履霜坚冰，其所由来者渐矣。兹先叙王莽家世，及其幼年况状，次及其壮年辅政时之事迹，以为有新篡汉之前提。

第一节　王莽之家世及其登庸事迹

先是王太后兄弟八人，独弟曼早死不侯。子莽幼孤，不及等比，其群兄弟皆将军。五侯子乘时侈靡，以舆马声色佚游相高。莽因折节为恭俭，勤身博学，被服如儒生，事母及寡嫂，养孤兄子。行甚敕备，又外交英俊，内事诸父，曲有礼意。大将军凤病，莽侍病，亲尝药。乱首垢面，不解衣带连月。凤且死，以托太后。当世名士戴崇、金涉、陈汤亦咸为莽言，由是封为新都侯，迁骑都尉、光禄大夫、侍中，宿卫谨敕。爵位益尊，节操愈谦，振施宾客，家无所余，收赡名士，交结将相，故在位更推荐之。虚誉隆洽，倾其诸父，敢为激发之行，处之不惭恶。尝私买侍婢，昆弟怪之，莽因曰："后将军朱子元无子，莽闻此儿种宜子，为买之。"即日以婢奉博，其匿情求名如此。成帝末年，卫尉淳于长有宠，莽发其奸，杀之。上称莽忠直，会大司马根病免，荐莽自代，诏从之。于是政权始归于莽。时年三十八，莽既拔出同列，继四父而辅政。欲令名誉过前人，遂克己不倦。聘诸贤良以为掾史，赏赐邑钱，悉以享士，愈为俭约。母病，公卿列侯遣夫人问疾，莽妻迎之，衣不曳地，布蔽膝，见之者以为僮使。问，知其夫人，皆惊。其饰名如此。成帝崩，哀帝即位，尊皇太后为太皇太后。太后诏莽就第，避帝外家，莽上书乞骸骨。帝遣尚书令敦谕起之。寻以忤傅太后旨故，罢就第，于是政权归于傅太后。

第二节　王莽之中废　傅太后之专横　董贤之嬖宠

傅太后者，哀帝本生祖母。元帝时为昭仪，有宠。生定陶共王康，康卒，子欣嗣。成帝无子，欣以犹子资格，立为皇太子。成帝崩，欣即位，是为孝哀皇帝。哀帝幼时，受傅太后抚养，及立为太子，傅太后及帝母丁姬皆从至长安，居定陶国邸，诏以抚养旧恩，许十日一至太子家相见。哀帝即位，太皇太后令傅太后、丁姬十日一至未央宫，诏问大臣傅太后宜何居。丞相孔光知傅太后刚暴，长于权谋，恐其干与政事，不欲使与旦夕相见，建议以为宜改筑宫。大司空何武以为可居北宫，上从之。北宫有紫房复道，通未央宫，傅太后朝夕从复道至帝所，要求尊号，并贵宠其亲属。上不得已，白太皇太后，追尊定陶共王为定陶共皇，尊傅太后为定陶共皇太后、丁姬为定陶共皇后，封傅太后从子晏、丁姬兄明，皆为列侯。立晏女为皇后。寻承傅太后意旨，免大司马王莽官，遣曲阳侯王根就国，免成都侯王况为庶人。于是王氏之势力大挫，傅太后专横滋甚，以私怨杀中山王太后冯氏及其弟宜乡侯参。策免大司空师丹、大司马傅喜、丞相孔光，变更朝廷大臣，于是大权皆归于傅太后。寻尊傅太后为帝太太后、丁姬为帝太后，复尊傅太后为皇太太后。傅太后骄恣特甚，与太皇太后语，至谓之妪。丁傅子弟为公卿列侯者甚众。

　　已而傅太后卒，帝始自由行政，是时帝久病无子，侍中董贤美丽自喜，性和柔便辟，得幸于上。常与上同卧起，贵震朝廷。妻得通籍殿中，女弟为昭仪，父恭为少府，诏将作大匠为贤起大第北阙下。穷极技巧，赐武库禁兵，上方珍宝，皆选上第，而乘舆所服乃其副。东园秘器，珠襦玉柙，无不备具。下至僮仆，皆受上赐。又为贤起冢茔义陵旁，周垣数里。丞相新甫侯王嘉、尚书仆射郑崇谏，上怒，下崇狱，杀之。嘉不食而卒，于是公卿大臣皆奔走趋承于贤左右，寻封高安侯。年二十二，拜大司马、常给事中，领尚书事，百官因贤奏事。亲属皆侍中，帝奇嬖贤，常因酒酣，微露禅让之意。其策拜贤为大司马之文云："建尔于公，以为汉辅，匡正庶事，允执其中。"亦法尧禅舜之文也。帝在位六年，以元寿二年（西历纪元前一年）崩，无子。太皇太后诏起王莽为大司马，领尚书事，辅政。于是大权复归于王氏。

第三节　西汉末年之儒学思想　王莽之矫诬

　　初，王莽之免官也，朝士多为之言。哀帝乃加恩宠，以为特进、给事中，朝朔望。寻承傅太后意旨，令莽就国。哀帝崩，太皇太后遣使者驰召莽。莽以太后诏，册收董贤印绶，逼之自杀。追夺傅太后、丁姬尊号，废孝成、孝哀二皇后，就其园，皆自杀。斥逐丁、傅子弟及董贤家属，迎哀帝从弟中山王箕子入即位，是为孝平皇帝。年九岁，不能亲政，于是太皇太后临朝。王莽以大司马秉政，百官总己以听。莽阴柔奸险，以孔光名儒，历相三帝，名望甚重，太后所敬，天下信之。于是盛尊事光，引光女婿甄邯为侍中。诸素所不悦者，皆傅致其罪，每有举措，先遣邯以太后旨讽示大臣。令入奏，莽白太后，辄可其奏。太后偶有异同，莽辄以朝议挟持太后。太后不得已，辄从莽议。于是附顺者拔擢，忤恨者诛灭。以王舜、王邑为心腹，甄丰、甄邯主击断，平晏领机事，刘秀典文章，孙建为爪牙。莽色厉而言方，欲有所为，微见风采。党羽承其指意而显奏之，莽稽首涕泣固推让，上以惑太后，下用示信于众庶焉。

当是时儒教统一中国思想界已久，学者多倾于保守，抱残守缺，以研究经学为唯一不二要义，文字以外，无特别发明。复古之念太重，崇拜孔子"祖述尧舜，宪章文武"主义，以唐虞三代为朝廷模范。思想界之束缚太甚，各种科学皆不发达，因之阴阳五行家学说流行，迷信思想乘虚而入。于是以儒教天人相与之说，与谶纬学说并为一谈。日食则天子例当修省，月食则皇后例当修省。宰相有燮理阴阳之责，地震雨水，则可以策免三公。凡天地间自然现象，现今宜以科学解释者，当时皆以谶纬学附会经学解释之。王莽生逢其时，利用经学及谶纬学学说，以为攘夺政权地步，一举一动，取法周礼，迎合一般世人心理。貌为迂阔，内实奸深。当时朝廷大臣，若孔光、马宫、平晏、甄丰之徒，类皆无知俗儒，有意无意之间为莽所愚弄，迎合莽意，铺张扬厉，阿谀苟合，以求富贵。莽乃规行矩步，处处效法周公，笼络世人，受其崇拜，窃据九五。自以为法尧禅舜，汉廷大臣皆以莽有种种符瑞，为天命所归，虽奴颜婢膝称臣效忠于莽而不悔，盖西汉之颠覆，经生与有责焉。论史者不敢因其为孔教徒而代为之讳也。莽之初摄政也，讽益州，令塞外蛮夷，自称越裳氏，重译献白雉一、黑雉二，莽白太后以荐宗庙。于是群臣盛称莽功德，宜赐号曰安汉公，益户畴爵邑。莽阳推功于孔光、王舜、甄丰、甄邯等，太后诏普进光等官爵，而特进莽为太傅，号安汉公，益封二万八千户。莽貌为惶恐，不得已，始受职。复建言褒赏宗室群臣。王侯已灭者复其国，绝者为立嗣。优待年老致仕官吏，与以故禄三分之一，终其身。下及庶民鳏寡，恩泽之政，无所不施，于是朝野上下之人，无不爱戴。莽又讽公卿奏言太后春秋高，不宜亲省小事。令太后诏曰："自今以来，唯封爵乃以闻，他事安汉公四辅（时以孔光、王莽、王舜、甄丰为四辅）平决，州牧二千石及茂才吏初奏除事者，引入近署，对安汉公，考故官，问新职，以知其称否。"于是莽人人延问，密致恩意，厚加赠送，其不合指，显奏免之，权与人主侔矣。

寻仿唐虞称号，置羲和官（改大司农为之后更名纳言），封公子宽孔均为侯。以奉周公孔子之嗣，复仿周制，郊祀高祖于稀以配天。宗祀孝文于明堂以配上帝，起明堂、辟雍、灵台。立乐经，征天下通经异能之士。又访殷制，尊孝宣庙为中宗、孝元庙为高宗。更定官名及十二州界。又讽黄支国献犀牛，讽匈奴单于令遣女入侍太皇太后，遣使者多持金币，诱塞外羌。使言"太皇太后圣明，安汉公至仁，天下太平。五谷成熟，或禾长丈余，或一粟三米，或不种自生，或不蚕自茧。四年以来，羌人无所疾苦，愿献地内属"。奏以为西海郡。大臣皆上书称莽功德，宜比周公。诏采伊尹周公称号，进莽号宰衡，位上公。三公言事称"敢言之"。寻进莽位在诸侯王上。吏民前后为莽上书颂功德乞封赏者，凡四十八万七千五百七十二人。诏加莽九锡，莽自以为人心趋向，始日夜谋篡位，无复忌惮矣。

第四节　王莽之弑逆及其篡立

帝之初即位也，莽恐帝外家卫氏夺其权，白太后拜帝母卫姬为山中孝王后，赐帝舅宝、玄爵关内侯，皆留中山，不得至京师。莽长子宇非莽隔绝卫氏，私与卫宝通书，教卫后上书谢恩，因求至京师。莽不听。宇与师吴章谋，以为莽好鬼，使妇兄吕宽夜为变怪以惊之，谋泄，莽杀宇，灭卫后家，腰斩吴章，穷治党羽，连引莽素所恶者氾乡侯何武、故司隶校尉鲍宣、故丞相乐昌侯王商子安、故左将军辛庆忌诸子通、遵、茂等及汉室直臣。郡国豪杰，平素不附莽者，凡数百人，皆弃市。天下震动。

已而帝益壮，以卫后故，怨不悦。莽因腊日上椒酒，置毒酒中，帝有疾。莽作策请命于泰畤，愿以身代，藏策金縢，置于前殿，敕诸公勿敢言。帝在位五年，以元始五年（西历纪元五年）崩。太后与群臣议立嗣，时元帝世绝，而宣帝曾孙，有见王五人，列侯四十八人。莽恶其长大，曰："兄弟不得相为后。"乃悉征宣帝玄孙选立之。先是泉陵侯刘庆上书，言"皇帝富于春秋。宜令安汉公摄行天子事，如成王周公故事"。至是群臣多以为言。太后力不能制，乃诏莽居摄践阼，如周公故事。于是群臣奏言："请安汉公践阼，服天子韨冕，背斧依于户牖之间，南面朝群臣，听政事，车服警跸。臣民称臣妾，皆如天子之制，祭赞曰假皇帝。臣民谓之摄皇帝，自称曰予，平决朝事，常以皇帝之诏称制，其朝见太皇太后。皇帝皇后，皆复臣节，自施政教于其官家国采，如诸侯礼仪故事。"诏曰："可。"次年。莽立宣帝玄孙婴为皇太子，号曰孺子。年甫二岁，宗室安众（故城在今河南汝阳道南阳县城西南三十里）侯崇、严乡侯信与东郡太守翟义，先后起兵讨莽。移檄郡国声莽鸩杀孝平盗窃帝位之罪，三辅豪杰赵朋、霍鸿等，起兵应之。莽闻之，惶惧不能食，曰抱孺子祷郊庙。会群臣而称曰："昔周公摄政，而管蔡挟禄父以畔。今翟义亦挟刘信而作乱，自古大圣犹惧此，况莽臣之斗筲。"群臣皆曰："不遭此变，不章圣德。"莽依周书作大诰，谕天下以当反位孺子之意。

已而诸将击灭义等，三辅皆平。莽乃置酒白虎殿，治校军功，依周制爵五等，以封功臣。当赐爵关内侯者，更名曰附城。自谓威德日盛，大获天人之助，遂谋即真之事矣。是年十二月，梓潼无赖哀章作铜匮为两简，假高帝灵以献莽，莽至高庙，拜受金匮神禅，御王冠，即真天子位，建国号曰新。改元始建国。废孺子为定安公，汉亡。时孺子婴初始元年，西历纪元八年也。

计前汉一代，传国二百一十年，传世十三代。中间女主之有权者九人，外戚之握政权九姓。凌夷至于末叶，遂成新莽之祸。盖履霜坚冰，其所由来者渐矣。兹试列女主及外戚表于下，以供参考。

西汉女主外戚表

帝名	在位年代	女主之有权者	外戚之有权者
高帝	八年		
惠帝	七年	母吕太后	
两少帝	八年	祖母吕太后	吕氏王者三人，侯者六人
文帝	二十三年	母薄太后	薄太后之弟侯者一人
景帝	十六年	祖母薄太后二年崩，母窦太后	窦氏侯者三人
武帝	五十四年	祖母窦太后六年崩，母王太后	
昭帝	十三年		霍光执政
宣帝	二十五年	叔祖母上官太后	霍氏有权母家王氏侯者二人，祖母家史氏侯者四人
元帝	十六年	继母王太后	母家许氏侯者二人
成帝	二十六年	母王太后	王氏侯者十人，大司马五人
哀帝	六年	祖母傅太后，母丁太后	傅氏侯者五人，丁氏侯者二人
平帝	五年	嫡祖母王太皇太后	王莽
孺子婴	三年		王莽
计二百一十年			

第九章

王莽之末路

　　西汉亡国之直接原因，由于王莽篡立。莽之所以敢于篡立，且不得不篡立者，有二大原因：一为积极之原因。因当时同姓诸侯，势力微弱，不足以监督政府；一为消极之原因。因当时外戚势成骑虎，不篡汉室，恐遭灭族之祸也。史称自汉兴至于孝平，外戚后庭，以色宠著闻者二十有余人，然其保位全家者，唯文帝薄太后、景帝窦太后、武帝王太后及宣帝邛成后（宣帝皇后王氏，霍后废后立者，以父奉光封邛成侯，故称邛成后）四人而已。此外若宣帝祖母史良娣、宣帝许后，身皆夭折，其族依附旧恩，不敢纵恣，是以能全。其余大者夷灭，小者放诛。若高帝吕后、武帝卫后、昭帝上官后、宣帝霍后、平帝母中山卫后，家皆被诛夷；文帝母薄太后弟昭、文帝窦后从昆弟子婴；宣帝母王夫人之从子商、平帝祖母中山冯太后弟参，亦皆不得令终。哀帝祖母傅太后、母丁姬，家皆徙合浦，其被祸尤酷者也。岂外戚皆不肖欤，抑亦威权震主者身危，势力逼人者家破。汉家末造天子，形同木偶，外戚起于微贱，盗据国柄。权力愈大者，得罪于人民愈甚，其欲得而甘心者亦愈多。故一有可乘，动辄遭覆宗之祸也。王莽深悉此中利害，一旦得志，倒行逆施，略无顾忌。臣节固有亏矣，为个人计，固未为失策也。独惜其顽固迂阔，不切事情。朝廷举措，一则曰效法古人，再则曰占验符命。昧于当世之潮流、与舆论之向背，于是始以经学及谶纬学说，欺人寡妇孤儿，狐媚以取天下。既得天下后，仍以经学及谶纬学说自欺，驯至失天下，腐儒起家之奸雄，终不脱措大习气，所谓君以此始，亦以此终，亦可笑也。兹述其事迹如下。

第一节 莽之复古

一、官制

莽之初摄政也，学者每以周公颂扬莽，莽亦以周公自居。其发诏诰，常用尚书文体。始建国元年正月朔，莽帅公侯卿士，奉皇太后玺韨（音弗），更号新室文母太皇太后。废孝平皇后为定安太后。按金匮，封拜其党王舜、平晏、刘歆、哀章为四辅，甄邯、王寻、王邑为三公，甄丰、王兴、孙建、王盛为四将，凡十一公。王兴者，故城门令史，王盛者，卖饼儿。莽案符命，求得此姓名十余人，两人容貌应卜相，径从布衣登用，以示神焉。莽好古制，尽易汉官名，皆彷唐虞三代之旧。降汉诸侯王皆为公，王子侯皆为子，诸刘为郡守者，皆徙为谏大夫。改明光宫为定安馆，徙定安太后居之。以故大鸿胪府为定安公第，皆置门卫使者监领，敕阿乳母不得与语，常在四壁中，至于长大，不能名六畜。

二、封建

立妻王氏为皇后，子临为太子，安为新嘉辟。封长子宇子六人为公，齐衰之属为侯。大功为伯，小功为子。缌麻为男，其女皆为任，男以睦、女以隆为号。莽因汉承平之业，府库百官之富，百蛮宾服，天下晏然。莽一朝有之，其心意未满，陋小汉家制度，欲更为疏阔，乃自谓黄帝虞舜之后，至齐王建孙济北王安失国。齐人谓之王家，因以为氏，故以黄帝为初祖，虞舜为始祖，追尊陈胡公曰陈胡王、田敬仲曰齐敬王、济北王安曰济北愍王。立祖庙五，亲庙四。天下姚、妫、陈、田、王，五姓皆为宗室，世世复无有所与。封陈崇、田丰为侯，以奉胡王、敬王后，天下牧守。皆以前有翟义、赵朋等作乱，领州郡，怀忠孝。封牧为男，守为附城。以汉高庙为文祖庙，汉氏园庙祠荐如故。

三、地方制

仿周制，以洛阳为东都，常安（长安改名）为西都。诸侯之员千有八百。附城之数亦如之，以侯有功。又仿王制之文，置卒正、连率、大尹，职如太守；属令、属长，职如都尉。置州牧部监二十五人，见礼如三公。监位上大夫，各主五郡。分六乡、六尉、六队、六郊、六服，总为五国。其后岁复变更，一郡至五易名，而还复其故。吏民不能纪，每下诏书，辄系其故名。凡所举措，皆徒务虚文不顾实际类如此。

莽性骚扰，不能无为，每有所兴造，动欲慕古，不度时宜。制度又不定，吏缘为奸，天下瞀瞀，陷刑者众。

寻以戊己校尉史陈良、终带等，自称汉大将军，亡降匈奴为口实，罢汉庙及诸刘为吏者，废汉诸侯王为民，更号定安太后曰黄皇室主。欲绝之于汉，令孙建世子盛饰将医往问疾，太后大怒，称疾不起。

四、货币制

莽以刘之为字为卯金刀。诏正月刚卯（佩器刻其上面曰正月刚卯，佩之以被除不祥也，以正月卯日作，长三寸广一寸，四方或用玉或用金革带佩之）、金刀（莽所铸之钱）之利，皆不得行。罢错刀、契刀及五铢钱，更作小钱，径六分，重一铢，与前大钱五十者为二品。欲防民盗铸，乃禁不得挟铜炭。其后更作金银龟贝钱布之品，名曰宝货。凡五物（金一物、银一物、龟一物、贝一物、钱布共为一物）、六名、二十八品（金货一品、银货二品、龟货四品、贝货五品、钱货六品、布货十品）。百姓愤乱，其货不行。但行小钱直一，与大钱五十二品。盗铸者不可禁，乃重其法。一家铸钱，五家坐之，没入为奴婢。百姓便安汉五铢钱，以莽钱大小两行难知，又数改变不信，皆私以五铢钱市买。莽复下书诸挟五铢钱者，投四裔，抵罪者不可胜数。于是农商失业，食货俱废，民人至涕泣于市道。

五、田制及赋税制

莽仿周制，行井田之法。收天下之田为王田，禁止买卖。其男口不盈八、而田过一井者，分余田于族党。故无田今当受田者如制度，敢有非井田圣制、无法惑众者，投诸四裔以御魑魅。于是天下骚然，民不聊生。又设六管之令，命州县凡民间酤酒、卖盐，制造铁器及采取山泽之众物，皆课租税。于是百货沸腾，人民生活困难。

莽好空言慕古法，多封爵人，性实吝啬，托以地理未定为名，所封之诸侯，皆不与以国邑，暂令受俸都内，月钱数千。诸侯皆困乏，至有佣作者。寻赋以菁茅四色之土，行受土式于明堂，以慰其心。借口于制作未定，上自公卿，下至小吏，皆不得禄。各因官职为奸，受取赇赂以自给。于是中外离心，大臣解体。

第二节　莽大臣之内乱

莽之谋篡也，吏民争为符命，皆得封侯。其不为者，相戏曰："独无天帝除书乎。"司令（官名，主司察上公以下者）陈崇白莽，"此开奸臣作福之路，而乱天命，宜绝其原。"莽亦厌之，遂使尚书验治，非五威将率所班，皆下狱。初，甄丰、刘秀（即刘歆改名）、王舜为莽腹心，唱导在位，褒扬功德。安汉、宰衡之号皆所共谋，而丰等亦受其赐，并富贵矣。非复欲令莽居摄也，居摄之萌，出于刘庆、谢嚣等。莽羽翼已成，意欲称摄，丰等承顺其意，莽辄复封丰等子孙以报之。丰等爵位已盛，心意已满，又实畏汉宗室。天下豪杰，而疏远欲进者，并作符命。莽遂据以即真，舜、秀内惧而已。丰素刚强，莽觉其不悦。而丰子寻复作符命，言黄皇室主当为寻妻。莽怒，收捕寻，丰自杀，寻亡。捕得。辞连国师公秀子㷒及门人丁隆等。牵引公卿党亲，列侯以下，死者数百人。乃流㷒于幽州，放寻于三危，殛隆于羽山，皆驿车载其尸传致云。于是王舜内惧，病悸寝剧死。莽内恶大臣，有言其过失者，辄拔擢。孔仁等以敢击大臣，特见信任。

第三节　莽之家祸

朝廷之黑暗，既不堪闻问如此矣，莽家庭之秽浊更加甚焉。先是莽妻王氏有子四人：宇、获、安、临。莽摄政时，宇以反对莽见杀。莽即位后，宇子宗自画容貌，被服天子衣冠，发觉，自杀。莽妻以莽数杀其子孙，涕泣失明。莽令子临居中养焉。侍儿原碧等得幸于莽，临亦通焉，恐事泄，谋共杀莽。莽妻死后，莽收原碧等，考问具服。莽欲秘之，杀碧，埋之狱中。赐临死，安寻病殁。于是莽嫡子俱尽。先是哀帝之世，莽以侯就国，与侍儿增秩、怀能、开明通，怀能生男兴，增秩生男匡、女晔，开明生女捷。莽以其种姓不明，不承认其为己子，留之新都，不令至京。及安疾甚，莽自病无子，乃为安作书，请召兴等。莽从之，召兴等赴长安，男封公，女封任。下诏书，仿尚书文体，作煌煌大文一篇，褒奖安之友于，以蒙蔽世人耳目，其欺世盗名如此。

第四节　莽之外交

内部状态，既纷如乱丝，茫无头绪矣。对外处置失宜，外患大起，又加一层困难。初，莽以为四夷君长不宜授王爵，皆更号为侯。遣五威将帅，奉符命，赍印绶，巡行郡国。东至玄菟、乐浪、夫余；

西抵西域；南出徼外，历益州；北至匈奴庭。收回汉故印绶，易新室印绶。贬句町（西南夷，国属牂柯郡）王为句町侯，高句骊王为下句骊侯。西域诸国王皆为侯。收回匈奴单于玺，更授以新匈奴单于章。于是各国君主皆不悦。西域先叛，匈奴应之。西南夷及扶余、涉、貊，亦相继蜂起。莽恃府库之富，欲立威匈奴，乃更名匈奴单于曰降奴服于，遣孙建等率十二将，分道并出，募卒三十万人。先至者屯于边郡，须毕具，乃同时出，穷追匈奴，纳之丁令。分其国土人民以为十五，立呼韩邪子孙十五人，皆为单于。于是匈奴忿怨，连年入寇。会北边大饥，人相食。莽不得已，与匈奴和亲，赂遗甚厚。改匈奴单于曰恭奴善于，单于贪莽金币，曲从之，而寇掠如故。

第五节　莽之衰亡与盗贼之蜂起

莽志方盛，以为四夷不足吞灭，专念稽古之事。莽意以为制定，则天下自平，故锐思于地理，制礼作乐，讲合六经之说。公卿旦入暮出，论议连年不决，不暇省狱讼冤结，县宰缺者数年。守（署理）兼（兼任）一切，贪残日甚。绣衣执法在郡国者，并乘权势，转相举奏，召会吏民。逮捕证左，郡县赋敛，递相赇赂，白黑纷然。守阙告诉者多，莽自见前颛权以得汉政，故务自揽众事，又好变改制度。政令繁多，当奉行者辄质问，乃以从事。前后相乘，愦眊不渫（音袭清也），莽常御灯火至明，犹不能胜。尚书因是为奸寝事，上书待报者，连年不得去。拘系郡县者，逢赦而后出，卫卒不交代者，至三岁。谷籴常贵，边兵二十余万人，仰衣食县官，五原、代郡尤被其毒，起为盗贼，数千人为辈，转入旁郡。莽遣兵击，岁余乃定。莽又发兵击益州蛮，疾疫死者什六七。赋敛民财，什取伍，益州虚耗而不克。

复置羲和命士，以督五均（市官名，王莽更长安东西市令及洛阳、邯郸、临淄、宛、成都市长皆为五均）、六管（一盐，二酒，三铁，四名山大泽，五均赊贷，六铁布铜冶），皆用富贾为之，乘传求利，交错天下。因与郡县通奸，百姓愈病，莽复下诏申明六管。为设科禁，犯者罪至死。民摇手触禁，不得耕桑。吏旁缘莽禁，侵刻小民。富者不自保，贫者无以自存，于是并起为盗贼，依阻山泽。吏不能擒而覆蔽之，浸淫日广。吏以不得俸禄，并为奸利。郡尹、县宰，家累千金。莽乃考诸军吏，及缘边吏为奸利、增产致富者，收其家所有财产五分之四，以助边急。开吏告其将、奴婢告其主之例，冀以禁奸而奸愈甚。

复募天下丁男及死罪囚、吏民奴击匈奴，税天下吏民赀，三十取一，令公卿以下，至郡县黄绶（凡吏二百石以上至五百石者皆铜印黄绶），皆保养军马以秩为差。又博募有奇技术，可以攻匈奴者；或言能渡水，不用舟楫，连马接骑，济百万师；或言不持斗粮，服食药物，三军不饥；或言能飞，一日千里，可窥匈奴。莽辄试之，知其不可用，苟欲获其名，皆拜为理军，赐以车马待发。复下诏谓："方出军行师，敢有趋讙犯法者，辄论斩，毋须时。"于是春夏斩人都市，百姓震惧，道路以目。

又以私铸犯法者多，不可胜行，乃更轻其法。铸者与妻子没入为官奴婢，吏及比伍知而不举告，与同罪。由是犯者愈众，槛车锁颈，传诣长安锺官（官名主铸钱者）以十万数，死者什六七，天下怨叹！于是临淮瓜田仪、琅玡吕母、荆州王匡王凤、琅玡樊崇、东海刁子都、南郡秦丰、平原女子迟昭平等，相继起为盗贼。莽遣使者赦之，还言盗解复合，问其故，皆曰："愁法禁烦苛，不得举手。力作所得，不足以给贡税。闭门自守，又坐邻伍铸钱挟铜。奸吏因以愁民，民穷悉起为盗贼。"莽大怒，免之。或言民骄黠当诛，及言时运适然，且灭不久，莽悦，辄迁官，其自欺以欺人如此。

初四方皆以饥寒穷愁，起为盗贼，稍稍群聚。常思岁熟，得归乡里，众虽万数，不敢略有城邑转掠求食。日阕而已（言随日而尽也），诸长吏牧守皆自乱斗。中兵而死，贼非敢欲杀之也，而莽终不谕其故。荆州牧费兴、青徐二州牧田况，用招抚策，颇能解散贼党，上书言贼实迫于饥寒，非乐为寇盗，请从事招抚。莽怒，皆免其官。更遣太师王匡，更始将军廉丹，将锐士十余万人击樊崇，所过放纵。东方为之语曰："宁逢赤眉，不逢太师，太师尚可，更始杀我。"是时连年雨雪蝗旱，五谷不登，北边及关东皆大饥，人相食，流民入关者数十万人。莽闻城中饥馑，以问中黄门王业，业曰："皆流民也。"乃市所卖粱饭肉羹，持入示莽曰："居民食咸如此。"莽信之。于是天下皇皇，人心思汉。

第六节　昆阳之战

当是时王凤、王匡等兵势日盛，诸亡命者马武、王常、成丹等皆往从之。数月间至七八千人，藏于绿林山（在今湖北襄阳道当阳县）中，称绿林兵。会遇疾疫，死者且半，乃各分散。王常等西入南郡，号下江（在南郡编县监口聚）兵。王匡等北入南阳，号新市（县名，故城在今湖北襄阳道，即故安陆府京山县南三十里）兵。平林（县名，故城在今江汉道随县，即故随州东北八十里）人陈牧、廖湛，复聚众千余人以应匡，号平林兵，侵略南阳属县。会汉宗室縯及弟秀起兵春陵（故城在今湖北襄阳道枣阳县南三十里），兴复帝室，使族人招说新市、平林兵，皆奉命。与莽前队大夫甄阜、属正梁丘赐战，败绩。縯收兵还保棘阳（故城在今河南汝阳道邓县境内），下江兵五千余人至宜秋（聚名，故城在今汝阳道沘源县，即故南阳府唐县东南），縯与弟秀俱造其壁。见王常，说以合纵之利，常还，具为余将言之，诸将皆听命，遂与汉兵合，攻阜赐，诛之。莽纳言将军严尤、秩宗将军陈茂，引兵欲据宛（今河南汝阳道南阳县），縯与战于淯阳（县名，故城在今汝阳道南阳县南）下，大破之，遂围宛。

先是青徐贼众，虽数万人，讫无文书号令旌旗部曲，及汉兵起，皆称将军，攻城略地，移书称说。莽闻之始惧。刘縯威名日盛，兵至十余万人。时春陵戴侯曾孙玄在平林兵中，号更始将军。诸将议以兵多而无所统一，欲立刘氏以从人望。南阳豪杰及王常等皆欲立縯。新市、平林将帅乐放纵，惮縯威名，贪玄懦弱，先共定策立之。然后召縯示其议，设坛场于淯水（俗名，白河源出河南嵩县西南攻离山东南，流经南阳至湖北襄阳县合唐河入汉）上。奉玄即皇帝位，南面立朝群臣。羞愧流汗，举手不能言，由是豪杰失望，秀徇昆阳（县名，故城在今汝阳府叶县南）、定陵（县名，故城在郾西北）、郾（县名，即今开封道郾城县），皆下之。汉兵日盛，莽遣其司徒王寻、司空王邑，大发兵平定山东。征诸明兵法六十三家，以备军吏。以长人巨无霸为垒尉，驱诸猛兽虎豹犀象之属，以助威武。兵士四十三万人，号百余万，出颍川（今河南开封道中部）与尤、茂合。诸将见兵盛，多反走入昆阳。时城中唯有八九千人，寻、邑纵兵围之。刘秀使王凤、王常守昆阳，夜与李轶等十三骑，出城南门，于外收兵，至郾定陵。悉发诸营兵，自将步骑千余为前锋，去大军四五里而阵。寻、邑亦遣兵数千合战。秀奔之，斩首数十级。寻、邑兵却，诸部共乘之，斩首数百千级。秀与敢死者三千人，从城西水上冲其中坚。寻、邑阵乱。汉兵乘锐崩之，遂杀寻。城中亦鼓噪而出，中外合势，震呼动天地。莽兵大溃，走者相腾践，伏尸百余里。会大雷风，屋瓦皆飞，雨下如注，滍川（音雉，即古㴇水，今名沙河，源出鲁山县西吴大岭东南流至襄城县会汝水又东入于颍河）盛溢，虎豹皆股战，士卒溺死以万数，水为不流，邑、尤、茂轻骑逃去。尽获其军实辎重，关中震恐。于是海内豪杰，翕然响应，皆杀其牧守，自称将军，用汉年号，以待诏命。旬月之间，遍于天下。

莽闻汉兵言莽鸩杀孝平皇帝，乃会公卿于王路堂，开所为平帝请金縢之策，泣以示群臣。莽将军王涉与国师刘秀、大司马董忠等，谋执莽降汉，谋泄，皆自杀。莽以军师外破，大臣内叛，左右无所信，忧懑不能食。更始遣申屠建、李松攻武关（在今陕西关中道商县西），三辅豪杰邓晔、于匡等起兵应之。莽忧不知所出，乃率群臣至南郊，陈其符命本末，仰天大哭，气尽，伏而叩头。诸生小民，旦夕会哭，甚悲哀者，除以为郎。拜将军九人，皆以虎为号，将精兵数万以东。时省中黄金，尚六十余万斤，他财物称是。莽赐九虎士人四千钱，众重怨无斗意。晔开武关迎汉兵，以弘农掾王宪为校尉，将数百人，北度渭，至频阳（故城在今陕西关中道富平县东北七十里），所过迎降。诸县大姓，各起兵称汉将，率众随宪。四会长安城下，城中少年，烧作室门，火及掖庭。莽避火宣室前殿，火辄随之，莽绀袀服（绀深青扬赤色袀纯也），持虞帝匕首，旋席随斗柄而坐曰：“天生德于予，汉兵其如予何。”群臣扶莽之渐台。欲阻池水，众共围之。商人杜吴杀莽，传首诣宛，新亡。时新莽地皇四年，汉帝玄更始元年，西历纪元二十三年，西汉亡国后第十六年也。

王莽事略表

```
微时 ┬ 对自身……折节为恭俭，勤身博学，被服如儒生
     └ 对家庭……事母及寡嫂，养孤兄子，行甚敕备；事诸父，曲有礼意

贵时 ┬ 对自身……爵位愈尊，节操愈谦
     └ 对宾客……振施宾客，收赡名士，交结将相，聘诸贤良以为掾史，赏赐邑钱悉以
               享士。家无余财

辅政时 ┬ 施小惠 ┬ 对官吏……王侯已灭者复其闉，绝者为立嗣，优待致仕官吏，与以
        │       │         故禄三分之一终其身
        │       └ 对民人……下及庶民鳏寡。恩泽之政，无所不施
        ├ 专诛杀……杀其子宇及汉忠臣何武、鲍宣等数百人
        └ 对外国……讽黄支国献犀牛，讽匈奴遣女人侍太皇太后，**讽西羌献地，置西海郡**

篡立后 ┬ 改官制 ┬ 中央官……四辅，三公，四将
        │       └ 地方官 ┬ 州牧 ┬ 卒正
        │                └ 部监 ├ 连率
        │                      ├ 大尹─县宰
        │                      ├ 属令
        │                      └ 属长
        ├ 改地方制 ┬ 六乡……长安城旁
        │          ├ 六尉……三辅属县
        │          ├ 六队……河内，河东，弘农，河南，颍川，南阳
        │          ├ 六郊……河南属下之三十县，每五县置州长一人
        │          └ 六服……维城，维宁，维垣，维屏，维翰，维藩
        ├ 改田制……收天下之田为王田 ┬ 禁止买卖
        │                          └ 其男口不盈八而田过一井者，分余田于族党
        ├ 改赋税治 ┬ 布六管之令……一、盐，二、酒，三、铁，四、山泽，
        │          │             五、五均赊贷，六、布及铜冶
        │          └ 设理财之官 ┬ 五均……平价取民物
        │                      ├ 司市……定物价为市平
        │                      └ 泉府……赊贷取民息
        ├ 改币制 ┬ 禁汉蕊铢钱
        │        └ 作宝货……金货一品，银货二品，龟货四晶，贝货五品，布货十品
        ├ 肆杀戮……杀甄寻，刘棻，丁隆等数百人
        └ 开衅外国 ┬ 更名匈奴单于为降奴服于，遣孙建等分道出击之
                   ├ 改句町王为侯，使牂牁大尹周歆诈杀其王邯，邯弟承起兵攻歆，
                   │ 杀之
                   └ 发高句骊兵击匈奴，高句骊不欲行，贬高句骊王为下句骊侯，
                     王怒，犯边
```

第十章

光武之中兴

自来虽有智慧，不如乘势；虽有镃基，不如待时。古来为圣为贤称王称霸者，代有其人。顾能造时势之英雄有几，大都运会所趋，即乘风云而起。所谓民意所归，即天心所向，当局者界乎主动与被动之间，为四围潮流所激荡，迫而为铤而走险之举，及成功以后，自己亦莫知其所由然也。知此者可与论东汉之建国，东汉建国易于成功之原因有二。其一，汉室自文景以后积功累仁百余年，虽历代非尽明君，然汉室政令从未有如新莽之扰民者，故人民怀汉不已；其二，莽称道符命以篡汉室，虽能掩一时耳目，积久则天下皆知其非。故称刘氏讨之，为故主复仇，名甚正、言甚顺也。此事劳少利多，事半功倍。当世群雄所见略同，故争奉戴刘氏子孙为傀儡，割据一方，称王称帝。其中若严尤、陈茂之奉戴刘望，方望、弓林之奉戴孺子婴，李育、张参之奉戴假刘子舆，赤眉之奉戴刘盆子，其尤著者也，而卒能成功者厥为光武帝。

第一节 光武之家世及其举义事迹

光武帝，名秀，字文叔，南阳蔡阳（汉县，故城在今湖北襄阳道枣阳县）人。高祖九世孙。出自景帝子长沙定王发，定王母唐姬。无宠，故王卑湿贫国。定王生春陵节侯买，买生戴侯熊渠，熊渠生考侯仁。仁以南方卑湿，徙封南阳之白水乡，与宗族往家焉。仁卒，子敞嗣。值莽篡位，国除。节侯少子外，为郁林太守，外生钜鹿都尉回，回生南顿令钦。钦娶湖阳樊重女，生三男：縯、仲、秀。縯性刚毅，慷慨有大节，常愤愤怀复社稷之虑，不事家人居业，倾身破产，交结天下雄俊。秀隆准日角，尝受尚书长安。略通大义，性勤稼穑，縯常非笑之，比于高祖兄仲。宛人李通、李轶有大志，知縯兄弟泛爱容众，可与谋大事，阴与结纳。会新市兵北上，南阳骚动，秀卖谷于宛。通遣轶往迎之，相与结约定谋。新莽地皇三年秋七月，縯号召诸豪杰，分遣亲客于诸县起兵。縯自发春陵子弟，子弟恐惧，皆亡匿曰："伯升杀我。"及见秀，绛衣大冠，皆惊曰："谨厚者亦复为之。"乃稍自安。凡得子弟七八千人，部署宾客，自称柱天都部，秀时年二十八。昆阳战后，縯兄弟威名益盛，新市、平林诸将阴劝更始除之。縯部将刘稷勇冠三军，闻更始立，怒曰："本起兵图大事者，伯升兄弟也。今更始何为者耶？"以为将军，又不肯拜，更始乃与诸将陈兵收稷诛之。縯固争，李轶、朱鲔因劝更始并执縯，杀之。秀自父城（县名，故城在今河南河洛道临汝县东南父城堡）驰诣宛谢，縯官属迎吊秀，秀不与交私语，惟深引过而已。未尝自伐昆阳之功，又不敢为縯服丧。饮食言笑如平常，更始以是惭，拜秀为破虏大将军，封武信侯。更始将都洛阳，以秀行司隶校尉，使前修宫，秀乃置僚属，作文移，从事司察，一如旧章。时三辅吏士东迎，见诸将过，皆冠帻（发巾也，古之卑贱执事者用之）而服妇人衣，莫不笑之。及见司隶僚属，皆欢喜不自胜，老吏或垂涕曰："不图今日复见汉官威仪。"由是识者皆属心焉。

第二节　平河北之乱

更始既入洛阳，以河北尚未下，欲令大将徇河北。大司徒赐言诸家子独有文叔（光武帝字）可用，朱鲔等以为不可，赐深劝之，乃以秀行大司马事，持节北渡河，镇慰州郡。所过郡县，考察官吏，黜陟能否，平遣囚徒，除王莽苛政，复汉官名。吏民喜悦，争持牛酒迎劳，秀皆不受。南阳邓禹杖策追秀，及于邺（今河南河北道安阳县）。秀曰："我得专封拜，生远来，宁欲仕乎？"禹曰："不愿也。但愿明公威德加于四海，禹得效其尺寸，垂功名于竹帛耳。"秀笑。因留宿闲语。禹进说曰："今山东未安，赤眉青犊之属，动以万数。更始既是常才，而不自听断，诸将皆庸人崛起，志在财币，争用威力，朝夕自快而已。非有忠良明智，深虑远图，欲尊主安民者也。历观往古圣人之兴，天时人事，二科而已。今以天时观之，更始既立，而灾变方兴。以人事观之，帝王大业，非凡夫所任，分崩离析，形势可见。明公素有盛德大功，为天下所向服，军政齐肃，赏罚明信。为今之计，莫如延揽英雄，务悦民心。立高祖之业，救万民之命。以公而虑，天下不足定也。"秀大悦。因令禹常宿止于中，与定计议。每任使诸将，多访于禹，皆当其才。

初，秀自兄缤死，每独居，辄不御酒肉。枕席有涕泣处，主簿冯异独叩头宽譬，因进说曰："更始政乱，百姓无依，人久饥渴，易为充饱，宜分遣官属，循行郡县，宣布惠泽。"秀纳之。北行至邯郸，时赤眉樊崇之众屯河内（郡名，今河南河北道）。故赵缪王（名元，景帝七世孙）子林说秀决列人（县名，故城在今河北大名道肥乡县东北二十里列人堤上）河水以灌赤眉，秀不从。去之真定。林素任侠于赵魏间，邯郸卜者王郎，诈称成帝子子舆，林等信之，与赵国大豪李育等，入邯郸，立郎为天子。徇下幽冀，州郡响应，秀以王郎势盛，乃北徇蓟（今河北大宛县）。时上谷（郡名，今河北口北道）太守耿况，遣子弇诣长安。至宋子（今河北大名道赵县），闻王郎兵起，乃驰北上谒秀，留署长史，会故广阳王子接起兵蓟中，应王郎。城内揽乱，秀趣驾出城。晨夜舍食道旁，不敢入城邑。时郡国皆已降王郎，独信都（今河北冀县）太守任光、和戎（郡名，治下曲阳，故城在今河北保定道晋县）太守邳肜不肯从。秀驰赴信都，发奔命兵，移檄边郡，共击邯郸。郡县还复响应，南击李育于柏人（故城在今河北大名道唐山县），大破之。进兵拔广阿（故城在今河北大名道隆平县东十里），军势复振。

初，蓟中之乱，耿弇与秀相失。北走昌平（今河北昌平县），就其父况，请击邯郸。况以邯郸势盛，力不能独进，遣功曹寇恂往约渔阳（郡名，旧京兆东部）太守彭宠。宠吏吴汉、盖延、王梁，劝宠从秀，宠乃发步骑三千人，使汉延梁将之攻蓟。恂自渔阳还，与长史景丹及弇将兵俱南，与渔阳军合。所过击斩王郎大将以下三万级，定县二十有二。前及广阿，与秀会，进攻邯郸。连战，破之。遂拔邯郸，斩王郎。假子舆之乱平。

先是更始迁都长安，悉封诸功臣为王。以赵萌为右大司马，秉政。日夜饮燕后庭，群臣欲言事，辄醉不能见。萌专权，生杀自恣。群小膳夫，皆滥授官爵。诸将在外者，皆专行诛赏。各置牧守，州郡交错，不知所从。由是关中离心，四海怨畔。王郎平后，更始遣使立秀为萧王，令罢兵。耿弇曰："百姓患苦王莽，复思刘氏。闻汉兵起，莫不欢喜，如去虎口，归慈母。今更始为天子，而诸将擅命于山东，贵戚纵横于都内。元元叩心，更思莽朝，是以知其必败也。公功名已著，以义征伐，天下可传檄而定也。天下至重，公可自取，毋令他姓得之。"王乃辞以河北未平，不就征，始贰于更始矣。

是时诸贼铜马、大肜、高湖、重连、铁胫、大枪、尤来、上江、青犊、五校、檀乡、五幡、五楼、富平、获索等，或以山川土地为名，或以军容强盛为号，各领部曲，众合数十百万人，所在寇掠。秀以吴汉、耿弇为大将军，发幽州突骑击铜马于鄡（县名故城在今河北束鹿县），大破之。受降未尽，而高湖、重连从东南来，与铜马余众合，王复与大战，悉破降之。封其渠帅为列侯，降者犹不自安。王知其意，敕令各归营勒兵，自乘轻骑，案行部阵。降者更相语曰："萧王推赤心置人腹中，安得不投死乎。"由是皆服。悉以分配诸将，众遂数十万。赤眉别帅与青犊、上江、大肜、铁胫十余万众在射犬（故城在今河南河北道沁阳县，即故怀庆府河内县），王击破之。南徇河内，太守韩歆降，遂自将北徇燕赵。

第三节　平赤眉之乱

先是琅玡樊崇起兵于莒（今山东济宁道莒县），同郡人逄安、东海人徐宣、谢禄、杨音等皆附之，有众数万人，转掠青徐间。王莽遣王匡、廉丹击之。崇恐其众与莽兵乱，乃皆朱其眉以相识别，由是号曰赤眉，战于梁郡（今河南开封道故归德府）。莽兵大败，赤眉兵势日盛。更始既入洛阳，遣使降赤眉。樊崇等闻汉室复兴，留其兵，自将渠帅二十余人，随使者至洛阳，皆封列侯。未有国邑，而留众稍离畔，乃复亡归，转掠河南、颍川诸郡，虽数战胜，而疲敝愁泣，思欲东归。樊崇等虑众东向必散，不如西攻长安。更始遣兵屯弘农（今河南河洛道陕县）以拒之。赤眉进至弘农，败更始兵，遂进至湖（今河洛道阌乡县）。更始大臣张卬等作乱，欲劫更始归南阳为盗。更始不从，杀卬党申屠建。王匡与卬合兵击更始，连战月余，匡等败走，长安大乱。赤眉进至华阴（今陕西关中道华阴县），方望弟阳怨更始杀其兄。说樊崇等曰：“将军拥百万之众，西向帝城，而名为群贼，不可以久，不如立宗室挟义诛伐。”崇等以为然，乃于军中求城阳景王章之后盆子，立之。时盆子年十五，被发徒跣，见诸将皆称臣拜，恐怖欲啼，王匡张卬迎降。赤眉遂入长安。更始奔高陵（今陕西关中道高陵县），遣式侯恭请降于赤眉，三辅苦赤眉暴虐，皆怜更始，欲盗出之。张卬等深以为虑，使谢禄缢杀之。时更始三年，光武帝建武元年，西历纪元二十五年，新莽亡国后二年也。

先是萧王将北徇燕赵，度赤眉必破长安，乃拜邓禹为前将军，中分麾下精兵二万人，遣西入关。时更始将朱鲔、李轶守洛阳，鲍永、田邑在并州（今山西）。王以河内险要富实，拜寇恂为太守，谓曰：“昔高祖留萧何关中，吾今委公河内，当给足军粮，率厉士马，防遏他兵，勿令北渡。”拜冯异为孟津将军，统兵河上，以拒洛阳。王乃引兵而北。恂调馈粮、治器械以供军，未尝乏绝。冯异遗李轶书，为陈祸福，劝令归附。轶知长安已危，而以伯升之死，心不自安，乃报异书，而不复与争锋。故异得北攻天井关（在今山西冀宁道晋城县太行山顶），南下城皋以东，斩河南太守武勃。轶闭门不救，朱鲔怒，使人刺杀轶，自将攻河内，冯异、寇恂击败之，合兵追至洛阳城下，环城一匝而归，自是洛阳震恐，城门昼闭。

当是时王自将击尤来、五幡、大枪等于元氏（今河北保定道元氏县），大破之。冯异、寇恂移檄上状，诸将入贺，因上尊号，王不许，引还蓟。遣吴汉率耿弇等十三将军，分道追击尤来等群盗，悉破灭之。河北平，还至鄗（今河北大名道高邑县）南。诸将固请正尊号，王遂即位，改元建武。以吴汉为大司马，率诸军围洛阳，数月不下。帝以岑彭与鲔有旧，令往说之，鲔请降。建武元年冬十月，车驾入洛阳，遂定都焉，是为东汉创国之始。

是时邓禹西征，击王匡等兵于安邑（今山西河东道安邑县），大破之。河东平，遂渡河，破更始左辅都尉公乘歙兵。会赤眉已入长安，所过暴掠，百姓不知所归。闻禹师行有纪，皆望风相携负以迎，禹辄停车驻节以劳来之，名震关西。诸将皆劝禹径攻长安，禹曰："吾众虽多，能战者少。前无可仰之积，后无转馈之资。赤眉新入长安，财赋方盛，锋锐未可当。夫盗贼群居，无终日计，变故万端，非能坚守者也。上郡（今陕西榆林道）、北地（今甘肃泾原道故庆阳府）、安定（今甘肃泾原道故平凉府）饶谷多畜，吾且休兵北道，就粮养士，观其敝乃可图也。"遂引军北至栒邑（今陕西关中道栒邑县），所至郡县皆开门归附。赤眉久掠长安，城中食尽。建武二年正月，收载珍宝，纵火烧官室市里，恣行掠杀。长安城中无复人行，转掠城邑，遂入安定、北地。邓禹入长安，谒祠高庙，收十一帝神主，送诣洛阳，扫除园陵，置吏士奉守。

已而赤眉欲上陇，隗嚣遣兵击破之。赤眉复还攻长安，邓禹兵败，出屯云阳（故城在今关中道泾阳县）。军乏食，战数不利，归附者日益离散。帝遣冯异入关，征禹还京师，会三辅大饥，人相食。遗民往往聚为营堡，各坚壁清野。赤眉虏掠无所得，乃引而东。帝遣侯进屯新安，耿弇屯宜阳（二县俱在河洛道），以拒其来路。禹惭于受任无功，数以饥卒邀赤眉战，辄不利，乃邀异合兵共攻，战于湖县，败绩。禹以二十四骑脱归宜阳，异收散卒归营，与赤眉约期会战。预使壮士变服伏于道侧，赤眉攻异前部，异少出兵以救之。贼见势弱，遂悉众攻异，异乃纵兵大战。日昃，贼气衰，伏兵猝起，衣服相乱。赤眉不复识别，遂惊溃。异追击，大破之于崤底。余众东向宜阳，帝亲勒大军，严阵以待之。樊崇等惊震，不知所为，乃奉盆子及丞相徐宣以下肉袒降。赤眉之乱平，时建武三年，西历纪元二七年也。

第四节　光武初年群雄割据之形势
　　　　宗室诸王之破灭　东方之平定

　　绿林、赤眉为新莽末年二大流寇。绿林兵辅立刘玄，及更始之亡，与之同归于尽。赤眉辅立刘盆子，崤底败后，降于东汉。天下无复强敌。光武帝乃分兵经略四方。先是新莽末年，群雄蜂起，公孙述起兵成都，略取四川全省，自称成帝。隗嚣起兵天水（郡名，故城在今甘肃渭川道通渭县），略取甘肃东南部，自称西州上将军。窦融起兵河西，略取甘肃西北部，自称五郡大将军。卢芳起兵安定（今甘肃泾原道镇原县），更姓名为刘文伯，自称西平王，匈奴迎之，立以为汉帝。略取上郡、安定、朔方（今绥远西部及宁夏东南部）、云中（今绥远东部察哈尔西南部）、五原（今绥远中部北部）郡，往来侵寇陕甘北境，是为当时群雄称霸于西方者。李宪起兵庐江（今安徽安庆道合肥县等地），自称淮南王。秦丰起兵黎丘（故城在今湖北襄阳道宜城县），自称楚黎王。董宪据东海（今江苏徐海道东部），张步据琅玡（今山东故兖沂青莱四府东南境及胶州），与梁王永联合，步称齐王，宪称海西王。渔阳（故城在今河北密云县东南）太守彭宠叛汉，自称燕王，是为当时群雄称霸于东方者。刘望在汝南、孺子婴在临泾、梁王永在睢阳、汉中王嘉在汉中、真定王杨在河北，亦各据地起兵。是为当时宗室中之割据一方者。

　　刘望者，故钟武（故城在今河南汝阳道信阳县）侯，更始元年，起兵汝南（今汝阳道），自立为天子。莽将严尤、陈茂败于昆阳，走往归之，望以尤为大司马、茂为丞相，更始遣将军刘信击杀之。

　　孺子婴者，故定安公，即长大不能名六畜者。莽败后，居于长安，隗嚣入朝于更始。嚣军师方望度更始必败，不从。建武元年，与安陵（县名，故城在今陕西关中道咸阳县东）人弓林等，求得婴于长安，将至临径（县名，故城在今甘肃泾原道镇原县）立之。以望为丞相、林为大司马，更始遣李松击破斩之。

真定王杨者，汉之疏属。更始初年，复国。王郎之起兵邯郸也，杨起兵附之，有众十余万，光武遣刘植说降之。寻以谋反，伏诛。

汉中王嘉者，春陵考侯仁之孙。更始初，封王。南阳延岑起兵武当（县名，以武当山名之，故城在今湖北襄阳道均县北），侵略汉中，嘉击降之。其后岑复反，嘉败走。岑遂据汉中，为更始将李宝所破，走天水。公孙述乘势取南郑，岑引兵北入散关（在今陕西汉中道凤县东北），嘉追击破之，赤眉之西上也。故更始将廖湛以赤眉十万众击嘉，嘉大败之，遂就谷云阳。会邓禹已入长安，遣使招之。嘉妻兄来歙，帝之姑子，亦劝嘉降，至洛阳，封顺阳侯，于是汉中亦就抚。宗室中僭位号者，只余梁王永一人。光武建都洛阳，去西方悬远，陇蜀二国非目前之急，独梁地广兵强，去洛阳伊迩，有卧榻之侧不容他人鼾睡之势。光武乃用远交近攻策，通好窦融、隗嚣以羁縻之，而集中兵力经略东方。

梁王永者，故梁王立之子，孝王八世孙。更始初年，首诣洛阳，诏封为梁王，都睢阳（今河南开封道商丘县）。后永见更始政乱，起兵攻下济阴（今山东济宁道故曹州府）、山阳（今江苏淮阳道故淮安府）等二十八城，尽有淮水流域。与西防（故城在今山东济宁道单县，即故曹州府境）贼帅佼强及董宪、张步等连兵，专制东方。更始败后，永遂称帝。建武元年四月，帝遣大将军盖延伐永，拔睢阳，永走湖陵（县名，故城在今济宁道，即故兖州府鱼台县东六十里）。张步等惶怖请降，帝使光禄大夫伏隆持节安辑二州，拜步东莱（今山东胶州道故莱州府）太守。永闻之，即驰使封步齐王、董宪海西王。步贪王爵，受之，杀隆。是时帝方北忧渔阳，南事梁楚，故步得专集齐地，据郡十二，尽有现今山东之地。建武三年三月，睢阳人反城迎永，盖延围之百日，永突围走，其将庆吾斩永以降。将军庞萌反，据彭城，帝自将击之。佼强率兵救萌，兵败，强降。董宪、庞萌奔朐（县名，故城在今江苏徐海道东海县，即故海州），吴汉引兵围之。六年二月，拔朐，斩宪、萌，河南、淮北悉定。

彭宠之叛也。涿郡（故京兆南部）太守张丰反，与连兵。建武四年，大将军耿弇击斩丰，进围渔阳，宠苍头子密斩宠以降，弇旋师至平原

（今东临道平原县），击流寇富平、获索等，大破之。进攻张步，拔祝阿（县名今山东东临道禹城县）、济南、临菑，大破其兵。五年十月，步降，山东悉定。

建武三年七月，大将军岑彭击秦丰于邓（今河南汝阳道邓县），破之，进围黎丘。四年，将军马成击李宪，围舒（县名，故城在今安庆道，即故庐州府舒城县），秦丰势衰。诏将军朱祐代彭围丰，命彭南击丰将田戎。五年二月，彭攻拔夷陵，戎奔蜀，彭留屯津乡（故城在今荆南道江陵县东），当荆州要会，喻告诸蛮夷降者。奏封其君长。

先是王莽末年，交趾诸郡闭境自守。岑彭素与交趾牧邓让厚善，与让书，陈国家威德，又遣偏将军屈充，移檄江南，班行诏命，于是让与江夏太守侯登、武陵太守王堂、长沙相韩福、桂阳太守张隆、零陵太守田翕、苍梧太守杜穆、交趾太守锡光等，相率遣使贡献，悉封为列侯。是年六月，朱祐拔黎丘，斩秦丰。次年正月，马成拔舒，斩李宪，江淮悉平，于是扬子江中流、下流及西江流域与现今法领安南北部等地复入于汉。

第五节　西方之平定　隗嚣公孙述之破灭　窦融之归附　卢芳之远窜

江淮山东既平，天下三分之二折而入于汉。东方僭国俱尽，乃移兵经略西方。西方僭国之情形，与东方稍异。东方诸国首领，多群盗出身，初无远志，其军士亦以虏掠为生活，不事农桑。西方僭国首领，为窦融、隗嚣、公孙述三人，皆上流社会出身，富于政治能力，颇有帝王思想。三人初起，皆假汉室名义，自称将军，其后公孙述僭号称尊，隗嚣、窦融仍守臣节。嚣根据地在陇西，与汉接境。邓禹之西征也，部将冯愔反；引兵西向天水（今甘肃渭川道），嚣遣兵击破之。禹承制，遣使持节，拜嚣为西州大将军，得专制凉州朔方事，是为汉与嚣交际之始。赤眉灭后，帝方专力东方，恐西州有警，遣太中大夫来歙使嚣。嚣腹心议者，多劝通使京师。嚣乃奉表诣阙，帝报以殊礼。言称字，用敌国之仪。

建武四年十二月，公孙述遣将李育、程乌等将数万众，出屯陈仓（故城在今关中道，即故凤翔府宝鸡县），将徇三辅。冯异迎击，大破之。嚣遣兵佐异有功，遣使上状，帝报以手书，所以慰藉之者甚厚。其后述数遣将间出，嚣辄与异合势，共摧挫之。述遣使以大司空、扶安王印绶授嚣，嚣斩其使，出兵击之，以故蜀兵不复北出。

窦融等闻帝威德，心欲东向，以河西隔远，未能自通，乃从嚣受建武正朔，嚣皆假其将军印绶。嚣外顺人望，内怀异心，使辩士张玄说融以合纵连横之利，融不听，遣长史刘钧等奉书诣洛阳。帝赐以玺书，授融凉州牧，所以慰藉之者甚厚。

其后嚣自比西伯，议欲称王，又广置职位。其祭酒郑兴固谏，乃止。时关中将帅数上书，言蜀可击之状，帝以书示嚣，因使击蜀以效其信，嚣上书盛言"三辅单弱，刘文伯在边，未宜谋蜀"。帝知嚣欲持两端，不愿天下统一，于是稍绌其礼，正君臣之义。帝以嚣与马援、来歙相善，数使歙、援奉使往来，劝令入朝，许以重爵。嚣言无功德，须四方平定，退伏闾里。帝复遣歙说嚣遣子入侍。嚣闻刘永、彭宠皆已破灭，乃遣长子恂随歙诣阙。帝以为胡骑校尉，封镌羌侯。嚣将王元以为天下成败未可知，不愿专心内事，说嚣以东封之利，嚣心然其计，虽遣子入质，犹负其险厄，欲专制方面。

江淮山东既平，诸将班师还京，置酒赏赐。帝积苦兵间，以隗嚣遣子内侍。公孙述远据边陲乃谓诸将曰："且当置此两子于度外耳。"因休诸将于洛阳，分军士于河内。数腾书陇蜀，告示祸福。帝与述书曰："君非吾乱臣贼子，仓猝时人皆欲为君事耳。天下神器，不可力争，宜留三思。"署曰公孙皇帝。述不答。

已而述使田戎出江关（故基在今四川东川道奉节县城东北七里赤甲山上），招其故众，欲取荆州。帝乃诏嚣欲从天水伐蜀。嚣上言："述性严酷，上下相患，须其罪恶熟著而攻之，帝知嚣终不为用，乃谋讨之。六年五月，遣耿弇、盖延等七将军，从陇道伐蜀。先使来歙奉玺书，赐嚣喻旨。嚣不听，使其将王元据陇坻（即陇坂，在今陕西关中道陇县西北六十里），伐木塞道，诸将与战，大败而还。嚣乘胜使王元、行巡将二万余人下陇，冯异、祭遵迎击，大破之。北地诸豪长耿定等悉畔嚣降，异因北击卢芳兵，破之。上郡、安定、朔方、云中四郡相继降，芳徙据五原。嚣遣使称臣于述，述立嚣为朔宁王，遣兵援之。

八年春，诏来歙将二千余人，伐山开道，从番须（谷名）、回中（城名，在今陕西关中道陇县西北四十里）径袭略阳（县名，故城在今甘肃渭川道，即故秦州秦安县），斩嚣守将金梁。嚣大惊，自将其大众数万人围之。公孙述遣将李育、田弇助攻，堑山筑堤，激水灌城，歙与将士固死坚守。嚣尽锐攻之，累月不能下。是年闰四月，帝自将征嚣，至高平第一城（今甘肃泾原道固原县）。窦融率五郡太守及羌虏小月氏等步骑数万，与大军会。嚣将王遵、牛邯相继来降，俱拜太中大夫。于是嚣大将十三人、属县十六、众十余万皆降。嚣将妻子奔西城（故城在今甘肃渭川道天水县西南），帝使吴汉、岑彭围之。以四县封窦融为安丰侯，遣西还所镇。是年九月，帝还京。嚣将王元、行巡、周宗，将蜀兵五千余救嚣，因迎嚣归冀（今甘肃渭川道伏羌县）。吴汉军食尽，引还长安。九年正月，嚣卒。王元、周宗立嚣小子纯为王，总兵据冀。嚣将高峻拥兵据高平第一城，耿弇围之，经年不下。帝遣寇恂招降之，冀城势孤。十年十月，来歙等攻破落门（聚门，在伏羌县西），纯降。元奔蜀，陇石悉定，于是西方僭国只余公孙述。

先是延岑为汉中王嘉所破，东走关中，屯杜陵（故城在今陕西长安县城东南十五里），击赤眉，大破之，遂列置牧守，欲据关中。冯异既灭赤眉，屯兵上林苑中，岑引群盗攻异，异大破之。岑走南阳，复为邓禹所破，遂奔蜀。公孙述以为大司马，封汝宁王。秦丰之亡也，田戎奔蜀，述封为翼江王，于是益州一隅，遂为天下逋逃薮。述将荆邯说述起兵，命延岑、田戎分出东北二路，经略秦、楚，述心然其计而不能用。建武九年，述遣田戎等将数万人下江关，击破岑彭部将冯骏兵，遂拔巫（今荆南道巴东县）及夷道（今宜都县）、夷陵（今宜昌县），据荆门、虎牙（二山名，在今江陵县城南跨江南北相对），横江水，起浮桥关楼，立欑柱以绝水道，结营跨山以塞陆路，拒汉兵。岑彭数攻之，不克。建武十一年三月，诏吴汉发荆州兵六万余人，与彭连兵伐蜀，是为由楚入川之师。诏来歙与盖延等进攻河池（今渭川道，即故秦州徽县），破王元与述将环安兵,进克下辨(今渭川道,即故阶州成县),是为由陇入川之师。岑彭令偏将军鲁奇为前锋,攻破浮桥,田戎走保江州(故城在今东川道巴县西)。彭长驱入江关,令军中无得虏掠,所过百姓皆奉牛酒迎劳。彭复让不受,百姓大喜,争开门降。诏彭守益州牧,所下郡辄行太守事,彭若出界,即以太守号付后将军,选官属守州中长吏。彭到江州,以其城固粮多,难卒拔,留冯骏守之,自引兵乘利,直指垫江(今东川道合川县,即故合州)。公孙述使延岑、王元等悉兵拒彭。彭与将军臧宫等分兵袭击破之。因晨夜倍道兼行,径拔武阳(故城在今建昌道彭山县),使精骑驰击广都(故西川道双流县)。去成都数十里,势若风雨,所至皆奔散。岑奔成都,王元举众降,四川大震。公孙述使盗刺杀来歙,诏马成代总北路之师,复使盗刺杀岑彭。监军郑兴领其营,以候吴汉至而授之。汉以舟师溯江而上,大破蜀兵,遂拔广都,进逼成都,斩述将谢丰、袁吉。自是汉与述战于广都、成都之间,八战八克,遂军于其郭中。述困急,悉散金帛,募敢死士五千余人以配延岑。岑袭破汉军,汉堕水,缘马尾得出。述自将数万人攻汉,自旦至日中,军士不得食。汉因以锐卒击之,述兵大乱,述中伤,堕马死。岑以城降,冯骏亦拔江州,获田戎。蜀平。次年,窦融入朝,拜冀州牧。卢芳知势不敌,弃五原,奔匈奴。于是塞内僭国俱尽,中国复一统矣。时建武十三年,西历纪元三七年也。

东汉初年群雄割据表

人名	称号	根据地	占地今释
公孙述	成帝	成都	四川省
隗嚣	西州上将军	陇西	甘肃东南部
卢芳	西平王	安定	甘肃东北部及绥远
窦融	河西五郡大将军	河西	甘肃西北部
刘永	梁帝	睢阳	山东、江苏、河南三省之交
王郎	汉帝	邯郸	河北西南部
樊崇	赤眉	无定	山东、河南、山西、陕西一带
李宪	淮南帝	舒	安徽、江苏一带

人名	称号	根据地	占地今释
董宪	海西王	郯	山东东南部
张步	齐王	祝阿	山东
彭宠	燕王	渔阳	河北东北部
秦丰	楚黎王	黎丘	湖北中部
	铜马贼	无定	河北一带

光武削平群雄表

一、更始二年四月，拔邯郸，斩王郎
二、同年秋，击降铜马诸贼，河北平
三、建武三年正月，击降赤眉贼
四、同年七月，盖延拔睢阳，刘永将庆吾杀永以降，河南平
五、五年正月，祭遵围渔阳，彭宠奴子密斩宠以降
六、同年十月，耿弇拔临淄，张步降，山东平
七、六年正月，马成拔舒，斩李宪，淮南平
八、同年二月，吴汉拔朐，斩董宪、庞萌，淮北平
九、十年八月，来歙等攻破落门，隗纯降，陇右平
十、十二年十一月，吴汉破成都，杀公孙述，蜀平
十一、同年同月，窦融入朝，河西平
十二、十三年正月，卢芳奔匈奴，陕北平

高帝光武帝比较表

高帝（创业）	光武帝（中兴）
一、性豪放，不事生产	一、性循谨，力农
二、见始皇帝之威严，曰：嗟夫！大丈夫当如是也	二、见执金吾之骄从，曰：仕宦当作执金吾，娶妻当娶阴丽华
三、不事诗书，轻蔑儒生，从龙者多枭悍之徒	三、略通尚书义，礼贤下士，从龙者皆儒雅之士
四、根据地在关中，东向以争天下	四、根据地在河北，南向以争中原
五、平定天下后，大杀功臣	五、平定天下后，保全功臣
六、三十四岁起兵，三年灭秦，又五年灭楚，四十二岁即帝位，五十三岁崩	六、二十八岁起兵，一年而灭莽，四十四岁定海内，六十三岁崩

第十一章

东汉初年之内政

第一节　光武之内政

前汉自高帝建国，传至孺子婴，奠都长安，故曰西汉；王莽乱后，光武中兴，奠都洛阳，故曰东汉。东西两汉皆为刘氏之天下。顾民风国俗大不相同，西汉创业之君主，出身微贱，贪财好色，轻蔑儒生，屡经大敌，手段狠辣；东汉创业之君主，出身华贵，通达经史，晓畅世情，尊贤礼士，崇奉儒教。两人之性格不同，故其设施各异，其所成就亦自不同。两汉之民气学风大相径庭者，势使然也。欲研究东汉之士风，当详观光武之内政，光武内政之方针有五：

第一、制度之复旧

王莽之时，取复古主义，形式上采用周制。官制复杂，地方制紊乱，法令繁苛，民不堪命。光武即位，一旦扩清之，内官取三公、九卿制，外官取州刺史、郡守、县令制，地方取郡国制。除莽苛法，一依前汉之旧。其微有不同者，则尚书省之权力渐重，三公之权渐轻。名义上之宰相，与实际上之宰相，划分为二职是也。尚书一官始于秦时，初仅为天子秘书。前汉中叶以后，权力渐重，其长曰令，次长曰仆射。司诏命出纳，往往以贵戚重臣领之，名曰领尚书事，权在丞相以上。光武中兴以后，责三公以吏事，而寄耳目于尚书，尚书之权益重。其后章帝即位，以赵熹为太傅、牟融为太尉，并录尚书事，于尚书令仆以上。复设录尚书事一官，握宰相之实权。三公不加录尚书事者，非真宰相。录尚书事时设时不设，于是尚书令仆，遂握相权矣。

第二、宗室及功臣待遇法

前汉初年，宗室诸王强大，与中央政府对峙，有尾大不掉之势，及其末年，宗室权力衰微，势不足以监督政府，驯至酿成王莽之祸，与皇室同归于尽。光武乃折衷于二者之间，近支宗室概封为王公，而国势不令十分强大。西汉承秦旧俗，国民强悍夸诈，创业功臣半系市井无赖，贪权力，重实利，与阴险狠毒之高帝，性情不能相容。故韩信、彭越、英布之俦，皆以盖世功名，中途身陨族灭。固由高帝刻薄寡恩，抑亦诸人不善处功名之所致也。武帝以后，表章儒教，尊崇六经，大义名分浸染于人心。王莽虽假托孔教，篡夺汉室，积久则天下皆知其伪，争起义师，颠覆新室。东汉创业功臣，多长安游学士子，与光武为布衣交，崇礼义，重廉让。光武优待功臣，不愿使居嫌疑地位，元勋重臣，皆封以小县，罢其兵柄。灭蜀以后，大飨将士功臣。封侯者凡三百六十五人。定封邓禹为高密侯，食四县；李通为固始侯；贾复为胶东侯，食六县；余各有差。已殁者益封其子孙，或更封支庶。帝在兵间久，厌武事，且知天下疲耗，思乐息肩。自陇蜀平后，非警急未尝复言军旅。皇太子尝问攻战之事，帝曰："昔卫灵公问陈，孔子不对，此非尔所及。"邓禹、贾复知帝偃干戈，修文德，不欲功臣拥众京师，乃去甲兵，敦儒学。帝思念欲完功臣爵土，不令以吏职为过，遂罢左右将军官。耿弇等亦上大将军印绶，皆以列侯就第，加位特进，奉朝请。邓禹内行淳备，有子十三人，各使守一艺，修整闺门，教养子孙，皆可以为后世法。朱祜为人质直，尚儒学，为将多受降，以克定城邑为本，不存首级之功。吴汉性强力，每从征伐，帝未安，常侧足而立，诸将见战阵不利，或多惶惧，失其常度，汉意气自若，方整厉器械，游扬吏士。帝时遣人观大司马何为，还言方修战攻之具，乃叹曰："吴公差强人意，隐若一敌国矣。"每当出师，朝受诏，夕则引道，初无办严之日，及在朝廷，斤斤谨质，形于体貌。汉尝出征，妻子在后买田宅，汉还，让之曰："军师在外，吏士不足，何多买田宅乎？"遂尽以分与昆弟外家，故能任职，以功名终。贾复为人刚毅方直，多大节，即还私第，阖门养威重。朱祜等荐复宜为宰相，帝方以吏事责三公，故功臣并不用，是时列侯。唯高密、固始、胶东三侯，与公卿参议国家大事，恩遇甚厚。帝虽制御功臣，而每能回容，宥其小失。远方贡珍甘，必先遍赐诸侯，而大官无余，故皆保其福禄，无诛谴者。顾邓禹、贾复、寇恂、朱祜之徒，皆公辅之器，宜处台阁。平章大政，乃一切待以功臣，不复任使，未免矫枉过正。伏波将军新息侯马援奉诏征武陵蛮，受疫，没于王事。帝听梁松之谗，收其印绶，又未免刻薄寡恩矣。

第三、财政之整理

王莽之时，货币屡变，政府信用全失，民间不能流行。偏僻之区，甚至以物品交换，商业上异常不便。光武即位，从马援议，仍行五铢钱。政府信用恢复，人民便之。废王莽新加之苛税，并省郡县，减损吏员。罢郡国车骑材官，还复民伍，轻徭薄赋，与民休息。田赋制度，依景帝元年之规定，三十分取一，较前汉初年轻减三分之二。

第四、奴婢之保护

土地所有权之限制：战国末年以来，财产私有制已成习惯，兼并土地使用奴婢之风盛行。王莽在位，欲禁之而未能。光武即位，禁止虐待奴婢，诏州郡检核垦田户口，以为将来土地所有权制限之基础，顾亦有志而未遂也。

第五、教育之提倡

学者之奖励：西汉君主表面上尊崇儒教，以为牢笼士子计，凡所举拔，多利禄之徒。及其末年，养成无数伪君子，占社会上最高地位。王莽遂借若辈之力，盗据天下。光武即位，乃从根本提倡奖励之。即位之初，征耆儒卓茂为太傅，封褒德侯。征循吏伏湛、侯霸相继为尚书令、大司徒。征处士太原周党、王霸、会稽严光、东海王良、北海逢萌等，优以殊礼。公孙述平后，祠处士巴郡谯元以中牢，表广汉李业之间，征犍为费贻、任永、冯信，于是天下晓然于帝意之所在。人争自爱，砥砺名节，琢磨道德，士风丕变。东汉末造多节义之士，帝在位时代提倡奖励之力居多。帝起家书生，颇好文学，迁都洛阳之际，载书籍二千余辆。建武五年，起太学，亲临视之，赐博士弟子各有差，其后复封孔子后为褒成侯，表明崇拜先师之意，起明堂、灵台、辟雍。文物制度粲然大备，三公九卿及地方长官，多以耆儒硕学充之，赏罚严明。吏治蒸蒸日上，一时地方亲民官，若颖川太守郭汲、南阳太守杜诗、渔阳太守张堪、会稽太守第五伦、洛阳令董宣、江陵令刘昆之徒，皆起家书生，出为循吏。选举制度，依前汉孝廉方正之旧，而以孝廉为主，得人才甚多，为后世孝廉之始。

第六、外戚专横之预防

西汉亡国直接之原因：由于外戚专横。光武即位，为思患预防之举，对于外戚取抑压主义。帝舅樊宏、郭皇后之弟况、阴皇后之兄识、兴，皆忠厚君子，谦恭谨下，斤斤自守，不敢以富贵骄人。

要之光武一生，除弊政，建新规，其所设施，皆可以为后世法。独惜其义不胜恩，意不制情。即位之后十七年，以微嫌废郭皇后，立阴贵人为皇后。越二年，复废皇后所生之太子强，立贵人所生之子东海王阳为太子。夫妇父子之间不能顾全大体，足为盛德之累。晚年惑于《河图会昌符》（谶纬篇名），封泰山，禅梁阴（梁父之北也），宣布图谶于天下，又未免自欺以欺人矣。帝在位三十三年，以中元二年（西历纪元五七年）崩。太子庄即位，是为孝明皇帝。

光武帝内政表

一、制度复旧 官制、地方制具复西汉旧制
二、优待宗室及功臣，宠以厚禄，罢其兵柄
三、整理财政 复行五铢钱，除莽苛税，并省郡县，减损吏员
四、禁止虐待奴婢
五、礼聘耆儒，循吏，处士
六、起太学
七、防制外戚专横
八、废郭皇后及太子强，为盛德之累
九、惑于谶纬学，封泰山，禅梁阴

第二节　明帝之内政

一、崇儒

明帝者，阴皇后之子，初名阳，幼而聪颖，光武帝爱之，及太子强废，遂立为太子，更名庄。强谦恭，帝友爱，兄弟之间无间言。帝即位之初，提倡儒教，临辟雍，行大射礼及养老礼。以耆儒学躬为三老，桓荣为五更。帝自为太子，受尚书于荣。即位之后，仍隆以师礼。自皇太子、诸王侯及大臣子弟、功臣子孙，莫不受经，又为外戚樊氏、郭氏、阴氏、马氏诸子立学于南宫，号四姓小侯。置五经师，搜选高能，以授其业。自期门、羽林之士，悉令通孝经章句，于是贵戚大臣之家彬彬多文学士。

二、优礼功臣

帝即位之初，以邓禹为太傅，辅政。遣使祠萧何、霍光以中牢，又命画工中兴功臣三十二人像于南宫云台，以示崇德报功之意。

三、治河

先是平帝时，河汴决坏，久而不修。建武十年，光武欲修之。浚仪令乐俊上言："民新被兵革，未宜兴役。"乃止。其后汴渠东浸，日月弥广，兖豫百姓怨叹，会有荐乐浪王景能治水者。永平十二年四月，诏发卒数十万，遣景与将作谒者王吴，修汴渠堤，自荥阳东至千乘（今山东胶东道广饶县，即故青州府乐安县）海口，千有余里。景商度地势，凿山开涧，防遏冲要，疏决壅积，十里立一水门，令更相洄注，无复溃漏之患，于是河汴分流，复其旧迹。

帝性褊察，好以耳目隐发为明。公卿大臣，数被诋毁。近臣尚书以下，至见提曳（常以事怒郎药崧，以杖撞之。崧走入床下，帝怒甚疾言曰："郎出"，崧曰，"天子穆穆，诸侯皇皇，未闻人君自起撞郎"。帝乃赦之）。庶兄楚王英有罪自杀，穷治其党累年，坐死徙者数千人，冤滥甚众。淮阳王延有罪，降封阜陵王，所连及死徙者甚众。然能遵奉建武制度，无所变更。后妃之家不得封侯与政。馆陶公主尝为子求郎，帝曰："郎官上应列宿，出宰百里。苟非其人，民受其殃。"卒不与。当时吏得其人，民乐其业，户口蕃殖，远近悦服焉。在位十八年，以永平十八年（西历纪元七五年）崩。太子炟（当达反）即位，是为孝章皇帝。

明帝内政表

一、提昌儒学
- 临辟雍，行大射礼及养老礼，以耆儒为三老，五更
- 自皇太子，诸王侯及大臣子弟，功臣子孙与外戚子弟皆入学
- 自期门，羽林之士，悉令通孝经章句

二、优礼功臣

三、使王景与王吴，修理黄河，复故道

四、重惜官位：馆陶公主尝为子求郎，卒不许

五、性情苛察，公卿大臣数被诋毁，尚书以下至见提曳

六、楚王英之狱，淮阳王延之狱，连坐死徙者甚众

第三节　章帝之内政

章帝亦承平令主，好儒学。即位之初，诏二千石劝农桑。慎选举、顺时令、理冤狱、省贡献、减徭费，以利饥民。禁治狱惨酷者，除妖言禁锢者，还坐楚、淮阳事徙者四百余家。凡所设施，一以仁厚为主。复诏太常、将、大夫、博士、郎官及诸儒，会白虎观，议五经同异，使五官中郎将魏应承制问。帝亲称制临决，作《白虎议奏》（即今之《白虎通》）。当世大儒，若丁鸿、楼望、成封、桓郁、班固、贾逵之徒皆与。其书始于爵号，终于崩薨，共四十四篇，大抵皆引经断论之语。复诏侍中曹褒定汉礼，依准叔孙通旧典，杂以五经谶记之文，撰次天子至于庶人。冠婚吉凶，终始制度，凡百五十篇，是为后汉一代通礼。帝素知人厌苛切，事从宽厚，尽心孝道，平徭简赋，民赖其庆。魏文帝称明帝察察，章帝长者，诚哉是言。在位十三年，以章和二年（西历纪元八八年）崩。太子肇即位，是为孝和皇帝。

第十二章

东汉初年之外交

东汉外患，不及西汉之困难，而复杂过之。西汉大敌，厥为匈奴。两越、朝鲜及西域诸国，具不足为中国轻重，故匈奴衰亡，西汉即统一东亚。东汉外患，则匈奴以外，有东胡遗族之乌桓、鲜卑。凭借热河特区为根据地，图伯特民族之氐、羌，凭借青海为根据地，逐渐发展势力，侵入中原。光武、明、章三代，乘匈奴内乱，用离间策，招降南匈奴，击走北匈奴。而鲜卑势渐强大，乘虚略取漠南、漠北，侵入辽宁、河北边境。氐、羌二族亦杂居陕甘西方，南匈奴复徙居山陕北境。卧榻之侧，他人鼾睡，有连鸡不同栖之势。东汉初年，国势富强，尚可制驭外族，使不为中国患。中叶以后，国势渐衰，南匈奴与乌桓、鲜卑、氐、羌等部，更迭作乱，侵扰黄河流域。庙堂之上，外戚、宦官与清流党互相倾轧，报复相寻，更无余暇注意外寇，于是西北民族势力，日渐南下，五胡乱华之祸从此始矣。独是明帝之时，遣使天竺，求佛像、佛经。章帝末年，班超征服中亚，与大月氏、安息、罗马通使。印度文化与希腊文化借以输入中国。光武末年，倭奴国奉贡朝贺，赐以印绶。中国文化复输出于日本，为东西交通史、汉族文化史上别开一新生面，是亦外交上一特别进步也。兹述其事迹如下。

第一节 东汉对匈奴之关系

自宣帝时，匈奴呼韩邪单于称臣入观，北鄙无警者六十余年。王莽篡汉，扰动戎夷。匈奴大怨，东连乌桓、鲜卑，西诱西域诸国，侵苦北边。光武中兴，厌倦武事，不欲启畔边外。匈奴益骄，每岁劫略山陕边地。建武二十二年（西历纪元四六年），匈奴呼都而尸道皋若鞮单于舆殂，子蒲奴立，其兄乌珠留若鞮单于囊智牙斯子比时为右奥鞬日逐王，领南边八部，与蒲奴有隙，自立为呼韩邪单子，款五原塞求内属，是为南匈奴，于是匈奴分为南北二部。南匈奴微弱，移居现在绥远，受汉廷保护。北匈奴势盛，屡与汉室冲突，侵略中国北边，汉与南匈奴联合拒之。

明帝永平十六年（西历纪元七三年），奉车都尉窦固奉诏西征，击破北匈奴呼衍王兵，恢复伊吾卢地（今新疆迪化道哈密县），遣假司马班超经略西域诸国，皆下之。北匈奴势顿衰，南匈奴乘隙攻其前，丁零寇其后，鲜卑击其左，西域诸国侵其右，北匈奴不能自立，乃远引而去。和帝永元元年（西历纪元八九年），车骑将军窦宪伐北匈奴，大破其兵，北单于走西海（当系今俄领七河省之巴尔喀什湖）二年九月，遣使请降，欲入朝见，宪已许之，意复中变。三年二月，遣兵围北单于于金微山（今阿尔泰山），大破之。单于遁走，不知所终。其余众辗转西下，经过现今俄领乞而吉思荒原，移入欧洲东部。南匈奴移居黄河套，完全变为汉廷保护国。汉置度辽将军于五原（今绥远五原县），使匈奴中郎将于单于庭以监护之，历百余年相安无事。其详已见拙著东洋史中。兹从略。

第二节　东汉对西域诸国之关系

一、莎车之猖獗

先是王莽在位，遣兵击匈奴右部，道出西域。车师后王（王庭在今新疆迪化道迪化县）惮于供给，谋亡入匈奴。都护但钦斩之，其兄狐兰支遂降匈奴。单于遣兵与共击车师，戊己校尉史陈良终带等，杀校尉以应之。是为西域骚乱之始。其后焉耆叛，杀但钦。莽遣五威将王骏、都护李崇出西域，诸国郊迎送兵谷，焉耆（今新疆阿克道焉耆县）诈降，而聚兵自备，骏等至，伏兵袭杀之。西域遂绝。匈奴乘势侵略西域，诸国多降。惟莎车（今新疆喀什噶尔道莎车县）王延仍为汉守，延卒，子康立，率傍国拒匈奴，拥卫故都护吏士妻子千余口。光武帝建武五年，檄书河西，问中国动静。窦融承制，授康西域大都尉，康卒，贤立，与鄯善（今新疆迪化道鄯善县）王安同遣使贡献。时西域诸国苦匈奴重敛，皆愿属汉。请复置都护，上以中国新定，不许。贤野心渐萌，上书复请都护，上以西域都护印绶赐之。寻以敦煌（今甘肃安肃道西部）太守裴遵上言，追回都护印绶，更赐贤以大将军印。贤不悦，然犹诈称大都护。移书诸国，悉服属焉，数攻诸国，欲兼并西域，诸国愁惧。车师前王（王庭在今迪化道吐鲁番县）及鄯善、焉耆等十八国，俱遣子入侍，愿得都护。帝以中国初定，不许，还其侍子，厚赏赐之。诸国闻都护不出，侍子皆还，大忧恐，乃与敦煌太守檄，愿留侍子以示莎车，诏从之。已而侍子久留敦煌，皆愁思亡归。贤知都护不出，攻杀龟兹（今新疆阿克苏道库车县）王，击破鄯善。鄯善王安愿复遣子入侍，更请都护，都护不出。诚迫于匈奴，上报以"使者大兵未能得出，如诸国力不从心，东西南北自在也"。于是鄯善、车师复附匈奴。贤击于寘（今新疆喀什噶尔道和阗、于阗等县）、大宛、妫、塞等国，皆灭之。天山南路诸国多羁縻于莎车。

二、于寘之跋扈

明帝永平三年，于寘故将休莫霸起兵逐莎车兵，杀其将君德，自立为王。贤自将击之，败绩。休莫霸进攻莎车，中流矢卒。兄子广德嗣立，击灭莎车，杀贤。西域诸国多降于广德，匈奴发兵围于寘。广德请降。匈奴立贤质子不居征为莎车王，广德复攻杀之。于是天山南路诸国，大半隶属于广德。

当是时北匈奴数入寇，谒者仆射耿秉上书，请效武帝故策，先击白山（一名雪山，在今迪化道哈密县城北一百二十里），得伊吾（即哈密），破车师，通使乌孙诸国，以断匈奴右臂，然后发兵击之。上善其言，以秉为驸马都尉，窦固为奉车都尉，将兵屯凉州。经略西域，又恐汉兵西伐，匈奴必并力来救，乃分兵四路。以秉、固与太仆祭彤、骑都尉来苗为大将，各将骑兵万余。以十六年（西历纪元七三年）春二月北伐。窦固至天山（即北祁连山），击破匈奴呼衍王兵。取伊吾卢地，置宜禾都尉，留吏士屯田；遣假司马班超追击匈奴，战于蒲类海（今新疆迪化道哈密县北之巴里坤湖），多斩首虏而还，是为班超投身于军事界、外交界之始。

三、班超之西征

班超字仲升，扶风平陵（县名，汉昭帝陵在焉，故城在今关中道咸阳县西北）人。少有大志，轻细节。随兄固至洛阳，佣书于官以养母，尝辍业投笔而叹曰："大丈夫无他志略，犹当效傅介子、张骞，立功异域，以取封侯，安能久事笔砚间乎？"久之，除兰台令史，复坐事免官。窦固西征，以超为假司马。既击破匈奴，遂与从事郭恂，同使西域，所部仅三十六人。至鄯善，王广礼敬甚至，后忽更疏懈。超谓其官属曰："宁觉广礼意薄乎？"官属曰："胡人不能常久，无他故也。"超曰："此必虏使来，狐疑未知所从故也。明者睹未萌，况已著耶。"乃召侍胡诈之曰："匈奴使来数日，今安在？"侍胡惶恐曰："到已三日，去此三十里。"超乃闭侍胡。悉会其吏士三十六人，与共酣饮。因激怒之曰："卿曹与我俱在绝域，欲立大功以报国家。今虏使到裁数日，而王广礼敬即废。如令鄯善收吾属送匈奴，骸骨长为豺狼食矣，为之奈何？"官属皆曰："今在绝地，死生从司马。"超曰："不入虎穴，不得虎子。"乃约以初夜往袭匈奴使营。众请与从事图之，超以郭恂文俗吏，闻此必恐而谋泄，持不可，众从之。会天大风，超将吏士径奔房营，顺风纵火。前后鼓噪，超手格杀三人，吏士斩其使及从士三十余级。余众百余人皆烧死。翌晨，召王广至，以虏使首示之。一国震怖，超告以汉威德，广叩头愿属汉，遂纳子为质。鄯善定，南道复通，汉使西域者始得通行无阻。

当是时，于阗王广德，雄张南道。匈奴遣使监护其国。班超既定鄯善，捷报至京，朝廷嘉其功，以为军司马。欲益其兵，使之经略于阗，超以"于阗国大而远，将数百人。无益于强，如有不虞，多益为累"，乃独将原从三十六人至于阗。广德礼意甚疏，且其俗信巫，巫言"神怒！何故欲向汉，汉使有骒马，急求取以祠我"，广德乃遣国相私来比就超请马。超密知其状，报许之。而令巫自来取马，巫至，斩其首，送广德，因责让之。广德素闻超威名，大惶恐，即攻杀匈奴使者而降。超重赐其王以下，因镇抚焉。于是南道诸国皆遣子入侍。西域与汉绝六十五载，至是复通。

南道既平，超乃经略北道。北道最西之要塞为疏勒（今喀什噶尔道疏勒县），疏勒之东为龟兹，龟兹王建为匈奴所立。倚恃虏威，据有北道，攻杀疏勒王，而立其臣兜题以代之。超深知疏勒人奉戴兜题，系慑于虏威，本非心服。永平十七年（西历纪元七四年）春，从间道至疏勒，遣吏田虑先往降兜题，谕以"相机行事，兜题本非疏勒种，国人必不用命。如不降，便可执之"。虑既至。兜题见虑轻弱，果无降意，虑乘其无备，因劫缚之。兜题左右惊散，虑驰报超。超乃悉召疏勒将吏，说以龟兹无道之状。因立其故王兄子忠为王，国人大悦，请杀兜题。超曰："杀之无益于事，当令龟兹知汉威德。"遂解遣之。于是北道要塞属于汉，超留镇其地，经略北道。

北道要塞西路为疏勒，东路为车师。疏勒虽降，车师未下。班超深入重地，后路不联络，形势甚危险也。汉廷计划，以班超为奇兵，由间道袭疏勒，别遣重兵出西域，击车师。东西夹攻，以恢复北道。是年冬，遣窦固、耿秉等出敦煌昆仑塞，合兵万四千骑，击破白马虏于蒲类海上，进逼车师，大破其兵，车师降。复置西域都护、戊己校尉，以陈睦、耿恭、关宠任之。分屯车师后王部金蒲城（今新疆迪化道镇西县）及前王部柳中城（今新疆迪化道鄯善县之鲁克察克），每屯各数百人，与班超遥为声援。北道诸国多下。

车师为北道要塞，地肥美，宜于屯田，为匈奴必争之地。十八年（西历纪元七五年）二月，窦固班师，北匈奴遣左鹿蠡王率二万骑击车师。戊校尉耿恭遣部将率兵三百人救之，败没。匈奴遂破后王庭，杀其王安得，进攻金蒲城，耿恭以毒矢射却之。是年八月，明帝崩，章帝立。中国新遭大丧，无暇经略西域。焉耆、龟兹合兵攻没都护陈睦，北匈奴围己校尉关宠于柳中城。车师叛，与匈奴共围耿恭。恭率厉士卒，誓以死守。关宠上书求救，诏酒泉太守段彭将兵七千余人救字。章帝建初元年（西历纪元七六年）正月，击破车师兵。北匈奴惊走，车师复降。会关宠已没，诸将欲引还，耿恭军吏范羌时在军中，固请迎恭，乃分兵二千人与羌，迎恭俱归。悉罢西域都护及戊己校尉官，复罢伊吾卢屯兵。匈奴复据其地，北道多陷。

是时班超屯兵疏勒，与陈睦、耿恭、关宠遥为声援。龟兹、姑墨（今阿克苏道拜城县）数发兵攻之，辄不克。会陈睦、关宠已没，耿恭已还。超以三十六人孤守绝地，章帝恐其单危，下诏征还。疏勒举国忧恐，其都尉黎弇至自到以留超。超至寘，于寘王侯以下皆号泣，抱超马脚不得行。超亦欲遂其本志，乃还疏勒。疏勒两城已降龟兹，而与尉头（今阿克苏道乌什县）连兵。超捕斩反者，击破尉头，疏勒复安。

是时姑墨、温宿（今阿克苏道阿克苏县）二国，与龟兹狼狈，阻绝北道。超以疏勒、康居、于寘兵，攻姑墨石城，破之。欲乘势遂平西域，乃上书请兵曰：“西域诸国，莫不向化。唯焉耆、龟兹独未服从。今宜拜龟兹侍子为王，以步骑数百送之，与诸国连兵。岁月之间，龟兹可擒。以夷狄攻夷狄，计之善者也。”帝知其功可成，以徐干为假司马，将弛刑及义从千余人就超。超与干击疏勒叛将番辰，大破之。欲进攻龟兹，以乌孙兵强，宜因其力，乃上书请招抚乌孙，诏从之。拜超为将兵长史，以干为军司马，经略西域。

是时莎车因汉兵不出，已降于龟兹。元和元年（西历纪元一八四年），朝廷遣假司马和恭将兵八百人诣超。超因发疏勒、于阗兵击莎车，莎车以赂诱疏勒王忠叛，超击破之。忠奔康居，寻复诈降，超斩之。疏勒复定。

　　章和元年（西历纪元八七年），超发于阗诸国兵，凡二万余人，击莎车。龟兹王发温宿、姑墨、尉头兵，合五万人救之。超以众寡不敌，乃佯言撤兵，龟兹王信其言，与温宿王将兵分屯东西界以邀之。超知二虏已出，密召诸部勒兵，鸡鸣驰赴莎车营，胡大惊乱奔走。追斩五千余级，大获其马畜财物。莎车遂降，龟兹等各溃散，自是威震西域。

　　是时西方诸国略定，而东部伊吾卢要塞，尚为北匈奴守。和帝永元二年（西历纪元九〇年），大将军窦宪击破北匈奴，复遣兵取伊吾卢地。车师遣子入侍，先是月氏助汉击车师有功，贡奉珍宝、符拔（兽名，形似麟而无角）、狮子，因求尚汉公主，班超拒还其使，月氏由是怨恨。是年，遣其副王谢将兵七万攻超。超众少，皆大恐，超誓军士曰："月氏兵虽多，然数千里逾葱岭来，非有运输，何足忧耶，但当收谷坚守。彼饥穷自降。不过数十日决矣。"谢遂前攻超，不下。抄掠无所得。超度其粮将尽，必从龟兹求救，乃遣兵数百于东界要之。谢果遣骑赍金银珠玉以赂龟兹，超伏兵遮击，尽杀之。持其使首以示谢，谢大惊，遣使请罪，超纵遣之，月氏大震，由是岁奉贡献。

　　次年（西历纪元九一年），龟兹、姑墨、温宿诸国皆降。复置西域都护、戊己校尉官，以超为都护，干为长史。超废龟兹旧王，而立汉廷侍子白霸为王，自驻节龟兹以镇抚之，遣干屯疏勒，于是西域诸国皆降。唯焉耆、危须（在今焉耆县境内）、尉犁（今阿克苏道尉犁县）三国，以前有杀都护之隙，不下。

　　六年（九四年）七月，超发龟兹、鄯善等国兵，凡七万人，吏士贾客千四百人，伐焉耆。诱焉耆王广、尉犁王汎等于陈睦故城，斩之，传首京师，更立左侯元孟为焉耆王，于是西域五十余国悉皆纳贡内属。其条支、安息诸国，至于海滨四万里外，皆重译贡献。诏封超定远侯。九年（九七年）复遣掾甘英使罗马，为安息所阻，未至而还。其事迹已见于东亚史中。兹不赘述。

超以久在绝域，年老思归。永元十四年（一〇二年），征超还京师。八月，至洛阳。九月卒，年七十一岁。凡在西域者三十年。

班超事略表

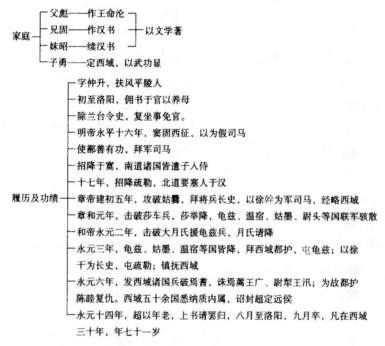

四、班勇之西征

班超之还京也，诏以任尚代之。尚性褊急，失边和，西域诸国多叛，尚上书求救。殇帝延平元年（一〇六年），诏以梁慬为西域副校尉，将河西四郡羌胡五千骑救之。未至，尚得解，诏征尚还，以段禧代为都护，与骑都尉赵博及梁慬进屯龟兹。龟兹叛，与姑墨、温宿等国兵共围段禧，慬等大破其兵，围乃解。而道路阻塞，檄书不通，公卿议者皆以为西域阻远，数有背叛，吏士屯田，其费无已，不如罢之，诏从其议。安帝永初元年（一〇七年），发关中兵，迎禧等还汉，罢西域都护及伊吾卢、柳中屯田，于是汉与西域国交中断。

已而北匈奴复以兵威役属西域诸国，与连兵寇边。元和六年（一一九年），敦煌太守曹宗遣行长史索班，将千余人，出屯伊吾，以招抚西域，于是车师前王及鄯善王复来降，是为东汉第二次经略西域。永宁元年（一二〇年），北匈奴率车师后王军就攻杀索班，击走前王，略据北道。鄯善危急求救，曹宗上书，请出兵击匈奴，因复取西域为汉领土。公卿皆以为宜闭玉门关，绝西域。时皇太后邓氏临朝，闻班超子军司马勇有父风，召问计策，勇以为"西域为国屏藩，若归属北虏，则河西城门，将有昼闭之警。请复置护西域副校尉。将兵三百人居敦煌，遣长史将兵五百人，出屯楼兰西。当焉耆、龟兹径路，南强鄯善、于阗心胆，北扞匈奴"。公卿难之。乃置副校尉居敦煌，而不发屯兵，于是匈奴与车师数寇河西。诸郡大被其害，朝廷不能禁，识者因欲闭玉门、阳关，以绝其患。敦煌太守张珰上言："北虏呼衍王常转蒲类、秦海之间，专制西域，共为寇抄。今以酒泉属国吏士二千余人集昆仑塞，先击呼衍王，绝其根本，此上计也。若不能出兵，可遣将将兵五百人，出据柳中，此中计也。"诏从之。延光二年（一二三年），以班勇为西域长史，将弛刑士五百人出屯柳中，是为东汉第三次经略西域。三年，勇至楼兰，鄯善归附。龟兹王白英率姑墨、温宿，自缚请降。勇发其兵万余人，至车师前王庭，击走匈奴伊蠡王，屯田兵于伊和谷，车师前部复降。四年，诏发敦煌、张掖、酒泉兵六千骑就勇，及鄯善疏勒车师前部兵，击车师后王军就，大破之，生获军就及匈奴持节使者，将至索班没处，斩之。更立故王子加特奴为王，车师平。顺帝永建元年（一二六年），勇发诸国兵击匈奴呼衍王，呼衍王遁走，其众二万余人皆降。汉威大振，西域诸国多降，唯焉耆不下。二年，诏敦煌太守张朗将河西四郡兵三千人就勇，勇因发诸国兵四万余人击焉耆，焉耆降，于是天山南路复入于汉。朗以计倾陷勇，勇坐免官。嗣任者无大英雄，西域遂破坏不可收拾。六年（一三一年），复置伊吾司马，开屯田，然于大局亦无补。桓帝元嘉二年（一五二年），长史王敬为于阗所攻没，诸国日益骄慢，更相陵伐，西方汉族声灵扫地，班定远苦心孤诣经营缔造之事业遂雪消云散矣。

第三节　东汉对乌桓之关系

先是战国末年，东胡强盛，据有现在热河省地，与匈奴对峙。西汉初年，匈奴冒顿单于灭东胡，其遗族东走。一保乌桓山（在今内蒙古阿鲁科尔沁西北一百四十里），一保鲜卑山（在今内蒙古科尔沁右翼西三十里），因以地名为族号。乌桓所据之地，在今辽河上流西喇穆楞、老哈穆愣流域，常臣服匈奴。武帝时，骠骑将军霍去病击匈奴左地，因徙乌桓于上谷、渔阳、右北平、辽东、辽西五郡塞外，为汉侦察匈奴动静，置护乌桓校尉监领之，是为乌桓南迁之始。其后休养生息，部众渐强。昭帝元凤三年，遂反，汉遣将军范明友击破之。新莽及东汉初年，中原纷乱，乌桓乘势寇边，代郡以东，尤被其害。其居止近塞，朝发穹庐，暮至城郭，五郡民庶，家受其辜。朝廷遣伏波将军马援击之，不克。

已而匈奴国乱，乌桓乘势击破之。匈奴转北徙数千里，漠南空虚，帝乃以币帛赂乌桓，封其渠帅为侯、王、君、长者八十一人，皆居塞内。布于缘边，为汉侦侯，助击匈奴，复置护乌桓校尉于上谷宁城（今察哈尔省延庆县，即故宣化府延庆州附近）以监领之。开府营田岁时互市，历明帝、章帝、和帝三世，与中国相安无事。

安帝即位，乌桓复与鲜卑及南匈奴联兵寇边，朝廷遣兵击破之。自此以后，时叛时服，东北骚然。灵帝初，乌桓大人上谷有难楼者，众九千余落；辽西有丘力居者，众五千余落，皆自称王。辽东苏仆延众千余落，自称峭王（峭，七笑反）。右北平乌延众八百余落，自称汗鲁王。并勇健而多计策。献帝初平中，丘力居死，子楼班年少，从子蹋顿有武略，代立。总摄三部，众皆从其号令。建安初，袁绍与公孙瓒争河北，蹋顿遣兵助绍击瓒，破之。绍矫制赐蹋顿、难楼、苏仆延、乌延等，皆以单于印绶，后难楼、苏仆延率其部众奉楼班为单于，蹋顿为王。然蹋顿犹秉计策，绍子尚败奔蹋顿时，幽、冀吏人奔乌桓者十万余户，尚欲凭其兵力，复图中国。建安十二年，曹操自将征乌桓，大破蹋顿于柳城（今热河凌源县），斩之，首虏二十余万人。尚与楼班、乌延等皆走辽东，辽东太守公孙康并斩送之，其余众万余落悉徙居中国。自此以后，乌桓遗族大半同化于汉族。

汉末乌桓大人表

人名	所在地	今地户口	户口称号
难楼	上谷	察哈尔口北十县	九千余落王
丘力居	辽西	辽宁辽沈道西部	五千余落王
苏仆延	辽东	辽宁辽沈道东部	千余落峭王
乌延	右北平	热河南部、河北东北部	八百余落汗鲁王

第四节　东汉对鲜卑之关系

鲜卑故附属匈奴，其地远在辽东塞外，与乌桓相接，故未尝通中国。光武初年，匈奴强盛，屡率鲜卑寇抄北边，杀掠吏民。建武二十一年，辽东太守祭肜大破之，穷追出塞，鲜卑震慑。其都护偏何率种人来降，屡为汉击北匈奴及乌桓，有功。朝廷厚遇之，鲜卑悦服，其大人皆来归附，并受赏赐。历明、章二帝，保塞无事。和帝永元中，大将军窦宪击破北匈奴，北单于遁走西方，鲜卑因徙据其地。匈奴余种留者尚有十余万落，皆自号鲜卑，鲜卑由此渐盛。桓帝时代，其大人檀石槐在位，勇健有智略，诸部推为共主，南抄缘边，北拒丁零，东却夫余，西击乌孙，尽据匈奴故地，东西万四千余里。鲜卑势骤张，朝廷患其强，遣使持印绶，封为王。欲与和亲，檀石槐不肯受。屡寇幽州、并州诸郡，沿边胥受其祸。朝廷遣护乌桓校尉夏育出高柳（汉县名，故城在今山西阳高县）破鲜卑；中郎将田晏出云中，使匈奴；中郎将臧旻出雁门。各将军万骑，分道击檀石槐，败绩，育等仅以身免。灵帝光和四年（西历纪元一八一年），檀石槐殂，子和连代立，才力不及父，而贪淫。出攻北地，中流矢卒。子骞曼幼，兄子魁头代立，后骞曼长，与魁头争国。众遂离散，鲜卑势稍衰，而汉亦虚耗矣。其详已见于拙著《东洋史》中。兹从略。

第五节 东汉对羌之关系

先是西周末年，图伯特族之戎人侵入中国，灭西周之王室，略据现在陕西、河南等地。后经嬴秦扫荡，声气销沉者数百年。其遗民大半同化于汉族，其同族羌人散居河湟（今甘肃西部）间，以游牧为业，分为数十种，各戴酋长，不相统属。汉初，附属匈奴，汉武帝开河西四郡（武威、张掖、酒泉、敦煌四郡，即今甘肃甘凉安肃二道），隔绝羌与匈奴交通之路，羌人震俱。先零种等乃解仇诅盟（羌人多互相仇，欲举事则解其仇而相诅盟也），攻金城枹罕（今甘肃兰山道导河县），将军李息大败之。始置护羌校尉，驻临羌（今西宁县）以监护之，羌人自是臣服于汉。宣帝时，先零种又叛，帝使赵充国击之。充国屯田湟中（今西宁流域，即西宁道与青海东部），坚壁清野以困羌。羌人请降，置金城（今甘肃故兰州西宁二府地）属国以处其众。

王莽专政，收西羌地，置西海郡，徙罪人实之。羌人怨莽夺其地，遂反，入居塞内，金城属县多为所有。光武即位，隗嚣利用羌兵与汉相持。光武平嚣，复置护羌校尉镇抚之。西方局面稍定。

已而乌桓、鲜卑及南匈奴相继变乱，东北骚然。羌人亦乘势起于西方，侵略雍州、凉州境，焚掠及于三辅。烧当、先零二族最强，烧当羌酋滇良击破先零，夺取大小榆谷（在今甘肃兰山道导河县西）为根据地。滇良卒，子滇吾、孙迷吾、号吾、曾孙迷唐，相继为河西、陇右患，朝廷拜邓训为护羌校尉，以威信招抚诸羌。诸羌多降，迷唐走青海。护羌校尉贯友袭破大小榆谷，迷唐走赐支河曲，依发羌。贯友卒，嗣任者非将帅才，迷唐势遂猖獗。朝廷连年征讨，数易将帅，迄无胜算，迷唐死，其祸乃已。和帝永元十四年（西历纪元一〇二年），朝廷用喻麋相曹凤议，缮修故西海郡，徙金城西部都尉以戍之。增广屯田，列屯夹河，合三十四部，于是现今青海东部复入于汉。

安帝即位，西方郡县更凌虐诸羌。诸羌复叛，先零羌酋滇零僭称天子，寇抄三辅，汉兵不能制。诏徙缘边郡县于内地以避寇，命北军中候将兵防河，于是雍州、凉州境内郡县多陷。滇零死，子零昌立，与同族狼莫、汉阳（即前汉天水郡，统甘肃旧巩昌府秦州阶州地治冀故城，在今伏羌县南）人杜季贡连兵为寇。诏中郎将任尚屯三辅。怀令虞诩说尚以"虏骑吾步，势不相及，宜罢遣步兵，多练骑卒，始克有济"。尚从之，于是汉兵始有起色。已而任尚与度辽将军邓遵用暗杀计，重赂募羌人，刺杀零昌、狼莫、杜季贡等。先零羌之势始戢，计滇零父子叛乱十余年，边民及内郡死者不可胜计，并、凉二州遂至虚耗。

建光元年（西历纪元一二一年），烧当羌复叛，寇湟中，护羌校尉马贤击破之。朝廷以来机为并州刺史，刘秉为凉州刺史，镇抚西北方。机等虐刻，多所扰发。永和四年（西历纪元一三九年），诸羌复叛。朝廷以马贤为征西将军，屯汉阳以备之。六年正月，贤军败绩，贤与二子皆殁于阵，诸羌遂大炽，寇三辅，烧园陵，杀略吏民。诏以赵冲为护羌校尉，讨羌，冲忠勇善战，屡破羌兵。卒中伏，没于阵，而羌人亦虚耗。左冯翊梁并以恩信招诱叛羌。叛羌皆降，陇右复平。计西羌叛乱经年，费用不赀。诸将多朘削军士以自肥，于是关陇为墟，野有暴骨矣。

桓帝永寿二年（西历纪元一五六年），诸羌复反，寇雍州、凉州诸郡。诏护羌校尉段颎、中郎将皇甫规、张奂，前后持节督诸军以讨之。规西州豪士，威信过人，以恩义招抚诸羌，诸羌多降。以谗去职，羌人之势复炽。朝廷乃以西事专付段颎，颎治军严整，抚士卒有恩，善以寡击众。在军十年，屡破羌兵，塞内诸羌皆降，与汉族杂居内地。其详已见于拙著东洋史中。兹从略。

东汉羌表

部落名	酋长名	根据地
犛牛		
白马		
参狼		
先零	滇零——零昌	
烧当	滇良—滇吾—┏迷吾 ┗号吾	大小榆谷
	迷唐	赐支河曲

　　此外若辽东方面之对于夫余及高句骊，乐浪方面之对于倭，武陵方面之对于武陵蛮，益州方面之对于哀牢夷，虽亦间有接触，然于中国史上无重大关系，兹从略。

第十三章

外戚宦官势力之消长

　　自来封建之世，权在贵族；专制之世，权在君主；共和之世，权在国民。封建时代，君相位置，皆定于有生以前。大臣与国家共休戚，当主少国疑之际，举国家大政，委之相臣。而强臣不致生觊觎之心，小民无或有摇动之虑。专制之世，起家平民，可为宰相。宰相位置非贵族专有物，辅政大臣与皇室无血统关系，当主少国疑之际，不能不听命于母后。中国男女界限綦严，母后临朝，不能直接与廷臣接触。凡百庶政，不能不假手于己之兄弟及左右侍奉之人。于是外戚宦官，势力遂潜滋暗长。中国向来为贵族政体，自唐虞至三代，有大臣摄政，无母后临朝。若尧末年之舜，舜末年之禹，太甲初年之伊尹，成王初年之周公，皆以宰相代总万机。廷臣习见，不以为怪。秦汉以后，专制政体进化，贵族权力渐微。后母临朝之风，始成为历代习惯法。外戚宦官之祸，因之潜滋暗长。其势足以左右全国政令，其祸遂与专制政体相终始。盖履霜坚冰，其所由来者渐矣。西汉外戚之祸，始于吕后，成于成帝。及其末年，王莽遂篡汉室。光武即位，鉴于前车之覆，极力抑压外戚。明帝因之，至章帝时方针始变。和帝以后，诸帝多不永年。诸侯入继者五君，国母临朝者六后，外戚宦官互起用事，利立幼君以固其权。因之海内志士，抗愤于外。朝政日非，清议益峻。由是邪正之冲突起，凌夷至于桓灵之世，酿成钩党之狱，在朝在野人望一网打尽。汉室因以墟矣。兹述其事迹如下。

第一节　马氏之放恣

先是光武在位，对于外戚取抑压主义。帝舅樊宏，郭后之弟况，阴后之兄识、兴，皆以贤称。明帝即位，仍循此方针。后父马援以中兴名臣，不列云台二十八将之列，后亦贤明谦让，未尝以家私干政事。后之兄弟，终明帝世，未尝改官。章帝即位，尊后为皇太后。以后兄廖为卫尉，防为中郎将，光为越骑校尉。帝欲封爵诸舅，太后不听。会大旱，言事者以为不封外戚之故。太后手诏切责之，帝省诏悲叹，复重请曰："汉兴，舅氏子封侯，犹皇子之为王也。太后诚有谦虚，奈何独不令臣加恩三舅乎。"太后不可。寻以防为将军，击羌有功，拜车骑将军。越二年，有司请封诸舅，上以天下丰稔，方垂无事，从之。太后叹息。廖等辞让不获，乃受爵而辞位。廖谨笃自守，而性宽缓，不能教敕子弟，皆骄奢不谨。防、光大起第观，食客常数百人，防又多牧马畜，赋敛羌胡。太后崩后，帝数加谴敕，禁遏甚备，由是权势稍损，宾客亦衰。廖子豫投书怨诽，有司并奏防、光兄弟，悉免就国。帝以光稍谨饬，特留之京师，以马后之贤。马氏之谨饬，其结果犹如此，他可知矣。

第二节　窦宪之专横

诸马既得罪，皇后窦氏之家益贵盛，皇后兄宪、弟笃，喜交通宾客。宪以贱值，请夺帝姊妹沁水公主园田，主畏逼不敢计。太尉郑弘数陈宪权势太盛，奏宪党张林、杨光贪残。吏与光有旧，因以告之。

宪潜弘漏泄密事，帝诘让弘，收印绶，弘自诣廷尉。诏敕出之，因乞骸骨归，未许，病笃。上疏弹劾宪罪，请黜之。帝不能从。

章帝崩，和帝即位，年甫十岁。尊皇后为皇太后，太后临朝。宪以侍中内干机密，出宣诏命，弟笃、景、坏皆任亲要。宪以故太尉邓彪为当代名儒，先帝所敬，而仁厚委随，易于指使，思利用之以为己傀儡。白太后以彪为太傅，录尚书事，百官总己以听，凡有所施为，辄外令彪奏。内白太后，事无不从。彪在位，修身而已，不能有所匡正。宪性果急，睚眦之怨莫不报复。宗室都乡侯畅来吊国忧，太后数召见之。宪惧畅分宫省之权，遣客刺杀畅于屯卫之中，而归罪于畅弟刚。使侍御史与青州刺史杂考之，尚书韩棱以为"贼在京师，不宜舍近问远"。太尉掾何敞说太尉宋由，请于朝廷自案之，具得事实。太后大怒，闭宪于内宫，宪惧诛，自求击北匈奴以赎罪。太后以宪为车骑将军，发兵击北匈奴。公卿诣朝堂上书谏，不听。宪常使门生赍书，诣尚书仆射郅寿，有所请托。寿收送诏狱，上书陈宪骄恣，复因朝会厉音正色，讥宪等以伐匈奴起第宅事。宪怒，陷寿以诽谤，下吏，自杀。宪击北匈奴有功，还朝，拜大将军。故事大将军位在三公下，至是诏宪位次太傅下，三公上。宪兄弟骄纵，而景尤甚。奴客夺人财货，篡取罪人，妻略妇女。擅发缘边突骑，司徒袁安、司空任隗，屡弹劾之，并寝不报。宪以耿夔、任尚为爪牙，邓叠、郭璜为心腹，班固、傅毅典文章。刺史守令多出其门，赋敛吏民，共为赂遗。安、隗举奏，贬四十余人，窦氏大恨。但安、隗素行高，未有以害之。尚书仆射乐恢上疏，请罢窦氏政治，书奏，不省，恢乞骸骨归。宪讽州郡迫令自杀，于是朝臣震慑，无敢违者。安以天子幼弱，外戚擅权，每朝会进见，及与公卿言国家事，未尝不噫呜流涕，天子大臣皆恃赖之。永元四年，安薨，隗孤立。宪益肆无忌惮，窦氏父子兄弟并为卿、校，充满朝廷。邓叠及弟磊、母元与宪婿郭举，举父璜、共相交结，举得幸太后，遂谋为逆。帝知其谋，而外臣莫由亲接。以钩盾令（属少府秩六百石宦者，为之典诸近池苑囿游观之处）郑众谨敏有心计，不事豪党。与定议诛宪，会宪自凉州还京师。帝使清河王庆（章帝长子和帝兄）私从千乘王伉求得外戚传，夜独纳之，明日幸北宫。诏执金吾五校尉

（属北军中侯掌五营兵），勒兵屯卫南北宫，闭城门，收璜、举、叠、磊，诛之。收宪大将军印绶，更封冠军侯，与笃、景、坏皆就国，选严能相，迫令自杀。宗族宾客皆免归故郡，班固死狱中。固尝著汉书，尚未就。诏固女弟曹寿妻昭踵成之。太尉宋由以党于窦氏故，策免自杀。论功，以郑众为大长秋，封鄛乡侯，宦官封侯自众始。是时帝年才十四，乃能选用秘臣，密求故事，勒兵收捕，中外肃清，足以继孝昭之烈。所可恨者，三公不与大政。而郑众有功，由是宦者用权，驯致亡汉，所谓前门拒虎、后门进狼也。可胜叹哉。

宪既诛，帝始亲政。尊信儒术，友爱兄弟，礼贤纳谏，中国又安。在位十七年崩，皇子隆即位，是为孝殇皇帝。

第三节　邓太后之临朝　邓氏荣华之始末

先是光武帝在位，以宠阴后故，废郭后所生之太子强，而立阴后所生之明帝，后世遂奉为家法。东汉一代，国本时常动摇者，光武帝作俑之罪居多。章帝即位，纳扶风宋扬二女为贵人，大贵人生太子庆。梁竦二女亦为贵人，小贵人生和帝。窦皇后无子，养和帝为己子。谋陷宋氏，诬言欲为厌胜，废庆为清河王，立和帝为太子。出宋贵人，使小黄门蔡伦按之，伦承讽旨傅政其事，二贵人皆饮药自杀。庆时虽幼，亦知避嫌畏祸，言不敢及宋氏。帝怜之，敕皇后令衣服与太子齐等。太子亦亲爱庆，入则共室，出则同舆。梁氏私相庆贺。窦皇后以是忌梁贵人，数谮之。诸窦遂作飞书，陷梁竦以恶逆，竦死狱中。家徙九真。两贵人皆以忧死。宫省事秘，莫有知帝为梁氏出者。窦宪伏诛以后，帝赐庆奴婢、舆马、钱帛、珍宝，充牣其第。庆或时不安，帝朝夕问讯，进膳药，垂意甚备。庆亦小心恭孝，畏事慎法，故能保其宠禄焉。永元九年，窦太后崩。梁竦兄子棠奏记三府，求得申议。太尉张酺言状，帝感恸良久。酺因请追上尊号，存录诸舅，帝从之。会贵人姊上书自讼，乃知贵人枉殁之状。三公请奏贬窦太后尊号，不宜合葬先帝。帝手诏曰："窦氏虽不尊法度，而太后常自减损。

朕奉事十年，深惟大义，礼臣子无贬尊上之文，其勿复议。"追尊梁贵人为恭怀皇太后。

帝数失皇子，后生者辄隐秘养于民间，群臣无知者。帝崩，皇后邓氏收皇子于民间。少子隆生始百余日，迎立以为太子，即位，是为殇帝。尊皇后为皇太后。太后临朝，封长子胜为平原王，以后兄骘为车骑将军，仪同三司，辅政。清河王庆就国，太后以帝幼弱，远虑不虞。留庆子祜与嫡母耿姬，居清河邸。是年八月，帝崩。后与骘定策禁中，迎祜，拜长安侯。立以为和帝嗣，是为孝安皇帝。安帝年已十三，太后犹临朝称制，封骘及弟悝、弘、阊，皆为列侯，骘固辞不受。

是时太后称制日久，政权移于中宫，以寇贼、雨水，策免太尉徐防、司空尹勤，三公以灾异免自此始，宦官郑众、蔡伦等皆秉势预政。司空周章数进直言，太后不能用。初，太后以平原王胜有痼疾，而贪殇帝孩抱，养为己子，故立焉。及殇帝崩，群臣以胜疾非痼，意咸归之。太后恐胜终怨，乃迎安帝而立之。章以众心不附，密谋诛骘兄弟及众、伦等，废太后及帝而立胜，事觉，自杀。

安帝永初二年，以骘为大将军。骘在位，颇能推进贤士，荐何熙、李郃等，列于朝廷，又辟弘农杨震、巴郡陈禅等，置之幕府，天下称之。五年，太后母新野君卒，骘等乞身行服。服除，诏骘还朝辅政，更授前封，骘等固让，乃止。于是并奉朝请，有大议与公卿参议，司空袁敞廉劲，不阿权贵，失邓氏旨。尚书郎张俊有私书与敞子，怨家封上之，敞坐策免，自杀。骘从弟度辽将军遵与中郎将任尚，征西羌有功。遵以太后从弟故，封武阳侯。任尚与遵争功，槛车征弃市。以骘兄弟之贤，犹滥用权力残害忠良如此，他可知矣。

是时东汉承平日久，武力渐衰，鲜卑、西羌更迭入寇。先零羌酋滇零僭称天子，寇抄三辅。海贼张伯路掠滨海九郡，南匈奴叛，与乌桓、鲜卑合兵寇五原。太后选将练兵，四方征讨，外寇逐渐屏迹。太后自临朝以来，水旱十载。四夷外侵，盗贼内起。每闻民饥，或达旦不寐，躬自减彻以救灾厄。故天下复平，岁仍丰穰。尝征济北、河间王子男女五岁以上，四十余人，及邓氏近亲子孙三十余人，为开邸第，教以经书，躬自监试。又诏司隶校尉、河南尹、南阳太守、检查邓氏宾客，虽亲属犯罪，无所容护。复诏公卿中二千石，各举隐士大儒，务取高行，以劝后进。罢祀官不在礼典者，减用度，省官人，以公田赋与贫民。凡所设施，一依明章以来旧制，不愧为承平令主。邓隲亦谦恭退让，有儒者风，辅政十年，无大过失。独惜太后贪恋权势，年已长，久不还政，颍川杜根尝上书言之。太后大怒，盛以缣囊扑杀之。载出城外，得苏，逃窜为宜城（今湖北襄阳道宜城县）山中酒家保。平原成翊世亦坐谏太后不归政，抵罪。太后从弟越骑校尉康，以太后久临朝政宗门盛满，数上书谏，言甚切至，太后不从。康谢病不朝，太后大怒，免康官，遣归国，绝属籍，识者嗤之。称制十五年，以安帝建光元年崩，帝始亲政，谥后曰和熹皇后。

第四节 安帝之昏庸 耿宝阎显之倾轧 群小之弄权

帝少号聪明，故邓太后立之。及长，多不德。太后征济北、河间王子诣京师，以河间王子翼，为和帝长子平原怀王胜后，留京师。帝乳母王圣虑有废置，常与中黄门李闰、江京候伺左右，共毁短太后，帝每忿惧。及太后崩，官人有诬告太后兄弟悝、弘、阊，谋立平原王者。帝怒，废悝子西平侯广宗等为庶人。隲以不与谋，徙封罗（故城在今湖南湘江道湘阴县东六十里）侯，遣就国。宗族免官，归故郡，没入赀产，广宗等皆自杀，隲不食而卒。贬平原王翼为都乡侯，遣归河间。自是以后，邓氏之势衰，群小始杂进矣。

小黄门蔡伦有巧思。和帝时，以中常侍充尚方令。监作秘剑及诸器械，莫不精工坚密。自古书契多用竹简或缣帛。缣贵而简重，不适于用。伦乃造意，用树肤、麻头、敝布、鱼网以为纸，奏上之，帝善其能。邓太后摄政时，以伦久在宿卫，封龙亭侯，故天下咸称蔡侯纸。及帝亲政，追尊父清河孝王庆曰孝德皇，妣曰孝德后，祖妣宋贵人曰孝隐后。追论伦在章帝时，受窦后讽旨，诬陷宋贵人罪。敕伦自致廷尉，伦自杀。复尊嫡母耿姬为甘陵大贵人，以其兄宝监羽林车骑。宋氏封侯为卿校侍中者十余人。皇后阎氏兄弟显、景、耀，并典禁兵。宦者江京、李闰，皆为列侯，与中常侍樊丰、刘安、陈达，及帝乳母王圣、圣女伯荣煽动中外。兢为奢虐，出入宫掖，传通奸利。

太尉杨震，关西名儒，鲠直有大节，数上书谏争，上不听。丰等诈作诏书，调发司农钱谷、大匠、见徒、材木，各起冢舍园池。震复上疏，所言转切，帝既不平，而丰等愤怨。会河间男子赵腾上书，指陈得失。帝发怒，欲诛腾，震救之，不听。及帝东巡，太尉部掾高舒得丰等所诈下诏书具奏，须行还上之。丰等惶怖，会太史言星变逆行，遂共谮震云："自赵腾死后，深怀怨怼，且邓氏故吏，有恚恨心。"帝然之。及还京师，便临太学，即其夜遣使者策收震太尉印绶，遣故郡，震饮鸩而卒。以耿宝为大将军，辅政。

王圣、江京、樊丰等，谮太子保乳母王男、厨监邴吉，杀之。太子叹息。京丰惧，乃与阎后谮太子。帝怒，废太子为济阴王。帝在位十九年，凡亲政五载。以延光四年（西历纪元一二五年）三月崩。阎后自尊为皇太后，临朝称制。以兄显为车骑将军，仪同三司，辅政。后欲久专国政，贪立幼主，与显等定册，迎章帝孙、济北惠王寿子、北乡侯懿为嗣。显忌樊丰、耿宝，讽有司。奏贬宝为亭侯，遣归就国。宝自杀，下樊丰于狱，杀之。徙王圣、伯荣于雁门，以弟景为卫尉，耀为城门校尉，晏为执金吾，并处权要。是年十月，懿薨。显白太后，秘不发丧。更征诸王子闭宫门，屯兵自守。中黄门孙程与其党王康、王国等，谋立济阴王保。十一月，举兵夜入省门，遇江京、刘安、陈达，斩之。以李闰积为省内所服，胁与俱迎保。召尚书令以下，从辇幸南宫，登云台。召公卿百僚，使虎贲、羽林士屯南北宫诸门，收显及其弟耀、晏，诛之，家属皆徙比景。迁太后于离宫，奉保即位，是为孝顺皇帝。封程等十九人为列侯，以程为骑都尉。

第五节　梁冀之跋扈

顺帝即位，年甫十一岁。改葬杨震，祠以中牢。以虞诩为司隶校尉，来历为车骑将军，许敬为司徒。聘处士樊英为五官中郎将，杨厚、黄琼为议郎。免太傅冯石、太尉刘熹官。遣孙程等十九人就国。举贤黜佞，政治清明。阳嘉元年（顺帝七年），立贵人梁氏为皇后，以后父商为执金吾。四年，进拜大将军，辅政。永和六年（顺帝十六年），商卒。以其长子冀代为大将军，辅政。冀嗜酒逸游，居职纵暴，汉政渐衰。帝在位十九年崩，太子炳即位，是为孝冲皇帝。

冲帝即位，年甫二岁。尊皇后为皇太后。太后临朝，以李固为太尉，录尚书事。次年正月，帝崩，征章帝曾孙清河王蒜，及渤海孝王子缵，至京师。蒜为人严重，动止有法度，公卿皆归心焉。而缵年始八岁。李固欲立蒜，梁冀不从，与太后定策禁中，迎缵人即位，是为孝质皇帝。

是时匈奴、乌桓、鲜卑、西羌更迭入寇，关西、河北时常被兵。武陵（今湖南武陵道）蛮、象林（今法领越南中部顺化府）蛮，复乘势作乱。扬徐群盗范容、九江盗马勉、广陵盗张婴、历阳（今安徽安庆道和县，即故和州）盗华孟等，各据地起兵，骚扰州郡，东西南北，同时戒严。太后委政李固，分遣诸将征讨四方，陆续奏捷。固骨鲠严正，宦官为恶者一切斥遣之，于是群小皆怨，梁冀疾之尤甚。初，顺帝即位时，除官多不以次，固奏免百余人。此等遂作飞章，言固离间近戚，自隆支党。冀以白太后，后不听。

帝少而聪慧，尝因朝会目冀曰：“此跋扈将军也。”冀深恶之，使左右置毒于煮饼以进。帝苦烦甚，召李固。固入前问，帝曰：“食煮饼腹闷，得水尚可活。”冀曰：“恐吐，不可饮水。”语未绝而崩，固伏尸号哭。推举侍医，冀虑事泄，大恶之。会议立嗣，固与大鸿胪杜乔皆以为“清河王蒜，明德著闻，又属最尊亲，宜立为嗣”。中常侍曹腾有憾于蒜，说冀以“清河严明，若果立则将军受祸，不如立蠡吾（今河北省蠡县）侯”。冀从之。白太后策免固，迎蠡吾侯志入即位，是为孝桓皇帝。

桓帝即位，年甫十五。太后犹临朝称制，立太后女弟为皇后，以杜乔为太尉。乔守正不阿，朝野皆倚望焉，而冀深恨之，遂以地震为口实，策免乔。会甘陵（县名，清河孝王陵在焉，故城在今河北清河县东南）人刘文等谋共立清河王蒜，劫其相谢皓，杀之。蒜坐贬为尉氏（今河南开封道尉氏县）侯，徙桂阳（今湖南衡阳道桂阳县），自杀。梁冀因诬固乔，谓与文通谋，收下狱，杀之。天下怨叹。

是时梁冀秉政日久，家门繁盛，凡七侯、三后、六贵人，二大将军、卿、将、尹、校五十七人。冀专擅威柄，凶恣日积，宫卫近侍，并树所亲，禁省起居，纤微必知。四方贡献，皆先输上第于冀，乘舆乃其次焉。百官迁召，皆先到冀门谢恩，然后敢诣尚书。冀妻孙寿善为妖态，冀宠惮之。冀爱监奴秦宫，出入寿所，刺史二千石皆谒辞之。冀、寿对街为宅，殚极土木，互相夸竞。起兔苑亘数十里，移檄调生兔，刻毛为识，人有犯者罪至死。冀用寿言，多斥夺诸梁在位者，外以示谦让，而孙氏宗亲为侍中、卿、校、郡守者十余人，皆贪饕凶淫，所在怨毒。帝欲褒崇冀，使议其礼。有司奏请冀入朝不趋、剑履上殿、谒赞不名。礼仪比萧何，增封四县比邓禹，赏赐金钱、奴婢、丝帛、车马、衣服，甲第比霍光。每朝会与三公绝席，十日一入平尚书事。冀犹以所奏礼薄，意不悦。冀秉政几二十年，以私憾杀人甚众。威行内外，天子拱手。梁后恃兄姊势，奢靡恣肆。和平元年（桓帝四年），皇太后崩，后宠渐衰，后既无子，潜怀妒忌，宫人孕育，鲜得全者。帝虽畏迫冀，不敢谴怒，然见御转稀。延熹二年（桓帝十三年），后以忧恚崩。于是冀之内援绝，先是和熹皇后从兄子邓香妻宣，生女猛，香卒，宣更适孙寿舅梁纪，寿引其女猛入掖廷为贵人。冀欲认猛为己女，时猛姊婿邴尊为议郎。冀恐尊沮宣，乃使刺客杀尊，又欲杀宣。遣客登屋，宣家觉之，驰入白帝。帝大怒，乃与中常侍单超、徐璜.、黄门令具瑗、小黄门史唐衡、左悺等，共谋诛冀。冀疑之，使中黄门张恽人宿以防变。瑗收恽，请帝诣前殿。使尚书令尹勋持节，勒丞郎以下，皆操兵，守省阖。敛诸符节送省中，使瑗将厩驺、虎贲、羽林、都侯、剑戟士，合千余人，与司隶张彪共围冀第，收大将军印绶。冀、寿皆自杀，梁氏、孙氏无少长皆弃市，太尉胡广、司徒韩缜、司空孙朗，皆坐阿附，减死免为庶人。故吏宾客免黜者三百余人，朝廷为空，百姓称庆。收冀财货合三十余万万，以充王府用。减天下租税之半，散其园囿以给贫民。封单超等五人为侯，以超为车骑将军，辅政。于是外戚之势衰，宦官之势转盛矣。

第十四章

外戚与清流之结合及其对宦官之冲突

自来稷鼠不攻，城狐不灼，愈接近宫廷者，其势力愈不可侮。以清流与外戚较，则外戚与宫廷接近；以外戚与宦官较，则宦官与宫廷尤接近。是故外戚与清流冲突，常居优胜地位；与宦官冲突，反居劣败地位。东汉初年，政在君主。中叶以后，政权移于外戚。末年复移于宦官，其胜败所由来，非有特别原因，势使然也。东汉自章帝崩后，和帝、殇帝、安帝、北乡侯、顺帝、冲帝、质帝、桓帝，皆以冲龄践祚。章德窦后、和熹邓后、安思阎后、顺烈梁后，相继临朝。窦宪、邓骘、耿宝、阎显、梁商、梁冀，皆以大将军或车骑将军辅政。权力凌轹宰相，势不能不起冲突。邓骘贤者，犹与司空周章、袁敞等不协。此外若窦宪之与太尉郑弘，耿宝之与太尉杨震，梁冀之与太尉李固、杜乔，其冰炭不相容者，固势所不得不尔也。郑弘、杨震、李固、杜乔之徒，皆起家书生，出为贤相，清风亮节，为一世所钦仰，而皆不得令终，外戚势力之伟大可想。然而千人所指，无病自死。势力愈伟大者，其得罪于人民者愈甚，其欲得而甘心者亦愈多。天乃假手于猝不及防之他人，以削其气焰。窦宪之死，假手于郑众。邓骘之死，假手于李闰、江京。阎显之死，假手于孙程。梁冀之死，假手于单超、徐璜、具瑗、唐衡、左悺。以炙手可热、气焰薰天之外戚，举朝大臣所无可如何者，一宦竖诛之而有余，则宦官潜势力之伟大更可知矣。顾君子得志常自谦，小人得志常自满，自谦者能下人，自满者恒凌人。能下人者多恺悌慈祥，恒凌人者多暴虐恣横，是故小人不可以有权力，有权力必滥用之，小人不可以立大功，立大功则国家将来无以报酬之也。东汉中叶君主，既假宦官之手以诛外戚，势不能不假以权力。郑众、孙程、单超之徒，皆致位公卿，与闻国政，政柄渐为宦官所垄断，其暴虐恣横，反甚于外戚。士君子不忍见朝政之日非、国事之日坏，乃与外戚之贤者结合，并力排除宦官。窦武、何进相继失败，钩党狱起，朝廷流血，诸贤骈首就戮。袁绍愤极，乃召外兵。宦官虽诛，汉亦灭矣。此真附骨之疽，一割则有性命之虞者也。兹述其事迹于下。

第一节　宦官之恣横

窦宪之伏诛也，郑众以功拜大长秋，帝策勋班赏，众每辞多受少。帝由是贤之，常与之议论政事。寻封鄛乡侯，是为宦官封侯与政之始。邓后称制，众与蔡伦皆用事。司空周章数进直言，太后不能用。安帝亲政，宦官江京、李闰皆封侯，与樊丰、刘安、陈达等同与政，谗杀太尉杨震，废太子为济阴王，是为宦官杀害清流之始。顺帝即位，孙程等十九人以功封侯，听中官得以养子袭爵，是为中官爵位世袭之始。梁冀伏诛以后，单超等五人皆以功封侯，世称为五侯，赏赐巨万，以超为车骑将军。辅政五侯皆贪纵，倾动内外。白马（县名，属东郡故城在今河北道，即故卫辉府滑县治南）令李云上书固谏，上怒，杀之。大鸿胪陈蕃、太常杨秉等，皆以疏救云得罪，免官。延熹三年，超卒，赐东园秘器，棺中玉具。及葬，发五营骑士，将作大匠起冢茔。其后四侯转横，天下为之语曰："左回天，具独坐，徐卧虎，唐两堕。"皆竞起第宅，以华侈相尚，兄弟姻戚宰州临郡，辜较百姓，与盗无异，虐遍天下。民不堪命，故多为盗贼焉。中常侍侯览、小黄门段珪，皆有田业，近济北界，仆从宾客，劫掠行旅。济北相滕延一切收捕，杀数十人，陈尸路衢。览、珪以事诉帝，延坐征诣廷尉免。左悺兄胜为河东太守，皮氏长京兆赵岐耻之，即日弃官西归。唐衡兄玹为京兆尹，收岐家属宗亲，陷以重法，尽杀之。岐逃难四方，匿姓名，卖饼北海（郡名，山东旧青州府东部莱州府西部地，治营陵，故城在今胶东道昌乐县东南）市中。安丘（今山东胶东道，即故青州府安邱县）孙嵩见而异之，载与俱归，藏于复壁中，及诸唐死，遇赦，乃敢出。中郎将皇甫规征西羌，有功，当封。徐璜左悺从规求货，不答。璜等诬以罪，下吏，论输左校。

延熹八年，太尉杨秉、司空周景，上言"内外吏职，多非其人。旧典中臣子弟，不得居位，请皆斥罢"。帝从之。于是条奏牧守以下五十余人，或死或免，天下肃然。侯览兄参为益州刺史，残暴贪婪，累赃亿计。秉奏槛车征参，于道自杀。阅其车重三百余辆，皆金银缯帛。秉因奏劾览，帝不得已，免览官。司隶校尉韩缜因奏左悺及其兄太仆称罪恶，皆自杀。又奏具瑗兄沛相恭赃罪，瑗贬都乡侯，子弟分封者悉夺爵土，宦官之势稍绌。

宛陵羊元群，罢北海郡，赃污狼藉，郡舍溷轩有奇巧，亦载之以归。河南尹李膺表按其罪，元群行赂宦官，膺竟反坐。单超弟迁为山阳太守，以罪系狱。廷尉冯绲考致其死，中官飞章诬绲以罪。中常侍苏康、管霸，固天下良田美业，州郡不敢诘，大司农刘佑移书所在，依科品（条律法式）没入之。帝大怒，三人俱坐输作左校。

是年，太尉杨秉薨，以陈蕃代之。蕃数言李膺、冯绲、刘佑之枉，请加原宥，上不听。司隶校尉应奉复上书申理，上乃悉免其刑。久之，复拜膺司隶校尉。时小黄门张让弟朔为野王（县名，属河内郡）令，贪残无道，畏膺威严，逃还京师，匿于兄家合柱（夹壁也）中。膺知其状，率吏卒破柱取朔，付洛阳狱，受辞毕，即杀之。让诉冤于帝，帝召膺诘以不先请便加诛之意，对曰："昔仲尼为鲁司寇，七日而诛少正卯。今臣到官已积一旬，私惧以稽留为愆，不意获速疾之罪。自知衅责，死不旋踵。乞留五日，克殄元恶。退就鼎镬，始生之愿也。"帝顾谓让曰："此汝弟之罪，司隶何愆。"乃遣出。自此诸黄门、常侍皆鞠躬屏气，休沐不敢出宫省。帝怪问其故，并叩头泣曰："畏李校尉。"时朝廷日乱，纲纪颓废，而膺独持风裁，以声名自高。士有被其容接者名为登龙门，于是宦官深嫉膺，有不两立之势矣。

第二节　东汉之士风

是时儒学统一中国已久，专经之士甚多。自光武时，创立太学。明、章继之，学校之盛，迈乎三代。安帝薄于艺文，博士不复讲习，朋徒怠散，学舍颓敝，鞠为蔬园。顺帝永建六年，将作大匠翟酺上疏，请更修缮，从之。复起太学，凡造二百四十房，千八百五十室，收容博士弟子三万人，其中西域诸国留学生不少。同时私塾异常发达，河南、汝南、南阳等郡最盛。学生人数最多者，往往过万人。所用之教科书概为五经论语。大学之中，设专门博士研究经学。研究之人愈多，训诂学愈发达，学说亦愈复杂。门户之争渐起，排斥异说，固守师传。顾其所研究者，纯为文字之解释。对于儒教哲学，尚未暇顾及也。

同时孝廉选举之制盛行。每二十万人以上之区，每年选出孝廉一名，不足二十万人之区，每二年选出一名。人口最多之郡为南阳，每年选出十二名。次为汝南，每年选出十名。故东汉人才，以汝南、南阳二郡为最盛。其选举方法，注重实行。每年由本地地方官择尤保荐，以备政府任用，不由孝廉出身者不能入政界，故士子争砥砺实行以求当选。注重实行太甚，往往不问学问何若。已当选之孝廉，学问空虚者有之，政治上之经验全无者有之，时或不能致用。顺帝之世，用尚书令左雄议，令郡国举孝廉，限年四十以上。诸生通章句，文吏能笺奏，乃得应选。其有茂才异行，得以不拘年齿，是为孝廉限年课试法之始。于是诸郡守十余人，皆坐谬举免黜。唯汝南陈蕃、颍川李膺、下邳陈球等三十余人，得拜郎中。自是牧守畏栗，莫敢轻举。察选清平，多得其人。后复用尚书令黄琼议，增孝悌及能从政者为四科，得人愈盛。

儒学本有名教之目，砥砺廉隅，崇尚名节，以是为一切公德私德之本。孝武表章六艺，师儒虽盛，斯义未昌，故新莽居摄，颂德献符者遍天下。光武有鉴于此，尊崇节义，敦厉名实。以经明行修四字，为进退士类之标准。东汉二百年间，儒教之道德，渐渍社会，寖成风俗，至其末造，朝政昏浊，国事日非，而党锢之流，独行之辈，依仁蹈义，舍命不渝。风雨如晦，鸡鸣不已。让爵让产，史不绝书。或千里以急朋友之难，或连轸以犯时主之威。论者谓三代以下，风俗之美，莫尚于东京，非过言也。

历代贤相，若太尉郑弘，司徒袁安，司空任隗、袁敞，太尉杨震、李固、杜乔、黄琼、杨秉，直臣若尚书仆射郅寿、乐恢，尚书韩棱，太仆来历，司隶校尉虞诩，光禄大夫张纲，尚书张陵，冀州刺史朱穆，度辽将军陈龟，白马令李云，弘农掾杜众，五官中郎将爰延。循吏若九江太守宋均、蜀郡太守廉范，洛阳令周纡，临淮太守朱晖，廷尉陈宠，中牟令鲁恭，洛阳令王涣、任峻，冀州刺史苏章，胶东相吴佑，朗陵相荀淑，嬴长韩韶，林虑长锺皓，太丘长陈寔，雍丘令刘矩，会稽太守刘宠，南阳太守刘宽。孝义若司徒丁鸿，庐江毛义，东平郑均，汝南薛包，彭城姜肱，李固弟子郭亮、董班、王成、杜乔，故吏杨匡。高士若汝南黄宪、周燮，南阳冯良，安丘郎颛，涿郡崔实，豫章徐稚，汝南袁阆，京兆韦著，颍川李昙，安阳魏桓等。清风亮节，俱足千古，皆儒教养成之人物也。

梁冀之专政也，朝廷遣杜乔、周举、周栩、冯羡、栾巴、张纲、郭遵、刘班等八使分行州郡，表贤良，显忠勤。其贪污有罪者，刺史二千石驿马上之。墨绶以下，便辄收举。乔等受命之部，张纲独埋其车轮于洛阳都亭曰："豺狼当道，安问狐狸？"遂劾奏梁冀及其弟河南尹不疑无君之心十五事，京师震悚。顺帝虽知纲言直，不能用也。冀恨纲，思有以中伤之。时广陵贼张婴寇乱扬、徐间，积十余年，乃以纲为广陵（今江苏淮扬道东部）太守。纲单车径诣婴垒门，婴大惊，走闭垒。纲于门外罢遣吏兵，留十余人。以书喻婴，请与相见。婴乃出拜谒，纲喻以祸福。婴还营，将所部万余人与妻子面缚归降，纲单车入垒，散遣部众，任从所之。亲为卜居宅，相田畴，子弟欲为吏者皆引召之。人情悦服，南州晏然。论功当封，梁冀遏之。在郡一岁卒，婴等五百余人为之制服行丧，送到犍为，负土成坟。

桓帝元嘉元年五月，群臣朝贺。梁冀带剑入省，尚书张陵叱出，敕羽林虎贲夺剑。冀跪谢，陵不应，即劾奏冀，请廷尉论罪。有诏以一岁俸赎，百僚肃然。永兴元年，冀州河溢，民饥，流亡数十万户。诏以朱穆为刺史，令长闻穆济河，解印绶去者四十余人。及到官，奏劾诸郡贪污官吏，有至自杀或死狱中者。宦者赵忠丧父归葬，僭为玉匣，穆下郡案验，吏发墓剖棺出之。帝闻大怒，征穆下廷尉狱，输作左校。李云之下狱也，弘农掾杜众伤云以直谏获罪，上书愿与云同死。帝怒，下之狱，杀之。帝问侍中爰延“朕何如主”。对曰：“中主。”帝曰：“何以言之？”对曰：“尚书令陈蕃任事则治，中常侍黄门与政则乱，是以知陛下可与为善，可与为非。”帝曰：“敬闻阙矣。”拜延五官中郎将。延数谏诤，帝不能用，遂称疾免归。宋均为九江守，五日一听事。悉省掾史，闭督邮府内，属县无事，百姓安业。明帝知其贤，征拜尚书令。成都民物丰盛，邑宇逼侧，旧制禁民夜作以防火灾，而更相隐蔽，烧者日众。廉范为蜀郡太守，毁削先令，但严使储水而已，百姓以为便。周纡为洛阳令，下车先问大姓主名，吏数闾里豪强以对。纡厉声曰：“本问贵戚若马、窦等辈，岂能知卖菜佣乎？”于是部吏争以激切为事。贵戚局踏，京师肃清。朱晖守临淮，有善政，坐法免官。章帝知其贤，征拜尚书仆射。廷尉陈宠性仁矜，数议疑狱，每引经典，务从宽恕。

王涣为洛阳令，居身平正，能以明察发摘奸伏，外猛内慈，人皆悦服。任峻为洛阳令，选用文武，各尽其用。发奸不旋踵，民间不畏吏。苏章为冀州刺史，有故人为清河太守。章行部欲案其奸，乃为设酒甚欢。太守喜曰：“人皆有一天，我独有二天。”章曰：“今夕与故人饮者私恩也。明日冀州刺史案事者公法也。”遂举正其罪，州境肃然。后以権折权豪，坐免。胶东相吴佑政崇仁俭，民不忍欺。啬夫孙性私赋民钱，市衣以进其父，父怒曰：“有君如此，何忍欺之，促归伏罪。”性惭惧自首。佑曰：“掾以亲故受污秽之名，所谓观过知仁矣。”使归谢其父。荀淑少博学，有高行，李固、李膺等皆师宗之。尝举贤良对策，讥刺贵幸。梁冀忌之，出为朗陵相，莅事明治，称为神君。

桓帝时，群盗公孙举等聚众至三万人，寇青兖徐州，州兵讨之，连年不克。尚书选能治剧者。永寿二年，以韩韶为嬴长，群盗相戒不入其境。流民万余户入其境，韶开仓赈之。主者争不可，韶曰："长活沟壑之人而以此伏罪，含笑入地矣。"韶与同郡荀淑、钟皓、陈寔，皆尝为县长，以德政称，时人谓之颍川四长。刘矩为雍丘令，以礼化民，民皆感悟自革。有讼者常引之于前，提耳训告。以为忿恚可忍，县官不可入。使归更思，讼者感之，辄各罢去。刘宠为会稽太守，除烦苛，禁非法，郡中大治。桓帝征拜司空，有五六老叟，自若邪山谷间出。人赍百钱送宠，宠为人选一大钱受之。刘宽历典三郡，温仁多恕，虽在仓卒，未尝疾言遽色。吏民有过，但用蒲鞭罚之，示辱而已，终不加苦。有功善推之于下，有灾异则引躬自责。每见父老，慰以农里之言。见少年勉以孝弟之训，人皆悦而化之。

丁鸿之父陵阳侯琳卒，鸿当袭封，上书称病，让国于弟盛，不报，乃逃去。友人九江鲍骏遇鸿于东海，让之。鸿感悟，乃还就国。明帝以鸿有经学，征拜侍中。毛义以行义称于乡里，南阳张奉慕义名，往候之。坐定而府檄适至，以义守安阳令，义捧檄而入，喜动颜色。奉心贱之，辞去。后义母死，征辟皆不至。奉乃叹曰："贤者固可不测，往日之喜，乃为亲屈也。"郑均兄为县吏，颇受礼遗，均谏不听，乃脱身为佣。岁余，得钱帛归，以与兄曰："物尽可复得，为吏坐赃，终身捐弃。"兄感其言，遂为廉洁。章帝闻其名，赐义均谷各千斛，命长吏存问。薛包少有至行，父娶后妻，憎包，分出之。包日夜号泣，不忍去，至被殴扑，不得已。庐于外，旦人洒扫，父怒，逐之。乃庐于里门，昏晨不废，积岁余，父母惭而还之。及父母亡，弟子求分财异居。包不能止，乃中分其财。奴婢引其老者，曰："与我共事久，若不能使也。"田庐取其荒顿者，曰："我少时所治，意所恋也。"器物取其朽败者，曰："我素所服食，身口所安也。"弟子数破其产，辄复赈给。安帝闻其名，征拜侍中，不就。

李固、杜乔之下狱也，固弟子郭亮未冠，左提章钺，右秉铁锧，诣阙上书，乞收固尸，不报。与董班具往临哭不去。乔故掾陈留杨匡，号泣星行至洛，着故赤帻，托为夏门亭（即洛阳西北门外万岁亭）吏，守护尸丧。诣阙上书，并乞二公骸骨。太后许之。匡送乔丧还家，葬讫行服，遂与亮、班皆隐匿，终身不仕。固死，州郡收其子基、兹，并下狱，杀之。固弟子王成，携其幼子燮乘江东下，入徐州界，变姓名为酒家佣，而成卖卜于市。各为异人，阴相往来。积十余年，梁冀既诛，燮乃还乡里。徐稚家贫，常自耕稼，非其力不食。恭俭义让，所居服其德，屡辟不起。陈蕃为豫章太守，以礼请署功曹，稚既谒而退。蕃性方峻，不接宾客。稚来，特设一榻，去则悬之。后举有道，家拜太原太守，皆不就。稚虽不应诸公之辟，然闻其死丧，辄负笈赴吊。常豫炙一鸡，以酒渍绵一两，暴乾裹之。到冢隧外，以水渍绵，白茅借饭，以鸡置前，酹毕留谒，不见丧主而行。

姜肱与弟仲海、季江，具以孝友著称，尝具诣郡。夜遇盗，欲杀之。肱曰："弟年幼，父母所怜，又未聘娶，愿杀身济弟。"季江曰："兄年德在前，家之珍宝，国之英俊，乞自受戮以代兄命。"盗两释焉，但掠夺衣资而已。既至郡中，见肱无衣服，怪问其故。肱托以他辞，终不言盗。盗闻而感悔，就肱叩头谢罪，还所掠物。肱不受，劳以酒食而遣之。桓帝征魏桓，其乡人劝之行。桓曰："夫干禄求进，所以行其志也。今后宫千数，其可损乎。厩马万匹，其可减乎。左右权豪，其可去乎。"皆对曰："不可。"桓乃慨然叹曰："使桓生行死归，于诸子何有哉。"遂隐身不出。太原郭泰博学，善谈论，性明知人，好奖训士类。茅容年四十余，耕于野，与等辈避雨树下，众皆夷踞，容独危坐。泰见而异之，因请寓宿。旦日，容杀鸡食母，余半庋（举绮反，板为阁以藏物也，谓以所余半鸡置之于庋）置，自以草蔬与客同饭。泰曰："卿贤哉远矣，郭林宗犹减三牲之具以供宾旅，而卿如此，乃我友也。"起对之揖，劝令从学，钜鹿（今河北大名道，县名）孟敏荷甑堕地，不顾而去。泰见问之，对曰："甑已破矣，视之何益。"泰以为有分决，亦劝令游学。陈留（今河南开封道陈留县）中屠蟠为漆工，鄢陵（今河南开封道鄢陵县）庾乘为门士。泰奇之，后皆为名士。自余或出于屠沽卒伍，因泰奖进成名者甚众。或问范滂曰："郭林宗何如人？"滂曰："隐不违亲，贞不绝俗。天子不得臣，诸侯不得友。吾不知其他。"泰举有道，不就，或劝之仕，泰曰："吾夜观乾象，昼察人事。天之所废，不可支也。吾将优游卒岁而已。"然犹周旋京师，诲诱不息。徐稚以书戒之曰："夫大木将颠，非一绳所维。何为栖栖不遑宁处？"泰感悟曰："谨拜斯言，以为师表。"陈留仇香，至行纯嘿，乡党无知者，年四十，为蒲亭（亭名，属陈留郡考城县，今隶开封道）长。劝人生业，为制科令，令子弟就学，赈恤穷寡，期年大化。民有陈元，独与母居。母诣香告元不孝，香惊曰："吾近日过元舍，庐落整顿，耕耘以时。此非恶人，当是教化未至耳。母守寡养孤，苦身投老，奈何以一旦之忿，弃历年之勤乎？且母养人遗孤，不能成济，若死者有知，百岁之后，当何以见亡者？"母涕泣而起，香乃亲到元家，为陈人伦，譬以祸福。元感悟，卒为孝子。考城（县名，今属开封道旧属归德府）令王奂署香主簿，谓之曰："闻在蒲亭，陈元不罚而化，得无少鹰鹯之志邪？"香曰："以为鹰鹯，不若鸾凤，故不为也。"奂曰："枳棘非鸾凤所集，百里非大贤之路。"乃以一月俸资香，使入太学。其父子兄弟师友吏民之，间以道义相尚如此，儒教之感人者深矣。然而好名之念太重，往往故为矫激之行。批评当时人物，号为激浊扬清。受其毁誉者，一语之褒，荣于华衮，一语之贬，严于斧钺。当时名儒王符作潜夫论，朱穆作绝交论，盖有慨乎其言之。又好广交际，通声气，有互相标榜之习。黄琼之卒也，四方名士来会其葬者六七千人。郭泰初游洛阳，时人莫识。陈留符融一见嗟异，因以介于河南尹李膺，膺与为友。后归太原乡里，诸儒送至河上，车数千辆，太学诸生三万余人。郭泰、贾彪为其冠，与李膺、陈蕃、王畅，更相褒重。学中语曰："天下模楷李元礼，不畏强御陈仲举，天下俊秀王叔茂。"于是中外承风，竞以臧否相尚。自公卿以下，莫不畏其贬议，屣履到门。

第三节 第一次钩党之狱

初，桓帝为蠡吾侯时，受学于甘陵（郡名，即清河郡改名）周福。及即位，擢福为尚书，时同郡房植有名当朝。乡人为之谣曰："天下规矩房伯武，因师获印周仲进。"二家宾客互相讥揣，遂成尤隙，由是甘陵有南北部。党人之议，自此始矣。汝南太守宗资，以范滂为功曹。南阳太守成瑨，以岑晊为功曹。皆悉以听任，使之褒善纠违，肃清朝府。滂尤刚劲，嫉恶如仇，郡中人以下莫不怨之。于是二郡为之谣曰："汝南'太守'范孟博，南阳宗资主画诺。南阳'太守'岑公孝，弘农成瑨但坐啸。"宛有富贾张泛，恃后宫中官，用执纵横。岑晊劝瑨收捕。既而遇赦，瑨意诛之。后乃奏闻，小黄门晋阳赵津贪横放恣，太原太守刘瓆亦于赦后杀之。侯览使泛妻上书讼冤，宦官因缘潜诉瑨、瓆。帝大怒，征下狱。有司承旨，奏当弃市。山阳太守翟超，以张俭为督邮。侯览家在防东（县名，今山东济宁道金乡县），残暴百姓，大起茔冢。俭举奏览，破其冢宅，籍没资财。徐璜兄子宣为下邳令，求故汝南太守李暠女，不得，遂将吏卒至暠家，载其女归，射杀之。东海相黄浮收宣家属，无少长悉案弃市，宦官诉冤。帝又大怒，超、浮并坐髡钳输作。太尉陈蕃上疏力争，上不纳，瑨、瓆俱死狱中。瑨、瓆素刚直，有经术，知名当时，天下惜之。岑晊逃窜获免。河内张成善风角，推占当赦，教子杀人。司隶校尉李膺收捕，逢赦，竟案杀之。成素以方技交通宦官，宦官教成弟子牢修上书，告膺等养太学游士，共为部党，诽讪朝廷，疑乱风俗。帝震怒，班下郡国，逮捕党人，布告天下，使同忿疾，下膺等北寺狱。辞连太仆杜密及陈寔、范滂之徒二百余人，或逃遁不获，皆悬金构募。陈蕃上书极谏，上怒，免其官。朝臣震栗，莫敢复为党人言者。后父城门校尉槐里侯窦武上疏以去就力争，尚书霍谞亦为表请，帝意稍解。膺等多引宦官子弟，宦官惧，请帝天时宜赦，遂赦，改元。党人二百余人皆放归田里，书名三府，禁锢终身，是为第一次钩党之狱。起桓帝延熹九年七月，终永康元年六月，凡延亘一年。

第四节　第二次钩党之狱

党狱之初起也，所染皆天下名贤。度辽将军皇甫规自以西州豪杰，耻不得与，乃自上言："臣前荐故大司农张奂，是附党也。太学生张凤等上书讼臣，是为党人之所附也。臣宜坐之。"朝廷不问。范滂之遇赦还乡也，汝南南阳士大夫迎之者车数千辆。滂曰："是重吾祸也。"遂逃还。李膺等虽废锢，天下士大夫皆高尚其道，而污秽朝廷，更相标榜，为之称号，以窦武、陈蕃、刘淑为三君，君者，言一世之所宗也。李膺、杜密等八人为八俊，俊者，言人之英也。郭泰、范滂等八人为八顾，顾者，言能以德行引人者也。张俭、岑晊等八人为八及，及者，言其能导人追宗者也。度尚、张邈等八人为八厨，厨者，言能以财救人者也。其受人崇拜不善韬晦类如此，第二次党狱之祸从此伏矣。

是年（西历纪元一六七年）十二月，桓帝崩，凡在位二十一年。尊皇后窦氏为皇太后。太后临朝，以窦武为大将军，陈蕃为太傅，与司徒胡广参录尚书事。遣使迎河间孝王曾孙解渎亭（故城在今河北保定道安国县，即故祁州）侯宏入京师即位，年才十二，是为孝灵皇帝。灵帝幼冲昏庸，为宦官所愚弄。武、蕃柄政，外戚清流结为一系，联合以排宦者，于是第二次党狱复起。

初，窦太后之立也，陈蕃有力焉，及临朝，政无大小，皆委于蕃。蕃与窦武同心戮力以奖王室，征天下名贤李膺、杜密、尹勋、刘瑜等共参政事。天下延颈想望太平，而帝乳母赵娆与中常侍曹节、王甫等共相朋结，谄事太后。太后信之，数出诏命有所封拜。蕃、武疾之，会有日食之变。蕃说武斥罢宦官，以塞天变。武乃白太后，请悉诛废宦官以清朝廷。太后曰："故事世有宦官，但当诛其有罪者，岂可尽废耶。"时中常侍管霸颇有才略，专制省内。武先白收霸，诛之。复数白诛节等，太后犹豫不忍。建宁元年八月，太白犯房之上，将入太微。刘瑜劝武速定大计。武乃奏收长乐尚书郑飒送北寺狱，使尚书令尹勋、黄门令山冰杂考之，辞连曹节、王甫。勋、冰奏收节等，使刘瑜纳奏。会武出宿归府，典中书者先以告长乐五官史朱瑀。瑀盗发武奏，骂曰："放纵者自可诛耳。我曹何罪，而当尽见族灭。"乃夜召所亲共普等十七人歃血共盟，节请帝出御前殿。召尚书官属，胁以白刃，使作诏版，拜甫为黄门令，持节至北寺狱，收勋、冰杀之。出飒。还兵劫太后，夺玺绶，使飒持节收武等。武驰入步兵营，召会北军五校士数千人屯都亭。蕃闻难，将官属诸生八十余人，拔刃突入尚书门。甫使剑士收蕃，送北寺狱，杀之。时护匈奴中郎将张奂征还，节等矫制，使奂率五营士讨武，武兵败自杀。甫收捕武宗亲宾客，悉杀之。迁太后于南宫。徙武家属于日南（郡名，今安南顺化府等处），自公卿以下尝为蕃、武所举者，及门生故吏，皆免官禁锢。节迁长乐卫尉，与王甫、朱瑀、共普等皆封列侯，于是群小得志，士大夫皆丧气。张奂迁大司农，封侯。奂深病为节等所卖，固辞不受。

侯览怨张俭尤甚，览乡人朱并承览意指，上书告俭与同乡二十四人，别相署号，共为部党，图危社稷，诏刊章捕俭等。建宁二年十月，曹节讽有司，奏诸钩党者故司隶校尉李膺、太仆杜密等，请下州郡考治。是时上年十四，问节等曰："党人何用为恶而欲诛之耶？"对曰："相举群辈，欲为不轨。"上曰："不轨欲如何？"对曰："欲图社稷。"上乃可其奏，收膺、密等百余人，皆下狱死，妻子徙边。天下豪杰及儒学有行义，宦官一切指为党人。有怨隙者，阴相陷害。睚眦之忿，滥入党中。或有未尝交关，亦罹祸毒。其死徙废禁者又六七百人，是为第二次钩党之狱。起灵帝建宁元年八月，终二年十月，凡延亘一年二月。距第一次党狱仅隔一年。

第五节　党狱之余波及其结果

两次党狱，天下名贤诛戮殆尽，独陈寔、申屠蟠、袁闳、夏馥、郭泰等不与焉。初，中常侍张让父死，归葬颍川。虽一郡毕至，而名士无往者，让耻之，陈寔独吊焉。及诛党人，让以实故，多所全宥。范滂等非讦朝政，自公卿以下，皆折节下之，太学生争慕其风，申屠蟠独叹曰："昔战国之世，处士横议。列国之王至为拥彗先驱，卒有坑儒烧书之祸，今之谓矣。"乃绝迹于梁、砀（二郡，今河南开封道东部江苏徐海道西部）之间，因树为屋，自同佣人，卒免于祸。袁闳为司徒安玄孙，世为宰相。中常侍袁赦推崇以为外援，闳见时方险乱，而家门富盛，心窃忧之，及党祸起，欲投迹深林，以母老不忍去，乃筑土室四周于庭，不为户，自牖纳饮食。母思闳，时往就视。母去，便自掩闭。兄弟妻子莫得见也。潜身十八年，卒于土室。夏馥自剪须变形，入林虑山（在今河南河北道林县）中，隐姓名为冶家佣，亲突烟灶，形貌毁瘁，积二三年，人无知者。弟静载缣帛追饷之，馥不受曰："弟奈何载祸相饷乎。"郭泰虽好臧否，而不为危言骇论，故能处浊世而怨祸不及焉。是为党狱后之硕果仅存者。

建宁四年，帝加元服，赦天下，唯党人不赦。次年（熹平元年），太后崩。曹节、王甫欲以贵人礼殡葬，帝不可，乃发丧成礼。节等欲别葬太后，太尉李咸、廷尉陈球力争，乃止。有人书朱雀阙（北官南掖门阙在官门外），言曹节、王甫幽杀太后。诏可隶校尉刘猛逐捕，猛以其言直，不肯急捕。月余，主名不立。诏以段颎代猛，颎乃四出逐捕，及太学游生，击者千余人。节等又使颎以他事奏猛，论输左校。王甫与渤海王悝有隙，谮杀之。悝妃宋氏，皇后之姑也。甫因谮皇后，下暴室，以忧死。父及兄弟皆被杀。

熹平五年，永昌太守曹鸾上书，请赦党人。上怒，槛车收鸾下狱，掠杀之。诏州郡更考党人，门生故吏父子兄弟在位者悉免官禁锢，爰及五属，是为党狱余波。自是以后，正人绝迹，政柄尽入于宦官之手。直至中平元年，黄巾贼起，始纳中常侍吕强谏，赦党人，然已无及矣。

党锢要人表

三君	窦武，陈蕃，刘淑
八俊	李膺，荀昱，杜密，王畅，刘佑，魏朗，赵典，朱寓
八顾	郭泰，宗慈，巴肃，夏馥，范滂，尹勋，蔡衍，羊陟
八及	张俭，岑晊，刘表，陈翔，孔昱，范康，檀敷，翟超
八厨	度尚，张邈，王考，刘儒，胡毋班，秦周，蕃向，王章

第十五章

东汉之衰亡

　　自来儒者出处之道，合则留，不合则去。孔子曰："危邦不入，乱邦不居。天下有道则见，无道则隐。"又曰："不在其位，不谋其政。"又曰："邦有道危言危行，邦无道危行言逊。"孟子曰："可以仕则仕，可以止则止，可以久则久，可以速则速。"盖叔季之世，大局已无可为，留此有用之身，犹可为全国社会维持道德命脉于一线。为己身计、为国家计、为社会计，势固不得不尔也。东汉李、杜诸贤，昧于斯义，热心国事，盲进不已，及其废黜，犹不自韬晦，反广通声气，批评朝政。有结党之嫌，有诽谤之迹，终以莫须有之狱为宦官所歼戮。虽灵帝昏庸、宦官狡狠有以致之乎，抑亦诸贤所自取也。诸贤逝后，汉室凋零，宦官弄权，朝政紊乱，国事破坏，不堪闻问。黄巾贼起，草寇弄兵。董卓入朝，大盗窃国。州牧郡守各据地自王，攻城略地。战争相循，小民疲于兵革。曹操乘隙勃起山东，剪锄群雄，统一黄河流域。中国内地，一时小康。然而政柄下移，奸雄盗国，大好河山，已非复刘氏所有矣。郭泰有言："诗云：人之云亡，邦国殄瘁，汉室灭矣。但未知瞻乌爱止，于谁之屋耳。"盖善人为国家元气，元气伤则国削，元气尽则国亡。汉室末运，实党人之狱有以促成之。诸贤牺牲一身，为孤注一掷之举，为个人名誉计则得矣，为国家及社会前途计则未也。中庸有言："君子依乎中庸，遁世不见知而不悔，唯圣者能之。"盖儒者之道，宽以待人，静以持己，操切手段与暴烈举动，不能成事，反足以害事，君子所不取。春秋之义，责备贤者。论史者安敢为李、杜诸贤讳也。兹述其事迹如下。

第一节 黄巾贼之乱

两次党狱，天下名贤诛戮殆尽，大权悉归于宦官。宗戚子弟布满郡县，政治日益腐败。第二次党狱之后十五年，黄巾贼张角等起。张角者，钜鹿人，事黄老，以妖术教授，号太平道。咒符水以疗病，遣弟子游四方，转相诳诱。十余年间，徒众至数十万。青、徐、幽、冀、荆、扬、兖、豫八州之人，莫不毕应。司徒杨赐上言："宜敕州郡，简别流民。护归本郡，以孤弱其党。然后诛其渠帅，可不劳而定。"事留中，司徒掾刘陶复上疏申赐前议。帝殊不为意，角遂置三十六方（方犹将军也）。大方万余人，小方六七千，各立渠帅。讹言"苍天已死，黄天当立。岁在甲子，天下大吉"。以白土书京城寺门及州郡官府，皆作甲子字。大方马元义等先收荆、扬数万人，以中常侍封谞、徐奉等为内应，约以三月五日，内外俱起。角弟子唐周告之。于是收元义车裂，诏三公司隶案验官省直卫及百姓事角道者，诛杀千余人。角等知事已露，驰敕诸方，一时俱起，皆着黄巾为识。角自称天公将军，弟宝称地公将军，梁称人公将军。时人谓之黄巾贼，所在燔劫。旬月之间，天下响应。安平（今大名道冀县，即故冀州）、甘陵（今大名道清河县，即故广平府）人各执其王以应贼。京师惊动，帝诏群臣会议。北地太守皇甫嵩、中常侍吕强，请解党禁。帝惧而从之。发天下精兵，遣中郎将卢植讨张角，皇甫嵩、朱儁讨颍川黄巾。植连战克捷，围角于广宗（今大名道，即故顺德府广宗县）。帝遣小黄门左丰视军，求赂不得，还谮植于帝。帝怒，槛车征植还，以中郎将董卓代之，卓无功，乃诏皇甫嵩移军讨角。时角已死，嵩与其弟梁、宝战，皆破斩之。复与朱儁分兵讨诸郡群盗，悉破灭之。黄巾之乱平，时中平元年，西历纪元一八四年也。

第二节　十常侍之乱

是时宦官张让、赵忠等十人有宠，号十常侍。帝尝言："张常侍是我父，赵常侍是我母。"由是宦官无所惮，第宅拟宫室。上尝欲登永安宫候台（候望之台），宦官恐望见其居处，乃使人谏曰："天子不当登高，登高则百姓虚散。"上自是不敢复升台榭。及谞、奉事发，上诘责诸常侍曰："汝曹常言党人欲为不轨，皆令禁锢。今党人更为国用，汝曹反与角通，为可斩未？"皆叩头求退。征还宗亲在州郡者。中常侍吕强数谏诤，有忠直节。赵忠、夏恽共谮强云："与党人共议朝廷，数读《霍光传》。"帝使中黄门持兵召强，强自杀。侍中向栩上便宜，讥刺左右。让诬栩与角为内应，杀之。郎中张钧上书弹劾十常侍，帝以钧章示之，皆免冠徒跣顿首。乞自致洛阳诏狱，并出家财以助军费，有诏，皆冠履视事如故。帝怒钧曰："此真狂子也。十常侍固当有一人善者不。"御史遂诬奏钧学黄巾道，收掠死狱中。豫州刺史王允破黄巾，得张让宾客与黄巾交通书，上之。帝责怒让，竟不能罪也。让由是以事中允，下狱，减死论。皇甫嵩之讨张角也，过邺，见赵忠舍宅逾制，奏没入之。张让私求赂于嵩，嵩不与，由是二人怨嵩。黄巾平后，嵩以车骑将军，出屯三辅，讨凉州群盗北宫伯玉。让、忠谮嵩无功费多，征还，免其官。寻以讨张角功为名，封张让等十二人为列侯。以赵忠为车骑将军，置西园八校尉，以小黄门蹇硕为上军校尉，大将军以下皆领属焉。于是宦官之势益张，朝政日益紊乱。.

当是时巴郡贼张修，凉州群盗北宫伯玉、边章、韩遂、王国、江夏贼赵慈，渔阳贼张举、张纯，长沙贼区星等，更迭作乱。先零羌、武陵蛮、屠各胡（匈奴别种）与南匈奴右部，乘之侵略中国边境。韩遂兵最强，杀边章及北宫伯玉，拥兵十余万，围陇西。凉州刺史耿鄙政治不修，其别驾杀之以应遂，遂围汉阳（今甘肃兰山道陇西县，即故巩昌府）。太守傅燮力战，死之。耿鄙司马马腾亦拥兵反，与韩遂合，共拥王国为主，寇掠三辅。蹇硕忌后兄大将军何进，与诸宦官共说帝，遣进西击韩遂，帝从之。进知其谋，奏遣袁绍收徐兖二州兵，须还而西，以稽行期。中平六年（西历纪元一八九年），帝崩，凡在位二十二年。皇子辩即位。

先是，灵帝数失皇子，何后生辩，养于道人史子眇家，号曰史侯。王美人生协，董太后自养之，号曰董侯。群臣请立太子，帝以辩轻佻无威仪，欲立协，犹豫未决。会疾笃，属协于蹇硕。帝崩，硕时在内，欲先诛何进而立协，使人迎进。进往，硕司马潘隐迎而目之。进惊，驰归营，引兵入屯百郡邸，称疾不入。辩即位，年十四，尊皇后曰皇太后，太后临朝。封协为陈留王，以袁隗为太傅，与进参录尚书事。

进既秉政，忿蹇硕图己，袁绍因劝进悉诛诸宦官。袁绍者，故司徒安之玄孙，司空敞之曾孙，太尉汤之孙也。汤生三子，曰成、逢、隗。成生绍，逢生术。逢为司空，隗为太傅，中常侍袁赦以逢、隗相家，与之同姓，推崇以为外援，故袁氏贵宠于世。富奢甚，不与他公族同。绍壮健有威容，爱士养名，宾客辐凑。术亦以侠气闻。进以袁氏累世贵宠，绍与术皆为豪杰所归，因信用之，复博征智谋之士何颙、荀攸、郑泰等二十余人与同心腹。硕不自安，与赵忠等谋诛进。中常侍郭胜，进同郡人，以告进。进使黄门令收硕诛之，因悉领其屯兵。

骠骑将军董重者，灵帝本生母孝仁皇后董氏兄子。与何进权势相害，中官挟重为助。董太后每欲参预政事，何太后辄禁塞之。董后忿詈曰："汝今辀张，怙汝兄邪？吾敕骠骑断何进头，如反手耳。"何太后告进，进与三公共奏："故事，藩后不得留京师，请迁宫本国。"因举兵围骠骑府，收重，免官。重自杀。董后忧怖暴崩。民间由是不附何氏。

袁绍说进悉诛诸宦官，进白太后，请尽罢中常侍以下，以三署郎补其处。太后曰："中官统领禁省，汉家故事也。且先帝新弃天下，我奈何楚楚与士人共对事乎。"进难违太后意，且欲诛其放纵者。太后母舞阳君，及弟车骑将军苗，受宦官赂遗，为其障蔽。进又新贵，素敬畏中官。虽外慕大名，而内不能断。绍等又为画策，召四方猛将，使引兵向京城以胁太后。进然之。时前将军董卓拥兵在河东，进召之使将兵诣京师。卓素跋扈，有野心。闻召即时就道，并上书，请收让等以清奸秽。太后犹不从。卓至渑池，而进更狐疑，遣使宣诏止之。袁绍惧进变计，因胁之曰："事久变生，复为窦氏矣。"进于是以绍为司隶校尉，绍促卓使驰驿上奏欲进兵平乐观。太后乃恐，悉罢中常侍、小黄门，使还里舍，皆诣进谢罪，唯所措置。绍劝进便于此决矣，再三不许。谋颇泄，张让恳其子妇言于舞阳君，愿复一入直。让子妇，太后之妹也，为舞阳君言之，入白太后。太后诏诸常侍皆复入直，进入长乐宫，请太后尽诛诸常侍。张让、段珪潜听，具闻其语，乃率其党数十人，持兵伏省户下，伺进出，斩之。即伪诏以樊陵为司隶，许相为河南尹。尚书得诏版，疑之，请大将军出共议。中黄门以进头掷与曰："何进谋反，已伏诛矣。"进部曲将吴匡引兵烧南宫青琐门，让等劫太后、帝及陈留王，从复道走北宫。袁绍矫诏，召樊陵、许相斩之。引兵屯阙下，闭北宫门，勒兵捕诸宦者，无少长皆杀之，凡二千余人，或有无须而误死者。进攻省内，让、珪等困迫，遂将帝与陈留王数十人步出谷门（洛阳正北门），夜走小平津（在河洛道巩县西北）。尚书卢植、河南中部掾闵贡，追至河上，贡厉声责让等，因手剑斩数人。让等惶怖，投河而死。贡扶帝与陈留王，夜逐萤光南行，至雒舍止。明旦，公卿稍有至者，董卓亦到，因与公卿奉迎于北芒阪下。卓初入，步骑不过三千，俄而进及弟苗部曲皆归之。卓又阴嗾武猛都尉丁原部曲吕布，杀原而并其众，卓兵于是大盛，乃讽朝廷，以久雨策免司空刘弘而代之，于是朝廷大权归于卓。时灵帝中平六年，西历纪元一八九年，第二次党狱后二十一年，黄巾乱后第六年也。

第三节 董卓之乱

初，董卓之奉迎于北芒也，与帝语，语不可了，乃更与陈留王语。问祸乱之由，王答自初至终，无所遗失。卓以为贤，遂有废立意。袁绍力争，不得，出奔冀州。卓废帝为弘农王而弑之，并弑何太后。立陈留王为帝，是为献帝。时年九岁，自为相国，专国政。初平元年，袁绍以渤海兵讨卓，关东州郡皆起兵应之，推绍为盟主。卓以山东兵盛，欲迁都以避其锋，朝臣多谏阻者。卓怒，奏免太尉黄琬、司徒杨彪官，杀城门校尉伍琼、尚书周毖，又杀袁绍叔父太傅袁隗、从兄太仆袁基，灭其家。收诸富室，杀之，没入其财物。悉驱徙其余民数百万口于长安，卓自留屯罼（音毕）圭苑（苑名，在洛阳宣平门外）中。悉烧宫庙官府居家，二百里内无复鸡犬。发诸帝陵及公卿冢墓，收其珍宝。绍等畏卓之强，莫敢先进。奋武将军曹操自以部兵追之，与卓将徐荣战于荥阳，败绩，还屯河内。二年，长沙太守孙坚进兵讨卓，击破其兵于洛阳城下。卓西奔长安，以其弟旻为左将军，兄子璜为中军校尉，典兵事。宗族内外并列朝廷，侍妾怀抱中子，皆封侯。弄以金紫，车服僭拟，召呼三台尚书以下诣府启事。筑坞于郿，高厚皆七丈，积谷三十年储。自云"事成，雄据天下，不成，守此足以毕老"。忍于诛杀，诸将言语有蹉跌，便戮于前，人不聊生。司徒王允、司隶校尉黄琬、仆射士孙瑞，密谋诛卓。中郎将吕布便弓马，膂力过人。卓爱信之，誓为父子。卓性刚褊。常小失卓意，卓拔手戟掷布，布拳捷得免。卓又常使布守中閤，布与卓侍婢私通，恐事觉，益不自安。王允素善待布，布见允言状，允因以诛卓之谋告之，使为内应。布曰："如父子何？"允曰："君自姓吕，本非骨肉。掷戟之时，岂有父子情耶。"布遂许之。三年四月，帝有疾新愈，大会未央殿。卓朝服乘车入，陈兵夹道。令布等捍卫前后，允使士孙瑞自书诏以授布。布令勇士十余人，伪著卫士服，守北掖门。卓入，以戟刺之。卓衷甲不入，伤臂，堕车。乃大呼曰："吕布何在？"布曰："有诏讨贼臣。"应声持矛刺卓，趣兵斩之。即出怀中诏版以令吏士曰："诏讨卓耳，余皆不问。"吏士皆称万岁。诏允录尚书事，以布为奋威将军，共秉朝政。

第四节　凉州诸将之乱

初，董卓之入关也，遣部将李傕、郭氾、张济，击河南尹朱儁于中牟（今开封道中牟县），遂掠颍川。卓既诛，吕布劝王允尽杀卓部曲，允不从。李傕等还至陕，遣使诣长安求赦，允又不许。傕等惧，从校尉贾诩计，与卓故部曲樊稠等合，西攻长安。吕布军有叟兵（蜀兵）内反，引傕等入城。布战败，东走出关。傕等遂杀允及司隶校尉黄琬，自为将军。济出屯弘农，傕、氾、稠管朝政，时三辅民尚数十万户。傕等放兵劫掠，加以饥馑，二年之间，民相食略尽。傕、氾、稠矜功争权，傕以稠勇而得众，忌其能，诱而杀之，由是诸将转相疑贰。傕、氾各治兵相攻，傕遂将兵围宫，劫帝入其营，放兵入掠宫人御物，放火烧宫殿官府。氾将兵夜攻傕门，矢及帝帷。傕复迁乘舆幸北坞（傕营在长安城中），内外隔绝，侍臣皆有饥色。傕、氾相攻连月，死者以万数。傕将杨奉谋杀傕，事泄，叛去，傕众稍衰。张济自陕入朝，欲和傕、氾，迁乘舆权幸弘农。帝亦思旧京，遣使宣谕十反。傕、氾许和，车驾发长安东归。将军董承及杨奉，以兵扈从。至弘农，济与奉、承不相平，复叛，与傕、氾合兵追帝，大战于东涧（在弘农县东）。奉、承兵败，百官士卒死者不可胜数。帝露次曹阳（亭名，在弘农县，即今陕县东三十里）。奉、承密遣间使至河东，招故白波帅李乐、韩暹、胡才等与连兵击傕等，大破之。车驾发东，傕等复来追，奉、承兵败，帝由陕渡河，幸安邑。河内太守张杨来朝，谋以乘舆还洛阳。建安元年秋七月，杨奉、韩暹奉帝东还，时宫室烧尽，百官披荆棘，依墙壁间。州郡委输不至，尚书郎以下，自出采稆（音吕，米稻在野不因播种而自生者），或饥死墙壁间，或为兵士所杀。皇室威严，扫地以尽。

初，帝之幸安邑也，沮授说袁绍迎帝都邺。绍不从，至是曹操在许（今河南开封道许昌县，即故许州），谋迎天下。众以山东未定，韩暹、杨奉负功恣睢，未可猝制，颇以为难。司马荀彧力劝之，操乃遣曹洪将兵西迎天子。董承等拒之，操不得进。议郎董昭以杨奉兵强而少党援，乃作操书与奉，约与连合共辅王室。奉语诸将，共表操为镇东将军。韩暹矜功专恣，董承患之，因潜召操，操乃将兵诣洛阳，自为司隶校尉，录尚书事。从董昭计，迁帝于许，自为大将军，封武平侯。自是政归曹氏，天子拱手。又阅二十年，曹操略定黄河流域全土，自立为魏王。又阅五年，操卒。子丕立，遂篡汉，称皇帝。宗室汉中王备即位于益州，绍汉正统。孙坚之子骠骑将军南昌侯权亦称帝于吴。于是天下三分，东汉遂鼎革矣。时献帝建安二十五年，蜀汉昭烈帝章武元年，魏文帝黄初元年，西历纪元二二〇年也。

东汉自光武即位，至献帝逊国，凡传八世、十二帝、一百九十六年，中间女主之有权者七人，外戚之握政权者八姓，宦官之干涉政权者七辈。凌夷至于末年，酿成黄巾之变及董卓之乱，盖履霜坚冰，其所由来者渐矣。兹试列女主、外戚、宦官对照表于下，以供参考。

女主、外戚、宦官对照表

帝号	在位年代	女主之有权者	外戚之有权者	宦官之有权者
光武帝	三十三年	无	无	无
明帝	十八年	无	无	无
章帝	十三年	母明德马皇后	舅马廖、马防、马光	无
和帝	十七年	嫡母章德窦皇后	舅窦宪	郑众、蔡伦
殇帝	一年	嫡母和熹邓皇后	舅邓骘	郑众、蔡伦
安帝	十九年	叔母和熹邓皇后 后安思阎皇后	邓骘、嫡母舅耿宝、后兄阎显	江京、李闰、樊丰、刘安、陈达
北乡侯	七个月	从嫂安思阎皇后	阎显	江京、李闰、刘安、陈达
顺帝	十九年	后顺烈梁皇后	后父梁商、后兄梁冀	孙程等十九人
冲帝	一年	母顺烈梁皇后	舅梁冀	曹腾
质帝	一年	再从伯母顺烈梁皇后	梁冀	曹腾
桓帝	二十一年	从嫂顺烈梁皇后	梁冀	单超、具瑗、唐衡、左悺、徐璜
灵帝	二十二年	从伯母桓思窦皇后	窦武	曹节、王甫等
帝辩	半年	母灵思何皇后	舅何进	张让、赵忠等
献帝	三十一年	无	无	无

又东汉君主，多以冲龄践祚，壮年天逝。故女主外戚宦官，得以乘机窃弄国柄。兹试列东汉历代君主即位及崩逝年龄表于下，以供参考。

东汉历代君主即位及崩逝或废黜年龄表

帝号	即位之年	崩逝或废弑之年	在位年代	出身
光武帝	三十岁	六十二岁	三十三年	平民
明帝	三十岁	四十八岁	十八年	太子
章帝	二十一岁	三十三岁	十三年	太子
和帝	十岁	二十七岁	十八年	太子
殇帝	一岁	二岁	一年	皇少子
安帝	十三岁	三十二岁	十九年	清河王子
顺帝	十一岁	三十岁	十九年	废太子
冲帝	二岁	三岁	一年	太子
质帝	八岁	九岁	一年	渤海王子
桓帝	十五岁	三十六岁	二十一年	蠡吾侯子
灵帝	十二岁	三十四岁	二十二年	解渎亭侯子
帝辩	十四岁	同岁	半年	皇长子
献帝	九岁	四十岁	三十一年	皇弟

第十六章

秦汉时代之文化

第一节　制　度

一、内官制

秦时中央集权制度实行，置丞相为行政长官，置太尉以掌兵，又置御史大夫以贰丞相。相或左右并设，或以一人为之。汉代官制，有公、有卿，有大夫，有士。公有三等：太师、太傅、太保为上公，丞相、太尉、御史大夫为三公，大将军、骠骑将军、车骑将军为比公。卿有三等：前后左右将军为上卿，太常、光禄勋、卫尉、太仆、廷尉、大鸿胪、宗正、大司农、少府为正卿，执金吾、大长秋、太子太傅、将作少府、城门校尉、北军中侯、司隶校尉、京兆尹、左冯翊、右扶风等为陪卿。大夫有三等：二千石为上大夫，千石为中大夫，六百石为下大夫。士自一爵以上，至不更，凡四等。

汉初，丞相之权甚重，无所不统。至武帝时，天子亲揽庶政，九卿更进用事，于是丞相之权始轻，仅足以备顾问而已。御史大夫之职，每郡国以事上，得以意平决。武帝始置中书省，以宦者为之。居中受事，诏书直下郡国，不由御史大夫，于是其任亦轻，不过为掌刑狱之官而已。成帝始罢中书省，置尚书省，以士人为尚书，置尚书令为其长官，以尚书仆射副之，复以贵戚重臣领尚书事，于是政权渐由丞相府移入尚书省。汉兴，战时设太尉以掌兵，平时则阙。武帝中年，设大司马以冠将军之号，主兵柄，由是太尉罢不设。昭帝初年，霍光以大司马大将军领尚书事，由是政柄亦入于大将军之手。成帝末年，改丞相为大司徒，大将军为大司马，御史大夫为大司空，而实权在大司马手。光武初年，因之。晚年，诏三公去大名，改司马曰太尉，然政权实在尚书省。章帝初年，太傅赵熹、太尉牟融，并以本官录尚书事，于是令仆以上复设录尚书事一官，握宰相之实权。不录尚书事之三公，等于虚位矣。和帝初年，以窦宪为大将军，位在太傅下，三公上，于是三公以外，复设大将军一官，例以贵戚为之，其权力在三公以上。然时置时废，非固定之位置也。至东汉末年，曹操柄政，始罢三公，自为丞相，自尚书令以下，遍置私人，遂成天子孤立之势矣。

二、外官制及地方制

其地方制度。秦时分天下为三十六郡，又平百越，得四郡，合为四十郡。郡设守、尉、监，执行民政、军政、监政各大权，为地方行政长官。关内百里不属郡，置内史为行政长官。内史及郡以下有县，县设令、长为亲民官。汉兴，封建诸侯。异姓王者七国（楚、梁、赵、韩、淮南、燕、长沙），同姓王者九国（齐、荆、楚、淮南、燕、赵、梁、代、淮阳），中央政府所直辖者，只有十五郡。国设内史，郡设太守，为行政长官。设都尉为军政长官，三分内史地，设京兆尹、左冯翊、右扶风，谓之三辅，为京畿行政长官。三辅及郡国之下有县，县设令长为亲民官。景帝时，诸国陆续皆灭，而汉郡乃至八九十。武帝攘胡，平越，灭朝鲜，通西南夷及西域，辟地渐广，其疆域东迄朝鲜之汉江，南暨交趾，西南界云南大理，西抵俄领中亚，北尽沙漠。其间郡与国相间，郡凡一百有三，国凡二百四十一，所属县邑一千三百十四。始分天下为十三部：曰司隶校尉部、曰豫州刺史部、曰冀州刺史部、曰兖州刺史部、曰徐州刺史部、曰青州刺史部、曰荆州刺史部、曰扬州刺史部、曰益州刺史部、曰凉州刺史部、曰并州刺史部、曰幽州刺史部、曰交趾刺史部。部设刺史为监政官，位卑而权重。司隶校尉统三辅弘农及三河（河南、河东、河内），位列九卿，为畿内重臣。

成帝时，改刺史为州牧，位次九卿。光武都洛阳，改河南太守为尹，余官如故。灵帝时，置州牧，选列卿尚书以本秩居任，总揽一州行政司法各大权，州秩始尊矣。

汉代官制表

名称	沿革	职掌
丞相	沿秦旧，哀帝时改大司徒，光武末年去大字	总理庶政辅佐君主
太尉	沿秦旧，武帝时改大司马，光武末年改太尉	总理全国军政
御史大夫	沿秦旧，成帝时改大司空，光武末年去大字	副丞相理庶政兼掌言论及纠察
奉常	沿秦旧，后改太常	祭祀
郎中令	沿秦旧，后改光禄勋	宫殿掖门
治粟内史	沿秦旧，后改大农令，又改大司农	钱谷
宗正	沿秦旧，后改宗伯	王族之事
廷尉	沿秦旧，后更名大理	刑狱
典客	沿秦旧，后更名大行，又改大鸿胪	宾客朝觐之事
太仆	沿秦旧	舆服车马
少府	沿秦旧	山泽租税
卫尉	沿秦旧，后改中大夫令	门卫屯兵
中尉	汉置，后改执金吾	北军
将作少府	沿秦旧，后改将作大匠	营造之事
将行	沿秦旧，后改大长秋	统率宦官及宫内后妃之事
典属国	汉置	属国之事
水衡都尉	汉置	苑囿、果木、池沼之事
司隶校尉	汉置	察三辅三河等处非法之事

名称	沿革	职掌
内史	沿秦旧后改京兆尹	掌畿辅之事
主爵都尉	沿秦旧，后改都尉，又改右扶风	辅佐内史扶助风化
左内史	汉置，后改左冯翊	冯辅翊佐，与扶风同
部刺史	汉置，后改名牧	刺察十二州
郡守	沿秦旧，后改太守	一郡之事
县令	沿秦旧	一县之事

汉代州郡表

州名	领郡	领国	今地
司隶校尉	七	无	陕西中部及东南部，河南西部、北部，山西西南部
豫	三	三	河南东南部，安徽北部，江苏西北部，山东西南部
冀	四	八	河北东南部，河南北部，山东西北部
兖	五	五	山东中部、西部，河南东部，河北南境之一部
徐	三	三	山东南部，江苏北部
青	六	三	山东北部、东部
荆	六	一	河南西南境之一部，湖北、湖南全部，广西贵州之一部
扬	六	一	江苏、安徽大部，江西、浙江、福建全部
益	十	三	四川大部，甘肃东南部，云南贵州各一部
凉	十	二	甘肃大部，新疆东部，宁夏南部
并	九	无	山西大部，陕西西北部，绥远全部及察哈尔之一部
幽	十	二	河北东北部，辽宁南部及朝鲜之一部
交趾	八	无	广东全部，广西大部，安南北部

三代以来之封建制度，至秦时全废，汉初复兴，有王、侯二阶级。王有同姓、异姓之别，大者跨州连郡，势力与帝室相抗。大约以封皇子皇兄弟，而大功臣亦与焉。侯有三等，皇子而封侯者曰诸侯，王子而封侯者曰王子侯，异姓以功封者曰彻侯。侯国之大者数万户，小者亦数千户。王国、侯国之领土，俱在天子直辖领土以外，其功不及封侯者，赐食邑于关内，名曰关内侯。高帝末年，异姓诸王剪

灭殆尽。七国乱后，同姓诸王国之大者，亦剪灭殆尽。武帝以后，王国微弱，无抵抗帝室之实力。自此以后，割据之祸不兴，而夹辅之效果亦失。外戚宦官乃肆无忌惮，盗弄国柄矣。

三、兵制

秦汉之初，犹沿古制，兵农不分。始皇灭六国后，销民间兵器，置材官于各郡征发民兵。遣戍边郡，动辄数十万。筑城建官，徭役烦苦。陈胜、吴广辈遂起自闾左（秦时复除者居闾里之左），斩木揭竿以亡秦。汉兴，置南北军于京师。南军以卫宫禁，卫尉主之。北军以巡城门，中尉主之。南军调之于郡国，北军调之于三辅。地方之兵，有车骑，用之于平地；有材官，用之于山地；有楼船，用之于水地。其时犹兵农不分，民年二十三以上皆就兵役，为正卒。在官四十二年，至六十五乃免。有卒更、践更、过更之制。正卒一岁中给役一月而受更，是谓卒更。正卒出钱，雇人代役，其直内地，其役一月，是谓践更。正卒输钱于县官，雇人代役，其直边疆，其役三月，是谓过更。统名曰更赋。武帝在位，始选北地陇西良家子能骑射者，期诸殿门，谓之期门羽林。后更名虎贲，隶南军。又增置八校尉，募习知胡越人充，以知胡事者为胡骑，知越事者为越骑，隶北军。是为募兵之始。于是国家多养兵之费，兵民成分离之势。东汉之世，南北军如故，而废轻车骑士材官之都试法，郡国之武备因以不振，又南北军有纳钱谷为兵者，京师之禁旅亦衰。灵帝时，置西园八校尉，以小黄门蹇硕为上军校尉，总统诸军，是为宦官典兵之始。灵帝崩后，大将军何进柄政，召外兵以制宦者。而董卓之祸以起，袁绍倡义关东，谋诛董卓。义旗四举，州牧郡守各专兵柄，天下遂成瓦解之势矣。

西汉兵制表

京师兵 ┬ 南军——以卫宫禁，卫尉主之，调之于郡国
　　　 └ 北军——以巡城门，中尉主之，调之于三辅

地方兵 ┬ 车骑——用之予平地
　　　 ├ 材官——用之于山地
　　　 └ 楼船——用之于水地

兵役 ── 二十三岁以上至 ┬ 卒更——正卒一岁中给役一月而受更
　　　 六十五岁为正卒 ├ 践更——正卒出钱，雇人代役，其直内地，其役一月
　　　　　　　　　　 └ 过更——正卒输钱于县官，雇人代役，其直边疆，其役三月

募兵 ┬ 期门羽林——选北地陇西良家子能骑射者充之，隶南军
　　 └ 八校尉——中垒，步兵，虎贲，射声，屯骑，越骑，胡骑，长水，隶北军

附战术 车战之法几乎不用，专以步兵骑兵水师为主。经略西北多用骑兵，经略东南多用水师，亦地势限制使之然也

附屯田制 自文帝募民耕塞下，始有屯田之制。武帝屯田车师渠犁，始有屯田之名。宣帝时，赵充国击先零羌，罢骑兵，屯田以待其敝。东汉置农都尉，主屯田殖谷。至明帝之后。西北边郡俱有屯田。大抵因用兵之日，转饷多艰，或以道路阻修，十石不能致一石。欲使士马饱腾，而内地不知转运之苦，惟此法为最便，而其法又有民屯、兵屯之别。民屯者，招致土著之人，授田使耕，而分其所入饷军。兵屯者，即以招募之人，任耕耘之事，以其余闲练习技艺，亦合于古人农隙讲武之意。

四、田制及赋税制

秦以前国家度支，只仰给于田赋，天子治王畿，诸侯各治其封邑，地狭事简，故取给于此而已足。自商鞅废井田，民始得私蓄田产，遂改什一之制计亩而定赋。始皇时，始舍地而税人，凡田租、口赋、盐铁之利，二十倍于古时。其贫者为人佣耕，以五输其田主，而国民之负担遂日重。汉兴，定天下田租，十五而税一，量吏禄度官用以赋于民。文景之世，蠲减田租，三十税一，藏富于民，而国用亦因之日裕。此外又有算赋，民年十五以上，至五十六，出钱人百二十，

为一算，高帝时创之。武帝屡事征伐，国用不足。算赋之外，复有口赋。民年十岁至五十四岁，出钱人二十二。昭宣之世，天下无事，时常减免田租，然田产私有制既行，兼并之风日甚一日，富者田连阡陌，贫者无立锥之地。王莽欲复井田，不得其道，反滋烦扰。东汉之世，仍令三十税一，民不为病。至桓灵之世，加税天下田，亩十钱，名修宫钱，则溢出于三十取一之外矣。

附平准均输法 武帝屡事征伐，国用不足，乃设平准均输法，以算商贾之财。令诸贾人末作，各以其物自占，为名簿送之官。率缗钱二千而一算，诸作（手作也）四千一算，及民有船车者皆算。其匿不自占而有人告发者，即以半畀之，谓之告缗。王莽时，既榷商贾之货，而取其十之一。又设五均之官，效商贾之为，而官自买卖，其取民之法，比武帝为更甚矣。

附专卖制度 武帝之世，兵连不解，县官大空。富商大贾，冶铸鬻盐，财累万金，不佐公家之急。于是以齐大煮盐东郭咸阳、南阳大冶孔仅为大农丞，领盐铁事。官自煮盐铸铁，鬻之于民。后郡国以官作盐铁苦恶，强民买之不便，卜式以为言，帝不听。元帝初元五年，罢盐铁官，不久而复。东汉之世，郡有盐官铁官。和帝即位，罢盐铁之禁，令民得自煮铸。献帝建安初年，关中百姓流入荆州者十余万，及闻本土安宁，皆跂望思归，而无以自业。于是御史卫觊上议，请依旧置使者，监卖盐，以市犁牛。百姓归者以供给之，曹操用其言，流人果还，关中充实。

榷酒 亦始武帝，至昭帝罢之。王莽设官自卖酒，颇含寓征于禁之意。

西汉赋税制表

一、田租	汉兴，十五而税一。文景之世，三十税一。桓灵之世，加税天下田，亩十钱，名修宫钱
二、算赋	民年十五以上至五十六，出钱人百二十，为一算，高帝时创之
三、口赋	民年十岁至五十四岁出钱人二十二，为口赋，武帝时创之
四、平准均输法	商贾之货，值缗钱二千者为一算，诸作四千一算，民有船车者皆算

五、专卖法	武帝时，官自煮盐铸铁，鬻之于民，和帝初，罢；献帝建安初，复置盐官
六、榷酒	武帝时创，昭帝罢，王莽设官自卖酒

附货币制度

货币制度，古者或用金、或用珠玉、或用龟贝、或用布帛，然皆值无定准，民多不便。自齐太公立九府圜法，外圆内方，轻重以铢，而钱之制始备。周礼有外府、泉府二官，专司出入。周景王之世，患钱轻，更铸大钱。文曰大泉，径一寸二分，体为肉，孔为好，肉好皆有轮廓。秦兼天下，币为二等。黄金为上币，铜钱为下币。质如周钱，文曰半两，重如其文。凡珠、玉、龟、贝、银、锡之属，为器饰，不为币。汉初，以秦钱大难用，更铸荚钱，物价腾踊。文帝更铸四铢钱，除盗铸令，令民自铸。时吴王濞以诸侯王，即山铸钱。弄臣邓通得幸，赐蜀道铜山，许其铸钱，吴邓之钱满天下。景帝时，定铸钱弃市律。武帝更铸三铢钱，后改为五铢钱。大抵半两太重，三四铢钱太轻，惟五铢为得轻重之平，民间便之。又以钱不足，取白鹿皮方寸，缘以缋为皮币，直四十万。更造银锡白金，以为天用莫如龙，地用莫如马，人用莫如龟，故文亦以三者为别，后俱不行。王莽更铸大钱，重十二铢。又造契刀、错刀，契刀直五百，错刀直五十。后以刘字有金刀，乃罢契刀、错刀不用。更铸小钱，小钱之上有幺钱、幼钱、中钱、壮钱诸名目，民间苦其不便，多不肯用。建武中兴，复用五铢钱，灵帝更铸四出文钱。献帝初平元年，董卓坏五铢钱，更铸小钱，悉取洛阳长安铜人、钟、虡、飞廉、铜马之属以充铸。其钱无文章，不便于用。

上古至汉币制表

一、古代用金、珠、玉、龟、贝、布、帛
二、齐太公立九府圜法，外圆内方，轻重以铢
三、周景王铸大钱，文曰大泉，径一寸二分，体为肉，孔为好，肉好皆有轮廓
四、秦以黄金为上币，铜钱为下币，文曰半两，重如其文
五、汉初铸荚钱
六、文帝铸四铢钱
七、武帝铸三铢钱，后改铸五铢钱，又以白鹿皮为皮币，更造银锡白金钱
八、王莽铸大钱，重十二铢，又造契刀，错刀，后更铸小钱
九、光武中兴，复用五铢钱
十、灵帝更铸四出文钱
十一、献帝初平元年，董卓铸小钱

五、刑制

秦任刑法，死刑之属，有斩、枭首、戮尸、车裂徇、弃市、坑、具五刑、腰斩、灭宗、夷族等。其非死刑之属，有劓、刵、鬼薪、黥为城旦等。汉高帝初入咸阳，约法三章。杀人者死，伤人及盗抵罪，余悉除去秦苛法。然尚有三族之诛，及烹醢之惨。萧何捃摭秦法，作律九章。文帝时，除收拿律，以笞刑代肉刑，当黥髡者钳为城旦舂（城旦者，旦起治城舂者，妇人不预外徭，但舂作米，皆四岁刑也），当劓者笞三百，当斩趾者笞五百，然多笞死者。景帝时减其笞数，又命晁错五定刑律。武帝用酷吏，刑辟大重。张汤、赵禹、义纵、王温舒之徒，条定法令，作见知故纵、监临部主之法（见知而不举告为故纵，而所监临部主亦有罪，并连坐），缓深故之罪（吏深害及故人入罪者皆宽缓之），急纵出之诛（吏释罪人疑为纵出则急诛之）。其后奸猾巧法，转相比况，律令烦苛。张汤又奏九卿见令不便，不入言而腹诽者，论死。自后遂有腹诽之法。又因盗多，郡国不胜治，乃作《沉命法》，曰："盗起不发觉，发觉而捕勿满品者，二千石以下至小吏主者皆死。"于是小吏畏诛。虽有盗不敢发，而民生益困。其时刑制之可考者，一曰夷三族、二曰腰斩、三曰磔、四曰弃市、五曰腐刑（即宫刑）、六曰髡钳、七曰完（民年七十以上十岁以下有罪当刑者皆完之，谓不加肉刑也)、八曰城旦春、九曰鬼薪白粲(取薪给宗庙为鬼薪，坐择米使正白为白粲，皆三岁刑也)、十曰酎(罚使造酒也)、十一曰罚作、十二曰盗械(盗者逃也，恐其逃亡故，着械也)、十三曰颂系(颂者容也，言见宽容但处曹吏舍不入狴牢也)、十四曰笞、十五曰箠。光武中兴，屡下省刑薄罚之诏。其后世大臣，亦多有以轻法为言者，故残酷之风无之。其刑名大率与西汉同，惟刖右趾、输作司寇、输作左校、输作右校(养马之官)、输作右卢(狱名主鞫将相大臣者)、及女徒雇山(女子犯徒遣归家每月出钱雇人于山伐木)、女子官刑等，则为西汉所无。

西汉刑制表

一、夷三族	二、腰斩	三、磔	四、弃市	五、腐刑
六、髡钳	七、完	八、城旦春	九、鬼薪白粲	十、酎
十一、罚作	十二、盗械	十三、颂系	十四、笞	十五、箠

东汉刑制表

一、刖右趾	二、输作司寇	三、输作左校	四、输作右校
五、输作右卢	六、女徒雇山	七、女子官刑	余与西汉同

六、学校制及选举制

三代时，有家塾、党庠、州序、国学；以为教育机关。战国以后，学校沦废。秦始皇帝焚书坑儒，普通教育阙而不讲，所讲者只有法令。士之欲学法令者，以吏为师。教育主义之狭小，至斯而极。汉高帝起于马上，轻蔑儒生。武帝时，用董仲舒言，始兴太学，置五经博士弟子员五十人。或补自太常，或择之郡国，是为汉代兴学校之始。元成间，增至三千人，其学科以明经为重，故经学特盛。

郡国之学，自文翁治蜀始。翁当景帝时守蜀，以蜀地僻陋，有蛮夷风，乃奖励学风，起学官于成都市中，招下县子弟而教之。由是大化，比齐鲁焉。武帝时，令天下郡国皆立学校。平帝时，定郡国曰学，县邑曰校，各置经师一人。乡曰庠，学曰序，各置孝经师一人，于是教化渐盛。

当时教育之途至狭，士之得列名学校者无多，国民教育既不普及，即人才教育亦不足国家之用。于是选举之途不能不宽，其所举人数，率以户口多寡为差。讫于西汉之末，屡诏选举，大率因一时所缺之人材，朝廷乃立格求之。最普通之目有三，曰贤良方正，孝廉秀才，及博士弟子是也。贤良方正之举，始自文帝，其后每召对辄百余人，又征诣公车。上书自炫鬻者恒以千数，盖不必真有德行。但稍有文墨材学者，皆可以充选故也。孝廉季才之举创议于董仲舒，然武帝之诏，以为阖郡不荐一人，则实行之士，其难得可知矣。博士弟子始于武帝，凡郡国县官好文学、敬长上、肃政教、顺乡里、出入不悖者，皆得荐补，此三者皆士子出身之常途也。此外有文学高第，明兵法，有大虑，及茂材异等，可为将相及使绝域者。其名甚多，但不为常制。

东汉光武，奖励儒术，四方之士，云集京师。明章之世，辟雍讲射，白虎谈经，一时称盛。然极其盛也，太学生亦不过三万人，而举辟之法其途尤多，明经孝廉名目不一。盖自汉以后，学校之制虽复，而教育实不能普及。此学风之一大变，而国民智识之进步所以日阻也。士之讲学者，或多出于私家授徒，马融绛帐，前授生徒，后列女乐，其无学校规则抑可知矣。

汉代学制表

一、武帝时，京城设太学，置博士弟子员五十人；元成间，增至三千人；东汉盛时，增至三万人
二、武帝时，令天下郡国皆立学校；平帝时，定郡国曰学，县邑曰校，各置经师一人，乡曰庠，聚曰序，各置孝经师一人

汉代选举制表

一、贤良方正	二、孝廉秀才	三、博士弟子
四、文学高第	五、明兵法，有大虑	六、茂材异等可为将相及使绝域者

第二节　学　术

学术派别范围，较春秋战国时代差为狭小。秦始皇焚书，儒学精华与各学派同归于尽，唯法学独存。汉兴，萧何、曹参皆起秦刀笔吏，致位通显。高帝以马上得天下，唾弃儒者，鄙为迂腐。武帝号为尊经，罢斥百家，而学术之途益以狭隘，于是儒家绪余只存糟粕。经学训诂，仅附庸于文学一门，不得复视为哲学。黄老之术得以乘之，虽摈弃于汉武，而流衍于魏晋。只尚空谈，无当弘旨。佛氏又乘之，以宗教之流传，夺清谈之一席。士大夫思想学术，更为之一变。墨氏学说汉初尚流行，朱家郭解之流，皆以实行家，名重天下。其后屡经霸主芟夷，遂归于尽。东汉末年，虽多气节之士，然头巾气重，无复有豪侠气概矣。兹述其派别如下。

一、经学

自哲学衰而经学之名始出，其实经学仅文学之一支部而已。秦汉以后，始有六经之名。六经者，《易》《书》《诗》《礼》《乐》《春秋》也，后乐经衰缺，又有五经之称。其文或属于哲学家言，或属于史学家言。自儒者尊之为经，又出于秦火之劫余，乃断断以考订为事，而训诂之学兴矣。《易》传于田何，《书》授于伏胜，其后孔安国又得古文尚书于坏壁中。《诗》则汉初以鲁申培、齐辕固、燕韩婴三家列入学官，而其后则以毛苌所传者，尤为通行。《礼》分《仪礼》《周礼》《礼记》三种，《仪礼》传于鲁高堂生，《周礼》为汉武帝时河间献王所献，《礼记》亦为河间献王所得。因戴德、戴胜加以删削，故称《大戴礼》《小戴礼》。春秋传有公羊高、穀梁赤、左丘明三家。夷考其时，汉儒治经者最多。其著名者，推马融、郑康成。许慎之《说文》虽属字书，亦于六经训诂之学裨益不少。

群经异名表（据罗元鲲本国史表解卷上转载）

一、六经 《诗》《书》《易》《礼》《乐》《春秋》
二、五经 六经中《乐》亡
三、七经 五经中，《礼》分为《周礼》《仪礼》《礼记》
四、九经 七经中，春秋分为《公羊》《穀梁》《左传》
五、十三经 九经外，加《论语》《孟子》《尔雅》《孝经》

两汉以来今古文传授表

（据本国史表解上转载，名上有□者为西汉十四博士）

经	派别	学派	经师	兴	废
《易》	今文	田氏之学	齐人田何	武帝立学官	东汉未立
		施氏之学	□沛人施雠	宣帝立学官，光武复立	晋怀帝永嘉之乱亡
		孟氏之学	□东海孟喜	宣帝立学官，光武复立	永嘉之乱，孟易无传
		梁邱氏学	□琅邪人梁邱贺	宣帝时立学官，光武复立	永嘉之乱，梁邱易亡
		京氏之学	□东郡京房	元帝立学官，光武复立	成帝时，刘向考易屈之
	古文	费氏之学	东莱费直	刘向考易，惟费氏与古文同，由是兴	备考。据《后汉书》云，费氏兴，京氏遂衰，经典释文及江藩经师经义，皆云费兴而高微
		高氏之学	沛人高相	宣帝时盛行，与费易两汉未立	
《书》	今文	欧阳之学	□千乘人欧阳生	武帝立学官，光武复立	永嘉之乱亡
		大小夏侯之学	□大夏侯胜□小夏侯建	宣帝立学官，光武复立	永嘉之乱亡
	古文	孔氏之学	孔安国	平帝立学官，东汉未立	乱于东晋伪古文
《诗》	今文	鲁诗	□鲁申培公	武帝立学官	亡于平帝元始五年
		齐诗	□齐辕固生	武帝立学官	亡于平帝元始五年
		韩诗	□燕韩婴	武帝立学官	亡于平帝元始五年
	古文	毛诗	赵毛苌	平帝立学官，东汉未立	迄今传世（备考）毛诗立学官，据经典释文，《汉书》无考

经	派别	学派	经师	兴	废
《礼》	今文（《仪礼》）	后仓礼	东海后仓	武帝立学官，东汉未立	
		大戴礼	口梁戴德	宣帝立学官，光武复立	迄今传世
		小戴礼	□梁戴圣	宣帝立学官，光武复立	迄今传世
		庆氏礼	沛庆普	宣帝立学官，东汉未立	
	古文	周礼	刘歆	王莽立学官，东汉未立	迄今传世
		逸礼	不详传者	平帝立学官，东汉未立	
《春秋》	今文	公羊之学	齐胡母生广川董仲舒	武帝立学官	迄今传世	备考左氏传，据《汉书》废于建武，据《经典释文》，则和帝元兴十一年后立学官，而《汉学师承记》，则云始立于元兴十一年
			□东海严彭祖□鲁颜安乐	光武立学官		
		縠梁之学	瑕丘江公	宣帝立学官	迄今传世	
	古文	左氏之学	阳武张苍	平帝立学官，光武复立，后罢	迄今传世	
		邹氏	有书无师			
		夹氏	有录无书			

二、史学

史学自司马迁作《史记》，上自黄帝，下至汉武帝，其书至为繁博，为古今绝大著作。班固继之，著为《汉书》。史以时代为断盖自固始，编年之体始于荀悦之《汉记》，而裨官小说，亦出于汉代，则杂史野乘体裁也。

《史》《汉》内容对照表（据本国史表解卷上转载）

《史记》——
一、上起黄帝，下讫汉武，为通史之祖
二、十二本纪，十年表，八书，三十世家，七十列传，凡五十二万六千五百字
三、径重创造，采世本、国语、国策等以成书
四、迁工于文，叙三千年事，共词简
五、尊项羽为本纪，列孔子为世家，游侠刺客货殖有传，史公具有特识

《汉书》——
一、上起高祖，下终王莽，为断代史之祖
二、十二本纪，八年表，十志，七十列传，共八十余万字
三、固多剿窃，自高至武，全用迁书
四、固密于体，叙二百年事，其文繁
五、详经世之典，明六艺之旨，凡汉人美文，班书备录无遗

三、文学

韵文自战国时代，屈原创为《离骚》。汉兴，贾谊、司马相如、枚皋、东方朔、扬雄、班固之徒继之，于是词章学始独树一帜。诗歌学创始于三百篇。秦汉以后，风气稍变。汉初，有五言体，滥觞于苏武、李陵之赠答。有七言体，滥觞于项羽之《垓下歌》、汉高帝之《大风歌》、汉武帝之《秋风词》。其乐府诸诗，则当日谱之乐歌者也。散文以司马迁之《史记》为最，浑灏流转，气势沉雄，为记事文之轨范。余若贾谊、董仲舒、晁错之《对策》，及两汉之《诏敕》，渊懿朴茂，皆议论文之雄者也。

附文字学 文字日渐趋于简单。秦作小篆及隶书。汉有古文、奇字、篆书、佐书、缪篆、虫鸟等六书。古文，孔子壁中书也。奇字，古文之变体也。篆书，秦篆也。佐书，隶书也。缪篆，所以摹印也。虫鸟之书，所以书幡信也。东汉时多石刻，铭功写经皆用之。上谷太守王次仲创楷书，或谓之八分书，与隶法相似者也。颍川刘德升创行书，汉元帝时，黄门令史游作急就章，是为草书之始。后汉张伯英因之创一笔草，除去波磔，使之相连而成者也。又有飞白体，变楷为之，轻微而不满，蔡邕最工此

附文具 文具亦渐发达，古者以刀削竹简，以漆书之。至秦始皇时，蒙恬始以拓木为管、鹿毛为柱、羊毛为被以成笔。东汉和帝时，中常侍桂阳蔡伦，始创意用树肤、麻头、敝布、旧网以为纸，自此以后，得书始易。

文景以来学者入官表（据本国史表解卷上转载）

	姓名	人数
一、博士入官者	贾谊、董仲舒、疏广、薛广德、彭宣、贡禹、韦贤、夏侯胜、辕国、后仓、韩婴、胡母生、严彭祖、江公	凡十四人
二、以太常掌故入官者	晁错	凡一人
三、以博士弟子入官者	息夫躬、倪宽、终军、朱云、眭弘、萧望之、匡衡、马宫、何武、翟方进、王嘉、施雠、房凤、召信臣	凡十四人
四、以郡文学入官者	梅福、隽不疑、韩延寿、王章、郑崇、盖宽饶、诸葛丰、张禹	凡八人

汉代文学表

```
          ┌─ 司马迁之《史记》
一、散文 ──┼─ 贾谊、晁错、董仲舒之对策
          └─ 西汉之诏敕

二、韵文 ── 贾谊，司马相如、枚皋、东方朔、扬雄、班固之赋

          ┌─《垓下歌》《大风歌》《秋风词》之七言体
三、古诗 ──┴─ 苏武、李陵赠答之五言体
```

四、画学及雕刻法

汉时画学，以人物为多。宣帝时，图功臣于麒麟阁；明帝时，画二十八将于云台，其最著者也。雕刻亦渐进步。武帝时代之石刻画像，受希腊影响，变化最甚。

五、天文学

天文学亦渐发达。其新发明之器具，有浑天仪、地动仪，虞书称在璇玑玉衡（璇，珠也，玑，机也，以璇饰机所以象天体之转运也；衡，横也，以玉为管横而设之所以窥机而齐七政之运行也），以齐七政，是为浑天仪之权舆。其后遭秦而灭。汉武帝时，洛下闳始经营之。鲜于妄人又量度之。宣帝时，耿寿昌始铸铜而为之象，衡长八尺，孔径一寸，玑径八尺，圆周二丈五尺，旋转而望之，以知日月星辰之所在，即璇玑玉衡之遗法也。安帝之世，太史令张衡，复作地动仪以配之。其法以精铜铸成，状如酒樽，置机其中，每遇地动，视之以知方向。其候气之法，冬至先三日，垂土炭于衡之两端，轻重适均，冬至阳气至则炭重，夏至阴气至则土重。又一法，取竹为管，实葭灰其中，验灰之动以定节候。唐人时句，所谓"吹葭六琯动飞灰"者是也。

六、医学

医学亦渐发达。相传古者民有疾病，未知药石，神农始味草木之

滋，察其寒温平热之性，辨其君臣佐使之义，遂作《方书》以疗民疾，是为本草之滥觞。黄帝能察五气，咨于歧伯而作《内经》，有灵枢素问等篇，后世言医者宗之。战国时，扁鹊善医，著有《难经》一书。汉初，有淳于意，擅方术。东汉时，有张机者，南阳人，字仲景，官于长沙，感其家人多以伤寒致死，乃推本黄帝《内经》、扁鹊《难经》、及神农《本草经》之旨，著《伤寒诸病论》及《金匮玉函经》等书，为中国医家之祖。金匮玉函者，示宝贵秘藏之意也。

七、术数学

卜筮、望气、形法等仍盛行。卜筮以严君平为最著，卖卜于成都，颇著奇验。望气以汉武欲尽杀狱中囚一事为著。时宣帝系狱，望气者言狱中有天子气故也。光武居南阳，望气者言其佳气郁葱，亦有奇验。形法之著者，英布之黥而王，卫青之奴而侯，周亚夫、邓通之富贵而饿死是也。此外尚有三种：

甲、谶纬 起于洪范阴阳五行之说，遇事能前知，故自夏以来已有之。亡夏者桀一语，夏癸因之大杀豪杰；亡秦者胡一语，始皇因之北击匈奴，然二语皆有奇验。谶纬之学，盖兆于此时矣。汉兴，董仲舒以五行相生相胜之理说春秋，其学说极盛一时。至哀平时，遂有谶纬之名。有易纬、书纬、诗纬、礼纬、春秋、纬孝、经纬等，多载奇异。谶者验也，纬者所以翼经也。儒家重五行，方士重气运，黄老尚占验。汉时三派并重，末流糅合，遂成此派，王莽尤信之。其国师刘歆，因谶文有"刘秀为天子"一语，至改名为秀以求应之，卒以谋叛死。

光武以赤伏符即位，故最信谶纬之说，多以之决嫌疑。初即位，即按赤伏符"王梁主卫作玄武"之文，以王梁为大司空（时梁为野王令。野王，故卫地也）；又以河图会昌符，有"赤刘之九会命岱宗"之说，乃封禅泰山。更宣布图谶于天下，由是其学大行，郑玄大儒，所注经书多采其说。

乙、星命 从阴阳五行及天文之学而出。《汉书·艺文志》，有《太乙子星》等书，推五行以定吉凶，兼考五星以为占验。

丙、堪舆 起于西汉。刘向劾王氏，有"墓屋梓柱生枝叶，扶疏上出屋，根函地中"之语，即堪舆家说也。东汉王充作论衡之书，载移徙之法，有曰："徙抵太岁凶，负太岁亦凶，抵太岁名曰岁下，负太岁名曰岁破。"与今堪舆之言同。又袁安父死，母使安访求葬地，道逢三书生，指一处曰："葬此地当世为上公。"须臾不见。安异之，遂葬于所占之地，其后果累世贵盛。

汉代术数学表

一、卜筮	二、望气	三、形法
四、谶纬	五、星命	六、堪舆

第三节　风　俗

一、两汉风俗之奢靡

夏尚忠，商尚质、周尚文，风俗之变迁，三代各有特色。秦以武力并吞诸侯，一反周代尚文之习，故其国民尚武敢战，颇有强毅之风。然以劫于专制淫暴之威，民气摧残，俛焉不可终日，铤而走险，遂以一夫夜呼，乱者四应。且其时六国之民，各自本其国之风气，因秦之暴，益以生其祖国之思。燕赵之豪侠，齐楚之大族，遂并起而亡秦矣。汉初，游侠之风极盛，历文景两朝，摧抑之者无所不至。然其时长安贵族，竞以奢侈相尚。富商大贾，豪暴兼并，往往竞畜奴婢，炫耀车服，生利者寡，游食者众，去本就末，风俗日偷。至晁错上贵粟重农之疏，乃令民入粟，得以拜爵赎罪。于是富贵利达之念，益复深中于人心，而廉耻道丧矣。王莽乘之，以篡取大位。即真之后，颇欲矫而革之，禁民卖买名田及奴婢，泥古不化，大乱以滋。光武中兴，奖励名节，明章之世，学校大兴。朝野每多气节之士，危言深论，痛斥豪强，党锢狱兴，士气不稍沮抑。然贵族豪富侈靡之风，乃较西汉为尤甚。读班固《东都赋》与王符《潜夫论》，具见当时社会之状况。盖其时京洛游侠之士，竞事狗马征逐，游手盈邑，车马塞途，丁夫习于游惰，或为微业以诈民财。妇女荒其本职，好学巫祝以欺愚瞽。贵族奢侈逾制，仆御竞为华饰，嫁娶者车骈数里，缇帷竞道，一燕飨之所费，恒破终身之业。富者如此，负者耻而效尤。京师如此，四方传为风气。后经黄巾与董卓之乱，群雄蜂起，中原瓦解，于是民不聊生，物力尽矣。

二、家族制度及社会制度

贵族与平民阶级渐废，趋于平等主义。中国自上古以来，家族主义发达，经三代而至春秋战国，国家政治恒操诸贵族。秦汉以后，封建既废，而社会之中，仍以家族为本位，故宗法尚严。家长对于子弟、妻妾、奴婢，有无上之威权。自秦徙诸郡豪杰于咸阳，汉高祖继之，徙齐诸田及楚昭屈景诸大族于关中，而贵族之势衰，其后遂夷于庶姓。两汉之时，勋臣外戚金、张、许、史及马、邓、阎、窦诸勋戚，金貂相继，赫奕一时。及其末年，袁绍犹以四世三公，为人望所系，然较之春秋时代之世卿则迥不如矣。

同时一夫多妻制度流行。秦始皇时，后宫人数之多，以千万计。西汉时代，后宫人数亦无定额。缙绅之家，公然蓄妾，更为法律所不禁矣。

三、姓氏制

姓氏制自秦以后已渐紊乱，其后遂以氏为姓，而男女通用之。司马迁作《本纪》，混姓氏为一。汉高祖赐娄敬姓刘氏，而氏族益淆。此外又有以二字之氏，改为一字者：如马宫本姓马矢，改为马；钟离之改姓钟；司徒、司空之改姓司；司马氏之去司而为马，或去马而为司皆是也。又如孙氏本有二，一出于卫之孙良夫，一出于楚之孙叔敖。而公孙、叔孙、士孙、王孙之类，亦皆改而为孙。则非特古姓云亡，而氏族亦不可别矣。

四、别号与易名之典

名字谥法日渐趋于复杂。上古之人只有一名，其后周末文胜，乃有字有谥。秦汉之间，商山四皓乃有别号，为后世用别号之始。东汉末年，郭泰卒，士林私谥曰有道，为私谥之始。

五、丧葬之礼

丧葬之制，大率沿袭古礼，惟殉葬之风渐息。其后佛教盛行，遂有火葬之制，东汉之末，陈寔卒，赴葬者共刊石碑；郭泰卒，蔡邕为作《郭有道墓碑》，是为墓碑铭志之始。贵者之葬其亲，含饭之属，附身之衣饰，殉葬之器物，多有用珠玉金银者。摸金发冢之事，亦屡见之。

第四节　宗　教

宗教之流行为中古特色。上古期中，只有尊天敬鬼之仪式，无宗教之可言。至中古则佛教自印度传入。神仙方士之说，亦渐与黄老家言杂糅，合并而成为一种不规则之宗教，即所谓道教是也。佛教之流行于中国，正值学术衰歇、思想束缚之时，于文化上不无转移之潜势力，然偏于迷信者多，关于学术者少，故附属于风俗变迁之后，以此事关系于风俗礼教者较多也。

一、道教

秦汉时，方士神仙之说盛行，其后分为二派。一为丹鼎派，以炼丹求仙郤老为主，即秦皇汉武所信之方士是也。一为符箓派，出于巫觋，以祈祷符咒疗病为主。相传张良九世孙名陵者，以光武十年生于吴之天目山（今浙江钱塘道临安县），及长，遍游名山，得道于龙虎山（今江西豫章道贵溪县），著《道书》二十四篇，能治病降魔，百姓翕然奉之。

及卒，以经箓印剑传其子衡，衡传其子鲁，其道大行。灵帝时，张角以符水惑众，作乱，即其一派。又有巴郡张修者，亦能以术疗病，令病家出五斗米，号五斗米师，聚众寇掠郡县，时人谓之米贼。角既被诛，修亦亡去，鲁因修法，又益以祖父之传而增损之，遂据汉中地，后为曹操所逐，走巴中，使其子盛还龙虎山，奉其祖正一玄坛。自是张氏世居龙虎山为道教主，其徒称道士。

二、佛教

佛教为中印度迦比罗卫城王子释迦牟尼所创，其教旨以慈悲忍辱为主，排斥阶级制度，提倡平等主义，专以济度众生为业。周敬王四十三年（西历纪元前四七七年），释迦入寂。其高弟摩诃迦叶，召集佛弟子五百人于王舍城，编纂经典，周敬王四十四年（西历纪元前三二五年），印度孔雀王朝勃兴，创立摩揭陀帝国，统一全印度，定佛教为国教。战国末年，其英主阿输迦在位，派遣高僧二百五十六人传教于外国，西至大夏（今阿姆河流域），南至狮子国（今锡兰岛）。秦始皇帝时，似已有入中国者（据《朱士行经录》）。汉武帝元狩二年（西历纪元前一二一年），骠骑将军霍去病伐匈奴，收休屠王祭天金人，列于甘泉宫，是为佛像入中国之始。哀帝元寿元年（西历纪元前二年），博士弟子秦景宪从大月氏使臣伊存口授浮屠经，是为佛经入中国之始。东汉初年，光武帝皇子楚王英，为浮屠斋戒祭祀，于是佛教始流行于上流社会。桓帝时代，宫中立黄老浮屠之祠（据《后汉书·襄楷传》），于是佛教始流入于宫廷。其详已见于拙著《东洋史》中，兹从略。

释迦牟尼事略表（据本国史表解卷上转载）

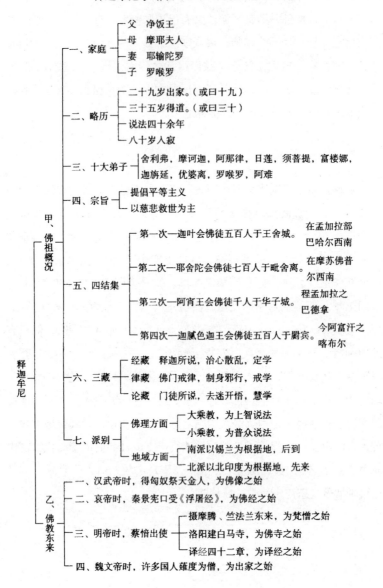

甲、佛祖概况

一、家庭
　父　净饭王
　母　摩耶夫人
　妻　耶输陀罗
　子　罗睺罗

二、略历
　二十九岁出家。（或曰十九）
　三十五岁得道。（或曰三十）
　说法四十余年
　八十岁入寂

三、十大弟子—舍利弗，摩诃迦，阿那律，日莲，须菩提，富楼娜，迦旃延，优婆离，罗睺罗，阿难

四、宗旨
　提倡平等主义
　以慈悲救世为主

五、四结集
　第一次—迦叶会佛徒五百人于王舍城。　在孟加拉部巴哈尔西南
　第二次—耶舍陀会佛徒七百人于毗舍离　在摩苏佛普尔西南
　第三次—阿宵王会佛徒千人于华子城。　程孟加拉之巴德拿
　第四次—迦腻色迦王会佛徒五百人于罽宾。　今阿富汗之喀布尔

六、三藏
　经藏　释迦所说，治心散乱，定学
　律藏　佛门戒律，制身邪行，戒学
　论藏　门徒所说，去迷开悟，慧学

七、派别
　佛理方面
　　大乘教，为上智说法
　　小乘教，为普众说法
　地域方面
　　南派以锡兰为根据地，后到
　　北派以北印度为根据地，先来

乙、佛教东来

一、汉武帝时，得匈奴祭天金人，为佛像之始

二、哀帝时，秦景宪口受《浮屠经》，为佛经之始

三、明帝时，蔡愔出使
　摄摩腾、竺法兰东来，为梵憎之始
　洛阳建白马寺，为佛寺之始
　译经四十二章，为译经之始

四、魏文帝时，许多国人薙度为僧，为出家之始

第五节　实　业

秦以后专制愈甚，人主制度各为其私，又偏重文词，民间实业，除农业稍稍整饬外，其余悉听民自由，或摧抑之，殆无可言者。今举其著者凡三端。

一、农业

自井田废后，贫者无立锥地，多处闾左而为富户之佃民，能自耕者鲜。汉武帝时，赵过为搜粟都尉，设代田法，一亩作三圳，每年必易其圳，农业稍有改良。又作耕器，教授田事，其不能人耕者，使牛，一日可开三十亩，少亦十余亩，用力少而得谷多，故当时田野甚辟。汉代君主甚重农事，入粟可以拜爵，可以赎罪，力田者受赏与孝弟同科，而各循吏亦孜孜于此，故农事振兴。

二、商业

秦汉重农，卑视商业。汉时禁商人乘车及着绢，限其子孙不得入仕，征税甚重。武帝设均输之官，尤不利于商贾。其时以商致富者，如刁间以善畜奴，使之逐渔盐商贾之利，而起富数千万。师史转谷贾诸郡国间，致富七千万。此外《史记·货殖传》所载者尚多，皆商人也。与域外互市之物品，如汉之美锦，至于大秦，蜀之邛杖，见于身毒，皆是也。

三、矿业

秦时有巴寡妇清，其先得丹穴，擅其利数世。始皇以为贞女而客之，为之筑怀清台。又有卓氏，本赵人，虏徙蜀，以铸铁致富。运筹策，倾滇蜀之民，拟于人君。程郑者，亦山东迁虏，以治铸富，与卓氏相埒。孔仅者，先本梁人，秦迁之于南阳，大鼓铸，致富数千金。汉文帝时，吴王濞即豫章铜山（今浙江钱塘道安吉县东有铜岘山）铸钱，富埒天子。太中大夫邓通，以宠幸赐蜀铜严道铜山（在今四川建昌道荣经县北），使铸钱，财过王者。以故吴邓钱满天下，可知当时矿业必发达矣。自武帝后，盐铁专卖，实行官山之策，始不复振。

第二期　三国两晋南北朝时代

第一章

东汉末年群雄割据之形势

中国历史现象，乱世人才多，治世人才少；割据之世人才多，一统之世人才少。盖智慧以交换而愈新，精神以磨砺而愈振，武力以竞争而愈烈。非比较研究，不足以历炼人才也。中国人才之多，以春秋战国时代为最，后此者则为三国时代。自东汉末叶，至西晋初年，其间人杰辈出，逞智谋，振雄辩，奋腕力，互相攻击，皆欲据政治上及社会上之无上权力。东汉全盛时代之人物，贵名节，高独行，不屑立人下风，故其乱也。豪杰之士，皆富有帝王思想，有志统一天下者，必先于此等人物，笼络之，或讨灭之，使为我用，不为我害，方能收统一之效果。顾此等人物，其智力不相下，若欲笼络讨灭，终非一人一生之力所能奏功。故曹操、刘备、孙坚之徒，皆以一世骁雄，同时并起。备传子禅，操传子丕、孙睿，坚传子策及权。祖孙父子相继经营数十年，虽割据一方，各自称王称帝，而卒不能统一中国于一主权者之下者，职是之由。昔者嬴秦末年，厉行暴政，豪杰蜂起，倒秦政府，大英雄项籍、刘邦二人，同时并出，占政治上及社会上之无上势力。天下豪杰，自以为不能及，皆敛手倾心于此二人，故天下统一与否，决于刘、项之成败。王莽暴乱天下，汉室子孙，蜂起讨之。然皇族终少英雄，其崭然露头角者，只有光武帝一人。豪杰争趋附之，故其成功亦易。东汉末年，民生涂炭已极，然其乱源决非发于俄顷。其始由于外戚之跋扈，继以宦官之专横，终以外戚与清流之结合及其对宦官之冲突，为一大结束，激而成黄巾之乱与董卓之乱。政治上之压制，其急剧固不如秦皇新莽，然于磨练英雄，养成豪杰，则至为适当。社会形势，亦不如从前之危险。草野之人犹思爱戴皇室，当世大野心家，利用皇室威灵，牢笼民心，提倡尊王主义，讨黄巾、诛宦官、伐董卓，表面上将以扩张中央政府主权，事实上却养成自己之潜势力。董卓卤莽无谋，弑天子、屠公卿、去洛阳、迁长安，终至败死。皇室威灵亦同归于尽。其同等之豪杰，互相吞噬，以扩张自己势力。同时出现之豪杰，其数异常之多，其势力亦各不相下，其于社会上之名望，亦不大相悬隔，欲以一人制服之，甚非易易。于是竞争数十年，而变为三国之世。

第一节 地方政府势力发达之原因

东汉自光武帝以来，鉴于西汉初年封建之弊，取中央集权主义。王国之幅员，大率以一郡为限，最大亦无过二郡以上者。地方最大之行政区域以郡为断，设太守都尉为其长官。郡以上虽有州，设刺史以监督行政，然刺史之位置，远在太守以下，其对于太守之关系，略如前明各省巡按御史之对于司道，只有监政权，初无行政权，不得谓为地方行政长官也。

灵帝之时，四方多故。凉州刺史耿鄙、并州刺史张懿，益州刺史郄俭等，相继为群盗所杀。太常刘焉建议，以为"四方兵寇，由刺史威轻，且用非其人所致，宜改置牧伯，选清名重臣以居其任"。朝廷从之，选列卿、尚书为州牧，各以本秩居任，总揽一州之民政、财政、军政各大权，监督所属郡守国相及都尉。各州有时仍设刺史，然刺史之权亦渐重。对于所属守尉，俨有长官与属僚之别。州任之重自此始矣。

第二节　河北之形势　袁绍公孙瓒之冲突

其后袁绍以渤海举兵，率关东州郡讨董卓，朝廷命令不能达于山东，各州牧郡守皆有半独立之势。车驾西迁之后，关东诸将议以朝廷幼冲，逼于董卓，欲共立宗室幽州牧刘虞为主以从人望，虞力拒不受。已而绍用其客逢纪谋，逐韩馥，自领冀州牧，以沮授为奋武将军，监护诸将。田丰、审配、许攸、逢纪、荀谌为谋主，蚕食幽并诸郡，于是河北霸权，渐有入于绍之势。

是时袁术据南阳，与孙坚联合。朝廷以刘表为荆州刺史，徙治襄阳。南阳富庶甲天下，户口数百万，而术奢淫肆欲，征敛无度，百姓苦之，稍稍离散。降虏校尉公孙瓒屯右北平，与刘虞不睦。虞子和为侍中，帝使逃归，令虞以兵来迎。术留和，使以书与虞，虞遣骑诣和。公孙瓒亦遣其弟越以骑诣术，教术执和夺其兵，虞、瓒由是有隙。是时关东州郡，务相兼并以自强大，袁绍、袁术亦自相离二。术结公孙瓒，而绍连刘表。术遣孙坚击董卓未还，绍遣周昂袭夺坚阳城（县名，在今河南河洛道登封县东南）。坚还，击昂，走之，复南击刘表。与表部将黄祖战，为伏兵所狙射，没于阵，术军由是不振。

孙坚之击周昂也，袁术遣公孙越助坚，中流矢，没于阵。公孙瓒怒，出兵击袁绍。屯于磐河（故九河中之钩盘河，在今津海道东光县南），冀州诸城多弃绍从瓒。绍自将拒瓒于界桥（在今河北大名道，即故广平府威县北），大败之，乘胜略取山东半岛东部。表其子谭为青州刺史，于是山东东部北部皆入于绍。瓒与刘虞积不相能，筑小城于蓟城东南以居，虞恐其终为乱，率兵十万讨之。时瓒部曲放散在外，仓促掘城欲走。虞兵无部伍，不习战，又爱民庐舍，不听焚烧，攻围不下。瓒乃简募锐士数百人，因风纵火，直冲之，大破虞兵，执虞杀之，于是幽州属部皆入于瓒。

孙坚死后，袁术为刘表所逼，弃南阳，引兵北向，进屯封丘（县名，属河北道），为曹操所破，走寿春，逐扬州刺史陈瑀，自领州事，于是江北淮南诸郡皆入于术。

第三节　河南山东江北之形势　曹操之势力扩张
###　　　　吕布袁术之破灭

是时曹操已据兖州，占领山东西部。曹操者，沛国谯（今安徽淮泗道亳县）人，字孟德，小字阿瞒。其父嵩，为中常侍曹腾养子，莫能审其生出始末，或云夏侯氏子也。操少机警，有权数，而任侠放荡，不治行业，时人未之奇也。唯桥玄及何颙异焉，玄谓操曰："天下将乱，非命世之才不能济也。能安之者，其在君乎？"颙见操叹曰："汉家将亡，安天下者必是人也。"时汝南许劭与从兄靖，有高名，好核论乡党人物，每月辄更其品题，故汝南俗有月旦评焉。操往造劭，问之曰："我何如人？"劭鄙其为人，不答，操劫之。劭曰："子治世之能臣，乱世之奸雄。"操喜而去。后举孝廉为郎，以骑都尉助皇甫嵩、朱俊讨黄巾有功，迁济南相，灵帝置西园八校尉，拜操典军校尉。董卓之乱，操变易姓名，间行东归，至陈留，散家财，募士卒，与袁绍等共起兵讨卓。荥阳之败，操马中创，从弟洪以马授操，仅而获免。说绍等进兵，绍不听，操乃还屯河内。已而绍与韩馥构衅，袭据冀州，诸将皆散归本郡。操知绍不足与有为，乃移军东郡，绍因表操为东郡太守。会黄巾余党寇兖州，杀刺史刘岱，操引兵入据兖州，自称刺史，击贼众，悉破降之，得卒三十余万，收其精锐号青州兵。于是操士马精强，雄于东方。

是时操父嵩避乱在琅琊，操遣使迎之。徐州牧陶谦别将守阴平（县名，故城在今江苏徐海道，即故海州沭阳县西北六十里），利嵩资财，掩袭嵩于华、费（二县名，在今济宁道即故沂州府费县境内）间，杀之。操大怒，引兵击谦，攻拔十余城，皆屠之，坑杀男女数十万口于泗水，鸡犬亦尽，墟邑无复行人。谦走保郯（今江苏徐海道东海县），于是平原相刘备引兵救徐州，昭烈帝始出现矣。

备字玄德，涿郡涿县（今京兆涿县）人，汉景帝子中山靖王胜之后也。少孤贫，与母以贩履为业。有大志，少语言，喜怒不形于色，好交结诸豪侠。黄巾贼起，备合徒众，从校尉邹靖讨贼，有功，除安喜（县名，属中山郡）尉。督邮到县，求谒不通，遂直入，缚督邮，杖二百，以绶系其颈，遂亡去。后复以功除下密丞，迁高唐（今山东东临道高唐县）令，为贼所破，奔公孙瓒。备少与瓒同师事同郡卢植，情好甚笃，故往依之。瓒表为别部司马，使与部将田楷徇青州，有功，因表为平原相。备少与河东关羽、涿郡张飞相友善，以羽、飞为别部司马，分统部曲。备与二人寝则同床，食则同席，恩若兄弟。而稠人广坐，二人侍立终日，随备周旋，不避艰险。常山赵云为本郡将吏兵诣公孙瓒，备见而奇之，深相结纳，云遂从备至平原，为备主骑兵。曹操攻徐州，陶谦告急于田楷，楷与备救之，备遂归谦，谦表领豫州刺史，屯小沛（今江苏徐海道沛县属沛国，后汉沛国治相县而沛各自为城故称小以别之），与谦犄角。操攻破谦，所过残灭，还击破备于郯东。谦恐，欲走归丹阳，会陈留太守张邈举兵迎吕布以拒操，操乃还。

初，邈少时好游侠，袁绍及操皆与之善。及绍为盟主，有骄色，邈正议责绍，绍怒，使操杀之，操不听，而邈终不自安。操据兖州，邈隶其部下（后汉兖州统陈留、东郡、东平、任城、泰山、济北、山阳、济阴八郡），前九江太守边让素有才望，操以其讥议己而杀之，由是兖州士大夫皆怨惧。操部将陈宫刚直壮烈，内亦自疑，乃与邈弟超，共说邈迎布以拒操，邈从之，迎布为兖州牧。

初，布之出奔也，自武关走南阳，依袁术，术待之甚厚。布纵兵抄掠，术患之。布不自安，走河内，依太守张杨，至是布遂据濮阳（县名，故城在今东临道濮县，即故曹州府濮州城东二十里），兖州郡县皆应之，唯鄄城（县名，故城在今濮县）、范（今东临道，即故曹州府范县）、东阿（今东临道，即故泰安府东阿县）未下。操闻警，还救，攻布于濮阳。败绩，走鄄城，布屯定陶。次年，操攻拔定陶，布东走徐州，依刘备。张邈南走寿春，求救于袁术，留弟超守雍丘（今开封道杞县）。操攻拔雍丘，超自杀，邈在途中为其下所杀，兖州复为操所有。操以荀彧、荀攸、郭嘉为谋主，三人皆好谋能断，操宠信之，于是操部下号多士。中平以来，民弃农业，诸军并起，率乏粮谷，饥则寇掠，饱则弃余，瓦解流离无敌自破者不可胜数。羽林监枣祗请建置屯田，操从之。以祗为屯田都尉，任峻为典农中郎将，募民屯田许下，得谷百万斛。于是州郡例置田官，所在仓廪皆满，故操征伐四方，无运粮之劳。

是时陶谦已卒，遗命请刘备兼领徐州。袁术来攻，备使张飞守下邳，自将拒术于盱眙（今安徽淮泗道，即故泗州盱眙县）、淮阴（县名，故城在今江苏淮扬道淮安县城西四十里）。相持经月，互有胜负。术与吕布书，劝令袭下邳，许助以军粮。布引兵东下，张飞败走。布虏备妻子及将吏家口。备收余兵东取广陵，与术战，又败，饥饿困踣，请降于布。布亦忿术军粮不继，乃召备复以为豫州刺史，与并势击术，使屯小沛，布自称徐州牧。术畏布之强，为子求婚于布，布许之。术遣将纪灵等攻刘备，备求救于布，布救却之。备收散兵得万余人，屯小沛，布恶之，攻备。备败，走归许，曹操厚遇之，以为豫州牧。益其兵，给粮食，使东至沛，收散兵以图布。建安二年，术称帝，置百官，郊祀天地。告布，因求迎妇，布遣女随之。沛相陈珪恐徐扬合纵，为难不已，乃说布追还绝婚，械送其使，枭首许市。操以布为左将军，术遣其大将张勋等攻布，布击破之。操因乘势东击术，术弃军，走渡淮，留其将桥蕤等拒操，操击斩之。

已而布复与术通，遣将高顺、张辽等攻备，破沛城，虏备妻子。备单身西走，操自将击布，至彭城，陈宫劝布逆击之，布不听。广陵太守陈登率郡兵为操先驱，进至下邳，布屡战皆败，还保城不敢出。操围下邳久，疲敝欲还，荀攸、郭嘉阻之。乃引沂泗水灌城，月余，布困迫请降，操斩之。于是淮北皆入于操。

袁术骄奢淫佚，媵御数百，无不兼罗纨，餍粱肉，而士卒冻馁，莫之简恤。既为操所败，资食空尽，不能自立，乃烧宫室，奔其部曲陈简，复为简所拒，士卒散走。忧懑不知所为，乃遣使归帝号于袁绍。绍子谭自青州迎术，欲从下邳北过，操遣刘备邀击破之。术还走寿春，发愤呕血死，妻子奔皖城（皖县名，故城在今安庆道怀宁县北）。于是淮南亦入于操，时献帝建安四年，西历纪元一九九年也。

第四节　袁曹之竞争　公孙瓒袁绍之破灭

是时袁绍已破公孙瓒，尽取河北州郡。朝廷以绍为大将军，兼督冀、青、幽、并四州，声势远在曹操以上。先是瓒既破刘虞，尽有幽州，恃其才力，不恤百姓。虞故从事鲜于辅等，率州兵欲报瓒。以燕国阎柔素有恩信，共推为乌桓司马，招诱胡汉，得数万人，与瓒所置渔阳太守邹丹战，斩之。乌桓峭王感虞恩德，亦率种人随辅，南迎虞子和，与绍将麹义合兵十万共攻瓒，瓒兵数败。于是代郡、广阳（郡名，本燕国故城，在今京兆良乡县东）、上谷、右北平，各杀瓒所置长吏，瓒徙镇易（今河北保定道雄县），为堑十重，筑京高十丈，为楼其上，以铁为门，专与姬妾居，疏远宾客，希复攻战。绍连年攻之，不能克，欲与释憾连和，瓒不答，而增修守备。绍于是大兴兵以攻瓒。先是瓒别将有为敌所围者，瓒不救，曰："救一人，使后将恃救不肯力战。"及绍来攻瓒南界，别营知不见救，或降或溃，绍军径至其门，为地道，穿其楼下烧之。瓒乃悉缢其姊妹妻子，然后引火自焚。于是河北州郡皆入于绍，始南向与曹操宣战矣。

初，车驾之幸安邑也，沮授劝绍勤王，绍不听。车驾幸许以后，曹操以诏书下绍，责以地广兵多，而不闻勤王之师，但擅相讨伐。绍上书陈愬，乃以绍为太尉，绍耻班在操下，辞不受。操惧，请以大将军让绍，而自为司空，行车骑将军事。绍每得诏书，患其有不便于己者，欲移天子自近，使说曹操以"许下卑湿，洛阳残破，宜徙都鄄城，以就全实"。操拒之。建安三年，操南击张绣，田丰说绍乘虚袭许，奉迎天子，绍不从。公孙瓒灭后，绍益骄。贡御稀简，简精兵十万，骑万匹，欲以攻许。许下诸将闻绍兵南下，皆惧。操曰："吾知绍之为人，志大而智小，色厉而胆薄，忌克而少威，兵多而分画不明，将骄而政令不一。土地虽广，粮食虽丰，适足以为吾奉也。"遂进军黎阳，分兵守官渡（城津名，古鸿沟，在今开封道中牟县北十二里），经略河北。

先是吕布既平，刘备从曹操还许，操表以为左将军，待之甚厚。操专横无上，帝心不平，藏诏书于衣带中，授车骑将军董承，使图之。承乃与备密谋诛操。会操遣备邀袁术于下邳，破灭之。备遂杀徐州刺史，留关羽守下邳，身还小沛，郡县响应。备有众数万人，遣使与袁绍联和。会承谋泄，见杀。操自将东攻备，田丰说绍乘虚袭许，绍辞以子疾，不肯出兵。操遂击破备，备奔青州，投绍。操乃旋师屯官渡，于是绍始议攻许，田丰谏以形势不可，绍不从。自将屯黎阳（县名，故城在今河南河北道浚县东北），遣骁将颜良、文丑以锐师攻白马（县名，故城在今河北道即故卫辉府滑县治南），兵败，皆为操所杀。绍军阳武（县名，在今河北道），沮授说曰："北兵虽众，而劲果不及南，南兵虽精，而资储不如北。南幸于急战，北利在缓师。宜徐持久，旷以日月。"绍不从，进营稍前，东西数十里。操亦分营与相当，遂合战，操军不胜。复还坚壁，操众少粮尽，士卒疲乏，乃与荀彧书，议欲还许。彧报书力言其不可，操乃坚壁持之。绍运谷车数千乘至官渡，操击烧之。许攸说绍遣兵袭许，以绝操后路，绍不听。会攸家犯法，审配收系之。攸怒，奔操军，说操以轻兵袭乌巢（地名，在今河北道，即故卫辉府延津县东南），焚烧绍辎重，杀其将淳于琼，绍军惊扰大溃。绍以八百骑走渡河，余众多降，操尽坑之，前后所杀凡七万余人。于是袁绍之势衰，曹操始无敌于天下矣。时献帝建安五年，西历纪元二百年也。

袁、曹之相拒也，汝南黄巾刘辟等举兵应绍，绍遣刘备将兵助辟，郡县多应之。操既破绍，乃还攻备，备兵败，奔荆州投刘表。操以绍兵新破，欲南击表，荀彧不可，操乃还军官渡。绍以兵败惭愤，发病呕血卒，审配、逄纪奉其幼子尚嗣位。长子谭自青州来奔丧，闻尚已立，心不平，引兵屯黎阳，操攻破之。谭与尚争位内讧，谭兵败，请降于操。尚围谭于平原（今山东东临道平原县），操攻邺以救谭，尚还战，败走幽州，依其次兄幽州刺史熙。操遂入邺，自领冀州牧。谭复背操，操击斩之，遂取青州。幽州将吏焦触、张南等逐熙，以州降操，熙与尚俱奔乌桓。操遂进破并州，击斩其刺史高幹（绍甥），复移兵攻乌桓，斩其单于蹋顿，熙、尚俱奔辽东。太守公孙康斩其首以献操，袁氏遂亡，冀、青、幽、并四州皆为操所有。

第五节　南方之形势　曹操之南攻　张绣刘琮之降　孙刘之联合　赤壁之战

车驾之初至洛阳也，李傕、郭汜寇掠三辅，韩暹、杨奉寇掠扬徐间，李乐、胡才盘据河东河内，到处骚扰，颇为民患。刘备在沛，诱杨奉，诛之。暹与郭汜、胡才皆为人所杀，李乐病死。将军段煨等奉诏讨李傕，夷三族，于是董卓余党与故白波帅皆尽。独张济引兵自关中入荆州，攻穰城（南阳郡属县，故城在今汝阳道邓县东南二里），中流矢卒。族子绣代领其众，与刘表连合，屯宛，贾诩走往依之，为之谋主。曹操击绣，军于清水。绣举众降。操纳济妻，绣恨之，袭败操军，杀操长子昂。已而操复击绣，围绣于穰。刘表遣兵救绣，操击败之。会田丰劝袁绍袭许，操闻之，大惊，解围而还。袁、曹相拒于黎阳，绍遣人招绣，并与贾诩书结好，绣欲许之。诩以操挟天子，令诸侯，有必胜之势，力劝绣从操，绣乃率众诣许降，于是自宛以北皆入于操。

刘表爱民养士，从容自保，境内无事，学士归之者以千数。攻长沙（今湖南长沙道）、零陵、桂阳（二郡，今湖南衡阳道），皆下之，地方数千里，带甲十余万，不供职贡，郊祀天地，居处服用，僭拟乘舆。曹操东征北伐，表坐镇江汉，不与之争。刘备奔荆州后，表以上宾之礼待之，益其兵，使屯新野。（今河南汝阳道新野县）操与袁氏相持于河上，备劝表袭许，表不能从。河北平后，曹操屯邺，作玄武池以肄舟师，预备经略东南。建安十三年，南击表。会表已卒，后妻蔡氏立其幼子琮嗣位。操军至新野，琮举州降操。时备屯樊（在今湖北襄阳县北），琮降，不以告备。操军至宛，备始觉之，大惊。或劝备攻琮，袭取荆州，备不忍，率其众南下，荆州人多归之。别遣关羽乘船会江陵（今湖北荆南道江陵县），操以江陵有军实，恐备据之，乃释辎重，将精兵急追之。及于当阳之长坂（在今湖北襄阳道，即故安陆府当阳县北百一十五里），备弃妻子走，与关羽船会，得济沔。会刘表长子江夏太守琦率师来迎，乃与俱至夏口。

初，琅邪诸葛亮，寓居襄阳隆中（山名，在今湖北襄阳道襄阳县西二十里），每自比管仲、乐毅，时人莫之许也，惟颍川徐庶、崔州平然之。刘备访士于襄阳司马徽，徽举亮与襄阳庞统。徐庶亦力荐亮于备，备由是诣亮，凡三往乃见。谘以时事，亮曰："今曹操已拥百万之众，挟天子而令诸侯，此诚不可与争锋。孙权据有江东，已历三世，国险而民附，贤能为之用，此可与为援，而不可图也。荆州北据汉沔，利尽南海，东连吴会，西通巴蜀，此用武之国，而其主不能守，此殆天所以资将军也。益州险塞，沃野千里，天府之土，刘璋暗弱。张鲁在北，民殷国富，而不知存恤，知能之士，思得明君。将军既帝室之胄，信义著于四海，若跨有荆益，保其岩阻，西和诸戎，南抚夷越，外结孙权，内修政理，天下有变，则命一上将，将荆州之军以向宛洛，将军身率益州之众出于秦川，百姓孰敢不箪食壶浆以迎将军者乎？诚如是，则霸业可成，汉室可兴矣。"备大喜，于是与亮情好日密。至是亮说备求救于孙权，备从之。以亮为使，说权共拒曹操。

初，孙坚娶钱塘吴氏，生四男策、权、翊、匡及一女。坚从军于外，留家寿春（今安徽淮泗道寿县）。策年十余岁，已交结知名。舒人周瑜英达凤成，与策同年交好。坚死，策年十七，还葬曲阿（今金陵道，即故镇江府丹阳县），结纳豪俊，有复仇之志。袁术上策舅吴景领丹阳太守，从兄贲为都尉，策携家往依之。术表策为怀义校尉，以坚余兵千余人还策。扬州刺史刘繇逐景、贲，景、贲退屯历阳（今安徽安庆道和县）。坚旧将丹阳朱治见术政德不立，劝策归取江东，策从之。周瑜助以资粮，渡江转斗，所向皆破。攻刘繇于曲阿，繇兵败，奔豫章（今江西豫章道）。策南攻吴郡（今江苏苏常道故苏州府）、会稽（今浙江会稽道），皆下之。繇卒，策徇庐江（今安徽安庆道故庐州府）、豫章，皆下之，尽取江南诸郡。建安五年，袁、曹相持于河上，策欲乘虚袭许，为盗所刺，创发而卒。弟权代领其众。权知人善任，礼张昭、张纮等为上宾，以周瑜、鲁肃等为大将，江东悦服。河北平后，曹操下书，责权任子，权不受命。刘表以黄祖为江夏太守，权报父仇，袭破斩之。表以长子琦为江夏太守，代祖。表卒，鲁肃说权，与刘备联合，共拒曹操。权遣肃使荆州，比至南郡而琮已降，肃遂迎备于当阳长坂。宣权旨，致殷勤之意，备甚悦，遣诸葛亮与肃诣权，见于柴桑（县名，故城在今江西浔阳道九江县），说以联合拒操之利，权大悦，选精兵三万人，以周瑜、程普为左右督，与备并力逆操，遇于赤壁（山名，在今湖北江汉道嘉鱼县东北江滨）。时操军已有疾疫，初一交战，操军不利，引次江北。瑜等在南岸，部将黄盖取蒙冲斗舰十艘，载燥荻枯柴，灌油其中，裹以帷幕，上建旌旗，预备走舸，系于其尾。先以书遗操，诈云欲降。时东南风急，盖以十舰最著前，中江举帆，余船以次俱进。去北军二里余，同时发火，火烈风猛，船往如箭，烧尽北船。延及岸上营落，烟焰涨天，人马烧溺死者甚众。瑜等率轻锐继其后，北军大坏，刘备与瑜水陆并进，追至南郡，操军死者大半，乃引军北还。备表刘琦为荆州刺史，引兵南徇武陵（今湖南武陵道）、长沙、桂阳、零陵、诸郡，皆下之。以诸葛亮为军师中郎将，督诸郡赋税以充军实。琦寻卒，权表备为荆州牧，分南岸地给备，以妹妻之。于是孙、刘攻守同盟之局成，东南之势强，曹操势始弱矣。

第六节　关中之形势　韩马诸将之变

董卓之初入关也，说韩遂、马腾共图山东。遂、腾率众诣长安，会卓死，李傕等皆以为将军。傕等专横，腾以兵讨之，不克，还屯凉州。车驾东迁之后，曹操用荀彧策，命侍中钟繇守司隶校尉，持节督关中诸军以安辑之。繇至长安，移书腾、遂等，为陈祸福，腾、遂各遣子入侍。袁、曹相争，关中诸将多中立观望。操用卫觊策，复治盐官，以其值益市耕牛以供归民，徙司隶校尉治弘农以监督之。由是诸将日削，郡县日强。河北平后，征马腾为卫尉，以其子超为偏将军，代领其众。建安十六年，操遣钟繇击张鲁，马超、韩遂等疑为袭己，与侯选、程银、杨秋、李堪、张横、梁兴、成宜、马玩等凡十部，共举兵拒操，其众十万，屯潼关。操自将击之，自潼关北渡河，为超击破，几为所虏。已而操自蒲阪渡西河，循河为甬道而南，超等退拒渭口。操乃纵反间计，离间超、遂，因乘隙大破其兵，斩成宜、李堪等，超、遂奔凉州。操留夏侯渊屯长安。逾年，超复率羌胡击陇上诸郡，尽取之。拔冀城，杀凉州刺史韦康。凉州参军杨阜与抚夷将军姜叙，起兵击超。超兵败，奔汉中。次年，复以张鲁兵围祁山（在今渭川道即故巩昌府西和县北七里山上有城，极为险固），夏侯渊击破之。因乘势袭韩遂于显亲（县名，故城在今甘肃渭川道天水县东南），遂兵败走死。于是雍、凉二州皆入于操，遂谋经略汉中。

第七节　西南之形势　刘备取益州　刘备孙权分荆州　曹操取汉中

先是灵帝末年，以太常刘焉为益州牧。焉见王室多故，阴图异计。巴郡张修以妖术疗病，令病家出五斗米，聚众寇掠郡县，时人谓之米贼。沛人张鲁，自祖父陵以来客蜀，世奉五斗米道。焉以鲁为督义司马，将兵掩杀汉中太守，断绝斜谷阁，诛杀州中豪强及太守校尉，作乘舆车具千余乘。时焉子璋从帝在长安，帝使喻焉，焉留不遣。献帝兴平元年，焉卒，州大吏赵韪等贪璋温仁，共上以为刺史，诏以为益州牧。张鲁以璋暗懦，不复承顺，遂据汉中，复袭取巴郡。朝廷力不能讨，遂就宠鲁为镇南中郎将，领汉宁（分汉中以置，故城在今汉中道汉阴县西二十四里）太守，通贡献而已。

曹操之南征也，璋遣别驾张松致敬于操。松为人短小放荡，操已定荆州，不存录松，松怨之，归劝璋绝操，与刘备相结。璋使军议校尉法正使荆州，正以备有雄略，归说松，密谋奉戴以为州主。会操遣钟繇向汉中，璋惧，松因说璋迎备以拒操，璋从之。遣正迎备，正至荆州，阴说备取益州。备留诸葛亮、关羽等守荆州，自将步卒数万而西，至涪城（今东川道涪陵县，即故涪州），璋往会之。增备兵，厚加资给，使击张鲁。备北至葭萌（县名，今嘉陵道，即故保宁府广元昭化二县地），厚树恩德以收众心。

已而备袭据涪城，杀璋将杨怀、高沛。益州从事郑度说璋，尽驱巴西（今嘉陵道故保宁府）、梓潼（今西川道，即故绵州梓潼县）民纳涪水以西，焚烧野谷，深沟高垒以困备。璋不能用，遣其将吴懿、李严、费观等拒备，兵败，皆降。备进围雒城（今西川道广汉县，即故成都府汉州），守将张任败死。诸葛亮留关羽守荆州，与张飞、赵云将兵溯江而上，克巴东（今东川道故夔州府）、巴郡（今东川道故重庆府），获太守严颜。进克江阳（今永宁道故泸州）、犍为（今永宁道故叙州府，今建昌道故嘉定府）、巴西等郡，雒城溃。备进围成都。马超知张鲁不足与计事，亦来请降，备令引军屯城北，城中震怖，璋开城降。备入成都，自领益州牧，以诸葛亮为军师将军。时董和、黄权、李严等，本璋所任用；吴懿、费观，璋之姻亲；彭羕，璋所摈弃；刘巴，素昔所忌恨；备皆处之显任，尽其器能。有志之士，无不竞劝，益州之民是以大和。孙权乘备西征之隙，遣使来求荆州，于是孙、刘之交涉起矣。

先是备在荆州，周瑜等数劝权取蜀，备力阻之。周瑜卒后，权以鲁肃为奋武校尉，代总其兵。备西攻益州，留关羽守江陵，与肃数生疑贰。益州定后，权令诸葛瑾从备求荆州，备不与。权遣吕蒙攻长沙、零陵、桂阳三郡，下之。备自至公安（今湖北荆南道公安县），遣羽争三郡。会闻曹操将攻汉中，备乃求和于权，分荆州。以湘水为界，长沙、江夏、桂阳，以东属权，南郡、零陵、武陵，以西属备。备使羽守江陵，权使肃屯陆口（陆水入江之口，在今湖北江汉道蒲圻县界）以镇抚之。于是均势之局成，三分之界定矣。

曹操闻备已取益州，乃自将经略汉中以图张鲁。至阳平（关名，在今汉中道褒城县西百八十里），鲁欲降，其弟卫不肯，率众拒关坚守。操攻阳平诸屯，不克。军食且尽，意沮欲还。会前军夜迷，误入张卫别营，卫军惊溃，鲁奔南山，即巴山山脉入巴中，操遂入南郑。遣使招鲁，鲁降，汉中平。于是司隶、豫、冀、兖、青、徐、幽、并、雍、凉十州及荆、扬、益三州北境皆入于操。有天下三分之二，始谋篡位矣。

第八节　曹操之专横　耿、韦之举义

操自河北平后，罢三公官，自为丞相。荆州平后，以其子丕为五官中郎将，为丞相副。关中平后，赞拜不名，入朝不趋，剑履上殿。以冀州十郡自立为魏公，加九锡，建宗庙社稷于其国。置尚书侍中六

卿，纳其三女宪、节、华为贵人以监视帝。时董承女亦为贵人，操诛承，求贵人杀之。伏后惧，与父完书，令密图操。事泄，操收后下暴室死，鸩杀后所生之皇子二人，后兄弟宗族坐死者百余人。立节为皇后。汉中平后，操自晋爵为王，用天子车服，出入警跸，立子丕为王太子。先后杀汉直臣大中大夫孔融、尚书崔琰等，群臣侧目。会刘备进兵汉中，操发兵南下。京兆金祎者，故相金日磾之后，自以世为汉臣，乃发愤与少府耿纪、司直韦晃、太医令吉本等，共起兵于许，讨操，兵败，皆死。于是操益肆无忌惮，公然谋禅代矣。

第九节　刘备取汉中　关羽之败没　孙刘之分离与孙曹之联合

汉中之初下也，主簿司马懿说操攻刘备，操不从，留夏侯渊等守汉中而还。张鲁之走巴中也，黄权说备遣兵迎鲁，会鲁已降操。操遣张郃徇三巴，备使巴西太守张飞迎击败之，郃走还。法正说备进兵经略汉中，操遣曹洪拒之。备使讨虏将军黄忠击斩渊于定军山（在今汉中道沔县东南十余里），操兵瓦解。操自将出斜谷以拒备，赵云逆击其兵，败之，操引还。备遂取汉中，复遣刘封、孟达等攻拔房陵（郡名，今襄阳道房县等地）、上庸（郡名，今襄阳道竹山县等地），于是汉水上流流域皆入于备。

是时关羽自江陵举兵北伐，大破操兵。擒其将于禁，杀其将庞德，克襄阳，围樊城，自许以南，往往遥应羽，羽威震华夏。操议徙许都以避其锐。司马懿、蒋济劝操联络孙权，令权起兵蹑羽后，许割江南以封权。权诱于利，从之。于是吴、蜀之国交离，吴、魏之国交合。孙、刘攻守同盟瓦解，西南形势始不振矣。

初，鲁肃镇陆口，常劝权以"曹操尚存，宜且抚辑关羽，与以同仇"。权从之。肃卒，权以吕蒙代镇陆口。蒙以羽骁雄，有兼并之心，且居上流，其势难久，乃密劝权图羽。羽率师北伐，留南郡太守麋芳守江陵、将军傅士仁守公安，各率重兵以当蒙。蒙乃诈称疾笃，权露檄召蒙还，以陆逊代镇陆口。逊至镇为书与羽，称其功美，深自谦抑。羽意大安，稍撤兵以赴樊。逊具启形状，权以蒙为大督，率师袭江陵。芳、仁皆降，蒙入江陵，得羽及将士家属，皆抚慰之。曹操自将救樊，军摩陂（地名，在今河洛道临汝县，即故汝州），使徐晃击羽，破之。羽撤围走还，羽军士知家门无恙，皆无斗志。权自至江陵，诸郡皆降。羽西走，兵皆解散。权将马忠获羽及其子平于章乡（在今湖北当阳县东北），杀之。于是荆州皆入于权。逾年，将军孟达以上庸、房陵等郡叛降于魏，魏与权联合，共拒益州。西南形势孤危，昭烈匡王之志，自此不能振矣。

第十节　孙权取岭南　曹丕之篡

先是士燮为交趾太守，表其三弟领合浦、九真、南海太守。燮体器宽厚，中国士人多往依之，雄长一州。交州刺史张津为其下所杀，孙权表其将步骘为交州刺史以镇抚之。燮率兄弟奉承节度，由是岭南服于权。关羽没后，权尽取荆州。于是西江流域，及扬子江中流下流流域，皆为权所有。曹操表权为骠骑将军，假节，领荆州牧。封南昌（今江西豫章道南昌县）侯。权上书称臣于操，称说天命。尚书陈群等皆逢迎劝进，操曰："若天命在吾，吾为周文王矣。"次年，操卒。子丕立，废帝为山阳（县名，故城在今河南河北道修武县）公，自称皇帝，是为魏文帝。东汉由是遂亡。时献帝建安二十五年，西历纪元二二〇年也。

第二章

三国之分离及其合并

第一节　昭烈之绍统　猇亭之战

先是刘备既克汉中，诸葛亮等奉备为汉中王。曹丕篡后，蜀中传言帝已遇害，群臣劝进，王乃即位，是为昭烈帝。改元章武，以亮为丞相，任以国政。

帝耻关羽之没，自将伐孙权。将军赵云等谏，不听；权遣使求和，不许。权以陆逊为大都督，督朱然等五万人拒守。遣使称臣于魏，魏封权为吴王。帝进军猇亭（属夷道县，在今荆南道宜都县），自巫峡建平（郡名，治巫县，即今东川道巫山县），连营至夷陵（今荆南道宜昌县）界，立数十屯。自正月与吴相拒，至六月不决。逊令部下各持一把茅，以火夹攻，破四十余营，诸军大溃。帝奔还白帝城（即永安县，故城在今东川道奉节县，即故夔州府城东北赤甲山上），舟械军资略尽，将军傅肜、从事祭酒程畿等皆死之。帝愤惋成疾，次年，崩于永安。丞相亮受遗诏辅政，太子禅即位，是为后主。

第二节 魏主丕之南侵 吴魏之分离与吴蜀之复合

先是赤壁战后，曹操留张辽等守合肥，孙权屡自将攻之，不克。权乃夹濡须水口立坞（一名东兴堤，亦名偃月城，状如偃月，在今安庆道巢县东南四十里，其水源出巢湖，在巢县西十五里东北流入江），与之相拒。操屡自将攻之，亦不克。关羽之围樊城也，权上书于操，请讨羽自效，且乞不漏使羽有备，操不从，敕徐晃以权书射著围里及羽屯中。荆州陷后，羽撤围走还，曹仁欲追之，部将赵俨曰："权、羽连兵，恐我承其两疲，故顺辞求效耳。今羽已孤进，更宜存之以为权害。"操敕仁从其策。关羽没后，权劝进于操，操以示外曰："是儿欲跟著吾炉火上耶。"不应。昭烈之东征也，权称臣于魏，朝臣皆贺。刘晔独曰："权无故求降，必有内急。恐中国往承其衅，故委地求降。一以却中国之兵，二假中国之援，以强其众，而疑敌人耳，宜大兴师径渡江袭之。"魏主丕不听。猇亭败后，昭烈还白帝城。吴徐盛等请进攻，陆逊恐魏乘虚南侵，不许。魏主丕遣使责吴任子，不至。丕怒，乃命将军曹休、曹仁、曹真等，分三路南攻。权卑辞上书乞和，不听，权乃临江拒守。丕自将击之，不利，引还。是时昭烈帝驻跸永安，吴人惧其复东征，遣使请和，许之。遣太中大夫宗玮报聘。昭烈帝崩后，丞相亮遣尚书邓芝使吴，吴使张温来报聘。于是吴、魏之国交离，吴、蜀之国交复合，魏主丕怒，复两次自将击吴，皆不利，引还。后主建兴四年，丕殂，太子睿立，是为魏明帝。吴王权乘丧北伐，使诸葛瑾攻襄阳，自将围江夏，皆不克，引还。自此吴、魏交恶。

第三节 诸葛亮之南征

蜀自赤壁之战以后，国势骤张。昭烈帝由益州北上，克汉中；关羽由荆州北上，取襄阳。曹操奔走御敌不暇，形势与诸葛亮隆中计划相符合。孙权若明大义，遣将率一旅之师，渡江由淮南北伐，与蜀策应，东西大举以讨操，操虽强亦几有左支右绌之势。吕蒙金人，见利

忘义，袭荆州、杀关羽，为虎作伥，使曹氏坐大。昭烈帝东征，败于
秭归，赍志以殁，西南形势自此不振，隆中计划归于失败。汉室之
亡，孙权与有力焉。其与曹操所处之地位不同，而其为国贼则同也。
昭烈帝崩后，诸葛亮秉政，锐意经营伐魏。是时越巂叟帅高定、益州
耆帅雍闿，各杀其太守以叛。牂牁郡丞朱褒，权太守事，亦与之联
合，南中大乱。亮以新遭大丧，抚而不讨。务农殖谷，闭关息民，民
安食足而后用之。建兴三年，自将南征，所向皆捷，斩雍闿等。闿郡
人孟获素为夷汉所服，收余众拒亮，亮募生致之。既得，使观于营阵
间。纵使更战，凡七纵七擒，而亮犹遣获，获止不去，曰："公天威
也，南人不复反矣。"遂入滇池。益州、永昌、牂牁、越巂四郡皆平，
亮即其渠率而用之，悉收其俊杰孟获等以为官属，出其金银、丹漆、
耕牛、战马以给军国之用。终亮之世，夷不复反。

第四节　诸葛亮之北伐

南中既平，亮乃经营北伐。建兴五年，率诸军出屯汉中。使长史
张裔、参军蒋琬，统留府事。临发，上疏，殷殷以格君心复国仇为
念。是年冬，孟达以新城（即上庸房陵西城三郡故地）来降，亮遂乘机伐魏。
是时夏侯渊子楙（音茂）都督关中，怯而无谋。丞相司马魏延请以精兵
五千，负粮五千，从褒中（今汉中道褒城县）出循秦岭而东，当子午（谷名，
子北午南取谷中道通南北之义，在汉中道洋县东百六十里长安县城南百里并通褒斜大路）而
北，径袭长安。亮以此为危计，不如安从坦道，可以平取陇右，十全
必克而无虞，故不用延计，扬声由斜谷（汉中郡西北，有斜谷路险不容行，架
木为阁道而度百五十里，有栈阁二千九百八十九间板阁二千八百九十二间，在今汉中道褒城县
北）取郿（县名，旧属凤翔府今属关中道）。魏使大将军曹真，督诸军军郿以拒
之。亮乃率大军攻祁山（在今甘肃渭川道西和县北七里），戎阵整齐，号令明
肃。天水（今渭川道故秦州）、南安（郡名，今兰山道故巩昌府）、安定（郡名，今泾
原道故平凉府镇原县等地）三郡皆降，关中响震。魏主睿如长安，使右将军
张郃率师五万拒亮。亮使参军马谡督诸军与郃战于街亭（山名，即街泉亭，

在今渭川道秦安县东北）。谡违亮节度，举措烦扰，舍水上山，不下据城。郃绝其汲道，击大破之。亮乃拔西县千余家还汉中。魏司马懿袭陷新城，杀孟达，汉兵无功而还。亮上疏请自贬三等，诏以右将军行丞相事。亮乃考微劳，甄壮烈，引咎责躬，布所失于天下，厉兵讲武以为后图。戎士简练，民忘其败。时建兴六年，西历纪元二二八年也。

　　是年夏，吴使鄱阳（郡名，故城在今江西浔阳道鄱阳县北）太守周鲂，诈以郡降魏。魏扬州牧曹休率师十万向皖城以应之。吴陆逊逆战于石亭（在今安庆道潜山县东北），大破其兵，休走还。亮闻休败，魏兵东下，关中虚弱，复举兵伐魏，出散关（在今关中道宝鸡县西南），围陈仓（县名，故城在今宝鸡县东二十里）。魏将郝昭固守，亮粮尽，引还。魏将王双来追，亮击斩之。七年春，复伐魏，拔武都（郡名，今渭川道故阶州）、阴平（郡名，今渭川道故阶州文县等地），复拜丞相。是年，吴王权称皇帝，是为吴大帝，遣使来告。诏遣卫尉陈震使吴，与权盟，约中分天下。八年秋，魏曹真寇汉中。亮次于城固（今关中道城固县）、赤坂（在今汉中道洋县龙亭山东）以待之。会天大雨三十余日，栈道断绝，真未至汉中而还。九年春，亮伐魏，围祁山。魏大将军司马懿督军拒守。亮大破其兵于卤城（在今渭川道天水县西），会粮尽引还。懿遣张郃追之，至木门（地名在今天水县西南九十里），为亮伏兵所败，中弩而卒。

　　亮以累次用兵，皆阻于粮运，使己不得竟其志，乃劝农讲武，作木牛流马，运米集斜谷口。息民休士，三年而后用之。建兴十二年，悉众十万，由斜谷北伐，军于渭水之南。司马懿方屯渭北，亦引军渡渭而南，背水为垒以拒汉兵。郭淮曰："亮若跨渭登五丈原（在今陕西关中道郿县西三十里），连兵北山，隔绝陇道，摇荡民夷，非国之利也。"懿乃使淮先据北原，堑垒未成，汉兵大至，于是五丈原遂为汉有。自长安以西、渭水以南诸郡县皆入于汉。亮以前者数出，皆因馈饷不继，使己志不伸，乃分兵屯田，为久驻之计。耕者杂于渭滨居民之间，而百姓安堵，军无私焉。懿惩于卤城之挫，一意坚守，不敢出战。汉兵数挑战，懿终不出，乃遗以巾帼妇人之服以辱之，懿怡然受之，不以为忤。是时亮已寝疾，常遣使者至懿军。懿问其寝食及事之烦简。使者曰："诸葛公夙兴夜寐，罚二十以上，皆亲览焉。所啖食，不至数升。"懿告人曰："孔明食少事烦，其能久乎！"是年八月，亮薨于军。长史杨仪整军而出，百姓奔告懿，懿追之。仪反旗鸣鼓，若将向懿者，懿不敢逼。于是仪结阵而去，入谷然后发丧。朝廷遵亮遗嘱，以蒋琬为尚书令，总统国事。时新丧元帅，远近危悚。琬拔处群僚之右，既无戚容，又无喜色，神守举止，有如平日，由是众望渐服。寻诏以琬为大将军，录尚书事；费祎为尚书令。时军国多事，祎省读书记，举目暂视，已究其意，终亦不忘。二人协心辅政，凡事一遵亮遗规，蜀境称治。

第五节　公孙氏之破灭　魏取辽东

是时魏主睿在位已久，日渐流于奢侈。修洛阳宫；起昭阳、太极殿；筑总章观，力役不已，农桑失业。又耽于内宠，自贵人以下，至掖庭洒扫凡数千人。司空陈群、廷尉高柔、少府杨阜等屡谏，不听。诸葛亮卒后，汉廷取保守主义，对于魏境久不出兵。西南无警，魏乃转锋东北下，经略辽东。先是献帝初年，公孙度为辽东太守，东伐高句骊，西击乌桓，越海收东莱诸县，置营州刺史，自立为辽东侯、平州牧。建安九年，度卒，子康嗣。十二年，曹操征破乌桓，袁熙、袁尚奔辽东，康斩之以献于操。操表康为左将军，封襄平侯。康卒，子晃、渊皆幼，弟恭嗣。魏王丕篡立后，拜恭为车骑将军，封平郭侯。恭劣弱不任事。建兴六年，渊胁夺恭位。魏主睿拜渊扬烈将军、辽东太守。渊阴怀异志，数与吴通。魏主睿使汝南太守田豫督青州诸军自海道、幽州刺史王雄自陆道击之，不克。建兴十一年，渊遣使奉表称臣于吴，结为外援。吴主权遣太常张弥、执金吾许晏等将兵万人，金宝珍货九锡备物，乘海授渊，封为燕王。渊知吴远难恃，乃斩张弥等首，传送于魏。魏拜渊大司马，封乐浪公。使者至，渊陈兵出见，又数对国中宾客出恶言。魏遣幽州刺史毌丘俭击之，不利，引还。渊因自立为燕王，诱鲜卑以扰北方。延熙元年，魏遣太尉司马懿将兵四万击之。渊使其将卑衍、杨祚等，将步骑数万拒辽隧（故城在今辽沈道海城县西六十里）。懿多张旗帜，欲出其南，而潜济水出其北，直趋襄平（县名，辽东郡治渊所都也，今辽沈道辽阳县）。衍等惊恐，引兵还，懿击破之。进围襄平，城溃。渊将余骑突围走，懿追斩之，辽东平。辽东、玄菟、乐浪、带方四郡皆入于魏。

第六节　司马懿之专横　曹爽、王凌之死

是年十二月，魏主睿寝疾，以叔父燕王宇为大将军，与夏侯献、曹爽、曹肇、秦朗等辅政。先是魏太祖当国，以刘放、孙资为秘书郎。文帝更命秘书曰中书，以放为监，资为令，遂掌机密。睿即位后，二人尤见宠任，每大事，朝臣会议，常令决其是非，于是政府实权入于二人之手，献、肇等心不平。至是献、肇同时入政府，放、资惧，阴图间之。宇性恭良，陈诚固辞，放、资因力劝睿免宇等官，以爽为大将军，召司马懿还朝辅政。延熙二年，睿殂，太子芳立，年甫八岁。爽、懿并加侍中，都督中外诸军，录尚书事。爽以懿年位素高，常父事之，每事谘访，不敢专行。其党何晏、丁谧等欲令爽专政权，谋白转懿为太傅，而以爽弟羲、训等皆为将军，握兵柄。延熙七年，其党李胜、邓飏欲爽立威名于天下，劝使伐蜀，发关中兵十余万寇汉中。前监军王平据关守险拒之，爽兵败，引还，失亡甚众，关中为之虚耗。爽用何晏等谋，迁太后郭氏于永宁宫，擅朝政，多树亲党，懿不能禁，遂称疾不与政事。爽骄奢无度，饮食衣服拟于乘舆。延熙十二年（魏主芳嘉平元年）正月，魏主芳谒高平陵（魏明帝陵），爽与弟羲、训、彦皆从。懿与其子师、昭谋，以皇太后令，闭诸城门，勒兵据武库。奏"爽背弃顾命，败乱国典，僭拟专权，有无君之心，请罢爽兄弟吏兵，以侯就第。"爽得奏，迫睿不知所为。大司农桓范劝爽以天子诣许昌，发四方兵自辅，爽不听，奉芳还宫。懿收爽兄弟及何晏、邓飏、丁谧、毕轨、李胜、桓范等，皆杀之，夷三族。于是大权尽入于懿。扬州都督王凌与其甥兖州刺史令狐愚并典重兵，专淮南任，阴谋以魏主幼弱、制于强臣，武帝子楚王彪有智勇，欲共立之，

迎都许昌。会愚病卒，黄华代为兖州刺史，密以其谋告懿。延熙十四年，懿袭凌，杀之，诸相连者悉夷三族。复杀彪，幽诸王公于邺。是年八月，懿卒，其子师自为抚军大将军，录尚书事，代总国政。

第七节 东兴之役 诸葛恪之死

是时吴主权年渐高，听信谗言，数以喜怒废杀太子。辅吴将军张昭，丞相顾雍，大将军诸葛瑾，丞相陆逊、步骘，大司马朱然、全琮等，相继逝世。老成凋谢，后起无人。延熙十四年（吴大帝元年），权疾笃，以瑾子恪为大将军，辅政。次年，权殂，太子亮立。以恪为太傅，总统国事。恪修东兴堤（即濡须坞），左右结山，夹筑两城，使全端、留略守之。魏司马师遣胡遵、诸葛诞将兵攻东兴，恪使将军丁奉、吕据救之，大破魏兵。遂欲乘隙伐魏，群臣固谏，不听。自将大军围新城（合肥新城也，即合肥县谢步镇），不利，引还，失亡甚众，吴民怨叹。恪为人刚愎自用，既还建业，益治威严，多所罪责。侍中孙峻因民怨众嫌，谮恪谋反，伏兵杀之，夷三族，自为丞相、大将军，都督中外诸军事，于是大权归于峻。

第八节 司马师、昭之专横 曹芳曹髦之废弑 毋丘俭、文钦、诸葛诞之举义

当是时魏司马师专政已久。魏主芳年长，渐不能平。太常夏侯玄，故曹爽亲故，光禄大夫张缉，芳后父，皆与师不平，而与中书令李丰亲善。芳数独召丰语，师知其议己，诘之，不以实告。师怒，杀丰。遂收玄、缉，皆夷三族。废皇后张氏。以太后令废芳为齐王，迎立文帝孙、东海定王霖子、高贵乡公髦，时年十四。时延熙十七年，魏主髦正元元年也。

次年正月，扬州都督毋丘俭、刺史文钦，起兵寿春，移檄州郡，讨师。师自将击之，次于南顿（县名，故城在今开封道项城县西），深沟高垒不与战。吴孙峻将兵袭寿春，俭、钦进不得斗，退恐寿春见袭，计穷不知所为。将士家皆在北，降者相属，寿春溃。钦奔吴，俭走慎县（故城在今淮泗道颍上县西北），为人所杀，淮南平。是岁，师卒，弟昭自为大将军，录尚书事。

淮南之初定也，司马师以诸葛诞为镇东大将军，都督扬州诸军事，镇寿春。诞素与夏侯玄等友善，玄等死，毋丘俭、文钦相继诛灭，诞内不自安。乃倾帑赈施，曲赦有罪，以收众心。养轻侠数千人为死士。司马昭初秉政，长史贾充以慰劳四征为名，至淮南，见诞论时事，因讽以禅代之事，诞严辞拒绝。充还洛阳，劝昭征诞。诞益疑惧，延熙二十年，起兵寿春，讨昭。惩于毋丘俭之败，使少子靓为质于吴，称臣求救，结为后援。昭挟其主髦及太后为质，自将击之。败吴救兵，遂围寿春。逾年，粮尽，城破，诞与麾下数百人同时死难。

自此以后，昭专横滋甚，髦不胜其忿。景耀三年，亲率殿中宿卫讨昭。昭使贾充率师与髦战于南阙下，嗾其党成济弑髦，迎立燕王宇子常道乡公奂，时年十五。

第九节　黄皓之弄权　钟、邓之入寇　蜀汉之亡

先是诸葛亮、蒋琬相继秉政，以董允为侍中，监督宫省。允秉心公亮，献替尽忠，帝严惮之。宦官黄皓便辟有宠，允数责之，终允之世，位不过黄门丞。延熙八年，琬、允相继卒。诏以姜维为卫将军，与大将军费祎并录尚书事。选曹郎陈祗，矜厉有威容，多技艺，挟智数，祎以为贤，拔擢为待中以代允。十四年，进位尚书令。祗与皓相表里，皓始预政，迁中常侍，操弄威柄。

十六年，魏降人郭循刺杀祎，诏以维为大将军，辅政。维恃其材武，连年伐魏，互有胜负。蜀国小民贫，疲于兵役。陈祗以巧佞有宠。维虽位在祗上，而多处外，权任不及祗。景耀二年，祗卒，以董

厥为尚书令，诸葛瞻（亮子）为仆射。四年，进厥为辅国大将军，瞻为卫将军，共平尚书事。樊建为尚书令，辅政。时黄皓用事，厥、瞻皆不能矫正，蜀政益衰。魏司马昭乘衅，遂谋大举入寇。

初，昭烈定汉中，实兵诸围以御外敌，其后皆承此制。及姜维用事，建议令汉中兵郤屯汉寿（本广汉郡葭萌县，昭烈帝时改名汉寿，即今四川嘉陵道，故保宁府广元县），分守乐城（故城在今汉中道成固县南）、汉城（今汉中道沔县），于是阳平关之险失。黄皓用事，谋以其党阎宇代维。维惧，因求种麦沓中（在今甘肃兰山道临潭县西南），不敢归成都。景耀五年，魏以钟会都督关中诸军事，谋大举入寇。维表遣左右车骑将军张翼、廖化，督诸军分护阳安关（在汉中道宁羌县西北，今曰阳平关营）及阴平桥（在今渭川道文县南跨白水上）以防未然。黄皓信巫鬼，谓敌终不自致，启帝寝其事。次年秋，魏遣陇右都督邓艾督三万余人，自狄道趣沓中以缀维；雍州刺史诸葛绪督三万余人，自祁山趣武街（《水经注》浊水东迳武街城南浊水，今曰下辨水，在今渭川道武都县南）桥头，绝维归路。钟会统十万余众，分从斜谷、骆谷、子午谷趣汉中，以卫瓘持节监军事。朝廷遣廖化为维继援，张翼、董厥诣阳安关口，为诸围外助。敕诸围不得战，退保汉乐二城。会平行至汉中，使兵围二城，径趣阳安口，守将傅佥（肜子）拒守。其下蒋舒率众迎降，佥战死。会遂长驱而前，大得藏库积谷。维闻会已入汉中，引兵还。艾遣兵追蹑于强川口（在今兰山道临潭县西），维败，走还。至阴平合众欲赴关城，闻其已破，遇化、翼、厥等，合兵守剑阁以拒会。

邓艾进至阴平，欲与诸葛绪自江油（今西川道江油县）趋成都。绪以西行非本诏，遂引兵与钟会合。会欲专军势。密白绪畏懦不进，槛车征还，军悉属会。维列营守险，会攻之，不能克，欲引还。艾言蜀已摧折，宜遂乘之，乃自阴平行无人地七百余里，凿山通道，造作桥阁。山高谷深，粮运将匮，濒于危殆。艾以毡自裹，推转而下，将士皆攀木缘崖，鱼贯而进。先登至江油（今四川西川道，故龙安府江油县），守将马邈降。诸葛瞻督诸军拒艾，战于绵竹（今西川道绵阳德阳二县地），败绩，死之。朝廷不意魏兵猝至，不为城守调度。闻艾已入平地，乃遣使奉玺绶诣艾降，汉亡。时后主炎兴元年，魏元帝景元四年，西历纪元二六三年也。

第十节　钟、邓之内讧　司马炎之篡

后主之请降也，邓艾辄承制，拜汉帝以下官。姜维等及诸郡县围守得救，皆诣钟会降。将士咸怒。艾在成都，颇自矜伐，司马昭疑之。会有异志，姜维知之，欲构成扰乱，以图克复，因劝会谋反。会与卫瓘密白艾有反状。次年（魏咸熙元年），诏以槛车征艾。会遣瓘先至成都收艾，执其父子，置之槛车，送赴京师。会所惮惟艾，艾既就擒，遂决意谋反。欲使姜维为前驱，自随其后，乃称受郭太后遗诏，起兵讨司马昭。悉召诸将，闭诸曹屋中，更使亲信代领诸军。瓘诈称疾笃，出就外廨。维欲使会尽杀北来诸将，已因杀会，复立故汉帝。会犹豫未决，护军胡烈亲兵出取饮食，烈使亲兵语其子渊。渊遂率其父兵出门，诸军鼓噪，争先赴城，所闭诸人各缘屋出，与其军士合，共斩会及维，死丧狼藉。艾本营将士，追出艾于槛车迎还，瓘自以与会共陷艾，恐其为变，乃遣护军田续袭艾父子于绵竹西，斩之。于是西征两大将皆亡，益州、庲降等地皆入于魏，司马昭益志得意满，公然谋篡位矣。

钟、邓之出师也，昭自进位相国，封晋公，加九锡。汉亡后，昭自进爵为王，以其子炎为副相国。次年，昭卒，炎嗣。废魏主奂为陈留王，自称皇帝，国号晋，是为晋武帝。魏亡。时魏元帝咸熙二年，西历纪元二六六年也。

第十一节　孙綝之专横　孙皓之暴虐　羊陆之交欢　吴之衰亡与晋之一统

吴孙峻自当国以后，骄矜淫暴，国人侧目。峻卒后，从弟綝自为大将军，辅政，骄横甚于峻。杀大司马滕胤、将军吕据、王惇等。吴主亮幼而聪敏，对于綝表奏多所难问。綝怒，称疾不朝，使弟据入宿卫，恩、幹、闿，分屯诸营以自固，亮恶之。景耀元年，阴与后父全尚、将军刘承，谋诛綝。谋泄，綝杀尚、承，废亮为会稽王，迎立亮兄琅玡王休，自为丞相。休与将军丁奉、张布等谋，因腊会诛之，夷三族，于是大权复归于君主。自孙权殂后至是，凡政在大臣者七年。

魏师之西侵也，蜀遣使告急于吴。休使大将军丁奉向寿春，将军丁封、孙异向沔中，伐魏以救汉。闻汉亡，乃罢兵。次年，休殂。丞相濮阳兴、左将军张布、左典军万彧等，受遗诏辅政。以太子𩅥年幼，不能莅政，共立故南阳王和子乌程侯皓。皓粗暴骄淫，多忌讳，好酒色。既得志，遂杀兴、布、彧及将军留平、大司农楼玄等，朝野失望。晋武帝有灭吴之志，以羊祜都督荆州，镇襄阳。祜绥怀远近，甚得江汉之心，与吴人开布大信，降者欲去皆听之。减戍逻之卒，以垦田八百余顷。其始至也，军无百日之粮，及其季年，乃有十年之积。祜在军常轻裘缓带，身不被甲，铃阁之下，侍卫不过十数人。适值吴以陆抗（逊子）为大司马、荆州牧，都督诸军，治乐乡（在今荆南道松滋县），与祜对垒。抗才具德望，与祜相伯仲，内修政事，外抚蛮夷，是以主昏于下，政清于上。荆州无隙可乘。晋武帝泰始八年（吴主皓凤凰元年），吴步阐据西陵（县名，宜都郡治也，故城在湖北荆南道宜昌县），叛降晋。晋遣荆州刺史杨肇逆之，抗击败肇兵，拔西陵，诛阐。祜自将救之，不及，祜归自江陵，务修德信以怀吴人。每交兵，刻日方战，不为掩袭之计。将帅有欲进谲计者，辄饮以醇酒，使不得言。军行吴境，刈谷为粮，皆计所侵，送绢偿之。每游猎，常止晋地。所得禽兽，或先为吴所伤者，皆送还之。于是吴边人皆悦服。祜与抗对境，使命常通。抗遗祜酒，祜饮之不疑。抗疾，祜与之成药，抗即服之。人多谏抗，抗曰："岂有鸩人羊叔子哉。"吴主用诸将谋，数侵盗晋边，抗力谏，不从。

泰始十年（吴凤凰三年），抗卒。吴主以其子晏、景、玄、机、云，分将其兵，机、云皆善属文，名重于世，而无将略，由是上流军事逐渐不振。祜上书请伐吴，晋武帝深然之，群臣皆以为难，唯杜预、张华，与武帝同意。晋咸宁四年，祜疾笃，召还，举预自代而卒。次年（吴天纪三年）十一月，诏遣徐州都督琅玡王伷、益州刺史王濬等，与预分道，东西大举伐吴。诸军并进，所向皆克，濬兵下巴东，击破吴兵。吴人于江碛要害之处，并以铁锁横截之，又作铁锥，长丈余，暗置水中，逆拒舟舰。濬作大筏数十，方百余步，令善水者以筏先行。遇铁锥，锥辄著筏而去。又作大炬长十数丈，大数十围，灌以麻油，在船前遇锁，燃炬烧之。须臾，融液断绝，船无所碍。遂克西陵、荆门、夷道。

预遣兵袭乐乡，虏吴都督孙歆，进克江陵。于是沅湘以南，接于交广，皆望风降附。濬击杀吴水军都督陆景，攻降武昌，长驱直指建业，吴人大震。濬兵至石头，吴主皓面缚舆榇，诣军门降，吴亡。于是中国复归于一统。吴自大帝建元黄武，至是凡传四主，共五十九年。时晋武帝太康元年，西历纪元二八〇年也。

三国大势表（据本国表解卷上转载）

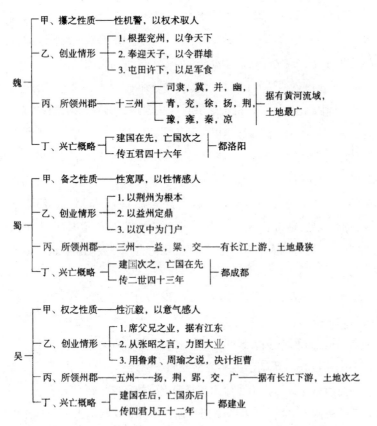

魏
- 甲、操之性质——性机警，以权术驭人
- 乙、创业情形
  - 1. 根据兖州，以争天下
  - 2. 奉迎天子，以令群雄
  - 3. 屯田许下，以足军食
- 丙、所领州郡——十三州——司隶，冀，并，幽，青，兖，徐，扬，荆，豫，雍，秦，凉——据有黄河流域，土地最广
- 丁、兴亡概略——建国在先，亡国次之，传五君四十六年——都洛阳

蜀
- 甲、备之性质——性宽厚，以性情感人
- 乙、创业情形
  - 1. 以荆州为根本
  - 2. 以益州定鼎
  - 3. 以汉中为门户
- 丙、所领州郡——三州——益，梁，交——有长江上游，土地最狭
- 丁、兴亡概略——建国次之，亡国在先，传二世四十三年——都成都

吴
- 甲、权之性质——性沉毅，以意气感人
- 乙、创业情形
  - 1. 席父兄之业，据有江东
  - 2. 从张昭之言，力图大业
  - 3. 用鲁肃、周瑜之说，决计拒曹
- 丙、所领州郡——五州——扬，荆，郢，交，广——据有长江下游，土地次之
- 丁、兴亡概略——建国在后，亡国亦后，传四君凡五十二年——都建业

第三章

晋室衰乱之原因

　　自来一代时势，非一二英雄所能造成。而一二英雄所设施，往往影响及于一代之时势。自东汉末年，天下纷扰，曹操以诈力驾驭群雄，称王命以戡定天下。其用人惟才气是选，所得者皆富贵功名之士。托孤寄命，世无其人。传子丕、孙睿，政权渐入于强臣之手。历芳、髦、奂三主，皆被废弑，终为司马氏所篡夺。刘备则任贤勿贰，与大臣多以道义相交。君臣之间，情逾骨肉。故昭烈崩后，群臣爱戴后主，一如昭烈生时。惜刘禅不才，诸葛忠武薨后而国渐弱。孙权为政，界乎二者之间。故所受利弊，亦亚于二者。孙峻、孙綝之专横，类乎司马氏，而才干不及焉。孙皓之暴虐，远在刘禅以上，而庸暗较胜焉。盖创业时代所种之因，即后世所收之果也。司马氏辅戴魏室，政自己出，挟其诈力，欺人寡妇孤儿，狐媚以取天下。封建子弟为大国，遍布要地，并吞吴蜀，统一中原。一时势力范围之所及，几与有汉初年相伯仲。顾以诈力得国者，道德节义之士多不屑仕于其朝。凡百臣僚，皆富贵功名之士，可与共安乐，难与共患难，国基自然薄弱。其子弟所受之家庭及社会教育，亦以篡夺争斗为事，无法律思想，无道德观念，习于乱暴，竞争权利，互相倾轧。惠帝昏庸过于刘禅，内制于悍妇，外制于诸王，大权下移，乾纲不振。皇族中之觊觎帝位者，公然谋反、谋大逆，同室操戈，自相屠戮。于是鹬蚌相持，渔翁得利。羌胡之杂居内地者乘衅暴发，略取黄河流域及扬子江上流流域，建立若干短命之帝国王国。汉族奔避于江南，苟延残喘，于是上古汉族文化之起源地化为异族蹂躏之场。中国文化渡江而南，移入苗民根据地矣。

第一节　诸王之典兵　武帝之荒淫与惠帝之庸暗

晋武帝之初即位也，惩魏室孤立之弊，大封宗室，令诸王皆得自选国中长吏。咸宁三年，从卫将军杨珧等议，拜诸王为都督，遣就国，各徙其国，使与州相近（徙叔父亮为汝南王督豫州，伦为赵王督邺城，从叔辅为太原王监并州，叔父伷督徐州徙封琅玡王，骏督关中徙封扶风王。太康十年，以皇子秦王东督关中，楚王玮督荆州，淮南王允督扬江二州），是为诸王典兵之始。武帝耽于内宠，即位之后，选公卿以下女备六宫，有蔽匿者以不敬论。采择未毕，权禁天下嫁娶。公卿女中选者，为三夫人、九嫔，二千石将校女，补良人以下。又取良家及小将吏女，入宫选之，母子号哭于宫中，声闻于外。平吴以后，怠下政事，颇事游晏。选吴伎妾五千人入宫，掖庭殆将万人。尝乘羊车，恣其所之。至便宴寝，宫人竞以竹叶插户，盐汁洒地，以引帝车。后父杨骏及弟珧、济用事，旧臣多被疏退。帝尝问司隶校尉刘毅曰："朕可方汉何帝？"对曰："桓、灵。"帝曰："何至于此？"对曰："桓、灵卖官，钱入官库。陛下卖官，钱入私门。以此言之，殆不如也。"帝大笑曰："桓、灵之世，不闻此言。今朕有直臣，固为胜之。"太子衷幼而不慧。其妃贾氏，嬖臣贾充之女，长于太子二岁，妒忌多权诈，太子嬖而畏之。尚书令卫瓘知太子昏庸，不堪为嗣，常密以讽帝，帝不能从。帝弟齐王攸贤而有德望，嬖臣荀勖、冯𬘘恶之，谮之于帝，出为青州都督。攸愤怨，发病呕血而卒。帝恣意声色，遂至成疾，在位二十六年崩。后父杨骏以太尉受遗诏辅政。太子即位，是为惠帝，尊皇后为皇太后，立妃贾氏为皇后。以骏为太傅大都督，假黄钺，录朝政，百官总己以听，于是大权入于骏。

第二节 士风之凋弊

宫廷之腐败，既不堪闻问如此矣。而民气之委靡，士风之颓弊，亦日甚一日焉。先是东汉末年，名士辈出，尚气节，重名义，委身于道德，不以利害为去就。党祸一起，杀人如草，俊顾厨及，一网打尽。其学节冠一世、位望至三公者，亦皆骈首就戮，若屠羊豕。人心彷徨，罔知所适。于是反对之风起，以隐匿韬晦为潜身远祸之计。其末流所极，变为风流放诞，虚浮诈伪，兹略举其派别如下，以供参考。

一、韬晦派

献帝初年，中原大乱。辽东太守公孙度威行海外，中国人士避乱者多归之，北海管宁、邴原、王烈皆往依焉。宁、原俱以操尚称，度虚馆以候之。宁既见度，乃庐于山谷，避难者渐来从之，旬月而成邑。宁每见度，语唯经典，不及世事，还山，专讲诗书，习俎豆，非学者无见也。由是度安其贤，民化其德。原性刚直，清议以格物，度己下，心不安之。宁谓原曰："潜龙以不见成德，言非其时，皆招祸之道也。"密遣原逃归，度亦不复追也。烈器业过人，善教诱，有盗牛者，主得之。盗请罪曰："刑戮是甘，乞不使王彦方（烈字）知也。"烈闻而使人谢之，遗布一端。或问其故，烈曰："盗惧吾闻其过，是有耻恶之心，既知耻恶，则善心将生，故与布以劝为善也。"后有老父遗剑于路，行道一人见而守之。至暮，老父还，寻得剑，怪之。以事告烈，烈使推求，乃先盗牛者也。诸有争讼曲直，将质之于烈，或至途而反，或望庐而还。皆相推以直，不敢使烈闻。度欲以为长史，烈辞之。为商贾以自秽，乃免。其不惜匿名以全身如此，是为士风凋弊第一种现象。

二、乡愿派

魏之晚年，琅琊王祥以清名重望，仕至太尉，尝与司徒何曾、司空荀顗，共诣司马昭。顗谓祥曰："相王尊重，何侯与朝臣，皆已尽敬。今日便当相率而拜，无疑也。"祥曰："王公相去，一阶而已，安有天子三公，可辄拜人者。君子爱人以礼，我不为也。"及入，顗拜，而祥独长揖。昭谓祥曰："今日然后知君见顾之重也。"其高自位置受人尊敬如此。及魏室已亡，祥循例进位太保，封睢陵公，安富尊荣，毫无建白，优游没世。子孙袭其余业，秉国钧数百年，享大名据高位者代有其人。东晋及南朝佐命，皆为其苗裔，福祚之长远在帝室以上。司马懿父子之秉政也，懿次弟子优游魏室台阁三十余年，位至太傅，性忠慎，常自退损。每逢废立之际，未尝预谋。魏主髦之被弑也，孚奔往，枕之股而哭。其哀，曰："杀陛下者，臣之罪也。"魏主奂之被废也，出舍金墉城，孚拜辞流涕，戯欷不自胜。曰："臣死之日，固大魏之纯臣也。"及晋武帝即位，大封宗室，孚循例封安平王，进位太宰（晋之太师以避司马师讳改名）、都督中外诸军事。其子望（义阳成王）、辅（太原成王）、晃（下邳献王）、环（太原烈王）、珪（高阳元王）、衡（常山孝王）、景（沛顺王）等皆封王，恩礼甚重。每元会，诏乘舆上殿。武帝于阼阶迎拜，即坐，亲捧觞上寿，如家人礼。孚虽见尊宠，常有忧色。泰始八年，孚卒。临终，遗令曰："有魏贞士河内司马孚，字叔达，不伊不周，不夷不惠，立身行道，终始若一，当衣以时服，敛以素棺。"卒年九十三，谥曰献。诏赐东园温明秘器，其家遵遗旨，一不施用。此二人为当时元老，为士林模范。计其生平事迹，与自作长乐老叙之冯道、三年不言之息夫人，大相类。足为贰臣传生色，是为士风凋弊第二种现象。

三、放荡派

曹操之柄政也，崇奖跅弛之士。冀州平后，下令曰："孟公绰为赵魏老则优，不可以为滕薛大夫，若必廉士而后可用，则齐桓其何以霸世。今天下得无有被褐怀玉，而钓于渭滨者乎。又得无有盗嫂受金，而未遇无知者乎。二三子其佐我明扬仄陋，唯才是举，吾得而用之。"汉中平后，又下令曰："昔伊挚傅说，出于贱人；管仲，桓公贼也，皆用之以兴。萧何曹参，县吏也；韩信陈平，负污辱之名，有见笑之耻，卒能成就王业，声著千载。吴起贪将，杀妻自信，散金求官，母死不归，然在魏则秦人不敢东向，在楚则三晋不敢南谋。今天下得无有至德之人，放在民间，及果勇不顾，临敌力战；若文俗之吏，高才异质；或堪为将守，负污辱之名，见笑之行；或不仁不孝，而有治国用兵之术；其各举所知，勿有所遗。"其提倡才术轻蔑道德如此，于是风俗大坏。人心一变，士贵通达，贱守节，以名教纲常为桎梏人心之具。刍狗礼义廉耻，弁髦仁义道德，一变而为放浪，再变而为堕落，持现世主义快乐主义，聊以自娱。至于个人言行，影响于世道人心者何若，则非所计也。魏室末年，嵇康为中散大夫。康文辞壮丽，好言老庄，而尚奇任侠，与阮籍、籍兄子咸、山涛、向秀、王戎、刘伶相友善，号竹林七贤，皆崇尚虚无，轻蔑礼法，纵酒昏酣，遗落世事。籍为步兵校尉，其母卒，方与人围棋，对者求止，籍留与决赌，既而饮酒二斗，举声一号，吐血数升，毁瘠骨立，居丧饮酒，无异平日。司隶何曾面质籍于司马昭座曰："卿纵情背礼，败俗之人，不可长也。"因谓昭曰："公方以孝治天下，而听籍以重哀饮酒食肉于公座，何以训人；宜摈之四裔，无令污染华夏。"昭爱籍才，常拥护之。咸素幸姑婢，姑将婢去，咸方对客，遽借客马追之，累骑而还。伶尤嗜酒，常乘鹿车，携一壶酒，使人荷锸随之。曰："死便埋我。"当时士大夫皆以为贤，争慕效之，谓之放达。钟会闻康名，造之。康箕踞而锻，不为之礼。会将去，康曰："何所闻而来，何所见而去？"会曰："闻所闻而来，见所见而去。"遂深衔之。涛为吏部郎，举康自代。康与涛书，自说不堪流俗，而非薄汤武。昭闻而怒之。康与东平吕安亲善，安兄巽诬安不孝，康为证其不然。会因谮康尝欲助毌丘俭，与安皆有盛名于世，而言论放荡，害时乱教，宜因此除之。昭遂杀安及康。晋惠帝时，王戎为司徒，与时浮沉，无所匡救。委事僚寀，轻出游放，性复贪吝，园田遍天下。每自执牙筹，昼夜会计，常若不足，家有好李，卖之，恐人得种，常钻其核。凡所赏拔，专事虚名，阮咸之子瞻尝见戎，戎问曰："圣人贵名教，老庄明自然，其旨异同？"瞻曰："将无同。"戎咨嗟良久，遂辟之。时人谓之三语掾。王衍为尚书令，乐广为河南尹，皆善清谈。宅心事外，名重当事，朝野争慕效之。衍与弟澄好品题人物，举世以为仪准。衍神清明秀，少时山涛见之，曰："何物老妪，生此宁馨儿，然误天下苍生者，未必非此人也。"广性冲约清远，与物无竞。每谈论，以约言析理，厌人之心，而其所不知默如也。凡论人必先称其所长，则所短不言自见。澄及阮咸、咸从子修、胡毋辅之、谢鲲、王尼、毕卓，皆以任放为达。醉狂裸体，不以为非。辅之尝酣饮，其子谦之厉声呼曰："彦国年老，不得为尔。"辅之欢笑，呼入共饮。卓比舍郎酿熟，因夜至瓮间盗饮，为掌酒者所缚。明旦视之，乃毕吏部也。广闻而笑之曰："名教内自有乐地，何必乃尔。"其风流放诞不自检束如此，是为士风凋弊第三种现象。

四、虚浮派

两汉时代，训诂学发达。学者守师说，争门户，所谓"碎义逃难，便辞巧说。说五字之文，至于二三万言，幼童而守一艺，白首而不能通"。学问之汩没性灵至是已极。物极必反，矫枉过正。魏室中叶以后，名士何晏、王弼等祖述老庄，立论以为"天地万物，皆以无为本。无也者，开物成务，无往不存者也。阴阳恃以化生，贤者恃以成德，故无之为用，无爵而贵矣"。此后如阮籍、嵇康、刘伶、王衍、王戎、乐广、卫玠、阮瞻、郭象、向秀之流，皆以谈玄有大名于时，乃至父兄之劝戒，师友之讲求，莫不以推究老庄为第一事业。当时六经之中，除易理外尽皆阁束。而诸传中称扬入学问者，皆谓为"研精老易"。此风流行既久，遂养成清谈派一流人物。身在廊庙之上，心游江湖之中，终日挥麈清谈，无所事事，以放浪形骸者为高士、实心任事者为俗人。其所提倡者，为怀疑主义、厌世主义、隐诡主义、破坏主义。其所实行者，为自利主义、乐天主义、自然主义、为我主义。道德伦理破坏殆尽，欲同人道于牛马。两晋南北朝之学风皆华而不实。文人学士丰采甚都，叩其两端，空空如也。惠帝之世，裴頠（鱼毁反）当国，常作崇有论以救之。然习欲已成，迄不能救，是为士风凋弊第四种现象。

五、豪奢派

中护军羊琇，为司马师夫人之从父弟；后将军王恺，为文帝后之弟；散骑常侍石崇，为故扬州都督苞之子。三人皆富于财，奢侈相尚。恺以饴沃釜，崇以蜡代薪；恺作紫丝步障四十里，崇作锦步障五十里。崇涂屋以椒，恺用赤石脂。武帝每助恺，尝赐以珊瑚树，高二尺许。恺以示崇，崇以铁如意碎之。恺怒，崇悉取其家所藏，高三四尺者六七株，如恺者甚众，恺乃恍然自失。其豪华奢侈如此，是为当时士风雕弊第五种现象。世道人心颓废如此，汉族已成麻木不仁之症。西北民族乘机侵入中国。西周末年之惨剧，复出现于世界矣。

自王祥、司马孚，以当世名流，效法张禹、孔光，逢迎权臣，坐视其篡弑而不过问，于是名节二字遂为南北朝时代文人学士脑筋中之除外物。后来之王谧、徐羡之、王弘、褚渊、王俭、王僧虔、王晏、王亮等，皆以前朝宰相，为后朝佐命。当时之士大夫绝不非难之，即后之论史者亦多不复论及之（王弘、王俭皆以贤相著名，王僧虔以退让著名，史书皆誉其贤不问其名节）。遂为贰臣传中别开一新生面。兹试列琅玡王氏世系表于下，以代表当时模范人物。

三国西晋士风表

一、韬晦派	管宁、邴原、王烈
二、乡愿派	王祥、司马孚
三、放荡派	嵇康、阮籍、阮咸、山涛、向秀、王戎、刘伶
四、虚浮派	何晏、王弼、阮籍、嵇康、刘伶、王衍、王戎、乐广、卫玠、阮瞻、郭象、向秀
五、豪奢派	羊琇、王恺、石崇

竹林七贤表（据罗元鲲本国史表解卷上转载）

一、嵇康　字叔夜，谯郡人，性好锻，善鼓琴，以谗被杀
二、阮籍　字嗣宗，瑀之子，好为青白眼，穷途痛哭，人以为狂
三、向秀　字子期，河内人，好老庄之学，有《庄注》行世
四、山涛　字巨源，河内人，以启事著称
五、刘伶　字伯伶，沛国人，性嗜酒，以酒德颂著名
六、王戎　字璇仲，琅琊人，家有好李，恐人得种，钻其核
七、阮咸　字仲容，籍之侄，尝曝布犊鼻曰，"未能免俗，聊复尔耳。"

第四章

贾后之乱与八王之乱

第一节　贾后之乱

初，贾后之为太子妃也，尝以妒手杀数人，又以戟掷孕妾，子随刃堕。武帝大怒，将废之，杨后力谏而止。后数诫厉妃，妃不知助己，后以为恨，至是不以妇道事太后。又欲预政，而为骏所抑。乃与殿中中郎孟观、李肇、帝弟楚王玮谋，诬骏谋反。元康元年（西历纪元二九一年）三月，命宗室东安公繇率兵击杀骏，夷三族。废太后为庶人，迁于金墉（在今洛阳县东北）而杀之。以帝叔祖父汝南王亮为太宰，与太保卫瓘录尚书事；楚王玮为卫将军，领北军中候，总禁兵。玮刚愎好杀，亮等患之，欲夺其兵柄，遣就国。玮长史公孙宏、舍人岐盛劝玮自昵于贾后。后留玮领太子少傅。盛素善于杨骏，瓘恶其反复，将收之。盛乃因将军李肇，矫称玮命，谮亮、瓘于后云："将谋废立。"后素怨瓘，且患二公秉政，己不得专恣，是年六月，使帝作手书，命玮收亮、瓘，皆杀之。盛劝玮乘势诛贾后，玮不能从。后用张华谋，加玮以矫诏专诛罪，杀之。并诛宏、盛，夷三族，于是大权尽归于后。

后既秉政，以从兄贾模，及张华、裴颁、裴楷为侍中，与右仆射王戎并管机要。后淫虐日甚，私于太医令程据等。又以箧箱载道上少年入宫，复恐其漏泄，往往弑之。裴颜与贾模、张华议废后，模、华不能从。模数为后言祸福，后反以为毁己而疏之，模忧愤而卒。帝为人戆（陟降反）骏（五骇反），尝在华林园闻虾蟆，谓左右曰："此鸣者，为官乎，为私乎？"时天下荒馑，百姓饿死。帝闻之曰："何不食肉糜？"由是权在群下，政出多门。执位之家，更相荐托，有如互市。

后淫荡无子，谢淑媛生太子遹，幼而聪颖。武帝之时，宫中尝夜失火，武帝登楼望之。遹年五岁，牵帝裾入暗中曰："暮夜仓促，宜备非常，不可令照见人主。"武帝由是奇之。尝称遹似宣帝，知帝不才，然恃遹明慧，故无废立意。后母郭槐以后无子，常劝后慈爱太子，欲以妹婿韩寿女为太子妃，太子亦欲婚韩氏以自固，寿妻午及后皆不听。太子幼有令名，及长不好学，惟与左右嬉戏。后复使黄门辈诱之为奢虐，由是名誉浸减。或废朝侍而纵游逸，于宫中为市，使人屠酤，手揣斤两，轻重不差。其母本屠家女也，故太子好之。又令西园卖葵菜、蓝子、鸡、面等物而取其利。又好阴阳小术，多所拘忌。中舍人杜锡每尽忠谏，劝太子修德业，保令名，言辞恳切，太子患之，置针著锡常所坐毡中，刺之流血。太子性刚，知后甥贾谧恃中宫骄贵，不能假借之。谧谮于后，后乃宣扬太子之短，又诈为有娠，纳藁物产具，取韩寿子养之。左卫率刘卞劝张华废后，华不能从。后闻之，出卞为雍州刺史，卞自杀。元康九年，后诈称帝不豫，召太子入朝，置于别室，遣婢陈舞以帝命赐酒三升，逼使尽饮之，遂大醉。后使黄门侍郎潘岳作书草，称诏使书之。文曰："陛下宜自了，不自了，吾当入了之。中宫又宜速自了，不自了，吾当手了之。"并与谢妃共要刻期两发，扫除患害。太子醉迷，遂依而写之。字半不成，后补成之，以呈帝，遂废太子为庶人，与其子霜、臧、尚，皆幽于金墉。寻徙之许昌，杀谢淑媛，众情怨惋。

第二节 赵王伦之乱

右卫督司马雅、常从督许超，皆尝给事东官，与殿中郎士猗等谋废贾后，复太子，以帝叔祖父右军将军赵王伦执兵柄，性贪暴，可假以济事。乃因伦党孙秀以说伦，伦然之，秀因说伦"宜迁延缓期，俟贾后害太子，然后废后，为太子报仇，岂徒免祸，更可以得志"。伦然之。秀因使人行反间，言殿中人欲废皇后，迎太子。次年（永康元年）三月，后使程据和毒药，遣黄门孙虑至许昌，逼太子弑之。伦矫诏，敕三部司马率师入官，迎帝幸东堂。召贾谧，斩之。废后为庶人，迁于金墉城而弑之。杀司空张华、仆射裴頠，自为使持节、都督中外诸军事、相国、侍中。以秀为中书令，伦素庸愚，受制于秀，秀威权振朝廷。追复故太子位号，立太子次子临淮王臧为皇太孙。

皇弟淮南王允，以骠骑将军、领中护军，性沉毅，宿卫将士皆畏服之。知伦、秀有异志，谋讨之。伦、秀转允为太尉，外示优崇，实夺其兵权。允遂率国兵数百人讨伦，不克而死。次年（永宁元年）正月，伦自称皇帝，尊帝为太上皇，迁之金墉。废太孙臧为濮阳王而杀之。以孙秀为侍中、中书监，余党与皆为卿将。奴卒亦加爵位，所与共事者皆邪佞之士。惟竞荣利，无深谋远略；志趣乖异，互相憎疾，于是人心怨愤，中外解体。

是时皇弟成都王颖，以平北将军镇邺；从弟齐王冏，以平东将军镇许昌；宗室河间王颙（安平献王孚之孙），以镇西将军镇关中；各拥重兵，专方面。冏遣使告颖、颙，与皇弟常山王乂、宗室南中郎将新野公歆等，共举兵讨伦。京师响应，左卫将军王舆等帅营兵入官，诛伦、秀及其党羽，迎帝复位。诏以冏为大司马、颖为大将军、颙为太尉。三王府各置掾属四十人，武号森列，文官备员而已。识者知兵之未戢也。歆说冏夺颖兵权，乂亦劝颖图冏，闻者忧惧。邺令卢志为颖谋主，劝颖归藩，颖从之。由是士民之誉皆归颖。

第三节　齐王冏、成都王颖、河间王颙、长沙王乂之乱

帝之初复位也，立皇孙襄阳王尚为皇太孙，寻卒。齐王冏欲久专政权，以帝子孙俱尽。大将军颖有次立之势，乃白立皇侄清河王覃（皇弟清河王遐子）为皇太子，以冏为太子太师。冏骄奢擅权，起府第与西宫等，耽于晏乐，不入朝见，坐拜百官，符敕三台，选举不均，嬖宠用事，中外失望。

是时长沙王乂，以骠骑将军，领左军将军，在内握兵柄。河间王颙长史李含说颙以"成都王至亲，有大功。齐王越亲而专政，朝廷侧目。宜檄长沙王使讨齐，齐王必诛长沙。吾因以为齐罪而讨之，去齐立成都，除逼建亲以安社稷"。颙从之。次年（太安元年）十二月，表陈冏罪，请长沙王乂废之。遣含与其将张方等率师趋洛阳，同遣兵袭乂，乂将左右百余人驰入宫，闭诸门，奉帝攻大司马府，城内连战三日，群臣死者相枕，冏众大败。执冏，斩之。冏党皆夷三族，乂虽在朝廷，事无巨细，皆就邺谘颖。

颙初用李含计，欲俟冏杀乂而讨之，因废帝而立颖，以己为相。既而不如所谋，颖亦恃功骄奢，百度废弛，嫌乂在内，不得逞其欲，欲与颙共攻乂。太安二年九月，诏以乂为太尉，都督中外诸军事。奉帝讨颖、车驾次于缑氏（县名，故城在今河洛道偃师县南二十里）。击颖兵，走之。颙将张方率师七万东寇，将军皇甫商以兵万人拒之于宜阳，败绩。方入洛阳，大掠而还，臣民死者万数。颖将陆机以重兵进逼建春门（洛阳城东门），乂使司马王瑚拒之，大破其兵，机走还。乂遂奉帝讨张方，不克。颖兵进逼京师，是时宗室东海王越在京，畏张方兵强。次年（永兴元年）正月，与其党袭执乂，送张方，杀之。颖入京师，自为丞相，遣将石超等帅兵屯十二城门，殿中宿所忌者皆杀之，身还镇邺，废皇后羊氏及太子覃，颙表颖为皇太弟，都督中外诸军事，自为太宰、大都督、雍州牧。于是大权尽归于颖。

颖既得政，僭侈日甚，嬖幸用事，大失众望。是年七月，东海王越复谋奉帝讨之。战于荡阴（今河北道汤阴县），败绩，百官侍御皆散，帝为颖军所得。越走归国，张方乘虚复入洛阳。幽州都督王浚、并州刺

史东瀛公腾，起兵讨颖，大破其兵。邺中奔溃，颖仓促以数十骑，奉帝御犊车，南奔洛阳。浚大掠邺中而还。自是以后，方拥兵专制朝政。在洛既久，剽掠殆竭。是年十一月，引兵入殿以所乘车迎帝，迁帝及颖与豫章王炽等于长安，帝兄弟二十五人，是时存者惟颖、炽及吴王晏。晏材庸下，炽冲素好学，河间王颙奏废颖为成都王，立炽为皇太弟，自为都督中外诸军事。以张方为中领军，录尚书事，于是朝廷大权归于颙。

第四节　东海王越、范阳王虓之乱

东海中尉刘洽以张方劫迁车驾，劝越起兵讨之。永兴二年七月，越传檄山东州郡。徐州长史王修说刺史东平王楙以州授之，越乃自领徐州都督。豫州都督范阳王虓、幽州都督王浚等共推越为盟主。越以琅琊王睿监徐州诸军事，留守下邳，自发兵西屯萧县（今徐海道萧县）。范阳王虓自许屯于荥阳。越承制以豫州刺史刘乔为冀州刺史，以虓领豫州刺史。乔以虓非天子所命，发兵拒之，遣其子佑将兵拒越，越兵不能进。

河间王颙闻山东兵起，甚惧，表成都王颖都督河北诸军事，镇邺。以张方为大都督，统兵十万，与刘乔连兵拒虓。乔袭许昌，破之。虓与部将刘舆、刘琨俱奔河北。琨说冀州刺史温羡使让位于虓，虓遂自领冀州刺史。是时成都王颖据洛阳，遣其将王阐据河桥，石超屯荥阳，与刘乔、张方连合，共拒关东兵。虓遣刘琨乞师于幽州，王浚以突骑资之。琨将以击王阐，斩之。遂与虓济河，击斩石超、刘佑。乔众奔溃，东海王越进屯阳武（属河北道）。王浚遣其将祁弘帅突骑鲜卑、乌桓为越前驱。

初，越之起兵也，使人说河间王颙，令奉帝还洛，约与分陕为伯。颙欲从之，张方自以罪重，恐为诛首，不从，颙乃止。及刘乔败，颙惧，欲罢兵，恐方不从。次年（光熙元年）正月，诱方帐下督郅辅使杀方，送首于越以请和，越不许。遣祁弘等帅鲜卑西迎车驾，前锋进逼洛阳。成都王颖奔长安，越进屯温，使弘将兵西上，连破颙兵，遂入长安。所部鲜卑大掠，杀二万余人，百官奔散，颙单马逃入太白山（在今关中道郿县东南四十里）。弘等奉帝乘牛车东还，关中皆服于越。越自为太傅，录尚书事。以范阳王虓为司空，镇邺。于是朝廷大权归于越。成都王颖自武关奔新野，荆州司马郭劢作乱，欲奉颖为主，不克而诛。颖故将公师藩起兵寇掠赵魏，颖乃北济河，收故将士，欲赴藩。是年九月，顿丘（郡名，故城在今大名道清丰县西南二十五里）太守冯嵩执颖送邺，范阳王虓幽之。十月，虓卒。长史刘舆以颖素为邺人所附，恐其乘丧作乱，矫诏诛之。东海王越以诏书征颙为司徒，颙就征。南阳王模自许昌遣将邀之于新安，诛之。综计诸王相残，前后亘十六年。帝忽废忽立，忽东忽西，一任臣下之播弄。羊后与太子，忽废忽立亦如之。自古人君之昏弱，未有如是之甚者。而生民之涂炭，尤不堪闻问矣。帝在位十七年，是年十一月，为越所鸩崩。太弟炽即位，是为怀帝。

晋代分封简表

国名	人名	亲属	封地
汝南	亮	宣帝子	河南东南部
琅琊	伷	宣帝子	山东东南部
赵	伦	宣帝子	河北西南部
齐	攸	武帝弟	山东中部
楚	玮	武帝子	湖北中部
长沙	乂	武帝子	湖南北部
淮南	允	武帝子	江苏安徽中部
成都	颖	武帝子	四川中部
河间	颙	宣帝从孙	河北东南部
东海	越	宣帝从孙	江苏东北部
范阳	虓	宣帝从孙	河北东北部

文库

王桐龄 著

中国史

中

江西教育出版社
JIANGXI EDUCATION PUBLISHING HOUSE

第五章

五胡十六国之乱

　　西北游牧各族本与中国杂居，不能详其所自始。战国之末，诸侯力征，诸戎乃为中国所灭，余类奔逬，逸出塞外。其后族类稍繁，又复出为中国患，两汉之世，竭天下之力，历百战之苦，仅乃克之。乌桓、鲜卑、匈奴、氐羌、西域之众，悉稽首汉廷称臣仆。汉人优待异族，往往于其请降之后，即迁之内地。宣帝时，纳呼韩邪，居之亭鄣，委以侯望；赵充国击西羌，徙之于金城郡。光武时，亦以南庭数万众，徙入西河，后亦转至五原，连延七郡。而煎当之乱，马援迁之三辅。在汉人之意，以为迁地之后，即可同化于汉族，不复为中国患，不知其后之患转甚于未迁时也。魏晋之交，鲜卑、乌桓杂居于辽宁与今河北北境；匈奴遗族杂居于山陕北境；氐、羌二族杂居于陕甘四川西境；时常作乱，汉民苦之。晋武帝平吴以后，罢州郡兵。大郡置武吏百人，小郡五十人。交州牧陶璜、仆射山涛上疏争之，不听。惠帝初年，戎狄之祸渐亟，太子洗马江统以为戎狄乱华，宜早绝其原，乃作徙戎论，以警朝廷，朝廷仍不能用。元康以后，贾后之乱与八王之乱接踵而起，中原鼎沸。匈奴遗族之刘渊、石勒，鲜卑民族之慕容涉归、氐族之蒲洪、羌族之姚弋仲等，相继蜂起，黄河流域与扬子江上流流域沦于左衽。晋室衰微，不能自立，汉族遂南迁矣。兹述其事迹如下。

第一节　前赵之勃兴与西晋之沦灭

一、刘渊之家世及其幼年事迹

先是东汉初年，匈奴降附，内徙五原、西河。其后遂留居塞内，与编户大同，而不输贡赋。议者恐其户口滋蔓，浸难禁制，欲预为之防。汉献帝建安二十二年（西历纪元二一七年），南匈奴单于呼厨泉入朝于魏。魏王操因留之于邺，使右贤王去卑监其国。单于岁给绵绢钱谷如列侯，子孙袭号，分其众为五部，各立其贵人为帅，选汉人为司马以监督之，居并州境内。南匈奴自谓其先本汉室之甥，因冒姓刘氏。魏室中叶以后，呼厨泉从子左贤王豹为左部帅，部族最强。豹子渊幼而俊异，师事上党崔游，博习经史，尝谓同门生曰："吾尝耻随陆无武，绛灌无文。"于是兼学武事。及长，猿臂善射，膂力过人，姿貌魁伟。为侍子在洛阳，王浑及其子济皆重之。荐之于晋武帝，使经略东南，孔恂、杨珧曰："非我族类，其心必异。"乃止。是时鲜卑秃发树机能方陷凉州。帝问将于李憙，憙因荐渊。恂曰："渊果枭树机能，则凉州之患方更深耳。"帝乃止。东莱王弥家世二千石，弥有学术勇略，善骑射，青州人谓之飞豹。渊与弥友善，谓弥曰："王李以乡曲见知，每相称荐，适足为吾患耳。"因纵酒长啸，歔欷流涕。齐王攸闻之，言于帝曰："陛下不除刘渊，臣恐并州不得久安。"王浑曰："大晋方以信怀殊俗，奈何以无形之疑，杀人侍子乎？"帝然之。

二、前赵之建国

咸宁五年，豹卒，渊代为左部帅。渊轻财好施，倾心接物，五部豪杰，幽冀名儒，多往归之。惠帝永兴元年（西历纪元三〇四年），拜建威将军，匈奴五部大都督。成都王颖镇邺，表渊为冠军将军，监五部军事，使将兵在邺。渊从祖右贤王宣谓其族人曰："汉亡以来，我单于徒有虚号，无复尺土。今吾众虽衰，犹不减二万。奈何敛手受役，奄过百年。左贤王英武超世，天苟不欲兴匈奴，必不虚生此人也。今司马氏骨肉相残，四海鼎沸，复呼韩邪之业，此其时矣。"乃相与谋推渊为大单于，使其党呼延攸诣邺告之。渊白颖，请归会葬，颖勿许。渊令攸先归，告宣等使招集五部，声言助颖，实欲叛之。及王浚、东嬴公腾起兵攻邺，渊请归发五部兵以击浚、腾，颖悦，拜渊北单于，参丞相军事。渊至左国城（在今山西翼宁道离石县北），刘宣等上大单于之号。二旬之间，有众五万，都于离石（今山西翼宁道离石县，即故汾州府永宁州），自称汉王，是为前赵高祖。侵略太原西河等郡，并州骚动。是时并州大饥，数为胡寇所掠，吏民万余人，皆随刺史东燕王腾（即东嬴公进爵改封）就谷冀州，号为乞活。所余户不满二万。寇贼纵横，道路断塞。光熙元年（西历纪元三〇六年），东海王越奏以刘琨为并州刺史。琨募兵上党，得五百人，转斗而前。至晋阳，府寺焚毁，邑野萧条。琨抚循劳徕，流民稍集。

是时王弥作乱，寇青徐，杀东莱太守。公师藩余党汲桑、石勒寇河北，杀冀州都督新蔡王腾（即东燕王改封），南寇兖州，刺史苟晞大破之。桑奔马牧（今山东东临道茌平县），为人所杀。石勒奔乐平，（今山西翼宁道昔阳县，即故平定州乐平乡）与胡部大张匐督等（胡人一部之长呼为部大姓张氏名匐督），俱归汉。弥为苟晞弟纯所败，与其党刘灵亦降汉。汉以弥为镇东大将军、青徐二州牧、都督缘海诸军事。弥收集亡散，兵复大振。分遣诸将攻掠青、徐、兖、豫四州，遂入许昌。凉州刺史张轨遣督护北宫纯将兵卫京师，弥入自轘辕（关名，在今河南河洛道登封县西北轘辕岭），败官军于伊北（伊水之北在今洛阳城南），遂至洛阳，京师大震。司徒王衍督军出战，北宫纯募勇士百余人突阵。弥兵大败，走平阳。汉王渊遣兵寇平阳河东，皆陷之。徙都平阳，称皇帝。遣王弥、石勒连兵寇邺，冀州部内诸郡多陷。

三、洛阳之陷落怀帝之被弑

是时怀帝亲览大政，留心庶事，东海王越不悦，固求出镇许昌。越专执威权，而选用表请，尚书犹以旧制裁之，越怒，杀中书令缪播、帝舅散骑常侍王延等十余人。帝叹息流涕。越复使将军何伦领东海国兵入宿卫，尽罢殿省旧人，由是帝之左右皆为越党。汉兵屡寇洛阳，京师饥困。越遣使以羽檄征天下兵入援，卒无至者。流民王如作乱，寇南阳，击破荆州都督兵，大掠沔汉。朝议多欲迁都以避难，王衍以为不可，乃止。

永嘉四年（西历纪元三一〇年），汉主渊殂，太子和立，性猜忌无恩，杀顾命大臣齐王裕、鲁王隆等，其弟楚王聪弑而代之。以刘曜、王弥、石勒等为大将，连年南寇，勒击并王如兵，遂寇襄阳。东海王越以胡寇益盛，内不自安，乃戎服入见，请讨石勒。留何伦防察宫省，用王衍为军司，朝贤宿望悉为佐吏，名将劲卒咸入其府，于是宫省无复守卫，荒饥日甚，盗贼公行。越东屯于项（今河南开封道项城县）五阅月，逗留不敢进。青州刺史苟晞移檄州郡，陈越罪状，遣骑收越党尚书刘曾、侍中程延等，斩之，五年三月，越忧愤成疾而卒。众推王衍为元帅，衍推辞不敢当，奉越丧还葬东海，石勒以轻骑追及之于苦县（故城在今开封道，即故归德府鹿邑县东七十里），执衍等杀之，将士十余万人无一免者，越世子毗及宗室四十八王皆没于勒。苟晞表请迁都仓垣（县名，故城在今开封道祥符县东北晋兖州刺史治也），帝将从之，公卿犹豫不果行。既而洛阳饥困，人相食，百官流亡者什八九。帝将行，而卫从不备，无车舆，乃步出西掖门，至铜驼街，为盗所掠，不得进。是年六月，汉主聪使呼延晏将兵寇洛阳，刘曜、王弥、石勒皆引兵会之。破宣阳门（洛阳城西南门），入宫大掠，士民死者三万余人。发掘诸陵，焚宫庙，杀太子诠（清河康王遐子），执帝迁于平阳。拜左光禄大夫，封平阿公。逾年正月朔，聪宴群臣于光极殿，使帝著青衣行酒。晋故臣庾珉、王俊等不胜悲愤，因号哭，聪恶之。有告珉等谋以平阳应刘琨，聪遂杀珉等，并弑帝。时愍帝建兴元年，汉主聪嘉平三年，西历纪元三一三年也。计怀帝在位五年而被执，又逾一年而被弑，是为秦汉以后中国君主被辱于戎狄之始,周幽王以后所仅见矣。

四、长安之陷落　愍帝之被弑

先是洛阳陷后,汉刘曜移兵寇长安,陷之,杀秦雍都督南阳王模。冯翊太守索綝、安夷护军曲允、安定太守贾匹等,谋复晋室,帅众五万向长安。雍州刺史曲特、新平太守竺恢、扶风太守梁综等以兵十万会之,大破刘曜于黄丘(故城在今关中道泾阳县西北七十里),又破刘粲于新丰,兵势大振。关西胡晋翕然响应;豫州刺史阎鼎奉皇侄秦王业(吴王晏子)入关,匹等迎置于雍城(雍县城也,在今陕西关中道凤翔县)。次年,进围长安。刘曜兵败,驱掠士女八万余口,走平阳。业入长安,匹等奉为皇太子,建行台。怀帝凶问至长安,皇太子举哀。因加元服,即帝位,以曲允、索綝为仆射。是时长安城中,户不盈百,蒿荆成林。公私有车四乘,百官无章服印绶,唯桑版署号而已。寻以綝为卫将军,领太尉,军国之事,悉以委之。汉兵屡寇长安,允、綝拒之,王师多败。允性仁厚,无威断,喜以爵位悦人。诸郡太守皆领征镇,村坞主帅小者犹假银青将军之号。然恩不及下,故诸将军骄恣,而士卒离怨。建兴四年(三一六年)十一月,刘曜兵逼长安。安定太守焦嵩、新平太守竺恢等引兵来救。皆畏汉兵强,不敢进。秦州都督南阳王保遣胡崧入援,击曜于灵台(周文王所筑在长安西四十里),破之。崧恐国威复振,则曲、索势盛,还屯槐里(县名,故城在今关中道兴平县东南十里)。曜攻陷长安外城,城中食尽,人相食。帝乘羊车肉袒出降,曜送帝于平阳。汉主聪以帝为光禄大夫,封怀宋侯。次年十一月,聪出畋,以帝行车骑将军,戎服执戟前导。见者指之曰:"此故长安天子也。"故老有泣者。十二月,聪飨群臣,使帝行酒洗爵。已而更衣,又使帝执盖。晋臣涕泣,有失声者,尚书郎辛宾起,抱帝大哭。聪怒,斩之。会洛阳守将赵固、河内太守郭默等伐汉,攻河东,扬言曰:"要当生缚刘粲以赎天子。"粲表聪请杀帝以绝晋望。聪遂弑帝。时晋元帝建武元年,汉主聪麟嘉二年,西历纪元三一七年也。

第二节　两赵之冲突与前赵之灭亡

一、刘氏之内乱

汉主聪淫暴，篡立以后，杀其嫡兄恭，烝于其太后单氏。单氏之子太弟乂屡以为言，单氏惭恚而卒，乂宠由是渐衰。寻以其子粲谮（粲使其党斩准告乂谋反），杀乂。以粲为相国大单于，总百揆。粲少有俊才，自为宰相，骄奢专恣，远贤亲佞，严刻愎谏，国人皆恶之。中常侍王沈、郭猗等，宠幸用事。聪游宴后宫，或百日不出，政事一委粲。惟杀生除拜，乃使沈等入白。沈等多自以其私意决之，屡谮杀直臣，政刑紊乱。

晋元帝太兴元年（西历纪元三一八年）七月，聪殂，粲即位。太宰上洛王景、大司马济南王骥、大司空靳准等，受遗诏辅政。聪后四人，皆年未二十，粲多行无礼。准素有异志，谮杀景骥等。粲游宴后宫，军国之事，一决于准。是年八月，准勒兵升殿，执粲，杀之。刘氏男女无少长皆斩东市。发渊、聪二陵，斩聪尸，焚其庙。自称大将军、汉天王。刘曜闻乱，自长安赴之，至赤壁（水名，在今河东道安泽县，即故平阳府岳阳县），自立为帝。石勒引兵讨准，破其兵，将军乔泰、王腾等杀准，推准从弟明为主以拒勒。勒攻拔平阳，明奔赤壁。曜收其族，无少长皆斩之。勒遣左长史王修献捷于汉，汉主曜惑于修舍人曹平乐之谗（平乐留仕汉，言于曜曰：勒遣修来，实觇强弱，俟其得志，将袭乘舆。曜怒，斩修），斩修。勒大怒，与汉绝，刘、石相攻自此始矣。

二、石勒之势力扩张　王浚、刘琨之败没

石勒者，本上党武乡（今山西冀宁道，即故沁州武乡县）羯人，匈奴别部羌渠之冑也，有胆力，善骑射。惠帝中叶以后，并州大饥。刺史东嬴公腾执诸胡于山东，卖充军实，勒亦被掠，卖为茌平（今东临道茌平县）人师欢奴，欢奇其状貌而免之。勒乃与牧帅汲桑结壮士为群盗。惠帝永兴二年（西历纪元三〇五年），成都王颖故将公师藩起兵寇掠赵魏，桑与

勒帅数百骑赴之。兖州刺史苟晞击斩藩,桑与勒逃回苑中(即山东荏平县马牧苑),聚众声言为成都王报仇,所向辄克,遂入邺,杀冀州刺史新蔡王腾。是年七月,苟晞击斩桑,勒走降汉,屡寇冀州部内诸郡,百姓望风降附,勒众至十余万。集衣冠人物,别为君子营,以张宾为谋主,刁膺为股肱,夔安、孔苌、支雄、桃豹、逯明为爪牙,并州诸胡羯多从之,其势日盛。

洛阳陷后,太子诠弟豫章王端(清河康王遐子)东奔仓垣。司空苟晞奉为皇太子,建行台,徙屯蒙城(蒙县城也,在今开封道商丘县,即故归德府城北四十里),勒袭而执之。汉大将军王弥与勒外相亲而内相忌,勒诱而斩之,皆并其众,于是勒兵日强。汉主聪大怒,遣使让勒专害公辅,有无君之心,然犹加勒镇东大将军以慰其心。永嘉六年,勒引兵南掠豫州诸郡,临江而还,屯于葛陂(在今汝阳道汝南县,即故汝宁府城西南三十里),课农造舟,将攻建业。会大雨,三月不止,军中饥疫,死者大半。集将佐议所向,张宾劝以北据邺城以营河北,勒从之。引兵济河,是时并州刺史刘琨以兄子演镇邺,保三台(在邺城西北,皆因城为基,魏武所所起,中曰铜雀台,高十丈;南曰金雀台,高八丈;北曰冰井台,高八丈;在今河南河北道临漳县)以自固。勒诸将欲攻之,张宾曰:"攻之未易猝拔,舍之彼将自溃。方今王彭祖(幽州刺史王浚)、刘越石(并州刺史刘琨),公之大敌也,宜先取之。且天下饥乱,明公拥兵羁旅,人无定志,非所以保万全,制四方也。不若择便地而据之,广聚粮储,西禀平阳,以图幽并,此霸王之业也。"勒从之,进据襄国(旧顺德府,今河北大名道邢台县)。分命诸将攻冀州郡县,运谷以输襄国,汉以勒为冀州牧。

是时河北藩镇,只余王浚、刘琨二人。琨屯晋阳,兵微将寡,西临强敌,其势岌岌。琨乃心王室,以扫平河朔为己任。结鲜卑拓跋部酋长猗卢为援,表封为代公,移其部落于陉(岭名,在今雁门道代县西北)北,以为应援。永嘉四年,上书东海王越,请出兵共讨刘聪、石勒。越忌苟晞为后患,不许。浚屯蓟城,拥重兵,专方面,以天下方乱,阴有帝制自为之意,欲结援夷狄,乃以一女妻鲜卑段部酋长务勿尘,表封为辽西公。洛阳陷后,自领尚书令,称受中诏,承制封拜,备置百官,列署征镇。琨长于招怀,而短于抚御。一日之中,虽归者数千，而去者亦相继。琨遣其族人刘希合众于中山（今河北定县），幽州所统代郡、上谷、广宁之民多归之，众至三万。浚怒，遣燕相胡矩与段务勿尘之子疾陆眷，共攻希，杀之，驱掠三郡士民而去。石勒既据襄国，浚遣督护王昌帅诸军，及段疾陆眷、与弟匹磾、文鸯、从弟末柸攻之。末柸勇悍轻敌，乘胜逐击，为勒所执。疾陆眷以铠马金银赂勒，且以末柸三弟为质，而请末柸。诸将皆劝勒杀之，勒曰："辽西鲜卑，健国也，与我素无仇雠，为王浚所使耳。今杀一人而结一国之怨，非计也。归之必深德我，不复为浚用矣。"乃遣其从子虎与疾陆眷盟，礼末柸而归之，由是段氏专心附勒。愍帝建兴元年，浚谋称尊号。前渤海太守刘亮、北海太守王抟、司空掾高柔切谏，浚皆杀之。燕国霍原志节清高，浚以尊号事问之，原不答，浚亦杀之，士民骇怨。而浚矜豪日甚，不亲政事，所任皆苛刻小人。勒用张宾计，两次遣使奉表称臣于浚，以骄其心，浚不悟。次年（建兴二年），勒袭陷蓟城，杀浚。以故尚书刘翰行幽州刺史，戍蓟，置守宰而还。翰不欲从勒，乃归段匹磾。匹磾遂据蓟城。

王浚既败，刘琨遂孤。琨素奢豪，喜声色。徐润以音律得幸，骄恣干预政事。护军令狐盛数以为言，琨收盛杀之。盛子泥奔汉，具言虚实。永嘉六年，汉主聪遣刘曜袭晋阳，陷之。琨奔常山，求救于代。代公猗卢自将救琨，大破曜于晋阳。曜走还平阳，琨徙屯阳曲（县名，今属冀宁道本旧太原府附郭首县），招集亡散。建兴元年，石勒攻陷邺城。二年，攻杀王浚。琨东西受敌，其势日危。然犹恃代为援，奏进猗卢爵为王，遣其从事莫含往佐之。建兴四年二月，代内乱，猗卢为其子六修所弑，勒乘隙西侵。是年十一月，击破琨兵，攻陷乐平（今山西冀宁道昔阳县），琨长史李弘据阳曲叛降勒。琨奔蓟依段匹磾。元帝大兴元年，匹磾之兄辽西公段疾陆眷卒，叔父涉复辰自立。从弟末柸杀而代之，南侵幽州，攻匹磾，匹磾兵败。石勒乘虚遣兵侵略幽州诸郡，皆下之。匹磾奔乐陵（今山东济南道乐陵县），依冀州刺史邵续。三年，勒攻乐陵，执续。四年，破厌次（故城在今济南道，即故武定府阳信县），匹磾与其弟文鸯皆死之，于是幽、冀、并三州皆入于勒。

太兴二年（西历纪元三一九年），勒自称赵王，是为后赵高祖。加张宾大执法，专总朝政；以石虎为骠骑将军，督诸军。明帝太宁元年，虎引兵击青州，陷广固（故城在今胶东道益都县，即故青州府城西北八里），杀刺史曹嶷，于是青州亦入于后赵。进侵淮水流域，晋兵屡败，徐州刺史卞敦退保盱眙（今安徽淮泗道盱眙县）；兖州刺史郗鉴退屯合肥（今安徽安庆道合肥县）；豫州刺史祖约退屯寿春（今安徽泗道寿县）。明帝太宁三年，后赵将石生寇河南，司州刺史李矩、颍川太守郭默兵数败，乃附于前赵以求救。赵主曜自将击生，败绩。矩、默率众南归。于是司、豫、徐、兖四州皆入于后赵，以淮为境矣。

三、刘曜之末路

汉主曜之初即位也，迁都长安，改国号曰赵。秦州诸将张春、杨次杀都督南阳王保，保故将陈安降赵以讨贼，杀之，遂据上邽。陇上氐羌皆附于安，有众十余万，自称凉王。曜击安，斩之。氐羌皆送任请降，于是秦州入于赵。成帝咸和三年，后赵石虎攻赵蒲坂，曜自将击破，走之。遂围石生于金墉，决千金堨（在洛阳县城外）以灌之，荥阳野王皆降，襄国大震。后赵王勒自将救洛阳，击曜兵于城西，大破之。曜昏醉坠马，为后赵所执，见杀。曜太子熙与其兄南阳王胤弃长安，西保上邽（故城在今甘肃渭川道天水县西六十里）。次年，后赵石虎攻拔上邽，执熙、胤以下三千余人，皆杀之。前赵亡，凡传五主，二十六年（西历纪元三〇四至三二九）。雍、秦二州皆入于后赵，时东晋成帝咸和四年，赵主曜光初十三年，后赵王勒太和二年，西历纪元三二九年也。

第三节 前燕之勃兴与后赵之沦灭

上述之前赵、后赵皆为匈奴。继匈奴而兴者，则为东胡民族。东胡民族之根据地，在内蒙古东部。秦汉之交，为匈奴所灭。其遗族散保乌桓山及鲜卑山，因分为二大部落，以山名为部落号。三国时代，乌桓衰亡，其遗族半入于鲜卑，于是鲜卑独盛。西晋中叶以后，中原多故，鲜卑人乘势分股南下，略取辽河流域及河北、山西北境，建立大国。其中崭然露头角者有四，曰慕容氏、曰段氏、曰宇文氏、曰拓跋氏。

一、慕容氏之家世及其建国事迹

慕容氏之祖莫护跋，始自塞外入居辽西棘城（在今津海道，即故永平府昌黎县境内）之北。莫护跋生木延，木延生涉归，迁于辽东之北，世附中国，数从征讨有功，拜大单于。晋武帝太康四年（西历纪元二八三年），涉归卒，弟删篡立。六年，为其下所杀，部众迎立涉归之子廆。廆雄武，有智略，东侵扶馀（东夷国名，在今吉林西南境）。扶馀王依虑自杀。廆夷其国城，驱万余人而归。时宇文氏、段氏方强，数侵掠慕容氏，廆卑辞厚币以事之。段国单于阶以女妻廆，生皝、仁、昭三子。廆以辽东僻远，徙居徒河（故城在今辽沈道北镇县，即故锦州府广宁县）之青山。惠帝元康四年，徙居大棘城（今辽宁辽沈道义县），击宇文氏，大破之，自称大单于。又破鲜卑素喜木丸部，并其众。是时中国多故，士民避乱者，多北依幽州都督王浚。浚不能存抚，又政法不立，士民往往复去之。段氏兄弟专尚武勇，不礼士大夫。惟廆政事修明，爱重人物，故士民多归之。廆举其英俊，随才授任，国势益振。

长安陷后，廆遣使诣建康劝进。元帝即位，授廆龙骧将军、大单于，封昌黎公。平州刺史崔毖自以中州人望镇辽东，而士民多归廆，心不平，阴说高句骊（东夷国名，在今朝鲜北境与辽宁东境）、段氏、宇文氏，使共攻之。围棘城，廆闭门自守，独以牛酒犒宇文氏。二国疑宇文氏与廆有谋，各引兵归。时宇文氏兵强，带甲数十万，连营四十里。其大人悉独官将以独力攻廆，廆与子翰内外夹击，大破之。悉独官仅以身免，毖奔高句骊，廆遂取辽东，遣使来献捷。太兴四年（西历纪元三二一年），朝廷拜廆车骑将军、平州牧，封辽东公。成帝咸和八年（西历纪元三三三年），廆卒，世子皝立，自称燕王，是为前燕。是时辽西公段末坯已卒，子牙立。疾陆眷之孙辽弑之而自立，攻前燕，取柳城（今热河凌源县）。咸康四年（西历纪元三三八年），皝与后赵王虎合兵击破之，拔其都城令支（县名，今津海道，即故永平府迁安县）。辽奔密云山，遣使请降于燕。皝迎归，杀之。段氏遂衰。

二、后赵之衰乱

晋成帝咸和八年（西历纪元三三三年），后赵主勒殂，太子弘立。九年，从兄虎弑而代之。虎残忍暴虐，尽杀勒子孙。大营宫室，横征暴敛，百姓怨叹。虎子邃、宣，皆凶狼暴厉，有父风，相继以谋大逆伏诛。段辽灭后，前燕与后赵接境，利害渐不相容。成帝咸康六年，虎合兵五十万，具船万艘，自河通海，运谷一百万斛于乐安城（在今津海道乐亭县境内），将大举击燕。燕王皝袭破高阳（国名，今河北保定道蠡县安肃博野等地），焚烧其积聚，赵兵乃还。八年，皝迁都龙城（今热河朝阳县）以逼赵。东击高句骊，破丸都（高句骊都城，在今辽宁东边道辑安县境内）。高句骊王钊请降。越二年（康帝建元二年西历纪元三四四年），复西击宇文部，灭之。其大人逸豆归走死漠北，宇文部由此散亡。又越二年（穆帝永和二年西历纪元三四六年），复袭扶餘，虏其王玄，于是东北诸小国皆羁縻于燕。

永和四年（西历纪元三四八年），皝殂，世子儁立。五年四月，后赵主虎殂，太子世立。其兄遵弑而代之。以虎养子冉闵都督中外诸军事。既而忌其勇，谋杀之。是年十一月，闵遂弑遵，立虎庶子鉴为帝。鉴又欲杀闵，闵知胡羯终不为己用，遂率赵人以诛胡羯，无贵贱男女少长皆杀之，死者二十余万人。其屯戍四方者，皆命赵人为将帅者诛之。或高鼻多须，滥死者半。六年闰正月，并弑鉴及虎孙三十八人，尽灭石氏，自称皇帝，改国号曰魏。鉴弟新兴王祗称帝于襄国，胡、羯、氐、羌、段氏、巴蛮六种人据州郡者皆应之，中原大乱，前燕王俊乘势南下，攻拔上蓟城，遂徙都之。七年二月，闵攻祗于襄国，祗求救于燕。燕王儁遣兵救之，击败闵兵，乘势略取幽冀部下诸郡。祗遣其将刘显攻邺，为闵所败。显惧，请降，求杀祗以自效，遂还，弑祗而自立。八年正月，闵复攻显，杀之。燕王儁乘衅遣其弟恪率师大举南下。是年四月，击闵于魏昌（县名，故城在今保定道无极县东北二十八里），大破，斩之。遂取邺城，自称皇帝，后赵亡。凡传七主，三十三年

（西历纪元三一九至三五一）。时晋穆帝永和八年，燕王儁元玺元年，西历纪元三五二年也。

第四节　前秦之勃兴与黄河流域之一统

一、前秦之建国

后赵衰亡以后，与鲜卑慕容氏同时并起角逐于黄河流域建立大国者，厥为前秦。前秦始祖蒲洪，本略阳临渭（县名，略阳郡治在今渭川道境内）氏酋，骁勇多权略，群氏畏服之。晋怀帝永嘉四年，自称护氐校尉、秦州刺史、略阳公。前赵主曜迁都长安，洪降于赵，曜封洪率义侯。前赵亡后，洪降于后赵。后赵王勒以洪监六夷军事。勒殂后，石虎徙秦雍民及氐羌数十万户以实东方，拜洪龙骧将军、流民都督，居枋头（故城在今河北道，即故卫辉府淇县南八里）。从击燕有功，拜都督六夷诸军事，封西平郡公。虎疾笃，拜洪都督雍秦诸军事，雍州刺史，进封略阳郡公。虎殂，遵立，罢洪都督，洪怒，归枋头。秦雍流民相帅西归，路由枋头，共推洪为主，众至十余万。是时后赵衰乱，洪阴有据关右之志。穆帝永和六年（西历纪元三五〇年），羌酋姚弋仲遣其子襄击洪，洪迎击破之。自称大都督、大将军、大单于、三秦王，改姓苻氏。故赵将麻秋鸩杀之，洪子健斩秋，自称晋征西大将军、都督关中诸军事、雍州刺史。率师西上，是时京兆杜洪据长安，健袭击，破之。三辅郡县皆降，遂入长安，自称皇帝，国号秦，是为前秦。分遣使者问民疾苦，搜罗俊异，轻徭薄赋，凡赵政之不便于民者皆罢之，民是以和。

十一年（西历纪元三五五年），健殂，子生立。性粗暴，尽杀顾命大臣太师鱼遵、丞相雷弱儿、太傅毛贵、司空王堕等。即位未几，后妃公卿以下至于仆隶，凡杀五百余人。群臣得保一日，如度十年。升平元年（西历纪元三五七年），从弟东海王坚弑之而自立。坚知人善任，以北海王猛为谋主，授以国政。举异才、修废职、课农桑、恤困穷、礼百神、立学校、旌节义、继绝世，秦民大悦。

二、前燕之势力扩张

先是后赵末年，中原大乱，冉闵部下徐、兖、荆、豫、洛州皆来降。朝廷乘衅遣兵北伐，恢复河南、淮北诸郡。冉闵灭后，前燕与晋室接境，时起冲突。前燕主儁以其弟太原王恪为大司马，率师东略地，与段部酋长龛冲突。先是段辽为前燕所灭，弟兰收其遗民，居于令支（县名，故城在今河北津海道迁安县）。兰卒，龛领其众，因石氏之乱，南徙广固。晋穆帝永和七年（西历纪元三五一年），据青州来降，拜镇北将军，封齐公。十一年（西历纪元三五五年），恪引兵击之，破广固，执龛，尽取齐地。遂乘胜南下，侵略河南。升平四年（西历纪元三六○年），儁殂，太子暐立。以恪为太宰，辅政。恪智勇兼济，屡破晋兵，尽取河南淮北州郡，国势日张。

三、前燕之衰亡

帝奕太和二年，恪卒。暐年幼不能亲政。叔祖上庸王评（廆子）以太傅辅政，贪谗媢嫉，黩货无厌。恪弟吴王垂，勇武知兵，善于治国。评忌其才能，不敢用。太和四年，大司马桓温率师伐燕，屡败其兵。进至枋头，评大惧，将奉暐奔龙城。垂自请率师逆战，大破晋兵，温走还。垂威名益振，评愈忌之，垂乃出奔秦。

秦王坚之初即位也，生弟晋公柳据蒲坂，赵公双据上邽，魏公庾据陕城；燕公武据安定，各举兵反。庾求救于燕，燕范阳王德请乘势发兵击秦。太傅评不听。秦讨柳等，皆斩之。国势渐固。

桓温之北伐也，暐遣使求救于秦，许割虎牢以西地。秦人救之，及温退而燕靳不与地，秦人以是怨之，有图燕之志，惮垂不敢发。及闻垂至，秦王坚大喜，郊迎，拜冠军将军。是年十二月，遣王猛等伐燕，取洛阳，河南风靡。次年，复伐燕，克壶关（汉县名，故城在今山西冀宁道长治县东），入晋阳，大破燕太傅评兵于潞川（即漳河在今冀宁道潞城县境）。遂入邺，执燕主暐送长安，前燕亡。凡传四主，五十年（西历纪元三二一

至三七〇）。司豫冀青幽并等州皆为秦所有。时晋帝奕太和五年，前燕主
晔建熙十一年，前秦王坚建元六年，西历纪元三七〇年也。

四、仇池杨氏之兴亡

前燕已亡，东方无警。秦乃转锋西上，经略仇池。仇池杨氏之
祖驹，本略阳清水（今渭川道清水县）氐人，始居仇池（山名，在今渭川道成县
西北一百里）。仇池方百顷，其旁平地二十余里，四面斗绝而高，羊肠
蟠道三十六回而上。至其孙千万，附魏，封为百顷王。千万孙飞龙
浸强盛，徙居略阳，以其甥令狐茂搜为子。晋惠帝元康六年（西历纪元
二九六年），茂搜避秦雍氏羌齐万年之乱，帅部落还保仇池，自号辅国
将军、右贤王，关中人士避乱者多依之。愍帝建兴元年（西历纪元三一三
年），遣其子难敌寇陷梁州，州人张咸等起兵逐之，以州降成。元帝建
武元年（西历纪元三一七年），茂搜殂，子难敌立。与弟坚头分领部曲，难
敌屯下辨（县名，武都郡属故城在今甘肃渭川道成县西），坚头屯河池（县名，故城在
今甘肃渭川道徽县西）。前赵主曜自将击之，难敌兵败，请降，曜封为武都
王。成帝咸和九年（西历纪元三三四年），难敌殂，子毅立。咸康三年（西
历纪元三三七年），族兄初弑之而自立，称臣于后赵。桓温灭成以后，初
遣使来称藩。诏授初雍州刺史，封仇池公。穆帝永和十一年（西历纪元
三五五年），毅弟宋奴杀初，初子国复杀宋奴而自立。次年，国从父俊
弑国，自立为仇池公。国子安奔前秦。升平四年（西历纪元三六〇年），俊
殂，子世立，称臣于晋与前秦，为两属之国。帝奕太和五年（西历纪元
三七〇年），世殂，子纂立，始与秦绝。秦王坚遣其宗室西县侯雅与杨
安、王统等，帅师伐之。破仇池，纂降。雅送纂于长安。以安为南秦
州都督，统为刺史，镇仇池。杨氏亡。凡传八主，七十六年（西历纪元
二九六至三七一年）。时晋简文帝咸安元年，前秦王坚建元七年，仇池公纂
十年，西历纪元三七一年也。

五、前凉张氏之兴亡

仇池既亡，前凉王张天锡惧，称藩入贡。张天锡者，故太尉凉州

牧西平武穆公轨之曾孙，司空凉州牧西平元公实之孙，大将军凉州刺史西平忠成公骏之子也。武穆公轨者，安定乌氏县人，汉赵景王耳十七代孙。惠帝永宁元年（西历纪元三一〇年），拜护羌校尉、凉州刺史。时州境盗贼纵横，鲜卑为寇。轨至，悉讨破之，威著西土。会刘、石乱起，洛阳长安相继沦陷。轨忠于王事，练兵筹饷，接济京师。战比有功，累拜太尉、凉州牧，封西平郡公。愍帝建兴二年，（西历纪元三一四年）薨，诸将奉世子寔嗣位，是为元公。史称之曰前凉。寔绍述父志，世笃忠贞，屡遣兵入援长安。以功累拜司空、凉州牧，袭父爵。元帝太兴三年（西历纪元三二〇年），为妖人刘弘党羽所刺。世子骏幼，诸将奉寔弟茂嗣位，是为成公。乘前赵与陈安构兵之隙，略取陇西、南安（今兰山道故巩昌府），置秦州。陈安灭后，前赵主曜来攻，茂惧，遣使称藩，曜封茂为凉王。明帝太宁二年（西历纪元三二四年），薨。兄子骏嗣，是为忠成公。屡与前赵构兵，互有胜负。前赵亡后，骏与后赵接境，称臣纳贡以求免祸。屡遣使上表于建康，求联兵恢复中原。朝廷嘉之，累拜大将军、都督陕西雍秦凉州诸军事，袭爵西平公。骏勤修庶政，总御文武，咸得其用，民富兵强，远近称之。成帝咸康元年，遣将西伐龟兹、鄯善，西域诸国焉耆、于阗之属，皆诣姑臧（凉州治所故城在今武威县城东二里）朝贡。穆帝永和二年（西历纪元三四六年）薨。世子重华嗣，是为敬烈公。以谢艾为大将，屡破后赵兵。诏命袭父官爵，九年（西历纪元三五三年）薨。子曜灵才十岁，嗣位，是为哀公。重华庶兄祚弑而代之，恣为淫虐。杀重华妃裴氏及谢艾，自称凉王，改元，用天子礼乐。十一年（西历纪元三五五年），将军宋混等起兵讨斩之。而立曜灵之弟玄靓，去王号，仍称凉州牧，是为敬悼公。哀帝兴宁元年（西历纪元三六三年），叔父天锡弑之而自立，称藩于秦。秦王坚拜天锡大将军、凉州牧，封西平公。天锡荒于酒色，不亲庶务。孝武帝太元元年（西历纪元三七六年），秦遣将军苟苌、梁熙将兵击之。天锡将马建迎降，掌据战死。秦兵遂至姑臧，天锡面缚舆榇出降，凉亡。凡传九世，七十六年（西历纪元三〇一至三七六）。时秦王坚建元十二年，天锡嗣位后第十三年也。

六、代之兴亡

前凉既亡，西方无警，秦乃转锋北上，经略察绥及山陕北境。是时山陕北部尚为鲜卑拓跋氏所据。拓跋氏者史称之曰索头部，其先世居北荒，至可汗毛，始强大。统国三十六，大姓九十九。后五世至可汗推寅，南迁大泽，又七世至可汗邻，分部众为十族。邻老，子诘汾立。南迁匈奴故地，诘汾殂，子力微立。复徙居定襄之盛乐（故城，即今绥远省城归绥县之归化城），部众寝盛，诸部畏服之。蜀汉后主景耀四年，始遣子沙漠汗入贡于魏，因留为质。沙漠汗久留中国，既还，诸部大人共谮而杀之。晋武帝咸宁三年（西历纪元二七二年），力微以忧殂，时年一百四。子悉禄立，国势遂衰。太康七年（西历纪元二八六年），悉禄殂，弟绰立。惠帝元康三年（西历纪元二九三年），绰殂，子弗立。次年，弗殂，叔父禄官立。禄官分其国为三部，一居上谷之北，濡源（濡音滦，即今河北东北境之滦河，源出独石口外一百余里之巴延屯图古尔山）之西，自统之；一居代郡参合陂（在今山西雁门道朔县境内）之北，使兄沙漠汗之子猗㐌度漠北巡。因西略诸国，积五岁，降附者三十余国。刘渊之起兵叛晋也，并州刺史东嬴公腾乞师于猗㐌，猗㐌与猗卢合兵击渊于西河（郡名，今山西冀宁道汾阳离石等县），败之。诏假猗㐌大单于。

永兴二年（西历纪元三〇五年），猗㐌卒，子普根袭位。怀帝永嘉元年（西历纪元三〇七年），禄官殂，猗卢总摄三部。助并州刺史刘琨讨匈奴别部刘虎有功，诏拜大单于，封代公。猗卢以封邑去国悬远，民不相接，乃帅部落万余家，自云中入雁门，从琨求陉北之地。琨欲倚之为援，乃徙楼烦（今雁门道朔县）、马邑（今山西雁门道神池五寨二县地）、阴馆（今雁门道代县西北部及山阴县）、繁畤（今雁门道繁峙县）、崞（今雁门道崞县）五县民于陉南，以其地与猗卢。猗卢城盛乐以为北都，治故平城为南都。又作新平城于㶟水（即桑乾水之源出雁门道马邑县西北十里洪涛山下）之阳（当在今雁门道应县境内），使其子六修居之，统领南部，国势益盛。寻以助刘琨讨前赵有功，进爵为王。愍帝建兴四年（西历纪元三一六年），六修作乱，弑猗卢，普根讨斩之而自立。寻殂。其子始生，猗㐌妻惟氏立之。未几，复殂。国人立其从父郁律。郁律善用兵，击刘虎，大破之。虎走出塞，郁律西取乌孙故地（今伊犁河流域），东兼勿吉（今松花江流域）以西，士马精强，雄于北方。惟氏忌其强，元帝太兴四年（西历纪元三二一年），弑之而立子贺傉，临朝称制。明帝大宁三年（西历纪元三二五年），贺傉殂，弟纥那立。成帝咸和四年（西历纪元三二九年），贺兰部及诸大人共立郁律之子翳槐为王，纥那奔宇文氏。咸康四年，西历纪元三三八年翳槐殂，弟什翼犍立。

自猗卢卒后，国多内难，部落离散。什翼犍雄勇有智略，能修祖业，国人附之。始置百官，分掌众务。始制反逆杀人奸盗之法，号令明白，政事清简，国人安之。于是东自涉貊（今乌苏里江图们江流域），西及破落那（古大宛，今俄领中亚费尔干省），南距阴山，北尽沙漠，率皆归服，有众数十万人。

晋孝武帝太元元年（西历纪元三七六年），什翼犍与匈奴刘卫辰（虎之孙）搆兵，卫辰求救于秦。秦王坚遣其弟行唐公洛，率师十万击代，大破其兵。是时什翼犍年渐高，世子寔早卒，诸子争立。庶长子寔君遂杀诸弟，并弑什翼犍。秦将军李柔等擒寔君，斩之，代亡。自猗卢建国至是，凡传七世，七十年（西历纪元三〇七至三七六）。时秦王坚建元十二年，代王什翼犍三十九年也。

七、西域之归附

前燕、仇池、凉、代皆亡，黄河流域为前秦所统一。北方无警，秦乃分兵经略西域。晋孝武帝太元七年（西历纪元三八二年），车师鄯善入朝于秦，请为乡导，以伐西域之不服者。因如汉法置都护以统理之。秦王坚以将军吕光为都督，总兵十万以伐西域。光行越流沙，焉者等国皆降。惟龟兹固守，光进攻，大破之。入据其城，抚宁西域，恩威甚著，远方诸国皆来归附。西域自汉末与中国绝，凡二百三十余年（一五二至三八四），至是复通。于是东夷西域诸国来朝贡于秦者六十二国，时太元九年，秦王坚建元二十年，西历纪元三八四年也。

第五节 前秦之衰亡与黄河流域之瓦解

一、淝水之战

前燕、仇池、凉、代皆亡，西域诸国亦归附，秦乃转锋南下，侵略晋室领土。孝武帝宁康元年（西历纪元三七三年），攻陷梁、益二州。太元三年（西历纪元三七八年），陷南阳、襄阳、彭城、淮阴（今淮阳道西部）、魏兴（今襄阳道西部）盱眙（今淮泗道东部）等郡。于是扬子江上流及汉水淮水流域，皆为所有。前锋进逼广陵（今淮扬道东部），江南大震。监江北军事谢玄击破其兵于三阿（今江苏淮扬道高邮县北阿镇），秦兵乃退。王猛卒后，秦王坚渐骄。屡次动兵，民疲于役。国内种族太杂，匈奴、鲜卑、西羌，皆与氐为世仇。坚重用其酋豪，委以兵柄。孝武帝太元七年（西历纪元三八二年），坚谋大举南侵。左仆射权翼、右卫率石越及坚弟阳平公融、太子宏、幼子诜，与所幸张夫人等皆谏，不听。八年（西历纪元三八三年）八月，大举入寇。戎卒六十余万，骑二十七万，东西并进。以融为征南大将军，率师三十万，先至颍口（颍水入淮之口，在今安徽淮泗道寿县正阳关口）。

是时晋室以谢安为相，桓冲为大将，政事修明。安兄子玄勇武知兵，朝廷使监江北军事，镇广陵。募骁勇之士，得彭城人刘牢之等数人，以为参军。常领精卒为前锋，战无不克，时号北府兵，敌人畏之。至是朝廷以安弟尚书仆射石为征讨大都督，玄为前锋都督，将兵八万拒秦。是年十一月，秦阳平公融攻破寿阳（今寿县），刘牢之以精兵五千击其前锋，破之，杀其将梁成。石等进军与秦兵夹淝水（在今寿县境内）而阵。玄遣使谓融："请移阵小却，使我兵得渡以决胜负。"秦王坚欲乘晋师半济而击之，乃麾阵使却。秦兵遂退，不可复止。玄等引兵渡水击之，融骑而略阵，欲以率退者，马倒为晋兵所杀，秦兵遂溃。玄等乘胜追击，秦兵大败，自相蹈藉而死者，蔽野塞川。其走者闻风声鹤唳，皆以为晋兵且至。昼夜不敢息，草行露宿，重以饥冻，死者十七八，坚走还长安。

淝水之战表（据本国史表解卷上转载）

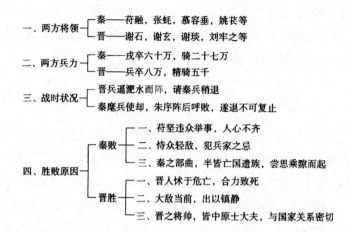

二、后燕之建国

初，秦王坚之南侵也，大臣多谏，独慕容垂、姚苌劝行。淝水败后，秦兵皆溃，独垂所将三万人全师而返。坚以千余骑赴之。垂子宝劝垂乘隙取坚，垂不听，悉以兵授坚。从行至渑池（县名，今属河洛道），请于坚，愿奉诏书镇慰北方，坚许之。行至邺西，潜与燕故臣谋复燕祚。会丁零翟斌叛秦，谋攻洛阳。坚驿书使垂讨之，遣族人苻飞龙帅氐骑一千监其军。垂留其子农等于邺，而自与飞龙南行。至河内，夜袭飞龙军，尽杀之。遂与斌合。秦豫州牧平原公晖遣骁将毛当击斌，垂从子凤大破之，斩当。农等亦奔列人（今大名道肥乡县）起兵，与秦冀州牧长乐公丕战，大破之，杀其骁将石越。斌推垂为盟主。太元九年正月，垂自称燕王，是为后燕世祖。合兵攻邺，分兵侵略河北山东诸郡，十年，拔邺，关东六州郡县多降，遂定都中山。

三、西燕之建国

毛当、石越之败死也，秦人骚动，盗贼蜂起。故燕主暐之弟济北王泓起兵华阴（县名，今属关中道），自称雍州牧。秦王坚以其子钜鹿公睿为大将，率师五万击之。以姚苌为睿司马，泓惧，将奔关东。睿粗猛轻敌，欲驰兵邀之，苌谏，不听。进兵击泓，败死。泓弟中山王冲亦起兵平阳，秦遣窦冲击之。冲兵败，奔华阴。泓众至十余万，遂进逼长安。泓部将高盖等以泓德望不如冲，且持法苛峻，乃杀泓，奉冲为主。太元十年正月，据阿房城，自称皇帝，是为西燕。

四、后秦之建国

钜鹿公睿之败死也，姚苌遣长史诣坚谢罪。坚怒，杀之。苌惧，奔渭北马牧（牧马苑也）。天水尹纬、尹详，南安庞演等，纠煽羌豪，推苌为盟主，徙屯北地（今甘肃泾原道），自称秦王，是为后秦太祖。

姚苌者，南安赤亭（今兰山道，即故巩昌府陇西县）人，弟酋烧当之苗裔也。东汉初年，烧当七世孙填虞寇扰西州，为马武所败，走出塞。其后滇良、滇吾、迷吾、号吾、迷唐等屡为边患，西方骚动，朝廷为之旰食。东汉末年，虞九世孙迁那率种人来归，汉廷嘉之，处之赤亭。那玄孙柯回生弋仲，始以姚为姓。弋仲少英毅，不营产业，惟以收恤为务，众皆畏而亲之。永嘉之乱，东徙榆眉（故城在今关中道，即故凤翔府汧阳县东三十里），戎夏襁负随之者数万。自称护西羌校尉、雍州刺史、扶风公。前赵主曜灭陈安，弋仲送任请降。曜拜弋仲平西将军，封平襄公，居之陇上。后赵灭前赵，徙氐羌十五万落于司冀州。以弋仲为六夷左都督，石虎摄政。徙秦雍豪杰于关东，以弋仲为西羌大都督，封襄平县公，居清河。冉闵之乱，弋仲起兵讨之。后赵主祗拜弋仲右丞相，待以殊礼。弋仲阴有据关右之志，遣其子襄击蒲洪，为洪所败。会刘显弑祗，石氏尽灭。弋仲乃遣使来请降于晋，诏授弋仲车骑大将军、六夷大都督。穆帝永和八年（西历纪元三五二年）卒，子襄代领其众。

襄少有高名，雄武冠世，好学，善谈论。受父遗命，率众来归。诏处之谯城（今淮泗道亳县，即故颍州府亳州）。襄以燕秦力强，无意北伐，乃移屯历阳（今安庆道和县）。夹淮广兴屯田，训厉将士以为后图。是时殷浩柄政，嫉襄强盛，迁之蠡台（今开封道商丘县，即故归德府），表授梁国内史。九年七月，遣将军魏憬袭之，败绩。十月，自将击之，亦败。襄复渡淮，屯盱眙，招掠流民，众至七万。分置守宰，劝课农桑，所部多劝北还，乃移据许昌。十二年，诏桓温为征讨大都督，督诸军讨之。破其兵于伊水，襄北走，据襄陵（县名，故属平阳府今属河东道）。次年移据黄落（今黄堡镇在关中道同官县），将图关中。前秦遣将军邓羌等率师击斩之。弟苌以众降秦。秦王坚以为将，屡立战功。至是始叛秦，屯北地，羌胡归之者甚众。秦王坚自将击之，不克。

五、前秦之衰亡

西燕之破灭。西燕主冲既据阿房，攻长安甚急，秦王坚乃还长安，与西燕相持。后秦王苌乘虚侵略岭北诸郡（即九峻山北新平北地安定等郡），皆下之。西燕屡破秦兵，长安城中食尽，人相食。秦王坚乃出奔五将山（在关中道岐山县北三十里）。冲入长安，纵兵大掠，死者不可胜计。后秦王苌遣兵围五将山，执坚以归，弑之。时太元十年，西历纪元三八五年也。

是时邺城被围已久，刍粮俱尽。秦冀州牧长乐公丕弃邺城，将赴长安。将军张蚝、并州刺史王腾，迎入晋阳。得坚凶闻，乃发丧，称皇帝。西燕主冲乐在长安，且畏后燕王垂之强，不敢东归。课农筑室，为久居之计，鲜卑咸怨。大元十一年，左将军韩延因众心不平攻弑冲，立冲将段随为燕王。左仆射慕容恒、尚书慕容永，复袭杀随，立宜都王子颛，帅鲜卑男女四十余万口，去长安而东。恒弟韬杀颛，恒又立冲之子瑶，永又杀瑶而立泓之子忠，寻复弑之而自立。至闻喜（县名，旧属绛州今属河东道），遣使诣秦主丕，求假道东归，丕不许。与战于襄陵（今山西河东道，县名），秦兵大败。是时河南诸郡已悉为谢玄所恢复，丕奔东垣（故城在今河洛道新安县），将袭洛阳。将军冯该自陕邀击，杀之。永进据长子（县名，旧属潞安府今属冀宁道），称皇帝，于是河东皆入于永。是时长安空虚，后秦王苌始取长安，称皇帝。关中皆入于后秦，而陇西犹为前秦守。

先是河州刺史卫平衰老，枹罕（县名，故城在今兰山道导河县治西）诸氐废之，推前秦主丕从子狄道（县名，属兰山道）长登为雍河二州牧。帅众下陇，攻南安（故城在今陇西县东二十五里），拔之。驰使请命于丕，丕封以为南安王。登屡破后秦兵，至是闻丕凶问，乃发丧即位于南安，自将兵伐后秦。连兵数年，互有胜负。太元十四年，后秦主苌袭破秦辎重于大界（地名，在安定新平之间），登后毛氏战没，登众渐衰。十八年，秦丞相窦冲叛降后秦，苌使太子兴救之，遂袭平凉，大获而归，登势日蹙。十九年（西历纪元九三三年），苌殂，兴立。自将击登，杀之。登太子崇立，奔湟中，寻与陇西王杨定合兵攻西秦，为西秦王乞伏乾归所败，见杀。前秦亡。凡传六主，四十四年（西历纪元三五一至三九四）。雍秦二州皆入于后秦。

是年，后燕主垂围长子，拔之，杀西燕主永，西燕亡。凡传六主，十年（西历纪元三八五至三九四）。幽、冀、并三州皆入于后燕。时晋孝武帝太元十九年，前秦主崇延初元年，后秦主兴皇初元年，后燕主垂建兴九年，西燕主永中兴九年，西历纪元三九四年也。

第六章

东晋之中原恢复策

东晋偏安江左，时常以恢复中原为念。顾其所以不能成功者，有二大原因：一东晋君主多昏庸、或幼弱、或不永年，不足以大有作为，故无对外发展势力之能力；二东晋大臣多跋扈、或叛逆，中央政府实权，或为权臣所把持，或虽不在权臣手，而政府当局者，时常须分出一大部分精神，以对付强藩，或受强藩所操纵，不能用全副精神对外，故所收效果有限故也。兹分述其事迹如下。

第一节　元帝之绍统

初，琅琊武王伷生恭王觐，觐生睿，袭封琅琊王。东海王越之起兵也，以睿为平东将军，监徐州诸军事，留守下邳。俄转安东将军，都督扬州诸军事，镇建业（今江宁县）。睿以王导为谋主，王敦、陶侃、周访等为大将，讨荆扬群盗杜弢、杜曾等，悉平之。愍帝即位，拜左丞相、督陕东诸军事，寻进位丞相，都督中外诸军事。长安陷后，诸将奉睿为晋王。愍帝遇弑，即皇帝位，是为元帝。是时黄河流域及扬子江上流流域皆陷，晋室所有者，仅荆、扬、江、湘、交、广、宁七州。建都建康（建业改名），号为东晋。诸大臣多宴安江左，无北伐之志。其慨然以恢复中原为己任者，仅有祖逖一人而已。

第二节　祖逖之北伐

祖逖者，范阳人。少有大志，与刘琨相友善。中原乱后，逖渡江，依元帝，帝为丞相，拜逖军谘祭酒。逖居京口（今丹徒县，故镇江府），纠合骁健，请自为前锋，进兵恢复中原。帝素无北伐志，拜逖豫州刺史，给千人廪，布三千匹，不给铠仗，使自召募。逖将其部曲百余家，渡江屯淮阴（今江苏淮扬道淮阴县），起冶铸兵，募得二千余人而后进。元帝建武元年，遂取谯城（今安徽淮泗道亳县），河南诸坞多降。与后赵将桃豹战，屡破其兵，进屯雍丘（今开封道杞县），尽复河南诸郡。练兵积谷，为恢复河北计。会大将军王敦与尚书令刁协、青徐都督刘隗构衅，内乱将作。逖知大功不成，感激发病。元帝太兴四年，卒于雍丘。诏以其弟约代之。约无绥御之才，不为士卒所附。后赵屡寇河南诸郡，约兵败，退屯寿春。数年之间，淮北复沦于左衽矣。

第三节　王敦之乱

王敦者，导之从兄。愍帝时代，以讨平江南群盗功，拜镇东大将军，都督江扬、荆、湘、交、广六州诸军事，江州刺史。元帝即位，进位大将军，领江州牧。敦恃功骄横，阴有不臣之志，帝畏而恶之。乃引刘隗、刁协等为腹心，稍抑损王氏之权。导亦渐见疏外。导能任真推分，澹如也，而敦益怀不平。太兴三年（西历纪元三二〇年），梁州侨治襄阳刺史周访卒。四年（西历纪元三二一年），豫州刺史祖逖卒。敦益无所忌惮。永昌元年（西历纪元三二二年），遂举兵反。前锋至石头（在今江宁县城西二里），将军周札开门纳之。敦据石头，纵兵劫掠，官省奔散。敦杀骠骑将军戴渊、尚书仆射周颛及诸异己者，分兵攻陷长沙、襄阳，杀湘州刺史谯王承、梁州刺史甘卓，改易百官及诸军镇，惟意所欲。四方贡献多入其府，将帅岳牧皆出其门。帝在位六年，以是年闰十一月，忧愤成疾崩。太子绍即位，是为明帝。

明帝明敏有机断，任用王导以抵制敦。敦谋篡位。太宁二年（三二四年），诏以导为大都督，与丹阳尹温峤、将军郗鉴等，分督诸军以讨之。是时敦已病笃，闻诏，复反。遣其兄含率师五万，奄至江宁南岸，人情恟惧。帝亲率诸军讨破之。敦闻含败，愤恚而卒。含奔荆州，为刺史王舒所杀。余党钱凤、沈充等皆伏诛，于是朝廷大权复归于帝室。

第四节　苏峻之乱

明帝在位三年，以太宁三年（西历纪元三二五年）崩。司徒王导、中书令庾亮、尚书令卞壶等受遗诏辅政，太子衍即位，是为成帝。年甫五岁，不能亲政，尊皇后庾氏为皇太后，临朝称制。亮以帝舅秉国钧，特见信任。亮褊急操切，任法裁物，颇失人心。豫州刺史祖约、历阳内史苏峻等皆不平。峻屡立战功，威望渐著，卒锐器精，有轻朝廷之意。招纳亡命，众力日多，皆仰食县官。稍不如意，辄肆忿言，亮疑而畏之。咸和二年，（三二七年）征峻为大司农，王导、卞壶恐激成剧变，力言其不可。温峤亦累书止亮，亮不听；峻辞，不许。遂联合祖约举兵反，袭陷姑孰（城名，在今芜湖道当涂县）。朝廷遣亮督诸军讨之，江州都督温峤、徐州都督郗鉴，各欲起兵勤王，亮不许。三年（西历纪元三二八年）正月，峻兵袭陷慈湖（水名，在今芜湖道当涂县城北六十五里），杀将军司马流。由小丹阳（在江宁县南与安徽芜湖道当涂县接界，因丹阳尹治建康故称丹阳县为小丹阳）步行袭建康。卞壶督军拒战于西陵（在当涂县牛渚山东北），败绩，死之。亮奔寻阳（今江西浔阳道九江县），依温峤。峻兵犯阙，皇太后庾氏以忧崩。峻迁帝于石头，自为骠骑将军，录尚书事，专国政。温峤、郯鉴，与荆州都督陶侃等，起兵勤王，击破峻兵于石头城下，斩峻于阵前。余党奉峻弟逸为主，挟帝固守石头不下。祖约为后赵所攻，奔历阳，四年（西历纪元三二九年）正月，将军赵胤攻拔历阳，约奔后赵，后赵主勒族诛之。二月，诸军攻破石头，诛逸及其党，乱平。

第五节　康穆之幼冲　何庾之辅政

是时后赵之势方张，王导辅政，内乱踵作，汲汲谋自保，不敢更言北伐。咸康五年（西历纪元三三九年），导卒。诏以何充为护军将军，庾冰为中书监、扬州刺史，参录尚书事，辅政。冰经纶时务，不舍昼夜，宾礼朝贤，升擢后进，朝野翕然，称为贤相。帝在位十六年，以咸康八年（三四二年）崩。皇弟琅玡王岳即位，是为康帝。在位二年（三四四年）崩。太子聃即位，是为穆帝，年方二岁。皇太后褚氏临朝称制。庾冰、何充相继卒，以叔祖会稽王昱为抚军大将军，录尚书六条事；顾和为尚书令；殷浩为扬州刺史，辅政。昱美风仪，善容止，留心典籍，清虚寡欲，尤善玄言，而无经世大略；和、浩皆书生，无政治手腕。于是朝廷大权，渐入于方镇之手。

第六节　桓温之西征　成李氏之兴亡

初，晋室之南迁也，以扬州为京畿，谷帛所资出焉；以荆江为重镇，甲兵所聚在焉；常使大将居之。三州户口，居江南之半。陶侃、温峤卒后，庾亮及其弟冰、翼，相继为荆江都督，屡出兵伐后赵，谋逐渐恢复中原，不克。穆帝永和元年（西历纪元三四五年），翼卒。诏以桓温为荆州刺史，都督荆梁等六州军事，代翼。桓温者，谯国人，父彝为宣城（旧宁国府今宣城县）内史。苏峻之乱，起义兵讨之，不克而死。温尚明帝女南康公主，豪爽有雄略。初为琅邪内史，佐翼经略中原。渐擢至徐州刺史，至是遂以代翼。二年（西历纪元三四六年），率师伐汉。汉之先本为巴氏，秦以前已居于巴。秦并天下，以其地为黔中郡，薄赋其民，口出钱四十，巴人谓赋为宝，因以为名焉。汉末，张鲁据汉中。宝人（在今四川嘉陵道广安县）李氏自巴西宕渠（县名，故城在今四川东川道渠县东北）往依之。魏武帝克汉中，以李虎为将军，迁之略阳，号曰巴氏。其孙辅、特、庠、流、骧，皆有材武，善骑射，性任侠，州党多附之。晋惠帝初年，秦雍氏羌齐万年反，关中荐饥。略阳天水等六郡流民移入汉川者数万家，道路有疾病穷乏者，特兄弟赈救之，由是得众心。流民至汉中，上书求寄食巴蜀，朝议遣侍御史李苾持节慰劳。且监察之不令入剑阁，苾受流民赂，表言"流民十万余口，非汉中一郡所能赈赡，蜀有仓储，宜令就食"。从之。由是散在梁益，不可禁止。益州刺史赵廞见晋室衰乱，阴有据蜀之志，乃倾仓廪赈流民以收众心。以李特兄弟材武，其党类皆巴西人。与廞同郡，厚遇之，以为爪牙。永康元年（西历纪元三〇〇年），遂据成都反，李庠以众四千人归之。庠骁勇得众心，廞嫉而杀之。次年（永宁元年，西历纪元三〇一年），特袭杀廞，遣使诣洛阳，陈廞罪状。朝廷以罗尚为益州刺史，符下秦雍，召还流民入蜀者，州郡逼遣，人人愁怨，相率归特。是年十月，特袭据广汉（县名，属西川道），屡破尚兵，进攻成都，与民约法三章，蜀民大悦，其相据为坞者皆送款于特，特分流民于诸坞就食。太安二年（西历纪元三〇三年），尚乘其势分，袭破其兵。斩特及辅，弟流代领其众，徙据郫城（县名，旧属成都府今属西川道），与尚相持。是年，流卒。特子雄代领其众，遂破成都，尽有益州之地。永兴元年（西历纪元三〇四年），自称成都王，寻称成帝。愍帝建兴元年（西历纪元三一三年），仇池将杨难敌袭陷梁州。次年（西历纪元三一四年），州人张咸起兵逐难敌，以州降成。于是汉嘉、涪陵、汉中之地，皆为成有。雄虚己好贤，随才授任，刑政宽简，狱无滞囚，轻徭薄赋，百姓称便。是时天下大乱，而蜀独无事。年谷屡熟，境内小康，雄立兄荡之子班为太子。成帝咸和九年（西历纪元三三四年），雄殂，班立。雄子越弑之而立弟期。期骄虐，多所诛杀。从叔梁州刺史汉王寿（特弟骧之子）素贵重，有威名，尤为期民所。咸康四年（西历纪元三三八年），寿作乱，自涪袭成都，弑期而自立。尽杀雄诸子，改国号汉。大修宫室，民疲于役，思乱者众。康帝建元元年（西历纪元三四三年），寿殂，子势立，骄淫不恤国政，罕接公卿，信任左右，谗谄并进，刑罚苛滥，中外离心。至是温乘隙率轻兵伐之，破其兵于笮桥（在今成都县城西四里），势面缚舆榇降，成亡。凡传五主，四十四年（西历纪元三〇四至三四七）。时晋穆帝永和三年，汉主势嘉宁二年，西历纪元三四七年也。

第七节　桓、殷之构衅　桓温之北伐　桓温之废立

温既灭蜀，以功拜征西大将军。既据上流，地广兵强，有轻朝廷之意。会稽王昱以殷浩有盛名，朝野推服，乃引为心膂，欲以抗温。由是与温寖相疑贰，是时后赵方乱。永和五年（西历纪元三四九年），朝廷遣徐兖都督褚裒伐之，战于代陂（在彭城鲁郡间），败绩，引还。七年（西历纪元三五一年），后赵青、徐、兖、荆、豫、洛等州相继来降，于是自河以南多羁縻于晋。八年（西历纪元三五二年），殷浩使督统谢尚、荀羡进屯寿春，经略中原。赵降将张遇据许昌，叛降于前秦，尚等击之，败绩。九年（西历纪元三五三年），浩复自将北伐，为姚襄所袭，亦败。温因朝野之怨，上疏请废之。朝廷不得已，免浩为庶人。自此内外大权一归于温。

十年（西历纪元三五四年），温率师伐秦。入自武关，大败其太子苌兵于蓝田。进军灞上，三辅郡县皆降。民争持牛酒迎劳，耆老有垂泣者曰："不图今日复睹官军。"温复与秦丞相东海王雄兵战于白鹿原（在蓝田县西五里），不利，死者万余人。初，温指秦麦以为粮，既而秦人悉芟麦，清野以待之。温军乏食，徙关中三千余户而归。

十二年（西历纪元四五六年），温奉诏督诸军北讨姚襄，败其兵于伊水，遂入洛阳。于是河南复入于晋。是年前燕大司马慕容恪破青州，执镇北将军段龛。进寇河南诸郡，围洛阳。徐兖都督荀羡、郗昙、司豫监军谢万等屡出兵击燕，皆不利。帝在位十七年，以升平五年（西历纪元三六一年）崩。成帝长子琅邪王丕即位，是为哀帝，在位四年，以兴

宁三年（西历纪元三六五年）崩。弟琅琊王奕即位，是为废帝。是时桓温专政已久，进位大司马，都督中外诸军、录尚书事，领扬州牧，移镇姑孰。燕人乘中国多故，连陷河南诸郡，遂破洛阳，将军沈劲死之。复寇山东，陷兖州部下诸郡。徐兖刺史庾希退屯山阳（旧淮安府，今淮安县），豫司监军袁真退屯寿阳（旧寿州，今寿县）于是淮北皆陷。帝奕太和四年（西历纪元三六九年），温自将步骑五万北伐，屡破燕兵。进至枋头，燕主晔大惧，谋奔和龙（即龙城）。吴王垂力谏，乃以垂为都督，率众五万拒温。战于枋头，王师不利。温引还。

是时征役既频，加以疫疠，死者十四五，百姓嗟怨。温恃才略位望，阴蓄不臣之志，欲先立功河朔以收时望，还受九锡。及枋头之败，威名顿挫。乃用其客郗超计，欲行废立以镇压四海。越二年（简文帝咸安元年，西历纪元三七一年），入朝，诬帝有痿疾，废帝为东海王，杀皇子三人及其母，迎会稽王昱入即位，是为简文帝，次年（西历纪元三七二年）崩。遗诏令温居摄。侍中王坦之于帝前毁诏书，与仆射王彪之、吏部尚书谢安等奉太子昌明即位，是为孝武帝。

第八节　谢安之相业　谢玄之武功

温初望简文帝临终禅位，不尔便当居摄。既不副所望，颇怏怏。安与坦之尽忠帝室，屡设计阻温，使不得遂所欲，颇为温所嫉，欲杀之，未果。次年（孝武帝宁康元年，西历纪元三七三年）温卒，弟冲代温督扬、豫、江州军事，尽忠帝室，与彪之、安、坦之等同心辅政。是时前秦方强，乘晋室主少国疑之际，寇陷梁、益二州，进攻汉水、淮水流域。宁康三年（西历纪元三七五年），坦之卒。越二年（太元二年，西历纪元三七七年），彪之卒。冲以安有重望，以扬州让安。诏以安为中书监，扬州刺史、录尚书事，辅政。冲都督江、荆等州军事，守上游，安兄子玄监江北军，守下游，以拒秦。是时秦人屡入寇，连陷南阳、襄阳、魏兴、盱眙、彭城、淮阴等郡，众心危惧。安每镇以和静，其为政务举大纲，不为小察。朝廷累进其官，安每辞不受。淝水之役，秦人势大，朝野恟惧。虽桓冲亦深以根本为优，安以弟石为大将，兄子玄为前锋，子琰为偏将，督诸军拒战。调兵转饷，步骤不紊，故为镇静以安人心。及秦兵已败退，朝廷赏安之功，进位太保，都督十五州诸军事。安上书请乘苻氏倾败，开拓中原。太元九年（西历纪元三八四年），以玄为前锋都督，大举伐秦，恢复青、徐、兖、司、豫等州，于是山东、河南、淮北诸郡皆入于晋。复遣梁州刺史杨亮等率师伐蜀，连克汉中、成都，于是梁、益二州亦入于晋，王师大振。

第九节　会稽王道子之弄权　王恭殷仲堪之跋扈

太元十年（西历纪元三八五年），安卒。十三年（西历纪元三八八年）正月，玄卒。十二月，石卒。以皇弟会稽王道子领扬州刺史，录尚书，都督中外诸军事。于是朝廷大权归于道子。帝在位既久，溺于酒色，委政于道子。道子亦嗜酒，日夕与帝以酣歌为事。又崇尚浮屠，穷奢极费。所亲昵者，皆姏（老妇能以言悦人者）姆女师僧尼。近习弄权，交通请托，贿赂公行，官爵滥杂，刑狱谬乱。道子恃宠骄恣，侍宴酣醉，或亏礼敬。帝寝不能平，乃擢用王恭、殷仲堪、王珣、王雅等，居内外要职以防之。道子亦引王国宝、王绪为心腹，由是朋党竞起，无复向时友爱之欢矣。帝嗜酒，流连内殿，外人罕得进见。太元二十一年（西历纪元三九六年）九月，醉寝清暑殿，贵人张氏以被蒙帝面而弑之，凡在位二十四年。是时太子暗弱，道子昏荒，遂不复推问。太子德宗即位，是为安帝。

安帝幼而不慧，口不能言，寒暑饥饱亦不能辨，饮食寝兴皆非己出。母弟琅邪王德文尝侍左右，为之节适。王国宝、王绪党附道子，共为邪陷，恶王恭、殷仲堪，欲裁损其兵权。时恭方都督青兖，镇京口。次年（隆安元年，西历纪元三九七年）遂以诛国宝等为名，举兵反。道子惧，杀国宝、绪以谢恭，恭乃罢兵还镇。道子忌恭等之强，以其世子元显为征虏将军，司马王愉为江州刺史，引谯王尚之及弟休之为腹心以防之。南郡公桓玄以仕宦不得志，亦深憾朝廷，说荆州都督殷仲堪与恭联合。隆安二年（西历纪元三九八年），恭以讨王愉及尚之兄弟为名，复举兵反。仲堪以玄及南郡相杨佺期为前锋，举兵应之。袭破江州，执愉，朝廷大震。恭素以才地傲物，既杀王国宝，自谓威无不行，仗司马刘牢之为爪牙，而以部曲将遇之。牢之负才怀恨，元显知之，遣人说牢之使叛恭，事成授以恭位号。牢之乃执恭以降，送京师，斩之。俄而玄、佺期奄至石头，仲堪奄至芜湖，上书为恭申理。道子用桓修计，以重利啗玄与佺期，使倒戈取仲堪。乃以玄为江州刺史，佺期为雍州刺史，玄等喜于朝命，不复进兵，仲堪不得已，罢兵还镇。

已而玄复与仲堪有隙。隆安三年（西历纪元三九九年），举兵攻江陵，杀仲堪、佺期，表求兼领荆江。朝廷不得已，以玄为都督荆、江、司、雍、秦、梁、益、宁八州及扬豫八郡军事，荆江州刺史，于是扬子江上流皆入于玄，有晋室天下三分之二，异志渐萌矣。

第十节　桓玄之乱

桓玄者，温之少子。温卒后，袭爵南郡公。负其才地，以雄豪自处。朝廷疑而不用，年二十三，始拜太子洗马。尝诣琅琊王道子，值其酣醉，张目谓众客曰："桓温晚途欲作贼云何。"玄伏地流汗不能起。由是益不自安，尝切齿于道子。后出补义兴（今江苏苏常道宜兴县）太守，郁郁不得志。叹曰："父为九州伯，儿为五湖长。"遂弃官归国。至是表其兄伟为江州刺史，镇夏口。部将刁畅督八郡，镇襄阳。数使人上己符瑞，欲以惑众。又致笺于会稽王道子，为王恭申理，朝廷大惧。是时道子年高，世子元显自为扬州刺史、录尚书、都督十六州诸军事，与之争权。父子之间，各分朋党，号称东录西录（道子府在东元，显府在西）。元兴元年（西历纪元四〇二年）正月，元显用其党张法顺计，自加征讨大都督，假黄钺，大举击玄。以青兖都督刘牢之为前锋，谯王尚之为后部。玄闻变，遂举兵反。牢之素恶元显，又虑功高不为所容，自恃材武，拥强兵，欲假玄以除执政，复伺玄隙而自取之。是年二月，玄兵至姑孰，牢之叛附于玄。元显军溃，玄入建康。自以太尉总百揆，录尚书都督中外诸军事。杀元显及谯王尚之等，夺牢之兵，以为会稽内史，牢之自杀。复杀会稽王道子。次年（元兴二年，西历纪元四○三年）九月，自为相国，封楚王，加九锡。十一月称皇帝，废帝为平固王，迁于寻阳。元兴三年（西历纪元四○四年）二月，建武将军刘裕与刘毅、何无忌等起兵京口，讨玄，连破其兵，玄挟帝奔江陵。五月，宁州督护冯迁击斩玄，帝复位。闰月，玄弟振复陷江陵，刘毅等进兵讨之，不克。是年十月，毅等复攻沿江诸垒，皆下之。次年（义熙元年，四○五年）正月，进克江陵，振亡走，乱平。诏以裕为徐州刺史，都督十六州军事，镇京口。四年，拜侍中、扬州刺史，录尚书事。于是朝廷大权归于裕。裕雄武有大略，复倡议恢复中原，灭南燕后秦，于是晋势复张，山东、河南、陕西等地皆入于晋。

东晋北伐表

主将姓名	主动者	凭借	时代	目的	进兵道路及方向	成绩	结果
一、祖逖	本人	无	元帝时	伐后赵	由安徽向河南	破后赵兵，恢复河南	逖卒后弟约嗣职，河南复为后赵所陷
二、庾亮	本人	湖北江西	成帝时	同	由湖北向河南	无功	
三、庾冰庾翼	同	同	康帝时	同	同	无功	
四、褚裒	朝廷	淮南	穆帝永和五年	同	由淮南向淮北	无功	
五、殷浩	本人	中央政府	同八年	讨姚襄	由安徽向河南	无功	激叛姚襄，为桓温奏免官
六、桓温	同	湖北	同三年	伐汉	由湖北向四川	灭成李氏恢复四川	
七、同	同	同	同十年	伐前秦	由湖北向陕西	大败前秦兵于蓝田	复战不利引还
八、同	朝廷	同	同十二年	讨姚襄	由湖北向河南	败姚襄兵于伊水，复河南	
九、同	本人	中央政府	帝奕时	伐前燕	由淮南经河南向河北	屡败前燕兵，进至枋头	复战不利引还

主将姓名	主动者	凭借	时代	目的	进兵道路及方向	成绩	结果
十、谢玄	谢安	淮南	孝武帝时	伐前秦	由淮南向淮北	破前秦兵，恢复山东河南	
十一、杨亮	同	中央政府	同	同	由湖北向四川	破前秦兵，恢复四川及陕西汉中道	
十二、刘裕	本人	同.	晋安帝时	伐南燕	由淮南向山东	灭南燕，恢复山东	
十三、同	同	同	同	伐后秦	由淮南向河南陕西	灭后秦，恢复河南陕西	

东晋内乱表

主动者	出身	根据地	势力范围地	时代	结果
一、王敦	军阀	湖北江西	两湖三江及浙闽	元帝时	明帝初年为温峤、郄鉴讨破，以愤恚卒
二、苏峻	同	江苏和县	江苏安徽南部	成帝时	为陶侃、温峤、郄鉴讨破，伏诛
三、王恭	名士	江苏镇江及江北		安帝时	司马刘牢之执恭以降斩之
四、殷仲堪 杨佺期	名士 军阀	湖北江陵 湖北襄阳		同	为桓玄所袭见杀
五、桓玄	贵族	湖北江西	几及全国，惟四川不服	同	为刘裕、刘毅、何无忌等所讨破，伏诛
六、孙恩 卢循	妖人 流寇	浙东流寇 广东番禺	江苏苏州及浙江全省	同	为刘牢之、刘裕所败，赴海死
七、徐道覆	同	广东曲江	闽粤江西	同	为刘裕所破，走交州伏诛
八、谯纵	官吏	成都	四川	同	刘裕遣朱龄石讨破斩之

第七章

刘裕之武功与中原之恢复

东晋勃兴以后，其领土之大小，常随五胡十六国之强弱以为伸缩。元帝初年，领土狭小，北不得徐、豫，西不至益、梁。至祖逖北伐而势一伸，及后赵南侵而势又一缩。后赵衰亡以后，桓温当国而势再伸，及前秦南侵而势再缩。前秦衰亡以后，谢玄北伐而势三伸，及后秦、南燕勃兴而势又缩。刘裕当国，灭后秦南燕，略取黄河流域大半为晋室领土，幅员之广，为东晋创国以来所仅见。独惜裕有枭雄之才，乏忠贞之节，功名心重，私而忘公。对外势力虽一时骤张，而为欲心所牵制，无暇一意对外，所恢复之领土，旋得旋失。晋室随以丘墟，可慨也。兹述其事迹如下。

第一节　刘裕第一次北伐　南燕之兴亡

初，后燕主宝之初即位也，以其叔父范阳王德为冀州牧，镇邺。魏王珪东侵，遣其从子东平公仪攻邺，德击破之。中山陷后，德以邺迫近魏境，城大难守，晋安帝隆安二年（西历纪元三九八年），南徙滑台

（今河北道滑县），阻河为固，自称燕王以统府行帝制，是为南燕。三年，其将苻广反。德留鲁阳王和守滑台，自将击广，斩之。和长史李辩杀和，以城降魏。于是河北皆入于魏。德进退失据，从尚书潘聪议，引兵东寇青兖，陷广固，杀晋幽州刺史辟闾浑，遂徙都之。分兵略定其傍各郡县，于是山东半岛皆入于南燕。德自称皇帝，更名备德。

义熙元年（西历纪元四〇五年），德殂，兄子超立，性猜虐，盘于游畋，嬖臣公孙五楼用事，大臣多不自安。顾命大臣北地王钟、段宏等，陆续奔避外国。超屡遣兵侵掠淮南北诸郡。义熙五年（西历纪元四〇九年），刘裕率舟师伐之，自淮入泗，至下邳，留辎重，步进，至琅琊，所过皆筑城，留兵守之。燕将多劝超守大岘山（在临朐县南，即春秋时之穆陵关）之险，超不从。裕兵入险，与南燕兵战于临朐（县名，旧属青州府今属胶东道）南，大破之。遂围广固，六年，拔之。执超送建康，斩之。分兵略定其傍各郡，南燕亡。凡传二主，十三年（西历纪元三九八至四一〇）。时晋安帝义熙六年，南燕主超太上六年，西历纪元四一〇年也。

第二节 卢循之乱

南燕已亡，山东半岛复入于晋。刘裕欲留镇下邳，经略司雍。会卢循作乱，朝廷急征裕入援。裕乃留韩范都督八郡军事，封融为渤海太守，留镇青州。自将诸军南还。

初，琅琊孙泰，学妖术于钱塘杜子恭，士民多奉之。尚书令王珣恶之，流泰于广州。丹阳尹王雅荐之于孝武帝，云知养性之方，召还。累官至新安（郡名，故城在今浙江金华道淳安县西）太守，泰知晋祚将终，因王恭之乱，以讨恭为名，收合兵众，三吴之人多从之。识者皆忧其为乱。以会稽世子元显与之善，无敢言者。隆安二年（西历纪元三九八年），会稽内史谢辅发其谋，元显诱而杀之。其兄子恩逃入海，聚合亡命作乱。三年，陷会稽，杀内史王凝之，转掠缘海诸郡。吴国（故苏州府）、临海（故台州府）、吴兴（故湖州府）、义兴（故常州府）、永嘉（故温州府）、东阳（故金华府）、新安（故严州府）等郡皆陷。朝廷以谢琰为会稽太守，讨之，兵败，为其下所杀。诏以刘牢之代琰，牢之引刘裕为参军，连战破之。元兴元年（西历纪元四〇二年），恩败窜至临海，赴海死。余党数千人，推恩妹夫卢循为主，寇掠浙东诸郡。桓玄当国，以循为永嘉太守，羁縻之。循虽受命，而寇掠不已。二年，刘裕连败之于东阳，循走闽中，伪楚之乱，循乘隙陷番禺。朝廷力不能讨，以循为广州刺史。义熙六年（西历纪元四一〇年），刘裕伐南燕。循与其姊夫始兴（今广东岭南道故韶州府）相徐道覆乘虚北上，袭陷长沙（今长沙道）、南康（今赣南道）、庐陵（今庐陵道）、豫章（今豫章道）等郡。江荆都督何无忌拒战于豫章，败绩，死之。豫州都督刘毅拒战于桑落洲（在九江县城东北），败走。循进逼建康。朝廷震骇，刘裕引兵还救，屡破循兵。循退还寻阳（今江西九江县），裕自将追循。连破之于大雷（戍名，在今安徽安庆道望江县）、左里（地名，即彭蠡湖口，在章江之左，今江西浔阳道都昌县西九十五里），循南走。裕遣将军刘藩等追循。孙处等率舟师由海道袭取番禺。循至番禺，攻城，不克。走交州。刺史杜慧度击斩之，乱平。前后凡十四年（西历纪元三九八至四一一）。时义熙七年，西历纪元四一一年也。

第三节　谯纵之乱

卢循之乱既平，东方无警。裕乃分兵经略梁、益以图谯纵。谯纵者，故益州刺史毛璩参军。桓玄篡位，璩起兵讨之。桓振再陷江陵。璩遣其弟西夷校尉瑾、蜀郡太守瑗，与纵及参军侯晖等，率师分道东下。蜀人不乐远征，晖乘衅作乱。义熙元年（西历纪元四〇五年），逼纵为主，袭杀瑾于涪城。还破成都，杀璩及瑗，灭其家，纵自称成都王。二年，刘裕遣将军毛修之讨之，不克。四年，遣将军刘敬宣与修之连兵讨之，纵称藩于后秦。后秦王兴封纵为蜀王，遣兵援之。敬宣与战，不利，引还。六年，纵乘卢循之乱，请兵于后秦，遣桓谦与秦将苟林连兵入寇荆州，刺史刘道规大破斩之。八年，刘裕以朱龄石为益州刺史，率师伐蜀。次年（西历纪元四一三年）大破其兵，斩侯晖，遂入成都，纵走死。余党皆伏诛，乱平，前后凡九年。

第四节 后秦之势力扩张 后凉之兴亡南凉北凉西凉之建国

卢循、谯纵皆平，内地无警。裕乃转锋西上，经略后秦。后秦自太元十九年，击灭前秦，尽取秦、陇等地，国势渐张。安帝隆安元年（西历纪元三九七年），乘晋有王恭、殷仲堪、桓玄之乱，侵略河南诸郡，陷湖陕二戍（皆在弘农）。三年（西历纪元三九九年），陷洛阳。于是淮汉以北多降于后秦。四年（西历纪元四〇〇年），破西秦兵，降其王乾归。五年（西历纪元四〇一年），击后凉，大破之。后凉请降。西凉、南凉、北凉，皆遣使入贡，于是后秦势力范围，扩张至河西陇右，逾年，遂灭后凉。

后凉王吕光者，本氐人，前秦太尉吕婆楼之子。事前秦王坚，为骁骑将军。晋孝武帝太元七年（前秦王坚建元十八年，西历纪元三八二年），奉坚命，率师十万伐西域，越流沙，焉耆等国皆降。进破龟兹，欲留居之。从天竺沙门鸠摩罗什劝，乃以驼二万余头，载外国珍宝奇玩，驱骏马万余匹而还。十年（西历纪元三八五年），至凉州，会中原已乱，凉州刺史梁熙谋闭境拒之。光击杀熙，入姑臧，自领凉州刺史。十一年（西历纪元三八六年），前凉王天锡庶子大豫，起兵攻之。光击杀大豫，自称大都督、大将军、凉州牧、酒泉公。寻自称三河（郡名，治白土，即今甘肃西宁县东南之白土城，三河谓金城河赐支河湟河也）王，复自称凉天王，是为后凉。光猜忌，多杀大臣，用法严而无恩，士民不附。

南凉王秃发乌孤者，本河西鲜卑人八世祖匹孤，自塞北迁于河西。匹孤卒，子寿阗立；寿阗卒，孙树机能立；树机能壮果多谋略。晋武帝泰始中（西历纪元二七〇年）作乱，杀秦州刺史胡烈，遂陷凉州，将军马隆击斩之。从弟务丸立。传三世至乌孤，雄勇有大志，与大将纷随谋取凉州。后凉王光以为河西鲜卑大都统，封广武县侯，乌孤阳受命以骄之，而阴谋进取。太元二十年（西历纪元三九五年），击乙弗折掘等部（皆在青海东部），皆破降之。徙都廉川（堡名，在今西宁道境内）。安帝隆安元年（西历纪元三九七年），治兵广武（郡名，故城在今兰山道皋兰县城西二百二十里），攻后凉金城（今兰山道故兰州府），克之。自称大都督、大将军、大单于、西平王。二年（西历纪元三九八年），取广武西平（后汉置郡，故城在今青海省西宁县）、乐都（凉郡名，即唐鄯州故城，在今青海省碾伯县）、湟河（前凉张骏置郡，在湟水流域故西宁府北部）、浇河（后凉郡名，今青海省循化贵德巴戎等县地，故城在黄河南岸贵德县境内，即吐谷浑王阿豺旧理唐廓州城也）五郡。于是洪池岭（岭名，在姑臧南）以南皆入于乌孤。更称武威王，是为南凉。

北凉王沮渠蒙逊者，匈奴沮渠王后，世居张掖。伯父罗仇仕后凉为尚书，曲粥为三河太守。隆安元年（西历纪元三九七年），后凉王光使其弟天水公延攻西秦，罗仇、曲粥从行。延轻敌，败死。光归罪于罗仇、曲粥而杀之。蒙逊素雄杰，有策略，涉书史。以报诸父仇为名，起兵叛后凉。拔临松（郡名，故城在今张掖县城南一百里），据金山（县名，故城在今山丹县西南）。其从兄男成亦起兵攻建康（郡名，故城在今安肃道高台县），与蒙逊共拥建康太守段业为盟主。业自称凉州牧、建康公；寻称凉王：以男成为辅国将军；蒙逊为征西将军。二年（西历纪元三九八年），使蒙逊攻后凉，取西郡（郡名，故城在今甘肃甘凉道山丹县西南）、晋昌（郡名，即唐瓜州，故城在今安肃道酒泉县城西五百二十六里）、敦煌、张掖四郡。业儒素长者，无他权略，蒙逊与男成阴谋除之。男成不从，蒙逊反谮男成于业而杀之。隆安五年（西历纪元四〇一年），遂起兵弑业，自立为凉州牧、张掖公，是为北凉。

西凉公李皓者，陇西成纪（今渭川道天水县）人，汉前将军广十六世孙。世为西州右姓，皓好文学有令名。北凉王段业建国以后，敦煌太守孟敏以郡降之。业以敏为沙州刺史，敏以皓为效谷（敦煌属县名）令。隆安四年（西历纪元四〇〇年），敏卒。治中索仙等以皓温毅，有惠政，推为敦煌太守，请于业，业因授之。将军索嗣谮之于业，业因以嗣代皓，皓逆击，大破之，嗣走还。晋昌太守唐瑶举兵叛北凉，推皓为沙州刺史、凉公，尽取玉门以西诸城，是为西凉。

是时后凉王光年高，诸子争权，大臣外叛，国势寝衰。屡与南凉、北凉构兵，后凉多败，西方诸郡相继为南凉、北凉所取。隆安三年（西历纪元三九九年）光殂，太子绍立，庶兄纂弑而代之。纂嗜酒好猎。五年（西历纪元四〇一年），从弟超弑之而立其兄隆。隆多杀豪望，人不自保。魏安人焦朗说后秦陇西公硕德，乘衅取之。是年七月，后秦来攻，凉兵败绩，隆请降。硕德表隆为凉州刺史。南凉、北凉互出兵攻之，姑臧日危。越二年，后秦征隆为散骑常侍，徙吕氏宗族于长安，后凉亡，凡传四世十八年（西历纪元三八六至四〇三）。时晋安帝元兴二年，后秦王兴弘始五年，后凉王隆神鼎三年，西历纪元四〇三年也。

第五节　刘裕第二次北伐　后秦之衰亡

后秦王兴好事虚名而无实用。既灭后凉，又降西秦、南凉、北凉、西凉等国，皆遣使授以官爵。兴在位久，崇奉佛法，以鸠摩罗什为国师，奉之如神。帅群臣沙门听讲，命罗什翻译西域经论，大营塔寺，沙门坐禅者常以千数。由是州郡化之，事佛者十室而九，武力渐衰。安帝元兴元年（西历纪元四〇二年），大发兵攻魏，战于柴壁（在汾水东），败绩。其将义阳公平战没。义熙三年（西历纪元四〇七年），其将赫连勃勃叛，自称大夏天王，略取后秦北方诸郡。五年（西历纪元四〇九年），乞伏乾归亦叛，仍称秦王，略取后秦西方诸郡。由是疆宇日蹙。兴宠其幼子广平公弼，以为尚书令。弼倾身结纳朝士，收采名势，以倾东宫，国人恶之。义熙十二年（西历纪元四一六年），兴疾笃。弼与其党侍郎尹冲、南阳公愔等作乱，伏诛，兴殂。太子泓立，懦弱不能治事。是年八月，刘裕督诸军伐之，遣将军王镇恶、檀道济将步军自淮淝向许洛，朱超石、胡藩趋阳城（今河洛道登封县），沈田子、傅弘之趋武关，沈林子、刘遵考将水军出石门（在今河南开封道荥阳县西北。汉灵帝于敖城西北垒石为门以遏浚仪渠口谓之石门西去河三里），自汴入河。以王仲德督前锋，开钜野（泽名，在今济宁道钜野县）入河。檀道济克洛阳，尽取河南诸郡。王镇恶攻潼关，大破秦太宰姚绍兵。北凉、西秦闻晋兵强，皆遣使求内附。十三年正月，裕自将水军自淮泗溯清河西上。先遣使假道于魏，魏不许，遣兵沿河邀击。裕遣将军朱超石击魏兵于河上，大破之，斩其将阿薄干。沈田子以轻兵入武关，大破秦主泓于青泥（在关中道蓝田县东南九十八里，即秦峣关）。裕至潼关，遣王镇恶帅水军自河入渭，大破秦兵，遂入长安。泓出降，送建康，斩之。后秦亡。凡传三世，三十四年（三八四至四一七）。时晋安帝义熙十三年，后秦主泓永和二年，西历纪元四一七年也。

刘裕事略表（据本国史表解卷上转载）

```
甲、出身 ┬ 一、彭城人，小字寄奴，汉楚元王交之后
        └ 二、以贩履为业，仅识文字，好樗蒲，为多所贱

                ┌ 一、破孙恩──浙平
        ┌ 平内乱 ┼ 二、斩桓玄──荆楚平
        │       └ 三、破卢循、徐道──广州平
乙、武功 ┤
        │       ┌ 一、灭南燕，斩慕容超──山东平
        └ 破外敌 ┼ 二、破成都，斩谯纵──巴蜀平
                └ 三、灭后秦，斩姚泓──关中平

        ┌ 初刘牢之引为参军
丙、略历 ┼ 旋进侍中，车骑将军，都督中外诸军，录尚书事
        └ 后为宋公，加九锡，篡晋，是为宋高祖
```

第八章

后魏之勃兴与黄河流域之一统

拓跋氏，本漠北一小部落。三国之末，渐进而南，略取山西北部为根据地。及猗卢在位而势一张，猗卢被弑而势一弛；郁律在位而势再张，郁律被弑而势再弛；什翼犍在位而势三张，什翼犍被弑而系统中绝。及道武帝珪复国，传子明元帝嗣、孙太武帝焘，累世皆英主。灭大夏、北燕、北凉诸国，尽取黄河流域，建立鲜卑民族大帝国，与汉族之南朝对峙。就六大民族之关系言之，亦古来未有之现象也。兹述其事迹如下。

第一节　拓跋珪之复国

先是代世子寔早夭，有遗腹子曰珪。代亡，珪母贺氏以珪走依其舅贺讷。前秦王坚分代为二部，使代王什翼犍故臣鲜卑南部大人刘库仁与匈奴别部酋长刘卫辰分领之。自河以东属库仁，以西属卫辰，各拜官爵，使统其众。贺氏以珪依库仁，库仁招抚离散，恩信甚著，奉事珪恩勤周备，不以废兴易意。晋孝武帝太元九年（西历纪元三八四年），后燕主垂起兵攻邺，前秦幽州刺史王永请救于库仁。库仁击后燕兵，破之。将大举救邺，发雁门上谷代郡兵屯繁畤（今雁门道繁畤县），燕慕舆句之子文时在库仁所，知三郡兵不乐远征，因作乱，攻库仁，杀之，窃其骏马奔燕。库仁弟头眷代领部众。十年（西历纪元三八五年）、库仁子显弑头眷而自立，又将杀珪，珪奔贺兰部，依其舅贺讷。珪从曾祖纥罗与诸部大人长孙嵩等，共请讷推珪为主。十一年（西历纪元三八六年）正月，大会于牛川（在今山西雁门道右玉县北边墙外），即代王位，徙都盛乐（故城在今绥远归绥县）。务农息民，国人悦之。寻改号魏，是为后魏。刘显地广兵强，雄于北方，会其兄弟乖争。太元十二年（西历纪元三八七年），珪与后燕连兵击显，大破之，显奔西燕。十三年（西历纪元三八八年），珪击库莫奚（东胡遗民与鲜卑契丹同族）、高车（突厥民族丁零苗裔）、柔然（鲜卑别部）等部，皆破之。漠南皆入于魏，魏势渐强，遂与匈奴刘氏冲突。

第二节　后魏之西侵　匈奴刘氏之兴亡

先是东汉末年，魏王操当国。留南单于呼厨泉居邺，使右贤王去卑监其国。去卑卒，子猛袭爵。晋武帝泰始七年（西历纪元二七一年），猛叛走出塞，寇并州。八年（西历纪元二七二年），为左部将所杀，从子虎代领其众，居新兴（今雁门道忻县，即故忻州），号铁弗氏（铁弗者，北人谓胡父鲜卑母之谓也，虎母鲜卑人，故以为号），刘渊叛后，虎附于渊，渊以为楼烦公。怀帝永嘉四年（西历纪元三一〇年），并州刺史刘琨与代公拓跋、猗卢连兵击破之。猗卢卒后，国多内乱。元帝大兴元年（西历纪元三一八年），虎自朔方侵代西部，代王郁律大破之，虎走出塞。

成帝咸康七年（西历纪元三四一年），虎卒，子务桓立，求和于代，代王什翼犍以女妻之。穆帝永和十二年（西历纪元三五六年），务桓卒，弟阏头立，将贰于代。什翼犍引兵西巡，临河，阏头惧，请降。升平二年（西历纪元三五八年），阏头为部下所逐，奔代。兄子悉勿祈立。三年（西历纪元三五九年），悉勿祈卒，弟卫辰杀其子而自立，称臣于前秦，请田内地，春来秋返，秦王坚许之。复求婚于代，什翼犍以女妻之。卫辰狡猾多变，介居秦代之间，利用两大使互相牵制，叛服不常。什翼犍屡自将击之，卫辰兵败，请降于秦。孝武帝太元元年（西历纪元三七六年），引秦兵灭代。秦王坚分代为二部，以西部属卫辰，卫辰屡与刘库仁构兵，为库仁所败。前秦亡后，卫辰称臣于后秦，后秦王苌以卫辰为河西王。太元十五年，卫辰遣子直力鞮攻贺兰部，魏王珪救却之。十六年（西历纪元三九一年），卫辰遣直力鞮率众八九万，攻魏南部。珪以轻兵五六千人大破之，乘胜追奔，自五原金津南济河径入其国，卫辰部落骇乱。珪直抵其所居悦跋城（即代来城，在今鄂尔多斯左翼界），获直力鞮。卫辰出走，为其下所杀。珪诛其宗党五千余人，自河以南诸郡悉降，获马三十余万匹，牛羊四百余万头，魏之国用由是遂饶。

第三节 后魏之东侵 后燕之衰亡与北燕之建国

太元十六年（西历纪元三九一年），魏王珪遣弟觚献见于燕。时后燕主垂衰老，太子宝暗弱，子弟用事。留觚以求良马，珪弗与，阴有图燕之志。二十年（西历纪元三九五年），侵逼附塞诸部，燕遣太子宝将兵击之。珪用长史张衮计，悉徙部落畜产西渡河千余里。燕兵进军临河，会讹言燕主垂已殂。宝弟赵王麟时在军，谋作乱，不克。燕军皆无斗志，宝乃班师。至参合陂（在今雁门道阳高县东北边墙外），珪以精兵追袭之，燕兵大败，死者甚众。垂时已有疾，闻燕军败，怒。二十一年（西历纪元三九六年），自将攻魏，逾青岭（在今保定道涞源县，即故易州广昌县），凿山通道，出魏不意，直指云中，袭破平城。杀魏陈留公虔，魏王珪震怖欲走，诸部皆有二心。会垂疾笃，乃引还，至上谷而殂。宝立。宝素庸愚，士民失望。是年八月，魏王珪乘隙自将击燕，连克晋阳、常山、信都等郡。安帝隆安元年（西历纪元三九七年）三月，进围中山。燕赵王麟作乱，谋弑宝，不克，奔西山。宝惧，率皇族近臣奔龙城。中山无主，百姓共推开封公详（垂从孙）为主，男女结盟，人自为战。魏兵退，详遂自立。详嗜酒奢虐，不恤士民。是年七月，麟袭杀之而自立。魏兵复来攻，城中食尽，人饿死者相枕藉，中山遂破。麟奔邺，后为范阳王德所杀。隆安二年（西历纪元三九八年）正月，魏人入邺，范阳王德徙屯滑台，于是幽、冀、并三州皆入于魏。

是年正月，魏王珪北还。后燕主宝自将南征，谋恢复故地。卫卒段速骨因众心惮远征，作乱。宝众溃而还。三月，速骨攻陷龙城，宝出奔。尚书兰汗击杀速骨，诱宝还龙城而弑之，自称昌黎王。宝子长乐王盛讨杀汗而自立。惩其父以懦弱失国，务峻威刑。又自矜聪察，多所猜忌。群臣有纤介之嫌，皆先事诛之。由是宗亲勋旧，人不自保。隆安五年（西历纪元四〇一年），将军段玑作乱，弑盛。太后丁氏素与盛叔父河间公熙通，乃迎立熙。熙荒淫无道，杀盛弟平原公元及盛太子定，宠幸其后符氏，并弑丁氏。赋役繁数，民不堪命。义熙三年（西历纪元四〇七年），将军冯跋奉熙养子高云为主，攻弑熙。云自立为天王，以跋都督中外诸军、录尚书事。五年（西历纪元四〇九年），为其宠臣离班、桃仁所弑。跋讨杀班、仁而自立。自是以后，史称北燕。慕容氏系统中绝矣。后燕自慕容垂创国，凡传五世，二十六年（西历纪元三八四至四〇九）。

第四节　道武帝之内政

安帝隆安二年（西历纪元三九八年）七月，魏王珪迁都平城，始营宫室，建宗庙，立社稷。命有司正封畿，标道里，平权衡，审度量。遣使循行郡国，察守宰不法者，亲考黜陟之。魏境以宁。是年十二月称皇帝，是为后魏道武帝。立官制，协音律，制礼仪，定律令。分尚书三十六曹及外署，令八部大人分主之。置五经博士，增国子太学生员合三千人。命郡县搜索书籍，悉送平城。凡百设施，俱效法中国，于是魏之文化始有进步。珪以燕主垂诸子分据势要，权柄下移，遂至败亡，深非之。博士公孙表希旨，上韩非书，劝珪以法治御下，屡杀大臣，群下震栗。又惑于方士之说，饵药以求长生，为寒食散（成药名）所误，性情逐渐暴烈，往往以疑似手杀近臣，群臣多不自安。其子清河王绍凶狠无赖，珪谴责其母贺夫人，将杀之。义熙五年（西历纪元四〇九年）十月，绍遂杀珪。齐王嗣讨杀绍而自立，是为明元帝。以崔浩为谋主，改良庶政。屡破柔然兵，可汗社㑉走死，国势大张。适值刘裕灭后秦，留其次子义真守关中，自将大军东旋。夏王勃勃乘虚袭陷长安，略取关中，于是魏之西邻复现出一大国。

第五节 夏之建国

夏王勃勃者，匈奴刘卫辰少子。魏道武帝灭卫辰，勃勃亡奔鲜卑薛干部，珪使人求之。薛干部送于后秦高平公没奕干，没奕干以女妻之。勃勃魁岸美风仪，性辩慧，后秦王兴见而奇之，与论大事，宠遇逾于勋旧，拜安北将军、封五原公，配以杂虏二万余落，使镇朔方。会秦与魏构和，勃勃怒，遂谋叛。晋安帝义熙三年（西历纪元四〇七年），袭杀没奕干并其众。自以为夏后氏苗裔称大夏天王，破薛干等三部，降其众以万数。侵略后秦北部，屡破其兵，杀其大将姚详、杨佛嵩等，岭北夷夏多附之。九年（西历纪元四一三年），以叱干阿利领将作大匠，发岭北夷夏十万人，筑都城于朔方黑水之南，名曰统万（故城在今榆林道横山县，即故怀远县）。阿利性巧而残忍，蒸土筑城，锥入一寸，即杀作者而并筑之。勃勃以为忠，委任之。凡造兵器成，呈之，工人必有死者。射甲不入，则斩弓人，入则斩甲匠。由是器物皆精利。勃勃自谓其祖从母姓刘，非礼，乃改姓赫连氏（言其徽赫与天连也），其非正统者为铁伐氏（言刚锐如铁，堪伐人也）。

十三年（西历纪元四一七年），刘裕灭后秦。勃勃引兵进据安定（今泾原道故平凉府），岭北诸郡皆降于勃勃。裕留次子义真为安西将军，都督雍、梁、秦三州军事，自将大军东旋。是年十二月，勃勃遣兵向长安，安西参军沈田子与司马王镇恶争权。十四年（西历纪元四一八年）正月，田子矫裕令，杀镇恶，长史王修执田子，诛之。义真信谗言，复杀修。于是人情离骇，莫相统一。义真悉召外兵，闭门拒守，关中郡县悉降于夏。夏王勃勃进据咸阳，长安樵采路绝。是年十一月，义真弃长安东旋，将士贪纵，大掠而东，多载宝货子女，方轨徐进。勃勃遣其子璝追及于青泥（在关中道蓝田县东南九十八里），大破之，将军傅弘之战没。勃勃遂入长安，称皇帝。

勃勃性骄虐，视民如草芥。常居城上，置弓剑于侧，有所嫌忿，手自杀之。群臣迕视者抉其目，笑者凿其唇，谏者先截其舌，然后斩之，以故臣民皆恨怨。宋营阳王景平元年（西历纪元四二三年），魏明元帝殂，太子焘立，是为太武帝。焘勇武知兵，有统一黄河流域之志。宋文帝元嘉二年（魏始光二年，西历纪元四二五年），勃勃殂，太子昌立。三年（西历纪元四二六年），太武帝自将伐之，率轻骑乘兵渡河，袭破统万。别将奚斤取蒲坂及长安，昌奔上邽。元嘉五年（西历纪元四二八年），魏将安颉败夏兵于上邽，执昌。昌弟平原王定自立，奔平凉。七年（西历纪元四三〇年），太武帝自将袭破之，定弃平凉，西攻西秦。

第六节　西秦之建国

西秦王乞伏国仁者，陇西鲜卑人，旧居勇士川（在今兰山道西）。前秦王坚在位，遣兵击之，其父司繁以众降。司繁卒，国仁嗣。前秦王坚之入寇也，以国仁为前将军，领先锋。淝水败后，国仁叔父步颓举兵陇西，叛秦。坚使国仁讨之，国仁叛，与步颓合，侵略诸部，众至十余万，据陇右。晋孝武帝太元十年（西历纪元三八五年），自称单于。分其地为十二郡，筑勇士城而居之，前秦主登封为苑川王。

十三年（西历纪元三八八年），国仁殂。其子公府尚幼。群臣推国仁弟乾归为大单于、河南王，迁都金城。十九年（西历纪元三九四年），击杀秦主崇及陇西王杨定，尽有陇西之地，自称秦王，是为西秦。安帝隆安元年（西历纪元三九七年），后凉王光击之，为乾归所败。四年（西历纪元四〇〇年），迁都苑川（今兰山道金县）。后秦王兴来攻，乾归兵败，奔南凉，其故地皆为后秦所有。南凉王利鹿孤待乾归以上宾之礼，乾归恐久而见疑，乃奔长安，降后秦。后秦王兴以为都督河南诸军事，河州刺史、归义侯，使还镇苑川，尽以其故部众配之。义熙五年（西历纪元四〇九年），乾归以后秦政衰，复叛，自称秦王，攻后秦金城、略阳、南安、陇西诸郡，皆克之，国势复振。八年（西历纪元四一二年），公府作乱，弑乾归，世子炽磐讨杀公府而自立。

第七节　南凉之衰亡

南凉自秃发乌孤建国，以其弟利鹿孤、傉檀为大将，屡侵后凉南部诸郡。国势日张。安帝隆安三年（西历纪元三九九年），乌孤卒，利鹿孤立。徙治西平（今西宁），以逼后凉。元兴元年（西历纪元四○二年），利鹿孤卒，傉檀立。适值后秦灭后凉，傉檀畏其强，乃去年号，罢尚书丞郎官，称臣纳质以求免祸。后秦以为恭顺，拜傉檀凉州刺史，守姑臧，以所得后凉之故地与之。傉檀屡与北凉构兵，多败。义熙六年（西历纪元四一○年），迁于乐都（故城在今兰山道金县南），以避北凉之逼。北凉王蒙逊遂取姑臧，屡围乐都，南凉属部多降于北凉。十年（西历纪元四一四年），傉檀自将袭乙弗部（鲜卑别部，在南凉西），大破之。西秦王炽磐乘虚袭破乐都，执傉檀妻子。傉檀自归于炽磐，炽磐鸩杀之。南凉亡。时晋安帝义熙十年，南凉王傉檀嘉平七年，西秦王炽磐永康三年，西历纪元四一四年也。南凉凡传三主，十八年（西历纪元三九七至四一四）而亡。

第八节　西秦与夏之衰亡

南凉既亡，西秦遂与北凉接境，时常构兵，互有胜负。北凉王蒙逊用远交近攻策，结夏为援，夹攻西秦。西秦王炽磐称臣入贡于后魏以牵制夏。宋文帝元嘉五年（西历纪元四二八年），炽磐殂，世子暮末立。为北凉所逼，请迎于魏，魏许以平凉安定封之。七年（西历纪元四三○年），暮末焚城邑，毁宝器，率户万五千，东如上邽。是时安定平凉为夏主定根据地。闻暮末东下，遣兵拒之。暮末留保南安，其故地皆入于吐谷浑，西秦之势日蹙。

是年十一月，魏太武帝自将袭平凉，击破夏兵。夏主定奔上邦，安定、陇西、平凉皆入于魏，夏主定穷蹙。八年（西历纪元四三一年）正月，西攻西秦，破南安，执暮末及其宗族五百人，皆杀之，西秦亡。定畏魏人之逼，拥秦民十余万口，自治城（当在今兰山道境）济河，欲击北凉王蒙逊而夺其地。吐谷浑王慕遣骑三万，乘其半济邀击之，执定以归，送于魏，杀之。夏亡。时宋文帝元嘉八年，魏太武帝神麚四年，夏主定胜光四年，西秦王暮末永弘四年，西历纪元四三一年也。西秦凡传四世，四十七年（西历纪元三八五至四三一）而亡。夏凡传三世，二十五年（西历纪元四〇七至四三一）而亡。雍秦二州地皆入于后魏。

第九节　北燕之衰亡

大夏既亡，西方无警。魏乃转锋东下，经略北燕。先是晋安帝义熙十年（西历纪元四一四年），魏明元帝遣于什门使北燕，待以属国礼。燕王跋怒，留什门。十四年，魏遣将军长孙道生等袭和龙，不克。宋文帝元嘉七年（西历纪元四三〇年），跋寝疾，宠妾宋夫人欲立其子受居，矫诏绝内外。跋弟中山公弘率师入宫，跋惊惧而殂。弘杀太子翼及跋诸子百余人而自立。九年（西历纪元四三二年），魏太武帝伐燕，围和龙。弘长子长乐公崇以辽西叛降魏，弘遣使上表称藩，魏征其太子王仁入朝，不应。十二年（西历纪元四三五年），魏复伐燕，弘奔高丽，为高丽王琏所杀，北燕亡。时宋文帝元嘉十三年，魏太武帝太延二年，北燕王弘太兴六年，西历纪元四三六年也。北燕凡传二世，二十八年（西历纪元四〇九至四三六）而亡。幽、平二州皆入于后魏。

第十节　西凉之衰亡

北燕既亡，东方无警。魏乃转锋西上，经略北凉。北凉王蒙逊在位，屡与后凉、南凉、西凉构兵，互有胜负。晋安帝义熙元年（西历纪元三〇五年），西凉公皓徙都酒泉以逼北凉。蒙逊屡攻之，不克。

十三年（西历纪元四一七年），皓殂，世子歆立。称藩于晋，诏以为镇西大将军、酒泉公。歆用刑过严，又好宫室，国人不悦。从事中郎张显、主簿汜称固谏，歆不能用。越二年，北凉王蒙逊阳为伐西秦，而潜师还屯川岩（在张掖县西南），诱歆与战于怀城，大破，杀之。遂入酒泉，西凉亡。时晋恭帝元熙二年，北凉王蒙逊元始九年，西凉公歆嘉兴四年，西历纪元四二〇年也。西凉凡传二世，二十一年（西历纪元四〇〇至四二〇）而亡。凉州西境皆入于北凉。

第十一节　北凉之衰亡

大夏亡后，北凉纳质入贡于魏。魏遣使拜蒙逊都督凉州、西域、羌、戎诸军事，凉州牧、凉王，王武威、张掖等七郡。蒙逊荒淫猜虐，群下苦之。宋文帝元嘉十年（西历纪元四三三年），蒙逊殂，子牧犍立。魏太武帝以其妹武威公主妻之。牧犍通于其嫂李氏，李氏毒魏公主。太武帝怒，征李氏，牧犍留不遣。越六年，太武帝自将伐之，击破其兵，遂围姑臧，城溃，牧犍降，北凉亡。时宋文帝元嘉十六年，魏太武帝太延四年，北凉王牧犍永和七年，西历纪元四三九年也。北凉凡传三世，四十三年（西历纪元三九七至四三九）而亡。凉州皆入于后魏，黄河流域复归于一统，遂南向与宋宣战矣。

五胡十六国兴亡一览表

民族	始祖	国名	国都	今地	盛时疆域	兴亡年代	传世	年数	灭于何国
匈奴	刘渊	汉后改赵	平阳，后迁长安	山西临汾陕西长安	燕晋豫秦四省各一部	三○四至三二九	和、聪、粲、曜、熙	二六	后赵
匈奴	沮渠蒙逊	凉史称北凉	张掖，后迁姑臧	甘肃张掖甘肃武威	甘肃河西之一部	三九七至四三九	牧犍	四三	后魏
匈奴	刘虎	铁弗		山西边外及绥远		二七二至三九一	务桓、阏头、悉勿祈、卫辰	一二○	后魏
匈奴	赫连勃勃	夏	统万	陕西怀远	陕西北部及绥远	四○七至四三一	昌、定	二五	吐谷浑
羯	石勒	赵史称后赵	邺	河南临漳	中国北部之大半	三一九至三五一	弘、虎、世、遵、鉴、祗	三三	冉魏
鲜卑	慕容廆	燕史称前燕	蓟，后迁邺	河北蓟县	燕、齐、晋、豫四省及辽宁之一部	三三七至三七○	皝、俊、暐	三四	前秦
鲜卑	慕容垂	燕史称后燕	中山	河北定县	燕、晋二省及豫齐辽宁之一部	三八四至四○九	宝、盛、熙、云	二六	北燕
鲜卑	慕容冲	燕史称西燕	长安，后迁长子	山西长子	山、陕二省之一部	三八五至三九四	段随、顗、瑶、忠、永	一○	后燕
鲜卑	慕容德	燕史称南燕	广固	山东益都	山东及河南之一部	三九八至四一○	超	一三	晋
鲜卑	乞伏国仁	秦史称西秦	苑川	甘肃靖远	甘肃西南部	三八五至四三一	乾归、炽磐、慕末	四七	夏
鲜卑	秃发乌孤	凉史称南凉	西平	青海西宁	甘肃西部	三九七至四一四	利鹿孤、傉檀	一八	西秦
鲜卑	段务勿尘	辽西	令支	河北迁安	辽宁辽河西部至河北境		疾陆眷、涉复辰、末柸、牙、辽	二五	前燕后赵

民族	始祖	国名	国都	今地	盛时疆域	兴亡年代	传世	年数	灭于何国
鲜卑	拓跋猗卢	代	盛乐，后迁平城	绥远山西大同	山西北部，绥远东部及察哈尔	三〇七至三七六	猗卢、郁律、贺、傉、纥那、翳槐、什翼犍	七〇	前秦
	宇文普回	宇文	热河					不详	前燕
巴氏	李特	成，后改汉	成都	四川成都	四川省	三〇四至三四七	流、雄、班、期、寿、势	四四	晋
	杨茂搜	仇池			甘肃东南部		八传为苻坚所灭后复立又十一传	七六	后魏
氐	苻洪	秦史称前秦	长安		中国北部全部与西南部	三五一至三九四	健、生、坚、丕、登、崇	四四	西秦
	吕光	凉史称后凉	姑臧		甘肃西北部及新疆东部与宁夏	三八六至四〇三	绍、纂、隆	一八	后秦
羌	姚弋仲	秦史称后秦	长安		陕、甘、河南三省	三八四至四一七	襄、苌、茂、兴、泓	三四	晋
汉	张轨	凉史称前凉	姑臧		甘肃西北部及新疆东部，河西蒙古等地	三〇一至三七六	寔、茂、骏、重华、耀灵、祚、玄靓、天锡	七六	前秦
	冉闵	魏	邺		前燕故地			三	前燕
	李皓	凉史称西凉	敦煌	甘肃敦煌	甘肃极西部	四〇〇至四二〇	歆	二一	北凉
	冯跋	燕史称北燕	和龙	热河朝阳	河北东北部及辽宁西南部，热河东南部	四〇九至四三五	弘	二八	后魏
	谯纵	蜀	成都	四川省				七	晋

第九章

南北朝之对峙

西晋衰微以后，汉族文化移于江南。顾江南之武力，常不及北方。又国多内乱，强臣大盗接踵而起，阋墙之祸相寻，无暇一意对外，东晋所以终不能恢复旧域者以此。而北方民族，长于战争，短于融合，更起迭仆，互相残杀，终至拓跋氏勃兴，黄河流域始统一于一主权者之下。扬子江流域亦以内乱之结果，一变而为刘宋，再变而为萧齐，三变而为萧梁，四变而为陈陈。以百余年最短时间，国姓更迭者四五次，君主更迭者二十四次，其间得保首领以没世者不及半数。臣弑君，子弑父，奸淫烝报，习为故常。朝廷之上与宫闱之间，内情多不堪闻问。汉族腐败，达于极点，国势之衰，亦日甚一日。鲜卑民族之后魏乘隙南下，当刘宋内乱时代，一举而下河南，再举而定山东。宋、齐更迭之际，略取淮北，进窥淮南。齐、梁更迭之交，又略取义阳三关，进窥汉水流域，西取汉中，进窥扬子江上流流域。梁、陈更迭之交，魏室内乱，中分为二，而武力之强，犹在南朝以上。西魏略取四川、云南、湖北，以后梁为保护国，与陈分据扬子江上流中流流域。东魏略取江北淮南，与陈分据扬子江下流流域。代表汉族之南朝，国势如鼠入牛角，日渐缩小。岂天命之有厚薄欤，抑亦人谋之未尽善也，兹述其事迹如下。

第一节 宋魏之冲突

一、刘裕之篡

先是晋安帝在位，刘裕当国，南征北伐，为晋室虎臣。顾裕之精神，不专注重对外，而常注重对内。灭燕还京以后，自加太尉、中书监，剑履上殿，入朝不趋，赞拜不名。都督二十二州军事，剪除大臣异己者，尽杀起义功臣荆州都督刘毅、兖州刺史刘藩、豫州刺史诸葛长民等。中外大臣遍树己党，剪除宗室之有才望者。宗室荆州都督司马休之及楚之等，相继出奔外国。灭秦以后，促还建康。义熙十四年（西历纪元四一八年），弑帝于东堂，奉琅琊王德文即位，是为恭帝。自为相国，封宋公，加九锡。次年（恭帝元熙元年），自晋爵为王。又次年，自称皇帝，国号宋，是为武帝。废帝为零陵王而弑之，晋亡。时晋恭帝元熙二年，宋武帝永初元年，西历纪元四二〇年也。东晋凡传十一世，一百零四年而亡，其旧领土皆入于宋。

二、徐、傅之废立

武帝即位，二年（四二二年）而殂，太子义符立。司空录尚书事徐羡之、尚书仆射傅亮、领军将军谢晦等，受遗诏辅政。义符居丧无礼，好与左右狎昵，游戏无度。越二年（宋文帝元嘉元年，西历纪元四二四年），羡之、亮、晦等废义符为营阳王而弑之，迎立其弟荆州刺史宜都王义隆，是为文帝。羡之、亮等专权，以晦为荆州刺史、都督荆、湘等七州军事，据上游，拥重兵，为外援。越二年（文帝元嘉三年），帝收羡之、亮诛之。晦举兵反江陵，诏将军檀道济等讨斩之，大权复归于帝室。

三、奚斤之南侵　河南之沦没

初，宋武帝之伐秦也，魏明元帝遣兵邀击于河上。武帝遣将军朱超石击其兵，大破之，是为南北朝结怨之始。武帝入洛阳，或劝明元帝发兵绝其归路。崔浩曰："今屈丐（大夏）柔然，伺我之隙。而诸将用兵，皆非裕敌。兴兵远攻，未见其利。不如静以待之。裕克秦而归，必篡其主。关中华戎杂错，风俗劲悍。裕欲以荆扬之化施之，此无异解衣包火，张网捕虎。虽留兵守之，人情未洽，趋向不同，适足资敌耳。愿且按兵息民以观其变，秦地终为国家之有。"帝然之。武帝克长安，明元帝大惧，遣使来请和，自是每岁交聘不绝。武帝殂后，明元帝乘宋有内乱，遣司空奚斤督诸将南侵。武帝永初三年（魏永常七年，西历纪元四二二年）冬，克滑台（今河北道滑县）、碻磝（故城在今济南道，即故泰安府肥城县）。次年（宋营阳王景平元年）正月，克洛阳、金塘。闰四月克虎牢。十一月克许昌汝南。尽取充、司、豫州诸郡，于是河南皆入于魏，是为宋、魏第一次冲突。

四、到彦之北伐

是年十一月魏明元帝殂，太武帝立，年甫十七岁。次年五月，宋文帝即位，年甫十八岁。两朝皆少年英主，有两不相下之势。魏以北方有警，不暇南侵。宋以内乱初平，无暇北伐。一时各保持武装和平态度，两不动兵。元嘉六年（魏神麚二年，西历纪元四二九年），魏太武帝自将伐柔然，大破之。乘胜穷追，至漠北，击高车东部，降之。七年（四三〇年）三月，宋文帝乘隙，遣将军到彦之等伐魏。魏以南方下湿，入夏水潦，草木蒙密，地气郁蒸，易生疾疠，不利行军，乃敛河南四镇（滑台、碻磝、虎牢、金塘）兵退屯河北。彦之取河南，分兵屯守。是年八月，魏遣将军宋颉南下，击宋师，破之，彦之走还。魏复取河南，是为宋、魏第二次冲突。

是时魏与夏构兵，相持甚急。北燕、北凉等诸小国犹未平，柔然据漠北，时常窥边。魏方致力于北，不顾分力南方。乃遣使如宋求婚，表面上实行敷衍政策，宋亦以实力未充，不愿遽行决裂，乃依违答之。一面整理内政，讲求富国强兵术，一面实行远交近攻策。通使北燕，以牵制魏之东方。结欢大夏、北凉，以牵制魏之右臂。复交通柔然，以牵制魏之后面。欲养成气力，再图大举。已而大夏、北燕、北凉相继沦亡，黄河流域皆入于魏。元嘉九年（西历纪元四三二年），宋益州人赵广作乱，陷涪城，破涪陵（今四川涪陵县）、江阳（今四川泸县）、遂宁（今四川遂宁县）诸郡，围成都。十年（西历纪元四三三年），氐王杨难当乘衅南侵，陷汉中，于是宋、魏之交涉复起。

五、仇池之役

初，仇池杨宋奴之被杀也，二子佛奴、佛狗逃奔前秦。前秦王坚以女妻佛奴子定，拜为将军。前秦衰亡，定亡奔陇右，收集旧众，据历城（今甘肃渭川道成县），置储蓄于百顷，自称龙骧将军、仇池公，复取天水、略阳等地，自称秦州刺史、陇西王。晋孝武帝太元十九年（西历纪元三九四年），与前秦主崇共攻西秦王乞伏乾归，兵败见杀。定无子。叔父佛狗之子盛先守仇池，至是自称征西将军、秦州刺史、仇池公，称臣于晋及后秦，侵扰汉中诸郡。宋武帝即位，封盛武都王。文帝元嘉二年（西历纪元四二五年），盛殂，子玄立。双受宋、魏爵命，宋以为武都王，魏以为南秦王。六年（西历纪元四二九年），玄殂，弟难当立。宋梁秦刺史甄法护刑政不修，失氐羌之和。十年（西历纪元四三三年），难当乘隙举兵袭破汉中，遣使献捷于魏，会益州参军裴方明已击灭赵广。内地无警。宋以萧思话为梁秦刺史，击难当，破走之。恢复汉中。难当还仇池，自称大秦王，置百官，皆如天子之制。夏主定之西迁也，难当乘势据上邽，魏遣兵击降之。十八年（西历纪元四四一年），难当复大举侵宋汉川，谋据蜀土，宋遣将军裴方明等击破之。十九年，乘胜取仇池，难当奔上邽，降魏。宋立难当兄子保炽为杨玄后，使守仇池。以胡崇之为北秦州刺史，镇其地。魏遣将军古弼、皮豹子等，奉保炽兄保宗击仇池，败宋兵，执崇之，保炽走。魏使河间公齐与保宗对镇雒谷。保宗弟文德说保宗，令闭险自固以叛魏。齐诱执保宗，送平城，杀之。保宗故将苻达、任胐等遂举兵，立文德为王，进围仇池。魏古弼、皮豹子来援。文德乞援于宋，宋遣将军姜道盛援之。文德据葭芦城（在今渭川道武都县，即故阶州境内），皮豹子击破之。文德走汉中。是为宋魏第三次冲突，仇池亡。时宋元嘉二十五年，魏太平真君九年，西历纪元四四八年也。仇池第二次复国，自定至难当，凡传四世，五十八年（西历纪元三八五至四四二）而亡。

六、盖吴之役

仇池之乱未平，宋、魏之交涉复起。元嘉二十二年（魏太平真君六年，西历纪元四四五年），魏卢水胡盖吴据杏城反，请降于宋。宋发雍梁兵屯境上，为吴声援。魏亦使永昌王仁等率师掠淮泗以北以报宋。二十三年，魏讨吴，斩之，宋师还。是为宋、魏第四次冲突。

七、王玄谟之北伐

是时魏已灭夏，灭北燕，灭北凉，取仇池，尽有黄河流域。太武帝屡自将伐柔然，破走之。吐谷浑、高丽及西域诸国，皆遣使入贡于魏。宋亦遣兵伐林邑（今法领越南中部小国），降之。两国各扩张势力于四方，一以孤敌国之援，一以除腹背之患。魏师之掠淮泗也，宋文帝忧之。御史中丞何承天上安边策：请务农息民，坚壁清野，以图自保。帝不能用。彭城太守王玄谟希旨数上北伐策，帝嘉纳之。元嘉二十七年（西历纪元四五〇年），魏太武帝自将南侵，围悬瓠（今汝阳道汝南县，即故汝宁府治）。宋豫州参军陈宪拒却之。是年秋，宋遣将军王玄谟等大举侵魏，取碻磝，围滑台。魏太武帝自将救之。玄谟退走。太武帝乘势大举南下，屡破宋兵，大掠淮水流域，进次瓜步（在今江苏金陵道六合县东南）。宋人戒严守江。太武帝攻盱眙，宋将军臧质拒却之；别将攻寿阳，亦不克，引还。是为宋、魏第五次冲突。魏人凡破南兖、徐、兖、豫、青、冀六州，杀掠不可胜计。丁壮者即加斩截，婴儿贯于槊上，盘舞以为戏。所过郡县赤地无余。春燕归，巢于林木。魏之士马，死伤亦过半。宋文帝每命将出师，常授以成律。交战日时，是以将帅趑趄，莫敢自决。又江南白丁，轻进易退，此其所以败也。自是邑里萧条，元嘉之政衰矣。

计宋、魏胜败之原因如下：

一、就人种上言之，南人懦弱，北人勇敢。淝水之战，晋之所以胜者，由于国家危急存亡之秋，上下皆睹生命以争一胜，与文帝之北伐意气差为不同。前秦之所以败者，由于数战则民疲，数胜则主骄，民族太混杂，内部时常自起冲突，故一败即成瓦解之势。至后魏南侵时，则民族已逐渐混合，感情已逐渐融洽，故内部无隙可乘。

二、就经验上言之，北兵屡与柔然、夏、北燕、北凉等国构兵，富于经验，南兵则缺乏经验。

三、就动员上言之，北多骑兵，进行极速，南多步兵及水军，进行极迟。

又魏人战胜后所以不渡江南下之原因如下：

一、舍鞍马，仗舟楫　在江上争衡，南人之所长，北人之所短。

二、柔然未平　北土时常有警，新征服之领土民心未尽服从。倘久劳于外，内顾之忧必起。

三、太武帝南下之初心，志在击退宋军，不在经略江左。

以上频年战争之结果，两国皆疲弊，而宋尤甚，财政异常紊乱，始铸四铢小钱。越二年（元嘉二十九年），魏内乱，太武帝被弑。宋文帝乘之，复出兵北伐。攻碻磝及虎牢，皆不克，引还。是为宋、魏第六次冲突。次年，宋亦内乱，文帝被弑。于是宋、魏冲突始为一大结束，两国战争一时中止。南北之民始稍得息肩矣。

第二节　魏之内乱　宗爱之弑逆

先是元嘉二十一年（魏太平真君五年），魏太武帝使太子晃总百揆，晃为政精察。中常侍宗爱性险暴，多不法，晃恶之。给事中仇尼道盛有宠于晃，与爱不协。爱恐为所纠，构成其罪。太武帝怒，斩道盛于都街，东宫官属多坐死。二十八年六月，晃以忧卒，帝徐知其无罪，悔之。欲封其子浚为高阳王，既而以皇孙世嫡，不当为藩王，乃止。宗爱惧祸。二十九年（西历纪元四五二年）二月，弑帝。左仆射兰延、侍中和匹，以浚冲幼，欲立太武帝第三子东平王翰。侍中薛提以浚嫡皇孙，不可废，议久不决。爱素恶翰，而善太武帝第六子南安王余，乃密迎余，矫皇后令，召延等杀之，并杀翰，立余，是为南安隐王。爱自为大司马、大将军、太师，都督中外诸军事。封冯翊王，专国政。余自以违次而立，厚赐群下，欲以收众心。又好酣饮及声乐田猎，不恤政事。爱为宰相，录三省，总宿卫，坐召公卿，专恣日甚。余患之，谋夺其权。爱愤怒。是年十月，使小黄门贾周弑之。羽林郎中刘尼、殿中尚书源贺时典禁兵，与尚书陆丽，密谋迎浚。讨爱、周，诛之，奉浚即位，是为文成帝。

宋武帝、魏太武帝比较表（据本国史表解卷上转载）

刘裕——宋武帝	拓拔焘——魏太武帝
一、为南朝开国之英主	一、为北朝统一之英主
二、英武善战，致胜兵兼在舟	二、骜勇善战，制胜兵多恃骑
三、以刘穆之为谋主，战将则有檀道济、王镇恶、朱龄石等	三、以崔浩为谋主，战将则有奚斤、长孙道生、伊馥等
四、平桓玄，破孙恩，北伐而灭燕秦	四、并关西，定关东，南伐而抵瓜步
五、以布衣创宋之业，为其难	五、以帝子大魏之基，为其易
六、在帝位三年，年六十七，以寿终	六、在帝位二十五年，年四十五，被弑死

第三节　宋之内乱

一、彭城王义康之专政

宋文帝之初诛徐傅也，以王弘为司徒、扬州刺史、录尚书事，与侍中王华、王昙首（弘弟）、殷景仁、刘湛等同辅政。弘自以兄弟并处权要，深存谦抑，累表辞职。元嘉五年，左迁弘为卫将军、开府仪同三司。六年正月，以皇弟彭城王义康为司徒，与弘参录尚书事。弘既多病，且欲远权，由是义康专总内外之务。元嘉四年，华卒；八年，昙首卒；九年，弘卒。诏以义康领扬州刺史，殷景仁为尚书仆射，刘湛为领军将军以佐之。湛以景仁位遇素不逾己，而一旦居前，意甚愤愤。又以景仁专管内任，谓为间己，猜隙渐生。时义康专秉朝政，湛常为其上佐，遂委心自结，欲因其力以倾景仁。十二年，诏加景仁中书令、中护军。湛愈愤怒，使义康毁景仁，复阴遣客刺之。景仁累表辞职。帝知其谋，迁护军府于西掖门外，由是湛谋不行。

司空江州刺史永修公檀道济，立功前朝，威名甚重。讨谢晦之役，到彦之北伐之役，皆有大功。左右腹心并经百战，诸子又有才气，朝廷疑畏之。会帝久疾不愈。十三年三月，刘湛说义康，召道济入朝杀之，并其诸子，及参军薛肜、高进之。以故宋师不竞于魏。

帝羸疾累年，屡至危殆。义康尽心营奉，药石非亲尝不进，或连夕不寐，性好吏职，纠剔精尽。凡所陈奏，入无不可，方伯以下，并令选用，生杀大事，或以录命断之。势倾远近。朝野辐辏，义康倾身引接，未尝懈倦。士之干练者，多被意遇。然素无学术，不识大体，朝士有才用者，皆引入己府。府僚无施及忤旨者，乃斥为台官。自谓兄弟至亲，不复存君臣形迹。刘湛欲因义康以倾殷景仁，推崇义康，无复人臣之礼。司徒长史刘斌、从事中郎王履、主簿刘敬文、祭酒孔胤秀等，皆以倾谄有宠于义康。与湛密谋，俟宫车晏驾后，奉戴义康为主。邀结朋党，伺察禁省，有不与己同者，必百方构陷之。由是君相之间渐生嫌隙。十七年（西历纪元四四〇年）十月，诏收湛及斌等，诛之。义康上表逊位，诏以为江州刺史，出镇豫章。以江夏王义恭为司徒、录尚书事。皇子始兴王浚为扬州刺史，时浚尚幼，州事悉委长史范晔，以晔及沈演之为左右卫将军，对掌禁旅，与吏部郎庾炳之同参机密。鲁国孔熙先博学文史，兼通术数，有纵横才志，为员外散骑侍郎，愤愤不得志。其父曾受义康恩，熙先密怀报效，且以为天文图谶，文帝必以非道晏驾，祸由骨肉，而江州应出天子，乃密谋拥戴义康。以范晔方握政柄，欲引与同谋，厚结晔甥太子中舍人谢综以说晔，晔不听，言于帝，请诛义康以塞乱源，帝不能从。二十二年（西历纪元四四五年），熙先与丹阳尹徐湛之密谋大逆，湛之恐事不成自首，并诬晔为主谋。仆射何尚之与沈演之、庾炳之素嫉晔宠，至是乘机陷害，遂捕晔及熙先、综等下狱，皆杀之。废义康为庶人，徙安成郡（故城在今江西庐陵道安福县境），湛之以自首免罪（参观陈澧《东塾集·申范篇》）。二十四年（西历纪元四四七年），故将军胡藩之子诞世据豫章反，欲奉义康为主。前交州刺史檀和之讨平之。二十八年（西历纪元四五一年），魏太武帝南侵，至瓜步。上虑不逞之人复奉义康为乱，乃遣使就杀之。

二、太子劭之弑逆

初，宋文帝纳潘淑妃，生始兴王浚。淑妃有宠，元皇后恚恨而殂。淑妃专总内政，由是太子劭深恶淑妃及浚。浚惧，曲意事劭。劭更与之善。劭、浚多过失，数为帝所谴责，劭、浚惧，使吴兴巫严道育为巫蛊，咒诅上。元嘉二十九年，事泄。帝与仆射徐湛之、尚书江湛、侍中王僧绰谋废劭，赐浚死。皇子南平王铄、建平王宏，有宠于上。铄妃，江湛之妹。随王诞妃，徐湛之之女也。湛劝立铄，而湛之欲立诞，议久不决。潘淑妃知其谋，阴以告浚，浚驰报劭，劭乃谋以东宫兵作乱。左卫率袁淑不从，杀之。三十年（西历纪元四五三年）二月，以兵夜入宫，弑帝，并杀湛之、湛、僧绰而自立。时将军沈庆之奉诏讨西阳蛮。劭密与庆之手书，令杀江州刺史武陵王骏，庆之不从。是年四月，奉骏举兵寻阳，移檄州郡讨劭。荆州刺史南谯王义宣、雍州刺史臧质、司州刺史鲁爽等皆起兵应之。将军柳元景领前锋，大破劭兵于新亭（在今江苏江宁县城南），遂克台城（在江宁县城东北隅）。诛劭及浚，诸将奉骏即位，是为孝武帝。

三、孝武帝之骄暴

帝为人机警勇决，记问博洽，文章华敏，又善骑射，而奢欲无度。自晋室渡江以来，宫室草创。至是始大修宫室，坏高祖所居阴室（江左诸帝既崩，以其所居殿为阴室藏诸御服），于其处起玉烛殿。侍中袁颉盛称高祖俭德，帝曰："田舍翁得此已为过矣。"帝荒淫纵恣，闺门无礼，不择亲疏尊卑，又残忍暴虐。皇弟南平王铄、武昌王浑、中书令王僧达、东扬州刺史颜竣、庐陵内史周朗、广陵太守沈怀文，皆以微嫌被杀。皇族之中，人人自危，反者屡起。皇叔父荆湘刺史南郡王义宣、皇弟南兖州刺史竟陵王诞、雍州刺史海陵王休茂，皆以谋叛伏诛。

又好狎侮群臣，尝呼金紫光禄大夫王玄谟为老伧，仆射刘秀之为老悭，颜师伯为齄，其余长短肥瘦皆有称目。又宠一昆仑奴，令以杖击群臣。帝不任大臣，寄耳目于群小。戴法兴、戴明宝、巢尚之皆以中书舍人参预大政。招权纳贿，家累千金。晚年尤贪财利，刺史二千石罢还，必限使献奉。又以蒲戏取之，罄尽乃止。终日酣饮，尝凭几昏睡。在位十一年，以大明八年殂。太子子业立，是为前废帝。

四、子业之昏暴　晋安王子勋之举兵　淮北四州之沦没

子业幼而猖暴，即位之初，犹难太后王氏及戴法兴等。已而太后殂，子业欲有所为，法兴辄抑制之，子业怒，赐法兴死。尚书令柳元景、仆射颜师伯密谋废子业，立太宰江夏王义恭。谋泄，子业皆杀之，并其子弟。

新安王子鸾有宠于孝武帝，子业恶而杀之，并其母弟南海王子师，发其母殷淑仪墓。又欲掘景宁陵（孝武帝陵），太史以为不利于子业，乃止。宁朔将军何迈尚子业姑新蔡长公主。子业纳公主于后宫，迈怒，谋废子业，事泄，见杀。太尉沈庆之，先朝旧臣，数尽言规谏。子业不悦，庆之惧祸，杜门谢客。尚书蔡兴宗、青州刺史沈文秀（庆之弟子）、皆劝庆之行废立，庆之不从。子业嫉庆之，赐死。子业畏忌诸父，恐其在外为患，皆拘于殿内，殴捶陵曳，无复入理。湘东王彧、建安王休仁、山阳王休佑年长，尤恶之。以彧尤肥，谓之猪王；谓休仁为杀王；休佑为贼王；东海王祎性凡劣，谓之驴王。以木槽盛食，裸彧，纳泥水中，使就槽食。前后欲杀以十数。休仁多智数，每以谈笑佞谀悦之，故得推迁。复召诸妃主列于前，强左右使辱之。叔父南平王铄妃江氏不从，子业怒，裸挞妃，杀其三子。姊山阴公主有宠，子业出，每与同辇。主尤淫恣，子业为置面首左右三十人。吏部郎褚渊貌美，公主请以自侍，备见逼迫，渊以死自誓，乃得免。又令

太庙别画祖考之像，入庙，指高祖像曰："渠大英雄，生擒数天子。"
指太祖像曰："渠亦不恶，但末年不免为儿斫去头。"指世祖像曰：
"渠大齇鼻，如何不齇。"立召画工令齇之。

又忌其弟江州刺史晋安王子勋。泰始元年（西历纪元四六五年），遣使
赐死。长史邓琬不奉诏，是年十一月，奉子勋举兵寻阳，讨子业。荆
湘徐豫等十三州及会稽三吴等郡皆应之，兵势大振。子业左右寿寂
之、王敬则等弑子业，迎立湘东王彧，是为明帝。诏子勋罢兵，不
听，自立为帝，改元义嘉。次年正月，明帝遣司徒建安王休仁攻江
州，以将军沈攸之领前锋。是年八月，克寻阳，杀子勋，戡定其他州
郡。徐州刺史薛安都、兖州刺史毕众敬、汝南太守常珍奇等以先附子
勋惧诛，皆叛降于魏。魏乘隙遣兵南下，侵略淮水流域，击败宋兵，
遂取宋淮北四州（徐、兖、青、冀）及豫州淮西地，于是淮北皆入于魏。

五、明帝之骄暴

明帝无子，尝以宫人陈氏赐嬖人李道儿，已复迎还，生昱，立为
太子。又密取诸王姬有孕者，纳之宫中，生男则杀其母，而使宠姬母
之。帝少时宽和，有令誉，即位之初，义嘉之党多蒙宽宥，随才引
用，有如旧臣。及晚年，更猜虐，好鬼神，多忌讳。文书有祸败凶丧
疑似之言，应回避者，数百千品，有犯必戮。左右忤意，往往剉斫。
淮泗用兵，府藏空竭，百官绝禄。而奢费过度：每造器用，必造正
御、副御、次副，各三十枚。又以太子幼弱，深忌诸王。皇兄太尉南
豫州刺史庐江王祎、皇弟司徒扬州刺史建安王休仁、南徐州刺史晋平
王休佑、巴陵王休若、皇侄安陵王子绥等皆以微嫌被杀。独桂阳王休
范以凡讷获免。复因喜怒屡杀大臣。在位八年，以太豫元年（西历纪元
四七二年）殂。太子昱立，是为后废帝。

六、昱之昏暴　萧道成之篡

昱即位后，尚书令袁粲、护军将军褚渊等受遗诏辅政。越二年（元
徽二年西历纪元四七四年），江州刺史桂阳王休范举兵反，右卫将军萧道成

击斩之，以功迁中领军。昱荒淫骄暴，甚于明帝。自以李道儿之子，每微行，自称李将军。常著小裤衫，营署巷陌无不贯穿。或夜宿客店，或昼卧道旁。排突厮养，与之交易，或遭谩骂，悦而受之。元徽四年（西历纪元四七六年），南徐州刺史建平王景素起兵京口讨之，不克而死。昱骄恣转甚，无日不出。从者并执梃矛，逢无免者，民间扰惧，行人殆绝。针锥凿锯不离左右，一日不杀则惨然不乐。殿省忧惶，食息不保。尝直入领军府，萧道成昼卧裸袒，昱令起立，画腹为的，引满，将射之。道成敛板曰："老臣无罪。"乃更以鈚，箭射中其脐，投弓大笑。道成忧惧，密与袁粲、褚渊谋废立，粲不从。道成乃密与越骑校尉王敬则定谋，阴结昱左右杨玉夫、杨万年、陈奉伯等，使伺机便。升明元年（西历纪元四七七年）七月，弑昱，以太后令，迎立安成王准，是为顺帝。

顺帝即位，萧道成自为司空、录尚书事，专国政。荆襄都督沈攸之起兵江陵，中书监袁粲、尚书令刘秉，起兵石头，讨之。皆不克而死。二年正月，道成自为太尉、都督十六州军事，引用子弟党羽，遍布内外，剪除宗室及大臣异己者。寻自加太傅、扬州牧。三年三月，自为相国，封齐公。四月，自进爵为王，遂称皇帝，是为齐高帝。废顺帝为汝阴王，迁于丹阳而弑之，夷其族，宋宗室无少长皆死。魏孝文帝闻警，遣梁郡王嘉，奉宋文帝子丹阳王刘昶伐齐，讨萧道成弑君篡国之罪。于是齐、魏之冲突起，南北战争又开始矣。时宋顺帝升明三年，齐高帝建元元年，魏孝文帝太和三年，西历纪元四七九年也。宋凡传八世，六十年（四二〇至四七九）而亡。

刘宋内乱表

内乱事迹	主动者	年代	西历	结果
一　营阳王义符被弑	徐羡之、傅亮、谢晦	营阳王景平二年	四二四年	文帝即位诛羡之、亮
二　彭城王义康之专政	刘湛、刘斌等	文帝元嘉十七年	四四〇年	黜义康、湛等皆伏诛
三　孔熙先之谋反	孔熙先	同二十二年	四四五年	事泄伏诛，并废义康为庶人，杀太子詹事范晔

	内乱事迹	主动者	年代	西历	结果
四	文帝之被弑	太子劭始兴、王浚	同三十年	四五三年	沈庆之奉孝武帝骏举兵讨诛之
五	晋安王子勋之举义	邓琬	废帝子业泰始元年	四六五年	子业为左右所杀，明帝即位，子勋不罢兵为明帝兵所攻杀
	沈攸之之举义	袁粲、刘秉	顺帝升明元年	四七七年	兵败，三人皆为萧道成所杀，宋亡

第四节　魏之内乱　乙浑之专权　冯太后之弑逆

先是魏太武帝经略四方，国颇虚耗。重以内难，朝野楚楚。文成帝嗣位，与时消息，静以镇之，怀集中外，民心复安。宋明帝泰始元年（西历纪元四六五年），文成帝殂，太子弘立，时年十二，是为献文帝。车骑大将军乙浑专权，杀尚书杨保年、司徒陆丽、司卫监穆多侯等，自为丞相，将谋大逆。二年（西历纪元四六六年），冯太后收浑，诛之，临朝称制。三年（西历纪元四六七年），献文帝亲政。勤于为治，赏罚严明，拔清节，黜贪污，于是魏之牧守始有以廉节著者。乘宋内乱，略取淮北。六年（魏皇兴四年），柔然入寇，帝自将击破之，国势日张。帝聪睿夙成，刚毅有断，而好黄老浮屠之学，常有遗世之心。在位五年，以泰始七年（魏孝文帝延兴元年，西历纪元四七一年）八月，传位于太子宏，自称太上皇帝，徙居北苑崇光宫，国有大事乃以闻。宏即位，年甫五岁，是为孝文帝。

尚书李敷弟奕，得幸于冯太后，有罪，献文帝诛之。冯太后怒，宋主昱元徽四年（魏承明元年，西历纪元四七六年），进毒弑帝，复临朝称制。太后性聪察，知书计，晓政事，被服俭素，膳羞减于故事什七八。而猜忍多权数，屡杀大臣，皆夷其族。幸臣王睿、宦官王琚、苻承祖等用事。孝文帝幼育于太后，性至孝，能承颜顺志，事无大小，皆仰成焉。

第五节　魏孝文帝之变法

是时魏孝文帝年渐长，英迈好学，深通中国文化。魏太和三年（即位之后第九年），命中书监高允议定律令，刑罚皆从轻减。太和六年始依中国古制，亲祀七庙。太和七年始禁同姓为婚。八年，始班禄于百官，严禁贿赂赃污。九年，诏均田。男子十五以下受露田四十亩，妇人二十亩。奴婢依良丁，人年及课则受田，老免，身没则还田。于是豪强始不得自由兼并。十年，朝会始服衮冕，制五等公服，作明堂辟雍，改中书学为国子学。十一年定乐章，凡非雅者皆除之。出宫人，罢末作。十三年，祀南郊，始备法驾。

太和十四年（齐武帝永明八年，西历纪元四九〇年），冯太后殂，孝文帝始亲政。见南朝祸乱相寻，阴有兼并之志。自以本国无文化，不足以统一中国。乃先改良庶政，凡百事务一概效法中国。正祀典、置乐官、考牧守、班新律，修古帝王圣贤之祀，亲养老于明堂。十七年（西历纪元四九三年），迁都洛阳。十八年禁民胡服。十九年禁胡语、求遗书、法度量、立国子大学，四门小学。二十年定族姓，改姓元氏。命代来诸功臣族姓或重复者，皆改为一字，与汉姓同。

魏孝文帝改从汉姓一览表（据本国史表解卷上转载）

一、胡氏出于胡子， 而纥骨氏亦改为胡氏	二、周氏出于后稷， 而贺鲁氏、普氏亦改为周氏
三、奚氏出于奚仲， 而达奚氏亦改为奚氏	四、伊氏出于帝尧伊耆氏， 而伊娄亦改为伊氏
五、丘氏出于齐太公， 而丘敦氏亦改为丘氏	六、亥氏晋有隐者亥， 而侯氏亦改为亥氏
七、叔孙出于鲁叔牙， 而乙旃亦改为叔孙氏	八、车氏出于汉田千秋， 而车焜亦改为车氏
九、穆氏出于宋穆公， 而邱穆陵亦改为穆氏	十、陆氏出于田敬仲， 而步六孤亦改为陆氏
十一、贺氏为齐庆氏所改， 而贺赖贺兰并改为贺氏	十二、刘氏出于晋士会， 而独孤氏亦改为刘氏
十三、楼氏出于杞东楼公， 而贺楼亦改为楼氏	十四、于氏出于武王子邘叔， 而勿忸于亦改为于氏
十五、连氏出于齐连称， 而是连亦改为连氏	十六、仆氏为周礼仆人后， 而仆兰亦改为仆氏

十七、苟氏出于黄帝子苟实， 而若干亦改为苟氏	十八、梁氏出于秦仲， 而援列兰亦改为梁氏
十九、略氏吴有略统， 而拨略亦改为略氏	二十、寇氏出于卫康叔， 而苦口引亦改为寇氏
廿一、罗氏出于祝融， 而叱罗亦改为罗氏	廿二、葛氏出于夏葛伯， 而贺葛亦改为葛氏
廿三、封氏出于黄帝后封钜， 而是贲亦改为封氏	廿四、阿氏出于商伊尹， 而阿伏干亦改为阿氏
廿五、延氏出于吴延陵季子， 而可地延亦改为延氏	廿六、鹿氏出于赵大夫， 而阿鹿桓亦改为鹿氏
廿七、骆氏出于齐公子骆， 而他骆括亦改为骆氏	廿八、薄氏周有薄疑， 而薄奚亦改为薄氏
廿九、桓氏出于齐桓公、 而乌丸亦改为桓氏	三十、侯氏出于晋侯缓， 而胡古可引亦改为侯氏
三十一、浑氏出于郑浑罕， 而吐谷浑亦改为浑氏	三十二、娄氏出于陆终， 而正娄亦改为娄氏
三十三、鲍氏出于鲍叔牙， 而俟力代亦改为鲍氏	三十四、卢氏出于齐高俱， 而吐伏卢亦改为卢氏
三十五、云氏为郑国之后， 而牒云亦改为云氏	三十六、是氏出于齐大夫， 而是云亦改为是氏
三十七、利氏汉有利迁， 而吐利氏亦改为利氏	三十八、如氏汉有如子礼， 而如罗亦改为如氏
三十九、扶氏汉有扶嘉， 而乞扶氏亦改为扶氏	四十、单氏出于周成王少子臻， 而阿单渴单并改单氏
四十一、几氏出于宋仲几， 而俟几亦改为几氏	四十二、儿氏周有儿良， 而贺儿亦改为儿氏
四十三、古氏出于古公亶父， 而叶奚亦改为古氏	四十四、毕氏出于毕公高， 而出连亦改为毕氏
四十五、何氏出于韩王安， 而贺拔亦改为何氏	四十六、吕氏出于禹裔太岳， 而叱吕亦改为吕氏
四十七、莫氏出于楚莫敖， 而莫那娄亦改为莫氏	四十八、路氏出于路子， 而没路真亦改为路氏
四十九、韩氏出于晋穆侯少子， 而步大汗亦改为韩氏	五十、扈氏出于夏诸侯， 而扈地干亦改为扈氏
五十一、舆氏出于周大夫伯舆， 而慕舆亦改为舆氏	五十二、干氏出于宋大夫干犨， 而纥干亦改为干氏
五十三、伏氏出于伏羲， 而俟伏斤亦改为伏氏	五十四、高氏出于齐公子高， 而是娄亦改为高氏
五十五、石氏出于卫石碏， 而温石兰亦改为石氏	五十六、屈氏出于楚屈瑕， 而屈突亦改为屈氏
五十七、解氏出于晋解狐， 而解毗亦改为解氏	五十八、奇氏出于鲁伯奇， 而奇斤亦改为奇氏
五十九、卜氏出于周礼卜人， 而须卜亦改为卜氏	六十、林氏出于平王庶子， 而丘林亦改为林氏

六十一、绵氏出于晋大夫， 而尔绵氏亦改为绵氏	六十二、盖氏出于汉盖公， 而盖楼亦改为盖氏
六十三、黎氏为九黎之后， 而素黎亦改为黎氏	六十四、明氏出于秦孟明， 而壹斗眷亦改为明氏
六十五、门氏出周之门子， 而叱门亦改为门氏.	六十六、宿氏出于太暤， 而宿六斤亦改为宿氏
六十七、山氏为烈山之后， 而吐难亦改为山氏	六十八、房氏出于丹朱， 而屋引亦改为房氏
六十九、树氏望出河东， 而树若干亦改为树氏	七十、窦氏出于夏少康后， 而纥豆陵亦改为窦氏
七十一、陈氏出舜之后， 而侯莫陈亦改为陈氏	七十二、狄氏出周文王少子， 而库狄亦改为狄氏
七十三、稽氏秦有稽黄， 而太落稽亦改为稽氏	七十四、潘氏出楚潘崇， 而破多罗亦改为潘氏
七十五、薛氏出颛顼少子阳， 而叱干亦改为薛氏	七十六、展氏出鲁公子展， 而辗迟亦改为展氏
七十七、费氏出鲁季文子， 而费连亦改为费氏	七十八、艾氏出宋公族， 而去斤亦改为艾氏
七十九、祝氏秦有祝欢， 而叱卢亦改为祝氏	八十、温氏出晋郤至， 而温盆亦改为温氏
八十一、杜氏为刘累之后， 而独孤浑亦改为杜氏	

第六节 齐魏之冲突

以上魏孝文帝所设施，皆以统一中国为目的，而以被同化于中国为手段。及设施稍有头绪，遂大举兵攻齐，以贯彻其统一中国之志。于是齐、魏之冲突起。

先是齐高帝篡位（魏孝文帝太和三年，西历纪元四七九年）。魏梁郡王嘉奉刘昶伐齐，攻寿阳，不克，引还，是为齐、魏第一次冲突。高帝在位三年，以建元四年殂（西历纪元四八二年）。太子赜立，是为武帝。

永明五年（魏太和十一年，西历纪元四八七年），齐荒人桓天生据南阳降魏，魏遣兵赴之。齐将军陈显达破魏兵。适柔然寇魏，北方有警，魏乃罢兵。是为齐、魏第二次冲突。

齐明帝篡位（魏太和十八年，西历纪元四九四年），魏孝文帝乘隙自将伐齐。攻钟离（在今淮泗道凤阳县），别将围南郑，皆不克。遣使临江，数明帝弑君篡国之罪而还，是为齐、魏第三次冲突。越三年（魏太和二十一年，西历纪元四九七年），复自将伐齐。由河南进入秦岭山脉，拔南阳新野，尽取北山诸郡。是时高车叛魏，相率北遁。会闻齐明帝殂，太子宝卷立，乃下诏称礼不伐丧，引还。讨高车，降之。是为齐、魏第四次冲突。次年（太和二十三年，西历纪元四九九年），孝文帝殂，太子恪立，是为宣武帝。

第七节　齐之内乱

一、昭业之荒淫　萧鸾之篡

齐武帝在位十一年，以永明十一年（西历纪元四九三年）殂。太孙昭业立。以叔父竟陵王子良为太傅，从祖西昌侯鸾为尚书令，辅政。昭业性辩慧，美容止，而矫情饰诈，阴怀鄙慝。与左右群小共衣食、同卧起。始从竟陵王子良在西州，文惠太子每禁节之。昭业密就富人求钱，夜开后阁，淫宴诸营署。师史仁祖、侍书胡天翼相谓曰：“若言之二宫，则其事未易，若为异人所殴及犬物所伤，岂直罪止一身，亦当尽室及祸。”相继自杀。所爱左右，皆逆加官爵。疏于黄纸，使囊盛带之，许南面之日，依此施行。侍疾居丧，忧容号毁，才还私室，即欢笑酣饮。常令女巫祷祀，速求天位。世祖有疾，与何妃书，作一大喜字，而三十六小喜字绕之。大敛始毕，悉呼武帝诸伎备奏诸乐。山陵之后，即与左右微服，游走市里，掷涂赌跳，作诸鄙戏。武帝聚钱及金帛不可胜计，未期岁，用垂尽。宠幸中书舍人綦毋珍之。朱隆之、直阁将军曹道刚、周奉叔、宦者徐龙驹等所论荐，事无不允。内外要职皆先论价。旬月之间，家累千金。后何氏亦淫佚，与左右杨珉通，昭业恣之。西昌侯鸾数谏，不从。乃启诛珉、龙驹、奉叔等，昭业不能违，心忌鸾，欲除之。

次年（西历纪元四九四年），竟陵王子良以忧卒，鸾与卫尉萧谌、征南谘议萧坦之等弑昭业而立新安王昭文，自为骠骑大将军、录尚书事、扬州刺史，封宣城公。大杀高帝武帝子孙，遍树己亲党。是年十月，自为太傅、扬州牧，晋爵为王。遂弑昭文而自立，是为明帝。

二、东昏侯之昏暴　和帝之起兵　萧衍之篡

明帝性猜多虑，屡杀大臣及近支诸王，高帝、武帝及文惠太子长懋诸子皆死。大司马会稽太守王敬则，自以高武旧将，心不自安。永泰元年（西历纪元四九八年）举兵反，至曲阿（今金陵道丹阳县），兵败而死。是年七月，明帝殂，太子宝卷立，是为东昏侯。

宝卷自幼不好学，唯嬉戏无度。及即位，不与朝士相接，专亲信宦官及左右御刀应敕之人（执御刀为仪卫而听应敕命者）。次年（永元元年）八月，右仆射江祐谋废之而立其从兄扬州刺史始安王遥光，谋泄，皆死。遥光惧，起兵东城（建康东城扬州刺史驻在地也）以攻宝卷，兵败，亦死。宝卷无所忌惮，益自恣。日夜与近习于后堂鼓叫戏马，常以五更就寝，日晡乃起。台阁案奏，阅数十日乃报，或不知所在。五省黄案，皆为宦者裹鱼肉还家。闰八月杀仆射萧坦之、领军刘暄，十月杀司空徐孝嗣、将军沈文季，于是顾命大臣皆尽。初，明帝临殂，以隆昌（昭业年号）事戒宝卷曰：“作事不可在人后。”故宝卷数与近习谋诛大臣，皆发于仓促，决意不疑，于是大臣人人莫敢自保。是年十二月，太尉陈显达举兵江州，袭建康，兵败亦死。宝卷益自骄恣，渐出游走，又不欲人见，每出先驱斥所过人家，唯置空宅，犯者应手格杀。一月凡二十余出，出辄不言定所，常以三四更中，鼓声四出，火光照天，幡戟横路。士民惊震，啼号塞道。四民废业，樵苏路断。吉凶失时，乳妇寄产。或舆病弃尸，不得殡葬。豫州刺史裴叔业心不自安，次年（永元二年）正月，据寿阳降魏，魏遣司徒彭城王勰、将军王肃镇之。是年四月，宝卷使将军崔慧景攻寿阳，慧景至广陵，奉江夏王宝玄为主，还逼建康，兵败皆死。是年八月，宝卷使将军陈伯之再攻寿阳，为魏所败。于是淮南西部入于魏。是为齐、魏第五次冲突。是时齐后宫火，嬖佞之徒有赵鬼者，能读《西京赋》，言于宝卷曰：“柏梁

既灾，建章是营。"宝卷乃大起芳乐、玉寿等诸殿，以麝涂壁，刻画装饰，穷极绮丽，役者自夜达晓，犹不副速。后宫服御，极选珍奇，凿金为莲花以帖地，令潘妃行其上曰："此步步生莲花也。"嬖倖因缘为奸利，课一输十，百姓困尽，号泣道路。

是年十一月，雍州刺史萧衍起兵襄阳，行荆州事萧颖胄奉刺史南康王宝融，起兵江陵，以讨之。次年（中兴元年）三月，诸将奉宝融即位于江陵，是为和帝。遥废宝卷为涪陵王。以颖胄为尚书令、荆州刺史，辅政。衍为征东大将军，率师东下，连克郢城（今湖北武昌县）、寻阳，遂围建康。宝卷悉以军事委将军王珍国。是年十二月，珍国与其副张稷弑宝卷，迎衍入建康。时颖胄已卒，物情悉归于衍。衍以太后令，追废宝卷为东昏侯。自为大司马、录尚书事，承制决事。次年二月，自为相国，封梁公，加九锡，寻自进爵为王。四月，遂称皇帝，是为梁武帝。废和帝为巴陵王，迁于姑孰而弑之，尽杀明帝子孙，齐亡。时齐和帝中兴二年，梁武帝天监元年，魏宣武帝景明三年，西历纪元五○二年也。齐凡传七世二十四年（西历纪元四七九至五○二）而亡。

萧齐内乱表

内乱事迹	主动者	年代	西历	结果
一、郁林王昭业之被弑	萧鸾	郁林王建武元年	四九四	鸾立新安王昭文，复废之而自立
二、王敬则之叛	王敬则	明帝永泰元年	四九八	兵败见杀
三、始安王遥光之举兵	始安王遥光	东昏侯永元元年	四九九	同
四、陈显达之举兵	陈显达	同	同	同
五、崔慧景之举兵	崔慧景	同二年	五○○	同
六、萧衍之举兵，南康王宝融之举兵	萧衍、萧颖胄	同	同	东昏被弑，萧衍废宝融而自立，齐亡

第八节　梁魏之冲突

初，梁武帝之起兵也，魏镇国将军元英、东豫州（治新蔡，即今汝阳道新蔡县）刺史田益宗，前后上书，请乘萧氏内乱，遣河南之师取襄阳江陵，淮北之师进窥建业，则江南一举可平。宣武帝将从之。会南朝内乱已平，乃止。武帝篡后，齐明帝子鄱阳王宝寅出奔魏，请兵复仇。魏以为扬州刺史、丹阳公、齐王，以任城王澄都督淮南诸军事，镇寿阳，经略江北。命镇南将军元英攻义阳（旧信阳州，今汝阳道），梁武帝天监三年克之，遂取平靖、武阳、广岘三关（平靖为西关，广岘为南关武，阳为东关，皆在今汝阳道信阳县境），于是秦岭山脉要塞入于魏。四年，梁汉中太守夏侯道迁以郡降魏，魏遣将军邢峦将兵入汉中，与梁将军孔陵等战，大破之，遂入剑阁。陵等退保梓潼。于是梁州十四郡地，东西七百里，南北千里，皆入于魏。是年冬，梁以扬州刺史临川王宏都督北讨诸军事，仆射柳惔副之，大发兵伐魏，次于洛口（在今淮泗道寿县界新城村南十五里）。魏以元英都督扬徐、刑峦都督东讨诸军事，率师拒之。宏性怯懦，部分乖方。五年冬，峦击宏前锋，败之，宏率轻骑逃归，诸军大溃，死者近五万人。魏宣武帝诏英乘胜平定东南，峦上书力争，谓"师老兵疲，愿俟再举"。帝征峦还，命萧宝寅代之，与英合兵围钟离。梁遣将军曹景宗、豫州刺史韦睿，率师救之。次年三月，大破魏师于钟离，斩首捕虏二十余万人，英单骑走还，于是魏人南下之势中阻。梁屡攻三关，欲恢复秦岭山脉要塞；复堰淮水以攻寿阳，欲恢复淮南；与魏以淮水为界，皆不克。于是南北均势之局破。会魏宣武帝殂，内乱踵作，国势骤衰，南北战争遂一时中止矣。

第十章

后魏之衰亡

第一节 后魏衰乱之原因

当是时，后魏入中国已久，逐渐汉化，武力渐衰。儒、释、道三教俱逐渐发达。先是，太武帝时，崔浩以司徒当国，信嵩山道士寇谦之之言，劝帝崇奉道教。即位之年，立天师道场于平城东南，重坛五层，月设厨会数千人，亲诣道坛，受符箓。浩素不信佛法，言于帝，以为佛法虚诞，为世费害，宜悉除之。宋文帝元嘉二十三年，帝自将讨盖吴，至长安，入佛寺。沙门饮从官酒，入其室，见大有兵器，出以白帝。帝疑其与吴通谋，将为乱，命有司阅其财产，大得酿具及窟室妇女。乃从浩议，悉诛境内沙门，毁佛书佛像，于是道教之势力骤张，佛教之气焰少杀。

太武帝晚年，佛禁稍弛，民间往往有私习者。文成帝即位，群臣多请复之，乃诏州郡县各听建佛图一区。民欲为沙门者听，大州五十人，小州四十人，于是曩之所毁，率皆修复。冯太后临朝，崇奉佛教。宋明帝太始三年，作大像，高四十三尺，用铜十万斤，黄金六百斤。五年，置僧祇户以赡养僧人，置佛图户以供诸寺洒扫，于是僧祇寺户遍于州镇，佛教徒之势益张。宣武帝在位，尤重佛教，梁武帝天监八年亲讲佛经，时沙门自西域来至洛阳者凡三千余人。诏立永明（在洛阳）、闲居（在嵩山）二寺以处之，极岩壑土木之美，由是远近承风，无不事佛。及其末年，州郡共有一万三千余寺。天监十四年（西历纪元五一五年），宣武帝殂，太子诩立，是为孝明帝。年幼不能亲政，母贵嫔胡氏，废其太后高氏为尼。自尊为太后，临朝称制。十五年，作永宁寺于宫侧，又作石窟寺于伊阙口，为九层浮图，高九十丈，刹高十丈，极土木之盛。十七年，遣使者宋云与比丘慧生，如西域求佛经。云等行四千里，至赤岭（在今青海西宁道南境）乃出魏境，又西行再期，至乾罗国，得佛书百七十部而还。于是佛教日盛，慈悲主义流行，慓悍勇武之风渐失。

自孝文帝以来，提倡儒教，经学家辈出，以考据为唯一不二学问，毕生精力消磨于故纸堆中。拾汉人之牙慧，殷殷研究，其所著作，号为注疏，大抵皆沾沾于文章字句之末，未窥微言大义。上流社会之人日以拈章摘句为事，不亲兵革，执干戈卫社稷之事委之武人。武人社会为上流社会所轻，等于皂隶。十八年，征西将军张彝之子仲瑀上封事，求铨削选格，排抑武人不使预清品。于是喧谤盈路，羽林虎贲作乱，杀彝，焚其第舍。胡太后取姑息政策，收掩羽林虎贲凶强者八人斩之，其余不复穷治，大赦以安之。因令武官得依资入选，于是法令逐渐废弛。时官员既少，应选者多。崔亮为吏部尚书，立停年格，不问士之贤愚，专以停解日月为断，沉滞者称其能，而所举多不称职，于是吏治日坏。

魏累世强盛，东夷西域，贡献不绝。又立互市以致南货，府库盈溢。太后常幸绢藏，命从行者百余人，各自负绢，称力取之，少者不减百余匹。宗戚权幸竞为豪侈。宣武帝尝命宦者白整，为孝文帝后凿二佛龛于龙门山，皆高百尺。宦者刘腾复为宣武帝凿一龛，凡用十八万二千余工而未成。太后复建寺不已，令诸州各建五级浮图。诸王贵人宦官羽林各建寺于洛阳，相高以壮丽。太后设会施僧，动以万计。赏赐左右，所费不赀，而未尝施惠及民。府库渐虚，乃减削百官禄。太后聪悟，颇好读书作文。临朝之初，犹称令以行事，群臣上书称殿下，政事皆手笔自决。黜当时权臣侍中领军将军尚书令于忠，而以宗室诸王辅政。天下翕然想望太平，已而荒于游乐，数幸宗戚勋贵之家。孝明帝年幼，好游骋苑圃，不亲视朝。过崇佛法，郊庙之事，一委有司。于是太后专国，下令始称诏。太傅清河王怿美风仪，素有才能，辅政多所匡益，好学礼士，时望甚重。太后逼而幸之。侍中领军将军元义恃宠骄恣，怿每裁之以法。宦官卫将军刘腾权倾内外，吏部用其弟为郡，怿抑而不奏。义、腾使主食（典御膳者）胡定谮怿于孝明帝云："将谋大逆。"帝年幼，信之。梁武帝普通元年（魏正光元年），义、腾遂杀怿，幽太后于北宫，于是大权入于义。义与腾表里擅权，腾总官省，义管朝政，骄恣贪横，公私属请，惟视货多少。刻剥六镇（注见下节），岁入以巨万万计，远近苦之。义嗜酒好色，与夺任情，纪纲坏乱。父京兆王继为太保，尤贪纵，受赂遗。请属有司，莫敢违者。牧守令长，率皆贪污之人。由是百姓困穷，人人思乱。

后魏衰乱原因表

一、远因汉化及印度化	主持者	各教名人	所设施
甲、道教之流行	太武帝及崔浩	寇谦之	立天师道场于平城东南
乙、佛教之流行	文成帝	令州郡县各建浮屠一区	
	冯太后	作大像置僧祇佛图户	
	宣武帝	亲讲佛经，立永明，间居二寺	
	胡太后	作永宁寺于宫侧，石窟寺于伊阙，遣宋云及比丘慧生，如西域求佛经。	

				定律令，祀七庙，禁同姓为婚，班禄于百官，朝会始服衮冕，制五等公服，作明堂辟雍，改中书学，为国子学，定乐章，出宫人，罢宋作，祀南郊，正祀典，置乐官，考牧守，班新律，修古帝王圣贤之祀，养老于明堂，禁胡服胡语，求遗书，法度量，冠汉姓
丙、儒教之流行	孝文帝			
二、近因	时代	原因	经过	结果
甲、羽林虎贲之乱	梁武帝天监十八年	张仲瑀请铨削选格，排抑武人	杀将军张彝	太后取姑息政策，大赦以安之，因令武人得依资入选，崔亮立停年格，于是吏治日坏
乙、胡太后、孝明帝皆好游乐				
丙、元义之专权	梁武帝普通元年		杀太傅清河王怿	遂幽胡太后于北宫
丁、虐待六镇府户			尚书令李崇请改镇为州，免府户为民，不听	沃野镇民破六韩拔陵、柔玄镇民杜洛周等遂先后举兵反

第二节 六镇之叛与河北关中之乱

后魏之初入中原也，沿边置怀荒、柔玄、抚冥、武川、怀朔、沃野六镇，地广人稀，征发中原强宗子弟以实之，倚为爪牙。中叶以后，有司号为府户，役同厮养。官婚班齿，致失清流。而本来族类，各居荣显。顾瞻彼此，各怀愤怨。梁武帝普通四年（魏孝明帝正光四年），尚书令李崇北伐柔然还，上书请"改镇立州，分置郡县。府户悉免为民，入仕次叙，一准其旧"。帝不能用。是年四月，沃野镇（在今宁夏道东北边，鄂尔多斯右翼，黄河西岸白塔之东，腾格里泊之南，汉朔方地）民破六韩拔陵聚众反，杀镇将，攻围武川（今绥远武川县）、怀朔（今绥远五原县）等镇，破都督临淮王彧兵，于是河套东西现今归绥、乌伊等地皆陷，北方戒严。五年四月，高平（今甘肃泾原道固原县）敕勒酋长胡琛反，魏将卢祖迁击破之。琛北走，寇幽（今关中道邠县）、夏（今陕西榆林道横山县）等州。同年五月，秦州莫折大提反，陷高平。大提死，子念生代领其众，寇掠陇东诸郡，陷歧州，杀都督元志，西方戒严。同年十月，营州（今热河朝阳县）人就德兴反，东北方戒严。魏遣都督李崇讨拔陵，将军崔暹违崇节度，战于白道（在今归化城北），败绩。六年，柔然阿那瓌可汗为魏讨拔陵，败之。西部敕勒降魏，魏都督广阳王深乘势击拔陵，败之。拔陵南徙渡河，其众前后降附者二十余万人，拔陵之势渐衰。深上书请于恒州北别立郡县，安置降户，随宜赈赉，息其乱心。帝不听，分处之于冀、定、瀛三州就食，降户皆成乞活。于是柔玄（今察哈尔兴和县）镇民杜洛周反于上谷，陷幽、定、瀛等州。五原降户鲜于修礼、朔州（即怀朔镇改名）鲜于阿胡相继叛，陷平城。七年八月，贼帅元洪业杀鲜于修礼以降魏，其党葛荣复杀洪业而自立，袭杀魏都督章武王融、广阳王深，遂陷殷州（故城在今大名道，即故赵州隆平县东十里）。是年，就德兴陷营平等州，辽河流域多入于德兴。拔陵诱胡琛，杀之。其党万俟丑奴代领其众，侵扰陕甘北部，据高平。次年（大通元年）魏西讨大都督萧宝寅击莫折念生，破斩之，遂据关中，举兵反。行台长孙稚讨破之。宝寅奔万俟丑奴，丑奴之势转盛。是年，葛荣陷冀州。大通二年，杀杜洛周，并其众。陷定、沧、瀛等州，于是河北多入于荣。计前后五六年间，现今河北、陕西、甘肃及热、察、绥三省皆乱，民心骚动。会胡太后以微嫌弑孝明帝，内乱复起。盖世骁雄尔朱荣，遂以讨弑逆之罪为名，乘势起兵，颠覆帝室矣。

第三节　胡太后之弑逆　河阴之变

尔朱荣者，秀容川（在平城近傍）酋长尔朱羽健之玄孙。羽健佐魏道武帝攻晋阳中山，有功，环其所居割地三百里以封之，子孙世袭。荣神机明决，御众严整。见四方兵起，阴有大志，散其蓄牧资财，招合骁勇，结纳豪杰。侯景、司马子如、贾显度、段荣、窦泰、尉景、蔡俊等皆往从之。讨群盗乞伏莫于、斛律洛阳等有功，累拜车骑将军、开府仪同三司，并、肆、汾、广恒、云六州大都督，镇守北方。元乂既幽胡太后，自专国政，骄恣暴虐，国人皆怨。梁武帝普通六年，丞相高阳王雍、侍中穆绍等，与孝明帝密谋诛之，奉太后复临朝。幸臣郑俨、徐纥、李神轨等用事，政事纵弛，盗贼蜂起，封疆日蹙。孝明帝浸长，太后自以所为不谨。凡帝所爱信者，辄以事去之，务为壅蔽，不使知外事。由是母子之间，嫌隙日深。

是时尔朱荣兵强，其部将高欢劝其举兵入洛，除郑俨、徐纥等以清君侧。荣大悦，从之，表请不听，遂举兵塞井陉。帝亦深恶俨、纥等，逼于太后，不能去。密诏荣举兵内向，欲以胁太后。大通二年（魏孝武帝孝昌四年，西历纪元五二八年），荣以高欢为前锋大举南向。至上党，帝复以私诏止之。俨、纥恐祸及己，阴与太后谋，鸩弑帝，伪立皇女为帝，寻改立临洮世子钊（临洮王宝晖子），年甫三岁。太后欲久专政，故立。荣闻之，大怒，与其党并州刺史元天穆等举兵讨弑逆之罪。太后遣李神轨将兵拒之。荣兵至河阳，别将郑先护等迎降，神轨遁还。荣立彭城王勰子长乐王子攸，是为孝庄帝。执太后及幼主钊，沉之于河。用其党费穆谋，引百官集于行宫北，列胡骑围之，责以天下丧乱，肃宗暴崩，朝臣贪虐，不能匡弼之罪，因纵兵杀之。王公以下，死者二千余人。复杀皇兄无上王劭、弟始平王子正，迁帝于河桥，置之幕下，将行大逆。部将贺拔岳力谏，乃止。自为都督中外诸军事，封太原王，还晋阳。以元天穆为侍中、录尚书事、兼领军将军，留洛阳辅政，于是中外大权皆归于尔朱氏。

是时葛荣引兵围邺，荣自将击葛荣，擒之。就德兴降，河北辽西群盗皆平。复以贺拔岳为大将，奉其从子尔朱天光讨万俟丑奴，大破其兵于岐州，执丑奴及萧宝寅，皆诛之。关陇群盗皆平，魏境内略定。会梁立魏北海王颢为魏王，遣大将陈庆之纳之，屡破魏兵，遂入洛阳。于是南北战争复起，淮水、汉水流域复骚然矣。

第四节　梁之北侵　元颢入洛

梁自钟离大胜后，堰淮水以攻寿阳，屡筑屡坏，沿淮城戍村落十余万口皆漂入海，而寿阳卒不破。自天监十五年以后十年间（西历纪元五一六年至五二四年），两国不复构兵。其后破六韩拔陵、莫折念生等作乱，魏境骚然。梁复乘机北伐，侵略淮南北诸郡，复取寿阳及三关，寻取梁州，于是淮南及秦岭山脉以南诸郡复入于梁。魏徐州刺史元法僧素附元义，见义骄恣，恐及祸，普通六年正月，以彭城降梁，梁遣皇子豫章王综镇之。是年六月，综叛降魏，魏复取彭城。自此以后连年构兵，魏人多败。尔朱荣入洛阳以后，魏宗室北海王颢等相继出奔梁。尔朱荣还晋阳，梁立颢为魏王，遣将军陈庆之将兵纳之。是时魏元天穆在洛阳辅政，将引兵东出河间，讨群盗邢杲。尚书薛琡谏以为宜先防颢，天穆不听，中大通元年（魏孝庄帝永安二年）四月，天穆自将击邢杲，平之。洛阳空虚，庆之乘隙取荥城（在今河南开封道高丘县东）、梁国、荥阳、虎牢，奉颢即皇帝位。天穆引兵还救，庆之击破之于虎牢城下。天穆北走渡河；颢入洛阳；孝庄帝奔河内。是时庆之所将梁兵才七千人，自入魏境凡取三十二城，大小四十七战，所向皆克。庆之以部兵孤单，说颢更请兵于梁。颢与临淮王彧、安丰王延明密谋叛梁，忌庆之，阴谋去之，故不从其议。是年闰六月，尔朱荣引兵自太原南下，缚筏夜渡黄河，颢兵溃，走临颍（今开封道，即故许州临颍县），为人所杀。陈庆之微服间行还建康。孝庄帝还洛阳，荣自为大丞相，天柱大将军。

第五节　尔朱荣之伏诛　尔朱世隆之弑逆　高乾之举义

荣既得志，骄暴日甚，树置亲党，布列朝廷。帝一举一动，大小必知。荣虽居外藩，遥执朝政。帝性勤政事，朝夕不倦，数亲览辞讼，理冤狱，荣闻之，不悦。帝尝与吏部尚书李神俊议清治选部，荣挠之，神俊惧而辞位。荣令其从弟仆射世隆摄选，启北人为河南诸州，帝不许。荣闻之，滋恨。荣女为帝皇后，性妒忌，数忿恚，有怨言。帝外逼于荣，内制于后，居尝怏怏不乐。关陇平后，荣讽朝廷求九锡，帝依违不许。荣举止轻脱，喜驰射，性好猎。无间寒暑，不避险阻，士卒苦之。太保城阳王徽、侍中李彧、杨侃等，密与帝谋诛荣。梁武帝中大通二年（魏孝庄帝永安三年，西历纪元五三〇年）九月，乘其入朝，诱至宫中，诛之。并诛元天穆。世隆帅荣部曲，走屯河阴（县名，故城在今河南河洛道孟津县东），与汾州刺史尔朱兆（荣从子）、徐州刺史尔朱仲远（世隆兄）举兵反，王师败绩。是年十二月，世隆陷洛阳，弑孝庄帝。立长广王晔，寻以晔疏远无人望，复废之而立广陵王恭，是为节闵帝。

初，孝庄帝之诛尔朱荣也，诏河西贼帅纥豆陵步蕃袭秀容，至是步蕃举兵南下，大破兆于秀容。兆求救于晋州刺史高欢，欢与兆合击步蕃，大破斩之。兆德欢，相与结为兄弟，使欢统六镇。于是贺兰山阴山脉以南，恒山脉以北，现今察绥等地皆入于欢，欢势始大。三年（西历纪元五三一年）二月，河北大使高乾、直阁将军高敖曹、前河内太守封隆之等起兵信都，为敬宗举哀，移檄州郡，共讨尔朱氏。以冀州迎欢，于是河北亦入于欢，魏封欢渤海王，征之不至，乃以为东道大行台、冀州刺史。

第六节　高欢之举兵　尔朱氏之族灭

是时尔朱天光专制关右，兆奄有并汾，仲远擅命徐兖，世隆居中用事，竞为贪暴，而仲远为尤甚。所部富室，多诬以谋反，没其妇女财物，而投其男子于河。太保杨椿、司空杨津皆有名德，家世孝友，世隆诬以谋反，杀之，夷其族。由是四方皆恶尔朱氏。

是年六月，高欢起兵信都，讨尔朱氏。立渤海太守元朗为帝，自为丞相，都督中外诸军事。尔朱兆等连兵攻之。欢纵反间计，离间兆与世隆，击破其兵，遂取邺郡。四年（西历纪元五三二年）春，兆与世隆、仲远、天光等连兵攻邺，欢击破之。兆还晋阳，仲远奔东郡，天光走洛阳。将军斛斯椿等袭洛阳，诛世隆、天光，尽杀尔朱氏之党。天光弟显寿留镇长安，雍州刺史贺拔岳诛之，仲远奔梁，欢入洛阳。以朗族属疏远，将废之而奉节闵帝。其党魏兰根以帝神采高明，恐后难制，劝欢废之。欢乃废帝及朗，而立平阳王修，是为孝武帝。欢自为大丞相、天柱大将军，专国政。五年，击尔朱兆于秀容，破斩之。于是尔朱氏皆灭。

第七节　高欢之叛逆　孝武帝之西迁　魏室之分裂

欢既破兆，遂据晋阳为根据地，建大丞相府居之，遥制朝政，帝寝不能平。侍中斛斯椿、南阳王宝炬等密劝帝图之。以雍州刺史贺拔岳拥重兵，密与相结。拜岳关西陇右大行台，都督雍、秦等二十州军事。出其兄胜为荆州刺史，都督荆、郢等七州军事，欲以敌欢。欢患岳之强，使右丞翟嵩使关中，说秦州刺史侯莫陈悦使图岳。六年（西历纪元五三四年）正月，悦诱岳会于高平，刺杀之。诸将推夏州刺史宇文泰为帅，诏泰权统岳军。是年四月，泰进兵上陇，讨悦于上邽，诛之，遂定秦陇。诏以泰为关西大都督，承制封拜。

侍中封隆之说欢使图斛斯椿，谋泄，奔晋阳。河南诸州刺史多欢党，帝数欲易之，欢不奉诏。是年六月，帝征河南诸州兵集洛阳，谋讨欢。欢以诛斛斯椿为名，举兵反。以高敖曹为前锋，进军临河。仪同三司贾显智以滑台叛降欢，欢引军济河，王师败溃，帝奔长安。宇文泰帅师奉迎，诏以泰为大将军、雍州刺史，兼尚书令，寻进位大丞相。军国之事一以委之。欢入洛阳，集百官，责以处不谏诤、出不陪从之罪，杀仆射辛雄以下数人。推清河王亶为大司马，承制决事。是年十月，立清河世子善见为帝，是为孝静帝。徙都于邺，是为东魏。孝武帝闺门无礼，从妹不嫁者三人。平原公主明月、南阳王宝炬之同产也。从入关，宇文泰使人杀之，帝不悦，由是复与泰有隙。是年十二月，帝饮酒遇鸩而殂。次年（梁大同元年）正月，泰立南阳王宝炬，是为文帝。帝恭己无为，大权皆入于泰。泰与欢有不两立之势，自此以后，连年构兵，前后继续十三年，互有胜负，蒲、陕、商、华之民疲于兵革。

梁武帝太清元年（魏文昭帝大统十三年，东魏孝静帝武定五年），欢卒，子澄辅政。大行台侯景以河南降梁，东魏讨景，破之。景奔梁，东魏用反间计，求成于梁以间景，景疑忌，遂反。于是北朝之内乱稍平，南朝之内乱又起，梁之基业遂从此告终矣。

后魏内乱表

内乱事迹	年代	西历	主动者	结果
一、道武帝之被弑	晋安帝义熙五年	四〇九年	清河王绍	明元帝嗣讨杀之而自立
二、太武帝之被弑	宋文帝元嘉二十九年	四五二年	宗爱	刘尼、源贺、陆丽等讨杀爱，立文成帝濬
三、陆丽之被害	宋明帝泰始元年	四六五年	乙浑	冯太后收浑斩之
四、献文帝之被弑	宋后废帝昱元徽四年	四七六年	冯太后	冯太后临朝称制
五、六镇之叛	梁武帝普通四年	五二三年	破六韩拔陵	陷武川怀朔二镇，诸镇皆乱
六、关西之乱	同五年	五二四年	胡琛、莫折大提	关西州郡多陷
七、河北河东之乱	同年	同年	营州人就德兴	北方州郡多陷
	同六年	五二五年	杜洛周反于上谷	
	同年	同年	鲜于修礼阿胡陷平城	
八、孝明帝被弑尔朱荣之举义河阴之变	梁武帝大通二年	五二八年	胡太后、尔朱荣	尔朱荣入洛阳，杀太后及朝臣二千余人
九、孝庄帝被弑纥豆陵步蕃之举义	梁武帝中大通二年	五三〇年	尔朱世隆	弑孝庄帝，立长广王晔，复废之而立广陵王恭
十、高乾之举义	同三年	五三一年	高乾、封隆之	以冀州迎高欢
十一、高欢之举义	同年	同年	高欢	灭尔朱氏
十二、高欢之叛	同六年	五三四年	同	孝武帝西迁魏室分裂

第十一章

梁室之衰亡

第一节　梁室衰乱之原因

当是时梁武帝在位已久，内政逐渐腐败，国势寝衰。帝以军人起家，长于用兵，兼善治国。即位以后，置谤木函以通下情，置肺石函以达民隐。每简长吏，务选廉平，皆召见于前，勖以政道。小县令有能，迁大县；大县有能，迁二千石；由是廉能莫不知劝。天监九年，帝幸国子学，亲临讲肄。诏皇太子以下及王侯之子皆入学，于是天下翕然，崇尚儒道。

即位之初，仆射范云辅政，尽心事上，知无不为，临繁处剧，精力过人。天监二年云卒，以尚书左丞徐勉、右卫将军周舍同参国政。勉精力过人，虽文案填积，坐客充满，应对如流，手不停笔。尝与门人夜集，客求官，勉正色曰："今夕只可谈风月，不可及公事。"时人咸服其无私。舍雅量不及勉，而清简过之。豫机密二十余年，国史、诏诰、仪体、法律、军旅、谋谟皆掌之。与人言谑终日，未尝泄机事，众尤服之。二人俱称贤相，是以朝政清明，国内称治。

中叶以后，帝溺于佛教，求治之念渐衰。崇拜达摩禅师（南天竺国人，普通年间东来），提倡灵魂不灭论。罢宗庙牲牢，荐以蔬果。前后凡三次舍身于同泰寺，设大会，释御服，持法衣，亲为四众讲涅槃经。群臣辄以钱一亿万奉赎还宫，复修长干寺、阿育王塔，设无碍食。帝为人孝慈恭俭，博学能文，勤于政务。冬月视事，执笔触寒，手为皲裂。自天监中，用释氏法，长斋一食，惟菜羹粝饭；身衣布衣，木绵皂帐；一冠三戴，一衾二年；后宫衣不曳地；性不饮酒。非祭祀飨宴及诸法事，未尝作乐；虽居暗室，恒理衣冠；小坐盛暑，未尝褰袒；对内竖小臣，如遇大宾。然优假士人太过，牧守多侵渔百姓。使者干扰郡县，又好亲任小人，颇伤苛察。多造塔庙，公私费损。散骑常侍贺琛尝上书论之，帝不悦。帝敦尚文雅，疏简刑法。自公卿大臣，咸不以鞫狱为意。奸吏招权弄法，货赂成市，枉滥者多。帝春秋既高，又持佛戒，每断重罪，则终日不怿。或谋反逆事觉，亦泣而宥之。由是王侯益横，或白昼杀人，暮夜剽掠，帝深知其弊，而溺于慈爱不能禁。

　　普通五年（西历纪元五二四年），周舍卒，大同元年（西历纪元五三五年），徐勉卒，散骑常侍朱异、尚书令何敬容辅政。敬容质悫无文，以纲维为己任。异多艺能，精力敏赡，曲营世誉，善伺主意为阿谀。用事三十年，广纳货赂，欺罔视听，远近莫不忿疾。园宅、玩好、饮膳、声色穷一时之盛。每休沐，车马填门，于是朝政逐渐腐败。

　　太子统贤而孝，自加元服，诏使省录朝政，辨析诈谬，秋毫必睹，但令改正，不加案劾。断狱多所全宥，宽和容众。喜愠不形于色。好读书，善属文，引接才俊，不蓄声乐。每霖雨积雪，遣左右周行闾巷，视贫者赈之。天性孝谨，在东宫坐起恒西向。中大通三年（西历纪元五三一年），统卒，谥曰昭明。诏立其母弟晋安王纲为太子。纲温文尔雅，长于文学，而短于政事。皇弟临川王宏、皇侄临贺王正德、皇子邵陵王纶、湘东王绎、武陵王纪等，皆久居外藩，握兵柄，多过失，而内不协，各有相图之势。纲与绎皆好黄老，崇尚虚无，宅心世外，不勤政事。中上流社会清谈之风盛行，甚于西晋时代。

　　建康都城居扬子江下流，气候温暖，山水清佳，富于戏曲及小说风致。晋室南渡以后，纤靡文学逐渐发达，至梁时达于全盛。最著者为骈体文学，或曰四六文字，讲声调，论对偶，形式光华流丽，而精神多被束缚。因而韵学及四声学皆发达，文字多纤巧艳丽，无伟大雄奇之致。小说受佛教影响，多带悲调。经学之盛虽不如北朝，而以清谈解经为南朝特色。江南久安，风俗奢靡，都人士多宽袍大袖，出必乘舆，有乘马者斥为粗野。将相之中且有因乘马被劾者。步行时著长裙高屐，运动极其不便。平居多傅脂粉，薰香泽，以博人怜爱。体魄逐渐惰弱，朝廷及社会习尚如此，绝非长治久安之道，一有变乱随即土崩瓦解。一世大盗侯景，遂乘衅南窥，颠覆梁室矣。

梁室衰乱原因表

一、武帝溺于佛教	二、优假士人太过，官吏多侵渔百姓	三、刑政废弛
四、朱异之蒙蔽	五、昭明太子之早逝	六、诸王之弄兵
七、简文帝之文弱	八、都人士之好侠游	九、外交因应之失宜

第二节　侯景之乱

侯景者，朔方人，右足偏短，弓马非其所长，而多谋算。初为尔朱荣部将，讨葛荣有功，拜定州刺史。高欢灭尔朱氏，以景有智略，善用兵，拜司徒、大行台，总兵十万，专制河南。景素轻高澄，尝曰：“高王在，吾不敢有异。王没，吾不能与鲜卑小儿共事矣。”太清元年（西历纪元五四七年）正月，欢疾笃。澄诈为欢书以召景，景辞不至，而拥兵自固。欢卒，遂以河南降魏，复遣使奉表降梁，梁群臣多欲谢绝之。武帝惑于朱异说，不听。拜景大将军，封河南王，都督河南北诸军事。遣司州刺史羊鸦仁等，将兵趣悬瓠以援之。东魏遣司徒韩轨督诸军讨景，景以梁援军尚未至，乃割四城赂魏以求救。魏遣太尉李弼、仪同赵贵将兵赴颍川以救之。征景入朝，景不受命，魏师乃还。是年七月，梁遣贞阳侯渊明督诸将攻东魏之彭城以救景。高澄遵欢遗命，以慕容绍宗为行台，将兵救之。绍宗击破梁兵，擒渊明，梁兵崩溃，景退屯涡阳（今淮泗道，即故颍州府蒙城县）。绍宗追之，为景所败。相持数月，景食尽南走，绍宗追击破之。二年（西历纪元五四八年）正月，景众溃。走渡淮，袭据寿春，梁以为南豫州牧。光禄大夫萧介请讨之，不听。

东魏高澄数遣使求成于梁，欲使景自疑而作乱。武帝从朱异议，许之。司农卿傅岐谏，不听。景上书曰："臣与高氏衅隙已深，今陛下复与连和，使臣何地自处？"帝报之曰："朕与公大义已定，岂有成而相纳、败而相弃乎？"景乃诈为邺中书，求以渊明易景，帝将许之。傅岐曰："侯景以穷归义，弃之不详。且百战之余，宁肯束手受絷。"谢举、朱异曰："景奔败之将，一使之力耳。"帝从之。复书曰："贞阳旦至，侯景夕返。"景谓左右曰："我固知吴老公薄心肠。"王伟说景曰："今坐听亦死，举大事亦死，唯王图之。"于是始为反计。

是年八月，景以诛佞臣朱异等四人（中领军朱异、少府卿徐麟、太子右卫率陆、验制局监用石珍）为名，举兵反。诏遣邵陵王纶督诸军，四路进兵讨之。王伟献计于景，请乘诸军未集，悉师南下，直掩建康，景从之。袭破谯城、历阳，引兵临江。武帝问计于尚书羊侃，侃请以二千人急据采石，令邵陵王袭取寿阳，使景进不得前，退失巢穴。朱异曰："景必无渡江之志。"遂寝其议。而遣临贺王正德、督诸军屯丹阳以拒景。先是正德屡以贪婪得罪，阴养死士。幸国家有变，至是景遣使以密谋推戴说正德，正德大喜。是年十月，遣大船数十艘，诈称载荻，迎景渡江。诏以皇长孙宣城王大器都督建康城内诸军事，羊侃为军师将军，督诸军拒景。正德引景兵围台城。十一月，景据石头，以正德称帝。邵陵王纶行至钟离，闻景已渡江，昼夜兼行，旋军入援。至玄武湖，为景所乘，众溃，纶奔朱方（今金陵道丹徒县），羊侃胆力俱壮，亲督诸军乘城，与景苦战连月，援兵不至。是年十二月，侃卒，城中益惧。散骑常侍韦粲、东西道都督裴之高、柳仲礼等，各以兵入援，推仲礼为大都督。仲礼傲很，不恤军事，与纶及诸将有隙，互相猜阻，莫有战心。三年（西历纪元五四九年）正月，景击梁援军，韦粲及天门太守樊文皎先后战死，仲礼屯大桁（即朱雀桁建康南之浮桥也），不敢进。城中食尽，死者什八九，横尸满路。侯景众亦饥，抄掠无所获。东城有米可支一年，景欲掠之。援军断其路，王伟请伪求和以缓其势，运米入石头，然后休士息马，缮修器械，伺其懈怠击之，景以为然，拜表求和，太子请许之。是年二月，诏以景为大丞相豫州牧设坛城外，遣仆射王克等与之盟，敕止援军。荆州刺史湘东王绎等皆逗遛途中不进。景既得东府米，攻城愈急。是年三月，台城陷。景自称大丞相，大都督中外诸军、录尚书事。柳仲礼等开营降景，邵陵王纶奔会稽，帝忧愤成疾而殂。凡在位四十八年，年八十六岁，太子纲即位，是为简文帝。在位二年，景弑之而立昭明太子长孙豫章王栋，寻复废栋，自称汉帝。适值湘东王绎起兵江陵，遣诸将王僧辩等击破景，诛之。于是侯景之乱告终，而梁社亦丘墟矣。

第三节　侯景伏诛　湘东岳阳之冲突

先是武帝在位，多以诸王为各州都督刺史，分据大藩。诸王多骄倨，心不相下。邵陵王纶在南徐州，湘东王绎在荆州，武陵王纪在益州，皆权侔人主。昭明太子第三子詧为雍州刺史，以武帝衰老，朝多秕政，遂蓄财下士，招募勇敢，左右至数千人。以襄阳形胜，梁业所基，可图大功，乃克己为政，抚循士民，数施恩惠，延纳规谏，所部称治。侯景作乱，绎移檄所部，发兵入援。军于郢州之武城（故城在今江汉道黄冈县西北一百二十里），逗遛不敢进。台城陷后，绎归江陵。信雍州刺史张缵谗，是年太清三年七月，遣兵攻湘州，刺史河东王誉（昭明太子第二子）兵败，退保长沙。岳阳王詧攻江陵以救之。邵陵王纶致书于绎，劝以解仇息兵，专力对外，绎不听。使其将王僧辩击败詧兵，进攻襄阳。詧惧，请救于魏。魏宇文泰欲乘势经略江汉，是年十一月，以开府杨忠都督三荆诸军事，与仆射长孙俭将兵救之，击破绎兵，获其将柳仲礼，遂取安陆竟陵。于是汉东诸郡皆入于魏。绎惧请和，魏人许之，乃盟而还。次年（大宝元年）四月，绎克湘州，杀誉，于是詧与绎仇隙日深。魏立詧为梁王，建台置百官，列为保护国。是时邵陵王纶移屯江夏，大修铠仗，将讨侯景。绎遣王僧辩等帅舟师袭之，纶耻兄弟内讧，出奔齐。

侯景久据建康，残忍暴虐，百姓皆怨，诸郡多起兵拒景。是年十月宁州刺史徐文盛率师东下，败景兵于贝矶（在今湖北江汉道麻城县东南八十里）。二年三月，进克武昌。景分兵袭破江夏，执郢州刺史湘东世子方诸，文盛众溃，奔江陵。景兵进逼江陵，绎以王僧辩为大都督，督诸将王琳、杜龛等讨景，击破景于巴陵。始兴太守陈霸先起兵讨景，克江州，遂与王僧辩合兵东下。次年（梁元帝承圣元年）三月，击破景于石头。景亡走吴，其将羊鹍斩之以降。江东平。

第四节 江陵之陷 陈霸先之篡

初，侯景之逼江陵也，湘东王绎求援于魏，命梁秦刺史（梁武帝大同元年，魏内乱国分为二，梁州复降于梁）宜丰侯循以南郑与魏，循不可。魏宇文泰使柱国达奚武，将兵攻下之，于是剑北皆入于魏。侯景平后，绎即位于江陵，是为元帝。武陵王纪亦自立于成都。承圣二年三月率师东下，与帝争国，帝复求救于魏。宇文泰遣大将军尉迟迥，由散关伐蜀。四月围成都，纪次于西陵，与信州（今东川道故夔州府）刺史陆法和相持。是年七月，闻成都已危，军心骇乱，遂溃。纪与其诸子皆为追兵所执，见杀。八月，成都降魏，魏以尉迟迥为益州刺史，镇之。于是扬子江上流皆入于魏。江陵西北二面皆邻强敌，形势孤危。群臣多请还都建康，帝以建康雕残，江陵全盛，迟疑未果，而命王僧辩还屯建康，陈霸先还屯京口，左迁王琳为广州刺史以远之，于是猛将劲卒皆分屯于内地，江陵空虚。三年（魏恭帝廓元年，西历纪元五五四年）十月，魏遣柱国于谨等率师五万，会后梁王詧来侵。帝急征王僧辩、王琳等入援，路远不及。十一月，魏师入江陵，执帝，杀之。徙后梁王詧于江陵，使称皇帝，是为后梁宣帝。遣将屯兵以守之，取其襄阳之地以自益。次年（梁敬帝绍泰元年）二月，王僧辩、陈霸先奉皇子江州刺史晋安王方智入建康，即梁王位，年十三岁。齐遣梁贞阳侯渊明还梁称帝，以兵纳之。三月，克梁东关（地名，在今安徽巢县东南，三国时吴诸葛恪败魏兵于此，即濡须口也）。王僧辩惧，奉渊明归建康，称皇帝，以方智为太子。

陈霸先遣使争之，不从，霸先怒，是年九月，引兵袭建康，杀僧辩，废渊明，复立方智为帝，是为敬帝。自为尚书令、都督中外诸军事，于是大权皆入于霸先。吴兴太守杜龛、谯秦刺史徐嗣徽、南豫州刺史任约，同起兵击霸先，不克。请兵于齐，齐遣都督萧轨援之。霸先击破齐兵，杀杜龛、萧轨、徐嗣徽。任约奔齐，复遣兵击江州刺史侯瑱于豫章，瑱降。广州刺史萧勃亦起兵击霸先，兵败见杀。于是内外大臣皆імя以己党。次年（太平元年）七月，自为司徒、扬州刺史，进爵长城公；九月，自为丞相、录尚书事；次年（太平二年）九月，自为相国，封陈公，加九锡；十月，进爵为王；遂称皇帝，是为陈武帝。废梁敬帝为江阴王而弑之。王琳据湘州以讨陈，破其兵，取郢州、江州，奉梁永嘉王庄为帝，进攻临川（今江西豫章道临川县，即故抚州府），不克，引还。陈武帝在位二年殂，兄子临川王蒨立，是为王帝。王琳乘丧复大举兵来讨，战于芜湖，败绩，与梁主庄皆奔齐，梁亡。时陈文帝天嘉元年，西历纪元五六〇年也。梁自武帝至敬帝。凡传四世，五十六年，而为陈所篡。永嘉王庄偏安湘、郢，又阅三年而国亡，共传五世，五十九年。

梁室内乱表

内乱事迹	年代	西历
一、侯景之乱	梁武帝太清二年至梁元帝承圣元年	五四八至五五二
二、湘东、岳阳之冲突	同三年至梁元帝承圣三年	五四九至五五四
三、湘东、武陵之冲突	梁元帝承圣二年	五五三
四、王僧辩、陈霸先之冲突	梁敬帝绍泰元年	五五五
五、王琳之举义	梁敬帝太平二年至陈文帝天嘉元年	五五七至五六〇

第十二章

北周北齐之竞争与黄河流域之一统

第一节　东魏之亡与北齐之篡

后魏分裂以后，帝室衰微。东魏政柄入于高欢，西魏政柄入于宇文泰，两雄东西对峙，血战十余年，卒未大分胜负。梁武帝太清元年（东魏孝静帝武定五年）正月欢卒，子澄自为大将军、都督中外诸军、录尚书事，专国政。东魏孝静帝多力善射，好文学，时人以为有孝文风烈。澄深忌之。始欢自病逐君之丑，事帝礼甚恭，事无大小必以闻，可否听旨。每侍宴，俯伏上寿。帝设法会，乘辇行香，欢执香炉步从，鞠躬屏气，承望颜色。及澄当国，倨傲顿甚。使崔季舒察帝动静，事无大小皆干涉，帝不胜其忿，与侍讲荀济、祠部郎中元瑾等谋诛之。是年七月，谋泄，澄杀济，幽帝于宫中。太清三年七月，澄为膳奴兰京所刺而死，弟洋杀京，代握政柄。次年正月，自为丞相、都督中外诸军、录尚书事，封齐王。是年四月，自称皇帝，是为北齐文宣帝。废孝静帝为中山王而弑之，夷其族，东魏亡。时梁简文帝大宝元年，魏文帝大统十六年，东魏孝静帝武定八年，西历纪元五五〇年也。

第二节 西魏之亡与北周之篡

东魏既为高氏所亡，越七年，西魏亦为宇文氏所篡。西魏自文帝即位，委政于宇文泰，事无大小皆归之。屡与东魏构兵，互有胜负。又乘梁室丧乱，略取秦岭山脉以南及剑阁以南诸郡，尽据黄河及扬子江上流与汉水流域全土，国势大张。泰能驾御英豪，得其死力，性好质素，不尚虚饰，明达政事，崇儒好古，凡所施设，皆依仿三代而为之。以苏绰为行台左丞，委以庶政。绰练达明敏，西魏制度皆其所厘订。梁简文帝大宝二年（西历纪元五五一年），魏文帝殂，太子钦立。越二年（梁元帝承圣二年），尚书元烈谋杀泰，不克，见杀。帝怒，密谋诛泰。承圣三年（西历纪元五五四年）正月，泰废帝而立皇弟齐王郭，是为恭帝，复姓拓跋氏。梁敬帝太平元年（五五六年），建六官，泰自为大冢宰。是年十月泰卒。从子护受遗命辅政，奉世子觉嗣位为大冢宰，年甫十五岁，护代秉国政。是年十二月奉觉为周公，次年正月奉觉称天王，是为北周孝愍帝。废恭帝为宋公而弑之，魏亡。时梁敬帝太平二年，魏恭帝四年，西历纪元五五七年也。魏自道武帝至孝庄帝，凡传九世，一百四十五年，而分为二。东魏传一世，十七年，西魏传四世，二十五年而亡。

东魏内乱表

内乱事迹	年代	西历
一、高澄幽孝静帝	梁武帝太清元年	五四七年
二、高洋之篡	梁简文帝大宝元年	五五〇年

西魏内乱表

内乱事迹	年代	西历
一、宇文泰弑孝武帝	梁武帝中大通六年	五三四年
二、宇文泰废其主钦	梁元帝承圣三年	五五四年
三、宇文护奉周公觉篡位弑恭帝	梁敬帝太平二年	五五七年

第三节　北齐历代之内乱

东魏、西魏既亡，北齐、北周相继建国。于是两魏之旧怨遂移植于北齐、北周。北齐文宣帝之初立也，留心政术，务存简靖，坦于任使，人得尽力。又能以法驭下，内外肃然，军国机策，独决怀抱。每临行阵，亲当矢石，所向有功。数年之后，渐以功业自矜，遂嗜酒淫佚，肆行狂暴。祖露形体，街坐巷宿，高氏妇女，不问亲疏，多与之乱。醉后辄手杀人以为戏乐，皇叔父清河王岳，皇弟永安王浚、上党王涣，胶州刺史杜弼，仆射高德政等皆无罪被害，宗戚近臣人不自保，内外惨惨，各怀怨毒。又大兴土木，前后筑长城三次，西自河东至海，凡三千余里，率十里一戍，其要害置州镇，凡二十五所。复于内筑重城，自库洛枝，东至鸣纥戍（《齐纪北史》并作库洛拔坞纥戍，《通鉴》作枝作鸣纲目仍之其区域未详），凡四百余里。复发丁匠三十余万，修广三台宫殿。是时梁室方乱，帝屡乘隙，遣兵南侵，尽取淮南、江北之地。复大发兵干涉梁室内政，为陈武帝所败，士马死者甚众。府藏之积，不足以供，乃减百官禄，撤军人常廪，并省州郡县镇戍之职，以节费用。

帝在位十年，以嗜酒成疾，陈武帝永定三年（西历纪元五五九年）殂，太子殷立。太傅常山王演、尚书令杨愔等同受遗诏辅政。演位地亲逼，威权甚重，愔谋黜演。次年（陈文帝天嘉元年，西历纪元五六〇年）二月，演杀愔。八月，废殷为济南王而自立，是为孝昭帝。帝识度沉敏，少居台阁，明习史事。即位以后，尤自勤励。大革文宣之弊，群臣进言，皆从容受纳。性至孝，友爱诸弟，无君臣之隔。

天嘉二年（西历纪元五六一年）九月，信平秦王归彦谗，弑济南王殷。十一月出猎坠马负伤而殂。弟右丞相长广王湛自立，是为武成帝。废太子百年为乐陵王而杀之。宠幸嬖臣和士开，日夜以游乐为事，屡杀大臣，齐政大衰。

天嘉六年（西历纪元五六五年），从散骑常侍祖珽议，传位于太子纬，是为后主。自称太上皇帝，未几，殂。和士开辅政，与嬖臣高阿那肱、韩长鸾、穆提婆，祖珽、宫婢陆令萱等共为奸诣，谗杀太尉赵郡王睿、左丞相咸阳王斛律光等，立宠婢冯小怜为淑妃，信用其言，干乱国政。后主言语涩讷，不喜见朝士。非宠私昵狎，未尝交语。性懦，不堪人视，虽大臣奏事，莫得仰视。承武成帝奢侈之余，后宫皆宝衣玉饰，竞为新巧。盛修宫苑，穷极壮丽。所好不常，数毁又复。夜则燃火照作，寒则以汤为泥。每有灾异寇盗，不为贬损，惟多设斋醮以为修德。好自弹琵琶，为无愁之曲，民间谓之无愁天子。于华林园立贫儿村，自衣褴褛之服，行乞于其间以为乐。官由财进，政以贿成。苍头、奴隶皆开府封王，其余歌舞人、见鬼人等，滥得富贵者殆将万数。庶姓封王者以百数，开府千余人，仪同无数。乃至狗马及鹰，亦有仪同、郡君之号，皆食其禄。一戏之费，动逾巨万，府藏空竭，乃赐郡县使卖官取直，由是为守令者率多商贾，竞为贪纵，民不聊生。

北齐内乱表

内乱事迹	年代	西历
一、常山王演废其主殷而自立	陈文帝天嘉元年	五六〇年
二、长广王湛废太子百年而自立	同三年	五六二年

第四节　宇文护之专权　北齐之衰亡与黄河流域之一统

北周孝愍帝以冲龄践祚，不能亲政，从兄中山公护自为大冢宰，代总万机。护专权，杀佐命大臣大冢宰楚公赵贵、大宗伯卫公独孤信等。帝性刚果，恶护专，谋诛之。事泄，护弑帝而立宁都公毓，是为明帝。自为太师，总兵柄。

帝明敏有识量，护惮之。陈文帝天嘉元年（周明帝武成二年，西历纪元五六〇年），进毒弑帝，帝觉之。口授遗诏，命弟鲁公邕即位，是为武帝。

帝性深沉，有远识，非因顾问，未尝辄言。优礼中山公护，尝行家人礼。护自加都督中外诸军事，命五府总于天官，事无巨细，皆先断后闻。天嘉五年（西历纪元五六四年），护遣柱国达奚武、杨忠等率师会突厥侵齐，齐武成帝自将御之，战于晋阳，周师败绩。是年冬，护复自将侵齐，战于洛阳，复败。陈宣帝太建元年（西历纪元五六九年），复遣从弟齐公宪侵齐，战于汾北，又败。护威名大损。太建四年（西历纪元五七二年），帝与弟卫公直等密谋，诛护及其党羽，大权始归于帝室。护秉政十七年，凡弑三君，杀大臣甚众。至是始伏辜，天下称快。

是时齐内政已乱，所恃者唯段韶、斛律光等大将数人。太建三年，段韶卒。四年，斛律光遭谗见杀。名将皆死，军政大衰。五年，陈宣帝乘隙，大将吴明彻督诸军侵齐，破其兵，恢复淮南诸郡。齐后主闻之，颇以为忧。穆提婆等曰："假使国家尽失黄河以南，犹可作一龟兹国。更可怜人生如寄，唯当行乐，何用愁为？"左右嬖臣因共赞和之。后主即大喜，酣歌鼓舞。

太建七年，周武帝自将伐齐。取道河南，攻洛阳，不克而还。次年十月，复自将伐齐，取道河北，克平阳，齐兵大溃。齐后主方与冯淑妃猎于天池（在今雁门道，即故忻州静乐县东北百四十里），告急者三至。丞相高阿那肱曰："大家正为乐，边鄙小事，何急奏闻。"至暮使至，则平阳已陷矣。后主将还，妃请更杀一围，从之。十一月，后主自将攻平阳，周将梁士彦力战拒之。周武帝自将救平阳，大破齐兵，后主走还。周师遂克晋阳。次年正月，后主传位于太子恒，自称太上皇帝。周师围邺，后主出走青州。高阿那肱降于周，引周师追后主及幼主恒，皆获之。迁后主于长安，杀之，夷其族，北齐亡。时陈宣帝太建九年，周武帝建德六年，北齐幼主恒承光元年，西历纪元五七七年也。北齐自文宣称帝，凡传五世，二十八年而亡，黄河流域皆入于北周。

北周北齐冲突表

事迹	发起人	进兵路	年代	西历	结果
一、达奚武杨忠会突厥侵齐	宇文护	向山西	陈文帝天嘉五年	五六四年	战于晋阳，为齐段韶所败
二、宇文护侵齐	同	向河南	同	同	战于洛阳，为齐段韶、斛律光所败
三、齐公宪侵齐	同	向山西	陈宣帝太建元年	五六九年	战于汾北，为斛律光所败
四、周武帝侵齐	周武帝	向河南	同七年	五七五年	攻洛阳不克，引还
五、同	同	向山西	同八年	五七六年	取平阳
六、同	同	同	同年	同年	大破齐兵，取晋阳，遂围邺，后主出走被执，遂灭齐

第十三章

陈隋之竞争与南北之一统

南北朝对峙时代，北朝之武力远胜于南朝。自刘宋至萧梁，常受北朝压迫。及后魏分裂，北朝之势稍衰。至侯景作乱，南朝之势又杀。北周、北齐乘势南下，尽取江北、淮南、山南、剑南、云南等地，南朝所余者仅江南、岭南一隅，较之刘宋全盛时代不过二分之一。幸而北方分裂为二，时常构兵，集注全力南侵，为时势所不许。南朝之陈，借以苟安旦夕。及北周灭北齐，黄河流域、汉水淮水流域，与扬子江上流流域并为一大国，均势之局破，隋室混一中国之机从此兆矣。

第一节　陈宣帝之篡

初，江陵之陷也。陈武帝世子昌、兄子顼，皆没于长安，武帝即位。屡请之于周，周人许而不遣，武帝殂，文帝立。周人遣昌还。文帝使侯安都迎之，中流殒之于江。复遣使通好于周以求顼。越二年，周送顼南归，拜中书监、扬州刺史，封安成王，辅政。文帝在位七年，以天康元年（西历纪元五六六年）殂。太子伯宗立。以顼为司徒、录尚书、都督中外诸军事，与尚书仆射到仲举、中书舍人刘师知，同受遗诏辅政。次年（光大元年，西历纪元五六七年）二月，师知、仲举恶顼专权，谋黜之，事泄，被杀。湘州刺史华皎内不自安，是年四月，据地叛附于周。顼遣将军吴明彻率师击之。周卫公直与后梁柱国王操率师会皎来侵，明彻大破之。皎奔江陵，明彻进兵攻之，不克，引还。二年（五六八年），顼废帝为临海王而自立，是为宣帝。乘后齐之衰，遣吴明彻率师北伐，大破齐兵，尽取江北淮南，于是陈室领土扩张至淮水流域。周人灭齐以后，帝遣吴明彻经略淮北，围彭城。周上大将军王轨引兵救之，战于清口（清泗水入淮之口，在今徐海道宿迁县），明彻兵败，被执，全军尽覆。是时突厥方强，与北齐宗室高绍义、高宝宁等联合，屡次侵周北鄙，以故周人无南下之意。

第二节　周宣帝之昏暴　杨坚之篡

陈宣帝太建十年（周建德七年，西历纪元五七八年），周武帝自将伐突厥，有疾而还。是年六月殂。太子赟立，是为宣帝。帝自为太子，多过失，好昵近小人，武帝尝杖之。即位之初即逞奢欲，曾无戚容，扪其杖痕大骂曰："死晚矣。"阅视宫人，逼而淫之。赞拜嬖臣郑译为内史中大夫，委以朝政。忌叔父齐王宪属尊望重，收杀之。复杀直臣徐州总管王轨、宫正宇文孝伯。在位一年，传位于太子阐，是为静帝。赟自称天元皇帝，骄侈弥甚。所居称天台，自比上帝。冕服车旗皆倍常制，以樽彝珪瓒饮食。群臣朝者，致斋三日，清身一日。不听人有天高上大之称。游戏不节，晨出夜还，公卿以下常被楚挞。每捶人皆以百二十为度，谓之天杖。其后又加至二百四十。后妃嫔御，虽被宠幸，亦多杖背。于是内外恐怖，人不自安。

天元之初即位也，以后父隋公杨坚为上柱国、大司马、大前疑，辅政，而令宗室诸王皆就国。天元好色多内宠，妃朱氏、元氏、陈氏、尉迟氏皆有宠，称皇后，并杨后而五（杨后称天元大皇后，朱氏称天皇后，元氏称天右大皇后，陈氏称天中大皇后，尉迟氏称天左大皇后）。杨后性柔婉，不妒嫉，四皇后及嫔御等咸爱而仰之。天元昏暴滋甚，喜怒乖度，尝谴后，逼令引决。后母独孤氏诣阁陈谢，叩头流血，然后得免。后父坚位望隆重，天元嫉之。尝因忿谓后曰："必灭尔家。"因召坚欲杀之而不果。郑译与坚同学，奇坚相表，倾心相结。天元传国后，逾年（陈宣帝太建十二年，西历纪元五八○年）五月，以酒色致疾殂。郑译与小御正刘昉、御史大夫柳裘、韦誉、御正下士皇甫绩等谋，矫遗诏引坚辅政。坚自为大丞相，假黄钺，都督中外诸军事。百官总己以听，征诸王还长安，于是大权悉归于坚。坚革宣帝苛酷之政，更为宽大。躬履节俭，中外悦之。坚以相州总管蜀公尉迟迥位望素重，必不附己，召之会葬。迥不应召，举兵讨坚。青州总管尉迟勤、郧州总管司马消难、益州总管王谦等皆起兵应之。坚使韦孝宽击相州，迥兵败自杀。勤被执。复遣王谊击郧州，司马消难兵败奔陈。遣梁睿击益州，王谦败死。于是内外大臣无敢与坚抗者。坚遂杀毕王贤、赵王招、越王盛、陈王纯、代王达、滕王逌（音攸）等，剪除宗室殆尽。是年十二月，自为相国，进爵隋王，加九锡。次年二月称皇帝。废静帝为介公而弑之，夷其族，周亡。时陈宣帝太建十三年，周静帝大象三年，西历纪元五八一年也。北周自孝闵帝称帝，凡传五世，二十五年而亡。其旧有领土，皆为隋所有。

北周内乱表

事迹	年代	西历
一、宇文护弑孝闵帝	梁敬帝太平二年	五五七年
二、宇文护弑明帝	陈文帝天嘉元年	五六○年
三、杨坚之篡	陈宣帝太建十三年	五八一年

第三节　后梁之衰亡

周室衰亡以后，隋室以方张之势，经略扬子江中流流域。文帝开皇七年，遂灭后梁。后梁自宣帝建国，延袤仅三百里，幅员褊小，不及一大郡，受周保护，为附庸国。宣帝安于俭素，不好酒色，以封疆褊隘，邑居残毁，郁郁不得志。在位八年，以陈文帝天嘉三年（西历纪元五六二年）疽发背而殂。太子岿立，是为文帝。周武帝灭齐以后，文帝入朝于周，周待以上宾之礼。隋文帝即位，待帝恩礼弥厚。纳帝女为皇次子晋王广妃。罢江陵总管，帝始得专制其国。孝慈俭约，境内安之。帝在位二十四年，以隋文帝开皇五年（西历纪元五八五年）殂，太子琮立，是为后主。越二年隋征后主入朝，遣武乡公崔弘度将兵戍江陵。皇叔父安平王岩、皇弟瓛等恐弘度袭之，乃驱文武男女十万口奔陈。隋文帝闻之，遂废梁国。拜后主柱国，封莒公，留长安。遣高颎安集江陵遗民，后梁亡。时陈后主祯明元年，隋文帝开皇七年，后梁后主广运二年，西历纪元五八七年也。后梁自宣帝建国，凡传三世，三十四年而亡。荆州旧地皆入于隋。

第四节　陈之衰亡

后梁既亡，隋室势力日盛，乃进兵南下，经略江南。先是周武帝灭北齐时，其偏师在淮北与陈冲突，击败陈兵，获其大将吴明彻，卒以突厥牵制，无暇大举南下。宣帝即位，与突厥和亲，以叔父赵王招女为千金公主，妻突厥佗钵可汗。北方无警。太建十一年（西历纪元五七九年），遣行军元帅韦孝宽侵陈，克寿阳及广陵，尽取陈江北地。隋文帝即位，有并吞江南之志。以贺若弼为吴州总管，镇广陵；韩擒虎为庐州总管，守庐江；使潜为经略。

次年陈宣帝殂，太子叔宝立，是为后主。后主骄淫不恤国政，起临春、结绮、望仙三阁，各高数十丈，连延数十间，皆以沉檀为之，金玉珠翠为饰，珠帘宝帐，服玩瑰丽，近古未有。其下积石为山，引水为池，杂植花卉。上自居临春，张贵妃居结绮，龚、孔二贵嫔居望仙，复道往来。以宫人袁大舍等为女学士，尚书令江总虽为宰相，不亲政务。日与尚书孔范、散骑常侍王瑳等文士十余人侍宴后庭，谓之狎客。使诸妃嫔及女学士与狎客等共赋诗，采其尤艳丽者，被以新声。其曲有《玉树后庭花》《临春乐》等，大略皆美诸妃嫔之容色。君臣酖歌，自夕达旦。张贵妃，名丽华，本兵家女。性敏慧有神采，善候人主颜色，又有压魅之术，置淫祠宫中，聚女巫鼓舞。百司启奏，并因宦者以进，后主置妃膝上共决之。由是宦官近习，内外连结，宗戚纵横，货赂公行。大臣有不从者，因而谮之，于是大臣皆望风诎附。孔范与孔贵嫔结为兄妹。后主恶闻过失，每有恶事，范必曲为文饰，称扬赞美。由是宠遇优渥，言听计从。群臣有谏者，辄以罪斥之。群小杂进，施文庆、沈客卿、阳惠朗、徐哲、暨慧景用事，珥貂蝉者五十人。孔范自谓文武才能，举朝莫及，向后主曰："诸将起自行伍，匹夫敌耳。"自是将帅微有过失，即夺其兵，分配文吏。由是文武解体，以至覆灭。

是时突厥吐谷浑屡侵隋边，文帝遣兵讨破吐谷浑，招降突厥。西北无警，乃专力于东南。

帝自即位以来，与陈邻好甚笃，每获陈谍，皆给衣马礼遣之，而陈侵掠如故。太建十三年九月，帝遣仆射高颎督诸军击之。十四年二月，闻陈宣帝殂，乃罢兵。遣使赴吊，书称姓名顿首。陈后主答书无礼，帝不悦以示朝臣。因问取陈之策于高颎。对曰："江北田收差晚，江南水田早熟。量彼收获之际，微征士马，声言掩袭。彼必屯兵守御，废其农时。彼既聚兵，我便解甲。再三如此，彼以为常。后更集兵，彼必不信，犹豫之顷，我乃济师。江南土薄，舍多茅竹，储积皆非地窖。当密遣人因风纵火，待彼修立，复更烧之。不出数年，财力俱尽矣。"帝用其策，陈人始困。

开皇八年十月，以晋王广为淮南行省尚书令，充行军元帅。高颎为元帅长史，出六合；行军元帅秦王俊出襄阳；清河公杨素出永安；总管贺若弼出广陵；韩擒虎出庐江；分道大举伐陈。九年正月，若弼、擒虎进军渡江，克台城，执后主。陈湘州刺史岳阳王叔慎起兵长沙，不克而死，陈亡。时陈后主祯明二年，隋文帝开皇八年，西历纪元五八八年也。陈自武帝篡立，凡传五世，三十五年而亡。自晋室南渡，至陈亡，凡二百七十三年（西历纪元三一七至五八九），中国复归于一统。

南北朝废弑表

	代名	帝数	被弑者及被杀者	被废者及被灭者	善终者
南朝	宋	八	四	一	三
	齐	七	四		三
	梁	四	三		一
	陈	五		二	三
北朝	后魏	一〇	五		五
	北齐	六	二	一	三
	周	五	三		二
隋		四	三	一	
合计		四九	二四	五	二〇

南北朝昏主事略表（据本国史表解卷上转载）

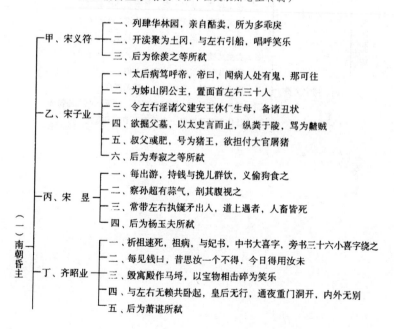

（一）南朝昏主

甲、宋义符
- 一、列肆华林园，亲自酤卖，所为多乖戾
- 二、开渎聚为土冈，与左右引船，唱呼笑乐
- 三、后为徐羡之等所弑

乙、宋子业
- 一、太后病笃呼帝，帝曰，闻病人处有鬼，那可往
- 二、为姊山阴公主，置面首左右三十人
- 三、令左右淫诸父建安王休仁生母，备诸丑状
- 四、欲掘父墓，以太史言而止，纵粪于陵，骂为齄贼
- 五、叔父彧肥，号为猪王，欲担付大官屠猪
- 六、后为寿寂之等所弑

丙、宋昱
- 一、每出游，持钱与挽儿群饮，义偷狗食之
- 二、察孙超有蒜气，剖其腹视之
- 三、常带左右执铤矛出入，道上遇者，人畜皆死
- 四、后为杨玉夫所弑

丁、齐昭业
- 一、祈祖速死，祖病，与妃书，中书大喜字，旁书三十六小喜字绕之
- 二、每见钱曰，昔思汝一个不得，今日得用汝未
- 三、毁寓殿作马垧，以宝物相击碎为笑乐
- 四、与左右无赖共卧起，皇后无行，通夜重门洞开，内外无别
- 五、后为萧谌所弑

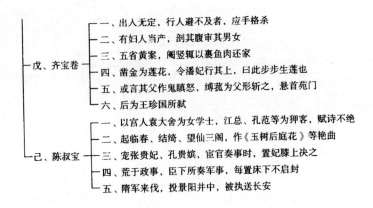

戊、齐宝卷
- 一、出入无定，行人避不及者，应手格杀
- 二、有妇人当产，剖其腹审其男女
- 三、五省黄案，阉竖辄以裹鱼肉还家
- 四、凿金为莲花，令潘妃行其上，曰此步步生莲也
- 五、或言其父作鬼瞋怒，缚菰为父形斩之，悬首苑门
- 六、后为王珍国所弑

己、陈叔宝
- 一、以宫人袁大舍为女学士，江总、孔范等为狎客，赋诗不绝
- 二、起临春、结绮、望仙三阁，作《玉树后庭花》等艳曲
- 三、宠张贵妃，孔贵嫔，宦官奏事时，置妃膝上决之
- 四、荒于政事，臣下所奏军事，每置床下不启封
- 五、隋军来伐，投景阳井中，被执送长安

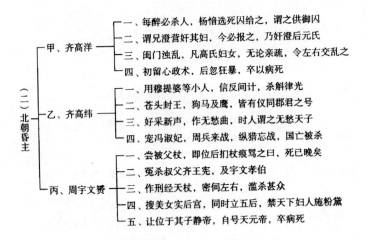

（二）北朝昏主

甲、齐高洋
- 一、每醉必杀人，杨愔选死囚给之，谓之供御囚
- 二、谓兄澄尝奸其妇，今必报之，乃奸澄后元氏
- 三、闺门浊乱，凡高氏妇女，无论亲疏，令左右交乱之
- 四、初留心政术，后忽狂暴，卒以病死

乙、齐高纬
- 一、用穆提婆等小人，信反间计，杀斛律光
- 二、苍头封王，狗马及鹰，皆有仪同郡君之号
- 三、好采新声，作无愁曲，时人谓之无愁天子
- 四、宠冯淑妃，周兵来战，纵猎忘战，国亡被杀

丙、周宇文赟
- 一、尝被父杖，即位后扪杖痕骂之曰，死已晚矣
- 二、冤杀叔父齐王宪，及宇文孝伯
- 三、作刑经天杖，密伺左右，滥杀甚众
- 四、搜美女实后宫，同时立五后，禁天下妇人施粉黛
- 五、让位于其子静帝，自号天元帝，卒病死

第十四章

三国两晋南北朝时代之文化

　　南北朝之人种异，地势气候亦不同，风俗习惯上自不能无差别。南朝文学发达，北朝经学发达。南朝尚清谈，北朝无之；北朝尚骑射，南朝鄙之。及隋室统一南北后，北风压倒南风。除去文学一方面外，南皆为北所掩。清谈之风废绝，经学及骑马之风流行。风俗习惯，南北调和。饮食器具之末，日用玩好之微，往往输入北方民族固有习惯，以辅助中国古来所不足。美术工艺逐渐进步，于是上古秦汉独立之文化一变而为隋唐混合之文化矣。兹述其概略如下。

第一节　制　度

一、内官制

　　三国六朝官制，较东汉益形复杂。晋初，内官有太宰（避司马师讳改太师为太宰，南朝因之，北朝称太师）、太傅、太保为上公；大司马、大将军曰二大；太尉、司徒、司空曰三公；皆为宰相之职，号称八公，而皆无实权。其相国、丞相等名称位极尊崇，多非寻常人臣之职。其有丞相名称，而执行宰相之职权者，惟蜀汉诸葛亮、东晋王导、前秦王猛三人。其余若曹操、司马昭父子、桓玄、刘裕、萧道成、萧衍、陈霸先等，皆借以为猎取天子一阶级而已。其宰相实权自东汉以来已移入尚书省。魏置中书省，设监令，尚书之权复移归中书。晋始置尚书、门下、中书三省。尚书省总庶政，其长官曰令、曰仆射；门下省掌侍从摈相之事，其长官曰侍中；中书省掌诏敕，其长官曰监、曰令。而门下省最有权，因接近天子故也。尚书令仆以上，复设录尚书事一官以总之，其职权略与汉初之丞相等。又设都督中外诸军事一官，其职权略与西汉之大司马大将军、东汉之大将军等。两官握文武二大柄。凡权臣欲篡国者，必以一身兼之。其下有九卿，与汉略同。后魏自道武帝时，始建台省，置百官，而以侍中当枢密之任，其余九卿与南朝同。及其末叶，创立天柱大将军、柱国大将军、大丞相等名称，皆为权臣篡国之一阶级。北齐台省多类江东，后主临御，爵禄及于犬马。末年，太宰三师等官并增员而设，或二或三不可胜数。后周始依魏制，及平江陵，乃仿周制，建六官。而余官兼采用秦汉，此内官之大略也。

二、外官制

三国两晋时代，州设刺史以掌民政，设都督以掌军政。大率以刺史兼领都督。最大之都督，或兼督数十州，仍兼领所驻扎一州之刺史。其资望太浅之刺史兼掌军政者，称监军，资望最高之刺史有时称州牧。大率因时因人而变通，无一定标准也。州以下有郡，设太守；国设内史。郡国以下有县，设令长，与汉制同。太守内史兼掌兵，多带将军或中郎将之号，有时兼领都督。宋齐以降，多以皇子充各州都督刺史。皇子年幼，不能亲政，往往以资格较高之亲臣为州别驾，或长史，行刺史事以副之。于是行事之权大于刺史。后魏末年，设大行台，总统一方兵柄，位在都督上。北周末年，复改都督为总管，一大州总管数小州。然而州郡之疆域，愈分愈小。一州不及汉之一郡，一郡仅抵汉之一县。官愈多民愈困。及隋室统一以后，乃不得不议变通矣。

三国两晋南北朝官制表

位置			名称	沿革	职掌
内官职	名义上之宰相	八公	三师	太宰	为周之太师避司马师讳改名，北朝称太师，有时与太师并设	坐而论道，无实权。太宰、太傅、太保、司徒、司空为文公，以优礼老臣；大司马、大将军、太尉为武公，以优礼名将。皆非常置之官。无其人则阙，有时为事实上宰相之加衔，有时为权臣篡国时经由之阶级
				太傅		
				太保		
			二大	大司马		
				大将军	位在大司马下，三公上，有时在三公下	
			三公	太尉		
				司徒		
				司空		
内官职	非人臣职之宰相			相国		皆非常置之官，平时不设。其有丞相之名而执行宰相职。权者只有诸葛亮、王导、王猛三人。其余或用以优礼重臣，或用以优礼权臣，或为乱臣篡国时经由之阶级而已
				天柱大将军	后魏尔朱荣创，位在大丞相上，南朝无此官	
				柱国大将军	后魏尔朱荣创，位在丞相上，南朝无此官	
				大丞相	后魏尔朱荣创，位在丞相上，南朝只侯景为之	
				丞相		
	事实上之宰相	三省	门下	侍中		掌侍从摈相之事
			中书	中书监		掌诏敕
				中书令		
			尚书	尚书令		总庶政，其下有六部，尚书分理庶政
				尚书仆射	有时分置二人，则称左右仆射	
	名义事实兼有之大宰相			大冢宰	西魏宇文泰置，北周因之，杨坚柄政时废	总理庶政总统六官

	位置	名称	沿革	职掌
外官职	事实上之大宰相	录尚书事都督中外诸军事	二官握文武二大柄，权臣多以一身兼之	总理庶政，等于汉初之丞相
		大都督中外诸军事	位在都督中外诸军事上	总理全国军政，等于汉初之太尉，中叶以后之大司马大将军
	九卿名称略如汉代，惟政柄移入尚书省，九卿之实权渐替			
	州	刺史	其资望高者称牧	掌一州之民政
		都督	三国初年，与刺史并设，后多以刺史兼领，其资格浅者称监军	掌一州或数州郡之军政
	郡	太守		掌一郡之民政兼掌军政
	国	内史		掌王国之民政兼掌军政
	县	令	小县称长	掌一县之民政

附封建制度

封建制度，三国时代几乎绝迹。皇子弟虽分封王国，有土有民，然事实上无君临之权。晋兴，惩魏室孤立之弊，大封同姓。诸王皆跨州连郡，与中央政府对峙。各握兵柄，力不相下。驯至酿成八王之乱，遂以亡晋。南北朝时代，诸王国虽褊小，而多以都督刺史资格握兵马、财政权，驯至与中央政府冲突。有西汉封建之害，而无其利。

三、地方制

三国鼎立。魏有司隶及凉、并、幽、冀、青、兖、徐、豫八州；与荆扬二州北境（今河南汝阳道、湖北襄阳道、陕西汉中道、安徽安庆道、淮泗道各一部，即故南阳、襄阳、郧阳、兴安、凤阳、庐州等府与六合滁二州地）以汉三辅及凉州东境（今甘肃东部）置雍州；以凉州南境（今甘肃南部）置秦州；凡十三州。吴有荆、扬、交（即交趾旧地）三州；后分其北境置广州（今两广地但琼崖道与高雷道，故雷州府地钦廉道，故廉州府地仍属交州）。蜀汉所有唯益州，户口最少。分其东北境置梁州（今陕西汉中道、四川东北境及甘肃渭川道南部），东南境置交州（今云南东部）。晋兼三国之地，分幽之东为平州（今辽宁省及朝鲜西北部），益之南为宁州（今云南），合二荆二扬为一州；以司隶所部为司

州；分荆之东部扬之西部置江州（今湖北江汉道东部及江西省），分荆之南部
广之北部置湘州（今湖南及广西北境），凡十九州。东晋遍安江左，河北关
洛没于胡羯。诸州多侨置于南境，迁徙无常。秦寄治梁州，青兖寄治
徐州，司豫寄治荆扬之地，幽平并凉则不置。孝武大破苻秦，复青兖
故土。侨置冀州于青境，又以广陵（今江都县）为南兖州（今淮扬道），京
口（今丹徒县）为南徐州（今金陵道东部、苏常道西部，即故镇江常州二府），姑熟
（今当涂县，故太平府）为南豫州（今安徽中部），宋分荆江置郢州（今湖北东部湖
南北部），分交广置越州（今两广境）。齐分荆益置巴州（今四川东境），而
青冀北兖寄治徐州东境，凡二十二州（扬南北、徐南北、兖、青、冀、豫、司、
雍、秦、梁、荆、巴、益、宁、江、郢、湘、广、越、交）。苻秦盛时，有二十一
州。关西之雍、凉、秦、梁、益、宁（置于梁州巴郡，即今四川东川道合川县），
河南之豫（置于洛阳）、荆、兖、青、徐、扬（置于徐州下邳，即今江苏徐海道邳
县），河北之并、冀、幽、平。并依晋旧名，而以司州故地置晋（今山西
南境）、洛（今河南西境）二州。分雍置司隶（治长安），分秦置南秦州（今甘肃
渭川道南部，即故阶州等地），分凉置河州（今兰山道）。元魏置州益多，孝文定
为三十八州。在河北者十三：曰司、肆、并、汾、怀、相、定、冀、
瀛、幽、安、平、营。在河南者十三：曰光、青、南青、齐、济、
兖、徐、东徐、豫、洛、陕、荆、郢。在关西者十二：曰夏、华、
雍、岐、邠、秦、南秦、梁、益、河、凉、沙。其后南北相高，互增
州郡。梁魏各有州一百余。

晋初京畿之地，以司隶校尉领之，称司州。东晋都建康，扬州为
京畿，扬州刺史当司隶校尉之职。司州常在边疆，以刺史领之。罢司
隶校尉官，而改丹阳太守为尹。后魏、北齐皆于其所都建司州，以牧
领之，其郡置尹。后魏都平城，置司州牧及代尹。后迁洛阳，改洛州
曰司州，置牧及河南尹。东魏迁邺，改相州曰司州，置牧及魏尹。北
齐改魏尹为清都尹。后周都长安，置雍州牧及京兆尹。隋因之，自是
无司州之称。

四、兵制

三国时代。蜀兵不过十二万，用其三之二，而休息其余，以为更代。使之屯田，故兵强而财赋不竭。魏令州郡典兵，而置大将军，都督中外诸军事以总之。司马氏因之，遂移魏祚。吴阻江滨海，以舟师称雄。晋武帝平吴以后，罢州郡兵。大郡置武吏百人，小郡五十人，兵力始衰。及元帝渡江，依王谢诸大族，兵柄遂移于权门矣。南朝兵制，征发召募，二者并行。北朝用兵，其重在马。明元帝诏户二十，输戎马一匹，大牛一头。六部人羊满百口者，调戎马一匹。盖强兵之需，马为先也。北周创置府兵，合为百府。每府一郎将主之，分属二十四军，一开府领一军，一大将军统二开府，一柱国统二大将军，凡二十四开府，十二大将军。其上统以八柱国。是为后世府兵之始。

附屯田制

屯田制度，三国时流行，曹操、诸葛亮皆利用之，以为富国强兵之助（曹操初以枣祗为屯田都尉募民屯田，许下其后军合肥又开芍陂屯田。诸葛亮伐魏分兵屯田渭滨，耕者杂于居民之间，而百姓安堵军无私焉）。其后北魏孝文帝时立农官，取州郡户十分之一为屯田人，自此公私丰赡，虽水旱不为害。

五、田制及赋税制

三国税制，其可考者，惟魏收田租。亩粟二升，户绢二匹，绵二斤。蜀有酒禁。吴有算缗而已。晋时赋制，颇寓井田遗意。男子占田七十亩，女子三十亩。王公田宅各有限制。丁男之户，岁输绢三匹，绵三斤。盖合田赋户口而一之矣。渡江以后，侨人散居，无有土著，其军国所需杂物，随土所出，临时折课市取，无恒法。南朝税制沿东晋之旧。北魏实行均田制，成人受田四十亩，女二十亩。十八受田，二十充兵，六十免役，老死则还田。每一夫一妇，赋帛一匹，粟一石。人年十三以上，未娶者四人，出一夫一妇之额。奴任耕，婢任织者，八口当未娶者四，耕牛十头，当奴婢八。北齐依魏制，男子十八受田，输租调。二十充兵，六十免租调，六十二以上为老，退田。一夫一妇曰一床，租二石五斗，调绢一匹，绵八两。未娶者及奴婢半之。北周制度，有室者授田百四十亩，岁赋绢一匹，绵八两，粟五斛。单丁百亩，赋半有室者。丰年全赋，役三旬。中年半赋，役二旬。下年赋一，役一旬。凶札不征，此赋制之大略也。

两晋南北朝田制及赋税制表

朝代	颁田	赋税
晋	男七十亩，女三十亩	岁输绢一匹，绵三斤
南朝		同
后魏	男四十亩，女二十亩，十八受田，二十充兵，六十免役，老死还田	一夫一妇赋帛一匹，粟一石。十三岁以上未娶者四人当一夫一妇之额。奴任耕婢任织者八人当一夫一妇之额。耕牛十头当一夫一妇之额
北齐	男四十亩，女二十亩，十八受田，输租调，二十充兵，六十免租调，六十二退田	一夫一妇输租二石五斗，调绢一匹，绵八两，未娶者及奴婢半之
北周	男有室者授田百四十亩，单丁授田百亩	男有室者岁赋绢一匹，绵八两，粟五斛，单丁赋半。有室者丰年全赋，役三旬，中年半赋，役二旬，下年赋一役，一旬，凶札不征

附币制

三国时代，蜀铸直百大钱；吴铸直五百、直千大钱；魏以谷帛为市；皆取便于一时，不久而复，其通行者仍五铢也。币制之坏，至南齐之世而极。一千钱长不过三寸，谓之鹅眼钱。其更劣者，谓之铤环钱。入水不沉，随手破碎。斗米至一万钱。明帝时禁不用，专用古钱。梁武帝普通中，尽罢铜钱，更铸铁钱。民间多用短陌钱，自五岭以东，八十为陌，谓之东钱；江郢以上，七十为陌，名曰西钱；京师以九十为陌，谓之长钱。天子下诏通用足陌，而人不从。至武帝之末，遂以三十五钱为陌。北魏孝文帝复铸五铢钱，文曰太和五铢。其后又有永平五铢、永安五铢。齐文宣受禅，又铸常平五铢。后周之世，铸布帛之钱，与五铢并行。梁益之境，杂用古钱交易；河西诸郡，或用西域金银之钱（考《汉书·西域传》罽宾国以银为钱，文为骑马，幕为人面；乌弋之钱文为人头，幕为骑马；安息之钱文为王面，幕为夫人面；皆以银为之以意求之当。与今之洋钱极相似，而其行之中国又自后周已然）。周宣帝又铸永通万国钱，以一当千。

三国两晋南北朝币制表

朝代	通行之货币	取便一时之货币	钱数
蜀	五铢钱	直百大钱	
吴	同	直五百、直千大钱	
魏	同		
晋	同		
宋	同		
南齐	同	鹅眼钱、綖环钱	
梁		铁钱	五岭以东八十为陌，江郢以上七十为陌，京师九十为陌
陈			
后魏	五铢钱		
北齐	同		
北周	同	布帛钱，永通万国钱以一当千，河西诸郡杂用西域金银钱	

六、刑制

魏就汉九章而增损之，制新律十八篇，以刑名冠律首。后司马昭改订刑名法例，合为二十篇，逮晋初编纂始竣。中古法典，于以大定。宋、齐法律，蹈袭晋故，鲜有更创。梁律于死刑之外，有徒赎鞭杖，非大逆免连坐。陈复行连坐之法。后魏刑法颇峻，有腰斩、腐刑、镮、焚家、负羖羊、抱犬沉诸泉、烧炭于山、役圉溷、入春藁、守苑囿、裸刑伏质诸名目。孝文帝以后，刑法稍宽。北齐、北周大率仍魏之旧，有死、流、鞭、杖等刑。而其间互异者，齐五刑列酎而周无之，周五刑列徒而齐无之也。周宣帝变更旧法，创为刑经圣制，用刑始滥。

北朝刑制表

朝代	刑名
后魏	腰斩，腐刑，轘，焚家，负羖羊，抱犬沉诸泉，烧炭于山，役圉溷，入春藁，守苑囿，裸刑伏质
北齐	死，流，鞭，杖，耐
北周	死，流，鞭，杖，徒

七、学校制及选举制

三国戎马倥偬，无暇言学。经五胡之乱，弦诵衰息，老庄煽焰，士好清谈，诵习益废。两晋及宋、齐、梁、陈，虽有立学之名，实不能收教育之效。北魏道武、孝文，皆尝兴学，文化彬彬，学者辈起。

选举之法，至是亦大变。自魏置州郡中正，立九品之法官人，遂为后世选举之常法。晋依魏制，而掌选举者，仅计阀阅官资。故当时有"上品无寒门，下品无世族"之诮。南北朝时，大抵沿袭魏法，而稍变更之。梁有限年之法，州置州重，郡置郡崇，乡置乡豪，专司举荐。无复膏粱寒素之隔，大抵年满三十，始得入仕。北魏崔亮始立停年格，不问贤愚，断以日月，循资积格，人才消沮，至北齐时乃废之，然而士气消磨尽矣。

第二节 学 术

一、经学

三国时以经学著者，为魏之王弼、王肃。肃，字子雍，朗之子，善贾逵、马融之学，而不好郑氏。康成采会同异。为《尚书》《诗》《论语》《三礼》《左氏解》，又撰定父朗所作易传，皆列于学官。弼，字辅嗣，好论儒道，辞才逸辩。尝有《周易》之注，叙浮义则丽辞益目，造阴阳则妙赜无间。至于六爻变化，群象所效，日时岁月五气相推等理，皆摈而不录，盖经学之别派，而清谈之始祖也。西晋初年，汉魏遗儒通经者不少，最著者为杜预，自谓有左传癖，为《春秋·左氏经传》集解，又参考众家谱第，谓之释例。又作盟会图春秋长历，备成一家之学。东晋时，与王弼之《易》，孔安国之古文《尚书》、郑玄之毛诗《周礼》等，并置博士。南北朝时代，北朝经学颇盛，最著名者为徐遵明，专精三礼，兼通群经。尝在山东下帷教授，出其门下者，多以经学名，而尤以李炫为最。炫为北齐博士，有重名，其门人熊安生亦显于后周。

二、史学

晋初，以史学名家者，为蜀人陈寿。仕晋为著作郎，著《三国志》，叙事简明而不冗漫，文章纯洁而无浮靡。宋范晔，字蔚宗，仕文帝朝。常召集学徒，参考群籍，编述后汉事迹，作《十纪八十列传》。诸志未成，被人诬以谋反受戮，后人以司马彪之《续汉书志》类补之，是为《后汉书》。其文与陈寿之《三国志》不相让。又梁时沈约撰《宋书》，萧子显撰《齐书》，北齐魏收撰《后魏书》，皆为正史。然收为人无行，往往取人之财，而为其家世作佳传，或贬之，故人有称之为秽史者。

三、文学

晋之潘岳、陆机、左思、张华，皆以文词名，而兼有骚赋之长。梁之江淹、沈约，虽风骨不逮，而浓丽过之，此风气有以使之然也。因韵文极盛，其后遂开出骈四俪六一派。其体异乎词赋，而以声韵对偶为工，盖又韵文之变体矣。齐梁以后，此体益工，庾信、徐陵并著盛名，诏敕文牒，往往用之。

魏晋以还，诗学益盛。曹操、曹丕、曹植，父子并号能诗。建安七子（曹植、王粲、刘桢、陈琳、应场、阮瑀、徐幹）皆以风骨胜。其后晋有潘岳、阮籍、陆机、陆云。宋有谢灵运、谢惠连、颜延之。才藻虽多，而风格不逮。齐梁以后，益卑靡不足道。就中以晋之陶渊明、宋之鲍照、周之庾信较擅胜场。陶诗以淡远胜，鲍诗以俊逸胜，庾诗尤气韵

浑成。惟其时五言诗以对偶为工，如隋薛道衡诸作，已开近体律诗
一派。沈约又别字为四声，分为平上去入，而诗律益严，束缚日益增
加，性灵逐渐汩没。《昭明文选》一书，实此时代文学之精华也。

四、音韵学

切韵之学，与佛经同入中国。其书能以十四字贯一切音，文省而
义广，谓之婆罗门书。字母之法，权舆于此，惜其书已不传。因有字
母，乃有二合、三合、四合之音，而切韵之学出焉。汉魏之际，乐安
孙炎作《尔匹音义》之书，始创翻切。翻切者，以两字约成一音，其
上一字与本字皆为双声，下一字与本字皆为叠韵。如章字灼良切，章
与灼为双声，章与良为叠韵是也（凡字平、上、去三声不同而入相同者皆为双声）。
此法一兴，文学家多尚之。又复有平、上、去入四声之列。（平声，平道
莫低昂；上声，高呼猛烈强去声分明哀远道；入声，短促急收藏；此辨四声之法也，案：四声
之名汉时未有。然公羊庄二十八年传曰：《春秋》伐者为客伐者为主，何休注于‘伐者为客’
下曰："伐人者为客读伐长言之齐人语也，于伐者为主下曰见伐者为主读伐短言之越人语也，
长言则今之平、上、去声也，短言则今之入声也。"）晋张谅撰四声韵林二十八卷，
为韵书之祖。

五、书法

三国时代，以字学著名者有刘表，为书家之祖，惜其遗迹绝无存
者。钟繇、胡昭同受其书，昭得其肥，繇得其瘦，然繇传名千古，而
昭少传者，书贵瘦劲故也。西晋初，河东卫瓘为尚书令，与尚书郎敦
煌索靖俱善草书，时人号为一台二妙。草书本创于后汉张芝（伯英）。
论者谓瓘得其筋，靖得其肉云。汝阴太守李矩妻卫夫人，名铄，字茂
漪，最善隶书，得钟繇之法，著笔阵图，王羲之尝师事之。羲之，字
逸少，导之从子，篆、隶、真、行、草及飞白诸体无不精妙，与钟繇
齐名，称钟王。其诸子俱工书，而以献之为最，与其父并称二王。

六、画法

晋以顾恺之为最。恺之，字长康，小字虎头，善画山水，人物尤擅长，性绝痴，人或侮弄之，亦不觉，故时称三绝，谓画绝、痴绝、才绝也。又有戴逵者，字安道，亦工画，隐于剡溪（浙江曹娥江上源）。其子起颙，亦有画名。宋世画家，以陆采薇为最著。采薇善画人物，又能写山水草木之态，称古今独步。梁张僧繇善传真，又能画云龙山水人物，凡画龙多不点睛，曰："恐其破壁飞去也。"凡画山水，先以笔墨钩缘，染出丘壑，称没骨皴法，为后世画山水者所祖。其子善果儒童，亦能画，为世所推。

七、音乐

秦汉以后，古乐沦亡，羌胡诸乐器遂输入中国。若瑟琶，若胡筇，若羌笛，皆羌胡之乐也。魏晋以后，古乐益衰。齐梁艳曲，皆以靡靡为工。陈后主好游侠，所创之玉树后庭花、临春乐等，皆郑卫之声，而音乐之道，遂不可问矣。

八、医学

三国时代，以华佗为著。佗字元放，其治疾若遇针药所不能及者，先令以酒服麻沸散，既醉无所觉，因刳剖腹背，抽割积聚；若在肠胃，则断裂煎洗，除去疾秽。既而缝合，傅以神膏，四五日而愈，一月而平复，是盖医之神者。

九、术数学

三国时以术数显者有管辂，字公明，神于易，占卜多验。东晋郭璞，字景纯，少事河东郭公，公以青囊书九卷与之，由是遂洞五行天文卜筮之术，攘灾转祸，通致无方，又以葬术得名，著《葬经》一篇，后世堪舆家祖之。石勒时，佛图澄善异术。刘曜之未被擒也，澄先令一童子，洁斋七曰，取麻油合胭脂，躬自研于掌中，举手示童子，粲然有光。童子惊曰："有军马甚众，见一人长大白皙，以朱丝缚其肘。"澄曰："此即曜也。"后曜果被擒。说者以为后世圆光之术盖本于此。

三国两晋南北朝学术表

学术		朝代	学者姓名	其著作
经学			王弼	《周易注》
		魏	王肃	《尚书解》《诗解》《论语解》《三礼解》《左氏解》
		晋	杜预	《春秋左氏经传集解》《释例》《盟会图》《春秋长历》
		后魏	徐遵明	
		北齐	李炫	
		北周	熊安生	
史学		晋	陈寿	《三国志》
			司马彪之	《续汉书志》
		宋	范晔	《后汉书》
		梁	沈约	《宋书》
			萧子显	《南齐书》
		北齐	魏收	《后魏书》
文学	四六文体	晋	潘岳，陆机，左思，张华	
		梁	江淹，沈约	
		陈	徐陵	《徐孝穆集》
		北周	庾信	《庾子山集》
	诗	魏	曹操、曹丕父子及建安七子	
		晋	潘岳、陆机、陆云、陶潜	《陶渊明集》
		宋	谢灵运、谢惠连、颜延之、鲍照	《鲍氏集》
		北周	庾信	《庾子山集》
音韵学	反切法	汉魏之际	孙炎	《尔匹音义》
	四声法	晋	张谅	《四声韵林》

学术	朝代	学者姓名	其著作
书法	三国	刘表	
	魏	钟繇，胡昭	
	西晋	卫瓘、索靖、卫铄	
	东晋	王羲之、王献之	
画法	晋	顾恺之	
		戴逵	
	宋	陆采薇	
	梁	张僧繇、张善果、张儒童	
医学	三国	华佗	
术数学	三国	管辂	
	东晋	郭璞	《葬经》
	后赵	佛图澄	

第三节　风　俗

一、风俗之奢靡与道德之堕落

风俗之浮华，道德之堕落，为此时特色。士大夫崇尚清谈，放诞玩世。王谢子弟，斗靡争华。石崇侈金谷之富，何曾食费万钱，犹嫌无下箸处，其汰极矣。北朝起自塞外，以骑射习武为雄，其后渐染华风，几于同化。宋前废帝、后废帝，齐郁林王、东昏侯，北齐文宣帝、后主，北周宣帝，陈后主皆以奢华暴虐著。其所行为，殆欲同人道于牛马，伦常尽矣，焉能久乎。

二、门第之见

自魏陈群立九品中正取士之制（汉献帝建安二十五年，魏尚书陈群立九品官人之法，州郡皆置中正择有识鉴者为之，区别人物，第其高下），沿及晋代，至有所谓"上品无寒门，下品无世族"者。故自战国以后至今日，中间惟两晋、南北朝时代，颇有贵族阶级臭味。"旧时王谢堂前燕，飞入寻常百姓家。"贵族与寻常百姓之区别，颇印于全社会之脑中矣。南北朝时，门第益重，视后门寒素，殆如良贱之不可紊。史称赵邕宠贵一时，欲与范阳卢氏为婚，卢氏有女，父早亡，叔许之，而母不肯。又崔巨伦姊眇一目，其家议欲下嫁，巨伦姑悲戚曰："岂可令此女屈事卑族。"又何敬容与到溉不协，谓人曰："到溉尚有余臭，遂学作贵人。"是其例也。而单门寒士，亦遂自视微陋，不敢与世家相颉颃。《宋书》称蔡兴宗以征西将军、开府仪同三司、荆州刺史，被征还都，时右军将军王道隆任参国政，权重一时。蹑履到兴宗前，不敢就席，良久方去，竟不呼坐。又元嘉初，中书舍人狄当，诣太子詹事王昙首，不敢坐。又宗越本南阳次门，以事黜为役，后立军功，启宋文帝求复次门等，是其例也。其有发迹通显，得与世族相攀附，则视为莫大之荣幸。史称王敬则与王俭同拜开府仪同三司，俭曰："不意老子，遂与韩非同传。"敬则闻之曰："我南沙小吏，微幸得与王卫军同拜三公，夫复何恨。"又孙搴寒贱，齐神武赐以韦氏女为妻，韦氏本士族，时人荣之。是其例也。甚至风俗所趋，积重难返，虽以帝王之力，欲变易之而不可得。史称宋文帝宠中书舍人王宏，谓曰："卿欲作士人，得就王球坐，乃当判耳。若往诣球，可称旨就席。"及至，宏将坐，球举扇曰："卿不得尔。"宏还奏。帝曰："我便无如此何。"他日帝以劝球，球曰："士庶区别，国之常也，臣不敢奉诏。"又称纪僧真常启宋武帝曰："臣小人，出自本州武吏，他无所须，惟就陛下乞作士大夫。"帝曰："此事由江敩、谢瀹，我不得措意，可自诣之。"僧真承旨诣敩，登榻坐定，敩命左右，移吾床远客。僧真丧气而退，以告帝。帝曰："士大夫固非天子所命。"是其例也。此等习尚，沿至初唐而犹极盛。史称山东士人崔、卢、李、郑诸族，自矜地望，凡为婚姻，必多责财币（看赵翼《廿二史劄记》卷十五财婚条）。或舍其乡里，而妄称名族；或兄弟齐列，而更以妻族相陵。太宗恶之，命吏部尚书高士廉等，刊正姓氏，第为九等，而崔氏犹居第一，太宗家列居第三。诏曰："曩时南北分析，故以王谢崔卢为重，今则天下一家矣。"遂合三百九十三姓，千六百五十一家，为《氏族志》，颁行天下。以皇族为首，外戚次之，崔氏为第三。而《李义府传》犹云："自魏太和（后魏孝文帝年号）中，定望族七姓，子孙迭为婚姻。唐初作《氏族志》，一切降之。然房玄龄、魏徵、李勣仍往求婚，故望不减"云。则固非太宗所能禁矣，及中唐犹未革，史称李日知贵，诸子方总角，皆通婚于名族。又李怀远与李林甫亲善，常慕与山东著姓通婚姻，引就清列。又张说好求山东婚姻，与张姓亲者皆为门甲。又《杜羔传》云，文宗欲以公主下降士族曰："民间婚姻，不记官品，而尚阀阅。我家二百年天子，反不若崔卢耶。"可见唐之中叶，其风不衰也。其南北朝时之望族，若太原王氏、范阳卢氏、荥阳郑氏、清河博陵二崔氏、陇西赵郡二李氏，仍恃其族望，耻与卑族为婚。高宗尝禁其自相婚娶以窘之，七姓乃不敢复行婚礼，仍饰其女以送夫家，亦可见习俗之难移矣（看赵翼《陔馀丛考》卷十七"六朝重氏族条""谱学条"）。

三国两晋南北朝时代门户之见表

魏	陈群立九品中正取士之法
晋	上品无寒门，下品无世族
南北朝	门第益重，视后门寒素，殆如良贱之不可紊
	单门寒士亦自视微陋，不敢与世家相颉颃
	其有发迹通显，得与世族相攀附，则视为莫大之荣幸
	虽以帝王之力，欲变易之而不可得
初唐	山东士人崔卢李郑诸族自矜地望，房玄龄、魏徵、李勣皆往求婚
中唐	此风犹未革，李日知、张说、李林甫皆往求婚

三、方舆之见

中国文化发生于黄河流域。经过唐虞三代，扬子江、西江两流域，犹为苗民所盘据，列于要服荒服之中。春秋时代，现今湖北境内之楚、江苏境内之吴、浙江境内之越，相继勃兴，扬子江流域始交通于上国。战国末年，秦王翦灭楚，乘势定江南，降百越，置会稽郡。始皇三十三年，发兵略取南粤，置南海、桂林、象郡，又取闽越，置闽中郡，于是西江、闽江、瓯江流域，皆收入中国版图。汉兴，真定人赵佗据西江流域，故闽粤王无诸据闽江流域，故闽粤君摇据瓯江流域，各自立国。武帝时，复一切恢复之，仍设郡县，以汉人为流官处理之，自此以后，汉族文化逐渐输入。然其地卑湿沮洳，宦游其地之官吏多系左迁，移居其地之人民多系谪徙，黄河流域中流社会以上之人物，多安土重迁，不肯轻易南下。扬子江流域依然为蛮夷巢穴，草昧未辟，西江流域更可知矣。三国时代，吴大帝据江南立国，北拒魏，西通蜀，南与海南诸国贸易，东求夷洲亶洲，是为江南建立大国之始，扬子江流域逐渐汉化。西晋末年，匈奴刘渊据并州北部作乱，洛阳长安相继沦陷，怀愍二帝相继被虏，黄河流域无一片干净土。宗室琅玡王睿，以扬州刺史资格，即位于建业，皇族贵戚与中流社会以上之人物多奔避江南往依之。自此以后，江南文化骤然发达，而黄河流域为匈奴、鲜卑、氐、羌各族更迭蹂躏，少数之汉族留居故土，与之杂居，文化不能不退步。于是江南汉族以排外思想与复仇思想结合为一，嫉视北方人。北方各民族亦以战胜国自居，藐视南方人。南北朝对立时代，南谓北为索虏，北谓南为岛夷，互相诋毁，无所不至。虽其中有种族之见存乎，然方舆之见亦自有不可掩者。对于留居北方之汉人，亦未始不加以排斥也。东晋末年，有杨佺期者，本华阴人，汉太尉震之后，曾祖准，晋太常，自震至准，七世有名德，祖林，少有才望，值乱，没胡，父亮，少仕伪朝，后归国，屡立战功，终于梁州刺史，以贞干知名。佺期沉勇果劲，自云门户承籍，江表莫比，有以其门第比王珣者，犹恚恨。而时人以其晚过江，婚宦失类，兄弟皆粗犷，每排抑之，恒慷慨切齿，欲因事际以逞其忿。安帝时，为南郡相，会青兖都督王恭、荆州都督殷仲堪与太傅录尚书事会稽王道子构隙。恭、仲堪以讨道子党江州都督王愉及谯王尚之兄弟为名，与南郡公桓玄举兵反。恭司马刘牢之执恭以降，杀之。仲堪以佺期为前锋，与玄袭破江州。朝廷不得已，以玄为江州刺史，佺期为雍州刺史，与之和，敕仲堪使回军。佺期知玄有野心，欲举兵攻之，仲堪不从。次年，玄举兵攻仲堪于江陵，佺期救之，兵败，皆为玄所杀。杜坦者，京兆杜陵人，高祖预，晋征南大将军。曾祖耽，避晋乱，居河西，仕张氏。前秦王苻坚克凉州，子孙始还关中。宋武帝灭后秦，坦兄弟从过江，时江东王谢诸族方盛，北人晚渡者，朝廷悉以伧荒遇之，虽复人才可施，皆不得践清途。宋文帝元嘉中，坦为青州刺史，常与帝言及史籍。上曰："金日䃅忠孝淳深，群臣莫及，恨今世无复此辈人。"坦曰："日䃅假生今世，养马不暇，岂办见知？"上变色曰："卿何量朝廷之薄也。"坦曰："请以臣言之，臣本中华高族，世业相承，直以南渡不早，便以伧荒赐隔，况日䃅胡人，身为牧圉乎？"上默然。北人重同姓，多通谱系。史称晋故大司马石苞曾孙朴没于寇，后赵主石勒以与朴同姓，俱出河北，引朴为宗室，特加优宠，位至司徒。又《南史侯瑱传》，侯景以瑱与己同姓，托为宗族，待之甚厚。此以殊族而自附于汉族者也，北方人之习惯也。王仲德者，宋之名将，生长北方，闻王愉在江南，是太原人，乃往依之，愉礼之甚薄。此以汉族而排汉族者也，南方人之性质也。

四、婚制

平民士族不获通婚，至有贬其家门，受屈辱于姻娅，以利其财贿者。亦有妇女自矜其族望，行无礼于舅姑者，惟其时妇女并无再嫁之禁，男女早婚，亦无限制。又曹操幼子早卒，操为聘甄氏亡女以合葬之，为后世冥婚之始。而抱主成婚守贞不嫁之风，亦由是而开矣。

北朝早婚事实表（据本国史表解卷上转载）

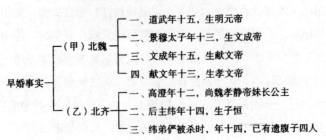

早婚事实
- （甲）北魏
  - 一、道武年十五，生明元帝
  - 二、景穆太子年十三，生文成帝
  - 三、文成年十五，生献文帝
  - 四、献文年十三，生孝文帝
- （乙）北齐
  - 一、高澄年十二，尚魏孝静帝妹长公主
  - 二、后主纬年十四，生子恒
  - 三、纬弟俨被杀时，年十四，已有遗腹子四人

五、尊家讳

家讳之重,自晋时始。桓玄为王大服设酒,王不能冷饮,频语左右曰:"令温酒来。"玄乃流涕呜咽。王不解,欲去。玄以手巾掩泪,顾谓之曰:"犯我家讳。"其重如此。其后沿习更甚。臧逢世者,臧严之子,督建昌军事,郡县民庶,竞修笺书,有称严寒者,必对之流涕,不省取记,多废公事。王亮为太守,其属沈瓒之性粗疏,好犯亮讳,亮竟启废之。若此类甚多,皆异俗也。又自汉以后,皇帝之讳益严,甚至有讳其嫌名者。隋文帝父名忠,而官名之有中字者,皆改为内之类是也。

六、持清议

承东汉遗风,清议颇重。刘琨使温峤如建康劝进,峤母崔氏固留峤,峤绝裾而去,迄于崇贵,乡品犹不过也,峤甚病之,每进爵,皆累诏而后受。王式以母丧服不合礼,为卞壶所奏,付乡邑清议,废弃终身。若此之类,皆有裨于风俗。晋世清谈放达,败名伤化,而犹可以立国,未始非此事有以维持之也。

七、葬祭之礼

风水之说流行。堪舆家学说,托始于晋之郭璞,然陶侃之地卜牛眠（陶侃将葬父,忽失一牛不知所在,遇老父曰:"前冈见一牛眠处其地甚吉,葬之位极人臣。"侃寻得之因葬焉。后仕至太尉,封长沙公,赠大司马,谥曰桓）,已有择地而葬之事,此风大率起于魏晋之际。盖自董卓发人陵墓,人子之葬其亲者,冀幸安其父母之魂魄。术者之说,遂有以中之,而世俗遂滋为迷信矣。祭祀之礼,视上古时益黩,除祭天地山川神祇及其祖宗外,往往多淫祀。观宋时毁蒋子文淫祠,则此外淫祠之多,亦可见矣。

八、迷信

迷信之流行,为两晋、南北朝时代特色。魏文帝之初篡位也,改元黄初。吴大帝之初建国也，改元黄武。皆取义于黄巾贼张角"苍天已死，黄天当立"之谶也。晋成帝咸康八年，济南平陵（故城在今历城县治东六十里）城北石虎，一夕移于城东南，有狼狐千余迹随之，迹皆成蹊。后赵主虎喜曰："石虎者朕也。自西北徙而东南，天意欲使朕平荡江南也。"遂下诏征兵，将以次年大举南寇。逾年（晋康帝建元二年）正月，虎享群臣于太武殿，有白雁百余，集马道之南，时诸州兵集者百余万，太史令赵揽曰："白雁集庭，宫室将空之象，不宜南行。"乃止。是时荧惑火星守房（四星明堂象天子布政之所）心（三星天王正位也），虎太子宣怒领军王朗，使赵揽言于虎曰："宜以贵臣王姓者当之。"虎曰："谁可者？"揽曰："无贵于王领军。"虎问其次，揽无以对。因曰："唯王波耳。"虎乃杀中书监王波。前秦主生之初即位也，中书监胡文言于生曰："比有星孛于大角，荧惑入东井，不出三年，国有大丧，大臣戮死。愿陛下修德以禳之。"生曰："皇后与朕对临天下，可以应大丧矣。毛太傅、梁车骑、梁仆射受遗诏辅政，可以应大臣矣。"乃杀皇后梁氏，及太傅毛贵、尚书令梁楞、仆射梁安。次年，太白入东井，秦有司奏："太白罚星，东井秦分，必有暴兵起京师。"生曰："太白入井，自为渴耳，何足怪乎。"生梦大鱼食蒲，又长安谣曰："东海大鱼化为龙，男皆为王女为公。"生乃杀太师鱼遵及其子孙。

前燕主俊徙都邺以后，梦后赵主虎啮其臂，乃发虎墓，求尸，不获，购以百金，得于东明观下，僵而不腐，俊数其残暴之罪而鞭之，投于漳水。孝武帝太元二十年，有长星见，自须女（四星二十八宿之一。须，贱妾之称，妇，职之卑者也）至于哭星（在虚南主死哭之事）。帝心恶之，于华林园举酒祝之曰："长星劝汝一杯酒，自古何有万岁天子耶。"安帝义熙五年夏四月，雷震魏天安殿东序，魏道武帝恶之，命以冲车攻东西序，皆毁之。初，道武帝服寒食散，药发，躁怒无常，至是寝剧，又灾异数见，占者言有急变生肘腋。帝忧懑，至废寝食，追记平生成败得失，独语不止。每百官奏事至前，记其旧恶，辄杀之。其余或颜色变动，或鼻息不调，或步趋失节，或言辞差谬，皆以为怀恶在心，发形于外，往往手击杀之。梁武帝中大通年间，荧惑入南斗，去而复还，留止六旬，帝以谚云："荧惑入南斗，天子下殿走。"乃跣而下殿以禳之。及闻魏大丞相高欢反，孝武帝西奔，惭曰："虏亦应天象耶。"其余若历代权臣篡位或大盗起兵之时，无不假篝火狐鸣手段，为牢笼或镇压人心之计。一世枭雄或君主，犹自欺以欺人如此，他可知矣。

三国两晋南北朝时代迷信表

迷信事实	时代	影响
一、讹言苍天已死，黄天当立	汉末	黄巾贼起，魏改黄初，吴改黄武
二、平陵石虎移居	晋成帝咸康七年，后赵石虎建武七年	后赵主虎谋入寇
三、白雁集后赵庭	同	因而中止
四、荧惑守房心	晋康帝建元二年，后赵石虎建武十年	后赵杀中书监王波
五、星孛于大角，荧惑入东井	晋穆帝永和十一年，前秦苻生寿光元年	苻生杀皇后梁氏、太傅毛贵、尚书令梁楞、仆射梁安
六、太白入东井	同升平元年、寿光二年	暴兵起京师，后应东海王坚之变
七、苻生梦大鱼食蒲，谣言东海大鱼化为龙	同	杀太师鱼遵，后应东海王坚之变
八、前燕王儁梦石虎啮臂	同年，前燕主儁光寿元年	掘虎尸，数其罪而鞭之，投之漳水
九、长星见	晋孝武帝太元二十年	贵人张氏弑帝于清署殿
十、雷震魏天安殿	晋安帝义熙五年	道武帝忧懑废寝食，多杀群臣，卒为清河王绍所弑
十一、长星出竟天	晋恭帝元熙元年	刘裕篡位
十二、荧惑入南斗	梁武帝中大通间	魏大丞相高欢举兵反，孝武帝修奔长安

第四节 宗 教

一、道教

道教异常发达，有玄理、丹鼎、符箓、占验等派。其名家若何晏、王弼（玄理派）、魏伯阳、葛洪（丹鼎派）、寇谦之、陶宏景（符箓派）、费长房、于吉、管辂、左慈（占验派）辈，皆一时在社会上大有势力。

东晋初，有葛洪者，字稚川，丹阳句容（江苏句容县）人。好神仙导养之法，从祖玄，吴时学道得仙，号曰葛仙。以其炼丹秘术授弟子郑隐，洪就隐学，悉得其法，晚年居罗浮山（广东惠阳县境）炼丹，自号抱朴子，著书推明神仙之理，即以抱朴子为名，年八十一，端坐若睡而卒，颜色如生，体亦柔软，举尸入棺，甚轻如空衣，世以为尸解得仙云。南齐时，秣陵人陶弘景，隐于句容，修道业，辟谷导引，能前知，自号华阳陶隐居。因所居茅山，为道家第八洞宫，名金陵华阳之天，故以为名。梁武帝甚敬礼之，有事辄咨访，号为山中宰相，士民从之受道者甚众。年八十二殁，颜色不变，屈伸如常，香气氤氲满山，人以为尸解云。后魏明元帝时，嵩山道士寇谦之，自言尝遇老君（即老子李耳）降，命已继张道陵为天师，授以服气轻身之术及科诫书，使之清整道教，又遇神人李谱文，云是老君玄孙，授以录图真经，使敕合百神，辅北方太平真君。太武即位，谦之诣阙献其书，人多未信，崔浩独师受其术；上书赞之。太武乃起天师道场，显扬新法，后改元曰太平真君，亲备法驾而受符箓。谦之奏造静轮宫，令其高不闻鸡犬，欲以上接天神，功役万计，经年不成，而谦之死，人亦以为尸解而去，自是道教大行，斋醮、符咒、金丹、玉浆之法，纷纷竞起。每帝即位，必受符箓，以为故事，刻天尊（即元始天尊）及诸天仙之像而供养焉。北周武帝信道士卫元嵩，欲废释教，僧徒争之，遂并废二教，然其后不久而复。

三国两晋南北朝时代道教派别表

派别	人物	时代
一、玄理派	何晏、王弼	魏晋之交
二、丹鼎派	魏伯阳、葛洪	晋
三、符箓派	寇谦之、陶弘景	南北朝
四、占验派	费长房、于吉、管辂、左慈	三国

二、佛教

汉魏以后，西僧来者益多。永嘉初，佛图澄入洛阳，后为石勒所尊信，佛教由此盛于北方。然澄之术多怪异，非佛氏正宗也。卫道安者，常山人，少慕玄理，独坐静室十二年，大有所悟。又从佛图澄于邺，尽得其旨，以为师莫过佛，宜称释氏后，故但称道安而去其姓。澄既卒，道安南游，分遣其徒往扬州、巴蜀、襄阳等处传教，晋孝武帝遣使通问，并褒奖之。后入秦，为苻坚所尊信。太元十年卒。同时之西僧鸠摩罗什，至称道安为东方圣人云。又有惠远者，俗姓贾氏，雁门人，闻道安讲般若经（般若者智慧之义），因而大悟，遂皈依之。后避苻秦之乱，入晋，居庐山与刘遗民等十八贤同修净土，中有白莲池，因号莲社，陶潜等皆与游焉。鸠摩罗什者，天竺人，生于龟兹。吕光破龟兹，与俱东还。专以大乘为化，诸学者共师之。后秦姚兴灭凉，迎以归，尊为国师。与其徒译大乘经甚多，于是宗法之传大明于世。同时长安僧法显者，俗姓龚氏，平阳人，自幼受戒，以晋安帝义熙十二年，由长安西行，至印度，凡经三十余国。随有经律之处，学其书语，译而写之，历十五年，始航海返中国。时姚秦已灭，乃入晋，居金陵。著有《佛国记》一书，详记其行程。此为中国僧人入印度之始。其后凉州僧智严宝云、北燕僧昙摩竭等，先后继之，沙漠洋海间，往来如织，西僧来中国者亦多。宋时，多居于江左，宣教译经之事，极盛一时。当世名士，如谢灵运、颜延之等，皆为文赞扬佛理。文帝崇佛之名，播于海外，印度以东，奉佛之国，频遣使朝贡，颂功德，故自后诸帝，皆敬三宝焉（佛、法、僧为释家三宝）。梁武尤信佛，受戒于僧慧约。太子王公以下，受戒者五万人。帝建同泰寺，前后三次舍身为奴。太子亦于宫内立慧义殿，为法律之所，招引名僧与共研究。故其时佛学尤盛。达摩者，南印度僧人，姓刹利，名菩提多罗，为释迦佛大弟子摩诃迦叶之二十七传弟子，西天二十八祖之一（并迦叶计之）。普通元年，航海至广州。武帝召见，问曰："朕多造寺、写经、度僧，有何功德？"达摩曰："并无功德，净智妙明，体自空寂，如是功德，非可于世求。写经造寺等小因果，如影随形，虽有非实。"武帝不悟。

达摩知不相契合，乃渡江至魏，止于嵩山少林寺，面壁九年，人莫之测。时魏氏律师流支三藏，每与达摩议论蜂起，竞有害心，数加毒药，至第六度，以缘化既毕，传法得人，遂不复究，端坐而逝。达摩之教，不依经论，直指人心，云见性可以成佛，后世以为禅宗之一祖云。

北魏袭前后二秦之迹，历世奉佛，惟太武帝深信道教。司徒崔浩常言佛法为世费害，宜悉除之。会帝幸长安，见寺僧犯法，命案诛一寺，浩因说帝下诏焚毁寺塔形像胡经，沙门无少长悉坑之，自后敢有崇奉者诛。时太子晃监国，缓宣诏书，使远近预闻，得以藏匿，惟塔庙无复孑遗。自汉明帝后，佛徒日兴月盛，至此乃不绝如缕，及浩被罪，禁乃稍弛。文成嗣位，诏郡县各建寺一区，民愿出家者听。献文尤好之，建寺北苑，与数百僧人习佛法。孝文虽好儒，亦不排佛。宣武帝崇信尤深，胡僧至者三千人，道希最以译经著名。孝明时，胡太后作永宁寺，多铸金像，僧房千间，塔高六十余丈。又遣宋云惠生如印度求经，得百七十余部而还（案：宣武孝明与梁武同时，故其时南北佛教皆极盛）。其后国乱，民避赋役，多出家，僧尼至二百万人，寺三万余区。北周武帝好儒，禁道释二教，悉毁经像，令沙门道士并还俗。杨坚秉政，复行二教，势力不久即恢复。

三国两晋南北朝时代佛教传播表

	人名	原籍	时代	居住或经由之地点	接触之人物	其所设施
西僧入中国传教者	一、佛图澄		永嘉初年	洛阳	石勒、石虎	多怪异
	二、鸠摩罗什	天竺	晋孝武时	凉州、长安	吕光、姚兴	译大乘经甚多
	三、达摩	南印度	梁武帝时	广州、建康、嵩山	梁武帝、流支三藏	点悟梁武帝，帝不悟，在嵩山面壁九年

	人名	原籍	时代	居住或经由之地点	接触之人物	其所设施
中国高僧	一、卫道安	常山	东晋初	邺、襄阳、长安	苻坚、晋孝武帝	从佛图澄游。分遣其徒往南方布教
	二、贾惠远	雁门	东晋	庐山	刘遗民、陶潜	结莲社
中国高僧西游者	一、龚法显	平阳	东晋	由长安陆路至印度		经三十余国，历十五年，始返中国著《佛国记》，译经卷
	二、智严宝云	凉州	东晋			
	三、昙摩竭	北燕	东晋			
	四、惠生		后魏			得经百七十余部而还

法显事略表（据本国史表解卷上转载）

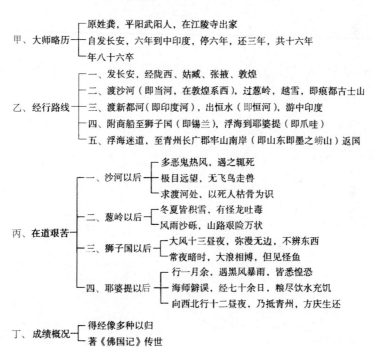

第五节　实业

南朝实业无可言者。北朝魏孝文行均田法，有司每春月莅郊野，察农勤惰。男子年二十五以上皆耕，女子年十五以上皆蚕。令民互相为助，必令地无遗利，人无游手而后止。其于缘边之地，皆营屯田，设子使以统督之，每一子使领田五十顷，颇能重农，然农法之发明殊鲜。至于工业，太武时有月氏国商人，到京师，自言能铸石为五色琉璃，于是采矿山中，于京师铸之，既成，光泽美于西方来者，观者惊以为神造，自是琉璃顿贱，人不复珍之。

第三期　隋唐时代

第一章

隋之治乱

自来中国形势，合久必分，分久必合。自周失其政，诸侯力争，天下分崩离析者数百年，至秦始皇始一统。汉失其政，群雄扰攘，天下复分崩离析者数百年，至隋文帝始一统。两大帝国之出现，实古今东亚民族盛衰消长之转关也。秦室统一中国后，内部行政机关一概刷新，取极端之中央集权主义。隋室之对内政策效之。秦室统一中国后，北逐匈奴，南平百越，取极端之帝国主义。隋室之对外政策亦效之。秦筑长城，以为外部之藩垣。隋凿运河，以通内部之气脉。其魄力之伟大相似。秦始皇于统一六国后，毁名城，杀豪杰，销兵器，以绝天下之望。隋文帝于统一南北后，谋臣宿将，诛灭殆尽，其心思之狠辣、手段之操切相似。秦公子扶苏贤明，有德望，始皇疏斥之。隋太子勇宽厚简易，无矫饰之行，文帝废黜之。秦之嗣君昏庸，隋之嗣君骄暴。秦始皇之公子公主，皆为二世所诛。隋文帝之诸皇子，亦皆为炀帝所害。秦以二帝而亡，隋亦两代而灭。其国祚之短促、家运之迍邅相似。秦亡而汉兴，隋亡而唐兴。其代人作前驱也亦无不相似。采得百花成蜜后，一生辛苦为谁忙。呜呼！二君皆创业英主，其结果亦可哀矣。兹述其事迹如下。

秦隋比较表

一、周失其政，诸侯力争，天下分崩离析者数百年，至秦始皇始一统	一、汉失其政，群雄扰攘，天下复分崩离析者数百年，至隋文帝始一统
二、秦室内政，取极端之中央集权主义	二、隋室之对内政策亦然
三、秦室外交取极端之帝国主义	三、隋室之对外政策亦然
四、秦筑长城以为外部之藩垣	四、隋凿运河以通内部之气脉
五、秦始皇于统一六国后，毁名城，杀豪杰，销兵器，以绝天下之望	五、隋文帝于统一南北后，毁除民间兵仗，谋臣宿将诛灭殆尽
六、秦公子扶苏贤明，有德望，始皇疏斥之	六、隋太子勇宽厚简易，无矫饰之行，文帝废黜之
七、秦之嗣君二世昏庸	七、隋之嗣君炀帝骄暴
八、秦始皇之公子公主皆为二世所杀	八、隋文帝之诸皇子皆为炀帝所害
九、秦以二世而亡	九、隋亦两代而灭
十、秦亡而汉兴	十、隋亡而唐兴

第一节　隋文帝之内治

一、内官制

隋文帝之初即位也，除周六官，依汉魏之旧。置三师、三公及尚书、门下、内史（即中书）、秘书、内侍（即中侍中）五省，御史、都水二台，太常等十一寺，左右卫等十二府，以分司统职。置柱国至都督十一等勋官，以酬勤劳。特进至朝散大夫七等散官，以加文武之有德者。于是官制大备。又以皇考讳忠，避嫌名，改侍中为纳言，中书监、令为内史监、令（开皇元年二月）。

二、外官制及地方制

帝以魏晋以来，地方制度破坏，州郡名号愈设愈多，州郡管辖之区域愈分愈小，或地无百里，而数县并置；或户不满千，而二郡分领。僚众费多，租调岁减，乃罢郡为州。地方官制仍行两级制度，其上或设总管府以统一。有时亦或设行尚书省，皆因时制宜，无一定员额，于是地方制度粗备（开皇三年十一月）。

附隋代官制表

三师	太师	不主事，不置府僚，但与天子坐而论道
	太傅	
	太保	
三公	太尉	参议国之大事，置府僚，无其人则阙
	司徒	
	司空	
五省	尚书	分掌国之重事，下有吏、户、礼、兵、刑、工六部
	门下	掌献纳及进御之事
	内史	掌出纳王命之事
	秘书	掌图籍及著作之事
	内侍	掌宫禁服御之事
二台	御史	掌纠察之事
	都水	掌水利
九寺	太常	掌陵庙礼乐之事
	光禄	掌宫殿门户及膳食之事
	卫尉	掌军器仪仗帐幕之事
	宗正	掌皇族之事
	太仆	掌乘舆仪卫之事
	大理	掌谳讼狱之事
	鸿胪	掌蕃客朝贡及吉凶吊祭之事
	司农	掌仓市薪米园池果实之事
	太府	掌财物库藏之事
外官	刺史	分上中下三等
	县令	分上上至下下九等

三、赋税制

隋文帝之初即位也，征苏绰子威为纳言。先是苏绰在西魏时，以国用不足，为征税法颇重，既而叹曰："今所为者，正如张弓，非平世法也，后之君子，谁能弛之？"威闻其言，每引为己任，至是奏减赋役，务从轻简（开皇元年三月）。

附货币制度

周齐之世，钱有四等，及民间私钱，名品甚众，轻重不等，文帝患之，更铸五铢钱，背面肉好（体为肉孔为好），皆有周郭，每一千重四斤二两，悉废古钱及私钱，置样于关，不如样者没官销毁。于是货币始统一（开皇元年九月）。

附常平仓制度

又以长安仓廪尚虚，乃诏蒲陕卫汴等水次十三州，募丁运米。又于卫州置黎阳仓，陕州置常平仓，华州置广通仓，转相灌输，漕关东及汾晋之粟以给长安，于是京师粮糈充足（开皇三年十二月）。复令民间每秋家出粟麦一石以下，贫富为差，储之当社，委社司检校，以备凶年，名曰义仓。于是民间无水旱饥馑之虞（开皇五年五月）。

四、刑制

又命高颎、杨素等修订刑律，采魏晋之法折衷之，去枭轘鞭法，非谋叛，无族罪。制五刑，曰笞、杖、徒、流、死。计死刑二，曰绞、斩。流刑三，自二千里至三千里。徒刑五，自一年至三年。杖刑五，自六十至百。笞刑五，自十至五十。又制议请（即周礼八议之法，谓凡在八议之科则请之也）、减赎、官当（犯私罪以官当徒者，五品以上一官当徒二年，九品以上一官当徒一年）之科，以优士大夫。除讯囚酷法，考掠不得过二百。枷杖大小，咸有程式。民有枉屈，县不为理者，听以次经郡、州、省。若不为理，听诣阙伸诉。自是法制遂定后世多遵用之（开皇元年十月）。

隋代刑制表

死刑二	绞、斩
流刑三	自二千里至三千里
徒刑五	自一年至三年
杖刑五	自六十至百
笞刑五	自十至五十

五、典籍之征求

应用文字之改良。又以丧乱以来，典籍率多散逸，诏求遗书，献书一卷，赉缣一匹（开皇三年三月）。又以魏晋以来，崇尚文词，遂成风俗。江左齐梁，其弊弥甚，竞一韵之奇，争一字之功。连篇累牍，不出月露之形；积案盈箱，唯是风云之状。世俗以之相高，朝廷以之擢士，以儒素为古拙，以词赋为君子，故其文日繁，其政日乱。乃诏公私文翰，并宜实录（开皇四年九月）。

帝性严重，令行禁止，勤于政事。虽啬于财，至于赏赐有功，即无所爱。爱养百姓，劝课农桑，轻徭薄赋。自奉俭素，乘舆御物故弊者，随令补用，非享宴不过一肉，后宫皆服浣濯之衣。天下化之，丈夫率衣绢布，装带不过铜铁骨角，无绫绮金玉之饰。即位之初，民户不过四百万。末年，逾八百九十万。

第二节　隋炀帝之弑逆

一、文帝之猜忌

文帝天性猜忌，素无学术，好为小数，不达大体。平陈以后，效秦始皇愚民故智，毁除民间兵仗（开皇九年四月）。既任智以获大位，因以文法自矜。明察临下，恒令左右觇视内外，有过失则加以重罪。又患令史赃污，私使人以钱帛遗之，得犯立斩。每于殿廷捶人，挥楚不甚，即命斩之。帝以所在属官不敬惮其上，事难克举，乃诏诸司论属官罪，听律外决杖，于是上下相驱，迭行捶楚。以残暴为干能，守法为懦弱（十七年三月）。又以盗贼繁多，命盗一钱以上皆弃市，或三人共盗一瓜，事发即死。于是行旅皆晏起早宿，天下懔懔（同上）。又褊急苛察，信受谗言，功臣故旧，无始终保全者，乃至子弟皆如仇敌（开皇元年九月除佐命元勋上柱国郑译名，六年闰八月杀佐命元勋上柱国梁士彦、刘昉故人上柱国宇文忻。十年二月出佐命元勋内史令李德林为湖州刺史，迁怀州，卒于任所。十二年七月免右仆射苏威官爵以开府就第。十二月除平陈元勋领军大将军贺若弼名。十四年闰十月除佐命元勋齐州刺史卢贲名废卒于家。十七年七月皇子并州总管秦王俊有罪免官，其妃赐死。十二月杀佐命元勋内史监鲁公虞庆则。十九年六月杀功臣凉州总管宜阳公王世积。八月除左仆射高颎名。二十年六月秦王俊卒国除。十月废太子勇为庶人，杀功臣太平公史万岁。仁寿二年十二月废皇子益州总管蜀王秀为庶人）。帝与皇后独孤氏甚相爱重，誓无异生之子。又惩周室诸王微弱，故令诸子分据大镇。及其晚节，迭相猜忌，五子皆不以寿终。

隋文帝猜忌表

一、毁除民间兵仗
二、恒令左右觇视内外，有过失则加以重罪
三、患令史赃污，私使人以钱帛遗之，得犯立斩
四、每于殿廷捶人，挥楚不甚，即命斩之
五、诏诸司论属官罪，听律外决杖
六、命盗一钱以上皆弃市，或三人共盗一瓜，事发即死
七、功臣故旧无始终保全者
八、子弟皆如仇敌

二、炀帝之夺嫡

太子勇性宽厚，率意任情，无矫饰之行。帝性节俭，勇常饰蜀铠，帝见而不悦。后遇冬至，百官皆诣勇，勇张乐受贺，帝不悦，下诏停之。自是恩宠始衰，渐生猜阻。勇多内宠，昭训云氏尤幸，其妃元氏无宠，遇疾而薨。独孤后意其有他，深以责勇，然昭训自是遂专内政。生长宁王俨、平原王裕、安成王筠，诸姬子又数人。后弥不平，遣人伺求勇过，晋王广知之，弥自矫饰。后庭有子皆不育，后由是数称广贤。大臣用事者，广皆倾心与交。帝及后遣左右至广所，广必与萧妃厚礼之，往来者无不称其仁孝。帝与后尝幸其第，广悉屏匿美姬于别室，惟留老丑者，衣以缦彩，给事左右。屏帐改用缣素，故绝乐器之弦，不令拂去尘埃。帝见之喜，由是爱之，特异诸子。广美姿仪，敏慧严重，好学能文，敬接朝士，由是声名藉甚，与仆射杨素联络，共倾勇。素常因侍宴称赞广，后深然之，遣人伺觇东宫，纤芥事皆闻奏，因加诬饰以成其罪，帝遂疏忌勇。开皇二十年七月，诏废勇及其诸子皆为庶人，遣责东宫官属，诛戮有差。左卫大将军元旻、文林郎杨孝政力谏，帝不听，二人皆得罪。十一月，立广为皇太子。

隋炀帝夺嫡计划表

一、后庭有子皆不育
二、大臣用事者，广皆倾心与交
三、文帝独孤后遣左右至广所，广必与萧妃厚礼之
四、帝与后尝幸其第，广悉屏匿美姬于别室，惟留老丑者。屏帐改用缣素，故绝乐器之弦，不令拂去尘埃

三、炀帝之弑逆

仁寿二年八月，后崩。广对宫人哀恸绝气，若不胜丧者。其处私室，饮食言笑如平常。四年七月，帝不豫，诏广入居殿中。广预拟帝崩后事，手自为书，封出以问杨素。素条录事状以报，宫人误送帝所，帝览之，大恚。帝所宠宣华夫人陈氏，旦出更衣，为广所逼，拒之得免。帝怪其神色有异，问故，夫人泫然曰："太子无礼。"帝恚，抵床曰："畜生何足付大事，独孤误我。"将召故太子勇。素闻之，白广。令右庶子张衡入殿侍疾，尽遣后宫出就别室，俄而上崩，故中外颇有异论。其夜广烝于陈夫人。明日，发丧即位，是为炀帝。矫遗诏，杀故太子勇，复杀勇子故长宁王俨等八人。并州总管汉王谅起兵晋阳，讨弑君之罪。诏遣杨素击虏以归，杀之，所部吏民坐死徙者二十余万家，时仁寿四年，西历纪元六〇四年也。

第三节 隋炀帝之奢侈

帝性夸大奢侈。即位之初，以洛阳为东京，命杨素营东京宫室，役丁二百万人。徙洛州郭内居民及诸州富商大贾数万户以实之。又命将作大匠宇文恺、内史舍人封德彝等营显仁宫（在河洛道宜阳县东南），发江南奇材异石，输之洛阳。又求海内嘉木、异草、珍禽、奇兽，以实苑囿。又发民百余万，开通济渠，自西苑（在河洛道洛阳县城西）引谷洛水达于河，引河入汴、引汴入泗以达于淮。又发民十万，开邗沟（在江苏淮扬道境内，今为运河之一部）入江，沟广四十步，傍筑御道，树以柳，自长安至江都（今江苏淮阳道江都县）。置离宫四十余所，充以美女。遣人往江南造龙舟及杂船数万艘，以备游幸之用（以上皆大业元年三月事）。又筑西苑，周二百里，其内为海，周十余里，为方丈、蓬莱、瀛洲诸山，高百余尺，台观宫殿，罗络山上。海北有渠，萦纡注海内，缘渠作十六院，门皆临渠，每院以四品夫人主之，穷极华丽，宫树凋落，则翦彩为花叶缀之，沼内亦剪彩为荷芰菱芡，色渝则易以新者。十六院竞以毅羞精丽相高，求市恩宠，上好以月夜从宫女数千骑游西苑，作清夜游曲，于马上奏之（同年五月）。是年八月，幸江都。龙舟四重，高四十五尺，长二百尺。上重有正殿、内殿、朝堂；中二重有百二十房，皆饰以金玉；下重内侍处之。皇后乘翔螭舟，制度差小。别有浮景九艘三重，皆水殿也。余数千艘，后宫、诸王、公主、百官、僧、尼、道士、蕃客乘之。共有挽士八万余人，皆以锦彩为袍。卫兵所乘又数千艘，舳舻相接二百余里，骑兵翊两岸而行。所过州县，五百里内，皆令献食，多者一州至百举（两人共举曰举），极水陆珍奇。后宫厌饫，将发之际，多弃埋之。是年十月，征天下散乐，大集东京。课河南京兆制其衣，锦彩为空。帝多制艳篇，造新声，播之音，极哀怨。三年七月，发丁男百余万筑长城，西起榆林，东至紫河（在今山西雁门道大同县西北，古丰州黑峪口发源）。四年正月，发民百余万，开永济渠（今名卫河，即北运河），引沁水南达于河，北通涿郡，丁男不给，兼役妇人。又凿太行山，通驰道，筑长城于西北二边，营晋阳、汾阳二宫（晋阳宫在山西冀宁道太原县北；汾阳宫在山西雁门道，即故忻州静乐县北）。六年，穿江南河（今为浙西运河，即南运河），自京口至余杭（郡名，今浙江杭县）。帝或幸东京，或游江都，或北巡长城，或西抵河右，营造巡游无虚岁。

隋炀帝奢侈表

甲、修宫室	地点	年月
一、东都	洛阳	文帝仁寿四年
二、显仁宫	在宜阳县东南	炀帝大业元年
三、西苑	在洛阳县城	同年
四、离宫四十余所	自长安至江都	同年
五、晋阳宫	晋阳	同三年
六、汾阳宫	汾阳	同四年
乙、开运河		
一、通济渠	自西苑引谷洛水至河，引河入汴，引汴入泗，以达于淮	大业元年
二、邗沟	由淮入江	同年
三、永济渠	引沁水南达于河，北通涿郡	同四年
四、江南河	自京口至余杭	同六年
丙、修驰道	凿太行山，通驰道，自榆林东达于蓟，开为御道，长三千里	同三年
丁、筑长城	筑长城于西北二边	同年
戊、造龙舟，翔螭舟，浮景舟及杂船数万艘		大业元年
己、发江南奇材异石，输之洛阳，求海内嘉木、异草、珍禽、奇兽以实苑囿		同年
庚、新作舆服仪卫		同二年
辛、游幸		
一、如洛阳		仁寿四年十一月
二、如江都		大业元年八月
三、还东京		同二年四月
四、帝北巡，次榆林郡，突厥启民可汗及义成公主来朝，吐谷浑、高昌皆入贡		同三年六月

甲、修宫室	地点	年月
五、至金河，幸启民可汗帐，还至太原，遂还东都		同年八月
六、如五原，遂巡长城		同四年三月
七、巡河右，遣兵击吐谷浑，不克；西域诸国来朝，献地置西海等郡		同五年三月
八、还东都		同年十一月
九、如江都		同六年三月
十、帝自将击高丽，至临朔宫，征天下兵会涿郡		同七年二月
十一、帝至辽东，攻城，不克		同八年六月
十二、帝还东都		同年九月
十三、帝复自将击高丽，渡辽水，遣诸将攻辽东		同九年四月
十四、帝引军还		同年六月
十五、征天下兵伐高丽，帝如涿郡，次怀远镇		同十年七月
十六、还西京		同年十月
十七、如东都		同年十一月
十八、如汾阳宫		同十一年四月
十九、帝巡北边，突厥始毕可汗入寇，围帝于雁门		同年八月
二十、还东都		同年十月
二十一、如江都		同十二年七月
壬、耽游佚		
一、征天下散乐		大业二年
二、征天下鹰师		同四年
三、诸蕃来朝，陈百戏于端门以示之		同六年
四、以散乐配太常		同年

运河开凿表（据本国史表解卷上转载）

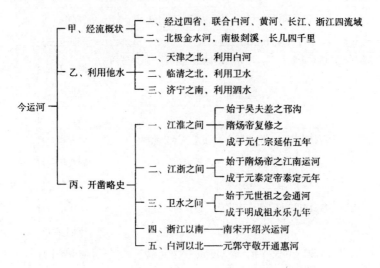

按隋炀帝所开河南之通济渠、汴渠，河北之永济渠，后以黄河迁徙，今不复存

第四节　隋炀帝之外交

炀帝好大喜功。即位之初，以刘方为欢州总管，南击林邑，克之。真腊及南洋诸国皆入贡（大业元年四月），是时突厥最恭顺。三年正月，突厥启民可汗来朝，请袭冠带。是年六月，帝北巡，次榆林郡，启民及其可敦（突厥皇后称号）义成公主（隋宗室女）来朝。帝帅大军溯金河（在今绥远省归化城南西南入黄河），遂幸启民帐，启民袒而割牲，捧觞上寿，执礼甚恭。帝大喜，赋诗曰："呼韩顿颡至，屠耆接踵来。何如汉天子，空上单于台。"是年冬，以裴矩为黄门侍郎，经略西域。四年七月，矩说铁勒（突厥民族丁零苗裔）诸部，使击吐谷浑，大破之。五年三月，帝巡河右，高昌（国名，在今新疆迪化道吐鲁番县）王曲伯雅、伊吾（今迪化道哈密县）吐屯设（突厥酋长）及西域二十七国皆来朝，请吏奉贡，置西海、河源、鄯善、且末等郡，谪天下罪人为戌卒以守之。命刘权镇

河源郡积石镇，大开屯田，捍御吐谷浑，以通西域之路。自西京及西北诸郡，.皆转输塞外，岁钜亿计，或遇寇钞，死亡不达，郡县皆征破其家，由是百姓失业，西方先困。六年正月，遣虎贲郎将陈棱，发兵泛海，击流求（今台湾岛），杀其王渴剌兜，虏其民而还。是时诸蕃来朝，陈百戏于端门外以示之，执丝竹者万八千人，自昏达旦，终月而罢，所费钜万，岁以为常。诸蕃请入丰都市（洛阳东市）交易，许之。先命整饰店肆，盛设帷帐，珍货充积，人物华盛。胡客过酒食店，悉令邀入，醉饱而散，不取其直。绐之曰："中国丰饶，酒食例不取直。"胡客皆惊叹。其黠者颇觉之，见以缯帛缠树，曰："中国亦有贫者，衣不盖形，何如以此物与之，缠树何为？"市人惭不能答。是年十二月，征高丽王元入朝，不至。七年二月，下诏亲征高丽。帝自御龙舟渡河，入永济渠，仍敕选部、门下，内史、御史于前船选补，其受选者三千余人，或徒步随船三千余里，冻馁疲顿，死者什一二。复敕幽州总管元弘嗣，往东莱海口，造船三百艘，官吏督役，昼夜立水中，不敢息，自腰以下皆生蛆，死者什三四。又敕河南、淮南、江南，造戎车五万乘，送高阳，供载衣甲幔幕，令兵士自挽之，发河南北民夫，以供军须。江淮以南民夫及船，运黎阳（仓城，在今河北道浚县西南）及洛口（仓城，在今河洛道巩县东）诸仓米。舳舻千里，往还常数十万人，昼夜不绝，死者相枕，天下骚动。课天下富人买马，匹至十万钱。简阅器仗，或有滥恶，使者立斩。又令山东置府养马，以供军役。发民夫运米塞下，车牛往者皆不返，士卒死亡过半，耕稼失时，谷价踊贵，东北边尤甚，斗米直数万钱，所运米或粗恶，令民粜以偿之。又发鹿车夫六十余万，二人共推米三石，道途险远，不足充糇粮，至镇无可输，皆惧罪亡命。重以官吏侵渔，百姓穷困。于是河北山东，群盗蜂起。八年正月，师发涿郡，凡一百十三万，馈运者倍之，首尾亘百余里，攻辽东城，不克，进渡鸭绿江，大败而还。是为第一次高丽之役。

九年，再征兵亲征。攻辽东，亦不克。会楚公杨玄感起兵黎阳，围东都，帝不得已，引还。是为第二次高丽之役。

隋炀帝外交表

事迹	年	主持者
一、伐林邑	大业元年	刘方
二、幸突厥启民可汗帐	同三年	
三、击走吐谷浑，置西海、河源、鄯善、且末四郡	同五年	裴矩
四、击流求	同六年	陈棱
五、诸蕃来朝，陈百戏于端门以示之	同年	裴矩
六、伐高丽	同八年九年十年	同

第五节　隋室之衰亡　群雄之蜂起

杨玄感者，越公素之子，骁勇便骑射，好读书，喜宾客，海内知名之士多与之游。蒲山公李密者，周太师弼之曾孙，少有才略，志气雄远，轻财好士，尝乘黄牛读《汉书》。素见而奇之，玄感与为深交。素恃功骄倨，帝心衔之。大业二年，太史言隋分野有大丧，乃徙素为楚公，意楚与隋同分，欲以厌之。是年七月，素寝疾，不肯饵药，谓弟约曰：“我岂须更活耶。”素卒后，帝谓近臣曰：“使素不死，终当族灭。”玄感知之，内不自安，且以朝政日紊，遂与诸弟潜谋作乱。帝方事征伐，玄感自言世荷国恩，愿为将领。帝喜，宠遇日隆，颇与朝政。至是督运黎阳，遂率运夫举兵，以密为谋主。密劝之直趋蓟城，扼帝归路，否则先取长安，以为根据地。玄感不能用，引兵围东都。帝闻警，撤兵还救，遣将军宇文述、来护儿等击玄感，玄感兵败，走死弘农。密亡走。帝大行诛戮，杀玄感党与三万余人，枉死者过半。十年二月，复议伐高丽，征天下兵会涿郡，是时天下已乱，所征兵多不至，高丽亦困弊。是年七月，帝次怀远镇（在今热河朝阳县西），高丽王元遣使乞降，帝还西京，征元入朝，元竟不至。

已而帝如东都（十年十二月），复如汾阳（十一年四月），又巡北边（十二年八月），旋幸江都（十二年七月），使代王侑留守西京，越王侗留守东都（二王皆元德太子昭之子，炀帝之孙）。多杀谏臣，群臣缄口。

十二年十月，群盗翟让等起兵河南，李密往从之。攻掠郡县，击败东都留守兵，让推密为主，号魏公。修洛口城，据之，略取河南诸郡。

是时四方豪杰纷起。大业十一年十月，东海（今江苏徐海道东海县，即故海州）李子通据海陵（今江苏淮扬道泰县，即故泰州）。十二年十二月，鄱阳（今江西浔阳道，故饶州府）林士弘据江南（今江西及广东），称楚帝。虎贲郎将罗艺据涿郡。十三年正月，章丘（今山东济南道章丘县）杜伏威据历阳（今安徽安庆道和县，即故和州）。漳南（县名，属清河郡，故城在今山东东临道恩县西北）窦建德据乐寿（今河北津海道献县），称长乐王。二月，马邑（郡名，今山西雁门道，即故朔平、大同二府）校尉刘武周，朔方（郡名，后魏夏州，今陕西榆林道）郎将梁师都，各据郡起兵，附于突厥。三月，突厥立武周为定杨可汗，取楼烦（今山西雁门道静乐县及冀宁道西北境）、定襄（今绥远境内土默特地）、雁门（今山西代县）等郡，自称帝。师都取雕阴（今陕西榆林道绥德县）、弘化（今甘肃泾原道，即故庆阳府）、延安（今陕西榆林道即故延安府）等郡，称梁帝，突厥立为大度毗伽可汗。流人郭子和起兵榆林，自称永乐王，突厥以为屋利设。四月，金城（郡名，今甘肃兰山道）校尉薛举起兵陇西，自称西秦霸王。寻徙据天水，自称秦帝。五月，唐公李渊起兵太原。七月，武威司马李轨起兵河西，自称凉王。十月，后梁宣帝曾孙萧铣起兵巴陵（今湖南武陵道岳阳县，即故岳州府治），自称梁王，尽取现今两湖及广西、越南北部等地，徙都江陵，自称梁帝。此外若河北之王薄、张金称、高士达，灵武之白瑜娑，济阴之孟海公，河间之格谦及其将高开道，余杭（今浙江杭县）之刘元进，吴郡之朱燮，晋陵（今江苏苏常道，故常州府）之管崇，离石胡刘苗王，汲郡之王德仁，齐郡之孟让，上谷之王须拔、魏刀儿，城父（故城在今安徽淮泗道亳县东南七十里）之朱粲，鲁郡之徐圆朗，河南之卢明月，以及其他不著名之贼帅尚多，各独树一帜，略据土地，互相吞并。于是天下分崩，隋室瓦解矣。

隋末群雄割据简表

人名	出身	据地	称号
王薄	群盗	据山东北部	知世郎
窦建德	群盗	据河北诸郡	夏王
杜伏威	群盗	据江苏、安徽中部	吴王
辅公祐	群盗	同上	宋帝
李子通	群盗	据江苏北部	吴帝
朱粲	群盗	据湖北中部	初称可达寒贼，后称楚帝
李密	蒲山公	据河南诸郡	魏公
林士弘	群盗	据江西广东	楚帝
罗艺	虎贲郎将	据旧京兆	幽州总管
徐圆朗	群盗	据山东中东二部	鲁帝
刘武周	马邑校尉	据山西北部	突厥以为定杨可汗
梁师都	朔方郎将	据绥远及甘肃东北部	梁帝
郭子和	戍卒	据陕西北部	永乐王
薛举	金城校尉	据甘肃中部	西秦霸王，后称秦帝
李轨	武威司马	据甘肃西北部	凉王，后称帝
萧铣	后梁之后	据两湖、广西、越南	梁王，后称帝
沈法兴	吴兴太守	据浙江北部、江苏南部	梁王
高开道	群盗	据河北东部	燕王
宇文化及	许公	据山东西北部	许帝
王世充	东都留守	据河南西部	郑王，后称帝
李渊	太原留守	据陕西大部	唐公，后为唐高祖

第二章

唐室之勃兴

自东汉末至唐初，凡四百余年间，为中国混乱时代。君主善终者居最少数，国亡而不族灭者亦居最少数。岂君主皆不肖欤，抑以竞争者动物之共有性，有竞争即有淘汰，互相残杀，不过实行淘汰手段之一端，动物界最流行者也。人类为最高等动物，所借以互相维持者，惟法律思想与道德观念，有以束缚防范之。若夫法律之藩篱破，道德之观念轻，则横流溃堤，何所不至。六朝淫暴君主，发挥动物祖宗固有之天性，惟妙惟肖。于是反动力起，其大臣亦尤而效之，而人道或几乎熄矣。盖自曹氏起于汉末，恃其才干，统一中原，功成受禅，识者鄙焉，故世运沉沦，终无挽回之日。晋之代魏，其功不如曹氏者也。南渡之后，其功臣觊觎晋室，而觊觎者其功又不及晋祖者也。宋、齐、梁、陈之祖，其功又不及晋之权臣也。是皆继曹氏之例而益甚者。北部情形虽稍有不同，然北周、北齐之祖，其功不及后魏，而隋之祖其功又不及北周也。隋得天下，无功无德，特以姿相奇伟，性情阴狡，为时势所驱而得之，非其始愿之所及也。文帝以胥吏治国，独孤后以妒忌治家，勋臣子弟，不保始终。炀帝弑父杀兄，骄淫暴虐，东征西伐，北狩南巡，残民以逞，靡有宁日，识者固知其有始无终矣。得人者兴，失人者崩，唐室之勃兴，亦时势使然者也。兹述其事迹如下。

第一节　唐高祖之起兵

唐高祖李渊者，西凉武昭王暠七世孙。祖虎，仕魏有功，封陇西公。父昞，仕周，封唐公。渊袭父爵。炀帝时，为弘化（郡名，今泾原道，故庆阳府）留守，御众宽简，人多附之。四方盗起，帝以渊为山西东河抚慰大使，讨捕群盗，多捷。转太原留守，突厥数侵边，诏渊击之，前后屡捷。

渊娶于神武肃公窦毅。生四男：建成、世民、玄霸、元吉。一女适临汾柴绍。世民聪明勇决，识量过人，见隋室方乱，阴有济世安民之志。与晋阳令刘文静及宫监裴寂相结。文静谓世民曰："今主上南巡，群盗万数。当此际有真主驱驾而用之，取天下如反掌耳。太原百姓皆避盗入城，文静为令数年，知其豪杰，一旦收集，可得十万人。尊公所将之兵复数万，以此乘虚入关，号令天下，不过半年，帝业成矣。"世民然之。阴部署宾客，而渊不知也。会渊兵拒突厥，不利，渊恐获罪，世民乘间说以"顺民心，兴义兵，转祸为福"。渊大惊，不从。明日，复说曰："人皆传李氏当应图谶，故李金才无故族灭（郧公李浑字帝以，其宗族强盛，忌之。会有方士言李氏当为天子，劝帝尽诛李姓，大业十一年二月帝杀浑夷其族）。大人若能尽贼，则功高不赏，身益危矣。惟昨日之言，可以救祸。愿勿疑。"渊叹曰："吾一夕思汝言，亦大有理。今日破家亡身亦由汝，化家为国亦由汝矣。"先是裴寂私以晋阳宫人侍渊，渊从寂饮，酒酣，寂曰："二郎阴养士马，欲举大事，正为寂以宫人侍公，恐事觉并诛耳。"渊以为然。会帝以渊不能御寇，遣使者执诣江都。世民与寂等复说渊，宜早定计。渊乃募兵，远近赴集。大业十三年五月，渊举兵太原。遣使通好于突厥，借其援兵。使世子建成及世民击西河（郡名，今山西冀宁道，故汾州府），拔之。执郡丞高德儒，数其佞谀，斩之，自余不戮一人。进兵取临汾（今山西河东道临汾县，即故平阳府）、绛郡（今山西河东道绛县即故绛州），济河而西。遣建成偕刘文静守潼关，以备东方兵。世民徇渭北。渊女柴绍妻李氏、从弟神通、婿段纶，时皆在关中，各起兵应渊，关中吏民及群盗争归之。是年十月，渊合诸军围长安。十一月，拔之。立代王侑为帝，是为恭帝，遥尊帝为太上皇。渊自为大丞相，封唐王。次年正月，自为相国，加九锡。五月，遂称皇帝，是为唐高祖。废恭帝为酅公。时炀帝大业十四年，恭帝侑义宁二年，恭帝侗皇泰元年，西历纪元六一八年也。

第二节　隋炀帝之末路

是时帝在江都，荒淫益甚，酒卮不离口。见天下危乱，亦不自安。退朝则幅巾短衣，遍历台阁，汲汲顾影，惟恐不足，常仰视天文。谓萧后曰："外间大有人图侬，然且共乐饮耳。"因引满沉醉。又引镜自照曰："好头颈，谁当斫之？"后惊问故。帝笑曰："贵贱苦乐，更迭为之，亦复何伤。"见中原已乱，无心北归，欲保江东。门下录事李侗客曰："江东卑湿，土地险狭，内奉万乘，外给三军，民不堪命，恐亦将散乱耳。"御史劾之。于是公卿皆阿意言："江东之民，望幸已久。陛下抚而临之，此大禹之事也。"乃命治丹阳宫，将徙都之。时江都粮尽，从驾骁果多关中人，思归。郎将司马德戡元礼、直阁裴虔通等阴谋作乱。大业十四年三月，推许公宇文化及为主，夜引兵入宫弑帝。宗室外戚，无少长皆死。惟余帝从子秦王浩，立为帝。化及自称大丞相，拥众而西。四月，至彭城，魏公李密据巩洛（今河洛道巩县，即洛口城）以拒之，化及北走魏县。是年八月，鸩杀浩，自称许帝。

炀帝凶问至东都，留守官奉越王侗即位，是为恭帝。以王世充为纳言，主兵柄。世充夺权，杀内史令元文都、卢楚，自为左仆射，总督内外诸军事，使史世悍入居禁中，子弟咸典兵马，恭帝拱手而已。是年八月，世充与魏公密战于偃师，大破之。自为太尉、尚书令，总国政。密走降唐，唐以密为光禄卿，封邢国公。旋以谋叛被杀，魏亡。

是时长乐王窦建德取河北诸州，改国号曰夏。次年（隋皇泰二年，唐

武德二年）二月，击破宇文化及于聊城（今山东东临道聊城县，即故东昌府治），
执而杀之。与王世充结好，奉表于隋，隋封建德为夏王。王世充自立
为郑王，加九锡。是年四月，遂称皇帝，废恭帝为潞国公而弑之。隋
亡，凡传四主，三十九年。

第三节　群雄之灭亡　唐室之一统

一、平陇右

隋室既亡，群雄扰扰，唐室乃用武力统一宇内。唐高祖之初入关
也，秦主薛举遣其子仁杲侵扶风，与唐争关中，唐遣秦王世民击败
之。大业十四年六月，举侵唐泾州，世民拒战于高墌（今甘肃泾原道宁县
南六十里）。长史刘文静违世民节制，败绩。是年八月，举卒，仁杲立，
居折墌城（今甘肃泾原道泾川县东界），仁杲残暴，与诸将多有隙，由是众心
不附，世民乘衅攻之。十一月，克折墌，仁杲出降，送长安，斩之。
秦亡。于是陇右皆入于唐。

二、平河西

唐与秦之构兵也，行远交近攻策。遣使招抚凉王李轨，谓之从
弟，轨大喜，入贡。大业十四年八月，唐立轨为凉王。十一月，轨称
皇帝。唐不悦，遣使与吐谷浑伏允可汗连和，东西出兵夹攻之。轨部
将安修仁之兄兴贵仕于唐，请归说轨降唐，轨不听。武德二年四月，
兴贵与修仁阴结诸胡，起兵袭轨，执送长安，杀之。凉亡。于是河西
皆入于唐。

三、平河东

河陇既平，西方无警，唐乃转锋东下，经略大河南北。是时定杨
可汗刘武周方强。武德二年六月，遣其将宋金刚攻唐并州，先后破唐

总管齐王元吉、裴寂兵，尽取河东诸郡，关中震骇。唐高祖惧，欲弃河东，专保关中。秦王世民力谏。乃诏以世民为元帅，发关中兵击金刚。三年四月，大破之，金刚及武周皆走死突厥。定杨亡。山西北部皆入于唐。

四、平河南河北

是年七月，唐遣秦王世民督诸军伐郑，取轘辕（山名，在今河南偃师县东南接巩登封二县界），河南诸州多降。四年二月，破其兵于谷水（源出河南卢氏县西南熊耳山东合睢水并入泗水），遂围洛阳，郑主世充求救于夏。三月，夏王建德率师救郑，世民逆战于虎牢（即古成皋故，城在今河南汜水县上街镇），大破夏兵，擒建德，世充出降。世民班师还长安。赦世充为庶人，徙蜀，斩建德于市。夏、郑皆亡。河南、河北皆入于唐。建德故将刘黑闼起兵漳南，击破唐兵，恢复建德旧境，自称汉东王。五年三月，世民击破其兵，黑闼奔突厥，复引突厥兵入寇。六年正月，其将诸葛德威执黑闼以降，斩之。汉东亡。河北复定。

五、平江陵

河南、河北既平，北方无警，唐乃转锋南下，经略扬子江流域。唐高祖之初入关也，遣使招慰山南诸州（秦岭山脉以南诸州，即今陕西汉中道、湖北襄阳道），下之，于是汉水流域入于唐。复遣使徇巴蜀，下之，于是扬子江上流流域亦入于唐。唐室尽取山南剑南（剑阁以南诸州，今四川及云南东部），有高屋建瓴之势。武德四年二月，以赵郡王孝恭为夔州总管，李靖为行军总管，经略南方。是年十月，发巴蜀兵击梁，围江陵，梁主铣出降，送长安，斩之。梁亡。李靖乘势南度岭，下岭南九十六州，于是扬子江中流及西江流域皆入于唐。

六、平江淮

扬子江上流中流皆入于唐，唐室领土奄有中国十分之七八。所未服者，只余江浙诸郡。初，炀帝之被弑也，吴兴太守沈法兴举兵讨宇文化及，略江表十余郡，皆下之。武德二年八月，据毗陵（今苏常道，故常州府），称梁王。李子通自海陵徙据江都，称吴帝。杜伏威势孤，乃以历阳附于唐，唐以为和州总管，封吴王。武德三年十二月，子通攻法兴，取京口，丹阳毗陵等郡皆降于子通。法兴走吴郡。杜伏威使其将辅公祏攻破子通，取江都，子通走保京口，伏威进据丹阳。子通东走太湖，袭法兴，大破之，法兴赴水死。梁亡。子通遂据吴郡。四年十一月，伏威击破子通，执送长安。吴亡。于是伏威尽有淮南江东之地。五年七月，伏威入朝于唐，留其将辅公祏守丹阳，唐以公祏为淮南道行台仆射。是时楚王林士弘兵势已衰，是年八月，病卒，其众遂散。楚亡。六年八月。辅公祏反，称宋帝。诏赵郡王孝恭、李靖讨之。七年三月，克丹阳，斩公祏，江南平，于是僭伪皆亡，惟梁师都犹在，时与突厥连兵寇边。太宗贞观二年，诏右卫大将军柴绍讨之，其下杀之以降。梁亡。于是中国复一统。

计唐室扫荡群雄统一中国之原因如下：

第一，太宗英武，有驾驭群雄能力

第二，唐室根据地在关中，为古来形胜之地

第三，先定西方，据上游，然后进兵东方。取高屋建瓴之势，剿抚次序最适当

唐初削平群雄表

年代	招降或夷灭之国	所取之地
唐高祖武德元年	招慰山南、山东诸州，下之	取汉水流域
同年	徇巴蜀，下之	取四川
同二年	灭秦，执薛仁杲，杀之	取甘肃南部
同年	灭凉，执李轨，杀之	取甘肃北部
同三年	灭定杨，刘武周走死	取山西北部
同年	灭郑，擒王世充	取河南
同年	灭夏，擒窦建德，斩之	取河北
同四年	灭汉东，擒刘黑闼，斩之	定河北

年代	招降或夷灭之国	所取之地
同年	灭梁，执萧铣，杀之	取两湖
同年	下岭南九十六州	取广西及越南
同年	灭吴，执李子通	江皖浙三省均服
同五年	杜伏威入朝	
同年	林士弘卒，其众遂散	江西平
同六年	辅公祐反，讨斩之	江皖浙皆平
太宗贞观二年	讨杀梁师都	陕西北部平

第三章

临湖之变

　　唐高祖之起兵晋阳也，皆秦王世民之谋。高祖谓世民曰："事成当以汝为太子。"将佐亦以为请，世民固辞而止。李密降唐，初见高祖，犹有傲色，及见世民，不觉惊服，退而叹曰："真英主也。"世民提兵，战无不胜。破薛仁杲，走刘武周，擒窦建德，降王世充，灭刘黑闼。高祖以世民功大，武德四年十月，特置天策上将，位在王公上，以世民为之，开府置官属。世民以国内寖平，开馆以延文学之士。杜如晦、房玄龄、虞世南、褚亮、姚思廉、陆德明、孔颖达等十八人，并以本官兼文学馆学士，分为三番，更日直宿。世民暇日，辄至馆中，讨论文籍，或至夜分，使阎立本图像，褚亮为赞，号十八学士。士大夫得预其选者，时人谓之登瀛洲。

　　太子建成好酒色游畋，齐王元吉骄侈多过失，皆无宠。世民功名日盛，建成内不自安，与元吉协谋，共倾世民。高祖多内宠，二人曲意诣事诸妃嫔，世民独不事之，由是妃嫔皆誉二人而短世民。高祖惑之，渐生嫌阻。建成擅募骁勇，与庆州都督杨文干结合，谋内外相应以图世民。武德七年六月，谋泄，文干遂举兵反，上遣世民讨斩之。流东宫官属王珪、杜淹等于巂州，而释建成不问。世民既与建成、元吉有隙，以洛阳形胜之地，恐一旦有变，欲出保之，乃以行台尚书温大雅镇洛阳。武德九年（西历纪元六二六年）六月，建成夜召世民饮酒而鸩之，世民暴心痛，吐血数升。上欲遣世民镇洛阳，建成、元吉阻之，未成行。房玄龄、杜如晦、长孙无忌、尉迟敬德等，劝世民杀建成、元吉，世民不得已，从之。于是密奏二人淫乱后宫，且曰："兄弟专欲杀臣，似为世充、建德报仇。臣今永违君亲，亦实耻见诸贼于地下。"上惊报曰："明当鞫问，汝宜早参。"明日，世民率兵伏于玄武门。建成、元吉入至临湖殿，觉有变，欲还，世民追射杀建成，尉迟敬德射杀元吉，并杀建成、元吉诸子。高祖闻变，谓宰相曰："不图今日乃见此事，当如之何？"右仆射萧瑀、侍中陈叔达曰："建成、元吉本不豫义谋，又无功于天下，疾秦王功高望重，共为奸谋。今秦王已讨而诛之，陛下若处以元良，委之国务，无复事矣。"上乃立世民为太子，国事悉委处决，然后闻奏。寻自称太上皇，传位于太子。是年八月，太子即位，是为太宗。

第四章

唐初之内治

　　唐高祖为人平凡，不喜磊落奇士，而眷眷于私昵狎比之徒。其宰相若仆射裴寂乃斗筲小器，中书令封德彝、侍中裴矩皆隋室佞臣，故武德年间内政无可观者。太宗即位，以高士廉为侍中，房玄龄为中书令，大革弊政。武德九年九月，置弘文馆，聚四库书二十余万卷，精选文学之士虞世南、褚亮等，以本官兼学士，听朝之隙，引入内殿，讲论前言往行，商榷政事。取三品以上子孙充弘文馆学生，数幸国子监，大征名儒为学官。学生能明一经以上者，皆得补官。增筑学舍千二百间，增学生满三千余员。自屯营飞骑。亦给博士授经，有能通经者，听得贡举。于是四方学者，云集京师，乃至高丽、百济、新罗、高昌、吐蕃诸君长，亦遣子弟请入国学。升讲筵者至八千余人。帝以师说多门，章句繁杂，命孔颖达与诸儒定五经疏，谓之《正义》。

　　初，上皇欲强宗室以镇天下，自三从昆弟以上皆封王，上以封爵太广，劳百姓以养宗室，非所以示天下至公。是年十一月，诏降宗室郡王为县公，惟有功者数人不降。

　　贞观元年正月，制谏官随宰相入阁议事，于是谏官预闻朝政，遇事随时纠正。闰三月，命京官五品以上，更宿中书内省，数延见，问民疾苦、政事得失，于是下情容易上达。十二月，令吏部四时选集，并省吏员，于是仕途无壅滞，而各机关无冗员，上下皆便。是年正月，更定律令，宽绞刑五十条为加役流（流三千里居作三年）。二年三月，诏自今大辟，并令中书门下四品以上及尚书议之。五年十二月，制自今决死刑者皆复奏，决日彻乐减膳，以恤刑。于是刑罚减轻，冤滥者少。九月，令致仕官位在本品之上，以奖廉退；诏非大瑞不得表闻、以拒佞谀；出宫女三千余人，以恤怨旷。二年十一月，以王珪为侍中。三年二月，以房玄龄、杜如晦为仆射，魏徵守秘书监，参预朝政。四年二月，以温彦博为中书令，正人盈廷。于是百废具举，内政大修。故事、军国大事，中书舍人各执所见，杂署其名，谓之五花判事，中书侍郎、中书令省审之，给事中、黄门侍郎驳正之。至是上谓珪曰："国家本置中书门下以相检察，正以人心所见，互有不同，苟论难往来，务求至当，舍己从人，亦复何伤。"后又谓侍臣曰："中书门下，机要之司，诏敕有不便者，皆应论执，比来惟睹顺从，不闻违异，若但行文书，则谁不可为，何必择才也。"四年七月，敕百司"自今诏敕未便者皆应执奏，毋得阿从不尽己意"。于是群下无隐情，朝廷惟理是从，不执己见。

即位之初，与群臣语及教化，曰："大乱之后，民未易化也。"魏徵曰："不然。久安之民，骄佚难教。经乱之民，愁苦易化。"封德彝曰："三代以还，人渐浇讹。故秦任法律，汉杂霸道，盖欲化而不能，岂能之而不欲耶？"征曰："五帝三王不易民而化，汤武皆能身致太平，岂非承大乱之后耶？"帝卒从徵言。或请重法禁盗，帝曰："当去奢省费，轻徭薄赋，选用廉吏，使民衣食有余，自不为盗。安用重法耶？"

贞观元年，关内饥。二年，诸道蝗。三年，大水。帝勤而抚之，民未尝嗟怨。四年，全国大稔，米价甚贱，终岁断死刑才二十九人。史称海内升平，路不拾遗，外户不闭，商旅野宿焉。时封德彝既死，帝曰："魏徵劝我行仁义，今既效矣，惜不使德彝见之。"

唐雅乐有七德、九功舞。七德舞者，本名秦王破阵乐，太宗破刘武周时所作也，百余人被银甲，执戟而舞，以象武功。九功舞者，童子八佾，冠进德冠，舞蹈安徐，以象文德。魏徵欲帝偃武修文，每侍宴见七德舞，辄俛首不视，见九功舞，则谛观之。

帝常自以骄侈为惧。尝曰："人主惟一心，攻之者众。或以勇力，或以辩口，或以谄谀，或以奸诈，或以嗜欲，辐凑各求自售。人主少懈而受其一，则危亡随之，此其所以难也。"尝问侍臣，创业守成孰难。房玄龄曰："草昧之初，群雄并起，角力而后臣之，创业难矣。"魏徵曰："自古帝王，莫不得之于艰难，失之于安逸，守成难矣。"帝曰："玄龄与吾共取天下，出百死得一生，故知创业之难。征与吾共安天下，常恐骄奢生于富贵，祸乱生于所忽，故知守成之难。然创业之难，往矣。守成之难，方与诸公慎之。"

初，房玄龄、杜如晦仕秦府，时府僚多补外官，如晦亦出。玄龄谓太宗曰："余人不足惜，杜如晦王佐之才，大王欲经营四方，非如晦不可。"太宗即奏留之，使参谋帷幄，剖决如流。太宗每令玄龄入奏事。高祖曰："玄龄为吾儿陈事，虽隔千里，皆如面谈。"玄龄谋事，必曰："非如晦不能决。"及如晦至，卒用玄龄策，盖玄龄善谋，如晦善断。二人同心殉国，故唐世称贤相，推房、杜焉。

帝自知神采为臣下所畏，常温颜接群臣，导人使谏，赏谏者以来之。魏徵最善谏，前后数十疏。贞观十三年五月，徵上疏陈帝之志业，比贞观初，渐不克终者十条。帝深奖叹。十七年正月，征卒，帝曰："以铜为镜，可正衣冠。以古为镜，可见兴替。以人为镜，可知得失。徵没，朕亡一镜矣。"自制碑文书石。

太宗念股肱之臣。是月，命图其形于凌烟阁。以长孙无忌为首，次赵郡王孝恭、杜如晦、魏徵、房玄龄、高士廉、尉迟敬德、李靖、萧瑀、段志玄、刘弘基、屈突通、殷开山、柴绍、长孙顺德、张亮、侯君集、张公谨、程知节、虞世南、刘政会、唐俭、李世勣、秦叔宝等，共二十四人。

帝在位二十三年崩。太子治立，是为高宗。高宗初年，长孙无忌、褚遂良、李勣等文武诸臣，受遗诏辅政，天下向治。太宗、高宗二代，为唐室最盛之期，所定诸制度足为历代典范，朝鲜、日本、渤海亦多参酌用之。详见本期第十三章。兹不赘述。

唐初内治表

一、开文学馆，以杜如晦、房玄龄等十八人兼学士。太宗为天策上将时
二、以房、杜、王、魏为相，去奢存俭，轻徭薄赋，与民休息。贞观初年
三、作七德、九功舞
四、放宫女三千余人
五、置弘文馆，以虞世南、褚亮等兼学士。取三品以上官之子孙充学生
六、数幸国子监，征名儒为学官，增筑学舍千二百间，增学生满三千余人，自屯营飞骑亦给博士授经
七、命孔颖达与诸儒定《五经正义》
八、图功臣二十四人像于凌烟阁

第五章

唐初之外征

太宗、高宗功业，不第在内治，而尤在外征。唐初四十年间，四出征讨。灭突厥、薛延陀，摧吐蕃，服吐谷浑、党项、高昌、焉耆、龟兹、吐火罗、昭武九姓及波斯等国，招徕新罗、日本，击灭百济、高丽，皆深入其地，改置名王，设都护以领其众。又征天竺，俘其王致阙下。交通大食，与之通商。亚洲大陆全部，殆皆为唐所羁縻，四夷酋长争入朝见。每元旦朝贺，常数百千人，中国威灵，于斯为盛。兹分述其事迹如下。

第一节　平东突厥

突厥本西方小国，旧居阿尔泰山下。后魏末年，击灭柔然，并吞外蒙古，击灭哒（亦突厥民族，建国于阿母河流域东南伸张至印度），并吞中亚，国势骤张。北齐、北周对峙时代，突厥举足左右，便有轻重，双方皆汲汲以买其欢心为必要。隋室初年，突厥分为数部，同时并立四君主，国内始渐分离。隋文帝用远交近攻策，联络突厥西部酋长达头可汗、北部酋长阿波可汗，以抗突厥共主沙砬略可汗。沙砬略势孤，乃请和亲，上表称臣入贡。沙砬略殂后，其子都蓝可汗与其犹子突利可汗龃龉，隋室用抑强扶弱策，册立突利为启民可汗，妻以宗女义成公主，发兵保护之。都蓝旋为其下所弑，启民尽有其众，事隋甚谨。炀帝好大喜功，骄淫暴虐，不恤百姓，与启民子始毕可汗结怨。大业十一年，帝巡北边，始毕发兵数十万围帝于雁门，帝遣间使求救于义成公主，仅乃得免。

是时隋室已衰，马邑校尉刘武周、朔方郎将梁师都、榆林流人郭子和，各据郡起兵，争引突厥为援，竞称臣于突厥以媚之。唐高祖起兵太原，亦遣使称臣借兵，赂遗甚厚。始毕殂后，弟颉利可汗立，屡助刘武周、梁师都、高开道（时据渔阳称燕王）等侵略中国北鄙，唐室患之。太宗即位，颉利与其兄子突利可汗联兵入寇。太宗纵反间计，离间颉利、突利，突利归心于唐。是时突厥兵革数动，国人离散，频年大雪，六畜多死，国用大馁。颉利委任诸胡，疏远族类，横征重敛，民不堪命，诸部携贰，奚霫薛延陀回纥等部皆叛。颉利遣突利击之，兵败，奔还，颉利怒，拘而挞之。突利奔唐，请伐颉利。诏以李靖为行军大总管，率师分道伐之。袭破突厥兵于阴山，颉利败窜，被擒。其部落或北附薛延陀，或西奔西域，其降唐者尚十余万口。诏分突利故地为四州，颉利故地为六州，左置定襄、右置云中二都督府，以统其众，突厥遂亡。时太宗贞观四年，西历纪元六三〇年也。自伊利称可汗始，凡传国七十八年（五五二至六三〇）。

第二节　平铁勒

铁勒亦突厥民族，散居漠北，分薛延陀、回纥、都播、骨利干、多滥葛、同罗、仆固、拔野古、思结、浑、斛薛、奚结、阿跌、契苾、白霫等十五部。旧臣属突厥，颉利政衰，薛延陀部酋长夷男率其徒击颉利，大破之，众共推夷男为主。朝廷方图突厥，用远交近攻策。贞观三年，遣间，使册拜夷男为真珠毗伽可汗。突厥亡后，其部落多北附薛延陀，夷男建庭于都尉韡山，回纥以下诸部皆隶之。贞观十九年，夷男卒，子多弥可汗立。猜褊好杀，废弃其父时旧臣，专用己所亲昵，国人不附。回纥酋长吐迷度率诸部叛，击杀多弥，余众西走，犹七万余口，共立真珠兄子咄摩支为主。二十年，朝廷遣李世勣将兵击降之，回纥以下诸部相继来降，请吏奉贡。诏因其旧部落分为六都督府（回纥为瀚海，仆骨为金微，多滥葛为燕然，拔野古为幽陵，同罗为龟林，思结为卢山都督府）、七州（浑为皋兰州，斛薛为高阙州，奚结为鸡鹿州，阿跌为鸡田州，契苾为榆溪州，思结别部为蹛林州，白霫为真颜州），拜其酋长为都督刺史，置燕然都护府于漠北以统之。于是北荒悉平，现今外蒙古地皆入于唐。时贞观二十一年，西历纪元六四七年也。

第三节　平西突厥

西突厥自达头可汗以来，久已成为独立国。达头之孙射匮勇武，拓地东至金山（今阿尔泰山），西至海。遂与东突厥为敌。射匮之弟统叶护可汗勇而有谋，善用兵，北降铁勒，西破波斯，控弦数十万，西域诸国皆臣服之。唐太宗贞观二年，为其诸父莫贺咄所弑，国内乱者数年。九年，咥利失可汗立，分其国为十部，每部各置酋长一人，通谓之十姓。十二年，咥利失为其下所逐，国复乱，屡寇唐室西鄙。唐高宗遣梁建方、程知节等，前后二次出兵伐之，不克。复遣苏定方伐之，击破其兵，擒其沙钵罗可汗，分其地置崑陵（居碎叶川东）、濛池（居碎叶川西，碎叶川，即今俄领七河省之那林河）二都护府，置兴昔亡、继往绝二可汗以统之，西突厥遂亡。其所役属诸国皆分置府州，西尽于波斯，并隶安西都护府。时高宗显庆二年，西历纪元六五七年也。

第四节　平高昌

贞观四年，突厥酋长以伊吾（今哈密县）来降，诏于其地置西伊州，于是西域交通路始通。高昌（国名，在今新疆迪化道东部）王麹文泰入朝，西域诸国皆因文泰请朝。上纳魏征谏，恐劳费中国不许。文泰以中国距彼悬远，又见秦陇以北，城邑萧条，有轻中国之意，既归而背约，多遏绝西域朝贡，又拘留中国人，复与西突厥连兵寇西伊州，攻焉耆。诏遣使切责之，文泰不奉诏。贞观十四年（西历纪元六四〇年），遣侯君集、薛万均伐高昌，文泰忧惧而卒，子智盛降，诏以其地为西州（今迪化道吐鲁番县），置安西都护府以镇之。

第五节　平龟兹

自东汉中叶以后，龟兹与中国分离。东晋孝武帝太元年间，前秦大将吕光破龟兹，立其王弟白震为王。自是以后，白氏代代王龟兹，称臣于中国。唐太宗贞观二十一年，龟兹王诃黎布失毕立，浸失臣礼，侵渔邻国。诏以阿史那社尔为昆丘道行军大总管，契苾何力副之，伐龟兹。次年（西历纪元六四八年），大破其兵，追执布失毕，诸城皆降，立其弟为王。唐兵既还，其酋长争立，互相攻击。高宗永徽元年，诏复以布失毕为龟兹王，遣归国，抚其众。布失毕妻阿史那氏，与其相那利私通，布失毕不能禁，互来告难。上两召之，囚那利，遣使送布失毕归国。龟兹大将羯猎颠率师拒命，诏发兵讨平之。会布失毕卒，诏以其地为龟兹都督府，立布失毕之子素稽为王，兼充都督，寻徙安西都护府于龟兹，镇守其地，而改故安西都护府为西州都督府，镇高昌，焉耆、疏勒等国皆降，于是天山南路皆入于唐。

第六节　吐火罗之内属

高昌、龟兹既平，西突厥亦相继破灭，天山南北路皆内属，唐室兵威，骎骎越帕米尔高原而西下，于是吐火罗及昭武九姓诸国，皆请吏奉贡。吐火罗者，大夏遗裔，乘大月氏之衰，恢复故地，初都缚喝（人谓之小王舍城，即今布哈尔）。境甚广，南北千余里，东西三千余里，东抱葱岭，西接波斯，南距大雪山（今痕都古士山），北据铁门（在今撒马尔罕西少南三百六十余里），缚刍大河（今阿母河）中境西流。后王族乏嗣，地遂为乌铢（即乌苌）等三十七国所分，本国仅统小城二十四，都阿缓城（今阿富汗吐喀里斯单，即加非哩斯坦是）。自后魏至唐，频遣使贡中国。唐高宗显庆二年（西历纪元六五七年），诏以阿缓城为月氏都督府，析小城为二十四州，授其王阿史那都督。玄宗开元天宝年间，数贡献，玄宗册其酋为吐火罗叶护、挹怛王。后其邻国谋引吐蕃相攻，王乞安西兵助讨，玄宗为出师破敌。肃宗乾元初，与西域九国发兵为唐讨安史之乱。肃宗诏隶朔方行营。

第七节　昭武九姓诸国之内属

昭武九姓者，本大月氏族，旧所据乌浒河（今阿母河）南地，既悉为哒、吐火罗所分据，乃退居河北，据康居五小王国及大宛故地，而建昭武（其族故姓温，以先世常居祁连山昭武城故，支庶分王，并以昭武为姓，示不忘本）九姓诸国（康、安、曹、石、米、何、火、寻、戊地，史凡九国），即今俄属土耳其斯坦费尔干省及布哈尔、基发等地是也。康国于唐高祖武德十年尝入贡。太宗贞观五年，求内附，太宗不受。至高宗永徽时，始以其地为康居都督府，即授其王为都督，其余诸国，亦同时朝贡相属，置府州，受封册。玄宗天宝中，安西节度使高仙芝袭虏石国王，诸国皆怨。王子走大食乞兵，攻败唐军，自是臣大食。

第八节　吐谷浑之内乱

是时青海地方尚为吐谷浑所据。吐谷浑者，鲜卑大单于慕容涉归之庶长子、辽东公廆之兄也。父涉归分户以隶之，旧居辽东塞外。父故后，移居阴山之阳。永嘉之乱，移居洮水之西，极于白兰（山名，在青海西南），地方数千里，初称河南王，至其孙叶延在位，乃以王父字为国号，名其国曰吐谷浑。五胡乱华时代，中国内地纷争扰攘，疲于战争。吐谷浑雄据黄河上流，屡与西秦、大夏起冲突，卒不为其所屈。南北朝对峙时代，吐谷浑用远交近攻策，联络中国南朝，同时行事大政策，敷衍中国北朝，双方受封册。后魏分裂以后，吐谷浑用远交近攻策，交通东魏，侵略西魏，屡与北周构兵，互有胜负。隋文帝即位，击破吐谷浑，其可汗夸吕远遁。开皇十一年，夸吕卒，子世伏立，奉表称藩于隋，贡方物，隋以宗女光化公主妻之。十七年，世伏被弑，弟伏允立。隋炀帝大业四年，侍郎裴矩使铁勒击吐谷浑，大破之，伏允南奔雪山，其故地皆为隋所有。隋室衰微，中原丧乱，伏允复还收其故地。唐高祖入长安，遣使与伏允连和，东西夹攻凉王李轨。太宗即位，伏允年老，听其大臣天柱王之谋，数犯唐边。贞观八年，诏以李靖为西海道行军大总管，大举兵伐之。伏允闻警，悉烧野草，轻兵走入碛。副总管侯君集、任城王道宗，引兵行无人之地二千里，追及伏允于乌海（隋志，属河源郡，在今青海内地），大破之。伏允走死，其子顺斩天柱王来降，诏立顺为可汗，顺旋为其下所弑。诏立其子诺曷钵为可汗，诺曷钵年幼，大臣争权，国内乱。诏侯君集将兵援之。十三年，诺曷钵来朝，诏以宗女弘化公主妻之。其丞相宣王作乱，欲劫诺曷钵奔吐蕃（注见第十节），诺曷钵闻警，轻骑奔鄯善城，果毅都尉席君买率精兵袭宣王，破斩之，纳诺曷钵还庭。高宗龙朔三年（西历纪元六六三年），吐蕃大举兵东侵，吐谷浑兵败。诺曷钵与公主走凉州，上书请内徙。诏以薛仁贵为逻娑道行军大总管，总兵五万伐吐蕃，纳诺曷钵还庭，战于大非川，败绩，引还，于是吐谷浑故地遂不能复。诏徙其余众于灵州，置安乐州以处之。

第九节　党项之内属

党项者，汉西羌别种（羌党、昌党项皆一音之转）。在松州之西，吐谷浑之南，当古析支地，山谷崎岖，约三千里，以姓别为部，一姓又分为小部落，大者万骑，小数千，不能相统，故有细封氏、费听氏、往利氏、颇超氏、野辞氏、房当氏、米禽氏、拓拔氏，而拓拔最强。吐谷浑既款附，党项诸酋长，先后悉内属，以其地为府州，即首领拜都督刺史，于是自沙首积石山（在今甘肃西宁县东南）而东皆为中国地，唐界遂直接吐蕃。拓拔部酋长赤辞，初忠于吐谷浑。降唐后，授西戎州都督，赐姓李，是为拓拔氏入中国之始，西夏发祥之机，兆于此矣。

第十节　吐蕃之内属

吐蕃在今西藏，本图伯特民族，在吐谷浑西南。其王姓勃窣野，其俗谓强雄曰赞，丈夫曰普，故号君主曰赞普。隋唐之交，其国寖强，蚕食附近各部落，大启疆土，其都城在逻娑川（即今拉萨）。太宗贞观初年，赞普弃宗弄赞在位，笃信佛法，遣大臣十六人至天竺（今印度），传韵学，译经典。贞观八年，遣使来朝，多赍金宝，奉表求婚，上以其悬远，未许。使者还言于弃宗弄赞，疑为吐谷浑所离间，遂东击走吐谷浑，又攻破党项白兰羌（在党项东，在今四川理番县及松冈党坝诸土司地），勒兵二十万入寇松州（今四川松番县）。诏以侯君集为行军大总管，击破之，弄赞遣使来谢罪，固请婚，许之。十五年，妻以宗女文成公主。弄赞为公主筑一城以夸后世，遂立宫室以居。慕中国服饰之美，自裼毡裘袭纨绢为华风。遣诸豪子弟留学中国，学习诗书，又请儒者典章疏，于是中国儒教文化、印度佛教文化先后输入西藏内地，吐蕃始开化矣。

第十一节　平高丽及百济

　　高丽为通古斯族，占领现在朝鲜半岛北部、辽东半岛东部。国王邹牟本扶馀国（在现今吉林吉长道）王子，得罪东奔，据鸭绿江西岸立国，以高为氏，国号高句骊，或略称之曰高丽。百济与高丽同族，国王温祚本邹牟王子，得罪本国，南奔汉江流域，略取现在朝鲜半岛西南部立国，以扶馀为姓，国号百济。三国两晋南北朝时代，二国时常构兵，百济东结日本、南结中国南朝为声援。高丽亦结好于中国北朝，以免除后顾之忧，结好于中国南朝，以牵制百济。日本乘机侵入朝鲜半岛，占领半岛南部，建设任那都护府，屯重兵以监视朝鲜。半岛东南部之新罗畏其压制，乃结好于中国，以牵掣百济。隋室勃兴，前后凡三次伐高丽，卒无效果，高丽之跋扈滋甚。唐太宗贞观十六年，高丽东部大人泉盖苏文弑其王建武，而立王弟子藏，自为莫离支（约当中国之吏兵二部尚书），专国政。十七年，新罗上书言："百济与高丽连兵，谋绝新罗入朝之路。"上遣使喻高丽，泉盖苏文不奉诏。十八年十一月，上自将伐高丽，以张亮、李世勣为行军大总管，水陆并进，围安市城（在今辽宁辽沈道盖平县东北七十里），不克，引还。高宗永徽六年，高丽、百济连兵侵新罗北境，取三十五城，新罗武烈王金春秋请救于唐。朝廷以高丽、百济相为狼狈，欲伐高丽，不可不先破百济。乃以苏定方为行军大总管，率师十万伐之，诏新罗会师。武烈王奉命，命太子法敏、大将军金庾信率陆军攻百济东境，复遣水师由海路攻百济南方。是时百济义慈王在位，骄奢淫佚，不恤国政，国人离怨。定方引军自成山济海，百济据熊津江（今锦江）口以拒之，定方击破其兵，直取都城。百济倾国来战，定方大破之。会新罗兵已越炭岘来会，遂围其都城泗沘（今忠清南道扶余郡），百济力竭请降，诏分其地为五部，置熊津、马韩、东明、金涟、德安等五都督府，分统三十七郡、二百城、七十六万户，以郎将刘仁愿为熊津都督，镇百济府城。迁义慈王及太子隆等八十余人于长安，百济遂亡。时唐高宗显庆五年，百济义慈王二十年，新罗武烈王七年，西历纪元六六〇年也。

　　百济既亡，朝廷遂乘势经略高丽。龙朔元年，以任雅相、契苾何力、苏定方等为大总管，率三十五军，水陆分道伐高丽。何力破高丽兵于鸭绿江上，乘水渡江。定方破高丽军于浿江（今大同江），进围平壤。新罗大将金庾信引兵来会，会任雅相卒于军。沃沮道总管庞孝泰与泉盖苏文战于蛇水上，败死。苏定方围平壤，久不下，天大风雪，人马疲困，朝议班师，乃引军还。

已而泉盖苏文卒，长子男生代为莫离支，为其弟男建男产所逐，走保国内城，使其子献诚诣阙求救。朝廷遣契苾何力、庞同善将兵救之，以献诚为向导，同善大破高丽兵。泉男生帅众来迎，诏以男生为特进、辽东大都督，兼平壤道安抚大使，领向导。以李勣（即李世勣改名）为辽东大总管，契苾何力、庞同善副之，统诸军伐高丽。命鸡林大都督新罗王法兴、熊津都督刘仁愿，由南路进兵，皆受李勣节制。李勣拔新城，进击一十六城，皆下之。薛仁贵领前锋，破高丽兵于金山（在辽河北岸），进拔扶余城。扶余川中四十余城，皆望风请服。陆军会于鸭绿栅（在鸭绿江东），进围平壤。月余，高丽王藏遣泉男产，率首领九十八人诣勣降。勣遂克平壤。执泉男建，送高藏诣京师。诏分高丽五部、百七十六城、六十九万余户，为九都督府四十二州、百县，置安东都护府于平壤以统之。擢其酋帅有功者为都督刺史县令，与华人参理。以薛仁贵检校安东都护，总兵二万人以镇抚之。高丽由是遂亡。时高宗总章元年，高丽宝藏王二十七年，新罗文武王八年，西历纪元六六八年也。

第十二节　印度之征服

是时北印度之乌苌国勃兴，其王毗讫罗摩迭多，英武有大略，击退哌哒兵，驱之于印度以外，并吞西北中三印度，奖励文学美术，印度文化大兴，史书称之曰超日王。王薨，传三世至尸罗逸多二世，英武有大略，复征服印度大半，迁都曲女城，号令全印度，奖励文学技术，崇拜佛教，每五年举行佛教大祭一次，召集北印度之诸侯，列席助祭。在位四十余年，诗人学者高僧多集于其朝，史书称之曰戒日王。适值唐室勃兴，灭突厥，降吐蕃，余威振于殊俗。太宗贞观初年，浮屠玄奘至其国，王闻中国人至，大喜，召见玄奘，问中国近状。贞观十五年，遣使者来聘，自称摩伽陀王，诏遣云骑尉梁怀璥报聘，尸罗逸多复大喜，问国人："自古亦有摩诃震旦使者至吾国乎？"皆曰："无有。"乃出迎使臣，顶礼诏书，复遣使者随入朝报聘，诏卫尉丞李义表报之。贞观二十二年（西历纪元六四八年），朝廷遣右卫率府长史王玄策使其国，以蒋师仁为副。适值王薨，国复乱。其臣阿罗那顺自立为王，发兵拒玄策。时从骑才数十，战不胜，皆没，遂剽掠诸国贡物。玄策挺身奔吐蕃西鄙，檄召邻国兵。吐蕃以兵千人来，泥婆罗以七千骑来，玄策部分进战茶镈和罗城，三日破之，斩首三千级，溺水死万人。阿罗那顺委国走，合散兵复阵，师仁禽之，俘斩千汁。余众奉王妻息，阻乾陀卫江，师仁击之，大溃，获其妃王子，虏男女万二千人，杂畜三万，降城邑五百八十余所，执阿罗那顺赴京师。于是印度诸小国多羁縻于唐，入中国传佛教之番僧渐众。

唐初外征表

国名	君主	今地	将官或使臣	平定或招降年代	西历	平定后之设施
东突厥	颉利可汗	外蒙	李靖	太宗贞观四年	六三〇年	分其为十州，置定襄、云中二都督府以统之
铁勒		外蒙	李世勣	同二十年	六四七年	因其旧部落，分为六都督府，七州，拜其酋长为都督刺史，置燕然都护府以统之
西突厥	沙钵罗可汗	中亚	苏定方	高宗显庆二年	六五七年	分其地为崑陵、濛池二都护府，置兴昔亡、继往绝二可汗以统之
高昌	曲文泰，智盛	新疆吐鲁番县	侯君集	太宗贞观十四年	六四〇年	以其地为西州，置安西都护府以镇之
龟兹	诃黎布矢毕	同库车县	阿史那社尔	同二十二年	六四八年	以其地为龟兹都督府，徙安西都护府镇之
吐火罗	阿史那	阿母河流域		高宗显庆二年	六五七年	以其都阿缓城为月氏都督府，授其王都督

国名	君主	今地	将官或使臣	平定或招降年代	西历	平定后之设施
昭武九姓		中亚		高宗永徽年间	六五○至六五五年	因其部落分为府州，各授其王都督刺史
吐谷浑	诺曷钵	青海		高宗龙朔三年	六六三年	徙其部落于灵州，置安乐州以处之
党项	拓拔赤辞	青海东南		高宗龙朔以后	六六三年后	以其地置府州，拜酋长为都督刺史
吐蕃	弃宗弄赞	西藏	侯君集	太宗贞观十五年	六四一年	妻以宗女文成公主
高丽	高藏	朝鲜北部、辽宁东部	李勣	高宗总章元年	六六八年	分其地为九都督府，四十二州百县，置安东都护府以统之
百济	义慈王	朝鲜西南部	苏定方	高宗显庆五年	六六○年	分其地为五都督府，置熊津都督府镇其都城
印度	阿罗那顺	印度	王玄策	太宗贞观二十二年	六四八年	

第六章

女宠之乱政

汉唐两朝，为中国有史以来汉民族创立之最大帝国，幅员之辽阔，国祚之绵延，在中国当首屈一指。汉室全盛时代，实在武帝、昭帝、宣帝之时，由高惠至文景，几乎经过百年，隆盛始达于极点。自此以往，维持势力三百余年，中间虽小有变乱，帝国威灵，不因之而稍坠也。唐室全盛时代，即在太宗、高宗之世，建国未几，隆盛已达于极点。自此以往，内忧外患，纷至沓来，唐室不绝者如线。虽其间英主时出，然帝国威灵卒不能恢复，凌夷以至于亡，亦可慨也。由来唐室三大祸，曰女宠，曰宦官，曰藩镇。女宠始于巢刺王妃，终于张良娣。宦官始于高力士，终于韩全诲。藩镇始于安禄山，终于朱全忠。唐遂以亡。酷矣哀哉，三大祸也，而其原实创业及中兴之君主有以导之。唐太宗起兵晋阳，七年之间，悉灭天下僭伪之主，受父禅，即帝位，登庸贤臣，讲求郅治，收拾汉后四百年间之纷乱，使天下复抵于升平，顾其所最注意者，亦不过预防前代已显之弊害而已。前代已显之弊害维何？曰外戚，曰宦官，曰藩镇，而于女宠一节，则绝口不道及焉。太宗多欲，始开乱伦之端，遂遗此习于宫闱之内。自此以往，经过高宗、中宗、睿宗而至玄宗，四代之间，皆几以女子亡国。

玄宗英主，号为中兴，及其晚年，非惟以女宠丧邦，并且酿成宦官方镇之祸，唐室遂以不振矣。兹述其事迹如下。

第一节　武后之乱

一、太宗贻谋之不臧

先是太宗在位，用房、杜诸贤，分理庶政，天下几于太平。顾太宗之为人，名誉心太重，其事业往往有流于虚饰者。其杀建成元吉也，吮高祖之乳，号恸久之。其纵死囚也，期以明年秋来京就死，及其来，悉纵之（上亲录系囚，见应死者悯之，纵使归家，期以来秋来就死，仍敕天下死囚皆纵，遣使至期来诣京师。贞观七年九月，死囚三百四十人皆如期自诣朝堂上，皆赦之）。其作七德、九功之舞也，以自赞颂其文德武功。其放宫女三千人也，以示俭德于天下。其自至国子监释奠，召天下名儒为学官，增筑学舍千二百间，增学生额为三千二百六十员也，以示天子崇儒重道之至意。皆有所为而为之，非出于自然，不待勉强者。然则其用名臣，励精图治，纳谏如流，皆不得已而为之者也。魏征曰："勉强受谏而终不平。"可谓能得其情矣。

如此之人，唯爱小才而不亲笃实者。故其临终谓太子曰："李世勣才智有余，然汝与之无恩，我今黜之。若其即行，俟我死，汝用为仆射，亲任之。若徘徊顾望，当杀之耳。"夫遗柔弱太子曰：徘徊顾望则杀之，是不思将来天下如何者也。然则贻谋之不善，太宗不得辞其咎矣。

初，太宗之起兵太原也，使裴寂以晋阳宫人私侍高祖。其后临湖之变，太宗杀其弟齐王元吉，纳其妃杨氏为妾，有宠，生皇子明。长孙皇后崩，太宗欲立杨氏为后，魏征力谏乃止，寻封明为曹王。嗣元吉后，宫廷之间，有惭德焉。幽州都督庐江王瑗党于建成，闻建成诛，心不自安，谋之于将军王君廓。君廓故群盗，勇悍险诈，乃劝其谋反，而自杀之以为功。瑗既诛，其家口没入官。太宗间居，与王珪语，有美人侍侧，指示珪曰："此庐江王瑗之姬也，瑗杀其夫而纳之。"珪避席曰："陛下以庐江纳之为是耶非耶？"上曰："杀人而取其妻，卿何问是非？"对曰："昔齐桓公知郭公之所以亡，由善善而不能用，然弃其所言之人，管仲以为无异于郭公。今此美人尚在左右，臣以为圣心是之也。"上悦，即出之。

太子承乾少有蹙疾，喜声色畋猎，所为奢靡，畏上知之，对宫臣常论忠孝，或至涕泣，退归宫中，则与群小相亵狎。宫臣有欲谏者，承乾揣知其意，辄迎拜自责。募亡奴盗民间马牛，亲临烹煮，与所幸厮役共食之，又效突厥语及服饰饮食，谓左右曰："一朝有天下，当帅数万骑猎于金城西，然后解发委身思摩（突厥降人，突厥亡后朝廷立为可汗，使建牙于绥远黄河北岸以羁縻突厥），若当一设，不居人后矣。"皇弟汉王元昌所为多不法，上数谴责之，由是怨望。承乾与之甚善，朝夕同游戏，大呼交战，击刺流血以为娱乐，尝曰："我为天子，极情纵欲，有谏者辄杀之，不过数百人，众自定矣。"私幸太常乐童，与同卧起。上怒，杀之。承乾于宫中构室立像，朝夕奠祭，称疾不朝谒者数月。魏王泰多能，有宠，潜有夺嫡之志，折节下士，以求声誉。承乾恶其逼，阴养刺客纥干承基等，谋杀之。吏部尚书侯君集怨望，以承乾暗劣，欲乘衅图之，因劝之反。贞观十七年，谋泄，君集伏诛，元昌赐自尽，承乾以罪废为庶人，泰贬东莱郡王，立高宗为皇太子。高宗柔弱，上以其不类己，欲废之而立吴王恪，长孙无忌力争，乃止。

太宗作《帝范》十二篇以赐高宗，曰君体、建亲、求贤、审官、纳谏、去谗、戒盈、崇俭、赏罚、务农、阅武、崇文，凡修身治国之道皆备，而独不以女宠为戒。太宗好色多欲，其勤求善政也，以强制力而为之，非率性而行，其不戒及女宠也，亦自身有愧于心，因而护前者也。

二、武后入宫之始末

太宗贞观十一年，以故荆州都督武士彟女为才人，时年十四。武氏貌美，高宗为太子，入侍疾，见而悦之。太宗崩，武氏出为尼。高宗诣寺行香，见之而泣。时萧淑妃有宠，王皇后嫉之，乃阴令武氏长发纳之后宫，欲以间淑妃之宠。武氏巧慧多权数，初入宫，屈体事后，后数称其美。未几，大幸。永徽五年（西历纪元六五四年）三月，拜为昭仪，后及淑妃宠皆衰，与昭仪更相谮诉。后不能曲事上左右，昭仪伺后所不敬者，必倾心与相结，由是后及淑妃动静，昭仪必知之。会昭仪生女，后怜而弄之，后出，昭仪潜扼杀之。上至，昭仪阳欢笑，发被观之，女已死矣。昭仪惊啼问左右，左右皆曰："皇后适来此。"上大怒曰："后杀吾女。"昭仪因泣数后罪，后无以自明，上由是有废立之志，又恐大臣不从，乃先笼络长孙无忌。是年十月，上与昭仪幸无忌第，酣饮极欢，拜其宠姬子三人为朝散大夫，仍载金宝缯锦十车赐之，上从容言皇后无子以讽无忌，无忌对以他语，上与昭仪皆不悦而罢。礼部尚书许敬宗、中书舍人李义府、御史大夫崔义玄、中丞袁公瑜皆希旨潜布腹心于昭仪。六年（六五五年）九月，上召宰相议废皇后。仆射褚遂良、侍中韩瑗、中书令来济涕泣力谏，上不纳。他日，司空李勣入见，上以废立事问之。对曰："此陛下家事，何必更问外人？"上意遂决。许敬宗宣言于朝曰："田舍翁多收十斛麦，尚欲易妇，况天子立一后，何豫诸人事，而妄生异议。"昭仪令左右以闻，贬遂良为潭州都督。十月，废王皇后、萧淑妃为庶人，立武氏为皇后。次年（显庆元年，六五六年）正月，废太子忠为梁王，立武氏所生之子弘为太子，寻以李义府为中书令，许敬宗为侍中，附和废立者皆迁官，贬褚遂良、韩瑗、来济皆为远州刺史，削太尉赵公长孙无忌官封，安置黔州而杀之，贬仆射于志宁为远州刺史。朝臣坐党贬窜者甚众，自是政归中宫。

武后既得志，专作威福。断王皇后、萧淑妃手足，投酒瓮中浸杀之。废梁王忠为庶人。上苦风眩，不能视百司奏事，龙朔元年（六六一年）十月，初令武后决之。后性明敏，涉猎文史，处事皆称旨。由是始委以政事，权与人主侔，上动为所制，不胜其忿。麟德元年（六六四年）十二月，密召同三品上官仪谋废之，谋泄，后使许敬宗诬奏仪与故梁王忠谋大逆，皆杀之，朝士坐流贬者甚众。自是上每视事，则后垂帘于后，政无大小皆预闻之。帝称天皇，后称天后，中外谓之二圣。

太子弘仁孝谦谨，中外属心，后方逞其欲，奏请数忤旨。上元二年（六七四年）四月，后鸩杀弘，立次子雍王贤为太子。贤不自安，作黄台瓜辞以讽谏。调露元年（六七九年）四月，帝疾笃，命贤监国。贤处事明审，时人称之，后嫉其才，次年（永隆元年六八〇年）八月，谮而废之，僚属坐死者甚众，立英王哲为太子。

三、武后之废立及其篡立

帝在位三十四年，政在中宫者二十五年。弘道元年（西历纪元六八三年）十二月，帝崩，哲即位，是为中宗，尊武后为皇太后，立妃韦氏为皇后。次年（中宗嗣圣元年）二月，武后废帝为庐陵王，迁于房州。立其弟豫王旦为帝，是为睿宗，居别殿，不得与闻政事，后临朝称制，潜谋革命。嫉故太子贤明敏有德望，杀之，而以兄子武承嗣为相，追尊其祖考为王公，立武氏七庙。

是年九月，英公李敬业起兵扬州，讨武后，不克而死。后遂杀中书令裴炎、单于道安抚大使程务挺，窜侍中刘景先、凤阁（即中书省改名）侍郎胡元范、夏州都督王方翼、侍中王德真于远州。

后自以久专国政，内行不正，恐人心不服，欲立威箝制天下，乃盛开告密之门，有告密者给马供食，使诣行在所，农夫樵人皆得召见，或不次除官，无实者不问，于是四方告密者蜂起。三年（西历纪元六八六年）三月，有鱼保家者，请铸铜为匦（其器一室四隔上各有窍，可入不可出），以受天下密奏，后从之。又纵酷吏索元礼、周兴、来俊臣等起大狱，锻炼罗织，率以反逆诬人。擢元礼为游击将军，兴累迁至秋官（即刑部改名）侍郎，俊臣累迁至御史中丞，皆蓄养无赖数百人，意所欲陷，则使数处告之，词状俱同，既下狱，则以威刑胁之，无不诬服。前后杀同三品刘祎之、太子舍人郝象贤、内史（即中书令改名）张光辅、同平章事魏玄同、武卫大将军黑齿常之等，中外大臣名士坐党死者甚众。又宠僧怀义，拜为大总管，使讨突厥。怀义恃恩骄恣，凌侮宰相李昭德，后知而不问。

嗣圣五年（西历纪元六八八年），高宗弟越王贞起兵豫州，贞子琅玡王冲起兵博州（今东临道故东昌府），讨武氏，皆不克而死。后遂大杀唐宗室贵戚，死者甚众，坐流窜者六七百家。是年，后自称圣母神皇。七年（西历纪元六九〇年），改国号曰周，称皇帝，更名曌（同照），废睿宗为皇嗣，赐姓武氏，立侄承嗣为魏王，三思为梁王，从侄攸暨等十二人皆为郡王。是时曌年已六十七岁，内行不修，初嬖僧怀义，已而恶其骄恣，杀之，复嬖张易之、昌宗兄弟。曌年老，政事多委之二张。易之、昌宗势倾朝野，复大兴土木，前后作明堂、天堂等，劳费甚钜。

曌自摄政以来，任用酷吏，先杀唐宗戚数百人，次及大臣数百家，其刺史郎将以下，不可胜数。每除一官，户婢辄相谓曰："鬼朴又来矣。"不旬月，辄遭掩捕族诛。其残忍好杀，古今希见其比。然有权略，善举贤能，娄师德、狄仁杰等诸贤相，皆集于朝，以宰辅得人，百姓安堵。武承嗣、武三思营求为太子甚急，曌纳宰相李昭德谏，不听。嗣圣十五年（西历纪元六九八年），从狄仁杰劝，复立中宗为皇太子，召还东都。嗣圣二十一年（西历纪元七〇四年），曌疾笃，张易之、昌宗居中用事，宰相不得见者累月。次年（西历纪元七〇五年）正月，同平章事张柬之、崔玄晔、中台（即尚书省改名）右丞敬晖、司刑少卿（即大理少卿改名）桓彦范、相王司马袁恕己等与羽林大将军李多祚密谋，举兵讨内乱，诛易之、昌宗，奉中宗复位，复国号曰唐，迁曌于上阳宫，流窜其党与。是年十一月，曌死，年八十二。凡称制七年，称皇帝十五年，共专国政四十七年而死，时中宗神龙元年，西历纪元七〇五年也。

武后事略表（据本国史表解卷上转载）

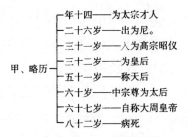

甲、略历
- 年十四——为太宗才人
- 二十六岁——出为尼。
- 三十一岁——入为高宗昭仪
- 三十二岁——为皇后
- 五十一岁——称天后
- 六十岁——中宗尊为太后
- 六十七岁——自称大周皇帝
- 八十二岁——病死

乙、纵淫——宠薛怀义、张昌宗、张易之等

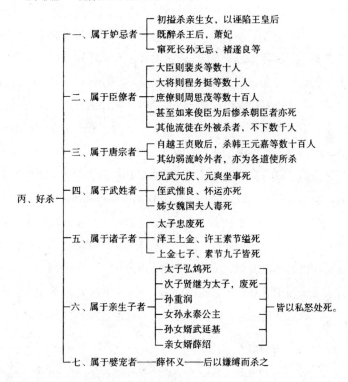

丙、好杀
- 一、属于妒忌者
  - 初掐杀亲生女，以诬陷王皇后
  - 既醉杀王后，萧妃
  - 窜死长孙无忌、褚遂良等
- 二、属于臣僚者
  - 大臣则裴炎等数十人
  - 大将则程务挺等数十人
  - 庶僚则周思茂等数十百人
  - 甚至如来俊臣为后惨杀朝臣者亦死
  - 其他流徙在外被杀者，不下数千人
- 三、属于唐宗者
  - 自越王贞败后，杀韩王元嘉等数十百人
  - 其幼弱流岭外者，亦为各道使所杀
- 四、属于武姓者
  - 兄武元庆、元爽坐事死
  - 侄武惟良、怀运亦死
  - 姊女魏国夫人毒死
- 五、属于诸子者
  - 太子忠废死
  - 泽王上金、许王素节缢死
  - 上金七子、素节九子皆死
- 六、属于亲生子者
  - 太子弘鸩死
  - 次子贤继为太子，废死
  - 孙重润
  - 女孙永泰公主
  - 孙女婿武延基
  - 亲女婿薛绍

  皆以私怒处死。
- 七、属于嬖宠者——薛怀义——后以嫌缚而杀之

丁、政术
- 一、处事明决，独揽大权
- 二、知人善任，信用狄仁杰等

第二节　韦后之乱

中宗之迁房陵也，与韦后同幽闭，备尝艰危，情爱甚笃，帝深德之。及复位，复立韦后为皇后，信用其言，干乱朝政。二张之诛也，洛州长史薛季昶、朝邑尉刘幽求劝张柬之等诛武三思，不从。三思子崇训尚上女安乐公主，三思因得出入宫禁，婕妤上官婉儿通焉，绍介三思于韦后。上使后与三思双陆（赌博之一种）而自为点筹，三思遂与后通，武氏之势复振。是年二月，以三思为司空，同中书门下三品，专国政。五月，赐敬晖、桓彦范、张柬之、袁恕己、崔玄晔等五人王爵，罢其政事。二年（七〇六年）七月，窜五王于远州而杀之。皇太子重俊不平，次年（景龙元年七〇七年）七月，与羽林大将军李多祚、成王千里密谋，起兵诛武三思、武崇训。因攻宫城，叩阁欲诛上官婕妤，不克，千里、多祚皆死，太子亦被害，韦后之势日横。后有淫行，多外宠，中书令宗楚客得幸于后。定州人郎岌、许州参军燕钦融先后上书，劾后与楚客将谋大逆。后与楚客矫制杀之，上意怏怏，由是后及其党始惧。散骑常侍马秦客、光禄少卿杨均等皆得幸于后，恐事泄及祸，安乐公主亦欲后临朝，立己为皇太女，乃相与合谋。四年（七一〇年）六月，于饼馅中进毒弑帝。帝在位数月而被废，复位后又在位六年而被弑，前后两狠毒妇人，以一懦夫当之，遭际可谓不幸也已。帝崩后，韦后与其党谋，立温王重茂，时年十六，自为皇太后，摄政。睿宗子临淄王隆基与苑总监钟绍京、前朝邑尉刘幽求等密谋，起兵讨韦后，诛后及其党与，奉睿宗即位，立隆基为太子，废重茂为温王。

第三节　太平公主之乱

帝妹太平公主沉敏多权略，诛二张及韦后，皆有功。帝每与之议政，宰相进退，系其一言，权倾人主，其门如市。公主以太子年少，颇易之。既而惮其英武，数为流言，云："太子非长，不可立。"每觇伺其所为，纤悉必闻于上。与益州长史窦怀贞结党，欲危太子。又尝乘辇邀宰相于光范门内，讽以易置东宫，众皆失色。同中书门下三品宋璟、中书令姚元之密言于上曰："宋王，陛下之元子，豳王，高宗之长孙，公主交构其间，将使东宫不安。请出二王皆为刺史，罢岐薛二王（岐王范、薛王业，皆太子弟）左右羽林，太平公主武攸暨公主婿皆于东都安置。"顷之，上谓侍臣曰："术者言五日中当有急兵入宫，卿等为朕备之。"同平章事张说曰："此必奸人欲离间东宫，愿陛下早使太子监国，则流言自息矣。"上悦。次年（睿宗景云二年，西历纪元七一一年）二月，以皇长子宋王成器为同州刺史，皇侄豳王守礼为豳州刺史，太平公主蒲州安置，命太子监国。六品以下官徒以下罪并听处分。公主闻姚、宋之谋，大怒，以让太子。太子惧，奏二人离间姑兄，乃诏贬元之为申州刺史，璟为楚州刺史，寝二王刺史之命，召公主还京师。公主引其党窦怀贞、崔湜、岑羲、萧至忠入阁，专擅朝政。

睿宗在位二年，以太极元年（西历纪元七一二年）八月，传位于太子。太子即位，是为玄宗，尊帝为太上皇。太平公主倚上皇之势，擅权用事，宰相七人，五出其门，文武之臣大半附之。次年（玄宗开元元年，西历纪元七一三年）七月，与宰相窦怀贞、岑羲、萧至忠、崔湜、薛稷等谋大逆，事泄，怀贞等皆伏诛，公党及其诸子皆赐死，党与死者数十人。大权复归于君主。

第四节　杨妃之宠与安史之乱

一、玄宗初年之内政

唐初纪纲为武、韦二后所破坏。玄宗即位，乃注意改革之。顾其改革之方法颇有将太宗以来防微杜渐之苦衷，由根本取消之势，而天下乃从此多事矣。计其所改革者如下。

甲、重用宦官也　初，太宗定制，内侍省不置三品官，黄衣廪食，守门传命而已。中宗时，七品以上至千余人，然衣绯者尚寡。玄宗在藩邸，宦官高力士倾心奉之。及为太子，奏为内给事。即位以后，以诛萧至忠、岑羲功，拜右监门卫将军，知内侍省事。是后宦官之数渐多，黄衣以上增至三千人，衣朱紫者千余人。其称旨者，辄拜三品将军，列戟于门；其在殿头供奉，委任华重，持节传命，光焰赫赫动四方，所至郡县，奔走献遗至万计。宦官之盛自此始。

乙、州郡初置节度使也　唐初，分天下为十道，置刺史以理民政，复置都督以统刺史。后以都督权重，改置十道按察使，皆以文官统州郡，不掌兵权。边地各州郡，战时则置大总管，平时则置大都督，以主兵柄，不掌民政。其兵皆召之于各府，有事则命将率之出征，无则兵散于府，将归于朝。是以将不专权，而兵无失业。玄宗即位，始于平卢（今辽宁西部、热河东南部）、范阳（今河北北部）、河东（今山西）、朔方（今绥远）、河西（今甘肃北部）、陇右（今甘肃南部）、安西（今天山南路）、北庭（今天山北路）、剑南（今四川）、岭南（今两广及越南北部）等边陲要地，置十节度使，委以兵马大权。一节度兼辖数州，刺史以下，皆为所属。诸卫府兵，自高宗以来，迭受政府苛待，浸以贫弱，逃亡略尽，百姓苦之。开元十年，宰相张说建议，请召募壮士充宿卫，号为长从宿卫，于是兵农始分，寻更名𬍡（满引弩也）骑，总十二万人，分隶十二卫。二十五年，复募丁壮长充边军。天宝八载，停折冲府上下鱼书（先是折冲府皆有木契铜鱼，朝廷征发下敕书契鱼，都督郡府参验皆合，然后遣之自募，置𬍡骑，府兵日坏，死亡不补器械，耗散略尽，府兵入宿卫者谓之侍官，言其为天子侍卫也，其后本卫多以假人役使，如奴隶长安人羞之至以相诟病，其戍边者又多为边将苦使，利其死而没其财，由是应为府兵者皆逃匿，至是无兵可交，李林甫遂奏停。折冲府上下鱼书是后府兵徒有官吏而已），于是府兵全废，𬍡骑之法稍亦变废，应募者皆市井无赖，未尝习兵。时承平日久，议者多谓中国兵可销，于是民间挟兵器者有禁。子弟为武官，父兄摈不齿。猛将精兵皆聚于西北边，中国无武备矣。

丙、重用外戚也　唐初，外戚无执国柄者。长孙无忌亲旧勋臣，以德、以功、以名望皆在朝臣之右，而常殷殷取退让主义，解政柄以让房、杜诸贤，其他可知矣。玄宗初年，举姚崇、宋璟为相，励精图治。崇善应变成务，璟善守法持正，二人志操不同，然协心辅佐，使赋役宽平，刑罚清省，百姓殷富。开元之政，比隆于贞观，故唐世贤相，前称房杜，后称姚宋，他人莫得比焉。二人每进见，帝辄为之起，去则临轩送之。璟罢相后，源乾曜、张嘉贞、张说、萧嵩、裴光庭等相继为相，率皆常才，无经世大略。宇文融善言财利，然徒劳扰百姓，事多不就。惟韩休、张九龄俱以直著，然皆不久于位。帝在位久，渐肆奢欲，怠于政事。言利之臣，若杨慎矜、韦坚、王供等，皆以聚敛得幸。开元二十九年，张九龄罢相，李林甫代之。林甫柔佞多狡，数深结宦官及妃嫔家，伺候上动静，无不知之，由是每奏对常称旨。时武惠妃宠倾后宫，生寿王瑁，太子浸疏薄，林甫乃因宦官言于惠妃，愿尽力保护寿王，妃德之，阴为内助。太子瑛、鄂王琚、光王瑶年长，惠妃嫉之，谮之于上，将废之，张九龄力争，乃止。会九龄去位，林甫逢迎上意，废瑛、琚、瑶为庶人而杀之。瑶、琚皆好学，有才识，死不以罪，人皆惜之。而林甫之权愈重。林甫欲蔽主擅权，明谓诸谏官曰："今明主在上，群臣将顺之不暇，乌用多言。诸君不见立仗马乎，食三品料，一鸣辄斥去，悔之何及。"自是群臣有上书言事者皆黜之。朝廷之士，皆容身保位，谏争之路绝矣。林甫城府深密，人莫窥其际，好以甘言啗人，而阴中伤之，不露辞色。凡为上所厚者，始则亲结之，及位势稍逼，辄以计去之，虽老奸巨猾，无能逃其术者。江淮租庸转运使韦坚、户部尚书裴宽、陇右节度使皇甫惟明、左相（即侍中改名）李适之、北海太守李邕、江华司马王琚、刑部尚书裴敦复、户部侍郎杨慎矜等，皆上亲臣，为林甫所陷，相继被害。

上晚年自恃承平，以为天下无复可忧，遂深居禁中，专以声色自娱，悉委政事于林甫。林甫媚事左右，迎合上意，以固其宠；杜绝言路，掩蔽聪明，以成其奸；妒贤嫉能，排抑胜己，以保其位；屡起大狱，诛逐贵臣，以张其势。自皇太子以下，畏之侧足，人以为口有蜜，腹有剑。凡在相位十九年，养成天下之乱而帝不之寤也。天宝十一载，林甫卒，以杨国忠代之，是为外戚辅政之始。

二、杨妃入宫之始末

先是武惠妃卒，帝悼念不已，后宫数千无当意者。或言寿王瑁妃杨氏之美，帝见而悦之，乃为寿王别娶韦氏，而纳杨氏于宫中，号太真。太真肌态丰艳，晓音律，性警颖，善承迎上意。不期岁，宠遇如惠妃，凡仪体皆如皇后，宫中号曰娘子，册为贵妃，宠遇无比，举族皆贵盛。其从祖兄钊，不学无行，以善摴蒱得召见，授金吾兵曹参军，俄判度支，以聚敛得幸。岁中领十五使，恩幸日隆，屡奏帑藏充牣，古今罕俦，帝帅群臣观之，由是视金帛如粪土，赏赐无限，赐钊紫衣金鱼，更名国忠，兼领剑南节度使。李林甫以国忠微才，且贵妃之族，故善遇之。天宝十一载，国忠发林甫阴事，诛其党御史大夫户部侍郎京兆尹王鉷，而以国忠代之，仍充京几采访使，林甫忧惧而卒，遂以国忠为相。国忠为人强辩，而轻躁无威仪，公卿以下，颐指气使，莫不震慑。凡领四十余使，台省官有时名而不为己用者皆出之。复开衅南诏，前后丧师几二十万人，人人嗟怨。杨氏族党骄奢淫暴，万人侧目。主昏于上，臣横于下，中央政府腐败如此，希世大盗安禄山遂乘衅作乱矣。

三、边帅弄兵之由来

自唐兴以来，边师皆用忠厚名臣，不久任，不遥领，不兼统，功名著者，往往入为宰相。其四夷之将，谁才略如阿史那社尔、契苾何力，忧不专大将之任，皆以大臣为使以制之。及开元中，天子有吞四夷之志，为边将者十余年不易，始久任矣。皇子则庆（玄宗长子本名嗣直，改名潭，开元十五年领河西节度使后改名琮）、忠（即肃宗，初名嗣升，开元十五年改名浚，领朔方节度使）诸王，宰相则萧嵩（开元十七年嵩以中书令遥领河西节度使）、牛仙客（二十四年，牛仙客以同三品领朔方节度使）始遥领矣。盖嘉运（二十八年以盖嘉运为河西陇右节度使）、王忠嗣（天宝四载以朔方节度使王忠嗣兼河东节度使五载，以忠嗣为河西、陇右、朔方、河东四镇节度使）专制数道，始兼统矣。李林甫欲杜边帅入相之路，以胡人不知书，乃奏言："文臣为将，怯当矢石，不若用寒族胡人。胡人则勇决习战，寒族则孤立无党。陛下诚以恩洽其心，彼必能为朝廷尽死。"上悦其言，始用安禄山，至是诸道节度使尽用胡人，精兵咸戍北边，天下之势偏重矣。

四、安禄山进身之始末

安禄山者，本营州（今内蒙古土默特右翼地）杂胡，初姓康，名阿荦山，与同里史思明相善，俱以骁勇闻。幽州节度使张守珪爱之，养以为子，有罪当诛，执送京师，张九龄请斩之，上惜其才，不听。禄山倾巧，善事帝左右，左右多誉之，上以为贤。二十九年八月，拜营州都督，充平卢军使。天宝元年正月，授节度使。三载二月，兼范阳节度使。禄山体肥，腹垂过膝，外若痴直，内实狡黠。令腹心留京师，调朝廷指趣。岁献俘虏、杂畜、奇禽、异兽、珍玩之物，不绝于路。其在上前，应对敏给，杂以诙谐。上尝戏指其腹曰："此胡腹中何所有，其大乃尔？"对曰："更无余物，止有赤心耳。"上悦。又尝命见太子，禄山不拜，左右趣之拜。禄山曰："太子何官？"上曰："此储君也，朕千秋万岁后，代朕君汝者也。"禄山曰："臣愚，曩者唯知有陛下一人，不知乃更有储君。"不得已，然后拜。上以为信然，益爱之。是时杨贵妃有宠，禄山因请为贵妃儿，与妃坐，禄山先拜妃，上问其故。对曰："胡人先母而后父。"上悦。禄山生日，上及杨妃赐予甚厚。后三日，召入禁中，贵妃以锦绣为大襁褓裹之，使宫人以彩舆舁之。上闻欢笑声，问故。左右以贵妃洗禄儿对，上赐贵妃洗儿钱。自是禄山出入宫掖，通宵不出，颇有丑声闻于外，上亦不疑也。九载五月，赐爵东平郡王。八月，兼河北道采访处置使。十载正月，兼河东节度使。

五、范阳之变

是时李林甫专政，武备废弛。禄山既兼领三镇，有轻唐之志。归范阳，养壮士，聚兵仗，以判官张通儒、孔目官严庄、掌书记高尚、将军孙孝哲为腹心，阴谋作乱。林甫卒后，杨国忠为相。禄山素轻国忠，由是有隙。国忠数言禄山必反，试召之，必不来，上使召之，禄山即至。十三载正月，加左仆射，领闲厩群牧使，总马政，于是兵马之权皆归于禄山。三月，遣归范阳。十四载（西历纪元七五五年）十一月，禄山举兵反，率所部兵十五万，大举南下。时承平已久，百姓不识兵革，河北州县，望风瓦解。京师无备，诏遣封常清如东京募兵以御之，以高仙芝为副元帅，统诸军屯陕，为常清后援。是年十二月，贼兵渡河，陷灵昌（今河北道滑县）及陈留，杀河南节度使张介然。封常清拒战于武牢（即虎牢），败绩，禄山遂陷东京。高仙芝退保潼关，河南多陷。诏杀仙芝、常清。以哥舒翰为副元帅，守潼关。常山太守颜杲卿起兵讨贼，河北诸郡皆应之。范阳与东都交通之路中绝，禄山欲攻潼关，闻河北有变而还。至德元载（七五六年）正月，禄山僭号燕帝，以达奚珣、张通儒、高尚、严庄为相。使部将史思明急攻常山，陷之，杀杲卿，河北诸郡复陷。诏以李光弼为河东节度使，率朔方兵万人出井陉，经略河北，击破贼兵，复常山，史思明大举攻之。是年四月，朔方节度使郭子仪率蕃、汉步骑十余万出井陉，与光弼合，大破贼兵，复河北十余郡。范阳与东都交通之路再绝，贼往来者，多为官军所获，贼众在河南者无不摇心。禄山议弃洛阳，走归范阳，未决。

是时天下以杨国忠召乱，莫不切齿。将军王思礼密说哥舒翰，使抗表请诛国忠，翰不听，国忠内惧，乃说上趣翰出战。翰奏曰："贼远来，利在速战，官军据险，利在坚守。况贼势日蹙，将有内变，因而乘之，可不战擒也，要在成功，何必务速。"郭子仪、李光弼亦请："引兵北取范阳，复其巢穴，贼必内溃。潼关大军，惟应固守以弊之，不可轻敌。"国忠疑翰谋己，不从，言于上，续遣中使督促翰出关。翰不得已，奉诏。是年六月，与贼将崔乾佑战于灵宝（今河洛道灵宝县），败绩，部下蕃将火拔归仁等执翰以降贼，贼入潼关。帝仓促召宰相问计，杨国忠首唱幸蜀之策，上从之。次于马嵬（驿名，在关中道兴平县西），将士饥疲，皆愤怒，军心变，杀国忠及其族党，逼帝缢杀杨贵妃，然后发。父老遮道请留，帝命太子亨慰谕之，父老拥太子马，不得行。太子使皇孙广平王俶驰白帝，帝乃命分后军二千人，留从太子讨贼，且宣旨欲传位于太子，太子不受。

是时河北、河南皆没于贼。贼将孙孝哲陷长安，分兵侵略四方，西胁汧陇，南侵淮汉，北割河东之半，天下大震。真源（故城在今开封道鹿邑县）令张巡起兵雍丘（今开封道杞县），与睢阳（今河南开封道商丘县）太守许远连兵，扼贼南下之路。贼将令狐潮、杨朝宗、尹子奇等尽锐攻之，连兵二年，大小四百余战，杀贼十二万人，粮竭城陷，巡、远皆死难，而江淮卒赖以保全。山南东道节度使鲁炅固守南阳以拒贼，贼将武令珣、田承嗣相继攻之，连兵经年，城中食尽，不能守，突围奔襄阳，承嗣追之，为炅所败，江汉赖以保全。陈仓令薛景仙杀贼将，克扶风而守之，陕南、山南赖以保全。江淮奏请贡献赴行在者，皆自襄阳，取上津路（今襄阳道郧西县）抵扶风，道路无壅。而贼所虏获，悉输范阳，民苦淫虐，益思唐室。京畿豪杰，往往杀贼官吏，遥应官军，诛而复起，相继不绝，贼不能制。

先是太子既留，未知所适，皇孙建宁王倓（音淡）请如灵武，太子从之。北行至平凉，朔方留后杜鸿渐来迎，上太子笺，请尊马嵬之命，太子从之，自立于灵武，是为肃宗，遥尊帝为上皇天帝。河西安西皆遣兵来援，郭子仪、李光弼亦引兵至自河北，灵武军威始盛，人有兴复之望矣。诏以光弼为北都留守，守太原。史思明、蔡希德等大举兵攻之，相持月余，为光弼所败，河东西部始得保全。

初，京兆李泌幼以才敏著闻，帝在东宫，尝与泌为布衣交。杨国忠恶之，奏徙蕲春（今江汉道蕲春县，即故黄州府蕲州）。帝在马嵬，遣使召之。是年七月，谒见于灵武。帝大喜，事无大小，皆与之议，言无不从，出则联辔，寝则对榻，如为太子时。欲以泌为右相（即中书令），泌固辞。是年九月，诏以皇长子广平王俶为天下兵马元帅，李泌为侍谋军国元帅府行军长史，军国之事，一以委之。上以朔方兵弱，乃遣使借兵于回纥。是年十月，回纥遣兵入援。泌请帝自将进军扶风，扼贼西下之路。命李光弼由太原出井陉，郭子仪由冯翊入河东，使贼首尾疲于奔命。以皇子建宁王倓为范阳节度使，并塞北出，与光弼南北犄角，先取范阳，覆贼巢穴。帝不能用。

禄山自起兵以来，目渐昏，至是不复睹物，又病疽，性益躁暴。爱嬖妾子庆恩，欲立为嗣，庆绪之党颇知之。次年（肃宗至德二载，七五七年）正月，庆绪与严庄密谋，使阉竖李猪儿弑禄山而自立，使史思明归守范阳。先是禄山得西京珍货悉输范阳，思明拥强兵，据厚资，益骄横，浸不用庆绪之命，庆绪不能制。

是年四月，以郭子仪为天下兵马副元帅，奉广平王俶大举东下。九月，破贼兵，恢复西京。十月，进克东京，庆绪走保邺郡。次年（乾元元年，七五八年）八月，诏郭子仪、李光弼等九节度使讨庆绪，以宦官鱼朝恩为观军容宣慰处置使，总诸军。二年（七五九年）正月，史思明引精兵救庆绪，官军无统帅，进退不一。三月，九节度使部下步骑六十万溃于相州（即邺郡），思明杀庆绪，还范阳，自称燕帝。诏以郭子仪为东畿等道元帅，统诸军讨思明。鱼朝恩恶子仪，短之于上，乃召还子仪，以光弼代之。光弼治军严整，始至号令一施，军容皆变。思明渡河，陷东京。光弼移军河阳，拒战，大破之。思明使安太清守怀州以拒官军，次年（上元元年，七六〇年）十一月，光弼攻拔之。或言洛中将士皆燕人，久戍思归，急击之，可破也。鱼朝恩信以为然，屡言之，上乃遣朝恩督保光弼进兵，光弼不得已，奉诏。二年（七六一年）二月，战于邙山，败绩，走保闻喜（今河东道闻喜县）。

思明猜忍好杀，爱少子朝清，欲杀长子朝义而立之。是年三月，朝义杀思明而自立。次年（宝应元年，七六二年）建巳月，帝崩，太子俶即位，是为代宗。复征兵于回纥，回纥登里可汗自将入援。诏以皇子雍王适为天下兵马元帅，仆固怀恩副之，讨史朝义。战于洛阳城外之横水，大破之，取东京，朝义北走，贼将薛嵩、张忠志、田承嗣等，各以地来降，李怀仙杀朝义，传首京师，安史之乱平。时代宗广德元年，西历纪元七六三年也。自乱起至乱平凡历九年（七五五至七六三），中国元气凋残殆尽。自此以后，唐室日就衰微，贞观开元之郅治，不可复睹矣。

边帅弄兵由来表

一、久任	边将十余年不易
二、兼统	王忠嗣、盖嘉运皆以一人专制数道
三、遥领	庆王、忠王、萧嵩、牛仙客皆以亲王宰相资格，遥领节度使
四、用胡人	高仙芝、哥舒翰、安禄山皆以外国人任中国大将

范阳变后唐兵布置表

	人名	官名	驻扎地	成绩	结果
河南进取之师	一、张介然	河南节度使	镇陈留	无	禄山陷灵昌及陈留，杀介然
	二、封常清	范阳平庐节度使	守东京	无	战于虎牢，败绩，禄山陷东京，诏诛常清
	三、高仙芝	河南等道副元帅	屯陕	无	退保潼关，河南多陷，为宦官边令诚所谮，被杀
	四、哥舒翰	同	守潼关	无	杨国忠促翰出师，战于灵宝，败绩。火拔归仁执翰降敌
河北进取之师	一、颜杲卿	常山太守	起兵常山	河北诸郡皆应之	史思明攻陷常山，杲卿殉难
	二、李光弼	河北节度使	无定址	复常山，败史思明	闻潼关陷，引兵还救根本
	三、郭子仪	朔方节度使	同	与光弼联合，大破贼兵，复河北十余郡	同右
各处防御之师	一、张巡	真源令	起兵雍丘，移屯宁陵、睢阳	败令狐潮，破杨朝宗，江淮赖以保全	睢阳城陷，死难
	二、许远	睢阳太守	守睢阳	拒尹子奇	城陷，与张巡同死难
	三、鲁炅	山南东道节度使	守南阳	拒武令珣，田承嗣，江汉赖以保全	城中粮竭，突围奔襄阳
	四、薛景仙	陈仓令	扶风	杀贼将，复扶风，陕南、山南赖以保全	
	五、李光弼	北都留守	守太原	败史思明、蔡希德兵，河东赖以保全	

唐代女宠表

人名	事迹
一、晋阳宫人	私侍高祖
二、巢剌王妃杨氏	初为齐王元吉妃，太宗杀元吉，纳之，生曹王明，嗣元吉后
三、庐江王瑗姬	太宗纳之，后因王珪谏，出之
四、武曌	初为太宗才人，高宗纳为昭仪，谮杀王皇后、萧淑妃、宰相长孙无忌、柳奭、韩瑗，窜褚遂良、于志宁、来济，遂立为后。杀太子忠、宰相上官仪，专国政。杀太子弘，废太子贤。高宗崩，废中宗、睿宗，大杀大臣、宗室、贵戚，改国号曰周，自称皇帝。以僧怀义、张易之、昌宗兄弟为面首，任用武承嗣、三思，复任用贤臣李昭德、魏元忠、狄仁杰，举张柬之为相，柬之与崔玄昑等举兵讨内乱，废武氏，复立中宗。
五、韦后	中宗后，通于武三思，杀张柬之等。太子重俊讨杀三思，被害。又通于宗楚客、马秦客、杨均，弑中宗，立温王重茂，自称皇太后。临淄王隆基讨诛之。
六、安乐公主	韦后之女，初适武三思之子崇训，再适崇训之弟延秀，与韦后密谋弑中宗，求为皇太女，为临淄王隆基所诛。
七、太平公主	武后之女，中宗、睿宗之妹，初适薛绍，再适武攸暨，与张柬之等合谋诛二张，与隆基合谋诛韦后。睿宗立，谋废太子。玄宗立，谋逆，赐死。
八、武惠妃	有宠于玄宗，谮杀太子瑛、鄂王瑶、光王瑶
九、杨贵妃	初为寿王瑁妃，玄宗纳为贵妃，引用兄国忠，激成安禄山之乱。
十、张后	初为肃宗良娣，与宦官李辅国比，谮杀建宁王谈。复谮代宗，代宗依违取容以求免祸。又欲害李泌，泌辞职归衡山。后立为皇后，与辅国表里擅权。晚更有隙，肃宗崩，为辅国所弑

第七章

藩镇之跋扈

第一节　藩镇握兵之由来

初，西魏宇文泰当国，始为府兵法。唐初，因其制，其后府兵废而为彍骑，彍骑又废而藩镇之兵始盛矣。高宗以来，边州都督带使持节者，有节度使之号。玄宗时边要之地，皆置节度使。及安史乱后，内地久不安，河南、山南、江淮诸道，亦皆增置镇府，藩镇参列遍于内外。内地节度使，大者连州十余，小者犹兼三四，州吏尽为其属，率兼按察、采访、安抚、度支等使，以故军政、民政、财政、司法权统归掌握，自置所部之文武诸官，势如诸侯王，父死，则子领其兵，不受代。士卒亦自举将帅为留后，而后请朝廷之命。朝廷不能制，勉容其请。姑息既甚，藩镇益骄，其尤横恣为朝廷患者，曰淮西、平卢及河北诸镇。

初，禄山之叛也，平卢诸将刘客奴、董秦、王玄志同谋诛贼将吕知诲，举镇归朝，玄宗嘉之，以客奴为节度使，赐名正臣。次年（肃宗至德二载，西历纪元七五七年）正月，玄志鸩杀正臣而代之。次年（乾元元年七五八年）十月，玄志卒，肃宗遣中使往抚将士，察军中所欲立者，授以旌节。时高丽人李怀玉为裨将，杀玄志之子，推侯希逸为军使，朝廷因而授之，节度使由军士废立自此始。董秦入朝，赐姓名李忠臣，后为淮西节度使（领蔡、申、光、安等州治，蔡州今河南汝阳道汝阳县，即故汝宁府）。希逸与范阳贼兵相攻连年，救援既绝，又为奚所侵，乃悉举其军二万余人，袭贼将李怀仙，破之，因引兵而南，止于青州，诏希逸移镇淄青，仍称平卢节度使（领淄、沂、青、徐、密、海六州治，青州今山东胶东道益都县、即故青州府），是为淮西及平卢二镇之始。

代宗初年，仆固怀恩破史朝义，贼将薛嵩、张忠志、田承嗣、李怀仙各据地来降，怀恩恐贼平宠衰，奏留嵩等分帅河北，自为党援。朝廷亦厌苦兵革，苟冀无事，即以忠志镇成德军（领恒、赵、深、定、易五州治，恒州今河北正定县，即故正定府），赐姓名李宝臣，嵩镇相卫（领相、卫、邢、沼、贝、磁六州治，相州今河南安阳县，即故彰德府），承嗣镇魏博（领魏、博、德、沧、瀛五州治，魏州今河北大名县，即故大名府），怀仙镇卢龙（领幽、蓟、妫、檀、平、营六州治，幽州即现在北平），是为河北诸镇之始。

永泰元年（七六五年），平卢兵马使李怀玉逐侯希逸，代宗因以怀玉知留后，赐名正己。正己与河北诸镇及山南东道节度使梁崇义皆结为婚姻，互相表里，收安、史余党，各拥劲兵数万，治兵完城，不供贡赋，朝廷不能制。

大历三年（七六八年），幽州兵马使朱希彩杀李怀仙，自称留后。七年（七七二年），将吏又杀希彩，推朱泚为帅。八年（七七三年），相卫薛嵩卒，弟崿代之，朝廷皆因授旌节。九年（七七四年），朱泚入朝，使弟滔知留后。十年（七七五年），田承嗣作乱，袭取相、卫等州，薛崿逃归京师。诏贬承嗣官，命淮西李忠臣、平卢李正己、成德李宝臣、卢龙朱滔等进兵讨之。承嗣遣使卑礼厚币以说正己，正己按兵不进，复遣使说宝臣使取范阳，宝臣从之，袭破卢龙兵，滔走还。于是正己上表请赦承嗣，朝廷不得已，从之，敕与家属同入朝，承嗣不奉诏。十四年（七七九年），承嗣卒，侄悦代之。淮西左厢都虞侯李希烈逐李忠臣，诏以希烈为留后。是岁，代宗崩，凡在位十七年。太子适立，是为德宗。

第二节　德宗之初政

一、崔佑甫之推恩策

德宗初立，励精求治，革弊政，去奢靡。李正己畏帝威名，表献钱三十万缗，上欲受之，恐见欺，却之，则无辞。宰相崔佑甫请遣使慰劳淄青将士，因以其钱赐之，使将士人人戴上恩，诸道知朝廷不重货财。上悦，从之。正己惭服，时人以为太平庶几可望。

二、杨炎之两税法

帝卜相于佑甫，佑甫荐杨炎，擢同平章事。时丧乱之余，国用不给，科敛凡数百名，百姓残碎，荡为浮客。建中元年（七八〇年）正月，炎建议作两税法，夏输限六月，秋输限十一月，先度经费而赋于民，量出以制入，户无主客，以见居为簿；人无丁中，以贫富为差。行商者在所在州县税三十之一，度所取与居者均，使无侥利，其租庸调杂徭悉省。而丁额不废，按诸道丁产等级，以前年垦田之数为定，而均收亩税。免鳏寡、孤独、不济者。于是民皆土著，得其虚实，吏奸无所容。轻重之权始归朝廷矣。

三、刘晏之理财法

当玄宗时，中国富庶，民口至五千余万。安史之乱，什亡七八。州县多为藩镇所据，贡赋不入，国库耗竭。中原多故，戎狄连岁犯边，所在宿重兵，给费不赀，皆倚办于户部尚书判度支刘晏。晏自肃宗宝应元年（七六二年），为度支转运盐铁使。次年（代宗广德元年，七六三年），拜同平章事，度支等使如故。次年（广德二年，七六四年），罢相，任河南江淮转运使。大历元年（七六六年），为户部尚书，与侍郎第五琦分理天下财赋。十四年，（七七九年）判度支，户部尚书盐铁转运等使如故。晏有精力，多机智，变通有无，曲尽其妙。常以厚直募善走者，置递相望，觇报四方物价，不数日皆达，食货轻重之权，悉制在掌握，国家获利，而天下无甚贵甚贱之忧。晏以为办集众务，在于得人，故必择通敏、精悍、廉勤之士而用之。常言士陷赃贿，则沦弃于时。名重于利，故士多清修。吏虽廉洁，终无显荣。利重于名，故吏多贪污。其句检簿书，出纳钱谷，事虽至细，必委之士类，吏惟书符牒，不得轻出一言。其属官，虽居数千里外，奉教令，如在目前无敢欺给。权贵属以亲故，晏亦应之，俸给多少，迁次缓速，皆如其志，然无得亲职事。晏又以为户口滋多，则赋税自广，故其理财，常以养民为先，诸道各置知院官（盐铁使属下于诸道各置巡盐院设知院官掌之）。每旬月，具雨雪丰歉之状以告，丰则贵籴，歉则贱粜，或以谷易杂货，供官用，而于丰处卖之。知院官始见不稔之端，先申至某月、须如干蠲免，某月，须如干救助。及期，晏不俟州县申请，即奏行之，不待其因弊流殍，然后赈之也。由是户口蕃息。始为转运使时，天下见户不过二百万，其季年乃三百余万，非晏所统亦不增也。其初财赋岁入不过四百万缗，季年乃千余万缗。晏专用榷盐法，充军国之用。时自许郑之西，皆食河东池盐，户部侍郎判度支韩滉主之。汴蔡之东，皆食海盐，晏主之。晏以为官多则民扰，故但于出盐之乡，置官收盐，转鬻于商人，任其所之。其去盐乡远者，转官盐于彼贮之，或商绝盐贵，则减价鬻之，谓之常平盐。官获其利，而民不乏盐。其始江淮盐利，不过四十万缗，季年乃六百余万缗。由是国用充足，而民不困弊。先是运关东谷入长安者，以河流湍悍，率一斛得八斗，至者则为成劳，受优赏。晏以为江汴河渭，水力不同，各随便宜。造运船，教漕卒，缘水置仓，转相受给，自是每岁运谷，或至百余万斛，无斗升沉覆者。船十艘为一纲，使军将领之，十运无失。授优劳官，于杨子置场造船，艘给千缗。或言："用不及半，请损之。"晏曰："不然，论大计者不可惜小费，凡事必为永久之虑。今始置船场，执事者多，当先使之私用无窘，则官物坚完矣。若遽与之屑屑较计，安能久行乎？异日必有减之者，减半以下，犹可也，过此，则不能运矣。"后五十年有司果减其半，及懿宗咸通中（八六〇至八七三），有司计费而给之，无复羡余，船益脆薄，漕运遂废。晏为人勤力，事无闲剧，必于一日中决之，后来言财利者，皆莫能及。杨炎入阁，忌晏，欲罢其财政权，建议言：

"尚书省国政之本，今宜复旧。"上从之。建中元年（七八〇年）正月，诏天下财赋皆归金部仓部，罢晏转运租庸盐铁等使，寻贬忠州刺史。荆南节度使庾准希炎旨，告晏怨望。是年七月，上密遣中使缢杀之，天下冤之。平卢节度使李正己累表请晏罪，上始恶炎。次年（建中二年，七八一年）正月，擢卢杞同平章事以分炎权。杞貌陋，色如蓝，性阴狡，有口辩。是年七月，潛炎，罢为左仆射而杀之，遂专国政，小不附者，必欲置之死地，朝政自此乱矣。

第三节　建中之乱

一、河北河南之乱

是年正月，成德节度使李宝臣卒。子惟岳自称留后，上欲乘机杀藩镇之势，不许。七月，平卢节度使李正己卒，子纳自领军务，与李惟岳及魏博节度使田悦连兵拒命。诏河东节度使马燧、昭义节度使李抱真、神策兵马使李晟等讨悦，范阳节度使朱滔讨惟岳。是年六月，上遣使征山南东道节度使梁崇义入朝，崇义拒命，诏淮西节度使李希烈讨之。八月，克襄州，斩崇义，希烈之势益盛。马燧等大破悦兵，成德将张孝忠以易州，康日知以赵州相继归国。三年（七八二年）正月，成德将王武俊杀惟岳，传首京师。二月，以孝忠为易定沧州节度使，武俊为恒冀观察使，日知为深赵观察使。武俊自以功大赏薄，不悦，是年四月，说朱滔举兵反，共发兵救悦，悦等推滔为盟主，滔自称冀王，悦称魏王，武俊称赵王，纳称齐王，各置百官，仍用唐年号，连兵拒命。四月，诏朔方节度使李怀光将兵会马燧等讨之。滔遣使以蜡书密约其兄凤翔节度使朱泚同反，中途为马燧所获，并使者送长安。诏征泚入朝，留之长安，赐赉甚厚，以安其意。李希烈与悦等通声气，是年十二月，自称天下都元帅。卢杞恶太子太师颜真卿刚正，欲陷之，四年（七八三年）正月，遣真卿宣慰希烈，希烈胁使降，不屈，羁留二年。卒为希烈所杀。

二、建中之恶税

是时朝廷用兵已久，府库逐渐耗竭，太常博士韦都宾乃建议括富商钱，淮南节度使陈少游又倡议增诸道税，判度支赵赞又奏税间架除陌钱。所谓税间架者，每屋两架为间，上屋税钱二千，中税千，下税五百，敢匿一间，杖六十，赏告者钱五十缗。所谓除陌钱者，公私给与，及卖买，每缗官留五十钱，给他物及相贸易者，约钱为率，敢隐钱百者，杖六十，罚钱二千，赏告者钱十缗，赏钱皆出坐者。于是愁怨之声，盈于远近。

三、泾原之变

是时李希烈势颇猖獗，河南诸州多陷。诏发泾原兵讨之。是年十月，节度使姚令言率兵过京师，诏犒师，惟粝食菜饥饫（面裹菜为之、今之素馅包子也），众怒，作乱，鼓噪还趣京城。初，白志贞为神策都知兵马使，募禁兵东征，死亡者皆不以闻，但受市井富儿赂而补之，名在军籍受给赐，而身居市廛为贩鬻。司农卿段秀实上言："禁兵不精，其数全少，猝有患难，何以待之？"上不听，至是召禁兵以御贼，竟无一人至者，帝仓促出奔奉天（今陕西关中道乾县，即故乾州）。翰林学士姜公辅以朱泚旧为泾帅，废处京师，常怏怏，请召使从行，帝不听。乱兵奉泚为主，据长安。群臣请修守备以防泚，卢杞以百口保泚不反，乃诏诸道援兵至者皆营于城外。公辅力争，乃悉诏援兵入城。段秀实与将军刘海宾、泾原将吏何明礼、岐灵岳谋诛泚，不克而死，泚遂自称秦帝，率其党急攻奉天。十一月，灵武留后杜希全、盐州刺史戴休颜、夏州刺史时常春、渭北节度使李建徽合兵万人入援，将至奉天，上召将相议道所从出。金吾大将军浑瑊曰："漠谷（地名，在乾州西北）险狭，恐为贼所邀，不若自乾陵（高宗墓）北过，且分贼势。"卢杞曰："漠谷路近，若为贼所邀，则城中出兵应接可也。傥出乾陵，恐惊陵寝。"瑊曰："自泚围城，日斩乾陵松柏，其惊多矣。今城中危急，诸道救兵未至，惟希全等来，所系非轻。若得营据要地，则泚可破也。"杞曰："陛下行师，岂比逆贼。"上乃从杞策。希全等果为贼所邀，死伤甚众，四军皆溃，退保邠州。泚攻城益急，移帐于乾陵，下视城中。邠宁留后韩游瑰入援，浑瑊收散兵，与游瑰力战，拒却之。李怀光、李晟闻警，率所部兵自河北来勤王，击破泚兵，泚还保长安。怀光至奉天，欲入朝面劾卢杞之奸佞，杞闻之惧，言于上，诏怀光还取长安，不听其入朝。怀光意怏怏，顿兵不进，上表暴扬杞等罪恶，众论喧腾，亦咎杞等，上不得已，贬卢杞、白志贞、赵赞皆为远州司马。

初，嘉兴（今浙江钱塘道嘉兴县）陆贽，少聪颖，有学术，富于经世大略。代宗时，为监察御史。帝在东宫闻其名，及即位，召为翰林学士，数问以得失。贽料事明敏，建议多得大体，帝不能用。朱泚反后，贽赴行在，出纳诏命，悉以委之，而卢杞在傍，贽虽数进忠言，帝仍不能用。卢杞贬后，帝使人说田悦、王武俊、李纳，赦其罪，赂以官爵，悦等皆密归款，陆贽劝帝罪己以谢国人，故奉天所下书诏，虽骄将悍卒，闻之莫不感泣。兴元元年（德宗五年，七八四年）正月，下大赦诏，罢间架除陌等税。武俊、悦、纳皆去王号，上表谢罪。惟李希烈自恃富强，遂称楚帝。帝在艰难中，大小事必与贽谋之，故当时谓之内相。贽清方正亮，数以直谏忤帝，帝虽貌从而心不悦。

四、李怀光之叛

李怀光与李晟、李建徽及神策兵马使杨惠元等还兵经略长安。怀光自以与朝廷嫌隙渐深，阴有异志，恶晟独当一面，欲并其军，奏请与晟合军，上许之。晟知其阴谋，奏请还军东渭桥，上用陆贽议，从其请。贽请移建徽、惠元军与晟连营，以免怀光兼并，上不听。是年二月，怀光反于咸阳，袭夺建徽、惠元兵，杀惠元，建徽走免，帝奔梁州。怀光欲与朱泚连兵，部将不用命，多自拔归国，怀光乃大掠而东，据河中。是年六月，李晟督诸军克复长安，朱泚西走，其将韩旻斩之以降，帝还长安。次年（贞元元年，七八五年），马燧、浑瑊平河中，怀光自杀，朱滔病死，其将刘怦以范阳归国。

次年（贞元二年，七八六年），四月，淮西将陈仙奇杀李希烈以降，诏以仙奇为节度使。七月，希烈党吴少诚为希烈报仇，杀仙奇，诏以少诚知留后，于是朱泚、李怀光之乱皆平，河北诸镇相继归顺，而淮西仍沦于化外。

第四节　德宗中叶以后之政治

帝还京，信张延赏之谗（延赏言晟不宜久典兵），罢李晟兵柄，复信吐蕃离间之言，罢马燧兵柄，武臣怨愤解体。已而以先朝名臣李泌为相。泌尽心辅导，知无不为，大革历来弊政，帝颇信任之。泌在位仅二年而薨，陆贽以大儒辅政。在位二年，为司农少卿判度支裴延龄所谮，贬忠州别驾。自是以后，辅相多庸才。裴延龄以聚敛得幸，帝欲相之，谏议大夫杨城力争，乃止。上即位之初，杨炎、卢杞相继以憸人柄政，破坏国事。自陆贽贬后，上不任宰相，自县令以上，皆自选用。所取信者，裴延龄及礼部尚书李齐运、司农卿李实、翰林学士韦执谊、右补阙韦渠牟数小人，皆权倾宰相，趋附盈廷，中书奉行文书而已。

是时藩镇布列四方，凡四十余道，兵强则逐帅，帅强则叛君，两河诸镇（幽州、成德、魏博、平卢、淮西等）骄傲最甚，殆同化外。吴少诚作乱，自贞元十四年（七九八年）以后，屡次侵掠邻州。十六年（八〇〇年），以夏绥节度使韩全义为蔡州招讨使，统十七道兵讨之，官军不战而溃，朝廷不得已，赦少诚罪，复其官爵。

帝性多猜忌，用贤不终，宠任憸人及宦官，自奉天还京以后，尤以聚敛为事。其处藩镇，专务姑息。帝在位二十六年，以贞元二十一年（西历纪元八〇五年）崩，太子诵即位，是为顺宗。

第五节 元和之治

一、宪宗之初政

顺宗以风疾失音，即位之初，翰林学士王叔文有宠，引其党韦执谊同平章事，王伾为翰林学士，共专国政。帝在位仅八月，传位于太子纯，是为宪宗。贬窜叔文党与，以杜黄裳同平章事。黄裳有经济大略，力陈姑息之弊，欲以法度裁之。元和元年（八〇六年）正月，西川节度副使刘辟作乱，黄裳举神策军使高崇文为行营节度使，讨平之。同年三月，夏绥（领夏、绥、银、宥四州治夏州）留后杨惠琳拒命，诏河东牙将阿跌光进及弟光颜等讨平之。二年（八〇七年）四月，镇海（领润、苏、常、湖、杭、睦六州治润州）节度使李锜反，兵马使张子良讨平之，国威渐张。是年正月，黄裳罢相，以武元衡、李吉甫同平章事。四月，元衡出为西川节度使。三年（八〇八年）七月，以裴垍同平章事。四年（八〇九年）正月，以李藩同平章事。五年（八一〇年）十一月，裴垍罢。六年（八一一年）二月，李藩罢。十二月，以李绛同平章事。垍器局峻整，人不敢干以私。藩、绛皆好直谏，知无不言。惟吉甫稍佞媚，然在职自称，胜于前后诸公。此外若中书舍人崔群、翰林学士白居易等，皆一时名臣，数进忠言，帝多嘉纳。元和之世，朝政清明者以此。

二、成德之用兵

初，薛嵩之卒也，田承嗣盗据相（今河北道故彰德府）、卫（今河北道故卫辉府）、贝（今大名道，故顺德府东部）、洺（今大名道，故广平府）等州，朝廷置昭义军于潞州（今冀宁道故潞安府），以李承昭知留后，取邢（今大名道，故顺德府）、磁（今大名道，故广平府西部）二州及临洺县（故城在今大名道永年县，即故广平府城西）以隶之。田悦之叛也，先举兵寇邢州及临洺，河东节度使马燧、昭义节度使李抱真击破之，复取洺州以隶抱真。于是朝廷以泽潞为根据地，兼领邢、洺、磁州，崞（音郭）口东下之路，始通行无阻，朝廷得以自由出兵，北制成德，南窥魏博。李惟岳之叛也，恒州（今保定道，

611

故正定府）以东皆为贼境，井陉口东下之路为其所阻。会张孝忠以易州归国，诏置义武军于易州，以定州隶之，于是飞狐口东下之路为朝廷所有。朝廷以易州为根据地，西与河东朔方大同诸镇联络，得以自由出兵，南制成德，东瞰范阳，河北诸镇所以未敢公然与朝廷断绝关系者以此。元和四年三月，成德节度使王士真卒，子承宗自为留后，上与诸学士谋，欲以承宗为留后，而割其德、棣二州，更为一镇，使输二税，请官吏。李绛等以为："德棣二州隶成德已久，一旦割之，恐其忧疑怨望，复为邻道构扇，万一旅拒，倍难处置。不若使吊祭使以其私谕承宗，幸而听命，于理固顺，若其不听，体亦无损。"上以为然，使裴武往宣慰，承宗受诏，请献德棣二州。是年九月，诏以承宗为成德节度使，德州刺史薛昌朝为保信军节度使，领德、棣二州。昌朝，王氏婿，故就用之。魏博节度使田季安遣使说承宗，谓："昌朝阴与朝廷通，故受节钺。"承宗以为然，袭执昌朝，囚之，上怒。是年十月，削夺承宗官爵，以宦官吐突承璀为招讨处置使，督诸军讨承宗。翰林学士白居易、度支使李元素等谏以为置帅非人，恐辱国，上不听。承璀屡战屡败，大将军郦定进战死。上不得已，五年七月，罢兵，赦承宗，复其官爵，复以德、棣二州隶之。

三、魏博之归国

七年（八一二年）八月，魏博节度使田季安（承嗣之孙）卒，夫人元氏立其子怀谏为副大使，知军务，时年十一，以田兴为都知兵马使。上与宰相议魏博事，李吉甫请发兵讨之，李绛曰："魏博不必用兵，当自归朝廷。"上以吉甫议为然。绛曰："两河藩镇之跋扈者，恐诸将权重而谋己，故常分兵以隶之，不使专在一人，诸将势均力敌，莫能相制，虽欲为变，莫敢先发。跋扈者恃此以为长策。然亦必常得严明主帅，能制诸将之死命者以临之，然后粗能自固。今怀谏乳臭子，不能自听断，军府大权必有所归，诸将不服，怨怒必起。然则向日分兵之策，反为今日祸乱之阶矣。田氏不为屠肆，则悉为俘囚，何足烦天兵哉。然彼自列将，起代主帅，邻道之所深恶，不倚朝廷之援，则无以自存。故臣以为不必用兵，可坐待魏博之自归也。但愿陛下按兵养威，严敕诸道，选练士马，以须后敕，不过数月，必有自效于军中者矣。至时惟在朝廷应之敏速，中其机会，不爱爵禄以赏其人，使两河藩镇闻之，恐其麾下效之，以取朝廷之赏，必皆恐惧，争为恭顺矣。此所谓不战而屈人兵者也。"上曰："善。"

怀谏幼弱，军政皆决于家僮蒋士则，数以爱憎移易诸将，众皆愤怒。朝命久不至，军中不安。田兴有勇力，颇读书，性恭逊，得众心。是年十月，兴晨入府，士卒大噪，环拜请为留后。兴曰："勿犯副大使，守朝廷法令，申版籍，请官吏，然后可。"皆曰："诺。"兴乃杀蒋士则等十余人，迁怀谏于外，监军以闻。上亟召绛曰："卿揣魏博若符契。"吉甫请遣中使宣慰以观其变，绛曰："今田兴奉其土地兵众，坐待诏命，不乘此际推心抚纳，必待敕使至彼，持将士表来，然后与之，则是恩出于下，而其感戴之心，非今日比矣。"吉甫素与枢密使梁守谦相结，守谦亦为之言。上竟遣中使张忠顺如魏，绛复上言："朝廷恩威得失在此一举，时机可惜，奈何弃之。计忠顺之行，甫应过陕，乞明旦即降白麻，除兴节度使，犹可及也。"上欲且除留后，绛曰："田兴恭顺如此，自非恩出不次，无以深慰其心。"上从之。忠顺未还，制命已至，兴感恩流涕，士卒鼓舞。绛请发重赏以慰士卒之心，上从之。十一月，遣知制诰裴度往宣慰，赐钱百五十万缗犒其军，六州（魏、博、相、卫、贝、瀛）百姓皆给复一年。军士受赐，欢声如雷，诸镇使者见之，相顾失色。平卢、淮西、成德皆遣游客间说多方，兴终不听，寻赐兴名弘正。

四、淮西之用兵

先是元和四年，帝之将讨王承宗也，问诸学士曰："今刘济（范阳节度使）、田季安皆病，若其物故，又如成德，天下何时当平。议者皆言宜乘此际代之，不受，则发兵讨之，如何？"李锋曰："群臣见取蜀取吴，易于反掌。故谄躁之徒，争献策划，劝开河北。陛下亦以前日成功之易，而信其言。臣窃以为河北之势，与二方异。何则？西川浙西，皆非反侧之地，其四邻皆国家臂指之臣。刘辟、李锜独生狂谋，大军一临，则涣然离耳。河北则不然，其将士百姓，怀其累代煦妪之恩，不知君臣逆顺之理，邻道各为子孙之谋，亦虑他日及此，万一或相表里，兵连祸结，戎狄乘间，其为忧患可胜道哉。济及季安物故之际，若有隙可乘，当临时图之，于今用兵，则恐未可。太平之业，非朝夕可致，愿陛下审处之。且今吴少诚病必不起，淮西四旁皆国家州县，不与贼通，朝廷命帅，今正其时，万一不从，可议征讨。故臣愿舍恒冀难致之策，就申蔡易成之谋。脱或恒冀连兵，事未如意，蔡州有衅，势可兴师，复以财力不赡而赦承宗，则恩威两废，不如早赐处分。"帝不从而及于败。是年十一月，淮西节度使吴少诚卒，其将吴少阳杀其子，自领军府，阴聚亡命。朝廷以河朔方用兵，不能讨少阳，乃以为留后。九年（八一四年）闰七月，少阳卒，子元济匿丧，自领军务，纵兵侵掠及东畿。十年（八一五年）正月，诏发十六道兵讨之，平卢节度使李师道（李纳之子）、成德节度使王承宗皆请赦元济，不许。五月，诏御史中丞裴度宣慰淮西行营，度还言淮西可取状，上悉以兵事委中书侍郎同平章事武元衡。六月，师道遣刺客刺杀之，又击裴度，伤首，上怒，讨贼愈急，以度同平章事，悉以兵事委之。时山南东道节度使严绶、宣武军节度使韩弘，相继为诸军都统，久无功。十二年（八一七年）五月，以度兼淮西宣慰招讨使，督诸将进讨，唐邓随（领三州治邓州今河南汝阳道邓县）节度使李愬（晟之子）屡破贼兵，擒其将李佑。是年十月，用佑计，雪夜袭蔡州，执元济，槛送京师，诛之，淮西平。

淮西已平，诸镇皆惧。十三年（八一八年）四月，王承宗纳质请吏，复献德、棣二州，幽州节度使刘总亦专意归朝，惟李师道依违不服，诏发诸道兵讨之。十四年（八一九年）二月，田弘正、李愬击败师道兵，平卢都知兵马使刘悟执师道，斩之，率其将吏听朝命。自代宗以来，两河跋扈垂六十年，至是尽遵朝命矣。

五、河北藩镇之末路

淮西平后，帝浸骄侈，度支使皇甫镈、盐铁使程异皆以聚敛有宠。十三年八月，同日拜相，裴度、崔群数进忠言，铸党排之。十四年四月，罢度为河东节度使。十月，出群为湖南观察使。自此以后，朝无端人，元和之政遂衰。十五年（八二〇年）正月，帝暴崩，穆宗即位。卢龙大将朱克融、成德兵马使王庭凑、魏博牙将史献诚，相继作乱，宰相崔植、杜元颖、王播皆庸才，无远路，因应失宜，河北复陷。自此以后，迄于唐亡，迄不能恢复。五季之世，河北遂为大乱策源地，契丹勃兴，范阳旧镇为其所据，建为南京析津府，充塞内根据地。宋室建国，升魏博旧镇为北京大名府以抵制之。女真勃兴，尽取黄河流域，范阳、成德、魏博、平卢四镇故地皆为所有，自此以后，隶属于外人宇下凡二百年，河北文化骤然退步，有明勃兴始恢复之。然河北文化终不及江南各省，则安史之乱阶之厉也。呜呼！谁实为之？孰令致之？读史者不能不叹息痛恨于玄、肃、代、德四朝养痈成疽之为患也。

悍镇系统简明表（据本国史表解卷上转载）

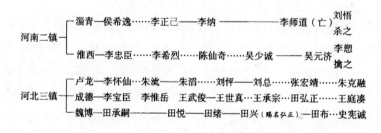

宪宗中兴表（据本国史表解卷上转载）

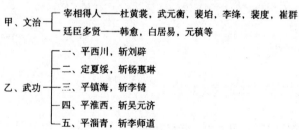

第八章

宦官之专横

第一节　宦官弄权之由来　高力士、杨思勖之宠幸

先是太宗在位，惩秦汉之弊，对于宦官，取高压政策。至玄宗时，其制渐紊。玄宗豪奢，宫嫔至四万人，宦官之数，随以增加。高力士、杨思勖最有宠。思勖数将兵，平叛蛮有功，拜辅国大将军。力士常居中宿卫，表奏皆先呈力士，然后奏御，小事即决之，势倾内外，拜骠骑大将军。肃宗在东宫，呼之为兄，诸王公主呼之为翁，驸马辈直谓之爷，自李林甫、安禄山辈，皆因之以取将相；然性和谨，少过，不敢骄横，故玄宗终信任之，士大夫亦不嫉恶也。

第二节　李辅国之乱政

肃宗之起兵灵武也，张良娣有宠，欲立为后。李泌以"家事宜待上皇之命"为言，乃止，良娣由是恶泌。宦官李辅国狡险，阴附张良娣，谋害泌。皇子建宁王俶性刚正，恶良娣与辅国，数于肃宗前诋讦

二人罪恶，二人谮之于肃宗，肃宗怒，赐倓死，复谮代宗，代宗依违取容以求免祸。泌知肃宗不足与有为，及复两京，固请归衡山，临行时，诵《黄台瓜辞》，为建宁王诉冤，为代宗解祸。肃宗虽知建宁王冤，而不能为之昭雪。泌行后，上以辅国为殿中监，兼太仆卿，判元帅府行军司马以代泌，于是兵权入于辅国。辅国自上在灵武，侍直帷幄，宣传诏命，四方文奏，宝印符契，晨夕军号，一以委之，及还京师，专掌禁兵。常居内宅，制敕必经辅国押署，然后施行。宰相百司，皆因辅国关白，口为制敕，付外施行。御史台大理寺重囚，或推断未毕，辅国一时纵之，莫敢违者。乾元二年（西历纪元七五八年）三月，李岘入相，具陈辅国专权乱政之状，请停口敕处分，命制敕皆出中书，诸务各归有司，或有追摄，须经台府。上感悟，从之，辅国深忌岘。是年五月，贬岘蜀州刺史。

玄宗还京以后，居兴庆宫，辅国恶之，劫迁之于西内（即太极官），流窜上皇亲近侍臣陈玄礼、高力士等，玄宗不悦，郁郁成疾而崩。时肃宗寝疾，闻之转遽。张良娣立为皇后，与辅国表里，专权用事，晚更有隙。肃宗病笃，后召代宗令诛辅国，代宗恐震惊上体，不可。辅国闻其谋，夜勒兵幽后。明日，肃宗崩，辅国弑后，奉代宗即位。代宗畏辅国，尊为尚父，拜司空，兼中书令。宦官程元振谋夺辅国权，密言于上，请稍加裁制，解辅国行军司马，出居外第。辅国惧，上表逊位，诏罢中书令，进爵博陆王，寻遣盗刺杀之。以元振为骠骑大将军，兼内侍监，判元帅府行军司马以代辅国，于是大权皆归于元振。

第三节　程元振鱼朝恩之乱政

元振专权自恣，人畏之甚于辅国。诸将有大功者，元振皆忌嫉，欲害之。代宗广德元年（七六三年）十月，吐蕃入寇，元振不以时奏，致帝狼狈出奔陕州，发诏征诸道兵。李光弼等皆恶元振，莫有至者，中外切齿。帝不得已，起郭子仪为关内副元帅，收散兵击吐蕃，破走之。太常博士柳伉请诛元振以谢天下，帝不得已，削元振官爵，放归田里。以宦官鱼朝恩为天下观军容宣慰处置使，总禁兵，由是大权皆归于朝恩。

初，郭子仪、李光弼等九节度讨安庆绪于相州也，肃宗以子仪、光弼皆元勋，难相统属，故不置元帅，但以鱼朝恩为观军容宣慰处置使以统之，观军容之名自此始。乾元二年（七五九年），诸军溃于相州，朝恩恶子仪，谮之于上，罢子仪兵柄，以光弼代之。光弼与史思明相持于河阳。朝议以天下未平，不宜置子仪散地，帝悟，起子仪为诸道兵马都统，统诸军取范阳，定河北，制下旬日，为朝恩所沮，不果行。邙山败后，朝恩惭其策乖谬，深忌光弼，与程元振谋中伤之，光弼出镇徐州，拥兵自卫，不敢入朝。吐蕃入寇，代宗幸陕州，发诏征兵，光弼竟迁延不至，因愧恨成疾而卒。宝应元年（七六二年）回纥之举兵入援也，代宗以德宗为天下兵马元帅，欲以子仪为副，程元振、鱼朝恩沮之，乃止。加仆固怀恩同平章事，领诸军节度行营以副之，河北既平。怀恩因奏以降将薛嵩、田承嗣、李怀仙等分帅河北，自为党援，遂成河朔藩镇之祸。朝恩复忌怀恩，屡谮其有异志。广德二年（七六四年）十二月，怀恩自危，遂反，寇太原，朝廷起郭子仪为关内河东副元帅、河中节度使以拒之。次年（永泰元年，七六五年）九月，怀恩诱吐蕃、回纥、吐谷浑、党项等数十万众，同时入寇，京师大震。朝恩欲劫帝幸河中，会怀恩道卒，郭子仪出兵泾阳，说降回纥，击走吐蕃，帝乃止。次年（大历元年，七六六年），以朝恩判国子监事，握教育权。中书舍人常衮上书谏，不听。朝恩专点禁兵，势倾朝野，凌侮宰相，每奏事以必允为期，朝政有不预者，辄曰："天下事有不由我者耶？"代宗闻之，不怪。宰相元载乘间奏其专恣不轨，请除之，上以为然。大历五年（七七〇年），用载计，诛朝恩，于是大权归于载。

第四节　元载之擅权

元载初为度支郎中，敏悟善奏对。上元二年（七六〇年），拜户部侍郎，充勾当度支铸钱盐铁兼江淮转运等使，代刘晏掌财政，择豪吏为县令，强夺民间粟帛，民聚山泽为群盗，州县不能制。次年（宝应元年）三月，为李辅国推荐，拜同平章事，代萧华握政柄。次年（广德元年）十一月，判元帅府行军司马，代程元振总军政。载以货结内侍董秀，潜与往来，上意所属，载必先知之，由是有宠。载专权，恐奏事者攻讦其私，乃请百官奏事，皆先白长官，长官白宰相，然后奏闻。刑部尚书颜真卿上书争之，载怒，大历元年，贬真卿峡州别驾。载既诛鱼朝恩，上宠任益厚，载遂志气骄溢，弄权舞智，政以贿成，僭侈无度。上悉知载所为，以其任政日久，欲全始终，因独见深戒之，载犹不悛，上由是稍恶之。大历十二年（七七七年），与元舅金吾大将军吴凑谋，收载，赐死，贬其党同平章事王缙为括州刺史。

代宗优宠宦官，奉使四方者，还问其所得，颇少，则以为轻我命，由是中使所至，公求赂遗，重载而归。田承嗣之叛也，遣其将卢子期攻磁州，李宝臣与昭义节度使李承昭救磁州，击擒子期，送京师，斩之。上嘉宝臣之功，遣中使马承倩赍诏劳之。宝臣遗之百缣，承倩诟詈，掷出道中。王武俊说宝臣曰："今公在军中新立功，竖子尚尔，况寇平之后，召归阙下，一匹夫耳，不如释承嗣以为己资。"宝臣遂有玩寇之志。德宗深知其弊，即位以后，遣中使邵光超赐李希烈旌节，希烈赠之仆马及缣七百匹，上怒，杖光超而流之。于是中使之未归者，皆潜弃所得于山谷，虽与之，莫敢受。

第五节　白志贞之误国　神策中尉枢密使之设置

自鱼朝恩诛后，神策都知兵马使王驾鹤专典禁兵十余年，权行中外。德宗即位，以白志贞代之。志贞朘削禁旅以自肥，故泾原之变，京师毫无预备。长安陷后，李怀光上表弹劾志贞，上不得已，与卢杞皆贬远州司马。帝还自梁州，惩泾卒之变，且猜忌宿将，乃以内官窦文场、霍仙鸣为监神策军兵马使，总禁兵。贞元十二年（七九六年），置护军中尉，以文场、仙鸣任之，位在十二卫大将军上，自是禁军常隶于中尉。是时窦、霍势倾中外，藩帅多出神策军，台省清要亦有出其门者，复置枢密使，参预大政，揽权树威，挟制中外。

夏绥节度使韩全义本出神策军，窦文场爱之，荐于上，使统十七道兵讨吴少诚。全义素无勇略，专以巧佞货赂结宦官，得为大帅，每议军事，监军数十人争论纷然，不决而罢。士卒久屯洰洳之地，天暑病疫，全义不存抚，人有离心。与淮西战，锋镝未交，诸军大溃，上不得已，赦吴少诚。顺宗即位，王叔文专国政，欲夺取宦官兵权以自固。以范希朝老将，有威名，授为神策京西行营节度使，以其党韩泰为行军司马。边将各以状辞中尉，宦者始悟兵柄被夺，大怒，密令其使归告诸将曰："无以兵属人。"希朝至奉天，诸将无至者，泰驰归白之，叔文计无所出。宦官俱文珍等忌叔文，屡请以太子监国，上从之。

第六节　吐突承璀之宠幸　陈弘志之弑逆

宪宗在东宫时，宦官吐突承璀以干敏得幸。即位以后，以为左神策中尉。元和四年，拜招讨处置使，督诸军讨王承宗，无功，左迁军器使。六年十一月，将以李绛为相，先出承璀为淮南监军。九年正月，绛罢相，复召承璀为左神策中尉。承璀谋立丰王恽为太子，帝不许，太子恒忧之。帝服金丹，多躁怒，左右宦官，往往获罪有死者，人人自危。元和十五年（西历纪元八二〇年）正月，内常侍陈弘志进毒弑帝，其党中尉梁守谦、宦官王守澄等，共杀承璀及恽，奉太子恒即位，是为穆宗。

第七节　王守澄之专权　刘克明之弑逆

穆宗即位，好游畋，喜声色，赐与无节，枢密使王守澄专制国事，是时河朔三镇（魏博、成德、幽州）皆叛，迄于唐亡，不能复取。

穆宗在位四年，以长庆四年（西历纪元八二四年）正月崩，太子湛立，是为敬宗。敬宗游戏无度，狎昵群小，善击球，好手搏，性复褊急，左右有小过，动遭捶挞，皆怨惧。在位二年，以宝历二年（八二六年）十二月，为宦官刘克明、将军苏佐明等所弑，立绛王悟。守澄等发禁兵讨贼，诛克明等，并杀悟，迎皇弟江王涵入即位，更名昂，是为文宗。

第八节　宋申锡之窜　甘露之变

文宗太和二年（八二八年），亲策制举人。时宦官益横，权出人主之右，人无敢言。贤良方正刘蕡对策，极言其祸，考官皆叹服，而畏宦官，不敢取。裴休、李郃、杜牧等二十二人中第，皆除官，物论嚣然称屈，谏官御史欲论奏，执政抑之。李郃曰：“刘蕡费下第，我辈登科，能无厚颜。”上疏乞回所授官以旌蕡直，不报。

文宗素患宦官强盛。太和四年（八三〇年）七月，以宋申锡同平章事，密谋诛之。申锡引王璠为京兆尹，以密旨谕之。璠泄其谋，中尉王守澄与其党郑注，使人诬告申锡谋立皇弟漳王凑，帝信之。太和五年（八三一年）三月，贬凑为巢县公，申锡为开州（今四川东川道开县）司马，坐死徙者数十百人。注依附守澄，权势熏灼，帝深恶注，欲罪之，守澄庇之，得免。七年（八三三年）九月，帝得风疾，饮注药，颇有验，由是有宠，拜右神策判官。注引李训见守澄，守澄荐之于帝。训仪状秀伟，倜傥尚气，颇工文辞，有口辩，多权数。上见之大悦，欲置之翰林，宰相李德裕力争，诏出德裕为山南西道节度使，而以训为翰林侍讲学士。训、注揣知上意，数以微言动上，上意其可与谋大事，遂密以诚告之，训、注遂以诛宦官为己任。二人言无不从，声势烜赫，外人但知训、注倚宦官作威福，不知其与上有密谋也。上之立也，宦官仇士良有功，王守澄抑之，由是有隙。训、注为上画策，进擢士良以分守澄之权。九年（八三五年）五月，擢士良为左神策中尉，出注为凤翔节度使，以舒元舆与训同平章事，谋中外协势以诛宦官。训为上谋讨元和逆党。时陈弘志为兴元（今陕西汉中道南郑县）监军，召至青泥驿（在今陕西关中道蓝田县峣关南），封杖杀之，进守澄为神策观军容使，阳酋以虚名，实夺之权。十月，遣中使就第鸩杀人，人皆快守澄之受佞，而疾训注之阴狡，于是元和逆党略尽。

训以郭行余镇邠宁，王璠镇河东，使多募壮士为部曲。以罗立言知京兆府事，韩约为金吾卫大将军，与御史中丞李孝本谋诛宦官。宰相惟舒元舆预谋，王涯、贾𫗧不知也。是年十一月壬戌，上御紫宸殿，百官班定，约奏左金吾听事后，石榴有甘露，宰相帅百官称贺，训劝帝往观，帝命宰相视之，训还奏非真，帝顾仇士良，令帅诸宦者往观。宦者既去，训召行余、璠受敕，璠股栗不敢前，独行余拜殿下。时二人部曲数百，皆执兵立丹凤门外，训召之入，士良等至左仗，约变色流汗，士良怪之。俄风吹幕起，执兵者甚众，士良惊走，诣上告变。训乎金吾卫士上殿卫乘舆，宦者即举软舆迎上，决殿后罘罳（织丝为纲状张之以捕燕雀者），疾趋北出。罗立言帅京兆逻卒，李孝本帅御史台从人，登殿纵击宦者，死伤者十余人。训知事不济，走马而出。王涯、贾𫗧、舒元舆还中书，士良等命神策兵出战，杀吏卒二千余人，执王涯、贾𫗧、舒元舆、王璠、郭行余、罗立言、李孝本、韩约等，诬以谋叛，皆斩之。训奔凤翔，途中为人所杀。郑注率亲兵五百来应援，中途闻训败，走还凤翔，监军张仲清伏兵杀之，皆夷其族，世谓之甘露之变。士良知上预谋，怨愤出不逊语，上惭惧，不复言。数日之间，杀生除拜，皆决于中尉，上不豫知。自是以后，宦官气焰益盛，迫胁君主，凌暴朝士，国事皆决于中尉，宰相奉行文书而已。

文宗即位之初，励精图治，去奢从俭，中外翕然，谓太平可冀，然制于宦寺，竟不能有为。自经甘露之变，意忽忽不乐，两军球鞠之会，什减六七，或徘徊眺望，或独语叹息，尝谓宰相曰："朕每读书，耻为凡主，然与卿等论天下事，势未得行者，退但饮醇酒求醉耳。"尝自题宫中诗云：

辇路生秋草，上林花满枝。凭高何限意，无复侍臣知。

亦可知上胸中之郁闷矣。晚年，常独坐思政殿，召当直学士周墀问曰："朕可方前代何主？"对曰："陛下尧舜之主也。"上曰："朕岂敢比尧舜，所以问卿者，何如周赧、汉献耳？"墀惊曰："彼亡国之主，岂可比圣德？"上曰："赧、献受制于强诸侯，今朕受制于家奴，以此言之，殆不如也。"因泣下沾襟。帝一子太子永，为杨贤妃所谮，帝欲废之，宰相力争，乃止。开成三年（八三八年）十月，太子暴卒，贤妃请立皇弟安王溶，上谋于宰相，立敬宗少子陈王成美为太子。开成五年（八四〇年）正月，帝病笃，欲以太子监国，仇士良等以成美之立，功不在己，矫诏废之，立皇弟颖王瀍为皇太弟。帝寻崩，太弟杀贤妃、溶、成美而自立，后改名炎，是为武宗。

武宗即位，外尊宠仇士良，内实忌之，士良颇觉，遂以老病致仕。其党送归私第，士良教之曰："天子不可令闲，常宜以奢靡娱其耳目，使日新月盛，无暇更及他事，然后吾辈可以得志。慎勿使之读书，亲近儒生，彼见前代兴亡，心知忧惧，则吾辈疏斥矣。"其党拜谢而去。

是后宣宗、懿宗、僖宗，昭宗皆为宦官所立。马元贽、王宗实、刘行深、韩文约、田令孜、杨复恭、刘季述、韩全海等皆以中尉主兵，居中用事，擅奉戴之功。其势既成，虽有英主，亦无如之何。公卿大臣，俯伏受制，雄藩巨镇，多出其门，自称定策国老，自谓天子门生，其间伤贤害能、召乱致祸、卖官鬻狱、沮败师徒、蠹国病民之事，不胜枚举。崔胤愤极，乃召外兵，宦官虽诛，唐社亦墟矣。其事之首尾，于后章述之。

唐代宦官之祸表（据本国史表解卷上转载）

一、玄　宗 ┬ 高力士与政，将相大臣，多由以进
　　　　　└ 杨思勖典兵，为大将军

二、肃　宗 ── 李辅国逼迁上皇，与张后表里为奸，害建宁王倓

三、代　宗 ┬ 鱼朝恩监军，潜郭子仪，罢其兵柄
　　　　　└ 程元振倾来瑱，赐死，李光弼遂不敢入朝

四、德　宗 ┬ 窦文场、霍仙鸣分统神策天威等军
　　　　　└ 梁守谦掌枢密，承受诏旨，出纳王命多委之

五、宪　宗┌吐突承璀为行营兵马使，讨成德叛帅，败绩
　　　　　└陈弘志弑帝，立穆宗

六、敬　宗──刘克明弑帝，立绛王悟，王守澄杀绛王，立文宗

七、文　宗──李训、郑注谋杀仇士良失败，长安流血，是为甘露之变

八、武　宗──仇士良立帝

九、宣　宗──马元贽立帝

十、懿　宗──王宗实立帝

十一、僖宗┌刘行深立帝
　　　　　└田令孜召乱，帝出奔凤翔

十二、昭帝┌杨复恭立帝
　　　　　├帝谋诛刘季述，事泄，被幽于少阳院
　　　　　├韩全海劫帝走凤翔
　　　　　└朱全忠诛宦官，唐祚亦斩

　　司马温公曰："宦者用权为国家患，其来久矣。汉衰，宦官最名骄横，然皆假人主之权以浊乱天下，未有劫胁天子如制婴儿，废置在其手，东西出其意，如唐世者也。所以然者，汉不握兵，唐握兵故也。太宗鉴前世之弊，深抑宦官，无过四五品。明皇始隳旧章，是崇是长，晚节令高力士省决章奏，乃至进退将相时与之议，自太子王公皆畏事之，宦官用是炽矣。及中原板荡，肃宗收兵灵武，李辅国以东宫旧隶，参预军谋，宠过而骄，不能复制，遂至慈父爱子皆不能庇，以尤悸终。代宗践祚，仍遵覆辙，程元振、鱼朝恩相继用事，窃弄刑赏，壅蔽聪明，是以来填入朝，遇谗赐死。吐蕃深侵郊甸，匿不以闻，致上狼狈出幸。李光弼危疑愤郁，以陨其生。郭子仪摈废家居，不保丘垄。仆固怀恩冤抑无诉，遂弃勋庸，更为叛乱。德宗初立，颇振纲纪，而猜忌诸将，悉夺其兵，以窦文场、霍仙鸣为中尉，使典宿卫，自是太阿之柄落其掌握矣。宪宗末年，吐突承璀欲废嫡立庶，以成陈弘志之变。敬宗狎昵群小，刘克明、苏佐明为逆，其后绛王及文、武、宣、懿、僖、昭六帝，皆为宦官所立，势益骄横。王守澄、仇士良、田令孜、杨复恭、刘季述、韩全海为之魁杰，自称定策国老，自谓天子门生，根深蒂固，不可救药矣。文宗深愤其然，志欲除之，以宋申锡之贤，犹不能有为，反受其殃，况李训、郑注，反复小人，一朝谋露，遂至喋血禁涂，积尸省户，公卿大臣连颈就诛，阍门

屠灭。天子阳喑纵酒，饮恨吞声，不亦悲乎。以宣宗之严密，犹闭目摇手，自谓畏之，况懿僖之骄侈，苟声色球马克其欲，则政事一以付之，呼之为父，固无怪矣。蔑污宫阙，两幸梁益，皆令孜所为也。昭宗不胜其耻，力欲清涤，而所任非人，始则张浚覆军于平阳，增李克用跋扈之势；复恭亡命于山南，启李茂贞不臣之心；终则兵交阙廷，矢及御衣，幽辱东内，劫迁岐阳。崔昌遐无可如何，更召朱全忠以讨之，连兵围城，再罹寒暑，然后全诲就诛，翦灭其党，而唐之庙社因以丘墟矣。然则宦者之祸，始于明皇，盛于肃代，成于德宗，极于昭宗。易曰："履霜坚冰至。"为国家者防微杜渐，可不慎其始哉。

第九章

朋党之倾轧

　　有唐中叶以后，政府之实权入于宦官手，无政党发生之余地。然玄宗时代之姚崇、宋璟、李林甫、杨国忠，代宗时代之元载、杨绾，德宗时代之崔佑甫、杨炎、卢杞、张延赏、李泌、陆贽等，无论大小为贤为不肖，而皆有相当势力，足以左右政界。同时之宦官若杨思勖、高力士、李辅国、程元振、鱼朝恩、窦文场、霍仙鸣等，虽有一部分权力，足以牵制宰相行政，固未能取而代之也。有唐时代之风气，内重外轻，凡京朝官出为都督刺史，宰相出为节度观察等使者，皆目为左迁。聚天下之人才，荟萃于中央政府，而无相当之位置以调剂之，势不得不出于竞争，竞争之结果，君子与小人不能相容，势不得不出于倾轧。竞争而至于倾轧，其君又无知人之明，于是君子退，小人进，而党祸成矣。有唐之朋党与汉末之钩党异。汉末之钩党，其主体为士君子，其对象物为宦官。有唐之朋党，则双方皆士大夫也。汉末之钩党，始于甘陵二部相讥，成于太学诸生相誉，所争者意气，所急者国事也。唐末之朋党，始于牛僧孺、李宗闵之对策，成于钱徽、李宗闵之贬黜，所争者意气，所急者功名也。汉之党尚节义，政乱于上，而俗清于下，及其亡也，人犹畏义而有所不为。唐之党趋势利，势尽则离，利尽则散，故其衰季，士无操行，以酿成五代之纷乱。推其成立之原因，约有三端。

一、李逢吉、李宗闵、牛僧孺等，妒贤嫉能，贪恋禄位，故引进同类，把持朝政，排斥异己，即使与裴、李诸公无宿嫌，亦决不能相得，盖冰炭不同炉，薰莸不同器，君子小人不能共秉国钧也。

二、穆宗昏庸，敬宗荒淫，无足论矣。文宗号称令主，然优柔寡断，无知人之明，故对于贤臣，时常怀猜疑心，对于庸臣，时常怀牵就心，对于佞臣，时常怀试验心。中无主见，往往为小人所利用，反不若蜀汉后主、明神宗之庸懦幼弱者，犹能恭己无为，任贤勿贰也，裴、李诸贤不能久居政府者以此，甘露之祸所以酿成者亦以此也。及武宗即位，始重用文饶，制驭宦官，扫平河朔，征服回鹘，绥附黠戛斯，安抚党项以制吐蕃，漠南漠北烽烟无警，行见河陇旧地复归于中国，文治武功恢复有唐盛时状况。不幸武宗早世，文饶为异己者所排，远窜蛮方，没于瘴地，此真天不祚唐也。自此以后，河陇虽一时恢复，旋复沦没，酿成有宋初年西夏之祸。朔方、河西、陇右等富庶之地骤然退化，无复汉唐时旧观，直至现在，犹为汉蒙回人杂居之地，声名文物，远在沿江沿海各省之下，抑亦天不祚中国也。

三、文饶之为人，才高气劲，而不知道，功名心重，得失心重，而不知自反。苏子瞻论贾长沙云："惜乎贾生，志大而量小，才有余而识不足也。"吾于文饶亦云然。孔子曰："忠恕违道不远，施诸己而不愿，亦勿施于人。"文饶对于李宗闵等，似尚未能行恕道。昔者西汉中叶，霍光废昌邑王，立宣帝，侍御史严延年劾其专横，光不以为忤。僧孺、宗闵对策，亦据己见论国事耳。使言而非，无足与校，使言而是，尽可采择以备选用。不当怨而不解。春秋责备贤者，文饶父子，于是有惭德矣。

有此三原因，而有唐中叶之党祸成矣，其事迹首尾，下依次序论之。

汉唐党祸比较表

一、汉末之钩党，其主体为士君子，其对象物为宦官	一、有唐之朋党，双方皆士大夫
二、汉末之钩党，所争者意气，所急者国事	二、有唐之朋党，所争者意气，所急者功名
三、汉之党尚节义，政乱于上，而俗清于下，及其亡也，人犹畏义而有所不为	三、唐之党趋势利，势尽则离，利尽则散，故其衰季，士无操行，以酿成五代之纷乱

第一节 牛李结怨之始

先是宪宗元和二年（西历纪元八〇七年），以李吉甫同平章事。吉甫谓中书舍人裴垍曰："吉甫流落江淮，逾十五年，一旦蒙恩拔擢至此，思所以报德，惟在进贤，而朝廷后进，罕所接识。君有精鉴，愿悉为我言之。"垍取笔疏三十余人，数月之间，选用略尽，当时翕然称为得人。三年（八〇八年）四月，策试贤良方正直言极谏举人，牛僧孺、皇甫湜、李宗闵皆指陈时政之失，无所避。考官杨于陵、韦贯之署为上第，上亦嘉之。吉甫恶其言直，泣诉于上，且言湜翰林学士王涯之甥也，涯与裴垍复试而不自言。上不得已，罢垍为户部侍郎，贬贯之巴州（今四川东川道巴县）刺史，涯虢州（今河南河洛道陕县）司马，出于陵为岭南节度使，僧孺等久之不调，各从辟于藩府，是为牛李结怨之始。元和十五年，宪宗崩，穆宗即位。次年（长庆元年，八二一年）四月，右补阙杨汝士与礼部侍郎钱徽掌贡举。西川节度使段文昌、翰林学士李绅各以书属所善进士，及榜出，二人所属皆不预，而谏议大夫郑覃弟朗（故相珣瑜之子）、河东节度使裴度子譔、中书舍人李宗闵婿苏巢、汝士弟殷士及第。文昌言于上曰："今岁礼部殊不公，所取皆以关节得之。"上以问诸学士。是时李吉甫之子德裕与李绅、元稹俱在翰林，以学识才名相类，情颇款密。德裕以宗闵尝对策讥切其父，恨之。稹与宗闵争进取，有隙。于是德裕、稹、绅皆以文昌言为然，上乃命复试，黜朗等十人，贬徽江州（今江西浔阳道九江县）刺史，宗闵剑州（今四川嘉陵道）刺史，汝士开江（今四川东川道开江县）令。或劝徽奏文昌绅属书，上必悟。

徽曰："苟无愧心，得丧一致，奈何奏人私书，岂士君子所为耶？"取而焚之，时人多之。自是德裕、宗闵各分朋党，更相倾轧垂四十年。

牛李结怨原因表

一、宪宗元和三年，策试贤良方正直言极谏举人，黜牛僧孺、皇甫湜、李宗闵，贬考官杨于陵、韦贯之，复试官王涯、裴垍。
二、穆宗长庆元年，试进士，黜郑朗等十人，贬考官钱徽、杨汝士及中书舍人李宗闵。

第二节　李逢吉之专政

一、裴李之结怨

先是元和初年，宪宗用兵伐叛，始于宰相杜黄裳，李吉甫继之，方欲出兵经略两河而遽卒。武元衡、裴度继之，以次削平河南北诸强藩。而韦贯之、李逢吉相继入相，深以用兵为非，屡请罢兵，上不悦，二人相次罢相，故逢吉深不满意于吉甫与度。

二、裴度之复相　元裴之倾轧

穆宗长庆元年，卢龙叛将朱克融、成德叛将王庭凑、魏博叛将史宪诚相继作乱，河北复陷。是时裴度已罢相，出镇河东，诏以度为镇州（今河北保定道正定县）行营都招讨使，督诸军讨庭凑。上之初即位也，两河略定，宰相萧俛、段文昌以为天下已平，渐宜消兵，请密诏军镇，每岁百人之中，限八人逃死。上方荒宴，不以国事为意，遂可其奏。军士落籍者，皆聚山泽为盗，及幽镇作乱，一呼而亡卒皆集。诏征诸道兵讨之，皆临时招募乌合之众以行。又诸节度既有监军，主将不得专号令，战小胜，则飞骑奏捷，自以为功，不胜则迫胁主将，以罪归之。悉择军中骁勇以自卫，遣羸懦者就战，故每战多败。

翰林学士元稹与知枢密魏弘简相结，求为宰相，以度先达重望，恐其复有功大用，妒己进取，故度所奏军事，多与弘简从中沮之。度上书论奏，上不得已，罢弘简为弓箭库使，出稹为工部侍郎，而恩遇如故。二年（八二二年）二月，以稹同平章事，稹怨度，欲解其兵柄，乃劝帝雪庭凑，授为节度使而罢兵，以度为司空、同平章事充东都留守。谏官争上言，度有将相全才，不宜置之散地，上乃命度入朝辅政，于是稹、度并相。是时李逢吉为山南东道节度使，于帝有侍读之恩，密结幸臣，求还京师。是年三月，征拜兵部尚书，逢吉以稹与度有隙，欲并倾陷之，乃遣人密告："和王傅于方，为稹结客，谋刺度。"诏仆射韩皋等按验，皆无状，逢吉因乘隙并排稹、度。是年六月，罢度为右仆射，出稹为同州（今陕西关中道大荔县）刺史，而以逢吉为门下侍郎，同平章事。逢吉既得政，锐意报怨，结朝臣之不逞者，造作谤言百端，欲中伤度。翰林学士李绅、韦处厚，从中维持调护，度仅得安于位。

三、李逢吉牛僧孺内阁之成立　李德裕、裴度之左迁

是时李德裕为中书舍人，兼翰林学士，以才学结主知，颇有入相希望。逢吉恶吉甫与度，因迁怒于德裕。朝夕短之于上，出为御史中丞。时牛僧孺为户部侍郎，逢吉与之结为党羽，欲引僧孺入中书，以固其权，惧德裕从中阻之。是年九月，出德裕为浙西观察使。次年（长庆三年）三月，引僧孺同平章事。德裕至浙西，八年不迁，由是怨逢吉愈深。逢吉嫉裴度在京，是年八月，出度为司空、山南西道节度使，不兼平章事。是时河北已再陷，武宁叛将王智兴据徐州（今江苏徐海道铜山县），宣武叛将李齐据汴州（今河南开封道开封县），朝廷不能讨，度以元和（宪宗年号）故相，屡立大功，有威名，天下倚以为重。闻其复相，争延颈企望太平，至是为逢吉所逐，人心失望。

四、李绅之贬

逢吉既专大政，外援牛僧孺，内结知枢密王守澄，势倾朝野。惟翰林学士李绅每承顾问，常排抑之，拟状至内庭，绅多所臧否。逢吉

患之，而上遇绅厚，不能远也。会御史中丞缺，逢吉荐绅清直，宜居风宪之地。上以中丞亦次对官，可之。逢吉乃奏以吏部侍郎韩愈为京兆尹，兼御史大夫，放台参（免参御史台也），以绅褊直，必与愈争。及制出，绅果移牒往来，愈性本强，遂至辞语不逊，喧论于朝，逢吉乃奏二人不协。长庆三年（八二三年）九月，罢愈为兵部侍郎，出绅为江西观察使。二人入谢，上令各自叙其事，乃悟为逢吉所排，复以愈为吏部侍郎，留绅为户部侍郎。

上既留绅，逢吉愈忌之。绅族子虞以文学知名，自言不乐仕进，隐居华阳川。及从父耆为左拾遗，虞与耆书求荐己，绅闻而消之。虞深怨之，悉以绅平日密论逢吉之语告逢吉，逢吉益怒，使虞与从子仲言及补阙张又新伺求绅短，扬之于士大夫间。且言绅潜察士大夫有群居议论者，辄指为朋党，白之于上，由是士大夫多忌绅。四年（八二四年）正月，穆宗崩，敬宗即位，逢吉以绅为穆宗帷幄近臣，恐上复眷绅，使王守澄言于上曰：“陛下所以为储贰，逢吉力也，如杜元颖、李绅辈，皆欲立深王。”（名悰上弟）上时年十六，疑未信。会逢吉亦有奏，言绅谋不利于上，请加贬谪。上初即位，方任大臣，不能自决，从之。是年二月，贬绅为端州（今广东粤海道高要县）司马，翰林学士庞严为信州（今江西豫章道上饶县）刺史，蒋防为汀州（今福建汀漳道长汀县）刺史，皆绅所引也。又新等犹忌绅，日上书言贬绅太轻，上许为杀之，朝臣莫敢言，独翰林侍读学士韦处厚上疏，指述绅为逢吉之党所谗。上稍开寤，会阅禁中文书，有穆宗所封一箧，发之，得裴度、杜元颖、李绅疏，请立上为太子，上嗟叹，乃焚谮绅书，后有言者不复听矣。是时逢吉以李虞、张又新、李仲言等八人为腹心，又有附和之者八人，皆引居要地，时人目之为八关十六子。有所求请，先赂关子，后达逢吉，无不得所欲。

五、裴度之复相　李牛内阁之倒闭

是年，山南东道节度使牛元翼卒，元翼旧为深州（今河北保定道深县）刺史，王庭凑作乱，元翼举兵拒守，庭凑怒，围深州，朝廷不能救，元翼突围奔官军，其家族为庭凑所虏。元翼镇襄阳，朝廷屡遣中使取其家族，庭凑迁延不遣，至是闻元翼卒，遂屠其家。上闻而叹息，谓宰相非才，使凶贼纵暴。翰林学士韦处厚言："裴度勋高中夏，声播外夷，宜置之岩廊，委其参决。"上乃下诏，复加度同平章事。是时上年幼，荒于酒色游宴，狎昵群小。牛僧孺久在相位，旅进旅退，畏罪不敢言，但累表求出。宝历元年（八二五年）正月，罢为武昌节度使。二月，李德裕自浙西献丹扆六箴（一曰宵衣以讽视朝稀晚，二曰正服以讽御服乖异，三曰罢献以讽征求玩好，四曰纳诲以讽侮弃谠言，五曰辨邪以讽信任群小，六曰防微以讽轻出游幸）以讽谏，上优诏答之。仆射李绛，元和贤相，久居端揆，好真谏，李逢吉恶之。是年十二月，出为太子少师，分司（唐制京朝官留居东都不治事者名曰分司）东都，言事者多言裴度贤，不宜弃之藩镇。上数遣使劳问，度因求入朝，逢吉之党大惧，百计阻之，上不听。二年（八二六年）正月，征度还京，复以司空、同平章事。十一月，出逢吉为山南东道节度使。

第三节 李宗闵之专政

一、李宗闵牛僧孺内阁之成立 裴度郑覃之左迁

是年十二月，宦官刘克明等弑帝。枢密使王守澄、中尉魏从简等，与翰林学士韦处厚密谋，发兵讨乱党，悉诛之，奉文宗即位，以处厚同平章事。文宗恭勤宽俭，有美德，而优柔寡断，遇事不能坚决。与宰相议事已定，寻复中变，处厚于延英（殿名）极论之，因请避位，上慰劳不许。

是时李德裕久在浙西，政治修明，军民悦服，报政为诸道最，穆宗优诏嘉之。德裕以敬宗荒淫无度，数上书讽谏，上虽不能尽用，而心善之。文宗在藩邸，素知德裕贤。太和二年（八二八年）十二月，韦处厚卒。三年（八二九年）八月，召德裕为兵部侍郎，裴度当国，荐以为

相。是时李宗闵为吏部侍郎，有中人之助，遂以宗闵同平章事，宗闵恶德裕逼己。九月，出德裕为义成节度使，镇滑州（今河南河北道滑县），又惧德裕复入，欲引牛僧孺以自助，屡荐僧孺有才，不宜居外。四年（八三〇年）正月，召僧孺守兵部尚书，同平章事，二人唱和，相与排摈德裕之党，稍稍逐之。

是年六月，裴度请老，诏以司徒、平章军国重事。宗闵故为度彰义节度判官，渐获进用，至是怨度荐德裕，乘其谢病，九月，出度为山南东道节度使。翰林侍讲学士郑覃长于经学，帝甚重之，宗闵恶覃与德裕相善，奏为工部尚书，罢其侍讲学士。

二、恢复维州议

是时南诏作乱，攻成都，入其郭，西川州郡多陷，一方凋敝。是年十月，徙李德裕为西川节度使，镇成都，非优贤也，将以窘德裕也。德裕至镇，作筹边楼，图蜀地形，南入南诏，西达吐蕃。日召老于军旅、习边事者，访以山川城邑道路险易广狭远近，未逾月，皆若身尝涉历。练士卒、葺堡障、积粮储以备边，蜀人粗安，又遣使入南诏，索所掠百姓，得四千余人，复归成都。五年（八三一年）九月，吐蕃维州（故城在今四川西川道理番县西十里）副使悉怛谋以城来降，德裕遣兵据其城。维州距成都四百里，南界江阳岷山，连岭而西，不知其极，东望成都，若在井底，一面孤峰，三面临江，是西蜀控吐蕃之要地。肃宗至德以后，吐蕃尽陷河陇，惟此州尚存，吐蕃潜以妇人嫁此州守门者。二十年后，二子长成，窃开垒门，引蕃兵夜入，城遂陷，吐蕃得之，号曰无忧城。德宗贞元中（七八五至八〇五），韦皋镇西川，经略西山八国，欲取维州为进兵之路，百计谋复之，不克。至是德裕上书言状，诏百官集议，皆请如德裕策。牛僧孺曰："吐蕃之境，四面各万里，失一维州，未能损其势，徒弃诚信，有害无利。"上以为然，诏德裕执悉怛谋，并城归之吐蕃，吐蕃诛之于境上，极其惨酷，德裕由是怨僧孺益深。六年（八三二年）十一月，西川监军王践言入知枢密，数为上言："缚送悉怛谋，以快虏心。绝降者，非计也。"上亦悔之，尤僧孺失策，僧孺内不自安，会上谓宰相曰："天下何时当太平，卿等亦有意于此乎？"僧孺对曰："太平无象，今四夷不至交侵，百姓不至流散，虽非至理，亦谓小康。陛下若别求太平，非臣等所及。"（司马光曰：是时阉寺胁君于内，藩镇阻兵于外，士卒杀逐主帅拒命自立。军旅岁兴，赋敛日急，而僧孺谓之太平不亦诬乎）退语同列曰："吾辈为宰相，天子责成如是，安可久处此地耶？"因累表求去。是年十二月，罢为淮南节度使，征李德裕为兵部尚书，上眷倚甚厚，朝夕且为相。时李宗闵犹在政府，百计阻之，不获。

三、李德裕入相　李牛内阁之倒闭

七年（八三三年）二月，以德裕同平章事。是时给事中杨虞卿与从兄中书舍人汝士等善交结，依附权要，上闻而恶之。德裕入谢，上因与之论朋党事。德裕对曰："人才惟邪正两途，正必去邪，邪必害正，而其辞皆若可听，在人君深察而进退之。不然，二者并进，虽圣贤经营，无由成功也。"他日，上从容宴见宰相，德裕、宗闵俱在侧，上复语及党事。宗闵曰："臣素知之，故若虞卿汝士辈，皆未尝授以美官。"德裕曰："给舍非美官而何？"宗闵失色。

初，郑覃以经学事上潜邸，及即位，仍诏侍讲禁中。覃天性褊直，恒因辩论经义，引伸及时事，宗闵闻而恶之，因事罢其侍讲职。一日，上从容语宰相曰："殷侑经术，颇似郑覃。"宗闵对曰："覃侑经术诚可尚，然其论议时政，实不足听。"德裕曰："覃侑之议论，众人皆不欲闻者，以其有所不便耳，陛下独喜闻之，天下幸甚。"后旬日，禁中宣出，径拜覃御史大夫。宗闵语枢密使崔潭峻曰："事皆宣出，安用中书。"潭峻曰："八年天子，听其自行事亦可矣。"宗闵愀然，始不自安。是年六月，罢为山南西道节度使，以王涯同平章事。

第四节 李训、郑注之专政 李德裕、李宗闵之左迁

文宗素患宦官强盛，宋申锡获罪后，郑注引李训见王守澄。训本名仲言，逢吉从子，八关十六子之一也。敬宗宝历元年，以罪流象州，至是遇赦，还东都。时逢吉为东都留守，思复入相，训自言与郑注善，逢吉使训厚赂注，注引训见守澄，守澄荐之于帝，帝欲以为谏官，置之翰林。李德裕以训奸邪，不宜置之宫禁，力争，王涯希帝旨，以为可用。上因此不满意于德裕。

训、注合谋以排德裕，引李宗闵以敌之。八年（八三四年）十月，召宗闵还京，为中书侍郎、同平章事，罢德裕为山南西道节度使。同日，以训为翰林侍读学士。训、注德王璠，引为尚书左丞，复媒蘖德裕。九年（八三五年）四月，左迁德裕为太子宾客，分司东都，再贬为袁州（今江西庐陵道宜春县）长史。宰相路隋力争，上不悦，罢隋为镇海节度使，以贾𫗧同平章事。时德裕、宗闵各有朋党，互相挤援，上患之，每叹曰："去河北贼易，去朝中朋党难。"

注求为两省官，李宗闵不许，注毁之于上。是年六月，贬宗闵明州（今浙江会稽道鄞县）刺史，再贬处州（今浙江瓯海道丽水县）长史，三贬潮州（今广东潮循道潮安县）司马。训、注为上画太平之策，以为当先除宦官，次复河湟（今甘肃西部，即唐河西陇石地），次清河北，开陈方略，如指诸掌。上以为信，宠任日隆，旋以注为翰林侍读学士。学士李珏尝短注于上，至是贬江州刺史。时训、注所恶，皆目为二李之党，贬逐无虚日，班列殆空。寻以注为凤翔节度使，舒元舆与训同平章事，谋中外协势以诛宦官。上惩二李朋党，以贾𫗧及元舆皆孤寒新进，故擢为相，庶其无党。训起流人，期年致位宰相，天子倾意任之，天下事皆决于训。王涯辈承顺风旨，惟恐不逮。

第五节 郑覃、陈夷行、杨嗣复、李珏之倾轧

甘露之变以后，郑覃、李石、李固言、陈夷行相继入阁。石忠方

正亮，忘身殉国，故纪纲粗立。仇士良嫉石，开成三年（八三八年）正月，潜遣盗刺之，石不得已，上表逊位，罢为荆南节度使。固言与杨嗣复、李珏善，引二人入阁以排覃、夷行。每议政之际，是非蜂起，上不能决。自李训败后，凡所指为二李之党者，皆稍稍复其官。迁李德裕为滁州（今安徽淮泗道滁县）刺史，俄复太子宾客，分司东都，复授浙西观察使。学士黎埴顿首言："德裕与宗闵同被逐，德裕独三进官，宗闵至今尚在海滨，不足以示大公。"上曰："宗闵尝荐郑注，而德裕欲杀之，今当以官与何人耶？"埴惧，不敢复言。迁李宗闵为衡州（今湖南衡阳道衡阳县）司马。嗣复为仆射于陵之子，其父曾因李吉甫左迁，又与牛僧孺、李宗闵皆为权德舆贡举门生，情义相得，僧孺、宗闵辅政时代，屡援进嗣复与珏。至是嗣复欲援进宗闵，恐为覃所阻，乃先令宦官讽上，上以语宰相，覃、夷行皆以为宗闵纤人，晏以朋党乱政，不当再用。嗣复与珏力争，乃迁宗闵为杭州刺史。四年（八三九年），擢德裕淮南节度使，代牛僧孺。覃笃于经术，性清俭，上甚重之。夷行亦介直，嗣复等深疾之。会上与宰相论政事，夷行言："不宜使威权在下。"珏曰："夷行意疑宰相中有弄陛下威权者，臣屡求退，苟得王傅，臣之幸也。"覃曰："陛下开成元年二年，政事殊美，三年四年，渐不如前。"嗣复曰："元年二年，覃、夷行用事。三年四年，臣与珏同之，罪皆在臣。"因叩头曰："臣不敢更入中书。"因趋出，上召还劳之。嗣复曰："覃言政事一年不如一年，非独臣应得罪，亦上累圣德。"退三表辞位，上为所动，乃于开成四年五月，罢覃为右仆射，夷行为吏部侍郎，而专用嗣复与珏。

第六节　李德裕之相业

一、援救敌党

郑覃、陈夷行既罢，杨嗣复欲引进李宗闵。是时文宗病已笃，未及进用，五年（西历纪元八四〇年）正月，帝崩，仇士良援立武宗。武宗之立非宰相意，故嗣复与珏相继罢相，征李德裕为门下侍郎，同平章事。会昌元年（八四一年）三月，以陈夷行为门下侍郎。二年（八四二年）二月，以李绅为中书侍郎，相继入阁，是为李党全盛时代。德裕入谢，言于上曰："致理之要，在于辨群臣之邪正，正人指邪人为邪，邪人亦指正人为邪，人主辨之甚难。臣以为正人如松柏，特立不倚，邪人如藤萝，非附他物不能自起。故正人一心事君，而邪人竞为朋党。先帝深知朋党之患，然所用卒皆朋党之人，良由执心不定，故奸邪得乘间而入也。陛下诚能慎择贤才以为宰相，有奸罔者立黜去之，常令政事皆出中书，推心委任，坚定不移，则天下何忧不理哉。"上嘉纳之。

知枢密刘弘逸、薛季棱有宠于文宗，仇士良恶之。上之立非二人及宰相意，故杨嗣复、李珏既罢，士良屡谮弘逸等，劝上除之。会昌元年三月，赐弘逸季、棱死，遣中使就诛嗣复、珏。李德裕、陈夷行率宰相三上表请开延英赐对，涕泣极谏，上乃免二人死，皆贬远州刺史。

二、制驭宦官

初，仇士良得罪于文宗，故援立帝，负定策之功，谓上必以政事委之。及上即位，专任德裕，事无大小，悉出中书，士良以是恶德裕。会昌二年，上受尊号，将御楼宣赦。士良扬言于众曰："宰相与度支议减禁军衣粮刍粟。"以为如此，则军士必于楼前喧哗，可以归罪宰执。德裕闻之，自诉于上。上怒，遽遣中使宣谕两军，初无此事，且赦出朕意，非由宰相，士良乃惶愧称谢。三年（八四三年）四月，德裕以执政日久，嫌怨所归，累上疏乞间局。上曰："卿每辞位，辄使我旬月不得所。今大事尚皆未就，卿岂可求去耶？"德裕乃不敢言。

是时刘稹作乱。上欲增置宰相一人，使与德裕分劳，俾德裕专任大事。是年五月，夜召翰林学士韦悰，以崔铉名授之，令草制。翌日，拜相，宰相枢密皆不之知。时枢密使刘行深、杨钦义皆愿悫，不敢与事。老宦者皆尤之曰："杨、刘怯懦，堕败旧风，使我辈不得与闻朝政。"上外尊宠士良，内实忌之，士良郁郁不得志。是年六月，遂以老病乞休，藉觇上意，上知其诈，遽允之。

三、收复幽燕

先是敬宗宝历二年（八二六年），幽州军乱，都将李载义诛朱克融父子，上书请命，诏以载义为卢龙节度使。载义本唐宗室，输忠于国。文宗太和元年（八二七年），权知横海军务李同捷作乱，载义发兵助官军讨平之，魏博叛将史宪诚与同捷为姻家，屡遣使诱载义，载义不听，文宗甚宠任之。太和五年（八三一年）正月，卢龙将杨志诚作乱，逐载义。帝急召宰臣问计，是时牛僧孺当国，对曰："此不足烦圣虑，范阳得失，与国家何关。自安史以来，久非王土，刘总以九州之地归国，朝廷费钱八十万缗，而无丝毫所获，今日志诚得之，犹前日载义得之也。因而抚之，使捍北狄，不必计其逆顺。"上从之，以载义恭顺有功，拜太保，以志诚为留后。

志诚既得志，跋扈滋甚，牛僧孺、李宗闵当国，一以姑息处之。太和八年（八三四年），幽州军乱，逐志诚，推史元忠主留务，元忠献志诚所造衮衣僭物，是时僧孺、宗闵罢相，李德裕当国，因诛志诚以警其余。德裕旋去职，宗闵复入相，一意姑息，乃以元忠为卢龙节度使。武宗会昌元年（八四一年），卢龙军复乱，杀元忠，推牙将陈行泰主留务，表求节钺。上召宰相谋之，德裕曰："河朔事势，臣所熟谙，比来朝廷遣使太速，故军情遂固，若置之数月不问，必自生变，今请勿遣使以观之。"既而军中果杀行泰，立张绛，复求节钺，朝廷亦不问。雄武军使张仲武起兵击绛，且遣军吏吴仲舒奉表以闻。诏宰相问状，仲舒言："行泰、绛皆游客，故人心不附。仲武幽州旧将，性忠义，通书习事，人心向之，计今军中已逐绛矣。"德裕问："雄武士卒几何？"对曰："军士土团，合千余人。"德裕曰："兵少何以立功？"对曰："在得人心，不在兵多。"又问。"万一不克，如何？"对曰："幽州粮食，皆在妫州（今河北怀来县）及北边七镇（在檀州密云郡，一曰大王镇，

二曰北来镇，三曰保要镇，四曰鹿固镇，五曰赤城镇，六曰邀虏镇，七曰石子航镇），万一
未能入，则据居庸关，绝其粮道，幽州自困矣。"德裕奏，"行泰、绛
皆使大将上表，胁朝廷，邀节钺，故不可与。今仲武表请讨乱，与之
有名。"乃以仲武知卢龙留后，仲武寻克幽州，遂除节度使。其后仲
武克效臣节，屡树边功，为河北诸镇冠：

四、平定回鹘

是时回鹘已衰，黠戛斯击其兵，大破之，杀其可汗厖驳。回鹘南
窜，侵略天德（今绥远五原县）、振武（今绥远归绥县），河东震动。德裕选将
练兵以备回鹘，遣使招徕黠戛斯，处置得宜。于是黠戛斯上书，修藩
臣礼。回髀为黠戛斯所逼，余众陆续破灭，前后降唐者甚众。是时吐
蕃已衰，仅能自保，不复东侵，于是唐室威行塞外。会昌三年（八四三
年），德裕追论维州之事，赠悉怛谋右卫将军。

五、平定昭义

是年四月，昭义节度使（领泽、潞、磁、邢、洺五州治，潞州今山西冀宁道长
治县，即故潞安府治）刘从谏卒。从谏者，故昭义节度使刘悟之子，悟旧
为平卢都知兵马使，以诛叛将李师道功，荐擢节度使。穆宗长庆二
年（八二二年），昭义监军刘承偕恃恩陵轹悟，阴与磁州刺史张汶谋执
悟，以汶代之，谋泄，悟杀汶，囚承偕。上诏悟送承偕诣京师，悟迁
延不奉诏。上问宰相裴度宜如何处置，度请下诏书，令悟斩承偕，上
游移不忍，乃流承偕于远州，加悟检校司徒，自是悟浸骄，欲效河北
三镇，招聚不逞，章表多不逊。敬宗宝历元年（八二五年），悟卒，从谏
匿其丧，谋以悟遗表，求为留后，司马贾直言切责之，乃发丧。朝廷
得悟遗表，令群臣集议。左仆射李绛上疏，请："乘其人情未一，速
除近泽潞一将，充昭义节度使，令兼程赴镇，续除从谏一刺史。从谏
既粗有所得，必且择利而行，万无违拒。"时宰相李逢吉当国，与知
枢密王守澄谋，不用绛议，授从谏为留后。次年，除节度使，从谏以
忠义自任。文宗太和六年十二月入朝，欲请他镇。时牛僧孺、李宗闵

当国，朝廷事柄不一，又士大夫多请托，从谏心轻朝廷。七年正月，加从谏同平章事，遣归镇，于是从谏益骄。是年七月，宣武阙帅，时李德裕为宰相，请徙从谏镇之，因拔出上党，不使与山东连结，上以为未可，乃止。甘露之变，从谏上表，请王涯等罪名。仇士良惧，加从谏检校司徒，从谏复表让官，因暴扬士良等罪恶，士良悼之，稍自戢。由是宰相郑覃、李石粗能柄政，天下倚之，亦差以自强。士良亦言从谏窥伺朝廷，由是从谏与朝廷积相猜恨，遂招纳亡命，缮完兵械，谋效河北诸镇。至是从谏卒，犹子稹自为留后，要求节钺。群臣以回鹘余烬未灭，复讨泽潞，国力不支，欲许之。李德裕曰："泽潞事体，与河朔三镇不同。河朔习乱已久，累朝置之度外，泽潞近处心腹，若又因而授之，则威令不复行于诸镇矣。"上曰："卿以何术制之？"对曰："稹所恃者三镇，但得镇魏不与之同，则稹无能为也。若遣重臣往谕王元逵（成德节度使）、何弘敬（魏博节度使），以河朔自艰难以来，列圣许其传袭，已成故事，与泽潞不同。今将加兵泽潞，不欲更出禁军，其山东三州，委两镇攻之，贼平之日，将士并当厚加官赏，苟两镇听命，不从傍沮挠官军，则稹必成擒矣。"上悦，从之。命德裕草诏赐元逵、弘敬曰："泽潞一镇，与卿事体不同，勿为子孙之谋，欲存辅车之势，但能显立功效，自然福及后昆。"元逵、弘敬得诏书，悚息听命，遂与官军连兵进讨。

　　会昌四年（八四四年）正月，河东都将杨弁作乱，逐节度使李石，据军府，与刘稹连合抗官军。朝议喧然欲罢兵，德裕不可，诏遣中使马元实至太原晓谕，且觇之。元实受贼赂，还言其强盛难取，德裕奏："微贼决不可恕，如国力不支，宁舍刘稹。"乃诏河东兵马使王逢，以易、定、汴、兖兵还讨贼。河东兵戍榆社（县名，旧属山西辽州今属冀宁道）者，闻朝廷令客军取太原，恐妻孥被屠，乃拥监军自取太原，擒杨弁，并其党送京师，斩之，河东平。

　　诸将合兵攻昭义，屡破刘稹兵。是年八月，邢、洺、磁三州守将相继降于官军，潞人大惧，稹将郭谊、王协杀稹以降，泽潞平。上问宰相何以处谊，德裕对曰："刘稹骄孺子耳，阻兵拒命，皆谊为之谋主。及势孤力屈，又卖稹以求赏，此而不诛，何以惩恶。"上从之，并诛谊、协，加德裕太尉，赐爵卫国公，以酬其功。德裕追论牛僧孺、李宗闵当国时养痈成疽之罪，贬僧孺循州（今广东潮循道惠阳县、即故惠州府）长史，流宗闵于封州（今广东粤海道封川县）。

初，德裕以比年将帅出征屡败，其弊有三：一、诏令下军前者，日有三四，宰相多不预闻。二、监军各以意见指挥军事，将帅不得专进退。三、每军各有宦者为监使，悉选军中骁勇数百为牙队，其在战阵斗者皆怯弱之士，每战视事势小却，辄引旗先走，阵从而溃。德裕乃与枢密使杨钦义、刘行深议，约敕监军不得预军政，每兵千人，听取十人自卫，有功，随例沾赏。二枢密皆以为然，白上行之。自非中书进诏意，更无他诏自中出者。号令既简，将帅得以施其谋略，故所向有功。元和后，数用兵，宰相或不休沐，或继火乃得罢，德裕从容裁决，率午漏下还第，沛然若无事时。河北三镇每遣使者至京师，德裕常面谕之曰："河朔兵力虽强，不能自立，须借朝廷官爵威命，以安军情。语汝使，与其使大将邀敕使以求官爵，何如自奋忠义，立功立事，结知明主。且李载义（前卢龙节度使）为国家平沧景，及为军中所逐，不失作节度使。杨志诚遣大将遮敕使马求官（太和七年事），及为军中所逐，朝廷竟不赦其罪（太和八年德裕当国时代事）。此二人祸福足以观矣。"由是三镇不敢有异志。

第七节　牛李党党魁之末路

是时李逢吉（文宗太和九年卒）、裴度（文宗开成四年卒）、郑覃（武宗会昌二年卒）已卒，陈夷行（会昌三年卒）、李绅（同四年罢相六年卒）亦以病罢相，相继物故。李德裕以首辅当国日久，好徇爱憎，人多怨之。左右言其太专，上亦不悦。六年（西历纪元八四六年）三月，武宗崩，宦官奉宪宗幼子忱即位，是为宣宗。

宣宗初名怡，宪宗庶子，穆宗幼弟，敬文武宗叔父也，初封光王。幼时宫中皆以为不慧，太和以后，益自韬匿，群居游处，未尝发言，文宗好诱其言以为戏笑。武宗性豪迈，尤所不礼。武宗疾笃，中尉马元贽等密于禁中定策，下诏以皇子幼冲，立帝为皇太叔，更名忱。令权勾当军国重事，裁决庶政，咸当于理，人始知有隐德焉。武宗崩，帝即位，忌李德裕功高望重，是年四月，罢为荆南节度使，以白敏中同平章事。敏中者，元和长庆间名臣，白居易之从弟。武宗即位之初，欲以居易为相，德裕奏言："居易衰病，不任朝谒。其从弟敏中，辞学不减居易，且有器识。"乃以敏中为翰林学士，荐擢宰相。至是乘上下之怒，与其党翰林学士令狐绹等，竭力排德裕。是年九月，左迁为东都留守，旋降为太子少保，分司东都。复嗾前永宁尉吴汝纳讼德裕罪。宣宗大中元年十二月，贬德裕潮州司马。二年九月，贬崖州（今广东琼崖道崖县）司户，追夺李绅三官。三年十二月，德裕卒于崖州，年六十三。

李德裕罢相以后，朝廷徙牛僧孺为衡州长史，李宗闵为郴州（今湖南衡阳道郴县）司马，宗闵未离封州而卒，僧孺旋迁太子少师，未几，亦卒。大中二年，征杨嗣复为吏部尚书，李珏为户部尚书，嗣复自潮州北还，至岳州（今湖南武陵道岳阳县）卒。七年，珏迁淮南节度使，亦卒。于是牛李党魁俱亡，中央政局又一变矣。

牛李党倾轧经过表

一、穆宗长庆二年六月，李逢吉入相，排首相裴度及中书舍人翰林学士李德裕，罢度为右仆射，旋出为山南西道节度使，出德裕为御史中丞，旋出为浙西观察使。引牛僧孺为宰相。
二、逢吉排翰林学士李绅，出为御史中丞，旋出为江西观察使，复贬端州司马。
三、逢吉排仆射李绛，出为太子少师，分司东都。
四、敬宗宝历元年正月，牛僧孺罢为武昌节度使。二年正月，裴度复相。十一月，逢吉罢为山南东道节度使。
五、文宗太和三年八月，征李德裕为兵部侍郎。旋以李宗闵为相，宗闵排德裕，出为义成节度使，引牛僧孺为相。
六、宗闵排裴度，四年九月，出为山南东道节度使。
七、宗闵排翰林侍讲学士郑覃，出为工部尚书。
八、宗闵排德裕，四年十月，徙为西川节度使，吐蕃将悉怛谋以维州来降，德裕遣兵复其城。僧孺请执悉怛谋，并还维州于吐蕃，诏从之。
九、六年十二月，牛僧孺罢为淮南节度使，征李德裕为兵部尚书，七年二月，以德裕为相。六月，李宗闵罢为山南西道节度使。

十、李训、郑注排李德裕，八年十月，引李宗闵为相，出德裕为山南西道节度使，旋降太子宾客，分司东都，复贬袁州长史。	
十一、郑注排李宗闵，九年六月，贬为明州刺史，再贬处州长史，三贬潮州司马。旋以李训为相，注为凤翔节度使，谋中外协势以诛宦官，酿成甘露之变。	
十二、开成三年正月，李固言引杨嗣复、李珏为相，排宰相郑覃、陈夷行。四年五月，罢覃为右仆射，夷行为吏部侍郎。欲援进李宗闵，未果而文宗崩。	
十三、五年正月，武宗即位，罢杨嗣复、李珏，以李德裕、陈夷行，李绅为相。	
十四、会昌三年八月，昭义平，李德裕追论牛僧孺、李宗闵当国时养痈成疽之罪，贬僧孺循州长史，流宗闵于封州。	
十五、六年三月，武宗崩，宣宗即位，罢李德裕，以白敏中为相，敏中与翰林学士令狐绹排德裕，贬为崖州司户。	

第八节　宣宗之内政

宣宗性聪察强记，有司奏全国狱吏卒姓名，一览皆记之。尝密令学士韦澳，纂次州县境土风物及诸利害为一书，号曰处分语。刺史有入谢而出者曰："上处分本州事惊人。"澳问之，皆处分语中事也。好抉摘隐微以惊服群下，小过必罚，而大纲不举。外则藩方数逐其帅（大中三年五月，武宁军乱，逐节度使李廓，诏以卢弘止代之。九年七月，浙东军乱逐观察使李讷，九月，贬讷朗州刺史，杖监军王宗景配恭陵。十一年五月，湖南军乱，逐观察使韩琮，十月，山南东道节度使徐商发兵讨平之。是年六月，江西军乱，逐观察使郑宪，十月，以韦宙为江西观察使讨乱军，平之。七月，宣州军乱，逐观察使郑薰，十月，以崔铉为宣歙观察使讨平之。十三年四月，武宁军乱，逐节度使康季荣，诏以田牟代之），内则宦官握兵柄自如也。然听纳规谏，重惜爵赏，恭谨节俭，惠爱民物。故大中之政，讫于唐亡，人思咏之，谓之小太宗。

上常猎于苑北，遇樵夫，问其县令为谁，曰："李行言。""为政如何？"曰："性执，有强盗数人匿军家，索之，竟不与，尽杀之。"上归，帖其名于寝殿之柱。大中八年十月，除行言海州刺史，入谢，上赐之金紫，取帖示之。上校猎渭上，有父老十数，聚于佛祠，上问之，对曰："醴泉百姓也，县令李君奭有异政，考满当罢，诣府乞留，故此祈佛，冀谐所愿耳。"九年二月，怀州刺史阙，上手笔除君奭。十二年十月，以于延陵为建州刺史，延陵入辞，上曰："建州去京几何？"对曰："八千里。"上曰："卿到彼为政善恶，朕皆知之，勿谓其远，此阶前则万里也，卿知之乎？"令狐绹拟李远杭州刺史，上曰：

"吾闻远诗云:'长日惟消一局棋。'安能理人?"绹曰:"诗人托此为高兴耳,未必实然。"上曰:"且令往,试观之。"诏刺史毋得外徙,必令至京师面察其能否,然后除之。令狐绹尝徙其故人为邻州刺史,便道之官,上以问绹,对曰:"以其道近,省送迎耳。"上曰:"朕以刺史多非其人,为百姓害,故欲一一访问,知其优劣,以行黜陟。而诏命既行,直废格不用,宰相可谓有权。"时方寒,绹汗透重裘。

教坊使祝汉贞,滑稽,敏给,宠冠诸优。一日抵掌诙谐,颇及外事。上正色谓曰:"我畜养尔曹,止供戏笑耳,岂得辄预朝政邪?"会其子坐赃,流之。乐工罗程善琵琶,有宠,杀人,系狱,众工为请曰:"程负陛下,万死。然臣等惜其绝艺,不复得奉宴游矣。"上曰:"汝曹所惜者罗程艺,朕所惜者高祖太宗法。"竟杖杀之。

帝尝召韦澳,屏左右问之曰:"近日内侍权势如何?"对曰:"陛下威断,非前朝比。"帝闭目摇首曰:"全未,全未,尚畏之在。"又尝与宰相令狐绹谋尽诛宦官,绹恐滥及无辜,密奏曰:"但有罪勿舍,有阙勿补,自然渐耗至尽。"宦者窃见其奏,由是益与朝士相恶,南北司如水火矣。

帝长子郓王漼无宠。大中十三年(西历纪元八五九年)八月,帝疾笃,密以第三子夔王滋,属枢密使王归长等使立之。帝崩,中尉王宗实杀归长等,迎漼即位,是为懿宗。

唐宣宗事迹表

一、性聪察强记,有司奏全国狱吏卒姓名,一览皆记之。
二、好抉摘隐微以惊服群下,尝密令学士韦澳,纂次州县境土风物及诸利害为一书,号曰处分语。擢李行言为海州刺史,李君奭为怀州刺史,告诫建州刺史于延陵。
三、小过必罚,命狐绹徙其故人为邻州刺史,便道之官,帝申斥之。教坊使祝汉贞、乐工罗程皆有宠,二人有罪,不少宽假。
四、大纲不举,外则藩方数逐其帅,内则宦官握兵柄自若。
五、听纳规谏。
六、重惜爵赏。
七、恭谨节俭,惠民爱物。

第十章

外患之侵陵

汉族武力之雄，当以汉、唐两朝为最。有汉一代，始终取中央集权政策，故内患惟宦官外戚，而藩镇不与焉。对外之武力，常足以压倒匈奴、鲜卑，使之不为中国患。唐室自天宝以后，变为地方分权制度，中央势力微弱，动辄受强藩牵掣，集全国兵力财力，以与外人抵抗，为时势所不许，于是有唐中叶以后二百年间，遂成蛮夷猾夏之世界矣。其始与中国开衅者，为新罗、渤海、契丹，继则吐蕃、回纥，终为南诏，唐室因以衰亡矣。兹述其事迹如下。

第一节　新罗之统一与朝鲜半岛羁縻权之丧失

高丽、百济相继衰亡，唐室势力伸张至朝鲜半岛，朝鲜内地之独立国家，只余东南部之新罗。新罗建国始于西汉末年，始祖姓朴，名赫居世，本辰韩十二国中之斯卢国，建都金城。其后累代多英主，逐渐扩张势力，尽取半岛东南部，与高丽、百济时常构兵。百济结好日本以压迫新罗，新罗亦联络中国以牵掣百济。梁武帝初年，智大路在位，输入中国文化，制法度，定州郡制，始定国号曰新罗。薨，谥曰智证王，子法兴王，孙真兴王，相继在位，累世皆英主。颁律令，定官制，始创年号。文物制度，彬彬可观。传至武烈王，国运益盛。武烈王幼时，尝为质于日本，又尝出使于唐。长于外交，能临机应变，屡受高丽、百济侵略，未尝屈服。其子文武王亦英主，屡自将临前敌。其大臣金庾信，以元勋宿望，辅相两朝，位极人臣。周旋于三国之间。利用唐兵以剪灭百济，朝廷以故百济王太子扶余隆为熊津都尉，安抚百济余众。与新罗文武王盟于熊津城，释去旧怨，欲以戢新罗异志。顾新罗野心勃勃，屡遣密使，煽动百济遗民，诱之作乱。高丽亡后，其遗臣安舜举兵叛唐，乞援于新罗。新罗迎置于边境，册为高丽王。使与安东都护府为敌，朝廷以高侃、李谨行为行军总管，发兵讨安舜，击破其兵，安舜奔新罗。安东都护薛仁贵遣使送长文书于新罗，诘责其不忠实之罪。文武王上书谢罪，阳为恭顺，阴遣兵袭唐运送船，捕七十余艘，获将卒百余人。会高侃兵已进攻白水城，王遣将军义福春长，率师合高丽余烬拒战，败绩。王取敷衍政策，复上书谢罪，送还所获捕虏，以平唐室恶感，阴纳高丽叛众，自树党，为唐树敌。复略百济故地，扩张本国势力范围。朝议以新罗日张，非大举兵膺惩之不可。高宗上元元年（西历纪元六七四年），以同三品刘仁轨为鸡林道行军大总管，李弼、李谨行副之，立新罗质子金仁问（文武王之弟）为王，削法敏官爵，克日进讨。次年，仁轨大破其兵于七重城（今京畿道积城），又使靺鞨（今俄领东海滨省之满洲民族）浮海略新罗南境，斩获甚众，新罗苦之，复遣使谢罪。朝廷取姑息政策，诏仁轨班师，改封仁问临海郡公，复法敏官爵，扶余隆畏新罗之逼，自拔还朝。

　　是时高宗好色多病，内惧武后，大权移于中宫，朝政逐渐腐败。百济东部、高丽南部故地，皆为新罗所蚕食，朝廷取缩小政策，徙安东都护府于辽东故城，先有华人任安东官者悉罢之。徙熊津都督府于建安故城，于是高丽、百济故都皆放弃。寻以高丽故王藏为辽东都督，封朝鲜王，遣归辽东，安辑高丽余众。扶余隆为熊津都督，封带方王，亦遣归安辑百济余众，欲借以牵制新罗北上之势，仍移安东都护府于辽东新城以统之。时百济荒残，命隆寓居高丽故地，藏至辽东，谋叛，召还，徙邛州而死，隆亦不敢还故地，高氏扶馀氏遂亡，新罗乘势蚕食高丽故地。会武氏篡唐，中原多故，无暇经略半岛。新罗通好日本，结为外援，侵略唐室半岛领土。文武王祖，子神文王政明、孙孝昭王理洪、圣德王兴光相继在位，累世皆英主，留心政治，国势日固。唐室屡遭武后、韦后、太平公主之乱，无暇对外，遂取羁縻政策，代代赐以封册。至圣德王时，遂公然与以浿江（大同江）以南地、百济故土全部及高丽故土南部皆为所有，朝鲜半岛渐成一统，复入于升平之域。

第二节　渤海之勃兴与满洲羁縻权之丧失

渤海者，史称靺鞨，扶馀遗族。本古代肃慎氏，后汉时称满节，三国时称挹娄，后魏时称勿吉，皆同音异译也。勿吉分二部，有黑水勿吉、粟末勿吉，黑水即今黑龙江，粟末即今松花江。其地东至海，西接突厥，南界高丽，北邻室韦，即今之吉林、黑龙江二省与俄领西伯利亚之阿穆尔省及东海滨省南部、黑龙江以南、乌苏里江以东等地是也。其国凡分数十部，各有酋帅。唐初，相率请吏奉贡。诏即各部分置府州，拜其首长为都督刺史，受中国约束，独粟末部酋长大祚荣不服。

大祚荣者，高丽别种，骁勇善用兵。高丽亡后，率家属徙居营州。武后万岁通天元年（唐中宗嗣圣十三年，西历纪元六九六年），契丹李尽忠反，陷营州。祚荣乘隙，与靺鞨乞四比羽，各领亡命东奔，渡辽河，保太白山之东北，树壁自固。尽忠既死，武后遣右玉钤卫大将军李楷固击斩乞四比羽，进攻祚荣，祚荣招集高丽遗众拒战，王师败绩。会契丹附突厥，王师道梗，不能讨。祚荣招集高丽余众，与靺鞨部民，自立为震国王，是为高王。于是渤海始建国，通好突厥，地方数千里，筑城郭以居，户十余万，胜兵数万人，颇知书契，其地西际契丹，东至日本海，南界新罗，为东北方大国。中宗即位，遣使招抚之，祚荣奉诏，遣子入侍。睿宗先天二年（七一二年），遣使拜祚荣左骁卫大将军，封渤海郡王，以所统为忽汗州，兼领忽汗州都督。自此始去靺鞨，专称渤海。开元七年（七一九年），祚荣殂，子武艺立，是为武王。北征黑水靺鞨，大启疆宇，东北诸夷皆臣服之，建元仁安。武艺殂，子钦茂立，是为文王，西通中国，东结好日本，双方输入文化。肃宗宝应年（七六二年）间，进封渤海国王。越六传至宣王仁秀，贤明有德政，国势益张，累世皆遣诸生留学中国，渐谙礼乐制度，遂为海东盛国。有五京、十五府、六十二州，于是东北滨海地方游牧民族所居者，皆变为城郭制度，官制悉仿唐制，有左右相、平章事、侍中、内史等名称。先后凡传十四世，二百一十四年（七一四至九二七）。至哀王諲譔时，始为契丹所灭。

第三节　契丹之勃兴与内蒙古东部羁縻权之丧失

契丹者，东胡遗族。后魏时代，其名始见于中国史册。所居在潢水之南，黄龙之北，本鲜卑故地潢水流域（今西剌木伦河流域）。其地东接高丽，西接奚国，南接中国之营州（今热河朝阳县），北接室韦，地方二千里，逐猎往来，居无长处。其君长姓大贺氏，胜兵数万人，分为八部，若有征发，诸部皆须议合，猎则别部，战则同行。本臣突厥，隋唐之交，为中国所羁縻。太宗伐高丽，至营州，授其酋长窟哥为左武卫将军。贞观二十二年（西历纪元六四八年），窟哥及奚酋可度者并帅所部内属。诏以契丹部为松漠都督府（故城在今内蒙古翁牛特旗北废饶州城），授窟哥都督，以奚部为饶乐都督府，授可度者都督，并赐姓李，其别部酋长皆授刺史，置东夷校尉于营州以统之。武后万岁通天元年（六九六年），松漠都督李尽忠，与其别部酋长归诚州刺史孙万荣举兵反，陷营州。尽忠自称无上可汗，以万荣为前锋，侵略河北州郡，所向皆捷。尽忠死，万荣代领其众。突厥默啜可汗乘虚袭松漠，虏尽忠、万荣妻子，万荣收拾余烬，军势复振。朝廷发大军讨之，屡战屡败，万荣军势日盛。会突厥默啜袭破其辎重于柳城（今热河凌源县）西北之新城，万荣方与唐兵相持，军中恼惧，遂溃，万荣为其下所杀，契丹平。然自此以后，内蒙古东部，皆入契丹势力范围，遂称臣于回纥，不复隶唐矣。时武后神功元年，西历纪元六九七年也。

第四节 回纥之勃兴与外蒙古羁縻权之丧失

回纥者，铁勒十五部中之一部。旧臣属于突厥，突厥资其兵力，雄北荒。隋大业中（六〇五至六一六），突厥处罗可汗攻胁诸部，厚敛其财物，又恐其怨，乃集渠豪数百悉坑之。回纥怒，与仆骨、同罗、拔野古三部同叛突厥。其酋长时健（《旧唐》书曰持健）姓药罗葛氏，自称俟斤。时健死，子菩萨嗣位，与薛延陀共攻突厥北边，大破其兵，于是与薛延陀相唇齿，称活颉利发，树牙独乐水（今外蒙古土谢图汗部之图拉河）上。唐太宗贞观三年（西历纪元六二九年），始来朝，献方物。突厥亡后，回纥与薛延陀雄于漠北。菩萨死，吐迷度嗣立，乘薛延陀内乱，率铁勒诸部击破之，杀其酋长多弥可汗，并有其地。贞观二十年（六四六年），遣使入贡，愿为郡县，太宗幸灵州受降，回纥等十余部皆来朝。诏分其地为六府七州，以其酋长为都督刺史，即故单于台，置燕然都护府以统之，拜吐迷度为怀化大将军，瀚海都督。贞观二十二年（六四八年），为其兄子乌纥所弑，燕然副都护元礼臣诱诛乌纥，朝延以吐迷度子婆闰为左骁卫大将军，瀚海都督。高宗初年，从契苾何力、苏定方两次伐西突厥，有功，拜右卫大将军。婆闰卒，三传至伏帝匐，时突厥故酋长默啜叛唐，尽取铁勒故地，回纥南度碛，徙居甘凉间。伏帝匐卒，子承宗立，凉州都督王君㚟诬以谋叛，流死岭南。玄宗开元十五年，（七二七年）其族子瀚海府司马护输起兵报怨，袭杀王君㚟，梗绝安西诸国朝贡道。朝廷命郭知运等往讨，护输奔突厥，卒，子骨力裴罗立。天宝初（七四二年），与拔悉密、葛逻禄二部，连兵攻灭突厥，复袭拔悉密，杀其酋长颉跌可汗，尽有药罗葛、胡咄葛、咄罗勿、貊歌息讫、阿勿嘀、葛萨、斛嗢素、药勿葛、奚邪勿、及拔悉密、葛逻禄等十一姓之地，每姓各置都督一人，号十一部落，建牙乌德鞬山（在今外蒙古三音诺颜部境内）、昆河（今鄂尔浑河）之间，遣使入朝，诏册为怀仁可汗。其地东极室韦（黑龙江沿岸），西抵金山，南跨大漠，尽得古匈奴地，是为回纥全盛时代。

天宝四年（七四五年），怀仁殂，子磨延啜立，号葛勒可汗，慓悍善用兵。肃宗时，助唐讨安史之乱，有功，诏册立为英武威远可汗，妻以帝幼女宁国公主，厚遗岁币以慰抚之。回纥渐自尊大，时略边地，唐不能禁。乾元元年（七五八年），葛勒殂，次子移地健立，是为登里可汗（《旧唐书》作牟羽可汗）。登里未立时，其父为之请婚于唐，肃宗以大将仆固怀恩女妻之，至是立为可敦。代宗宝应元年（七六二年），登里自将入援，沿路见中国内地丘墟，有轻唐之意，困辱中使刘清潭，上遣仆固怀恩劳之，登里悦，自陕州济河，击史朝义于洛阳，大破之，恢复东京，肆行杀掠，死者万计。次年正月，始归国，诏册为英义建功可汗。已而仆固怀恩叛唐，诱回纥、吐蕃、吐谷浑、党项等众二十余万连兵入寇，至泾阳。关内副元帅郭子仪出见回纥，责以大义，说使袭吐蕃，破之，吐蕃自是与回纥为怨敌。大历三年（七六八年），回纥可敦卒，诏册仆固怀恩幼女为崇徽公主，妻登里，回纥益骄。连年与唐互市，每一马易四十缣，动至数万匹，马皆驽瘠无用，朝廷苦之，所市多不能尽其数。回纥待遣继至者，常不绝于鸿胪，留京师者常千数，商胡伪服而杂居者倍之，县官日给饔饩，殖货产，开第舍，市肆美利皆归之，日纵暴横，吏不敢问。

第五节　吐蕃之崛强与西藏西康青海新疆羁縻权之丧失

吐蕃自弃宗弄赞在位，输入印度及中国文化，国势渐强。中宗时，鄯州都督杨矩，以河西九曲地与吐蕃，吐蕃借为根据地，东下之势日亟。玄宗开元年间，屡寇陇右、河西、安西、北庭州郡，边将御之，互有胜负，西方为之凋敝。开元十八年，吐蕃上书乞和。诏遣忠王友皇甫惟明报聘，赞普上书谢罪，求《毛诗》《春秋》《礼记》，仍祈互市于赤岭（在石堡城西距长安三千里土石皆赤故曰赤岭）。二十一年，复由金城公主上书，请立碑于赤岭，以分唐与吐蕃之境。诏并从之，兵祸稍戢。

天宝十二年（西历纪元七五三年），吐蕃赞普乞黎苏笼腊赞殂，子挲悉笼腊赞立。遂乘唐有安史之乱，蚕食河陇诸郡。先是唐自武德以来，开拓边境，地连西域，皆置都督府。开元中，置朔方（今宁夏省城及绥远）、陇右（今甘肃南部）、河西（今甘肃北部）、安西（今天山南路）、北庭（今天山北路）诸节度使以统之。岁发山东丁壮为戍卒，缯帛为军资，开屯田，供糗粮，设监牧，畜马牛，军城戍逻，万里相望。及安禄山反，边兵精锐者征发入援，谓之行营，留兵单弱。数年之间，胡虏蚕食，自凤翔以西，邠州以北，皆为左衽矣。代宗广德元年（七六三年）、吐蕃率吐谷浑党项氏羌二十余万众，深入为寇，入大震关（即陇关，在今陕西关中道陇县、即故凤翔府陇州西七十里），陷兰、廓、河、鄯、洮、岷、秦、成、渭等州（今甘肃兰山、渭川、西宁三道），尽取河西陇右之地。进寇关中，帝出奔陕州，衣冠皆南奔荆襄。吐蕃入长安，纵兵劫掠，立宗室广武王承宏为帝，留京师十五日。闻郭子仪将大军且至，始退屯原（今甘肃固原县）、会（今甘肃靖远会宁二县）、成（今甘肃成县）、渭（今甘肃陇西县）间，寻复转锋南下，陷剑南西山诸州，于是陕西、四川西境无险可守。自此连年东下，关内、朔方、西川境内，同时被兵，唐室御寇不暇。

德宗即位，欲以德怀柔吐蕃，先后遣太常少卿韦伦、殿中少监崔汉衡等出使吐蕃，吐蕃遣使报聘，结盟修好，是时吐蕃大将尚结赞总东方兵柄。朱泚之乱，尚结赞遣都将论莽罗依，助大将军浑瑊击泚将韩旻，有功，要求割让安西北庭之地。散骑常侍李泌谓："二镇人性骁悍，控制西域五十七国及十姓突厥，又分吐蕃兵势，使不得并力东下。且势孤地远，尽忠竭力为国家固守近二十年，一旦弃之以与戎狄，彼其心必深怨中国，他日从吐蕃入寇，如报私仇矣。"力劝上勿许，从之。尚结赞计不得逞，乃大举东寇。诏凤翔（今陕西西部）节度使李晟、河东（今山西中部）节度使马燧、河中（今山西南部）节度使浑瑊等分道拒之。晟屡战有功，尚结赞恶之，乃纵反间计，离间晟，又以羊马多死，粮运不继，乃退屯鸣沙（县名，故城在今宁夏省中卫县城东南一百五十里），遣使卑礼厚币，求和于燧。燧信其言，为之请于朝。宰相张延赏与晟有隙，数言和亲便。上亦素恨回纥，欲与吐蕃击之，遂从延赏议，罢晟兵柄，从吐蕃请，以浑瑊为会盟使，盟于平凉（今甘肃平凉县）。吐蕃劫盟，唐将卒死者甚多。珹仅以身免，副将骆元光、韩游瓌整阵御之，虏追兵始退。两国交恶益甚。尚结赞复以计离间马燧，上怒，罢燧兵柄。

贞元五年（七八九年），吐蕃因沙陀兵共寇北庭，回纥大相颉干伽斯将兵救之，与吐蕃战，不利，吐蕃急攻北庭，北庭人叛，与沙陀酋长朱邪尽忠皆降吐蕃，节度使杨袭古率麾下二千人奔西州。次年，颉干伽斯悉众数万，召袭古将复北庭，与吐蕃战，败绩，袭古收余众数百，将还西州，颉干伽斯诱而杀之。安西由是遂绝，莫知存亡。吐蕃兵力威压天山南北路，中亚唐室之声灵，从此尽矣。

第六节　南诏之勃兴与云南羁縻权之丧失

川南云南地方，为西南夷老巢穴。汉武帝时，征服西南夷，置犍为、越巂、益州、牂牁等郡以治之。东汉明帝时，复分益州西部，置永昌郡，于是云贵、川南等地皆入于中国。三国时代，益州耆帅雍闿（音凯）反，与郡人孟获，略据益州、牂牁、越巂、永昌四郡，蜀汉丞相诸葛亮讨平之，置庲降都督驻守其地，镇平夷（县名，今云南滇中道，即故曲靖府平彝县）。晋武帝时，置宁州刺史，治庲降故地。历南北朝至唐初，位置无改，其部下蛮族，犹未与中国同化。唐初，分为六部，曰蒙巂诏（今四川建昌道越巂县旧越巂厅）、越析诏（今腾越道丽江县故丽江府）、浪穹诏（今腾越道剑川县故丽江府剑川州）、邆睒诏（今腾越道邓川县故大理府邓川州）、施浪诏（今腾越道洱源县故大理府浪穹县）、蒙舍诏（今腾越道蒙化县故蒙化直隶厅）。诏者，蛮语王之谓也。蒙舍诏在最南，故称为南诏。其王蒙氏，父子以名相属，自舍龙以来，有谱次可考。舍龙生独逻，是为高祖奇嘉王。高宗时，遣使者入朝，诏授巍州（今蒙化县）刺史。独逻生逻盛炎，是为世宗兴宗王。逻盛炎生炎阁。开元时，炎阁卒，弟盛逻皮立，是为太宗威成王。盛逻皮生皮逻阁，授特进，封台登郡王。皮逻阁浸强大，而五诏微弱。开元末年，逐洱河蛮，取大和城（夷语谓山坡陀为和，即今云南腾越道大理县故大理府太和县），赂剑南节度使王昱，求合六诏为一。昱为之奏请，朝廷许之，册皮逻阁为云南王，赐名归义。于是以兵威胁服群蛮，遂破吐蕃，徙居大和城。自是南诏之势渐张，西南边祸始此矣。

天宝七年（西历纪元七四八年），皮逻阁殂，子阁逻凤立，是为神武王。剑南节度使鲜于仲通性褊急，失蛮夷心。故事南诏常与妻子俱谒都督，过云南，太守张虔陀皆私之，又多所征求，阁罗凤忿怨。九年，发兵反，攻陷云南，杀虔陀，取夷州三十二。次年，鲜于仲通将兵往讨，南诏遣使谢罪，仲通不许，进至西洱河（即叶榆河，在今大理县城东），败绩，阁罗凤遂臣于吐蕃。蛮语谓弟曰钟，吐蕃命为赞普钟，号曰东帝，给以金印。其后杨国忠领剑南，复遣留后李宓往讨，又大败，全军歼焉，前后死者几二十万人。安史之乱，唐室自保不暇，南诏乘乱，陷巂州（今四川建昌道越巂县）及会同军（今建昌道会理县），据清溪关（在今建昌道汉源县南），于是现今四川西南境皆入于南诏。

此外各国有关系者尚多。兹试列表于下，以供参考。

唐与诸族关系一览表（据中华书局《中国历史参考书》转载）

方位	国名	今地	关系
东方诸族	日本	日本	战争、聘问、留学
	高丽	朝鲜半岛北部、吉林东南部、辽宁东部	战争、翦灭
	新罗	朝鲜半岛东南部	战争、朝贡、留学
	百济	朝鲜半岛西南部	战争、翦灭
东北诸族	靺鞨	黑龙江及吉林东境	朝贡、效力
	渤海	吉、辽二省及东海滨省南境	战争、朝贡
	奚	热河南部	战争、和亲、朝贡
	契丹	热河中部、辽宁西南部	战争、和亲、朝贡
	霫	热河北部	贡献
	室韦	黑龙江西部、外蒙古东北部	朝贡
	蒙兀	外蒙古东部	贡献

方位	国名	今地	关系
北方诸族	东突厥	内外蒙古	战争、翦灭
	西突厥	阿尔泰山以西至俄属中亚	战争、臣服
	回纥	外蒙古	和亲、效力
	铁勒	外蒙古	朝贡
	流鬼	库页岛（据白鸟库吉先生《唐时代之桦太岛·历史地理》第九编第四五期第十编第二四六期）	贡献
	黠戛斯	西伯利亚中部	朝贡
	骨利干	西伯利亚偏北部	贡献
西方及极西诸族	高昌	新疆土鲁番县	战争、翦灭
	龟兹	新疆库车县	战争、翦灭
	党项	甘肃西南边外	臣服、战争
	吐谷浑	青海	战争、臣服
	焉耆	新疆焉耆县	朝贡
	疏勒	新疆疏勒县	朝贡
	于阗	新疆于阗县	朝贡
	印度	印度	聘问
	罽宾	印度克什米尔	贡献
	吐蕃	西藏	战争、和亲、留学
	康国	俄属中亚细亚中部	朝贡
	波斯	波斯	朝贡
	大食	阿拉伯半岛	聘问、通商
	拂菻	东罗马	聘问、通商
	甘棠	里海之南	通贡
	朱俱波	葱岭之北	朝贡
	尼婆罗	尼泊尔国	朝贡
	石国	俄属中亚北部	贡献

方位	国名	今地	关系
西南诸族	南诏	云南	战争、朝贡
	林邑	安南中部	朝贡
	骠国	缅甸	朝贡
	真腊	安南南部	贡献
	东谢蛮	贵州西部	征服
	南平獠	四川东南部	征服
	婆利	婆罗洲	贡献

突厥可汗尚主表

一、西魏文帝大统十七年（梁简文帝大宝二年，西历纪元五五一年），魏大丞相宇文泰以长乐公主妻突厥土门可汗。

二、周静帝大象元年（陈宣帝太建十一年，西历纪元五七九年），以皇叔祖赵王招（宇文泰子明帝武帝弟）女为千金公主，妻他钵可汗；他钵死，改适其侄沙钵略可汗；隋文帝与突厥和亲，改封为大义公主，赐姓杨氏。

三、隋文帝开皇十七年（西历纪元五九七年），以宗女安义公主妻突厥沙钵略可汗子染干，立为启民可汗。十八年，安义公主卒，复以宗室诸女义成公主妻之。炀帝大业四年（六〇八年），启民死，公主改适其子始毕可汗。唐高祖武德二年（六一九年），始毕死，公主改适其弟处罗可汗。处罗旋死，公主改适其弟颉利可汗。

四、颉利兄子突利可汗初为泥步设，得隋淮南公主，以为妻。

五、唐睿宗初立，以皇长子宋王成器女为金山公主，妻突厥默啜可汗。

六、玄宗即位，以蜀王女南和县主妻默啜子扬我支特勤。

吐蕃赞普尚主表

一、唐太宗贞观十五年（六四一年），以宗女文成公主嫁吐蕃赞普弃宗弄赞。高宗仪凤四年（六七九年），弄赞死；永隆元年（六八〇年），公主薨。

二、中宗景龙三年（七〇九年），以皇侄雍王守礼（故太子贤）女为金城公主，嫁吐蕃赞普弃隶蹜赞。玄宗开元二十七年（七三九年），公主薨。

唐与薛延陀通婚表

太宗贞观十六年（六四二年），以皇女新兴公主许嫁薛延陀真珠毗伽可汗夷男。十七年，责以聘礼不备，绝其婚。

回纥可汗尚主表

一、唐肃宗乾元元年（七五八年），以皇女宁国公主嫁回纥英武威远可汗磨延啜。次年，可汗死，回纥以公主无子，听还中国。荣王琬女为公主媵，留不归，历配英武、英义二可汗，称少宁国公主。

二、代宗大历四年（七六九年），以故大将仆固怀恩幼女为崇徽公主，妻英义建功可汗移地健。

三、德宗贞元三年（七八七年），以皇女咸安公主妻回纥长寿天亲可汗顿莫贺。历忠贞、阿啜、怀信、毗伽四可汗，凡二十一年，至宪宗元和三年（八〇八年）薨。

四、穆宗长庆元年（八二一年），以皇妹太和公主妻回纥崇德可汗。历彰信、䫲馺、乌介三可汗，武宗会昌三年（八四三年），回纥衰乱，公主还京师。

契丹酋长尚主表

一、唐玄宗开元四年，以东平王外孙杨元嗣女为永乐公主，妻松漠郡王失活。次年，失活死，以其弟娑固袭封。次年，与公主来朝，宴赉有加。部将可突干作乱，弑娑固，立其从父弟郁干。

二、以宗室所出女慕容氏为燕郡公主，妻松漠郡王郁干。郁干死，弟吐干嗣，与可突干有隙，携公主来奔，可突干立尽忠弟邵固。

三、以宗室出女陈氏为东华公主，妻广化郡王邵固。后三年，可突干弑邵固，公主走平卢军。

四、天宝四载，以宗室出女独孤氏为静乐公主，妻松漠都督崇顺王李怀节。是岁，怀节杀公主，叛去。

奚酋长尚主表

一、唐玄宗开元二年，以宗室出女辛氏为固安公主，妻饶乐郡王李大酺，大酺讨契丹可突干，战死，弟鲁苏袭王。牙官塞默羯谋叛，公主置酒诱杀之；帝嘉其功，赐主累万。会与其母相告讦，得罪。

二、以中宗女成安公主女韦氏为东光公主，妻鲁苏。契丹可突干反，胁奚众附突厥；鲁苏奔榆关，公主奔平卢。

三、以宗室出女杨氏为宜芳公主，妻饶乐都督怀信王李延宠。

吐谷浑可汗尚主表

一、隋文帝开皇十六年，以宗室女光化公主妻吐谷浑可汗伏，十七年，国内乱，伏被弑，弟伏允立，请依俗尚主，从之。

二、唐太宗贞观十三年，吐谷浑可汗诺曷钵来朝。诏以宗室女为弘化公主，妻之。

三、高宗初，公主与诺曷钵入朝，帝以宗室女金城县主妻其长子苏度摸末。

四、摸末死，主与次子达卢摸末来请婚，帝以宗室女金明县主妻之。

南诏尚主表

唐僖宗乾符四年，以宗室女为安化长公主，妻南诏宣武帝法。

第十一章

内乱之踵作

第一节 庞勋之乱

懿宗即位，南诏方强。其酋长酋龙自称皇帝，改国号曰大理，攻陷播（今贵州黔中道，即故遵义府）、邕（今广西南宁道，即故南宁府）等州及安南都护府（今安南北部），朝廷大发兵击退之，留徐泗兵八百人戍桂州（今广西桂林道，即故桂林府）。初约二年一代，逾六年不得代。咸通九年（西历纪元八六八年），戍卒作乱，推粮料判官庞勋为主，劫库兵北还。所过剽掠，州县莫能御。遂破宿（今安徽淮泗道宿县）、徐州，囚观察使崔彦曾，进陷滁（今安徽淮泗道滁县）和（今安徽安庆道和县）、濠（今安徽淮泗道凤阳县）州，遂围泗州（今安徽淮泗道洪泽湖），刺史杜慆与其友人辛谠力战拒之。朝廷以康承训为都招讨使，大举兵讨勋，承训以沙陀（西突厥别部降唐者）酋长朱邪赤心为前锋。十年，连败贼兵，勋走死，徐州平。朝廷以赤心为大同军（领云、朔、蔚三州治，云州今山西雁门道，即故大同府）节度使，赐姓李名国昌，是为朱邪氏据山西之基础。

懿宗好奢侈，每游幸，扈从十余万人，用兵不息，贼敛愈急。在位十四年，以咸通十四年（西历纪元八七三年）崩。中尉刘行深、韩文约立上少子普王俨，时年十二，是为僖宗。

第二节　黄巢之乱

僖宗未即位时，小马坊使田令孜有宠。及即位，使知枢密，遂擢为中尉。上专事游戏，政事一委令孜，呼为阿父。令孜颇读书，多巧数，纳贿除官，不复关白。每见上常自备果食，与上对饮。上用财无度，赏赐动以万计，府藏空竭，令孜说上籍两市商货，悉输内库。有陈诉者，付京兆杖杀之，宰相以下，钳口莫敢言。关东水旱，州县不以实闻，百姓流离无所告，所在相聚为盗。

乾符元年（八七四年），濮州（今山东东临道濮县）人王仙芝作乱。次年（八七五年），陷濮州、曹州（今济宁道故曹州府），冤句（音劬县名，属曹州故城在今济宁道荷泽县城西南）人黄巢聚众应之，诏以平卢节度使宋威为诸道行营招讨使。三年（八七六年），威击仙芝于沂州（今济宁道临沂县，即故沂州府），大破之，仙芝亡去。威奏仙芝已死，罢遣诸道兵，仙芝势复炽，连陷河南、山南、淮南、江南诸州，所至焚掠，威不能制。五年（八七八年），招讨副使曾元裕大破之于申州（今河南汝阳道信阳县，即故信阳州），复破之于黄梅（县名，属蕲州旧属湖北黄州府今属江汉道），斩之。时黄巢方攻亳州，仙芝党尚让率仙芝余众归之，推巢号冲天大将军。陷郓（州名，今山东东临道东平县，即故东平州）、沂、濮，掠宋（今河南开封道，即故归德府）、汴（今河南开封道，即故开封府）等州，南渡江，陷江南西道诸州（今江西省），复东南下，入浙东（今浙江省钱塘江以南）。由山路攻剽福（今福建闽海道，即故福州府）建（今福建建安道，即故建宁府），陷福州。六年（八七九年），镇海节度使高骈遣将分道击巢，大破之。巢趣广南，陷广州（今广东番禺县），复引兵北上，屠潭州（今潮南湘江道，即故长沙府）。山南东道（今湖北北部河南西南部）节度使刘巨容、江西招讨使曹全晸，合兵拒战于荆门（今湖北襄阳道荆门县，即故荆门州），大破之。或劝巨容穷追，巨容曰："国家喜负人，有急则抚存将士，事宁则弃之，不若留贼以为富贵之资。"众乃止。巢收余众东走，陷鄂州（今湖北江汉道武昌县）、掠饶（今江西浔阳道鄱阳县）、信（今江西豫章道上饶县）等十五州，进陷宣州（今安徽芜湖道宣城县）。是时荆南（今四川东部湖北西部）节度使王铎、淮南（今江苏安徽中部）节度使高骈，相继为都统。铎书生不知兵，骈玩寇不愿贼速平，故皆不能有功。次年（广明元年，八八○年）巢渡江，时骈方镇扬州，闭城不出战，副都统曹全晟以兵六千逆战，颇有斩获，以众寡不敌，退屯泗上以候援军，而骈竟不之救，巢击破全晟兵，遂渡淮，侵掠河南诸州，进陷东都，鼓行而西。汝（今河南河洛道临汝县）、郑（今河南开封道郑县）把截使齐克让以饥卒万人拒战于潼关（今陕西关中道潼关县），以众寡不敌，败绩，巢遂破潼关，进陷西京。田令孜奉帝走兴元（今陕西汉中道南郑县），巢大杀唐宗室，自称齐帝。凤翔节度使郑畋起兵讨贼，诏以为京城四面行营都统。中和元年（八八一年），帝幸成都。巢遣其将尚让寇凤翔，畋遣司马唐弘夫伏兵邀击，大破之，弘夫乘胜，与副都统程宗楚进薄长安，巢弃城东走，至灞上，闻官军不整，复引兵还袭长安，官军败绩，宗楚、弘夫战死，长安复陷。是年十月，凤翔行军司马李昌言作乱，逐郑畋，畋赴行在。诏以畋为司空、同平章事，军事一以委之，复以王铎为诸道行营都统，讨黄巢。次年（八八二年）四月，铎引诸道联军逼长安，遣使征李克用来勤王。

李克用者，沙陀酋长李国昌之子。懿宗末年，国昌为振武节度使（领绥、银、麟、胜等州治单于都护府），克用为沙陀副兵马使，留戍蔚州（隶大同军令察省口北道蔚县）。僖宗乾符五年，大同诸将李尽忠等作乱，杀防御使段文楚，推克用为留后，朝廷徙国昌为大同军节度使以代文楚，国昌欲父子并据两镇，不奉诏。诏河东昭义合兵讨之，败绩。广明元年，以李琢为蔚朔节度使讨国昌，命幽州节度使李可举讨克用，击破其兵，国昌父子率宗族亡走鞑靼。至是诏敕国昌父子罪，征其兵入援。中和二年，克用引沙陀兵至河中（今山西河东道永济县），屡破贼兵。三年（八八三年），恢复长安，黄巢焚宫室遁去，诏以克用为河东节度使。巢东走，陷蔡州（今河南汝阳道汝阳县），进围陈州（今河南开封道淮阳县）。次年（八八四年），克用会许、汴、徐、兖之师救之，巢退趣汴州，克用追击，大破之，贼党斩巢以降，黄巢之乱平。时僖宗中和四年，西历纪元八八四年也，自乱起至乱平，凡十一年（八七四至八八四），唐室元气凋残已尽，自此以往，遂日就危亡矣。

黄巢之乱表

年代	西历	事迹
僖宗乾符元年	八七四年	濮州人王仙芝作乱
同二年	八七五年	陷濮州，曹州，冤句人黄巢聚众应之
同三年	八七六年	招讨使宋威击仙芝于沂州，大破之，仙芝亡去。威奏仙芝已死，罢遣诸道兵，仙芝势复炽，连陷河南、山南、淮南、江南诸州
同五年	八七八年	招讨副使曾元裕大破仙芝于申州，复破之于黄梅，斩之。仙芝党尚让推黄巢为主，陷郓、沂、濮，掠宋、汴、南渡江，陷江南西道诸州。复东南下，入浙东，由山路攻剽福建，陷福州
同六年	八七九年	镇海节度使高骈遣将分道击巢，大破之，巢趣广南，陷广州；复北上，屠潭州；山南东道节度使刘巨容，江西招讨使曹全晟，合兵战于荆门，大破之，巢东走，陷鄂州，掠饶信等十五州，进陷宣州
僖宗广明元年	八八〇年	巢渡江，高骈镇扬州，闭城不出战；曹全晟以兵六千逆战，以众寡不敌，为巢所败；巢遂渡淮，陷东都。汝郑把截使齐克让以饥卒万人拒战于潼关，以众寡不敌，败绩。巢遂破潼关，进陷西京，帝走兴元。凤翔节度使郑畋起兵讨贼
僖宗中和元年	八八一年	帝幸成都，巢遣尚让寇凤翔，郑畋遣司马唐弘夫伏兵邀击，大破之，乘胜与泾原节度使程宗楚进克长安。巢东走，至灞上，闻官军不整，复引兵还袭城，宗楚、弘夫战死，长安复陷。凤翔司马李昌言作乱，逐郑畋，畋赴行在
同二年	八八二年	都统王铎以诸道兵逼长安，遣使征沙陀酋长李克用来勤王，克用引兵至河中，连破贼兵
同三年	八八三年	克用恢复长安，巢东走，陷蔡州，围陈州
同四年	八八四年	克用救陈州，巢退趣汴州，克用追击，大破之，其下斩巢以降

第十二章

唐室之衰亡

自安史乱后，中央势力衰微，河北藩镇顿呈半独立之势，是为唐室瓦解之先兆。及宪宗征服淮西，中央之势一振。武宗讨平泽潞，中央之势再振。唐室瓦解之形势，借以延缓数十年。武宗升遐，宣宗即位，白敏中、令狐绹相继为相，皆斗筲之器，非栋梁之材。懿、僖昏庸，相继在位，内无裴晋公、李卫公之大臣，外无郭汾阳、李临淮之良将，宦官窃柄，蠹害生民，激而成黄巢之乱，竭天下之力，仅乃荡平之，而唐室遂成不可收拾之局面矣。兹述其事迹如下。

第一节　朱李之交恶

初，黄巢之作乱也，砀山（县名，属宋州今属江苏徐海道）人朱温从之，为巢将，有功，巢以为同州防御使。温见巢势日蹙，请降于王铎，铎以为同华节度使，俄赐名全忠，拜宣武节度使（领汴、宋、亳、颖等州，治汴州）。李克用追黄巢至汴，全忠馆之甚恭，克用乘醉，语颇侵之，全忠怒，夜袭克用，杀其亲兵将佐三百余人。克用走还晋阳，上书请讨全忠。朝廷方务姑息，得表，大恐，优诏和解之，不许动兵，是为朱、李结怨之始。自此以后，藩镇相攻者，朝廷不复为之辨曲直，由是互相吞噬，惟力是视皆无所禀受矣。

第二节　朱玫、李昌符之乱

黄巢之据长安也，河中节度使王重荣起兵讨之，屡战有功，田令孜忌之。光启元年（八八五年），上还京，令孜徙重荣为泰宁节度使（治兖州），重荣不从，令孜结邠宁节度使朱玫（音梅）、凤翔节度使李昌符等抗之。玫等攻河中，李克用救之，进逼京城，令孜劫上出奔兴元，长安复为乱兵所掠。玫等耻为令孜所用，乃与重荣合表请诛令孜，令孜自知不为天下所容，乃荐杨复恭为中尉，自除西川监军。二年（八八六年），玫还长安，奉嗣襄王熅（肃宗玄孙）权监军国事，自加侍中，大行封拜以悦藩镇。帝用宰相杜让能言，诏重荣、克用讨玫，玫将王行瑜斩之以降，诏以行瑜为静难（军名，即邠宁节度）节度使。

僖宗在位十五年，委政宦官，国内大乱，盗贼蜂起，豪杰乘势勃兴于其间，各据一方，互相吞噬，朝廷不能制。文德元年（西历纪元八八八年），帝疾大渐，观军容使杨复恭立皇弟寿王杰为皇太弟，帝崩，太弟即位，是为昭宗。

第三节　张濬之覆军

昭宗体貌明粹，有英气，喜文学。以僖宗威令不振，朝廷日卑，慨然有恢复前烈之志。尊礼大臣，梦想贤豪，践祚之始，中外忻忻焉。然内制于阉寺，外制于强藩，终不能有为，颠连以死，可哀也已。帝之初即位也，诸镇务相兼并，张濬为相，劝帝强兵以威服天下，募兵京师至十万人。会李克用攻云州（今山西大同县），防御使赫连铎诉于朝廷，请讨克用，朱全忠亦上书请讨之。潏与克用有隙，遽劝上从其请，诏以潏为招讨使，大举兵击克用，败绩，走还。克用上书自讼，诏复克用官爵，窜潏于远州，于是朝廷势日不振。

第四节 杨复恭之乱 李茂贞、王行瑜、韩建之乱

复恭总宿卫兵，专制朝政，诸假子皆为节度使，又养宦官子六百人，皆为监军，上舅王瓖求节度使，复恭不可，瓖怒，诉之。复恭奏以为黔南节度使，至桔柏津（在今嘉陵道昭化县东），覆诸江中，上深恨之。大顺二年（八九一年），出复恭为凤翔监军。复恭愠怼，称疾求致仕，许之，复恭走兴元，与其从子山南西道节度使守亮举兵作乱。诏以凤翔节度使李茂贞为山南西道招讨使，讨之。景福元年（八九二年），克兴元，复恭、守亮奔阆州（今四川嘉陵道阆中县），茂贞乘势遂据兴元。二年（八九三年），诏以覃王嗣周为京西招讨使，讨茂贞，茂贞与王行瑜连兵拒命，官军败绩。宰相崔昭纬为茂贞耳目，忌首相杜让能持正，潜杀之以谢茂贞，又杀观军容使西门君遂、知枢密李周僮、段诩，而以茂贞为凤翔兼山南西道节度使。茂贞寻克阆州，复恭等伏诛，自是朝廷动息，皆禀命于邠岐，南北司往往依附二镇以邀恩泽。崔昭纬专权，忌宰相韦昭度、李谿，构之于王行瑜。乾宁二年（八九五年），行瑜与茂贞及镇国（军名，治华州今属陕西关中道，即故同州府）节度使韩建举兵犯阙，杀昭度、谿及枢密使康尚弼，谋废帝立吉王保。李克用闻警，举兵勤王，诏以克用为招讨使，讨行瑜。是年十一月，克邠州，诛行瑜，将移兵凤翔以讨茂贞。贵近恐克用势太盛，于朝廷不利，乃加封克用晋王，罢其兵，克用不得已，奉诏还晋阳。三年（八九六年），茂贞复反，帝奔华州依韩建，茂贞陷长安，宫室市肆，燔烧俱尽。是时克用方与朱全忠构兵，无暇大举入援。建自专国政，虐杀诸王十一人，宰相崔胤阴附朱全忠，教全忠营洛阳宫，表迎车驾，建、茂贞惧。光化元年（八九八年），奉帝归长安。

第五节　刘季述之乱　崔胤之召外兵　朱李之冲突

是时枢密使宋道弼、景务修专权，崔胤日与上谋去之，由是南北司益相憎疾。宰相王抟恐其致乱，从容为上言之，胤怒，谮之于朱全忠，使表论之，上不得已，杀抟与道弼、景修。于是胤专制朝政，势震内外，宦官皆侧目。三年（九〇〇年），中尉刘季述勒兵幽上于少阳院，迎太子裕立之。胤说神策指挥使孙德昭等举兵讨季述，诛之，上复位，黜裕为德王。

是时李茂贞、朱全忠各有挟天子令诸侯之意。崔胤既诛刘季述，谋尽诛宦官，但以官人掌内诸司事，中尉韩全诲等知之，深与茂贞相结，胤始惧，益厚全忠而仇茂贞。天复元年（九〇一年），茂贞入朝，解胤盐铁使，胤知谋泄事急，遗全忠书，令以兵迎驾。是时全忠已击破李克用兵，并吞两河诸镇，取河中晋（今山西河东道。即故平阳府）、绛（今山西河东道绛县，即故绛州）等州，势张甚，得胤书，即大举兵西上。全诲等见事急，遂以兵劫帝如凤翔，依茂贞。胤等请全忠西迎车驾，全忠从之，进围凤翔，诏征李克用入援。克用奉诏，攻晋、绛等州，以分全忠兵势。全忠还军河中，大破克用兵，进围晋阳。克用婴城自守。二年（九〇二年），旋军西上，大破茂贞兵，复围凤翔，城中食尽，冻饿死者不可胜计，西川节度使王建遣兵以勤王为名，假道于兴元，取之，于是山南、剑南皆为建所有。三年（九〇三年），茂贞杀全诲等，与全忠和，奉帝还长安。崔胤以宦官典兵预政，倾危国家，不剪其根，祸终未已，请悉罢内诸司使，其事务尽归之省寺，诸道监军俱召还阙下。上从之，全忠遂以兵驱宦官数百人，尽杀之，其出使外方者，诏所在诛之，只留黄衣幼弱者三十人以备洒扫。自开元以来，宦官擅威福者垂二百年，至是始歼灭，而国随以亡矣。史家譬诸木之有蠹，曰："灼木攻蠹，蠹尽木焚。"信然哉。

第六节 朱全忠之篡

宦官之诛也，以朱全忠守太尉，充诸道兵马副元帅。崔胤为司徒，兼侍中，判六军十二卫事。全忠威震天下，遂有篡夺之意。胤惧，密募兵以备之。天佑元年（西历纪元九〇四年），全忠密令其党杀胤，迁帝于洛阳，促百官东行，驱徙士民，号泣满路，毁长安宫室百司及民间庐舍，取其材，浮渭沿河而下，长安遂墟。秦中自古为帝王州，周、秦、西汉递都于此，刘赵、苻秦、姚秦、西魏、后周相间据之，隋文帝营大兴城（在旧长安城东南二里，今长安县城是也），唐初因之，后又增筑，当玄宗世，长安之雄丽繁华，前古无比，黄巢乱后，景象衰耗，至是夷为郡县矣。

帝之发长安也，遣间使以密诏告难于四方。帝至洛阳，李茂贞、王建等移檄讨全忠，皆以兴复为辞，全忠恐变生于中，是年八月，遣其党蒋玄晖等弒帝，在位凡十六年。时德王裕已壮，全忠恶之，以辉王祚幼，立之，更名祝，是为哀帝。次年，杀裕等九人（皆昭宗子），宰相裴枢、独孤损等数十人，复弒太后何氏。全忠急于受禅，朝议先加九锡，全忠怒不受。天佑四年，废哀帝为济阴王而弒之，自称皇帝，是为梁太祖。唐亡，时哀帝三年，西历纪元九〇七年也。唐自高祖至哀帝，凡传二十世，二百九十年（八一九至九〇七）而亡。

唐帝播越表

年代	西历	事迹	原因
肃宗至德元年	七五五年	玄宗出奔蜀	避安禄山之乱
代宗广德元年	七六三年	代宗奔陕州	避吐蕃之祸
德宗建中四年	七八三年	德宗奔奉天	避泾原兵之乱
同兴元元年	七八四年	德宗走梁州	避李怀光之叛
僖宗中和元年	八八一年	僖宗奔成都	避黄巢之乱
同光启元年	八八五年	僖宗奔凤翔	避李克用、王重荣之兵
同二年	八八六年	僖宗奔梁州	避朱玫、李昌符之兵
昭宗乾宁三年	八九六年	昭宗奔华州	避李茂贞之兵

年代	西历	事迹	原因
同天复元年	九〇一年	昭宗奔凤翔	避朱全忠之兵
同天佑元年	九〇四年	昭宗幸洛阳	朱全忠劫之东迁

有唐一代与女宠、宦官、藩镇之祸相终始。兹试列表于下，以供参考。

唐代女宠、宦官、藩镇表

帝名	在位年代	女子之乱政者	宦官之乱政者	藩镇之跋扈者					
				范阳（卢龙）	成德	相卫（昭义）	魏博（天雄）	淄青（平卢）	淮西
高祖	九年								
太宗	二十四年	巢刺王妃杨氏							
高宗	三十四年	皇后武氏							
中宗	二十七年	皇太后武氏							
		皇后韦氏							
		皇妹太平公主							
		皇女安乐公主							
睿宗	三年	皇妹太平公主							
玄宗	四十五年	皇姑太平公主	高力士	安禄山					
		惠妃武氏	杨思勖						
		贵妃杨氏							
肃宗	七年	皇后张氏	李辅国	史思明				侯希逸	李忠臣

帝名	在位年代	女子之乱政者	宦官之乱政者	藩镇之跋扈者					
				范阳（卢龙）	成德	相卫（昭义）	魏博（天雄）	淄青（平卢）	淮西
代宗	十八年		程元振	李怀仙	李宝臣	薛嵩	田承嗣	李正己	李希烈
			鱼朝恩	朱希彩		薛尊	田悦		
			朱滔			（李抱真）			
			朱泚			（李承昭）			
德宗	二十一年		窦文场	朱滔	李惟岳	（李抱真）	田悦	李纳	李希烈
			霍仙鸣	（刘怦）	王武俊	（王延贵）	田绪	李师古	（陈仙奇）
									吴少诚
顺宗	八月	昭容牛氏	李忠言	（刘济）	王士真	李长荣			
宪宗	十六年		吐突承璀	（刘济）	王士真	卢从史	田季安	李师道	吴少阳
			陈弘志	（刘总）	王承宗	（李元）	田怀谏		吴元济
			梁守谦	（张弘靖）	（王承元）		（田弘正）		
			王守澄		（田弘正）		（李愬）		
							（田布）		
穆宗	四年		梁守谦	朱克融	王庭凑	刘悟	史宪诚		
			王守澄						
敬宗	三年		梁守谦	（李载义）	王庭凑	刘从谏			
			王守澄						
			刘克明						
文宗	十三年		王守澄	杨志诚	王庭凑	刘从谏	何进滔		
			仇士良	史元忠	王元逵				
			鱼弘志						
武宗	七年		马元贽	陈行泰	王元逵	刘稹	何弘敬		
			张绛						
			（张仲武）						

帝名	在位年代	女子之乱政者	宦官之乱政者	藩镇之跋扈者					
				范阳（卢龙）	成德	相卫（昭义）	魏博（天雄）	淄青（平卢）	淮西
宣宗	十四年		王归长	（张直方）	王绍鼎		何弘敬		
			王宗实	周綝	王绍懿				
				张允伸					
懿宗	十四年		刘行深	张简会	王景崇		何全		
			韩文约	张公素			韩君雄		
				李茂勋					
僖宗	十五年		田令孜	李可举	王镕		韩简		
			杨复恭	李全忠			乐行达（彦祯）		
昭宗	十五年			李匡威					
			刘季述	李匡俦	王镕		赵文玭		
			韩全诲	刘仁恭			罗弘信		
哀帝	四年			刘守光	王镕		罗绍威		

上表只列河朔三镇及昭义、平卢、淮西等镇，此外不书，非主要者也。其姓名上加括弧者，忠于朝廷者，或由朝廷任命者也。

第十三章

隋唐时代之文化

汉族文化之盛，武力之雄，至春秋战国时代达于极点，遂产出秦汉大帝国。自此以后，经过四五百年，汉族逐渐老大。永嘉之末，五胡乘势侵入中国，黄河流域，化为异族屠掠之场，流血之惨，为古来历史上所仅见。自此以后，又经过二三百年，汉族与匈奴、鲜卑、氐羌等族，血统逐渐混合，酿成一种新民族，汉族固有之文化与异族固有之武力结合成一大团体。推汉族为代表，造出隋唐大帝国，于是东汉末年已成老大之单纯汉族，至是依异族结婚之结果，新产出一种少年混合汉族。此混合汉族，乘血气方刚之锐气，东征西伐，创立混合帝国，开辟有史以来之最大版图，复发明有史以来最新之混合文化。中国文化之盛，武力之雄，至唐时发达达于极点，亦至唐时而发泄无余蕴。自此以后，经过宋、元、明、清，思想日渐退步。有元及清，武力虽称雄于业东，而文化迄不能超出有唐以上，故势力虽膨胀于一时，而不能维持于永久。现在中国国势，如鼠入牛角，逐渐缩小，如悬崖转石，不达谷底不止，长此因循敷衍，非至国亡族灭不止，可危也已。当局二三君子，有能作砥柱于中流，挽狂澜于既倒者乎？吾侪小民，固日夜馨香祷祝以求之矣。

第一节　制　度

一、内官制

唐之中央政府，有三师、三公，备天子师范。其下有三省，统天下政事。更其下有六部，分任行政事务。三师者太师、太傅、太保也。三公者太尉、司徒、司空也。俱拥尊位而无实权，无其人则阙之，非常设之官也。故实际当中央政府统天下大政者为三省与六部。三省者尚书、门下、中书也。中书省掌宣奉诏敕，其长曰中书令。门下省掌审查诏敕，其长曰侍中。中书宣奉门下审查之后，尚书省乃以施行于天下，其长曰尚书令，其副有左右仆射，左仆射统吏、户、礼三部，右仆射统兵刑工三部。吏部掌官吏黜陟，户部掌赋税，礼部掌礼仪，兵部掌兵备，刑部掌刑罚，工部掌土木，合之曰六部。六部之长曰尚书，三尚书隶一仆射，两仆射副尚书令，是以天下行政事务，悉统于尚书省。兹列表于下以供参考。

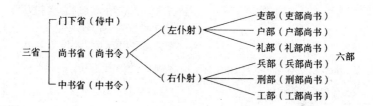

其三省长官，皆为宰相，其以他官参掌者无定员。但加参预朝政（始于太宗贞观元年御史大夫杜淹）、参议朝政（始于贞观四年御史大夫萧瑀）、参预政事（始于贞观九年特进萧瑀）、参知政事（始于贞观十三年黄门侍郎刘洎）、同中书门下三品（始于贞观十七年太子太保萧瑀、詹事李世勣）、参知机务（始于贞观二十二年中书侍郎崔仁师）、同中书门下平章事（始于高宗永淳元年黄门侍郎郭待举等）等衔名者，皆为宰相，亦汉行丞相事之例也。太宗尝为尚书令，臣下避其位不敢居，故以仆射为正宰相。中宗以后，仆射多优游台阁，养尊处优，不与政事。于是实权尽归门下中书二省，左右仆射不兼同三品同平章事头衔者，非真宰相矣。侍中、中书令其初本为三品官，所谓同中书门下三品者，谓同侍中、中书令也。代宗大历二年，始升侍中、中书令为正二品，然此后除去元勋宿望如郭子仪、李光弼、李晟、浑瑊、裴度等用为加衔以外，亦不复授人矣。同平章事，初在同三品之下，中世以后，则独为真宰相矣。宰相本无定员，玄宗时常以二人为限，或多则三人。肃宗以后，功臣如郭、李等，皆以同平章事衔名充节度使。谓之使相，故备相位者众，然执朝政者，亦不过一二人而已，自后强藩如田承嗣、李希烈之徒，相继皆为使相。于是同平章事有真假之别矣。

唐代宰相名实变迁表

官名	实权	变迁
尚书令	唐初正宰相	太宗尝为之，臣下避其名不敢居，遂以仆射为正宰相
尚书左、右仆射	唐初正宰相	中宗以后，多优游台阁，不与政事，遂非真宰相矣
侍中	唐初宰相	中宗以后为正宰相，武后时改纳言，玄宗初年改黄门监，晚年改左相，皆不久仍复旧名。代宗以后，用以优礼元勋宿望，非复真宰相矣
中书令	唐初宰相	中宗以后为正宰相，武后时改内史，玄宗初年改紫薇令，晚年改右相，皆不久仍复旧名。代宗以后，用以优礼元勋宿望，非复真宰相矣
参预朝政	唐初副宰相	太宗贞观元年置，后罢不设
参议朝政	同	贞观四年置，后罢不设
参预政事	同	贞观九年置，后罢不设
参知政事	同	贞观十三年置，后罢不设
同中书门下三品	同	贞观十七年置，武后时改同凤阁鸾台三品，玄宗初年改同紫薇黄门三品，皆不久仍复旧名，肃宗以后罢不设
参知机务	唐初副宰相	贞观二十二年置，后罢不设
同中书门下承受进止平章事	唐初副宰相	高宗永淳元年置，后改称同中书门下平章事，武后时改同凤阁鸾台平章事，玄宗初年改同紫薇黄门平章事，皆不久复旧名。代宗以后，为事实上之正宰相，终有唐之世不改

二、外官制

外官制与隋不同者有三。一曰使，每道置之，其名甚繁，每道之中，不必尽有也，若招讨使、宣慰使、安抚使、经略使等，更为特派而不常有者矣。一曰都督，掌诸州军政，每都督府置之。开元时，有并益荆扬潞五大都督府，其边方有寇戎之地，则加以旌节，令得便宜从事，谓之节度使，节度使及各使，多有可以兼任者。开元时，王忠嗣兼河西陇右朔方河东四镇节度使，杨国忠为相，以一人领四十余使，皆兼任者也。一曰都护，本汉官，掌抚诸蕃，拒外寇，每都护府置之。

唐代官制表（照中华书局《中国历史参考书》转载）

三师	太师 太傅 太保	不主事，不置府僚，但与天子坐而论道
三公	太尉 司徒 司空	参议国家大事，置府僚，无其人则阙
三省	尚书	分掌国家政事，下分吏、户、礼、兵、刑、工六部
	门下	掌献纳及进御
	中书	掌出纳诏命
一台	御史	掌纠察
五监	少府	掌尚方服御
	国子	掌教育
	将作	掌营造
	都水	掌河堤水运
	军器	掌军器
九寺	太常	掌陵庙礼乐
	光禄	掌宫殿、门户及膳食
	卫尉	掌军器、仪仗、帐幕
	宗正	掌皇族
	太仆	掌乘舆仪卫
	大理	掌讼狱
	鸿胪	掌蕃客朝贡及吉凶吊祭

九寺	司农	掌仓市、薪米、园地、果实
	太府	掌财物库藏
	诸使	观风、转运、按察、巡抚、租庸、两税、黜陟、户口、度支、营田、采访、处置、招讨、宣慰、安抚
外官	都督	并州、益州、荆州、扬州、潞州
	都护	安东、安西、安南、安北、单于、北庭
	刺史	分上中下三等
	县令	分上中下三等

三、地方制

太宗并省州县，分天下为十道，为州三百六十，为县千五百五十七。颛顼氏以来九州之称，至此乃一大变更矣。其版图，东至海，西逾葱岭，南尽林邑，北被大漠。至玄宗时，又析为十五道，凡郡府三百二十八，县千五百七十三，此外尚有羁縻府州，统于六都护府及边州都督。举唐之封域，南北如前汉之盛，而东西过之。及安史乱后，河西陇右没于吐蕃，加以藩镇跋扈，朝廷威力之所及，遂逐渐缩小矣。

唐代诸道表（照中华书局《中国历史参考书》转载）

太宗时道	疆域	玄宗时道	疆域
关内	陕西中部、北部、甘肃东部及绥远	关内	陕西北部及绥远
		京畿	陕西中部及甘肃东部
河东	山西	河东	同左
河南	黄河以南、长淮以北、山东河南二省及江苏安徽北部	河南	山东、河南南部、江苏、安徽北部
		都畿	河南西部
河北	黄河以北，山东、河南北部及河北省	河北	同上
山南	四川、湖北北部、陕西、河南南部	山南东	河南南部、湖北北部
		山南西	陕西南部、四川北部
淮南	淮南、江北、江苏、安徽中部、湖北东部	淮南	同上

太宗时道	疆域	玄宗时道	疆域
江南	长江以南、南岭以北、江苏、安徽、浙江、福建、湖北、湖南、贵州、四川地	江南东	浙江、福建及江苏、安徽南部
		江南西	江西及湖南东部、湖北东南部
		黔中	贵州北部、四川南部、湖南西部
陇右	甘肃西部,青海东部至新疆	陇右	同上
剑南	四川中部、西部,云南北部	剑南	同上
岭南	两广及安南北部	岭南	同上

唐六都护十节度表（据《本国史表解上》转载）

	名称	治所	今地	管辖区域及任务
甲、六都护	一、安东	治平壤	朝鲜平壤	领朝鲜以东
	二、安南	治交州	安南河内	领交趾以南
	三、安西	治龟兹	新疆库车县	领西域诸国
	四、北庭	治庭州	新疆迪化县	领天山以北
	五、安北	治金山	科布多境	领大漠以北
	六、单于	治云中	绥远归绥县	领大漠以南
乙、十节度	一、平卢	治营州	热河朝阳县	镇抚室韦靺鞨
	二、范阳	治幽州	北平	制临奚契丹
	三、河东	治太原	山西阳曲县	犄角朔方以御北狄
	四、朔方	治灵州	甘肃灵武县	捍御北狄
	五、河西	治凉州	甘肃武威县	隔断羌胡
	六、陇右	治鄯州	甘肃碾伯县	备御羌戎
	七、安西	治龟兹	新疆库车县	抚宁西域
	八、北庭	治庭州	新疆迪化县	防制突骑施坚昆
	九、剑南	治益州	四川成都县	控制吐蕃蛮獠
	十、岭南	治广州	广东番禺县	绥靖夷獠

汉唐武功极盛，然治外方法，彼此不同。汉取羁縻政策，不干涉其内政，仅东平朝鲜置四郡，南平南越设九郡而已。他如西北二方面，虽设西域都护、戊己校尉、护羌校尉、使匈奴中郎将、护乌桓校

尉以统之，究未尝以郡县制度治之也。唐室声威，跨越两汉，即其部落，列置府州，分领于边州都督及都护。其可考者：

一、突厥、回纥、党项、吐谷浑，隶关内道者，凡府二十九，州九十。

二、突厥别部及奚契丹靺鞨降胡百济、高丽，隶河北道者，凡府十四，州四十六。

三、突厥、回纥、党项、吐谷浑之别部，及于阗波斯等国，隶陇右道者，凡府十一，州百九十八。

四、羌蛮隶剑南道者，凡州二百六十一。

五、蛮隶江南道者凡州五十一。

六、蛮隶岭南道者凡州九十三。

此外有党项州二十四，不知其隶属，大约府州八百五十六，号为羁縻云。

四、兵制

唐于各道置折冲府，有折冲都尉领之。其等有三，统千二百人者曰上府，千人者曰中府，八百人者曰下府。凡天下十道，置府六百三十四，而关内一道，独二百六十有一，皆分隶十二卫，以制内外之势。人民二十为兵，六十而免，每年番上，宿卫京师，不但镇守地方也。

其编立军队之法，十人为火，有火长一人，五十人为队，有队长一人，三百人为团，有校尉一人。其武器平日藏之官库，有事乃给之。每岁季冬农隙，由折冲都尉征集，训以进退之法。国家有事征发，则以符契下其州及府，参验发之。至所期处，将帅按阅，有教习不精者，罪其折冲，甚者罪及刺史，常以道路远近，给其番代之时。高宗以后，其制渐弊，番役更代，多不以时，卫士稍稍亡匿。玄宗时，益耗散，宿卫不能给，宰相张说乃请一切募士宿卫，共十二万，号曰长从宿，卫岁给一番，后更号曰彍骑，分隶于诸卫。安史乱后，府兵与彍骑二者均废，天子所恃，惟禁兵而已。

唐代兵制表

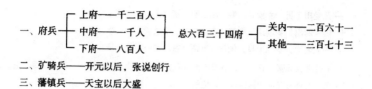

二、旷骑兵——开元以后，张说创行

三、藩镇兵——天宝以后大盛

五、田制及赋税制

魏晋以来，乱离相继，民户耗减，田多旷废。后魏孝文帝好儒，参酌井田之制，创均田法。唐因其制，凡男女始生为黄，四岁为小，十六为中，二十为丁，六十为老。天下丁中之男，官给田百亩，笃疾减什之六，寡妻妾减七，皆以十之二为永业，传其子孙。十之八为口分田，惟限一代，老免身殁，则还于官。皆不得买卖，惟转徙及贫无以葬者，得卖永业田。自狭乡（田少之处）徙宽乡（田多之处）者，得并卖口分田。凡受田丁男，岁输粟二斛、稻三斛谓之租，随乡所出。岁输绢绫布绵，各定其额，谓之调。用人之力，岁二十日，闰加二日，谓之庸。不役则收其佣，日三尺。有事而加役者，旬有五日，免其调，三旬，租调俱免。水旱虫霜为灾，什损四以上免租。六以上免调。七以上，课役俱免。此法以人丁为本，有田则有租，有身则有庸，有户则有调，天下户口，每至三年，必重为按比，改造名籍，凡平田赋、均事役，皆赖之焉。自天宝乱后，北方凋耗，版籍难稽。至德宗时，杨炎始创为两税法，百役之费，先度其数而赋于民，于是租庸调之制遂废。

唐初均田法

一，男女始生为黄，四岁为小，十六为中，二十为丁，六十为老。
二，天下丁，中之男，官给田百亩，笃疾减十之六，寡妻妾减十之七。
三，以十之二为永业，传其子孙；十之八为口分田，惟限一代；老免身殁则还于官。
四，皆不得买卖，惟转徙及贫无以葬者，得卖永业田；自狭乡徙宽乡者，得并卖口分田。

唐初赋税制表

```
  ┌─凡受田丁男，岁输谷二斛，稻三斛，谓之租。——粟米之征
一─┼─随乡所出，岁输绢绫布绵，各定其额，谓之调。—布缕之征
  └─用人之力，岁二十日，闰加二日谓之庸。——力役之征
二──不役则收其庸，日三尺。有事而加役者，旬有五日，免其调，三旬，租调俱免。
三──水旱虫霜为灾，十损四以上，免租；六以上，免调；七以上，课役俱免。
```

附货币制度

唐承隋后，币制窳败，因改铸开元通宝钱。其文有八分、篆、隶三体，系欧阳询所书。询初进蜡样，文德皇后掐一甲迹，故钱上有掐文。制法精工，自五铢以后，此为最善。玄宗时，民间恶钱流行，宋璟为相，请行禁止，遣监察御史萧隐之使江淮，括恶钱，隐之严急烦扰，怨嗟盈路。隐之贬官，恶钱复行如故。肃宗铸乾元重宝钱，以一当十，铜质甚佳，人多毁以为器。其后禁民间储见钱不得过五千贯，禁铜器，官一切为市之，盗毁之风稍止。

唐代币制表

一、开元通宝钱	太宗时创	其文有八分、篆、隶三体
二、乾元重宝钱	肃宗时创	以一当十

六、刑制

高祖入关，除隋荷政，与民约法十二条，惟制杀人劫盗背军叛逆，余悉蠲之。其后乃有刑书四种，曰律、令、格、式。律、令者，尊卑贵贱之等数，国家之制度也。格者，百官有司所常行之事也。式者，其所常守之法也。其刑制悉与隋同，分为五等，即笞、杖、徒、流、死是也。笞、杖、徒三刑，更分五等，流刑分三等，死刑分二等。故刑之轻重，凡二十等，皆许计罪纳镂以赎焉。

唐代刑制表（照《中国史表解上》转载）

甲、五刑
- （一）笞。一十，二十，三十，四十，五十
- （二）杖。六十，七十，八十，九十，一百
- （三）徒。一年，一年半，二年，二年半，三年
- （四）流。二千里，二千五百里，三千里
- （五）死。绞，斩

乙、十恶
- （一）谋反，（二）谋大逆，（三）谋叛，（四）恶逆，（五）不道，
- （六）大不敬，（七）不孝，（八）不睦，（九）不义，（十）内乱

丙、八议
- （一）亲，（二）故，（三）贤，（四）能，
- （五）功，（六）贵，（七）勤，（八）宾

七、学校制

唐初，京师有国子学、太学、四门学等，又有书学、算学、律学，地方有京都学、京县学、县学等，而以京师之国子学为最贵。太宗时，于门下别置弘文殿，聚四部书，二十余万卷，置弘文馆于其侧，选天下文学之士，与讲论前言往行及商榷政事。又于东宫置崇文馆，增创学舍，增置生员。其屯营飞骑等，亦给博士，授以经业。国学之内，生徒多至八千余人，从古所未有也。玄宗时，置丽正书院，聚文学之士，或修书，或侍讲，书院之名盖始于此。其后兵戈扰攘，学制渐衰。代宗至以宦者鱼朝恩判国子监事，而学制荒矣。

唐代学校制表

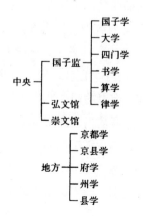

中央
- 国子监
  - 国子学
  - 大学
  - 四门学
  - 书学
  - 算学
  - 律学
- 弘文馆
- 崇文馆

地方
- 京都学
- 京县学
- 府学
- 州学
- 县学

八、选举制

六朝多尚门第，隋鉴其弊，始废九品中正之制，别创选法。唐因隋旧，其法大抵有三，由京师及各地学校出身者，曰生徒；由州县推选者，曰乡贡；每岁会生徒、乡贡于尚书省而考试之，合格者授官。其科目多至数十，最著者有秀才、明经、进士、俊士、明法、明字、明算等名，皆怀牒自列于州县，试而中选者，乃送至省试之。其试法，秀才试方略策五道，以文理粗通为主，明经先帖文，然后口试经问大义十条，答时务策三道。进士试时务策五道，帖一大经，其后改重声韵，明法试律令十条，明字先口试通，乃墨试说文字林，明算先口试，后乃试以各算书，此其考试法之大略也。其天子自诏者曰制举，所以待非常之才，其后士子多趋向明经进士二科，故二科得人最盛。武后时，策问贡士于洛城殿，殿试自此始。又设武举，以骑射、马枪、才貌、言语、负重等阅人，武举亦始于此。然唐之取士，不尽由科举。有由上书而得官者，如和逢尧、员半千之类是也。有隐逸而召用者，如阳城李渤之类是也。有出于辟举者，如韩愈之出于张建封、董晋是也。有出于延誉者，如吴武陵之荐杜牧之是也。其中辟举之风，肃代以后最为盛行，收效亦多。

授官之制，多循前代。五品以上有册授，有制授，六品以下皆旨授。凡旨授官，悉由于铨选，选有文武。文选属吏部，武选属兵部，皆尚书侍郎主之。兵部课试，如举人之制，取其躯干雄伟，应对鲜明，有骁勇才艺，及可为统帅者。吏部择人以四事：一曰身，取其体貌丰伟；二曰言，取其言词辨正；三曰书，取其楷法道美；四曰判，取其文理优长。白身求官者，则应贡举。有出身有前资者，则应文选。吏部之属，有考功司，考功郎中掌考课，考官吏之功过，定其殿最而升降之。考功员外郎掌贡举，举人及第落第一在其手。玄宗以员外郎望轻，移贡举于礼部，以侍郎主之，于是举士与举官，分为二途，策试之法，铨选之法，日新月异，不相为谋。士之欲以文章达者，举于礼部，而不举于吏部，则不得官。登录既难，请托愈盛，考官又多偏私，衡鉴不明。以韩愈之才，四试于礼部，始得出身，三试于吏部，无成，十年犹布衣，寒士之难于进如此。

高宗以来，选人猥众，内外盈溢，门荫、武功、艺术、胥吏之类，众名杂目，不可胜纪。开元中，诸色出身每岁二千余人，方于明经进士，多十余倍，是时内外官万八千余员，而合入官者，凡十二万余人，率十人争一官，有出身二十年不获录者。玄宗时，吏部尚书裴光庭奏用循资格，限年蹑级，毋得逾越，非负谴者，皆有升无降，盖本于崔亮停年之制也，自是有司但勘资例，考课遂为死法。肃、代以后，兵乱官弊，铨法无可道者。德宗时，国境既蹙，吏员减天宝三之一，而入流者加一，士人二年居官，十年待选，而考限迁除之法亦坏矣。

唐代选举制表

一、被选者┬生徒——学校所选┐
　　　　　├乡贡——州县所举┤常选
　　　　　└制举——天子特举，所以待非常之才

二、科目——秀才，进士，明经等

三、考试——对策，帖经，墨义，口试

四、授官——五品以上册授，或制授，六品以下旨授

五、铨选——文选属吏部，武选属兵部

第二节　学　术

一、经学

隋唐时代，支配社会人心者有三：曰儒学，曰道教，曰佛教。

东晋以来，儒者好尚，有南北之异。南学简而华，北学深而芜，大抵皆承袭汉代之余风，探求于文字章句之末，而于微言大义，往

往从略焉。隋室勃兴，并采南北之学，《书》《易》《春秋》则用孔（安国）、王（弼）、杜（预）氏。《诗》《三礼》《论语》则皆用郑（康成）氏。龙门（今山西河东道河津县）王通，教授于河汾之间，弟子自远方来者甚众，累征不起，大业末，卒于家。门人谥曰文中子。唐以九经课诸生，《礼记》《左传》为大经，《诗》《周礼》《仪礼》为中经，《书》《易》《公羊》《谷梁》为小经。通二经以上者得应举，《孝经》《论语》皆兼通之。太宗命孔颖达、颜师古等，折衷南北学说，立一定之标准，作五经正义。其后又作四经正义，合为九经注疏，后又增加四经，号为十三经注疏。凡学校之教课，官吏登庸之试验，皆以钦定之注疏为标准，范围狭隘，故唐之经学不甚发达。惟李鼎祚作易集解，宗郑排王，啖助说春秋，不宗三传，考其得失，断以己意，然大旨阴主公谷。赵匡、陆质传其学，质遂纂啖、赵之说，作春秋集传，唐学出正义之范围者，唯有此二书而已。

自唐以前，孟轲列于诸子，儒林不甚重之，东汉唯赵岐注之，唐朝亦不立学官。至韩愈深赞其辟杨墨，明孔道，以为功不在禹下，学者自是知尊孟子矣。愈慕孟子之风，好排击老释，唱群圣传统之说，以捍卫儒道。事德宗，为监察御史，以谏宫市（参观通鉴德宗贞元十三年以宦者为宫市使条下），贬阳山（属连州今广东岭南道属县）令。宪宗朝，迁刑部侍郎。帝迎凤翔法门寺塔佛骨入禁中，留三日，历送诸寺，王公士民，瞻奉舍施，惟恐不及。愈上表极谏，乞投之水火，帝大怒，贬潮州刺史，其后复还朝，为吏部侍郎。会成德将王庭凑杀其节度使田弘正，自为节度使，穆宗诏愈宣抚，众皆危之。愈至，庭凑严兵迓之，愈以大义责之，庭凑不敢犯，礼而归之。愈通经传百家，最长文章，世推其排佛之功，至配之孟子云。

《五经正义》表（据《本国史表解卷上》转载）

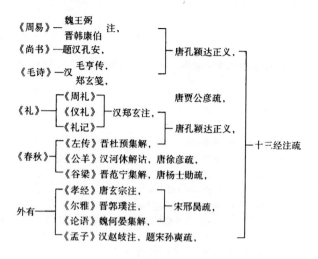

二、史学

唐太宗以谢灵运、于宝等所撰之《晋书》为未善，诏褚遂良、许敬宗、房玄龄等重修之。其中宣武纪陆机、王羲之传论，帝所自为，故总题为御撰，实为后世钦定御撰等书之所本也。帝又诏长孙无忌、魏徵等撰《隋书》，自此以后，一朝之史，多奉敕官撰，而不出于一人之手，不能成一家之言矣。同时所撰之史，尚有《周书》《北齐书》《陈书》《梁书》《南北史》等。《梁》《陈》二书，皆魏徵与姚思廉所撰。思廉父察，为梁史官，当陈时，曾修梁、陈二史，未就，以属思廉。思廉入隋，表父遗言，有诏听续。至唐，又奉诏与魏徵等修之，故二书仍为一家之言也。《北齐书》为李百药所撰，亦因其父德林之书而续成者。《周书》为令孤德棻与岑文本、崔仁师等所撰。《南北史》皆为李延寿所撰，延寿自言承其父大师之志而作，盖亦一家之言也。此外杂史类则有吴竞之《贞观政要》，于太宗实录外，采其与群臣问答之语而成者也。又有裴延裕之《东观奏记》，专记宣宗一朝之事迹者也。史评类则有刘知幾之《史通》，贯穿古今，洞悉利病，为史评诸书之祖。政治史类则有杜佑之《通典》，分食货、选举、职官、礼、乐、兵、刑、州郡、边防九门，上下古今，网罗巨细，为政治史之祖。皆杰作也。

中古史学家名著表（据《本国史表解卷上》增补）

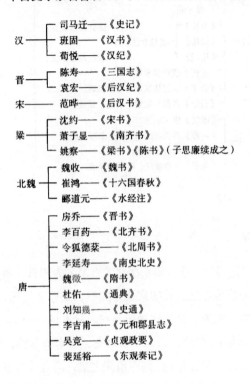

汉
- 司马迁——《史记》
- 班固——《汉书》
- 荀悦——《汉纪》

晋
- 陈寿——《三国志》
- 袁宏——《后汉纪》

宋
- 范晔——《后汉书》

梁
- 沈约——《宋书》
- 萧子显——《南齐书》
- 姚察——《梁书》《陈书》（子思廉续成之）

北魏
- 魏收——《魏书》
- 崔鸿——《十六国春秋》
- 郦道元——《水经注》

唐
- 房乔——《晋书》
- 李百药——《北齐书》
- 令狐德棻——《北周书》
- 李延寿——《南史北史》
- 魏徵——《隋书》
- 杜佑——《通典》
- 刘知幾——《史通》
- 李吉甫——《元和郡县志》
- 吴兢——《贞观政要》
- 裴延裕——《东观奏记》

三、文学

唐承六朝之后，诗赋散文，皆不脱纤弱之习。高宗时，王勃、杨炯、卢照邻、骆宾王擅文名，世称四杰，俱工于骈俪。（《文选·王简栖头寺碑文》云："层轩延袤，上出云霓，飞阁逶迤，下临无地。"王勃《滕王阁序》亦云："层台耸翠，上出重霄，飞阁流丹，下临无地。"庾信《华林园马射赋》云："落花与紫盖齐飞，杨柳共春旗一色。"《滕王阁序》亦云："落霞与孤鹜齐飞，秋水共长天一色。"）。则天时，沈佺期、宋之问以附二张进，之问尤无行。二人善诗，带沈、庾余风，益加雕镂，音律谐协，属对精炼，号为律诗，又谓之近体，学者宗之，称沈、宋。陈子昂亦媚事则天，然其诗不染时俗，高雅冲澹，超于建安，散文亦疏朴近古。

玄宗之世，张说、苏颋以文章显，皆为宰相。说封燕公、颋许公，时号燕、许大手笔，其文稍近雅正，而骈俪之习未去。元结性耿介，为文奇古不谐俗，故名亦不高，然唐人力变骈俪者，实自结始。是时国内升平，文艺炽昌，诗人名家者不可胜数，而杜甫为其冠，李白、王维、孟浩然等次之。杜甫少贫，举进士不第，困长安。玄宗见其赋，奇之，命待制集贤院。安禄山作乱，甫为贼所得，逃谒肃宗，拜左拾遗，寻弃官，寓秦州，樵采自给。流落剑南，为其帅严武参谋。武卒，客游江湖，卒于衡山之阳。甫旷放不自检，好谈大事，高而不切，数当寇乱，挺节无所污。为歌诗，伤时挠弱，情不忘君，人怜其忠。李白有逸才，豪放嗜饮，飘然有超世之心。尝至长安，学士贺知章见其文，叹曰：“子谪仙人也。”荐之玄宗，供奉翰林。白犹与饮徒日醉于市，顷之，辞去，浮游四方。肃宗时，得罪，流夜郎，会赦，得释，客死江南。李杜之诗，俊伟跌宕，不假雕琢之工，古风近体，皆极其妙。于是唐诗蔚然大兴，遂为后世之模范。

陆贽以一代大儒，为德宗贤相。其文多用骈句，不异俗体，然真意笃挚，反复曲畅，不见排偶之迹。为德宗作诏诰，至武夫悍卒皆感泣，其论谏切中时病，皆本仁义，洵经世之文，不可以四六卑视。

韩愈以宏才卓识，用力古文，综核百家，镕而化之，刊陈划伪，粹然一出于正，而浑洋自肆，无所拘束，遂一洗八代之陋习，使唐之文章，追踪于周汉。当时名亚于愈者，唯柳宗元。宗元与顺宗幸臣王叔文友善，及叔文用事，引陆质、刘禹锡等参计议，宗元亦预焉。宦官嫉之，谗毁沸腾。宪宗立，悉贬窜其党，赐叔文死，宗元由是废黜，自放于山水间，湮厄感郁，一寓诸文。韩愈尝评其文，谓雄深雅健似司马迁。李翱、皇甫湜从愈学，翱得其谨严，湜得其奇崛。孙樵又传湜法。刻意求奇，皆不逮韩柳。韩柳又善诗，俱如其文。

同时工诗者，韦应物、刘禹锡、张籍、白居易。居易长乐府，用语平易，以曲折尽情，自成一家。稍后有杜牧、李商隐。牧诗豪而艳，有气概，人称为小杜以别于杜甫。商隐学甫，寄托深远，但语伤缛丽。

唐代文学家表

一、高宗时	四杰：王勃，杨炯，卢照邻，骆宾王	骈体文学家
二、武后时	沈宋：沈佺期，宋之问	诗家
三、同	陈子昂	诗家古文学家
四、玄宗时	燕许：张说，苏颋颋	骈体文学家
五、同	元结	古文学家
六、同	李白，杜甫，王维，孟浩然	诗家
七，德宗时	陆贽	大儒、骈体文学家
八，中叶以后	韩愈，柳宗元，李翱，皇甫湜	古文学家
九、同	韦应物，刘禹锡，张籍，白居易，杜牧，李商隐	诗家

李杜事略表（据《本国史表解卷上》转载）

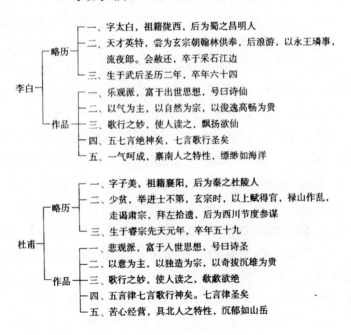

李白

略历
一、字太白，祖籍陇西，后为蜀之昌明人
二、天才英特，尝为玄宗朝翰林供奉，后浪游，以永王璘事，流夜郎。会赦还，卒于采石江边
三、生于武后圣历二年，卒年六十四

作品
一、乐观派，富于出世思想，号曰诗仙
二、以气为主，以自然为宗，以俊逸高畅为贵
三、歌行之妙，使人读之，飘扬欲仙
四、五七言绝神矣，七言歌行圣矣
五、一气呵成，禀南人之特性，缥缈如海洋

杜甫

略历
一、字子美，祖籍襄阳，后为秦之杜陵人
二、少贫，举进士不第，玄宗时，以上赋得官，禄山作乱，走谒肃宗，拜左拾遗，后为西川节度参谋
三、生于睿宗先天元年，卒年五十九

作品
一、悲观派，富于入世思想，号曰诗圣
二、以意为主，以独造为宗，以奇拔沉雄为贵
三、歌行之妙，使人读之，歔歔欲绝
四、五言律七言歌行神矣。七言律圣矣
五、苦心经营，具北人之特性，沉郁如山岳

韩柳事略表（据《本国史表解卷上》转载）

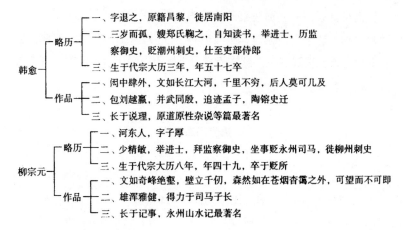

四、书法

唐以书判取士，故书法特精妙。太宗夜半学兰亭，故其书特工。臣下以书名者，有欧阳询、虞世南、褚遂良等，皆宗王羲之。虞得其筋，褚得其肉，欧得其骨，皆称绝妙。其后有颜真卿、柳公权二人，亦宗羲之而得其筋骨者（颜筋、柳骨）。此外以草书名者，有张旭及僧怀素等，旭有草圣之称，怀素书亦神品也。以篆书名者为李阳冰，与秦李斯先后齐名，称二李。

唐代书法家表

一、楷书	欧阳询，虞世南，褚遂良，颜真卿，柳公权
二、草书	张旭，僧怀素
三、篆书	李阳冰

五、画法及雕刻术

唐世画家甚多。太宗时有阎立本，善写真，所图凌烟阁功臣像，为世所称。玄宗时有李思训，好画金碧山水，笔格遒劲，为画家北派之祖。思训曾为左武卫将军，时人称为大李将军，其子昭远亦以山水名，时人称为小李将军。又有吴道子者，常于大同殿写嘉陵江山水，一日而毕。思训亦受命写嘉陵江山水，数月而毕。玄宗叹曰："思训数月之功，道子一日之迹，皆极其妙。"时诗家王维亦以画家称，尝画破墨山水，云峰五色，意态逼真，为画家南派之祖，世称维诗中有画，画中有诗，盖双绝也。

唐代画家表

姓名	时代	得意之作	作品
阎立本	太宗时	善写真	凌烟阁功臣像
李思训	玄宗时	金碧山水	嘉陵山水
李昭远	同	同	
吴道子	同	山水	嘉陵山水
王维	同	同	破墨山水

雕刻术、建筑术亦颇发达，现今所存者，犹有慈恩寺塔，可窥测建筑之一斑。石碑之雕刻极精，远胜于近今者。

六、音乐

秦以后乐经散亡，音乐失传。汉高帝时，叔孙通定其制。武帝时，李延年司其律，乐以渐备。东汉明帝时，亦有修正，后经丧乱，厥道孔衰，曹操命杜夔作雅乐，始渐复古。自五胡乱华，器与律均失，古乐乃不可复矣。西汉张骞使西域，而得传胡乐。东汉时，南人修朝贡而进蛮乐，自是以后，琵琶、箜篌、胡笳等充斥中原，雅乐几至绝迹。隋初，修正乐律，乐工万宝常有所建白，不用，后新乐成，其声淫历而哀，宝常听之泫然曰："天下不久尽矣。"炀帝时，有乐工王令言者，听弹琵琶声，知炀帝之幸江都，必不能返，此皆于音乐有神悟者也。唐玄宗精于音律，选部伎子弟三百人，教之于梨园中，号曰皇帝梨园弟子，臣下慕之，皆善音律。玄宗又分乐部为坐立二部，太常阅坐部伎不可教者，隶之立部，又不可教者，令习雅乐，于是古乐更衰歇矣。域外之乐传入于唐者，有高丽乐，唐初最盛。新罗乐，太宗时有之。南诏乐、骠国乐德宗时有之。鲜卑乐，北方最盛，为胡乐之尤著者。

七、天文学

天文历算之书，未遭秦火，故历代多有发明。汉赵君卿作《周髀算经》，武帝时，洛下闳能造仪器以考历度，皆其著者。晋虞喜善天算，太阳与各恒星相躔之宿度，每岁有不及之分，其差甚微。古人未之知，喜发明之，因立岁差法，历代之所宗也。隋时以刘焯为著，所造七曜新历，颇能纠正当时之失。唐时历算大家，前有李淳风，后有僧一行，淳风造麟德历及诸算经，一行造开元大衍历及算经，皆驰誉于世。淳风又创铜浑天仪，表里三重，下据准基，状如十字，末树鳌足，以张四表，颇称精妙。玄宗时，有九执历，出于西域，与今欧西之法相同。诏太史监瞿昙悉达译之，其算皆以字书，不用筹策，即今日之笔算也。

中古天文学家及数学家表

姓名	时代	创造品	发明之学说	著作品及译述品
洛下闳	汉武帝时	始经营浑天仪		
鲜于妄人	同	继续洛下闳业		
耿寿昌	汉宣帝时	始铸浑天仪		
张衡	汉安帝时	铸地动仪		
虞喜	晋		岁差法	
刘焯	隋			七曜新历
李淳风	唐太宗时	浑天仪		麟德历及诸算经
僧一行	唐玄宗时			开元《大衍历》及《算经》
瞿昙悉达	同			译《九执历》

八、医学

隋唐间最著者，有孙思邈，所著《千金方》一书，发前言，启后学，有功于医道甚深，世或传以为仙，故又称曰孙真人。同时有王焘者，著《外台秘要》，所言方证符禁灼灸甚详，又有甄权，撰《脉经》《针方》《明堂人形图》，时多宗之。

隋唐时代医学家表

一、孙思邈	著《千金方》
二、王焘	著《外台秘要》
三、甄权	著《脉经》、《针方》及《明堂人形图》

九、术数学

隋文帝焚纬书，谶纬之学遂绝，其余占卜、相术、望气等仍盛行。有章仇翼者，知文帝之必终于仁寿宫，以占卜而知之也。有韦鼎者，于文帝未得天下时，知其必贵。又有乙弗宏礼者，知炀帝不令终，皆以相术验之也。唐时善相者有袁天纲，于武后幼时，知其必为天子。李淳风善天算，尤能前知，武氏之祸，淳风在太宗时已言之，且知其人已在宫中，故后人推验之说，多有托之于淳风者。德宗时，道士桑道茂以望气而知德宗之必幸奉天，后朱泚之乱，德宗果往焉。此皆有奇验者，亦可知当时术数学盛行也。

隋唐时代术数者表

一、章仇翼	知隋文帝终于仁寿宫
二、韦鼎	于隋文帝微时，知其必贵
三、乙弗宏礼	知隋炀帝不令终
四、袁天纲	知武后必为天子
五、李淳风	太宗时，知武后之祸已伏于宫中
六、桑道茂	知德宗必幸奉天

当时文化发达之结果，东自日本、朝鲜、渤海，西抵吐蕃，南迄海南诸国，无一不受我国文化所支配，各国多遣派学生，留学长安，输出文化于彼国。现今日本、朝鲜内地，犹有中国风焉，皆此时代之

遗泽也。

隋唐时代日本遣唐使及留学生姓名年代表

使臣姓名	留学生	中历	日历	西历
小野妹子来朝		隋炀帝大业三年	推古天皇十五年	六〇七
裴世清等往报聘		隋大业四年	推古十六年	六〇八
小野妹子复来朝	玄理、清安、僧旻等八人从		同年九月	
大使吉士长丹，副使吉士驹	僧徒学生凡百二十一人从	唐太宗贞观四年	舒明天皇二年	六三〇
大使高田首根麻吕，副使扫守连小麻吕	道昭及学生凡百二十一人从	唐高宗永徽四年	舒明白雉四年	六五二
粟田真人		唐中宗嗣圣十八年	文武天皇太宝元年	七〇一
多治比县守	吉备真备、阿部仲麻吕	唐玄宗开元四年	元正天皇灵龟二年	七一六
菅原清公	最澄	唐德宗贞元十八年	桓武天皇延历二十一年	八〇二
藤原葛野麻吕	空海	唐贞元二十年	延历二十三年	八〇四
藤原常嗣		唐文宗开成三年	仁明天皇承和五年	八三八
菅原道真奏停派遣唐使		唐昭宗乾宁元年	宇多天皇宽平六年	八九四

阿部仲麻吕，留唐不去，改名晁衡，在中国五十年，仕至安南都护。道昭受业玄奘之门，归国后，倡行火葬。最澄、空海，来习佛教，归国后，朝野倾慕。空海学问渊博，文艺、书画、雕刻、医药之学无不精，相传日文之伊吕波歌，为其所作。

中日交通路线表

一、隋唐间路线	自肥前西航，过朝鲜南部，入黄海，至山东半岛上岸
二、唐中叶路线	自长崎西航，抵江苏东海，入扬子江，溯流而上，取道襄汉入长安
三、唐末叶路线	自长崎西南行抵浙海，至明州（今鄞县）上岸

第三节 风 俗

一、崇尚门户

南北朝分立既久，社会情形，多判若二致。隋时，始沟合而调和之，然崇尚门户等习，至唐犹存。太宗降诏曰："新官之辈，丰富之家，竞慕世族，结为婚姻，多纳货贿，有如贩鬻，或贬其家门，受屈辱于姻娅，或矜其旧族，行无礼于舅姑，自今以往，宜悉禁之。"然不能止也。宰相李日知、李林甫、张说皆愿与山东著姓通婚，其南北朝时之望族，仍恃其族望，耻与卑族为婚，亦可见习俗之难移矣。

二、士子之钻营

士以投牒自进之故，多不尚气节。益以女主、权相、藩镇、宦官迭执大柄，士更以依附为荣，不羞自荐。戴破帽，策蹇驴，以干谒王公大人之门。未到门百步，辄下马奉币刺再拜以谒于典客者，投其所为之文，名之曰求知己。如是而不问则再如前所为者，名之曰温卷。如是而又不问，则有执贽于马前，自赞曰某人上谒者。士风之鄙，一至于斯，无怪乎入仕以后，吮痈舐痔，无所不至也，五季廉耻道丧，实基于此。固不独走马应不求闻达科之可笑耳（唐有士子遇友于途，问所往曰往，应不求闻达科也）。

三、平民之阶级

平民分为两级，其良者曰农工商，贱者曰杂户、番户、奴婢。奴婢有由反逆相坐而收入者，有由各地岁贡者，由反逆相坐收没者。一免为番户，再免为杂户，三免为良民，免者遇赦也，由各地岁贡者，以邕府（广西邕宁县）为多。代宗时始除之。（参看梁任公先生《中国文化史社会组织篇》第六章《阶级下》）

四、婚丧之礼

婚丧之礼，多务奢华，女子不以重婚为耻。唐代公主重婚者至二十三人之多，宫闱之乱所感化也。丧礼，四品以上用方相（即周礼之方相，黄金四目以驱除疫疠等恶鬼者，以刍或纸为之），七品以上用颣头（如方相而较小），为后世开路神之始，隋制也。自周以来，葬皆真钱，唐祠祭使王玙，始以纸寓钱为鬼事，为后世冥钱之始。太常博士李才百著书，历载丧煞损害法，则避煞之事，由来久矣。

五、养子

养子之风流行，李克用、朱全忠、李茂贞、王建等，各有养子数人至数十人，最多有至数百人者，宦官亦多有之，田令孜、杨复恭各有养子数百人是也。

此外风俗，如同年座主门生先辈之称，一二三四五六七八九十之作为数字，及文字中之有抬头等格式，皆肇于隋唐时。

第四节　唐代风俗及于后世之恶影响

一、科举

科举之制盛行，人民弋取富贵之念愈重，社会渐以官吏为尊。其取士之标准，皆崇尚文词，不问实学。其后经过宋、元、明、清，皆本此方针，以为束缚人心之具。近世学术之不振，实此时开其端也，此为中国文化退步之远因。

二、募兵制度

征兵制度，唐初最为完备。至开元、天宝间，遂从根本破坏，变为募兵制度。自此以后，直至有清末年，养兵之费，遂成国家支出之大宗，哗溃淫掠之事，时有所闻。与外人战，十战九败。宋室乘五代疲弊之余，明室乘有元衰乱之际，偶尔创立一帝国，非其武力之有余裕也。元、清勃兴，对于其本族，实行全国皆兵制度，而不能寓兵于农。对于汉族，则仍用募兵制度，是以国家有养兵之负担，不收养兵之效果，此为中国武力衰弱之远因。

三、缠足

缠足之风起于此时。其初教坊官妓，借以修饰舞容，士大夫悦之，良家妇女，乃以为取媚男子之道。其后经过宋、元、明、清，几成一种流行病，愈传染，愈普遍，至前清末年，普及于汉族上中下流社会，满蒙回族之与汉族杂居者，亦尤而效之，可哀也已，此为汉族体格衰弱之远因。

有此三者，而自唐以后千余年间之中国，乃日渐退步矣，古所谓日中则昃，月盈则缺，岂其然乎。

此外若鸦片一物，已由大食国输入，当时仅以药材视之，不为害也。

第五节　宗教

一、道教

唐代儒学之发展，不出经学范围之外，在思想界不占势力，其在思想界最有势力者，厥惟释、道二教。道教之起原，始于战国时代，崇拜老子为教主，魏晋南北朝时代最流行。唐高祖时，晋州（今山西河东道，即故平阳府）妖人自言于羊角山（在河东道浮山县南）见老君曰："为吾语唐天子，吾而祖也。"诏就其地立庙，盖李唐与老子同氏，故诙者附会之也。高宗幸亳州（今安徽淮泗道亳县），谒老子庙，上尊号曰太上玄元皇帝，以皇绪出玄元。诏王公以下，皆习《道德经》，令明经举人策试，以道士隶宗正寺，班在诸王之次。中宗时，诏诸州各治观一所，以方士郑普思为秘书监，叶静能为国子祭酒。睿宗即位，以西城、隆昌二公主为女冠，自是皇女始有入道者。玄宗最重道教，制令士庶家藏《道德经》一本，帝亲作注疏。两京诸州各置玄元庙，依道法斋醮，兼置崇玄学生，令习《道德经》及《庄子》《文子》《列子》以应贡举。两京崇玄馆置学士大学士，追号庄子、文子（《汉书·艺文志》称为老子弟子与孔子同时）、列子、庚桑子（名楚庄周以为老聃弟子）皆为真人（庄子为南华真人、文子为通玄真人、列子为冲虚真人、庚桑子为洞虚真人〔《旧唐书·玄宗本纪》〕）。尊其书为真经，以《道德经》列群经首。诸郡开元观以金铜铸等身天尊像，五岳及灵山仙迹，并禁樵采，立祠宇，多度道士，以修祭祀。尊玄元为大圣祖，圣祖前立文宣王（唐玄宗追谥孔子为文宣王）像，与四真人列侍左右。是时公卿吏民，争奏符瑞神异之事。宰相李林甫等皆舍宅为观，以祝圣寿。肃代德宪之际，道教之盛虽稍逊于佛，然以其为皇家正教，名位常在佛上。武宗宠道士赵归真，亲受法箓归真与其徒同毁释氏，于是斥佛之议行焉。

　　道教之祸人主，莫过于长生说。长生说本由人情恶死而起。帝王身极富贵，无所欲而不获，不如意者，则寿而已，故苟有可以延寿者，虽耗财妨民不顾也。秦汉以来，帝王求仙药史不绝书，而服饵贾祸，莫甚于唐。太宗时，王玄策使印度，得一方士（名那罗迩娑婆寐），还，帝命造延年药，历年而成，帝服之，致暴疾以崩，高医束手，议者欲诛方士，恐取笑外国，不果。高宗时有乌荼国婆罗门卢迦逸多自言能合不死药，帝将服之，东台即门下省改名侍郎郝处俊谏，乃止。又使嵩山刘道合作金丹，丹成而死。帝闻之，恨曰："为我合丹而自服仙去。"宪宗广求力士，或荐山人柳泌，泌以天台多灵草，求为州长吏，帝从之，驱吏民采药，谏官争之。帝曰："烦一州之力，能为人主致长生，臣子亦何爱焉。"其后服泌药，日加燥渴，数暴怒，责左右，竟以遇弑。穆宗即位，以泌付京兆杖死。未几，听赵归真之说，亦饵其药，疾作而崩。敬宗逐归真，而宠刘从政，发使采药江南。武宗召归真等八十一人，于禁中炼丹饵之，得疾崩。宣宗立，诛归真，既而饵太医李玄伯等所治丹剂，病燥，疽发背崩。穆、敬昏愚，其被惑固无足怪，太宗、宪宗、武宗、宣宗皆英主，乃甘以身试剧药，实由贪生之心太甚故也。宣宗尝迎罗浮山道士轩辕集问长生道，集曰："王者屏欲而崇德，则自然受天遐福，何更求长生。"使宣宗从集言，则纵令不得登仙，何至速其死哉。

唐代君主惑于长生说表

一、太宗使那罗迩婆娑寐造延年药
二、高宗使刘道合造金丹
三、宪宗以柳泌为台州刺史，使采药
四、穆宗饵赵归真之药
五、敬宗宠刘从政，发使采药江南
六、武宗使赵归真等于禁中炼丹
七、宣宗饵李玄伯丹剂

二、佛教

高祖时，太史令傅奕上疏，请除佛法，以僧徒不忠不孝，逃避租赋为言。帝亦恶其不守戒律，苟免征徭，诏令有司沙汰天下僧尼道士女冠（即女道士）等，其精勤练行者，迁大寺观，庸猥粗秽者，勒还乡里，京师留三寺二观，诸州各留一所。太宗时，弛其令，然尚禁私度。后有玄奘者，陈姓，陈留人，自幼出家，贞观初，自长安西行，经天山南路，逾迦湿弥罗（印度北方之克什米尔），而至印度，历一百二十八国，受法于戒贤律师之门，精穷佛典，十余年始归，经吐蕃，逾通天河（即青海之木鲁乌苏河），而至长安，赍经六百五十余部，与弟子等从事翻译，自菩萨戒（菩普也萨济也能普济众生），至摩诃般若，总七十四部，一千三百三十八卷。太宗甚重之，为之作《三藏圣教序》，高宗又为之撰述圣记是，为法相宗之祖，其弟子窥基能传其道，佛教由是又渐盛。高宗时有义净三藏者，亦航南海赴印度求经，经二十五年，历三十余国，得经四百余部，与印度僧日照，及菩提流志等来中国，武后甚信之，作寺度僧，岁无虚日，因之耗蠹无限。玄宗时，印度僧善无畏三藏，金刚智一藏，不空三藏，相继来唐，称为开元三大士。金刚智者，真言宗之祖也。不空与金刚智偕至唐，后返印度，更受秘密真言，再至唐译经论，真言宗之盛，不空之力居多。当时玄宗及颜真卿、王维之徒皆重之，故其势益盛。每三岁作僧尼籍，由祠部官（有唐祠部专掌祭祀之事）给与度牒，是为官给度牒之始。然度僧建寺，耗费无数，祈福求利，道民以侥幸，于社会影响甚巨。韩愈愤之，作原道一篇以癖其谬，至欲人其人，火其书，庐其居。后宪宗迎佛骨，愈上表力谏，请投其骨于水火，以破迷信，宪宗怒，贬愈潮州刺史。文宗时，寺院至四万余所，僧尼至七十余万人。武宗恶之，使道士赵归真与僧玄志论难，道教不胜，归真遂劝武宗毁佛法，武宗从之，先毁山野招提（有常住之寺）兰若（释氏静室），后又敕毁天下佛寺，除京都东都各留二寺，每寺留僧三十人外，其余节镇各留一寺，分三等，留僧有差。余僧及尼，并勒归俗，计二十六万五百人，良田人官者数千万顷，奴婢十五万人，铜像钟磬等悉毁以铸钱。佛家言三武之祸及三回法难，即指魏太武、周武帝及唐武宗之毁灭佛法而言。宣宗时复解其禁，懿宗崇信甚深，佛氏势力又渐恢复。

玄奘事略表（据《本国史表解卷上》转载）

一、大师略历
- 父陈康，隋江陵令
- 兄陈长捷，为东都净土寺僧
- 原陈留人，师生于缑氏县东南之陈树（今偃师地）
- 年十三出家，二十六游两域，在外十九年
- 寿六十三卒

二、所经路线
- 1. 窃发长安，经河西（今武威）、瓜州（安西）、玉门关（古关在党河西）
- 2. 抵高昌（今吐鲁番），经河耆宜（焉耆）、屈支（库车）、跋禄迦（拜城）
- 3. 迂道至千泉（西突厥庭在中亚），逾雪山，入北印度
- 4. 抵健驮罗（古大月氏都，今喀布尔河入印度河城）至迦湿弥罗（今克什米尔）
- 5. 入中印度乌苌国（一作乌阇衍郡）之曲女城（在今西北州科尼普尔西北境）
- 6. 至东印度之迦摩缕波（今孟加拉北境库治贝哈城）转南印度
- 7. 入西印度，傍印度河西境，经羯盘陀在帕米尔高原由佉沙叶瞿萨旦那（和阗）返国

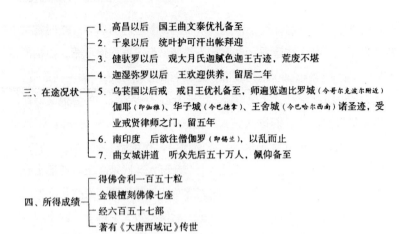

三、在途况状
1. 高昌以后　国王曲文泰优礼备至
2. 千泉以后　统叶护可汗出帐拜迎
3. 健驮罗以后　观大月氏迦腻色迦王古迹，荒废不堪
4. 迦湿弥罗以后　王欢迎供养，留居二年
5. 乌苌国以后戒　戒日王优礼备至，师遍览迦比罗城（今哥尔克波尔附近）伽耶（即伽雅）、华子城（今巴德拿）、王舍城（今巴哈尔西南）诸圣迹，受业戒贤律师之门，留五年
6. 南印度　后欲往僧伽罗（即锡兰），以乱而止
7. 曲女城讲道　听众先后五十万人，佩仰备至

四、所得成绩
得佛舍利一百五十粒
金银檀刻佛像七座
经六百五十七部
著有《大唐西域记》传世

　　魏晋之间，佛学讲学未精，其道浑朴，无宗派之称。鸠摩罗什入关，三论之学初盛，其后诸宗踵起。至唐有十三宗，即涅槃、地论、摄论、成实、俱舍、律、三论、净土、禅、天台、华严、法相、真言是也，其中涅槃、地论、摄论、成实、俱舍五宗，或合并于他宗。或势力本不大，故实按之仅得八派。八派在唐时，流传极盛，其余风波及日本，遂开日本佛教之先声。兹述其大略如下。

　　（一）律宗　以印度昙无德为始祖，曹魏嘉平二年，昙摩阿罗始传于中国，姚秦觉名、后魏法聪深究其义。至唐道砺、道宣等，始卓然成一家。天宝中，鉴真至日本，传砺宣疏，广敷律义，时在日本孝谦天皇时。

　　（二）三论宗　以印度龙树之中论、十二门论、提婆之百论为始祖，初行于姚秦。秦亡，其徒多迁江南，六传至隋吉藏，而此宗全盛。高丽僧慧灌学于吉藏，复传于日本，时唐高祖武德年间，日本推古天皇时代也。

　　（三）净土宗　庐山莲社开其绪，隋大业间之道绰，唐贞观间之善导，皆此宗大师。然以劝谕净业，广被缁素，诸宗高僧参而修之，另为寓宗，无师传之系也。日本亦有净土宗，其祖师亦无入唐受教者。

　　（四）禅宗　达摩所倡，六传至慧能，分为青源、南岳二派。唐末，南岳复分为沩仰、临济二派，青源分为曹洞、法眼、云门三派。

至宋末，临济、曹洞二宗始传于日本，时日本鸟羽天皇时代也。

（五）天台宗　北齐时，慧文所倡。陈隋间，智𫖮广其义，居天台山，炀帝赐号智者大师，为建国清寺，六传至湛然，详制疏释，以授道邃。日本桓武天皇延历二十三年，留学生僧最澄，随遣唐使来求法，乃学于道邃，受奥旨以归，时唐德宗贞元二十年也。

（六）华严宗　以华严经为据。隋时，法顺始提义纲，标立宗名，二传至法藏，宗义愈明，则天赐号前首戒师。玄宗时，僧道璇赍华严章疏至日本，新罗审详法师，复往讲授，此宗遂兴于东国，时日本圣武天皇时代也。

（七）法相宗　明诸法之体相，故名，又名唯识宗，以唯识论为据。唐太宗时，玄奘之印度，受诸戒贤论师，以授窥基。高宗时，日本道昭、智通、智达，来师玄奘，还传其学，时日本齐明天皇时也。

（八）真言宗　又名密教。开元中，印度善无畏金刚智至唐传之不空，继智授之慧果，其宗始确立，然此派不盛于中国。德宗末年，日本桓武天皇遣空海来唐，学于慧果，还传彼国，故此派盛行于日本，空海即创造日本假名者也。

唐代佛教八宗表（据《本国史表解卷上》转载）

名称	名义	始祖	分派
宗律	宗律藏中之四方律	在印度曰昙无德　在中国魏时印僧昙柯迦罗	相部法砺　南山道宣东塔怀素
三论	以中论百论十二门论为宗	在印度以文殊马鸣龙树为祖　在中国以东晋鸠摩罗什为祖	北地三论　南地三论
净土	以得净土为主	在印度以马鸣龙树世亲为祖　在中国以惠远善道为祖	惠远流　善道流
禅宗	以不言语，不立文字，见性成佛为教义	在印度曰摩柯迦叶　在中国梁时印僧达摩	南宗{南岳{临济{黄龙，杨岐}，沩仰}，青原{云门，曹洞，法眼}}，黄檗

名称	名义	始祖	分派
天台	以开祖智颛栖天台山得名	以陈隋间智觊为始祖	山家　山外
华严	宗华严经	以中国隋时法顺为始祖	
法相	明诸法之体相	在印度为戒贤律师，在中国唐时为玄奘	
真言	宗秘密之真言	在印度以大日如来为祖，在中国以唐时金刚智为始祖	

三、祆教

祆教者西历纪元前六世纪、波斯西部 Atropatene 人 Zoroaster 所创，其教谓创造万物者为上帝。创造以后，有阴阳二神司之，阳神清净，为众善之本，阴神秽恶，为众恶之门。世间万事万物，皆此二神所统辖，阳神得势，则群生幸福，人民安乐，天下太平；阴神得势，则群生凋残，人民死丧，天下大乱。劝世人就阳神，避阴神。以火代表阳神而崇拜之，故又名曰拜火教，以日为光明之原而崇拜之，故又名曰太阳教。其学说具载于 *Zend Auesta* 书中，波斯人尊之为圣经。此教初行于巴克特里亚，创行未几，即流行于巴比伦、希腊等地，后成为波斯国教。亚力山大大王东征以后，其势稍衰，波斯萨桑王朝勃兴，其势复盛。南北朝时代，稍传而东，及大食勃兴，波斯中亚皆为所有虐待祆教徒，祆教徒多移住东方，于是其教遂逾葱岭，传入中国。唐太宗贞观五年，有传法穆护（如耶教神甫）何禄，奉祆教诣阙入奏，敕令长安崇化坊立祆寺，置祆正、萨宝、府官，主祠祆神，率以胡祝充之云。

四、摩尼教

摩尼教（《摩尼教经残卷》载在罗振玉辑《鸣沙石室佚书续编》）者，巴比伦人摩尼（Mani）所创。相传西历纪元二一六年（汉献帝建安二十一年），摩尼降生于巴比伦之 Mardefin，二四二年三月二十日，始为宗教家。取祆教旧说为根据，参以佛教及耶稣教哲理，别成一派，自称天使。漂泊于巴比伦五十年，卒无成功，其后移居波斯，始受国人崇拜。摩尼殁后，其教由东罗马输入西方诸国，波及非洲北岸。唐初，其教已由波斯传入中国，回纥人素崇其教。唐中叶以后，常借援兵于回纥，回纥人多移居内地，乃请于朝廷，各地建摩尼寺，代宗赐额为大云光明。宪宗元和二年，回纥请于河南太原二府置摩尼寺，许之。武宗会昌中，回纥衰弱，降幽州者前后万余人，皆散隶诸道，于是摩尼教遂流布于中国各地云。

五、景教

景教者，耶稣教之一派。西历纪元五世纪之初（宋文帝元嘉年间），西里亚人 Nestorius 所创。其教义谓耶稣为立教之圣人，非即上天之子。其说与三位一体说（Trinit）不相容，为教徒所排斥。谪居亚尔美尼亚，其地人民从其教者日众，号 Nestorian 派。波斯王斐鲁日斯崇奉之，尊为国教，置教主于色流斯亚（波斯名都，故址在古巴比伦城东北约一百三十余里底格里士河西岸），敷化东方，颇行于中亚。魏宣武帝梁武帝时，其教已流入中国。西历纪元六三六年（唐太宗贞观中），波斯人阿罗本赍其经典来长安，太宗尊信之，使房玄龄宾迎，留禁中翻经，为建波斯寺，度僧二十一人，其徒自号景教，取其教旨光辉发扬之义也。高宗时，更于诸州建波斯寺，号阿罗本为镇国大法主，其教大行。玄宗天宝四年，诏波斯经教，本出大秦，其两京波斯寺，宜改名大秦寺。德宗建中二年，长安大秦寺僧景净，建大秦景教流行中国碑，其碑日久埋没，至明末复发见，借以知当时景教流行中国之状况焉。

六、回教

回教者，穆罕默德所创之教，为后世回纥人所崇奉，故中国名之曰回教。唐初，兴于阿剌比亚，乃严肃之一神教。令其教徒，遇有异教则征服之。及大食国兴，以武力传播其教于四方，渐入天山南路。唐末，天山南路佛教渐衰，回教乘之遂布其地。大食国境东南临海，其教复流传至南洋群岛，其后航海至中国，请于朝廷，建清真寺于广东，盛传其教云。

唐代外教概略表（据本国史表解卷上转载）

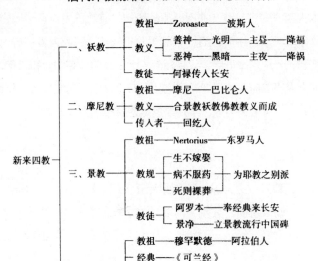

以上所列举各教，大抵自有唐中叶，流行于中土。及武宗即位，信道教，严禁诸教。大秦寺摩尼寺皆废止，京城摩尼教信女七十人皆见杀，流回纥人于诸道，死者大半，以是诸教皆衰。惟回教犹保持其势力于天山南路；景教亦稍流行于塞外；佛教则盛行于中国内地云。

第六节　实　业

唐代农业最重。太宗于有司之怠于农政者有禁。高宗、玄宗皆行躬耕之礼。玄宗且亲率太子芟麦。德宗时，宰相李泌请令百官进农书，皆能重农者也。惟农学之新发明无可言者，其可言者，惟工、商二事。

一、工业　唐初，浮梁（江西浮梁县）之昌南镇（地在昌江之南故名），有陶氏者，善为瓷器。高祖时，载以入关，贡于朝，是为江西瓷器发明之始。

二、商业　京师有市令官，掌百族交易之事，与周礼司市之职相同。先于市建标，分陈品物于市，以称与斗二物平市，以上中下之三价均市。凡物必仿官所造之标准而为之，题姓名于其上，然后许贩卖，伪滥者没入官，不中选者退归其主，此内地之法也。至于域外互市，则分海陆两路。陆路互市，有互市监（官名）掌之，禁中外人民私相交易。凡马驼等，各分其色与齿，而申所隶之州府，州府申太仆，遣官领受。其时西方诸国商人，来贸易于河西诸郡者（甘肃省西部），凡四十余国，其中以犹太人为最多，中国商人之往西域印度波斯等地者亦不少。海路互市，则有提举市舶官掌之，以征其关税，南自南洋群岛，西经兰锡岛，以入于波斯湾，或沿阿剌伯半岛海岸，以至红海，皆为中国商人所经之航路。其来中国者，则以大食国人为最盛。武后时，在广州、泉州（福建晋江县）、杭州诸海港经商者，数以数万计，其贸易之品，由唐输出者，以茶为最著。其后大食国衰，唐亦内乱，东西海陆互市均次第衰微矣。

唐代米价前后贵贱比较表（据《本国史表解卷上》转载）

一、太宗贞观时	斗米三钱。（见《魏徵传》）
二、玄宗开元十三年	东都斗米十钱，青齐米斗五钱。（见《本纪》）
三、代宗永泰时	京师斗米一千四百。（见《本纪》）
四、僖宗中和时	长安斗米三十千。（见《黄巢传》）

第三编　近古史　汉族衰微时代

第一期　辽、宋、金时代

第一章

五代之更迭

唐室既衰，宇内分裂为十余国。其据中原称皇帝者，曰后梁、后唐、后晋、后汉、后周。五十四年间，更十有三君，五易国而八易姓。后梁起于盗贼，后唐、后晋、后汉出于胡族。契丹以鲜卑别种，入陵诸夏。篡夺之祸莫烈于此时，历祚之短亦莫甚于此时。史家称之曰五代时代。五代之君主，皆藩镇之得势者也。盖自有唐中叶以后，安史降兵分据河朔三镇，不奉朝命，自选镇将。对于中央政府，常取半独立之势。其偶尔服从朝命，犹如媾和者然。朝廷威令，实不能行于其境内。其前后任交迭，虽有朝廷遣中使授旄节之文，然不过虚行故事。魏博一镇，牙军数千人，父子相继，亲党胶固，日益骄横。小不如意，辄族旧帅而易之。自史宪诚至罗弘信，皆立于其手。唐僖宗文德元年之变，牙兵囚其节度使乐彦祯，逐其子从训，聚而呼曰："孰愿为节度使者？"牙将罗弘信出应之，遂推为留后。后唐庄宗同光四年之变，军士皇甫晖劫指挥使杨仁晸为帅。仁晸不从，晖杀之。又推一小校，小校亦不从，晖又杀之，携二首诣效节指挥使赵在礼曰："不从者视此！"在礼惧而从之。以如此风习，渐及他藩镇，唐室天下，遂成瓦解之势。太阿倒持，政柄不在上而在下。凌夷至于五季，遂有拥立天子之事矣。拥立藩镇，则主帅德之畏之，旬犒月赏，如奉骄子，虽有犯法者不敢问。拥立天子，则将校皆得超迁，军士又得赏赐剽掠。以故帝王不能制藩镇，镇将不能制部下。藩镇得势，则为天子；将校得势，则为藩镇。而其原动力皆出于军士，帝王之废兴，胥仰赖军人之鼻息。冠履倒置如此，可哀也已！兹述其事迹如下。

第一节　梁、晋之冲突

一、有唐末年群雄割据之形势

有唐末年，中原大乱。豪杰割据诸州，互相攻伐。名为藩镇，实与列国无异。李克用据河东（今山西中部），称晋王。朱全忠据河南（今河南、山东二省），称梁王。李茂贞据凤翔（今陕西关中道西部，即故凤翔府），称岐王。西川节度使王建据两川及山南西道（今四川省及陕西汉中道），称蜀王。淮南节度使杨行密据淮南、江西（今江西、安徽二省及江苏省之大半），称吴王。镇海镇东节度使钱镠据两浙（今浙江省及江苏省一小半），称吴越王。卢龙节度使刘仁恭据幽州（今北平），传至其子守光，称燕王。威武节度使王潮据福建（今福建省），传至其弟审知，称闽王。武安节度使马殷据湖南（今湖南省），称楚王。清海节度使刘隐据岭南（今两广及法领越南北部），传至其弟岩，称汉帝。晋、梁地处中原，势均力敌，时起冲突。其后河北诸镇多羁縻于梁，晋势衰微。梁王全忠遂篡唐，自称皇帝，更名晃，是为后梁太祖。建都汴州，号东都开封府。以洛阳为西都，以荆南（领荆、归、峡等州，治荆州）留后高季昌为节度使。是为高氏据荆南之始。

二、前蜀之建国

诸镇畏梁之强，皆称臣奉其正朔，惟晋、岐、吴、蜀犹称唐年号。吴、蜀移檄兴复唐室，卒无应者。蜀王建乃谋称帝，遗晋王克用书云："请各帝一方。"克用复书云："誓于此生，靡敢失节。"建乃自称皇帝，国号蜀。是为前蜀高祖。

三、夹寨之战

初，晋王克用有养子曰存孝，骁勇善战。养子存信疾而谮之，存孝惧祸而叛。克用讨擒之，惜其才，意临刑诸将必为之请。诸将疾其能，竟无一人言者，遂杀之。又有薛阿檀者，亦勇。密与存孝通，恐事泄，自杀。自是晋兵势渐弱。唐末，数为梁人所攻。昭义属下诸州多为梁所破。天复二年，朱全忠围凤翔。克用奉诏，攻晋、绛等州以分全忠兵势。全忠还师，大破晋兵，遂围晋阳。克用欲走保云州，会梁兵以疫还而止。克用不能与梁争者累年，忧形于色。子存勖幼警敏，有勇略，进言曰："朱氏穷凶极暴，人怨神怒，殆将毙矣。吾家世袭忠贞，大人当遵养时晦，以待其衰。奈何轻为沮丧，使群下失望乎！"克用悦，临终，立为嗣。谓群臣曰："此子志气远大，必能成吾事。"克用以唐亡之明年卒（梁开平二年）。存勖袭位，年十七。

是时梁兵围晋潞州（今山西冀宁道长治县，即故潞安府）。晋昭义节度使李嗣昭固守逾年。梁筑夹寨以困之。晋王存勖与诸将谋曰："朱温所惮者先王耳。闻吾新立，以为童子，必有骄怠之心。若简精兵，倍道趋之，出其不意，破之必矣。取威定霸，在此一举，不可失也。"遂帅师发晋阳。是年五月，伏兵三垂冈（在冀宁道潞城县西南）下。旦乘大雾直抵夹寨，填堑鼓噪而入。杀梁招讨使符道昭。梁兵大溃南走。潞州围解。王归晋阳，休兵行赏。命州县举贤才，黜贪残，宽租税，抚孤穷，伸冤滥，禁奸盗。境内大治。训练士卒，令骑兵不见敌勿得乘马。部分已定，无得相逾越及留绝（谓留止而中绝不相联属也）以避险。分道并进，期会不得差晷刻，犯者无赦。由是法严令行，所向无敌。

四、晋取河北

是时成德节度使赵王镕、义武节度使王处直皆羁縻于梁。梁太祖疑镕贰于晋，遣兵袭之，取深、冀二州。镕惧，与处直联合，共推晋王存勖为盟主，结攻守同盟以拒梁。梁遣兵攻镇州。太祖乾化元年，晋王存勖自将击梁军于柏乡（县名、旧属赵州，今属大名道），大破之。遂与二镇连兵伐燕。

初，燕王刘守光父仁恭，旧为晋王克用部将。唐昭宗乾宁二年，克用取幽州，表仁恭为卢龙节度使。昭宗之幸华州也，克用征兵于仁恭以勤王。仁恭不听，克用怒，自将击之。仁恭遂叛，附于梁。屡破晋兵。牵制晋南下之势，以故晋不能与梁竞。仁恭骄侈贪暴。天佑四年，守光囚之。仁恭长子义昌镇沧州节度使守文举兵讨守光，兵败见杀。梁封守光为燕王。乾化元年八月，守光自称皇帝。攻易、定等州。王处直求救于晋。晋王存勖与赵王镕合兵救之。二年正月，击破守光兵，克涿州。守光求救于梁，梁太祖自将救燕。与晋将史建塘、李嗣肱战于修县（今河北津海道景县，即故间府景州），大败走还。

五、友珪之弑逆　后唐之建国　后梁之衰亡

时太祖久病，至是疾益笃。还至洛阳，谓近臣曰："我经营天下三十年，不意太原余孽，更昌炽如此。吾观其志不小。天复夺我年。我死，诸儿非彼敌也。吾无葬地矣。"太祖素荒淫，常征诸子妇入侍。假子博王友文之妻王氏貌美，有宠。将立友文为太子。次子郢王友珪无宠，心不平。是年六月，与其党韩勍弑太祖而自立，杀友文。三年二月，东都指挥使均王友贞起兵诛友珪。即位于汴，更名瑱，是为末帝。

是年十一月，晋师克幽州，执刘仁恭及守光以归，斩之，燕亡。时梁末帝乾化三年，西历纪元九一三年也。

燕亡以后，河北北部皆入于晋。晋乃旋师南下，经略河北南部。是时梁天雄（即魏博）节度使杨师厚卒。末帝患魏博跋扈，贞明元年正月，分天雄军为二镇以弱其势。军校张彦作乱，劫节度使贺德伦请降于晋。是年六月，晋王存勖入魏州，进攻澶、卫等州，皆下之。与梁将刘鄩夹河而战，互有胜负。

是时契丹方强。其王耶律阿保机始建国，称帝改元，是为辽太祖。南侵晋地，取代北（即朔蔚新武儒等州，今山西雁门道及察哈尔口北道地）及平

州（今河北津海道北部，即故永平府）。中国北境多没于契丹。（参观拙著《东洋史》
中古史第一期第五章）

晋王存勖连岁出征，凡军府政事，一委监军张承业。承业劝课农
桑，畜积金谷，收市兵马，征租行法，不宽贵戚。由是军城肃清，馈
饷不乏。蜀主王衍、吴主杨薄屡以书劝王称帝，王不听。龙德元年正
月，王得传国宝于魏州，将佐及藩镇皆称贺劝进。承业志在恢复唐
室，闻王谋称帝，亟诣魏州力谏。王不能用，承业悒悒成疾而卒。龙
德三年四月，王称帝于魏州，改国号曰唐。奉唐祀，是为后唐庄宗。
追尊父克用为太祖武皇帝。

庄宗与梁夹河血战十二年。虽战胜攻取，迄不能制梁死命。成德
叛将张文礼、昭义叛将李继韬各据镇降梁。猛将卢龙节度使周德威、
昭义节度使李嗣昭等相继战殁（贞明四年，晋军败于胡柳陂，周德威战死。龙德元
年，成德将张文礼弑其节度使赵王镕而自立，晋以赵故将符习为成德留后讨之，史建塘率晋兵
助战中流矢卒。二年以李嗣昭为招讨使讨之，亦中流矢卒，李存进继之，亦战死，李存审继
之，始破镇州。时文礼已死，诛其子处瑾、处球。三年，李嗣昭子继韬据潞州叛降梁）。北
边又为契丹所骚扰，颇有进退维谷之势。太祖养子嗣源，勇而有谋。
是年闰四月，袭梁郓州（今山东东临道东平县，即故泰安府东平州）取之。于是
唐兵在河南始有根据地。梁以骁将王彦章为招讨使，击唐河南岸诸
营，破之。进攻杨刘（今东临道，即故泰安府东阿县杨刘镇），庄宗自将救之。
彦章不克而退。是年八月，梁遣彦章攻郓州。庄宗自将救之，以嗣源
为前锋，击破梁军，执彦章，杀之，进逼大梁。梁末帝不知所为，聚
众而哭。犹虑众兄弟乘危谋乱，尽杀之。左右或窃传国宝以迎唐军。
末帝惊扰自杀。庄宗入大梁，诛梁宰相敬翔、李振等。追废梁太祖末
帝为庶人，梁亡。河南诸镇皆降于唐。时后梁末帝龙德三年，后唐庄
宗同光元年，西历纪元九二三年也。梁凡传二主，十有七年而亡。

第二节　唐晋之更迭　前蜀之衰亡与后蜀之建国

一、前蜀之衰亡

唐庄宗既灭梁，迁都洛阳。梁诸藩镇入朝者皆复其任。楚王马殷、吴王杨薄、吴越王钱镠、汉主刘䶮（岩改名，取飞龙在天之义，于检切音俨）并遣使入贡。荆南节度使高季兴（即季昌，避唐庙讳，改名）入朝，封南平王。岐王李茂贞以其地来降，封秦王。于是河南、关中皆入于唐。是时前蜀高祖已殂，子衍立，是为后主。后主昏骏荒纵，委政于宦官宋光嗣、幸臣韩昭等。政刑紊乱，国内盗贼群起。庄宗以皇子魏王继岌为西川行营都统，宰相郭崇韬为都招讨制置等使，将兵伐蜀。大兵入散关，蜀人争先降附。遂至成都，衍出降，前蜀亡。时后唐庄宗同光三年，前蜀后主咸康元年，西历纪元九二五年也。前蜀自高祖称帝，凡传二主，十九年而亡。

二、邺都之乱　庄宗之末路

前蜀既亡，两川皆入于唐。郭崇韬表董璋、孟知祥为东西川节度使，分镇两川。崇韬旧为庄宗幕府元僚，有智略。佐帝成大业有功，宦官疾之，谮其专权。皇后刘氏密教魏王继岌杀之于成都，于是诸将解体。庄宗幼善章律，或时传纷墨，与优人共戏。自克梁后，骄恣耽声色，诸伶出入宫掖，侮弄缙绅。群臣愤嫉，莫敢出气。亦有反相附托，以希恩泽者，蠹政害人，恣为谗慝。皇后刘氏出身微贱，专务蓄财。四方贡献，皆分为二，一上天子，一上中官。以是宝货山积。皇太后诰、皇后教与制敕并行于藩镇，奉之如一。勋臣畏伶官之谗，皆不自安，蕃汉马步总管李嗣源求解兵柄，不许。帝疏忌宿将，不恤军士，又荒于游畋，蹂躏民稼。租庸使孔谦、孔循握财政柄，专务聚敛，剥削民财。由是上下怨咨，人心解体。魏博指挥使杨仁晸将兵戍瓦桥（关名，今河北雄县），逾年代归。敕留屯贝州（今河北大名道，即故广平府清河县）。仁晸部兵皇甫晖乘人心不平，遂作乱。同光四年二月，杀仁晟，劫效节指挥使赵在礼为帅，入据邺都（即魏州城，今河北大名道）。诏归德节度使李绍荣讨之，不克。邢州、沧州等军同时响应，河朔州县告乱者相继。诏以成德节度使李嗣源为大将，将亲军讨之，营于邺都城西南。从马直军士张破败作乱，帅众大噪焚营。时绍荣营于城南，嗣源遣牙将七人相继召使来援。不至，乱军劫嗣源入邺都。赵在礼迎降，欲奉嗣源为主。嗣源诡说在礼，欲出外收散兵，得出。欲归藩待罪，中门使安重诲曰：“公为元帅，不幸为凶人所劫。李绍荣不战而退，归朝必以公借口。公若归藩，则为据地要君，适足以实谗慝之言耳。不若星行诣阙，面见天子，庶可自明。”嗣源乃趋相州（今河南河北道，即故彰德府）。李绍荣退保卫州，奏嗣源已叛与贼合。嗣源由是疑惧。女婿石敬塘曰：“安有上将与叛卒入贼城，而他日得保无恙者乎？大梁天下要会，愿先往取之，始可自全。”部将康义诚曰：“主上无道，军民怨望。公从众则生，守节必死。”嗣源乃以敬塘为前锋，养子从珂为殿，引兵而南，向大梁。帝闻警，如关东（即虎牢关，在今河南开封道氾水县西），欲自招抚。闻嗣源已入大梁，乃班师。中途诸军皆散。帝还洛阳。伶人郭从谦为从马直指挥使。是年四月，帅所部兵作乱，弑帝，在位仅四年，朱邪氏亡。时同光四年，西历纪元九二六年也。

庄宗殂后，洛阳大乱。嗣源闻警，率师入城。百官上戕劝进，不许。又三请嗣源监国，乃许之。杀刘后，诛孔谦及郭从谦。废止宦官监军。魏王继岌还至长安，闻警，自杀。嗣源乃即位，更名亶，是为明宗。

明宗本太祖养子，史不详其姓氏。性不猜忌，与物无竞。即位之岁，年已六旬。内无声色，外无游畋。不任宦官，废内藏库。赏廉吏，治赃蠹。帝本胡人，不知书，然所行暗合儒道。过举不至甚，兵革罕用。较于五代，粗为小康。在位八年，以长兴四年（西历纪元九三三年）崩。子宋王从厚立，是为闵帝。

三、后蜀之建国

是时孟知祥久居西川，阴有据蜀之志。明宗长兴元年（西历纪元九三〇年）八月，与董璋连兵拒命。朝廷遣石敬瑭讨之，败绩。三年四月，璋与知祥构衅，自将袭西川。知祥击败之。璋为其下所杀，知祥遂取东川。复上表称藩，求封蜀王，许之。闵帝应顺元年（九三四年）正月，遂称皇帝，是为后蜀高祖。逾年卒，太子昶立，是为后蜀后主。

四、潞王之叛

闵帝者，明宗第三子。性宽柔少断。即位以后，枢密使朱弘昭、冯赟辅政。凤翔节度使潞王从珂、河东节度使石敬瑭皆以近亲宿将，有大功，各得众心，久专方面。弘昭、赟忌二人，应顺元年正月，移从珂镇河东，移敬瑭镇成德。从珂将佐皆谓离镇必无全理，乃举兵拒命，移檄邻道，言将入清君侧。帅兵至陕，诸将康义诚等迎降。闵帝出奔卫州，朱弘昭赴井死，冯赟为人所杀。宰相冯道帅百官班迎，上笺劝进，从珂遂自立，是为废帝。遣人弑闵帝于卫州，明宗嫡系亡。时闵帝应顺元年，废帝清泰元年，西历纪元九三四年也。

五、石敬瑭之叛

废帝者，镇州人。姓王氏，明宗养以为子，与石敬瑭素不相悦。至是敬瑭不得已，入朝。凤翔旧将佐皆劝留之。时敬瑭久病赢瘵，帝不以为虞。太后及魏国公主（明宗女，敬瑭妻）屡以为言，乃遣还镇，敬瑭阴为自全计。是时契丹方强，屡寇北边。敬瑭为北面总管，将兵屯忻州（今雁门道忻县），朝廷以张敬达副之，屯代州（今雁门道代县）以分其权。敬瑭欲尝帝意，累表自陈赢疾，乞解兵柄，移他镇，朝廷从之。清泰三年五月，以敬瑭为天平节度使，徙镇郓州。敬瑭疑惧，遂反。诏以张敬达为太原四面兵马都部署，率帅讨敬瑭。敬瑭求救于契丹。令掌书记桑维翰草表称臣，且请以父礼事之，约事捷之日，割卢龙一道及雁门关以北诸州与之。部将刘知远谏曰："称臣可矣。以父事之，太过。厚以金帛赂之，自足致其兵，不必许以土田。恐异日大为中国之患，悔之无及。"不听。契丹太宗德光得表大喜，自将骑五万赴之。是年九月，败敬达兵于汾曲（汾水，在阳曲县城西，又西南至太原县城东，皆曰汾曲）。策命敬塘为晋帝，是为后晋高祖。敬塘割幽、蓟、瀛、莫、涿、檀、顺、新、妫、儒、武、云、寰、应、朔、蔚等十六州（今北平与津海道北境及察哈尔口北道，山西雁门道全部）以赂契丹，仍许岁输帛三十万匹。废帝闻警，以幽州节度使赵德钧为行营都统，督诸军拒契丹。德钧阴蓄异志，欲乘乱取中原。密以金帛赂契丹，要求立己为帝，太宗不许。是年十一月，招讨副使杨光远杀张敬达，叛降于契丹。契丹太宗遂奉高祖南下，大破赵德钧兵于围柏（在今山西冀宁道祁县东南）。德钧降，太宗进至潞州而还。高祖引兵向洛阳，唐将校皆飞状以迎。废帝登楼自焚死，后唐亡。时废帝清泰三年，后晋高祖天福元年，西历纪元九三六年也。后唐凡传三姓、四主，十四年而亡。（参观拙著《东洋史》中古史第一期第五章》）

第三节　后晋与契丹之冲突

晋高祖灭唐以后，迁都汴州。天雄节度使范延光、魏府部署张从宾、义成节度使符彦饶等相继作乱。高祖用桑维翰计，推诚弃怨以抚藩镇，卑辞厚礼以奉契丹，训卒缮兵以修武备，务农桑以实仓廪，通商贾以丰货财。数年之间，中国稍安。

高祖事契丹甚谨，奉表称臣，谓契丹主为父皇帝。每北使至，即于别殿拜受诏敕。岁贡之外，庆吊赠献，相继于道。乃至太后太弟诸王大臣皆有赂遗。契丹有所责让，高祖常卑辞谢之，朝野咸以为耻。成德节度使安重荣恃勇骄暴，天福六年，执契丹使者，上表请伐契丹。朝廷不应，重荣举兵反。诏遣兵讨斩之，函首以献契丹。

高祖在位七年，以天福七年（西历纪元九四二年）六月殂。兄子齐王重贵立，是为出帝。侍卫马步都指挥使景延广用事。大臣请称臣告哀于契丹，延广请致书称孙而不称臣，太宗遣使让之。延广说出帝，囚其回图使（掌贸易事）乔荣。既而遣归，大言曰："归语尔主，先帝为北朝所立，故称臣奉表。今上乃中国所立，所以降志于北朝者，正以不敢忘先帝盟约故耳。为邻称孙足矣，无称臣之理。翁怒则来战，孙有十万横磨剑足以相待。他日为孙所败，取笑天下，毋悔也。"太宗大怒，始有南侵之意。桑维翰屡请逊辞以谢契丹，每为延广所阻。刘知远镇河东，高祖遣命召入辅政，出帝寝之。知远由是怨帝，知延广必致寇而不敢言，但益募兵以备契丹，增置兴捷武节等十余军。由是河东兵强，甲于诸镇。

开运元年正月，契丹太宗自将南侵。陷贝州，攻澶州（今河北大名道濮阳县，即故大名府开州），不克，引还，所过焚掠。诏以刘知远为都招讨使，命会兵山东（谓太行山脉以东）。知远屯乐平（今山西冀宁道昔阳县），不进。二月，契丹前锋渡出河，帝自将拒之。诸将李守贞等破契丹兵，契丹太宗引还。二年正月，太宗复大举南侵，至相州，引还。出帝自将追之，诸将符彦卿等破契丹兵于定州，太宗走还幽州。

出帝得志，心益骄。三年十月，以杜重威为都招讨使，将兵伐契丹。十一月，至瀛州。与契丹战不利，引还。契丹太宗复大举南下。十二月，战于滹沱，晋师败绩，指挥使王清战殁，重威以全军二十万人降契丹。太宗遣降将张彦泽引兵入大梁，执出帝，杀桑维翰，景延广自杀，晋亡。时出帝开运三年，契丹太宗会同十年，西历纪元九四六年也。后晋凡传二主，十一年而亡。

次年正月，太宗入大梁，晋百官素服郊迎。降封出帝为负义侯，徙之黄龙府（今吉林农安县）。晋诸藩镇皆降。太宗欲尽杀晋降兵，宰相赵延寿（德钧之子）力争，乃止。是年三月，太宗行入合礼，即中国皇帝位，建国号曰辽，改元大同。以恒州为中京，广受四方贡献。纵酒作乐，纵胡骑四出剽掠，谓之打草谷。郊畿数十里间，财畜殆尽。又括借都城士民钱帛，分遣使者诣诸州括借，皆迫以严诛，人不聊生。其实无所颁给，皆欲辇归其国。由是内外怨愤，皆思逐之。所在盗起，攻击契丹守兵（滏阳贼帅梁晖袭取相州，杀契丹守兵数百人。陕晋潞州皆杀契丹使者。澶州贼帅王琼攻契丹将郎五，不克而死）。太宗不能制，乃叹曰："我不知中国人难制如此。"居汴仅三月，留萧翰为宣武节度使，置戍而还。归途殂于栾城（县名，旧属正定府，今属保定道）之杀胡林（在栾城县北），所得之地旋入于后汉。

第四节 后汉、后周之更迭 北汉之建国

一、后汉之勃兴

后汉高祖刘知远，本沙陀人，仕晋为河东节度使。契丹太宗之入汴也，知远遣使奉表称臣。或劝举兵进取，知远曰："契丹所利，只在财货，财货既足，必将北去。宜待其去，然后取之。"晋亡之翌年，幕僚郭威、杨邠等劝称尊号以号令四方。知远从之，称皇帝。自言未忍改晋国，仍称天福十二年。是年三月，契丹太宗北还。高祖以部将史弘肇为前锋，率兵发太原南下。沿路所过诸州契丹守将皆弃城遁，诸镇皆降，遂入大梁。始改国号曰汉，是为后汉。

高祖在位一年，以即位之明年（后汉高祖乾佑元年，西历纪元九四八年）正月殂。皇子周王承佑立，是为隐帝。枢密使杨邠、副使郭威、侍卫都指挥使史弘肇、三司使王章等，同受遗诏辅政。邠总机政，威主征伐，弘肇典宿卫，章掌财赋。邠颇公忠，门无私谒。虽不却四方馈遗，然有余，辄献之。弘肇督察京城，道不拾遗。章捃摭遗利，啬于出纳，供馈不乏，国家粗安。然邠素愚蔽，不喜书生，常言"国家府廪实，兵甲强，乃为急务，至于文章礼乐何足介意"。邠以宰相苏逢吉苏禹珪除官太滥，欲矫其弊。由是艰于除拜，凡门荫及有司入仕者悉罢之。弘肇巡逻京城，得罪人。不问情法何如，皆专杀不请。虽奸盗屏迹，而冤死者甚众。章聚敛刻急，旧制田税，每斛更输二升，谓之雀鼠耗，章始令更输二斗，谓之省耗。旧钱出入，皆以八十为陌，章始令入者八十，出者七十七，谓之省陌；犯盐矾酒曲之禁者，辎铢涓滴皆死，由是百姓愁怨。章尤不喜文臣。尝曰："此辈授之握算，不知纵横，何益于用？"俸禄皆以不堪资军者，高其估而给之。隐帝年渐长，左右嬖幸浸用事，邠等屡裁抑之。尝议事于上前曰："陛下但禁声，有臣等在。"帝积不能平，左右因谮之。乾佑三年，帝与幸臣李业、聂文进等谋诛邠等，太后不可，帝不听。是年十一月，遂杀邠、弘肇、章。遣使持密诏，赴邺都杀郭威及监军王峻。

二、后汉之衰亡

隐帝之初即位也，凤翔军校赵思绾据长安。巡检使王景崇据凤翔。护国（即河中）节度使李守贞据河中，相继作乱。诏遣郭威督诸军讨平之。论功，加威兼侍中。以枢密使原官，充天雄节度使，留守邺都，以备契丹。仍诏河北兵甲钱谷，但见威文书，立皆禀应。于是河北兵马财政权皆归于威。威既得政柄，务施威惠以收众心。至是威将佐劝威入朝自诉，威遂举兵南下。所过迎降，至刘子陂（在开封县城北），帝自将拒之。战于七里店（在大梁城北七里），诸军溃散。帝走赵村（在大梁西北郊），为乱兵所弑，在位凡三年。威白太后，迎武宁（治徐州）节度使赟（本崇子，高祖养以为子）于徐州欲立之。会辽兵入寇，太后遣威将兵御之。威至澶州，将发，将士数千人大噪。或裂黄旗以被威体，共挟抱之，呼万岁震地，拥之南还。威至京师，以太后诰，废赟为湘阴公，自为监国。次年正月，遂称皇帝，国号周，是为后周。弑湘阴公，汉亡。时后周太祖广顺元年，西历纪元九五一年也。汉传二主，不足四年。

三、北汉之建国

初，汉高祖之南下也，以弟崇为太原尹，充河东节度使，留守北都。崇与周太祖有隙，及闻太祖执政，阴为自全之计。选募勇士，缮修甲兵，罢上供财赋。诏令多不禀承。隐帝遇弑，崇起兵南向。闻迎立湘阴公，乃止。湘阴公被废，崇表请迎公归晋阳，太祖不从。公被弑，崇乃称帝，是为北汉世祖。所有者并、汾、忻、代、岚、宪、隆、蔚、沁、辽、麟、石十二州（今山西省中部）。广顺元年二月，遣使于辽，称侄乞师。四月，辽世宗兀欲册世祖为神武皇帝，更名旻，将与联兵伐周。诸部不欲，强之行。至新州（今口北道涿鹿县，即故宣化府保安州），从弟燕王述轧作乱，弑世宗。齐王述律讨杀述轧而自立，是为穆宗。与北汉联兵伐周，围晋州，不克而还。自此南北构兵无宁日。

第五节　吴之衰亡与南唐之篡立　闽楚之衰亡　湖南周氏之建国　后周与宋之更迭

一、高平之战

周太祖恭勤节俭，增修国政。在位三年，以显德元年（西历纪元九五四年）正月殂。养子晋王荣即位，是为世宗。北汉世祖乘丧，与辽联兵来攻。世宗自将御之。三月，与战于高平（县名，今属山西冀宁道，旧属泽州府）。右军将樊爱能、何徽引骑兵先遁，右军溃，步兵千余人解甲降北汉。世宗见军势危，自引亲兵犯矢石督战。宿卫将张永德、赵匡胤各将二千人进战，身先士卒，驰犯敌锋，士卒死战，无不一当百。汉军大败，辽兵不敢救。世祖昼夜奔走，仅得入晋阳。世宗收樊爱能、何徽及所部军使以上七十余人，责之曰："汝辈非不能战，正欲以朕为奇货，卖与刘崇耳。"悉斩之，自是骄将惰卒始知所惧。永德盛称匡胤智勇，擢为殿前都虞侯。世宗遣行营部署符彦乡督诸将攻北汉，抵晋阳而还。汾州、辽州皆降。世祖忧愤成疾而殂。子钧监国，告哀于辽。穆宗册钧为汉帝，是为孝和帝。

初，周宿卫之士，承累朝姑息之后，骄蹇不用命，且羸老居多，每遇大敌，不走即降。其所以失国，亦多由此。世宗因高平之战，始知其弊。谓侍臣曰："兵务精不务多。今以农夫百，未能养甲士一。奈何腴民之膏血，养此无用之物乎？且健懦不分，亦何所劝。"是年十月，简阅诸军，募诸道壮士。命赵匡胤选其优者，为殿前诸班。其骑步诸军，各命将帅选之。由是士卒精强，所向克捷。

世宗愤中国日蹙，慨然有削平天下之志。以为契丹大敌，不可轻侮。既简阅诸军，乃先向南方，小试其端，以为实地练习。显德二年五月，遣凤翔节度使王景、宣徽使向训率师伐蜀。九月，败蜀兵，取秦（今渭川道天水县）、阶（今渭川道武都县）、成（今渭川道成县）、凤（今汉中道凤县）四州。于是汉中北境皆入于周。蜀遣使约南唐与北汉，欲与联兵伐周。于是世宗遂移兵伐南唐。

二、吴之兴亡　徐知诰之篡立

先是有唐末年，吴武忠王杨行密据淮南。朱全忠屡攻之，不克。昭宣帝天佑二年（西历纪元九○五年），行密卒。将佐奉其子渥袭位，是为弘农威王。二年，镇南节度使锺传卒。王遣其将秦裴乘丧取洪州（今豫章道），于是江西入于吴。王骄侈，以故怨杀判官周隐，将佐皆不自安。梁太祖开平元年（九○七年）正月，左右牙指挥使张颢、徐温作乱。二年五月，弑王。立王弟隆演，是为吴宣王。温复攻杀颢，自为左右牙都指挥使，专国政。温性沉毅，自奉简俭，虽不知书，使人读狱讼之辞而决之，皆中情理。立法度，禁强暴，政举大纲，军民安之。梁末帝贞明元年，自领镇海节度使，出镇润州。以养子知诰留广陵，辅政。贞明五年，奉宣王建国改元，温自为大丞相、都督中外诸军、录尚书事。以知诰为左仆射，参政事，兼知内外诸军事。次年（九二○年），王殂，弟丹阳公溥即位。

后唐明宗天成二年（九二七年），温卒。知诰自为中书令，专国政，奉吴王溥称皇帝。长兴二年（九三一年），自为镇海宁国节度使，出镇升州（今南京）。广金陵城。留其子景通为司徒，居江都，辅政。废帝清泰二年，自为大元帅，封齐王。后晋高祖天福二年（九三七年），称皇帝，国号唐，徙都金陵。复姓李，更名昇（音汧）。是为南唐烈祖。奉吴主溥为让皇。

烈祖性节俭，勤于为治，轻徭薄赋，国内以安。天福八年（九四三年）殂。子璟立，是为元宗。性谦谨，数延群臣论政体。适值闽有内乱，国分为二。元宗乘衅遣兵攻灭之。于是南唐势力范围伸张至福建。

三、闽之兴亡

先是唐昭宗乾宁四年（西历纪元八九七年），威武节度使王潮卒。弟审知嗣，性俭约，宽刑薄赋，公私富实，境内以安。后梁太祖开平三年，封闽王，是为忠懿王。后唐庄宗同光三年（九二五年），王薨，子延翰立，骄淫残暴，不恤国政。明宗天成元年（九二六年），自称大闽国王。置百官，威仪文物，皆仿天子之制。是年十二月，其养兄建州刺史延禀弑之，而立其弟延钧。延钧好佛，度僧二万人。复好神仙之术，宠幸道士陈守元、巫者徐彦林、盛韬等，变乱国政。作宝皇宫，极土木之盛，以守元为宫主。长兴四年，称帝改元，更名璘，是为惠宗。信任国计使薛文杰，横征暴敛，民不堪命。屡杀宗室近臣，人人自危。后唐废帝清泰二年（九三五年），皇城使李仿弑之，而立其子福王继鹏，更名昶，是为康宗。昶诛李仿，尊陈守元为天师，信任之。更易将相，刑罚选举，皆与之议。守元受赂请托，言无不从，其门如市。昶好土木，作紫薇、白龙诸宫。百役繁兴，用度不足。有司除官，皆令纳赂，以货多寡为差，由是政刑益乱。杀叔父延武、延望、从弟继隆。叔父延羲阳狂以自晦。后晋高祖天福四年（九三九年），军使朱文进、连重遇弑之而立延羲，更名曦，是为景宗。曦骄淫苛虐，猜忌宗族，数杀贵戚大臣。其弟建州刺史延政数以书谏之。曦怒，发兵击之。延政治兵与曦相攻，互有胜负。天福八年（九四三年）二月，延政称帝于建州，国号殷。开连元年（九四四年）三月，朱文进弑曦而自立。延政闻警，改国号曰闽，发兵讨文进。是年十二月，南唐乘衅，以查文徽为江西安抚使，边镐为行营都虞侯，率师攻建州。闰月，福州南廊承旨林仁翰讨杀文进，以州降殷。延政遣从子继昌镇福州。次年三月，部将李仁达杀继昌，据福州，称藩于南唐。唐以为威武节度使，赐名弘义。是年八月，唐兵拔建州，延政出降，汀、泉、漳州皆降，闽亡。时后晋出帝开运二年，南唐元宗保大三年，闽主延政天德三年，西历纪元九四五年也。闽凡传六主，四十九年而亡。其地皆入于南唐。南唐征李弘义入朝，辞不至。枢密使陈觉矫诏伐之，弘义求救于吴越。又逾年，吴越兵救福州，破南唐兵。于是福州入与吴越。泉州守将留从効亦逐南唐守兵，据其城。于是福泉二州之羁縻权复失。

四、楚之兴亡

闽亡以后，越六年，唐兵灭楚，于是南唐势力范围扩张至湖南。先是，有唐末年，忠武（领陈、许二州、镇陈州）叛将马殷略取湖南诸州，累拜武安（领湖南诸州，镇潭州）节度使，封楚王。历事后梁、后唐，拜天策上将军，守尚书令。王不征商旅，四方商旅辐凑。湖南地多铅铁，王用判官高郁计，铸铅铁为钱。商旅出境，无所用之，皆易他货而去。故能以境内有余之物，易天下百货，国以富饶。湖南民不事蚕桑，郁命民输税者，皆以帛代钱，由是民间机杼大盛。后唐明宗长兴兀年（西历纪元九三〇年），殷殂，子希声立。三年（九三二年），希声殂，弟希范立。希声、希范皆骄奢暴虐，楚政渐衰。后汉高祖天福十二年（九四七年），希范殂，将佐立其弟希广。希广兄希萼时方为武平节度使，治朗州（今湖南武陵道），不服。隐帝乾佑二年，以兵攻长沙，败归。三年（九五〇年），遂诱群蛮同入寇，破长沙，弑希广，称臣于南唐。希萼既得志，多思旧怨，杀戮无度，昼夜荒淫纵酒，尽以军府事委其弟希崇。希崇复多私曲，政刑紊乱，籍民财以赏士卒。士卒犹以不均怨望。次年，朗州指挥使王逵、周行逢作乱，据朗州，迎辰州刺史刘言为留后。潭州指挥使徐威、陆孟俊等作乱，废希萼，立希崇。部将彭师暠等复奉希萼为王，居衡山。是年十月，唐将边镐由袁州趣长沙，希崇、希萼皆降，楚亡。时后周太祖广顺元年，南唐元帝保大九年，楚王希崇元年，西历纪元九五一年也。楚自马殷建国，凡传六世，五十五年而亡。湖南皆入于南唐。

五、湖南周氏之建国

南唐既得湖南，悉收其金帛珍玩仓粟，以边镐为武安节度使，守长沙。迁马氏之族于金陵，遣都官郎中杨继勋等收租赋，务为苛刻，湖南人失望。广顺二年正月，指挥使孙朗、曹进作乱，谋杀镐，据湖南归中原，不克，奔朗州，投刘言。是年十月，言以朗进为前锋，与其将王逵、周行逢、何敬真、潘叔嗣、张文表等十人袭潭州。镐败走，言遂取湖南，奉表称臣于周，留逵镇长沙。三年六月，逵叛言，举兵袭破朗州，杀言。周世宗显德元年五月，徙治朗州，以行逢知潭州事。三年二月，岳州团练使潘叔嗣杀逵，行逢讨杀叔嗣，徙据朗州，称藩于周，于是湖南入于周氏。

六、周世宗取淮南

南唐元宗性和柔，好文华，喜人顺己，由是谄谀之人多进用。幸臣陈觉、冯延巳等用事，政事日乱。既克建州，破湖南，益骄，有吞天下之志。后汉隐帝乾佑元年，河中节度使李守贞之叛，后周太祖广顺二年泰宁节度使慕容彦超之叛，皆为之出师，遥为声援。又遣使自海道通契丹及北汉，约共图后周。周世宗显德三年正月，帝自将伐南唐，大败其兵于正阳（淮津名，在安徽淮泗道寿县城西），杀其将刘彦贞。二月，命赵匡胤袭取滁州（今淮泗道滁县，即故滁州），擒其将皇甫晖、姚凤。命韩令坤袭取扬州（今淮扬道故扬州府），执其副留守冯延鲁。遂取泰州（今淮扬道泰县，即故泰州），五月，帝还大梁，留都招讨使李重进围寿州（今寿县），是年六月，唐遣员外郎朱元等率师经略江北，破周师，复取扬、滁等州。四年三月，帝复自将攻寿，大破唐援兵于紫金山（在寿阳域东北），寿州监军周廷构以城降，清淮节度使刘仁瞻死之。是年十一月，复自将伐唐，攻濠（今淮泗道凤阳县，即故凤阳府）、泗（今淮泗道洪泽湖，即故泗州），降之。复遣兵取扬、泰二州，五年正月，克楚州（今江苏淮扬道，即故淮安府）。防御使张彦卿力战，死之。帝进军临江，遣水军击破唐兵，唐元宗大惧，遣使奉表尽献江北地（即庐、舒、蕲、黄等州，今安徽安庆道及湖北江汉道，即故庐州、安庆二府及黄州府地），去帝号，称唐国主，奉周正朔。江北悉平，共得州十四，县六十。于是江北、淮南皆入于周。

七、世宗之北伐

世宗既破蜀，破南唐，知中国兵已可用。六年四月，遂自将大举伐契丹，取瀛（今津海道河间县）、莫（今津海道任邱县）、易州（今保定道易县），关南（谓瓦桥关南）悉入于周。遂趋幽州，会不豫而止。以瓦桥关为雄州，益津关为霸州（今河北霸县）。置戍而还，往还仅两月。

初，世宗在藩，多务韬晦。及即位，破高平之寇，人始服其英武。其御军，号令严明，将士莫敢犯。攻城对敌，矢石落其左右，略不动容。应机决策，出人意表。又勤于为治，发奸摘伏，聪察如神。暇则召儒者讲前史，商榷大义。性不好丝竹珍玩之物，常曰："朕必不因喜赏人，因怒刑人。"文武参用，各尽其能。人畏其明而怀其惠，故能破敌广地，所向无前。在位六年，以显德六年（西历纪元九五九年）六月崩。崩之日，远迩哀慕。子梁王宗训立，年七岁。是为恭帝。

八、陈桥之变

赵匡胤从世宗征伐，屡立大功，士卒服其恩威。世宗晚年，迁殿前都点检。恭帝立，加检校太尉，领归德军节度使（治宋州，今河南开封道旧归德府）。会镇定二州奏言北汉与辽会师南侵，诏匡胤率兵御之，夕次陈桥驿（在河南开封县城东北）。时主少国疑，将士聚谋曰："主上幼弱，我辈出死力破敌，谁则知之。不如先册点检为天子，然后北征，未晚也。"都押衙李处耘具以事白匡胤弟供奉官都知匡义及归德掌书记赵普。匡义与普部分都将，环列待旦，驰使入京，报殿前都指挥使石守信、都虞候王审琦，二人皆素归心匡胤者。黎明，将士逼匡胤寝所，露刃列庭曰："诸将无主，愿册太尉为皇帝。"即被以黄袍，罗拜呼万岁，拥上马南行。匡胤揽辔曰："汝等贪富贵，能从我命则可，不然，我不能为若主矣。"皆下马曰："愿受命。"匡胤曰："太后主上，我北面事者，不得惊犯。公卿皆我比肩，不得侵凌。朝市府库，不得侵掠。用命有重赏，违不汝贳也。"皆应曰："诺。"遂肃队入汴。侍卫副都指挥使韩通闻警，谋率众拒战，军校王彦升杀之。宰相范质、王溥、魏仁浦以下皆降，匡胤遂称皇帝。以所领归德军在宋州，因改国号曰宋，是为宋太祖。废恭帝为郑王，后周亡。时后周恭帝元年，西历纪元九六〇年也。周自太祖篡立，凡传三主、二姓，十年而亡。

九、五季士风之凋敝

自唐亡以来，仅五十三年，而更十有三君，五易国而八易姓。后梁起于盗贼，后唐、后晋、后汉出于胡族，契丹以裔夷陵诸夏。群雄窃据方隅者前后十二国。四海浊乱，人不复知节义为何物。观冯道一传，则可以概见当时士风也。道少以孝谨知名，初事刘守光为参军，去仕唐庄宗为掌书记。明宗时始为宰相，周世宗显德元年卒。历事五朝八姓十一君，常不离将相公师之位。为人清俭宽弘，人莫测其喜愠，滑稽多智，浮沉取容。国存则依违以保禄位，国亡则图全苟免。虽兴亡接踵，而富贵自如。尝著《长乐老叙》，自述其累朝荣遇之状，时人皆以为宽弘长者。盖五季之乱，民命倒悬，而道颇以救济为念，公正处事，以故遐迩倾服。若夫反面事敌，则既为士夫常事，世莫复讶之者。乃至以此无耻之人，而以德量见推焉，名教之废，至是而极矣。

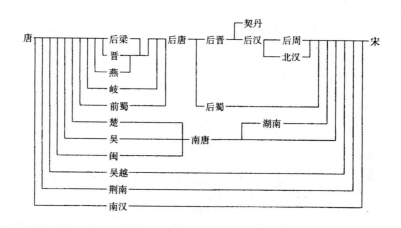

五代君主废弑表

代名	帝数	被弑者及被杀者	被弑者及被灭者	善终者
后梁	三	三		
后唐	四	三		一
后晋	二		一	
后汉	二	一		一
后周	三		一	二

第二章

宋室之勃兴

　　自唐末以来，诸国割据，互相争雄。至宋室勃兴，天下复归于一统，盖又乱极而治之时代也。太祖之为人，宽宏有度量。富于政治及军事经验，知人善任。其弟太宗，亦聪明有才略。两代相继，得贤相赵普辅佐之。对内取中央集权主义，罢功臣典兵制，而篡弑之机潜消。收藩镇之兵权、利权、政权，而跋扈之祸以免。对外取避强攻弱主义，并吞荆南、湖南、剑南、岭南、江南、河东诸小国。统一黄河、扬子江、西江三大流域。厚集兵力，以与契丹大敌抗。复提倡文教，奖励名节。有宋一代，儒教哲学异常发达。士大夫重名誉，尚气节，有东汉之遗风焉，皆太祖、太宗鼓吹之力也。独惜其削方镇权太过，而武力渐衰。待遇功臣及降王之俸给太优，而财力不继。继起之君主，思改弦更张之，而用人未尽当。于是契丹、西夏侵迫于外，新党、旧党交讧于内。君主、宰相日疲其心思才力，从事于调停敷衍，而终无以善其后。及女真勃兴，而宋室遂以不国矣。兹述其事迹如下。

第一节　宋初之内治

太祖以归德节度使而为天子，亦如前代诸帝，为军人所立者也。军人所以推之者，为欲得报酬也。故既为军人所推，又欲杀军人之权，其事甚难。而太祖终能杀其权，其手段果何如哉！

一、罢功臣典禁兵

史称太祖受禅，将相群司皆用周旧人。惟赵普以军府旧僚，专预密议。石守信、王审琦等皆帝故人，有功，典禁卫兵。普数以为言，帝曰："彼等必不吾叛。"普曰："数人者皆非统御才。恐不能制服其下。若军伍间有叛者，彼临时亦不能自由尔。"太祖悟。一日，因晚朝，与守信等饮酒酣。屏左右谓曰："朕非卿等不及此。然天子亦大艰难，殊不若为节度使之乐。朕终夕未尝取安枕也。"守信等请其故。太祖曰："是不难知，此位谁不欲为？"守信等顿首曰："陛下何为出此言？天命已定，谁复有异心。"太祖曰："卿等固然，其如麾下欲富贵何？一旦有以黄袍加汝身，虽不欲为，岂可得乎？"守信等泣谢曰："臣等愚不及此。惟陛下哀矜，指示可生之途。"太祖曰："人生如白驹过隙。所以好富贵者，不过欲多积金钱，厚自娱乐，使子孙无贫乏耳。卿等何不释去兵权，出守大藩。择好便田宅，为子孙立永远不可动之业。多置歌儿舞女，日夕饮酒相欢，以终天年。朕且与卿等约为婚姻。君臣之间，两无猜疑。上下相安，不亦善乎？"守信等皆谢曰："陛下念臣至此，所谓生死而肉骨也。"明日，皆称疾乞罢，诏皆以为节度使。于是历代相传功臣典兵之制废。时建隆二年七月，太祖即位后第二年也。

二、收藩镇权

五代诸侯强盛，军政民政财政司法权皆为所专，朝廷不能制。每移镇受代，先命近臣谕旨。且发兵备之，尚有不奉诏者。租税所入，率令部曲主场务，厚敛以入己，其上供者甚少。太祖与赵普谋，渐削其权。其方法列下。

甲、以文臣知州事 宋初，藩镇异姓王及带相印者不下数十人。乾德元年正月，太祖用赵普谋，或因其卒，或因迁徙致仕，或因遥领他职，皆以文臣代之，使知州事，自是节度使之权始轻；

乙、设诸州通判 是年四月，初置诸州通判，统治军民之政，事得专达，与长吏均礼。大州或置二员。又令节镇所领支郡，皆直隶京师，得自奏事，不属诸藩。于是武臣渐失民政权；

丙、置诸路转运使 自唐天宝以来，藩镇屯重兵，租税所入，皆以自赡。名曰留使留州，其上供者甚少。五代藩镇益强，率令部曲主场务，厚敛以入己，而输贡有数，太祖素知其弊。乾德三年三月，赵普乞命诸州度支经费外，凡金帛悉送汴都，无得占留。每藩镇帅缺，即令文臣权知所在场务。凡一路之财，置转运使掌之。虽节度、防御、团练、观察诸使及刺史，皆不预金书金谷之籍。于是财赋之权尽归于上；

丁、选诸道兵入补禁卫 是年八月，命诸州长吏，择本道兵骁勇者送都下，以补禁旅之阙。又选强壮卒，定为兵样，分送诸道，召募教习。俟其精练，即送阙下。复立更戍法，分遣禁旅，戍守边城。使往来道路，以习勤苦，均劳佚。自是将不得专其兵，而士卒之骄惰亦息。

普沉毅有谋略，帝甚任之。乾德二年，宰相范质、王溥、魏仁浦等皆求避位，帝从之，以普同平章事。普尝荐某人为某官，帝不许。再三奏之，帝怒，裂其奏。普徐拾以归，补缀以进。帝悟，卒用其人。又有朝臣当迁官，帝素嫌其人，不与。普力请，帝怒曰："朕固不与，卿若之何？"普曰："刑赏天下之刑赏，安得以喜怒专之？"帝怒甚，起入宫。普随之，立宫门不去，竟得俞允。其刚直如此，然性多忌克，屡以微时所不足者为言。太祖曰："若尘埃中可识天子、宰相，则人皆物色之矣。"普及不敢复言。尝以私怨诬人论死。独相十年，为政颇专。又好货利，有不法事，为人告讦，帝始疑普，诏参知政事薛居正、吕余庆与普更知印押班奏事（故事参知政事为宰相副，不知印，不押班），以分其权。普不自安，乞罢政，从之。开宝六年，出为河阳节度使。

帝注意刑辟，命判大理寺窦仪重定刑统，颁行之。尝叹近世法纲之密，定折杖法，以减流、徒、杖、笞之刑。犯大辟者，令诸州录案闻奏，付刑部详复之，非情理深害者，多从宽恤。惟重贪墨之罪，赃吏必诛，未尝少贷。盖帝亲见五代时贪吏恣横，民不聊生，故以严法治之，欲塞浊乱之源也。

第二节 宋初之外征

太祖既收民政、军政、财政权于朝廷，一新内政，乃外列征国，以图统一天下。

一、平昭义及淮南

太祖之初即位也，周诸藩镇皆服属，独昭义节度使李筠不从，起兵会北汉兵来攻，太祖遣石守信等分道击破之。自将围筠于泽州（今山西冀宁道晋城县，即故泽州府），筠自焚死。淮南节度使李重进，周太祖之甥也，亦谋起兵拒宋。太祖自将击之。重进亦自焚死。南唐吴越皆遣使贺，即位，诸方无警。太祖乃乘衅进兵，经略荆湖。

二、取荆南及湖南

先是后梁太祖在位，以高季昌为荆南节度使，镇江陵。吴楚屡出兵攻之，不克。季昌以前进士梁震为谋主，练兵守险，据有荆、峡、归等州。后唐庄宗灭梁，季昌请降，避唐讳，更名季兴，诏封南平王，是为荆南建国之始。后唐明宗天成三年（西历纪元九二八年），季兴殂，子从诲立。性明达，亲贤礼士。委任梁震，以兄事之。省刑薄赋，境内以安。荆南介居湖南、岭南、福建之间，地狭兵弱。自季兴时，诸道入贡，过其境者，多掠夺其货币。及诸道移书诘让，或加以兵，不得已，复归之，曾不为愧。及从诲立，唐、晋、契丹、汉更据中原，南汉、闽、吴、蜀皆称帝。从诲利其赐予，所向称臣。诸国贱之，谓之高无赖。后汉隐帝乾佑元年（西历纪元九四八年），从诲殂，子保融立。保融迂缓，国事悉委于母弟保勖。宋太祖建隆元年（九六〇年），保融殂，保勖立。三年（九六二年）殂，保融子继冲立。

是年，武平节度使周行逢卒，子保权立，时年十一。部将张文表本行逢故等夷，不服，作乱，袭据潭州。将取朗州，灭周氏。保权乞援于宋。次年正月，太祖遣慕容延钊、李处耘假道荆南，讨文表。濒行，授意于处耘等以"江陵四分五裂之国，宜假道出师。因而下之"。是年二月，大兵至荆门。继冲遣其叔父保寅奉牛酒犒师，处耘以轻骑数千倍道袭江陵，继冲惧，籍境内户口请降，荆南亡，得州三、县十七。时保权已破文表，诛之。而宋师犹继进不止，保权惧，遣部将张从富拒战。延钊击破其兵于沣江（出沣州安福县，经南下流入洞庭湖），进克朗州，执保权以归，湖南亡。得州十四、监一、县六十六。时宋太祖乾德元年，西历纪元九六三年也。荆南凡传五主，五十七年（九〇七至九六三），湖南凡传二主、八年（九三六至九六三）而亡。现今两湖之地皆入于宋。

三、取蜀

荆湖既降，扬子江中流流域入于宋，南唐与蜀交通之路中绝。是时蜀后主昶在位已久，奢侈无度。委任嬖臣王昭远、韩保正等以国事，群小擅权，昭远欲立大功以固宠。乾德二年（九六四年），遣使通好北汉，谋联兵伐宋。太祖闻之，遣王全斌、刘光义、崔彦进等分道伐蜀。全斌等由凤州进，光义等由归州进，连破蜀兵，擒其招讨使韩保正、都统王昭远。次年正月，进至魏城（在今西川道绵阳县东北），昶惧，出降，后蜀亡，得州四十五、县百九十八。时宋太祖乾德三年，西历纪元九六五年也。后蜀凡传二主，三十三年（九三三至九六五年）而亡，东西两川皆入于宋。

四、灭南汉

两川既平，西方无警。宋乃进兵南下，经略南汉。南汉始祖刘隐，仕唐为清海军节度使，镇广州。后梁太祖即位，封南平王，乾化元年（西历纪元九一一年）殂。弟岩嗣为节度使，破楚王马殷兵，取容管（今广西苍梧道）及高州（令广东高雷道故高州）。于是岭南皆入于刘氏。梁末帝贞明元年，表求封南越王，梁不许。岩谓僚属曰："今中国纷纷，孰为天子，安能梯航万里，远事伪庭乎？"自是始与梁绝。三年，称帝于番禺，国号大越，次年，改国号曰汉，是为南汉高祖，更名龑。后复更名龚（音俨）。高祖为人，辩察多权数，好自矜大。常谓中国天子为洛州刺史。岭南珍异所聚，每穷奢极丽，宫殿悉以金玉珠翠为饰。用刑惨酷，有灌鼻、割舌、支解、刳、剔、炮、炙、煮、烹之法。或聚毒蛇水中，以罪人投之，谓之水狱。末年尤猜忌，以士人多为子孙计，故专任宦者，由是其国中宦者大盛。后晋高祖天福七年（西历纪元九四二年）三月，高祖殂，子秦王弘度立，更名玢，是为殇帝。殇帝骄奢，不亲政事。高祖在殡，作乐酣饮。夜与倡妇微行，裸男女而观之。左右忤意辄死，无敢谏者。常猜忌诸弟，每宴集，令宦者守门，群臣宗室皆露索，然后入。次年（天福八年，西历纪元九四三年）三月，其弟晋王弘熙弑之而自立，更名晟，是为中宗。

中宗骄暴，杀其弟越王弘昌、循王弘杲等。尽杀其男，纳其女充后宫。作离宫千余间，饰以珠宝。设汤镬、铁床、剐剔等刑，号生地狱。以宫人卢琼仙、黄琼芝为女侍中，朝服冠带，参决政事。宗室勋旧，诛戮殆尽，惟宦官林延遇等用事。周世宗显德五年（西历纪元九五八年）八月，中宗殂，子卫王继兴立，更名铱，是为后主。

后主即位时，年甫十六。以宦官龚澄枢、李托为内太师。军国之事，皆取决焉。凡群臣有才能及进士状头或僧道可与谈者，皆先下蚕室，然后得进。亦有自宫以求进者，亦有免死而宫者，由是宦者近二万人。遗显用事之人，大抵皆宦者也。谓士人为门外人，不得预事。宋太祖乾德二年，后主遣兵侵潭州。防御使潘美击却之，进克郴州，获其内侍余延业，具言后主荒淫暴虐之状，于是太祖慨然有南伐之意。开宝三年，遣潘美、尹崇珂伐之。次年，克广州，钺出降，南汉亡。时宋太祖开宝四年，西历纪元九七一年也。南汉凡传五主，七十年（九〇一至九七一）而亡，岭南皆入于宋，得州六十、县二百四十。惟安南为丁氏所据，虽称臣纳贡，然自是遂列为外藩，不列入中国版图之内。（参观拙著《东洋史》近古史第一期第七章第五节）

五、灭南唐

岭南既平，南方无警。宋乃转锋东下，经略南唐。南唐元宗自为周世宗所败，江北皆失，国势逐渐削弱。元宗惧，徙都洪州，更名曰南昌府。宋太祖建隆二年（西历纪元九六一年），元宗殂，太子煜立于金陵，是为后主。

后主聪悟好学，善属文，工书画，明音律。酷信浮屠法，出禁中金钱，募人为僧，都下僧及万人，皆仰给县官。后主每日退朝以后，服僧衣，诵佛经，日夜研究性命之说，不复以治国守边为意。南汉亡后，后主惧甚，遣使来朝，贬国号曰江南。太祖欲伐之，惮其将林仁肇威名，纵反间计，杀之。开宝七年（九七四年），遣使征后主入朝，后主辞疾不至。是年九月，诏以曹彬为都部署，潘美为都监，曹翰为先锋，将兵十万伐江南。临行，诫彬等曰："江南之事一以委卿，切勿暴掠生民。务广威信，使自归顺，不烦急击也。"又曰："城陷之日，慎勿杀戮。设若困斗，则李煜一门不可加害。"且以剑授彬曰："副将以下，不用命者斩之。"自王全斌平蜀，多杀降卒，帝每引为恨。彬性仁厚，故专任之。是年十一月，潘美渡江，连破江南兵。次年二月，遂围金陵。十月，后主遣翰林学士承旨徐铉来求缓师，言于帝曰："煜以小事大，如子事父。未有罪过，奈何见伐？"帝曰："尔谓父子为两家，可乎？"铉不能对而还。寻复至，见帝，论辨不已。帝怒，按剑曰："不须多言，江南亦有何罪。但天下一家，卧榻之侧，岂容他人鼾睡乎？"铉惶恐辞归。金陵受围十月，势愈危迫，彬终欲降之。是年十一月，遣人告煜曰："事势如此，所惜者一城生聚耳。若能归命，策之上也。某日城必破，宜早为之所。"煜不听。一日，彬忽称疾，诸将来问，彬曰："余疾非药能愈，惟须诸君诚心自誓，破城不妄杀一人，则自愈矣。"诸将许诺，共焚香为誓。翌日，城陷，后主出降，江南平。时宋太祖开宝八年，西历纪元九七五年也。南唐凡传三主，三十九年（九三七至九七五）而亡。扬子江下流流域皆入于宋，得州十九、军三、县一百八十。

太祖孝友节俭，质任自然，不事矫饰。一日，罢朝坐便殿，不乐者久之。左右请其故，曰："尔谓为天子容易耶。早作乘快，误决一事，故不乐耳。"宫中苇帘，缘用青布。常服之衣，浣濯至再。永康公主（帝之女）尝衣贴绣铺翠襦，帝曰："汝服此，众必相仿。禁之。"一日，劝帝以黄金饰肩舆，帝曰："我以四海之富，宫殿饰以金银，力亦可办。但念我为天下守财耳，岂可妄用。"削平诸国，君长降者，皆不加戮，礼而存之，其族党皆见录用。尝幸武成王庙，观从祀有白起像，指曰："起杀已降，不武之甚。"命去之。江南平，捷书至。帝泣曰："宇县分割，民受其祸。攻城之际，必有横罹锋刃者，实可哀也。"命出米十万斛赈恤之。帝在位十七年（九六○至九七六），以开宝九年（西历纪元九七六年）十月崩。弟晋王光义即位。是为太宗。

六、吴越及漳泉二州来归

太宗英武，远不如太祖，然犹袭太祖余威，削平诸国，于是吴越及漳泉二州皆内属。吴越武肃王钱镠者，临安人。唐僖宗光启三年，以讨浙东观察使刘汉宏功，拜杭州刺史。讨破镇海叛将薛朗、徐约，取苏、常二州。昭宗景福二年，拜镇海节度使。乾宁三年，讨杀威胜（军名，即浙东）节度使董昌，兼领镇东（即威胜改名）节度使，于是两浙皆入于镠。天复二年，封越王。天佑元年。改封吴王。后梁太祖开平元年，进封吴越王，是为吴越建国之始。王性勤敏，无声色货利之好，知人善任。是时中原丧乱，吴越僻处东南，不为竞争之中心点，国势粗安。历事后梁、后唐，加尚父，拜天下兵马大元帅。后唐明宗长兴三年（西历纪元九三二年）薨，子元瓘嗣，是为文穆王。王性明敏，举贤任能，国内富庶。后晋高祖天福六年（九四一年）薨，子弘佐立，是为忠献王。

忠献王嗣位时，年甫十四，丞相曹仲达辅政。王性温恭，好书礼士，躬勤政务。发摘奸伏，人不能欺。后汉高祖天福十二年（九四七年）薨，弟弘倧立，性刚严。统军使胡进思恃迎立功，干预政事，弘倧恶之。是年十二月，进思作乱，废弘倧，立其弟弘俶，是为忠懿王。

王待废王弘倧以礼，畏忌进思，曲意下之。进思内忧惧，疽发背而死，由是弘倧获全。王募民能垦荒田者，不收其税，由是境内无弃田。宋太祖开宝七年，大兵伐南唐，以王为升州东南行营招抚制置使。王奉命，自将兵五万夹攻，取常州。江南平后，王入朝，赏赉甚厚。濒行，太祖赐以黄袱，封缄甚固，戒曰："途中宜密观。"启之，则皆群臣乞留王章疏也，王愈感惧。

太宗即位，王复来朝。会留从效故将清源节度使陈洪进以漳、泉二州来归。王惧，上表献其境内十三州一军。诏封王淮海国王，吴越亡。时宋太宗太平兴国三年，西历纪元九七八年也。吴越凡传五主，八十七年（八九二至九七八）而亡，两浙皆入于宋。

陈洪进者，故清源节度使留从效牙将也。后汉高祖天福十二年（九四七年），从效逐南唐守兵，据漳、泉二州。宋太祖建隆三年（九六二年）卒，子绍镃典留务。洪进作乱，执绍镃送建康，推副使张汉思为留后。寻幽汉思，自为节度使，至是以漳泉二州来归。诏授武宁节度使，同平章事，留之汴京。于是福建皆内属。.

七、灭北汉

是时僭伪之国，惟余北汉。先是北汉孝和帝钧在位，屡与宋构兵，败绩，帝惧，征抱腹山人郭无为为相。宋太祖开宝元年（西历纪元九六七年）殂，养子继恩立，无为弑之，而立其弟继元，皆孝和之甥也。太祖乘丧，遣昭义节度使李继勋击之，继元乞师于辽。辽穆宗述律遣将救之，继勋引还。穆宗耽酒，克于畋猎，嗜杀不已。刑政紊乱，上下怨之。二年（辽应历十九年）三月，畋于怀州（在临潢西南，今内蒙古巴林旗界内），为近臣所弑，世宗之子贤驰赴怀州即位，是为景宗。三月，太祖自将击汉，围太原。景宗复遣将来援，太祖不能克。会暑雨，军士多疾，尽弃粮储而还。太平兴国四年正月，以潘美为北路都招讨使，统诸军围太原。郭进为太原石岭关都部署，断燕蓟援师。二月，帝自将伐汉，辽遣兵来援，郭进邀击于白岭关（在雁门道忻县西南），大破之。五月，继元出降，北汉亡。凡传四主，二十九年（九五一至九七九），得州十、军一、县四十一。

第三节　金匮之盟

太宗对外虽小有战功，对内则多惭德。盖家庭之变，人所难言也。先是太祖在位时代，母昭宪杜太后临崩，召赵普入受遗命。且问太祖曰："汝知所以得天下乎？"太祖曰："皆祖考及太后之余庆也。"后曰："不然。正由周世宗使幼儿主天下尔。若周有长君，汝安得至此。汝百岁后，当传位光义，光义传光美，光美传德昭。国有长君，社稷之福也。"太祖泣曰："敢不如教。"后命普为誓书，普署纸尾曰："臣普记。"藏之金匮。太祖友爱太宗，数幸其第，恩礼甚厚。建隆二年，授开封尹。开宝六年，封晋王，班宰相上，每言"晋王龙行虎步，他日必为太平天子，福德非吾所及也。"尝幸洛阳，有布衣张齐贤献十策，内四说称旨，齐贤坚称余策皆善。太祖怒斥之，还语太宗曰："吾幸西都，得一张齐贤。吾不欲用之，异日可使辅汝为相也"。据此以观，则太祖传位之意已决。及帝即位，以弟廷美（即光美改名）为开封尹，封齐王。兄子德昭封武功郡王，德芳为兴元尹。帝有私天下之意。伐燕之役，德昭从行，军中尝夜惊，不知帝所在，有谋立德昭者，帝闻不悦。及归，以北伐不利，久不行平汉之赏。德昭言之，帝大怒曰："待汝自为之，赏未晚也。"德昭退而自刎。越二年，德芳卒。秦王廷美（即齐王更封）始不自安。或告其有阴谋，帝疑，以问赵普。是时卢多逊以次相专政。普奉朝请累年，多逊益毁之，谓普初无立上意。普郁郁不得志，至是普有机可乘，因言"愿备枢轴，以察奸变"。且自陈预闻昭宪太后顾命，帝悦，以普为司徒，兼侍中，复入阁。既而帝以传国之意访普，普曰："太祖已误，阶下岂容再误。"廷美遂得罪。太平兴国七年，罢为西京留守，出之洛阳。会普廉得多逊交通秦王事，谮之于帝。帝大怒，勒廷美就第，流多逊于崖州（今广东琼崖道崖县）。关系者多坐死。同平章事沈伦坐不能觉察，降授工部尚书。普又讽知开封府李符告廷美怨望，贬涪陵县公，安置房州（今湖北襄阳道郧县，即故郧阳府）。普又恐符言泄，坐符他事，流之春州（今广东高雷道阳春县）。廷美至房州，逾年，以忧悸卒。皇长子楚王元佐，少聪警，帝锺爱之。廷美迁房州，元佐尝力救，及廷美死，遂发狂疾。雍熙二年，废为庶人。淳化五年，以皇三子襄王元侃为开封尹，进封寿王。至道元年，立为皇太子，更名恒。

三年（九九七年），帝不豫。宣政使王继恩忌太子恒英明，与参知政事李昌龄、知制诰胡旦等，谋立故楚王元佐。是年三月，帝崩，在位二十一年，年五十九岁。皇后命继恩召宰相吕端。端知有变，即绐继恩入书阁，锁闭之。亟入宫，后问曰："立嗣以长，顺也。今将如何？"端曰："先帝立太子，正为今日。岂容更有异议。"后默然。乃奉太子即位，是为真宗。讨谋立楚王之罪，贬昌龄忠武（军名，今河南开封道淮阳县）行军司马，安置继恩于均州（今湖北襄阳道均县），流旦于浔州（今广西苍梧道桂平县）。于是大统归于太宗系。

第三章

宋初对辽之关系

第一节　高粱河之役

太宗对外战争，虽稍有成功，独对辽战争，则全归失败。先是太祖在位，尝雪夜微行至赵普第，计下太原。普曰："太原当西北二边。太原既下，则边患我独当之。不如姑俟削平诸国，则黑子弹丸之地，将安逃乎？"帝然之。又尝以幽燕地图示普，问进取之策。普曰："图必出曹翰。"帝曰："然。"因问翰可取否，普曰："翰可取，孰可守？"帝曰："以翰守之。"普曰："翰死孰可代？"帝默然良久曰："卿可谓深虑矣。"于是专用力于南方，不复言伐燕。太宗既灭北汉，欲乘胜取幽蓟。太平兴国四年五月，发太原，东击辽，取易、涿等州，进围幽州。帝自将大军，与辽将耶律沙大战于高粱河（今北平西玉泉山水）。沙兵败，将遁。会景宗遣耶律休格（旧作休哥）来援，夹击帝军，帝兵败，急乘驴车走免，自是辽好遂绝。次年（太宗太平兴国五年，辽景宗乾亨二年）十月，景宗自将南侵，围瓦桥关，休格率精骑渡水而战。官军大败，帝自将御之。至大名（府名，今河北大名道）。闻辽军引去。乃还。

第二节 岐沟之役与陈家谷之役

太平兴国七年，辽景宗殂。长子梁王隆绪立，是为圣宗，年甫十二。母承天太后萧氏奉遗诏摄政，复国号曰契丹。以韩德让为政事令，兼枢密使，耶律博郭济总领山西诸州事，耶律休格为南面行军都统。后明达治道，闻善必从，习知军政，赏罚信明，将士用命。圣宗称辽盛主，后教训之力为多。雍熙三年（太宗即位十一年，辽圣宗统和四年）正月，太宗信边将贺怀浦言（怀浦上言，契丹主少，母后专政，宠幸用事，请乘其衅），以取燕蓟。以曹彬、米信、田重进、潘美为四路都部署，分道伐契丹。彬与信出雄州，趋幽州；重进出飞狐（今河北涞源县，即紫荆关）；美出雁门，趋大同。诸将陛辞，帝谓曰："潘美但先趋云州（今山西大同县）。卿等以十万众，声言取幽州。且持重缓行，不得贪利。虏闻大兵至，必悉众救范阳，不暇援山后矣。"彬与信乘胜而前，所至克捷。每捷奏闻，帝讶其进军之速。是年三月，彬取涿州。契丹南京留守耶律休格兵少，不敢出战。夜则令轻骑掠其单弱，以胁余众。昼则以精锐张其势。又设伏林莽以绝粮道。彬居涿旬日，食尽，退师雄州，以援粮饷。帝闻之曰："岂有敌人在前，反退师以援刍粮。失策之甚也。"亟遣使止彬勿前。急引师缘白沟河（今拒马河，在新城雄县界内，名白沟河，宋辽分界处也），与米信军接。俟潘美尽略山后地，会重进东下，合势以取幽州。彬部下诸将欲与潘美争功，不从。彬不能制，复裹粮与信趋涿州。承天太后与圣宗自将大军来援。是年五月，彬、信粮尽，引兵退。休格追至岐沟关（在今河北涿县西南），大破其兵，彬、信狼狈走还。是年三月，潘美连破契丹兵，取寰（今山西朔县东）、朔（今山西朔县）应（今山西应县）、云等州。契丹将耶律色珍（旧作斜轸）将兵十万来援，败美兵于飞狐，浑源（今雁门道浑源县），应州守将皆弃城走，色珍乘势破寰州。时副都部署杨业护寰、朔、应、云四州吏民内徙，闻色珍追急，欲避其锋。议引兵出大石路（即今大石口，在雁门道应县南，跨恒山脉入口而南，即繁峙县，再西南，即代州，为当时北方重镇），直入石碣谷（即今石佛谷，在雁门道崞县西北）。护军王侁等以为畏懦，固执不从。业不得已，应战。临行，嘱美与侁等由间道趋陈家谷（在雁门道朔县南），据谷口为应援。俟业转战至彼，并力拒敌。乃率部下自石跌路（即今石峡口，在崞县东北）逆战。自晨至午，以众寡不敌，兵败，乃且战且退，引兵向陈家谷。王侁闻业败，引兵遁，潘美随之。业自午至暮，转战至谷口，望见无人，抚膺大恸。乃率残兵死守谷口，敌兵丛集，业与其子延玉及麾下壮士数百人皆战死，全军歼焉。云、朔二州守将闻业死，皆弃城走，所得之地复陷。诏以张齐贤知代州（今山西代县），代业守北边。是年十二月，后与圣宗大举南侵，败都部署刘廷让兵于瀛州。遂掠邢（今河北刑台县）、深（今河北深县）、德（今山东德县）州。别将侵代州，为张齐贤所败，乃还。端拱二年，休格复南侵，至徐河（在今河北保定道徐水县境内），为都巡检使尹继伦所败，乃还。

休格智略宏，远料敌如神。每战胜，让功诸将。镇燕十七年，劝农桑，省赋役，恤孤寡。平时戒戍兵无犯中国境。虽马牛来逸者悉还之。军民怀之，边疆大治。太宗之不得志于燕者，以休格在故也。

第三节　澶渊之役

真宗咸平二年（辽圣宗统和十七年），圣宗复自将大举南侵。都部署康保裔拒战于瀛州，以众寡不敌，败绩，战死。契丹遂自德棣（今山东惠民县）济河，掠淄齐。帝自将御之，次于大名，圣宗引还。自此以后，连年南侵，互有胜负，河北大遭蹂躏。景德元年（真宗七年、辽统和二十二年）九月，圣宗复奉承天太后大举南侵，屡破河北诸军，深入内地，朝廷震骇。召群臣问方略，参政王钦若，临江人，请幸金陵。陈尧叟，阆州人，请幸成都。帝以问宰相寇准，准曰："谁画此策？"帝曰："卿姑断可否，勿问其人。"准曰："臣欲得献策之臣，斩以衅鼓，然后北伐耳。陛下神武，将臣协和。若大驾亲征，敌当自遁。不然，出奇以挠其谋，坚守以老其师。劳佚之势，我得胜算矣。奈何弃庙社，欲幸楚蜀。所在人心崩溃，敌乘胜深入，天下可复保耶？"帝意乃决。准恐钦若阻亲征之议，出钦若判天雄军（即大名府，属河北路，今河北大名道）。命朝士出知诸州者，皆于殿前受敕。准戒曰："百姓皆兵，府库皆财。不责汝浪战，但失一城一壁，当以军法从事。"是年十一月，契丹进攻澶州（今大名道濮阳县，即故开州）。太后亲御戎军督战，李继隆整众御之。统军顺国王萧达兰（旧作挞览）出按视地形，中伏弩死。契丹兵在河北者，多为诸州所败。契丹夺气。

帝在途中，又有以金陵之谋告者，帝意稍惑，寇准曰："陛下惟可进尺，不可退寸。河北诸军，日夜望銮舆至，士气百倍。若回辇数步，则万众瓦解。虏乘其后，金陵亦不可得至也。"殿前都指挥使高琼力赞准议，帝乃进军。十二月，至澶州南城（在濮阳县城南），望见契丹军势甚胜，众请驻跸。准固请曰："陛下不渡河，则人心益危，敌气未慑，非所以取威决胜也。"因陈说河北诸军形势，请帝勿疑，琼亦固请。即麾卫士进辇，遂渡河，御北城（今濮阳县城）门楼。诸军望见御盖，踊跃呼万岁，声闻数十里。契丹遣数千骑来薄城，准遣兵逆击，大破之，斩获大半。契丹骇怖，始欲议和。

先是咸平六年，契丹兵寇河北。高阳关副都部署王继忠与战于望都（今保定道望都县），败绩，被执。萧太后爱其才，授户部使。至是为契丹言和好之便，契丹以为然。遣使持继忠密表来劝和。诏遣阁门祇候曹利用执之。太后欲得周世宗所取关南地，遣使持书与利用偕来。帝曰："所言归地，事极无名。若必要求，朕当决战。若欲金帛，朝廷之体，固亦无伤。"准不欲赂以货财，且欲邀其称臣，及献幽燕之地。因画策以进曰："如此则可保百年无事。不然，数十年后，戎且生心矣。"帝曰："数十年后，当有能御之者。吾不忍生灵重困，姑听其和可也。"复遣利用如契丹军议岁币。利用请岁币之数，帝曰："必不得已，虽百万亦可。"准闻之，召利用至幄，语之曰："虽有敕旨，汝所许过三十万，吾斩汝矣。"利用竟以银十万两绢二十万匹成约而还。契丹遣使持誓书来，以兄礼事帝，引兵还。自此以后，南朝为兄，北朝为弟，每年通好。

第四节 真宗之矫诬

初，王钦若之判天雄军也，闭门束手无策。但修斋诵经，以为寇准排己，置己死地，深恶准。准自澶州还，颇矜其功，帝待之甚厚。钦若与准不协，累表乞解政事，特置资政殿学士授之。一日会朝，准先退，帝目送之。钦若进曰："陛下敬准，为其有社稷功耶。"帝曰："然。"钦若曰："城下之盟，春秋耻之。澶渊（唐故郡名，即澶州）之举，以万乘之贵，而为城下之盟。何耻如之？"帝愀然不悦。钦若曰："陛下闻博乎。博者输钱欲尽，乃罄所有出之，谓之孤注。陛下寇准之孤注也。斯亦危矣。"由是帝顾准寝衰。景德三年二月，罢准知陕州，以王旦同平章事。旦深沉有德望，帝深倚赖之。

帝自闻王钦若言，深以澶渊之盟为辱，常怏怏不乐。钦若知帝厌兵，因谬进曰："陛下以兵取幽蓟，可涤此耻。"帝曰："河朔生灵，始免兵革。朕安忍为此，可思其次。"钦若曰："惟封禅，可以镇服四海，夸示外国。然自古封禅，得天瑞然后可行。天瑞安可必得。前代盖有以人力为之者。惟人主深信而崇奉之，以明示天下，则与真者无异也。陛下谓河图洛书果有耶？圣人以神道设教耳。"帝沉思久之曰："王旦得毋不可乎？"钦若曰："臣喻以圣意，宜无不可。"乃乘间为旦言，旦黾勉从之，帝意乃决，召旦欢饮，赐以樽酒。归发封，则皆美珠也。旦悟帝旨，自是不敢有异议。景德六年正月，帝密作帛书，置之左承天门南鸱尾上，称天书降，百官拜贺，改元大中祥符。作玉清昭应宫以奉天书，遂议封禅，以旦兼大礼使。是年六月，复得天书于泰山。群臣争言祥瑞，颂功德，上帝尊号。是年十月，封泰山，禅社首（山名，在济南道泰安县城西南），四年，祭后土于汾阴（故城在山西河东道荣河县北）。五年，帝又言赵氏祖司命天尊，受玉皇命，自天降临，作景灵宫，以奉圣祖。诸州天庆观，并增建圣祖殿。

真宗在位二十六年，在相位者，前后十余人。李沆最贤。沆当为相时，王旦甫为参政。沆日取四方水旱盗贼奏之，旦谓细事不足烦上听。沆曰："人主少年，当使知人间疾苦。不然，血气方刚，不留意声色犬马，则土木甲兵礼祠之事作矣。吾老不及见此，参政他日之忧也。"

丁谓机敏，有智谋，寇准屡荐之，沆不用曰："顾其为人可使之在人上乎？"准曰："如谓者，相公终能抑之使在人下乎？"沆笑曰："他日当思吾言。"沆卒后数年，封禅祠祀营建并兴。每有大礼，旦辄以首相奉天书以行。常悒悒不乐，欲去则帝遇之厚。天禧元年九月卒，遗令削发披缁以敛，盖悔其不谏天书之失也。

旦既罢相，以王钦若同平章事。三年六月，钦若罢，复以寇准同平章事。丁谓参知政事，谓事准甚谨。尝会食，羹污准须。谓起拂之，准笑曰："参政国之大臣，乃为长官拂须耶。"谓大惭恨。会帝得风疾，事多决于皇后。准请令太子监国，谓因谮准，罢知相州，朝士与准亲厚者皆斥之，以李迪与谓同平章事。时帝有疾昏眩，谓白中宫，贬准道州司马。迪劾谓奸佞，帝怒，罢迪知郓州。谓遂独相，弄权专恣，众莫敢抗。独参知政事王曾正色立朝，时倚为重。乾兴元年（西历纪元一〇二二年），帝崩。太子祯即位，是为仁宗。

第四章

宋初对夏之关系

第一节　李继迁之叛

先是有唐初年，党项酋长拓跋赤辞来归，授西戎州都督。僖宗时代，其苗裔思恭为宥州（今榆林道靖边县）刺史。以讨黄巢功，授定难军节度使，镇夏州（今榆林道横山县），赐姓李氏，子孙世袭其职。臣事五代，传九世至继捧，以宋太宗太平兴国七年（西历纪元九八二年）入朝，献所统银（今榆林道米脂县）、夏、绥（今榆林道绥德县）、宥四州之地，自陈愿居京师。诏授继捧彰德军节度使，遣使至夏州，护其缌麻以上亲赴京。其族弟继迁不从，叛走地斤泽（在今横山县东北）。雍熙二年二月，诱杀都巡检使曹光实，袭据银州，请降于契丹，圣宗封为夏国王，妻以宗女义成公主，继迁屡扰边。端拱元年五月，太宗用赵普言，复以继捧为定难军节度使，镇夏州，赐姓名赵保忠，使图继迁。淳化二年七月，继迁请降。诏以为银州观察使，赐姓名赵保吉。

已而二人相继作乱，朝命李继隆讨之。五年三月，继隆入夏州，执继捧送京师。宰相吕蒙正请堕夏州城，从之。真宗即位，继迁纳款。诏授继迁定难军节度使，割夏、绥、银、宥、静五州隶之，于是继迁坐大。咸平四年，继迁复叛。五年，攻陷灵州（今宁夏道灵武县），知州事裴济战殁，于是西北方失一重镇。六年（西历纪元一〇〇三年），转攻西蕃，陷西凉府（今甘肃道故凉州府），杀知府事丁惟清。六谷（在凉州境内）酋长潘罗支伪降，袭破其兵，继迁中流矢死，子德明立。

　　知镇戎军曹玮上书，请乘其国危子弱，恢复河南。帝欲以恩致德明，不报，授德明定难军节度使，封西平王，契丹亦封为夏国王，德明臣事两朝。然于本国则称帝，立其子元昊为太子。元昊雄毅多大略，数谏其父勿臣宋，德明不听。

第二节　元昊之叛

　　仁宗明道元年（西历纪元一〇三二年），德明卒，元昊嗣位，侵略吐蕃、回鹘及兰州诸羌，皆破之。尽取现今绥远与甘肃河西地，据有夏、银、绥、宥、静、灵、盐、会（今兰山道会宁县）、胜、甘凉、瓜、沙、肃、洪（今甘凉道平番县）、定（今榆林道定边县）、威（今宁夏道平罗县）、龙（今榆林道靖边县）等十八州（今陕甘北境及内蒙古西南部），都兴庆（府名，今甘肃宁夏道）。阻河依贺兰山为固。宝元元年（一〇三八年）十月，自称皇帝，国号夏。上书朝廷，请求册命。十二月，诏削其赐姓官爵，以夏竦为泾原秦凤安抚使，范雍为鄜延环庆安抚使，分道讨之。康定元年（一〇四〇年）正月，元昊寇延州（今榆林道故延安府），副总管刘平、石元孙战殁，范雍闭门不救。诏贬雍，以夏守赟为陕西经略安抚招讨使，代之。守赟庸怯，寡方略。是年五月，罢守赟，以夏竦为陕西经略安抚招讨使，韩琦（相州安阳人）、范仲淹（苏州吴县人）副之，命仲淹兼知延州。延州当夏兵出入之冲，地辟砦疏，土兵寡弱。仲淹至州，大阅州兵，得万八千人，分六将领之，日夜训练。量贼众寡，使更出御。复建鄜城为军，以河中府同华州中下户租税就输之。春夏徙兵就食，以省转输。于是延州始有备，羌汉之民相踵归业。鄜州判官种世衡筑青涧城（在今榆林道绥德县），延州北境始有险可守。

　　是年九月，元昊寇三川诸寨（在今泾原道固原县东南）韩琦使环庆副总

管任福袭其白豹城。（在今泾原道庆阳县北），克之，破四十一族，焚其积聚
而还。琦上书请与仲淹由泾原鄜延进兵，分道伐夏。仲淹意在招纳，
不从。

次年（庆历元年）二月，元昊寇渭州（宋置治平凉，今泾原道平凉县）。任福
与战于好水川（今名甜水河，在泾原道隆德县东），败没，元昊进陷丰州（在今
绥远东南，当陕西府谷县之北）。诏罢夏竦，分陕西为四路，以韩琦为秦凤、
王沿为泾原、范仲淹为环庆、庞籍为鄜延安抚经略招讨使，分道拒夏
兵，命沿兼知渭州。知谏院张方平上言："泾原最当贼冲。王沿未惬
人望，不当与琦等同列。"不报。次年（庆历二年）闰九月，元昊寇镇戎
军（今固原县）。王沿使副总管葛怀敏督诸砦兵御之，败没。元昊遂大掠
渭州。范仲淹自将庆州兵援之，元昊乃退。诏罢沿，以琦、仲淹籍并
为陕西安抚经略招讨使，屯重兵于泾州（今泾原道泾川县）以拒夏兵。琦
与仲淹在兵间久，人心归之，朝廷倚以为重。二人号令严明，爱抚
士卒。诸羌来者皆推诚抚绥，咸感恩思威，不敢辄犯边。边人为之
谣曰："军中有一韩，西贼闻之心胆寒；军中有一范，西贼闻之惊破
胆。"元昊之不得大逞，二人之力居多。

第三节 契丹增币问题

是时契丹圣宗已卒，子宗真立，是为兴宗。乘宋有西夏之扰，欲
取瓦桥关以南十县地。庆历二年三月，遣使来致书求地，且责中国修
边备，聚兵于燕，声言南下。帝不欲与地，欲增岁币或结婚以和。择
报聘者，宰相吕夷简（寿州人）举知制诰富弼（河南人）。是年四月，诏弼
出使契丹，用夷简策，建大名府为北京，示将亲征，以伐契丹之谋。
命王德用判定州，兼三路都部署，以备契丹。

弼至契丹，反复辩论，力拒割地，且辨和战之利害。兴宗心折，
遣弼还朝，议和亲增币之说。是年七月，诏弼持国书复如契丹。临
行，受口传之辞于政府。夷简不悦弼，有意陷之。弼行至中途，谓副
使曰："吾为使而不见国书，脱书辞与口传异，吾事败矣。"启视，果

不同。驰还都，入见帝。易书而行。

弼至契丹，议增岁币。兴宗曰："南朝既增我岁币，其遗我之辞当曰献。"弼曰："南朝为兄，岂有兄献于弟乎？"兴宗曰："然则为纳字。"弼亦不可。兴宗曰："南朝既以厚币遗我，是惧我矣。于一字何有。若我拥兵而南，得无悔乎？"弼曰："本朝兼爱南北之民，故屈己增币，何名为惧？或不得已而用兵，则当以曲直为胜负，非使臣所得知也。"兴宗曰："卿勿固执，古有之矣。"弼曰："自古惟唐高祖借兵突厥。当时赠遗，或称献纳。然后颉利为太宗所擒，岂复有此礼哉。"声色俱厉。兴宗知不可折，乃遣使持誓书与弼偕来，且议献纳二字。帝急图了事，从枢密使晏殊议，竟以纳字许之。于是岁增银十万两（共二十万两），绢十万匹（共三十万匹）。南北通好如故。

第四节　元昊之请和

是时对西夏用兵已久，帝心厌之。元昊虽数胜，然死亡创夷相半。人困点集，财力不给。庆历三年正月，上书请和，自称男邦泥定国兀卒（清作乌珠），上书父大宋皇帝，更名曩霄而不称臣。诏遣使谕之。四年四月，元昊复遣使上表称臣，乞岁赐银绮绢茶二十五万五千。帝将许之，会契丹与夏构衅，兴宗遣使告中国请无与夏和。是年十月，契丹及夏平，朝廷乃册元昊为夏国主，赐银二万两、绢二万匹、茶三万斤，约称臣奉正朔。而元昊帝其国自若。八年闰正月，元昊卒，子谅祚立，年甫期岁，母族鄂博（旧作讹庞）辅政，以三大将分治国事。遣使来告哀，朝议欲乘谅祚幼弱，以节钺啖其三大将，使各有所部分以披其势。陕西安抚使程琳曰："幸人之丧，非所以柔远人。"乃止。议者深惜朝廷失机会。

第五章

仁宗之内治

第一节　庄献太后之临朝

仁宗即位，年才十三。嫡母庄献明肃太后刘氏摄政，宦官雷允恭用事，与丁谓表里擅权。先是真宗临崩，遗言寇准、李迪可托。丁谓怨准，而太后憾迪尝谏立己，遂诬以朋党，贬准雷州司户参军，迪衡州团练副使，朝士连坐者甚众。王曾争之，谓不听。会营山陵，谓为山陵使，允恭为都监，擅移皇堂。曾发其罪，诛允恭，贬谓崖州司户参军，以曾同平章事。

曾既相，正色立朝。所进退士莫有知者。范仲淹谓之曰："明扬士类，宰相任也。公之盛德，独少此尔。"曾曰："恩欲归己，怨将谁归？"仲淹服其言。时太后临朝，屡欲用天子礼，曾执不可。太后左右姻家稍通请谒，曾多裁抑之，太后滋不悦。仁宗天圣七年，玉清昭应宫灾，曾以首相罢知青州，吕夷简代为首相当国。

庄献太后称制十一年，虽政出宫闱，而号令严明，恩威加天下。左右近习少所假借，宫掖间未尝妄作，内外赐予有节。仁宗明道二年（仁宗十一年）三月，后崩，帝始亲政。言者多追诋太后时事，范仲淹言于帝曰："太后受遗先帝调护陛下者十年。今宜掩其小故以全大德。"帝从之，下诏戒饬中外，毋得辄言太后垂帘日事。

初，真宗司寝李氏实生帝。太后养以为子，亲抚育之。李氏默然，处先朝嫔御中，未尝自异。明道元年（仁宗十年）二月，疾笃，始自顺容进位宸妃。薨，太后欲以宫人礼治丧于外，吕夷简奏礼宜从厚。后悟，乃用后服殓宸妃，用水银实棺，以一品礼殡于洪福院。至是左右有为帝言："陛下乃李宸妃所生，妃死以非命者。"帝号恸累日，下诏自责，追尊为皇太后。幸洪福院祭告，易梓宫，亲启视之。妃以水银故，玉色如生，冠服如皇后。帝叹曰："人言其可信哉。"待刘氏加厚。

第二节　郭后之废与范、吕之争

帝之初即位也，立郭氏为皇后。时张美人有宠，帝欲立之。太后不可，乃止。故后虽立而颇见疏。太后崩，帝始亲政。与首相吕夷简谋，以枢密使张耆、参知政事夏竦等皆附太后，欲悉罢之，夷简以为然。帝退以语皇后，后曰："夷简独不附太后耶？但多机巧，善应变耳。"由是夷简亦罢。夷简由此深憾后。时尚美人、杨美人俱有宠，数与后忿争。一日，尚氏于帝前有侵后语，后不胜忿，批其颊。帝自起救之，误批帝颈。内侍阎文应素与夷简善，因与帝谋废后，且劝帝以爪痕示执政。时夷简复入中书，欲乘隙报宿憾，遂主废黜之议。帝犹疑之，夷简曰："光武，汉之明主也。郭氏止以怨怼坐废，况伤陛下颈乎？"帝意遂决。夷简先敕有司，毋得受台谏章奏。是年十一月，下诏称皇后愿入道，封净妃、玉京冲妙仙师，居长宁宫。御史中丞孔道辅、右司谏范仲淹等十人，诣垂拱殿，伏奏："皇后天下之母，不当轻废。愿赐对尽所言。"殿门阖，不为通。道辅扣环大呼曰："皇后被废，奈不何听台臣言。"有诏，令夷简谕以皇后当废状。道辅等至中书，切责夷简，夷简不能答，即奏言伏阁请对，非太平美事。遂黜道辅知泰州（今江苏淮扬道泰县），仲淹知睦州（今浙江金华道建德县，即故严州府），余罚金有差。明日，道辅等趋朝，欲留百官揖宰相廷争。至待漏院，闻诏，乃退。签书河阳判官富弼上言，朝廷一举而两失。纵不能复后，宜还仲淹等。不听。次年（景祐元年，仁宗十三年）八月，出后居瑶华宫，立曹氏为皇后。

后居瑶华久，帝颇念之，遣使存问，赐以乐府。后和答之，辞甚凄惋。帝内愧，尝密遣人召之。后辞曰："若再见召，须百官立班受册方可。"文应以尝谮后，惧其复立。景祐二年（仁宗十四年）十一月，属后小疾。帝遣文应挟医诊视。数日，后暴崩。中外疑文应进毒而不得其实。帝深悼之，追复后号，以礼殡葬。时范仲淹已召还知开封府，劾奏文应之罪。窜之岭南，死于道。

仲淹以吕夷简当国，进用多出其门，乃上百官图，指其次第曰："如此为序迁，如此为不次。如此则公，如此则私。况进退近臣，凡超格者，不宜全委之宰相。"夷简不悦。他日论建都之事，仲淹进曰："洛阳险固，而汴为四战之地，太平宜居汴，即有事必居洛阳。当渐广储蓄，缮宫室。"帝以问夷简。夷简谓："仲淹迂阔，务名无实。"仲淹闻之，乃为四论以献，大抵饥切时弊。夷简诉仲淹越职言事。景祐三年（仁宗十五年）五月，黜仲淹知饶州（今江西浔阳道鄱阳县）。集贤校理余靖、馆阁校勘尹洙上书争之，俱坐贬。馆阁校勘欧阳修贻书司谏高若讷，责其不谏，若讷上其书，修亦坐贬。馆阁校勘蔡襄作四贤一不肖诗，以誉仲淹、靖、洙、修而讥若讷。都人传诵，鬻书者市之，得厚利。御史韩缜希夷简旨，请以仲淹朋党榜示朝堂，戒百官越职言事，从之。四年十二月，地震。直史馆叶清臣因上书为仲淹等申理，仲淹等皆得近徙。谗者恐仲淹复用，遽诬以事。帝怒，亟命置之岭南。中外论荐仲淹者众，帝不悦。次年（宝元元年，仁宗十六年）十月，诏戒百官朋党。

已而西夏赵元昊反，侵略陕西州郡，边事日急。越二年（康定元年，仁宗十八年），知谏院富弼上书，请除越职言事之禁，诏从之。知制诰韩琦奉诏安抚陕西，请起范仲淹为大将。诏以仲淹知永兴军（今陕西关中道长安县）。旋以夏竦为陕西经略安抚招讨使。琦与仲淹副之，经略陕西。

第三节　庆历党议

越四年（庆历三年，仁宗二十一年），吕夷简以病请老。诏增置谏官，以欧阳修、王素、蔡襄知谏院，余靖为右正言。修等论事切直，小人不便。时元昊已请和，乃召夏竦为枢密使。修等交章："论竦在陕西畏懦，不肯尽力，兼之挟诈任卫，奸邪倾险。"中承王拱辰亦言："竦经略西师，无功而归。今置之二府，何以万世。"乃罢竦，而以杜衍为枢密使。

是年四月，召韩琦、范仲淹还朝，拜枢密副使。旋以范仲淹参知政事，富弼为枢密副使，群贤满朝。国子监直讲石介喜曰："此盛事也。"乃作庆历圣德诗曰："众贤之进，如茅斯拔；大奸之去，如距斯脱。"大奸盖指竦也。介师国子监直讲孙复曰："介祸始于此矣。"仲淹闻之，亦谓韩琦曰："为此鬼怪辈坏事也。"

仲淹既就职，上书陈十事。弼亦上当世之务十余条。大约以进贤，退不肖，止侥幸，去宿弊。欲渐易监司之不才者，使澄汰所部吏。于是小人始不悦。帝方锐意求治，数召辅臣条对。仲淹才兼文武，有大节。尝曰："士当先天下之忧而忧，后天下之乐而乐。"于是与弼日夜谋虑，欲革弊政。选一省名臣为诸路转运使，罢黜监司之不才者。更定磨勘法（参观《通鉴辑》觉卷七十五，庆历三年十月更定磨勘法条下）及荫子法（参观同书同卷。同年十一月更立荫子法条下），诏天下州县立学，行科举新法（参观同书同卷。庆历四年三月诏天下州县立学，行科举新法条下）。于是侥幸者多不便，胜谤于朝。而朋党之论滋不可解。先是石介奏记于弼，责以行伊周之事。夏竦怨介斥己，又欲因以倾弼等，乃使女奴阴习介书，改伊周曰伊霍，且伪作介为弼撰废立诏草。飞语上闻，帝虽不信，而弼与仲淹皆恐惧不自安。适闻契丹伐夏，遂请行边。次年（庆历四年，仁宗二十二年）六月，出仲淹为陕西河东宣抚使。八月，出弼为河北宣抚使。介不自安，亦请外出，为濮州通判：是年九月，以杜衍同平章事。衍务裁侥幸，每有内降，率寝格不行。积诏旨至十数，辄纳帝前。帝尝语欧阳修曰："外人知杜衍封还内降耶。凡有求于朕，每以不可靠而止者，多于所封还也。"

仲淹、弼既出宣抚，攻之者愈众。衍独左右之，于是群小皆嫉衍。会衍婿监进奏院苏舜钦用鬻故纸钱祠神，且以妓乐娱宾。集贤校理王益柔于席上戏作傲歌。御史中丞王拱辰闻之，以二人皆仲淹所荐，欲因以倾衍及仲淹。乃讽御史鱼周询等举劾其事，请诛益柔。枢密使贾昌朝阴主其议。韩琦劝帝不宜深究，帝感悟，乃从轻典。黜益柔，除舜钦名。同席被斥者十余人，皆知名之士。同平章事章得象、参知政事陈执中复谮衍等。五年正月，罢衍知兖州，仲淹知邠州，弼知郓州。韩琦上书请留衍等，不报。琦乃请外。是年三月，罢琦知扬州。河东转运使欧阳修上书，称衍等贤，不宜罢黜。左迁修知滁州。于是仲淹所定磨勘荫子及科举新法俱罢。

是年十一月，滁州狂人孔直温谋反，伏诛。搜其家，得石介书，并所遗孙复诗。时介已卒。宣徽南院使夏竦怨介，欲乘隙报之，因言："介诈死。乃京东安抚使富弼遣介结契丹起兵，期以一路兵为内应。请发介棺验之。"诏下兖州访介存亡。杜衍以阖族保介必死，提刑吕居简亦言，无故发棺何以示后？乃免发介棺。罢弼安抚使，贬孙复监虔州酒税，羁管介子孙于他州。

第四节 王则之乱

杜衍既去，章得象、贾昌朝、陈执中相继为相。皆庸才，无远略。庆历七年（仁宗二十五年）十一月，贝州卒王则据城反。诏以参知政事文彦博（汾州介休人）为河北宣抚使，讨平之。以彦博同平章事。

是时张贵妃（即张美人）宠冠后宫。其伯父尧佐除宣徽使，殿中侍御史裹行唐介抗辞争之，因劾彦博。帝怒，贬介。罢彦博知许州。

第五节 侬智高之乱

皇祐元年（仁宗二十六年）九月，广源州（在今法领越南谅山府东北）蛮侬智高反。四年正月，陷邕州（今广西南宁道），建大南国，自称皇帝。时广南久安，州郡无备。智高所向，守臣辄弃城走。遂陷横（今南宁道横县）、贵（今苍梧道贵县）、藤（今苍梧道藤县）、梧（今苍梧道苍梧县）、康（今粤海道德庆县）、端（今粤海道高要县）、龚（今苍梧道平南县）、封（今粤海道封川县）等州，进围广州。诏以枢密副使狄青为荆湖宣抚使，督诸军讨之。青至宾州（今柳江道，故柳州府），立行伍，明约束，戒诸将无得妄与贼斗。钤辖陈曙违青节制，青斩之以徇。五年正月上元，夕次昆仑关（在南宁道东北昆仑山上），大张灯，乐饮彻晓。次夜二鼓，方宴从军官，青忽称疾，暂起如内，数使劝饮。迟明，诸将环立帐前，待令乃发。而青已微服与先锋度关，趣诸将会食关外。贼方觉，悉出逆战。青指挥蕃汉兵大破之，智高走大理（国名，姓段氏，在今云南）。广南平。诏以青为枢密使。

第六节　文彦博、富弼、韩琦之相业

是时宰相多庸才，天下多故。帝尝问相于王素，素曰："惟宦官宫妾不知姓名者，可充其选。"帝曰："如是则富弼尔。"遂召弼。至和二年（仁宗三十二年），以文彦博与弼同平章事，士大夫相庆于朝。帝语欧阳修曰："古之命相，或得诸梦卜。今朕用二相，岂不贤于梦卜哉。"嘉祐元年（仁宗三十三年），帝有疾，文彦博率宰相宿卫禁中。逾月，帝疾瘳。彦博等始还第。三年，彦博以老求罢，出判河南，以韩琦同平章事。六年，富弼以母丧去位，以曾公亮（泉州晋江人）同平章事，欧阳修参知政事，琦位首相。法令典故问公亮，文学之事问修。三人同心辅政，百官奉法循理，朝廷称治。

帝在位四十二年，恭俭爱民，终始不变。至和以后，贤者满朝，国内承平少事。进士诸科，得名臣之多，超绝古今。然吏治愉惰，兵备不振。宋之威德，卒不能及汉唐盛时。

帝无子，养太宗曾孙宗实为皇子，赐名曙。嘉祐八年（仁宗四十二年，西历纪元一〇六三年）三月，帝崩。皇后曹氏召曙入及位，是为英宗。尊皇后为皇太后。会得暴疾，请皇太后权同听政。后性慈俭，颇涉书

史，多援以决事。中外章奏日数十上，皆能记其纲要。帝疾甚，举措或改常度，遇宦官尤少恩，左右多不悦。内侍任守忠等共为谗间，两宫遂成隙。韩琦、欧阳修等委曲调护，帝与太后意始释然。次年，帝疾瘳，始亲政，太后撤帘。谏官司马光、吕诲论守忠罪，窜之蕲州（今湖北江汉道蕲春县）。

第七节　濮议

帝之初即位也，群臣并进爵秩，宗室故诸王亦加封赠。是时帝本生父濮安懿王允让已卒。宰相韩琦、曾公亮等，以为不可与诸王同列，请下有司议崇奉典礼。有旨，宜俟服除，其议遂格。治本二年四月，上既释服，乃下其奏，诏礼官与待制以上详议。知谏院司马光立议曰："为人后者为之子，不得顾私亲。若恭敬之心分于彼，则不得专于此。秦汉以来，帝王有自旁支入承大统者，或推尊其父母以为帝后，皆见非当时，取讥后世。臣等不敢引以为圣朝法。窃以为濮王宜准先朝封赠期亲尊属故事，尊以高官大国。"中书奏："赠官及改封大国，当降制行册命。而制册有式，濮王当称何亲，名与不名。"翰林学士王珪等又议曰："濮王于仁宗为兄，宜称皇伯而不名。"参知政事欧阳修驳之曰："丧服大记云：为人后者，为其父母降服，而不没父母之名。以见服可降而名不可没也。若本生之亲改称皇伯，历考前世，皆无典据。进封大国，则又礼无加爵之道。请下尚书，集三省御史台详议。"礼官范镇等坚请必行皇伯之议，其奏留中。侍御史吕诲、范纯仁、监察御史吕大防等固执珪议。章七上而不报。遂劾韩琦专权导谀，又劾欧阳修首开邪议，而韩琦、曾公亮等附会不正，乞皆贬黜。不报。三年正月，太后手诏，命帝称濮王为亲，立园庙。吕诲等以所论奏不见听，遂辞台职。且言琦结交中官，惑乱皇太后。又指修为首议之人，乞行诛戮以谢祖宗。帝屡加慰留，诲等不听，且言与辅臣势难两立。帝不得已，命各以原官出补外职。诲知蕲州，纯仁通判安州（今湖北江汉道安陆县），大防知休宁县（今安徽芜湖道休宁县）。时赵鼎、赵瞻、傅尧俞使辽还，以尝与诲言濮王事，即上疏乞同贬。乃出鼎通判淄州，瞻通判汾州，帝眷注尧俞，除侍御史。尧俞不可，乃出知和州。知制诰韩维及司马光皆上疏，乞留诲等，不报。遂请与俱贬，不许。侍读吕公著亦上书，谓不宜屡黜言者，帝不听。公著乞补外，出知蔡州。帝在位四年，以治平四年（西历纪元一〇六七年）崩。太子顼立，是为神宗。

第六章

神宗之变法自强

第一节 神宗变法之动机

一、宋室人才之消极

晚唐初宋之交，其吾国强弱之所分，而人才升降之会乎。唐之治近于古，宋之治近于今。唐之国势屡挫而终强，宋之国势愈趋而愈弱。治功之张弛，实相臣之贤否为之。唐之治也，其君子皆自奋于功名。宋之治也，其君子多归洁于独善。其故何哉？太宗以超世之神略，刘群雄而一海宇，合天下之才杰，举不足以尚之。故其用人也，常虑其不及，而不防其太过。任贤举能，垂为家法。终唐室三百年，察相名卿，项背相望。作人之效，有自来矣。宋艺祖之取天下也，侥幸于寡妇孤儿之手，常虑人之效尤而起。故其用人也，不必有奇杰出众之才，但取其束身寡过而已。而又多立之制以防闲之。创业之始既如此矣，三百年间，酿成风俗。道德之儒多，而功名之士少。守经之人众，而应变之才寡。于是迂儒曲士，文人墨客，相率执宫廷细故、朝廷末节，摇唇鼓舌，拖笔弄墨，断断以争。盈廷不得志之徒，相与附和之。以为天下之事，莫大于此。区区濮议一案，遂致历时经年，全国耸动。韩忠献公、欧阳文忠公之徒，皆以一代名贤，被指为大奸巨慝。台谏至相率请斩韩琦、欧阳修以谢先帝。而当时主张称皇伯最力之司马光、范镇，攻击韩、欧阳最力之吕诲、吕大防、范纯仁，附和之傅尧俞、韩维、吕公著等，皆后来反对新法最力，当代目为大贤者也。全国士大夫精神，皆集中于此等无聊举动，而于国家根本大计划，则除去范文正公以外，朝野上下，无贵无贱，皆不注意。古所谓坐井观天、管中窥豹者，宋儒之眼光不过如此也。

二、兵之惰弱

宋室全盛时代，实在太祖、太宗、真宗、仁宗、英宗之时。顾衰亡之机已伏于当日。宋当建国之始，辽已稍濒于弱，而夏尚未抵于强，使宋之兵力稍足以自振。其于折箠以鞭笞之也，宜若非难。顾乃养痈数十年，而卒以自敝者，则太祖独有之心法，务弱其兵、弱其将、以弱其民，使之然也。募兵之恶法，虽滥觞于唐，而实确定于宋。宋制，总天下之兵集诸京师，而其籍兵也以募。盖收国中犷悍失职之民而畜之。每乘凶岁，则募饥民以增其额。史家颂之曰："此扰役强悍销弭争乱之深意也。"质而言之，实欲使天子宿卫以外，举国中无一强有力之人，所谓弱其民者此也。其边防要郡，须兵防守，皆遣自京师。诸镇之兵，亦皆戍更。将帅之臣，入奉朝请。兵无常帅，帅无长师。史家美之曰："上下相维，内外相制，等级相轧。虽有暴戾恣睢，无所厝于其间。"质而言之，则务使将与卒不相习，以防晚唐五代方镇自有其兵之患，所谓弱其将者此也。夫弱其民，弱其将，太祖之本意也。弱其兵，则非必太祖之本意也。然以斯道行之，则其兵势固不得以不弱。夫聚数十万犷悍无赖之民，廪之于太官，终日佚游，而累岁不亲金革，则其必日即于偷惰，而一无可用。事理之至易睹者也。况乎宋之为制，又沿朱梁盗贼之陋习，黔其兵使不得齿于齐民。致乡党自好之人，咸以执兵为耻。夫上既以不肖待之矣，而欲其致命遂志，以戮力于君国，庸可得耶？所谓弱其兵者此也。夫既尽举国之所谓强者，而以萃诸兵矣，而兵之至弱而不足恃也固若是，其将之弱又加甚焉。以此而驱诸疆场，虽五尺之童犹知其无幸，而烽火一警，欲齐民之执干戈以卫社稷，更无望矣。积弱一至此极，而以摄乎二憾之间。其不能不腼颜屈膝，以求人之容我为君，亦固其所。（看《廿二史劄记》卷二十五《宋军律之弛》）

三、财之虚縻

国之大政，曰兵与财。宋之兵既若此矣，其财政则又何如？宋室以聚兵京师之故，举天下山泽之利，悉入天庾以供廩赐，而外州无留财。开国之初，养兵仅二十万，其他冗费亦不甚多，故府库恒有羡余。及太祖开宝之末，兵籍凡三十七万八千，太宗至道间，增至六百六十万。真宗天禧间，增至九十一万二千。仁宗庆历间，增至一百二十五万九千。英宗治平间，及神宗熙宁之初，数略称是。兵既日增，而竭民脂膏以优廩之。岁岁戍更就粮，供亿无艺。宗室吏员之受禄者，亦岁以增进。先是太祖初年，解功臣兵柄，类皆縻以高爵，优以厚禄，使之多积金钱，厚自娱乐，以消磨其跋扈骁雄之气。其结果也，不可不增官吏之俸禄，使之安其职。故有宋一代禄制之厚，为前后朝所无。又设奉祠俸禄以给致仕者，大约罢职者皆给之。又有荫子之制，文武之臣，准其职位之高卑，荫子孙亲族及异姓之亲门客等。功臣之死也，有得官至数十人者。对于降王之子弟亲族，亦以此等手段笼络之。太祖受周禅后，封周恭帝为郑王，子孙世袭，终有宋之世罔替。灭后蜀后，封后蜀后主孟昶为秦国公。灭南汉后，封南汉后主刘钅长为恩赦侯。灭南唐后，封南唐后主李煜为违命侯，其子弟近臣，多赐收录。太宗踵其辙而益加厚，吴越王钱弘俶之来归也，诏封淮海国王，官其子侄宗族亲臣数百人。其縻费帑藏可知矣。又每三岁郊祀，赏赍之费常五百余万。真宗景德中，郊祀七百余万，东封八百余万，祀汾上宝册，又百二十万。飨明堂，且增至一百二十万。又纳辽之岁币，景德初，每年银绢三十万，庆历初，增至五十万。赐夏之岁弊，每年银绮绢茶，数亦不少。开宝以前，其岁出入之籍，不可详考。然至道末，岁入二千二百二十四万五千八百，犹有羡余。不二十年，至天禧间，则总岁入一千五百八十五万零一百，总岁出一亿二千六百七十七万五千二百。及治平二年，则总岁入一亿一千六百三十万零八千四百。总岁出一千万二百三十四万三千四百。而临时费（史称为非常出）一千万一百五十二万一千二百。夫宋之民非能富于其旧也，而二十年间，所输赋增益十倍，将何以聊其生。况乎嘉祐治平以来，岁出超过之额，恒二千余万，其将何以善其后也。（看《廿二史劄记》卷二十四《宋初降王子弟布满中外》，卷二十五《宋待周后之厚》《宋郊祀之费》《宋制禄之厚》《宋祠禄之制》《宋恩荫之滥》《宋恩赏之厚》《宋冗官冗费》）

宋室衰弱原因表

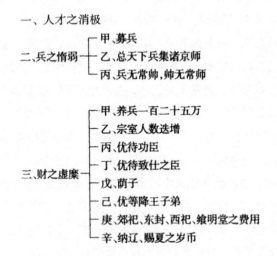

一、人才之消极

二、兵之惰弱
　　├ 甲、募兵
　　├ 乙、总天下兵集诸京师
　　└ 丙、兵无常帅，帅无常师

三、财之虚糜
　　├ 甲、养兵一百二十五万
　　├ 乙、宗室人数迭增
　　├ 丙、优待功臣
　　├ 丁、优待致仕之臣
　　├ 戊、荫子
　　├ 己、优等降王子弟
　　├ 庚、郊祀、东封、西祀、飨明堂之费用
　　└ 辛、纳辽、赐夏之岁币

第二节　神宗之内政改革

当时内外形势之煎迫既已若是，而宋之君臣，所以应之者何如？真宗侈汰，斲丧国家之元气，不必论矣。仁宗号称贤主，而律以春秋责备贤者之义，则虽谓宋之敝始于仁宗可也。善夫王船山氏之言曰：

"仁宗在位四十一年，解散天下而休息之。休息之是也，解散而

休息之，则极乎弛之数。而承其后者难矣。岁输五十万于契丹。而
颊首自名，犹曰纳以友邦之礼。礼元昊父子，而输缯币以乞苟安，
仁宗弗念也。宰执大臣侍从台谏，胥在廷在野，宾宾哜哜，以争辩
一典之是非，置西北之狡焉，若天建地设而不可犯。国既以是弱矣，
抑幸无耶律德光、李继迁鸷悍之力，而暂可以赊免。非然，则刘六
符虚声恐喝而魄已丧，使急起而卷河朔以向汴雒，其不为石重贵者
几何哉。"

平心论之，仁宗固中主而可以为善者也。使得大有为之臣以左右
之，宋固可以自振。当时宰执，史称多贤。夷考其实，则凡材充牣，
而上驷殆绝。其能知治体有改弦更张之志者，惟范仲淹一人。然已以
信任不专，被间以去。其余最著者，若韩琦、富弼、文彦博、欧阳修
辈，其道德学问文章，类足以照耀千古。其立朝也，则于调燮宫廷、
补拾阙漏，颇有可观。然不揣其本，而齐其末，当此内忧外患煎迫之
时，其于起积衰而厝国于久安，盖未之克任。外此衮衮以及蚩蚩则酣
嬉太平，不复知天地间有所谓忧患。贾生所谓"抱火厝诸积薪之下，
而寝其上，火未及然，因谓之安也"。神宗少有雄心，欲大攘四夷，
恢张先烈。以为养兵奋武，不可不先聚材。而环顾朝臣，皆习故守，
莫有能任其事者。素闻王安石之名，以问辅臣。宰相曾公亮力荐之。
安石博学，善属文，有经世大略。欧阳修尝为之延誉，擢进士上第。
仁宗召为度支判官。安石议论高奇，能以辩博济其说，慨然有矫世变
俗之志。尝为万言书，痛论时政。至是召为翰林学士。会欧阳修、韩
琦相继去位。熙宁二年二月，以富弼同平章事，安石参知政事。

安石既入政府，帝倾心任之。安石极力改革，实行富国强兵策。廷
臣多与之异议。其中悻悻自好、好立异同之士，自濮议以来，即专与政
府为难者。若御史中丞吕诲、知谏院范纯仁等，攻击尤力，往往讦及安
石个人私德，甚有谓其"大奸似忠，大诈似信。外示朴野，中藏巧诈。
骄蹇慢上，阴贼害物"者。上不得已，乃罢黜其攻击尤力者数人以儆
其余。富弼与安石议不协，上书求去。是年十月，出判亳州。以陈升之
(建州建阳人)同平章事。次年(熙宁三年)四月，以韩绛参知政事。升之绛

与曾公亮同柄国政，极力援助安石，安石始得行其志。寻公亮与升之相继去位。是年十二月，以绛与安石同平章事。王珪参知政事，绛旋罢，于是安石遂独相。乃变更历来旧法，制定新法如下。

甲、关于民政财政之新法

一、制置三司条例司（熙宁二年二月） 为中央政府财政机关。以宰相领之。考三司簿籍，商量经久废置之宜。凡一岁用度及郊祀大费，皆编著定式。所裁省冗费十之四；

二、农田水利法（熙宁二年四月） 安石初执政，即分遣诸路常平官，使专领农田水利。吏民能知土地种植之法，陂塘圩埠埠堰沟洫利害者，皆得自言，行之有效，随功利大小酬赏。其后在位之日，始终汲汲尽瘁于此业。史称自熙宁三年至九年，府界及诸路所兴修水利田，凡一万七百九十三处。为田三十六万一千一百七十八顷云；

三、均输法（熙宁二年七月） 均输法者，所以通天下之货，制为轻重敛散之数。使输者既便，而有无得以懋迁，亦一种惠民之政也。其法试行于浙江荆淮，凡上供之物，皆得徙贵就贱，因近易远。预知在京仓库所当办者，得以便宜蓄买，而制其有无；

四、青苗法（熙宁二年九月） 青苗法颇类于现今欧美列强官办之劝业银行。亦惠民之良法也。法以诸路常平广惠仓钱谷充本钱，民愿预借者给之，令出息二分，随夏秋税输纳，愿输钱者从其便。如遇灾伤，许展至谷熟日纳；

五、募役法（熙宁三年十二月） 募役法者，变当时最病民之差役制为募役制，而令民出代役之税以充军资，实近于一种人身税，而其办法极类今欧美文明国之所得税，亦惠民良法也。其法计民贫富，分五等输钱，名免役钱。若官户、女户、寺观、单丁、未成丁者，亦等第输钱，名助役钱。凡敛钱，先视州县应用雇直多少，随户等均取。又增取二分，以备水旱欠阙，谓之免役宽剩钱，用其钱募人代役；

六、市易法（熙宁五年三月） 市易法者，本汉平准，将以制物之低昂而均通之，实一种之专卖法也。法以内藏库钱帛，置市易务于京师。凡货之可市，及滞于民而不售者，平其价市之，愿以易官物者听。若欲市于官者，则度其田宅或金帛为抵当。而贷之钱，责期使偿。半岁输息十一，及岁倍之。过期不输息外，每月更加罚钱；

七、方田均税法（熙宁五年八月） 方田均税法者，系调查土地整顿赋税之一政策，亦理财者所当有事也。法以东西南北各一千步，当四十一顷六十六亩，一百六十步为一方。岁以九月，县委令佐，分地计量。随陂原平泽而定其地，因赤淤黑垆而辨其色。方量毕，以地及色参定肥瘠，而分五等以定其税则。至明年三月毕，揭以示民。一季无讼，即书户帖，连庄帐付之，以为地符。均税之法，县各以租额税数为限，旧尝取麰零，如米不及十合而收为升，绢不满十分而收为寸之类。今不得用其数均摊增展，致溢旧额。凡越额增数皆禁之。若瘠卤不毛及众所食利山林陂塘路沟坟墓，皆不立税。凡方田之角，立土为峰，植其野之所宜木以封表之。有方帐，有庄帐，有甲帖，有户帖。其分烟析产典卖割移，官给契。县置籍，皆以今所方之田为正；

八、手实法（熙宁七年七月） 手实法与免役法相补助，乃安石罢政后，参知政事吕惠卿所创。其法官为定立物价；使民各以田亩屋宅资货畜产，随价自占。凡居钱五，当蓄息之钱一。非用器食粟而辄隐落者许告，有实以三分之一充赏。预具式示民，令依式为状，县受而藉之。以其价列定高下，分为五等。既赅见一县之民物产钱数，乃参会通县役钱本额，而定所当输钱。

乙、关于军政警政之新法

一、汰冗兵（熙宁元年至元丰年间） 宋以养兵敝其国，拥百余万之兵，所费居岁入三之二，而不能以一战。稍有识者未尝不尽焉忧之，然而卒莫之能革者，积重之势，非豪杰不足以返之。而当时士大夫习于偷惰，其心力未有足任此者也。安石执政，乃倡议汰冗兵。熙宁元年，诏诸路监司，察州兵不如法者按之。不任禁军者降厢军，不任厢军者免为民。寻又诏拣诸路半分年四十五以下胜甲者，升为大分，五十以上愿为民者听之。旧制兵至六十一始免,犹不即许也,至是免为民者甚众,冗兵由是大省。二年,遂诏废并诸军营。陕西马步军营三百二十七,并为二百七十。马军额以三百人,步军以四百人,其后总兵之拨并者,马步兵五百四十五营,并为三百五十五。而京师之兵,类皆拨并畿甸诸路及厢军,皆总会畸零,各定以常额。自熙宁至元丰,岁有废并甚众。而增置武卫军,严其训练之法,不数年皆为精兵云;

　　二、改诸路更戍法(熙宁三年十二月)　初,太祖鉴晚唐五代之弊,惧将之能私有其兵也,乃用赵普策,定兵制。天子卫兵以守京师,且更番戍边者,曰禁军。诸州镇兵,以分给役使者,曰厢军。选于户籍或应募,使之团结,以为所在防守者,曰乡军。具籍塞下,以为藩篱者,曰蕃军。创为更戍之法,分遣禁旅,戍守边城。其以弭悍将骄卒之跋扈,计良得矣。然其敝也,非徒践更旁午,蚀财病民而已。而以将不知兵、兵不知将之故,而有兵等于无兵。安石执政,始部分诸路将兵,总隶禁旅,使兵知其将,将练其士。平居知有训厉,而无番戍之劳,有事而后遣焉。此实宋兵制一大改革也。今考当时将兵之数及其配置之地,列表如下。

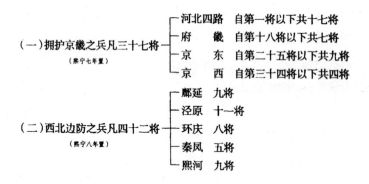

（一）拥护京畿之兵凡三十七将（熙宁七年置）
- 河北四路　自第一将以下共十七将
- 府　畿　自第十八将以下共七将
- 京　东　自第二十五将以下共九将
- 京　西　自第三十四将以下共四将

（二）西北边防之兵凡四十二将（熙宁八年置）
- 鄜延　九将
- 泾原　十一将
- 环庆　八将
- 秦凤　五将
- 熙河　九将

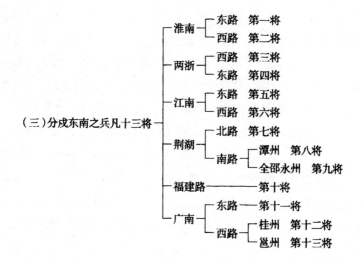

（三）分成东南之兵凡十三将

总天下都为九十二将，而尚有马军十三指挥，忠果十指挥，土军两指挥，都为二十五指挥，与将并行。此有宋中叶以后常备军之编制也。其一将指挥之下所属之兵数几何，史无明文，今不可考。但知其忠果十指挥额各五百人，而东南路诸将所属兵有在三千人以下者耳。大约各随屯地之险易以为多寡，其额非一定也。

三、保甲法（熙宁三年十二月） 以上所举汰兵练将二法，皆一时治标政策。若根本计划，则举国皆兵制是也。欲达此目的，则必废募兵而行征兵，于是乎保甲法兴。保甲之性质有二：其一则有地方自治团体之警察；其二则后备及国民兵是也。其法十家为保，有保长一人。其同保不及五家者，附于他保。有自外入保者，则收为同保。俟满十家，乃别置焉。五十家为大保，有大保长一人。十大保为都保，有都保正副各一人。保长，大保长，皆以主户有干力者充之。都保正副，以众所服者充之，皆以选举充保。每户有两丁以上者，选一人为保丁。附保两丁以上，有余丁，而壮勇者亦附之。每一大保，夜轮五人警盗。凡告捕所获，以赏从事者。保丁皆授弓弩。教战阵，使渐习为兵。

四、保马法（熙宁五年五月） 保马法者，官给民以马，使代养之，且奖励民自养之。俟有缓急时，则偿其直而收其用也。马为战阵一利器，治兵者不容忽之。故历代皆以马政为国家大政之一，即今世各国亦有然。宋代马极缺乏，前此特置群牧监，常以枢府大臣领之，以重其事。然官马作弊甚多，糜费浩大，而不能收蓄息之效。安石乃创立保马法，以监牧现马。给保甲户一匹，或二匹，或官与其直，令自市马。逐盗贼外，乘越三百里者有禁。岁一阅其肥瘠，死病者补偿。

五、军器监（熙宁六年六月）　器械不精，以卒予敌，军器之重，自昔然矣。宋自仁宗以来，狃于太平，军器皆朽窳不可复用。熙宁五年，安石子崇政殿说书雱，上疏陈其弊。神宗然之。次年，遂置军器监，总内外军器之政。置判一人，同判一人。先是军器领于三司，至是罢之，一总于监。凡知军器利害者，听诣监陈述。于是吏民献器械法式者甚众云。

丙、关于教育及选举之新法

一、更定科举法（熙宁四年二月）　初，上笃意经学，深悯贡举之弊。且以西北人才，多不在选，遂议更法。安石奏谓"今欲追复古制，则患于无渐。宜先除去声律偶对之文，使学者得专意经术，以俟朝廷兴建学校。然后讲求三代所以教育选举之法，施之天下，倘庶几可以复古"云云。上从之。熙宁四年，诏更定科举法，罢诗赋帖经墨义，士各占治《易》《诗书》《周礼》《礼记》一经，兼《论语》《孟子》。每试四场，初本经、次兼经、大义凡十道，次论一道，次策三道。礼部试即增二道。中书撰大义式颁行。试义者须通经，有文采，乃为中格，不但如明经墨义粗解章句而已。其殿试则专以策，限千字以上。分五等，第一等、二等赐进士及第，第三等，赐进士出身，第四等赐同进士出身，第五等赐同学究出身。此当时科举制大略，沿用数百年不改者也。

二、立太学生三舍法（熙宁四年十月）　变更科举制度，乃治标之策，非安石本意也。故执政以后，首注意于学校。初，国子生以京朝七品以上，子孙应荫者为之。太学生以八品以下，若庶人之俊异者为之，试艺如进士法。及帝即位，尤垂意儒学。熙宁元年，增太学生员。四年，以锡庆院、朝集院为太学讲舍。增直讲为十二员，率二员共讲一经。釐学生员为三等。初入学为外舍。外舍升内舍，内舍升上舍，上舍员百，内舍二百，外舍七百，各执一经，从所讲官受学。月考试其业，优等以次升舍。上舍免发解及礼部试，召试赐第。其正录学谕（俱国子监官秩正九品）以上舍生为之。经各二员，学行卓异者，主判直讲复荐之于中书，除官。其后内舍生增至三百人，外舍生限二千人。岁一试，补内舍生。间岁一试，补上舍生。其年，置京东、京西、河东、河北、陕西五路学。以陆佃等为诸州学官。其后诸路州府皆立学。学官共一千三百人。其所教者以经为主，人专一经。

熙宁五年，又建武学于武成王庙，选文武官知兵者为教授，教以诸家兵法。纂次历代用兵成败前世忠义之节，足以训者解释之。生员以百人为额。

熙宁六年，又于大学置律学教授四员，凡命官学人，皆得自占入学。同年，又诏进士诸科及选人任子，并令试断案律令大义。

又于大学置医学教授，以翰林医官以下与上等学生及在外良医为之。学生常以春试，取三百人为额。有方脉科、针科、疡科。考察升补，略如诸学之法。其选用最高者，为尚药医师以次医职，余各以等补官，为本学博士正录，及外州医学教授云。

以上所举诸新法，除手实法为吕惠卿（泉州晋江人）所创，与市易法及保马法稍有流弊外，其余皆良法美意，与现今欧美各国文明法制相似。使当时朝野诸君子，体量君相之苦心，极力援助安石，或者北宋可以一时成为法制国，恢复汉唐全盛时代状况，则契丹、党项当然臣服，金、元之祸当然消灭，岂非中国之盛事？无如当时士大夫蹈常习故，惮于变更，群起非难安石。安石孤立无助，不得已，乃劝帝登庸新进之士，毅然行之。行之不得其人，弊端杂出。天下嚣然丧其乐生之心，怨谤纷起。元老之中，若韩琦、富弼等，大臣之中，若司马光、吕公著等，侍从之中，若苏轼、程颢等，皆反对新法甚力，多以去就争之。慈圣太皇太后常流涕语帝，谓安石乱天下，帝不听。熙宁七年，大旱，诏求直言，中外上章者多攻击新法。安石乃力求去，荐韩绛代己，吕惠卿佐之。是年四月，罢安石知江宁府，以绛同平章事，惠卿参知政事。二人守安石成规不少失，时号绛为传法沙门，惠卿为护法善神。八年二月，复以安石同平章事，绛与惠卿相继去位，以元绛参知政事。九年十月，安石以疾去位，以吴充、王珪同平章事。其后绛、充去位，蔡确、章惇、张璪等相继参知政事。终神宗之世，行新法不缀。

第三节　神宗之外部经营

宋自渊议澶和之后，对外一事姑息。西夏小丑，叛服不常。西方时常被兵，朝廷为之盱食。神宗即位，怒焉忧之，王安石执政，倡议先复河湟以制西夏，制西夏以弱契丹。此袭汉武通西域以制匈奴旧策，历代行之有效者也。兹述其事迹如下。

一、河湟之役

河湟者何？谓黄河、湟水（今西宁河，发源于青海东北境，噶尔藏屹南流折而东南，入甘肃湟源县，又东南至碾伯县，与大通河合入黄河）之间，即今甘肃兰山、西宁二道境内，沿洮河一带之地是也。秦筑长城，起于临洮。汉置武威、张掖、酒泉、敦煌、金城五郡，称为断匈奴右臂。自古与西北夷争强弱，未有不注重此地者也。唐衰，此地没于吐蕃。有唐晚年，吐蕃衰弱，种族分散。大者数千家，小者百十家。自仪（今甘肃泾原道华亭县）、谓（同平凉县）、泾（同泾川县）、原（同固原县）、环（同环县）、庆（同安化县）及镇戎（军名，同镇原县）、秦州（今渭川道天水县）至于灵夏皆有之。内属者谓之熟户，余谓之生户。熙宁元年，前建昌军司理王韶诣阙上平戎策，谓：“欲取西夏，当先复河湟。欲复河湟，当先以恩信招抚沿边诸种。自武威（即西凉府，今甘肃甘凉道故凉州府）之南，至于洮河兰鄯（四州名，皆属西蕃，在今山西宁二道境内），皆故汉郡。其地可以耕而食，其民可以役而使。幸今诸羌瓜分，莫相统一，宜并有之。使夏人无所连结。”安石以为然。熙宁四年，奏置洮河安抚司，命韶主司事，经略河湟。

五年，韶击吐蕃，大破之，取武胜（今兰山狄道县），城之。置熙河路（治熙州，即武胜地熙河洮岷等州），以韶为经略安抚使。韶屡破吐蕃，尽取河洮岷（今甘肃兰山道岷县）、宕（在岷县南，今为宕昌镇）、叠（故城，在今甘肃兰山道临潭县西南白水江北岸）等州，招抚大小蕃族三十余万人。于是河湟之地皆内属。

二、西南夷之役

湖南、川南、溪峒诸蛮，皆苗人遗族，汉、唐盛时，常设置郡县以羁縻之。唐衰，复分离而独立。其酋长数十人，皆刻剥其民。且自相仇杀，又屡寇边，为良民患苦。熙宁五年，以章惇（建州浦城人）为湖北（路名，今湖北大半及湖南西北境）察访使，经南北江事。南江，古武陵（汉郡名，今湖南西部）之地，蛮猛据之。惇招降梅山（在湖南湘江道安化接新也县界）峒蛮，置安化县。次年，平南江蛮，置沅州、诚州、徽州，又招降五溪（雄溪、明溪、酉溪、武溪、辰溪，皆在今湖南辰沅道，故辰州府境内）蛮。于是现今湖南西部武陵、辰沅二道及湘江道西部（即故常德、宝庆、辰州、沅州、靖州等地）诸蛮夷皆内属。六年，命熊本察访梓夔（二路名。梓州路，今四川中部；夔州路，今四川东境，贵州北境及湖北荆南道南部，故施南府），击泸（州名，属梓州路，今四川永宁道泸县）夷，降之。八年，复击降渝州（属夔州路，今四川东川道，故重庆府）獠。于是现今四川东南部诸蛮夷皆内属。

三、交趾之役

熙宁八年冬，安南国王李乾德入寇，陷钦、廉二州（今广东钦廉道）。九年春，陷邕州。诏以郭逵为安南招讨使，赵卨副之，发兵进讨。逵次长沙，先遣将复邕廉，而自将西征。至富良江（在今安南北部），蛮以精兵乘船逆战，官军不能济。卨分遣将吏，伐木治攻具。机石如雨，蛮船皆坏。因设伏击之，斩首数千，杀其太子洪真。乾德惧，遣使奉表，诣军门降。富良江去国都已不远，然官兵仅八万人，冒暑涉瘴地，死者过半，故不复渡。得其广源州、门州、思浪州、苏茂州、桄榔县（皆在今安南北境）而还。群臣称贺，诏以广源为顺州（在谅山府东北），赦乾德罪，还其封。自是终宋之世，安南未尝寇边，贡献不绝。

四、西夏之役

神宗之经略南方，本欲先肃清小丑，且借以增长军事上之经验。然后旋即西北，经略西夏，欲制西夏以牵制契丹。顾对南方之经略皆成功，对北方之战争多失败，则亦实力不足使之然也。帝之初即位也，青涧守将种谔袭虏夏监军嵬名山，遂复绥州。夏主谅祚诱杀知保安军（今陕西榆林道保安县）杨定等以报之，边衅复起。朝议以谔生事，欲弃绥诛谔。会郭逵移镇鄜延，用其属赵卨言，上疏以为"虏既杀王官，而又弃绥不守，示弱已甚。且名山举族来归，当何以处之"。又移书执政，请存绥以张兵势。乃命韩琦判永兴军，经略陕西。琦初言绥不当取，及定等被杀，复言绥不可弃。枢密以初议诘之，琦具论其故，卒存绥州。言者交章论谔，乃下吏，贬其官，安置随州。是年十二月，谅祚殂，子秉常立。熙宁三年，大举寇环庆。朝廷以韩绛为陕西宣抚使，绛以种谔为鄜延钤辖，知青涧城。四年，袭败夏兵，遂城啰兀（在今榆林道米脂县西北），进筑永乐川、赏逋岭、二砦（俱在米脂县境）。分遣都监赵璞、燕达等，筑抚宁故城以逼夏。次年，夏人大举入寇，陷抚宁城，新筑诸堡皆没。诏罢绛，贬谔官，安置潭州。

元丰四年，夏人幽其主秉常。诏遣宦者李宪经制熙河，会陕西河东五路之师讨之。期会于灵州。夏人坚壁清野以抗王师，诸军皆溃。李宪复兰、会（今兰山道靖远县）二州而还。诏以宪为泾原经略安抚制置使。

五年，诏给事中徐禧护兵城永乐（距故银州二十五里）以逼夏，夏人大举攻之，禧等败死。夏人乘胜分道南侵，多为诸路所败，夏主秉常亦困于兵，乃上书谢罪乞和，请仍称臣，受岁币，且请返侵地。诏许和，岁币如故，而不返侵地。至哲宗初年，司马光、吕公著秉政，始议尽举米脂、葭芦、浮图、安疆等四砦与夏人。于是元丰以来用兵所得之地复失。光又欲并弃熙河，同知枢密院事安焘力争，乃止。

五、对辽划界问题

是时契丹兴宗已卒，子洪基立，是为道宗，复改国号曰辽。乘中国方有事于西方，无暇经略河北，熙宁七年二月，遂以河东路沿边增修戍垒，起铺舍，侵入蔚（今口北道蔚县）、应（今雁门道应县）、朔（今雁门道朔县）三州内为辞。使林牙（辽官名，掌文告）萧禧来言，乞行毁撤，别立界至。禧归，帝遣太常少卿刘忱与辽枢密副使萧素会于代州，议疆事。辽人初指分水岭土垅为界，凡山皆有分水岭。议不能决。八年三月，辽复遣禧来，以忱等迁延为言，帝乃遣知制诰沈括报聘。括检枢密院故牍，知旧以长城为分界。今所争乃黄嵬山（在雁门道崞县西），相远三十余里。持以与辽相杨遵勖争。辽人不听。帝以西北西南方面三路用兵，不暇再与辽宣战。乃与王安石议，从辽之请，以分水岭为界。是年七月，遣天章阁待制韩缜如河东，定新界。凡东西七百里间，失地各三十余里。遂为异日用兵之端。

第七章

新旧党之倾轧

政党之为物，产于政治进化以后。国之有政党，非其可吊者，而其可庆者也。虽然，有界说焉。一曰政党惟能生存于立宪政体之下，而与专制政体不相容；二曰为政党者，既宜具结党之实，而忧不宜讳结党之名；三曰其所争辩者，当专在政治问题，而宫廷问题，及个人私德问题，皆不容杂入其间。若宋之所谓党，举未足以语于是也。吾故不能名以政党，仍其旧名曰党而已。宋室朋党之祸，虽极于元祐、绍圣以后，而实滥觞于仁宗、英宗二朝。其开之者，则仁宗时范吕之争。其张之者，则英宗时之濮议。及神宗时王安石创行新法，旧党肆行攻击。附和安石者，复逢迎新党，反对旧党。两相排挤，而其祸成矣。中国前此之党祸，若汉之钩党、唐之牛李党，后此之党祸，若明之东林党、复社党、阉党，皆可谓之以小人陷君子。惟宋之党祸不然，其性质复杂而极不分明，无智愚贤不肖，悉自投于蜩螗沸羹之中。一言以蔽之，曰士大夫以意气相竞而已。推原宋代朋党之祸，所以特盛之原因有二：一由于右文而贱武，二由中央集权太过其度。太祖之政策，既务摧抑其臣，使不得以武功自见。怀才抱能之士，势不得不尽趋于从政之一途。而兵权财权悉集中央，牧民之司，方面之寄，以为左迁贬谪，或耆臣优养之地。非如汉之郡守国相，得行其志，以有所树立，且严其考成黜陟，使人知所濯磨也。是故秀异之士，欲立功名者，群走集于京师。而彼时之京师，又非如今世立宪国之有国会，容多士以驰骋之余地也。所得与于国政者，仅有二三宰执。其次则少数之馆职台谏，为宰执升进之阶者也。夫以一国之大，人才之众，而惟此极少极狭之位置，何以为树立功名之凭借。则其相率而争之，亦固其所。故有宋一代之历史，谓之争夺政权之历史可也。不肖者固争焉以营其私，即贤者亦争焉以行其志。争之既急，意气自出乎其间，彼此相诋，而以朋党之名加人。于是新旧党倾轧之祸，遂与北宋相终始矣。

第一节 旧党内阁之成立 新法之废止 新党之左迁 司马光、吕公著内阁 吕大防、范纯仁内阁

神宗任用王安石，创行新法。虽不敢谓为成功，亦不得谓之失败。而意外所得之恶果，则朋党之祸是也。神宗之初行新法也，元老大臣与谏垣，多群起与王安石为难。神宗不听，则投劾而去，以自成其名。甚或身为方面，而戒州县勿得奉行朝令。其人既属巨室，为士庶所具瞻。则凡不利于新法者，皆得所依附，以簧鼓天下之耳目，使人民疑所适从。神宗不得已，乃左迁翰林学士权知开封府郑獬知杭州，宣徽北院使王拱宸判应天府，知制诰钱公辅知江宁府（熙宁二年五月），御史中丞吕诲知邓州（同年六月），知谏院范纯仁知河中府（同年八月），判尚书省张方平判应天府（三年正月），知审官院孙觉知广德军（同年三月），御史中丞吕公著知颍州，参知政事赵忭知杭州（同年四月），枢密使吕公弼知太原府（同年七月），翰林学士司马光知永兴军（同年九月），知开封府韩维知襄州（四年五月），御史中丞杨绘知郑州（同年七月），出同平章事富弼判亳州（二年十月），解判相州韩琦河北安抚使（三年二月），出枢密使文彦博判河阳府（六年四月），听翰林学士范镇（三年十月）、知蔡州欧阳修（四年六月）致仕。而进用韩绛（同平章事）、吕惠卿、元绛（俱参知政

事)、曾布（三司使，南丰人）、李定、邓绾俱御史中丞等以代之。

安石罢政以后，蔡确、章惇、张璪等相继参知政事。元丰五年，改官制。以王珪、蔡确（泉州晋江人）为尚书左右仆射。章惇、张璪为门下中书侍郎。确名为次相，实专大政。确行事操切，大伤旧党感情。神宗在位十八年，以元丰八年（西历纪元一〇八五年）崩。太子煦即位，是为哲宗。

哲宗即位时，年甫十岁。尊皇太后高氏为太皇太后，临朝同听政。是年，王珪卒。以蔡确、韩缜为尚书左右仆射，章惇知枢密院事。起司马光为门下侍郎，吕公著为尚书左丞，同辅政。于是新旧党并用。右司谏王觌上疏，弹劾蔡确、章惇、韩缜、张璪等朋邪害正。右谏议大夫孙觉、侍御史刘挚、左司谏苏辙、御史王岩叟、朱光庭、上官均、吕陶等相继论之。次年（元祐元年），罢确知陈州，惇知汝州，缜知颍昌府，璪知郑州。放邓绾、李定于滁州。安置吕惠卿于建州。而以司马光、吕公著为尚书左右仆射，韩维为门下侍郎，吕大防为中书侍郎，刘挚为尚书右丞，范纯仁同知枢密院事。起太师致仕文彦博平章军国重事，班宰相上，以次尽罢新法，是为第一次旧党内阁。是年九月，光卒。二年，彦博请老。三年，公著请老。以大防、纯仁为尚书左右仆射，孙固、刘挚为门下中书侍郎，王存、胡宗愈为尚书左右丞，是为第二次旧党内阁。

是时新党阁臣皆已斥外，言者犹论之不已。范纯仁言于太后曰："录人之过，不宜太深。"太后深然之，乃诏"前朝希合附会之人，一无所问，言者勿复弹劾"。新党稍安。或谓吕公著曰："今除恶不尽，将贻后患。"公著曰："治道去甚耳。文景之世，网漏吞舟。且人才实难，宜使自新，岂宜使自弃耶。"

已而蔡确罢官，居安州（今湖北江汉道安陆县）。尝游车盖亭，赋诗十章。知汉阳军吴处厚与确有隙，上之，以为皆涉讥讪。于是台谏言确怨谤，乞正其罪。元祐四年，诏贬确光禄卿，分司南京。台谏论之不已，执政欲置确于法，范纯仁、王存力争，乃安置确于新州（今广东粤海道新兴县）。纯仁言于太后曰："圣朝宜务宽厚，不可以语言文字之间，暧昧不明之道，审诛大臣。今举动宜为将来法，此事甚不可开端也。"

不听。中丞李常、中书舍人彭汝砺、侍御史盛陶皆言不可以诗罪确，诏出常知郑州，汝砺知徐州，陶知汝州。

第二节　旧党之内讧

一、吕大防对范纯仁之轧轹

蔡确既审，吕大防言确党盛，不可不治。范纯仁面谏朋党难辨，恐误及善人。司谏吴安诗、正言刘安世因论纯仁党确，四年六月，罢纯仁知颍昌府，王存知蔡州，而以孙固知枢密院事，赵瞻同知枢密院事。韩忠彦、许将为尚书左右丞，刘挚、傅尧俞为门下中书侍郎，与吕大防同辅政。

二、吕大防对刘挚之轧轹

五年，赵瞻、孙固相继卒，许将罢。韩忠彦改同知枢密院事，刘挚为尚书右仆射。苏颂、苏辙为尚书左右丞，王岩叟签书枢密院事。挚性峭直，有气节，与吕大防同位，国家大事，多决于大防。惟进退士大夫，实执其柄。然持心少恕，勇于去恶，竟为朋谗奇中，遂与大防有隙。先是起居舍人邢恕（郑州阳武人），以附蔡确得进，确审新州，恕亦谪监永州酒税。恕与挚有旧，常以书往来。中丞郑雍、殿中侍御史杨畏附吕大防，因摘其书中语以劾挚。又章惇诸子故与挚子游，挚亦间与之接。雍、畏谓挚延见结纳，为牢笼之计，以希后福。且论王岩叟、梁焘、刘安世、朱先庭等三十余人皆其死友。六年十一月，罢挚知郓州，给事中朱光庭驳还诏书。王岩叟上书论救，言者皆以为党，出光庭知亳州，岩叟知郑州。

三、吕大防、苏辙对苏颂、范百禄之轧轹

七年，以苏颂为尚书右仆射，苏辙为门下侍郎，范百禄为中书侍

郎。梁焘、郑雍为尚书左右丞，韩忠彦知枢密院事，与吕大防同辅政。颂器局闳远，以礼法自持，为相务在奉行故事，使百官守法遵职，量能授任。先是侍御史贾易坐言事出，既复监司，更赦，除知苏州。颂谓易在御史名敢言，不宜下迁，于帝前争之。时殿中侍御史杨畏、来之邵附吕大防、苏辙，即劾颂稽留诏命。八年三月，罢颂为观文殿学士、集禧观使。百禄坐与颂同职事。畏等累章劾之，罢知河中府。

四、洛蜀两党之轧轹

哲宗元祐元年，召程颐为崇政殿说书。苏轼为翰林学士兼侍读。轼好谐谑，而颐以礼法自持。每进讲，色甚庄，继以讽谏。轼谓其不近人情，深嫉之，每加玩侮，二人遂成隙。颐门人右司谏贾易、左正言朱光庭等愤不能平，遂劾轼试馆职。策问谤讪，殿中侍御史吕陶言：“台谏当徇至公，不可假借事权以报私隙。”右司谏王觌言：“轼辞命失轻重，其事小，不足考。若悉考同异，深究嫌疑，则两岐遂分，使士大夫有朋党之名，大患也。”太后然之，遂置不问。会帝患疮疹，不出。颐诣宰相问知否，且曰：“上不御殿，太后不当独坐。人主有疾，而大臣不知可乎？”由是大臣亦多不悦。御史中丞胡宗愈、左谏议大夫孔文仲、给事中顾临，遂连章力诋颐不宜在经筵。二年八月，罢颐出管勾西京国子监。易因劾陶党轼兄弟，语侵文彦博、范纯仁，太后怒，罢易出知怀州。

是时熙丰用事之臣，退休散地，皆衔怨入骨，阴伺间隙。而旧党诸贤不悟，各为党比以相訾议。遂有洛党、蜀党、朔党之目。洛党以颐为首，而光庭易为辅；蜀党以轼为首，陶等为辅；朔党以刘挚、梁焘、王岩叟、刘安世为首，而辅之者尤众。互相攻讦。自门下侍郎韩维（元祐元年七月罢）、尚书右丞胡宗愈（四年三月罢）以下，多不安于位以去。范纯仁为相，务以博大开上意，忠厚革士风。常言“朝臣本无党，但善恶邪正，各以类分”。因极言前世朋党之祸，太后然之。而士习已成，迄不能改。

第三节 新党之复活及其报复 旧党之贬窜 孟后之废 章惇内阁

苏颂既罢，是年（元祐八年）六月，征范纯仁为尚书右仆射。殿中侍御史杨畏附苏辙，欲相之，因与来之邵上疏，论纯仁不可复相。乞进用章惇、安焘、吕惠卿，不报。及纯仁视事，吕大防欲引畏为谏议大夫，纯仁以畏不端，不可用，大防曰："岂以畏尝言相公耶？"苏辙即从旁诵其弹文。纯仁初不知也，已而竟迁畏礼部侍郎。

是年九月，太皇太后崩，帝始亲政。吕大防为山陵使，甫出国门，杨畏首叛大防，上疏言："神宗更法立制，以垂万世。乞赐请求，以成继述之道。"帝即召对，询以先朝故臣孰可召用者，畏遂列上章惇、安焘、吕惠卿、邓润甫、李清臣等行义。各加题品。且乞召惇为相，帝深纳之。枢密都承旨刘安世、翰林学士范祖禹谏以为不可用。诏出安世知成德军，祖禹知陕州。

次年（绍圣元年）二月，以李清臣为中书侍郎，邓润甫为尚书左丞。三月，来之邵探时旨，首劾大防，大防亟自引去。旋以策试进士问题，罢苏辙。是时清臣发策，历诋元祐政事。及进士对策。考官第主元祐者居上，礼部侍郎杨畏复考，乃悉下之，而以主熙丰者置前列。于是天下晓然于政府意旨之所在。寻以曾布为翰林学士承旨。布上疏请复先帝故事，且乞改元以顺天意。帝从之，改元绍圣。四月，以章惇为尚书左仆射，安焘为门下侍郎，罢范纯仁知颍昌府。惇引蔡京（兴化仙游人）为户部尚书，林希为中书舍人。京弟蔡卞为国史修撰，黄履为御史中丞，以渐尽复熙丰之政。黄履与谏官张商英、上官均、来之邵等，交章论司马光、吕公著等变更先朝之法，叛道逆理。是年六月，追夺光、公著赠谥，仆所立碑。夺王岩叟赠官。贬吕大防、刘挚、苏辙官，分司南京。惇又籍文彦博以下三十人，将悉加贬黜。清臣进曰："更先帝法度，不能无过。然皆累朝元老，若从惇言，必大骇物听。"乃止。是年十二月，蔡卞重修神宗实录成，原任史官范祖禹、赵彦若、黄庭坚等，并坐诋诬先帝，降官安置于远州，落礼部侍郎陆佃职，迁卞为翰林学士。言者又以吕大防监修实录，徙之安州。

二年，追复蔡确官，赠太师，谥忠怀。

是年十一月，祀明堂，赦。章惇预言，吕大防等数十人，当终身勿徙。范纯仁闻之忧愤，欲上书申理，所亲劝其勿触怒，万一远斥，非高年所宜。纯仁曰："事至于此，无一人敢言。若上心遂回，所系大矣。如其不然，死亦何憾。"因上言："大防等所罪，亦因持心失恕，好恶任情。违老氏好还之戒，忽孟轲反尔之言。然牛李之祸，数十年沦胥不解。岂可尚遵前轨。愿断自渊衷，原放大防等。"疏奏，惇大怒，遂落纯仁观文殿大学士，徙知随州。安焘屡与惇异议，罢知郑州。

四年二月，追贬司马光、吕公著、王岩叟官，夺赵瞻、傅尧俞赠谥，追韩维到任及孙固、范百禄、胡宗愈等遗表恩。流吕大防、刘挚、苏辙、梁焘、范纯仁等于岭南，贬韩维、王觌等三十人官，降太师致仕文彦博为太子少保。大防行至虔州信丰（今江西赣南道信丰县）而卒，梁焘、刘挚皆卒于贬所，天下惜之。寻以曾布知枢密院事，林希同知院事，许将为中书侍郎，蔡卞、黄履为尚书左右丞。章惇与卞密谋，欲举汉唐故事，诛戮党人。帝以问将，将曰："二代固有之，但祖宗以来未之有。本朝治道，所以远过汉唐者，以未尝辄戮大臣也。"帝深然之。是年三月，中书舍人蹇序辰上疏言："司马光等变乱典刑，改变法度，讪讟宗庙，睥睨两宫。其章疏案牍，散在有司。若不汇缉而藏之，岁久必致沦弃。愿选官编类，人为一帙，置之二府，以示天下后世之大戒。"章惇、蔡卞请即命序辰及直学士院徐铎编类。凡司马光等一时施行文书，捃拾附著，纤悉不遗，凡二百四十三帙。由是缙绅之士，无得脱祸者。旋以邢恕谮，追贬王珪为万安军司户参军，入党籍。

是年五月，文彦博卒，其子及甫居丧于洛。服除，忿不得京官，致书于御史中丞邢恕。恕与蔡确之弟硕谋，撽拾书中之语，诬刘挚等阴图不轨，谋危宗社。章惇、蔡卞欲借以兴大狱。次年（元符元年三月），下及甫于同文馆狱。令蔡京、安惇杂治之。京惇因奏挚等大逆不道，死有余责。帝曰："元祐人果如是乎？"京惇对曰："诚有是心，特反形未具耳。"乃下诏，禁锢刘挚、梁焘子孙于岭南，勒停王岩叟诸子官职，进京为翰林学士承旨，惇为御史中丞。寻窜范祖禹于化州（今广东高雷道化县），刘安世于梅州（今广东潮循道梅县，即故嘉应州）。祖禹寻卒。

是时刘婕好有宠，事皇后孟氏多不循礼。会后女福庆公主疾，后姊持道家符水入治。婕好党因谮后厌魅。绍圣三年九月，废后为华阳教主、玉清妙静仙师，出居瑶华宫。时章惇欲诬宣仁（太皇太后高氏）有废立意，以后为宣仁所聘，因与内侍郝随密谋，构成是狱。后既废，惇与蔡卞、邢恕等谋，媒蘖宣仁尝欲危帝，请追废为庶人。皇太后向氏方寝，闻之遽起，谓帝曰："吾日侍崇庆，天日在上。此语曷从出。且帝必如此，亦何有于我。"帝感悟，取惇、卞奏，就烛焚之。明日，惇、卞再具状，坚请施行。帝怒曰："卿等不欲朕入英宗庙乎？"抵其奏于地，事得寝。元符二年八月，刘妃生皇子茂，诏立妃为皇后。右正言邹浩上书谏，诏除名，编管新州。尚书右丞黄履上书救浩，并免履官。

初，司马光、吕公著之秉政也，置诉理所。许熙宁以来得罪者自陈，政府酌与昭雪。至是安惇言："光等归怨先朝，收恩私室。乞取公案，看详从初加罪之意，复依断施行。"是年闰月，置看详诉理局。命惇与蹇序辰看详，由是重得罪者八百三十家。天下怨疾，有二蔡二惇之谣。

第四节　混合内阁之成立　新党之左迁　孟后之复立韩忠彦、曾布内阁

哲宗在位十五年，以元符三年（西历纪元一一〇〇年）崩，无子，弟端王佶位，是为徽宗。皇太后向氏权同听政，尊皇后刘氏为元符皇后。以韩忠彦为门下侍郎，黄履为尚书右丞。召龚夬为殿中侍御史，陈瓘、邹浩为左右正言。于是忠直敢言之士复稍见进用。御史中丞安惇言，邹浩复用，虑彰先帝之失。帝曰："立后，大事也。中丞不言，而浩独敢言，何为不可复用？"惇惧而退。瓘因劾惇"诳惑主听，规骋其私"。诏出惇知潭州。寻以韩忠彦为尚书右仆射，复范纯仁等

官，徙苏轼等于内郡。许刘挚、梁焘归葬，录其子孙。追复文彦博、王珪、司马光、吕公著、吕大防、刘挚等三十三人官。初，哲宗尝悔废后事，叹曰："章惇坏我名节。"至是用布衣何文正言，复废后孟氏为元祐皇后，自瑶华官还居禁中。台谏陈师锡、陈次升、陈瓘、任伯雨、张庭坚、丰稷、龚夬、江公望等先后劾蔡卞、章惇等托绍述之说，上欺天子，下胁同列，中伤善类之罪。诏出卞知江宁府，旋贬秘书少监，分司池州（今安徽芜湖道贵池县）。出惇知越州，旋贬武昌节度副使，居潭州，复贬雷州司户参军。安置邢恕于均州（今湖北襄阳道均县）。除安惇、蹇序辰名，放归田里。夺蔡京职，居之杭州。贬林希官，徙知扬州。于是新党之有势力者皆去位。

是年六月，太后归政。十月，以韩忠彦、曾布为尚书左右仆射。布主张绍述，时议以元祐绍圣，均有所失。欲以大公至正，消释朋党。遂诏改明年元为建中靖国。自是以后，新旧党杂进，政界愈益纷乱。

第五节　变态新党之出现　党人碑之设立　孟后之复废　蔡京内阁

建中靖国元年，皇太后崩。中丞赵挺之希旨，排击元祐诸臣。尚书右丞范纯礼从容为上解释，驸马都尉王诜陷以罪，罢知颍昌府。供奉官童贯性巧媚，善择人主微旨。及诣三吴，访书画奇巧，留杭累月，蔡京日夜与之游。贯还都，誉京于上。诏起京为翰林学士承旨，邓绾之子洵武为起居郎，尝因对言："陛下乃神宗子。今相忠彦乃琦之子。神宗行新法以利民，琦尝论其非。今忠彦更神宗之法，是忠彦为能继父志，陛下为不能也。必欲继志述事，非用蔡京不可。"帝以为然，进洵武中书舍人、给事中兼侍讲。复蔡卞、邢恕、吕嘉问、安惇、蹇序辰等官。罢台谏任伯雨、江公望、陈瓘、丰稷等。曾布主张绍述，请改明年元为崇宁，从之。右司谏吴材、右正言王能甫希旨，劾韩忠彦"变神考之法度，逐神考之人材"。崇宁元年，罢忠彦知大名府。材、能甫复举元祐党籍，请重行贬黜。诏复追贬司马光、文彦博、吕公著以下四十四人官。复诏元祐及元符末党人苏辙、范纯礼等凡五十余人。并令三省籍记，不得与在京差遣。又诏司马光等二十一人子弟，毋得官京师。尚书左丞陆佃持论平恕，每欲参用元祐人才。至是言于帝，谓"不宜穷治"。因下诏曰："元祐诸臣，各已削秩。自今无所复问，言者亦勿辄言。"揭之朝堂。言者因论佃名在党籍，遂罢知亳州。而以许将、温益为门下中书侍郎。蔡京、赵挺之为尚书左右丞，与曾布同辅政。布与蔡京议不协，罢知润州。旋以京为尚书右仆射，赵挺之、张商英为尚书左右丞，蔡卞知枢密院事。京倡议禁元祐法，置讲议司于都省。自为提举，讲议熙丰已行法度，及神宗欲为而未暇者，以次尽复新法。

是时元祐及元符末用事诸臣，贬窜死徙者略尽，蔡京犹未惬意。是年九月，籍宰执司马光、文彦博、吕公著、吕大防、刘挚、范纯仁、韩忠彦、王珪、梁焘等。曾任待制以上官，苏轼、范祖禹等，余官程颐、秦观等，凡百二十人，等其罪状，谓之奸党。请御书刻石于端礼门。籍元符末上书人，定为正上、正中、正下三等，悉加旌擢。邪上、邪中、邪下三等，降责有差。又诏降责人不得同州居住。

是时元符皇后阁宦者郝随，讽蔡京再废元祐皇后孟氏。会昌州判官冯澥上书，论复后为非。台谏钱通、石豫、左肤等，交章劾韩忠彦等"乘一布衣狂言，掠流俗之虚美"。京与阁臣皆主台臣之说。上不得已，从之。是年十月，诏罢元祐皇后孟氏称号，复出居瑶华宫。治元符末年诸臣议复后号者，降韩忠彦、曾布官。追贬原任执政李清臣、黄履，安置翰林学士曾肇及台谏丰稷、陈瓘、龚夬等十七人于远州。十二月，追谥元符皇后刘氏子茂为献愍太子。窜邹浩于昭州。

次年，进蔡京为尚书左仆射。尊刘后为皇太后。京恶元符末台谏之论己，悉陷以党事。安置任伯雨等一二人于远州。是年三月，诏党人子弟毋得至阙下。又诏元符末上书进士充三舍生者罢归。以元祐学术聚徒传授者，监司觉察，必罚无赦。元符末上书邪等人，亦毋得至京师。四月，诏毁司马光、吕公著等十人景灵宫画像。又诏毁范祖禹、唐鉴及三苏、黄庭坚、秦观文集。除故直秘阁程颐名。九月，令州县立党人碑。三年六月，图熙丰功臣于显谟阁，以王安石配享孔子。重定元祐元符党人及上书邪等者合为一籍，通三百九人，刻石于朝堂。余并出籍。

第八章

北宋衰乱之原因

北宋衰乱之原因有二：一为真宗、仁宗两朝对外政策之因循，二为神宗、哲宗两朝新旧两党之倾轧。而其直接最近原因，则为徽宗一代之弊政，引起内乱，遂以引起外患者是也。兹述其大略如下。

第一节 徽宗之弊政

蔡京既相，怀奸植党。托绍述之名，纷更法制，贬斥群贤。增修财利之政，务以侈靡惑人主，动以周官惟王不会为说。每及前朝惜财省费者，必以为陋。凡土木营造，率欲度前规而侈后观。时天下久平，京都帑庾盈溢。遂倡为丰享豫大之说，视官爵财物如粪土。累朝所储，荡然无遗。

崇宁元年三月，命宦者童贯置局于苏杭，造作御用器具，曲尽其巧。材物所须，悉科于民，民力重困。帝垂意花石，京使苏州人朱勔搜集东南珍奇，舳舻相衔于淮汴，号花石纲。四年十一月，以勔领苏杭应奉局及花石纲事。勔指取内帑，如囊中物。搜岩剔薮，幽隐不置。民间有一花一木之妙，辄令上供。微不谨，即被以大不恭罪。政和四年（徽宗十四年），作延福宫六位（旧有延福宫，新作六所，皆袭延福旧名称，为第一、第二、第三、第四、第五、第六位）。殿阁亭台相望，凿池为海，疏泉为湖。珍禽奇兽，数以千计。嘉花名木，类聚区别。岩壑幽胜，宛如天成，不类尘境。其后又为村居野店酒肆青帘于其间。每岁冬至后即放灯，并不禁夜。徙市民行铺夹道以居，纵博群饮，至上元后乃罢。东南监司郡守希旨，岁贡奇石、奇竹、名花、佳果，植之皆生。其异味珍苞，则以健步捷走，虽甚远，数日即达，色香未变。七年（徽宗十七年），作万岁山，阅六年始成，更名曰艮岳。周十余里，山高林深，禽兽成群。园池台观，备极巧妙。

帝又崇道教。政和三年（徽宗十三年），作玉清阳和宫，奉安道象，赐方士王老志号洞微先生，王仔昔号通妙先生。是年十一月，礼天于圜丘。帝自言见天帝降临，建迎真宫，作天真示现记，置道阶道官。六年，赐方士林灵素号通真达灵先生。立道学，编道史。又作上清宝箓宫，上尊号于上帝及后土。七年，道箓院上章，册帝为教主道君皇帝。建宫观遍天下，其徒美衣玉食者几二万人。

是时内侍童贯有宠。崇宁二年（徽宗三年）四月，蔡京奏使贯监洮西军。六月，贯与安抚使王厚复湟河鄯三州（今西宁道）。诏以贯为熙河兰湟秦凤路（今渭川、兰山、西宁三道）经略安抚制置使。大观二年（徽宗八年）五月，复洮州。诏加贯检校司空。贯恃功骄恣，选置将吏，皆取中旨，不复关白朝廷。

蔡京执政二十年，其间暂罢者三。赵挺之（崇宁五年，徽宗六年）、何执中、张商英（大观二年，徽宗八年）、郑居中（政和六年，徽宗十六年）等代为宰相。挺之、商英、居中稍与京立异，然皆不能久于其位。执中谨事京，凡事禀承京旨，辅政几及十年。居中罢后，余深、王黼代为宰相。童贯领枢密院事，深谄附京，结为死党。黼美丰姿，有口辩，多智善佞，为帝弄臣，得与宫中秘戏，或侍曲宴，则著短衣窄裤，涂抹青红，杂倡优侏儒中。多道市井淫谍谑浪语，以献笑取悦。贯以西征有宠，渐擢至陕西两河宣抚使。内侍自古无赐坐者，贯既拜枢密，每春秋大燕，则坐于执政之上，日与宰相同班。进呈毕，即自屏后入内，复易窄衫，与群阉为伍。寻拜太保，晋太傅，封泾国公。时蔡京已拜太师，时人称京为公相，贯为媪相。京子攸亦有宠，得与宫中秘宴，权势与父相轧。满朝皆其父子之党，朝政日坏。

第二节　方腊之乱与宋江之乱

宣和二年（徽宗二十年），睦州（今金华道，故严州府）清溪（今淳安县）人方腊因民不忍，阴聚贫乏游手之徒，以诛勔为名，举兵作乱。托左道以惑众，自号圣公，建元永乐，置官吏将帅，以巾饰为号。自红巾而上凡六等，诱胁良民为兵。不旬日至数万人。遂陷睦、歙（今芜湖道，故徽州府）、杭、婺（今金华道，故金华府）、衢（今金华道，故衢州府）、处（今瓯海道故，处州府）等州。东南大震。诏以童贯为江淮荆浙宣抚使，内侍谭稹为两浙制置使，率禁旅及秦晋蕃汉兵十五万讨之。三年正月，贯至吴。承制罢苏杭应奉局及花石纲，奏贬朱勔，吴民大悦。是年四月，合兵击腊，大破之。追至清溪，裨将韩世忠（延安人，今陕西榆林道肤施县）擒腊以归，送京师，斩之，乱平。自起至灭，共七阅月。凡破六州、五十二县，戕平民二百万人。是时淮南宋江起为盗，以三十六人横行河朔，转掠京东诸郡，官军莫敢撄其锋。同年二月，知海州张叔夜设伏擒其副贼，江乃降。

第九章

北宋之衰亡

　　自来书生习气，议论多而成功少。北宋之徽宗，工诗善画，兼有文学家、美术家之长，天然不适宜于政治生活。其所用之大臣，皆出于童（贯）、蔡（京）、王（黼）、梁（师成）之门，无可以系天下之望者。李纲、种师道以疏远之臣，骤握大权，为一般宵小所嫉妒。其所主张之战守论，又为懦弱委靡之钦宗所不敢为。而都中士民欢迎二人，又容易招朝廷之忌。于是白时中、李邦彦、张邦昌、唐恪、耿南仲等，遂日以割地请和之议，荧惑圣听，弃战守之事而不顾。及太原、真定相继陷落，咽喉已塞。而朝廷犹诏百官，议弃三镇得失。故金人尝语宋使曰："待汝家议论定时，我已渡河矣。"谚曰："秀才造反，三年不成。"北宋末年之人物皆此等秀才之流，其议论皆三年不成之议论也。故北宋之议和与南宋之议和内情迥异，南宋出于不得已，北宋则可已而不已者也。兹述其事迹如下。

第一节 恢复燕云议

先是有唐末年，刘仁恭、刘守光父子，相继为卢龙节度使，屡与梁、晋构兵。契丹太祖耶律阿保机乘之，略取营（今热河朝阳县）、平（今河北卢龙县）、滦（今河北滦县）三州。于是现今河北东北部与热河东南部入于契丹。晋王存勖灭守光。契丹与晋接境，屡乘梁、晋虎争之隙，进兵南窥幽州，与晋构兵，互有胜负，山后朔蔚新武儒等州多陷，而幽州迄不下。后唐废帝从珂时代，河东节度使石敬塘作乱，求救于契丹。契丹立敬塘为晋帝。敬塘割幽、蓟、瀛、莫、涿、檀、顺、新、妫、儒、武、云、寰、应、朔、蔚等十六州以赂之。于是万里长城与燕山山脉之险入于契丹，河北北境无险可守。契丹得以自由出兵，侵略河北，后晋之亡实由于此。周世宗在位，自将伐契丹，取瀛、莫、易三州，瓦桥关南复入于中国。遂趋幽州，在道不豫而止。宋太宗在位，两次出重兵，谋恢复幽州，皆为契丹所败，自是河北御寇不暇。真宗在位时代，契丹圣宗大举南寇，至澶州，宰相寇准力劝帝亲征，破其前锋，辽人气慑，乃请和。准欲邀其称臣，且献幽燕之地。帝年少气馁，为近臣所惑，乃许辽和，赂以岁币三十万，是为中国纳币于契丹之始。仁宗在位，赵元昊作乱，陕甘州郡多陷，契丹兴宗乘之，聚兵于燕，声言南下。遣使来索瓦桥关南十县地，帝不欲与地，又不敢与战，乃遣使议和，增岁币为五十万。神宗在位，用兵经略河湟，绥服西南夷，征服交趾。复与西夏构兵，诸边多故。契丹道宗乘之，遣使以划界为辞，要求割让河东边境。帝以西北西南同时用兵，无余力与辽宣战，乃依辽议，定新界。凡东西七百里间，南北失地各三十余里。徽宗时代，辽室承平已久，逐渐汉化，国势寝衰。建中靖国元年（徽宗元年），道宗殂，孙延禧立，是为天祚帝。天祚荒淫，不恤国政，与女真部渐生嫌隙。童贯既得志于西羌，遂谓契丹亦可图，乃自请使辽以觇之。政和元年，遣端明殿学士郑允中与贯使辽。至卢沟（即卢沟河），燕人马植见贯，陈取燕之策。贯载与俱归，易姓名曰李良嗣。见帝说与女真夹攻辽之利，帝嘉纳之，赐姓赵氏，以为秘书丞。图燕之议自此始。

政和三年（徽宗十三年），生女真部酋长完颜阿古达举兵叛辽，自称皇帝，国号金，是为太祖。屡破辽兵，尽取辽东京（今辽宁辽阳县）、上京（今热河昭乌达盟巴林旗东北）等路，进迫中京（今热河平泉县）。重和元年（徽宗十八年），诏遣武义大夫马政浮海使金通好，约夹攻辽。次年（宣和元年，徽宗十九年），金人遣使报聘。宣和二年（徽宗二十年），复遣赵良嗣使金，约定条件如下：

（一）金兵自平地松林（今热河围场县），趋古北口（河北热河交通要路，属密云县，跨万里长城）。宋兵自白沟夹攻；

（二）事定之日，以山前后十七州归宋（原只十六州，辽在现今河北遵化县新置景州，故为十七州）；

（三）宋与金岁币之数同于辽。

四年，金克辽中京。天祚走云中，金人追袭破之。天祚走夹山，金遂克辽西京（今山西大同县）。辽燕京留守李处温等，奉辽宗室秦晋王淳称帝。诏遣童贯、蔡攸，勒兵十五万，巡北边以应金。淳遣耶律达什（旧作大石）萧干拒战于白沟，都统制种师道兵败。是年七月，诏贯、攸再举伐辽，辽将郭药师以涿、易二州来降，大军进驻卢沟。辽都统萧干拒战，都统制刘延庆兵败。药师以轻兵袭燕，干还救死斗，药师兵亦败，大军遂溃。童贯惧得罪，乃密遣王环如金，求如约夹攻。金太祖引兵入居庸关，遂克燕京（今北平），群臣皆降。于是辽室五京，皆为金有。

先是朝廷与金约，但求石晋赂契丹故地，而不及营、平、滦三州。既而王黼欲并得之，屡遣赵良嗣求之于金。金人不许，且责朝廷出兵失期，止许与燕京及山前六州（蓟、景、檀、顺、涿、易）。至是金既克燕，复致书于朝廷曰："燕京用本朝兵力攻下，其租税当输本朝。"王黼欲邀近功，遂约岁币之外，更加燕京代税钱一百万缗。金人又求粮，良嗣许以二十万石。宣和五年四月，金人以燕京及山前六州来归。富民金帛子女，皆被金人驱京以去。朝廷所得，惟空城而已。

第二节 金人第一次南侵 种师道之入援 李纲之城守

一、张觳之来归

初，辽天祚帝之西奔也，平州军乱，杀其节度使萧迪里。州民推副使张觳领州事。金人入燕，觳降于金。金以平州为南京，觳为留守。宣和五年（徽宗二十三年）六月，觳以州请降于知燕山府（今北平）事王安中。安中以闻，王黼劝帝纳之。赵良嗣谏曰："国家新与金盟，如此必失其欢，后不可悔。"不听。是年十一月，金将斡喇布（旧作斡离不，汉名宗望，太祖三子）袭平州，觳兵败，奔燕山。金人以纳叛来责，朝廷不得已，杀觳，函其首以畀金。于是降将卒皆解体。

是年，金太祖殂，弟乌奇迈（旧作吴乞买）立，是为太宗。朝廷以山后诸州请于金。太宗初立，欲许之，尼玛哈力争，乃仅以武、朔二州来归。童贯、蔡攸班师还京。朝廷以内侍谭稹为两河燕山路宣抚使，招纳北方降人，金人不悦。六年三月，金人遣使诣宣抚司，来索赵良嗣所许之粮二十万石，稹不与，金人益怒。是时，辽天祚帝在山阴（今山西雁门道山阴县）。朝廷密遣使诱之降，命童贯代稹为宣抚使以迎天祚。天祚畏中国不可恃，不肯来。金将斡喇布在平州，遣人来索叛亡户口，朝议弗遣。且闻童贯、郭药师等治兵燕山，将谋进取。斡喇布遂言于金太宗，请先举伐宋。太宗犹豫未即决。

二、斡喇布之入寇

七年（徽宗二十五年）正月，天祚奔党项。二月，至应州，为金将洛索（旧作娄室）所获，辽亡。塞北皆定。是年十月，金太宗以皇弟阿木班贝勒（旧作谙班勃极烈，为诸贝勒首领，当中国储君之位）舍音（旧作斜也，汉名昊太祖母弟）领都元帅，居京师。皇侄尼玛哈（旧作粘没喝）为左副元帅，督固新、伊都等，自云中趋太原。皇侄斡喇布监多昂摩、刘彦宗等自平州趋燕山。是年十二月，童贯自太原逃归汴，朝廷急起老将种师道为两河制置使，召使入援。是时师道致仕，居南山豹林谷（在陕西长安县南终南麓）。闻命即东，过姚平仲，有步骑四千，与之俱赴汴。未至，尼玛哈已破代、朔二州，进围太原。斡喇布破檀、蓟州。郭药师以燕山叛降金。斡喇布以药师为向导，长驱而进。诏悉起禁军，命内侍梁方平帅之守黎阳（县名，故城在今河北道浚县境内）。而急召熙河经略使姚古（五原人，平仲父）秦凤经略使种师中（师道弟），将兵入援。未至，金斡喇布已破相（今河北道安阳县）、浚（今河北道浚县）二州，进窥黎阳。方平军溃，走还。朝廷大震。

三、徽宗之内禅

帝以金师日迫，欲东幸金陵，给事中吴敏诣都堂力争。宰执以为言，乃罢行。而以皇太子为开封牧。太常少卿李纲（邵武军人，今福建建安道邵武）谓敏曰："建牧之议，岂非欲委皇太子以留守之任乎？今敌势猖獗，非传太子以位号，不足以招徕天下豪杰。"敏曰："监国可乎？"纲曰："肃宗灵武之事，不建号，不足以复邦。而建号之议，不出于明皇，后世惜之。上聪明仁恕，公曷不为上言之？"敏入言于帝，帝意遂决。拜敏门下侍郎，传位于太子。太子即位，是为钦宗。尊帝为教主道君太上皇帝。以纲为兵部侍郎。太学生陈东等伏阙上书，请诛蔡京、童贯、王黼、梁师成、李彦、朱勔等以谢天下。帝从之。窜黼于永州，遣盗杀之于途。赐彦、师成死，放勔归田里，贬京、贯官，党羽皆远窜。贯寻伏诛，京亦道死。

四、李纲之城守

靖康元年正月，斡喇布兵渡河。太上皇出奔镇江。宰相白时中（寿春人）、李邦彦等，议以京城不可守，欲奉帝出幸襄（今襄阳道襄阳县）、邓（今汝阳道邓县）以避敌锋。李纲曰："天下城池，岂有如都城者。且宗庙社稷百官万民所在，舍此欲何之。今日之计，当整饬军马，固结人心。相与坚守，以待勤王之师。"帝问谁可将者，纲曰："白时中、李邦彦等虽未必知兵，然借其位号，抚将士以抗敌锋，乃其职也。"时中勃然曰："李纲莫能将兵出战否？"纲曰："陛下不以臣庸懦，倘使治兵，愿以死报。"乃以纲为尚书右丞，东京留守。纲为帝力陈不可去之意，且言："明皇闻潼关失守，即时幸蜀，宗庙朝廷毁于贼手。今四方之兵，不日云集，奈何轻举以蹈明皇之覆辙乎？"会内侍奏中宫已行，帝色变，仓卒降御榻曰："朕不能留矣。"纲泣拜，以死邀之，帝意稍定，顾纲曰："朕今为卿留。治兵御敌之事，专责之卿，勿致疏虞。"纲惶恐受命。是夜，宰臣犹请出幸不已，帝从之。质明，纲趋朝，则禁卫擐甲，乘舆已驾矣。纲急呼禁卫曰："尔等愿守宗社乎？愿从幸乎？"皆曰："愿死守。"纲入见曰："陛下已许臣留。复戒行，何也？今六军父母妻子，皆在都城，愿以死守。万一中道散归，陛下孰与为卫？敌兵已逼，知乘舆未远，以健马疾追，何以御之？"帝感悟，乃召中宫还。以纲兼亲征行营使，治守战之具粗备，而金兵已至城下矣。金兵攻宣泽门（汴河上北面水门名），纲力战拒却之。金遣使入见，李邦彦力请割地求和，议遣使诣金营。纲请自行，帝不许，而命同知枢密院事李棁往。纲曰："安危在此一举，臣恐李棁怯懦，误国事也。"不听。棁至金营，斡喇布盛兵南向坐，棁北面再拜，膝行而前。斡喇布恫吓之，因授以要求之事目一纸（金五百万两，银五千万两，牛马万头，表缎百万匹，尊金帝为伯父，归燕云之人在汉者，割中山、太原、河间三镇，以宰相亲王为质）。棁等唯唯，不敢措一言而还。李邦彦等力劝帝从金议，李纲言："金人所须金币，竭天下且不足，况都城乎？中山、太原、河间三镇之地，国之屏蔽，割之何以立国。至于遣质，则宰相当往，亲王不当往。若遣辩士姑与之议，宿留数日，大兵四集，彼孤军深入，虽不得所欲，亦将速归。此时与之盟，则不敢轻中国，而和可久也。"邦彦等言："都城破在旦夕，尚何有于三镇。而金币之数又不足较。"帝默然。纲不能夺，因求去。帝慰谕之曰："卿第出治兵，此事当徐图之。"纲退。则誓书已成，称伯大金皇帝，侄大宋皇帝。金币、割地、遣质、更盟一依其言。括借京城士民金帛以赂金。遣皇弟康王构及宰相张邦昌往为质。

五、种师道之入援

种师道至洛阳，闻金兵已抵京城下。或止师道言："贼势方锐，愿少驻汜水以谋万全。"师道曰："吾兵少，若迟回不进，形见情露，只取辱焉。今鼓行而进，彼安能测我虚实。都人知吾来，士气自振，何忧贼哉。"揭榜沿道，言"种少保领西兵百万来"。遂抵京西，趋汴水南，径逼敌营。金人惧，徙砦稍北，增垒自卫。帝闻其至，甚喜，命李纲迎劳。师道入见，帝问曰："今日之事，卿意若何？"对曰："女真不知兵，岂有孤军深入人境，而能善其归乎。京师周回八十里，如何可围。城高十数丈，粟支十年，不可攻也。请严兵拒守，以待勤王之师。不逾数月，虏自困矣。如其退，即与之战。三镇之地，不宜割与。"帝曰："业已讲好矣。"对曰："臣以军旅之事事陛下，余非所敢知也。"诏以师道同知枢密院事，充京畿、河北、河东路宣抚使，统四方勤王兵，以姚平仲为都统制。师道请"缓给金币于金，俟彼惰归扼而歼诸河"。帝命师道于政事堂共议。师道见李邦彦曰："京城坚高，备御有余。当时相公何事便讲和？"邦彦曰："以无兵故也。"师道曰："不然。凡战与守自是两事。战或不足，守则有余。京师百万众，尽皆兵也。"邦彦曰："素不习武事，不知出此。"师道曰："相公不习兵，岂不闻往古守城者乎？"又曰："闻城外居民，悉为贼杀掠。畜产甚多，亦为贼有。当时既闻贼来，何不悉令城外居民，撤去屋舍，移其所畜，尽入城中，乃遽闭门以遗城资，何也？"邦彦曰："仓卒之际，不暇及此。"师道笑曰："亦太慌忙耳。"左右皆笑。时议人人异同，惟李纲与师道合，而邦彦不从。

六、李纲之罢及其复用

时朝廷日输金币于金，而金人需求不已，日肆屠掠。四方勤王之师渐至。李纲言："金人贪婪无厌，其势非用师不可。且敌兵号六万，而吾勤王之师集城下者，已二十余万。彼以孤军入重地，犹虎豹自投陷阱中。当以计取之，不必与角一旦之力。若扼河津，绝饷道，分兵复畿北诸邑。而以重兵临敌营，坚壁勿战。俟其食尽力疲，纵其北归，半渡而击之。此必胜之计也。"帝深然之。姚平仲请速战，种师道不以为然。帝遽从平仲议，是年二月朔，平仲引兵夜袭金营，帝命李纲为后援。平仲战败，惧诛，亡去。纲亲率诸军逆战，以神臂弓（纪文达公云，宋代有神臂弓，实巨弩也，立于地而踏其机，可三百步外贯铁甲，亦曰克敌弓。洪容斋试词科有克敌弓铭是也。宋军拒金多倚此为利器，军法不得遗失一具或败不能携，则宁碎之，防敌得其机轮仿制也。元世祖灭宋得其式，曾用以制胜。至明乃不得其传，惟永乐大典尚全载其图说，然其机轮一事一图，但有长短宽窄之度与其牝牡凸凹之形，无一全图。阅《微草堂笔记》卷十九，第四页）射却金兵。种师道曰："劫寨已误。然兵家亦有出其不意者。今夕再遣兵分道攻之，亦一奇也。如犹不胜，然后每夕以数千人扰之。不十日，贼遁矣。"李邦彦等畏懦，竟不果用。金斡喇布遣使来诘南用兵违誓之故，李邦彦语之曰："用兵乃李纲、姚平仲尔，非朝廷意也。"因罢纲以谢金人，废亲征行营司。太学生陈东等千余人上书请复用纲（大致谓："李纲奋勇不顾，以身任天下之重，所谓社稷之臣也。李邦彦、白时中、张邦昌、李梲之徒，庸谬不才，忌嫉贤能，动为身谋，不恤国计，所谓社稷之贼也。陛下拔纲，中外相庆，而邦彦等疾如仇雠，恐其成功，因缘阻败。且邦彦等必欲割地，曾不知无三关四镇，是弃河北也！弃河北朝廷能复都大梁乎？又不知邦昌等能保金人不复败盟否也？窃恐虏兵南向，大梁不可都，必将迁而之金陵；则自江以北非朝廷有。邦彦等不顾国家长久之计，徒欲堕李纲成谋以快私忿。罢纲非特堕邦彦等计中，又堕虏计中也。乞复用纲而斥邦彦等，且以阃外付种师道，国家存亡在此举，不可不谨"）。书奏，军民不期而集者数万人。会邦彦入朝，众数其罪而骂，且欲殴之，邦彦疾驱得免。吴敏传宣令退，众莫肯去，挝坏登闻鼓，喧呼动地。殿帅王宗濋恐生变，奏帝勉从之。内侍朱拱之宣纲后期，众脔而磔之，并杀内侍数十人。知开封府王时雍麾之不退，帝顾户部尚书聂昌，俾出谕旨。诸生乃退。诏复纲尚书右丞，充京城四壁防御使。都人又言愿见种师道，诏趋师道入城弹压。师道乘车而至，众褰帘视之曰："果我公也。"相麾声喏而散。明日，诏诛士民杀内侍为首者，禁伏阙上书。王时雍欲尽致太学诸生于狱，人人惴恐。会朝廷将用杨时为祭酒，遣聂昌诣学宣谕，然后定。

金人疑康王非亲王，请以他王代之。诏遣皇弟肃王枢往代质，征康王及张邦昌还。遣使持手书如金营，许割三镇地。斡喇布顿兵城下，久不得志，遂不俟金币数足，引还。京师解严，种师道请乘其半济邀诸河，帝不许。御史中丞吕好问曰："金人得志，益轻中国。秋冬必倾国复来，御敌之备，当速讲求。"帝亦不听，旋罢师道。中丞许翰言："师道名将，沉毅有谋，不可使解兵柄。"帝谓其老难用，不听。翰又言："金人此去，存亡所系。当令一大创，使失利去，则中原可保，四夷可服。不然，将来再举，必有不救之患。宜遣师邀击之。"帝亦不听。

第三节　金人第二次南侵　汴京之陷落　徽、钦之北狩

一、杀熊岭之败

已而姚古、种师中等入援，凡十余万人，至汴城下。而斡喇布已退，李纲请诏古等追之，且戒俟其间，可击则击。而宰执张邦昌、李等乃令护送出之，勿轻动以启衅。会金尼玛哈陷威胜军（今山西冀宁道沁县，即故沁州，宋为铜鞮县）、隆德府（今山西冀宁道长治县，即故潞安府），议者谓邦昌等主和误国，乃罢李邦彦、张邦昌、李梲。是年三月，起种师道为河北河东宣谕使，驻滑州（今河北道滑县）。命姚古援太原，种师中援中山河间。而师道实无兵自随，乃请合关（指关中）河（指两河）卒，屯沧（今津海道沧县）、卫（今河北道汲县）、孟（今河北道孟县）、滑，备金兵再至。朝廷以大敌甫退，不宜劳师示弱，格不用。古复隆德府威胜军，师中追斡喇布，至北鄙而还，而太原围卒不解。诏师中由井陉（今保定道井陉县）进兵，与古犄角援太原。师中进次平定军（今冀宁道平定县），乘胜复寿阳、榆次（二县今属冀宁道）等县。时尼玛哈避暑还云中，留兵分就畜牧。觇者以为将遁，告于朝。同知枢密院事许翰信之，数遣使趋师中出战。师中不得已，仓卒进兵。约古等为援，而古后期不至。是年五月，师中与金人战于杀熊岭（在今山西冀宁道寿阳县西南）。败绩，死之，古军溃。师中老成持重，为时名将，既死，诸军无不夺气。

二、太原诸军之溃

京师自金兵退，上下恬然，置边事于不问。李纲独以为忧，数上备边御敌之策，不见听用。至是种师道以病乞归。门下侍郎耿南仲请弃三镇，纲力持不可。乃以纲为两河宣抚使，代师道。纲言："臣书生，实不知兵。在围城中，不得已为陛下料理兵事。今使为大帅，恐误国事。"因拜辞，不许。台谏言纲不可去朝廷，帝以其为大臣游说，斥之。或谓纲曰："公知所以遣行之意乎？此非为边事，欲缘此以去公，则都人无辞尔。公不起，上怒且不测。奈何？"许翰复书杜邮（秦使白起伐赵，辞不行，秦王怒，免为士伍，赐死杜邮）二字以遗纲。纲不得已，受命。时宣抚司兵仅万二千人。纲请银绢钱各百万，仅得二十万。庶事皆未集，纲乞展行期，御批以为"迁延拒命"，不许。左司谏陈公辅上书言："李纲书生，不知军旅。遣援太原，乃为大臣所陷，后必败事。"执政恶其言，谪监合州（今四川东川道合川县）酒务。是年七月，李纲至怀州（今河北道沁阳县），练士卒，整器械，征兵于诸路，期兵集大举援太原。而朝廷降诏，罢所起兵。纲上书言："秋高马肥，敌必深入。防秋兵尽集，尚恐不足。今河北河东日告危急，未有一人一骑以副其求。奈何甫集之兵，又皆散遣。且以军法勒诸路起兵，而以寸纸罢之。臣恐后时有所号召，无复应者矣。"疏上，不报，而趣纲赴太原。是时援兵集于太原近旁，诸将皆承受御画，事皆专达，进退自如。宣抚司徒有节制之名，多不遵命。纲尝具论之，不听。是年八月，复以种师道为两河宣抚使，召纲还。诸将不期会，自由进兵，前后皆溃。金尼玛哈斡喇布复分道入寇。九月，陷太原。言者论李纲专主战议，丧师费财，罢知扬州，寻落职，安置于建昌军（今江西浔阳道永修县）。中书舍人刘珏、胡安国力谏，诏贬其官。

三、汴京之陷落 徽、钦之北狩

是时金兵日逼，南道都总管张叔夜、陕西制置使钱盖各统兵赴阙。而宰执唐恪耿、南仲等专主和议，檄止两道兵勿前，遣使赴金营请和。金人佯许，而攻略自如。诸军以和议故，皆闭壁不出。御史中丞吕好问，请集沧滑邢（今河北邢台县）相之戍，以遏奔冲。而列勤王之师于畿邑，以卫京城。疏入，不省。是年十月，金人陷真定（今河北正定县），攻中山（今河北定县），上下震骇。廷臣狐疑相顾，犹以和议为辞。好问率台属劾大臣畏懦误国，诏贬其官。

种师次于河阳，遇金使，揣敌必大举，亟上疏，请幸长安以避其锋。大臣以为怯，召还。师道至京，病不能见，寻卒。

斡喇布既破真定，长驱渡河。尼玛哈亦尽陷河东诸州郡，遂渡河，陷洛阳，沿河守将皆弃城走。朝廷方诏百官议弃三镇得失，而二酋已会于汴梁城下。初，耿南仲为东宫官十年，自谓首当柄用。而吴敏、李纲越次进位在己上，心不能平。故每事异议，力阻战守，坚请割地以成和好，故朝廷战守之备皆罢。至是下哀痛诏征兵于四方，无至者。城中只有兵七万人。乃遣使以蜡书间行出关召兵。南道都总管张叔夜将兵勤王，请帝暂诣襄阳以图幸雍，不听。龙卫卒郭京自言能用六甲法生擒金二将，朝廷以京为成忠郎，赐以金帛，使募兵击金，所募皆市井游惰。是年闰十一月，京与金人战于城下，兵溃，率余兵南遁。金人遂乘势入城。卫侍长蒋宣率其众数百，欲邀乘舆犯围而出。宰相何桌（栗，古字）欲亲率都民巷战。会金人宣言议和退师，乃止。金人要帝至金营，旋劫上皇及后妃、太子、宗戚三千人至其军。立张邦昌为楚帝，以二帝以下北还，北宋遂亡。时宋钦宗靖康二年，西历纪元一一二七年也。计徽宗在位二十五年而内禅，钦宗在位一年余而被执。金太宗召二帝至会宁（府名，金上京，在今吉林延吉道宁安县城西），封徽宗为昏德公，钦宗为重昏侯。后迁于五国城（在今吉林依兰道依兰同江等县境内。五国头城在今依兰县治近旁，即故三姓城。辽时自此以东凡五国，故名五国城）以卒。

第十章

高宗之南渡

　　南渡偏安之局，创始于东晋初年，至南宋时而再见。顾南宋之局面，与东晋稍异。东晋之敌国为五胡，皆凭借中国本部为根据地，且种族多，国势弱，内部时起冲突。享国最久者，维持势力不过数十年。东晋僻处江南，恒有余裕，养精蓄锐以乘其弊。南宋之敌国为金，其根据地在满蒙，势力范围伸入中国内地，并吞北方各民族，建立大帝国。维持势百有余年，其竞争之目的物只有南宋。南宋虽富庶在金以上，而武力远不及焉。东晋参用征兵制度，养兵虽少，常有尚武精神。南宋纯用募兵制度，养兵虽多，缺乏进取思想。东晋时文武犹未分途，其宰相多由军人出身。其内政外交，常能与边方镇帅行动一致。南宋时文武划分为二，宰相多由科举出身，不审敌情，不谙将略。往往以敷衍因循，苟且偷安，为取快一时之计。武臣之忠勇者，愤怒解体。其狡猾者，反得旅进旅退，与时浮沉，窃宠荣以终其身。以故东晋对外皆主战，南宋对外多主和。非必甘心自居于小朝廷，势不得不尔也。兹述其事迹如下。

第一节 高宗之嗣统 李纲之防守策 黄潜善、汪伯彦之阻挠

初金人第二次入寇也，康王构奉使赴金营。至磁州（今夫名道磁县），守臣宗泽（婺州义乌人。今浙江金华道义乌县）劝王勿行。时金兵前锋已渡河，游兵日至磁城下，踪迹王所在。知相州汪伯彦（徽州祁门人）亟以帛书请王如相，是为伯彦受知于王之始。金兵围京城，诏以构为天下兵马大元帅，伯彦、泽副之，使尽起河北兵入援。泽领前锋，屡破金之偏师，劝王急引兵渡河。伯彦难之，劝王遣泽先行，泽进败金入于卫州。王闻京师陷，移军东平（今山东东临道东平县）。高阳关路安抚使黄潜善（邵武人）以兵来援。王承制，以潜善为副元帅，是为黄潜善受知于王之始。王次于济州（今山东济宁道济宁县）。金人谋遣兵劫王，不果。金人劫二帝、后妃、太子、宗戚北去，宗泽闻警，自卫州提军趋滑，走黎阳，至大名，欲径渡河，据金人归路，邀还二帝。檄诸路兵来援，卒无至者，遂不果。

金兵既退，宗泽移兵近畿，将讨张邦昌。吏部侍郎吕好问以利害说邦昌，劝其奉迎康王。邦昌不得已，从之。建炎元年五月，王即位于南京（今河南开封道商丘县，即故归德府），是为高宗。以黄潜善为中书侍郎，汪伯彦问知枢密院事，张邦昌为太保，封同安郡王。贬窜主和大臣李邦彦、李梲、耿南仲等，征李纲为尚书右仆射。中丞彦岐奏曰："张邦昌为金人所喜，虽已为三公郡王，宜更加同平章事。李纲为金人所恶，虽已命相，宜及其未至罢之。"章五上，帝曰："如朕之立，恐亦非金人所喜。"岐语塞而退。黄潜善、汪伯彦自谓有攀附之劳，拟必为相。及召纲于外，二人不悦，遂与纲忤。宗泽入朝于行在，陈兴复大计，潜善等阻之，出泽知襄阳府。旋进潜善门下侍郎，伯彦知枢密院事，共秉国政。

是年六月，李纲至行在，上疏陈十事。一曰议国是。谓"中国之御四夷，能守而后可战，能战而后可和。而靖康之末皆失之。今莫若先自治，专以守为策。俟吾政事修，士气振，然后可议大举。"二曰议巡幸。谓"车驾不可不一至京师，见宗庙，以慰都人之心。度未可居，则为巡幸之计。天下形势，长安为上，襄阳次之，建康又次之。

皆当诏有司预为之备"。此外凡八条，皆关于解决时局之大计。帝采择其言，安置张邦昌于潭州，贬放其党羽有差，赠死节诸臣官予谥。纲以河北河东，虽屡经金人蹂躏，而州郡多为朝廷守，两路士民兵将，皆推豪杰为首领以抗金兵。多者至数万，少者不下万人，宜急派大臣招抚，分兵以援其危急。乃奏以张所为河北招抚使，王躞为河东经制使，传亮副之。立沿、河沿、淮沿江帅府，造舟江淮诸州。诏陕西河北京东西路募兵买马，劝民出财。以张悫同知枢密院事，兼提举户部财用，宗泽为东京留守。时东京荒残，兵民杂居，盗贼纵横。泽抚循劳徕，流亡稍集。泽治军严整，招徕豪杰，分屯近畿，为犄角之势，人心渐固。累表请帝还京，而帝用黄潜善、汪伯彦计，决意幸东南，不报。

泽以岳飞（相州汤阴人，今河南、河北道汤阴县）为统制，屡破金之偏师。飞上书言："勤王之师日集，宜乘敌怠击之。黄潜善、汪伯彦辈，不能承圣意恢复。奉车驾日益南，恐不足系中原之望。愿陛下乘敌穴未固，亲率六军北渡。则将士作气，中原可复。"坐越职言事，夺官。飞归河北，诣张所。所以王彦（上党人，今山西冀宁道长治县）为都统制，飞为中军统领，屡破金兵。而潜善、伯彦阴主和议，嗾右谏议大夫宋齐愈，上疏论李纲募兵、买马、括财三事之非，不报。齐愈旋以党附张邦昌罪，伏诛。潜善、伯彦阴劝帝幸扬州以避敌，李纲谏曰："自古中兴之主，起于西北。则足以据中原而有东南。起于东南，则不能复中原而有西北。盖天下精兵健马，皆在西北。若委中原而弃之，岂惟金人将乘间以扰内地，盗贼亦将蜂起作乱。陛下虽欲还阙而不得矣。"帝乃许幸南阳。以范致虚知邓州，修城池、缮宫室、输钱谷以实之。而潜善、伯彦仍主幸扬州之议，纲以去就争之。是年八月，罢纲提举洞霄宫，废招抚经制二司。召傅亮还行在，安置张所于岭南，凡纲所规划军民之政一切废罢。太学生陈东、布衣欧阳澈先后上书请留纲，而罢潜善、伯彦。潜善言于帝，谓若不亟诛，将复鼓众伏阙。乃并杀二人。尚书右丞许翰请留纲，不许，谓所亲曰："吾与陈东皆争李纲者。东戮于市，吾在庙堂，可乎？"乃为东、澈著哀辞而入，上章求罢。诏以资政殿大学士，提举洞霄宫。窜李纲于鄂州，旋安置于万安军（今广东琼崖道万宁县）。

第二节　高宗之南奔　河南淮北之陷落

李纲既去，帝乃下诏："暂驻淮甸。捍御稍定，即还京阙。有敢妄议惑众阻巡幸者，许告而罪之。不告者斩。"宗泽上书力争，且陈汪、黄之罪，不听。是年十一月，帝如扬州。时两河虽多陷于金，而其民怀朝廷恩，所在结为红巾，出攻城邑，皆用建炎年号。及闻帝南幸，无不解体。

金人闻帝已南窜，遂起燕山等八路民兵，分三道南侵。左副元帅尼玛哈自云中下太行，由河阳渡河，攻河南。右副元帅鄂尔多（旧作讹里朵，汉名宗辅，太祖第九子，世宗父）与乌珠（旧作兀术，汉名宗弼，太祖第四子）自燕山南下，由沧州渡河，攻山东。洛索（旧作娄室）、萨里千（旧作撒离喝）由同州渡河，攻陕西，连破京西州郡，遂陷西京。次年（建炎二年）正月，乌珠侵东京。宗泽力战，屡破其兵。金人引去。泽上书请帝还京，不报。泽招抚河北群盗，悉降之。和州防御使马扩聚兵于真定五马山（在今保定道赞皇县东），得上皇子信王榛于民间，奉之以总制诸砦，两河遗民闻风响应。泽募兵储粮，召诸将约日渡河，诸将皆掩泣听命。泽乃上疏请帝还京（大略言："祖宗基业可惜，陛下父母兄弟蒙尘沙漠，日望救兵；西京陵寝为贼所占，今年寒食节未有祭享之地；而两河、二京、陕古、淮甸百万生灵陷于涂炭。乃欲南幸湖外。盖奸邪之臣一为贼肪方面之计，二为奸邪亲属皆已津置在南故也。今京城已增固，兵械已足备，人气已勇锐，望陛下毋阻万民敌忾之气，而循东晋既覆之辙"）。奏至，或言信王榛有渡河入汴之谋。是年五月，帝乃降诏择日还京，既而不果。

是时金兵大举深入，连破淮北、陕西州郡，诸将多败。诏御营统制韩世忠会宗泽以御金。泽以王彦为河北制置使，与诸将联合，分援河北京西，上书请帝还京为后继。自将诸军为前锋，恢复河北。疏入，黄潜善等忌泽成功，从中阻之。又以郭仲荀为东京副留守以备泽。泽忧忿成疾，疽发于背，是年七月卒。诏以杜充代之。充酷而无谋，悉反泽所为。于是豪杰离心，降盗聚城下者，复去剽掠矣。

殿中侍御史马伸还自湖南，上疏言黄潜善、汪伯彦不法十七事，乞速罢二人政柄，别选贤者。诏黜伸监濮州酒税。旋以潜善、伯彦为尚书左右仆射。时金兵横行，山东群盗蜂起。二人既无谋略，专权自恣。东京委之御史，南京委之留台，泗州委之郡守。言事者不纳其说，请兵者不以上闻。金兵日南，而潜善等以为群盗李成余党，无足虑者。

是时九月，金将鄂尔多袭破信王榛于五马山砦，尽陷两河州郡，进窥京东。陷济南、袭庆（今济宁道故衮州府）等府，前锋已至淮北。黄潜善、汪伯彦犹欲以和縻金。三年正月，河北制置使王彦入朝，见潜善、伯彦，力陈"两河忠义，延颈以望王师。愿因人心大举北伐"。言辞愤激。二人大怒，勒令致仕。是月，金尼玛哈陷徐州。御营统制韩世忠、江淮制置使刘光世（保安军人，今陕西榆林道保安县）将兵阻淮拒敌。相继不战而溃，尼玛哈遂渡淮，连陷淮东诸郡，趋扬州。帝闻警，率数骑驰至瓜洲（今江苏淮扬道江都县南大江北岸运河南口），得小舟渡江。时潜善、伯彦方率同列听浮屠克勤说法。堂吏大呼曰："驾已行矣。"二人相顾仓皇，乃戎服策马南驰。居民争门而出，死者相枕藉。帝奔镇江，遂如杭州。命签书枢密院事吕颐浩（其先乐陵人，徙齐州）守镇江，参赞御营军事张浚（汉州绵竹人，今四川西川道绵竹县，唐宰相九龄弟九皋之后）驻平江（今江苏吴县）。中丞张澂论二人大罪二十，致陛下蒙尘，天下怨怼。乃罢潜善知江宁府，伯彦知洪州。赠陈东、欧阳澈官，召马伸还朝。时伸已卒，诏赠直龙图阁。下诏罪己，求直言。赦死罪以下，放还士大夫被窜斥者。惟李纲不赦，更不放还。盖用黄潜善计，罪纲以谢金也。

第三节　苗刘之变　黄天荡之战

是年三月，扈从统制苗傅、刘正彦作乱，劫帝传位于皇子魏国公旉。请元祐太后孟氏临朝听政。吕颐浩、张浚、韩世忠会兵讨贼，诛傅正彦，奉帝复位。诏以颐浩为尚书右仆射，兼中书侍郎。寻升杭州为临安府，将定都焉。

已而尼玛哈、鄂尔多相继北还。乌珠复请于太宗，大起燕、云、河、朔兵南侵。是年七月，杜充以粮尽，弃东京，奔行在。诏以充为尚书右仆射，同平章事，兼江淮宣抚使，与韩世忠、刘光世分屯江东以备金。是年十月，乌珠分兵两路渡江，刘光世引兵遁南康（今江西浔阳道星子县），杜充以建康叛降于金。乌珠连破江东西州郡，进寇浙西。帝奔越州（今会稽，道故绍兴府），寻奔明州（今会稽道，故宁波府）。是年十一月，韩世忠自镇江退守江阴（今江苏苏常道江阴县），乌珠遂破临安，遣兵渡浙追帝，连破越州、明州等郡。帝航海走温州（今瓯海道，故温州府）。四年二月，乌珠大掠临安而北，韩世忠以舟师八千人，邀击之于黄天荡（在今金陵道江宁县东北，大江至此浸深广，横阔三十里），大破之，乌珠走建康。江淮统制岳飞以骑兵三百、步兵三千邀击之于新城（在今金陵道句容县北），大破之。建康不得达，乃复出江中。用闽人王姓计，以火箭焚世忠舟，世忠兵败，乌珠乃还江北。是役世忠以八千人拒乌珠十万之众，凡四十八日而败。然自是金人亦不敢复渡江矣。

第四节　富平之败　吴玠、吴璘之守蜀

帝之初复位也，张浚知枢密院事。浚谓中兴当自关陕始，虑金人或先入陕蜀，则东南不可保，因慷慨请行。诏以浚为川（成都、梓州、利州、夔州四路）、陕（永兴、鄜延、环庆、泾原、秦凤、熙河六路）、京（京西南北路）、湖（荆湖南北路）宣抚处置使，便宜黜陟。浚至兴元（今汉中道南郑县），以汉中形胜之地，乃开幕府于此。辟刘子羽参议军事，以赵开为随军转运使，专总四川财赋。曲端为都统制，治兵于兴元以图中原。乌珠之南侵也，洛索亦引兵自蒲（今山西永济县）、解（今山西解县）攻陕州。浚檄曲端以泾原兵援之。端不奉命。洛索既陷陕州，遂破潼关。曲端使泾原副总管吴玠（德顺军陇干人，与刘锜同县）拒战于彭原（今泾原道宁县，即故宁州），以众寡不敌，败绩。金人遂焚邠州。浚解端兵柄，安置于万安军。是时金兵萃于淮上。浚惧其复扰东南，谋牵制之。欲出兵分道由

同州（今山西大荔县）、鄜（今山西鄜县）、延（今陕西肤施县）以捣其虚。乌珠闻之，遂自江北引兵趋陕西，与洛索合兵入关。浚闻乌珠将至，檄召熙河刘锡、秦凤孙偓、泾原刘锜（德顺军人，今甘肃泾原道平凉县境内，故陇干城）、环庆赵哲四经略及吴玠之兵，合四十万人，马七万匹，以锡为都统制，迎敌决战。前军统制王彦谏曰："陕西兵将，上下之情未通。若不利，则五路俱失。不若且屯利阆兴洋以固根本。敌入境则檄五路之兵来援。万一不捷，未大失也。"吴玠、郭浩、刘子羽皆主固守。浚不从。是年九月，战于富平（今陕西关中道富平县），败绩。金人尽破泾原、环庆、熙河诸州郡。浚退军兴州（今汉中道略阳县）。遣吴玠守凤翔府之和尚原（在宝鸡县西南）以拒金。

玠至和尚原，积粟缮兵，列栅为死守计。金人屡遣偏师攻之，皆为玠所败。金人自起海角，狃于常胜。及与玠战，辄败。愤甚，谋必取玠。绍兴元年十月，乌珠会诸将率师十余万，进攻和尚原。玠与其弟璘，选劲弩射却之，伏兵断其粮道。乌珠粮尽引还，玠伏兵险要，奋击，大败之。乌珠中流矢，仅以身免。

玠还屯河池（今甘肃渭川道徽县），留璘守和尚原。金人欲窥蜀，以璘扼其冲，不得逞。乃思以奇兵取之。绍兴三年二月，遣将驻秦州，睨仙入关（在汉中道凤县西南），以缀吴玠。而令萨里干自商于直捣上津（今襄阳道郧县），攻金州（故兴安府，今汉中道）。镇抚使王彦逆战，败绩，退保石泉（今汉中道石泉县）。萨里干遂乘胜进攻兴元。知府事刘子羽告急于吴玠，玠自河池日夜驰三百里，至饶风关（在汉中道西乡县东北）。扼险拒守。萨里干悉力攻之，玠拒战六昼夜，金兵死者甚众。萨里干乃募死士，由间道绕出玠后，乘高以阚饶风。诸军不支，遂溃，萨里干遂破兴元。时梁洋积粟，已为子羽先期移尽。金人深入，馈饷不继。子羽、玠复腹背要击之，金兵引还。

是年十一月，金乌珠破和尚原，进攻仙人关。玠、璘内外夹击，大破之，乌珠知玠不可犯，还屯凤翔。授甲士屯田，为持久计。自是不复轻动矣。

第五节　伪齐之兴废

初，尼玛哈之南侵也，太宗谕之曰："俟宋平，当援立藩辅，如张邦昌者。"及河南已平，尼玛哈建议，立宋降臣故知济南府事刘豫为齐帝，世修子礼，奉金正朔，以河南陕西地与之。

建炎四年九月，豫僭号，都大名。绍兴二年，徙居汴。招降群盗李成等为将，使攻陷襄、邓等州。四年五月，朝廷以岳飞为荆南制置使，讨成等，大破之，恢复襄阳等六郡。九月，豫乞师于金，太宗命鄂尔多、乌珠与从弟达赍（旧作挞懒，盈格子）等援之。豫遣子麟侄猊，各将兵会金军南下。宰相赵鼎劝帝亲征，帝从之。御舟次平江，诏淮东宣抚使韩世忠进屯扬州。世忠大败金军于大仪（镇名，在今淮扬道江都县）。乌珠等不得志，又闻太宗疾笃，乃引还。麟、猊弃辎重遁。五年二月，帝还临安，遂定都焉。

是年正月，金太宗殂。太祖嫡孙亶立，是为熙宗。以太宗长子博勒郭（旧作蒲卢虎，汉名宗磐）为太师，太祖庶长子干布（旧作干本，汉名宗干）为太傅，尼玛哈为太保，并领三省事。绍兴七年六月，金尚书左丞高庆裔以赃下狱诛。尼玛哈素善庆裔，博勒郭忌尼玛哈，欲因挫之，多治其党羽，尼玛哈以忧卒。以达赍为左副元帅，乌珠为右副元帅，代主兵柄。

是时宋室境内，群盗蜂起。大者数十万，小者数万人。江（江南东西路）、淮（淮南东西路）、楚（荆湖南北路）、粤（广东东西路）率为盗薮。诸将分讨，随剿随起。绍兴元年，以岳飞为江淮招讨副使，韩世忠为福建江西荆湖宣抚副使，奉张俊（凤翔府成纪人，今甘肃渭川道天水县）、孟庚为帅、讨群盗，大破之，诸路渐平。时洞庭贼杨太最盛，诏飞移兵讨之。五年，飞招降其骁将，急攻水寨，太穷蹙赴水死，湖湘（谓洞庭湖及湘水之滨，即今湖南也）平。飞自襄阳北伐，屡破刘豫兵，上书请进兵恢复中原，不报。

初，刘豫因尼玛哈、高庆裔得立，故奉二人特厚，诸将多憾之。豫欲入寇，乞援于金。博勒郭当国，不许。而命乌珠提兵黎阳（今河北道浚县）以观衅。绍兴六年十月，豫金乡兵三十万，使子麟侄猊部将孔

彦舟等，分道寇淮西。诸将杨沂中（代州崞县人，今山西雁门道崞县）等大败
狪于藕塘（镇名，在淮泗道定远县东）。麟等走还。金人诘其状，始有废豫之
意。尼玛哈卒后，豫复乞师南侵。七年十一月，熙宗命达赉、乌珠伪
称南侵以袭汴，执豫，废为庶人，与家属徙临潢。凡僭号八年而亡。
韩世忠、岳飞上书，请乘进隙兵恢复中原，不报。

第十一章

秦桧之主和

政论之发达，政争之剧烈，为有宋一代特色。北宋中叶以后，士大夫以意气相竞，无智愚贤不肖，悉自投于党祸之中。其所竞争之目的物，则旧法新法是也。南宋建国以后，外患异常猛烈，士大夫移其对内之眼光以对外，复引起绝大政争。其所竞争之目的物，则和战是也。由来主和者多小人，主战者多君子，人皆知之。然夷考当时国情，宋与辽战则败，金与辽战则胜，此武力不如金者一；宋之根据地在浙江，气候温暖，物产丰饶，山川明媚，风景清佳，民气易流于文弱。金之根据地在满洲，气候寒冷，物产缺乏，山川凛冽，风景萧疏，民气多刚猛，富于冒险精神。又掠取黄河流域，乘高屋建瓴之势以窥东南，有居高临下之势。江若海有言："天下者，常山蛇势也。秦蜀为首，东南为尾，中原为脊。今以东南为首，安能起天下之脊哉？"此地势不如金者二；金之将相，皆由皇族出身，宗室王公人尽知兵，故政府与将帅行动常一致。宋之将相，文武分途。文臣多主和，武臣多主战。政府大臣与边方将帅，意见时常龃龉，政治上缺统一圆满之致。此政局不如金者三。准此以观，当时宰相秦桧之主和，固亦非择而取之，不得已也。然而当时书生，昧于世界大势，动以尊王攘夷之说动人。秦桧久居异国,略谙敌情。及其当国,排群议而主和。当时号称贤士大夫及后世主持清议者多唾骂之。然而设身处地,为当时谋国计,固亦未可厚非也。所可恨者,高宗庸懦,贪恋大位,畏难苟安。桧窥其隐衷,先意逢迎。故君臣相得,言听计从。议和以后,不乘此机会,卧薪尝胆,休养生息,练兵裕财,以为将来复仇计,而耽于宴乐,粉饰升平。凡有反对和议者,无论其人之人格如何,才力如何,皆窜之、逐之、诛之、戮之,而毫不爱惜。遂至杀岳飞,罢韩世忠、刘锜,逐张浚,逼杀赵鼎,自坏其万里长城而不悔。虽曰秦桧奸佞,排斥异己,抑亦高宗性情,怯懦忮忌,天然与君子相远、与小人相近阶之厉也。兹述其事迹如下。

第一节 和议之动机

宋自二帝北狩,中原沦陷,举国怨金人彻骨,思有以报之。而完彦氏国势方盛,群臣辑睦,士马精强。宋承累世积弱之余,兵气自馁。与金人遇,十战九败。高宗乏统御之才,朝议数动,国是不定。勇者浪战以挑强寇,懦者假和议以图苟安。是以封疆日蹙,敌人益张。帝之初即位也,数募人使金,名祈请使,称臣奉表,以求缓师,且请还二帝。金人不许,使者多被拘囚。建炎元年,朝奉郎王伦(莘县人)奉使问二帝起居。时尼玛哈等方大举南下,伦邀说百端,欲使其还二帝,归故地。尼玛哈不答,拘之云中。其后尼玛哈有许和意,绍兴二年,遣伦归国报命。适值朝廷方议讨刘豫,和议中格。

第二节 秦桧之进身

自黄潜善、汪伯彦去职,朱胜非、吕颐浩、范宗尹相继为宰相。虽数遣使于金,但且守且和。而专意与金人解仇息兵,则自秦桧(江宁人）始。桧在靖康年间，为御史中丞。金人破汴京，执桧从二帝北去。至燕，依金将达赉，达赉信之。及南侵，以为参谋军事，又以为随军转运使。建炎四年，达赉攻楚州，纵桧南旋。至越州，先见宰执。桧首言："如欲天下无事，须是南自南北自北。"范宗尹及权知三省枢密院事李回素与桧善，力荐其忠，拜礼部尚书。次年，绍兴元年宗尹免。诏以吕颐浩与桧为尚书左右仆射，同平章事，兼知枢密院事。桧欲专权，二年四月，讽帝出颐浩督师镇江，多引知名士布列清要以自助。给事中兼侍读胡安国，以当代名儒，出入禁闼。素闻游酢言桧贤，力言于帝。颐浩还京，憾桧排己，欲去之。问计于席益，益曰："目为党可也。今党魁胡安国在琐闼，宜先去之。"会颐浩荐朱胜非代己为都督。命下，安国奏"胜非正位冢司。值苗、刘肆逆，贪生苟容，辱逮君父。今强敌凭陵，叛臣不忌。用人得失，系国安危。深恐胜非上误大计"。帝为罢都督之命，改兼侍读，安国复持录黄不下。浩颐特命检正黄龟年书行，安国争之。是年八月，罢安国提举仙都观，桧三上章留之，不报。侍御史江跻、左司谏吴表臣论胜非不可用，安国不当责。于是与张焘、程瑀、胡世将、刘一止、林待聘、楼炤等二十余人，皆坐桧党落职。桧亦自求去。颐浩讽侍御史黄龟年劾桧专主和议，阻止国家恢复远图。且植党专权，渐不可长。乃罢桧相，仍榜朝堂，示不复用。先是范宗尹罢相，桧欲得其位，因扬言曰："我有二策，可耸动天下。"或问何不言，桧曰："今无相，不可行也。"帝闻而用之。桧欲以河北人还金，中原人还刘豫。帝曰："桧欲南人归南，北人归北。朕北人将安归？"桧语乃塞。至是诏以此意播告中外，人始知桧之奸。

是年九月，以朱胜非为尚书右仆射，同平章事，兼知枢密院事。颐浩、胜非俱不满意于张浚，乃以王似为川陕宣抚处置副使。召浚还行在，罢其兵柄，居之福州。三年九月，颐浩免。四年三月，以赵鼎（解州闻喜人，今山西河东道闻喜县）参知政事。会刘豫与金人联兵入寇，胜非力求去。是年九月，罢胜非，以鼎为尚书右仆射，同平章事，兼知枢密院事。金兵日迫，群臣劝帝他幸，散百司以避之。鼎曰："战而不捷，去未晚也。"帝以为然，遂议亲征。史馆校勘喻樗谓鼎曰："六龙临江，兵气百倍。然公自度此举果出万全乎？抑姑试一掷也。"鼎曰：
"中国累年退避不振，敌情益骄，义不可更屈。故赞上行耳。"榰曰：
"然则当思归路耳。张德远有重望，若使宣抚江淮荆浙福建，俾以诸
道兵赴阙，则其来路即朝廷归路也。"鼎然之，入言于帝。遣使召浚
于福州，拜知枢密院事，使视师江上。鼎奉帝亲征，次于平江。诸大
将韩世忠、岳飞等屡破金兵。金人闻浚至，乃引还。五年二月，帝还
临安，以鼎、浚为尚书左右仆射，并同平章事，兼知枢密院事，都督
诸路军马。浚常处外，与诸大将联络，经略中原。六年十二月，罢鼎
知绍兴府，于是浚遂独相。

秦桧自被斥后，会与金议和，稍复其官。又以张浚荐，授醴泉观
使，兼侍读。绍兴六年，刘豫遣兵入寇，帝自将幸平江，为诸将声
援。濒行，以桧为行营留守，参决尚书省枢密院事。七年，授枢密
使。于是桧复入政府。是年八月，淮西副统制郦琼杀都督府参议军
事吕祉，拥众叛降刘豫。张浚自以措置乖方，引咎辞职。帝问谁可代
者，且曰："秦桧何如？"浚曰："近与共事，方知其暗。"帝曰："然
则用赵鼎耳。"乃罢浚，而以鼎为尚书左仆射，同平章事，兼枢密使。

是年闰十月，金人废刘豫。是时王伦复奉使如金，金人遣伦还。
许还徽宗帝后梓宫及帝生母韦太后，且许归河南地。帝大喜，复使伦
如金，奉迎梓宫。

初，张浚常与赵鼎论人才，浚极称桧善。鼎曰："此人得志，吾
辈无所措足矣。"及鼎再相，桧在枢密，一惟鼎言是从。鼎由是深信
之，言桧可在任于帝。八年三月，复以桧为尚书右仆射，同平章事，
兼枢密使，与鼎并相。制下，朝士相贺，独吏部侍郎晏敦复有忧色
曰："奸人相矣。"闻者皆以其言为过。

第三节 王伦之议和

是年五月，王伦偕金使来，许还河南、陕西地。秦桧复请遣伦如
金，定和议。左正言辛次膺上书力谏，不报。

参知政事刘大中，与赵鼎不主和议，秦桧忌之，荐萧振为侍御史，劾大中，罢之。帝意不乐鼎，给事中勾涛因诋鼎结台谏及诸将，鼎引疾求退。是年十月，罢鼎知绍兴府。鼎入辞，言于帝曰："臣去后，必有以孝悌之说胁制陛下者。"将行，桧率执政饯之。鼎不为礼，一揖而去。桧益憾之。桧知帝意不移，始出文字，乞决和议。引勾龙如渊为御史中丞，相与排斥异议者，稍稍逐之。

是月，金以张通古为江南诏谕使，来言归河南陕西地。至临安，要帝待以客礼。诏秦桧摄冢宰，诣馆受书。礼部侍郎兼直学士院曾开当草国书，辨视体制非是，论之，不听。遂请罢，改兼侍读。于是开与从官张焘、晏敦复等二十人，皆上书极言不可和。枢密院编修官胡铨抗疏，请诛王伦、秦桧及参政孙近。桧以铨狂妄凶悖，鼓众挟持，贬铨监广州都盐仓。枢密副使王庶（庆阳人）力言金不可和，诏罢庶知潭州。故相李纲时在福州，张浚在永州，皆上疏力争，不报。淮东京东宣抚使韩世忠、湖北京西宣抚使岳飞亦先后上疏力争，亦不报。

九年三月，金人来归河南陕西地。诏以王伦为东京留守，交割地界。遣判大宗正寺事士㒟、兵部侍郎张焘，诣河南修奉陵寝。自永昌（宋太祖陵）而下，皆遇发掘，而哲宗陵至暴露。焘还临安，上奏曰："金人之祸，上及山陵。虽殄灭之，未足以雪此耻复此仇也。必不可恃和盟而忘复仇之大事。"帝问诸陵寝如何，焘不对，惟言"万世不可忘此贼"。帝默然。秦桧患之，出焘知成都府。权吏部尚书晏敦复力诋和议之非，黜知衢州。

第四节　金人之败盟　顺昌之捷　郾城之捷

初，刘豫之废也，金左副元帅达赉还自河南，请以废齐之地与宋。太师领三省事博勒郭、左丞相额尔衮（旧作讹鲁观）皆以为然。太傅领三省事干布争之，不听。九年七月，博勒郭、额尔衮、达赉相继以谋反诛。右副兀帅乌珠言于金熙宗，谓"达赉等主张割地与宋，必有阴谋。今宋使在汴，勿令逾境"。王伦在汴，闻其言，乃解留钥授新任留守孟庚，自将使指诣金议事。行至中山，金人执之。

是时秦桧议撤淮南守备，夺诸将兵权。参知政事李光极言"戎狄狼子野心。和不可恃，备不可撤"。复折桧于帝前曰："观桧之意，是欲壅蔽陛下耳目，盗弄国权，怀奸误国。不可不察。"桧大怒。是年十二月，出光知绍兴府，旋改提举洞霄宫。

绍兴十年五月，乌珠、萨里干等分道入寇，复陷河南、陕西州郡。陕西都统制吴璘击败萨里干于扶风（今关中道扶风县），田晟破其兵于泾州，萨里干走凤翔。东京副留守刘锜率所部八字军赴任。至顺昌（今淮泗道阜阳县，即故颍州府），遇乌珠前锋，击破之。乌珠大怒，自引兵十万来攻。锜激厉士卒，以寡敌众，大败之。乌珠走还汴，湖北京西宣抚使岳飞遣部将李宝、牛皋等，连败金兵于京西。自引大兵长驱深入，收复河南州郡，败乌珠于郾城（今开封道郾城县），追至朱仙镇（在今开封道开封县城南），大破之。遣使修治诸陵。两河豪杰，往往举兵遥应飞。父老百姓，争挽车牵牛，载糗粮以馈军。自燕以南，金人号令不行。乌珠欲金乡军以抗飞，河北无一人应者。金人多不能制其下，皆密受飞旗榜，陆续来降。飞大喜，谕其下曰："当直抵黄龙府，与诸君痛饮尔。"方指日渡河。而秦桧欲画淮以北与金和，讽台臣请班师。飞上书力争。桧知飞志锐不可回，乃先请诸将张浚、杨沂中归，而后上言飞孤军难久留。飞一日奉十二金字牌，乃惋愤泣下曰："十年之功，废于一旦。"乃自郾城引兵还，所得州郡复陷。次年（绍兴十一年），乌珠复大举南寇，破寿春，入庐州。杨沂中、刘锜败之于囊皋（镇名，在今安庆道巢县西北），遂复庐州。

秦桧力主和议，恐诸将难制，欲尽收其兵权。给事中范同（建康人）献计于桧，请除淮东宣抚使韩世忠、淮西宣抚使张俊、湖北京西宣抚使岳飞枢府，则兵柄自解。桧喜，奏请征三大将入朝，以世忠、俊为枢密使，飞为副使。旋罢三宣抚司，以其兵隶御前。解刘锜兵柄，命知荆南府。进桧尚书左仆射，以同参知政事。

第五节 岳飞之狱

岳飞素以恢复为己任，不肯附和议。刘豫之南寇也，飞败其兵于唐州（今汝阳道唐县），恢复河南西部州郡。上书请进兵恢复中原，帝不许，飞乃还鄂。绍兴七年，飞上书，谓"钱塘僻在海隅，非用武地。愿建都上游，亲率六军往来督战，庶将士知圣意所向，人人用命"。不报。刘豫之废也，飞奏："乘废豫之际，捣其不备，长驱以取中原。"不报。和议之成也。飞上言："金人不可信，和好不可恃，相臣谋国不臧，恐贻后世讥。"秦桧衔之，及赦文至鄂，飞又上疏力陈和议之非，至有"愿定谋于全胜，期收地于两河。唾手燕云，终欲复仇而报国；誓心天地，尚令稽首以称藩"之语。桧益怒，遂成仇隙。和议成，例加爵赏。飞加开府，仪同三司，力辞，言"今日之事，可危而不可安，可忧而不可贺。可训兵饬士，谨备不虞。而不可论功行赏，取笑敌人"。三诏，不受。帝温言奖谕之，飞不得已，受命。士俛、张焘诣河南修奉陵寝，飞请以轻骑从洒扫，实欲观衅以伐谋。桧忌飞成功，白帝不许。郾城之捷，乌珠大恐，欲弃汴北走。有书生扣马曰："太子毋走，岳少保且退矣。自古未有权臣在内，而大将能立功于外者。岳少保身且不免，况欲成功乎！"乌珠悟，遂留不去。飞还至鄂，力请解兵柄。不许。乌珠遗桧书曰："汝朝夕以和请，岳飞方为河北图。必杀飞，始可和。"桧亦以飞不死，终梗和议，己必及祸，遂讽中丞何铸（余杭人）、侍御史罗汝楫、谏议大夫万俟卨（开封阳武县人）交章论飞。罢为万寿观使，奉朝请。

张俊素忌飞。桧与俊谋，诬飞部将张宪谋据襄阳，还飞兵柄。逮宪至临安，矫诏下飞及其子云于大理寺狱。命何铸与大理卿周三畏鞫之。铸察其冤，白桧。桧曰："此上意也。"铸曰："铸岂区区为岳飞者。强敌未灭，无故戮一大将，失士卒心，非社稷之长计。"桧语塞，乃改命万俟卨。大理寺卿薛仁辅、寺丞李若朴、何彦猷皆言飞无辜。判宗正寺事齐安王士俛请以百口保飞无他，且曰："中原未靖，祸及忠义，是忘二圣，不欲复中原也。"皆不听。韩世忠心不平，诣桧诘其实。桧曰："飞子云与张宪书虽不明，其事莫须有。"世忠曰："莫须有三字，何以服天下也！"

十一年十月，以魏良臣为金国禀议使，奉表请和于金。韩世忠深以和议为不然，抗疏言秦桧误国之罪。桧讽言官论之，罢为醴泉观使，家居十年而卒。

是年十一月，乌珠遣使与魏良臣偕来。议以淮水为界，京西割唐、邓二州，陕西割商秦之半，及陇西成纪余地。弃和尚、方山二原，以大散关（在今陕西关中道宝鸡县西南）为界。岁贡银绢各二十五万，仍许归梓宫太后。帝悉从其请。以何铸签书枢密院事，奉表称臣于金。

十二月，秦桧使人杀岳飞于大理狱。云与张宪皆弃市。幕属于鹏等从坐者六人。籍飞家赀，徙之岭南。薛仁辅、李若朴、何彦猷皆免官。放齐安王士㒟于建州，卒于配所。布衣刘允升上书讼飞冤，下大理狱死。凡傅成其狱者皆进秩。何铸还自金，桧恨其不傅会岳飞之狱，讽万俟卨论其过，责授秘书少监，安置徽州。

初，知商州（今陕西关中道商县）邵隆在州十年，披荆榛瓦砾以为治，招徕流散，屡破金兵。值和议成，割商与金，隆常怏怏。徙知金州。尝以兵出虏境，秦桧恨之，徙知叙州（今四川永宁道宜宾县，即故叙州府），阴使人鸩杀之。

十二年，金遣使来。以衮冕册帝为大宋皇帝。归徽宗、郑太后及皇后邢氏之丧，送帝生母韦太后还临安。自是两国信使往来不绝。诏加秦桧太师，封魏国公，旋进封秦魏两国公。桧以封两国与蔡京同，辞不拜。

和议已成，秦桧自以为功。惟恐人议己，起文字之狱，以倾陷善类。附势干进之徒，承望风旨，有一言一句稍涉忌讳者，无不争先告讦。异议之人如赵鼎、张浚等，贬窜殆尽。揽权十有八年，高宗仰成而已。尝书赵鼎、李光、胡铨三人姓名于阁，必欲杀之。鼎已窜死于海南，而憾不已。二十五年八月，下鼎子汾狱。使汾自诬与张浚、李光、胡铨、胡寅等五十三人谋大逆，将骈诛之。十月，桧病死，始得免。

第十二章

海陵王之南侵

秦桧排群议而主和，为清议所不与。而意外所得之良结果有二：其直接之结果，则宋之士民，休养二十年，文化因而大进；其间接之结果，则金之君臣，狃于和平，渐染中国文化，以减杀其武力是也。兹述其事迹如下。

第一节　完颜亮之弑逆

金熙宗之初即位也，博勒郭、干布、尼玛哈握政柄，乌珠、达赉主兵柄，国势甚强。既而尼玛哈卒。博勒郭、达赉相继以谋反诛。干布、乌珠为将相，虽国家多故，而吏清政简，百姓乐业。既而干布、乌珠相继卒，皇后费摩氏（旧作裴满氏）干政。熙宗为后所制，内不能平。因纵酒自遣，屡酗怒杀从臣。干布子亮为平章政事，为人悍急猜忌，残忍任数。自以与熙宗同为太祖之孙，常怀觊望。明安（官名，犹清八旗之都统）萧裕附和之，遂谋篡位。绍兴十九年十月，亮谮杀皇弟胙王常胜及札拉（旧作查剌）。帝积怒于后，亦并杀之。十二月，亮作乱。弑帝而自立，是为废帝。

亮即位后，残忍暴虐。杀太宗子孙七十余人，尼玛哈子孙三十余人，诸宗室五十余人，太宗及尼玛哈后皆绝。又杀左副元帅萨里干等，夷其族。复杀舍音子孙百数十人、宋辽宗室百三十余人。宗室被杀者，纳其妇女为妃妾，诸从姊妹充满后宫。荒秽淫乱，无复人理。复欲灭宋，开一统之业。尝因遣使，密隐画工，俾写临安湖山以归。题诗其上，有“立马吴山第一峰”之句（原诗曰：万里车书盍混同，江南岂有别疆封？提兵百万西湖上，立马吴山第一峰）。绍兴二十三年三月，迁都于燕。二十九年二月。籍诸路女真契丹奚人，凡二十四万。又金中都南都中原渤海丁壮，凡二十七万，皆令为兵。虽亲老丁多，亦不许留侍。三十一年七月，大括民马，令户自养以俟，营汴宫徙居之。

第二节 采石之战

是年九月，率师六十万，大举南侵。嫡母图克坦太后谏，亮弑之以威众。是时诸宿将已零落殆尽，朝廷以吴璘为四川宣抚使，起刘锜为江淮浙西制置使，屯扬州以拒金。是年十月，亮前锋渡淮。锜进军楚州（今淮扬道，故淮安府）以拒之。都统制王权措置制西，违锜节制，兵溃于昭关。亮遂入庐州。权退保和州。锜闻警，引还扬州。金分兵陷真州（今江苏淮扬道仪征县）。扬州不能守。锜退屯瓜洲，金人来追。锜拒战于皂角林（在今淮扬道江都县城南），大破之。

是时陈康伯为首相，奉帝亲征。以知枢密院事叶义问督视江淮军马，中书舍人虞允文参赞军事。时刘锜病甚，求解兵柄，留其侄中军统制汜塞瓜洲，诏锜还镇江。于是两淮之地皆失。十一月，叶义问至镇江，见锜病剧，以都统制李横权总锜军，与汜渡江击金兵，败绩。横、汜仅以身免，义问走建康。

是时亮已破和州，王权退屯采石（矶名，在今安徽芜湖道当涂县西北二十里牛渚山下突入江之处），朝廷罢权，以李显忠代之，命虞允文往犒师。时权已去，显忠未来。军士三五星散，解鞍束甲，毫无斗志。亮自引大兵济江，直趋采石。允文见势危急，遂立召诸将，勉以忠义，督率军士迎敌。列大阵不动，分戈船为五以待金兵。敌船大至，官军以海鳅船冲沉之。敌半死半战，日暮未退。会有溃卒自光州至，允文授以旗鼓，从山后转出。敌疑援兵至，始遁。允文命劲弩尾击追射，大破之。亮退趋扬州。会闻从弟曹国公乌噜（旧作乌禄）已自立于辽阳，乃召诸将约以三日济江，否则尽杀之。诸将骇惧，共推浙西都统制耶律元宜为主，举兵弑亮。遣人持檄诣镇江军议和，遂引军北还。亮在位十二年而亡，金廷追废亮为海陵炀王。

第三节　符离之溃

曹国公乌噜者，金太祖之孙，许王鄂尔多之子，亮之从弟也。性仁孝沉静，众心归之。初封葛王，为济南尹。妃乌凌葛氏仪容整肃，废帝亮悦而召之，妃虑不行则王必及祸，及奉诏而行，中途自杀。后转东京留守，例降封为国公。废帝亮之南侵也，明安完颜福寿、总管默音、穆昆（官名，犹清八旗之佐领）金柱等，率众二万余人，亡归辽阳，奉乌噜即位，是为世宗。下诏暴扬亮罪恶。亮遇弑后，刘锜旋卒。朝廷以成闵（邢州人，今直隶大名道邢台县）、李显忠（绥德军青涧人，今陕西榆林道清涧县）、吴拱为淮东、淮西、京湖三路招讨使，与吴璘等分路北伐，恢复两淮州郡与唐、邓、海、泗及陕西十三州（河原、秦、陇、洮、环、巩、熙、河、兰、商、虢、陕、华）。中原豪杰，多起兵据地应宋。次年（绍兴三十二年，西历纪元一一六二年），金世宗下诏，罢南征之兵，遣使来修好，朝廷报书用敌国礼。

是时帝年已高，还京以后，亟欲内禅。是年六月，传位于太子眘（音慎），是为孝宗，尊帝为太上皇帝。孝宗旧名伯琮，本秦王德芳六世孙，秀安懿王子称之子也。初，太祖以国授太宗，约兄弟相传，仍及于其子。太宗背之，而自传其子孙。至徽宗时，独推濮王后裔以为近属。太祖之后皆零落，仅同庶民。汴京陷时，太宗子孙皆为金人所虏。徽宗之子九人，惟余高宗。高宗早丧太子旉，后竟无子。高宗选太祖后，得伯琮，养于宫中，称皇子，封建王，更名玮。遂立为皇太子，更名眘，遂即位。

孝宗性英果，即位以后，锐意恢复。起张浚于废籍，拜为江淮宣抚使。次年（隆兴元年）正月，授枢密使，都督江淮军马，开府建康。金世宗以朝廷不肯称臣，乃命仆散忠义为都元帅，赴南京节制诸军，纥石烈志宁为副元帅，驻军淮阳（今开封道淮阳县，即故陈州府）。谕以"宋若归侵疆，贡礼如故，则可罢兵"。忠义聚兵十万于河南，声言规取两淮。志宁以书抵浚，欲凡事一依熙宗以来故约。且遣将分屯灵璧（县名，旧属凤阳府，今属淮泗道）、虹县（县名，今淮泗道泗县），积粮修城，为南攻计。是年四月，浚遣李显忠、邵宏渊分道北伐。显忠破金偏师，复灵璧。遂会宏渊复虹县，进克宿州（今淮泗道宿县）。志宁引兵来攻，显忠以所部力战。宏渊嫉显忠功，按兵不动，日以浮言摇惑军心。显忠击金前锋，破之。宏渊先引所部退，诸将皆遁。显忠不得已，引还。至符离（今宿县符离集），军溃，死者甚众。浚上书自劾，朝廷贬浚官。复以秦桧党汤思退（处州人）为相。思退主和，二年七月，尽撤两淮边备。金兵复渡淮，陷楚州，进逼扬州。朝廷以杨存中（即沂中改名）都督江淮军马。罢思退，复以陈康伯为相，遣使与金议和。

先是两国遗书，用君臣之礼。金曰下诏，宋曰奉表。大宋去大字，皇帝去皇字。金使来廷，则皇帝起立，问金主起居，降坐受诏。馆伴之属，皆拜金使。朝使至金，自同陪臣。孝宗遣淮西安抚斡办官卢仲贤、金国通问所审议官胡昉、宗正少卿魏杞等，前后三次，使金议和约。始改为叔侄之国，得称皇帝。改诏表为国书，易岁贡为岁币。减银绢各五万（各二十万两匹）。地界如熙宗之时。而余礼竟不能尽改。孝宗屡请改受书仪，且还河南陵寝地。世宗不许。

第四节　金世宗、宋孝宗之治

世宗贤明仁恕，金人号为小尧舜。龙潜时，夫人乌凌噶氏守节而死，世宗追册曰昭德皇后，终身不立后。雅尚俭素，宫中之饰，不用黄金。或有兴造，即捐宫人岁费以充之。诚宗戚当务俭约，无忘祖宗艰难。尝谓从官曰："女真旧风最为纯直。汝等当习学之，不可忘也。"遂禁女真人学南人之衣饰。命学士以女真字译经史，令京府设学养士。又建女真太学。宋钦宗卒于海陵末年，世宗葬以一品礼。宋辽宗室死者，皆葬之巩洛（今河洛道巩县西南洛水上，宋诸陵在焉）、广宁（府名，属北京路，辽诸陵所在，今辽宁辽沈道北镇县，即故锦州府广宁县）旧陵。最用心民治、慎守令之选，严廉察之责、罢诸关征，去金银坑冶之税，不禁民采。群臣守职，上下相安。刑部断死罪，至岁或十七人。在位二十八年，民富国强，夷藩宾服。金史所载《嘉谟懿训》甚详，较《贞观政要》更多数倍。

孝宗英明，尝有报金之志。值北方隆盛之运，无衅可乘而止。然金人易宋之心，寖异前时，南北讲和，各治其国，生民由此暂得休息。孝宗以远族入继大统，事高宗孝养备至。淳熙十四年九月，高宗崩，哀慕忧切。欲退终丧制，乃议内禅。十六年（西历纪元一一八九年）二月，帝传位于太子。太子惇即位，是为光宗。尊孝宗为寿皇圣帝，凡在位二十七年。

第十三章

伪学之禁

　　政争之剧烈，党祸之频繁，为有宋一代特色。政治上有党祸，学术上亦有党祸。学术上之党祸，时常随政治上之党祸为转移。政治上占优胜地位者，其学术常为社会所尊崇。政治上居劣败地位者，其学术常为社会所鄙弃。以政治上之实力左右学术，崇拜其人者，并其学术而提倡之；鄙夷其人者，并其学术而禁锢之。此种局面，实创始于宋，前此所未闻也。北宋政治上之党祸，始于王安石之创行新法，终于蔡京之排斥正人，而北宋以亡。南宋政治上之党祸，始于汪、黄之反对李纲、宗泽，甚于秦桧之谋害赵鼎、张浚、岳飞。而南宋以弱，学术上之党祸，始于蔡京排斥元祐诸贤，禁其学说，甚于秦桧之禁绝程学。及韩侂胄当国，反对朱子，并其门人与私淑弟子一同禁锢之，号为伪学，而其祸极矣。盖权相最不满意于清议。书生好持正论，动辄招权相之忌，目为朋党。只能排斥政界诸人，学界之莘莘士子无恙，其主持清议自若也。惟称以伪学，则教育家、著述家、研究家，胥在朝在野，皆包括于其内，而一网打尽矣。兹述其事迹如下。

第一节　伪学之禁以前，王学派与程学派之倾轧

初，神宗笃意儒学，从王安石议，罢诗赋及明经诸科，专以经义论策试士。增修太学。安石与其子雱及吕惠卿训释《诗书》《周礼》，颁于学官，号曰三经新义。主司纯用以取士，先儒传注一切废弃。是为以国力推行王学之始。又罢《春秋》不列于学官。安石又以字学久不讲，作字说以进。多穿凿附会，糅杂佛老。

哲宗元祐中，旧党内阁成立，罢新法。立十科取士法，置春秋博士。禁科举引用字说及佛老之书。解经参用诸儒学说，毋得专取王氏。又复诗赋，与经义并行，立为两科。于是王氏学说受一打击。

绍述之论起，罢十科举士法。诏进士罢诗赋，专习经义。除字说之禁，复废春秋科。国子监请以安石所撰字说洪范传，及王雱论语孟子义，刊板传学者。学校学子之文靡然从之，于是王学复盛。

徽宗崇宁中，再倡诏述。蔡京当国，罪状元祐诸贤，谓之奸党。禁其学术。毁范祖禹、唐鉴及三苏、黄庭坚、秦观文集。言者谓故直秘阁程颐邪说波行，惑乱众听。而尹焞、张绎为之羽翼，诏河南府悉逐学徒。其所著书，令监严危加觉察。是为以国力排斥程学之始。寻以安石配享孔子，位次孟子，追封舒王。子雱为临川伯，从祀孔庙。宣和中，再禁元祐学术。举人传习者以违制论。闽人印造司马光等文集，诏毁其版。有收藏习用苏、黄之文者，并令焚毁。犯者以大不恭论。

靖康难起，始除元祐党籍学术之禁。复置春秋博士，禁用王氏字说。国子祭酒杨时上书，谓"安石著为邪说，以涂学者耳目，败坏其心术。伏望追夺王爵，明诏中外，毁去配享之像，使邪说淫辞不为学者之惑"。诏罢安石配享，降居从祀之列。于是王氏学说又受一次打击。是时诸生习用王氏学以取科第者已数十年，忽闻杨时目为邪说，群论籍籍。御史中丞陈过庭、谏议大夫冯澥上疏诋时。诏罢时祭酒，改给事中。时力辞，遂以徽猷阁待制致仕。

高宗即位，科举兼用经义诗赋，复十科取士法。是时王学、程学并行于朝野。而程门诸子杨时、尹焞等为世所重。吏部员外郎陈公辅

不喜专门之学,上疏言:"安石政事坏人才,学术坏人心。三经字说,诋诬圣人。破碎大道,非一端也。《春秋》正名分,定褒贬,俾乱臣贼子惧。安石使学者不治《春秋》。《史》《汉》载成败安危存亡理乱,为世龟鉴。安石使学者不读《史》《汉》,扬雄不死王莽之篡,而著剧秦美新之文。安石乃曰合于孔子无可无不可之义。冯道事四姓八君,安石乃曰:'善避难以存身。使公卿皆师安石之言,宜其无气节忠义也。'"疏入,帝大喜,授左司谏。公辅复上书,言:"今世取程颐之说,谓之伊川之学。相率从之,倡为大言。谓尧舜文武之道传之仲尼,仲尼传之孟轲,孟轲传之颐,颐死遂无传焉。狂言怪语,淫说鄙论,曰此伊川之文也。幅巾大袖,高视阔步,曰此伊川之行也。师伊川之文,行伊川之行,则为贤士大夫。舍此皆非也。乞禁止之。"遂诏:"士大夫之学,宜以孔孟为师。庶几言行相称,可济时用。"时方召尹焞为崇政殿说书,胡安国提举万寿观兼侍读。安国闻公辅乞禁程氏学,乃上疏言:"孔孟之道不传久矣,自颐兄弟始发明之,然后知其可学而至。今使学者师孔孟,而禁从颐学,是入室而不由户也。夫颐于易、因理以明象,而知体用之一原。于《春秋》见于行事,而知圣人之大用。诸经语孟,皆发其微旨,而知其入德之方。则狂言怪语,岂其文哉。孝弟显于家,忠诚动于乡,非其道义,一介不以取与,则高视阔步,岂其行哉。自嘉祐以来,西都有邵雍、程颢及其弟颐,关中有张载,皆以道德名世。著书立言,公卿大夫所钦慕而师尊之。及王安石、蔡京等曲加排抑,故其道不行。望下礼官,讨论故事。加以封爵,载在祀典。仍诏馆阁搜其遗书,羽翼六经。使邪说者不得作,而道术定矣。"疏入,公辅与中丞周秘、侍御史石公揆交章论安国学术颇僻,除知永州。安国辞不就,旋以尹焞提举万寿观,兼侍讲。焞焞不拜。

和议既定,诏诸州修学官。又建太学,养士七百人。别立宗学以教诸宗子,盖秦桧以之粉饰太平也。桧恶士论不服己,力摈正人。右正言何若希桧旨,上书指程颐、张载遗书为专门曲学,请戒内外师儒之官,力加禁绝,桧从之。自是程学为世大禁者十余年。及桧死,始解。

第二节　道学之禁

自程颢、程颐学于周敦颐，自谓传孔孟千载之学。其门人杨时传之罗从彦，从彦传之李侗。朱熹师侗，其书大要格物以致其知，反躬以养其性，而以居敬为主，盖本于二程之说，而发挥光大之，故尤有盛名。流俗丑正多不便之，遂有道学之目，阴以攻诋。孝宗即位，熹应诏上书陈时政得失。宰相汤思退主和议，不悦熹。除武学博士，旋罢归。陈俊卿、刘琪、梁克家秉政，屡荐熹，授枢密院编修官，辞不就。淳熙三年（孝宗十四年），召熹为秘书郎，复力辞不至。史浩秉政，荐熹知南康军（今江西浔阳道星子县）。再辞，不许，乃就职。值岁不登，讲求荒政，多所全活。五年，侍御史谢廓然请禁有司毋以程颐、王安石之说取士。秘书郎赵彦中复上疏排斥洛学，帝从之。七年，以熹提举江西常平茶盐。八年，浙东大饥。宰相王淮荐熹，改提举浙东常平茶盐，熹单车之任。凡政有不便于民者，悉厘革之。郡县官吏惮其风采，至自引去，所部肃然。行部至台州（今浙江会稽道临海县），知州唐仲友为其民所讼。熹按得其实，上疏劾之。而仲友与王淮同里（浙江金华人），且为姻家，已除江西提刑，未行而熹论之。淮匿其章不以闻，熹论益力，章前后六上。淮不得已，九年九月，夺仲友江西新命以与熹。熹辞不拜。淮深怨熹，欲阻其进用。十年六月，吏部尚书郑丙、监察御史陈贾希淮旨，请禁道学。帝从之。由是学道之名贻祸于世。直学士院尤袤言于帝曰："道学者，尧舜所以帝，禹汤文武所以王，周公孔孟所以设教，近îz此名诋訾士君子。故临财不苟得，所谓廉介；安贫守道，所谓恬退；择言顾行，所谓践履；行已有耻，所谓名节；皆目之为道学。此名一立，贤人君子欲自见于世，一举足且入其中，俱无得免。此岂盛世所宜有，愿循名责实，听言观行，人情庶不怀于疑似。"帝不能从。

十五年，王淮罢。右丞相周必大荐熹，征入奏事。或要于路曰："正心诚意之论，上所厌闻。慎勿复言。"熹曰："平生所学惟此四字，岂可隐默以欺吾君乎。"及入对，除兵部郎官。兵部侍郎林栗论"熹本无学术，徒窃张载、程颐之绪余。为浮诞宗主，谓之学道。绳以治世之法，则乱人之首也"。帝不悦，出熹为江西提刑。周必大与左补阙薛叔似、太常博士叶适皆上书代熹剖辨。侍御史胡晋臣复上疏劾栗："喜同恶异，无事而指学者为党。"乃出栗知泉州（今福建厦门道晋江县），熹亦力辞不拜。

光宗即位，殿中侍御史刘光祖上疏，乞禁讥议道学者。是年，廷试举人。婺州进士王介策亦言："今之所谓道学者，即世之君子正人也。君子正人之名不可逐，故设为此名，一网去之。圣明在上，而天下以道学为讳，将何以立国哉？"帝嘉叹，擢为第三。由是道学之讥少阻。绍熙四年，以熹知潭州（今湖南湘江道长沙县）。

第三节　光宗之内禅　韩侂胄之进身

光宗皇后李氏者，庆远节度使道之女。高宗时，光宗封恭王，聘为妃，生嘉王扩。后性妒悍，常诉帝左右于高宗及寿皇。高宗不怿，寿皇亦屡训敕，后深以为憾。及帝即位，后恣横弥甚。常因内宴，请立嘉王扩为太子。寿皇不许。后曰："妾，六礼所聘。嘉王妾亲生也，何为不可？"寿皇大怒，后退持嘉王泣诉于帝，谓寿皇有废立意。帝惑之，遂不朝寿皇。后又以黄贵妃有宠，因帝祭太庙，宿齐宫，阴杀贵妃，以暴卒闻。翌日，合祭天地，风雨大作，黄坛烛尽灭，不能成礼而罢。帝悲哀震惧，遂成心疾，多不视朝，政事多决于后。

绍熙五年（光宗五年、西历纪元一一九四年）正月，寿皇寝疾。群臣请帝省视，不报，而与后幸玉津园。六月，寿皇崩，帝称疾不出治丧。丞相留正请立嘉王扩为太子，代行丧礼，不许。知枢密院事赵汝愚密建内禅之意，遣知阁门事韩侂胄入奏太皇太后吴氏（高宗后，侂胄琦五世孙，太后女弟之子也），请太皇太后垂帘，引嘉王扩入即位，是为宁宗。尊光宗为太上皇帝，立侂胄从女韩氏为皇后。侂胄欲推定策功，汝愚曰："吾宗臣，汝外戚也。何可以言功？"乃加侂胄汝州防御使，侂胄大失望。然以传导诏旨，寝见亲幸，时时乘间窃弄威福。

第四节 伪学之禁 朱熹之免官 赵汝愚之冤死 吕祖俭、蔡元定、吕祖泰之远窜

先是帝在嘉王府时，翊善黄裳，直讲彭龟年数称道朱熹之贤，帝心向慕之。至是赵汝愚首荐熹，乃召为焕章阁待制，兼侍讲。是时韩侂胄寖谋预政，留正每裁抑之。侂胄怒，间之于帝，罢正知建康府（今江苏江宁县）。引其党刘德秀、刘三杰等居言路，相与排斥正人。右正言黄度将上疏论之，侂胄觉其意，出度知平江府（今江苏吴县）朱熹忧其害政，每因进对，为帝剀切言之。侂胄怒，使优人峨冠阔袖，象大儒，戏于帝前。因乘间言熹不可用。罢熹经筵。赵汝愚廷诤，帝不省。中书舍人陈傅良封还录黄，起居郎刘光祖、起居舍人邓驲、御史吴猎、吏部侍郎孙逢吉、监登闻鼓院游仲鸿交章留熹，皆不报。傅良、光祖亦坐罢，旋进侂胄枢密都承旨。侍讲彭龟年条奏其奸，请去之，诏出龟年于外。郡给事中林大中、中书舍人楼钥缴奏以为非是，不听。参知政事陈骙持不可，并罢骙而以侂胄党京镗代之。

侂胄欲去赵汝愚而难其名，谋于京镗。镗曰："彼宗姓也（汝愚太宗子楚王元佐七世孙）。诬以谋危社稷，则一网打尽矣。"侂胄然之。以秘书监李沐尝有怨于汝愚，引为右正言。使奏"汝愚以同姓居相位，将不利于社稷"。庆元元年（宁宗元年）二月，罢汝愚提举洞霄宫。直学士院郑湜坐草制词无贬词，免官。兵部侍郎章颖、国子监祭酒李祥、知临安府徐谊、国子博士杨简皆抗章请留汝愚。李沐劾为党，皆斥之。太府寺丞吕祖俭上书诉赵汝愚之忠，并论朱熹老儒，彭龟年旧学，李祥老成，不当罢斥。语侵韩侂胄。有旨"祖俭朋比罔上"。送韶州（今广东岭南道曲江县）安置。中书舍人邓驲缴奏祖俭不当贬，不从。中书舍人楼钥因进讲读论及之。侂胄语人曰："复有论奏祖俭者，当处以新州（今广东粤海道新兴县）。"众乃不敢复言。太学生杨宏中、周端朝、张衢（古文，道字）、林仲麟、蒋傅、徐范等六人伏阙上书，诉赵汝愚之冤，论李沐之诬罔，请审沐以谢天下，召还李祥杨简以收士心。疏入，诏宏中等阄乱上书，煽摇国是。悉送五百里外编管。

汝愚既斥，侂胄之权益盛。士大夫素为清议所摈者，乃教以"凡

相与异者，皆道学之人也"。阴疏姓名授之，俾以次斥逐。或又言："以道学目之，则有何罪，当名曰伪学。"盖谓贪黩放肆乃人真情，廉洁好修者皆伪耳。由是有伪学之目，善类皆不自安。是年六月，右正言刘德秀希侂胄旨，上疏请考核真伪以辨邪正。诏下其章，由是国子博士孙元卿、袁燮、国子正陈武皆罢。国子司业汪逵上章辨白，德秀以逵为狂言，并免其官。中丞何澹急欲执政，亦上疏言："专门之学流而为伪，空虚短拙，文诈沽名。愿风厉学者，专师孔子，不必自相标榜。"诏榜于朝堂。吏部郎官糜师旦希旨，复请考核真伪，迁左司员外郎。又有张贵模者，指沦太极图，亦被赏擢。于是草茅之士，热中富贵者，皆知朝廷意旨所在，争掊击正人，以干禄求进矣。

韩侂胄忌赵汝愚，必欲置之死地。中丞何澹、监察御史胡纮希旨论之。是年十一月，窜汝愚于永州（今湖南衡阳道零陵县）。当制舍人汪义端、迪功郎赵师召希旨，请杀汝愚。帝不许。二年正月，汝愚行至衡州（今湖南衡阳道衡阳县），疾作。衡守钱鍪承侂胄密谕，窘辱百端，汝愚暴卒。天下闻而冤之。

是年二月，以端明殿学士叶翥与刘德秀同知贡举。翥等奏言："伪学之魁，以匹夫窃人主之柄，鼓动天下。故文风不能丕变。乞将语录之类尽行除毁。"故是科取士，稍涉义理者，悉皆黜落。《六经》《语》《孟》《中庸》《大学》之书为世大禁。以何澹参知政事，叶翥签书枢密院事。

中书舍人汪义端引唐李林甫故事，以伪学之党皆名士，欲尽除之。太皇太后闻而非之。帝乃诏"台谏给舍论奏，不必更及书事，务在平正，以副朕建中之意"。诏下，韩侂胄及其党皆怒。刘德秀与御史张伯垓、姚愈等上疏力争以为不可，乃改"不必更及书事"为"不必专及旧事"。自是侂胄与其党攻治之意愈急矣。殿中侍御史黄黼上言："治道在黜首恶而任其贤，使才者不失其职，而不才者无所憾。故仁宗常曰：朕不欲留人过失于心。此皇极之道也。"疏上，忤侂胄意，免其官。太常少卿胡纮上书，请禁用伪学之党。诏宰执权住禁拟。大理司直邵褒然言："三十年来，伪学显行，场屋之权尽归其党。乞诏大臣审察其所学。"诏伪学之党，勿除在内差遣。已而言者又论伪学之祸，乞鉴元祐调停之说，杜其根源。遂诏监司帅守荐举改官。并于奏牍前，声说非伪学之人。会乡试漕司（即诸路转运使）前期取家状，必令书以不是伪学五字。

是时台谏皆韩侂胄所引，汹汹争欲以熹为奇货，然无敢先发者。胡纮未达时，有憾于熹。及拜监察御史，锐然以击熹自任。物色无所得。经年酝酿，章疏乃成。会改太常少卿，不果。有沈继祖者，为小官时，尝采摭熹语孟之语以自售。至是以追论程颐，得为御史。纮以疏草授之继祖，谓可立致富贵。遂诬论熹十罪，且言："熹剽窃张载、程颐之绪余，以吃菜事魔之妖术，簧鼓后进，张浮驾诞，私立品题。收召四方无行义之徒，以益其党伍，潜形匿迹，如鬼如魅。乞加少正之诛，以为欺君罔世污行盗名者之戒。其徒蔡元定佐熹为妖，乞编管别州。"庆元二年十二月，削熹官，窜元定于道州（今湖南衡阳道道县）。已而选人余嚞上书，乞斩熹以绝伪学。参知政事谢深甫抵其书于地，语同列曰："朱元晦、蔡元定不过自相讲明耳，果何罪乎？"事乃止。

三年十二月，知绵州正沈上疏，乞置伪学之籍。仍令目今曾受伪学举荐关升，及刑法廉吏自代之人，并令省部籍记姓名，与闲散差遣。从之。于是伪学逆党得罪著籍者，宰执则有赵汝愚、留正、周必大、王蔺等四人。待制以上，则有朱熹、徐谊、彭龟年、陈傅良、薛叔似、章颖、郑湜、楼钥、林大中、黄由、黄黼、何异、孙逢吉等十三人。余官则有刘光祖、吕祖俭、叶适、游仲鸿、吴猎、李祥、杨简、汪逵、孙元卿、袁燮、陈武等三十一人。武臣则有皇甫斌等三人。士人则有杨宏中、周端朝、张衜、林仲麟、蒋傅、徐范、蔡元定、吕祖泰等八人。凡五十九人。六年三月，朱熹卒。右正言施康年言："四方伪徒聚于信上（信江，一名上饶水，发源江西豫章道玉山县北，经上饶至弋阳为弋阳江，又经贵溪至安化县，为锦江，又西经余干县城南至三江口入鄱阳湖），欲送伪师之葬。会聚之间，非妄谈时人长短，则谬议时政得失。乞下守臣约束。"从之。是年，吕祖俭卒。其弟祖泰上疏，论"韩侂胄有无君心之。请诛之以防祸乱"。有旨："吕祖泰挟私上书，语言狂妄。"拘管连州（今广东岭南道连县）。右谏议大夫程松与祖泰有旧，恐被嫌疑，乃独上疏，论祖泰罪当诛。诏杖祖泰一百，配钦州（今广东钦廉道钦县）牢城收管。监察御史林采言："伪习之成，造端自周必大，宜加绌削。"施康年亦以为言。诏贬必大为少保。

第五节　伪学之禁之取消

先是伪学之祸，虽本于韩侂胄欲去异己以快所私。然实京镗创谋，而何澹、刘德秀、胡纮成之。已而镗死，三人亦罢。侂胄厌前事之乖戾，欲稍更改以消中外之议。会张孝伯谓侂胄曰："不弛党禁，恐后不免报复之祸。"籍田令陈景思，侂胄之姻也，亦谓侂胄勿为己甚。侂胄然之。嘉泰二年（宁宗八年），诏弛伪学党禁，追复赵汝愚资政殿学士。党人见在者，咸先后复官自便。又削荐牍中不系伪学一节。时朱熹没已逾年，周必大、留正各已贬秩致仕。诏熹追复待制，致仕。必大复少傅，正复少保。

已而韩侂胄以开边生衅，伏诛。其党羽皆流窜。宁宗追悔前事，赠赵汝愚太师，追封沂国公，谥忠定。追复朱熹官阶，谥曰文。以论孟集注列于学官。追谥周敦颐曰元，程颢曰纯，程颐曰正。

理宗深崇儒学，即位以后，追赠朱熹太师，封徽国公。追封周敦颐为汝南伯。张载郿伯，程颢河南伯，程颐伊阳伯。并从祀孔庙。先是从祀中有王安石父子，孝宗淳熙中，始黜王雱。至是并黜安石。度宗即位以后，复以邵雍、司马光并从祀孔子庙廷。

伪学之禁表

一、孝宗淳熙十年，吏部尚书郑丙、监察御史陈贾希宰相王淮旨，请禁道学，从之。
二、十五年，王淮罢，右丞相周必大奏征朱熹，除兵部郎官。侍郎林栗劾熹为浮诞宗主，熹力辞不拜。
三、光宗即位，殿中侍御史刘光祖请禁讥议道学者，从之。
四、宁宗即位，征朱熹兼侍讲。韩侂胄嫉其议论时政，罢之。
五、庆元元年，韩侂胄逐故相赵汝愚。右正言刘德秀希侂胄旨，上疏请考核真伪以辨邪正，诏下其章，罢国子监司业汪逵等。

六、二年八月，从太常少卿胡纮言，禁用伪学之党。十二月，削朱熹官，窜其徒蔡元定于道州。
七、三年十二月，知绵州王沇上疏，请置伪学籍，从之。
八、四年五月，右谏议大夫姚愈请严伪学之禁，从之。
九、六年三月，朱熹卒。
十、嘉泰二年二月，弛伪学党禁，复诸贬责者官。

第十四章

韩侂胄之北伐

南宋之国是，常随权相之进退为转移。秦桧当国而主和。韩侂胄当国而主战。桧小人也，而颇明于时势。故虽诛锄忠良，窜逐正人，箝制谏官，要挟君主，生前无恶不作，犹能内借亲党之胶固，外借强国之声援，窃宠荣以终其身。侂胄亦小人也，而颇昧于时势。故复君国之仇，大义也。出师北伐，美名也。追赠岳飞，贬秦桧，天理人心之所安也。而以不审敌情不谙国势缓急失宜前后失序之故，卒为敌国所指斥，清议所攻击，身败名裂，为天下笑。岂伐金之举，固宋之臣子所讳言欤。顾何以张魏公北伐而败，人争谅之；韩侂胄亦北伐而败，人皆斥之。岂非恶其人者，遂并其事而亦恶之！非公论也。兹述其事迹如下。

第一节　北伐之动机

侂胄专政十四年。以太师、平原郡王、平章军国事，权倾人主，威制上下。服御拟于乘舆，土木侈于禁苑，其嬖妾皆封郡国夫人。执政谏垣皆其党羽，谀者至称为恩王圣相。

时金章宗在位岁久，嬖妾用事，纪纲不修，北边诸部多叛（参观《通鉴》宋宁宗嘉泰三年，韩侂胄定议伐金条下）。连岁用兵，馈饷空乏。议者谓金势已弱，韩侂胄欲立不世勋以自固，遂于沿边聚粮，置忠义保捷军。取先世开宝天禧纪元，号曰开禧。命吴璘之孙曦为兴州都统制，练兵西蜀。追封岳飞为鄂王，以讽厉诸将。追论秦桧主和误国之罪，夺其王爵，改谥缪丑。开禧二年二月，遂议大举兵分路北伐。以吴曦为四川宣抚副使，进兵陕西。

第二节　吴曦之叛

吴氏自武安公玠以来，世掌西方兵柄。玠为陕西都统制，与金人对垒且十年，屡败乌珠、萨里干兵，全蜀赖以安堵。高宗绍兴九年，玠卒。弟武顺王璘代之，屡立大功，拜四川宣抚使，封新安王。隐然为方面之重。孝宗乾道三年，璘卒。子挺嗣为兴州都统制，利州（今四川嘉陵道广元县）安抚使。守汉中。留正帅蜀，谋去之，不果。光宗绍熙三年，四川谋帅。是时留正为左丞相，当国。以吴氏世袭兵柄，号为吴家军，不复知有朝廷为虑。遂以户部侍郎邱崈为四川制置使。崈陛辞，奏曰：“臣入蜀后，吴挺脱至死亡，兵权不可复付其子。请得以便宜抚定诸军。”许之。四年，挺卒。崈使总领财赋杨辅权安抚使，统制官李世广权总其军。知枢密院事赵汝愚亦以吴氏世掌西兵为不便，奏请召挺子曦还朝。曦郁郁不得志，乃以贿赂宰辅。宁宗嘉泰元年，参知政事陈自强为言于韩侂胄，还曦兵柄。曦至镇，潜副都统制王大节，罢其官。由是兵权悉归于曦。曦遂谋叛。开禧二年四月，遣使献阶、成、和、凤四州于金，求封蜀王，逐四川宣抚使程松。金以平章政事布萨揆为河南宣抚使，会兵于汴，分道南侵。三年二月，四川转运使安丙与监兴州合江仓杨巨源、兴州中正军将李好义等起兵诛曦。仅得保蜀，诸路兵皆溃败。金章宗大发兵南下，连克荆襄两淮诸郡。江南大震。

第三节 韩侂胄之伏诛 和议之成立

侂胄悔前谋。三年三月，以方信孺为国信所参议官，诣金军求和。金军欲罪首祸之臣。侂胄闻之怒，复锐意用兵，中外忧惧。是时韩后已崩，继后杨氏与侂胄有隙（杨后为贵妃时与曹美人俱有宠，韩后崩，侂胄欲立曹氏，故杨后怨之），劝帝诛侂胄。密令礼部侍郎史弥远图之。是年十一月，侂胄入朝。弥远邀截之于途，拥至玉津园，杀之。流窜其党羽。次年（嘉定元年，宁宗十四年）三月，以侂胄首畀金，易淮陕侵地，和议复成。其条款如下。

　　一、两国境界如旧。
　　二、依靖康故事，世为伯侄之国。
　　三、增岁币为银三十万两，绢三十万匹。
　　四、别以犒军银三百万两与金。

和议既成，朝廷置安边所。凡侂胄与其他权幸没入之田及园田湖田之在官者皆隶焉。凡所输钱租，籍以给行人金缯之费。迨后与北方绝好，军需边用，每于此取给焉。

第十五章

金室之衰亡

第一节　金室衰乱之原因

金自海陵炀王在位，大行诛戮。太宗舍音及尼玛哈子孙皆尽，太祖子孙所余无几。武力骤衰。世宗以后，承平日久，逐渐汉化。世宗深忧之，尝与太子诸王宰相言，殷殷以保守女真旧风为念。章宗即位，复禁女真人译汉姓，学南人装束。其拳拳以保守旧风为念如此，可谓思深虑远矣。顾天演之公理，优者胜而劣者败。凡文明程度较低之民族，与文明程度较高之民族杂居时，例被同化，绝非政府强制之力所能禁止。女真之文明程度，远在汉族以下，自不能逃此公例。兹将女真被同化之点，列举于下。以供参考。

一、文学之发达

女真旧无文字。及太祖起兵，获契丹人及汉人，始通契丹字及汉字。太祖天辅三年（宋徽宗宣和元年），命固新依仿汉字楷书，因契丹字制度，合本国语，制女真字行之，号为女真大字。后复制女真小字。世宗时创设国语学校，以女真文译《论语》《孟子》《五经》《孝经》《杨子》《文中子》《唐书》。政府惯例，凡学士大夫，必须通女真文字。顾女真文之流行，限于上流社会一阶级，不能普及于一般国民。汉文之势力范围日益扩张，女真文之势力范围日益缩小。官登吏庸之法，纯以汉文为标准，君主亦多从事于汉学。其中若熙宗善读《论语》《书经》及《五代史》。废帝亮及世宗、章宗俱好诗。世宗时赏牡丹于燕京，皇族以诗唱和者凡十五人。章宗时，学士院以唐杜甫、李白、韩愈、刘禹锡、杜牧，宋欧阳修、三苏、王安石等之集二十六部，献之朝廷。帝大喜，敕有司购求遗书。当时文人学士，若党怀英、赵秉文、元好问等，皆极一时之选。现今所存金人之著作，若《全金诗》《金文最》等，其文字之光华流丽，实足以代表有金一代汉文学发达之状况，可谓盛矣。

二、武力之衰退

初，女真部民皆无徭役。壮者悉为兵丁。平居则渔畋射猎，有警则下诸部征之。凡步骑之仗糇皆自备。其部长曰贝勒，行兵之长则称明安（旧作猛安）、穆昆（旧作谋克）。明安犹千夫长。穆昆犹百夫长也，太祖之时，以三百户为一穆昆，十穆昆为一明安。凡以众附者，率以穆昆、明安之名授之。其组织略与前清之八旗相似。其后太宗、熙宗相继在位，掠取河北、河东、陕西、河南诸路，犹虑士民怀贰。乃于熙宗天眷三年（宋绍兴十年）创屯田军，凡女真及奚契丹降人，皆自本部徙居中州。计其户口，授以官田，使自播种。春秋量给其衣。若遇出师，始给钱米。凡屯田之所，自燕南至淮陇之北皆有之。筑垒于村落间，与汉人杂处。后复集女真族于各地，筑城以居。其组织略与前清各省之驻防旗相似。其后屯田之人，逐渐汉化。习于怠惰，佣汉人为农奴以耕。游手好闲，无所事事，生活逐渐困难，乃卖却不动产，转移四方。于是明安、穆昆户口之数，逐渐减少。据世宗大定二十三年统计表，凡明安二百零二，穆昆一千八百七十八，户六十一万五千六百二十四。口六百一十五万八千六百三十六。所垦之田，共一百六十九万零三百八十顷。是为金室全盛时代之户口总数。

其后蒙古南下，金势日衰。宣宗之时，以一百二十五人为一明安，三十人为一穆昆。哀宗之时，以百人为一明安，二十五人为一穆昆。其户口削减之甚可知矣。

三、财政之紊乱

金室之初兴也，行物力推排法，调查人民财产之多寡，因贫富以定赋税之等差。大致与王安石之手实法相似，又名通检。太宗人中原以后，四十年不复调查。废帝亮南侵之时，征发忽起。始知当时人民富力与赋税大相悬绝。世宗即位，遣使臣二十六人巡视各地，重行推排。其后司财政者不得其人，弊窦丛起。欲以轻减人民之负担，而负担乃愈重。章宗晚年，与南宋构兵，虽战胜攻取，而兵力财力俱困弊。

金室衰原乱因表

一、海陵炀王亮在位，大行诛戮，太宗、斜也、粘没喝子孙俱尽，太祖子孙所余无几，宗室骤衰。	
二、世宗、章宗在位，承平日久，逐渐汉化。	甲、译汉姓。
	乙、学汉人装束。
	丙、学汉文，汉诗，读汉书。
三、屯田军散逸，户口减少。	
四、行物力推排法，财政紊乱。	

第二节　蒙古之南侵

章宗无子。疏忌宗室。以叔父卫王永济柔弱，鲜智能，爱之，欲传位焉。在位十九年，以宋宁宗嘉定元年（西历纪元一二〇八年）殂。元妃李氏、平章政事完颜匡等奉永济即位，是为卫绍王。是时蒙古太祖兴于漠北，连侵金边。四年八月，攻金西京。留守赫舍哩胡沙呼（旧作纥石烈忽斜虎）弃城遁，西北诸州皆陷。六年二月，故辽宗室耶律留格（旧作留哥）起兵取金辽东州郡，自立为辽王，附于蒙古。山东盗贼群起，金势益不能支。是年八月，胡沙呼作乱，弑永济，迎立章宗庶兄昇王珣，是为宣宗。自为太师、尚书令、都元帅，封泽王，专国政。十月，元帅右监军珠赫埒高琪（旧作求虎高琪）与蒙兵战于怀来（今口北道怀来县），败绩。惧诛，还杀胡沙呼。宣宗以高琪为左副元帅。

是时蒙古分兵南下，连破两河山东诸郡。所过无不残灭，人民屠戮，不知其几百万。金帛子女兽畜，皆席卷而去。七年（金宣宗真佑二年）三月，蒙古太祖还自山东，屯燕京北。宣宗遣使乞和。太祖欲得其公主，宣宗以永济之女及金帛童男女各五百、马三千与之。太祖许和而归。宣宗以兵弱财匮，不能守中都。是年五月，还都汴。留平章完颜承晖奉太子守忠守中都。太祖闻之，怒曰："既和而迁，是疑我而不释憾也。"七月，复遣兵围燕，守忠走汴，寻卒。八年三月，御史中丞李英率师救汴，与蒙古兵遇于霸州，兵溃。五月，燕京陷，承晖自杀，两河多入于蒙古。蒙古别将僧格巴图（旧作三哥拔都）率万骑自河东渡河，经京兆，趋汝州，距汴京二十里而还。自是金地势日蹙，西夏叛之，山东群盗益盛。金人北保真定，东阻河，西阻潼关以自守。适值宋室岁币不输，于是金人复南向与宋宣战，连兵数年。两国皆困惫，蒙古益得乘其弊矣。

第三节 金人之南侵 李全之叛

嘉定七年七月，朝廷乘金有外患，罢其岁币。宣宗屡遣使来督促，朝廷不应。金人王世安献策宣宗，请南侵宋以广境土。右丞相珠赫埒高琪当国，从之。嘉定十年四月，遣将乌库哩庆寿（旧作乌古论庆寿）等，率师渡淮，取光州（属淮南西路，今河南汝阳道潢川县，即故光州）。分兵犯枣阳（属京西南路，今湖北襄阳道枣阳县）。京湖制置使赵方遣统制扈再兴、钤辖孟宗政击败之。十一年二月，金将完颜萨布（旧作赛不）等复拥步骑围城。宗政等力战，杀其众三万，追至邓州。金自是不敢窥襄汉枣阳。中原遗民来归者以万数，籍其勇壮，号忠顺军，出没唐、邓间。十四年三月，金兵围汉阳（属荆湖北路，今湖北江汉道汉阳县，即故汉阳府），陷黄（今湖北江汉道黄冈县）、蕲（今江汉道蕲春县）二州。赵方兵击败之，金兵渡淮北去。

嘉定十一年四月，金人陷成阶诸州（属陕西路，阶，今甘肃渭川道武都县，成，即今成县）。欲乘胜来议和，使人至淮中流。朝廷不纳。由是和好遂绝。金以仆散安贞为左副元帅，辅太子守绪大举南侵。渡淮，围滁（属淮南东路，今安徽淮泗道滁县）、濠（属淮南西路，今安徽淮泗道，即故凤阳府）、光州。遂自三道分兵而南，西自麻城（今湖北江汉道麻城县）而和州（今安徽安庆道和县），迤至六合（今江苏金陵道六合县），诸城悉闭，淮南流民皆渡江避乱。建康大震。

金自迁汴以后，赋敛益急，无赖游民群聚为盗。李全抄掠山东，闻朝廷慰接群豪，置忠义军，遂举众来归。授京东路（山东及河南东部之故归德府）总管。至是淮东制置使贾涉使全要金归路，连战于湖陂（在淮泗道怀远县南），败之，杀金将数人。金解诸州围而去，全复败之。自是金人不敢窥淮东。时嘉定十二年也。

金以宋绝岁币，国用日困。复自颍寿（今安徽淮泗道颍上县与寿县）渡淮来侵。还值淮涨，士卒皆覆没。金之兵财由是大竭。宣宗在位十年，以嘉定十六年（西历纪元一二二三年）殂，太子守绪即位，是为哀宗。遣尚书令史李唐英至滁州通好，榜谕军民，更不南侵。

理宗宝庆元年，李全作乱。焚楚州，杀淮东制置使许国，南向围扬州，城几陷。绍定三年，朝廷以赵范、赵葵（赵方之子）节制镇江滁州军马，讨李全，大败之。全走死，淮东平。

第四节　史弥远之废立

宁宗无子，遵高宗故事，养太祖十世孙贵和为皇子，赐名竑。竑慧而轻，好鼓琴。宰相史弥远买美人善鼓琴者纳诸竑，而厚抚其家，使伺竑动息。美人知书慧黠，竑嬖之。时杨皇后专国政，弥远用事久，宰执侍从台谏藩阃皆所引荐，莫敢谁何，权势熏灼。竑心不能平，尝书杨后及弥远之事于几上曰："弥远当决配八千里。"又尝指宫壁舆地图琼崖曰："吾他日得志，置史弥远于此。"又尝呼弥远为"新恩"。以他日非新州（今粤海道新兴县）即恩州（同恩平县）也。弥远闻而恶之，日媒孽其失。宁宗在位三十年，以嘉定十七年（西历纪元一二二四年）八月崩。弥远矫诏，迎沂靖惠王（宁宗从弟）嗣子昀立之，是为理宗。封竑为济王，出居湖州（今浙江钱塘道吴兴县）。宝庆元年正月，州人潘壬起兵，欲拥立竑，竑不听，发州兵讨平之。弥远矫诏杀竑，追贬为巴陵县公。

第五节　汴京之陷落　金哀宗之殉国

绍定四年，蒙古太宗使皇弟图类（旧作拖雷）入陕西，攻取凤翔。遣使来假道以趋河南，且请以兵会之。至沔州（今汉中道沔县），统制张宣杀之。图类怒，进兵南侵。屠洋州（今汉中道洋县），取兴元（今南郑县）。太宗自将东破河中。五年，由白坡（镇名，在河南、河北道孟县西南）渡河，次郑州（属南京路，今河南开封道郑县使）。其将苏布特（旧作速不台）围汴。图类自金州东驰，破金军于禹山（在河南汝阳道邓州西南）。又破之于三峰（山名，在开封道禹县西南），进克钧州（属南京路，今禹县）。潼蓝（二关名，蓝田关在陕西关中道蓝田县东南）之戍皆溃。哀宗遣侄曹王讹可为质以请和。苏布特退军河洛之间，太宗北还。

既而金飞虎卒申福等杀蒙古使者唐庆等三十余人于馆舍。哀宗不问，和议遂绝。蒙古遣王檝来京湖，议夹攻金。制置使史嵩之（弥远之侄）以闻，朝议皆以为可遂复仇之举，独赵范不喜曰："宣和海上之盟，厥初甚坚，迄以取祸，不可不鉴。"帝不从，诏嵩之遣使报谢。蒙古许俟成功后，以河南地归宋。

汴京粮尽援绝。是年十二月，哀宗出奔河北，苏布特复图汴。六年正月，哀宗走归德。六月，走蔡州。金汴京西面元帅崔立作乱，以城降蒙古。执后妃诸王宗室男女五百余人，送军前。苏布特杀梁王从恪（卫绍王之子）等，以后妃等北还。在道艰楚万状，尤甚于徽、钦之时。九月，哀宗遣使来乞粮，不许。蒙古兵围蔡州。十月，史嵩之使孟琪等帅师会之。

是月，史弥远以疾求解政。诏褒其勤劳，封会稽郡王，越八日而卒。弥远为相二十六年，初欲反韩侂胄所为，故收召贤才老成，布于朝廷。及济王不得其死。论者纷起。遂专任俭壬以居台谏，一时君子贬斥殆尽。理宗德其立己，惟言是从，故恩宠终其身。弥远死后，理宗始亲政，励精求治。丞相郑清之亦慨然以国家为己任，任贤使能，擢用真德秀、魏了翁等。

次年（端平元年）正月，金哀宗传位于其宗室承麟。孟琪与蒙古兵入蔡州城，哀宗自缢死。承麟为乱兵所杀，金亡。凡传九帝，一百二十年（一一一五至一二三四）。

第十六章

西夏之衰亡

第一节　西夏之汉化

是时西夏杂居中国已久，立学校，开科举，逐渐汉化，国势浸衰。崇宗晚年，屡与南宋期会，约夹攻金，不克。卒称臣于金以求免祸。宋高宗绍兴九年（西历纪元一一三九年），崇宗殂，子仁孝立，是为仁宗。受金人册命，不复通使于宋。在位五十二年，以宋光宗绍熙四年殂。子纯佑立，是为桓宗。在位二十年。其从弟安全弒之而自立，是为襄宗。宋宁宗开禧元年，成吉思汗以兵来侵，大掠而还。嘉定二年，复以兵来侵，入灵州。襄宗纳女请降，西夏自是益衰，夷为蒙古属国。嘉定四年（西历纪元一二一一年），襄宗殂。从子遵顼立，是为神宗。

第二节　夏、金之互讧

夏自崇宗晚年（金太宗，宋高宗时代），与金议和，八十余年未尝交兵。及为蒙古所攻，求救于金。金不能为出师，夏人怨之，遂侵金，取其西边地。宋宁宗嘉定七年，复贻书于朝廷，请会师伐金。自此以后，连年与金构兵，互有胜负。十七年，始遣使修好于金，称弟而不称臣。各用本国年号。金遣使报之，遂及夏平。

第三节　西夏之衰亡

夏虽与金和，然构难十年，精锐两尽。宋理宗宝庆元年，成吉思汗西征还，以夏纳逃人，又不入质子，复伐之。取甘肃州、西凉府及灵州。进次盐州（故城在今甘肃宁夏道盐池县北）川。是时夏神宗已殂，子献宗德旺即位。次年（宝庆二年，西历纪元一二二六年），以忧殂。从子睍立，是为末帝。成吉思汗留兵围夏都，而自引兵掠金地。行至六盘山（在今甘肃泾原道境），构疾，殂于萨里川哈喇图（今鄂尔多斯右翼前旗西南，有哈柳图河东南流合金河入榆林边，蒙古名金河，曰锡喇乌苏，即哈喇图与萨里川也）之行宫。称尊号凡三二年。夏主睍出降，夏亡。凡传二十世，二二八年。自元昊称帝，凡十主，合二一〇年。时宋理宗宝庆三年。夏主睍二年，蒙古太祖二十二年，西历纪元一二二七年也。

第十七章

南宋之衰亡

南宋之建国，与东晋相似。然琅玡建立，适构五胡，长安既陷，中原分割，择地建康，诚非得已。靖康之初，金劫二帝，即卷旆北还。宋之土地，弃而不有，宋之君臣，可自取之。反致奔走东南，播迁穷僻，坐失事机，始惑于汪、黄，继制于秦桧，罢李纲，杀岳飞，匿怨亡亲，偷安忍耻，恶得与琅玡并齿中兴哉？孝宗以宗室承统，颇有恢复中原之志。值金世宗中兴，南北休息者三十余年，孝宗之志，终不获伸。亦时势为之，无可如何者矣。光宗失子道，赵汝愚、韩侂胄拥立宁宗。侂胄自负定策之勋，引进群小，攻讦善类。外挑强邻，流毒淮甸。其首虽枭，国亏莫补。益以杨后之窃内柄，史弥远之擅外权，而小朝廷之纲纪乃日紊矣。理宗为史弥远所立，束手受制。蔡州之役，可以雪先世之耻，顾乃贪地弃盟，事衅随起，兵连祸结，境土日蹙。昔也联金以攻辽，辽亡而宋亦蹙。今也联蒙古以灭金，金灭而宋随亡。依赖他人者，后必为人所制。宋之迭取败亡，宋人不能自立之故也。金既亡，宋臣建收复三京之议。赵葵、全子才率淮西兵越汴，将取洛阳，蒙古兵大至，皆溃而归。自是淮汉之间，无复宁日。度宗在位，贾似道当国，乞和于先，败盟于后。以至弱之国，失信强邻,适资借口以速其祸,则贾似道者,实亡宋之先驱也。然一二忠义之士,全国既覆,而争之一隅,城守不能,而争之海岛。虽于国亡无补,而人民忠义之气,不随国以俱亡,较之偷生事敌者不亦贤哉。故综宋一代之大势观之,辽、金、蒙古迭起为患,称臣纳币,受屈辱者数百年。然宋室虽衰,民望犹在。忠臣义士,踵起而殉国难。故自偏安以后,犹能以至弱抗至强,支持至百余年之久,则以国多爱国之人故也。兹述其事迹如下。

第一节　收复三京议

金室既亡,河南南部入于宋。赵范、赵葵欲乘时抚定中原,建守河据关收复三京之议。朝臣多以为未可,独郑清之力主其说。时范为两淮制置使,乃使移司黄州,刻日进兵。诸将言其不可,帝不听。是年六月,命赵葵与知庐州全子才率淮西兵趋汴。金故将李伯渊杀崔立,以城降。葵遣部将杨谊等取洛阳。蒙古闻之,复引兵南下。时粮饷未集,子才主缓师,葵不可。谊等持五日粮前进,大兵入洛之明日,粮竭。闻蒙古兵且大至,谊军溃。葵、子才遂弃汴而归。蒙古兵遂大举南下。两淮、京湖、四川等处同时被兵。朝廷以孟珙为襄阳都统制,屯黄州以备蒙古。

第二节　孟珙之守楚　余玠之守蜀

端平二年六月,蒙古皇子库腾(旧作阔端)将塔海等侵蜀,入沔州,知州事高稼战没。利州统制曹友闻扼仙人关以拒之。三年九月,蒙古兵陷兴元,友闻拒战于阳平关,败绩,死之。四川制置使赵彦呐遁,成都、利州、潼川三路俱破。同时蒙古将特穆德克(旧作忒木㙐)、张柔等侵汉。三年三月,襄阳将王旻等作乱,走降蒙古。蒙古遂破枣阳军、德安府、(今湖北江汉道、故德安府)、随(同随县)、郢州(今襄阳道锺祥县)及荆门军(同荆门县),进攻江陵。孟洪进兵击破之。嘉熙二年九月,朝廷以珙为京湖制置使。珙连破蒙古兵,恢复湖北州郡。屯重兵于襄阳以当其冲。于是湖北始得稍安。是时塔海引兵由蜀东犯,琪遣其兄知峡州璟拒战于归州(今荆南道秭归县),败之。四年二月,朝廷以珙为四川宣抚使,兼知夔州(今四川东川道奉节县)。珙大兴屯田,以图进取。

是时成都已三次失陷。四川军州残破,无复纪律,遗民咸不聊生。监司戎帅各专号令,擅辟守宰,荡无法度。淳佑三年二月,朝廷以余玠为四川制置使,知重庆府。玠知人善任,大更弊政。遴选守宰,城钓鱼山,移合州(今东川道合川县)治之。其他因山为垒,棋布星列,气势联络,屯兵聚粮,为必守计。民始有安土之心。

第三节 史嵩之之专政

自宁宗在位以来,韩侂胄、史弥远相继以俭人秉政,纪纲大坏。理宗绍定六年(理宗九年),弥远卒,郑清之当国,始收召老成之士。以真德秀参知政事,未几而卒。召崔与之参知政事,辞不至。以魏了翁同签书枢密院事。廷臣多忌了翁,合谋排斥之,出为督视江淮京湖军马,俄复召还。了翁固辞不拜,寻卒。端平二年,(理宗十二年)清之罢。乔行简、李宗勉、史嵩之相继秉政。一时正人,如杜范、游侣等,皆以忤嵩之被逐。时三相当国,论者谓乔失之泛,李失之狭,史失之专。然宗勉清谨守法,犹号为贤。嘉熙四年(理宗十六年),行简、宗勉相继卒,嵩之独当国。淳佑四年(理宗二十年),丁外艰,谋起复。将作监徐元杰、左司谏刘汉弼等,相继上疏论之。帝知嵩之不为士论所容,听其终制。以范锺、杜范为左右丞相,罢黜嵩之党羽签书枢密院事金渊等。范立朝未八十日而卒。徐元杰、刘汉弼相继以暴疾死。议者谓诸公皆中毒,堂食无敢下箸者。

第四节　丁大全之专横　贾似道之擅权

是时蒙氛日恶。两淮、京湖、四川等处同时被兵。朝廷以孟珙守楚，余玠守蜀，扼蒙兵南下之冲。扬子江上流、中流流域稍觉安堵。淳佑六年（理宗二十二年）九月，珙卒。宝佑元年（理宗二十九年）五月，玠遭馋，免官自杀。朝廷以贾似道为京湖制置使，余晦为四川制置使，代之。晦轻儇浮薄，素无行检。至镇后，逸杀利州西路安抚使王惟忠，由是四川事渐破坏不可收拾。似道少落魄为游博，不事操行，以荫补官。其姊为理宗贵妃，帝以妃故，累擢似道为籍田令，至是遂专方面。淳佑十年三月，授两淮制置大使。宝佑二年六月，加同知枢密院事。四年四月，加参知政事。五年五月，加知枢密院事。职任依旧。似道在镇久，专以揽权怙宠为事。台谏尝论其二部将，即毅然求去。孙子秀新除淮东总领，外人忽传似道不可，执政遂不敢遣，别以似道所善陆垫代之。其见惮如此。六年九月，授似道枢密使，充两淮宣抚使。

是时宦官董宋臣有宠，逢迎上意，大兴土木。起梅堂、芙蓉阁、香兰亭，豪夺民田。引倡优入宫，招权纳贿，无所不至。宝佑三年六月，引其党丁大全为右司谏。监察御史洪天锡论之，诏罢天锡并及左丞相谢方叔，而以董槐为右丞相，兼枢密使，代之。槐守正不阿，大全恶之，乃上章劾槐。四年六月，以台檄调省兵百余人，露刃驱迫槐出都，诏以大全签书枢密院事。六年四月，授右丞相，兼枢密使，代总国政。时蒙古侵轶日甚，大全当国，匿不以闻。开庆元年（理宗三十五年）十月，黜大全，以吴潜为左丞相，兼枢密使，当国。

是时蒙古宪宗自将南侵蜀，使其弟呼必赉（旧作忽必烈）侵江汉。宝佑六年九月，宪宗入剑门，十二月入阆州（今四川嘉陵道阆中县）。两川州郡相继陷落。次年（开庆元年），正月，朝廷授贾似道京西湖、南北、四川宣抚大使，兼督江西二广军马，拒蒙古。是年二月，宪宗围合州，守将王坚力战御之，蒙古兵不能克。七月，宪宗殂于合州城下，余众解围北还。八月，呼必赉将兵渡淮。九月，围鄂州（今湖北鄂城县）。十月，朝廷即拜贾似道为右丞相，兼枢密使，军汉阳（今湖北汉阳县）以援鄂，时诸路重兵咸集于鄂。蒙古将乌特哩哈达（旧作兀良合台）由交趾北还，连破广西州郡，进攻湖南，围潭州（今长沙县），分兵攻江西，破临江（今庐陵道，故临江府）、瑞州（今庐陵道，故瑞州府），江西大震。朝廷以黄州当兵冲，诏似道移军黄州。似道惧蒙古兵威，遣使乞和于呼必赉，请称臣纳币。呼必赉闻宪宗已殂，少弟阿里克不克时留守和林，将自立，乃许和，引兵北还。似道遣将追杀其殿卒于新生矶（在今江汉道黄冈县）。蒙古兵既退，似道匿请和称臣纳币之事，上表以诸路大捷闻。上大喜。次年（景定元年）三月，召似道还朝，加少师，封卫国公，秉政。似道既得志，进用群小，变更法制。忌吴潜，谮贬之。复谮杀湖南制置副使向士璧。潼川安抚副使刘整惧，二年六月，据泸州（今四川永宁道沪县）叛降蒙古。蒙古使翰林学士郝经来修好，似道幽之真州（今江苏淮扬道仪征县）。三年正月，蒙古江淮大都督李璮（全子）以京东来归，诏封璮齐郡王。蒙古大将史天泽围璮于济南。朝廷遣兵援之，不克。八月，天泽破济南。执璮，杀之。蒙古世祖以朝廷无意修好，九月，以阿珠（旧作阿术）为征南都元帅，复议大举南侵。

　　理宗无子，以母弟嗣荣王与芮子禥为皇太子。帝在位四十年，以景定五年（西历纪元一二六四年）十月崩。太子即位，是为度宗。加贾似道太师，封魏国公。帝以似道有定策功，每朝必答拜，称之曰师臣而不名。似道以去要君，帝固留之，拜平章军国重事，赐第西湖之葛岭。五日一乘湖船入朝，不赴都堂治事，吏抱文书就第呈署。大小朝政，一切决于馆客廖莹中、堂吏翁应龙等。宰执充位而已。

第五节　襄樊之陷

　　初，孟珙守京湖，以襄阳樊城，南北冲要，敌所必争，特置重兵以当蒙古南下之路。蒙古攻潭攻鄂，皆以归路受其牵制，不能成功。理宗末年，吕文德守鄂，有威名。刘整既降蒙古，言于世祖，以玉带馈文德，请置榷场于襄阳城外。文德诱于利，为请于朝，许之。蒙古筑土墙于鹿门山（在襄阳县东南）。外通互市，内筑堡壁。由是敌有所守，以遏南北之援。时出兵哨掠襄樊城外，兵威益炽。度宗咸淳四年九月，阿珠、刘整围襄阳（元兵围襄阳用阿刺比亚式之大投石机，名曰回回炮）。五年三月，围樊城。知襄阳府吕文焕（文德之弟）力战拒之。七月，沿江制置副使夏贵率师救襄阳，败绩。六年正月，朝廷以李庭芝为京湖制置大使，而以贾似道婿范文虎为殿前副都指挥使，总中外诸军救襄阳。文虎恃妇翁势，不受庭芝节制。在路兵妓饮酒，逗留不进。庭芝屡促其进兵。七年六月，文虎进至鹿门而遁。襄阳被围五年，援军不至。文焕每一巡城，南望痛哭而后下，告急于朝。贾似道累上书请巡边，而阴使台谏上章留己，卒不出。咸淳九年正月，樊城陷。守将范天顺、牛富战死。二月，吕文焕以襄阳降蒙古。于是京湖无险可守。蒙兵东下，遂成破竹之势矣。

第六节　临安之陷　恭宗之北狩

度宗在位十年，以咸淳十年（西历纪元一二七四年）七月崩。贾似道奉皇次子嘉国公显即位，是为恭宗，年甫四岁，太皇太后谢氏临朝称制。京湖制置使汪立信移书似道，上三策。一谓抽内兵过江，或百里，或二百里，置一屯，皆设都统。七千里江面才三四十屯，设两大藩府以总之，缓急上下流相应。二谓久稽使者，不如遣归，缓师期。三谓若此二者均不可，莫若准备投拜。似道怒罢之。咸淳七年十一月，蒙古改国号曰元。十年八月，世祖使中书右丞相巴延（旧作伯颜）总诸军二十万，分道大举南侵。连陷湖北、淮西州郡。朝廷大惧。十二月，诏贾似道都督诸路军马，似道以孙虎臣总统诸军。恭宗德佑元年正月，出屯芜湖（今安徽芜湖县）。遣使请和于元，巴延不许。是年二月，军溃于池州（今安徽贵池县）。似道奔扬州。元尽破江淮州郡。诏黜似道，窜之循州，在路为监押官郑虎臣所杀。以王爚、陈宜中为左右丞相，并兼枢密使，都督诸路军马。张世杰总统诸军以拒元兵。是年七月，世杰与元阿珠战于焦山，败绩。巴延遂渡江，分兵东下。宜中与王爚不协，以去要君，朝廷不得已，罢爚，以留梦炎与宜中为左右丞相。

元分兵破湖南、江西州郡。进至平江（今江苏吴县）。诸关兵皆溃。留梦炎遁，太皇太后遣使称臣于元以请和，巴延不许。陈宜中请迁都，不果行。二年正月，巴延进至临安城北，太皇太后遣使奉传国玺请降，巴延遂入临安。封府库，收图籍，以帝及皇太后全氏以下北去。留部将阿楼罕（旧作阿剌罕）、董文炳等守临安。

第七节　崖山之溃

初，贾似道之丧师也，朝廷下诏州郡，征兵入援。江西提刑文天祥起兵勤王。请分境内为四镇，建都统御于其中。地大力众，乃足以抗敌。时议以为迂阔，不报，命知平江府。巴延渡江东下，朝廷闻警，征天祥知临安府。天祥辞不拜，请以福王与芮秀王与檡判临安，系民望，身为少尹，以死卫宗庙。又请命皇兄益王昰（同正）皇弟广王昺（同丙）镇闽广，以图兴复，俱不许。巴延至临安，文天祥、张世杰请移三宫入海。而已帅众背城一战。陈宜中不许，夜遁归温州。世杰不肯降，与诸将苏刘义、刘师勇等，各引所部兵入海，太皇太后使驸马都尉杨镇奉益王、广王走婺州（今浙江金华县），益王母杨淑妃从行。以天祥为右丞相，兼枢密使，与左丞相吴坚等使元军请和。天祥见巴延，辞色不屈。巴延疑其有异志，留之。临安既下，巴延使降将范文虎将兵追二王，不及。执杨镇，还临安。二王遂走温州（今浙江永嘉县）。复拘天祥北去。至镇江，夜亡走真州，遂浮海如温州，与二王会。礼部侍郎陆秀夫与苏刘义追及二王于道。遣使诏陈宜中、张世杰皆来会。是年（端宗景炎元年）闰三月，奉益王为都元帅，开府福州。五月，奉王即位，是为端宗。以宜中为左丞相，兼枢密使，都督诸路军马，秉政。天祥为枢密使，同都督诸路军马，开府南剑州（今福建南平县），经略江西。是年九月，元阿楼罕、董文炳等将兵入闽广。陈宜中、张世杰奉帝浮海，走潮州（今广东潮安县），次年（端宗景炎二年），文天祥出兵江西，为元将李恒所败，走循州。元将刘深袭潮州，世杰奉帝走秀山（俗名虎头门，在今粤海道东莞县西南海中），复奔谢安峡（在今香山县境海中）。宜逃之占城。次年（景炎三年帝昺祥兴元年）四月，帝崩。年甫十一岁。群臣多欲散去，签书枢密院事陆秀夫不可，乃奉皇弟卫王昺即位，时年八岁，迁于崖山（在今粤海道新会县南大海中）。六月，元以张弘范为都元帅，李恒副之，将兵来攻。闰十一月，袭执文天祥于五坡岭（在今潮循道海丰县北）。次年（祥兴二年）正月，遂袭崖山。张世杰力战，不胜，大兵溃。陆秀夫抱帝沉于海，死之。世杰复收兵至海陵山（在故肇庆府海阳县南），舟覆而死。宋亡。时宋帝昺祥兴二年，元世祖至元十六年，西历纪元一二七九年也。宋自太祖开国，凡传九帝而南渡，又传九帝而国亡。统共传十八帝，三二〇年。

蒙古侵宋表

一、宋理宗端平二年，蒙古皇子阔端，将塔海等侵蜀，破成都、利州、潼川三路。忔木觮、张柔等侵汉，破枣阳军、德安府、随、郢二州及荆门军，进攻江陵；为孟珙所败，引还。昆布哈、察罕等攻淮西，杜杲击却之。
二、宝佑五年，蒙古宪宗自将侵蜀，围合州，不克。六年七月，殂于合州城下，余众解围北还。皇弟忽必烈侵江汉，围鄂州。大将兀良合台由交趾北还，侵广西，破静江府；侵湖南，破辰沅二州，围潭州。分兵侵江西，破临江，瑞州。贾似道遣使请和，蒙古兵乃退。
三、度宗咸淳四年九月，蒙古阿术刘整围襄阳。五年三月，围樊城。九年正月，樊城陷。二月，襄阳降。
四、十年八月，元将伯颜大举南侵，连陷湖北、淮西州郡；恭宗德佑元年，连陷两江州郡；二年正月，进至临安城北，太皇太后遣使请降。
五、是年九月，元阿剌罕、董文炳等寇闽广，连陷浙东、福建、广东、广西州郡。
六、帝昺祥兴元年六月，元张弘范、李恒将兵入闽广。二年二月，陷崖山，宋亡。

第十八章

宋、辽、金时代之文化

第一节 制 度

一、内官制

甲、宋之内官制　唐自中叶以后，专以同中书门下平章事为宰相。虽三省长官（尚书、左右仆射、侍中中书令），不加平章，则非宰相。武臣以节度使兼平章，或兼侍中中书令，皆称使相。有相名而无相职。五代重武夫，带使相者益多。宋太祖收藩镇威柄，节度使皆失职任。仍存其官，以待勋贤故老。宰相久次罢政者，亦系此衔以宠之，谓之使相。与唐之使相，事体微异。唐则宠将以相之名，而宋则宠相以将之名也。三师（太师、太傅、太保）、三公（太尉、司徒、司空）不常置，为亲王宰相使相加官。唐宰相无贰，太祖虑相臣之专，置参知政事以副之，参预庶务，谓之参政，是为亚相。

唐代宗置枢密使，以内侍为之。掌表奏传宣之事，如汉中书谒者之职。其后权任渐重，与神策中尉专擅朝政。后梁革宦官之弊，改枢密院为崇政院，始用士人为使，参谋议于中。

后唐以来，复改为枢密。常以腹心大臣领之，权重于宰相。宋以枢密院专掌兵事，犹秦之太尉，与中书对持文武二柄，号为二府。其长官或称使，或称知院事。置使则副使为之贰，置知院则同知院事为之贰。

唐季五代，官职繁冗，名器紊乱。宋承其弊。百官无定员，三省寺监无专职，互以他官主判。六部不釐本务，给舍不领本职。谏议无言责，起居不记注。司谏正言，非特旨供职，亦不任谏诤。凡仕者有官，有差遣，官以寓禄秩。叙位著，差遣以定其职事。如以中书舍人判吏部事，吏部郎中知审刑院，大理寺丞知某州。舍人郎丞为官，而判知之职则差遣也。故士人以登台阁升禁从为显宦，而不以官之迟速为荣滞。以差遣要剧为贵途，而不以阶勋爵邑高卑为轻重。真仁以来，议者多以正名为请。神宗慨然欲更其制。置局中书，详定官制。凡领空名者，一切罢去。而易之以阶，因以寄禄。省台寺监之官，各还所职。议者又欲罢枢密院，归兵部。帝恶兵柄归有司，不从。元丰五年，官制成。仿唐六典，分三省之职。中书取旨，门下审复。尚书受而行之。三省分班奏事，并归中书。时王珪、蔡确并为宰相。确言于帝曰：“三省长官尚书令侍中中书令位高，不须设。但令左右仆射，分兼两省侍郎，足矣。”帝然之。以珪为尚书左仆射，兼门下侍郎，以行侍中之职。确为右仆射，兼中书侍郎，以行中书令之职。于是确名为次相，实颛大政。珪虽为首相，拱手而已。别置两省侍郎，尚书左右丞，以代参知政事。与知枢密院事、同知院事皆为执政官。釐正枢密之职事。细务分隶六部，专以军机边防为职。事关体要，则与三省合奏。元祐初，司马光上言，三省分职，徒启争论，事致留滞。吕公著又请令三省长贰，集议政事堂，同进呈取旨，从之。徽宗时，蔡京当国，率意自用。政和二年，更官名。以三师（古三公之官，合为真相之任。司徒、司空，周六卿之官，太尉，秦主兵之任）并非三公，宜罢。又依周制，置三少（少师、少傅、少保）为次相。改左右仆射为太宰、少宰，仍兼两省侍郎。罢勋官，以太尉冠武阶。于是京以太师总治三省事。是时群小满朝，员冗名紊。甚者走马承受，升拥使华。黄冠道流亦滥朝品。元丰之制，至是大坏。及宣和末，三公至十八人。三少不计也。钦宗靖康初年，复改太宰、少宰为左右仆射。高宗建炎三年，两仆射并加同平章事，改两省侍郎为参知政事，废尚书左右丞。孝宗乾道八年，依汉制，改左右仆射为左右丞相，除去三省长官。仆射旧为从一品。以丞相为百僚师长，升为正一品。

平章之官，有加军国字者。吕夷简以司空，平章军国大事。吕公著以司空同平章军国事。文彦博以太师平章军国重事。皆班宰相上，所以处硕德老臣也。宁宗时，韩侂胄专政，以太师、平章军国事。说者谓："省同字则所任者专，省重字则所预者广。"度宗时，贾似道专政，亦以太师、平章军国重事。丞相既为极贵之官，而平章又踞其上，盖韩、贾揽权已久，卑宰相而不屑为，而欲加于相，以自比于文吕也。（看《廿二史劄记》卷二十六《宋宰相屡改官名》）

唐玄宗设翰林院以居技能之士，既而以中书务剧，文书多壅滞，乃置翰林学士，掌制诏书命，多以他官兼之。其后选用渐重，至号为内相。入院一岁，迁知制诰。宋以知制诰掌外制，翰林学士掌内制，谓之两制。侍讲、侍读之官，亦玄宗置之，隶集贤殿。宋移隶翰林，资浅者为崇政殿说书。元丰罢知制诰，以其职还中书舍人，而翰林之职仍旧。讲读去翰林之名，与说书自为经筵之官。宋朝重文士，待遇甚优。而翰苑经筵，最为清要。

修史之职，历代多属秘书。唐太宗始移史馆于门下，令宰相监修。玄宗复移之中书，又门下有弘文馆，太宗所建。中书有集贤殿书院，玄宗所置，皆贮图籍，多大臣兼领。宋改弘文为昭文，与史馆集贤院，谓之三馆，皆寓崇文院，无所隶。上相充昭文馆大学士，监修国史，次相充集贤院大学士。或置三相，则分领三馆。三馆及秘阁，号为储才之地。置修撰、直馆、校理等职。高者备顾问，其次任纂修，典校雠，均谓之馆职，必试而后命。一经此职，遂为名流。其以他官兼者，谓之贴职。又有殿学士。观文殿、资政殿、保和殿各置大学士学士，端明殿置学士，以宠宰执之去位者。真宗建龙图阁，以藏太宗御制文集。置学士、直学士，待制掌之。自后帝御集，皆仿此例（仁宗建天章阁，藏真宗御集。英宗建宝文阁，藏仁宗御集。神宗以英宗御书，亦附宝文。哲宗建显谟阁，藏神宗御集。徽宗建徽猷阁，藏哲宗御集。高宗建敷文阁，藏徽宗御集。孝宗建焕章阁，藏高宗御集。宁宗建华文阁，藏孝宗御集。又建宝谟阁，藏光宗御集，理宗建宝章阁，藏宁宗御集。度宗建显文阁，藏理宗御集）。元丰年间，以崇文院为秘书省，罢三馆之职。自是诸阁学士、待制为朝臣补外加恩之官。直龙图阁直秘阁为藩阃监司之贴职，皆不试而除。政和年间，增贴职，置修撰三等（集英殿、右文殿、秘阁），直阁六等（龙图、天章、宝文、显谟、徽猷、秘阁）。于是带职者甚众，滥及俗夫童骏，其名始轻。其后设阁益多，职亦随增。而学士待制直阁之官不可胜计矣（看《廿二史劄记》卷二十四《宋诸帝御集皆建阁藏贮》）。

乙、辽之内官制　辽本陋夷，官制简朴。于越极崇。无职掌，坐而论议，非有大功德者不授。太祖以遥辇（即唐书契丹王钦德，旧五代史作沁丹）氏于越受禅，终辽之世，居其位者，不过数人。其次曰宰相。太祖以皇后兄为北府宰相，以皇弟为南府宰相。其后两府各置左右宰相。皇族四帐，世预南府之选。国舅五帐，世预北府之选。夷离堇掌部族军民之政。太祖在遥辇之世，尝为此官。太宗改夷离堇为北南院大王，分管北南部族。夷离毕掌刑狱，林牙掌文翰，敌烈麻都掌礼仪。皆总于两府宰相。又有御帐官，贵戚为侍卫，北南部族为护卫，武臣为宿卫，亲军为禁卫，俱掌防卫御帐。有皇族帐官，皇族之疏远者，隶于北南二王。近属四帐，以大内惕隐及四常衮治之。而大惕隐总诸皇族之政教。太祖尊遥辇九帐，居皇族之上。又重国舅以耦皇族，皆置常衮治之。

先是契丹为唐属国，习闻河北藩镇受唐官爵，乃置太师、太保、司徒、司空，施于部族。辽兴，因之。北南院及御帐诸帐僚属，多有师保等官，其名益轻，与唐公师复异。太宗得燕云十六州，始仿唐制。设公师省台寺监之官，谓之南面，以治汉地租赋军民之事。号契丹官为北面，依旧掌宫帐部族属国之政，南北各因俗而治。及入汴，复设枢密之职，北面有北南院枢密使。北院掌兵机武诠群牧之政，南院掌文诠部族丁赋之政。南面置汉人枢密使，掌汉人兵马之政。中叶弥文，有给谏，有郎官，有诸卫，有东宫官。翰林掌内制，中书舍人掌外制。国史有院，起居有注。京府方州兵刑财赋之官，亦皆用汉名。于是南面之官，殆遍于国内矣。

丙、金之内官制　金初，设官最简。官长皆名勃极烈（即贝勒）。太祖以都勃极烈（即达贝勒）嗣位。太宗、熙宗居储位，号谙版勃极烈（即阿木班贝勒）。谙版者，尊大之称也，当储君之位。其次为国论勃极烈（即固伦贝勒），当宰相之位。有忽鲁及左右之别，皆国相也。其下有诸勃极烈，概以宗室任之。部族之长曰勃堇，统数部者曰忽鲁。

太宗兼制中国，始置枢密院、尚书省。熙宗改定官制，废女真旧官。置尚书左右丞相平章政事，并为宰相。尚书左右丞、参知政事贰之。而以三师领三省事者为元辅。侍中中书令虽有其官，常以左右丞相兼之。至正隆初（废帝亮八年，宋高宗绍兴二十六年），遂罢两省，以尚书令代领三省事之职。尚书六部之外，有院（枢密宣徽翰林谏院）、台（御史）、寺（太常大理）、监（秘书国子太府少府都水）、府（大宗正）、司（殿前都点检司，武卫军司、卫尉司）之官。大率循辽、宋之旧，而加精整。世宗时，文武官不满二万。女真什四，汉人什六。章宗末年，乃增至四万七千余员。而冗官之弊，与宋不异也。

二、外官制及地方制

甲、宋之地方官制　五代初，中国分为十一国。北有燕晋，西有岐蜀，南有荆、楚、吴、吴越、闽、南汉。梁虽代唐祚，其地不过七十八州，四分唐而得其一。晋平燕灭梁，岐王称臣，是为后唐，地较五代为稍大。蜀为后唐所灭，后蜀踵起。南唐代吴，戡闽破楚，而不能有。周篡汉，而北汉分。列国纷争，得失不常。大约前后蜀（今四川）、南汉（今两广）最大，吴南唐（今江苏、安徽、江西三省）次之。楚（今湖南）、吴越（今浙江及江苏太湖以东）、北汉（今山西中部）又次之。荆南（今湖北荆南道）最小，仅有三州。而唐、晋、汉、周相继，皆统百余州。

宋太祖代周，平荆、湖、蜀、南汉、南唐。太宗受之，平北汉。吴越献地。于是唐之旧域，始归于一。然唐自中叶以后，辽东（今辽宁省）悉属渤海，陇右大半（今甘肃西南部）陷于吐蕃，剑南南部（今云南省大半）没于南诏，安南亦拒唐命，至宋初自立为王国。燕云之地（今北平及河北、山西北境），自石晋献于契丹，历汉周迄宋，不能复取。及西夏叛去，陕西北境（今绥远及陕西北、甘肃东北部）又失。故宋之建国，虽文治轶于汉唐，而版图则不及远矣。

太宗置十五路，曰京东、京西、河北、河东、陕西、淮南、江南、荆湖南北、两浙、福建、西川、峡西、广南东西。真宗分峡西为利州、夔州路（利州路，陕西汉中道，四川、西川道，故龙安府嘉陵道，故保宁府。夔州路，今四川、东川道，即故夔州、绥定、重庆三府，忠酉阳二州）。分西川为梓州成都路（梓州路，今四川嘉陵道，故潼川、顺庆二府永宁道，故叙州一府资泸二州。成都路，今四川、西川道，故成都一府，绵茂二州。建昌道，故雅州、嘉定二府，邛眉二州）。分为东西二路（东路今江苏金陵道，故江宁府，安徽芜湖道及江西浔阳道，故饶州府，豫章道，故广信府。西路，今江西）。仁宗分足东置京畿路（今河南，开封道）。神宗分河北、京东、淮南各为东西路（河北东路，今河北津海道及大名道一部，即故天津、河间、大名三府。冀州一州，山东东临道、济南道各一部，即故东昌、武定二府。临清一州，河北西路，今河北保定道及大名道一部，河南、河北道，京东东路，今山东东道。京东西路，今山东西南境及河南开封道，故归德府。江苏徐海道淮南东路，今江苏淮扬道及安徽淮泗道，故滁泗二州。淮南西路，今安徽安庆道及淮泗道一大部。河南汝阳道，故光州、湖北。江汉道，故黄州府）。分京西为南北路（北路，今河南中部及安徽淮泗道，故颍州府。南路，今河南汝阳道及湖北北境）。分陕西为永兴、秦凤路（永兴路，今陕西大半及河南河洛道，故陕州、山西。河东道，故解州、蒲州府。甘肃泾原道，故庆阳府。秦凤路，今陕西关中道，故凤翔府及甘肃东南部）。凡二十四路，府州军监三百五十余，县千二百余。

神宗开拓疆土，北复绥银（属永兴路，今陕西榆林道。绥，今绥德县。银，今米脂县），西取熙可（属秦凤路，今甘肃兰山道。河，今导河县。熙，今狄道县），南剿苗瑶，攘交趾。绍圣崇宁频用兵西边，虽夏人寝衰，而宋民力亦弊。是时边将邀功，梓夔广西荆湖，迭辟土宇，鲜有宁岁。徽宗与金约夹攻辽，欲取复塞内旧境。而宋兵不利，燕云皆为金有。宋人请于金，得燕京六州及云中之朔、武二州（今山西雁门道，朔，今朔县。武，今宁武县）。因建燕山、云中二路。甫阅二岁，而祸衅起。京师失守，二帝为虏。京东、河南、陕西皆没。自是以后，宋所有者，淮汉以南十六路（淮南东西、江南东西、浙江东西、福建广南东西、荆湖南北、京西、利州、夔州、潼川、成都）而已。

唐时节度使为阃帅，察团练使为监司，防御使为边将，刺史为郡守。至宋皆有其官，而无职任。特以为武臣迁转之次序。置知府、知军、知州事，以掌郡政。又置通判以为之副。转运使总各路漕运、财赋、刑狱，兼按察所部官吏。马步军都总管、兵马钤辖、经略安抚使、膺阃帅边将之任。真宗置诸路提点刑狱，掌狱讼及按察之事。于是漕司之权始分。神宗重财政。差官提举各路常平仓。掌常平敛散之法，亦兼按察之职。徽宗加置茶盐提举，高宗合为一司，名提举常平茶盐公事。阃帅、转运、提刑、提举谓之帅漕宪仓，俱为监司。郡县皆受制焉。四司各自建台，专有掾佐。而号令之行于统属者极烦矣。

乙、辽之地方官制　辽起临潢。降奚霫室韦，略营平，灭渤海，援立石晋，得燕云十六州。自是国力强大，动陵南夏。举全宋之力，不能有以加焉。其盛时，府州军城一百六十余。因五京（上京，临潢府。中京，大定府。东京，辽阳府。南京，析津府。西京，大同府）之名，分为五道（上京道，今内蒙古克什克腾以东诸部之地；中京道，今热河道，辽宁辽沈道西部，即故承德府、锦州府；东京道，今辽宁辽沈道东部，吉林省大部及朝鲜北境；南京道，今北平及津海道北部，即故顺天、永平二府，易遵化二州；西京道，今口北道，山西雁门道，即故宣化府及大同朔平、宁武、三府）。五道内外，部族属国甚众。东至海，西至金山，北至胪朐河（今名克鲁伦河，在外蒙古车臣汗部），南与宋、夏、高丽相接。

丙、金之地方官制　金据渤海之旧壤，西向灭辽。数年之间，悉平五道，继取宋四京（东京开封府，西京河南府，南京应天府，北京大名府）。割地至淮汉。辽之藩属，自夏、高丽以下，前后降附。升辽南京为中都大兴府，以府尹兼中都路兵马都总管。改辽中京为北京，宋东京为南京。东京、西京仍辽之旧号。金源旧都曰上京会宁府（海陵尝削上京之号，世宗复之）。五京皆置留守，带府尹，兼本路都总管。京府之外有诸府，府尹带总管者曰总管府，不带总管者曰散府。州有节度使者曰节镇，有防御使者曰防御郡，有刺史者曰刺史郡。总管府凡十五，曰曷懒（今吉林南境）、咸平（今辽宁东北境）、婆速（今辽宁东南境）、山东东西、河北东西、大名、河东南北、京兆、鄜延、泾原、凤翔、临洮。与中都五京，为二十一路。速频（今吉林东南境）、胡里改（今吉林东境）、蒲与（今黑龙江南境）三路，不置总管，以节度使统之。散府凡十一（广宁、兴中、临潢、德兴、中山、彰德、济南、归德、河南、河中、平凉），州一百四十七（内节镇三十六、防御郡二十二、刺史郡八十九）。又置转运司十三（上京、大名及东边诸路不置，合成平、东京为一路，曰辽东。京兆、鄜延曰陕西东路；泾原、凤翔、临洮曰陕西西路），提刑司九（五京及河北、河东、山东、陕西），分掌各路财赋刑狱之政。与总管各自为监司。

三、兵制

甲、宋之兵制　北宋兵制，分禁、厢、乡、蕃四等。禁兵为天子亲兵，守京城，备征伐。厢兵由诸州所召募，以供役使。乡兵则教民以武事，使为防守。蕃兵则纠察蕃人之内附者，恐其生变，以守御之。其初定制颇善，至仁宗时，西夏不靖，旧兵已有多而不精之弊。于是籍河北、河东诸路之民，以为乡弓手，谓之义勇。明出敕榜，但令守护乡里。必不刺（乡兵刺其手背，正兵刺面）充正军，屯戍边境。未几，尽食其言，民颇怨之。以故兵额愈多而愈不精。神宗以王安石之言，汰之。更立保甲法，以期寓兵于民。然其后废置不常，收效殊鲜。南渡之后，置御营五军，又置御前三军。而其时各镇尚宿重兵，与北宋之世不同，故能支持危局百余年。但马极缺乏，多从云南方面输入。体格矮小，不适于用。

陆游龙眠画马诗云："国家一从失西陲，年年买马西南夷，瘴乡所产非权奇。边头岁入几番皮，崔巍瘦骨带火印，离立欲不禁风吹。"（《放翁诗集》卷一，第五十一页）

乙、辽之兵制　辽之兵制，有宫帐、部族、属国、京州四军。宫帐军者，帝与后所置。生则扈从，葬则守陵者也。辽初以毡车为营，硬寨为宫。御帐之官，不得不谨。故有侍卫司、北南护卫府、宿卫司、禁卫局、宿直司、硬寨司诸官。皆所谓宫帐军也。部族军者，出自各部族，分隶南北府，而守卫四边者也。京州军者，出自民间之丁籍者也。属国军者，凡臣服于辽者，各出其军以供驱使者也。四者各自为军，而体统相承。凡民年十五以上、五十以下，皆隶兵籍。其权其事，皆北枢密院事之，不以假南面也。

丙、金之兵制　女真旧制，管军民者有穆昆，百夫长也。有明安，千夫长也。平时课其所属耕牧，有事则率之出战。及得中原后，虑汉民怀贰，移种人散处中原，给地屯种。以功臣为明安、穆昆总之。世袭其职，不隶州县。世宗患种人为民害，令其众自为保聚。土田与民犬牙相入者互易之，各有界址。章宗时，主兵者谓种人田少，请括民田之冒占者给之。于是种人倚国威，侵夺民田，民怨之彻骨。及宣宗南迁，乱民争屠种人，虽赤子或不免。皆明安、穆昆平时结怨之所致也。

四、赋税制

甲、宋之政费　宋朝待士甚优。俸禄之制，较前代为厚。文武阶官，月给料钱。春冬给绫绢及绵。在京职事官，别有职钱。如大夫为郎官者，既受大夫俸，又给郎官职钱。公、孤、宰执及诸武官，俸钱之外有禄粟，有随身衣粮及餐钱。京朝官及诸司使副等，有傔人餐钱。其官于外者，有公用钱，有职田。选人使臣无职田者，有茶汤钱。（看《廿二史劄记》卷二十五《宋制禄之厚》）

禄秩之外，又时有赐与，以施恩泽，酬功劳。仁宗崩，遗赐大臣，各百余万钱。谏官司马光率同列上疏乞罢之，不许。宋制，三岁一亲郊。每次赏赍数百千万。转运使于常赋外，进羡余以助其费。无名科敛，由是而起。神宗时，光又请听百官辞南郊赏赍。亦不许。（看《廿二史劄记》卷二十五《宋郊祀之费》）

又有祠禄之制，以养老优贤。初，真宗建玉清昭应宫，以宰相王旦充使。后旦以病致仕。乃命以太尉领宫使，给宰相半俸。又有景灵宫、会灵观、祥源观等，皆以宰执充使。丞郎学士以上充副使，庶僚充判官都监等。初设时员犹少，后以优礼大臣之老而罢职者，日渐增多。神宗熙宁中，王安石欲以此处异议者，遂著令，宫观毋限员数。又诏诸州宫观五岳庙，并置管勾提举等官，以此食禄。仍听从便居住。自是朝官请罢者及责降者，率皆奉祠。（看《廿二史劄记》卷二十五《宋祠禄之制》）

恩荫之制，历代皆有之，而至宋滥甚。文臣中散大夫以上，得荫小功以上亲。保和殿大学士以上，荫至异姓亲。公、孤、宰相开府仪同三司，荫至门客，武臣亦准之。郊祠之岁，宰执荫本宗异姓及门客、医士各一人。大小各官，皆得荫子，约四千人。又有致仕荫补遗表荫补。由是一人显仕，则子孙亲族俱可得官。如奏荫异姓者，至得高资为市。然此犹属定例，非出于特恩也。仁宗天圣中，诏五代时三品以上告身存者，子孙听用荫，则并及于前代矣。明道中，录故宰臣及员外郎以上致仕者子孙，授官有差，则并及于故臣矣。甚至新帝即位，监司郡守遣亲属入贺，亦命以官，则更出于常荫之外矣。此外因优眷赏恤加荫者尚多，兹不具述。（看《廿二史劄记》卷二十五《宋恩荫之滥》）

太祖开国时，设官分职，尚有定数。其后贡举之盛，荐辟之广，杂流之猥，恩荫之滥，日增月益，不可纪极。真宗之世，郎官四百余人，太常国子博士等数百人。率为常参，不知职守，只以恩泽而序迁。内外官通一万三千余员，而吏胥不与焉。真宗咸平中，尝减冗吏十九万人。所减者如此，未减者可知也。英宗时，诸官至三万四千员。大臣罢退者，多优以藩镇空名，待制以下，亦或带留后、观察等衔。于是节度使至八十余人，刺史以上数千人。禄赐例与现任者同，皆坐廪国帑。南渡以后，封疆既蹙，而冗员更多，内外官逾四万。如川陕一军，兵数不满七万，内有军官万余人，其俸禄比兵士之给过十倍。冗官廪费，至此而极矣。（看《廿二史劄记》卷二十五《宋冗官冗费》）

乙、宋之赋税制　宋初，赋类凡五：一曰公田，即官庄、屯田、营田等，赋民耕而收其租者是也；二曰民田，百姓各得专之者是也；三曰城郭，宅税地税之类是也；四曰杂变，牛革蚕丝食盐之类，随其所出变而输之者是也；五曰丁口，计丁率米是也。其征额或三十取一，或二十取一，无定率。征税分夏、秋两期，与唐同。其输入分四类：一谷，二布帛，三金钱，四物产。至于茶盐皆归官鬻。税契之法，始于东晋。历代无可考。至宋太祖时，始为定制。令民典卖田宅，输钱印契，限以两月。其时国用虽滥，然主皆宽厚，吏治亦淳，尚无病民之事。自神宗行青苗等法，而民始受害。然犹为富国强兵起见也。及徽宗时，蔡京当国，专以奢侈惑暗主，动引周官惟王不会为词，遂至牟取无艺。是时赋税之外，有御前钱物、朝廷钱物、户部钱物等税。搜敛各不相知，肆行催索。又有大礼进奉银绢，有赡学桑本钱。陕西河东等处，最遭根括之害。富民多弃产而迁京师，或入川蜀。甚至花石纲之扰，运一石，民间用三十万缗，而东南又大困矣。

南渡后，因军需紧急，取民益无纪极。高宗在扬州，四方贡赋不至。吕颐浩、叶梦得奏增添酒钱、卖糟（即酒糟）钱。典卖田宅增印契钱。官吏请给除头子钱，楼店务增收房钱，令各路宪臣领之，号为经制钱。绍兴五年，参政孟庾总领财用，增经制之额，析为总制钱。州县所收头子钱，贯收二十三文。以十文作经制上供，余十三文充本路用。他杂税亦一切仿此。其常平钱物，旧法贯收头子钱五文，亦增作二十三文，以十八文入总制司。孝宗乾道中，又诏诸路出纳，每贯收五十六文，以充经总制钱。又有月桩钱（计月桩办大军财物，故名月桩钱）。绍兴二年，韩世忠驻军建康。吕颐浩等议，令江东漕臣，每月桩发大军钱十万缗。漕司不量州军之力，一例均科。于是州县横征，江东西之害尤甚。两浙、福建则有板帐钱（账者，计薄也，板者，殆一定之义），亦军兴后所创。其额太重，州县苦于趁办，于是输米则增收耗利，交钱帛则多收糜费。幸富人之犯法，而重其罚；恣胥吏之受赇，而课其入。索盗赃则不偿失主，检财产则不及卑幼。亡僧绝户，不待核实而入官；逃产废田，不为消除而勒纳。有司固知其违法，而非此则无以办板帐之额也。淳熙五年，诸州上供，比绍兴额增至七倍。此在孝宗有道之世，已极脧削之害也。理宗时，贾似道当国，以国计困于造楮（即纸币），富民困于和籴（和籴之法，始于北魏。官出钱帛，民出粟米。两和商量以为交易。唐之盛时，缘边西北。拓广地，戍重兵，营田地。租不足赡军，和籴之法亦行之。至宋遂为军饷、边储一大事。以富户承任之）。思有以变其法，而未得其说。知临安府刘良贵等，遂献买公田之策。似道趣之，乃命台谏上疏："请复祖宗限田之制（仁宗初，诏限田。公卿以下，毋过三十顷。衙前将吏应复役者，毋过十五顷）。以官品计顷，以品格计数。将官户田产逾限之数，抽三分之一，回买以充公田。但得一千万亩之田，则每岁可收六七百万石之米。可免和籴，可以饷军，可以住造楮弊，可平物价，可安富室。"帝从之，诏买公田。其初犹有抑强削富之意。继而敷派，除二百亩以下者免，余各买三分之一。其后虽百亩之家亦不免，立价以租。一石偿十八界会子（即纸币，参看下段币制）四十。而浙西之田，石租至有值千缗者，亦就此价。价钱稍多，则给银绢各半。又多则给以度牒告身准直。民失实产而得虚告，吏又恣为操切，浙中大扰，民之破家失产者甚众。后又行经界推排法于诸路。由是江南之地，尺寸皆有税。而民力竭矣。（看《廿二史劄记》卷二十五《南宋取民无艺条》）

丙、辽之赋税制　自太宗时，始籍五京户口以定赋税。圣宗以后，沿边各置屯田，易田积谷，以给军粮。在官斛粟，不得擅贷。在屯者力耕公田，不输税赋。此公田之制也。余民应募，或治闲田，或治私田，则计亩出粟，以赋公上。募民耕滦河旷地，十年始租。此在官闲田制也。又诏山前后（即燕云等州，山者，太行山也）未纳税户，并于密云（京兆密云县）、燕乐（密云县东北）二县占田置业入税。此私田制也。关市山场等征税，亦有之。

丁、金之赋税制　田分官私，官地输租，私田输税。输税之法，仿分夏、秋两期。夏税亩取三合，秋税亩取五升。又纳秸一束，束十五斤。输租之法，大率分田为九等，而差次之。平均亩征五斗。较之民田，重殆倍蓰也。其余榷茶、榷盐、榷酤及商贾杂税等，多与宋同。又有推排物力者，举民之邸舍、车乘、畜牧、藏镪之数，一一而算计之。按其贫富，以定差役之数。使饶裕者不得幸免，而消乏之户不致重困。其法盖始于宋高宗，行之于江南，金世宗从而效之。自大定（世宗年号）以至泰和（章宗年号），朝议纷纭。使车旁午，闾阎劳扰不堪，至不敢有所营运。本以恤民之政，而至于厉民，宋室尚不致如此也。

附宋之币制

甲、现币　五代时，闽、楚、蜀皆用铁钱，与铜钱兼行。宋太祖时，铸宋元通宝，重准开元，禁诸州轻小恶钱。旧俗用铁钱者听之。太宗铸太平通宝及淳化元宝。自后每改元更铸，皆称元宝。冠以年号。设池（今安徽芜湖道，故池州府）、饶（今江西浔阳道，故饶州府）、江（今江西浔阳道，故九江府）、建（今福建建安道，故建宁府）州四监，铸铜钱。邛（今四川建

昌道, 故邛州)、嘉 (今四川建昌道, 故嘉定府)、兴 (今陕西汉中道, 沔县) 州三监,
铸铁钱。仁宗庆历中, 西事棘, 军需乏。陕西请铸当十大钱。河东又
铸铁钱。复敕江南诸州杂铸大小钱, 悉辇致关中。于是盗铸者云起,
钱文甚乱。其后以小铁钱三, 当铜钱一。当十铜铁钱减作当二。盗铸
乃熄。神宗熙宁中, 铸铜铁钱, 皆当二, 谓之折二钱。是时诸路铜钱
监十七, 岁铸五百余万贯。铁钱监九, 岁铸八十余万贯。官铸之盛,
数十倍于汉唐。而国用日广, 常苦钱少。徽宗崇宁中, 铸折十铜钱及
夹锡大铁钱行之。立法苛切, 所在骚然。其后复废大钱, 而折二钱独
行。高宗南渡, 数遭兵燹, 州县鼓铸皆废。驯及绍兴, 所铸无几。乃
造楮币以佐国用。

宋代币制表

时代	钱制	钱质	钱监
太祖时	宋元通宝	铜	
太宗时	太宗通、淳化元宝	铜	池、饶、江、建四监
	以后皆冠年号	铁	邛、嘉、兴三监
仁宗时	当十大钱	铜	陕西
	铁钱	铁	河东
	大小钱	铜	江南
神宗时	当二钱	铜	凡十七监
		铁	凡九监
徽宗时	折十钱	铜	
	夹锡大铁钱	锡铁	

乙、纸币 先是唐宪宗元和中, 中国钱少, 不敷市面流通。商贾
至京师, 委钱诸路进奏院及诸军, 使富家以轻装趋四方, 合券取之,
号飞钱。宋太祖时, 效其故事。许民入钱左藏库, 于诸州便换, 置便
钱务, 作券以给之。又蜀富人患铁重, 私作券, 以便贸易。每以三年
为界而收之, 谓之交子。后赀衰不能偿, 争讼数起。转运使薛田请
置交子务提衡之, 禁民私造。至徽宗崇宁间, 陕西、河东、京东、京

西、淮南亦皆行交子。交子又名钱引，义与茶、盐、钞引同。暂以代钱，实为兑现纸币。故必积钱为本，乃可通行。大观中，不蓄本而增发，渐变为不兑现纸币，始壅而不通，至引一缗直十余钱。高宗绍兴初，造见钱关子，付州四将。募商人纳钱以给军。执关子诣榷货务请钱，愿得杂货钞引者听，既而出纳留难，人皆嗟怨。关子亦钱引也，后又改为会子，通行于淮、浙、京湖诸路。凡上供及民间典卖皆用之。虽三年为界，唯造新换旧而已，无偿还之期，实为一种不兑现纸币。孝宗用心铸钱，虑会子病民，屡出钱银收换，使无壅滞。光宁以后，发楮愈多，折阅日甚，称提无策，国大耗弊。

附金之币制

金初不铸钱，用辽宋旧钱。海陵循宋交子之法，造交钞，不限行用年月。若岁久字昏，许于所在官库，纳旧换新，或听便支钱。正隆（海陵炀王年号）中，始置钱监。然鼓铸不广，敛散无方，大抵楮多钱少。章宗铸银货，每两折钱二贯。寻以奸铸难禁，罢之。宣宗南迁，用度繁殷，专仰于钞，有出无入。至老钞几贯，惟易一饼。而金祚亡矣。

宋金时代纸币表

时代	名称	办法	性质
唐宪宗元和中	飞钱	商贾至京师，委钱诸路进奏院，以轻装趋四方，合券收之	汇票
宋太祖时		许民入钱左藏库，于诸州便换，置便钱务，作券以给之	同
宋真宗时	交子	蜀富人患铁钱重，私作券以便交易，每以三年为界而收之	钱票
仁宗时	交子	转运使薛田请置交子务提衡之，禁民私造	国家银行兑现纸币
徽宗大观中	交子		不兑现纸币
高宗时	关子后改会子	募商人纳钱以给军，执关子诣榷货务请钱，或易杂货钞引	不兑现纸币
金海陵时	交钞		不兑现纸币

五、刑制

甲、宋之刑制　宋代刑法，仍循唐制，惟法典随时修辑。分目凡四，曰敕令格式。丽刑名轻重者为敕；载约束禁止者为令；言等级高下者为格；有体制模楷者为式。刑分五等，仍用笞、杖、徒、流、死。然于当流者，往往加杖与配役，是一人而受三刑也。有刺配法，既杖其背，又配其人，且黥其面，是亦一人受三刑也。有凌迟法，先断肢体，后绝其吭，是兼施身体刑与死刑也。惟宋历代君主多宽厚，太宗太平兴国六年，诏自今长吏，每五日一虑囚。限大事四十日，中事二十日，小事十日。先是诸州流人锢送阙下，多路毙者。至是用张齐贤言，悉免锢送。仁宗尤加意钦恤，诏内外官司听狱决罪，须躬自阅实。哲宗时，章惇、蔡卞用事，置同文馆狱，将悉诛元祐诸臣，赖哲宗有诏弗治。徽宗时，蔡京当国。有所陷害，则假御笔行之，不依法令。至高宗南渡后，悉行停止。孝宗究心庶狱，每岁临轩虑囚。旧以绢计赃者，诏遽减其数以宽假之。理宗起自民间，具知刑狱之弊。初即位，亲制审刑铭以警有位。宋虽不竞于武，而前后三百余年，苛虐之主不出于其间。其爱惜民命，实比汉唐为胜。享国长久，此亦其效欤。

乙、辽之刑制　初甚严酷，后渐折衷于礼。刑有四等，死刑有斩、绞、凌迟之属。流刑量罪轻重，置之边城部族之地。远则投诸境外，又远则罚使绝域。徒刑有三：一终身，二五年，三一年半，杖刑自五十至三百。大致与宋略同。

丙、金之刑制　初甚简易。轻罪笞以柳葼（子红切木细枝也）。杀人及盗劫者，击其脑杀之，没其家资，以十之四入官，其六偿主，并以家人为奴婢。其狱则掘地深广数丈为之。章宗以后，刑法渐密。宣宗尤喜用刑，朝士往往被箠楚，至用杖决以死。

六、学校制及选举制

唐末之乱，文学废坠。唯印书之术，则创始于唐，而扩充于五代。钞录省功，卷轴变为书册。冯道相后唐，奏令国子监校正九经

《诗》《书》《易》《三礼》《春秋》《三传》），雕印卖之。由是经籍传布渐广，文学普及之端实启于斯矣。然运属否塞，干戈无已，文明之利器，亦莫能效其力也。周世宗以史馆乏书，锐意求访。凡献书者，悉加优赐。宋太祖亲临国子监，诏修饰学舍，塑绘圣哲群贤像。自为先圣、亚圣赞，命文臣分撰余赞。自是臣庶始知贵儒学。太宗好学，诏中外购募亡书。立崇文院，贮书八万卷。又命有司摹印《史记》《两汉书》。是后书籍刊镂者益多。真宗幸曲阜，谒孔子庙，追谥曰玄圣文宣王，封七十二弟子、二十一先儒为公侯伯。然所崇在道教，天书封祀制作纷纷。奖学之政，殆属空文。仁宗广太学，置生员二百。召名儒胡瑗为讲师，且诏诸州皆立学校，于是儒教大兴，文化之盛，遂出于汉唐之上矣。

唐朝取士，专由科举。五代虽乱杂，贡举不废。有进士科，有明经诸科。周世宗又置制举三科：曰贤良方正科、经学优深科、详闲吏理科。今朝野之士，并得应举，试以策论。宋亦沿之。有制举、常贡之别。制举不常，或行或罢。真宗增科为六，曰贤良方正、博通坟典、才识兼茂、详明吏理、识洞韬略、材任边寄。未几，废之。仁宗复六科，以待京朝官。别增三科，曰高蹈丘园、沉沦草泽、茂材异等，以待布衣。置书判拔萃科，以待选人之应书者。皆先试秘阁，中格，然后帝亲策之。其常贡，则诸州每秋发解，冬集礼部，春考试。凡进士试诗赋论及帖经墨义，诸科（九经、五经、通礼、三礼、三传、三史、学究一经等）专试帖经墨义。开宝中，有进士诉知举官用情取舍，太祖乃择下第并中选者，亲御讲武殿别试。自是殿试遂为永制，虽非制科，亦得对御试。太宗以来，贡举每间一二年行之。举人集京者，率逾一万。赐第甚广，岁或至千余人。恩礼优厚，皆直授官秩。年老屡举者，虽试文不中格，亦免黜落。而进士得人最盛，英俊名贤，多由是而出。其高第者，不数年，辄赫然显贵，或至公辅。仁宗切于求士，庆历中，命范仲淹等更张贡举。先策论而后诗赋，欲使文士留心于治乱也；罢帖墨而问大义，欲使执经者不专于记诵也。然人情沿习已久，不喜变更。明年，仲淹等去朝，此制遂不行。

神宗笃意儒学，悯举人奔竞之弊，诏议矫正之。王安石言，士少壮时，正当讲求天下正理，乃闭门学作诗赋。及其入官，世事皆所未习，此科举法败坏人材也。于是罢诗赋及帖经墨义，专以经义论策试士。帝又以学者多不通法律，立明法科，令进士选人任子悉试律义。时制举人吕陶、孔文仲对策切直，忤安石。后吕惠卿参知政事，奏罢制科。

安石欲取士本于学，增修太学。生徒釐为三舍。始入为外舍生，定额七百人，后增为二千。内舍三百人，上舍百人。月考试其业，优等以次升舍。元丰颁学令，上舍试分三等。上等不须殿试，而命以官。中等免礼部试，下等免解试。罢春秋不列学官。

哲宗元祐中，罢新法，立十科举士法，曰师表、献纳、将帅、监司、讲读、顾问、著述、听讼、治财、能谳。令侍从以上，每岁保举三人。复制科，置春秋博士。又复诗赋，与经义并行。立为两科，罢明法科。时程颐看详学制，以为学校礼义相先之地，而月试使争，殊非教养之道，请改试为课，不考定高下。置尊贤堂，以延道德之士，设待宾吏师斋，立观光法。若是者数十条，皆不果行。

绍述之论起，罢十科举士法。诏进士罢诗赋，专习经义。罢制举，设宏词科。复废秋春科，置律学博士。国子监请以安石所撰字说洪范传及王雱《论语》《孟子》义，刊板传学者。学校举子之文，靡然从之。

徽宗崇宁中，再倡绍述。作辟雍于京城南，以处外舍生。而太学专处上舍、内舍。增上舍至二百人，内舍六百人，外舍三千人。令州县皆兴学，推行三舍法。自县选考升诸州，自州贡入辟雍，州发解及省试并罢，岁差知举试太学上舍。意若尊经重学，而其实驱学者专宗王氏。后又以八行举士，曰孝、友、睦、姻、任、恤、忠、和，不试而补三舍，其弊滋出。罪状元祐诸贤，谓之奸党，禁其学术。宣和中，罢州县三舍法，复行科举，再禁元祐学术。举人传习者以违制论。

靖康难起，始除元祐党籍学术之禁。复置春秋博士，禁用王氏字说。

高宗中兴，科举兼用经义诗赋。复贤良方正科，复十科举士法。

和议既定，诏诸州修学官。又建太学，养士七百人，重修三舍旧法。别立宗学，以教诸宗子。

孝宗喜苏轼之文，刻其集赐序。策进士，多自升黜。于是苏氏文学大重于世，科场奉为程式。淳熙中，谢廓然请毋以程、王之说取士，赵彦中又疏排洛学，孝宗纳其言。后郑丙、陈贾承宰相王淮之意，痛陈道学之弊，请摈斥其人，盖指朱熹也。由是道学之名，贻祸于世。淮罢，周必大欲用熹。林栗劾熹，以为乱人之首。光宗时，刘光祖请禁讥道学者，进士王介策亦极赞道学，由是谤讥少阻。

宁宗庆元初，韩侂胄用事，群邪辅之。疏道学姓名，以次斥逐。京镗何澹等以为道学名美，更目为伪学，诏榜于朝堂。二年，叶翥、刘德秀知贡举，文稍涉性理者，悉皆黜落，奏毁近世语录之类。胡纮论伪学之祸，请锢其党，自是学禁愈急。纮又教人诬论熹十罪，褫其职。三年，置伪学之籍，号为逆党，著籍者五十九人。嘉泰中，侂胄稍悔前事，学禁始弛。

侂胄既诛，宁宗追悔前事，复熹官阶，赐谥文公，以论孟集注列于学官。理宗深崇理学，以周、张二程与熹并从祀孔庙。先是从祀有安石父子，淳熙中，始黜王雱，至是并黜安石。度宗为太子，奏增祀张栻、吕祖谦。既即位，又增邵雍、司马光，进曾参、孔伋配享，与颜孟、为四配。

宋世朋党之论，造于仁宗景祐间，君子、小人迭为消长。哲宗元祐中，贤者满朝，亦有洛蜀自分党相攻。自绍圣以来，权奸屡当国，党禁迭出。而道学唯行于草泽，未能有大施于朝政。及理宗表章程、朱，则宋祚既倾矣。元明相承，以至于清。虽文教时有隆替，洛闽之说，常为儒学之正嫡，贡举学校皆用是取士。盖贤哲之言，诎于当时，而信于后代者，自孔孟皆然也。

宋代科举制表

种类	时代	名称	考试法	受试验者之资格	初试地点	再试地点	三试地点	存废
制举	宋初三科	贤良方正	策论	朝野之士皆得应举	秘阁	帝亲策之		
		经学优深	同	同	同	同		
		详闲吏理	同	同	同	同		
	真宗时改为六科	贤良方正	同	同	同	同		
		博通坟典	同	同	同	同		
		才识兼茂	同	同	同	同		
		详明吏理	同	同	同	同		
		识洞韬略	同	同	同	同		
		材任边寄	同	同	同	同		
	仁宗时增三科	高蹈丘园	同	布衣	同	同		
		沉沦草泽	同	同	同	同		
		茂材异等	同	同	同	同		
	哲宗初立十科	书判拔萃		选人	同	同		
		师表						
		献纳						
		将帅						
		监司						
		讲读		侍从以上每岁保举三人				绍圣中罢，高宗时复
		顾问						
		著述						
		听讼						
		治财						
		能谳						
常贡	宋初	进士	诗，赋，论及帖经墨义	诸生	诸州	礼部	殿试	

种类	时代	名称	考试法	受试验者之资格	初试地点	再试地点	三试地点	存废
常贡	宋初	明经诸科九经，五经，通礼，三礼，三传，三史，学究一经	帖经墨义	同	同	同	同	
	仁宗时	进士	先策论，后诗赋	同	同	同	同	
		诸科	罢帖墨，问大义	同	同	同	同	
	神宗时	进士及诸科	罢诗赋及帖经墨义，专以经义策论取士	同	同	同	同	
		明法科	律义	进士，选人，任子				元祐中废
	哲宗元祐中	进士及诸科	复诗赋与经义并行	诸生				
	同绍圣中	进士	罢诗赋，专习经义	同				
	高宗时	同进士	兼用经义诗赋	同				

第二节　学术

一、北宋儒学

孔门之学主道德，始于修己，终于治人。而文学唯居四科（德行、言语、政事、文学）之一，学者未专以读书为儒业也。秦汉以后，距圣已远，诸儒依遗文求道，世相师承。五经既各有专门，一经又分为数家，儒道遂为章句训诂之学矣。申培、毛亨、伏胜之徒，传授旧经。贾（逵）、马（融）、郑（康成）、王（肃）训解古言。后人得因以窥先哲之遗意，其功诚伟。然此皆经师而已，以为道师则未也。自秦汉至宋初，一千二百余年，举其能论道者，仅得四人，汉有董仲舒、扬雄，隋有王通，唐有韩愈。董醇而拘，扬隐而僻，王博而迂，韩正而粗，皆不能及宋儒之精且深也。

魏晋以来，释道之教，流布已久。至唐禅学又盛行，其说高远，超出尘俗之外。学士文人往往信而好之。顾蔑儒者日用彝伦之谈，以为浅近。韩愈愤之，极力排之。然愈之言类怒骂，未尝打破彼教宗旨。且其于道造诣未深，故文章虽雄，不足以大振起儒风。宋儒有鉴于此，因先哲之微言，凿而深之。高谈性命，详析理气，以敌佛家奥妙之说。于是儒学始为穷理之学，汉儒训诂之习一变。虽有异于孔孟切实之言，其精博深远，包括天人，则多古人所未论到。

宋代儒学之盛，始于仁宗时。胡瑗、周敦颐、邵雍实为先导。瑗，泰州（今江苏淮扬道泰县）人，七岁善属文，十三通五经，即以圣贤自期许。家贫无以自给，往泰山，与孙复同学，攻苦食淡，一坐十年不归。后以经术教授吴中。范仲淹聘为苏州教授，令诸子从学。滕宗谅知湖州，亦聘为教授。训人有法，科条纤悉备具，以身率先。时方尚诗赋，湖学独立经义治事斋，以敦实学。庆历中，仁宗兴太学。诏下湖州取其法，著为令。后召为国子监直讲，学者争归之，至黉舍不能容。礼部所得士，瑗弟子十常居四五。尝以颜子所好何学试诸生，得程颐作，大奇之，即请相见，处以学职，知契独深。颐之言曰："凡从安定先生学者，其醇厚和易之气，一望可知。"

周敦颐，道州（蜀荆湖南路，今湖南衡阳道道县，即故永州府道州）濂溪（在道县城西）人。以舅任为分宁（江南西路隆兴府属县，今江西浔阳道修水县，即故南昌府义宁县）主簿，决疑狱有声。调南安（军名，属江南西路，今江西赣南道，故南安府）司理，持法不阿。历任县令州佐，所至有治绩。熙宁中，迁知南康军属（江南东路，今江西浔阳道，故南康府）而卒。敦颐博学力行，为政精密严恕，务尽道理。掾南安时，通判程珦知其深于道，使二子颢、颐师之。敦颐每令寻孔颜乐处，所乐何事。尝著《通书》及《太极图说》，以探天理之根源，究万物之终始。

邵雍，共城（县名，属河北路卫州，今河南河北道辉县）人。少时自雄其才，慷慨欲树功名。始为学，坚苦刻励，寒不炉，暑不扇，夜不就枕者数年。既而逾河汾，涉淮汉，周流于齐鲁宋郑。久之，飗然来归，曰："道在是矣。"遂不复出。后迁居河南。富弼、司马光诸贤敬之，恒相从游。仁、神两朝，诏求逸士，雍皆中选，称疾不就官。安贫乐道，未尝皱眉，自号安乐先生。德气粹然，望之可知其贤。群居燕笑，不为甚异。人无贵贱少长，一接以诚。士之道洛者，莫不慕其风而造其庐。著书曰《皇极经世》。晚喜作诗，有《击壤集》。

周、邵之学，本出于道家。初，五代时，有道士陈抟，隐于华山。聪悟博览，道业甚高。得太极及先天图，以授种放。放授之穆修。修以太极图授敦颐，以先天图授李之才。之才授之雍。敦颐由是演无极太极之说。雍由是探颐索隐，推论天地之消长。雍精象数，知虑绝人，遇事能前知。然二程、张载皆重其德，而不贵其术，故传不广。至太极说则朱熹特为之注解，极其推崇，谓得千圣不传之秘，孔子后一人而已。陆九渊不以为然，朱、陆之同异，由是而起。

张载，郿县（旧属陕西凤翔府，今属关中道）横渠（镇名，在郿县东）人。少喜谈兵，欲结客取洮西。谒范仲淹，仲淹警之，因劝读《中庸》。载犹以为未足，搜究释老之说。知无所得，反而求之六经。与二程语道学之要，涣然自信曰："吾道自足，何事旁求？"尽弃异学，淳如也。第进士，为州掾县令，以敦本善俗为务。神宗熙宁中，以吕公著荐，召为崇文院校书。王安石问新政。载直规之，不合。移疾屏居南山（在陕西长安县城南）下，志道精思，未尝须臾息。著《正蒙西铭》及《易说》。每告诸生，以知礼成性，变化气资，学必如圣人而后已。吕大防复荐之，召同知太常礼院，以疾归。道卒。

程颢、程颐兄弟，河南人。初同学于周敦颐。后颐游太学，师事胡瑗。颢第进士，调鄂（县名，属陕西路永兴军，今属陕西关中道）、上元（县名，与江宁县共为江南东路江宁府治，今并入江苏金陵道江宁县）主簿，为晋城（县名，河东路泽州治，今属山西冀宁道）令。皆有异政，敦教化，为民所怀。以吕公著荐，权监察御史里行。神宗敬之，数咨治道。颢进说甚多，大要以正心、窒欲、求贤、育才为先。王安石更法令，颢指其不便，而每从容平议，安石亦愧屈。寻乞罢，改州县官。哲宗立，召为宗正丞。未赴而卒。颢资性过人，充养有道，和粹之气，溢于面背。门人交友从之岁久，未尝见忿厉之容。遇事优为，虽当仓卒，不动声色。其为学，泛滥于诸家，出入于释老者几十年，而竟归宿于孔孟。所著有《定性书》，学者咸传诵之。文彦博采众论，题其墓曰明道先生。

颐尝应进士举，值廷试报罢，遂不复试。治平元丰间，大臣屡荐，皆不起。元祐初，司马光、吕公著疏荐颐力学好古，真儒者之高蹈，召入经筵。每进讲，色甚庄，继以讽谏。既因与苏轼不相能。又更张国子条制。及请经筵坐讲，廷议多难之。遂出管勾西京国子监。绍圣中，罹党祸，窜涪州（属夔州路，今东川道涪陵县，即故重庆府涪州）。后得还洛，复宣义郎，致仕，卒于家，世称伊川先生。颐诲人不倦，学者多出其门。其学本于诚，以四书为标指，而达于六经。著《易春秋传》《孟子解》。张载谓其兄弟得孔孟不传之学，为诸儒倡。颢尝言："异日能尊严师道者，吾弟也。若接引后学，随人才而成就之，则予不得让焉。"盖颢之和、颐之严，风旨自不同也。

此外如司马光、吕公著、王安石、范镇、韩维、吕大防，虽不专以儒著，皆深于经术。刘安世、范祖禹师事光，皆为名儒。二程之门，游学尤盛。谢良佐、杨时、游酢、吕大临（大防弟）号程门四先生。谢、杨颇夹杂禅旨，故其徒多陷于异学。尹焞在程门，为晚出，而守师说最醇。胡安国与谢、游、杨三子交，以讲程学，尤深于《春秋》。至高宗时作《春秋传》上之。

二、南宋儒学

南渡诸儒，以杨时为魁，尹焞、胡安国亚之。时，南剑（州名，属福建路，今福建建安道，故延平府）人，倡道东南。闽人宗程学，由时之传。安国二子寅、宏皆学于时。有重名。宏作《知言》，吕祖谦以为过于正蒙。宏高弟张栻，宰相魏公浚之子也，颖悟夙成。宏一见即以孔门论仁之旨告之曰："圣门有人矣。"栻益自奋励，以学行政事，名显于孝宗朝。所著有《易》《论语》《孟子说》等。

宋人世传家学者，吕氏为最。初，吕蒙正事太宗，为时名相。其侄夷简三相仁宗。夷简子公著相哲宗。德望勋猷，亚司马光。世家之盛，古今所稀。而公著不以门阀自高，益能守正不挠。其子希哲初学于焦千之（欧阳修门人），又学于胡瑗、孙复、邵雍、王安石，后从程颢游。以儒行著，故其家有中原文献之传。希哲孙本中，亦从刘安世、游酢、杨时、尹焞等，博学以蓄其德。其不名一师，盖家风也。然公著家学未醇，希哲、本中皆参禅悦。本中从孙祖谦师林之奇、汪应辰（皆本中门人，汪又师胡安国及杨门张九成）、胡宪（安国族子，学易于程门谯定）。讲索益精，纯以张、程为宗，心平气和，不立崖异。事孝宗为太学博士，国史编辑。所著有《读诗记》《大事记》《书说》《左氏说阃范》等。祖谦与朱熹、张栻为讲友，其学亦相伯仲。然栻、祖谦皆早死，故其传不甚广。熹独老而益勉，竟为道学大宗。

朱熹，婺源（县名，属江东路徽州，今属安徽芜湖道）人。少有求道之志。受父遗命适崇安（福建路建宁府属县，今属建安道），从胡宪、刘勉之（谯定刘安世，杨时门人）、刘子翚（所师不详）禀学，第进士，主同安（福建路平海军属县，今属福建厦门道）簿，罢归。闻延平（津名，在福建建安道南平县城西）李侗受业杨时门人罗从彦，隐居乐道，徒步往从之，卒得其传。孝宗求言，熹上封事陈修攘之大计。其后屡起旋罢。大抵持正不合。其知南康军，值岁歉，讲求荒政，多所全活。丞相王淮荐提举浙东常平茶盐，所部肃然。而淮怨其切直，阴导言者，排击道学。及淮罢，入对。或要于路，曰："诚意正心之论，上所厌闻。"熹曰："吾平生所学，惟此四字，岂可隐默以欺吾君乎？"侃侃如初。宁宗立，召为侍讲。以上疏忤韩侂胄罢，寻遭诬劾，落职罢祠。熹登第五十年，仕于外者九考，立朝才四十日，卒年七十二。著述甚富。如《易本义诗集传》《四书集注》《小学》《近思录》《家礼》《通鉴纲目》为其最著者，其学大要格物以致其知，反躬以养其性，而以居敬为主。盖本于周、张、二程之说，而发明光大之。周出于濂溪，二程居洛，张居关中，而熹学于闽。故世称濂洛关闽云。

陆九渊，金溪（江西路抚州属县，今属豫章道）人。少时举止异凡儿，谓伊川之言，与孔孟不类。登孝宗乾道进士，历国子正，慨然陈恢复大略。除将作监丞，不果，罢祠还乡。学者辐辏，或劝著书。九渊曰："学苟知道，六经皆我注脚。"光宗初，差知荆门军（属荆湖北路，今湖北襄阳道荆门县），有异政，郡以为神。时相周必大称为躬行之效。初，九渊与兄九龄，讲贯理学，务穷本原，以顿悟为宗，稍近于禅，人号江西二陆。其学无所师承，然程门如谢良佐、王苹已发其萌芽，二陆因遂成一派矣。吕祖谦尝约二陆，会朱熹于鹅湖（山名，在江西豫章道，即故广信府铅山县），论辨多牴牾。盖熹之教人，以穷理为始事。谓此理已明，则可以诚意正心。二陆欲先发人之本心，而后使之博览，以应万物之变。后九渊访熹于南康，熹与俱至白鹿洞（在南康府，即今浔阳道星子县城西北，庐山五老峰下）。九渊为讲君子小人喻义利章，听者至为泣下。熹以为深中学者隐微深痼之病。至于无极太极之辨，则贻书往来，论难不置焉。熹弟子甚盛，蔡元定及其子沈、黄幹、辅广、陈淳辈，皆能传其道。真德秀受业朱门詹体仁。魏了翁私淑朱、张之学，并著名于理宗朝。九渊门人稍逊于朱，杨简、袁燮最知名。

宋室南渡，学统与之俱迁。金据中原百年，文士不乏，而无有一名儒。垂晚有赵秉文，本学佛而袭以儒。若李纯甫，雄文名世，而溺于佛老。凡宋儒之辟佛者，大肆掊击。司马、邵、张、程、朱之徒，皆不免焉。及蒙古兴，程、朱之道始入河北。宋既灭矣，而宋学益炽。上虽贱之，下自趋之。是则洛闽之沾溉者宏也。

三、北宋史学

宋仁宗以刘昫等所撰《唐书》卑弱浅陋，命翰林学士欧阳修、端明殿学士宋祁重修，曾公亮提举其事，十七年而成，凡二百二十五卷。修撰纪志表，祁撰列传。天文律历五行志，则刘羲叟为之。方镇百官表，则梅尧臣为之。礼仪兵制，则王景彝为之。非尽出欧、宋手笔也。是曰《新唐书》。事增于前，而文省于旧。然旧书精当处亦不可废，故二书并行。宋太祖时，诏修梁、唐、晋、汉、周书。卢多逊、李昉、李穆、张澹等同修，宰相薛居正监之。逾年而成，凡一百五十卷，目录二卷。后人总括之曰《五代史》，此官修史也。其后欧阳修私撰《五代史记》七十五卷。其为文学迁史，其立例学《春秋》，寓褒贬之意。唐以后所修诸史，惟是书为私撰。故当时未上于朝。修殁之后，始诏取其书付国子监开雕。于是学者始不专习薛史，然二书犹并行。至金章宗时，诏学官止用修史，于是薛史遂微。元明以来，罕有援引其书者，传本亦渐湮没。其得复成一书而列于正史，自前清始。以上诸史，盖皆纪传体也。英宗时，敕司马光编集历史君臣事迹，可以资鉴戒者，赐名曰《资治通鉴》。许其自选官属。全书凡二百九十四卷，目录三十卷，考异三十卷。起自战国，下迄五代，至神宗时始成，前后凡十九年。采用书籍至数百种之多。文章庄严，事实精确，编年体之钜制也。

四、南宋史学

朱熹因司马光《资治通鉴》而作纲目一书。大书者为纲，分注者为目，纲如经，目如传。仿《春秋》之大义，而寓褒贬于其中，编年体也。纪事本末体创于袁枢，因司马光《资治通鉴》，区别门目，以类排纂。每事各详其起讫，自为标题，每篇各编年月，自为首尾。使人一览暸然。盖中国之史，自汉以来，不过纪传、编年两法，乘除互用。然纪传之法，或一事而复见数篇，宾主莫辨。编年之法，或一事而隔越数卷，首尾难稽。自枢创此法，遂使纪传、编年贯通为一，实前古之所未见。后人用其体而成书者甚多，不可谓非史学一进步也。

史记以后，史多断代，鲜有能综括千古而成一家者。郑樵负其淹贯，网罗旧籍，参以新意，撰为《通志》一书。凡帝纪十八卷，皇后列传二卷，年谱四卷，略五十一卷，列传一百二十五卷。其中最精要者为略，凡分氏族、六书、七音（宫、商、角、征、羽、变、征变羽）、天文、地理、都邑、礼谥、服器、乐、职官、选举、刑法、食货、艺文、校雠、图谱、金石、灾祥、草木、昆虫二十类。采掇既多，议论亦多警辟。虽间有疏略舛漏之处，而瑕不掩瑜，非游谈无根者所可及。至今资为考镜，与《通典》及《文献通考》并称三通焉。

《文献通考》为马端临所撰，中分田赋、钱币、户口、职役、征榷、市籴、土贡、国用、选举、学校、职官、郊社、宗庙、王礼、乐、兵、刑、经籍、帝系、封建、象纬、物异、舆地、四裔等二十四门。大率以唐杜佑之《通典》为蓝本，而分析增广之。其自叙谓引古经史谓之文，参以唐宋以来诸臣之奏疏、诸儒之议论谓之献，故名曰《文献通考》，实政治史中之大观也。《玉海》者，王应麟所撰。应麟多识广闻，其为书精密渊深，区分胪列，靡所不载，凡二百四卷。总以二十一门，析之为二百四十类。虽为类书，而于史学亦极有益焉。

宋代史学大著表

书名	卷数	体裁	著作者	成书年代
新唐书	二二五卷	经传体	欧阳修，宋祁，刘羲叟，梅尧臣，王景彝	仁宗时
旧五代史	一五〇卷目录二卷	同	卢多逊，李昉，李穆，张澹	太祖时
新五代史	七五卷	同	欧阳修	神宗时
资治通鉴	二九四卷	编年体	司马光	同
	目录二〇卷			
	考异三〇卷			
资治通鉴纲目	五九卷	同	朱熹	南宋中叶
通鉴纪事本末	二三九卷	纪事本末体	袁枢	同
通志	二〇〇卷	政书体	郑樵	同
文献通考	三四八卷	同	马瑞临	南宋末年
玉海	二〇四卷	类书体	王应麟	同

五、北宋文学

宋承五季之弊，文章卑弱不振。太宗时，柳开、王禹偁始为古文。开力涤排偶，转成艰涩。禹偁之文简雅务实，去浮靡之习，而世未知崇尚。真宗时，杨亿、刘筠等名耸于翰苑。文虽属骈体，典雅赡丽，尚有燕许遗轨。至于诗，则专宗李商隐，精致华巧，而气骨不存，号为西昆体，后进竞模仿之。其后士子益尚险怪奇涩之文，各出新意，相胜为奇。仁宗患其弊，屡下诏书戒敕，而士习不改。

是时东平（府名，属京东路，今山东东临道东平县）穆修表章韩柳，尹洙从之，相共振起古文。又有苏舜钦、梅尧臣等，矫正诗风。庐陵（县名，江南西路吉州治，今江西庐陵道吉安县）欧阳修少工偶俪之文，擅名科场。及于河南见洙，乃出所尝获韩文遗稿学之。苦心探赜，至忘寝食，遂以文章名冠一代。修盖得法于洙，然洙之文简直谨严，与修之浑厚丰腴，而多曲折抑扬，结体迥异，则各得其性之所近也。修又与尧臣等锐意作诗，力排西昆体，专以气格为主，时称欧梅。苏轼曰："欧阳子论道似韩愈，论事似陆贽，记事似司马迁，赋诗似李白。"世以为确评。时进士益相习为奇僻，钩章棘句，号太学体。欧阳修知贡举，深以为患，痛裁抑之。有刘几者，夙以险怪负盛名，修尤恶之。至是得一卷，其文有曰："天地轧，万物茁，圣人发。"修曰："此必刘几也。"（宋时已有糊名之法，故修云然）戏续曰："秀才剌，试官刷。"以大朱笔横抹之，谓之红勒帛。榜既出，时所推誉皆不在选。浇薄之士，候修晨朝，群聚马前诋斥之，街司逻卒不能止。至为祭欧阳修文投其家，卒不能求其主名置于法。是科得士八百余人，大哲学家如程颢、张载，大文学家如苏轼、苏辙、曾巩，俱在其中。自是场屋之习一变，雕章绘句始熄，而宋之文章，炳然复古。

曾巩，南丰（县名，属江南西路建昌军，今江西豫章道南丰县）人。师事修，能传其学。文章温雅，近于刘向，而乏精彩。少与临川（县名，江南西路抚州治，今江西豫章道临川县）王安石游。安石声誉未振，导之于修，修以荐于朝。及安石得志，巩不与之合，屡规讽之，亦莫能回焉。安石明经，兼工诗文。其学术偏重法律，在有宋诸儒中，具一种特色。文亦奇峭可喜。

苏洵，眉山（县名，成都路眉州治，今建昌道眉山县）人。少不喜学。年二十七，始发愤读书。三应科举，皆不中。归焚所为文数百篇。勤学五六年，文气大进。至和中，携二子轼、辙至京师。修见其文而爱之，以为贾谊不过也。荐除校书郎，编礼书。书方成而卒。其文峭劲雄伟，多权数机变之言。盖自国策韩非子得之。轼、辙皆能文，得于天成。举进士，俱在高第。世谓之大小苏，号洵为老苏，并称三苏。

轼平生笃孝友，轻财好施，勇于为义。自为举子，至出入侍从，必以爱君为本。忠规谠论，挺挺大节。数为小人忌害，不得久居朝。为文如行云流水，初无定质。虽嬉笑怒骂之语，皆可书而诵。位益黜而名益高，才落笔，四方已皆传诵。辙性安详高洁，文如其为人，而秀杰之气，殆与兄相近。进退出处，无异于兄。二人所交皆一世英豪，门下客如黄庭坚、秦观、晁补之、张耒。元祐中，尝同入阁，世号四学士。又加陈师道、李廌，称苏门六子。晁、张长于文，黄、陈长于诗，而黄诗尤高奇。世以配大苏，谓之苏黄。

后世论宋词艺，于文推欧阳、三苏、曾、王。于诗推欧、梅、苏、黄。欧与大苏，则在两科均称大家。二氏之门，实为一代文学之总汇。盖自韩愈以来，未之有也。是时文运极盛，学者皆善词章。上自帝王大臣，下至武夫妇女，多精晓音律，能制腔调。刚如寇准，正如范仲淹，直如欧阳修，其词皆旖旎婉约，得风人之正。晏殊工艳词而善言情，秦观词清远婉约，皆足以继温庭筠、韦庄者。苏轼天才发越，豪放飘逸，一扫绮罗香泽而空之，尤称钜子。其后有周邦彦，体兼众美，亦足为轼之后劲。

六、南宋文学

南渡以后，文气散漫，萎弱不振。惟李纲之奏议，详密雅健，仿佛贾谊，犹有先代典型。其他若王十朋、叶适、陈亮、吕祖谦等，并有盛名。然王十朋之文，剀切而失之率直，叶适清正而失之平实，陈亮超迈而失之粗豪，吕祖谦深刻而失之俗陋，皆不能纯全也。朱熹为理学钜子，而文章法师韩、曾，一出自然，最有法度。语录体者，始于二程。以俗话说理，不用文言，南宋时言性理者多宗之。言文一致，前此所未有也。工诗者有尤袤、杨万里、范成大、陆游诸人。而游尤为杰出，自号放翁。其体格本出于杜甫，后乃自运机抒。然论者谓其才无思多，意境不远，较之唐人，终觉不及也。词学至南宋而极盛，大抵分为二脉。姜夔自号白石道人，其所为词，情韵清空，渊源于温庭筠、韦庄、秦观、周邦彦，而发挥光大之，称为正宗。史达祖、张炎等其一派也。辛弃疾之词悲壮激烈，气势豪迈。而按其意旨，又复温柔敦厚，缠绵悱恻，盖以苏轼为宗者也。学之者有刘过、蒋捷等，然不免剑拔弩张，貌袭神遗矣。是为词之变体。

宋代文学家表

时代	姓名	家数
太宗时	柳开，王禹偁	古文学家
真宗时	杨亿，刘筠	骈体文学家，西昆体诗学家
仁宗时	穆修，尹洙，欧阳修	古文学家
	苏舜钦，梅尧臣，欧阳修	诗学家
神宗时	曾巩，王安石，苏洵，苏轼，苏辙	古文学家
	苏轼，黄庭坚	诗学家
	苏轼，秦观	词学家
南宋时	李纲	古文学家
	王十朋，叶适，陈亮，吕祖谦	时文学家
	朱熹	今文学家
	尤袤，杨万里，范成大，陆游	诗学家
	姜夔，辛弃疾	词学家

七、宋之书法

翰林学士院，自五代时，兵难相继。待诏罕习正书，以院体相传。字势轻弱，笔体无法。凡诏令碑刻，皆不足观。宋太宗留心笔札，即位之后，置御书院，募求善书者，得蜀人王著，其草隶独步一时。太宗厚待之，令直禁中。于是书学始盛。太宗以下之君皆工书，臣下工书者，以苏、黄、米、蔡四家为称首。苏轼书丰腴悦泽，绵里藏针。其草书尤直逼颜真卿。黄庭坚书清圆妙丽，引绳贯珠，深得兰亭风韵，真书尤胜。米芾（字元章）书奇逸超迈，烟云舒卷。然动循法度，无一笔妄作。其初本学颜真卿，后乃自成一家者也。蔡襄（字君谟）书姿格高尚，学颜真卿而时有过之，称有宋书家第一（元郑枃作书法流传图，自蔡邕以下能书者，皆亲相授受。惟蔡襄毅然独起，绝无师承，真间世豪杰之士也。或曰苏、黄、米、蔡之蔡，本指蔡京，后人恶其为人，故以襄易之）。其他若王安石、李公麟、苏舜钦亦并以书名。徽宗时始置书学，然不久国亡，无有称名者。

宋代书家表

姓名	书风	派别	时代
王著	草隶独步一时		太宗时
苏轼	丰腴悦泽，绵里藏针	颜真卿	中叶以后
黄庭坚	清圆妙丽，引绳贯珠	王羲之	
米芾	奇逸超迈，烟云舒卷	颜真卿	
蔡襄	资格高尚	颜真卿	
王安石			
李公麟			中叶以后
苏舜钦			

八、宋之画法

宋李成（山东人，世称之曰李营丘）画山水，烟林平远，气象萧疏，称古今第一。其徒范宽，兼师荆浩，所作画峰峦浑厚，势状雄强，特称老劲。又有董源，善画秋风远景，用笔奇峭。水墨类王维，着色类李思训。三家鼎立，照耀古今，为百代师法。又有释巨然者，亦善山水。其后有李公麟、米芾等。公麟（字伯时，居安庆龙眠山，自号龙眠山人）以山水著，兼善佛像，甚类唐人，尤以白描法称于世。米芾之画，出于董源。山水人物多以烟云缥缈胜。其子友仁（字玄晖）略变其所为，亦成一家法。苏轼文章翰墨，皆极精妙。复能留心墨戏，作墨竹师文与可。枯木奇石，特出新意。徽宗亦善画，花鸟山石人物，均有神妙之称。故特重之，置画学以为提倡焉。

宋代画家表

姓名	作品	画风
李成	山水	烟林平远，气象萧疏
范宽	山水	峰峦浑厚，势状雄强
董源	秋风远景	用笔奇峭
巨然	山水	
李公麟	山水佛像	以白描法名于世

姓名	作品	画风
米芾	山水人物	以烟云缥渺胜
米友仁	山水人物	
苏轼	墨竹枯木奇石	特出新意
徽宗	花鸟山石人物	神妙

九、辽之文化

辽初无文字。太祖服诸小国，多用汉人。汉人教以隶书之半，增损之作文字数千，以代刻木之约。渤海既平，乃制契丹文字三千余言，以之刻石纪事。助成之者，耶律图鲁卜及罗卜科也。其后韩延徽进用，中国文学渐以输入，而契丹字终未能通行焉。太宗入汴，取历代之图书礼器而去，于是中国之文学益著。其知名者，以萧韩家奴（姓萧名韩家奴，辽时有二箫，韩家奴其一，为奚人，此则涅剌部人也）为首。其亡也，左企弓、虞仲金诸臣，犹以才学显焉。

十、金之文化

金初未有文字。合理博以后，渐立条教。太祖既兴，得辽旧人，往往用之。韩昉者，辽之燕京人，善属文，尤长于诏册。太祖重任之，以为礼部尚书、翰林学士。于是中国文学遂重于金。太宗继统，行选举法。又伐宋，取汴之经籍图书，宋士多归之。其著者有吴激、宇文虚中等。激为米芾之婿，工诗能文，将宋命至金，以知名留不遣，遂为其翰林待制。虚中初仕宋，为资政殿大学士。宋高宗初，为祈请使至金，亦为金所留。时金人方议礼制度，爱虚中有才艺，加以官爵。虚中即受之，与韩昉等并掌词命。此皆楚材而晋用者也。熙宗款谒先圣，北面如弟子礼。世宗、章宗之世，儒风丕变，庠序日兴。金之学术，于以称盛。其中尤以党怀英为称首，文词书法，皆称当时第一。复奉命修辽史，未成而致仕。章宗命陈大任继成之，亦一代正史也。元好问为拓跋魏之后，七岁能诗。既长，淹贯百家。为文有绳尺，备众体。其诗奇崛而绝雕刿，巧缛而谢绮丽。五言高古沉郁，七言乐府，不用古题，特出新意。歌谣慷慨，挟幽并之气。其长短句揄扬新声以写恩怨者，又数百篇，蔚然为一代大宗。有《遗山集》行于世。此皆金之文学也。金人初用契丹字，太祖命完颜希尹（本名谷神）撰本国字。希尹乃依仿汉人楷字，因契丹字，合本国语，制女真字。太祖大悦，命颁行之。其后熙宗亦制女真字，与希尹所制字并行。希尹所撰谓之女真大字，熙宗所撰谓之女真小字。世宗时，以女真字译中国经史，颁之各学。然其后用不能广。章宗时，以希尹始制女真字，诏加封赠，并依苍颉立庙盩厔例，祠于上京纳里浑庄焉。此外以艺术名者，有张洁古、刘守真、张子和、李明之四人之医道，号为中兴，宋立医学之效果也。洁古不以方为重，故其书不传。明之专主补脾。子和主攻。守真之法与子和相出入。守真之法传于宋，南方之医皆宗之。明之之法多在中州，北医皆宗之。一时有非刘李之学勿道之概焉。

第三节 风俗

一、北宋风俗

宋承五季之后，风俗凋敝。太祖重文学、尚节义以矫之，风气始一变。仁宗以后，贤士大夫兴于朝，理学名儒励于野。风俗之美，于斯为最。自王安石以变法为急，而援引新进浮躁希荣贪利之徒，士风始渐变。延至蔡京，每至罢相，必涕泣拜恳乞恩。卑鄙无耻，于斯为极。金人一出，各路奔溃，无有能抗敌者。非尽由臣之无良，亦过抑武臣，不整军备之故也。其外最有关系者凡三事。其一则宰相不得坐而论道。古者三公皆坐而论道，唐时县令入见，犹有坐对者。宋太祖即位，宰相范质、王薄、魏仁浦等皆周朝旧臣，稍存形迹。且惮太祖英睿，乃请用劄子，面取旨，退各疏其事，同列书字以志。于是坐论之礼遂废。自是士气益不振，而自视如奴隶矣。其一则妇人不得再嫁。古者妇女守节特重之，然再醮者亦不以为辱。宋范仲淹母再适朱氏。后仲淹贵，因赠其继父以太常博士，而以荫补朱氏子官，曾不以为过也。自程颐以为妇人饿死事小，失节事大，于是再醮可丑，而守节甚重矣。其一则主仆称谓之改革。司马光为相后，苏轼往访之。其仆曰："君实（司马光字）不在家。"轼曰："尔主人作相，岂可仍为此称？应称相公。"光闻之笑曰："一个好仆，被苏学士教坏了。"可知当时主仆之称固平等也。自金人得势后，乃有爷爷之称（考胡语称父母曰爷，始见于古诗《木兰辞》，金人称宗译曰宗爷爷，称岳飞曰岳爷爷。皆尊畏之也）。此当时社会情状之可考也。又有攻击古圣贤以逢迎名士而换酒食者。相传李觏，字泰伯，盱江人，贤而有文章，苏子瞻诸公极推重之。素不喜佛，不喜孟子，好饮酒。一日有达官送酒数斗，觏家酿亦熟。然性介僻，不与人往还。一士人知其富有酒，无计可得饮，乃作诗数首骂孟子。其一云："完廪捐阶未可知，孟轲深信亦还痴。丈人尚自为天子，女婿如何弟杀之。"又云："乞丐何曾有二妻，邻家焉得许多鸡。当时尚有周天子，何必纷纷说魏齐。"李见诗，大喜，留连数日，所与谈莫非骂孟子也。无何，酒尽，乃辞去。（《古今笔记精华》卷十八之第七页）文人轻薄之风可概见矣。

二、南宋风俗

南宋建都临安，歌舞湖山，风气柔靡已极。其时士大夫殆分三派，其一派则奴颜婢膝，以求富贵，恬不为耻。如韩侂胄当国时，许及之对之屈膝。侂胄悯之，命同知枢密院事。后值侂胄生辰，群公上寿。既毕集，及之适后至，为阍者所拒。大窘，俯身由门中阄偻而入。当时有由窦尚书屈膝执政之语，传以为笑。又有侍郎赵师𥲅者，谄事侂胄，无所不至。侂胄尝与众客饮南园，过山庄，顾竹篱草舍曰："此真田舍间气象，但欠犬吠鸡鸣耳。"俄闻犬嗥丛薄间。视之，乃师𥲅也。廉耻道丧，至斯已极。元兵未至而内外臣工纷纷遁，度皆此辈人也。其一派则放浪山水，纵情诗酒以自遣，而置国家之存亡于不顾。如文及翁之词所谓"借问孤山林处士？但掉头，笑指梅花蕊"

者。斯亦亡国之现象也。其一派则感愤时事，不能有为，而但以诗词寓其讽刺。如淳熙中，监察御史陈贾奏理学欺世盗名，乞加摈斥。太学诸生为之语曰："周公大圣犹遭谤，伊洛名贤亦见讥。堪笑古今两陈贾，如何专把圣贤非。"（《两般秋雨盦》卷三，侮圣非贤条）又贾似道初入相，有人赋诗云："收拾乾坤一担担，上肩容易下肩难。劝君高著擎天手，多少旁人冷眼看。"盖久知其相业之不终矣。似道在位时，曾令人贩盐百船，至京师，卖之。有人赋诗云："昨夜江头长碧波，满船多载相公艖。虽然要作调羹用，未必调羹用许多。"似道之买公田也，有人赋诗云："三分天下二分亡，犹把山河寸寸量。纵使一丘添一亩，也应不似旧封疆。"又行立士籍之法，有人赋诗云："戎马掀天动地来，襄阳城下哭声哀。平章束手全无策，却把科场恼秀才。"又荆襄方危之际，京湖制置使汪立信以三策投似道：一谓"抽内兵过江，或百里，或二百里，置一屯，皆设都统。七千里江面才三十四屯，设两大藩府以总之，缓急上下流相应"。二谓"久稽使者，不如遣归，啗缓师期"。三谓"若此二者均不可，莫若准备投拜"。似道得书大怒，免其官。不数月，北兵渡江。九江以下皆失守。有人赋诗云："厚我墙垣长彼贪，不然衔壁小邦男。庙堂从谏真如转，竟用先生策第三。"五诗皆轻倩浅易，然的是杭人轻薄气口。（《两般秋雨盦》卷四，贾秋壑条）如此讥讽之类，不胜枚举。理宗时，曾因陈起作诗，讥刺史弥远（诗曰：秋雨梧桐皇子府，春风杨柳相公桥。上句悲济王，下句讥弥远也），命毁其所著诗集，且科以罪，并禁士大夫作诗。文字之祸，自南宋后而益烈，其原因盖始于此。而南人轻薄之风，亦可见矣。至学校之风，则因权相迭出，箝制牢笼而不足观。故贤士大夫如朱熹等，多有倡废科举之说者。盖宋时科举，以学校为捷径，士子之来，多挟一侥幸心，而不专心以求学。故权相之术足以动之，而不能固其操守也。然宁宗时，太学生杨宏中、周端朝、张衜（古文道字）、林仲麟、蒋傅、徐范六人，伏阙上书，为赵汝愚讼冤，被罪编管。理宗时，太学生黄恺伯等百四十四人，以史嵩之母丧起复，上疏攻之。武学生翁日善等六十七人，京学生刘时举等九十四人，宗学生与寰等三十四人，亦上书力谏。帝虽不听，且削游士之籍，而嵩之终不安于位，正论颇伸。其后丁大全为相，专权凶恣。太学生陈宜中、黄镛、林则祖、曾唯、刘黻、陈宗六人，上书攻之。大全怒，削其籍，编管远州。立碑太学，戒诸生勿得妄议国政。当时论者以比杨宏中等，谓之前后六君子。其敢直言，有东汉学士之风，亦尚可取也。加以理学诸子，又以廉耻气节提倡之，故武力虽不竞，而人心尚不尽死。宋历代君主之待其臣民，又颇能有礼而无犬马土芥之事。故其亡也，死节之臣独多，辗转海滨，粮尽援绝，相率赴海而不悔。其忠节可令百世钦敬也。

第四节　宗教

自唐武宗后，诸外教皆被摧残，无能自振。宋之版图又狭，不及于远方。故外教传入者亦尠。其时最著者，仍为释、道二教。兹分述之于下。

一、道教

陈抟隐居于华山，宋初赐号曰希夷先生（老子《道德经》视之不见名曰夷，听之不闻名曰希），是为宋代崇信道教之始。真宗时，惑于王钦若封禅之说，崇信尤至。加老子号为太上老君混元上德皇帝。作玉清昭应宫，以藏天书。七年而成，华丽无匹。又召张道陵后张正随于龙虎山，赐号曰真静先生，为立授箓院及上清观（皆在龙虎山上），蠲其田租。自是凡嗣世者皆赐号，遂以为常。

徽宗时，蔡京与其子攸导帝崇奉道教。信用方士魏汉津等，使之定乐铸鼎。又赐方士王老志号洞微先生，王仔昔号通妙先生。二人者皆以箓符言休咎有验，恩宠隆盛。遂置道阶，先生处士等名，秩比中大夫，至将仕郎，凡二十六级。又置道官二十六等，有诸殿侍宸校籍授经，以拟待制修撰直阁之名。又有方士林灵素等，善妖幻。赐号通真达灵先生。从其言，立道学，于太学辟雍，各置内经、道德经、庄列博士二员。又集古今道教事为纪志，名《道史》。凡为道士者皆有俸，每一观给田不下数十百顷。作玉清阳和宫、上清宝箓宫等，土木大兴。帝又以为上帝元子太霄帝君所降生，令臣下册之为教主道君皇帝，其荒诞如此。宋制，自真宗后，凡废后皆谓之教主。如仁宗郭后曰金庭教主，哲宗孟后曰华阳教主是也。至是始改之以避尊号。大臣投合者，亦予以提举宫观之名。如提举洞霄宫及会灵观使之类是也。道教之盛，莫过于此矣。

二、佛教

周世宗即位，敕天下寺院非敕额者悉废之。禁私度僧尼，并禁僧俗之舍身断手足、炼指挂灯带钳，以幻惑流俗者。其时凡废寺院三万余所，又为佛教之大厄。宋太祖复重之，修废寺，造佛像，遣僧行勤等百余人赴印度。又印行《大藏经》。其后僧徒之游西域而归者甚多，佛教复盛。太宗时，作开宝寺塔，高三百六十尺，费亿万计，逾八年始成。前后度僧尼凡十七万人。又于东京立译经传法院，使西僧专译经论，故翻译之业亦盛。真宗时，以其费多，有请罢院者，不听。当时已译之经有四百十余卷，僧尼之数至四十六万余人。其中之最有势力者，以禅宗为首。禅宗自达摩后，经惠可僧粲道信至唐弘忍，始分为南北二派。弘忍有弟子慧能及神秀二人。神秀行化于北地，称北宗，于后世无分派。慧能行化于南地，称南宗，其后分派甚多。慧能之徒有南岳慧让与青原行思，是为南岳、青原二派。后南岳门下出临济、沩仰二派。青原门下出云门、曹洞、法眼三派。故禅宗之盛，非他宗之所可及。仁宗时，设禅寺于汴京，以僧怀琏为主，祖印契嵩，名僧辈出，皆禅宗人物也。神宗以后，有净源者，为华严宗中兴之祖。有慧龙者，为禅宗黄龙派之祖，临济之分派也。其时缙绅学士，无不喜交僧徒。苏轼、黄庭坚其尤著者。程门高弟谢良佐、游酢、杨时之徒，其学说亦往往流于禅。徽宗时，崇奉道教，以佛为金狄（佛之徒谓佛体面貌皆若金色，故云）而贬抑之。悉改寺院为宫观，以佛为大觉金仙，僧为德士，尼为女德士。佛教之势一挫。未几国亡，仍复其旧。

文库

中国史 下

王桐龄 著

江西教育出版社
JIANGXI EDUCATION PUBLISHING HOUSE

第二期　元时代

第一章

蒙古之勃兴

蒙古民族之根据地，在今贝加尔湖以南。气候寒冷，空气干燥。地多森林，不产五谷。土人为天然现象所锻炼，性质慓悍，体魄强健，尚武好斗，轻死生，重气力。游牧为业，长于骑射。对于中国本部及亚洲南部各国，常示侵略之势。其始见经传，在有唐之时，《唐史》附载于《室韦传》中，称之曰蒙兀室韦（《旧唐书》），或曰蒙瓦部（《新唐书》）。宋人称之曰朦骨（《契丹事迹》），曰萌古（《中兴御侮录》），曰盲骨（《松漠纪闻》），皆同音异译也。室韦者，唐代黑龙江上流流域民族之总称。唐代之蒙古，居外蒙古土谢图汗部斡儿汗（Orkhan）河（即今鄂尔浑河）流域，附属于室韦。有宋时代，移居不儿罕（Borkhan）山麓。其地为土拉（Tola）河（即今图拉河）、斡难（Oeon）（即今鄂嫩河）、怯绿连（Kerulen）（即今克鲁伦河）三川发源地。水草较为丰富，宜于牧畜，部族渐强。金室勃兴以后，时常与金冲突。顾以部落散乱，仍为金所羁縻。南宋中叶以后，金室溺于汉化，武力渐衰。适值蒙古伟人成吉思汗降生，统一本族诸部。略取内外蒙古，驱逐金人于中国内地。于是通古斯民族之势力骤衰，蒙古民族之势力乃蒸蒸日上矣。兹述其事迹如下。

第一节　成吉思汗之家世

成吉思汗者，姓郤特（旧作奇握温），名特穆津（旧作铁木镇），世为蒙古部酋长。唐末，其十世祖托本默尔根，始徙居布勒哈尔台（即不儿罕山麓，在今外蒙古赛音诺颜部之哈喇和林东北百余里），生勃端察尔（旧作孛端乂儿）。后裔繁衍，各自为部。世奉贡辽、金，而总隶于鞑靼。七传至哈不勒，辖蒙古全部始有汗号。金熙宗天会十三年（宋绍兴五年），遣万户呼沙呼（旧作胡沙虎）伐之。久之，粮尽引还。蒙古追袭，大败诸海岭。皇统七年（宋绍兴十七年），哈不勒子忽都剌称可汗，势益强，与金叛臣达赉（旧作挞懒）余党相应援。入金界，败其兵，大掠而归。金都元帅乌珠讨之，连年不能克，乃与议和。割西平河（即胪朐河、今克鲁伦河）下游北二十七团寨与之，岁遗甚厚，且册为蒙辅国王，忽都剌不受。传至伊苏克依（哈不勒孙，成吉思汗父，旧作也速该），并合诸部，势愈盛大。生特穆津。后为塔塔尔部所鸩卒。特穆津生十三年而孤，育于其母谔樨（旧作月伦）之手。居斡难、怯绿连两河间地，部众多弃之而归于其族人泰楚特（旧作泰赤乌）部。屡濒危，幸免，久之附者稍众。

第二节　蒙古勃兴以前，四围诸国之形势

是时蒙古四邻皆敌国。其东居北大山（今大兴安岭）北，有塔塔尔部；其北傍菊海（今贝加尔湖）东南，有泰楚特部；其西濒薛灵哥水（今色楞格河），有默尔奇斯（旧作蔑里乞）等部；其南有克呼（旧作克烈）部。塔塔尔之东偏，负山，有翁吉喇特部。其西南北界大漠，南傅长城，有汪古部。泰楚特之西，菊海西岸，有卫拉特（旧作畏罗，即明史之瓦剌）部。皆鞑靼种人，与蒙古同族。泰楚特迤北，菊海东岸，有土默特等部。默尔奇斯之南，克呼之西，北负按台山（今阿尔泰山），南襟沙漠，有奈曼（旧作乃蛮部），为西面之强邻。其南逾大漠，有唐兀国（即西夏，一称合申）。卫拉特之西，乌斯水（今叶尼赛河上游之乌斯河）滨，有乌斯撼合纳等部。奈曼之北，谦河（今叶尼赛河）两岸，有奇尔济苏部（即唐黠戛斯，今

哈萨克俄人，犹称之为乞儿吉思）。其南有辉和尔（旧作畏吾儿，即回鹘）国，哈剌鲁（即葛罗禄）部。奇尔济苏之北，直昂可剌河与谦河合流处，有昂可剌部。更西濒雅尔达实河（今额尔齐斯河），有失必儿部（即鲜卑，今西伯利亚得名始此）。哈剌鲁之西，有西辽帝国。失必儿之西，有不里阿耳（在今俄属喀马河滨）。其西南有康里（今咸海北及里海东境）等部。西辽之西有西域国（即花剌子模）。不里阿耳之西，有俄罗斯国（今俄属大俄、小俄等部）。康里之西，有奇卜察克（今里海黑海以北，旧作钦察），及阿速（今亚速海滨）等部。西域之西偏，有木剌夷（今里海南岸波斯境）、报达（今东土耳其白格达部）等国。俄罗斯之西，有孛烈儿、（即波兰）马札儿（今匈牙利）二国。木剌夷之南，有乞里湾（即克埒木，旧作起儿漫）。报达之南，有天方（今阿剌伯麦地那）。其西有密昔尔（即麦西，今埃及）等国，概与蒙古异族。是为当时亚洲及欧洲东部、非洲东北部形势。

第三节　蒙古内部之统一

鞑靼诸部中，惟泰楚特地广兵强。乘蒙古主少国危之际，纠合诸部兵三万来攻。特穆津率部下兵，分为十三翼，击败之。因厚结其下使附己，泰楚特部人多叛归之。会塔塔尔部叛金，特穆津帅众会金师灭之。以功授察衮图（旧作察兀秃鲁，犹中国招讨使）。

是时克呼部酋长王汗（旧作汪罕）暴虐，多杀戮昆弟。其弟额尔克哈喇，以奈曼兵击之，王汗走蒙古。王汗故尝与伊苏克依友善，特穆津事以父礼，深相结。先后分兵攻同族月儿斤部，与默尔奇斯部酋长托克托，奈曼北部酋长博罗汗，及泰楚特部余众，皆克之。翁吉喇等部闻之惧，共立札木喀（札只剌特部长）为古儿（普也）汗，潜帅来袭。特穆津逆击，大破之，翁吉喇降。博啰汗复纠众来侵，特穆津与王汗合兵击败之。已而王汗与特穆津交恶，乘间来袭。特穆津以寡敌众击退之，复遣使诈降，因袭破其兵，王汗走死。奈曼南部酋长迪延汗，又纠合诸部来攻，特穆津大破之，杀迪延汗，先后收灭各部族。遂以宋宁宗开禧二年（西历纪元一二○六年）大会诸部长于斡难河源，建九斿白旗，自号为成吉思汗，时年五十二岁，是为元太祖。寻起兵征奈曼余众，杀博啰汗。迪延汗子库楚类汗（即楚察里）及托克托奔雅尔达实河。特穆津追杀托克托，库楚类汗西奔西辽。奇尔济苏、卫拉特、失必儿等部及辉和尔国、哈剌鲁部皆先后来降。托克托诸子将奔辉和尔，其酋拒战而逐之，乃西遁。于是按台山陬地咸入于蒙古，始南向经略中国矣。

第四节　蒙古外部之征伐

宋宁宗嘉定三年（金废帝永济大安二年，蒙古太祖五年），遂率师侵金。先是金于边外筑长城，自潢河源迄东海，遣汪古部一军守其冲。至是汪古部降于蒙古，导蒙古兵入险。金外险尽失，西北诸州皆陷。金主永济遣招讨使完颜纠坚（旧作九斤）、监军完颜鄂诺勒（旧作万奴）等率师四十万拒战于野狐岭（在今口北道万全县东北，势极高峻，雁飞过此遇风辄堕），败绩，名将精兵死者甚众。蒙古乘胜，遂克居庸关、紫荆关及古北口，万里长城之内险亦失。西京、辽西及太行山左右诸州郡皆陷。中都日危。

嘉定六年（西历纪元一二一三年），蒙古兵围中都。分兵侵略河北、河东州郡。辽王耶律留格以辽东降蒙古，蒙古以为元帅，使居广宁。蒙古大将穆呼哩（旧作木华黎）攻金北京，破之，尽取辽西州郡，于是辽河流域皆入于蒙古。八年五月，破中都。于是两河皆入于蒙古。成吉思汗驻军鱼儿滦（在今察哈尔兴和县西），遣别将僧格巴图帅万骑，自间道袭汴京，距城二十里而还。会闻奈曼库楚类汗取西辽，将与默尔奇斯部余众联合，乘衅东窥。乃悉以金事付穆呼哩，拜太师国王，总统诸军，承制行事，经略太行以南。而自将诸军西上，经略中央亚细亚。

先是奈曼库楚类汗奔西辽，乘其主卓勒古出猎，袭执之而据其位。闻成吉思汗南侵金，遂诱奇尔济苏土默特等部同举兵，与默尔奇斯部余众结合，谋恢复故地。成吉思汗遣大将哲伯（旧作折别）由南道击库楚类汗，苏布特（旧作速不台）由北道击默尔奇斯部，同时并进。命长子卓齐特击奇尔济苏等部，皆下之。葱岭东西各地皆入于蒙古，遂与花剌子模接境。

宋宁宗嘉定十一年（成吉思汗十三年、西历纪元一二一八年），成吉思汗大举西征。命皇弟斡赤斤（Udjukin）留守，皇子卓齐特（Djoutcai）（旧作术赤）、察罕台（Tchagatai）（旧作察合台）、谔格德依（Ogatai）（旧作窝阔台）、图类（Torloui）（旧作拖雷）从，会师于雅尔达实河。辉和尔哈喇鲁诸王皆以兵从，号六十万。休兵于河畔者八阅月。十二年秋，进兵。自雅尔达实河上流，直南行。经别失八里（今新疆迪化道）、阿力麻里（今新疆伊犁道）等地，迤逦而西南。遂至忽章河（今西尔河）畔，围讹脱喇儿城。分兵攻撒马儿罕、布哈尔、玉龙杰赤，皆破之。花剌子模王穆罕默德走死，嗣王札兰丁奔印度。于是现今阿母、锡尔两河流域与阿富汗及波斯东境皆入于蒙古。分兵遣哲伯、苏布特循里海西岸，北征奇卜察克。命卓齐特驻屯咸海、里海间，为二将声援。哲伯、苏布特攻奇卜察克、阿速等国，皆破之，进兵至东欧。大破俄罗斯兵，归途乘胜遂灭康里。于是现今咸海、里海北岸及乌拉河、窝瓦河流域皆入于蒙古。宋理宗宝庆元年（西历纪元一二二五年），成吉思汗班师还庭。三年，灭夏。于是黄河上流流域皆入于蒙古。是年，成吉思汗殂，少子图类监国。越二年至绍定二年（西历纪元一二二九年）诸将奉谔格德依嗣位，是为太宗。端平元年（一二三四年），灭金。于是黄河下流流域皆入于蒙古。次年（一二三五年），以皇侄巴图（旧作拔都，术赤次子）为元帅，率师五十万，西征不里阿耳、俄罗斯等国，皆下之。进攻孛烈儿，大破日耳曼境内诸部联军，进克马札儿。于是现今欧洲东部皆入于蒙古。淳祐元年（一二四一年），太宗殂。六年（一二四六年），定宗即位，八年（一二四八年）殂。十一年（一二五一年），宪宗即位。十二年，遣弟呼必赉（旧作忽必烈）将兵击大理（在今云南）、吐蕃（今西藏）、大越（今法领越南北部，即交趾）及西南诸蛮部（今云贵境内苗瑶等部），皆下之。于是现今云南、川边、西藏及法领交趾支那北部皆入于蒙古。同时以弟辖鲁（旧作旭烈兀）为元帅，西征克什米尔、木剌夷、东大食等国，皆下之。进兵徇天方，折而北，至小亚细亚，破巴尔干半岛诸国联军。于是现今北印度、波斯西部及美索波达米亚、阿尔美尼亚、叙里亚皆入于蒙古。开

庆元年（一二五九年），宪宗殂，呼必赉立，是为世祖。世祖至元十六年
（一二七九年）灭宋。于是扬子江、西江、闽江流域皆入于蒙古。世祖初
年领土，除北亚之西伯利亚及南亚之印度一部分外，奄有亚洲全土及
欧洲东北部一大平原。宗室诸王于此大帝国中各有分地，其间最大之
国有四：

一、奇卜察克汗国

始封之君为卓齐特，嗣君巴图。领有现在咸海、里海以北俄领西
伯利亚西南部及欧俄一大部分。其全国辖境东至今叶尼赛旷野，西至
多瑙河下流，南尽高加索山，北负喀拉海，定都萨莱。

二、察罕台汗国

始封之君为察罕台。东至天山，西至锡尔河流域，都阿力麻里。

三、谔格德依汗国

始封之君为太宗，传至定宗，为太子潜邸汤沐邑。跨爱密尔河
（即今新疆塔城道之额米尔河）立国。占有奈曼及奇尔济苏旧地，都叶密里城
（旧作也迷里）。

四、伊儿汗国

始封之君为辖鲁。领有现今波斯、美索波达米亚、叙里亚、小亚
细亚等地。其疆域东逾阿母河，北极咸海、里海、黑海间地，南尽波
斯湾，西包小亚细亚。都低帘（在里海西南）。

此外尚有次大之国三：一为成吉思汗次弟哈布图哈萨尔（旧作术赤哈
萨儿）领土，在现在黑龙江上流乌尔顺河、呼伦湖、海拉尔河流域。二
为成吉思汗三弟哈准领土，在今察哈尔东北部乌拉圭河流域。三为成
吉思汗四弟特穆尔谔齐锦（旧作铁本真斡赤斤）领土，在今辽宁西北之洮儿
河及黑龙江西部之嫩江流域。此外如成吉思汗庶弟伯勒格特依（旧作伯

列格台，封广宁王），第六子阔列坚及太宗以下诸帝子，皆各有分地岁赐。又蒙古制，皇子、公主，恩礼钧。宗室驸马，通称诸王。其后世祖入主中国，复大行封建。其一字王（金印兽纽）则有燕、秦、晋之属。二字王（金印螭纽、驼纽，与金镀银印驼纽、龟纽及银印、龟纽）则有安西、镇南、云南、白兰（即吐蕃所并之白兰王，名锁南藏卜。封后出家为番僧，寻还俗，复封）之属。外国降附受王封者，又有高丽、缅国、安南之属。其自开国以来，累朝佐命诸功臣，亦皆分封为万户、千户、百户，各辖有土地人民。以故幅员极广，藩属孔多，控驭匪易。

世祖既有天下，凡满洲、内外蒙古、中国本部、青海、西藏及中央亚细亚皆为所领。高丽、交趾亦为所羁縻。又于名义上统御伊儿汗等四大汗国。实握蒙古帝国之全权焉。世祖为镇抚藩属计，乃建阿母河行省，以统葱岭以西。置岭北省，以制杭爱山以北。开阿力麻里元帅府，以监天山北路。设别失八里元帅府，以治天山南路。创辽阳及征东行省，以督满洲及朝鲜。又于中央置中书省一，于内地置行中书省八，以统辖中国本部。其详见本期第六章第一节　地方制中。兹不赘述。

元初开拓疆土表

征服者	被征服之地名今释
太祖铁木真	内外蒙古，满洲，中国本部西北部，天山南北路，俄领中央亚细亚，阿富汗，波斯东半部及高加索山附近
太宗窝阔台	中国本部中部，朝鲜半岛，西伯利亚西南部，欧洲东北部
宪宗蒙哥	中国本部西南部，西藏，法领越南北部，波斯西南部，美索波达米亚，叙里亚，小亚细亚，印度西北边地
世祖忽必烈	中国本部南部

第二章

元初之内乱

　　中国自古以来，相传治国之大法有二：一曰父子相继主义，所以泯宗室之纷争；一曰中央集权主义，所以杜强藩之跋扈。凡此者，皆历代英主经过几许艰难阅历，始决定之方针。从之者吉，违之者凶，莫或易之者也。独蒙古建国规模则异是。蒙古国势伟大，非一世英雄，有统御全国之能力者，不足以为共主。乃创为库鲁泰大会议，由宗室诸王大臣与诸藩，联合选立君主，于是父子相继之制度破坏。蒙古幅员辽阔，种族庞杂。非广建群藩，厚其势力，不足以制服异族。乃建立四大汗国，统辖欧亚各民族，于是中央集权之制度亦破坏。其始也，太宗、定宗相继嗣位，宗室辑睦，尚无间言。及定宗崩，锡哩玛勒与宪宗争位，而内乱一作。宪宗崩，阿里克布克与世祖争位，而内乱再作。于是海都以谔格德依汗国势力讧于北，都斡以察罕台汗国势力讧于西，诸王纳延与哈丹势格都儿等讧于东，与世祖争大汗位。奇卜察克汗国君主忙哥帖木儿，伊儿汗国君主阿八哈，复从而交讧于其间。世祖竭全国兵力，与之角逐于外蒙古，仅得荡平纳延哈丹势格都儿等兵，而海都都斡竟不服。及成宗嗣位，海都之子彻伯尔与都斡相继归命，谔格德依汗国旋为王师所灭。然西方三大汗国，自是不服中央命令，互相构兵，又时与大汗国冲突。中央自成宗逝世以后，历代君主，多为权臣所拥立。丞相专权，天子守府，忙于内乱，更无余力以经略域外。于是蒙古大帝国遂瓦解，复成列国对立之形势矣。兹述其事迹如下。

第一节　蒙古内乱之远因

初，太宗之在位也，以孙锡哩玛勒（太宗第四子库春子，旧作失烈门）为嗣。太宗在位十三年，以宋理宗淳祐元年（西历纪元一二〇一年），病酒而殂。第六后萧玛锦（旧作乃马真）氏奉遗诏，称制于和林（据松井等《东洋史概说》，一五七页，喀喇和林（carakorum）略称之曰和林，在今库伦西南鄂尔浑河东岸，蒙古大喇嘛寺，额尔听尼招所在地。此地久不明，至明治二十六年始确定）。皇子库裕克（旧作贵由）得凶问，仓猝自欧洲来奔丧。后欲立为太宗嗣，待巴图来会议，而巴图托病，屡愆行期。后临朝之四年，乃集诸王百官，开库鲁泰大会议（会议名，凡宗室诸王、大将，藩属君主及万户、千户、百户等有世爵者皆列席），立库裕克。淳祐六年（西历纪元一二四六年），库裕克即位，是为定宗。在位三年，以淳祐八年（西历纪元一二四八年）殂。后乌拉海额锡（旧作斡兀立海迷失）抱皇侄锡哩玛勒听政。凡太宗子孙，多主张遵太宗遗诏，立锡哩玛勒为大汗，诸王大臣不从。后二三年，诸王巴蜀、大将乌特哩哈达（苏布特子，旧作兀良合台）等，一再开库鲁泰大会议。巴图首建议推戴莽赉扣（旧作蒙哥），众皆韪之。淳祐十一年（西历纪元一二五一年），东西诸王将共推莽赉扣即大汗位，是为宪宗。

宪宗即位以后，锡哩玛勒及诸弟心不平。宪宗诛其党羽，杀定宗后及其用事大臣，禁锢锡哩玛勒于摩多齐（在和林西北旧作没脱赤）。分迁太宗后克勒齐库塔纳（旧作乞里吉忽帖尼）及太宗系统诸王于各边。太宗旧部军，别择亲王将之，以防其拥众为乱。遣使诣察罕台藩地及汉地，察究违命诸臣，凡附太宗后者皆逮究。复遣兵巡察奇尔济苏等处，颁便宜事于国中。罢不急之役。凡诸王大臣滥发牌印诏旨宣命尽收之。自此以后，蒙古内政始归一，然而分离之端兆于此矣。

第二节 阿里克布克之乱

宋理宗宝祐五年（宪宗七年），宪宗与世祖率师分道南侵宋，命少弟阿里克布克（旧作阿里不哥）居守和林，以京兆行中书省事阿拉克岱尔辅之。越二年，宪宗殂于军，世祖引兵北还。诸王哈丹、穆格、塔齐尔俱会于开平（在今察哈尔兴和道独石县东北），辖鲁自西域遣使劝进，惟阿里克布克不至。廉希宪等力言："先发制人，后发人制。逆顺安危，间不容发。宜早定大计。"世祖然之，遂不及待库鲁泰大会议，遽自立为蒙古大汗。阿拉克岱尔及六盘守将等，密谋推戴阿里克布克。世祖使廉希宪宣抚陕西以制之。次年，阿里克布克称帝于和林，宪宗诸子及察罕台系诸王皆附之。世祖遣伊逊克（太祖次弟子）将兵挫其前锋，寻自将征之。时阿拉克岱尔等关陇之军，已为廉希宪所破。阿里克布克驻谦谦州（今俄领托穆斯克省，西史谓阿里克布克。夏居阿尔泰，冬居奇尔济，苏所辖境，即其毋汤沐，地宽广，三日程近阿尔泰河），惧兵力不敌，遣使约归款。世祖允之，遂自和林还京，留伊逊克驻防。次年，阿里克布克袭败伊逊克兵，复据和林，进兵至漠南。世祖复自将征之，战于实默图诺尔（在今独石口外），败却其众。阿里克布克北遁，寻与察罕台嗣王阿鲁忽（贝达尔子，察罕台孙，阿里克布克所立）构兵。所部群非议其同室操戈，弃之他适。阿里克布克无兵无攘无援，势日蹙。至元元年，与宪宗诸子及谋臣来归。世祖皆宥之，但诛其谋臣等。然其党海都，仍据地擅兵，屡征不至，遂酿宗藩之乱。蒙古大帝国之分裂，从此始矣。

第三节 海都之乱 锡喇勒济脱脱木儿之乱与纳延之乱

一、海都之乱

海都者，和硕（旧作合失）王子，太宗诸孙也。太祖征西夏，和硕生。西夏为河西地，蒙古称河西音如和硕（转为合申）以命名，志武功也。和硕旱卒，太宗痛之。自此蒙古讳言河西，惟称唐古特（西夏立国。

始唐时曾赐国姓，系以唐志所。自始唐，古特音转为图伯特。今西人称西藏族为图伯特族。本
此）。

宪宗二年，定太宗后王分地，迁海都于海押立（在今阿拉套岭西北，巴
勒哈什湖东南，北接阿尔泰山西支）。海都自以太宗裔不获嗣大位为憾，而宪
宗夺太宗后王兵柄，志不得逞。宪宗六年，断事官石天麟使北边，为
所留。世祖初，附阿里克布克，攻宗王察罕台汗阿鲁忽，为所败。及
阿里克布克降，仍自擅于远。朝使屡征，皆以马瘦道远为辞，不应
召。世祖推恩诸王，亦赐以金帛，并以蔡州分隶之。而海都有异志，
区区岁赐分地非所慕。又权略过人，善于笼络，卓齐特后王如伯勒克
等咸与善。太宗分地在叶密尔河者，亦多属之。其南境与察罕台汗国
接壤。至元三年（西历纪元一二六六年），阿鲁忽薨。世祖遣八拉克（察罕台
曾孙）归国嗣位，欲借其力以制海都。八拉克与海都战于锡尔河，败其
兵，掠人畜无算。宗王奇卜察克汗忙哥帖木儿（巴图孙）助海都兵，回
攻而胜。八拉克退至河南，胁布哈尔撒马儿罕民户助军实，备再战。
会有为之和解者，乃罢兵。而布哈尔等地，海都亦得分其岁入。八拉
克西攻伊儿汗汗阿八哈（辖鲁长子），海都亦助以兵。七年（一二七〇年），
八拉克战败归，旋殂。阅再传皆短祚。海都辅立八拉克子都斡（旧作笃
哇），得其助，于是窝阔台系与察罕台系联合为一，与元室抗。海都之
势始剧矣。

二、锡喇勒济脱脱木儿之乱

先是海都叛迹渐著。廷议致讨，世祖谓宜怀之以德。遣使诣海
都。海都悦其辩，厚赠之。又诣忙哥帖木儿处计事，忙哥允为外应袭
海都。后忙哥兵果至。海都御之，而八拉克又至，乃乞和于忙哥。忙
哥罢兵，且助以军五万，合败八拉克。海都由是无西顾忧，复与八拉
克之子都斡和。于是奇卜察克、祭罕台、窝阔台三汗国联为一系，以
与元室抗。至元十二年，海都、都斡以十二万众，围高昌（即辉和尔）王
火赤哈儿的斤于火州城，久之始解（《元史》巴而术阿而忒的斤传谓，受围凡六
月，固索与以女，亦都护缒，女与之始解去。西书则谓援兵至，乃解案，亦都护者，高昌国

主，号也时。巴而术嗣孙，火赤哈儿的斤嗣立后，亦都护屯于州南哈密力地。北兵复至，竟战死）于是敕追海都、八拉克金银符。次年，命丞相安图，辅皇子北平王诺摩罕，借边于阿力麻里（案事在至元十三年）诸王锡整理勒济（旧作昔里吉）、脱脱木儿（旧作托克帖木儿）等咸从。先遣使谕海都，令罢兵来朝。海都听命退军。而安图军已克火和（即宗王火忽）大王部曲，尽获其辎重。海都地邻火和，惧安图乘胜侵轶，乃遗使者归，以安图之事上闻，明非己罪。十四年，脱脱木儿等合谋，夜劫诺摩罕，并执安图，遣使通好于海都。海都弗纳。诸王叛者相属（西书谓太宗后人及察罕台别子后裔皆叛）。世祖命巴延北征，遇其众，遏于鄂尔坤河，夹水而限。相持既久，俟其懈，麾军为两翼击破之。锡整理勒济奔雅尔达实河，脱脱木儿奔奇尔济苏，巴延袭夺其辎重。锡喇勒济不能援，脱脱木儿以为怨，遂附于宗王撒里蛮（宪宗子裕隆哈实子），胁篡木忽儿（阿里克布哥子）来从，不听，与之战。脱脱木儿败遁，被执，见杀。撒里蛮失助，锡喇勒济夺其兵，拘而致诸奇卜察克汗中。中途遇其旧部，夺取返攻。锡喇勒济众叛，被执。并执篡木忽儿，将献诸朝。东经纳延地，纳延受篡木忽儿赂，邀劫之。仅以锡喇勒济来献。世祖赐撒里蛮以地及军，而流锡喇勒济于海岛。篡木忽儿旋诣海都，后亦来朝。

三、纳延之乱

二十一年，奇卜察克都指挥使图图尔哈（旧作土土哈，奇卜察克王子拜都察克子）等，谍知海都虚实，破其精兵。海都败走。得所俘掠军民。会石天麟语海都以宗亲恩义及臣子逆顺祸福之理，海都悔悟，乃遣天麟与诺摩罕安圆等皆归。二十四年，纳延（旧作乃颜，广宁王伯勒格特侬之孙）反于辽东，旧由海都唆之诸王哈丹（哈准四世孙）、执格都儿（哈市圆哈萨尔四世孙）等应之。约海都相犄角，海都亦允助兵。世祖恐其联合，先遣使抚安诸王纳恰等，解其谋。令巴延于和林阻遏海都，而亲征纳延。自江南行海运至辽河，以转攘。军疾行，二十五日即至其境。分蒙古及汉军为二，汉军以李庭、董士选统之。及辽河，纳延党拥众十万进逼。世祖亲麾诸军围之。纳延以军环卫为营，坚壁不出。李庭引壮士十余人，抱火炮夜入其阵。炮发，敌溃。遂命蒙古汉军并进。敌军飞矢及乘舆前，士选等出步卒横击之，纳延败走，追获诛之。帝还京，诏皇孙特穆尔（太子精吉木第三子，即成宗）抚诸军，留讨哈丹等。

四、海都之猖獗及其薨逝

二十五年，海都、都斡迭犯边。特穆尔镇金山，屡遣将击却之。次年，海都兵至和林，宣慰使奇卜等叛应之，北鄙大震。世祖亲征，皇孙晋王噶玛拉（太子精吉木长子）与海都战于杭海。失利，被围。图图尔哈引劲卒陷阵翼王出。二十九年，诸王穆尔特穆尔叛从海都，巴延败诸海斯图岭。会有谮巴延与海都通者，诏授皇孙特穆尔以皇太子宾，抚军。征巴延还。未发，而海都兵复至。巴延欲诱使深入成擒，且战且行。七日，诸将固请速战，还军击败之。海都遂脱去。

是年秋，图图尔哈略地至金山（今阿尔泰山），获海都之户三千余，进攻奇尔济苏，擒其将。

成宗元贞初年，海都犯西番界。大德元年，图图尔哈之子绰和尔（旧作床兀儿）北征，逾金山，屡大挫海都军。是时宁远王库存克楚（旧作阔阔出，世祖第八子）总兵北边，怠于备御。三年，成宗使兄子海桑（成宗兄达尔玛巴之长子，即武宗）即军中代之。军至金山，奈曼特部落降。五年，海都都斡大入，兵越金山而南，止于铁坚古山（今外蒙古札萨克圆汗部右翼，后末旗之匝梦山地），因高以自保。八月，海桑与战于迭怯里古（今底们赤鲁），海都军溃。越二日，海都悉众来，大战于合剌合塔（今哈喇阿吉尔夏山）。王师失利。海桑亲出阵力战，悉援诸军而出。绰和尔与都斡相持于兀儿秃（今阿勒台岭），以精锐驰其阵奋击，大破其兵。都斡中流矢，走远。海都不能独留，亦引军归，旋殂。

五、谔格德依汗国之沦没

海都虽屡抗王师，然战争累年，兵财两竭。又与邻境诸宗王冲突，到处树敌。于是谔格德依汗国渐濒于衰亡之域。先是至元二十七年，海都遣兵助伊儿汗国叛将景赤尼佛鲁慈，扰呼罗珊，后乃败退。

于是伊儿汗国与为敌。奇卜察克汗国白帐汗鄂尔多曾孙那延，与族人贵烈克战。海都、都斡助贵烈克，于是那延亦与为敌。成宗即位，那延遣使入朝，乞王师与伊儿汗国三面合攻海都等。成宗将允之，拟大举亲征，为太后所阻，乃谢以徐议。至是海都殂，或欲立其子乌鲁斯。都斡以已得国由于彻伯尔（亦海都子），故援立之。大德七年，均遣使请息兵。诏报使，命置驿以俟其众。已而都斡与彻伯尔以子弟构衅，遂失欢。十年，战于忽毡撒马儿罕中路，彻伯尔败。再战，都斡败。乃议和。将成，彻伯尔部众多散处，都斡乘其不备，遂躏所辖地。时海桑亦逾金山，追乌鲁斯，获其妻孥辎重，抵雅尔达实河。受穆尔特穆尔诸王降，尽俘彻伯尔家属营帐（《元史》曰赤察儿传云：掩取其部人，凡两部十余万口），余众悉溃。彻伯尔仅以三百人奔都斡。窝阔台汗国亡。自海都倡乱，东西诸王（按蒙古先定东土，故太祖诸弟多封于东，至太宗以下子孙则多封于西，故阿力麻里为定宗子分地，海都、都斡得分据金山南北，《元史》谓之东诸侯，西诸侯）多效尤不靖，垂五十年，至是北边始悉平。乃处诸降人于金山之阳，而王师屯田于山北。自此以后，奇卜察克、察罕台、伊儿汗三汗国各帝制自为，呈独立之势。蒙古大帝国事实上已瓦解。有元全盛时代，仅保有其东方一小部分而已。

元初内乱表

张本人	根据地	势力范围地	举兵之年	失败之年	延长	原因
阿里不哥	俄领托穆斯克省	外蒙古与陕甘二省各一部分	世祖中统元年	世祖至元元年	五年	以宁宗幼弟资格与世祖争国
海都	俄领七河省	锡尔河北岸外蒙古西部	同至元三年	成宗大德十年	四十一年	以太宗诸系资格与世祖争国
昔里吉、托克帖木儿	无	外蒙古北部	同十四年	当年	一年	执北平王诺摩罕丞相安图以应海都
纳延	辽东	东三省及蒙古东部	同二十四年	当年	一年	应海都

第三章

元初之外征

中国有史以来，对外发展之时期，以汉、唐、元、清四朝为最。幅员之辽阔，种族之庞杂，武力之发扬，亦以四朝为最。顾汉、唐之对外战争与元、清之对外战争情形迥异。汉、唐多系被动的、自卫的，元、清多系主动的、侵略的。汉、唐之对象物多系西北民族。元、清之对象物多系东南民族也。元初之对外战争与清初之对外战争情形亦稍异。清初犹有时系被动的、自卫的。元初则纯为主动的、侵略的。清初之对象物犹有西北民族。元初之对象物则纯属东南民族也。是故元初之外征在中国史上自具一种特色。中国历代之外征，大半出于不得已。元初则可已而不已者也。兹述其事迹如下。

第一节　后高丽之臣服

先是蒙古兵起，金人疑契丹遗民有他志，下令契丹户一，以女真户二夹居，严防之。故辽宗室耶律留格不自安，遁至隆安（即黄龙府改名），起兵抗金，聚众至十余万。遣使附于蒙古，屡败金兵，自立为辽王，尽取辽东州郡，都咸平（在今辽宁铁岭县）。宋宁宗嘉定八年，入朝于蒙古。其将耶厮不据辽东叛，自称辽帝。寻为其下所杀。推其丞相乞奴监国，与行元帅鸦儿代统其众。留格以蒙古兵来讨，乞奴兵败，东渡鸭绿江，由北界（今平安道）进侵忠州（今忠清北道）、溟州（今江原道江陵郡），转掠咸镜道。王京震骇。蒙古元帅哈真与后高丽合兵讨乱党，悉平之。后高丽遣使奉牛酒犒师，称臣奉贡于蒙古。蒙古岁征重币以充贡赋，后高丽疲于供应。宋理宗宝庆三年（蒙古太祖二十二年），蒙古使臣珠古（旧作著古）还自高丽，中途为人所杀。蒙古疑为高丽所为，谋伐之。因时方有事于中国及西域，不果。绍定四年（蒙古太宗三年），蒙古太宗命将军萨里台（旧作撒礼塔）与嗣辽王薛阇（留格长子）伐高丽。由北界进至王京，分兵侵略忠州、清州，所过之处无不残灭。王遣使请和，厚赠土物，上表称臣。蒙古置达噜噶齐（镇守者之意），监治其地。逾年，高丽宰相崔瑀奉王幸江华岛，以避兵，尽杀蒙古所置之达噜噶齐七十二人。蒙古兵复来侵，后高丽兵屡败。后高丽高宗以族子永宁公淳为王子，质于蒙古以乞和。蒙古遣使命高宗还都旧京。时崔瑀已卒，其子沆、谊相继执政。不许。蒙古大将也窟车罗大等来侵，前后数次，杀戮人民无算。宋理宗宝祐六年，高丽将赵晖等，以和州（咸镜南道永兴郡）以北之地，叛降于蒙古。蒙古置双城总管府于和州，以晖为总管，屯重兵以戍之，压迫高丽日甚。王不得已，使太子倎入朝于蒙古，毁江华城。

宋理宗开庆元年，高宗薨，元宗即位，还都旧京。上书于蒙古，请免侵扰，还俘逃。皆许之。都统领崔坦等据西京（今平壤）五十余城附蒙古，世祖受之。改西京为东宁府，划慈悲岭为界，以皇女下嫁王世子愖。宋度宗咸淳十年（西历纪元一二七四年），元宗殂，愖立，更名晫，复更名昛。是为忠烈王。自是以后，高丽降为蒙古属国，代代受册封。事元纯用藩臣礼。元常干预其内政焉。

第二节 日本之征伐

日本自有唐末年（宇多天皇时代），罢遣唐使，与中国断绝交通。自此以后，经过五代两宋，凡三百余年。除去估客僧徒私渡外，始终无正式国际关系。蒙古勃兴以后，兵力所及，望风降附，欧亚两洲民族，除最北最西一部分外，几乎皆入其势力范围。独日本一岛国，岿然独立于东海中，不肯低头纳款。蒙古人憾焉。世祖至元二年（宋度宗咸淳元年，日本龟山天皇文永二年，后高丽元宗禛六年，西历纪元一二六八年），使黑的、殷弘，介高丽致书于日本。语多威吓。至耽罗，遇暴风，不至而还。四年，元宗遣潘阜赍国书及元之国书使日本，至太宰府，留五月，候镰仓幕府消息。不得要领而还。五年，世祖复遣黑的、殷弘，持书抵对马岛。日本拒而不纳。仅执其二岛民（一曰塔次郎，一曰弥次郎）而还。世祖召见，待之以礼。谕以欲其国来聘，并非逼迫，但欲耀名之意。六年，命高丽奉中书省牒，送还所执者。亦不报。七年以赵良弼为国信使，通好日本。舟至筑前今津岛（在今福冈县西北境博多湾西），日本太宰府（九州地方长官，掌对外交涉者）陈兵守之。不得至京都而还。

十一年，元以忽敦、洪茶丘为总管，与高丽将金方庆等，以蒙古、汉、高丽兵一万五千，战舰九百，伐日本，拔对马，转攻壹岐，陷之。遂及肥前（今九州长崎县）沿海郡邑。会大风雨，多触礁。遂还。十八年（日本后宇多天皇弘安四年），复以阿楼罕为行省右丞相，范文虎、洪茶丘为右丞，李庭张、巴图参知政事，率师十五万伐日本。一偕高丽兵发合浦（今釜山西之马山浦），一发江南，两军会壹岐、平户（即元史之平壶，在今长崎县西北境）。阿楼罕卒于军。诸将至鹰岛（在今九州佐贺县西北伊万湾内，即《元史》之五龙山），复见飓征。文虎气馁，择坚舰先走。寻风大作，舰多覆没。诸将皆弃军归。其在鹰岛下者尚十万余人，推张百户为主。方伐木造舟欲还，日本人来袭。多死。余二三万人，被虏至八角岛。日人尽杀蒙古、高丽、汉人，而留新附军（即南人），谓为唐人，不杀而奴之。是役，元全军十五万人，归者不及五之一。文虎所率江南军十万，归者三人耳。二十年，加高丽王晴征东行省左丞相，欲复发兵征讨。诏各路拘水手，造船舰，民不胜苦。廷臣多谏止。不听。

二十一年，遣王积翁与补陀（即浙江会稽道定海县东之普陀山）僧如智，航海使日本。舟人有不愿远行者，共谋杀积翁。使命终不达。会赵良弼言，日本俗狠勇嗜杀，地多山水，得其人不可役，得其地不加富，不如勿击便。世祖纳之。又值西南用兵，无暇兼顾，乃下诏罢征日本，专事安南。自是以后，元兵不复东窥。日本九州之边民，遂乘隙侵略中国内地。倭寇之祸，遂与元代相终始矣。

元与日本交涉表：

一、世祖至元二年，使黑的、殷弘介高丽致书于日本，不至而还。
二、高丽使臣潘阜赍国书及元之国书至日本太宰府，候幕府消息，不得要领而还。
三、五年，黑的、殷弘至对马岛，岛民不纳；仅执二岛民而还。
四、六年，命高丽奉中书省牒，送还二岛民，日本不报。
五、七年，命赵良弼通好日本，至今津岛，太宰府陈兵守之，不得至京都而还。
六、十一年，以忽都、洪茶丘为总管，伐日本，拔对马、壹岐；至肥前，遇大风雨，舟多触礁，无功而还。
七、十八年，遣阿楼罕、范文虎等大举兵伐日本。阿楼罕卒于军，范文虎等至鹰岛，遇飓风，弃军而还。
八、二十年，加高丽王晞征东行省左丞相，复议伐日本。
九、二十一年，遣王积翁使日本，舟人共杀积翁而还。

第三节　缅之征伐

缅，即古西南夷之朱波，汉之掸国，唐之骠国，宋之缅（崇宁四年云缅入贡，盖举其国）与蒲甘（明年云蒲甘入贡，盖举其都城），今之英领缅甸（明与车里、老挝等九宣慰司，合称西南十慰）是也。蒙古自灭大理，西南境直与缅接。时缅王都乃甸（即今蛮德勒城，明一统志所言，太公南之马来城，圣武记名为蛮德），并阿罗汉（今缅甸西南阿剌干部）及白古（今缅甸南方丕古部，即明之古剌，又名摆古），略暹国（今暹罗），振威于后印度。世祖至元八年，大理等处帅府遣人使缅，招谕其王内附。十年，诏遣使往谕。不应。十四年，缅人怨金齿千额总管阿禾内附，攻其地，欲立砦于腾越永昌（今云南腾越，道故腾越厅永昌府）间。时大理路（今腾越，道故大理府）蒙古万户忽都等，奉命伐永昌西未降部族，阿禾告急，忽都等疾行赴援，击败缅军。寻云南省复遣尼雅斯拉鼎，率蒙古爨（云南东部民族名）、僰（川南民族名）等军征缅。至江头（疑即今八莫城），招降土户凡三万五千二百。以天热还师，具言可击状。十九年，遂遣诸王桑阿克达尔督诸军往击之。次年，分道攻破江头城。二十二年，缅王遣使乞降。不果。二十三年，益兵进征，拔太公城。次年，至忙乃甸。会缅王庶子作乱，幽王，杀王世子及大臣等，元使亦遇害。大兵进破蒲甘。缅王南窜白古，复泛海至锡兰。大兵死者七千余，以粮尽班师。缅王始还其国都请降，乃定岁贡方物。于甘缅城置邦牙宣慰司，以兵戍之。于是自今西藏东南偏，至散处阿撒母（今缅甸西北阿萨密部）境金齿诸夷及暹国，皆相继入贡。

第四节　占城、安南之征伐

占城，今法领印度支那中部交趾地。唐以前为林邑国，即秦象郡之林邑县（今为广和城，亦曰衙庄）。汉改林邑为象林县，属日南郡。汉末，邑人区连，乘中原丧乱，杀县令，称林邑王。是为林邑建国之始。晋初，区氏嗣绝。外孙范熊继立，林邑遂世为范氏。刘宋文帝元嘉中，交州刺史檀和之等击破之。隋文帝仁寿末年，欢州道总管刘方攻克其地，分为荡、农、冲三州。寻改为比景、海阴、林邑三郡。隋乱，故王范梵志复王其地。唐太宗贞观中，范氏嗣绝。肃宗至德中，国人立范氏戚诸葛地，更号环王。宪宗元和初，入寇欢、爱等州，安南都护张丹击破之。遂弃林邑，南徙于占，号占城国（今之平顺城，即后阮福映所封之农奈是也）。周世宗显德中及两宋，常遣使入贡中国，受封册所统州大小三十八，通不盈三万家。宋孝宗淳熙中，袭破真腊（今柬埔寨及法领下交趾）。宁宗庆元中，真腊大举复仇，俘杀几尽。更立真腊人为王，遂为真腊属国。元初，臣于安南。世祖至元十五年，行中书省事索多以江南已平，遣人至占城招抚，还言其王有内附意。诏遣使册封为占城郡王，谕使入朝。十七年，其王表贡请降。十九年，命索多即其地立省以抚治之。王子补时负固弗率，凡使臣经其国，皆见执。世祖怒，命索多讨之，破其城。王子遁入山谷，遣其臣宝脱秃花阳纳款以缓师，而潜杀元使皇甫杰等百余人。索多等久乃觉其诈，遣兵攻之。转战至木城下，阻隘不敢近。敌兵旁截归路，军殊死战。得出，遂引还。世祖怒占城叛服不常，诏封皇子托欢为镇南王，与左丞李恒，往会索多兵进击。复以安南与通谋，令军行，假道于其国，且征助兵粮。

二十一年，琼州上言，交趾通谋占城，遣兵船为应援。安南王日烜上书剖辩。不省。大兵压境，日烜遣兵分道拒守。托欢屡移书假道，不纳。益修兵船，为迎敌计。托欢乘间栿椎为桥，渡富良江，与日烜大战，破之。索多军亦自占城来会。日烜父子奔清化，其弟益稷率所属来降。适盛夏淋潦，军中疫作，死伤者众。占城竟不可达。乃谋引兵还。交趾上相陈光启等率诸路兵追袭，大军溃。李恒、索多战死。托欢走还。

二十四年，复诏托欢与右丞程鹏飞、参知政事樊楫等督诸军击安南。分兵三道，水陆并进。凡十七战，皆捷，遂深入其境。日烜复弃城入海。托欢追之。会天气暑湿，将士多疾疫，不能进。诸蛮降附者复叛，所得险隘皆失守。遂谋引还。日烜复集散兵守东关（在安南北境），遏托欢归路。诸军且战且行，日数十合。贼择险窃发毒矢。樊楫与右丞相阿巴齐战死，托欢走还。日烜寻遣使来朝，进金人自代以赎罪。占城王已先于二十一年，遣其孙奉表归款，至是乃俱罢兵。

第四章

元室衰乱之原因

元初诸帝，皆英武有度量，能容众议。其版图阔大，其政治简易。顾其所以享祚不永者，有二原因：一由于分国之背叛，二由于本国之衰乱。分国背叛事迹，已见于本期第二章。读者欲知其详，可参观拙著《东洋近世史》第五期第一、第三、第四、第五各章。兹从略。本国衰乱之原因有二：一、丞相专横与天子幼稚，二、财政困难。财政困难直接之原因复有二：甲、天然原因，即水旱饥馑之类仍是也；乙、人为原因，即租税繁重、纸币乱发，与喇嘛之暴横是也。兹述其概略如下。

第一节 历代天子之更迭与大臣之专横

蒙古汗统，不必父子传世。故每逢绝续之交，恒启纷争之隙。至元三十一年（西历纪元一二九四年），世祖崩。皇太孙特穆尔（旧作帖木儿）南还，及宗室诸王会于上都。定策之际，诸王有违言者，太傅约苏特穆尔以责皇长孙晋王噶玛拉（旧作甘麻剌）。于是晋王愿仍守北边，而谓母

弟特穆尔宜嗣大统。知枢密院事巴延（旧作伯颜）亦握剑宣顾命立皇孙之
意，辞色俱厉，诸王皆股栗，趋殿下拜。特穆尔遂即位，是为成宗。

成宗在位十三年，以大德十一年（西历纪元一三〇七年）崩。皇后巴约
特氏（旧作伯牙吾氏）先期召安西王阿南达（旧作阿难答，世祖次子莽噶拉之子）入
京，欲立之。左丞相阿呼岱（旧作阿忽台）以下，皆欲奉皇后垂帘听政，
辅立阿南达。右丞相哈喇哈斯（旧作哈喇哈孙）不从，欲立皇侄怀宁王海
桑（旧作海山）。时桑方镇漠北，遣使计事京师。哈喇哈斯令急还报，又
以海桑距离悬远，乃遣使先即近南迎其母弟阿裕尔巴里巴特喇（旧作爱
育黎拔力八达）于怀州（今河南河北道，故怀庆府）。阿裕尔巴里巴特喇至大都，
执阿南达归于上都，诛阿呼岱等，自监国。海桑至自和林，弑皇后，
并杀阿南达等。遂即位，是为武宗。立阿裕尔巴里巴特喇为皇太子。

武宗时，西僧极骄纵，又宠任幸臣托克托（旧作脱虎脱）等，颇变乱
旧章。在位四年，以至大四年（一三一一年）崩。皇太子首诛托克托等，
黜其党，召还先朝旧臣。乃即位，是为仁宗。初，武宗立仁宗为皇太
子，故有兄弟叔侄世相承袭之约。及是丞相特们德尔（旧作铁木迭儿）等
欲邀宠，请立仁宗嫡子硕迪巴拉（旧作硕德八剌，即英宗），而潜武宗长子
和锡拉（旧作和世㻋），遂封为周王，遣出镇云南。延佑三年，行次延安，
武宗旧臣等合谋发关中兵，自潼关河中府奉之北上。事不果行，和锡
拉乃西走，至金山西南，投察罕台国汗也先不花。也先不花时方与伊
儿汗国开边衅，又叛朝命与王师战，屡败。王尔其斯坦地多为王师
所蹂，怨仁宗甚。适和锡拉来投，大喜。偕金山西北诸王帅众迎附。
和锡拉至其部，与定约束。冬夏徙帐，春则命从者耕于野，如是者十
余年。

和锡拉既西奔，仁宗遂立硕迪巴拉为皇太子。特们德尔有宠于太
后（武宗、仁宗母），至是再入相。怙势贪虐，凶秽滋甚，中外切齿。延
臣共劾其罪状。仁宗大怒，欲案治之。特们德尔惧罪，逃匿太后宫。
仁宗不忍伤太后意，乃不深究，但罢其相位。

仁宗在位九年，以延佑七年（一三二〇年）崩。太子即位，是为英
宗。特们德尔三入相，尽杀前劾己者。凡睚眦之怨无不报复。英宗觉
而疏之，用拜住（安图孙）为相，委以心腹。特们德尔不得志，怏怏发

病死。拜住独柄政。一新庶务，起用老臣。追夺特们德尔官爵，籍其家。其党知枢密院事额森特穆尔（旧作也先铁木儿）、御史大夫特克锡（旧作铁失）等不自安，乃谋作乱。至治三年（一三二三年），特克锡作乱，弑帝并杀拜住，遣使迎晋王伊逊特穆尔（旧作也孙铁木儿，噶玛拉长子，袭封晋王，仍镇北边，领四大鄂尔多地）于镇所，即位于龙居河，即胪朐河（今克鲁伦河），是为泰定帝。逆党旋伏诛。泰定帝在位四年，以致和元年（一三二七年）七月，崩于上都。太子阿苏奇布（旧作阿速吉八）嗣立，是为天顺帝（二帝皆无谥，世止称其年号），时年九岁。

初英宗即位，迁武宗次子图卜特穆尔（旧作图贴睦尔）于琼州。泰定帝初年，召还。旋复徙诸江陵。泰定帝崩，左丞相道拉锡（旧作倒剌沙）专权自用。逾月不立君，朝野汹惧。居守大都签书枢密院事雅克特穆尔（旧作燕帖木儿，绰和尔第三子）以身受武宗宠拔恩，欲迎立其二子，遂纠党作乱，执中书省御史台诸臣下狱，遣使迎怀王图卜特穆尔于江陵。是年八月，图卜特穆尔入京僭位。天顺帝分遣诸王将兵讨之，不克。十月，乱兵陷上都，帝不知所终。图卜特穆尔遣使迎其兄和锡拉于漠北。次年（明宗天历二年，一三二九年）正月，和锡拉南还，即位于和宁（即和林）之北，是为明宗。立图卜特穆尔为太子。是年八月，行次翁郭察图。图卜特穆尔入见。帝暴崩。图卜特穆尔复袭位于上都，是为文宗。

文宗既立，以雅克特穆尔有拥戴大功，极宠异之，权倾中外。在位三年，以天顺三年（一三三二年）崩。皇子雅克特古斯（旧作燕帖古思）尚幼，乃立明宗次子鄘王额琳沁巴勒（旧作懿琳质班），是为宁宗。年甫七岁，逾月而薨。文宗后使迎明宗长子托欢特穆尔（旧作妥欢帖睦尔）于广西。至则雅克特穆尔意不欲立之，迁延数月。雅克特穆尔死，乃得立，是为惠宗。明太祖谥之曰顺帝。纳雅克特穆尔女巴约特氏（旧作伯牙吾氏）为皇后，封其子腾吉斯（旧作唐其势）等为王爵。寻以右丞相巴延（旧作伯颜）独秉政。腾吉斯忿怨谋反，兄弟及党羽皆伏诛，皇后亦废死。巴延浸专恣，乱成宪，擅诛贬，有异谋。至元六年，其侄托克托（旧作脱脱，巴延养为子）与帝腹心臣合谋黜之，道死，托克托遂代当国。

成宗以后，帝位绝续，恒启纷争。权臣因之，借拥戴功擅威福柄者垂三十年。元之中书、枢密及诸路行省，吏治阘茸，武备废弛。统治实力，日即疏懈。而虐待中国人，则较开国尤甚。因之中国人攘外之心复炽，反者四起，元室遂瓦解矣。

元室君主更迭时内乱表

一、宋理宗淳祐元年，蒙古太宗殂，以孙失烈门为嗣，第六后乃马真氏称制。六年，立其子贵由，是为定宗。
二、淳祐八年，定宗殂，后斡兀立海迷失抱皇侄失烈门听政。诸王大臣不从，十一年，立拖雷长子蒙哥为帝，是为宪宗。失烈门及诸弟心不平，宪宗禁锢失烈门于没脱赤，弑定宗后斡兀立海迷失，杀其用事大臣，分迁太宗后乞里吉忽帖尼及太宗系诸王于各边，夺太宗旧部兵，别择亲王将之。
三、开庆元年，宪宗殂，弟忽必烈自立，是为世祖。少弟阿里不哥与之争国，称帝于和林。世祖击败其兵，乃降。
四、元世祖至元三十一年，帝崩，皇太孙帖木儿还自漠北，诸王有违言；太傅约苏帖木儿、知枢密院事伯颜力主张立皇太孙，帖木儿乃即位，是为成宗。
五、大德十一年，成宗崩，皇后伯牙吾氏欲立安西王阿难答，右丞相哈喇哈孙不从，立皇侄怀宁王海山，是为武宗。弑皇后，杀阿难答及左丞相阿忽台等。
六、至大四年，武宗崩，皇弟爱育黎拔力八达立，是为仁宗。立皇子硕德八剌为皇太子，封武宗长子和世㻋为周王，出之云南；和世㻋逃居金山之北。
七、延佑七年，仁宗崩，硕德八剌即位，是为英宗。至治三年，御史大夫铁失作乱，弑帝；迎立晋王也孙帖木儿，是为泰定帝。
八、致和元年，泰定帝崩，太子阿速吉八即位，是为天顺帝。居守大都签书枢密院事燕帖木儿作乱，迎和世㻋弟图帖睦尔于江陵而立之。遣兵陷上都，帝不知所终。遣使迎和世㻋南还。次年正月，和世㻋自立于和林之北，是为明宗，立图帖睦尔为皇太子。八月，行次翁郭察图，图帖睦尔弑之而自立，是为文宗。皇后翁吉喇特氏弑明宗后八不沙。
九、天顺三年，文宗崩，皇后翁吉喇特氏立明宗次子懿璘质班，是为宁宗。逾月而薨。立明宗长子妥欢帖睦尔，是为惠宗。至元六年，惠宗追理旧怨，废文宗庙主，迁太后翁吉喇特氏于东安州，放文宗子燕帖古思于高丽，杀诸途。

第二节　财政之困难

一、计臣之聚敛

世祖既耀武东南，复筹防西北。连年用兵，国用不继。中统元年（世祖元年），以王文统（益都人）为平章政事。行交钞（印纸币）法，自十文至二贯凡九等，不限年月，诸路通行。赋税并听收受。仍伸严私盐酒醋曲货等禁。三年，文统以罪诛。复以回鹘人阿哈玛特（旧作阿合马）为相，言无不从。奏括天下户口税。以中统钞易江南交会（故南宋纸币），括药材，发北盐，禁民间私售。立都转运司，增旧额，鼓铸公私铁器。官为局卖，禁民私造铜器。大都挟宰相权，以网天下大利，势倾中外。至元十九年三月，益都千户王著因人心愤怨，刺杀阿哈玛特。诏诛著。而以阿哈玛特党僧格（旧作桑哥）为总制院使。卢世荣为中书右丞，专掌财政。世荣自谓生财有法，用之当赋倍增而民不扰。廷臣驳其说之谬。世祖不听，任之。使行理财新法如下：

一、括铜铸至元钱。制绫券与钞参行。

二、立市舶都转运司于泉（今福建晋江县）、杭二州。造船给本，令民商贩诸番。官有利七，商有利三。禁私泛海者。

三、尽禁权豪所擅铁冶，官铸器鬻之。所以得利，合常平盐课。储粟平粜。以均物价而获厚利。

四、行古榷酤法。仍禁民私酤。米一石，取钞十贯。立四品提举司，领天下课。岁可得钞千四百四十锭。

五、立平准周急库。轻其月息，以贷诸民。冀贷者众而本不失。又于各都立市易司，领诸牙侩。计商货四分取一，以十为率，四给牙侩，六为官吏俸。

六、于上都隆兴（今江西南昌县）诸路，以官钱买币帛，易羊马。选蒙古人牧之，收用皮毛筋角酥酪之用。以十二三与牧者，马以备军兴，羊以充赐予。

七、立规措所。所司官吏，以善贾者为之。

八、立诸路宣慰司兼都转运司，领课程事。

至元二十二年十一月，世荣以罪诛。僧格独柄用。二十四年闰二月，置尚书省。以僧格为平章政事。用其议，行至元钞。自一贯至五十文，凡十一等。每一贯视中统钞五贯，与之参行。置征理司，遣使钩考诸路钱谷。括天下马，先令百官市马助边。犹不足，乃令品官所乘限数，余悉入官。至元二十八年七月，僧格及其党亦以罪诛。然而元室衰乱之原实始于此，盖聚敛过甚，民生凋弊，国脉不免斫伤，人心因之摇动也。

二、纸币之乱发

初，世祖时代，曾铸至元钱。以为数无多，不能流行于全国。世祖以后，纸币盛行。政府无准备金，纯为一种不竞换纸币。故新纸币一出，旧纸币价必大跌落。元中统至元钞，行之五十余年。至武宗朝，钞法大坏。乃改制至大银钞，凡十三等。每一两准至元钞五贯，白银一两，赤金一钱。始铸钱，未几，仁宗即位，复罢行至大银钞及铜钱，于是遂专用中统至元二钞，终元之世。顺帝至正十年，以钞法不行转拨，民间流通者少，故伪钞滋多，乃更钞法。以中统交钞一贯，省权铜钱一千文，准至元钞二贯。仍铸至正通宝钱，与历代铜钱并用以实钞法。至元钞通行如故。置宝泉提举司，铸至正钱。印造交钞，令民间通用。行之未久，物价腾踊至逾十倍。又值海内大乱，供给繁重，印造不可计数。交料之散满人间者，无处无之。昏软者不复行用。京师料钞十锭，至易斗粟而不可得。所在郡县，皆以物货相贸易。公私所积钞俱不行，人视之若敝楮。国用由是大乏。

三、租税之繁重

纸币价格跌落之结果，物价因而腾贵。岁出之经常费遂不能不增加。宗室亲藩之岁费与喇嘛僧之供养费年年继长增高。于是岁出之临时费亦不能不增加。顾政府之岁入有定额，收支不足以相抵。遂不得不加征恶税，以为弥缝一时之计。先是世祖在位，政府岁入金一万九千两，银十万两，纸币三百六十万锭。岁出金一万九千两，银十万两，纸币三百八十万锭。收支之差，已有二十万锭。弥补颇为困难。故当时专用聚敛之臣为理财官。成宗以降，帝室日流于奢侈，岁出渐增。至顺帝在位时，已加至二十倍。虽有巧妇，不能为无米之炊。乃逐渐加征恶税，以谋岁入之增涨。世祖至元十六年，盐引每年九贯。末年增至五十贯。成宗元贞年间，增至六十二贯。仁宗延佑年间，增至一百五十贯。夏税秋粮，亦逐渐加征。又加额外税三十二种，如煤鱼、羊皮、芝麻、牛乳等皆有税。于是物价日益腾贵，民心日益不平，驯至铤而走险，流为盗贼。

第三节　喇嘛之暴横

元起朔方，已崇释教。及得吐蕃，世祖以其地广而险远，民犷而好斗，思有以因其俗而柔其人。乃郡县吐蕃地，设官分职，而领之于帝师。皆僧俗并用，而军民通摄。帝师命与诏敕并行于西土。百年间朝廷所以隆重而供亿之者，无所不至。虽后妃主，皆因受戒而为之膜拜。帝师之兄，至尚主封王（即白兰王索诺木藏布）。弟子拜三公封大国者，前后相望。其徒怙势恣睢，气焰熏灼，延于四方，为害不可胜言。世祖初，有嘉木扬喇勒智（旧作杨琏真加）者，为江南释教总统。发掘故宋君臣陵墓凡百有一所，戕杀平民，受人献美女宝物及攘盗财宝田亩各无算。庇平民不输公赋者二万三千户。西僧多强市民物，武宗至大元年，上都开元寺西僧强市民薪。民诉之留守李璧，璧方询问其由，僧率众殴留守，仍幽之空室。久乃得脱，奔诉于朝。朝廷不问。次年，僧龚柯等十八人，与诸王哈喇巴尔妃争路，拉妃堕车，殴之，且有犯上语。朝廷仍不问。宣政院复上书，请"自今凡民殴西僧者截其手，詈之者断其舌"。仁宗在东宫，闻之，亟奏寝其令。元制，非军事不得驰驿。西僧每年佩金符驰驿，至传舍不能容。假官民舍，逐男子，污妇女。每岁内廷佛事，所供费以千万计。且岁必因好事，奏释轻重囚徒，凶恶多贪缘幸免，至或取空名宣敕以为布施，而任其人。外此又有所谓白云宗、白莲宗者，亦颇通奸利。顺帝在位，宠昵西僧。至取良家女奉之，谓之供养。帝日习其所授延彻尔（旧作演揲儿，华言大快乐，即房中运气之术）法，及善秘密法（亦名双修法）。广取妇女，惟淫乐为务。近臣至相狎于帝前，号所居室曰济齐斋乌格依（旧作皆即兀该华言事事无碍），群僧出入禁中无忌，丑秽外闻。上下因循，溺于晏安。政乱俗偷，民困财尽。益以顺帝至正十一年，贾鲁治河之役，多发兵夫，益耗民食。糜帑几二百万，而歉地不蒙实惠。诸弊辐辏，遂以酿乱。（初，河南童谣有云：石人一只眼，挑动黄河天下反。及贾鲁治河，果得石人一眼。而汝颍之妖寇乘时而起。议者遂以召乱之咎归之。今平心而论，元之致乱，固非一端，且非一日，固不得专委诸开河。而鲁之经理不善亦未始不有，以致之殆不得不分任其咎也）

第四节　种族上之轧轹

以上所举，皆为物质上之原因。至其精神上之原因，尚别有在。

一、宋末元初之种族思想

儒教以平天下为最后之目的。故中国对外，向来不讲种族界限。然蛮夷戎狄名字，本以区别于中华，谓其绝无种族界限则非也。有宋末年，忠臣义士史不绝书。其中若文天祥、谢枋得之流，虽国破家亡，犹殷殷以恢复为念。此外无名之英雄，死难者尤指不胜屈。是虽忠君之念有以致之，然亦排外之思想使之然也。郑思肖《铁函心史》"中兴集"有"元鞑攻日本败北歌"一篇，其中有句云：

> 纵遇圣明过尧舜，毕竟不是真父母。千语万语只一语，还我大宋旧疆土。

云云。实足以代表当时一部分中上流社会汉族心理。此种心理埋藏于汉族脑筋中数十年，终必有勃发之一日。及其勃发则不可遏矣。此为精神上第一种原因。

二、蒙古汉人待遇之不平等

以上原因为天然所造成，非人力能挽回者。然而有元入中国以后，另有一种人造之种族界限，则阶级制度是也。有元之初入中国也，分民族为四阶级：一蒙古，二色目（西域及欧洲各藩属人），三汉人（契丹女真及中国黄河流域人），四南人（宋人）。其各行政衙门长官，皆以蒙古人为之。而汉人、南人贰焉。故一代之制，未有汉人、南人为正官者。中书省为政本之地，太祖、太宗时，以契丹人耶律楚材为中书令，宏州人杨惟中继之，此在未定制以前间或有之。至世祖时，惟史天泽以元勋宿望为中书右丞相，转平章军国重事。仁宗时，欲以回人哈散为相。哈散以故事，丞相必用蒙古勋旧，故力辞。帝乃以伯答沙为右丞相，哈散为左丞相。盖元制尚右也。太平本姓贺，名惟一。顺帝欲以为御史大夫，故事台端非国姓不授，惟一固辞，帝乃改其姓名曰太平，后仕至中书省左丞相。终元之世，非蒙古人而为丞相者，止此三人。哈尚系回人，其汉人止史天泽、贺惟一耳。丞相之下有平章政事，有左右丞，有参知政事，则汉人亦得为之。然中叶后，汉人为之者亦少。顺帝时，始诏南人有才学者，依世祖旧制，中书省枢密院御史台皆用之。是时江淮兵起，故以是收拾人心，然亦可见当时已久不用南人，至是始特下诏也。郑制宜为枢密院判官，车驾幸上都，旧制枢府官从行，岁留一人司本院事，汉人不得与，至是以属制宜，制宜力辞，帝曰："汝岂南人比耶。"意留之。可见枢密属僚掌权之处，汉人亦不得与也。御史大夫非国姓不授，既见太平传。而世祖初年，命程钜夫为御史中丞，台臣言钜夫南人，不宜用。帝曰："汝未用南人，何以知南人不可用。自今省部台院，必参用南人。"可见未下诏以前，御史中丞之职，汉人亦不得居也。中书省分设于外者曰行省，初本不设丞相。后以和林等处多勋戚，行省官轻，不足以镇之，乃设丞相。而他处行省，遂皆设焉。《董文用传》："行省长官素贵，同列莫敢仰视，跪起禀白如小吏。文用至，则坐堂上，侃侃与论。"可见行省中蒙古人之为长官者，虽同列不敢与讲钧礼也。《成宗本纪》：各道廉访司，必择蒙古人为之。或缺则以色目世臣子孙为之，其次始参以色目及汉人。《文宗本纪》：诏御史台凡各道廉访司官，用蒙古二人，畏兀河西回回、汉人南人各一人。是汉人、南人，厕于廉访司者，仅七分之一也。其各路达噜噶齐，亦以蒙古人为之。至元二年，诏以蒙古人充各路达噜噶齐，汉人充总管，回回人为同知，永为定制。其诸王驸马分地，并令自用达噜噶齐。仁宗始命以流官为之，而诸王驸马所用者为副。未几，仍复旧制。文宗诏诸王封邑所用达噜噶齐，择本部识治体者为之。或有冒滥，罪及王相。然亦未闻有以汉人为之者。此有元一代中外百官偏重国姓之制也。（看赵翼《廿二史劄记》卷三十《元制百官皆蒙古人为之长条》）

三、对于汉人之压制

政治上之不平等已足惹起汉族恶感矣。而对于汉族之压制，亦日甚一日焉。世祖至元三年，没收汉人、南人、高丽人之军器及马。六年，禁民间藏军器。顺帝即位，定服色、器皿、舆马之制，禁民间服用。禁汉人、南人不得执军器，不许习蒙古字。凡有马者拘入官。后至元（因世祖已有至元年号，故称顺帝之至元为后）六年十二月，丞相巴延请杀张、王、刘、李、赵五姓汉人。诏不许。然而汉民族人人自危矣。

第五节　天灾之流行

以上所举，皆人为之原因。顾有元末年，天然之祸害，亦相逼而至。顺帝初，大霖雨、水旱、蝗、疫、民饥及地震山崩等灾害并至，史不绝书。于是民不堪命。广东、河南、四川三省民首起倡变。未几，西番（杀镇西王蔓延至二百处）、江西（漳州、袁州人皆起兵）、湖广（瑶人二百余寨举兵攻破州县）、山东、燕山（寇盗至三百余处）、辽阳（开元及海兰硕达勒达等路皆叛）、云南（夷酋割据一方侵夺路甸）、靖州（瑶吴天保势尤炽，官军不能制）、广西（峒瑶亦乘隙入寇）等处兵相继起。至正七年，沿江盗起，剽掠无忌。有司不能禁。甚至集庆花山（在今金陵道高淳县东南）劫贼才三十六人，官军万数不能进讨，反为所败。后竟假手盐徒，乃克平定。于是元室国威坠地。天下得以窥其虚实，从而轻量之。先倡变者犹未悉平，而继起中国人之不屑受制于异族者，复所在蜂起。于是蒙古太祖、太宗以来辛苦艰难缔造之大帝国遂土崩瓦解。汉族英雄朱元璋崛起于濠泗间，复创立汉族一统之大帝国矣。

第五章

元室之衰亡

第一节　群雄之蜂起

自顺帝至正元年以后至七年间，各处起兵作乱者不下数百起。然皆为饥寒所迫，起为盗贼，非有帝制自为之意也。至正八年，台州人方国珍作乱。据温、台、庆元（今浙江会稽道，故宁波府）三郡，是为群雄中割据土地之始。十一年四月，诏开黄河故道，以贾鲁为总治河防使，发河南北兵民十七万，修山东西境黄河。是时山东荐饥，聚数十万人于山东西部。劳费太钜，物价踊贵。民间骚动，四方盗贼蜂起。有司不能制。先是栾城（今河北栾城县）人有韩山童者，自其祖父以来，以白莲会烧香聚众，谪徙永平（今河北卢龙县）。至山童倡言天下大乱，弥勒佛下生。河南及江淮愚民翕然信之。颍州（今安徽阜阳县）人刘福通与其党复诡言山童实宋徽宗八世孙，当为中国主。乃合谋起兵，以红巾为号。事泄，官捕之急。遂反。山童就擒。其子韩林儿潜逃之武安（今河南河北道武安县）。惟福通党盛不可制。是年五月，破颍州，连陷河南诸州县，众至十万。萧县（今江苏萧县）人李二亦以烧香聚众，与其党赵均用、彭早住等攻据徐州。罗田（今湖北江汉道罗田县）人徐寿辉

等，亦攻陷蕲水（今江汉道蕲水县）及黄州路（今江汉道黄冈县），皆以红巾为
号。时谓之红军，亦称香军。寿辉寻称帝，都蕲水，国号天完。次第
攻破湖北、江西诸州郡。十二年二月，定远（今淮泗道定远县）人郭子兴
起兵据濠州（今安徽淮泗道故凤阳府）。十三年五月，泰州（今江苏淮扬道泰县）
人张士诚等起兵据高邮（同高邮县）。濠州钟离（今凤阳县）有英雄，姓朱，
名元璋，字国瑞。先世居沛（今徐海道沛县），徙泗州（今淮泗道洪泽湖），复
徙钟离。至正四年，年十七，遭大疫，父母诸兄相继殁。孤无所依，
乃入皇觉寺为僧。游食诸州，寻复还寺。会盗贼并起，元璋谋避兵。
卜之，去留皆不吉。乃入濠州，见子兴。子兴奇其貌，留为亲兵，妻
以所抚马公女。元璋见诸帅无足与共事者，乃以兵属他将，而独与徐
达、汤和（皆濠人）等南略定远（今安徽淮泗道安远县），得兵数万。十三年
十二月，取滁州。

第二节　托克托之南征

先是广东、河南之变，蒙古大臣以所得旗帜持询汉官。意汉官讳
言反，将中以罪，寻诏汉官讲求诛捕之法以闻。及汝颍起兵，朝议以
为中国人全反，或谏言祖宗用兵，不专杀人。今倡乱数人，乃尽坐汉
人为叛逆，岂足以服人心。其言颇忤时相托克托（旧作脱脱）意。诸蒙
古将将兵者，不敢进取，惟日掠良民以邀赏。列郡骚动，民益汹汹不
安。

至正十二年八月，朝命右丞相托克托总制诸军南讨，大破李二于
徐州，屠其城。李二遁走。赵均用、彭早住走濠州，依郭子兴。托克
托使贾鲁围濠州，不下。托克托寻被召还朝。鲁亦病卒。均用、早住
势复炽，皆自称王。已而早住死，均用益自专。十三年，逐子兴。子
兴走滁州，依朱元璋。十四年九月复命托克托南讨，大败张士诚于高
邮。遂遣兵西平六合（今江苏金陵道六合县）。贼势大蹙。平章政事哈玛尔
（旧作哈麻）嫉托克托，嗾其党御史袁赛音布哈（旧作袁赛因不花）等媒孽其
罪，劾之。诏削官爵，安置淮安，寻窜诸云南。哈玛尔矫诏杀之，以

别将代总其军。而以哈玛尔为左丞相，其弟苏苏（旧作雪雪）为御史大夫，代总朝政。帝既怠于政治，惟事游宴。于内苑造龙舟，自制其样。又自制宫漏，皆巧绝，出人意表，前所未有。又以宫女十六人按舞，名十六天魔。盖虽海内鼎沸，而犹以万姓脂膏供一人娱乐也如此。

第三节　群雄之角逐

一、刘福通、朱元璋之势力扩张　明玉珍、陈友谅之举事

十五年二月，刘福通迎韩林儿至亳（今安徽淮泗道亳县），立为皇帝，国号宋。六月，朱元璋自和州（今安徽安庆道和县）渡江，袭取太平路（今安徽芜湖道当涂县）。十六年二月，张士诚破平江（今江苏吴县），据之，进破杭州。三月，朱元璋攻集庆路（今江苏金陵道故江宁府）及镇江广德（今安徽芜湖道广德县），皆克之，自称吴国公。十七年，复克常州（今江苏武进县）、宁国（今安徽宣城县）、江阴（今江苏江阴县）及徽（今安徽芜湖道歙县）、池（同贵池县）、扬等州。于是江东州郡多入于元璋。韩林儿遣其将毛贵、田丰等攻破山东诸郡。关先生、破头潘等攻破山西诸郡，遂大掠塞外诸州。白不信、大刀敖等侵掠关中，破秦陇诸郡。随州（今湖北江汉道随县）人明玉珍举兵应徐寿辉，引舟师由沔阳（同沔阳县）西上，袭据重庆，遂破成都，四川皆下。沔阳人陈友谅举兵应徐寿辉。十八年，攻破安庆及江西诸郡。是年五月，刘福通破汴梁，奉韩林儿徙居之。十二月，朱元璋克婺州（今浙江金华道金华县）。十九年，方国珍遣使以温、台、庆元三郡附于元璋。元璋进克衢（同衢县）、处州（同瓯海道丽水县）。于是浙东亦入于元璋。

二、刘福通之败死

至正十七年，诏天下团结义兵，路府州县正官俱兼防御使。十八

年三月，韩林儿将毛贵由山东北犯，至蓟州。京师大震。廷臣争劝帝北巡，或迁都关陕以避其锋。左丞相太平力持不可，乃征四方兵入卫，拒却之。是年十二月，其别将关先生兵由山西北上，侵掠塞外诸郡，陷上都，焚宫阙。自是帝不复时巡。韩林儿本起盗贼，无大志，又听命刘福通。诸将在外者，皆福通故等夷，率不遵约束，至啖老弱为粮。福通不能制。兵虽盛，威令不行。所攻下城邑，多不能守。十九年八月，陕西行省左丞察罕特穆尔复汴梁。福通以林儿走安丰（今安徽寿县）。二十三年二月，张士诚将吕珍入安丰，杀福通。朱元璋帅兵击走之。以林儿归，居之滁州。后使廖永忠迎之赴江宁，至瓜步，永忠覆之江中。元璋不悦，永忠后竟坐罪赐死。

三、朱陈之冲突 陈友谅之败死

十九年十二月，陈友谅徙其主徐寿辉于江州（今江西浔阳道九江县），自称汉王。二十年，攻朱元璋，拔太平。遂弑寿辉，自称皇帝，国号汉。元璋建国金陵。西与友谅，东与士诚接境。兵力远不及友谅，仅与士诚埒。友谅恃其兵强，欲东取应天（即集庆路改名），遣使约士诚夹攻。而士诚欲守境观变，许使者，卒不行。元璋患其相合，乃设计令友谅故人康茂才为书诱之。友谅引舟师东下，至江东桥（在今江宁县江东门外），呼茂才，不应，始知见绐。遂大败，弃太平，乘轻舸，走还江州。元璋乘胜复太平，取安庆。二十一年，率舟师溯流而上，击破友谅于江州。友谅奔武昌。遂克其城，龙兴（今江西豫章道南昌县）等府州相继降，于是江西亦入于元璋。明玉珍闻友谅弑寿辉，乃整兵守夔关，绝不与通。进破云南，自称陇蜀王。分兵犯兴元、巩昌（今甘肃兰山道陇西县）等路。二十三年，遂称帝于重庆。国号夏。

友谅忿疆场日蹙，乃大治舟舰。二十三年七月，复围洪都（即龙兴改名）。元璋率师救之，大战于鄱阳湖。友谅败死。二十四年正月，元璋自立为吴王。率师进围武昌，友谅子理降。于是湖北东部亦入于元璋。

四、张士诚之败死方国珍之降附

是时张士诚徙据平江，自称吴王。二十六年，元璋遣徐达等将兵击之，破其兵，取高邮。淮安及徐、濠、宿等州相继降，于是淮南北亦多入于元璋。是年九月，复遣徐达、常遇春等大举兵东下，取湖州、杭州、绍兴、嘉兴诸路。二十七年九月，遂克平江，执士诚以归。于是浙西、江东皆入于元璋。是年十月，以徐达为征虏大将军，常遇春副之，率师北伐。汤和为征南将军，吴桢副之，率师南征。十二月，和等克温、台、庆元。方国珍降。遂分兵由海陆两道攻福建。二十八年正月，克福州，元平章陈友定死之。四月，征南副将军廖永忠克广东。六月，平章杨璟克广西。于是中国南部略定。是年正月，诸将奉元璋即皇帝位，国号明。是为明太祖。

第四节　元室诸将之内讧

一、博啰特穆尔与察罕特穆尔之内讧

刘福通之初举兵也，颍州人察罕特穆尔（旧作察罕帖木儿）、信阳人李思齐起兵讨之。诏以察罕特穆尔为汝宁府达噜噶齐，思齐知府事。十七年，韩林儿将李武、崔德等破商州（今陕西关中道商县），攻武关，遂趋长安。三辅震动。察罕特穆尔、李思齐合兵击败之。诏以察罕特穆尔为陕西行省左丞，思齐为四川左丞。十九年，察罕特穆尔大发秦晋之兵恢复汴梁。诏以察罕特穆尔为河南行省平章政事，兼知行枢密院事。时山西晋冀之地，皆察罕特穆尔所平定。而河南行省平章政事博啰特穆尔（旧作孛罗帖木儿）驻兵大同，因欲并据晋冀，两人遂相雠隙。二十年九月，博啰特穆尔引兵攻冀宁。察罕特穆尔调兵拒战。朝廷屡遣使谕解之，兵始罢。

二、阿哩衮特穆尔之乱

是时四方兵起，朝廷屡诏宗室诸王以北兵南讨。是年十二月，太宗八世孙阳翟王阿哩衮特穆尔知国事不可为，乘间拥兵数十万屯漠南，将犯京畿。朝廷遣将讨之。阿哩衮兵败，走不都。寻为其部将所执，送阙下，伏诛。

三、察罕特穆尔与张良弼之冲突

二十一年，察罕特穆尔恢复山东，韩林儿将田丰等降。诏以察罕特穆尔为平章政事。博啰特穆尔遣将据延安，谋入陕。朝廷以张良弼为陕西参政，驻蓝田以防之，受察罕特穆尔节制。良弼与察罕特穆尔有隙，不受调遣。二十二年，察罕特穆尔结李思齐连兵攻之，不克。

四、博啰特穆尔与库库特穆尔之冲突

是年六月，田丰复叛，察罕特穆尔遇害。诏以其子库库特穆尔（旧作扩廓帖木儿，本姓王，小字保保，察罕特穆尔之甥，养为子）为平章政事，兼知行枢密院事，代总其兵。是年十一月，攻克益都，诛田丰。二十三年六月，博啰遣其将珠占袭据陕西。库库特穆尔与李思齐合兵击降之。博啰攻冀宁，库库复击走之。博啰军势日蹙。

第五节　太子阿裕锡哩达喇之专权及其对博啰特穆尔之冲突

皇太子阿裕锡哩达喇（旧作爱猷识里达腊）年渐长，见帝荒淫，与其母二皇后奇氏谋内禅。嫉左丞相太平，谋去之。十九年十二月，让杀左丞成遵、参知政事赵中，以剪太平羽翼。而知枢密院事努都尔岱数于帝前左右太平，以故太子志不得逞。二十年正月，努都尔岱卒。太平知势不可留，引疾归。二十三年，帝欲以巴咱尔（旧作伯撒里）为相，巴咱尔推荐太平。诏征太平还京。太子使其党谮太平，是年十一月，杀

之于途。

是时帝益厌政，太子专国。宦者布木布哈（旧作朴不花）用事，为奸利，右丞相绰斯戬（旧作搠思监）与为表里。四方警报，及将臣功罪，壅不上闻，内外解体。治书侍御史陈祖仁上书劾之。御史大夫罗达锡（旧作老的沙）持之颇力。太子怒，谪祖仁等。罗达锡与知枢密院事图沁特穆尔（旧作秃坚帖木儿）奔大同。博啰特穆尔匿诸军中。太子党必欲杀图沁等，博啰白其非罪。太子怒博啰跋扈交通，二十四年三月，下诏削博啰官爵，夺其兵。博啰拒命，遂诏库库特穆尔讨之。是年四月，博啰举兵犯阙，太子遣兵拒战。不利，遂北奔。出古北口，走兴松（今热河境）。诏执绰斯戬、布木布哈畀博啰，皆见杀。博啰罢兵还镇。是年五月，太子还宫，复遣兵攻大同。博啰复举兵犯阙，太子自将拒战于清河（今京西高粱河）。军溃，奔冀宁。诏以博啰为右丞相，罗达锡为平章政事，图沁等穆尔为御史大夫，留朝辅政。尽置其党于要津。二十五年三月，太子承制。大发库库特穆尔等诸将兵讨博啰。博啰幽奇后，调兵拒战，大败，遂躁怒，淫酗无度。是年七月，帝与威顺王之子华善（旧作和尚）等密谋，伏兵宫中，乘其入朝，并其党骈诛之。召太子还。以库库特穆尔为太尉、左丞相、知枢密院事。

是时扬子江流域皆已沦没，皇太子屡请自将出师征讨，帝难之。是年十月，封库库特穆尔为河南王，总制诸道兵马，便宜行事，代太子亲征。李思齐、张良弼，故与察罕特穆尔等夷，皆不服。二十六年二月，库库调良弼等兵，不应。遂遣兵西攻良弼。李思齐与良弼连兵拒之。

初，太子之奔太原也，欲援唐肃宗灵武故事自立。库库特穆尔不从，及还京。奇后遣人谕库库特穆尔，以重兵拥太子入城，胁帝禅位。库库特穆尔逆知其意，未至京城三十里，即散遣其军，以数骑入朝。故太子深衔之。及与李思齐相持经年，帝数使使谕令罢兵，专事江淮。库库特穆尔欲遂定思齐等，然后引军东，不奉诏。廷臣哗言其跋扈有状，帝亦心忌之。二十七年八月，诏以太子为中书令、枢密使，总制天下兵马。置大抚军院。十月，削库库特穆尔官爵，夺其军，命李思齐等讨之。十二月，明徐达等克山东。二十八年四月，克河南。明都督冯胜领前锋，破潼关。朝廷大震。乃罢大抚军院，复库库官爵，命率师会诸将复河洛。是年闰七月，徐达、常遇春等破通州。帝避兵北去。八月，达等入大都。监国淮王特穆尔布哈死之。元亡。时元顺帝至正二十八年，明太祖洪武元年，西历纪元一三六八年也。元自世祖入主中国，凡传十帝，八十八年而亡。

元末群雄割据表

人名	据地	称号
方国珍	据浙之、温台、庆元三郡	
韩林儿、刘福通	据淮北、河南	宋帝
李二	据徐州	
赵均用	初据徐州，后据濠州	
徐寿辉	据湖北、江西	天完帝
陈友谅	寿辉将，篡寿辉，据湖北、江西、安徽	汉帝
郭子兴	据濠州	
朱元璋	子兴将，舍子兴，据安徽、江苏、浙江	吴王
张士诚	初据江北，后兼据江南、浙西	吴王
明玉珍	寿辉将，据蜀	夏帝
陈友定	元平章事，据福建	
何真	元右丞相，据广东	

朱元璋势力扩张表

一、元顺帝至正十三年十二月，朱元璋取滁州。
二、十五年六月，渡江，袭取太平路。
三、十六年三月，攻集庆路及镇江、广德，皆克之。自称吴国公。
四、十七年，克常州、宁国、江阴、徽州、池州、扬州。
五、十八年，克婺州。
六、十九年，克衢州、处州。
七、二十年，破陈友谅兵，取安庆。
八、二十一年，破陈友谅兵，取江西。

九、二十三年，灭陈友谅，取湖北。
十、二十六年，破张士诚兵，取高邮、淮安、徐州、濠州、宿州。
十一、二十七年，灭张士诚，取江东浙西。
十二、同年，降方国珍，取温州、台州、庆元。
十三、二十八年正月，南伐兵克福建。四月，克广东。六月，克广西。诸将尊元璋为皇帝，国号明。
十四、二十七年十二月，北伐兵克山东。二十八年四月，克河南。八月，克大都。元顺帝避兵北狩。

第六章

元代之文化

第一节 制度

一、官制

　　蒙古起自朔漠，野处草创，俗朴事简。太祖时惟以断事官治政刑（为至重之任，位在三公上），左右万户统军旅，丞相谓之大笔帖式。及取中原，稍仿金制，置行省及元帅宣抚等官。世祖既立，始诏许衡、刘秉忠等，酌古今之宜，定内外官制。其总政务者曰中书省，以令为长官，右左丞相副之。平章政事、右左丞、参知政事皆为阁员。阁员人数常在八人以上。其后历代君主多以皇太子兼中书令。内阁遂以右左丞相为长官矣。秉兵柄者曰枢密院，以知院事为长官，同知院事副之。司黜陟者曰御史台，以大夫为长官，中丞副之。其次，内官则有寺、监、卫、府、院、司之属。外官则有行省、行台、宣慰司、廉访司等。其牧民者，则曰路、府、州、县，其长则蒙古色目（所收服诸部族之统称，若回回奇卜察克康里阿速及唐古特之属皆是）人为之。而汉人、南人（元分中国人为二，先灭金所得者为汉人，后灭宋所得之江南人为南人）贰焉。自世祖后，台省之职，南人斥不用。至顺帝至元十二年，始许参用其有才学者。其用人不拘一格，无论佛教徒、回教徒、耶教徒、犹太教徒，凡有才学者咸与登用。故阿拉伯及波斯之学者军人，意大利、法兰西之画家、职工等，来仕其朝者颇多。西方之天文、算术、炮制因此传入中国。中国之罗盘针、活板术等，亦于是时传至西方。东西文化沟通，皆元代启之也。

元代三权分立表

机关	职务	太子兼领之官	长官	次官
中书省	总政务	中书令	右、左丞相	右、左丞
			平章政事	参知政事
枢密院	主兵柄	枢密使	枢密副使	
			知枢密院事	同知枢密院事
御史台	司黜陟		御史大夫	御史中丞

二、地方制

元之版图，北逾漠北，西入欧洲，南极海表，东尽辽左。东南所至，不下汉、唐，而西北则远过之，有难以里数限者。太宗之初，始定十路，征收课税。一燕京、二宣德（今察哈尔口北道宣化县）、三西京（今山西大同县）、四太原、五平阳、六真定、七东平、八京（即临潢）、九平州、十济南。世祖中统元年，又置十三路宣抚使。一燕京、二益都（今山东益都县）、三济南、四河南、五北京、六平阳、七太原、八真定、九东平、十大名、十一彰德、十二西京、十三京兆（今陕西西安县）。平宋而后，乃置中书省一，行中书省十二，元帅府三，路百八十五，府三十三，州三百五十九，县千二百二十。而诸汗国之土地不预焉。其分级之法，大率以省领路，路领州县。或有以路领府、府领州、州领县者。其府与州，又有不隶路而直隶省者。然自是省之制立，至今不能改矣。

元代诸省及元帅府表

分别	名称	统地	治所	今地
省	腹里	统河北山东山西	京师	北平
行省	岭北	统漠南漠北	和林	外蒙古
	辽阳	统东三省	辽阳	辽宁辽阳县
	河南	统河南湖北及安徽江苏北部	汴梁	河南省城
	陕西	统陕西及甘肃东南部四川最西部	奉天	陕西乾县
	四川	统四川及湖南西北部贵州北部	成都	四川省城
	甘肃	统甘肃西北部及宁夏	甘州	甘肃张掖县
	云南	统云南	中庆	云南省城
	江浙	统安徽江苏南部及闽浙二省	杭州	浙江省城
	江西	统江西广东	龙兴	江西省城
	湖广	统湖北广西及湖南贵州大部	武昌	湖北省城
	征东	统高丽	开城	朝鲜京畿道
	阿母河	统葱岭以西地	塔什干	俄属中亚
元帅府	阿里麻里	统天山以北地	阿里麻里	新疆绥定县
	别失八里	统天山以南地	别失八里	新疆迪化县
	曲先	统吐鲁番以东地	曲先	甘肃安西县

三、兵制

立国之初，典兵之官，视兵数多寡，为爵秩崇卑。长万夫者为万户，千夫者为千户，百夫者为百户。世祖时，修正官制。内立前、后、左、右、中五卫，以总宿卫诸军。卫设亲军都指挥使。外则万户之下置总管，千户之下置总把，百户之下置弹压，立枢密院以总之。遇方面有警，则置行枢密院。事已则停止。至于军士则初有蒙古军、探马赤军。蒙古军皆国人。探马赤军则诸部族也。其法：家有男子，十五以上，七十以下，无众寡尽佥为兵。幼稚稍长，又籍之，曰渐丁军。既入中国，发民为卒，是为汉军。或以贫富为甲乙。户出一人，曰独户军。合二三户出一人，则一为正军户，余为贴军户。或以男丁论，则以二十丁，或十丁，出一卒。或以户论，则以二十户出一卒，而限年二十以上者。又有匠军，以工人充之。有质子军，以诸侯将校之子弟充之。又有炮军、弩军、水手军。兵籍多寡，汉人不得阅其数。虽枢密近臣职专军旅者，惟长官一二人知之。故有国百年，而内外兵数之多寡，知者甚鲜。大率兵制分宿卫、镇戍二大宗。而马政、屯田、站赤、弓手、急递、铺兵、鹰房、捕猎，非兵而兵者亦附焉。

元代兵制表

内官	外官		军士	籍贯
五卫亲军都指挥使	万户	总管	蒙古军	本国人
	千户	总把	探马赤军	诸部族
	百户	弹压	汉军	汉人

四、赋税制

初，蒙古太祖征西域，仓库无斗粟尺布之储。群臣咸劝以得汉人无用，不如尽杀之，旷其地以为牧场。独耶律楚材力谏，劝均定税则，以裕国用。太宗立，始定算赋。中原以户，西域以丁，蒙古以牛马羊。立十路课税所，设使副二员，悉用士人。寻诸路所贡课额银币，悉符楚材原奏之数。太宗大喜，以楚材为中书令，俾专领其事。及既灭金，始定税则。每户出丝一斤，以供官用。五户出丝二斤，以与受赐贵戚功臣之家。上田每亩税三升半，中田三升，下田二升半。水田亩五升。商税三十分之一。盐每银一两，四十斤以上，定为永额。至世祖复申明旧制。于是其法綦备。大率元取民以唐为法。取于内郡者，曰丁税，曰地税，仿唐之租庸调。取于江南者，曰秋税，曰夏税，仿唐之两税。

五、刑制

元时刑罚极峻酷。然有三限制，以定决狱之期限。大事四旬，中事二旬，小事一旬，所以防滞狱之弊也。太宗时，令诸州每十日将囚帐及所犯罪具禁系之日数上闻。其刑名亦分五种。笞刑由七至五十七，枚刑自六十七至一百有七。其自十数减三为七者。谓天地君各宥其一也。徒刑与宋无大差，南人迁北，北人迁南。死刑亦分斩、绞二等。

六、学校制

有国子学、医学、阴阳学等。国子学分三类：一为汉学国子学。以小学孝经及四书五经等为教科书。有升斋积分之法。每季考其学行，以次第升。既升上斋，逾二岁始与私试。词理俱优者为上等，准一分；词平理优者为中等，准半分。每岁中通计其年积分至八分以上者，升充高等生员。岁选六人以贡。一为蒙古国子学。选子弟俊秀者入学，并令好学者兼习算学，以通鉴节要用蒙古语言译写教之，出题试问。其学者皆用廪膳。一为回回国子学。以其文字便于关防，故令公卿大夫与夫富民之子，皆依汉人入学之制，日肄习之。此外有医学，诸路皆设之。每岁由太医院加以考察。又有阴阳学，亦诸路皆有，上属太史。又有蒙古字学。其字在诸种字之右，诸路府州县承宋金之后，皆有学。世祖时，特命江南诸路学及各县学内，设立小学，选老成之士教之。其他先儒过化之地，名贤经行之所，好事之家，出钱票赡学者，并立为书院。院中之教授者，名曰山长。其他学校中之教师，则有总教、助教、博士、正录、教授、学正、学录、教谕等名，皆学官也。

七、选举制

太宗取中原，中书令耶律楚材请用儒术取士。于是以论及经义、词赋分为三科。作三日程，专治一科，能兼者听，以不失文义为中选。所得皆一时名士。而当事者，或以为非便，遂罢之。仁宗时，从中书省言，举人以德行为首，试艺以经术为先。其科举条制，蒙古、色目人与汉人、南人不同。蒙古、色目人第一场试经义，第二场时务策。汉人、南人多试词章一门，第一场经义，二场词章，三场时务策。共分两榜。乡试以八月，会试以二月，御试以三月。则蒙古、色目人与汉人、南人无异。此外又有举茂材异等山林隐逸江南人才等名。赏选之例，亦往往因郡县荐饥用开。以粟之多寡，区官之等级。其出粟赈饥而不愿仕者，则旌其门。

八、海运制

初，粮运仰给江南者，大都涉江，入淮沂河，中途转陆运，更入运河，以至京师。又或自山东入海，劳费无成。至世祖至元十九年，始知海运之便。遂立万户府四，总其事。又并四府为都漕运万户府，令朱清、张瑄二人掌之。寻迭开新道，自浙西至燕京，不过旬日。

第二节　学术

一、儒学

燕云十六州自入于辽后，久与汉族之声教不通。宋理宗时，蒙古兵攻鄂，得赵复以去，讲学于燕。义理之学始传于北。复宇仁甫，德安（今湖北安陆县）人，以江汉自号。学者称之曰江汉先生。从真德秀得朱熹之传。鄂既被兵，复九族俱残，痛不欲生。蒙古太宗命姚枢固劝至燕。于是许衡、刘因诸儒出焉。衡字仲平，河内（今河南沁阳县）人。服膺程朱之说，慨然以道自任，善于教育。其为国子祭酒也，待幼稚弟子如成人，爱之如子。出入进退，其严若君臣。其为教因觉以明善，因明以开蔽。相其动息以为张弛。课诵少暇，即习礼，或习书算，或习射，或投壶（壶中实以小豆以矢自远投之，计其中否以分胜负，投矢之姿势甚多），负者罚读书若干。人人自得，尊师敬业。世称鲁斋先生。因字梦吉，保定容城（今河北容城县）人。亦以教育尊严，弟子甚盛。尝爱诸葛孔明静以修身之语，表所居曰静修，故亦曰静修处士。二者皆程朱嫡传也。吴澄字幼清，抚州崇仁（今江西崇仁县）人。精于经学，兼擅词章。其论学以德性为本，学问为末。或有以为陆派者。其所居屋数间，程钜夫称之曰草庐。故学者称为草庐先生。此外又有金履祥，字吉父，婺之兰溪（今浙江兰溪县）人。其所居在仁山之下，学者因称仁山先生。又有许谦，字益之，金华（今浙江金华县）人，尝以白云山人自号。世称为白云先生，亦程朱派也。

二、蒙文学

蒙古素无文字，号令借用汉楷及辉和尔（即《日知录》之所谓高昌书也）字以达其言。中统元年，世祖命国师帕克巴制蒙古新字。字成，上之。其字仅千余，母凡四十有一。其相关纽而成字者，则有韵关之法。其以二合三合四合而成字者，则有语韵之法。而大要以谐声为宗。至元六年，诏颁行于天下，译书一切文字。后此凡降尔书，并用新字，仍各副以其国字。同时创立蒙古学校，教授蒙古文字。凡宗庙祭祀之祝文，概用蒙古字。八年，诏天下兴起国子学，置上舍生二十人，下舍生三十六人。顾当时汉人习于汉字已久，不肯学蒙古文。而官府文移，依历来习惯，仍用辉和尔字。九年，和礼霍孙奏请强制执行，乃诏自今凡诏令并以蒙古字行。仍遣百官子弟入学。十二年，分翰林院为二，别设蒙文学士。十五年，诏旧用辉和尔字之虎符，一概改用蒙字。二十八年，河南、福建两省上书，请诏敕仍用汉文。诏福建用汉文，河南仍用蒙文（世祖在位时，遣程钜夫赴江南求遗书，特赐以汉文诏书。是为当时朝廷变例）。同时派儒臣用蒙文译《汉书》。成宗大德十一年，中书右丞孛罗等译《孝经》。仁宗时，元明善节译《书经》。英宗至治元年，翰林学士忽都鲁都儿译《大学衍义》。泰定元年，译《列圣诏敕》及《大元通制》。三年，译《世祖圣训》。四年，译《资治通鉴》。文宗时，译《贞观政要》及《帝范》。此外若佛经等书，译出者亦不少。现在多散佚。其仅少之遗留品，仅《元朝秘史》一书而已。

以上所举，元室历代君相提倡蒙文，不遗余力，顾其收效殊鲜。当时汉文流传中国已久，其性质与蒙文绝不相似。汉文皆单语，蒙文皆复语。汉文皆释义，蒙文皆拼音。以绝不相类之蒙字，强汉人学之，故用力多而成功少。然在朝鲜方面，颇著成效。此后朝鲜人仿蒙字作谚文，于历代相传之汉文外，别创一种通俗文字，为中下流社会所通用，流行至今未辍。此因韩语与蒙语同系北方系统，性质相近故也。

三、汉文学

以上所举，为元代诸帝提倡蒙文之历史。顾蒙文在一般社会上，不甚发达。其当时最发达者，仍系汉文。由来元人承袭金人文化，用科举取士。所登庸之新进，大多数系汉人。汉文汉诗，皆雄浑刚健，与南宋之纤弱者迥异其趣。其中汉文学家最著名者，若许衡、姚燧（字收庵。许衡之门人成宗、武宗时代之学者。其文雄厚有力，为有元一代文宗）、虞集（字道园，四川人。成宗至顺帝时学者，诗文俱工）、许有任（仁宗至顺帝时学者。著有《至正集文集》）、戴表元、袁桷（表元弟子）、欧阳玄、黄潜、柳贯、吴莱（浙江浦江人，明初宋濂一派先进）等。汉诗学家最著名者，若虞集、杨载、范德机、揭傒斯（云南富州人，今蒙自道富州县）等，皆汉民族出身，实足以代表有元一代文学。此外若耶律楚材（契丹人，辽宗室。长于中国学术）、耶律西寿（契丹人。长于汉诗）、萨都剌（回回人，寄借雁门，善诗。著有《雁门集》）、乃贤（葛罗禄人，著有《铅集》）、泰不华（伯牙吾台氏，本西域人，寄籍台州）、余阙（唐古特人，著有《青阳集》）等，皆以外国民族，精于汉学。故有元历代诸帝，虽提倡蒙文，然蒙文著作，远不如汉文著作之发达也。

四、通俗汉文学

以上所举，为汉文及汉诗学发达之历史。顾元代汉文，远不如通俗文学之发达。其原因由于汉文高古，多数之蒙古人，难于了解，而又不能强多数汉人必习蒙文，乃折衷于两者之间。用汉语为根据，特创一种通俗文学。凡朝廷之诏敕、典章、制度以及官府之公文、民间之书札、证据等多用之。文学界受其影响，小说传奇甚为发达。传奇之起源，始于古代诗歌。一变而为《离骚》（战国时代），始成为问答体。再变而为乐府（汉、魏、六朝及唐），始有曲调。三变而为词曲（唐、五代、宋），始有长短句一定之格式。四变而为唱诨词（宋），始有科白与唱相间。南宋之时，杂剧名称始出现（载在《武林旧事》中，有剧名及角色名等）。金时，院本名称始出现。元时，杂剧院本混合为一。其体裁有白有唱，其材料皆取材于历史风俗。大都写照英雄义士、忠臣、孝子、节妇等之义烈，以及才子佳人之恋爱，神仙、佛老、鬼怪之怪诞，无一不备，而归本于时人之心理。当时词曲大家，若马东篱、郑德辉、白仁甫、关汉卿等，皆有名于时。其著作杂见于元曲百首中。分南曲、北曲二种。北曲一出，歌者限定一人。南曲则不拘人数。北曲之大作曰《西厢记》，著者为王实甫。以元稹之《会真记》为蓝本而演成之，共分十六出。南曲之大作曰《琵琶记》，著者为高则诚。此外《拜月亭》一编，亦南曲中之铮铮者。

通俗文学，戏曲以外，最发达者厥惟小说。小说二字，始见于《汉书·艺文志》中。对于大经而言，谓琐琐不足道之事。非现今所谓小说也。唐时小说始出现，其中最著名者，若《剑侠传》《长恨歌》序、《游仙窟》等，皆与现今流行之小说体裁相近。顾皆短篇，非大作也。宋有《宣和遗事》一书，叙述徽宗一代之事，为一种历史小说。元人择其一段，演为《水浒传》，文字权奇怪诡，为有元一代小说大作。此后我国下流社会心理，为此小说支配者几六七百年。元末、明末、清末之骚乱，各地起兵之草莽英雄，其举动皆系《水浒传》式。著者或称为施耐庵，或称为罗贯中，不知其详也。

五、书法及画法

书法以赵孟頫（字子昂，宋之宗室）为首，籀真行草诸书，无不冠绝古今。天竺僧有数万里来求其书者。耶律楚材亦有翰墨之誉。以画名者，有倪瓒、吴镇、黄公望、王蒙诸人。瓒字元镇，亦号云林山人。人以其性迂，称曰迂倪。镇字仲圭，号梅道人。公望字子久，号大痴老人。蒙字叔明，号黄鹤山樵。皆工山水，称元季四大家。或有以黄、王、吴与赵孟頫并称元四大家者。盖孟頫之人物楼台花树等，亦称精绝也。

六、历学

以历法著名者，为邢台（今河北邢台县）郭守敬。上集古法之大成，旁得泰西之新法。其所创凡五事：一曰太阳盈朒，二曰月行迟疾，三曰黄道赤道差，四曰黄道内外度，五曰白道交周。此五者推测较古为密，于理既精，与天亦合。皆前古所未有也。

七、医学

以医著者曰朱震亨，字丹溪。著《格致余论》《局方发挥》《金匮钩玄》等书，以理学家而兼精医术者也。又有犹太人爱薛，以泰西医方输入中国，为中国西医之始。

第三节　风俗

蒙古风俗朴野，礼制不立。观顺帝十五年儒学教授郑咺上书，请正国俗，勿妻继母、叔母及兄妻，则其先之俗可知矣。刚悍武勇之气，自入主中国后，亦渐即消磨。其季也士大夫好以文墨相尚，每岁必联诗社。四方名士毕集，燕赏穷日夜，其诗胜者辄有厚赏。然此风亦南人开之，蒙古缙绅罕与之者。元廷视文学甚轻。当时人分十等，有七匠、八倡、九儒、十丐之谣，侪儒于倡、丐之间，其贱可知。推其轻视之心，非以其无用而贱之，盖恐其读书明理或有爱祖国谋恢复之心也。其待南人也尤严。十室之邑，有甲长驻之。鱼肉陵侮，为所欲为。无敢起与抗者。末年兵起，乃尽杀蒙古人。存者乞哀，愿降为奴隶以自赎，永不得与齐民齿。今浙东诸郡之惰民（据《辞源》卯集三三页惰字注引"惰民，谓编"。谓惰民为宋将焦先瓒部落，以叛宋投金被斥者），皆其遗种也。元代诸帝，于汉族语言文字少通晓者，故其诏令多用蒙文蒙语。当时南人震其压制之威，争学其语以求自进，故语言、风俗、文字、衣冠多因此而改其习惯。其汉人用蒙古语为名者，更数见不鲜。如太祖时之贾塔剌浑（冀州人，有战功）及其子抄儿赤、孙冀驴及六十八，薛塔海

（大兴人，有战功）及其子四家奴，张拔都（昌平人，有战功）及其子忙古台，太宗时之杨杰只哥（宝坻人，有战功），世祖时之常畩住（信都人，侍皇太子）及其子普兰奚、刘哈喇八都鲁（河东人，为太医）、李忽兰吉（一名庭玉，陇西人。有战功）、杨赛因不花（清译赛音布哈，太原人。徙播州，有战功），仁宗时之杨朵儿只（清译多尔济，宁夏人。累官御史中丞，数直谏。帝崩后为权臣铁木迭儿所害），顺帝时之太平（本姓贺，名惟一。至正四年拜平章政事，擢御史大夫。故事台省正官非国姓不授，乃诏特赐国姓，更名太平。仕至左丞相。后为太子所害）、刘哈喇不花（清译哈喇布哈，其先江西人，徙燕赵。讨群盗有战功，拜同知枢密院事。累官至河南行省平章政事）、宋伯颜不花（清译巴延布哈，江浙廉访使，守衢州为明所擒）、褚不华（清译褚布哈，隰州石楼人，为江东廉访使，守淮安五年，粮尽援绝，城陷巷战死。人以比之张巡）、袁赛因不花（侍御史，党于哈玛尔，劾右丞相托克托）、魏赛因不花（皇太子攻库库特穆尔时将官）等，皆其例也。

第四节　宗教

有元帝国，跨有欧亚两洲，领土阔大，民族复杂，各因其固有之宗教而治之。故西方各分国，多崇拜回教、耶教。东方大汗本国，则崇拜道教与喇嘛教。兹述其概略于下：

一、道教

初，山东登州栖霞人丘处机，有道术，号长春子。蒙古太祖起兵，聘为顾问。西征之时，处机从符，参赞帏幄，眷眷以敬天爱民为言。太祖杀机为之稍敛。著有《西域旅行日记》，号长春真人西游记。已而遣返燕京，在城西筑道观以居，号白云观（在外城西便门外，现在该观中邱祖殿所供养之木像，处机像也）。元室优礼之终身。自此以后，元室历代君主多崇拜道教。当时派别有三：

甲、真大教　真大教为金季道士刘德仁所创。其教以苦节危行为要，不妄取于人，不苟侈于己。五传而至郦希诚，受蒙古宪宗知，始名其教曰真大道。授希诚大玄真人，领教事。成宗即位，命希诚徒孙德福，统辖诸路真大道。又三传而至张志清，其教益盛。授演教大宗师，凝神冲妙玄应真人。掌教事。

乙、太一教　初，金熙宗天眷中，道士萧抱珍传太一三元法箓之术，因名其教曰太一。四传而至萧辅道。世祖在潜邸，闻其名，命史天泽召至和林。赐对称旨，留居官邸。以老请，命其弟子李居寿掌教事。至元十一年，建太一官于两京，命居寿居之，领祠事。十三年，授太一掌教宗师印。

丙、正一教　正一天师者，始自后汉张道陵。其后四代日盛，来居江西信州之龙虎山，传三十六代至宗演。元世祖至元十三年，大兵下江南，遣使召之，命廷臣郊劳，待以客礼。命主领江南道教，赐银印。遣归。二十九年，宗演卒。子与棣、与材相继袭掌江南道教。成宗大德八年，授与材正一教主，主领三山符箓。武宗即位，进授金紫光禄大夫，封留国公。赐金印。仁宗延佑三年卒。子嗣成袭职。

同时宗演之弟子张留孙，亦好道术。至元十三年，从宗演入朝，掌祠事。寻授玄教宗师，赐银印。留孙劝世祖以清净为治，从之。成宗即位，加号玄教大宗师，同知集贤院道教事。武宗即位，升大真人，知集贤院，位大学士上。进讲老子，推明仁让之道。仁宗即位，进开府仪同三司，加号辅成赞化保运玄教大宗师，赐玉印。英宗至治元年卒。弟子吴全节袭玄教大宗师职，加号崇文弘道玄德真人，总摄江淮荆襄等处道教。全节卒，弟子夏文泳嗣。

二、喇嘛教

以上所举道教各宗派，真大教流行于山东。太一教流行于山西、河北。正一教流行于大江南北。元室优待教主，所以笼络民心，与崇拜孔道同为一种羁縻汉族政策，非有元帝室本来崇拜道教也。帝室所崇拜者为佛教。其中最与帝室有密切关系者，曰佛教中之喇嘛教。

喇嘛教之起源地在吐蕃。其首领帕克巴，幼而聪颖。生七岁，诵经数十万言，能约通大义。国人号圣童。年十有五，谒世祖于潜邸。与语，大悦。日见亲礼。即位以后，尊为国师。授玉印。命制蒙古新字。字成，上之。升号大宝法王。卒赠皇天之下、一人之上、宣文辅治大圣至德普觉真智佑国如意大宝法王、西天佛子、大元帝师。弟琳沁嗣。成宗即位，更赐双龙盘纽白玉印。文曰大元帝师、统领诸国僧尼、中兴释教之印。自是以后，帝师一职，为吐蕃人专有物。自世祖至文宗六十余年间，共传帝师十二人。其中最幼者，年甫六岁。历代之帝师，统辖佛教，威权无上。正衙朝会，百官班列，而帝师亦或专席于坐隅。每入朝时，中书大臣驰驿奉迎。所过供亿。比至京师，则敕大府假法驾半仗，以为前导。每岁二月五日，帝师巡游大都。六月十五日，巡游上都，仪仗甚盛。帝师卒后，朝廷必厚赐祭葬，遣大臣护丧。虽其昆弟子姓往来，有司亦供亿无乏。历代所筑之喇嘛寺院甚多。如成宗时代之大护国仁王寺、圣寿万安寺，泰定帝时之大天源延圣寺，顺帝时之大龙翔集庆寺，其尤著者也。每寺之中，必由政府与以不动产若干。最多者至数千顷。政府设官，代司财政。故各寺奢侈豪华，为一时冠。

三、也里可温教（即基督教）

蒙古勃兴之初，欧洲诸国方兴十字军，与回教徒相攻。基督教徒皆欲联络蒙古，以压回教势力。罗马教皇 Innocent 四世、法兰西王路易九世尝遣使至蒙廷，皆蒙优待。世祖即位，遣使西谒教皇，请派教士来中国传教。至元二十三年（西历纪元一二九四年），蒙迭哥尔维诺（Monte Corvino）航海东来，诏许建教会于大都，于是基督教逐渐流行于中国。已而元亡明兴，东西交通中止，基督教亦渐衰微矣。

四、答失蛮教（即回教）

成吉思汗攻金时，其部下兵多奉回教者。太宗攻宋时亦然。世祖时代，其教徒移居内地者甚多。朝廷设回回司天监、回回国子学、回回药物院、回回军匠万户府等。而各省参知政事必以回回一人充之，其各道廉访使、各部达鲁噶齐（旧作达鲁花赤）及江南州郡皆以回回与蒙古、汉人杂用。内则中书省、宣政院，暨六部皆有回回掾吏、书写

（元制，吏员补任之法曰掾吏令，史曰书写，铨写曰书吏典史）若干人。外则河南、江浙、湖广、四川、陕西、甘肃、辽阳、岭北、云南诸行省，皆有回回掾吏、通事、知印若干人。中国内地回族之盛，于斯为最，而住居范围亦遂遍于各地矣。

元代宗教表

教名		教祖	与元室初接触之大师	相续之大师	封号	住居地	流行地
道教		丘处机				大都白云观	
道教分派	真大教	刘德仁	郦希诚	孙德福，张志清	演教大宗师		山东
	太一教	萧抱珍	萧辅道	李居寿	太一掌教宗师	大、上都太一官	山西河北
	正一教	张道陵	张宗演	与棣，与材，嗣成	正一教主	信州龙虎山	江南
				张留孙	吴全节，夏文泳	玄教大宗师		江北、湖北
	喇嘛教	帕克巴		淋沁	大元帝师	吐蕃	皇族、贵族之间
	也里可温教	蒙迭哥尔维诺				大都	
	答失蛮教						全国
	斡脱教						北平、杭州、开封、徐州、扬州、宁夏

五、斡脱教（即犹太教）

犹太教徒初入中国，在有唐盛时，其居住地在广州，皆以经商为业。黄巢陷广州，教徒多被害。自此以后，犹太教徒绝迹于中国几三百年。至有元初年，始复入中国，其分布地在北京、杭州、开封、徐州、扬州、宁夏。《元史文宗纪》称之曰术忽。《元史国语解》称之曰珠赫。汉族崇奉之者绝少，始终未大流行也。

第五节　实业

元代商业最盛，以东西水陆道路通达故也，尤著者为工业。兹述其概略于下。

一、军械

世祖至元八年，遣使征炮匠于西域。宗王额呼布格，以阿老瓦丁（一名阿喇卜丹）、亦斯马因（一作伊斯玛音）二人应诏，皆回回国人。亦斯马因铸炮，重一百五十斤，以破宋之襄樊。世祖命为回回炮手总管。阿老瓦丁铸炮，破宋之潭州等处。自是炮皆改用火药，而前此引机激石之法废矣。

二、机器

元顺帝有巧思，自制龙舟。长一百二十尺，广二十尺。用水手二十四人。中藏机械，行时龙之首、眼、口、爪、尾皆能自动。又制官漏。高六七尺，广半之。造木为匮，藏壶其中，运水上下。匮上设三圣殿，匮腰立玉女，捧时刻筹，时至辄浮水而上。左右二金甲神，一悬钟，一悬钲。夜则神人自能按更而击，无分毫差。鸣钟钲时，狮凤在侧者，皆自翔舞。匮之东西，有日月宫，飞仙六人立宫前。遇子午时，自能耦进，度仙桥，达三圣殿，复退立如前。其精巧绝出人意表，即欧人钟表之滥觞也。

第三期　明时代

第一章

明室之勃兴

　　自来南方民族柔和，北方民族剽悍。中国南北对峙时代及南北竞争，大都皆南败而北胜。春秋、战国时代之秦与楚；三国时代之魏与吴蜀；南北朝时代之隋与陈；五代时代之宋与南唐等国；有宋时代之辽与宋；金与辽；元与金；有明末年之清与明；其著例也。独明太祖之勃兴，则较为例外。明太祖以长淮流域一布衣，乘元室之衰，崛起濠泗间。血战十余年，荡平群雄而有天下。其创业之艰难，与汉高帝同。其代表汉民族，驱逐蒙古民族，得国名义之正，似犹在汉高以上。独惜其性情猜忌，果于杀戮，有汉高帝患得患失之心，无唐太宗长驾远驭之志。即位以后，大杀功臣，以防异姓之跋扈。分封子弟，以固一家之势力。其结果则中国武力，逐渐削弱。对外无发展势力之能力，坐令鞑靼、瓦剌恣横于北，安南、缅甸猖獗于南，土鲁番跋扈于西，倭寇流毒于东。中国坐拥十八行省土地，五六千万人民，日为小夷所侮辱而不敢较。名为一统之大帝国，实则幅员之广，犹不及汉、唐全盛时代之半。诸皇子皆分封大国，连城数十，得节制地方长官。卒酿成异日尾大不掉之患。崩逝未几，靖难兵起，御侮无人，嗣君逊荒，未始非太祖诒谋之不善有以致之也。兹述其事迹如下。

第一节 明室之统一

一、明初之北伐

明太祖既克元都，遂下诏以应天为南京，开封为北京。是年十二月，徐达、常遇春等克太原、大同。库库特穆尔走甘肃。山西平。二年四月，达遣冯胜徇临洮，李思齐降。六月，遇春克开平，元顺帝走和林。七月，遇春卒于军。诏李文忠领其众。元兵乘衅侵大同、文忠击走之。八月，徐达克平凉，张良弼奔宁夏，为库库特穆尔所执。陕西平。时元顺帝犹在近塞，而库库亦攻兰州。三年正月，诏徐达、李文忠等分道北伐。达自潼关出西道，捣定西（今甘肃兰山道定西县），取库库。四月，进兵至安定，大破库库兵。库库仅携妻子数人奔和林。其王公以下凡八万数千人，皆为达所虏。甘肃平。文忠自居庸，出东道，绝大漠，追元顺帝。会顺帝殂于应昌（在今察哈尔兴和道多伦县）。太子阿裕锡哩达喇立，是为昭宗。自此以后，史称之曰北元。文忠闻顺帝殂，督兵兼程进围应昌。五月，克之。元昭宗北走。获其子密迪哩巴拉（旧作买的里八剌）以下数百人及宋元宝玺等物，送京师。穷追至北庆州（在今内蒙古巴林旗西北）而还，道中降虏合五万余人，捷奏至京。颁《平定朔漠诏》于天下，封密迪哩巴拉为崇礼侯。

二、明初之南征

四年正月，以汤和为征西将军，傅友德为征虏前将军，率师分道伐夏，击破其兵。时夏主明玉珍已卒，其子升举国降。四川平。五年五月，以邓愈为征南将军，讨平湖南、广西诸蛮。十二年正月，遣征西将军沐英击破洮州番，置卫守之。平羌将军丁玉击定松州番，遂并潘州于松，置松潘卫（今西川道松潘县）。是时元梁王巴咱尔斡尔密（旧作把匝剌瓦尔密）犹据云南。遣使诏谕，辄为所害。十四年十二月，以傅友德为征南将军，蓝玉、沐英副之，率步骑三十万往征云南。友德分遣诸将趋乌撒（今贵州贵西道，即故大定府威宁县）、普定（今贵西道故安顺县），自引大军由辰沅趋贵州，克普定、普安（今贵西道普安县）。梁王遣兵十余万守曲靖（今滇中道，故曲靖府）。友德等倍道夜进，大破诸白石江（在滇中道曲靖县东北）。梁王走晋宁（今滇中道晋宁县），自杀。友德击破乌撒蛮，遂克七星关（在贵西道毕节县西）以通毕节。于是东川（今滇中道故东川府）、乌蒙（今滇中道故昭通府）、芒部（属旧昭通府）、水西诸蛮，皆望风降附。玉与英进克大理，擒士酋段世，属郡及诸蛮部悉下。云南平。置云南都指挥使司、布政使司各一，贵州都指挥使司一。于是中国西南部亦入于明，始复汉、唐以来大一统之旧。

第二节　北元之末路

元昭宗之北走也，往依库库特穆尔于和林，任以国事。明太祖以库库数扰边，屡遣人招谕，迄不应。洪武五年正月，命徐达为征虏大将军，李文忠、冯胜副之，将十五万众，分三路击北元。达出雁门，趋和林。蓝玉领前锋，败库库于图拉河。库库以重兵拒达于岭北，达军大败，死者数万人。文忠出居庸，进兵胪朐河（今克鲁伦河），兼程急进，败元将于图拉河，追至鄂尔浑河。元兵益众。文忠力战，破其兵，追至称海（《明史》李文忠传作称海，《明史记事本末》作骋海，《御批通鉴辑览》作青海。其地未详何处）。敌兵复大集。忠敛兵据险。敌稍引去。乃得归，胜负略相当。胜出金兰，副将军傅友德前驱，再败元兵，拔甘肃，下额济纳路（今蒙古旧土尔扈特部，牧地在故甘州府肃州边外），复追至瓜沙州，斩获甚众。先是御史中丞刘基曾言库库未可轻，至是帝思其言，次年，库库复攻雁门。命诸将严为备，自是大兵复出塞。库库从昭宗徙金山，八年，卒于哈剌那海（疑即今科布多东）之哈喇乌苏湖之衙庭。十一年，昭宗殂。子特古斯特穆尔（旧作脱古思帖木儿）立。

先是洪武四年，元辽阳参政刘益籍所部来降。诏设辽东都指挥使司，遣将镇之。元遗臣纳克楚（穆呼哩裔孙）拥众数十万屯金山（据《明史》，辽东三万卫西北于金山。在今辽宁辽潘道开原县西北），数侵辽东。又元宗室四大王逃匿山西山中，屡出侵掠，降臣或为内应。其余党之在塞外者，亦时窥边。六年，遣徐达、李文忠分镇山西、北平以御之。入寇者辄被击退，颇攻拔塞外州路，擒元遗臣残部。顾内犯者仍不绝，二十年六月，以冯胜为征虏大将军，傅友德、蓝玉副之，率师二十万征纳克楚。玉乘大雪，率轻骑，袭破元别部于庆州（在今巴林西北）。胜出松亭关（在今喜峰口北一百二十里），筑四城（大宁宽河、会州富峪均近关，而次第迤东北），驻兵大宁（故城在今热河平泉县北，即辽金之中京大定府，明之大宁卫及北平行都指挥使司，宁王权封于此。今平泉、赤峰、朝阳等县皆其领土），寻越金山。先遣元将和通往招降，进压敌营而军。纳克楚见大兵盛，遂诣军降。其余众先后谕降者凡二十余万，卤获亘百余里。八月，召胜还。即军中拜玉为大将军，率师北伐。二十一年（西历纪元一三八八年）四月，玉袭破元特古斯特穆尔于捕鱼儿海（在今克什腾旗西北百七十里，即元史之上都东北答儿海子）。时大风沙，昼晦。军行无知者，特古斯不设备，仓卒以其太子添保努（旧作天保奴）等数十骑遁。获其次子迪保努（旧作地保奴）及妃主以男女七万人，牲畜十五万。特古斯既遁，将依其丞相耀珠于和林。行至图拉河，为其臣伊逊岱尔所袭，众遂散，独与十六骑俱。耀珠来迎，欲共往依库库特穆尔（与前系两人），会大雪不得发。伊逊岱尔兵猝至，遂遇害。子恩克卓哩克图立，二十五年（一三九二年）卒。弟额勒伯克尼古埒苏克齐立，建文元年（一三九九年），为卫拉特（旧作瓦特）酋长乌格齐哈什哈所弑。子琨特穆尔（旧作坤帖木儿）立，四年（一四二〇年）卒。有郭勒齐（旧作鬼力赤）者，篡立称汗，去国号，遂称鞑靼。时蒙古诸残部巨酋，多以次翦灭，敌势益衰。朝廷封诸王分镇各边，岁遣大将巡塞，卫卒屯田。寇来辄败之。于是东自辽东三万卫（今开原县），西至吐蕃辉和尔及安定诸卫（今青海阿木屯等地），南极西南诸卫（缅甸、车里、老挝、八百、大甸、木邦、孟养），北界大漠（包、泰、宁等三卫西及额济纳路地），皆入于明。

第三节　明初之内治

明太祖起布衣。十有五载而成帝业。颇留意内治。先后建六部，分理庶政。改行中书省为承宣布政使司：曰浙江、江西、福建、北平

（今河北）、广西、四川、山东、广东、河南、陕西、湖北、山西、云南，凡十有三。洪武二年，诏天下府州县及乡社皆立学。三年，始设科取士。三年一举。乡试以八月，会试以二月。十八年，选进士入翰林。庶吉士及观政进士之名皆始此。六年谕有司察举贤才。目凡八，曰聪明正直、贤良方正、孝弟力田、儒士、孝廉、秀才、人才、耆氏，皆礼送京师，不次擢用。各省贡生，亦由太学进。于是停科举十年。至十五年，始复科举。是年，定大明律。七年，定服制。十四年，定赋役籍。虽苏松浙西，田赋特重，然天下岁租，亦间邀蠲免。洪武初年，置各都卫指挥使司，节制方面。八年，改为都指挥使司。凡都司十有三：曰北平、陕西、山西、浙江、江西、山东、四川、福建、湖南、辽东、广东、广西、河南。十五年，又增置都指挥使司二：曰云南、贵州。行都指挥使司三：曰西安、大同、建宁（今福建建瓯县）。二十年，又增置大宁。次年，改为北平。定卫所官军及将帅领兵法。五年，置茶马司。行茶之地凡五千余里，十取其一，以易番马。七年，分遣诸将屯田西北，劝课农事。田野益辟，民以不困，而军饷益饶。洪武二年，倭寇山东，是为明代倭寇之始。诏以吴祯为总兵官，巡海备倭。又遣周德与福建滨海四郡（福、漳、泉、化）筑城十有六。汤和于浙东西置卫所，并海筑城五十有九。选近海壮丁充戍卒以备倭。开国安攘规模，颇称宏远。惟猜忌性成，鉴于元政废弛，治尚严峻。前后兴胡、蓝二大党狱。元勋宿将，诛戮殆尽。又惩于宋削藩镇权，致瀹积弱，乃大封诸皇子，以为帝室藩屏。卒酿成燕王棣之乱。是则贻谋之不善也。

第四节　胡蓝之狱

太祖之初建国也，以李善长为相。善长少习法家言，有智计。太祖自将征讨，皆命善长居守，调兵转饷无缺乏。善长貌宽和而性忮刻，帝颇厌之。洪武四年正月，以疾致仕。以汪广洋为右丞相，胡惟庸为左丞。惟庸专省事。帝以为才，宠任之。广洋无所建白，六年正月，罢为广东行省参政。七月，以惟庸为右丞相，其党陈宁为御史大夫。十年九月，以惟庸为左丞相，广洋为右丞相。惟庸居政府，生杀黜陟，或不奏径行。内外诸司上封事，必先关白。四方躁进之徒及功臣武夫失职者争走其门，馈遗金帛名马玩好不可胜数。广洋浮沉守位而已。

诚意伯刘基佐帝定天下，工谋书，料事若神。暇则数陈王道。帝以比之张子房，常呼先生而不名。数欲相之，基固辞。然性刚疾恶，胡惟庸深忌之。帝欲相惟庸，基力言其不可，帝不听。惟庸相后，数谮基。基忧愤疾作。惟庸挟医往视，饮其药，如有物积腹中。疾遂笃。间以白帝，帝不省。八年四月，基卒。十二年十二月，御史中丞涂节言"刘基遇毒死，汪广洋宜知状"。帝以问广洋，对曰："无有。"帝怒，责广洋欺罔，赐死。惟庸惧，遂与陈宁谋反。十三年正月，涂节上变告之，帝大怒，捕惟庸、宁，诛之，并杀涂节。僚属党与坐死者一万五千余人，株连甚众。多无辜被逮者。帝惩惟庸专政，乃罢中书省，罢丞相不置，以政归六部，分大都督府为中、左、右、前、后五军都督府。

太师韩国公李善长年耄不能检下。其弟存义与胡惟庸为姻家，惟庸谋反，吉安侯陆仲亨、平凉侯费聚及存义皆与其谋。惟庸诛，安置存义于崇明（今江苏沪海道崇明县），善长、仲亨、聚释不问。善长不谢，帝衔之。二十三年四月，善长私亲丁斌许告存义往时交通惟庸罪状，上怒，赐善长死，杀其家属七十余人。仲亨、聚及南雄侯赵庸、河南侯陆聚、宜春侯黄彬、豫章侯胡美、荥阳侯郑遇春等同时坐惟庸党死。帝条列其罪，作奸党录，布告天下。已故列侯顾时、陈德、华云龙、王志、杨璟、朱亮祖、梅思祖、金朝兴、薛显等皆罹党祸。二十五年八月，追理胡狱，杀靖宁侯叶升。自胡案发觉后，前后被杀者三万余人。史称之曰胡党之狱。虞部郎中王国用为善长上书诉冤，帝不省。

凉国公蓝玉有勇略，数总大军，多立功。帝遇之厚。浸骄蹇自恣。多蓄庄奴假子，乘势渔猎。尝占东昌民田，御史按问，玉捶逐御史。二十一年，北征还，夜扣喜峰关。关吏不即纳，玉纵兵毁关入。

帝闻之不乐，或告玉私元主妃。帝怒玉无礼，切责玉。妃闻而自缢。二十五年，建昌卫（今四川建昌道）指挥使伊噜特穆尔（旧作月鲁帖木儿）反，诏玉讨诛。之还，京赏薄，比奏事，多不听，颇怏怏。二十六年二月，锦衣卫指挥蒋瓛告玉谋反。逮玉及鹤庆侯张翼、普定侯陈恒、景川侯曹震、舳舻侯朱寿、东莞伯何荣、吏部尚书詹徽、户部侍郎傅友文皆杀之，夷其族，列侯以下坐党夷灭者万五千人。史称之曰蓝党之狱。二十七年十一月，赐颖国公傅友德、定远侯王弼死。二十八年二月，赐宋国公冯胜死。于是元勋宿将相继尽。靖难兵起，遂无能御之者矣。

明初党狱表

狱名	祸首	祸起年月	被株连者	被株连之年月	被杀者总人数
胡党之狱	胡惟庸	洪武十三年正月	汪广洋	洪武十二年十二月	三万余人
			陈宁、涂节等一万五千余人	同十三年正月	
			李善长、陆仲亨、费聚、赵庸、陆聚、黄彬、胡美、郑遇春等	同二十三年四月	
			叶升	同二十五年八月	
蓝党之狱	蓝玉	洪武二十六年二月	张翼、陈恒、曹震、朱寿、何荣、詹徽、傅友文等	同二十六年二月	一万五千余人
			傅友德、王弼、	同二十七年十月	
			冯胜	同二十八年二月	

第五节　文字狱

帝初不知文字。既下江南，颇重文人。如陶安（初建吴国时征诸儒议礼。以安为总裁官，仕至江西行省参政。卒追封姑孰郡公）、杨宪（仕至中书左丞。帝欲相之，刘基谓其有相才无相器，乃止。后坐诬罔，诛）等皆留参幕府。及下婺州等处，所聘用者尤多。如刘基、宋濂（初为起居注修元史充总裁。傅太子十余年，一言一动必以礼法讽谕。以翰林学士承旨致仕，坐胡党狱，被籍没，械至京。帝欲杀之，皇后力为解释，乃免其死。安置茂州，卒于途）等皆在军中朝夕讨论。武臣妒之，因潜于帝，谓："文人善讥讪。如张九四（士诚小字）厚礼文儒。及请撰名，则曰士诚。"帝曰："此名亦美。"对曰："孟子有士诚小人也（《孟子·公孙丑下》。《孟子》去齐章）之句。彼安知之？"帝由是览天下章奏，动生疑忌。杭州教授徐一夔贺表，有"光天之下，天生圣人，为世作则"等语。帝览之，大怒曰："生者僧也，以我尝为僧也。光则薙发也，则字音近贼也。"遂斩之。又僧来复谢恩诗，有"殊域及自惭，无德颂陶唐"之句。帝曰："汝用殊字，是谓我歹朱也。又言无德颂陶唐，是谓我无德。虽欲以陶唐，颂我而不能也。"遂斩之。

帝尝于元夕出游，见灯谜面画一妇人，手怀西瓜，安坐马上，马蹄甚巨。帝大怒，命逮捕制谜人杖死。意谓谜底为"淮西妇人马氏脚大"，为讥诮皇后也（马皇后，宿州人）。如此之类甚多，士民人人自危，皆重足而立，目而视。（看《廿二史劄记》卷三十二《明初文字之祸》）

第二章

亲藩之构难

第一节　靖难之变

太祖之初即位也，惩于宋、元孤立，择名城大都分王诸子。洪武三年，封子樉等九人为王。十一年，封子椿等五人为王。二十四年，封子楩等十人为王。皆预为封建，待其壮而后遣就国。外卫边陲，内资夹辅。其制禄亲王万石。置相傅官属，护卫甲士，少者三千人，多者至万九千人，籍隶兵部。冕服车旗邸第，下天子一等。公侯、大臣伏而拜谒，礼无与钧，体至崇重。惟列爵而不临民，分藩而不赐土，与周、汉封国稍异焉。皇太子标宽厚孝友，通经史大义。帝命裁决庶务，咸当于理，于刑狱多所全宥。弟秦、晋、周诸王数有过，辄委曲调护之。皇四子燕王棣，皇后马氏所生，太子母弟（按《明诗综》卷四十四《沈玄华敬礼南都奉先殿纪事诗》，及《曝书亭集》卷四十四《南京太常寺志》所述，马皇后无所出，懿文太子与秦、晋二王皆李淑妃所生。成祖乃高丽硕妃所生。《史书》谓太子及秦、晋二王与成祖皆高皇后所生，乃曲笔也），性情阴险狠辣，智虑过人，酷类帝。封北平形胜地，十三年之国。太祖选高僧侍诸王。吴僧道衍（原姓名姚广孝）侍棣，深相结纳，数以奇谋进。棣甚信任之。棣数奉命将兵北伐，有功。诏节制北平军事。元降军多归其部下，听调用，势甚强盛。阴怀异志。二十五年四月，标卒。帝欲立棣，学士刘三吾谏而止。九月，立标第二子允炆为皇太孙。太孙聪明宽厚，有德量，中外属望。棣心独不平。大将军凉国公蓝玉，开平忠武王常遇春妻弟。懿文太子标元妃常氏、遇春女也。以故太子遇玉厚。玉征纳克楚还，言于太子曰："臣观燕王在国，阴有不臣心。殿下宜审之。"太子不听。棣闻而衔之。太子薨，棣来朝，言于帝曰："诸公侯纵恣无度，不诛将有尾大不掉之患。"帝由此愈疑忌功臣。棣归，不数月，而蓝党之狱作。傅友德、冯胜相继赐死，于是元勋宿将皆尽。洪武三十一年（西历纪元一三九八年）闰五月，帝崩（年七十一岁）。允炆即位，是为惠帝。仁贤好学。召用耆儒方孝孺等，更定官制，锐意复古。除军卫单丁，减苏松重赋。民心向之。道衍劝棣为逆。棣曰："民心向彼，奈何？"道衍引相士袁珙等力说之。时燕与周、齐诸王方相煽动，惠帝与兵部尚书齐泰、太常卿黄子澄密议削藩。是年七月，废周王橚为庶人。次年建文元年四月，湘王柏有罪被按问，自焚死。废齐王榑、代王桂为庶人。六月，废岷王楩为庶人。欲以翦燕羽翼，而以张昺为北平布政使，谢贵、张信为北平都指挥使，伺察燕事。信至燕，叛附于棣，以情输之。棣反谋益急，是年七月，诈称病笃。绐昺、贵入。执杀之。上书指泰、子澄为奸臣，自署官属。与兵反，号其兵曰靖难。

　　是时朝无宿将，乃以太祖时偏裨长兴侯耿炳文为征虏大将军，大发兵讨之。八月，战于滹沱河（在今保定道正定县南）北，败绩。召炳文还，以曹国公李景隆（文忠子）代之。是年十月，棣诱执宁王权（太祖第十六子，封于大宁，即今热河平原县），夺其众及朵颜三卫（本元降部，皆在今热河北部，受北平行都司节制），归大破景隆于郑村坝（在今京兆大兴县东）。二年四月，复破之于白沟河（在今河北保定道新城县南）。五月，陷德州，进攻济南。都督盛庸、参政铁铉击败之，乘胜复德州。十二月，庸大败棣于东昌，斩其将张玉，几获棣。以帝有诏"毋使朕负杀叔父名"故，不敢发一矢。棣得从容遁还北平。道衍劝棣再出兵南寇。三年三月，盛庸拒战于夹河（在今大名道武邑县南），败棣兵，杀其将谭渊。会东北风起，飞埃蔽天。庸军面迎沙砾，咫尺不辨物。棣兵纵左右翼横击。庸军大败。

帝贬泰、子澄。谕棣罢兵，棣不奉诏。

棣自称兵犯顺，已历三年。所陷城邑，兵去复为朝廷守，故不敢决意南下，无何。有以中官奉使侵暴为言者，诏所在有司系治。于是中官密遣人赴燕，具言京师空虚可取状。是年十二月，棣大举南犯，畏盛庸在济南，乃改道由东平济宁，侵徐沛。四年正月，魏国公徐辉祖（徐达长子）、都督何福等御之于淮北，连败棣兵。帝闻讹言，谓燕兵已北，召辉祖还，福军遂孤。是年五月，棣击败福兵，遂渡淮，陷扬州。帝遣庆成郡主（棣从姊）如棣军议和，棣不奉诏。六月，棣兵渡江，犯京师，谷王橞、李景隆开金川门迎降。京师陷，帝不知所终。棣遂僭位，是为成祖。大杀惠帝忠臣齐泰、黄子澄、方孝孺等数百人，皆夷其族。屠戮之惨，尤甚于胡、蓝二狱。（成祖即位，使方孝孺草登极诏。孝孺不从，哭且骂，大书燕贼篡位四字。成祖大怒，诛其九族后，并收其门人廖镛、廖铭等为一族诛之。十族之诛，前古之所未有也。又杀齐泰、黄子澄、铁铉、练子宁、卓敬等，皆夷其族。诸人之死皆慷慨激烈，御史大夫景清尤甚。清于靖难兵入，独与诸臣迎降，谋行刺，事觉，成祖磔而族之，籍其乡转相攀染，谓之瓜蔓抄，村里为墟）北讨诸大将历城侯盛庸、长兴侯耿炳文、驸马都尉梅殷、都督佥事平安、宁远侯何福相继被害。魏国公徐辉祖、曹国公李景隆亦削爵幽私第。革除建文年号，改元永乐。次年，以北平为北京顺天府。十九年，徙都之。改号旧都曰南京。

第二节　高煦之乱

成祖既以强藩篡夺得国，即位以后，仍不稍有戒心。有子三人，长高炽，次高煦，次高燧。帝初起兵，高煦常从战有功。帝喜以为类己。高煦亦以此自负，阴谋夺嫡。及议建储，诸将丘福等皆请立高煦，独兵部尚书金忠力争以为不可。阁臣解缙、黄淮等复赞成之。永乐三年，立高炽为太子，封高煦汉王，高燧赵王。七年，帝北巡，命太子监国。还入高煦谮，杀解缙，下宫臣黄淮、杨士奇、杨溥等于狱，命金忠审察太子事。忠力为辩白，太子得不废。高煦初封云南，嫌其远，不肯行。改封青州，又托故不往。私选各卫健士为腹心，又募兵三千人，不隶籍兵部，纵使劫掠。兵马指挥徐野驴擒治之。高煦挝杀野驴，众莫敢言。又僭用乘舆器物。十五年，事觉，帝怒，将废之，太子涕泣力救。乃削两护卫，徙封安乐州（今济南道，故武定府）。二十一年，帝有疾，多不视朝。赵护卫指挥孟贤与宦官黄俨等相结，造伪诏，谋进毒弑帝。从中下诏，废太子而立赵王。事觉，伏诛。帝欲并罪赵王，太子力救，得免。宣宗宣德元年，高煦举兵反。帝从大学士杨荣劝，自将讨擒之。废为庶人，撤赵王高燧护卫。藩镇之祸始熄。

第三章

明初之外征

第一节　朝鲜之降附

后高丽自忠烈王晴在位，尚元世祖公主，拜征东行省左丞相。自此以后，后高丽降为元室藩属，代代尚元室公主、郡主，内政时常受其干涉。王妃挟母家势力，欺陵王室。王不敢与较。蒙古风俗输入宫庭，自王以下，多辫发、袭胡服。王子命名多用蒙古语。群臣、百姓争相摹仿。蒙古文与通俗汉文同时流行于半岛，有风靡全国之概。恭愍王颛在位，元室衰微，群盗蜂起，中原鼎沸。元顺帝至正十六年（恭愍王五年），王乘机废征东行省，停元年号，复旧官制。遣兵分道北伐，渡鸭绿江，破婆娑府（今辽宁东边道东县九连城），取双城（今吉林滨江道双城县）、伊板岭（今辽宁东边道凤城县境内之摩天岭）以南八州、五镇皆下。自高宗以来九十九年间没入蒙古之地皆恢复，国势大张。十七年，韩林儿部将关先生等引兵北侵山西，十八年六月，陷辽州（今山西冀宁道辽县），遂大掠塞外诸郡。十二月，破上都（今察哈尔多伦县），焚宫阙。十九年，遣部将毛居敬率师东侵，渡鸭绿江，陷西京（今平壤）。二十一年，关先生自将大军为后援，进破开京（今开城）。王避乱南奔尚州（今庆尚

北道）。总兵官郑世云督诸将安祐、李芳宝、金得培等攻开京。大破关
先生兵，斩之。王始得还京。平章金镛妒世云等功，矫诏杀世云等。
二十三年，遂谋大逆。密直使崔莹等讨诛之。二十八年，明徐达克燕
京，元顺帝北走。王乃与元绝，修好于明。明太祖洪武七年，宦官崔
万生等弑王，宰相李仁任立王养子辛禑。辛禑者妖僧辛肫之子，有宠
于恭愍王。故仁任立之。及长，颇淫虐，国人多不服。惧明廷责问弑
君罪，复修好于北元。洪武二十一年，发兵攻辽东。大将李成桂谏，
不听。乃举兵围开京。废禑，迁之江华岛。而立其子昌。二十二年，
复废昌。立神宗玄孙恭让王瑶。二十五年，遂废瑶而自立，称臣纳贡
请封于明，改国号曰朝鲜。是为后朝鲜太祖。自此以后，与明修好，
终明之世不变。时后高丽恭让王四年，西历纪元一三九二年也。后高
丽自建国至是，凡传王氏三十二王四百四十二年，辛氏二王十五年，
共四百五十七年而亡。朝鲜半岛主权自此入于李氏。

第二节　鞑靼之征伐

北元自郭勒齐篡立，去帝号，称可汗。去国号，称鞑靼。于是有
元入塞以来所渐渍濡染之中国声名文物，一切皆荡然无余，复返其游
牧民族态度。郭勒齐兵强，南侵明，西攻卫拉特，一时统一漠北。明
成祖起兵北平，遣使与郭勒齐联合，其国公赵图噜根等率众助战，并
厚加犒赐。及成祖即位，屡遣使致书，赐之银币，并及其知院阿噜台
（旧作阿鲁台，本名乌格德勒库。为元太祖弟哈布图哈萨尔后裔阿萨特之子。以巴图丞相命之
负筐拾粪，取负筐之意改名曰阿噜克台）。时郭勒齐与卫拉特相仇杀，数往来塞
下。敕边将各严兵备之。永乐三年，阿噜台别部酋索和尔等，先后来
归。四年，阿噜台杀郭勒齐，而迎琨特穆尔汗之弟布尼雅锡哩（旧作木
雅失里）于别失八里，立为可汗（即谔勒哲依特穆汗）。成祖以书谕之，不听。
遣给事中那骥往使，见杀。帝怒，七年，以丘福为征虏大将军，王聪
火真副之，王忠、李远为参将，将精骑十万北讨。时鞑靼君臣，已为
卫拉特所袭破，徙居胪朐河。（即克鲁伦河）大兵渡河。辄佯败以诱敌。

福锐意乘之，败死，全军尽没。事闻，帝益怒。念诸将无可任者，遂决意亲征。八年二月，自将众五十万出塞。至胪朐河，更其名曰饮马。布尼雅锡哩闻之惧，邀阿噜台俱西。阿噜台不从，众溃散。君臣始各为部。君西奔，臣北走。五月，帝追及布尼雅锡哩于鄂诺河（今鄂嫩河），麾兵奋击，大败之。布尼雅锡哩尽弃所有辎重牲畜，以七骑遁。遂移师征阿噜台，度飞云壑（一统志明成祖北征度漠，驿站自呼伦池返开平有飞云壑诸处）。阿噜台乞降。帝察其诈，令严阵以待。已而果悉众来犯，阿噜台率千骑当中坚。帝自将精骑冲击，矢下如雨，阿噜台坠马，遂大奔。追奔百余里，歼其后队，遂班师。布尼雅锡哩走依卫拉特，旋殂。子德勒伯克汗立。是年冬，阿噜台遣使来贡马，纳之。十一年，封为和宁王（以阿噜台遣使来诬告卫拉特马哈木特弑其主，布尼雅锡哩请发兵讨贼，愿率所部为前锋，故有是命案蒙古源流者，谓勒哲依特穆汗，盖善终。而《明史》以为见杀殆实录据阿噜台所诬告而书，修史者遂误采之）。自是以后，阿噜台羁縻于中国。

第三节　卫拉特之征伐

卫拉特（旧作瓦剌）者，亦蒙古部落，在鞑靼西。元亡，其强臣孟克特穆尔（旧作猛可帖木儿）据之。成祖起兵北平，与之通好。已而孟克卒，众分为二。其渠曰玛哈木特（旧作玛哈木。元臣孛罕裔，姓绰罗斯，即蒙古源流之额色库，为乌格齐哈什哈之子。清初四卫拉特中准噶尔、杜尔伯特两部之祖），曰太平，曰巴图博啰（旧作把秃孛罗）。成祖即位，遣使往告，屡加谕赐。六年，使来贡马，仍请封。七年五月，诏封玛哈木特为顺宁王，太平为贤义王，巴图博啰为安乐王。自是岁一朝贡。十二年，玛哈木特拥兵饮马河，扬言袭阿噜台，实将入犯。是年二月，成祖闻警，下诏亲征。六月，大破其部众于和拉和锡衮（旧作忽兰忽失温，在和林东），斩王子十余人，部将众数千级。追奔度两高山，至图拉河。敌皆遁。次年，遣使卑词谢罪，贡马，受之。十四年，阿噜台败卫拉特，来献捷。十五年八月，玛哈木特卒。奉使者归，言拒命概由彼一人。彼既卒，余二王皆可抚，因复遣使往劳二王。十六年，玛哈木特子托欢（即《蒙古源流考》之巴

（克穆）使来，请袭爵。受封册，及赐祭。自是复奉贡。

第四节 乌梁海朵颜三卫之设置

乌梁海（旧作兀良哈）者故元大宁路迤北境。洪武初，元辽王、惠宁王、朵颜元帅府内附。已数为鞑靼所抄。乃即其地分置三卫于潢河（今锡拉木伦河）北，曰泰宁（今土默特阿噜科尔沁等部地），曰朵颜（今喀喇沁、敖汉、奈曼、翁牛特、巴林等部及热河道等地），曰福余（今科尔沁、郭尔罗斯、杜尔伯特、札赉特等部）俾部长各领其众，互为声援。独朵颜地险兵强，势力雄厚。时大宁卫（故城在今热河平泉县东北）北，尚有全宁卫。自全宁卫北，始为三。卫边外诸卫，总隶北平行都司。大宁特行都司所治地。终洪武世，未尝内徙。自靖难兵起，成祖诱执宁王权，选乌梁海三千人为奇兵。从战，数有功。及天下既定，遂割大宁近三卫地以与之。自是洪武中所筑诸城尽废，北边失一重镇。

第五节 哈密诸卫之设置

去嘉峪关千公百里有哈密（今新疆哈密县），故汉伊吾卢地。元末，以威武王纳古里镇之，卒。弟恩克特穆尔（旧作安克帖木儿）嗣。洪武中，明太祖既定辉和尔地，置安定等卫以逼哈密。恩克特穆尔惧，将纳款。成祖既位，遣使招谕，遂入贡。诏封忠顺王，自是世为明西藩。嘉略关以西有卫七，曰沙州（今甘肃敦煌县）、安定（在敦煌县南）、阿端（在曲先卫西南）、赤斤、蒙古（今甘肃玉门县赤金峡赤金湖等地）、曲先（在安定卫西）、罕东（在敦煌县东南），而哈密最西，东去肃州千余里。

第六节 贵州之开拓

贵州古罗施鬼国，汉西南夷牂牁武陵诸傍郡地。元置八番（五季时马殷遣八帅讨溪洞诸蛮，遂各分据之，号八番。今黔中道定番县，诸长官司即其地也）、顺元（今贵州黔中道贵阳县）诸宣慰司以羁縻之。太祖初平陈友谅，兵威振南服。思南（唐思州，元思南宣慰司。明永乐后为府。今贵州镇远道思南县）宣慰使田仁智、思州（唐思州地，元分置松江宣抚司，后改思州，明永乐后为府，今镇远道思县）宣抚使田仁厚率先归附，即以故官授之，命世守其地。洪武年间，贵州宣慰使霭翠（蜀汉火济之裔，世领水西，后为安氏）、同知宋钦（宋以后领水东）及普安女总管适迻等，先后来归。皆予以原官，世袭。赋税听自输纳。已而思南田宗鼎（仁智之孙）与思州田琛（仁厚之孙）构怨，相仇杀。朝廷屡禁之，不能止（初，宗鼎与副使黄禧交恶，讦奏累年朝廷以田氏世官曲宥之，改禧知辰州府，未几，宗鼎以争地与思州有隙，禧遂与琛结合，兵攻思南，宗鼎挈家走。琛杀其弟，发其祖墓，宗鼎诉于朝。屡敕琛、禧赴阙自辩，皆拒命不至）。永乐十一年，成祖命镇远侯顾成帅兵擒之，送京师。诏分其地为八府（以思南地设思南镇，宁、铜、仁、乌罗四府，以思州地设思州、新化、黎平、石阡四府）四州（镇远、安顺、永宁、普安）。设贵州布政使司（治贵州宣慰司，后成化中置程蕃府，至隆庆末始改程蕃曰贵扬府，为布政司治，而宣慰司如故府所治在城北，宣慰所治在城南），而以长官司七十五分隶焉。贵州为内地自此始。

第七节 安南之叛服

安南陈氏，自太宗日煚（音憬，火也，日光也）建国以后，历圣宗光昺、仁宗昑、英宗烇（七选切火貌），累世皆英主，内政修明。元世祖屡遣大兵攻之，不克。英宗殂后，传三世至裕宗（疑即《明史》之陈日熞）。会元亡明兴，诏使招谕。明太祖洪武二年（西历纪元一三六九年），裕宗遣使来贡，诏封为安南王。册使至，裕宗已殂。兄昱养子杨日礼立（日礼，优人杨姜子，裕宗无嗣，其妃迎立日礼，即《明史》之陈日熞），受诏封。次年，明宗第三子暊（音府明也，即《明史》之叔明）废日礼而自立，是为艺宗。遣使入贡。朝廷见署表非日熠名，诘得其实。诏却之，艺宗复朝贡谢罪，并请封。乃命以前王印视事。五年（西历纪元一三七二年），艺宗让位于弟炖（徒昆切火色，即《明史》之陈端）。十年（西历纪元一三七七年），炖侵占城，败没。弟炜代立。其国相黎季犛（故经略使黎国髦之子）窃柄。二十一年（西历纪元一三八八年），废炜，弑之。立艺宗子日焜主国事。仍假炜名入贡，朝廷不知而纳之，越数年始觉，诏绝其使。季犛惧，数入贡，乃受之。明惠帝建文元年（西历纪元一三九九年），季犛弑日焜，立其子颙。又弑颙，立其弟𡗨。方在襁褓中，复弑之。大杀陈氏宗族而自立，更姓名为胡一元。名其子苍曰胡查（音义）。自谓出舜裔胡公后，国号大虞。寻自称太上皇，传位查。朝廷不知也。成祖既立，遣官以即位往谕。查自署权理安南国事，遣使来贡，诡言陈氏嗣绝，已为众所推，乞赐封爵。遂诏封查。查遣使谢恩，然帝其国中自若。已而安南旧臣裴伯耆诣阙告难，安南裕宗弟天平来奔，请兵复仇。帝恻然，始悔封查之误。遣使诘责，令具篡杀之实以闻。查复遣使谢罪，请迎天平归，奉为王。帝不虞其诈，许之。永乐四年，以兵纳天平，至芹站（在今法领越南谅山府鸡陵关南），查伏兵邀杀天平。帝大怒，遣西平侯沐晟、新城侯张辅帅十八将军，分道进兵讨之。辅出广西，晟出云南，大破安南兵。次年，擒季犛及查，槛送京师。安南平。时永乐五年，西历纪元一四〇七年也。

　安南既平，朝廷置交趾布政使司，设府十七，直隶州五，卫十二。以刑部尚书黄福掌交趾布政使司事。次年，辅等班师，上交趾地图。东西一千七百六十里，南北二千八百里，人民五百二十万。自唐室亡后，交趾沦于荒服四百余年，至是复入中国版图。安南艺宗次子颙（即《明史》所谓陈氏故官简定者是为简定帝）与化州土酋等谋恢复，建国号曰大越，出没乂安（今安南府名）化州山中。大军还后，其势复炽。七年，诏张辅与沐晟协剿。颙自称上皇，立陈季扩（本蛮人，诡言陈氏后）为帝。辅进师，讨破之，获颙。季扩遁去。帝召辅还。留晟讨季扩，大败之。季扩乞降。帝命为交趾布政使，不受，剽掠如故。九年，复遣辅会晟讨之。交人苦中国拘束，又数为吏卒扰，往往起附贼，旋服旋叛。辅至，申军令，斩逆节度者以徇，将士惕息，无敢不用命者。连大败敌，破其象阵。进抵其巢，禽磔乱党。十二年，季扩走老挝（今安南省名）。辅追获季扩及其孥，送京师，斩之。交趾复平。

中官马骐以采办至交趾，大索境内珠宝，人情扰乱。桀黠者鼓煽之。大军甫还，即并起为寇。诏遣丰城侯李彬镇之。俄乐（交趾旧县，属清化府）巡检黎利者，故安南清华州蓝山人。初事陈氏为金吾将军。大兵南征，迎降，授巡检，常怏怏不乐。十六年，利与其党复乘机作乱。参政侯保冯贵战死。十八年，命荣昌伯陈智为左参将，助彬讨之。后群寇悉破灭，惟利窜老挝。檄其酋发所部兵捕之，不获。仁宗即位，召黄福还，贼势复炽。镇守中官山寿请授利清化知府，从之。利得敕，仍无降意，寇掠不已。宣宗宣德元年，遣成山侯王通、安远侯柳升相继讨之。通与利战于应平（交趾旧县，属交州府）。败绩，阴许利和。升师次倒马坡（在鸡陵关南），复遇伏死，诸军尽没。通益惧，更嗾利和，教以诡立陈暠为陈氏后。以暠表至，遽与盟。引兵还。宣宗省表，心知其诈，欲借此息兵。张辅力主进讨，自期以一年擒贼。吏部尚书蹇义等赞之，而大学士杨士奇等知帝厌兵，力言许利便，遂赦利罪。罢兵，悉召官吏军民北还，得还者八万六千余人。其为利所获及拘留者不计其数。三年（西历纪元一四二八年），利遂称帝，国号大越，是为大越太祖。建东西二都，分十三道。旋诡言暠物故，屡乞封。六年，诏命利权署国事。自是安南入于黎氏，世执藩臣礼。置百官，设学校，以经义诗赋二科取士，彬彬有华风焉。

安南叛服表

一、明太祖洪武二年，安南裕宗遣使入贡。
二、三年，安南艺宗遣使入贡。
三、惠帝建文元年，安南国相黎季犛篡立，成祖永乐元年，遣使奉表入贡请封，许之。
四、三年，遣都督佥事黄中、吕毅以兵纳安南前王遗族陈天平归国，黎季犛伏兵邀杀之。
五、四年七月，遣将军张辅、沐晟伐安南，辅出广西，晟出云南。十二月，辅大破安南兵。五年五月，擒季犛送京师。诏置交趾布政使司，以刑部尚书黄福领之。
六、六年六月，张辅、沐晟班师，八月，安南艺宗次子颙复举兵作乱。诏沐晟讨之，败绩。颙自称上皇，立蛮人陈季扩为帝，其势复炽。

七、七年春，命张辅讨颜。十一月，击败其兵，获之。
八、八年十二月，陈季扩请降，诏授交趾布政使，不受命，九年正月，复命张辅讨之。七月，大破其兵于月常江。十年八月，大破其兵于神投海。十一年十二月，大破其兵于爱子江。十二年三月，获陈季扩于老挝，交趾复平。
九、十六年正月，俄乐巡检黎利复举兵作乱。将军李彬击破之，利窜老挝。
十、仁宗即位，镇守交趾中官山寿请授黎利清化知府，利受命而寇掠如故。宣宗宣德元年三月，败镇守将军陈智兵。四月，命王通为征夷大将军，讨之。十一月，王通败绩于应平，命安远侯柳升救之。
十一、二年九月，柳升师次倒马坡，遇伏，败死。十月，王通弃交趾，与黎利盟而还。十一月，诏赦利，罢兵，悉召文武吏士北还。

第八节　海外诸国之交通

初，成祖疑惠帝亡命海外，屡命中官辈纵迹之。衔命异域者，纷纷四出。如使乌斯藏者有侯显，使爪哇、苏门答剌者有马彬，使暹罗者有李兴，使满剌加（今英领马来麻剌甲）、柯枝（今南印度马拉巴尔部之可陈）诸国者有尹庆。而其中以郑和为尤著。和以永乐三年，多赍金帛，造大船凡六十有二，帅海军三万七千余人，由苏州刘家港，汛海至福建，达占城，以次偏历南洋（《明史》原作西洋）诸国，宣威德，颁诏给赐。不服则以兵摄之。诸国咸听命。及和还朝，皆遣使随入朝贡。成祖大喜。未几，复命和往，遍赍诸国。由是来朝者益众。和先后凡七奉使，三擒番王（初使擒旧港酋陈祖义，旧港故三佛齐国也。再使擒锡兰国王亚列若奈儿及其妻子。最后苏门答剌王子苏干剌谋杀其王，并欲杀和，和率兵讨擒之），为古来宦官所未有。而诸番利中国货物，益经营互市，往来不绝。故当时有三保太监下西洋之说。后至宣德初元，弃交趾。中国兵威虽稍诎，远夷朝贡多不至，而南洋之交通如故。奉命海表者，莫不盛称和以夸示外番云。

郑和远征表

次数	首途时	回航时	西历	所历地
一	永乐三年六月	永乐五年九月	1405—1407 年	苏州，经福建，逾占城，达三佛齐
二	同六年九月	同九年六月	1408—1411 年	至印度锡兰岛
三	同十年十一月	同十三年七月	1412—1415 年	历苏门答剌，满加剌等十九国
四	同十四年冬	同十七年七月	1416—1419 年	
五	同十九年春	同二十年八月	1421—1422 年	
六	同二十一年正月	同二十二年八月	1424 年	
七	宣德五年六月	宣德八年七月	1430—1433 年	至忽鲁谟斯等十七国

明初对外关系表

国名或部落名	今地	主权者	对明关系	发生关系开始时代
朝鲜	朝鲜半岛	太祖李成桂	臣纳贡	明太祖洪武末年
鞑靼	外蒙古	木雅失里	战争臣服	成祖永乐初年
卫拉特	天山北路	玛哈木特	战争臣服	同
泰宁朵颜福余三卫	热河北部	辽王、惠宁王、元朵颜元帅府	降附	洪武中
沙州、安定、阿端、赤斤、蒙古、曲先、罕东、哈密七卫	嘉峪关以西至哈密	元威武王	同	同
思州思南	贵州	思南宣慰使宗鼎、思州宣慰使田琛	降附，战争翦灭	洪武时降附，永乐时翦灭
安南	法领交趾支那	黎季犛	降附，战争翦灭	永乐初年

第四章

宦官之乱政

第一节　宦官握权之由来

成祖英武。在位时代，内政修明，外患屏息。然明室衰亡之远因，实伏于此时。初，太祖以布衣起事，事事效法汉高。然其制之有弊者，则必竭力防之。故虽分封诸子于各地，然皆使之仰给于中央所命之县官，更不委以兵食之权。燕晋诸王，领兵镇边要，虽出例外，然亦不过分封内地，设三护卫而已。又察汉室外戚之祸，为勋旧兼外戚所致。故天子、亲王之后妃宫嫔，皆选民间之秀女。熟知民间情事，自能佐人君勤俭爱民。故有明一代，无外戚之祸。又常关心宦官。常镌铁牌置官门曰："内臣不得干预政事，预者斩。"又禁内官读书识字，不许与诸司往来。定制不得兼外臣文武之衔，不得着外臣冠服，官不得过四品，月给米一石，使之衣食于内廷。又留心吏治。《明史·循吏传》曰："太祖惩元季之吏治纵弛，民生凋敝，重绳吏治，置之严典。"尝谕府州县之官吏曰："天下初定，百姓财力俱困。如初飞之鸟，不可拔其羽。新植之木，不可摇其根。在安养生息之而已。唯廉者能弱己而利人，尔等当深念之。"又谕户部曰："国家赋税已定。撙节用度，自有余饶。使民得尽力农桑，自然家给人足。何事聚敛也。"又猜忌勋臣，数起大狱，亦因其有害于吏治。论者曰："懿文太子早死以皇太孙孱弱，虑身后事，诬以反逆杀之。"然明初之功臣，无有觊觎神器之权力。不过自诩其功，于服务之际，不无有骄傲之失。故欲养成将来廉吏，禁绝元末贪滥之弊，不可不预防也。太祖之翦除功臣，即本此旨。《循吏传》中有云："一时守令，畏法洁己爱民，吏治焕然丕变。下逮仁宣，人民安乐。吏治澄清者百余年。"是即太祖之目的所致者也。

成祖即位，大更太祖遗制，宦官权力遂渐增加。《明史》称宦官因建文帝御之甚严，及燕师逼江北，多逃入其军，漏泄朝廷虚实。成祖以为忠于己，多所委任。诸宦官言功不已，帝患之。永乐元年，镇远侯顾成、都督韩观、刘真、何福等，出镇贵州、广西、辽东、宁夏诸边。乃命宦官中有谋者，与之偕行。赐公侯服，位诸将上。未几，云南、大同、甘肃、宣府、永平、宁波亦各相继遣使。八年，设京营提督，使内臣监军。是为宦官典兵之始。元年，遣中官侯显使乌斯藏、李兴使暹罗、马彬使爪哇、苏门答剌诸国，尹庆使满加剌、柯枝诸国。是为宦官奉使之始。三年，遣中官山寿率骑兵出云州，郑和、王景弘等率舟师下西洋。是为宦官专征之始。十八年，置东厂，以内监掌之，使刺外事。是为宦官预政之始。盖有明一代宦官出使、专征、监军、分镇、刺臣民隐事等诸弊政，皆始于此时矣。

二十二年（西历纪元一四二四年），帝自将北征阿噜台。至榆木川（在故开平城西北）崩。太子高炽即位，是为仁宗。

第二节　仁宣之治

成祖之初即位也，任用酷吏陈瑛为左都御史，纪纲为都指挥佥事，掌锦衣卫事。皆残忍苛刻，倾陷者不可胜计。帝性猜忌，数以喜怒刑杀大臣。屡次自将北征，命仁宗监国。还辄信谗，加罪辅臣。大学士黄淮、学士杨溥、户部尚书夏原吉等，皆以忤旨下狱。仁宗即位，释淮等于狱，复其官，命与吏部尚书蹇义、大学士杨荣、金幼孜、杨士奇等同辅政。义、原吉皆太祖时代老臣，久握钧衡，与荣、士奇等同心辅政，朝廷称治。仁宗在位一年（西历纪元一二二五年）崩。太子瞻基即位，是为宣宗。命杨溥入内阁，典机务。荣、士奇、溥同时居内阁，协心辅政，朝廷肃然。天下称之曰三杨。

仁宗、宣宗之时，屡下诏举贤才，求直言，慎刑罚，减租税。建弘文阁以提倡文化，更定科举法以搜求人才。又以知府为亲民官，多循资格迁擢。不称职，乃命大臣举京官廉能者用之。宣德五年夏五月，擢郎中况钟等九人为知府，皆赐敕，俾驰驿之任。其冬，复用薛广等二十九人亦如之。后钟等皆著声绩，有居官至一二十年者。吏称其职，民安其业。一时烝烝，称极盛焉。

第三节　王振之擅权　麓川之役　土木之变

宣宗英主。然生平失德声二：一废皇后，二纵宦官。坐是之故，宫廷多故。遂酿成王振之祸。帝年三十，皇后胡氏未有子。而孙贵妃有宠，乃阴取他官人子为己子。帝以长子生，大喜，宠贵妃有加。生后八日（宣德三年二月），即立为皇太子。是年三月，废皇后，立孙氏为皇后。大臣多唯诺奉承，不敢强谏。

先是洪武中，设内官监典簿，掌文簿。以通书算小内使为之。又设尚宝监，掌玉宝图书。皆仅识字，不明其义。成祖即位，始令听选教官，入内教习。宣宗即位，始立内书堂。改主事刘翀为修撰，专授小内使书。其后大学士陈山修撰朱祚，俱专是职。选内使年十岁上下者二三百人，读书其中，后增至四五百人，翰林官四人教习，以为常。于是内官始通文墨，掌章奏，照阁票批朱，与外庭交结往来矣。

帝在位十年，以宣德十年（一四三五年），崩。太子祁镇即位，是为英宗。年方九岁。大学士杨士奇、杨荣、杨溥辅政。宦官王振狡黠多智，事仁宗于东宫。宣德初，浸用事。英宗为太子，朝夕侍左右。及即位，命掌司礼监，宠任之。振欲令朝臣畏己，数教帝撝拾小过，杖辱大臣。言官承振风旨，肆行弹击。自公、侯、驸马、伯及尚书、都御史以下，无不被劾。或下狱，或荷校，甚至谴谪，殆无虚岁。三杨不能制。振事功利，盛兴边防镇守、京营掌兵、经理仓场、提督营造、珠池银矿、布帛织造等事，皆中官掌之。于是法制始弛，宦官之祸兴于内，敌国亦起于外矣。

英宗正统五年，杨荣卒。九年，杨士奇卒。阁臣陈循、高谷等皆后进望轻，杨溥孤立无助。王振日益恣横。振欲示威四夷，遂兴麓川之役。先是明初既克大理，下金齿，与平缅（明初麓川平缅、宣慰二司，今同隶云南腾越道）壤地相接。其酋思伦发惧，请降。诏以为宣慰使，命兼统麓川地。洪武十八年，思伦发反，率众十余万再寇边。二十一年，西平侯沐英破走之。次年，遣使谢罪，入贡如故。三十年，思伦发为其头目刀干孟所逐，赴京陈诉。太祖遣西平侯沐春讨杀干孟，送思伦发归平缅。久之，思伦发死，子思任发嗣。桀黠喜兵，乘孟养、木邦与缅甸相仇杀，侵据其地，遂称兵扰边。黔国公沐晟及其弟昂相继讨之，师久无功。思任发由是愈横，既乃遣头目修贡，且请罪。英宗降敕许赦之。廷议皆主抚，而王振欲示威四夷，力主剿。正统六年，遣兵部尚书王骥、平蛮将军蒋贵等，率兵十五万往讨。克麓川。思任发走缅甸，追擒之，其子思机发犹所在伏匿。骥先后凡三次往讨，劳师费财，以一隅骚动天下，而思机发卒不可得。

是时卫拉特方强。其酋长额森（旧作也先）数以入贡为名，要索朝廷赏赉。使人来者动至二千余人，朝廷耗费不赀。使人归时，以马易弓，藏于衣箧，不可胜计。镇守大同太监郭敬，岁造箭镞数十瓮遗其使，帝不问。王振欲邀功北鄙，数遣将侵略乌梁海。三卫怨怒，遂导卫拉特入寇。正统十四年七月，额森诱胁诸部分道大举南下，自拥众从大同入。参将吴浩迎战，败死。西宁侯宋瑛、武进伯朱冕拒战于阳和（卫名，今雁门道阳高县），为监军太监郭敬所制，败没。敬伏草中，得免。诸边守将俱逃匿。边报日数十至，王振劝帝亲征。命弟郕王祁钰居守。廷臣交谏，不听。遂出居庸，历宣府（明卫，今口北道），进次阳和。振益欲北，郭敬密止之。是年八月，诏班师。大同总兵郭登请上从紫荆关（在易县西）入，振不听。还至宣府，额森自后追袭。恭顺侯吴克忠及其弟都督克勤率师拒敌，力战死。成国公朱勇、永顺伯薛绶往援，亦败没。车驾次于土木（旧驿有堡，在口北道怀来县西二十五里），敌骑环攻，诸军皆溃。诸大臣扈跸者皆死，振亦被杀。额森遂拥帝北去，过大同，郭登谋夺驾入城，不果。

时京师群臣议战守。侍讲徐珵请南迁，兵部侍郎于谦不可。太后遣使赍金宝诣额森营，皇后钱氏尽括宫中物佐之，请还帝。不得报。是年九月，郕王奉太后命即位，尊帝为太上皇。立皇子见深为皇太子。以于谦为兵部尚书，提督各营军马，诸将咸受节制。十月，额森诡言奉上皇还，入紫荆关，长驱犯京师，邀大臣出迎上皇。谦督诸将石亨等营城外，邀击败之。时总兵郭登守大同，杨洪守宣府，副都御史罗通守居庸关，屡破卫拉特偏师。京师恃为肩背。谦又修沿边关隘，自辽蓟至甘肃，中间堡塞，皆得人戍守。敌入寇，辄败去。叛阉喜宁为额森谋主，亦为独石参将杨俊所擒杀。额森失间谍，气大沮。次年（景帝景泰元年）五月，遂请和。

第四节　英宗之复辟　曹、石之乱

额森既请和，卫拉特君臣使相继至。景泰元年八月，景帝以于谦言，勉迎还上皇，居之南宫，不复朝谒。礼部尚书胡濙请令百官贺上皇生日。又请于明年元旦，百官朝上皇于延安门，皆不许。帝之初即位也，籍王振家，夷其族，而仍用其党曹吉祥参与机密。景泰三年，废皇太子见深为沂王，立子见济为皇太子。皇后汪氏不可，遂废汪后。立见济母杭氏为皇后。于是上皇日益怏怏。四年，见济卒。郎中章纶、御史钟同、南京大理少卿廖庄等，先后上疏，请复立沂王。帝怒，并下之锦衣卫狱，杖杀同。

八年（西历纪元一四五七年）正月，帝不豫。武清侯石亨、右副都御史徐有贞（即徐珵改名）等，密与曹吉祥谋。乘帝舆疾宿南郊斋宫，与都督张轨、张锐等以兵迎上皇复位。改元天顺。废帝为郕王，迁之西内。寻崩，葬金山。与妖殇诸王公主坟相属，命妃唐氏等俱殉葬，并欲令汪后殉，阁臣李贤不可，乃止。下于谦及大学士王文于狱，诬以谋迎外藩，入继大统，坐以谋大逆，凌迟处死。天下冤之。审合臣陈循、江渊于铁岭卫（今奉天铁岭县），斥萧镃、商略为民。封亨忠国公，轸太平侯，锐文安伯，有贞武功伯，予吉祥锦衣卫世职。党羽皆受重赏。以有贞为大学士，掌文渊阁事，充首辅。有贞为曹石所引用，既得志，则思自异。窥帝意微厌二人，乃稍稍裁抑之。亨、吉祥怒，潜有贞于帝。是年六月，下有贞狱，审之金齿。自是以后，吉祥与亨表里擅权，门下厮养冒官者多至千百人。时并称曹石。帝益厌之，乃以李贤为吏部尚书，兼翰林学士，入内阁，预机务，稍夺亨等权以与内阁。三年，亨从子陕西总兵彪有罪下狱，亨坐免官。四年二月，亨及彪以罪诛。吉祥惧，遂谋反。是年七月，与其从子昭武伯钦、都督铉镨铎等与兵作乱。怀宁伯孙镗讨诛之，于是曹石之党皆尽。而锦衣卫指挥逯杲、门达相继擅权，诬陷正人，屡兴大狱。终帝之世，政刑紊乱。

第五节　汪直之擅权　万贵妃之专宠

英宗复辟后越八年，以天顺八年（西历纪元一四六四年）崩。太子见深即位，是为宪宗。宪宗初年，大学士李贤、彭时、商辂皆贤相，朝政修明。成化元年，西华（今开封道西华县）贼刘率通众作乱，寇掠荆襄。诏以抚宁伯朱永充总兵官，兵部尚书白圭提督军务，讨平之。广西徭獞作乱，侵略广东、湖广、江西边境。诏以都督赵辅为征夷将军，充总兵官，佥都御史韩雍赞理军务。是年十一月，击破猺獞大藤峡（在今广西苍梧道桂平县西）。广西平。二年三月，右都督李震讨破靖州（今湖南辰沅道靖县）苗，湖南平。四年，开城（今甘肃泾原道固原县）酋满后据石城（在固原县西北）作乱。诏以都督刘玉充总兵官，副都御史项忠总督军务，讨平之。内地逐渐太平。成化二年，贤卒。以礼部侍郎万安入内阁，预机务。十一年，时卒。以礼部侍郎刘吉入内阁，预机务。安、吉皆佞臣，互相比附，朝政渐乱。

帝居东宫时，万贵妃已擅宠。帝即位后，立皇后吴氏。后摘妃过，杖之。帝怒，废居别宫。立妃王氏为皇后。万贵妃宠冠后官，王后处之澹如也，以是得安。万安既入阁，因内使致殷勤于妃，自称子侄行。妃尝自愧无门阀，闻则大喜。妃弟锦衣指挥通，遂以族属数过安家，两家妇女日相往来。通妻著籍禁中，恣出入。安得备知官中动静，益自固。

太监汪直者，大藤峡猺种也。初给事妃。年少黠谲。帝宠之，命刺外事。十三年正月，置西厂。广置缇骑，以直领之。直罗织细故，屡兴大狱。冤死者相属。大学士商辂、兵部尚书项忠等先后劾之，帝不得已，暂罢西厂，令道归御马监。然帝眷直不衰，仍令密出外刺事。御史戴缙者，性险躁干进。探知帝意，乃假灾异建言，颂直功德。乃诏复开西厂，仍命直领之。直谮项忠下狱，斥为民。又谮商辂，辂引疾归。诸大臣不党于直者，陆续罢免数十人。直益横恣，行边监军，所至苛扰。久之，帝眷乃衰。十八年，罢西厂，降直南京御马监。斥逐其党。然直竟良死。

帝荒于女色，万贵妃专宠。自成化七年以后，十六年间不视朝。政事假手宦官。朝政遂渐紊乱。妃性嫉妒。掖庭御幸有身，饮药伤坠者无数。柏贤妃生太子祐极，早夭。说者谓为万贵妃所害。成化六年，皇子祐樘生于西内，其母纪氏使太监张敏等潜抚养之。帝自祐极薨，常郁郁不乐。十一年五月，召张敏栉发，照镜叹曰："老将至而无子。"敏因以"皇子潜养西内，今已六岁"对。帝大喜，即日召见，立为太子。万贵妃大怒，毒杀纪妃。张敏惧，自杀。皇太后周氏恐太子及祸，乃迎太子至仁寿官，亲抚养之。由是太子得免。帝晚年好方术，方士李孜省、僧继晓皆有宠，与宦官梁芳、韦兴等表里为奸。务为奇技淫巧，结万贵妃欢。累朝金七窖俱尽。帝在位二十三年，以成化二十三年（西历纪元一四八七年）崩。万贵妃已先卒。太子祐樘即位，是为孝宗。

第六节　孝宗之治

孝宗仁厚。即位以后，诛继晓，斥逐梁芳、李孜省等，罢万安。以礼部侍郎徐溥、刘健兼翰林学士，入内阁，预机务。起直臣王恕、马文升、何乔新、彭韶等为各部尚书。朝廷称治。已而大学士刘吉嫉乔新，嗾御史弹劾之，免其官。大学士丘浚与恕不相能，数倾轧恕，恕辞职去。彭韶亦为贵戚近臣所疾，致仕。朝政渐紊。弘治五年，刘吉罢。八年，丘浚卒。礼部侍郎李东阳、少詹事谢迁并入内阁，预机务。东阳、迁皆贤臣，与徐溥、刘健同心辅政。朝纲复振。自宪宗以来，人君多宴处深宫，与大臣不接见。弘治十年三月，召阁臣议政于文华殿。自是终帝之世以为常。帝在位十八年，以弘治十八年（西历纪元一五〇五年）崩。太子厚照即位，是为武宗。

第七节　刘瑾之擅权　武宗之荒淫　宸濠之变

宪宗、孝宗之世，天下虽无事，然宦官弄权，积重难返。且自是以后，宦者之外，别有所谓阉党者，乃朝臣附和宦官，而为之羽翼者也。宪宗时，宦官汪直、梁芳等，与大学士万安、都御史王越、方士李孜省、僧继晓等结合，表里擅权。孝宗时，宦官李广与寿宁侯张鹤龄等互相交结，狼狈为奸。然弊习未甚，于政局尚无大影响也。武宗即位，年甫十五，狎昵群小。东宫旧监刘瑾、马永成、高凤、罗祥、魏彬、丘聚、谷大用、张永俱用事，时号八虎。日导帝游戏，又劝帝令镇守内臣各进万金奏置皇庄三百余所。畿内大扰。大学士刘健、谢迁，户部尚书韩文等，以瑾等蛊惑上心，奏请诛之。司礼太监王岳、范亨、徐智素不善瑾等所为，阴赞成阁议，事垂济，而吏部尚书焦芳泄其谋于瑾。瑾等夜趋帝前环泣，言"王岳结阁臣，欲制上出入"。帝信以为真，意遂中变。命瑾掌司礼监，永成、大用提督东西厂，永督十二团营及神机营，彬督三千营。瑾夜传命，收岳及亨、智充南京净军，旋矫诏追杀岳、亨于途。篡智，折臂。免健、迁官，褫文职。

勒都御史张敷华、尚书杨守随、林瀚致仕，并杖谪诸臣之请留健、迁者。引芳为大学士。矫诏列健、迁、文、敷华、守随、瀚及都御史戴珊、郎中李梦阳、主事王守仁等五十三人姓名，号为奸党，榜示朝堂。

帝为群阉蛊惑，作豹房，朝夕处其中，大权皆归于瑾。瑾凡事得专决，不复关白。引用其党刘宇、曹元入阁，张彩为吏部尚书。大臣不附和者斥逐殆尽。中人以微法，无得全者。尝因早朝退，有遗匿名书于丹墀，数瑾罪者，瑾怒，执朝士三百余人下狱。时盛夏酷暑，有暴死者。次日，廉知其同类所为，众获宥。正德五年，安化（今甘肃泾原道庆阳县）王寘鐇以诛瑾为名，举兵反。诏右都御史杨一清总制军务，以太监张永监军，往讨平之。一清知永怨瑾，密与画策。永因献俘奏瑾不法十七事，遂逮瑾下狱，诛之，籍其家。诸附瑾者皆窜逐。而内监魏彬、马永成，幸臣江彬、钱宁等用事，终帝之世，盘游不辍。

是时边塞屡被寇扰。中原远近，盗贼群起。正德五年，霸州（今河北霸县）降盗刘六、刘七、齐彦名反。冠畿辅，转京直隶、山东、河南、淮北，纵横数千里，残破州县以百数。七年，走湖广，夺舟至夏口。登陆，焚汉口。指挥满弼拒战。刘六中流矢死，刘七、齐彦名率舟东下，由黄州至镇江。兵部侍郎陆完、都御史彭泽会师进剿。大兵尽集江南北。贼兵抵通州（今江苏苏常道通县），飓风大作，贼弃舟，走保狼山（山在通县南）。完蹙之山南，彦名、七皆死，贼乃平。此外若蓝廷瑞等，以正德四年起保宁（今四川嘉陵道，故保宁府），犯汉中、郧阳（今襄阳道，故郧阳县）及川东、贵州境。谢志山等起南赣（今江西赣南道，故南安、赣州二府地），掠江西、湖广、福建、广东境。皆久而后灭，所在困弊。

帝无子，所悦中官奴卒，辄收为义子，亡虏亦与焉。凡一百二十七人，并赐国姓。边将江彬以导帝淫乐得幸。帝游幸不时，数微行至宣府、阳和等处。彬从帝数夜入人家，索妇女。帝大乐之。十二年九月，自称总督军务、威武大将军、总兵官。辇户部钱粮至宣府，备犒赏。十三年九月，自加封镇国公。建镇国府第于宣府。辇豹房珍玩、女御实其中。十四年二月，自加太师。敕谕巡行两畿、山东祈福。大学士杨廷和、梁储、蒋冕、毛纪等屡谏。帝不听。郎中黄巩、修撰舒芬等百四十六人复力谏。帝大怒，悉杖之，死者十一人。

宁王宸濠者，太祖第十七子宁王权之五世孙也。久居南昌（今江西豫章道），阴蓄异志。因帝无储嗣，游幸不时，人情危惧，遂日夕觊觎，结帝嬖人钱宁为内援，谋伺帝崩，入继大统。诸权奸多得宸濠金，阴赞助之。巡抚江西都御史孙燧七上章言其事，皆为所邀阻。江彬疾宁，阴欲倾之，短之帝。帝不悦，会御史萧淮尽发其不轨状，杨廷和请罢其护卫，帝从之。宸濠惧，遂谋反。正德十四年六月，杀孙燧等，集兵号十万，略九江、南康，皆下之。

巡抚南赣都御史王守仁起兵讨宸濠，趋吉安（今江西庐陵道，故吉安府），与知府伍文定谋。给宸濠使东下，而发兵直捣南昌。七月，克之。宸濠攻安庆，不克，闻南昌已破，解围还救。守仁与战于樵舍（镇名，在今豫章道新建县西北），纵火焚其舟，大败之，遂擒宸濠。凡三十五日而贼平。诸嬖臣劝帝亲征，帝亦欲南游行乐，八月，自将南下。十二月，至南京。十五年闰八月，受江西俘，诸嬖幸嫉守仁功，潜之于帝。太监张永左右之，得无事。十月，帝北还，至通州，始诛宸濠。

帝荒于女色，浸成痼疾。在位十六年。以宸濠伏诛之次年（正德十六年，西历纪元一五二一年），崩于豹房。大学士杨廷和等奉皇太后懿旨，以遗诏迎孝宗弟兴献王世子厚熜入即位，是为世宗。诛江彬、钱宁等。人心大悦。

明代宦官弄权表

时代	姓名	官职	事迹
成祖时	山寿	镇守	镇守安南，左袒叛臣黎利，致令安南复失
英宗时	王振	司礼监	数孝帝擿拾小过，杖辱大臣，或下狱，或荷校，甚至谴谪，殆无虚岁
			盛兴边防镇守，京营掌兵，经理仓场，提督营造，珠池银矿、布帛织造等事，皆以中官掌之
			兴麓川之役，前后大举兵三次，劳师费财，以一隅骚动天下，而终无成效
			邀功北鄙，数遣将侵兀良哈，引起瓦剌入寇，酿成土木之变

时代	姓名	官职	事迹
英宗时	郭敬	镇守	镇守大同，岁造箭镞数十瓮遗也先
			也先寇大同，诸将宋瑛、朱冕拒战，为敬所挠，俱战没
	喜宁	太监	降也先，为之谋主，后为独石参将杨俊所擒，伏诛
	曹吉祥	司礼监	景帝病危，与石亨、徐有贞等密谋，演出夺门之变
			天顺四年，石亨以罪诛，吉祥自危，遂与其从子钦等举兵反，皆伏诛
宪宗时	汪直	提督西厂	罗织细故，屡兴大狱，冤死者相属
	梁芳	太监	与方士李孜省、僧继晓等结合，表里为奸，务为奇技淫巧，结万贵妃欢
	韦兴	同	同
孝宗时	李广	同	与寿宁侯张鹤龄等互相交结，狼狈为奸
武宗时	刘瑾	司礼监	与马永成等八人用事，时号八虎。日导帝游戏，数廷杖朝臣，引用私人入阁，把持政权
熹宗时	魏忠贤	提督东厂	与帝乳母客氏比，引用群小为爪牙，大兴罗织之狱，陷害正人甚多，晚年几欲谋篡位，后为庄烈帝所诛。
毅宗时	高起潜	总监	督师卢象升拒清兵于钜鹿，起潜拥重兵，屯鸡泽，不赴援，坐视象升战死。
	曹化淳	监视	监视京兵，开彰义门迎李自成

第五章

士论之激昂

第一节　明初之士风

儒教自经宋儒改革以后，变为道学。周、程、张、朱之徒，皆以一介书生，教授后进，隐然以道统为己任。其学以致知力行为主，而归本于诚。故宋室之亡，节义之士独多，盖先贤之提倡收效大矣。明太祖起兵以后，百忙之中，留意人才。尝命有司每岁举贤才，及武勇谋略通晓天文之士。其有兼通书史，廉吏亦得荐举。得贤者赏，滥举及蔽贤者罚。又定文武科取士之法。洪武二年，命博士孔克仁授诸子经。功臣子弟，并令入学。又诏天下府州县皆立学。六年二月，停科举。令有司察举贤才，以德行为本，文艺次之。皆礼送京师，不次擢用。七年，修曲阜孔子庙，立孔颜曾三氏学，教其族人。八年，诏天下立社学，延师儒教民间子弟。十三年，诏天下学校师生，日给廪膳。十五年，帝诣国子监，释奠于先师。是年八月，复行科举。此后每三年一行为定制。而监生与荐举人才参用者尤多。其用监生、贤良、秀才、儒士等，起家为尚书、布政、按察使及参政、副使或御史、给事中者不可胜数。十六年，始令天下学校，岁贡士于京师。

二十五年，以名儒方孝孺为汉中府学教授。蜀王椿闻其贤，聘为世子师。名其读书之庐曰正学。盖当时科举、选举与学校制并行，得人之盛，迈乎前代。而提倡儒教，注重实行，砥砺廉隅，崇尚名节，为此时特色。其吏治之淳、士风之朴，所以养成之者有自来矣。惠帝即位，召方孝孺为翰林院侍讲，转文学博士，亲任之。靖难之变，自孝孺以下，大小臣工殉国者独多，皆太祖在位时代养成之人物也。成祖即位，设国子监，行释奠礼。又命翰林学士胡广等编四书大全、五经大全、性理大全等书，颁发各学校。一以程、朱学说为标准，于是宋学益发达。英宗初年，王振乱政。末年，曹石乱政。宪宗时代，汪直乱政。武宗初年，刘瑾乱政。朝士有触犯之者，多遭下狱、廷杖、谪戍之祸，重者或处死刑。而翰詹科道与部寺小臣，抗章弹劾，视之蔑如。知有国而不知有身，知奸人之当去，而不知己身有祸害。盖自太祖即位以后，百余年间，尊崇节义，敦厉名实，儒教之道德，渐溃于社会，浸成为风俗矣。历代贤相，若杨士奇、杨荣、杨溥、李贤、彭时、商辂、徐溥、刘健、李东阳、谢迁等；直臣，若诚意伯刘基、平遥训导叶伯巨、监察御史王朴（以上太祖时）；浙江按察使周新、侍讲邹缉、主事萧仪、侍读李时勉（以上成祖时）；监察御史罗汝敬（仁宗时）；主事郭循（宣宗时）、侍讲刘球（英宗初年）；御史钟同、礼部郎中章纶、大理寺少卿廖庄（景帝时）；翰林院编修章懋、黄仲昭、检讨庄㫤（宪宗时）等；循吏，若汉中知府费震（太祖时）；苏州知府况钟、吉安知府陈本深（宣宗时）；抚治荆襄副都御史原杰（宪宗时）等；道学，若礼部侍郎薛瑄（英宗时）；江西征士吴与弼、翰林院检讨陈献章（宪宗时）；大学士王鏊（武宗时）等，其流风余韵，俱足以使顽廉懦立，皆儒教养成之人物也。

　　然而好名之念太重，时或流于矫激。太祖时，监察御史王朴性鲠直，数与帝廷辩是非。帝怒。命戮之。及市，召还，谕曰："汝其改乎？"对曰："陛下不以臣为不肖，擢官御史，奈何摧辱至此。使臣无罪，安得戮之？有罪，又安用生之！臣今日愿速死耳。"帝大怒，趣命行刑。过史馆，大呼曰："学士刘三吾志之：某年某月日，皇帝杀无罪御史朴也。"成祖时，锦衣卫指挥纪纲用事，使千户缉事浙中，作威受赇。按察使周新捕治之。纲诬奏新罪，帝遽命逮新。既至，伏陛前抗声曰："陛下诏按察司行事与都察院同，臣奉诏擒奸恶，奈何罪臣！"帝怒，命戮之。临刑大呼曰："生为直臣，死当作直鬼。"竟杀之。

又好广通声气，不避嫌怨。对于素不满意之人，交章弹劾之。对于无罪受害之人，交章论救之。有结党之嫌，有营私之迹，容易为朝廷所误解。孝宗时，岷王膺钰奏武冈知州刘逊不法事，命锦衣官校逮之。给事中庞泮、御史刘绅等率科道论救。帝以亲王劾一州官，辄交章奏阻。下泮绅等六十二人于狱，台谏署一空。九卿力谏，乃释之。贬逊四川行都司断事。

第二节　孝庄皇后合葬裕陵议

明代士大夫好以意气用事。朝廷有大问题起，往往成群结队，断断以争。与天子以难堪之地位，甚或至积羞成怒，猝以暴厉手段对待群臣。激而成大狱者，实为史传中恒有之事。其居心之忠贞固可敬，其手段之操切抑亦可笑矣。宪宗成化四年，嫡母慈懿皇太后钱氏崩，生母周太后不欲使之合葬裕陵。英宗陵阁臣彭时、商辂、刘定之持不可，言官皆请如时议。帝曰："乖礼非孝，违亲亦非孝。其议别卜。"廷臣百四十七人皆上疏谏。礼部尚书姚夔合诸大臣疏言："皇上当守祖宗成法，岂可阿顺母后，显违前典。"帝犹豫未决。给事中毛弘倡言："此大事，吾辈当以死争。"合群臣伏哭文华门外，自巳至申。帝与周太后皆感动，乃许之。群臣呼万岁出。武宗正德十四年，帝下诏，将巡两畿山东。阁臣及科道皆切谏。不报。兵部郎中黄巩、翰林院修撰舒芬、吏部郎中张衍等百余人，相继抗疏谏。帝怒甚，执六人下镇抚司掠治。余一百七人，跪阙前五日。旋杖之，死者十一人。

第三节 大礼议

明代士大夫，书生习气甚重，好争礼节。往往执宫廷细故、朝廷末节，摇唇鼓舌，拖笔弄墨，断断以争，使天子无自由伸缩之余地。在当时一般舆论批评之，固认为不得已；而自后世论史者观之，总觉其可已而不已也。武宗升遐，世宗（孝宗犹子，武宗从弟）以藩王入继大统，诏议崇奉本生父兴献王典礼。大学士杨廷和、礼部尚书毛澄以为"宜如汉定陶共王（成帝弟，哀帝本生父）故事，以益王子厚炫主后兴国，其称号宜如宋濮安懿王（仁宗从兄，英宗本生父）故事，称孝宗曰皇考，兴献王曰皇叔父，兴献王妃曰皇叔母。"议上，帝恌曰："父母若是互易耶。"命再议。廷和与大学士蒋冕、毛纪固执前议，澄亦会廷臣再三执奏，疏俱留中。进士张璁揣知帝意，乃上疏，谓帝"以伦序当立。与汉哀帝、宋英宗之预养宫中立为储嗣者不同。故谓帝入继祖统则可。谓帝为孝宗后，而自绝其亲则不可。宜考兴献王，母兴献王妃。"疏入，帝大喜。手诏阁臣欲尊父为兴献皇帝，母为兴献皇后，祖母为皇太后。廷和等持不可，封还手诏。于是给事中朱鸣阳、史于光、御史王溱、卢琼等交章劾璁。帝不听。是年十月，追尊父兴献王为兴献帝，尊祖母宪宗贵妃邵氏为皇太后，母兴国太妃蒋氏为兴献后。旋复手敕，加兴献帝后以皇号。杨廷和与吏部尚书乔宇上书谏。帝不听。编修陈音、给事中朱鸣阳、御史陈昌等百有五人，上书力争。亦不听。次年（嘉靖元年）正月，清宁宫后殿灾。廷和等因言："兴献帝后加称，列圣神灵容有未安。今火灾示戒，昭然可见。"给事中邓继曾亦以为言。帝勉从众议。称孝宗曰皇考，慈寿皇太后曰圣母（孝宗后张氏）。兴献帝后止称本生，不称皇。

是年十一月，邵太后崩。帝欲附葬茂陵（宪宗陵），数下廷议。杨廷和等持不可。帝不听。毛澄以议礼不合，引疾归。

杨廷和恶张璁，除为南京刑部主事以远之。而兵部主事霍韬、给事中熊浃等皆希旨附和璁议。大学士费宏，浃乡人也。恐廷和疑己，出浃为按察司金事。韬自知为众论所龅，引疾归。巡抚云南都御史何孟春上书言："兴献王不宜称考。"致仕。都御史林俊亦上书言："不宜尊崇所生过当。"廷和奏擢孟春为吏部侍郎，起俊为工部尚书。

巡抚湖广都御史席书具疏言："兴献帝宜称皇考，别立庙于大内，祭以天子之礼。兴献后宜称皇母某后，不可以兴献字加之。"吏部员外郎方献夫亦具疏言："宜称孝宗曰皇伯，称兴献帝曰皇考。"二疏俱中阻不果上。而南京刑部主事桂萼与张璁同官，日夜私诋朝议。三年正月，萼遂上疏，请"改称孝宗曰皇伯考，兴献帝曰皇考，兴国太后曰圣母，武宗曰皇兄"。并录书献夫二疏以闻。帝得疏，心动，手诏下臣集议。礼部尚书汪俊等二百五十余人并排萼议。上不听，免大学士杨廷和及汪俊官，夺给事中张翀等三十二人、御史郑本公等三十一人俸，以警其余。召席书为礼部尚书。张璁、桂萼为翰林学士。方献夫为侍讲学士。言官交章请留廷和、俊，斥璁、萼等，不报。大学士蒋冕力争，不听，遂乞休去。

先是萼疏既上，廷臣方具议，璁复疏言："今日之礼，不在皇与不皇，而在考与不考。"萼又言："陛下承祖宗大统，执政乃无故任己私为不道，使陛下终身为无父之人。逆伦悖义若此，犹可使与斯议哉。"二人疏同上，帝故趣召之。已而廷议追尊兴献帝曰本生皇考恭穆献皇帝，尊兴国太后曰本生圣母章圣皇太后。编修邹守益疏言："陛下推崇本生。业已尊为帝后，今复加称皇考，去其始封之号，直与正统无别，不可以示后世。"又言："历观前史，如冷褒、段犹（汉哀帝时主张定陶其皇太后，共皇后不宜用定陶藩国号者）之徒，当时所谓忠爱，后世所斥为邪媚也。师丹（反对冷褒、段犹者）、司马光（宋英宗时议濮王追尊典礼者）之徒，当世所谓欺慢，后世所仰为正直也。臣恐后之视今，犹今之视昔。"帝得疏，大怒。下诏狱拷掠，谪广德州判官。修撰吕楠，御史段续、陈相，吏部员外郎薛蕙，鸿胪寺少卿胡侍并上书谏，俱下狱，谪官。

阁议以追尊之命已行，请停张璁、桂萼召命。帝不得已，从之。二人已在道，意大阻丧。乃复合疏，请与礼官面质，且云："本生对所后而言，若不亟去此二字，则虽称皇考，实与皇叔无异。"疏入，帝复召二人。给事中张翀等连章劾璁、萼及方献夫、席书等，刑部尚书赵鉴列璁等罪状上请，帝不听，切责翀、鉴。学士丰熙、修撰舒芬、杨慎、张衍庆，编修王思等，皆不愿与璁、萼同列，乞罢归。帝怒，俱夺俸。吏部尚书乔宇亦力言璁、萼不可用。上怒，切责宇。宇乞休去。

是年七月，璁、萼至京，复列上礼官欺罔十三事，且斥为朋党。帝召见群臣于左顺门，示以手敕，言章圣皇太后命去本生字。群臣骇愕。于是九卿、詹事、翰林、给事中、御史、六部、大理行人诸司各上章争之，皆留中不下。尚书金献民、少卿徐文华倡言曰："诸疏留中，必改称孝宗为伯考矣。"何孟春曰："宪宗朝议慈懿太后葬礼，姚夔率百官伏哭文华门，此我朝故事也。"杨慎曰："国家养士百五十年。仗节死义，正在今日。"张翀曰："万世瞻仰在此一举。有不力争者共击之。"遂会群僚二百余人跪伏左顺门，有大呼高皇帝孝宗皇帝者。帝方斋居文华殿，命中官谕之退，不听。帝怒，遣锦衣先执为首者丰熙、张翀等八人下狱。杨慎等乃撼门大哭，众皆哭，声震阙廷。帝益怒，令尽逮何孟春等二百二十人，为首者戍边，四品以上夺俸，五品以下予杖。杖杀编修王相等十六人。大学士毛纪力请宥诸臣罪，帝怒，免其官。自是衣冠丧气，璁、萼以议礼骤贵，于是闲罢失职武夫小吏，皆望风希旨。抗论庙谟矣。

是年九月，更定大礼，改称孝宗为皇伯考，昭圣皇太后为皇伯母，献皇帝为皇考，章圣皇太后为圣母。四年五月，光禄寺署丞何渊希旨，请建世庙于京城，祀献皇帝。从之。

是时璁、萼用事，恶大学士费宏、石珤持正。奸人王邦奇承璁、萼旨，上书讦故大学士杨廷和，并诬宏、珤为奸党。给事中杨言抗章为廷和、宏、珤辩护。上怒，逮言下狱，贬其官。宏、珤乞休去。桂萼屡为谏官所论，乃上言杨廷和私党犹在言路，请命科道互相纠劾。从之。于是言路日益多事，分门植党之风渐炽。六年八月，璁、萼及方献夫借复治妖贼李福达狱之机会，诬刑部尚书颜颐寿、左都御史聂贤、大理卿汤沐等故入人罪。罢谪颐寿等四十六人。帝以璁、萼等平反有功，赐二品服俸。编《钦明大狱录》，颁示天下。百户王邦奇讦杨廷和与前尚书金献民、彭泽、前都御史陈九畴等处置边事失机（看《通鉴纲目》三编嘉靖三年土鲁鲁围肃州事件）。七年正月，逮九畴下狱，谪戍极边。夺献民、泽职。释廷和不问。是年六月，颁《明伦大典》于天下。追论前议礼诸臣罪，削杨廷和籍，夺蒋冕、毛纪、毛澄、汪俊、乔宇、林俊职，斥何孟春及前吏部郎中夏良胜为民。于是张璁、桂萼、方献夫相继入阁。璁深恨诸翰林，入阁以后，请自讲读以下，量材补外。于是改官及补黜者二十余人。并罢选庶吉士，翰苑为空。十七年九月，尊献皇帝为睿宗，祔于太庙。帝与昭圣皇太后张氏有隙，其兄弟昌国公鹤龄、建昌侯延龄相继以谗下狱论死。于是大礼议告终，士气亦摧残殆尽。萼在阁二年（八年至十年）而卒。献夫在阁亦二年（十一年至十三年）而罢。璁后以帝嫌名，改名孚敬。屡罢屡起。凡当国六年（六年至十四年），帝始终眷礼，廷臣莫能及云。

第四节　严嵩之弄权

嘉靖十四年，孚敬以疾罢。大学士夏言辅政。帝雅好长生术，即位后，斋醮无虚日。既以《明伦大典》颁示天下，益覃思制作。祈谷亲蚕。尊孔子曰至圣先师，定其祀典。又信道教，恶佛教。道士邵元节、陶仲文、蓝道行辈并加任用。元节累官至礼部尚书，仲文累官至少师、礼部尚书，封恭诚伯。祈祷土木，日益烦多。经年不朝。于是权臣乘机盗弄政柄。言性疏直，与贵戚郭勋不相能，援引乡人严嵩以自助。嵩性狡险，嫉言宠，与勋比以倾言。言不悟。

二十一年，帝入嵩谮，免言官。以嵩代为大学士，辅政。嵩无他才略，惟一意媚上，窃权罔利。帝英察自信，果于刑戮，颇护己短。嵩以故得因事激帝怒，戕害人以成其私，诛斥者不可胜计。帝微觉嵩贪横，二十四年，复召用言。言至，复盛气陵嵩，出其上。凡所批答，略不顾嵩。嵩噤不敢吐一语，所引用私人，言多斥之，嵩亦不敢救。衔言刺骨。而言以废弃久，务张权，所遣逐亦不尽当。嵩与锦衣都督陆炳等比而构言。言不悟。

明世士论激昂表

一、宪宗成化四年，嫡母钱太后崩，生母英宗贵妃周太后不欲使之合葬裕陵。廷臣百四十七人皆上疏谏，给事中毛弘率群臣伏哭文华门外，自巳至申，帝与周太后皆感动，乃许之。
二、孝宗弘治九年，岷王膺钲讦武冈知州刘逊不法事，命锦衣官校逮之。给事中庞泮、御史刘绅率同官论救，帝怒，下泮、绅等六十二人于狱，旋并释之，逊贬官。
三、武宗正德十四年，下诏将巡两畿山东。兵部郎中黄巩、翰林院修撰舒芬等百余人相继抗疏谏，帝怒，执六人下镇抚司掠治，余一百七人跪阙前五日，旋杖之，死者十一人。
四、世宗嘉靖三年正月，南京刑部主事桂蕚请改称孝宗为皇伯考，本生父献王为皇考，母妃为圣母。帝手诏廷臣集议，礼部尚书汪俊等二百五十余人并排尊议，帝怒，免俊及大学士杨廷和官，夺给事中张翀等三十二人、御史郑本公等三十一人俸以警其余。七月，诏本生圣母章圣皇太后去本生字，群臣二百余人跪伏左顺门哭谏，帝怒，尽执诸臣下狱，为首者戍边，四品以上夺俸，五品以下予杖，杖杀编修王相等十六人，免大学士毛纪官。

第六章

外患之纷扰

第一节　朵颜三卫之南侵与大宁之沦没

朵颜、泰宁、福余三卫，自洪武时隶属中国，久为不侵不叛之臣。建文初年，成祖借其兵南侵，有战功，割大宁卫北部近三卫地以与之。于是三卫始强。逐渐南下，侵略大宁旧属。宣宗宣德三年，帝自将巡边，败乌梁海之众于宽河（在今喀喇沁左翼南），是为中国与三卫冲突之始。正统初年，额森居漠北，喀喇沁等部俱属之。复诱胁朵颜诸卫，窥伺塞下。九年，英宗遣将分道讨三卫，稍有斩获，俱无大功，而诸将并膺封赏。其后巡边者多以斩击邀功。由是三卫积怨，遂导卫拉特入寇。景帝景泰元年，三卫乞居大宁废城，不许，令近边二百里外驻牧。始更徙而南，然边外瓯脱地尚远。后至天顺末，形势日蹙。边墙以外，视为敌国。大宁始尽为三卫所有，宣府辽东，声援日隔。世宗嘉靖十一年，巡抚王大用欲通朵颜，与厚赂，城其雾灵山（在马兰关外遵化县境）。不果。及神宗万历以后，诸酋分部散居，莫能自振。乃折而东，合于满洲，遂为残蓟之本云。

第二节　土鲁番之东侵与哈密之沦没

土鲁番在哈密西（今新疆土鲁番县）。本辉和尔族。元时设万户府以统其众。明成祖永乐四年，遣官使别失八里，道其地，以彩币赐之。其万户赛因帖木儿遣使入贡。六年，其国番僧来朝。成祖即加封号，厚赉之。二十年，其酋长与哈密偕贡，寻为别失八里酋所逐，走投京师。成祖悯之，命为都督佥事，遣还故土。酋德中国，仁宗洪熙、宣宗宣德初年，再来朝。朝廷待之甚厚。

先是土鲁番介居于阗、别失八里诸大国间，势甚微弱。后侵掠火州、柳城（二部皆在今新疆哈密县西，土鲁番县东，镇西县南境），皆为所并，其酋遂僭称王。明宪宗成化五年，其酋阿里（旧作阿力）自称苏勒坦（旧作苏丹）。乘哈密无主，遂思兼并。

哈密自忠顺王受封以后，再传为孛罗帖木儿。天顺末年，被弑。无子。王母弩温答失力署国事。鞑靼酋长伽嘉色凌见哈密无主，乘隙侵掠。成化二年，诏以巴图穆尔（旧作把塔木儿）为右都督，守哈密。巴图穆尔卒，子哈商（旧作罕慎）嗣。九年正月，阿里乘虚袭破哈密城，虏王母及金印，留兵守之而去。哈商奔苦峪城（在今甘肃安西县西南），朝廷命高阳伯李文、右通政刘文往经略，无功而还。诏哈商侨治苦峪。十四年，阿里卒。子阿哈玛特（旧作阿黑麻）立。甘肃巡抚王浚奏请乘机纳哈商。不省。十八年四月，哈商率所部兵万人夜袭哈密城，克之，乘势连复八城，遂还居故土。孝宗弘治元年，立哈商为忠顺王。阿哈玛特怒，阳与哈商联姻，诱而杀之，遂僭称汗。侵沙州，迫罕东诸卫附己。八年，兵部尚书马文升请发罕东赤斤苦峪兵，命副将彭海豹将之，隶巡抚许进往讨。是年十二月，复哈密。阿哈玛特部将伊兰（旧作牙兰）遁。九年三月，阿哈玛特复袭陷之。自此以后，旋复旋失。十七年，阿哈玛特卒。长子莽苏尔立，狡桀逾其父。正德嘉靖年间，遂并哈密，且寇甘肃。自是哈密不可复，西方边祸日急。

第三节　鞑靼之中衰与卫拉特之南寇

先是永乐初年，蒙古族内属，分鞑靼、卫拉特两部。东西对峙，相仇杀不已。明成祖两利而俱存之，使之互相牵制，以收渔人之利。宣宗宣德年间，卫拉特酋长托欢袭杀鞑靼酋长阿噜台于穆纳山（旧作母纳山，在今绥远伍拉特旗西），复杀贤义、安乐二王，尽有其众。欲自称可汗，众不可。乃共立托克托布哈（旧作脱脱不花），以先所并阿噜台之众归之，自为丞相，居漠北。英宗正统四年，殂。子额森（旧作也先）立，称太师淮王。于是北部皆服属额森。托克托布哈徒拥空名，不复能相制。君臣并遣使入贡。朝廷亦两答之。来使渐增，至二千余人。率桀惊不奉法，邀索甚奢。额森饶勇略，攻破哈密，执王及王母，既而归之。又结婚沙州、赤斤蒙古诸卫，破乌梁海，胁朝鲜。边将知其必为寇，屡疏闻。是时太监王振专国，不以为意。十一年额森攻乌梁海，遣使抵大同乞粮，并请见守备太监。朝廷敕守监毋见，毋与粮。顷之，其部众有来归者，言额森谋入寇。托克托布哈止之，不听；复约诸番共背中国。诏遣使诘问。不报。

自正统初年以来，卫拉特遣使入贡。王振以藻饰太平为名，赏赉金帛无算，凡所请乞无不与。及是贡使渐增至三千，多虚额以冒饩。振怒其诈，令礼部按实予之，所请又仅得五分之一，额森大愧怒。十四年，遂诱胁诸番，分道大举入寇。振欲专权邀功，挟帝亲征，酿成土木之变。

是时卫拉特君臣鼎立。额森专国，兵最多。托克托布哈虽为汗，兵较少。阿拉知院兵又少。三人外亲内疏，其合众南犯，利多归额森，而害则均受。英宗被执以后，托克托布哈遣使入贡于中国。时景帝在位，从尚书胡濙、王直等议，厚赏赐以间之。

托克托布哈娶额森姊，生子。额森欲立之，托克托布哈以额森专权，积有嫌，靳不许。额森疑其与中国通，将害己，遂治兵相攻。托克托布哈败走。景帝景泰三年，额森追弑之，自立为大元特克绅大可汗。虐使乌梁海三卫，逼徙其部落于黄河穆纳山等地。三卫不能堪，其酋相继亡归中国。额森恃强，日益骄，荒于酒色。景泰六年，阿拉知院攻杀之。鞑靼部摩伦汗（《明史》谓之孛来）复杀阿拉，夺额森母、妻并其玉玺。额森诸子（案字罕六传至额森，生子二，长博罗纳哈勒，为杜尔伯特部祖，次额斯墨特达尔汉诺颜，为准噶尔部祖）徙居晶河（原作乣河），弟侄等往依哈密。自是卫拉特遽衰，部属分散。

第四节　鞑靼之复兴与河套之沦没

永乐十三年，鞑靼德勒伯克汗卒。旷十余年无主。宣德元年，科尔沁（在喜峰口东北八百七十里，亦哈布国哈萨尔后，明初置乌梁海、福余外卫，以元后为都指挥，掌卫事。乌梁海者，元臣札尔楚泰生子济拉玛，姓乌梁罕氏。为太祖守金谷仓库之人，佐太祖定天下有功，在明为朵颜、泰宁二卫，后裔为喀喇沁部及土默特左翼旗）乌济锦诺延之子阿岱台吉拥有蒙古余众，自立为汗。阿鲁台往依之。阿岱汗势骤张，西征四卫拉特，败托欢兵而还。宣宗宣德九年，阿鲁台为托欢所袭杀，其子谔博尔齐延（旧作阿卜只俺）等来归。阿岱汗亦为托欢所窘，窜额济纳（在外蒙古札萨克图部西南，今为土尔扈特旗）。外为纳款，而数扰边。朝廷遗将追击，大破之。阿岱汗远遁，寻为托欢所杀。自此以后，鞑靼君主屡遭废弒。至成化六年，达延汗（明译为大元大可汗，乃达延之讹，即明史正嘉以后所称小王子者，为元太祖十五世孙）立，有雄略。承积衰之后，诸部角立，躬留漠北，用兵平定诸部，收左右翼三万众。于太祖之八百室（即太祖庙）前即位，称汗号。

先是英宗天顺六年。鞑靼酋长摩里海（《明史》谓之毛里孩）等获明边人为导，入据和套（东、西、北三面距黄河，故汉朔方郡后魏统万镇地，自宁夏至偏头关延袤二千里，饶水草，外为东胜卫东胜外土平衍敌来一骑不能隐。明初守之）。为久居计。自是鞑靼顾居内，而明兵反屯外。朝廷遗将御之，无功。宪宗成化年间，诸酋相雄长，结元裔们都垧（旧作满都鲁）居套中，称汗（即鄂尔多斯之满都赉阿都勒呼）。伽嘉色凌（旧作札加思兰）为太师（即永谢布之伊巴里台吉）。先后屡大举深入寇边。九年，总督延绥军务王越乘敌尽锐西出，袭击其老弱于红盐池（在榆林道，西北与宁夏道接界），大破之，焚其庐帐。复邀击于韦州（在今甘肃宁夏道灵武县西南）。们都垧等败归，妻孥畜产已荡尽，相顾悲哭去。自是不复居套，间盗边，不敢大入，亦数遣使通贡。西邮得少息肩。

孝宗宏治元年，达延汗上书请和。朝廷方务优容，许之。自是与其别部巴延蒙可王等屡入贡。渐往来套中，出没为寇。十三年，与别部和硕连兵深入，转掠延绥、宁夏数千里。旋复以十万骑分道入，散掠固原，宁夏境。关中震动。自是迭扰蓟辽、宣大，秦陇无宁岁。

世宗嘉靖年间，达延汗老寿富强，多畜货贝，稍厌兵。乃挈其曾孙达赉逊驻幕宣府塞外，后复徙帐于辽。所分诸部落，在西北边者甚众。而曰济农（明谓之吉囊，即衮弼哩克图墨尔根）曰谙达（明谓之俺答，即阿勒坦汗）者，据河套，雄黠喜兵，为诸部长。世宗嘉靖年间，谙达屡寇陕西。三边（延绥、宁夏、甘肃）总制曾铣倡议复河套。大学士夏言以为然，力赞成之。将出兵，帝意忽中变。严嵩窥知帝意，遂极言河套不可复。帝怒，二十七年，免言官。嵩复谮言纳铣金，并逮下狱，弃市。自是以后，诸臣入阁者，拱默顺嵩意，无敢与抗者。大权一归于嵩矣。

越二年（二十九年），谙达大举入寇，越宣府，走蓟州塞，入古北口（在河北密云县东北），长驱至通州，分兵掠昌平（今河北昌平县），犯诸陵，寻渡白河，薄京师。京军饥疲，不任战守。帝深居宫中，一切委之严嵩。兵部尚书丁汝夔问计于嵩，嵩曰："塞上败，可掩也。失利辇下，上无不知。谁执其咎？寇饱自飏去耳。"汝夔因不敢战，且承嵩意，戒诸将勿轻举。寇纵横内地。凡八日，所掠过望，整辎重而去。嵩诿罪汝夔，杀之。引用其党仇鸾总督京营戎政。鸾驽怯畏寇，密遣人持货币，结谙达义子托克托，使贡马互市。谙达许之，投书于宣大总督苏祐。祐以闻，鸾遂与嵩定议，许之。兵部员外郎杨继盛上疏力谏，贬狄道典史。三十年，开马市于大同宣府。每岁春秋两市，边卒尽撤。自是谙达益无忌，时以羸马索厚值。弗予，辄大哗。大同市则寇宣府，宣府市则寇大同，甚者朝市暮寇，并羸马掠去。帝恶之。三十一年，鸾死，遂罢马市。自此以后，谙达时常南犯，边城多被蹂躏。

第五节　倭寇之猖獗

自元世祖用兵日本，日本禁不与中国通商。海舶往来皆好利小民，久之流为海寇。后五十余年，日本分南北两朝，互相构兵。及南朝败，其遗臣越海掠高丽沿岸，九州诸边民渐附和之，其势转盛。高丽屡遣使日本乞禁，亦自严海防，然其侵掠仍不已。

明初，倭屡寇濒海州县。洪武三年，太祖遣使往谕其王良怀（实即南朝之征西将军怀良亲王）。良怀遣僧奉表入贡。未几，寇掠如故。帝遣使责让之。良怀不奉诏，已又遣僧祖来奉表称臣，且贡方物。帝甚嘉之。念其俗佞佛，可以西方教诱也，遣僧祖阐等至，为其国演教。国人颇崇奉之，而良怀傲慢无礼，拘之二年，始放还。洪武七年，遣总兵官吴祯等总江阴四卫军出海，至琉球大洋，获倭兵船，献俘京师。二十年，复命信国公汤和筑濒海城防倭。寻日本大将军足利义满统一南北朝。承苦兵之后，濒海诸侯国，咸欲与中国及朝鲜通商，以救财政之困难。缘是与朝鲜国交颇密。倭寇浸止。

嘉靖时代，日本足利幕府已衰。其西南沿海各处奸民屡寇掠我东鄙，史称之曰倭寇。帝之初即位也，日本诸道争贡，大掠宁波沿海郡邑。给事中夏言倡议，罢市舶。嘉靖二年，番货至。遂私主商家，商率为奸利，负其直。已而改主贵官家，负更甚。倭积愤，始大掠。沿海诸奸民陈东、汪直、徐海等与之通，为之乡导。二十五年，朝议设浙江巡抚，兼统福建沿海诸府，以副都御史朱纨领之。纨至，严诘奸宄，通番者皆立决。浙闽大姓素为倭内主者失利，怨纨，构陷之。免纨官，纨自杀。自是以后，倭乱日炽，巡抚王忬不能御。三十三年，命南京兵部尚书张经总督军务，讨倭。次年，又遣嵩党工部侍郎赵文华督视海防。文华贪黩凶横，颐使大吏。经独轻之。文华不悦。是年五月，经集诸道兵，大破倭于王江泾（在浙江钱塘道嘉兴县北），斩首一千九百余级。文华攘其功，而劾经养寇失机。帝用严嵩议，逮经下狱，论死。以杨宜代之。宜无他长，惟曲意事文华。于是倭寇益肆，以数十人自绍兴转掠杭、严、徽、宁、太平，直犯南京，出秣陵关（在江宁县南），由溧阳（今金陵道溧阳县）、宜兴（今苏常道宜兴县）抵无锡（今苏常道无锡县），趋浒墅（关名，在令苏常道吴县西北），转斗数千里，杀伤数千人。历八十余日，始为应天巡抚曹邦辅所歼。而文华诡言寇平，请还朝。三十五年，召为工部尚书。帝后知其奸，免文华官，戍其子于边。

倭之入寇也，恃奸民汪直、徐海辈为谋主。而江浙承平久，士不知兵。以故贼踪所至，无不残破。文华还京以后，以巡按御史胡宗宪总督军务，设计诱降徐海、汪直，诛之（事在嘉靖三十五、六两年）。浙东渐平。倭改寇海门（今江苏沪海道海门县），沿海东掠，至庙湾（在江苏淮阳道淮安县东北）。三十年，巡抚都御史李遂击破之，焚其舟。江北悉平。倭遂窜福建。四十二年，总兵官俞大猷、副总兵戚继光等复破之于平海卫（福建厦门道莆田县）。倭势始衰。然尚踞台湾，出没于近海。万历时，犹犯广东、浙江。疆吏惩前祸，海防颇饬。贼来辄失利，其患始息。

明代倭寇猖獗表

一、明初，倭屡寇濒海州县。洪武三年及七年，太祖两次遣使往谕其征西将军怀良，怀良不奉诏。
二、洪武七年，遣吴祯出海击倭，获其兵船。
三、二十年，命汤和筑江浙濒海城，防倭。
四、足利义满统一国内，欲与中国通商，倭寇浸止。
五、嘉靖时代，足利氏衰，其西南沿海各处奸民复啸中国，大掠宁波。
六、二十五年，浙江巡抚朱纨诘奸究，通番者皆立决。浙闽大姓为汉奸者构陷纨，纨自杀。
七、三十三年五月，总督张经大破倭于王江泾。赵文华、严嵩谮经，逮下狱，杀之。
八、倭寇海门，三十八年，巡抚李遂击破之，江北平。
九、倭寇福建，四十二年，总兵俞大猷、副总兵戚继光击破之于平海卫。

严嵩在位日久，大权独揽。子世蕃为太常寺卿。父子济恶。帝所下手诏，语多不可晓，惟世蕃一览了然，答语无不中，故帝独信之。谄达为患，嵩务为蒙蔽。锦衣卫经历沈炼劾嵩黩贿十罪，兵部员外郎杨继盛劾嵩十罪五奸。嵩陷以罪，戍炼于边，下继盛于狱，皆杀之。帝居西苑，大臣希得进见，惟嵩独承顾问。御札一日或数下，虽同列不获闻。以故嵩得逞志，遍引私人居要地。士大夫奔走辐辏。专政

二十余年，帝渐厌恶之，而亲任大学士徐阶。方士蓝道行假乩仙语，发嵩罪。帝心动，欲逐之。御史邹应龙避雨内侍家，侦知帝意，乘机劾嵩。四十一年，帝罢嵩，下世蕃于狱。四十四年，诛世蕃。嵩老病，后二年，寄食墓舍以死。

世宗虽信任佞臣，而待近侍则颇严。有罪者挞之至死，或陈尸示戒。故虽兴邸旧阉，督东厂掌司礼监者亦不敢大肆。帝又撤天下镇守内臣及典京营仓场者，终四十余年不复设。故明代内臣之势，惟此时少杀云。

严嵩败后，徐阶以首辅当国。务持平恕，与民休息。世宗在位四十五年，以服方士丹药致疾。嘉靖四十五年（西历纪元一五六六年）崩。皇子裕王载垕即位，是为穆宗。

第七章

言路之多事

明世士大夫，好以意气用事。对于君主及宰相之举动，督责太严，丝毫不得假借。朝廷有大事起，不能酌理准情，婉言规劝，动辄呼朋引类，明目张胆，喧呼聒噪以争之。彰君主之失，明己之直，使君主恼羞成怒，无转圜之余地。图博一己之名，而于国事毫无裨益。若宪宗时之孝庄皇后合葬裕陵议，世宗时之大礼议，神宗时之张居正夺隋议及建储议，其尤著者也。而持论刻酷，遇事生风，推测过深。其所欲加之罪名，往往超出对象者应得罪名之上。若三案问题，其最甚者也。张差一妄男子，持梃入东官。诸臣必欲加郑贵妃以主使之名。李可灼一庸医，误用药杀人。诸臣必欲加大学士方从哲以弑逆之罪。李选侍一妇人，恋恋于乾清宫。安土重迁，亦人之常情。杨涟责其阴图专擅以攻选侍。及移宫以后，贾继春又倡言选侍投缳自尽以诬帝。附会宫禁，捕风捉影。猖狂争论，经年不休。积习相沿，几成痼疾。及其末流，卒以此败。魏忠贤一市井无赖，非有操、莽等跋扈之才，李林甫、元载、秦桧、严嵩等阴险之智，诸臣不能防之于机先，用非常手段，诛之以靖内难；而乃摇唇鼓舌、拖笔弄墨、明目张胆，与之打口舌官司。熹宗一黄口孺子，生长深宫，育于宦官、宫妾之手，既未教养于未即位之前，岂能责其明断于已即位之后？对牛操琴，向石说法，甚无谓也。卒之帝于诸臣所奏，无所可否，一切委之忠贤。忠贤乃诬以罪名，逮捕诸贤，次第受戮，若屠羊豕。正人皆尽，国随以亡。甚矣狭义之程朱道学养成之八股先生，不足与语通权达变也。兹述其事迹如下。

第一节　张居正夺情议

明世士大夫，好争礼节，不达世故。持论深刻，往往与人以难堪。对于君主有然，对于宰相亦如此。宪宗初年，大学士李贤丧父。诏令驰驿归葬，即还视事。贤再疏乞终制。不许。及还京，修撰罗伦诣贤阻之，不听。伦上疏谏，忤旨，黜为福建市舶副提举。于是士大夫皆以伦为贤。

世宗升遐。穆宗即位，加恩藩邸旧臣。以礼部右侍郎张居正为吏部左侍郎，兼东阁大学士，直内阁。旋进礼部尚书，兼武英殿大学士。是时徐阶以首辅当国，务持平恕，与民休息。大学士高拱自以先朝旧臣，数与阶轧。阶引疾去。穆宗在位八年，以隆庆六年（西历纪元一五七二年）崩。太子翊钧以冲龄践祚，是为神宗。高拱以首辅当国，居正与之争权，复轧去拱。居正才识明达，自为首辅当国，独专大政十年。谙达之屈服，其谋略居多。蓟镇总兵官戚继光、辽东总兵官李成梁等，皆以宿将有战功，久任边防，威名卓著。居正能倚任左右之，不使掣肘。故一时边防颇能整饬。其为治务尊主权。课吏职，综核名实，信赏罚，一号令，虽万里外，朝下而夕奉行。故神宗初政，起衰振隋，纲纪修明。万历十年，免天下逋赋二百余万，而帑藏充盈，民力殷阜。其相业为明代冠。

万历五年九月，居正丁外艰。户部侍郎李幼孜欲媚居正，首倡夺情议。居正惑之。司礼太监冯保素与居正相结，亦固留之。中旨令吏部尚书张瀚慰留居正。瀚不奉诏。诏责瀚无人臣礼，免其官。于是请留者相继，编修吴中行、检讨赵用贤、员外郎艾穆、主事沈思孝、进士邹元标交章争之。皆坐杖、戍。学士王锡爵等求解于居正，不得。侍讲于慎行、田一俊、张位、赵志皋，修撰习孔教、沈懋学皆疏救，不纳。南京御史朱鸿模驰疏救中行等，并斥为民。于是锡爵、慎行、一俊、懋学先后移病归。朝廷命居正子编修嗣修与司礼太监魏朝驰传往代司丧。诏居正以青衣素服角带入阁治事。居正知天下不与己，思以威权劫之。是年十一月，考察百官。赵志皋、张位、习孔教相继迁谪。南京金都御史张岳请令居正奔丧，坐考察自陈，贬秩。礼部尚书何维柏亦以不附和夺情议，自陈免。

居正居相位十六年，累拜太师、中极殿大学士，威权震主，好谀自尊。六曹之长，咸唯唯听命。至章疏不敢斥名，皆称元辅。士大夫始誉以伊周五臣，继且谀之以舜禹。居正亦恬然居之不为怪。晚年益褊急，恣快恩怨，黜陟多由爱憎。左右颇通贿赂，又与内侍冯保相结。论者少之。万历十年卒。帝以言者攻击，夺官籍没，戍其子弟于极边，天下惜焉。

第二节　建储议

明世士大夫，对于宫廷举动监督太严，似乎无理取闹。且持论深刻，吹毛求疵，近于深文周纳。对于君主有然，对于君主之家族亦莫不如此。先是张居正当国，痛抑言路。居正卒后，御史羊可立追论居正，籍其家。于是先进者争砺锋锐，搏击当路。可立与李植、江东之并荷帝宠。三人更相结，亦颇引吴中行、赵用贤、沈思孝为重。执政恶之。御史丁此吕复诬奏居正罪，大学士申时行、尚书杨巍等痛裁抑之。植、东之交章劾时行、巍蔽塞言路。大学士许国不胜愤，专疏求去，言"昔之专恣在权贵，今乃在下僚。昔颠倒是非在小人，今行在君子。意气感激，偶成一二事，遂自负不世之节，号召浮薄喜事之人，党同伐异，罔上行私。其风渐不可长"。意盖指中行用贤等也。自是言官与政府日相水火矣。

十四年二月，郑妃生皇三子常洵。诏进封皇贵妃。时王恭妃生皇长子常洛，已五岁。不益封，中外籍籍，疑帝将立爱。给事中姜应麟、吏部员外郎沈璟、刑部主事孙如法上疏，"乞收回成命，首进恭妃次及郑妃。"上怒，俱贬官。大学士申时行率同列再请建储。帝答以"元子婴弱，少俟二三年举行"。时帝以旱霾，下诏求直言。郎官刘复初李、懋桧等上疏，显侵贵妃。时行请帝下诏，令诸曹建言，止及所司职掌，听其长择而献之，不得专达。帝甚悦之，于是言者蜂起，章累千百，皆指斥宫闱，攻击执政。帝概置不问，门户之祸大起。

自张居正卒后，帝始亲政。荒于酒色，不理朝政，郊祝庙享多弗躬亲。十三年，礼料给事中王三余请帝亲郊。十四年，礼部主事卢洪春以帝不时享太庙，上疏极谏。皆被严谴。十七年，大理寺评事雒于仁上酒色财气四箴，直攻帝失。帝震怒，将加严谴。会岁暮，留其疏十日。十八年元旦，召见辅臣申时行等分析之。时行请毋下其章，而讽令于仁自引去。于仁赖以免。然自是章奏留中，遂成故事，且多不省览。是日，宣皇长子出见。时行请早定大计，帝犹豫久之，乃曰："朕不喜激聒。近阅诸臣所奏，恶其离间父子，故概置之。若诸臣不复奏扰，当以后年册立。否则俟皇子十五岁举行，时行因戒廷臣毋渎扰。是年十月，吏部尚书宋纁、礼部尚书于慎行率群臣合疏请册立东宫。上怒，下诏夺俸。

十九年九月，工部主事张有德预以仪注请。帝怒，夺有德俸。时申时行方在告，大学士许国、王家屏虑事中变，欲因而就之，引前旨争，首列时行名。时行闻之大愕，密疏言："臣方在告，实不与知。"给事中罗大弦劾时行："阳附朝廷请立之议，阴为自交官掖之谋。"歙人黄正宾者，以赀为中书舍人，思立奇节自附清流，见大弦疏，亦抗章抵时行。帝怒，斥大弦、正宾为民。时行力求罢。而国与家屏又以建储请。帝责大臣不当与小臣比，遂罢国。时行亦乞休去。

自张居正卒后，时行以首辅当国，欲以宽大收人心。召用老臣布列庶位，朝论多称之。然政令务承帝旨，不能有所匡正。又罢居正所行考成法（初，诸司章奏部院覆行抚按勘者，常稽不报。万历元年，居正奏立章奏考成法，以大小缓急为限立文簿，月终注销，阁部科院递相纠举，误者抵罪，自是政体为肃），一切务为简易。由是上下恬熙，法纪渐不振。

是时在廷诸臣，力争国本，举国若狂。而皇长子年逾十岁，尚未就傅。十八年，大学士王锡爵疏请豫教元子，不听。二十年正月，给事中李献可亦上疏请。上不悦，贬其官。首相王家屏封还御批力谏，帝怒，切责之。给事中孟养浩、钟羽正等十四人先后上疏谏，皆被严谴。家屏亦乞休去。

先是群臣请建储，阁臣惟王家屏与言者意合。申时行、王锡爵皆宛转调护，亦颇以言者为多事。二十一年正月，锡爵复以首相入阁，密请建储以践大信。帝手诏欲待嫡子，令元子与两弟（三子常洵，五子常浩）且并封为王。锡爵复请令皇后抚育元子，帝不听，竟下前谕，令有司具仪。于是举朝大哗，礼部尚书罗万化、给事中史孟麟等诣锡爵力争，廷臣谏者章日数上。锡爵偕阁臣赵志皋、张位请追还前诏，帝不从。既而谏者益众。工部郎中岳元声、礼部郎中顾允成等十余人，遮锡爵于朝房，面争之。元声语尤激烈。锡爵不能堪，请下廷议。不许。请面对，亦不报。因自劾求罢。上迫于众议，追寝俞诏。而出允成与札部郎中陈大来、于孔兼、薛敷教等四人于外。刑部给事中王如坚、光禄丞朱维京谪戍。先禄少卿徐杰、署丞王学曾等除名为民。

是年十一月，皇太后生辰，帝御门受贺毕，独召王锡爵至暖阁。锡爵力请早定国本，且言"元子已十三，岂有子弟十三岁犹不读书者"。帝颇感悟。二十二年二月，诏皇长子常洛出阁讲学，用东宫仪。中外欣慰。

是时慈圣皇太后李氏（帝生母）坚持立长之议，帝意遂定。二十九年，皇长子年二十。群臣屡请册立冠婚并行，首相沈一贯以为言。帝从之。是年十月，立常洛为皇太子，同日封诸子常洵等四人为王。遣使谕知致仕在籍大学士申时行、王锡爵、王家屏。于是国本问题解决。而不逞之徒，乘机离间宫廷。于是梃击案之争复起。

第三节　梃击案

先是二十六年秋，或撰忧危竑（宋宁宗皇子济王竑，为史弥远所废者也）议，欲以离间郑贵妃及皇太子。妃兄国泰疑为给事中戴士衡、全椒知县樊玉衡所为，言于帝。帝重谪二人，事遂寝。三十一年冬，续忧危竑议复出。帝大怒，敕有司大索奸人。沈一贯与礼部侍郎郭正域有隙，给事中钱梦皋等希一贯旨，上疏指为正域所造，并及次相沈鲤。时正域方致仕回籍，舟次杨村（在今天津县城北四十里沿运河），遂发卒围正域舟，捕仆隶、乳媪及所善医人等杂治之，无所得。正域旧为东宫讲官。皇太子遣使语阁臣，为正域乞哀。提督东厂司礼太监矩不欲株连，乃归狱于顺天革生皦生光，磔之。诸人赖以免。然作者之主名竟不可得。

四十一年，奸人王日乾复上书离间皇太子与郑贵妃。首相叶向高以日乾素无赖，言于帝。下之狱，事得已。

四十三年，有苏州男子张差，持枣木棍，入慈庆宫（太子所居），击伤守门监，至殿前檐下。被执，命有司讯问，定为疯癫。后提牢主事王之寀复询，词连贵妃宫监刘成、庞保。之寀以闻。群臣多借此为奇货，交章攻击郑国泰，并侵及贵妃。帝心动，谕贵妃善为计。贵妃窘，乞哀于太子，自明无他。太子亦以事连贵妃而惧，白帝请勿株连。帝不欲穷究，乃磔差。毙成、保于狱。事乃已。

皇后王氏贤而多病。国本论起，上坚持立嫡不立长之语。群疑上意在后病不可知，贵妃即可为国母，举朝皇皇。及上年高，后以贤见重，而东宫益安。四十八年四月，后崩。中官虚位数月，贵妃竟不进位。

明神宗时代群臣力争国本表

一、万历十四年二月，郑贵妃生皇三子常洵，诏进封皇贵妃，时王恭妃生皇长子常洛，已五岁，不益封，中外籍籍，疑帝将立爱。给事中姜应麟等疏请首进恭妃，上怒，俱贬官。大学士申时行等疏请建储，亦不听。
二、时帝以旱霾，下诏求直言，郎官刘复初等上疏显侵贵妃。时行请帝下诏，令诸曹建言，只及所司职掌，听其长择而献之，不得专达。于是言者蜂起，章累千百，皆指斥宫闱，攻击执政，帝概置不问，门户之祸大起。
三、十七年十月，尚书宋纁、于慎行率群臣合疏请立东宫，上怒，下诏夺俸。

四、十九年九月，工部主事张有德预以立东宫仪注请，上怒，夺俸。大学士许国、王家屏上疏争，首列首相申时行名。时时行方在告，乃密疏言实不与知。给事中罗大纮，中书舍人黄正宾皆时行阴交宫掖，上怒，斥二人为民。时行、国亦罢归。
五、十八年，大学士王锡爵疏请豫教元子，不听。二十年正月，给事中李献可亦上疏请，上不悦，免其官。首相王家屏封还御批力争，帝怒，切责之，家屏乞休去。
六、二十一年正月，首相王锡爵密请建储，帝手诏欲待嫡子，令元子常洛、三子常洵、五子常浩且并封为王。锡爵复请令皇后抚元子，帝不听，竟下前谕。于是举朝大哗，廷臣谏者章日数上；帝迫于众议，追寝前诏。
七、二十二年二月，从王锡爵议，命皇长子常洛出阁讲学，用东宫仪。
八、二十六年秋，或撰忧危竑议，离间郑贵妃与皇长子。妃兄国泰疑为给事中戴士衡、全椒知县樊玉衡所为，言于帝，谪二人。
九、二十九年十月，从首相沈一贯议，立常洛为皇太子。同日封诸子四人为王。
十、三十一年冬，续忧危竑议复出，沈一贯与礼部侍郎郭正域有隙，给事中钱梦皋希一贯旨，上疏指为正域所造。提督东厂司礼太监陈矩不欲株连，乃归狱于顺天革生敫生光，磔之。正域赖以免。
十一、四十一年，奸人王日乾上书离间皇太子与郑贵妃。首相叶向高以日乾素无赖，下之狱，事得已。
十二、四十三年，苏州男子张差持梃入太子所居之慈庆宫，击伤守门内侍，至檐下，被执。讯之，词连郑贵妃官监刘成、庞保。群臣交章攻击郑国泰，并侵及贵妃。贵妃乞哀于皇太子，太子白帝请勿株连，乃磔差、毙成、保于狱。

第四节　东林党之成立

初张居正当国，吏部权渐轻。及宋缚、陆光祖相继为尚书，稍自振饬。至孙鑨在职，操守益坚。二十一年，大计京朝官，鑨与考功郎中赵南星力杜请谒。一时公论所不与者贬斥殆尽。大学士王锡爵、赵志举之亲党亦与焉。由是阁臣为憾。给事中刘道隆劾南星专权植党。贬南星三秩，鑨亦夺俸，遂连疏乞休去。左都御史李世达、金都御史王汝训等交章论救，上怒，斥南星为民。论劾者多获谴，并封命下。吏部文选郎顾宪成上疏力争，又遗书王锡爵，反复辩论，议遂寝。孙鑨、赵南星主考察，宪成实左右之。既迁郎中，所推多与政府抵牾。锡爵常语宪成曰："当今所最怪者，庙堂之是非，天下必欲反之。"宪成曰："吾见天下之是非，庙堂必欲反之耳。"遂不合。至是锡爵将谢政，会推阁臣。宪成举王家屏，忤帝意，削籍归无锡。宪成既废，名益高。里故有东林书院，为宋儒杨时讲道处。宪成与弟允成倡修之，偕同志高、攀龙、钱一本、薛敷教、史孟麟、于孔兼诸人讲学其中。

海内闻风景附。往往讽议时政，裁量人物。朝士慕之，亦遥相应和。于是东林名大著，而忌者亦多。其后孙丕扬、邹元标、赵南星等相继讲学。自负气节，与政府相抗。是为东林党议之始。宪成、元标、南星三人最负高名，天下清流以比汉之三君焉。宪成常言："官辇毂志不在君父，官封疆志不在民生，居水边林下志不在世道。君子无取。"故讲习之余，必及时事。后卒以此为世口实。

第五节　矿税之虐政

先是世宗嘉靖中，尝开银矿于各处，以无利而止。神宗初年，畿辅奸民惩恿中官，多言矿利。大学士申时行力持不可，乃止。帝在位既久，狃于怠荒。中外陈奏，多不省。或直言指斥，亦不罪。宁夏（万历二年，都指挥致仕，巴拜据宁夏反，总兵官李如松讨平之）、朝鲜（二十年，倭陷朝鲜）、辽东（二十三年，鞑靼酋长绰哈犯辽东）、青海（二十三年，青海酋永什卜犯甘肃）、播州（二十五年，播州宣慰使杨应龙反）等处相继用兵，诸边多故。国用大匮。营建乾清、坤宁两宫，（时两宫灾）计臣束手。前卫千户仲春请开矿助工，帝允之。于是献矿峒者踵至。二十四年，首开几内，命中官领之。嗣后无省不开矿。中使四出，皆给以关防，并偕原奏官往。矿脉微细无所得，勒民偿之。而奸人假开采之名，横索民财。有司稍忤意，辄劾其阻挠逮治。富家巨族，则诬以盗矿，良田美宅，则指为下有矿脉。卒役围捕，辱及妇女。群臣屡谏，帝皆不听。其后又增设各省税使。天津则店租，广州则珠监，两淮则余盐，闽、浙、粤则市舶，成都则茶盐，重庆则名木，湖口长江则船税，荆州则店税，宝坻则鱼苇等。矿使税使遍于天下。水陆行数十里。即树旗建厂，纳奸民为爪牙。虽穷乡僻壤，皆极搜括。中人之家，大半破产。官吏重足，万民愁苦，激变屡起。中外大臣屡疏乞罢，帝皆不听。三十年二月，太子婚礼甫毕，帝忽有疾。召首相沈一贯入宫，论以罢矿税及诸种弊政，撤还所遣中官，召用建言得罪诸臣。一贯方拟旨进，翌日，帝疾瘳，悔之。遣中使十余辈至阁，追还前谕。时司礼太监王义方在帝前力争，而中使已持前谕至。后义见一贯唾曰："相公稍持之，矿税撤矣，何怯也？"自是大臣言官疏请者皆不听，其害遂终帝世。

第六节　楚宗、妖书、京察三案

三十一年，宗室楚中尉华越等，讦嗣楚王华奎及弟华璧皆异姓子，不当乱宗。事下礼部，署尚书事侍郎郭正域，请令抚按行勘。首相沈一贯右华奎，言"亲王不当勘，但宜体访"。次相沈鲤以行勘为是。上从之。抚按皆言无左验，中旨以"楚王袭封已二十余年，何至今始发。且夫讦妻证，不足凭据"，坐华越等诬奏，降为庶人，锢之凤阳。

自禁狱起，阁部龃龉，廷臣分党，互相攻击。给事中钱梦皋等希沈一贯旨，劾罢郭正域。会妖书（续忧危竑议）事起，梦皋等交章劾正域，几陷重罪，赖顺天革生𤏳生光自诬服，坚不承正域与事，事得已。

先是妖书事起，左都御史温纯力为沈鲤、郭正域辩诬，积忤沈一贯。三十三年，大计京朝官，纯与吏部侍郎杨时乔主之。一贯所厚之给事中钱梦皋、钟兆斗等皆在谪中，一贯怒，言于帝，降旨切责纯，尽留被察科道官。纯力求去，梦皋等遂连讦纯楚事，诬以纳贿。给事中陈嘉训极论"梦皋、兆斗朋比为奸。请听纯归，以全大臣之体"。疏上。帝予纯致仕，梦皋、兆斗亦罢归。三十四年，嘉训与御史孙居相，交章诋一贯奸贪，一贯求去。许之。嘉训居相亦贬秩。一贯索有清望，惟楚宗、妖书、京察三事与时论异。故人多诋之。帝嫌沈鲤方鲠，并令致仕。

第七节　言官对阁臣之诋诬

一贯、鲤既去，内阁中只余朱赓一人。廷推阁臣，命李廷机、叶向高并为东阁大学士，并召还王锡爵。时言官方厉锋气。锡爵进密揭力诋，中有"上于奏章，一概留中。特鄙弃之，如禽兽之音，不以入耳"之语。言官闻之，大愤，交章论劾。锡爵阖门养重，竟辞不赴。赓醇谨无大过，与一贯同乡相昵。廷机性廉洁，故出一贯门下，人多疑之。给事中王元翰、御史陈宗契等交章劾廷机，诋为辇金奥援。礼部主事郑振先指一贯、赓、廷机为过去、现在、未来三身。上以其诬诋大臣，切责之。三十六年，赓卒，廷机以首辅当国，言路益攻之。廷机累疏乞休，不允，遂杜门不出，待命逾年。乃屏居荒庙，人迹都绝，言者犹攻之不已。辞职疏已百二十上，至四十年九月，不得命，竟归。计廷机系阁籍六年，秉政只九月，无大过。言路以其与申时行及一贯有旧，故交章逐之。辅臣以龌龊受辱，屏弃积年而后去，前此未有也。

廷机既去，叶向高遂独相。时言路互相诋讦，帝心厌之，章悉留中。御史郑继芳力攻给事中王元翰贪婪不法。元翰亦疏诋继芳。左右二人者，复相角不已。三十七年，向高请尽下诸疏，敕部院大臣评曲直。罪其论议，颠倒者一二人以警其余，不报。诸臣既无所见曲直，益树党相攻，无所畏忌。

第八节 东林党与宣昆党及齐党、楚党、浙党之倾轧

都御史李三才巡抚凤阳，素得民心，屡加至户部尚书。然颇通贿遗，结纳遍海内。辅臣缺，建议者请参用外僚，意在三才。由是忌者日众，工部郎中邵辅忠、御史徐兆魁等交章弹劾。给事中胡忻、曹于汴等交章论救。朝端聚讼，数月未已。顾宪成素与三才善，贻书叶向高与吏部尚书孙丕扬，盛称三才廉直。舆论大哗。三才力请罢去。兆魁劾东林党人阴持计典，自是诸讲学者多不理于口。

时廷臣党势日盛。祭酒汤宾尹（安徽宣城县人）、谕德顾天埈（江苏昆山县人）各收召党徒，干预时政，谓之宣昆党。而言路又有齐、楚、浙三党。齐党以亓诗教（山东莱芜县人）等为之魁，而燕人赵兴邦（直隶高邑县人等）附之。楚党以官应震（湖北黄县人）等为之魁，而蜀人田一甲（四川忠

县人）等附之。浙党以姚宗文（浙江慈溪县人）等为之魁，而附之者尤众。三党皆与宣昆党声势相倚，并以攻东林排异己为事。自帝倦勤，内外章奏皆留中不发。惟言路一攻，则其人自去。以故台谏之势，积重不返。一人稍异议，辄群起逐之。大僚非其党，不得安于位。天下号为当关虎豹。吏部侍郎王图（三十九年八月）、户部尚书赵世卿（同年九月）、吏部尚书孙丕扬（四十年二月）、兵部尚书兼左都御史孙玮、（四十一年七月）礼部侍郎孙慎行（四十二年八月）、大学士吴道南（四十五年七月）等，为所纠弹，相继去位。道南尝上疏，言："台谏劾阁臣，职也。二百年来，有纠阁臣之言官，无詈阁臣之言官。臣辱国已甚，请立罢黜。"帝为谪给事中刘文炳于外，而言路恣横益甚。举朝如水火，攻击报复无已时，专任意气，快恩怨，而置国事于不问。识者早知其大祸不远矣。

明神宗时代言路多事表

一、万历五年九月，首相张居正丁外艰，侍郎李幼孜首倡夺情议，群臣争附和之。编修吴中行等章争，皆坐杖、戍。学士王锡爵求解于居正，不得；侍讲于慎行、修撰习孔教等皆疏救，亦不纳；南京御史朱鸿模驰疏救，并斥为民。锡爵、慎行等先后移病归，孔教等迁谪。
二、万历十年六月，居正卒，御史羊可立追论之，籍其家。御史丁此、吕复媒孽之，大学士申时行、尚书杨巍奏左迁此、吕于外。可立与李植、江东之结为党羽，专以搏击当路为事，帝颇信之。
三、十四年三月，以旱霾下诏求直言，郎官刘复初等上疏显侵郑贵妃，大学士申时行请帝下诏，禁止部曹言事。于是言者蜂起，皆指斥宫闱，攻击执政，帝概置不问，门户之争大起。
四、十九年九月，给事中罗大纮、中书舍人黄正宾劾申时行阴交官掖，诏斥二人为民。
五、二十一年正月，首相王锡爵密请建储，帝手诏令元子与两弟并封为王。锡爵偕阁臣请追还前诏，不从。工部郎中岳元声等面诋锡爵，锡爵不能堪，自劾求罢。上迫于众议，追寝前诏。
六、是年七月，大计京朝官，吏部尚书孙铖、考功郎中赵南星力杜请谒，一时公论所不与者贬斥殆尽。给事中刘道隆劾南星专权植党，贬其官，铖乞休去。
七、三十一年，楚宗狱起，阁部龃龉，廷臣分党，互相攻击。给事中钱梦皋希首相沈一贯旨，劾罢署礼部尚书郭正域。
八、是年冬，续忧危竑议复出，梦皋希一贯旨，指为正域所造，并及次相沈鲤。左都御史温纯力为鲤、正域辩诬，积忤一贯。三十三年，大计京朝官，纯与吏部侍郎杨时乔主之，梦皋及其党钟兆斗等俱在谪中。一贯言于帝，切责纯，纯力求去，梦皋、兆斗亦罢归。
九、三十四年，一贯罢，诏征王锡爵，言官交章论劾，锡爵辞不赴召。

十、时内阁中只余朱赓一人，诏李廷机入阁。赓与一贯同乡，廷机为一贯门生，言官丑诋之，谓一贯、赓、廷机为过去、现在、未来三身。

十一、三十六年，赓卒，廷机以首辅当国，言者攻之不已，廷机力求去，不允。遂杜门不出，待命逾年，乃屏居荒庙，人迹都绝，言者犹攻之不已。辞职书已百二十上，不得命，竟归。

十二、时言路互相诋评，帝心厌之，章悉留中。三十七年，大学士叶向高请尽下诸疏，敕部院大臣评曲直，罪其论议，颠倒者一二人以警其余。不报。

十三、都御史李三才巡抚凤阳，素得民心。郎中邵辅忠、御史徐兆魁、乔应甲、给事中王绍徽等（皆后来党于魏忠贤者）交章弹劾；给事中胡忻、曹于汴等交章论救。朝端聚讼，数月不已。三才力请罢去。

十四、自帝倦勤，内外章奏皆留中不发，惟言路一攻则其人自去，以故台谏之势积重不返。一人稍异议，则群起逐之。大僚非其党不得安于位，天下号为当关虎豹。

明神宗时代党派表

党名	首领	宗旨
东林党	顾宪成、邹元标、赵南星	讽议时政，裁量人物
宣昆党	汤宾尹、顾天埈	收召党徒，干预时政
齐党	亓诗教、赵兴邦	与宣昆党声势相倚，攻东林，排异己
楚党	官应震、田一甲	
浙党	姚宗文	

第九节　三案之争论

帝自中年以后，二十余年不视朝。曹署多空，内阁只一人，六卿只数人。或以一人兼领数职，或有缺而十年不补。皇太子自册立以后，辍讲已十二年，群臣谏疏凡数百上，至四十四年八月，始命举行一次。其泄沓状态，从古所未有也。四十八年（西历纪元一六二〇年）七月，帝崩。太子即位，是为光宗。即位数日，即有疾。内侍崔文升进泄药，帝由此委顿。鸿胪寺丞李可灼进红丸，帝服之稍快，又命进一丸。翌日，帝崩。是为红丸案。

初，郑贵妃侍神宗疾，留居乾清宫。又帝嗣位，犹未移。惧帝以福王事衔己，阴与帝宠姬选侍（女官名）李氏相结，请立选侍为皇后。

选侍亦为贵妃求封皇太后。礼部尚书孙如游力争，乃止。帝既有疾，中外纷言贵妃所为。给事中杨涟、御史左光斗倡言于朝，以大义责贵妃兄子郑养性。贵妃恐，移居慈宁宫。帝崩，选侍欲据乾清宫，与心腹阉魏忠贤谋，挟皇长子由校以自重。杨涟、左光斗以选侍既非皇长子嫡母，又非生母，不得留居正宫，力争之。选侍不得已，移居哕鸾宫。是为移宫案。与梃击案并称三案。

皇长子由校即位，是为熹宗，年甫十六岁。太监魏忠贤与乳母客氏渐用事。中外皆恨李可灼妄用药。而大学士方从哲拟遗旨，赉可灼银币。御史王安舜首劾从哲，郑宗周等继之。廷臣追理前事，于是三案之争纷起。争三案者为东林党，以梃击为贵妃主谋，以进红丸为从哲之罪，以不移宫为选侍之罪。以三案为不足争者为非东林党，以张差为疯癫，以红丸为有效，以移宫为薄待先朝嫔御。朝端议论蜂起，纷如聚讼。从哲引咎乞休去，可灼遣戍。

自神宗末年以来，齐、楚、浙三党为政，黜陟之权吏部不能举。光宗即位以后，周嘉谟为吏部尚书，大起废籍。向称三党之魁者渐自引去。嘉谟恶给事中霍维华倾狡，出之于外。维华故与魏忠贤结。忠贤嗾给事中孙杰劾嘉谟。罢之。大学士沈灌官翰林时，尝授内侍书，忠贤从之受业，既入阁，与忠贤结。言官交章劾。灌疑大学士刘一燝主之，与忠贤比而觭一燝。一燝乞休去。

左都御史邹元标、副都御史冯从吾自神宗时以建言削籍，里居讲学数十年。光宗即位始召用，已而同官都察院。乃共建首善书院于京师，与同志高攀龙等讲学其中，名望日重。而诸不附东林者咸忌之。会当京察，给事中朱童蒙、郭允厚、郭兴治虑为元标所黜，乃交章劾元标等植党沽名，请毁书院。中旨谓宋室之亡，由于讲学，将加严谴。大学士叶向高力谏，乃解。元标、从吾并引疾归。

是时叶向高为首辅，与刘一燝及大学士韩爌皆右东林。赵南星为左都御史，与吏部尚书张问达掌京察，黜去齐楚党首领亓诗教、赵兴邦等。天下快之。已而问达罢。南星为吏部尚书，掌铨政，李腾芳、陈于廷佐之。高攀龙、杨涟、左光斗秉宪。魏大中、袁化中长科道。郑三俊、李邦华、孙居相、饶伸、王之寀辈悉居卿贰。众正盈朝，激扬讽议。忠贤颇惮之，于外事未敢大肆。然而君子小人互相火水，大祸已迫于眉睫矣。

明神宗泄沓表

一、自张居正卒后，帝荒于酒色，不理朝政，郊配庙享多弗躬亲。万历十三年，给事中王三余请帝亲郊；十四年，主事卢洪春谏帝不时享太庙，皆被严谴。十七年，大理寺评事雒于仁上酒色财气四箴，直攻帝失；帝怒，将加严谴。大学士申时行请毋下其章，而讽令于仁自引去，于仁赖以免。然自是章奏留中遂成故事，且多不省览。
二、皇长子年逾十岁，尚未就傅。十八年，大学士王锡爵疏请豫教元子，不听。二十年，给事中李献可亦上疏请，上不悦，贬其官。首相王家屏封还御批力谏，上怒，切责之，家屏乞休去。
三、二十一年十一月，皇太后生辰，召首相王锡爵至暖阁，锡爵力请早定国本，且言"元子已十三，岂有子弟十三岁犹不读书者？"帝颇感悟，二十二年二月，诏皇长子常洛出阁讲学。
四、帝自中年以后，二十余年不视朝，曹署多空，内阁只一人，六卿只数人，或以一人兼领数职，或有缺而十余不补。皇太子自册立以后，辍讲只十二年，群臣谏疏凡数百上，至四十四年八月，始命举行一次。中外陈奏，多不省；或直言指斥，亦不罪；章悉留中不发。

三案表

案名	年代	主犯	从犯	嫌疑犯	廷议之派别
梃击案	万历四十三年	张差	刘成、庞保	贵妃郑国泰	东林党主张追究主使，非东林党主张以疯癫定罪
红丸案	泰昌元年	李可灼	崔文升	方从哲	东林党主张严惩方从哲，非东林党主张薄责李可灼
移宫案	同年			李选侍	东林党谓选侍阴图专擅，非东林党谓帝薄待先朝嫔御

第八章

宦官与阉党之结合及其对东林党之冲突

汉、唐、明三代皆亡于宦官。然汉代宦官，不若唐之恣横。汉不握兵，而唐握兵故也。明代则不惟握兵，而兼司法。汉、唐、宋、明四代皆乱于朋党。然唐、宋之朋党，双方皆士大夫。故竞争虽剧烈，倾轧虽频繁，犹有一部分道德观念撑柱调停于其间，流血之惨剧卒。汉、明之朋党，一方为君子，一方为小人。一方为士大夫，一方为阉寺。其地位上、权力上之利害，乃至思想意见，无一不起冲突，毫无调和之余地。一部分阴险狡猾、顽钝无耻之士大夫，附和宦官，为之羽翼，以残害同类，号曰阉党，而双方之界限益混淆，关系益复杂矣。自成祖时，宠任宦官，授以兵柄。宣宗时，宦官始掌章奏，预闻机密。英宗宠王振、曹吉祥，授司礼太监、京营提督，而宦官位益尊。宪宗时，汪直与朝士王越、陈钺结。武宗时，刘瑾与朝士焦芳、刘宇、曹元结。而阉党权始盛。神宗因循泄沓，晏处深宫，纲纪废弛，君臣否隔。小人之趋权势者，与名节之士为仇雠，始则有东林党与宣昆党、齐党、楚党、浙党之攻讦，继则有三案之论争。门户纷然，是非莫定。及熹宗即位，东林党势盛，宣昆党与齐、楚、浙三党相继瓦解。反对东林者，乃内结权宦魏忠贤，以排斥正人。一部分趋炎附势、利欲熏心之徒，复逢迎附和之。大兴党狱，残害正人。天下大权皆归忠贤手，其门下有五虎、五彪、十狗、十孩儿、四十孙之党羽。先后六七年间，兴大狱六七次。杨、左诸君子皆丧于其手。流毒几遍天下，善类一网打尽。自朝廷大臣下及一命之士，皆为阉党与模棱持两端之士所垄断，而有明元气尽矣。兹述其事迹如下。

第一节　魏忠贤之专横　东林党之末路

先是世宗在位，驭内臣颇严，有罪者挞之至死，或陈尸示戒。故虽兴邸旧阉，提督东厂、掌司礼监者亦不敢大肆。神宗末年，刑罚纵弛，厂卫缉捕亦渐稀简，诏狱至生青草。熹宗天启三年，以魏忠贤提督东厂，田尔耕掌锦衣卫事，许显纯为镇抚司理刑。三人皆残忍，大兴罗织之狱。缙绅之祸自此始。

忠贤初名进忠，少无赖。善骑射，尝与悍少年博，不胜，为所窘，愤而自宫。入内廷，夤缘为熹宗生母王才人典膳。熹宗为皇太孙时，忠贤与客氏比。熹宗即位后，司礼太监王安素刚正，常劝帝行诸善政，发帑金济边，起用建言得罪诸臣。诸大臣倚以为助。忠贤屡谋侵权，安重惩之。忠贤惧，乃与客氏共谋，嗾给事中霍维华劾安。天启元年五月，矫旨命安充南海子净军，杀之。客氏淫而狠。忠贤不知书，颇强记。猜忍阴毒，好诿。帝深信之。两人愈相结，引用群小为爪牙。凡章奏皆其党李永贞等先阅视。钤视窾要，白忠贤议可否，然后行。帝性机巧，好亲斧锯、椎凿、髹漆之事。每引绳削墨，忠贤辄奏事。帝厌之，谬曰："朕已悉矣，汝辈好为之。"忠贤因得擅威福。二年三月，劝帝选武阉，炼火器。设内操兵士万人，衷甲出入。铳炮喧震内外。给事中惠世扬、周朝瑞等上疏谏。不听。三年五月，忠贤因私怨杀光宗选侍赵氏，幽杀裕妃张氏。皇后张氏数于帝前刺客魏过失。后有娠，客氏以计堕之，帝由此乏嗣。

忠贤雅重赵星南，遣其甥谒之。拒不纳。大学士魏广微，南星通家子也，以谄附忠贤得入阁。三至南星门，谢弗见。二人皆怨，比而龀之。于是忠贤与东林党渐生嫌隙。自帝即位以来，给事中周朝瑞、御史黄尊素、周宗建等屡上疏劾忠贤。帝不问。四年六月，左副都御史杨涟上疏劾忠贤二十四大罪。忠贤泣诉于帝，客氏庇之，帝责涟，释忠贤不问。廷臣益愤，先后交章劾忠贤者百余人。帝皆不听。忠贤怒。是年七月，矫旨杖杀工部郎中万燝以示威。大学士叶向高力谏，不听。引疾去。韩爌亦相继乞休。于是内阁之权入于阉党顾秉谦、魏广微手。涟疏中有"门生宰相"语，秉谦、广微见之恨甚，遂以己意点缙绅一册，以叶向高、韩爌、缪昌期、赵南星、高攀龙、李邦华、郑三俊、杨涟、左光斗、魏大中、黄尊素、周宗建、李应升等凡百余人，目为邪党。以贾继春、霍维华、阮大铖等五十六人为正人，进之忠贤。俾据是为黜陟。

御史崔呈秀巡按淮扬，赃私狼藉。左都御史高攀龙发其奸，赵南星议戍之。呈秀窘，乞援于忠贤。诬南星、攀龙与给事中魏大中、选郎夏嘉遇等朋谋结党。是年十月，免南星等官。十一月，削吏部侍郎陈于廷及杨涟、左光斗籍，而以阉党徐兆魁、乔应甲、王绍徽代之。绍徽编东林党人一百八人，系以宋时淮南盗宋江等诸名目，为点将录，献之忠贤，俾按名黜陟。呈秀复进天鉴录及同志录，备载东林党人及不附东林诸人姓名。由是群小无不登用，善类为之一空。有五虎、五彪、十狗、十孩儿、四十孙之号，而呈秀为之魁（据《荆驼逸史》卷七《剥复下》载：五虎为李夔龙、吴淳夫、倪文焕、梁梦环、田吉；五彪为田尔耕、许显纯、崔应之、杨寰、孙云鹏）。凡异己者皆指为东林党而去之，清流之祸遂不可解。

五年四月，御史杨维垣首翻三案，霍维华继之，痛诋刘一燝、韩爌、杨涟、左光斗等。中旨免李可灼戍。给事中阮大铖与左光斗、魏大中有隙，嘱其同官傅櫆劾内阁中书汪文言与光斗、大中交通为奸利。逮文言下诏狱，廷杖，除名为民。魏忠贤欲罗致东林，复逮文言下北镇抚司狱，使许显纯讯之。显纯毙文言于狱。手代作供状诬杨涟、左光斗、魏大中及前御史袁化中、太仆少卿周朝瑞、陕西副使顾大章等六人受前辽东经略熊廷弼贿。是年六月，逮下狱，皆用惨刑毙之。并杀廷弼，传首九边。削赵南星、缪昌期、王之寀、李三才、惠世扬等籍。戍南星于振武卫，卒于戍所。御史张纳希忠贤旨，上疏力诋邹元标、孙慎行、冯从吾等，请毁其讲学书院。是年八月，诏削元标等籍，毁天下书院。御史卢承钦希忠贤旨，上言："东林自顾宪成、李三才、赵南星而外，如王图、高攀龙等，谓之副帅；曹于汴、汤兆京、史记事、魏大中、袁化中谓之先锋；丁元荐、沈正宗、李朴、贺烺，谓之敢死军人；孙丕扬、邹元标，谓之土木魔神，宜一切榜示海内，俾奸慝无所容。"忠贤大喜。是年十二月，悉刊党人名示天下，已罪、未罪悉入其中。给事中杨所修希忠贤旨，请集三案疏章，仿明伦大典，编辑为书，颁示天下。霍维华亦以为言。从之。六年正月，作三朝要典。以顾秉谦等为总裁。极意诋诬东林，暴扬罪恶。书成，命秉谦拟御制序文冠其首。刊布中外。

崔呈秀恨高攀龙，必欲杀之，与忠贤密谋，诬攀龙与前苏松巡抚周启元交结，乾没帑金。六年四月，逮攀龙、启元与前吏部员外郎周顺昌、谕德缪昌期、御史李应升、周宗建、黄尊素。攀龙闻警，自沉于池。顺昌、启元等被逮至京，并下镇抚司狱。先后榜掠死。七年三月，复追究三案。逮前刑部侍郎王之寀，下狱，毙之。戍前礼部尚书孙慎行于宁夏。凡与东林党有关系者，先后被祸。缇骑四出，道路为愁。

浙江巡抚潘汝桢疏请建忠贤生祠于西湖，赐额曰普德，勒石记功德。阁臣撰文书丹，苏松巡抚毛一鹭继之。自是诸方效尤，几遍天下。疏辞揄扬，称以"尧天舜德，至圣至神"。阁臣辄用骈语褒答。旋以三殿告成，进忠贤爵上公，从子良卿宁国公，亲戚党羽皆进秩。章奏无巨细，辄颂忠贤。称厂臣不名。山东奏产麒麟，阁臣票旨，言"厂臣修德，故仁兽至"。监生陆万龄请以忠贤配孔子，忠贤父配启圣公，其疏曰："孔子作春秋，厂臣作要典。孔子诛少正卯，厂臣诛东林党人。礼宜并尊。"诏从之。于是忠贤遂与孔子同受享于国子监。士习如此，人心如此，朝野上下，无贵无贱，俱奴颜婢膝低首下心于权阉之下，以求富贵，礼义廉耻荡已丧尽。明事遂不可为矣。

第二节 魏忠贤之伏诛 党人之昭雪

熹宗在位七年，以天启七年（西历纪元一六二七年）崩。忠贤谋篡位，崔呈秀以为时未可，乃迎皇弟信王由检入即位，是为毅宗。帝素稔忠贤恶，深自儆备。御史杨维垣首劾呈秀以尝帝意。诏罢呈秀。于是主事陆澄源、员外史躬盛等交章劾忠贤。诏放忠贤于凤阳，榜其罪示天下。寻命锦衣卫逮治，忠贤知不免，自缢死，追戮其尸。诛客氏及呈秀等。魏氏、客氏家属皆弃市。附和之徒悉加贬谪。毁三朝要典，冤陷诸臣咸与赠恤。又钦定逆案，分赞导、拥戴、颂美、谄附四目，分六等处刑。于是阉党皆尽，天下欣欣望治。而朝士朋党倾轧，贪恋富贵、不恤国事之习已成，迄不能改。

魏忠贤专横表

一、熹宗泰昌元年八月，熹宗即位，以魏忠贤为司礼监秉笔太监。
二、光宗天启元年，魏忠贤矫诏，杀司礼太监王安。
三、天启三年，魏忠贤提督东厂，田尔耕掌锦衣卫事，许显纯为镇抚司理刑。引其党顾秉谦、魏广微入阁。
四、是年五月，忠贤杀光宗选侍赵氏，又杀裕妃张氏。
五、是年七月，矫诏杀工部郎中万燝。大学士叶向高引疾归。
六、十月，罢吏部尚书赵南星、左都御史高攀龙。
七、十一月，削吏部侍郎陈于廷、副都御史杨涟、金都御史左光斗籍，引其党徐兆魁、乔应甲、王绍徽代。大学士韩爌引疾归。
八、十二月，逮内阁中书汪文言下镇抚司狱，杀之；大学士朱国桢引疾归。
九、五年六月，逮前副都御史杨涟、金都御史左光斗、给事中魏大中、御史袁化中、太仆少卿周朝瑞、陕西副使顾大章下狱，杀之。削前吏部尚书赵南星等籍。
十、八月，杀前辽东经略熊廷弼。
十一、十月，罢蓟辽经略孙承宗。
十二、十二月，榜东林党人姓名示天下。
十三、六年二月，逮前左都御史高攀龙、吏部员外郎周顺昌、苏松巡抚周起元、谕德缪昌期、御史李应升、周宗建、黄尊素下狱，杀之。
十四、闰六月，建魏忠贤生祠。
十五、十月，进魏忠贤上公、从子良乡宁国公。

十六、七年二月，勒后父太康伯张国纪回籍，遣皇叔父瑞王常浩、惠王常润、桂王常瀛之藩。
十七、四月，逮前刑部侍郎王之寀下狱死。戍前礼部尚书孙慎行于宁夏。
十八、五月，祀魏忠贤于国子监。
十九、七月，遣忠贤从子良卿享南北郊，祭太庙。
二十、封忠贤从孙鹏翼安平伯，加少师；从子良栋东安侯，加太子太保；良卿加太师。

第九章

朝鲜之役

中国外患，古来皆在西北方。周之戎、狄，汉之羌、胡，晋之五胡，唐之突厥、回纥、吐蕃，宋之辽、金、西夏，明之鞑靼、瓦剌。举凡直按足以为祸于中国者，大抵皆西北民族，而东南民族不与焉。盖中国西北皆陆地，东南皆海洋。上古交通机关未发达时，陆上之交通易，海上之交通难。东南民族之不足为我患者，亦天然力有以限制之，非人力真能预防也。隋、唐之交，中国与日本曾起国际交涉。冲突之结果，中国战胜，日人远避。是非惟唐初兵力足以慑服远人，抑以日本正当帝政末年，持盈保泰，一切取保守主义，不愿撄大国之怒之所致也。有唐中叶以后，日本武人擅权，民风丕变，渐趋重侵略主义。然竞争之中心点，皆在日本内地，对于中国未遑计及。至有元初年，元世祖东征之役起，中国以狮子搏兔之力而不胜，日本以螳臂挡车之势而不败，于是日人自尊之念与轻我之心同时勃发，酿成三百年倭寇之患。倭寇二字，为日本出身之英雄或大盗、侵略中国及朝鲜沿海地方者之总名称。故广义之倭寇，则新罗时代之神功皇后、有明中叶之丰臣秀吉、中日战争时代之明治天皇，皆可包纳于其中。狭义之倭寇，则皆日本无赖游民之所为，不必一定含有政治上多大意味也。倭寇之起源地在日本九州及山阴、山阳二道。其根据地在壹歧、对马两岛。其侵略所及地方，北自朝鲜八道、辽东、山东两半岛及渤海湾沿岸起，南至江苏、福建、广东及安南之沿岸止。其发生时代，在有元初年，后高丽末年，即日本北条氏执权时代。其终止时代，在有明中叶，后朝鲜初年，即日本丰臣氏当国时代。前后继续三百余年，蹂躏十数行省，为中国、朝鲜一大患。后高丽之衰亡，实间接受其影响。至丰臣秀吉当国，遂大举兵西侵，几乎并吞朝鲜，明室竭全国之力以抵御之。幸而秀吉逝世，日人罢兵，朝鲜仅存。而中国实力已暴露于天下，遂起满洲觊觎之渐。然则明室之亡，虽谓发轫于朝鲜之役可也。兹述其事迹如下。

第一节　有明中叶以前对日本之交涉

日本自南北朝合并以后，足利氏创立室町幕府。其第一代首领尊氏自为征夷大将军，执国政，为事实上之君主。惠帝建文二年，其第三代将军义满遣使入贡，自称日本国王源道义。永乐元年，始达。成祖厚礼之。二年，对马、壹歧诸岛贼，掠滨海居民。因谕义满捕之。三年，义满发兵尽歼其众，执其魁二十人以献，且修贡。成祖益嘉与，遣使赐以九章冕服及钱钞锦绮加等，而还其人令自治。使者至宁波，尽置其人于甑，蒸杀之。四年，又遣使赍敕褒嘉厚赉，封其国山为寿安镇国之山，御制碑文立其上。六年，其子义持遣使来告哀，朝廷再遣使祭赙，赐义满谥曰恭献，封义持日本国王。时海上复以倭警告，朝廷谕义持剿捕。义持遣使谢恩，寻献所获海寇。朝廷遣使报聘，义持不礼焉。自是以后，倭寇愈炽。其后第六代将军义教当国，复称臣奉贡。顾寇掠仍不绝。已而足利氏衰，政权不能下达。倭寇复出没黄海及东海间，日本政府与明廷及朝鲜之交通中断，而其边陲之诸侯咸各自通于明廷，领信符勘合，盛营贸易。沿海诸省势豪与贵官相结，屡给日本商民。购物不给直，商民怨怼。自嘉靖二十六年后，复结队侵掠沿海诸省。其国无赖，来者日众。奸民之缺望者复往投之，势益猖獗。扬子江下流流域诸府州积受其患。朝廷屡遣巡抚朱纨、王忬、总督张经、杨宜等，督江、浙、福建等省兵讨之。倭人南北驰骤，胜则豕突，败则鼠窜。官军疲于奔命，而卒无成功。四十二年，倭寇以全力侵福建沿海。总兵官俞大猷、副总兵戚继光等击破之于平海卫，患始浸息。然余寇犹据台湾，时出没海上。闽广一带巨寇蟊贼，争引倭为援，频犯浙闽粤东，迄万历中仍不已。其所以猖獗之原因如下：

第一、日本自南北分裂以后，人民习于战争　边境流氓，时常以侵略邻国为事。日本政府，政令不出于一途，故约束极难，且亦不以约束为务。及南朝亡后，南朝武士不愿臣服足利氏，相率流为倭寇。故倭寇之势日盛。

第二、自元世祖东征失败以后，日人藐视中国之心顿生　至于高丽，更卑之为无足道。自负心与欺人心同时勃发，故日以侵略为事。

第三、日本人借通商为口实，与中国及朝鲜竞锱铢　顾通商之利厚，不若虏掠之利尤厚。故一面通商，一面虏掠。为利心所驱使，日从事于虏掠。

第二节　丰臣秀吉之西侵与中日之冲突

足利氏衰，日本瓦解。全国分裂为数十国，群雄蜂起，互相竞争。尾张（今本洲爱知县南部）有英雄曰织田信长，崛起近畿，提倡尊王主义，号召全国，平定本洲大半。自为右大臣，专国政。万历十年，部将明智光秀作乱，杀信长。部将丰臣秀吉发兵讨乱党，悉诛之。平定各部，统一全国。自为太政大臣，专国政。先是信长当国时代，秀吉曾建议伐朝鲜，欲取道朝鲜，以侵中国。时日本内地，戎马倥偬，尚未遑也。至是遣宗义智使朝鲜，促其入贡，且使为伐明之向导。不从。又胁琉球使供粮，琉球惧，报之朝廷。朝廷下诏诘问朝鲜，朝鲜惟辩向导之诬，尚不知其谋己。万历二十年（后朝鲜宣祖二十五年），秀吉大起兵侵朝鲜。师凡十三万七千余人，水师九千余人，以加藤清正、小西行长为先锋，将舟师数百艘，由对马岛渡海。陷朝鲜之釜山，乘胜长驱。行长一军，自庆尚道涉忠清道，直逼京畿，渡临津江。清正一军，自庆尚贯京畿、江原二道，直抵咸镜北道。时朝鲜承平日久，兵不习战。日兵猝至，望风奔溃。宣祖弃王城，奔平壤，令次子珲摄国事，已复走义州，愿内属。时日兵已入王京，八道几尽没，且暮且渡鸭绿江。请援之使，络绎于道。朝廷以朝鲜为国藩蔽，在所必争，出师援之。而日兵业抵平壤，朝鲜君臣益急，出避爱州。游击史儒等帅师至平壤，战死。副总兵祖承训统兵渡鸭绿江赴援，兵败，仅以身免。中朝震动。乃诏兵部右侍郎宋应昌经略备倭军务，李如松为防海御倭总兵官，提督东征军务，先后率兵数万援朝鲜。兵部尚书石星计无所出，议遣人侦敌。于是嘉兴人沈惟敬应募，入日军议和。行长在平壤，与惟敬约期十五日待报。如松兵渡江，会朝鲜降人为日军耳目者，为本国所缚。以故行长不知大军至，如松以诸军急薄平壤，遂克其城。行长渡大同江遁。李如柏（如松弟）复开城（属今京畿道），所失四道复。大军既连胜，有轻敌心。朝鲜人有以"敌已弃王京遁"告者，如松信之，将轻骑趋碧蹄馆，在汉城西猝遇敌将小早川隆景、立花宗茂等大队，围之数重。如松几不免，大军丧失甚多，乃退驻开城。于是封贡议复起。二十二年，秀吉遣小西如安（本行长之侍史，有宠，冒姓为飞驒守，《明史》作小西飞以其自署小西飞驒守故）入朝，定封贡议。二十四年，朝命杨方亨等充封使，偕惟敬往。日兵退守釜山。朝使诣伏见（在今京都市东），晤秀吉。册文不当意，秀吉怒，逐使者，下令复发兵。以小早川秀秋为帅，督清正、行长等，再犯朝鲜。抵釜山，列砦联舰，为久据计。惟敬迁谲，售欺中日。中外交恶之，逮问伏诛，和议乃绝。日军进入全罗，破南原，据全州，犯庆尚，逼王京。二十六年，大兵围清正于蔚山。秀秋等分道赴援，与清正等内外合击。经略杨镐狼狈先奔，诸军无主，大溃。日军斩获甚众。其后诸将分道进击，辄不利。会秀吉卒，遗令罢兵。釜山军先引回，清正等亦各收军入海。诸将追击之，互有胜负。日军卒败，脱归。宣祖始还京。朝廷仍留兵戍之。后三年，乃尽撤。时明神宗万历二十六年，日本后阳成天皇庆长三年，后朝鲜宣祖三十一年，西历纪元一五九八年也。自军兴至此，凡七年。明丧师数十万，糜饷数百万。中国与朝鲜迄无胜算，日本亦困甚。至秀吉卒，祸始熄。

第十章

辽东之役

朝鲜战败之结果，东北诸民族群起叛明。其中崭然露头角者，为满洲民族。满洲最古之国家曰肃慎氏。虞帝舜二十五年，曾来朝，献弓矢。成周之初，数入朝贡。其国界南至长白山，北抵黑龙江，东滨日本海，约当今吉林、黑龙江二省及俄领东海滨省南部。后汉时称满节，三国时称挹娄，后魏时称勿吉，隋唐时称靺鞨，皆同音异译也。秦汉之交，其同族有扶馀国，建国于吉林西境。三国、两晋、南北朝时代，其同族分部南下，占领鸭绿江、清川江流域，略取朝鲜半岛北部、辽东半岛东部，建国号曰高句骊。复分部南下，略取朝鲜半岛西南部大同江、锦江流域，建国号曰百济。有唐初年，高句骊、百济合并于中国，其遗族据有吉林，建立渤海王国。全盛时代，奄有东三省及俄领阿穆尔省全部、东海滨省南部。唐衰，渤海亦为契丹所灭，其遗族羁縻于辽。北宋末年，辽室衰微，其遗族生女真部，复建立有金帝国。全盛时代，灭辽及北宋，占领中国领土大半。蒙古勃兴，金为所灭，其遗族羁縻于元。元衰，复羁縻于明。有明中叶以后，中国武力渐衰，势力伸张不到东三省。女真遗族时常作乱。及朝鲜之役以后，中国实力已暴露于天下，于是满洲伟人爱新觉罗·努尔哈赤遂乘隙起兵，侵略明室领土矣。兹述其事迹如下。

第一节 满洲之家世

满洲之先，本女真部属。金末时，有爱新觉罗（姓）布库里雍顺（名）者，居长白山之东、鄂谟辉（一作俄谟惠）之野、鄂多里（一作俄朵里）城（今吉林宁安县西有觉罗村，相传为其居地），建国号曰满洲。数传而衰，又数传，至孟特穆，徙居赫图阿拉（今辽宁兴京县）。明以为建州右卫都督（明之疆圉尽于开原、铁岭、辽阳、沈阳、海城盖平诸地，其东北境皆为权力所不及。永乐时仿唐羁縻州之制，分置卫所，因有建州、卫海、西卫、野人卫等之设，实皆空名也）。又四传至觉昌安，兄弟六人，筑城分居，号宁古塔（满洲语六之义）贝勒。时辽东诸部分裂，除满洲六部及长白山三部属建州卫外，又有海西卫之扈伦四部，野人卫之东海三部。中以扈伦四部为最强。苏克素护河图伦城主尼堪外兰，与明辽东总兵李成梁共攻古呼城（亦满洲诸部中之一城）。城主阿泰章京，觉昌安之孙婿也。觉昌安闻警，偕其子塔克世往救，兵败，皆为成梁所杀。塔克世子努尔哈赤奋志报仇。万历十一年（西历纪元一五八三年），以其父遗甲十三副，起兵击走尼堪外兰。尼堪外兰遁入明边，努尔哈赤遣使来索，边吏执以畀之，遂为所杀。满洲之势顿强。诏以努尔哈赤为龙虎将军，复给左都督敕。

第二节 满洲内部之统一

努尔哈赤既杀尼堪外兰，越四年，乃用兵攻哲陈及完颜诸部，环境皆服。又四年，征服长白山之鸭绿江部。扈伦四部忌其强，合蒙古科尔沁卦勒察锡伯（在黑龙江省中部）及长白之珠舍哩讷殷等九部来攻，皆为所败，诸部先后乞降。哈达者，明所恃以为南关者也，至是所为灭。继又灭乌拉辉发二部，又北略东海诸部，疆土大拓。万历四十四年，自立为汗，国号金。史称后金。建元天命，是为清太祖。

第三节　辽东之陷落

蓟辽总督塞达疏陈东方隐忧。宜早为备，神宗乃屯重兵于开原，依叶赫为北关，以为犄角之势。努尔哈赤谋先挫明师，再图叶赫。万历四十六年，大举南侵。四月，克抚顺（今东边道抚顺县）。七月，克清河（堡名在抚顺西南）。全辽大震。诏起援朝鲜败将杨镐为兵部尚书，经略辽东。四十七年三月，镐合朝鲜、叶赫等兵，号四十七万，分四路进攻。令总兵马林出开原攻北，杜松出抚顺攻西，李如柏趋清河攻南，刘铤出宽甸（今东边道宽甸县）捣后。松欲立首功，先期深入，至萨尔浒（站名，在兴京西北），太祖合八旗全军，乘其未定，并力破之。松战死，全军尽没。林至三岔口（在今辽沈道海城县西），闻松军败，结营自固。满洲兵乘高击之。林大败，走还。杨镐闻警，急檄止如柏、铤两军勿前。而铤已深入三百里，与满洲兵遇。满洲张松旗帜以绐铤，袭破其营。铤战死，全军尽覆。明师丧气。满兵乘胜，遂破开原、铁岭（今辽沈道二县名）。

朝廷闻警，罢镐。六月，以熊廷弼为兵部侍郎，兼右佥都御史，代为经略。廷弼知兵，有胆略。到任以后，斩逃将三人、诛贪将一人、劾罢总兵李如桢以肃军纪。督军士造战车、治火器、濬濠、缮城为守御计。躬巡战地相度形势，所至招流亡、缮守具、分置士马，由是人心遂安。数月之间，守备大固。在辽一年，全辽安堵。给事中姚宗文忌廷弼，鼓其同类御史顾慥、冯元三、张修德等争劾之。廷弼上书乞罢。次年十月，罢廷弼。以袁应泰经略辽东。应泰精敏强毅，而用兵非所长。至则尽反廷弼所为，且以宽矫廷弼之严。是时蒙古诸部大饥，多入塞乞食。应泰招降之，处之辽沈二城，优其廪食，与民杂居，欲倚以为助。且议三路出师，复清河、抚顺。未行而满洲兵已至，蒙古降人为内应。次年（熹宗天启元年）三月，破沈阳。总兵贺世贤、陈策战死。遂陷辽阳。应泰自杀。辽河以东堡砦营驿大小七十余城俱下，沿海居民皆航海走山东。不能达者，栖止各岛间。廷议公推王化贞巡抚广宁（今辽沈道北镇县），起熊廷弼经略辽东。廷弼建三方布置策，广宁用马步兵，列垒三岔河（在今辽宁海城县西南，辽河合太子河处）上。天津、登莱各置舟师，设登莱巡抚如天津。而山海关特设经略，节制三方。以一事权，诏悉从之。而化贞以不用其策，屡与廷弼龃龉。兵部尚书张鹤鸣左袒化贞，请撤廷弼。帝不听。

初，袁应泰之丧师也，援辽都司毛文龙率师至皮岛（即海洋岛，在登莱大海，谓之东江。地广衍有险可恃），闻辽东已陷，乃招集逃民为兵，分布哨船，联络登州，为犄角计。至是文龙引兵取镇江（在今东边道凤城县境），化贞以为奇捷，奏发天津、登莱水师援之，且促廷弼出关进取。廷弼言兵力未集，发之太早。朝臣多附化贞，力促之。廷弼不得已，出关。三方布置之策遂败。二年正月，满洲兵破西平堡，化贞大败，弃广宁。与廷弼走入关。诏逮廷弼、化贞，并下狱论死。廷弼为权阉魏忠贤所嫉，后三年，弃市，传首九边。而化贞竟不诛。

第四节　孙承宗、袁崇焕之守辽西

先是廷弼第一次去辽时，抗疏言："今朝堂议论，全不知兵。冬春之际，冰雪稍缓。哄然言劳老财匮，马上促战，及军败，愀然不敢复言。比收拾甫定，愀然者复哄然责战。自有辽难以来，用武将，用文吏，何莫非台省所建白，何尝有一效？疆场事当听疆吏自为之，何用拾帖括语徒乱人意哉？"朝廷不能用，至是广宁既失，东事益急，朝廷乃以孙承宗为兵部尚书，兼东阁大学士，预机务。承宗疏言："迩来兵多不练，饷多不核。以将用兵，而以文官招练。以将临阵，而以文官指发。以将备边，而日增置文官于幕。以边任经抚，而日问战守于朝。此极弊也！今当重将权，择沉雄有气略者，授之节钺。如唐任李、郭。自辟置偏裨以下，边事小胜小败，皆不必问。要使守关无阑入，而徐为恢复计。"因列上抚西部、恤辽民、减京军、增永平大将、修蓟镇亭障、开京东屯田数事。帝嘉纳焉。

是年八月，以孙承宗经略蓟辽。承宗至边，定军制，筑城堡，练兵士，造铠仗，开屯田。使袁崇焕筑城宁远（今辽沈道兴城县）而守之。军声颇振。时满洲方营都沈阳，按兵不动。边地稍安。承宗在辽三年，以不附权阉魏忠贤，为所忌，百计诋之。承宗遂求去。五年十月，罢承宗。以高第代为经略。第恇怯无能为，以关外不可守，欲弃之。袁崇焕在宁远，誓死不去。六年，清太祖大举兵攻宁远。崇焕力战，拒却之。是年九月，太祖殂（据松井等《东洋史概说》二〇六页：太祖攻宁远，崇焕用西洋大炮击却之，太祖负重伤而殂，年六十八岁）。子皇太极立，是为太宗。朝廷罢高第，以王之臣代之。而以崇焕巡抚辽东。旋召之臣还，罢经略不设。命崇焕尽统关内外军。崇焕遣使如满洲，吊贺通讯以缓师，而以其间大兴屯田，且乘机恢复旧地。军声颇振。

明末辽东之役表

一、明神宗万历四十四年，建州右卫都督爱新觉罗·努尔哈赤自立为后金国汗。
二、四十六年四月，后金破抚顺。闰四月，以杨镐经略辽东。七月，后金破清河堡。
三、四十七年三月，杨镐四路出师伐后金，败绩，总兵杜松、刘𫟷等战死。
四、六月，后金破开原。以熊廷弼经略辽东。
五、七月，后金破铁岭。九月，遣给事中姚宗文阅辽兵。次年十月，罢廷弼，以袁应泰代之。
六、熹宗天启元年三月，后金破沈阳、辽阳，应泰死之。五月，以王化贞巡抚广宁。六月，起熊廷弼经略辽东。
七、二年正月，后金破西平堡，王化贞弃广宁，与熊廷弼走入关。八月，以孙承宗经略蓟辽。
八、五年十月，罢孙承宗，以高第代为经略。六年二月，后金围宁远，参政袁崇焕拒却之。诏罢高第，以王之臣代为经略。七年二月，召之臣还，以崇焕巡抚辽东。
九、五月，后金攻宁远、锦州，崇焕拒却之。魏忠贤忌崇焕，七月，罢崇焕，以之臣代之。

第十一章

明室之衰亡

明室自孝宗以后，庸主、暴君迭出。武宗之荒淫，世宗之暴戾，神宗之放纵，直接、间接俱足以酿成明室亡国原因。益以熹宗童骏，纵用魏阉，大杀正人。朝野上下，无贵无贱，俱奴颜婢膝低首下心于权阉之下，而元气斫丧尽矣。毅宗初年，敢作敢为，颇有英明之气。天下欣欣望治。然大憝虽除，而朝士倾轧朋党、贪恋富贵、不恤国事之习，仍不能除。帝又暗于知人，所用温体仁、周延儒、杨嗣昌等，皆庸劣卑鄙，而帝尊信之。既各以事败，则谓大臣皆不可信，而复专任宦官。布列要地，举措乖方，卒以致败。又其用人也，责效太速，且易受谗言，故每不专不久。十七年之间，易相至五十人之多。袁崇焕之死，盖尤为寡恩而失计者。因其初政颇可观，后又能殉社稷，故读史者多推崇之，实则亦不得谓之贤君也。兹述其事迹如下。

第一节 流贼之蜂起

先是熹宗天启元年，四川永宁土司奢崇明反，陷川东、川南，围成都，二年，贵州水西土目安邦彦反，陷黔省西部，围贵阳。朝廷以朱燮元总督云、贵、川、湖、广西军务，大发兵讨之。历数年而后定。是为中国内地骚扰之始。魏阉盛时，其党乔应甲巡抚陕西，朱童蒙巡抚延绥，皆贪黩不恤民，民困已甚。毅宗崇祯元年，陕西大饥，流贼大起。以马贼高迎祥为最强，自称闯王。三边饥军及陕西饥民蜂起应之。帝从给事中刘懋议，裁驿站冗卒。山、陕游民仰驿糈者无所得食，皆从贼。延安、榆林之间，贼氛遍地。二年三月，以杨鹤总督三边军务，讨流贼。故事、总督大臣俱用边抚知兵者。鹤夙不娴军旅，庙堂遽用之，备御方略莫知为计。后遂一意主抚，卒以此败。三年，延安贼张献忠起，自称八大王。四年，米脂（今陕西榆林道米脂县）贼李自成（迎祥甥）起，自称闯将，与献忠等合。其余名目甚多，有十三家、七十二营之称。日以剽掠为事。

是时后金兵大举深入，侵掠内地。帝因兵食不足，骤增田赋，海内愁怨。又以廷臣不足依，遣中官监视诸边军饷，率多侵克，戎务益坏。

第二节　后金之南侵　袁崇焕之冤死

后金太宗之初即位也，遣二贝勒阿敏攻后朝鲜。后朝鲜请降，于是后顾之忧绝。天启七年（后金太宗天聪元年）五月，大举兵攻宁远、锦州。袁崇焕力战。太宗不能克，毁大小二凌河城而还。自满洲兵起，明兵望风奔溃。再却大军，自崇焕始。及论功，文武冒滥增秩赐荫者数百人，崇焕止增一秩。魏忠贤忌崇焕，使其党劾之。崇焕乞休去。崇祯元年四月，复以崇焕为兵部尚书，督师（时改经略曰督师）蓟辽。崇焕奏言："以臣之力，制全辽有余，调众口不足。一出国门，便成万里。忌能妒功，夫岂无人。即不以权力制臣肘，亦能以意见乱臣谋。"帝起立倾听，谕以"卿勿疑虑，朕自有主持"。大学士刘鸿训等请赐崇焕上方剑，假以便宜。从之。时毛文龙总兵东江（即皮岛，在迁宁东南大海中），崇焕恐其跋扈难制，二年六月，假阅兵为名，至双岛（在今辽宁辽沈道金县西南海中)，斩之。其部下健儿劲卒，不下二万。既失主帅，其心渐携。部将孔有德、耿仲明、尚可喜等，皆先后叛降满洲。东江巨镇，遂以不振。朝廷以专杀故，颇疑崇焕。崇焕之得祸自此始。

后金太宗久欲攻宁、锦以取山海关，惧崇焕作梗，乃议取道蒙古，以拊直隶之背，连合喀喇沁等部，使为向导。是年十一月，入龙井关(在今津海道遵化县北)，破遵化。山海关总兵官赵率教、保定巡抚王元雅等力战死。京东州县相继失守。金兵直薄京城，是为清兵第一次深入。袁崇焕闻警，率总兵官祖大寿、副将何可刚等自山海关兼程入援，所过诸城皆留兵以守。诏命崇焕尽统督诸路勤王兵，营广渠门(北平外城东门)外。

初，崇焕常建议请和，欲借此缓师，以修理故疆。后金方有事朝鲜，亦欲假是以阻其兵，已得一意东侵，乃遣使以书相往来。已而崇焕奉旨戒谕，言路亦以为非计，事寻止。至是后金兵深入，所破隘口，皆蓟辽总督刘策所辖。崇焕千里赴援，自谓有功无罪。然都人骤遭兵，怨谤纷起，谓崇焕拥兵坐视。朝士因前通和议，诬其召兵胁和，将为城下之盟。帝颇闻之，不能无惑。后金太宗施反间计，谓与崇焕有密约，令所获宦官知之，阴纵使去。其人奔告于帝，帝信之，遂下崇焕狱。群臣复从而诬毁之。大学士成基命叩头请慎重者再，帝不听。处以极刑，籍其家，无余赀。天下冤之。起前大学士孙承宗为兵部尚书、兼大学士，代为督师，移镇山海关。后金兵攻永定门，帝趣武经略满桂出兵逆战，桂以众寡势殊，请固守以待援军。中使促之急，不得已，出兵，与总兵孙祖寿等皆战死。京师大震。三年正月，后金分兵略京东。兵部侍郎刘之纶赴援，战没于遵化，永平、滦州皆陷。后金进攻山海关。孙承宗击败之，遂集勤王之师西援京师。金兵乃取道冷口(在迁安县东北)而归。关内诸城皆为承宗所恢复(看《啸亭续录》卷二"孙文正取四城"条)。太宗以大兵制胜之道在火器，乃招徕明炮工，制红夷大炮，令降将演习之。四年八月，用以攻大凌河城，且用奇兵绝明援。总兵祖大寿粮尽，请降。言者争劾承宗，承宗遂引疾归。

第三节 明廷剿抚之失机 流寇之大炽

杨鹤讨流贼，一意主抚。屡为贼所欺，贼氛愈炽。是年九月，罢杨鹤。以洪承畴总督三边军务。总兵曹文诏连击败贼。关中贼略尽。五年，高迎祥、张献忠等分道渡河，陷山西州县。文诏追讨败之。贼乃分道犯畿南、河北。六年正月，命文诏节制山、陕诸将讨贼。战比有功。河南巡按御史刘令誉嫉文诏，摭他事劾之。部议解文诏兵柄，调为大同总兵。时贼势已穷蹙，乃诡辞乞降。内臣监军者信之，为之乞抚。于是贼遂乘间渡河，陷河南、南阳诸郡，进犯湖广，谋西入川。是为官军第一次失机。七年正月，以陈奇瑜总督河南、山、陕、川、湖军务，卢象升抚治郧阳，讨流贼，屡破其兵。六月，献忠奔商雒（陕西终南山东麓）。迎祥、自成等悉遁入兴安州（今陕西汉中道安康县）之车箱峡。峡四山巉立，中亘四十里，易入难出。贼误入其中，山上居民下石击之，或投以炬火，且用石塞其口。路绝，无所得食，又大雨二旬；弓矢尽脱。马乏刍。死者过半。自成急用其党顾君恩谋，以重宝赂奇瑜左右及诸将帅，伪请降。奇瑜信之，遣之归农。贼甫出峡，即大噪肆掠而去。诏逮奇瑜下狱，以洪承畴代之。是为官军第二次失机。是年十一月，迎祥、自成等西犯巩昌、平凉，复由终南山东窜河南，皆为承畴所败。乃与献忠等合，南窜江北，陷凤阳、庐江。八年正月，诏承畴率大军出潼关讨贼，至信阳，贼见河南兵盛，复分路奔还陕西。迎祥、自成西趋归德，由河南入关。献忠亦由英、霍取道麻城，由蕲、黄入关。承畴闻警，以曹文诏领前锋，西援关中。至真宁（今泾原道庆阳县），遇伏。以众寡不敌，力战而死。文诏为当时名将，贼人惮之。至是死，官军夺气。是时贼每营数万，因粮宿饱马，一日夜驰数百里。官军馈饷不继，且马少，故不能取胜。

已而贼复出关东犯，其势蔓延半天下。出没不定，分合无常。承畴一人之力不能制。是年八月，以卢象升总理江北、河南、山东、湖广、四川军务，与承畴并力讨流贼。命承畴专办西北，象升专办东南。九年五月，象升大败贼于滁州。迎祥、自成复分道入陕。七月，陕西巡抚孙传庭击迎祥于盩厔（今陕西关中道盩厔县），擒之。贼党共推自成为闯王，其势大蹙。而后金兵入塞，象升奉诏入援，南方空虚。献忠遂复纠党自襄阳东下，骚扰安庆等处，已而复入湖广。是为官军第三次失机。十年，以熊文灿总理南畿、河南、山西、陕西、湖广、四川军务，代象升督师讨贼。兵部尚书杨嗣昌建四正六隅之策，议大举歼贼。贼颇惧。顾文灿一意主抚，诸将左良玉等又骄蹇不用命，军政益坏。是年十月，自成犯四川。承畴击败之。次年（十一年），又大破之于潼关。自成妻女俱失，从十八骑遁匿商洛山中。其党罗汝才等为孙传庭所剿，连破之于阌乡灵宝。贼窘甚。是时关中贼略尽。献忠伪降于文灿，余贼皆以次求抚。文灿信之，谓大功立成，檄止孙传庭勿妒其功，纵部下戕杀。传庭怏怏而还。是为官军第四次失机。俄而后金兵复入塞，卢象升拒战于钜鹿，以众寡不敌，力战而死。京师大震。承畴、传庭皆奉诏入援。献忠遂复叛，自成亦出依献忠。献忠欲图之，乃遁去。帝诛文灿，以杨嗣昌督师。嗣昌庸才，无远略，屡为贼所绐。于是贼势遂不可制。

第四节　清太宗之南侵　卢象升之战死

是时内蒙古诸部皆入于后金，惟察哈尔犹为明守。七年，后金太宗自将击察哈尔，大破之。是年八月，旋师侵宣府、大同，抵保安（今涿鹿县）而还。是为清兵第二次深入。九年四月，诸贝勒奉太宗为皇帝，建国号曰清，改元崇德。是年七月，清兵复入喜峰口，至昌平，连破畿内州县，逾月东归。是为清兵第三次深入。十一年，太宗复自将向山海关，牵制明兵。而令皇弟多尔衮由密云县北之墙子岭深入，由卢沟桥（京城西南）进趋良乡，下畿辅四十八县。前大学士高阳、孙承宗致仕在籍，阖门殉难。诏卢象升督师勤王。大学士兼兵部尚书杨嗣昌忌象升，扼之。象升拒战于钜鹿，兵单饷乏。总监中官高起潜拥重兵，相距五十里，不为应援。象升力战死，全军尽没。十二年正月，清兵自德州渡河，下山东州县十六，执德王由枢。布政使张秉文等死之。而山海关终不下，清兵终不能得志，乃班师。是为清兵第四次深入。十四年，清太宗以重兵围锦州。朝廷以洪承畴为蓟辽总督，率兵援锦州。至松山，为清兵所破。乃入城固守。清兵围之。十五年二月，城破。巡抚丘民仰、总兵曹变蛟战死。承畴降。锦州、杏山相继陷落。朝廷大震。是年十一月，清兵复由墙子岭入塞。时关内外并建二督，又设二督于昌平、保定；又有宁远、永平、顺天、保定、密云、天津六巡抚；宁远、山海、中协、西协、昌平、通州、天津、保定八总兵；星罗棋布，无地不防，而事权反不一，观望推诿。清兵至，莫知所措。清兵陷蓟州，分道而南，克顺德、河间、兖州三府。分兵东抵登莱，南及海州。复自天津经密云出塞。是役，共陷三府、十三州、六十七县，丧失人民、牲畜、财帛不可胜计。是为清兵第五次深入。

清太宗南侵表

一、明熹宗天启七年（后金太宗天聪元年）五月，后金攻宁远、锦州，袁崇焕拒却之。
二、明毅宗崇祯二年十一月，后金破龙井关，掠京东州县，薄京城。袁崇焕入援，复京东州县，留兵以守。诏下崇焕狱，磔之。起孙承宗督师，镇山海关。三年五月，后金兵还。
三、四年八月，后金破大凌城，诏罢孙承宗。
四、闰十一月，登州游击孔有德、耿仲明等反。六年二月，官军复登州，有德、仲明走降于后金。
五、六年七月，后金破旅顺，总兵官黄龙死之，广鹿岛副将尚可喜降。
六、七年七月，后金破上方堡，侵宣府，至保定而还。
七、九年四月，后金汗皇太极称皇帝，国号清。
八、七月，后金破喜峰口，陷昌平，连破畿南州县；八月，东归。
九、十一年九月，清睿亲王多尔衮破墙子岭，连破畿辅四十八县，前大学士高阳、孙承宗死之。十二月，督师卢象升拒战于钜鹿，败绩，死之。十二年正月，清兵自德州渡河，破济南，下山东州县十六。三月，出青山口而归。
十、十四年三月，清兵围锦州。七月，蓟辽总督承畴赴援，次于松山。十五年二月，清兵破松山，承畴降，遂下锦州。
十一、十一月，清兵由墙子岭入塞，陷蓟州，连破畿南、山东州县。十六年四月，北还。

第五节　北京之陷　毅宗之殉国

清兵之第二次深入也，洪承畴、孙传庭皆奉诏入援。朝议移承畴总督蓟辽，帅秦兵东守。传庭言："秦兵不归，则流贼势张。且军士家在秦，久留于边，非哗则逃，无益。"帝不听，而以传庭总督保定。杨嗣昌劾传庭，逮下狱，于是陕事愈坏。熊文灿败后，朝廷逮治文灿，命嗣昌督师讨贼。嗣昌初任左良玉，奏拜平贼将军。十三年二月，良玉大破张献忠于太平（今东川道万源县），歼其渠魁十六人，擒献忠妻妾。贼势大蹙。嗣昌初许总兵贺人龙代左良玉，已而因良玉有功，不用人龙，于是两人皆不悦。良玉忧素桀骜，不为用，献忠之势复炽。是年七月，献忠与罗汝才合，连陷四川诸城。十四年正月，复东寇湖北，陷襄阳，杀襄王翊铭。李自成亦自郧均走河南，陷洛阳，杀福王常洵。嗣昌以连陷两藩，忧惧不食死。是年八月，左良玉败献忠于信阳。献忠走依自成。自成欲图之，献忠遁去。十五年五月，窜陷庐州等郡。十六年五月，陷武昌，杀楚王华奎。僭号西王，设官职。进陷湖南。十七年，寇四川，陷成都。蜀王至澍死之。

是时十三家七十二营诸大贼降死殆尽，惟自成、献忠存，而自成尤强劲。十四年十一月，陷南阳，杀唐王聿镇。十五年九月，陷开封。陕西总督傅宗龙、汪乔年相继率师援开封，皆以众寡不敌，力战死。诏起孙传庭总督陕西。传庭以陕西精兵皆尽，新募之兵不堪用，主张固守潼关。朝廷责战甚急，传庭不得已，出师。至南阳，以众寡不敌，兵败，退守潼关。十六年十月，李自成寇潼关。传庭力战，死之。自成遂陷陕西。十七年正月，僭号于西安，国号顺，改元永昌。二月，东陷太原。别遣将犯畿南，陷真定。自引兵北犯，陷代州。总兵官周遇吉拒战于宁武关，大破自成前锋。以众寡不敌，力战而死。三月，大同总兵姜瓖、宣府总兵王承允、监视太监杜勋、居庸关守将唐通、太监杜之秩皆迎降。自成遂寇京师。监视太监曹化淳开彰义门迎降，京师陷。帝自缢于煤山（今名万岁山，在旧禁城内）。时明庄烈帝崇祯十七年，清世祖顺治元年，西历纪元一六四四年也（甲申三月十九日）。

明末流贼表

一、毅宗崇祯元年十二月，陕西饥，流贼大起。
二、二年三月，以杨鹤总督三边军务，讨流贼。鹤素不知兵，一意主抚，贼势愈炽。
三、三年，延安贼张献忠起，自称八大王。
四、四年，米脂贼李自成起，自称闯将。
五、是年九月，罢杨鹤，以洪承畴代之。总兵曹文诏连破贼兵，关中贼略尽。五年，贼酋高迎祥、张献忠分道渡河，陷山西州县；文诏追击败之；乃分道犯畿南、河北。
六、六年七月，解文诏兵柄，调镇大同。贼请降，监军太监杨进朝信之，为之奏请于朝。贼乘间渡河，陷河南州郡，进犯湖广。
七、七年正月，以陈奇瑜总督河南、山、陕、川、湖军务，卢象升抚治郧阳，讨流贼，屡破其兵。六月，围高迎祥、李自成于车箱峡，贼窘急乞降，奇瑜纵遣之；贼出峡复叛，陷所过州县；诏逮奇瑜，以洪承畴代之。
八、是年十一月，迎祥、自成自陕西窜河南，与张献忠合，陷凤阳、庐江。
九、八年正月，诏洪承畴出潼关讨贼。贼见河南兵盛，六月，分道奔还陕西。总兵曹文诏追贼至真宁，力战，死之。
十、是年七月，贼复出关东犯。八月，以卢象升总理江北、河南、山东、湖广、四川军务，与洪承畴并力讨贼。命承畴专办西北，象升专办东南。
十一、九年正月，象升大败贼于滁州，迎祥、自成复分道入陕。
十二、是年七月，陕西巡抚孙传庭击迎祥于盩厔，擒之。贼党推自成为闯王。后金兵入塞，征卢象升入援；张献忠乘虚自襄阳东下，寇安庆。
十三、十年四月，以熊文灿总理南畿、河南、山西、陕西、湖广、四川军务，代象升讨贼。十月，李自成犯四川，洪承畴、孙传庭击败之。十一年四月，张献忠请降，熊文灿受之。
十四、是年九月，后金兵入塞，征承畴、传庭入援。十二年五月，献忠复叛，诏逮文灿，命杨嗣昌督师讨贼。
十五、十三年二月，总兵官左良玉等大破献忠于太平。七月，献忠与贼首罗汝才合，陷四川州县。
十六、是年九月，李自成自郧均入河南，十四年正月，陷洛阳，杀福王常洵。张献忠复东犯湖广，二月，陷襄阳，杀襄王翊铭。杨嗣昌自杀。
十七、是年八月，左良玉败献忠于信阳，献忠东走。
十八、九月，陕西总督傅宗龙与自成战于新蔡，败绩，死之。十一月，自成陷南阳，杀唐王聿镆。
十九、十五年二月，陕西总督汪乔年与自成战于襄城，败绩，死之。七月，左良玉兵溃于朱仙镇。九月，自成陷开封。闰十一月，陷汝宁。十二月，陷襄阳、荆州。
二十、是年五月，献忠陷庐州。

二十一、十六年正月，自成陷承天。五月，献忠陷武昌，杀楚王华奎。僭号西王。八月，陷湖南诸府。	
二十二、是年十月，自成寇潼关，督师孙传庭战败，死之；遂陷西安。十一月，陷榆林。十二月，陷甘州。十七年正月，僭号顺王。二月，陷太原，进寇宁武关。总兵官周遇吉力战，死之。三月，大同总兵姜瓖、宣府总兵王承允、居庸关守将唐通皆降，自成遂陷京师，毅宗自缢于煤山。	
二十三、是年正月，献忠入四川。八月，陷成都，蜀王至澍死之。	

第六节　福王之绍统　马、阮之弄权

先是贼近几辅，大臣疏请南迁，或请命太子视师江南，帝俱不听。京师既陷，报至南京，参赞机务兵部尚书史可法方督师勤王。次浦口，诸大臣议立新君。时福王由崧、潞王常淓俱以避贼南来。伦序当属福王，而以德则潞王贤。凤阳总督马士英利福王昏庸，与操江诚意伯刘孔昭、总兵高杰、刘泽清、黄得功、刘良佐等定策立之。送福王至仪真，连营江北，势张甚。可法不得已，奉福王即位，士英自为首相。出可法督师江北，分江北为四镇。以刘泽清辖淮海，经理山东一路。高杰辖徐泗，经理开归一路。刘良佐辖凤寿，经理陈杞一路。黄得功辖滁和，经理光固一路。进左良玉爵为宁南侯，以上流之事委之。然诸武臣各占分地，赋入不以上供，恣其所用。置封强兵事于不问，而与廷臣互分党援，干预朝政，挤排异己。士英引逆案中巨魁阮大铖为兵部尚书，相与排斥正人。吏部尚书张慎言、侍郎吕大器、大学士姜曰广、高宏图、左都御史刘宗周等，皆以宿德重望在位，相继被逐。尽召逆案中杨维垣、虞廷弼等十余人布列要路。浙江巡按御史左光先者，光斗之弟，故与大铖世仇，又尝首劾士英。大铖诬以罪，逮下狱。而尽雪逆案中贾继春等。杨维垣追论三朝当局，力诋王之寀、杨涟等，而为霍维华等讼冤，乃命重颁三朝要典，宣付史馆。追恤逆案诸臣。有狂僧大悲，自称齐王，逮下诏狱。大铖欲假以诛东林及素所不合者，因造十八罗汉、五十三参之目，书史可法、高宏图等名，一时人望无不备列，纳大悲袖中，将穷治其事。士英不欲兴大狱，乃只诛大悲。诸人得免。

是时士英当国，引大铖为谋主，内则与在廷诸清流为难，外则与宁南侯左良玉构衅，朝政兵事日即腐败。福王则专以淫乐为务，征歌选色，不恤国事。识者皆知其不堪旦夕。

第七节　吴三桂之乞师　清兵之南侵　南京之陷福王之被虏

初，北京之陷落也，总兵吴三桂拥兵在山海关。自成执其父襄令以书招之，三桂欲降，至滦州，闻爱姜陈沅为自成将刘宗敏掠去，愤甚，疾归山海关，袭破贼将，自成怒，自将攻之。三桂惧，乞师于清。时清太宗已殂，子福临即位，是为世祖。改元顺治。皇叔父睿亲王多尔衮（太祖第十四子）摄政，允三桂请，率洪承畴等赴援。是年四月，大破自成兵于山海关。自成归京师，杀吴襄，焚宫阙，载辎重西走。多尔衮遂入京师，以礼改葬崇祯帝后。命肃亲王豪格（太宗长子，世祖之兄）略山东、河南。都统叶臣等定山西。世祖旋由沈阳徙都北京，是为清室南下定都之始。

自成既败，遁归西安。遣将扼潼关以守。是年十月，清廷命英亲王阿济格（太祖第十二子，多尔衮同母兄）为靖远大将军，偕吴三桂、尚可喜等由大同边外会诸蒙古兵，赴榆林、延安，以拊陕西之背。豫亲王多铎（太祖第十五子，多尔衮同母弟）为定国大将军，率孔有德等由河南夹攻潼关。自成前后受敌，乃弃陕西，自武关走湖广。众尚数十万。清廷命阿济格等追击斩之。多铎分兵下江南。时史可法方开府扬州，遣将屯田开封，为经略中原计。清兵既至，可法告急于朝，马士英置之不问。总兵许定国诱杀高杰，走降于清，于是可法兵势益弱。次年（弘光元年）三月，清兵方渡淮，而左良玉在湖北，以马士英裁其军饷，传檄远近，以清君侧为名，举兵反，列舟自汉口而下。南京戒严。诏急征可法入援。良玉至九江，病死。而清兵已破泗州。可法乃奔回扬州，固守。清兵大至，可法拒战七昼夜。城陷，死之。总兵郑鸿逵守京口，兵败入闽。清兵遂渡江，入南京。福王奔黄得功于芜湖，其总兵田雄劫以降。得功死之。江南北悉入于清。

第八节　浙闽之陷　唐王聿键之殉国

南京既陷，清廷命贝勒博洛为征南大将军，进攻浙江。马士英先遁至杭州，迎战，不利，渡钱塘江东走。潞王常淓以杭州降。浙西悉入于清。时鲁王以海（太祖十四世孙）在台州，兵部尚书张国维、定海总兵王之仁等迎王监国，尽驱钱塘江上之舟列兵江上。西取富阳（今浙江钱塘道富阳县）以扼上游，潜通太湖，为恢复计。郑鸿逵之入闽也，与南安伯郑芝龙（本海盗降明者）、礼部尚书黄道周等奉唐王聿键即位于福州（聿键为太祖九世孙，封南阳，崇祯时以倡义勤王得罪禁锢。福王时释之，徙广西至杭州。而南京陷遂入闽），改元隆武，据有福建及西南各省，恃仙霞岭为国防。于是闽、浙并立。

清兵之南下也，汉民多不服。又下落发之令，抗拒者尤众。明之降臣叛将藉清势，所至残杀，人民忧愤，于是江南义兵纷起，或通表唐王，受其封拜，或近受鲁王节制，浙、闽恃以阻清兵之南下。然民兵皆起自仓卒，未更训练，饷械又不足。清廷以贝勒勒克德浑（礼亲王代善之孙，萨哈璘之子）为平南大将军，命大学士洪承畴招抚江南总督军务，并驻江宁。贝勒博洛（太祖孙，饶余郡王阿巴泰第三子）驻杭州，击江南义师，皆破灭之。扬子江下流复入于清。

唐王好学通典故，以郑氏擅国，不能有为。芝龙、鸿逵屡荐其私人为要官，王不从。以是怀怨望，阴通款于清，受洪承畴约束。王促之出师，辄以饷绌为辞，不奉诏。道周知其不足恃，是年十二月，自将出兵江西，战于婺源（今安徽芜湖道婺源县）。败绩，死之。时何腾蛟总督湖广，杨廷麟驻兵江西，皆请王临幸，扼于芝龙，不得行。

马士英之败走也，复与阮大铖等煽乱于鲁王朝，使与诸义兵为难。唐王颁诏于鲁王，鲁王欲受之，而熊汝霖、张国维坚持不可。鲁王遣使唐王，唐王发银十万犒师。马士英唆总兵方国安纵兵劫夺之，且数唐王罪。于是闽、浙如水火。次年（隆武元年，顺治三年）五月，博洛率兵渡钱塘江。张国维战败，死之。鲁王航海走厦门。郑芝龙诡称海寇至，尽撤关隘水陆诸防，仙霞岭二百里间，空无一人。清兵遂入闽。唐王走汀州，被执。不食死。芝龙降，其子成功恸哭谏，不从。乃弃儒服，航巨舰，浮海去。于是浙、闽二省皆下。

第九节　广东之陷　唐王聿𨮁之败没

是年十一月，兵部侍郎瞿式耜等以神宗孙桂王由榔即位于肇庆，改元永历。大学士苏观生别奉唐王聿𨮁（聿键弟）称帝于广州，改元绍武。互不相下。桂王发兵攻唐王，不克。时赣州已为降将金声桓所破，杨廷麟死之，江西皆下。博洛乘机使降将李成栋自福建下惠潮，进兵广州。聿𨮁被执，与苏观生皆自杀。桂王奔梧州。次年（永历元年，顺治四年），成栋破肇庆，王奔桂林。宦官王坤用事，干涉军务，劝王避兵全州（今广西桂林道全县）。瞿式耜留守桂林。成栋进兵攻之，不克。

第十节　广西云、贵之陷　桂王之败没

是时广东义师蜂起，成栋还兵扑灭之。式耜乘机恢复广西诸郡，与湖南督师何腾蛟联络，共制清军。清廷以孔有德为定南大将军，偕尚可喜、耿仲明大举攻腾蛟。腾蛟所部故皆盗贼之余，不受约束。清军乘之，尽破湖南诸郡。腾蛟退守全州（今广西桂林道全县）。二年（顺治五年），金声桓以江西、李成栋以广东附于桂王，腾蛟遂乘间复湖南大部。

是时张献忠已为清肃亲王豪格所破，走死。其党孙可望、李定国、白文选等南走贵州。两川之地尽为清有。川中旧将及义勇据川南川东遥应桂王。王命大学士吕大器总制其军，大同总兵姜瓖亦附于王，陕甘遗臣多应之。于是桂王奄有云、贵、两广、江西、湖南、四

川七省之地，声势遥及北方。鲁王之航海走也，往来于石浦（在今浙江会稽道南田县南）、厦门、南澳（闽、广交界处岛）等处，定西候张名振、兵部尚书张煌言从之，与郑成功部将郑彩等，规复闽浙沿海地。成功在厦门，奉故唐王隆武年号，亦与鲁王相犄角。二张始终为鲁王，成功始终为唐王。所奉不同，而其交甚睦，故明势颇振。

已而湖南诸将内讧。三年（顺治六年）正月，孔有德与郑亲王济尔哈朗乘之。何腾蛟战死，湖南复陷。征南大将军谭泰与尚可喜、耿仲明等破南昌，金声桓、李成栋相继败死。博洛、吴三桂等破大同，姜瓖亦败死。三桂移兵攻蜀，川中诸将陆续败没，四川皆破。鲁王部下诸将亦战败，尽失闽浙地，避居舟山，于是大势顿挫。四年（顺治七年），尚可喜、耿继茂等破广东，孔有德破桂林，瞿式耜等死之。五年（顺治八年），王奔广南（今云南蒙自道广南县）。清都统金砺等破舟山，鲁王奔金门（今福建厦门道金门县）依郑成功，去监国号，奉表于王。大势益蹙。

初，孙可望、李定国之入黔也，众推可望为主，据有云、贵之地。已而可望与定国交恶，乃归附桂王。求封号，欲藉以服众，王不之许。至是事急，乃封为秦王，趣之出兵。六年（顺治九年），可望遣兵三千，扈王居安隆（今广西田南道西隆县）。遣李定国攻湖南，袭破桂林，杀孔有德。刘文秀攻四川，败吴三桂兵，于是明势复一振。既而定国与可望有隙，又为尚可喜所败，桂林复失。文秀亦兵败而还。于是可望兵独强，有僭逆意。王知其不足恃，封文秀安南王，定国晋王，召之入卫。十年（顺治十三年）二月，定国入安隆，奉王如云南。十一年（顺治十四年）九月，可望举兵反，攻云南。定国击败之。可望走降洪承畴，尽以虚实输之。于是承畴请于清廷，决计大举南侵。十二年（顺治十五年），清廷命承畴与大将军罗托（显祖之曾孙，舒尔哈齐之孙，塞桑武之子）由湖南，三桂由四川，将军卓布泰由广西，分兵三路南下，信郡王铎尼（豫亲王多铎第二子）为后继，大举攻云南。郑成功闻之，急引兵攻江南以图牵制。十三年六月，取镇江，围金陵。张煌言领前锋，进取徽宁。各地响应。清崇明总兵梁化凤赴援。成功兵败，大将甘辉战死。成功乃退出海。煌言兵亦溃，微服退还舟山。于是清军专力西南。李定国战败，桂王奔永昌。清兵追急，桂王走缅甸。于是云、贵二省皆为清有。

是时刘文秀已卒。李定国、白文选等均已战败相失。文选入木邦，定国入孟艮。谋迎王，缅人不与。二人共攻缅，不克。时清廷已拟罢兵，吴三桂力怂恿入缅穷追。文选拒战于锡箔，兵败，请降。缅人执王与三桂，三桂杀之，并其太子。李定国方连合诸土司谋恢复，闻王弑，皆解体。定国愤懑成病，卒于猛腊。其余从官千余人，皆崎岖散入他国，明亡。时永历十五年，清世祖顺治十八年，西历纪元一六六一年也。明凡传十九世，二百九十四年而亡。中国本部皆入于清，惟郑成功以孤军崎岖海上，犹思复明，规取台湾以为根据地，仍奉永历年号。

清世祖平定中原表

一、世祖顺治元年四月，摄政睿亲王多尔衮与明总兵吴三桂大破李自成于山海关。五月，入京师，自成走西安。
二、是年十月，命英亲王阿济格、豫亲王多铎分道攻西安，二年九月，自成走死湖广。
三、是年三月，多铎下河南。四月，克扬州，明督师史可法死之。五月，克南京，明弘光帝奔芜湖，总兵田雄劫之以降。六月，贝勒博洛克杭州，河南、淮南、江南、浙西皆平。
四、三年六月，博洛克绍兴，明监国鲁王以海航海走厦门，浙东平。八月，克建宁，明隆武帝奔汀州，被执，不屈，死之。福建平。
五、是年十二月，降将李成栋克广州，执唐王聿𨮫，广东平。
六、肃亲王豪格克汉中，诛张献忠。
七、六年正月，成栋克肇庆，明永历帝奔桂林。二月，克平乐，永历帝奔全州，留大学士瞿式耜守桂林。成栋进兵攻之，不克。
八、是年三月，降将孔有德等克长沙、衡州，尽取湖南州郡，永历帝由柳州奔象州。全州降清，永历帝奔南宁。
九、五年正月，总兵金声桓以江西，四月，提督李成栋以广东降于明，六年，大将军谭泰克江西，声桓自杀。二月，至信丰，成栋败死。
十、七年十一月，降将尚可喜等克广州，孔有德克桂林，广东、西皆下。永历帝奔孙可望于安隆。
十一、九年五月，明将李定国等由贵州攻湖南，七月，复桂林，孔有德自杀。诏敬谨亲王尼堪征湖南，十一月，与定国战于衡州，败死；诏以贝勒屯齐代之。

十二、十年四月，李定国攻广东。六月，复高、雷、廉州。十一年十月，围新会，尚可喜告急，诏遣靖南将军朱玛喇救之。十二月，击败定国兵，定国走南宁。十三年二月，入安隆。奉永历帝如云南。

十三、十一年九月，孙可望叛永历帝，李定国击败之，可望走长沙来降。

十四、十五年正月，命信郡王铎尼等分兵三路攻云南。三月，取贵州。六月，取遵义。十二月，入云南，李定国战败，永历帝奔永昌。十六年二月，清兵克永昌，永历帝奔缅甸。十八年十二月，吴三桂入缅甸，执帝，弑之。李定国卒于猛腊，明亡。

第十二章

明代之文化

第一节 制度

一、内官制

明初，设中书省，置左右丞相，主政柄。其后太祖惩胡惟庸之变，罢中书省，以其政悉归六部。尚书握中央政柄，殿阁大学士仅备顾问而已。仁宗时，大学士杨士奇、杨荣等皆以积劳位至三孤，兼任尚书，于是其权渐重。世宗时，政务枢机，悉归内阁，大学士俨有宰相之实权。然明自太祖后，以专制为治，大权皆归独揽。世宗以后，宰相虽掌枢机，然职仅司批答。所谓入阁办事，仍有名无实也。主兵柄者曰大都督府，当宋、元枢密院之任。其后惩胡惟庸之变，分大都督府为左、右、中、前、后五军督都府。府设左右督都为长官，以同知及金事副之。征调则隶兵部，掌监政者曰御史台。以大夫为长官，中丞副之。成祖以后，罢御史台，设都察院以掌纠察。以左右都御史为长官，左右副都御史、金都御史佐之。其寺院各官，略同前代。

二、外官制

地方行政长官以布政、按察二司为主，或与都指挥使司并称三司。布政司设左右布政使，掌民政、财政。按察司设按察使，掌刑狱。都指挥使司设都指挥使，掌兵马。布政使下设左右参政、左右参议。按察使下设副使、佥事，分掌提学、清军、水利、屯田、盐法等事。其下有府州。府州以下有县。各设知事为亲民官。其后地方有故，命京卿巡抚。有军事则命大臣总督军务。皆临时官，事平则撤。英宗以后，各省会及冲要地方例设巡抚。陕西三边例设总制，为定员。布、按之权渐轻。惟总督则因事而设，不限地域。此外各产盐区有都转盐运使司，掌盐务。沿河地方有市舶提举司。西北沿边地方有茶马司，掌商务。

明代官制表

类别		名称	职掌
内官	内阁学士	华盖殿，后改中极殿	参预机务多以翰林充之，即宰相职也
		谨身殿，后改建极殿	
		文华殿	
		武英殿	
		文渊阁	
		东阁	
	部	吏	掌官吏选授、封勋、考课之政令
		户	掌天下户口、田赋之政令
		礼	掌礼仪、祭祀、宴飨、贡举之政令
		兵	掌武卫官军选授、简练之政令
		刑	掌刑名徒隶句覆关禁之政令
		工	掌百工、山泽之政令
	院	都察	掌巡按纠察之事。其在外者有督抚、巡按等官
		翰林	掌讲读词章等事
		太医	掌医疗之法

类别		名称	职掌
内官	司	通政使	掌内外章奏、敷奏、封驳之事
	寺	大理	掌刑狱平反之事
		光禄	掌官殿门户及膳食之事
		鸿胪	掌蕃客朝贡及吉凶、吊祭之事
		太常	掌陵庙礼乐之事
		太仆	掌乘舆仪卫之事
	府	宗人	掌皇室宗谱封赏等事
		顺天	掌辇毂下民政之事
		詹事	掌东宫之属
	监	国子	掌国学诸生训导之政令
		钦天	掌天文、授时之事
		司礼	掌内廷、内官之事
外官	使司	都指挥	掌一省兵马之事
		布政	掌一省民政、财政
		按察	掌一省刑狱、纠察之事
		转运	掌盐政
	布政使司参政参议	提学	掌考试之事，省一人
		清军	掌整理文书参预军机，省一人
		驿传	掌驿传之事，省一人
		分巡	掌巡察之事，省一人
		协堂	掌巡道之副使，河南、浙江二省有之
		水利	掌水利之事，浙江有之
		屯田	掌开垦之事
外官	按察司副佥事	管河	掌黄河工程，河南有之
		盐法	有盐省分有之
		抚治	掌抚治之事，各省有之
		监军	掌军旅纠察之事，不常设
		招练	掌练兵之事，山东间设之
	地方官	知府	掌一府之事
		知州	掌一州之事，有直隶州属州
		知县	掌一县之事

三、地方制

太祖定鼎金陵，建浙江、江西、福建、湖广、山东、山西、北平、河南、陕西、广东、广西、四川、云南十三布政使司，边圉重地。又置行都司七：一辽东，二大宁，三万全（今口北道万全县），四大同，五甘肃，六建昌（今四川建昌道西昌县），七贵州。其地东起朝鲜，西接土鲁番（新疆土鲁番县），西南并云贵，南包安南，北括大碛。其后成祖迁都北平，名曰北京。以应天为南京，而于贵州、交趾设布政使司。扩张为十四布政使司。然大宁（今热河）、东胜（今绥远）诸地，皆弃而不守。宣宗又徙开平（东起河北古北口外，西至独石口外，为明开平卫地）于独石（今兴和道独石县），边墙以外多弃而不守。防维单弱，遂滋边衅，而交趾之地复沦于异域。仍为十三布政使司。世宗时，又弃河套及哈密，疆土益蹙。东起辽海，西尽嘉裕关，南至琼崖，北抵云朔。如此而已。总两畿、十三司分统之府百有四十，州百九十三，县千一百三十八。又羁縻府十九，州四十七，县六。其分隶于两京都督府者，则有都指挥使司十六（万全、辽东、大宁，凡三十三布政使司各一），行都司五（山西、大同、陕西、甘肃、四川建昌、湖广郧阳、福建建宁），留守司二（中都留守司，驻凤阳；兴天留守司，驻承天；今湖北武昌县也），所属卫四百九十三。中叶以后，沿北要地称重镇者凡九。皆分统卫所关堡，环列兵戍。所谓九边者是也。

明代地方区域表

类别	名称	领地今释
两京	京师（北直隶）	河北
	南京（南直隶）	江苏安徽二省
十二省	山东	山东
	山西	山西
	陕西	陕西及甘肃省大部
	河南	河南
	江西	江西
	湖广	湖北、湖南二省

类别	名称	领地今释
十二省	四川	四川东、中二部
	浙江	浙江
	福建	福建
	广东	广东
	广西	广西
	云南	云南
	贵州	贵州
九边	辽东	辽宁省开原以南地
	蓟州	京兆蓟县以东至山海关一带
	宣府	察哈尔口北道
	太原	山西冀宁道
	大同	山西雁门道
	榆林	陕西榆林道
	宁夏	甘肃宁夏道
	固原	甘肃泾原、兰山二道
	甘肃	甘肃甘凉、安肃二道

四、兵制

京师有二十六卫，及左、右、中、前、后五军都督府。卫为天子之亲军。都督府分辖地方之都司卫所。每省设一都指挥使司（简称都司），以都指挥使为长官，统督诸卫所。五千六百人为一卫，以指挥使为长官。千百二十人为一千户所，以千户为长官。百二十人为一百户所，以百户为长官。每百户设总旗二名，小旗十名。大小联比以成军。卫所之军皆屯田，自为耕作。计兵授地，以地养兵。故兵足而粮不费。其后军额渐缺，遂行召募之法。取之之途有三：一曰从征，卫所固有之军也。二曰归附，以降卒为兵也。三曰谪发，有罪者充军也，亦曰恩军，亦曰长生军，因其子孙世世执役也。又有籍选者，即所谓民兵，拔之编户者也。其出征伐也，待符信而出，受节制于兵部（明初定制兵部掌兵政，而军旅征伐则归之五军都督府。兵部有出兵之令，无统兵之权。五府有统军之权，无出兵之令，将属于五府，而兵又总于京营，皆犬牙相制之法也）。事平，将上佩印，兵归卫所。即唐府兵遗意也。然其后将受制肘之害，兵亦日即于腐败。卫所之兵，几于徒有虚籍。缓急所恃，惟民兵及诸乡兵，与四川、广西、湖广三省之土兵（即土司所统之兵）而已。京兵之制其初分为二大营：一卫官禁，犹汉之北军；一卫京城，犹汉之南军。永乐时，置神机营，专习神枪、火箭之法，号为三大营。景泰时，卫拉特入寇。于谦以兵冗不能用，乃于诸营中选精兵十五万，分十团营。各设提督统之。宏治中，增为十二团营。正德中，集九边突骑数万人聚京师，号威武营。后因边防告急，选二万人从征，号东西二官厅，各置一都督统之。团营所余之兵，私佣于中贵之家，不复加以训练，于是兵数大减。嘉靖中，复改十二团营及二官厅名目为三大营，总于戎政府，然冗滥如故。水师之制，自广东以迄辽东，沿海节节设防。北洋利用沙船，因其底平，不能破深水之大浪也。南洋利用广福船，因其身重而底尖，可以破浪也。江南兼之。以其内小港多，而外洋复深广故也。

明代兵制表

	时代	机关名称	长官名称
京兵制 地方兵制	洪武	京卫指挥使司	指挥使
	永乐	五军营，神机营，三千营，称三太营	提督
	景泰	十团营	总督
	宏治	十二团营	同
	正德	东西二官厅	总兵
	嘉靖	三大营	总督戎政
	区域	机关名称	长官名称
	全国	左右中前后五军都督府	左右都督
	一省	都指挥使司	都指挥使
	边防重	行都指挥使司	同
	卫	卫	指挥使
		千户所	千户
		百户所	百户

兵之类别	名称	性质	
	从征	卫所固有之兵	
	归附	降兵	
	谪发	罪人充军	
	籍选	民兵	

五、赋税制

明初定制，田赋十分取一。田有二：曰官田，曰民田。赋有二：曰夏税，曰秋粮。以米、麦、钱、钞、绢数者并征。其役法因赋而定。丁夫出于田亩。民年十六而成丁，成丁而役，六十而免。世宗嘉靖以后，创行一条鞭法。总括一州县之赋役，量地计丁。丁粮毕输于官。一岁之役，官为签募。力差则计其工食之费，量为增减。银差则计其交纳之费，加以增耗。凡额办、派办、京库岁需与存留供亿诸费，以及土贡方物，悉并为一条，皆计亩征银，折办于官。于是赋、役合一，立法颇为简便。然诸役冗费，名罢实存，有司追征如故，百姓苦之。万历七年，张居正当国，减均徭加派银一百三十余万，百姓称便。然其后诸役猝起，复签农氓，则一丁而两役之，民重困矣。明自太祖时，定天下田赋，轻重颇不均。苏、松、杭、嘉、湖五处最重，倍蓰于他方。江西之南昌、袁、瑞等处亦甚重。说者谓太祖恶张士诚、陈友谅，因而仇视其民也（明祖性极忮刻。既灭陈友谅，取其亲族、大臣等。共陈、钱、林、李、袁、孙、叶、许、何九姓，贬之浙江，使为渔户，永沦下贱，不得为良。其忮刻可知），而实不尽然。盖其害起于宋之官田。宋徽宗时，浙西平江诸州，积水新退，田多旷业。当时在廷计利之臣，献议募民耕种，官自收租，谓之官田。既曰纳租，则其所纳必重于民田之赋可知也。厥后籍没蔡京、王黼、韩侂胄等之田，皆并入之。于是官田浸广。沿及元世，相仍不革。张士诚既据江南，又并元妃嫔、亲王之产入焉。明太祖灭张氏，其部下官属田产遍于苏、松等处。太祖既怨张氏，又籍其田，并后所籍富民田悉照租额定赋税，其后更拟絜官田重税并于民田，于是江南之民大受其害，而贻祸至今矣。太祖时，又定有永不起科之地。如青田（今浙江瓯海道青田县）等处，则以爱重刘基而加之惠也。其后苏、松重赋，虽经臣下奏请，略有轻减，而所赋仍多。神宗万历以后，国用日匮，杂税名目逐渐繁多。闾里之穷，至于无告，而铤而走险者多矣。

六、刑制

明太祖惩元季宽纵之失，用法颇严。臣民有犯必诛，无所容贷。尤恶贪吏。其刑书有《律令直解》及《大明律》两种。《律令直解》者本李善长所撰之律令，而太祖诏周桢等为之训释者也。《大明律》者，其篇目有吏、户、礼、兵、制、工等六律凡六百六条，其后又取比年所增，以类附入而成者也。其刑名仍用笞、杖、徒、流、死五等。司刑狱之官，京师有刑部、都察院、大理寺，谓之三法司。地方人民有不服州、县、府、道及按察使之审判者，准其上控，至都察院而止。有大狱则三法司会审。成祖以篡夺得国，虑臣民不服，令中官四出侦探，始严诽谤之禁。终明之世，东、西厂、锦衣卫、镇抚司之权甚重。凡所缉者，刑部、大理寺不得过问。所用多非刑，极其惨酷。廷杖之事，亦太祖时创行，二百余年未之或改。

七、学制

明初，京师有国子监，有祭酒、司业、博士等职为之师。地方学校则府、州、县均有之，以教授、训导等职为之师。此外有宗学，为宗室子弟肄业之所。有社学，每乡社置之，令民间子弟肄业，以期教育普及。有武学，英宗时设之于两京，以教武生。国学生徒，取之于公卿之子弟者曰荫监，拔之于郡国之俊秀者，举人曰举监，生员曰贡监。其初，广为号舍以居之，厚其衣食以养之。在学十余年，始优与出身，往往仕至显宦。祭酒一职，朝廷特简大学士、尚书、侍郎领之。中叶以后，名儒辈出。如李时勉、陈敬宗等，分教南北，昼则会馔同堂，夜则灯火彻旦。如家塾之教其子弟。故成材之士多出于门。筮仕之后知礼义，重廉隅，尊主庇民，事业皆有原本。其后纳粟之例开，流品渐淆。庶民得援生员之例入监，谓之民生，亦谓之俊秀。而监生遂轻矣。郡国学生，无不廪膳于学者，谓之廪膳生。其后以多才之地，许令增广三五人。踵而渐多。宣宗时为之定额。如廪生之数，谓之增广生。其后又有军民子弟俊秀、待补、增广之名。久之乃号曰附学生，无常额，而学校自此滥矣。

八、选举制

明初荐举与科举不并行。洪武十五年，复科举之制，而荐举不废。于是荐举与科举乃并行。宣宗宣德以后，趋重科举。卿、相皆由此出。于是荐举始徒应故事矣。其科举考试之法，有乡试、会试、殿试之别。子午卯酉之年，各省试士曰乡试。丑未辰戌之年，中乡试选者至京师礼部试之，曰会试。中会试选者，天子亲试于殿中，曰殿试。分一、二、三甲，以为名第之次。一甲三名：曰状元、榜眼、探花，赐进士及第。二甲若干人，赐进士出身。三甲若干人，赐同进士出身。状元授修撰；榜眼、探花授编修。二、三甲选用庶吉士者，皆为翰林官，其他或授给事中、御史、主事、中书、行人、评事、太常博士；或授府推官、知州、知县等官。其试士之法，专取《四子书》及《易》《诗》《书》《春秋》《礼记》命题。其文略仿宋经义，体用排偶，谓之八股。通谓之制义。

明代科举制表

科目	试年	地点	及第者之名称
乡试	子午卯酉之年	各省	举人
会试	丑未辰戌之年	京师	进士
殿试	同	殿中	一甲曰状元，赐进士及第；二甲曰榜眼，赐进士出身；三甲曰探花，赐同进士出身

第二节　学术

一、儒学

成祖时，编《四书大全》《五经大全》《性理大全》等书，颁发各学校。故明时应试之文，多主程、朱立说。范围狭隘，无自由研究之余地。学派最著者有三：一为河东派。倡始者为山西薛瑄。其学一本程、朱，以躬行复性为主。海内宗之。次则吴与弼，以名儒被荐。其学稍出朱、陆之间。其门人最著者，曰胡居仁，曰陈献章。居仁笃践履，确守先儒正传，朱子派也；献章专以静为主，忘己为大，无欲为至，其说稍近陆子。学者称为白沙先生，号江门派（献章为广东新会县人）。其后姚江（水名，在浙江余姚县南下入流甬江）王守仁出，大倡良知之说，与朱子之学大相反对，海内翕然宗之，称为姚江派。又以其与陆子学说近，通称为陆王派。天启时，东林党魁顾宪成力阐其说。明季忠节之士，多其学说所造成。明亡，浙江余姚（今属会稽道）人朱之瑜东渡日本乞师，留居教授，以传其学说。明治维新诸志士，多其数传后之私淑弟子，至今彼邦人士犹推重焉。

明末士大夫皆阳明私淑弟子，高谈性理，汉唐注疏皆束之高阁。好干涉政治而无实际能力。明事卒以此败焉。

二、史学

明初，前起居注宋濂等奉敕撰《元史》，成书甚速，脱漏甚多。且汉人不习蒙文，于其事迹多采之传说，影响附会，舛误亦不少。柯维骐患《宋史》芜杂，撰《宋史新编》，较原书为精简，皆纪传体之史也。编年体，有薛应旗之《宋元通鉴》。事实微嫌芜杂。纪事本末体，有陈邦瞻之《宋元二史纪事本末》。其取舍颇得要。

三、文学

古文以宋濂为首，其文富赡，有开国气象。其次有王祎、刘基等，祎文醇雅，称其为人；基文亦遒劲。濂之门下有方孝孺，亦博学能文，以笔力遒健著名。永乐宣德时，杨士奇始为台阁体。弘治时，李东阳文仿先秦，称海内词宗。主持文柄三四十年，一朝大著作多出其手。李梦阳倡为复古，假艰深以文其浅陋，文体日衰。继其后者为李攀龙、王世贞。割截古书，渐至支离灭裂。晋江（今福建厦门道晋江县）王慎中、武进（今江苏苏常道武进县）唐顺之，文主欧、曾，然不能抗其势。昆山（今江苏苏常道昆山县）归有光后出，规矩谨严。一标准于唐宋，为一代文宗。通俗文字中之小说传奇，甚为发达。《西游记》《牡丹亭》等，其著名者也。此外又有时文，一名八股文。始于宋王安石之经义，代古人语气为之。体用排偶。明代用其制以取士。初尚浑噩，一变尚体格，再变尚机调，三变尚才情。天顺以前，其体裁格式，尚无一定，成化以后乃有八股。至天启、崇祯时，金声、陈子龙、黄淳耀、项煜等出，所造益精矣。以诗名者，明初有刘基，高启继之，长于七古、七律，与徐贲、张羽共称四杰。其后杨士奇之台阁体出而渐衰。李东阳、李梦阳力摹盛唐，以矫其失，诗道始复振。其余若杨慎之才华，薛蕙之雅正，皆诗学大家。钟惺、谭元春等以幽深孤峭为主，为诗之别派。

此外尚有最关于文化之大著作一种，亦于明初编成者，即《永乐大典》是也。成祖即位之初，命翰林学士解缙等纂集历来经、史、子、集百家以及天文、地志、阴阳、医、卜、僧、道、技艺之言为一书，悉采各书所载事物类聚之而统之以韵。二年十一月，书成，赐名《文献大成》。既而上览所进书尚多未备，遂命重修，命姚广孝与侍郎刘季篪及缙总之。五年十一月，书成。凡二万二千九百三十七卷，一万一千九十五册，赐名《永乐大典》。是为有史以来最大之类书，收容明清以来绝版之书不少。（看《御纂资治通鉴纲目》三编卷五，永乐六年冬十一月修《永乐大典》书成条下）

明代文学家表

姓名	家数	优劣点	时代
宋濂	古文学家	富赡	明初
王祎	同	醇雅	同
刘基	同	遒劲	同
方孝孺	同	笔力遒健	建文时
杨士奇	台阁体	古文渐衰	永乐宣德时
李东阳	古文学家	文仿先秦，称海内词宗	弘治时
李梦阳	同	倡为复古，假艰深以文其浅陋	中叶以后
李攀龙	同	割截古书，支离灭裂	
王世贞	同	同	
王慎中	同	文主欧、曾	
唐顺之	同	同	
归有光	同	规矩谨严，标准于唐宋	明末
金声	时文学家		明末
陈子龙	同		同
黄淳耀	同		同
项煜	同		同
刘基	诗家	长于七古七律	明初
高启	同	同	同
徐贲	同		同
张羽	同		同
杨士奇	台阁体	诗学渐衰	永乐宣德时
李东阳	诗家	力摹盛唐，诗学复振	弘治正德时
李梦阳	同	同	同
杨慎	同	才华	正德以后
薛蕙	同	雅正	同
钟惺	同	幽深孤峭	同
谭元春	同	同	同

四、书法

最著者前有解缙，后有文征明，最后为董其昌。缙书尽用正锋，不免恶札之讥。征明时出偏锋，弥增妩媚。其昌为江苏南汇人，号香光居士。其书自谓过于赵孟頫。清圣祖喜习其书，广事搜罗，故益为世所珍。

明代书家表

姓名	书名	时代
解缙	尽用正锋	初年
文徵明	时用偏锋	中叶
董其昌	过于赵孟頫	末年

五、画法

明初王冕、王履之徒，均以画著名。后沈周出，尤称高手。世号周为石田先生。山水花卉、鸟兽虫鱼各极其妙。同时有唐寅、文征明等。寅字伯虎，亦号六如。工诗善画，其画沉郁奇峭。征明工书善画，世称其画能兼赵孟頫、倪瓒、黄公望各体。陈献章为理学名儒，画笔亦遒劲可喜。关思以山水著名。董其昌画学宋人，自谓与文征明各有短长，精工不如征明，而古秀胜之。其山水树石等，称明末之冠。

明代画家表

姓名	作品	画风
王履		
王冕		
沈周	山水花卉鸟兽虫鱼	精妙
唐寅		沉郁奇峭
文徵明		兼赵孟頫、倪瓒、黄公望各体。
陈献章		遒劲
关思	山水	
董其昌	山水树石	古秀

六、天文学及历学

明初用大统历，刘基所进也。其后太祖以西域人推测天象至精密，诏译其书，置回回司天监。神宗时，意大里亚人利玛窦东来，著乾坤体仪及天学初函等书。李之藻从之受学，力荐之，于是西法始萌芽。崇祯初，礼部侍郎徐光启（上海县人，亦利玛窦弟子）依西法，推算日食甚验，而大统、回回二历皆不合，于是开局修改，命光启督之。光启引欧人龙华民、邓玉函、熊三拔、阳玛诺等从事改订，熊三拔著有简平仪说，阳玛诺著有天问略，龙华民与光启合撰新法算书，均能发明新理。后邓玉函卒，光启又征汤若望（德意志人）、罗雅谷等，译崇祯历书百余卷，即以崇祯元年戊辰历为历元。光启寻卒，后值国变，未及施行。然迄今言甄明西学者，必祖光启焉。

明代西学家表

姓名	原名	著作
利玛窦	Matto Ricci	《乾坤体仪》《天学初函》，合著《几何原本》《职方外纪》
李之藻		
徐光启		
徐光启		合撰《新法算书》
龙华民	Nicolaus Langobardi	
邓玉函	Joannes Terrenz	
熊三拔	Sabtbathims de Uris	《简平仪说》
阳玛诺	Emnianualdiaz Junior	《天问略》
汤若望	Joannes Adam Schall von Bell	合译《崇祯历书》
罗雅谷		

七、医学

明初，承元代重医学之后，故著名者甚众。若吕复、王履、戴思恭等，于医术多有发明。神宗时，有李时珍者，病本草之烦杂，穷搜博采，别成一书，名曰《本草纲目》，为医学之大观。神宗命刊其书于天下，后世医家多宗之。

八、术数

明初有周颠者，太祖伐陈友谅时，有所咨询，其言皆奇中。太祖颇尊信颠，尝亲撰《颠仙传》以纪其事云。刘基料事如神，世称其有阴阳风角（角隅也，候四隅之风以占吉凶）之术。又有袁珙者，善相人。相成祖年逾四十，必登大宝。见藩邸诸校卒，皆许以公侯将帅，其言皆验。子忠彻亦能传父术，与皇甫仲和从成祖北征，并以占卜知名。英宗北狩，仲和亦预知之云。

第三节　风俗

自金元入主中国，以武力压抑，民气大衰。明太祖又以专制之法行之。其最甚者有二端：一曰廷杖。东汉明帝自起撞郎，犹未免失人君之度；明代诸臣一言不合意，则杖随之，有至死者。而诸臣非惟不以为耻，反以为乐。朝被箠楚，夕仍尸位。虽有忠直之气，未免污辱之诮。其不足取一也；一曰跪对。古者三公坐而论道，入朝则君为之起，去则临轩送之。宋太祖时，始废坐论之礼，然尚立对也。君坐臣跪，制始于明。膝行而前，叩头跪俟。诸如此类，见于史传者甚多。虽曰大臣，何殊奴隶。其不足取二也。君既以奴隶待其臣，臣亦即以奴隶自居。望其以廉耻自励，精心谋国，难矣。且文字狱兴，士大夫皆依附以求媚，箝口避祸，无所谓气节。宦寺横行，厂使四出。胁肩谄笑罔识廉耻者，历代踵接，而魏阉当国时为尤甚。是真亡国之现象也。加以其时贪吏横行，矿税肆扰，民亦惕息鲜生趣。政治之腐败，风俗之陵夷，至此而极。东林诸君子，固守姚江派学说，颇能振作士气，然皆空虚无学问，浅薄无常识，狭隘无度量，幼稚无经验，组疏无手腕，而皆有极刻露之锋芒，极固执之主张，所言论与实际政治相隔太远。其余若非东林党（如宣昆党、齐党、楚党、浙党等）、阉党等，又皆顽钝无耻之八股先生所组合，除去闱墨、律诗、律赋、小楷及《四书大全》《五经大全》《性理大全》外一无所知。明室卒断送于此辈之手。相传李自成陷京师时，营中接得送礼四摺帖一扣，上面写"谨具大明江山一座，奉申献敬"，下面写"文八股顿手拜"。其言虽笑谈，然亦恰合实际也。

第四节　宗教

一、道教

太祖以道士张正常为真人，授二品之秩，其僚佐有赞教、掌书等名。世宗尤尊信之，建殿宫中，斋醮无虚日。道士陶仲文、邵元节等，并加优礼。元节仕至礼部尚书，卒谥文康荣靖。仲文仕至礼部尚书，累加少保、少傅、少师，封恭诚伯。方士麇集都中，符咒《烧炼》扶乩之术盛行。一时士大夫，至有借以干进者。穆宗即位，痛加裁抑，乃渐不振。

二、佛教

明太祖重佛，高后崩，诸王奔丧。将还，帝命各以僧与之，令诵经修佛事。吴僧道衍归燕府，数以奇谋进，成祖甚信任之。靖难兵起，道衍为主谋，后拜太子少师。卒后追封荣国公。然其人阴险狠辣，殊不足取也。成祖既即位，诏南北两京刻经。武宗于佛经梵语，无不通晓，自称大庆法王，西天觉道圆明自在大定慧佛，命所司铸金印以进。世宗信道，毁禁中大善佛殿（元时所造）及金银诸佛像、器物等，凡一百九十六座。佛教以此不振。

三、喇嘛教

先是有元初年，帕克巴为法王，主藏务。其后世居后藏札什伦布附近，称萨迦胡图克图（萨迦者，释迦之音转胡图克图译言，再世也）。不禁娶妻，子孙递相承袭。其服饰本印度袈裟旧式，衣冠皆赤。明时以其地旷俗悍，利用宗教力以羁縻之。礼之优于元代。喇嘛等叠承两朝优遇，流于侈惰。又专恃密咒，吞刀吐火，炫诸幻术，尽失佛教本旨。成祖时，有宗喀巴者，生于西宁卫，学经于札什伦布之萨迦庙。知其腐败，谋改革之。入雪山苦修。道既成，为蕃众所信仰。遂别立一派，排幻术，禁娶妻。自服黄衣冠以示别，谓之黄教。而名旧教曰红教。其徒皆通大乘，尚苦修，学行卓然，出红教徒上。旋盛行于前藏，势与法王相匹。宪宗时示寂。其大弟子有二：一曰达赖喇嘛（达赖者大海之义），一曰班禅喇嘛（班禅者尊贵教师之义，亦称班禅额尔德尼，光显之义也）。遗嘱二人，世世以化身转世，至五世而止（宗喀巴既禁娶妻，故别创一嗣续法，达赖、班禅将死时，辄预言其所托生之地，使其徒迎而奉之，谓之呼毕尔罕，即化身转世之义也）。第一世达赖曰敦根珠巴，故吐蕃王室之裔，世为藏王，舍位出家，传宗喀巴衣钵，黄教徒遂兼有西藏之政治权。第二世达赖曰敦根坚错，始置第巴等官以摄理政事。武宗遣中官刘允如藏迎活佛（即达赖），活佛匿不见。世宗时，第三世达赖锁南坚错立，有高德，红教诸王皆俯首称弟子。势力渐行于蒙古诸部，得其尊信，谙达及其从孙黄台吉等入藏迎之，至青海及漠南说教。第四世达赖曰云丹坚错，为谙达之曾孙。其势力亦益蔓延于漠北及伊犁等地。而漠北诸部，以所处避远，不得亲承达赖，乃迎宗喀巴第三弟子哲布尊丹巴胡图克图后身为教主，处之库伦，以总理蒙古教务，其位与班禅相亚。即今外蒙古活佛之肇始也。

明代黄教表

位置	姓名	籍贯及出身	功德及设施
教祖	宗喀巴	西宁卫人，学经于札什伦布之萨迦庙	排幻术。禁娶妻。其徒皆通大乘，尚苦修，学行卓然
第一世达赖	敦根珠巴	吐蕃王室之裔	舍位出家，兼握西藏政权
第二世达赖	敦根坚错		置第巴等官，代理国政
第三世达赖	锁南坚错		有高德，红教诸法王皆称弟子，谙达迎至青海、漠南说教
第四世达赖	云丹坚错	鞑靼汗谙答之曾孙	势力蔓延至漠北及伊犁

四、回教

帖木儿帝国全盛时代，四方回教学士，争集其国都撒马尔罕。教祖穆罕默德之后裔，有和卓木（译言圣裔也）者，得其尊信。其后逾葱岭，传布其教于天山南路，延及陕甘之地。其教徒甚亲睦，不与他教徒通婚姻云。

五、基督教

基督教自元亡后，几乎中绝。其后欧洲新旧两教之争甚烈。旧教徒既失之西欧，欲收之东亚，陆续东游。就中坚忍不挠者，为耶稣会派之教徒。明孝宗宏治十三年（一五○○年），始随葡人至印度。世宗嘉靖十八年（一五三九年），葡据卧亚（Go），传播浸盛。其中尤著者，为基督教会东洋布教总长 Xaviel 以嘉靖二十一年（一五四二年）莅卧亚。后六年，赴日本平户（今长崎县平户岛），留四年。在京都及周防（今本洲山口县东部）、丰后（今九州大分县）等地传教。嘉靖三十年，还卧亚。次年，航中国。道卒。卫利尼亚、罗支亚、利玛窦（Matto Ricci）等继之。利以万历八年，至中国广东，留肇庆府（今粤海道高要县）。日著佛衣，学华语，教化土人。及罗以传教事归报，利遂从广州，经南昌，诣南京，以儒服谒留都士大夫。士大夫咸重其人。万历二十九年（一六○一年），利留中国已二十一载，与庞迪我（Lidacus de Pantaja）偕入北京，因宦官进方物，神宗馆饩之。士大夫如徐光启、李之藻辈皆好其说。利与徐、李译著几何原本，职方外纪等书。泰西科学传入中国自此始。三十八年（一六一○年），利卒于京邸。其生平宣教，一徇中国旧俗，故信从者众。北京各处咸建会堂。

四十四年（一六一六年），神宗以廷臣言，下逐客令，禁止传宗教。徐光启上书争之。天启四年（一六二四年），弛禁。时庞迪我、熊三拔（Sabba thims de Uris）、龙华民（Nicolaus Iangobardi）、阳玛诺（Emaianualdiaz junior）诸传教师，皆在北京。德国人汤若望（Joannes Adam Schallvon Bell）至，耶教益深入人心。诸传教师多通天文历法，能驳正钦天监之误，而与天行聪合。朝廷遂以传教师兼任钦天监事。复命铸造火器。有明末年，中国奉教者至数千人，上而官禁（明永历帝、皇太后及太子皆奉教，其将亡也，皇太后介庞天寿致书罗马教皇遥乞怜焉）、宦寺（十四人）、宗室（十四人）、达官（四十人）皆与焉。

第五节 实业

一、农业

太祖起自田间，备尝艰苦，故甚注重农事。渡江之初，庶务未遑，即设营田使，使劝农。天下既定，以农桑课有司殿最。又尝于一岁中开支河及塘堰数万，后世赖之。故明代农政甚为详备。徐光启著有《农政全书》，搜罗古时种植诸法，尤留意于水利，于农学上极有稗益。惜未通行。

二、工业

明世路政最称完善。二十里有马铺、歇马亭，六十里有驿。驿有饩给。其有碍官道之车牛不得入城。房屋建筑亦多伟大可观。郑和使南洋，海船长四十四丈，广十八丈，是亦工事进步之征。尤著者为瓷器，历朝名窑甚多，若永乐、宣德、成化、正德、嘉靖、万历瓷器，皆为后世所珍。而景泰蓝铜器，制作尤美，名播全球。又有杨埙者，精明漆理，各色俱妙。合以倭漆为尤妙，其缥霞、山水、人物，神气飞动，描写不如。世号杨倭漆。

三、商业

明初关税颇简约，后渐增加。除农具、书籍不税外，其余皆课税三十分之一。宣宗设钞关，课船所载货物之税，商贾颇为困难。外国贸易，与西戎互市者，以茶易马，职有茶马司，私人不得擅其利。海上互市，则设市舶司于宁波、泉州、广州，各置提举官。宁波通日本，泉州通琉球，广州通占城、暹罗及南洋、西洋各国。世宗时，因倭寇之故，罢市舶司。其后时废时复。西班牙、葡萄牙、荷兰、英吉利诸国先后东来，争求互市，遂开今日通商之局云。

第四编　近世史　西力东渐时代史

第一期　清时代①

清代政治与学术之交互的影响

人类的进化是由于两种势力交互进行而成功的，一种是人类的心理，一种是环境。这两种势力到底哪一种大呢？这是不能断定的。主张心理的势力大的是唯心派。完全用心理做主是无其事的；如果完全为环境支配的时候，人类便永远在一个地方不能活动。人类的心理受气候、土地的支配，是不能避免的，但是常有少数人，他们的心理能冲出环境，制造文明，如释迦，孔子，都是这样伟大心理的人物。人类的历史便因这种冲出环境的心理而进步。但是心理无论如何伟大，总有限度，而环境的牵制也有限度，所以社会便一步一步地前进。人类总有一个最高的理想悬在高处，但是立刻达到目的是不可能的，这样时代思潮便发生了。因为有伟大的心理，所以有思潮；因为有环境的限制，所以成为时代思潮。各国各时代都是这样的。

风俗、习惯等，都归入环境范围以内的，但与思想最有关系的便是政治，所以政治是环境中最重要的一种东西。

讲清代学术，我们当然要研究为什么造出这种学术来？评价怎么样？这样不得不研究当时所处的环境，所以要讲政治了。

因为要说明这一时代的学术，不能不顾到前一时代的状况。这样我们便不能不说到明朝天启、崇祯年间的事了。清代的学术便是对于明朝学术的一种反动。明朝的唯一学派便是阳明学派，一个创于最伟大的人物王阳明先生的伟大的学派。虽然有许多人批评这个学派，但是要把王阳明本身，王学与王学的末流分别看待。晚明三十年与阳明先生已相隔百余年，那时阳明学派变做阳明学阀，王学的人与佛教的禅宗几乎混而为一了。禅宗不尚问答思辨，以为这样越讲越支离，所以在人讲说的时候，便有吓与打的方法把人吓住。因为这样，所以不学无术的人很可以作伪。王学末流的人终日谈天说性，如果论到条理方法，便以为支离；所以人都是束书高阁，不学无术。这是明末三十年的情形。

晚明的学士很喜欢干政，（很像现在的学生。）在造成舆论的方面是很好而可恭维的，不过太无常识，所言论的与实际政治相隔太远。流寇遍地，有人主剿，有人主抚；满洲来侵，纷纷主战；但是无论如何，一讲到方法上便目之为支离了。所以是一无实际。

崇祯皇帝是一位鞠躬尽瘁的贤君，但是知人不明，所以十七年间换了五十三个宰相，其中好人坏人都有。固然魏忠贤与当时的阉人及奔走宦门的无耻官僚，是亡国的罪人，但是一班士大夫不能不分一部分责任。

当时反对阳明学派的共有三派，（一）事功派，（二）文学派，（三）魏忠贤派。

事功派以张居正为代表，专讲实际，看不起这一班与实际无关的讲学先生。

文学派以王世贞一班人为代表。他们看书很多，而且很有历史的研究，也觉得王学过于空虚。

魏忠贤一派阉党，是专与正人君子为难的。这样也就与讲学先生为难了。

这三派与阳明学派为难，于是阳明派便与这三派对峙。当时王学的团体有东林、复社。东松纯是讲学团体，因为受反对党的迫害，于是也固结团体对抗。复社本有政治意味，规模大而且人杂。他们欢喜政治活动固然很好，但是只能说空话，这是缺点。

当时除东林派是真的阳明派，其余无论复社与附和魏忠贤的阉党，都是一班八股先生在那里活动，他们除《五经大全》《四书大全》等书之外一无所知，所以明末的最后的一幕戏，便是这两派旗帜不同的八股先生的奋斗。

明末的士风这样，所以为清初学者的晚明遗老都有一种觉悟。顾亭林便是其中之一，他的《日知录》说：

> 古之清谈谈老庄，今之清谈谈孔孟。

又说：

> 今之君子……聚宾客门人……与之言心言性，舍"多学而识"以求"一贯"之方，置"四海之困穷"不言，而终日讲"危微精一"之说……我弗敢知也。

颜习斋也说：

> ……高者谈性天，撰语录，卑者疲精死神于举业，不惟圣道之礼乐兵农不务，即当世之刑名钱谷，亦懵然罔识，而搦管呻吟，自矜有学……中国嚼笔吮毫之一日，即外夷秣马厉兵之一日；卒之盗贼蜂起，大命遂倾，而天乃以二帝三王相传之天下，授之塞外。

当时满洲的来侵，流寇张献忠、李自成的磨刀杀人，促成学者的觉悟，这便是学术与政治的交互的影响。

西历一六四四年三月十九日以前是崇祯十七年，五月初十日以后是顺治元年。明清的交替使人受很大的刺激，（一）由于非我族类的满洲入关太侥幸，（二）由于热心任事的崇祯皇帝吊死煤山，所以当时学者（永远是少数学者代表社会的）起很大的自觉，以为国亡是他们的责任。所以一班东林、复社的阳明学者都出来反抗满洲，推出鲁王、唐王、桂王、福王，在浙江、福建、广东、云南一带组织政府，直到顺治十六年缅甸人把桂王交给吴三桂为止。这都是一班无权无勇的阳明学者鼓动出来的事业。

这一班学者死的很多，黄黎洲便是拼九死获一生的，（满洲政府把他的像挂在城门上，无可逃的时候便卧在沙上，以沙掩身，一夜死去，明日救醒）这一种与外族奋斗的悲惨政治生活，便是阳明的真价值。当时一般学者经过这一番大变动，也就如春蚕变蛾，蜕化出一种新生命。以为明亡是明学的耻辱，于是抛弃空谈，专讲实用了。

清初学者的讲学，并不是为学术而讲学的，实在是为政治而讲学的。他们以为"外夷无五百年统治中国者"，于是梦想把满洲驱走后当如何建设。一面为反抗的活动，一面为将来建设的预备。放射了最后的一颗子弹，只好抛弃悲惨政治生活，而为学者的生活了。他们梦想的经济致用之学晚年知道不能实行了，才想改良学风。黄梨洲、朱舜水便是这一派之代表人物。

关于政治的环境，满洲征服中国，先易后难，顺治元年四月得北京，二年三月得南京，黄河与长江的流域指挥约定；但是小小的南方的地方，直到顺治十七年郑成功抛弃福建，经营台湾才平定。顺治的十七年中无日不在奋斗之中。最使满洲政府寒心的是顺治十六年郑成功、张煌言二人的会师北伐，江南一带地方绅士都把满洲兵驱走，反正过来。

到了永历被擒，郑成功逃走，顺治也就死了。康熙初年中国表面上才平定。但是强将吴三桂、耿精忠、尚之信还统带云南、广东、福建兵，成了尾大不掉的形势。三藩跋扈，康熙十二年造反，二十一年才平定。统计满洲入关，四十天得的燕京，完全得中国是四十年。这四十年的经验，满洲对于统治中国的方法更进步了，觉得用武力与中国的兵交战是没有困难的，最难统治的是这一班读书人的领袖。他们虽然没有兵，但是他们的心力很强而能得群众的随从，所以四十年间政策共有三变。

（一）顺治元年至十年为利用政策

（二）顺治十一二年至康熙十年为高压政策

（三）康熙十一二年至康熙末年为怀柔政策

第一期的时候，睿亲王多尔衮摄政，满洲仓猝入关，梦中没有想到来做中国的皇帝，所以必须要许多为虎作伥的人出来帮助。因此年年开科取士，也有一部分的无耻而热衷的人为其网罗，如陈之遴、陈名夏、龚鼎孳、孙承泽，都是些八股家能做诗文的浮华的滥名士。多尔衮摄政的时代，都是利用这些人来收拢人心的。

顺治七年，多尔衮死了。顺治亲政，非常厉害。陈之遴说看见顺治的冷酷面孔，满朝的人都战栗。顺治非常有本领，因多尔衮的利用政策而产出高压政策。陈之遴、陈名夏一班人都被残害。顺治十三、十四、十五年，因为科场乡试买官的事情，忽然大发雷霆，把总裁、主考、新进士一齐入狱，许多才子名士都死了，充军的很多。这种坑儒的科举案，是专对待穿长衣服的人而造成专制事业的。

顺治把中流以下的人都压倒，然后对于长江南北示威。凡有欠钱粮一文钱者即将功名革去，并且收监。有一位无聊的文人叶方霭，一面中进士，点探花，一面将举人底子革去，于是有"探花不值一文钱"之谚。当时得罪名者共有一万三千家之多，大凡江南名家都被陷害了。

后来经验更增加了，看出这班八股先生无甚用处，最利害的是不膺科举的山林学者。所以顺治末年便兴文字狱。康熙二年庄廷𨱑的《明史》文字狱，七十余人都被杀。三年，孙夏峰入狱；五年，顾亭林入狱；六年，黄梨洲也入狱。但是这种行为，只增加学者的反抗。

康熙亲政的时候，三藩之乱已经将起了，所以就改用了怀柔政策。康熙是一位宽宏大度的人，也是中国历史上的一个大人物。他的怀柔政策分三步实行。

康熙十二年征全国山林隐逸，自然多少无关重要的人都出来冒充遗老了。当时有诗讥诮说："圣朝特旨试贤良，一队夷齐下首阳，（中略）非是一朝忽改节，西山薇蕨吃精光。"但是真的山林隐逸有力量反抗政府的人是一个不出来，所以这一举措不得不认为失败了。

第二着，康熙十七年荐举博学鸿儒。黄梨洲等大儒的门生有被举入的了，但是这些天师仍然不来。顾亭林说是刀绳俱在，不惧一死。李二曲病辞不得，槛车进贤；李七天不食，拔刀自刺，才容他去的。这一招比较可以缓和一部分的人心。

康熙十八年开明史馆，当时学者固然不肯合作，但是对于故国文献仍然依恋不舍，而注意国史之编辑。虽然顾、黄都不到，他们的弟子潘来、万斯同都是顾问编辑，而建议的很多。这是最高明的一招。

康熙这一招把许多有名的学者唤来，他自己又是个好皇帝，政治修明，这一班学者事实上不能再反抗，又因明史馆的关系，因之缓和了许多。这与清朝学术大有关系。

清初的第一期的政策是完全无效的，第二期的政策的结果是使学者不敢说话，第三期政策的结果是缓和学者的感情，使他们专心提倡学术。

此外明清之交有一件很重要的事，即是天主教之耶稣会的入中国。欧洲马丁·路德创立新教，旧教摇动，旧教中热心的人，经了教皇的承认，出来组织耶稣会，他们有三种特色：

（一）比较重科学。

（二）把目的地放在海外的中国与美洲。明末利玛窦到中国来传教，便是看了中国士大夫不能专心信仰，而打起提倡学术的招牌的。徐光启、李之藻都因为研究学问而信了天主教。徐光启译的《几何原本》，字字精妙，他们的学问都是很好的。

（三）交结贵族。在中国便交结士大夫，而不与下等社会接近。徐光启是崇祯的五十三相之一。有一部分学者很受他们的影响。

天主教人看满洲不能有为，乃向汉人运动。永历皇帝上罗马教皇求上帝的威灵帮助匡复的表，现今还在意大利。

明末产生历法改革问题，徐光启主张用西法，清朝的钦天监兼用耶稣会的人。康熙受中国文化，又欢迎西方文化。他的南书房里，中国人有三分之二，西洋人有三分之一。每日必有中国人经筵进讲，隔几天一次请西洋人讲测量学，生理学，等等。所以当时的南书房的翰林是政治中心。当时梅文鼎著了许多数学书，其中最难而有些自己还不能解决的是数学难题，康熙改了几条，梅根佩服。

康熙在文化事业上有几件不朽的事业：

（一）著作《康熙永年历》，数理精问，历象考证及制造观象台上的仪器，即是《凡赛尔和约》使德国退还的仪器，乃是三百年前最好的仪器。

（二）用三十四年的工夫测量内外蒙古，十八省，成了《皇舆一览图》，大臣各赐一幅，康熙都告诉他们自己制造这图的苦心（现在的内府地图是康熙的底本）。

康熙很喜欢美术，三王的画虽然本质好，然而也不能不说是他提倡起来的。他也欢喜西洋美术，焦秉贞（西洋美术家）是一个很得意的内廷供奉。理学对于程朱派很有研究，历史欢喜看《资治通鉴》，日日不离。也能赏鉴中国文学，所以他的思想便影响到全国了。

综合前面所讲顺治、康熙时代之内幕与康熙本人的性格，就中几件重要事实，可以了解清初学术之来历。从顺治元年到康熙十二年，全学术界尽为前明遗老所支配。他们对于阳明学派或大倡革命，或加以修正，总其旨归，皆趋于经世致用一途。他们只用大刀阔斧把学问门径劈开，至其详细条理，精密结构，皆以俟诸后人。其中代表人物之最伟大者，为黄梨洲、顾亭林、王船山、朱舜水等几位先生。

一、黄梨洲　梨洲是王学之继承者，也是王学之修正者。他生长余姚，为阳明的胞同乡。阳明之后传其学者有刘蕺山，而梨洲是刘的高足弟子。他与阳明之关系既深，于王学的根底甚厚，对于王学一面继承，一面修正，而使王学竟得以善终。王学末流，逼近禅宗，一般学者束书不观，游谈无根，以静坐明心见性为其护符，自己之品格毫不置顾，放荡猖狂，空谈高调，甚至如李卓吾所说，"酒色财气，不碍菩提路"者。王学之末流，弊至于斯，在刘蕺山当时已有修正，到了梨洲，矫正更多。（他品格严正，读书极富，）所以与其说梨洲为王学的继承人，毋宁说他是王学的修正者。

梨洲于修正王学外，更擅长史学，清代江苏、安徽两省多出考证学家，而两省之派别也不同。江西多文学家，惟浙江则多出史学家，这是地理的关系使然。浙江所出的史学家，尤以浙东为最显，其原因或者是人的关系。梨洲之父遵素，为魏忠贤诬害而死，临死前，嘱子致力史学，梨洲时年十四五岁，受刺激至为深痛，所以对于史学终身不懈。他有明史案三百余卷，可惜已佚，又有《宋史稿》也未完成。现存最重要的大著作为《明儒学案》《宋元学案》，两书体裁系统，皆极周密。他的门生万季野（斯同）史学最优，现在二十四史，除前四史外，最好的要数《明史》，而《明史》之材料，则出于万。原来现在之《明史》题名"横云山人"者，即系王鸿绪，王以不学之人，主撰《明史》，其中十之八九皆窃自万。历来独立作成一史者，太史公、班孟坚之后，要算万季野了。梨洲再传为全谢山（祖望），又传而为章实斋（学诚），都是浙东人，现在章太炎也应属于此派，他的根本学问，以我说很受些梨洲的影响。不过这也奇怪，他只恭维顾亭林，而不敬重黄梨洲。总之，浙东派论史卓见，确是梨洲开其端。

梨洲是阳明学派之结局人物，也是清代史学之开山大师。

二、顾亭林　清代各学派的门径，皆自他开端，论有清一代学术分上，他要算"太祖高皇帝"了，所以任何学派皆不能对他有微词的。他的品格极方严，他虽是江苏昆山人，而却嫌南人文弱轻浮，所以后半生的生涯，尽在北方。他全生涯的方向，受他母亲的感化很大。他幼承祖父命出继堂叔为子，他的母亲王氏十六岁未婚守节，抚育他成人。他一生学问，一部分得自祖父，一部分得之母教。昆山为清兵陷后，母饿二十七日而死（母时年五十六），死时，遗命其子不得事满洲。他本是一位最富于血性的人，又受其母亲的感化与最后热烈的刺激，故其终身人格和全生涯之方向，遂确定不移地从此立住。他初时只肯把母亲浅殡，立意要等北京恢复，崇祯奉安后，再举行葬礼；过了两年，觉这种希望很杳茫，才勉强把母亲先行安葬了。当时隆武（唐王）在福建遥授他职司主事，他以东南悍将惰卒不足以成事，且又地利不宜于进取，于是决计弃家北游。他想通观国内地理形势，阴结豪杰，以图光复。旅行多年，赖他善于理财，始于不曾困乏。他每到一地，认为有注意价值者，便暂住从事垦田，垦好了交给朋友或门生经理，又往他处。河南淮河一带，山东登莱一带，奉天辽阳，山西大同等处，他俱到过，他到处皆作政治活动，而皆带着秘密性质。他以为南方人力上不足图光复，地理上又难占优胜，故其足迹所至，皆限于北方。他的光阴，一半都消磨在旅途中。他每出游，照例用两匹马换着骑，两匹骡驮带应用书籍，到一关塞险要地方，即寻老兵退卒，野人村夫问长问短，一有不合，便即开书对勘。他的最大目的，只是调查地形险要，一切社会情形和风俗及考古，并不十分注意，不过是附带的记载一点罢了。他往还河北诸关塞者十几年，实际上皆作政治之活动，但以余力从事学问而已。

故老相传他有一件轶事：前清三百年中，在山西有握金融界枢纽之"票号"者，其组织极为奇离，无论多少家总是一样组织法，而号规之谨严亦大略相同。有人说这就是顾先生干的事。他的资本据说是李自成逃至山西留下的。这种票号从清初继续到清末，握有中国金融实权，入民国才算更易。究竟这种事真假不敢说。总之，他的为人是很奇异的，他的天才既极高，他的事迹，自然也绝非书痴子一流所能作。

他为人方正严肃，不稍假借，无论如何，绝不作敷衍事，不讲门面语。他素日早起早睡，任何人请他吃饭，日将落即去，如请其稍为逗留，俟篝灯送行，他便说："天下除私奔、盗窃两种人，焉有正人君子而夜行者？"从此可见他的为人。

他据论语"行己有耻""博学于文"两句为做人与做学问的标准。他深憾当时廉节扫地，学术空腐，极力标出耻字以提撕警醒。他最痛心的话是"士大夫之无耻谓之国耻！"他的书中像这样针针见血的话，讲得很多。他的人格感化力，到了清末，如章太炎和我，皆受了极大影响。他一生提倡学术人格交相并重，他对于阳明大胆地举起叛旗，他以为只有经学，无所谓理学，经学即理学。这话对不对是另一问题，不过清代的一班学者，则视此语为一种信条。他对于朱子很恭维，因为朱子的即物穷理，与他的主张大致相同。他对于阳明则力持挑战态度，大肆攻击，他以为晋之亡也以王衍之清谈，宋之亡也以王安石之新法，明之亡也有王伯安之致良知，相提并论，同事排斥。这种说法，我本人不大赞同，因为我对于荆公、阳明皆极佩服，不过于此处很可看出他事实求是，反对空谈。他如果看见现在青年高谈"马克思"，晨报附刊之无味的吵嚷的学风，恐怕他又要讨厌反对了。

他讲考证学的范围，并不像后来那样窄。他既不喜当时空疏无据之空谈，所以立言总以找出实在证据为准则。《日知录》一书很可表现他这种精神。他主张"博学于文"的"文"字非指文章及书籍中的文字。他说："自身而至于家国天下，制之为度数，发之为音容，莫非文也。"《论语》："尧舜焕乎其有文章"，"文王既没，文不在兹乎！"就是他所主张的"文"字的大意。就各种学问而研究其条理，即是"博学于文"的实事。他的精力绝人，学问上开出很多的方面，《日知录序》潘次耕说他："综贯百家，上下千载，详考其得失之故，而断之于心，笔之于书；朝章国典，民风土俗，原原本本无不洞悉。其术足以匡时，其言足以救世。"所以清代的学问，如经学，史学，音韵学，金石学，考证学等皆顾先生开其端。

黄、顾二先生相较，黄修正王学之功，于明清两代学术，算来只作一个过渡；顾则处处开清学之先，算是一个开创者。

三、王船山　他生在地域较为偏僻，文化比着稍低的湖南，死后二百年，大家才知道他。所以他对于后学发生的影响也很晚：他当时很少与人往来，又不肯开讲，所以没有什么相识和门生，不像黄、顾两位先生之声气那样广。清初，下令汉人剃发，不从就要下狱破家，一班遗老如黄梨洲、顾亭林等既不肯削发去当和尚，又不甘心做满洲奴，但是没有方法解免，只好剃发拖带那条猪尾。船山住在衡山，抵死不肯剃发，只得躲在深山中，足迹不敢到城市。他著书极多，道光、咸丰间，邓湘皋（显鹤）从事搜集，编成一张书目，同治时，曾沅圃（国荃）刻成船山遗书七十七种，二百一十五卷，此外不曾刻的和佚去的还很多。他的遗书中最通行的《读通鉴论》《宋论》两种，在清末为考策论的蓝本，这两种书内提倡种族主义的话很多，他自己政治上的意见，也常常借着批评史事来发表。他论史的眼光很特别，他的论断也很多翻前人的案，这两书在史学界上，总算有很大的威权和功绩。对于政治上就是清代后来的政治改革，也多少有受这两种书的影响的地方。

他对于宋儒很佩服张横渠一人；但他比着横渠却更有深刻的研究。他委实想独创一派哲学，他对于性的见解，和前人都不相同。以前有的说性是善的，有的说性是恶的，有的说性是善恶混的，却只在形而上的地方发高论。他以为先不要问性是什么东西，先要问我们怎么知。他有《知性论》一篇把这种主张提出。他说：

　　言性者皆曰：吾知性也。折之曰：性弗然也，犹将曰性胡弗然也。故必正告之曰：尔所言性者非性也。今吾勿问其性，且问其知。知实而不知名，知名而不知实，皆不知也。……目击而遇之，有其成象，而不能为之名。如是者于体非茫然也，而不给于用。无以名之，斯无以用之也。……知名而不知实，以为既知之矣，则终始于名，两惝恍以测其影，斯问而益疑，学而益僻，思而益甚其狂惑，以其名加诸迥异之体，枝辞口兴，愈离其本。……夫言性者则皆有名之可执，有用之可见，而终不知何者之为性，盖不知何如之为"知"，而以"知"名当之。……故可直折之曰：其所云性者非性，其所自谓知者非知。……（《姜斋文集》卷一）

　　他这种哲学出发的方向，很与西洋哲学趋势，有些相似。西方哲学家前此惟高谈本体，后来渐渐觉得不辨明知识之来源，则本体论等于瞎说，从此认识论，论理学就成了哲学的主要部分。中国最初所讲的哲学，大抵不问知识的来源和本质，所以船山的这种见地，在学术史上总算有极大的贡献，我对于船山的学问，未得深加研究，所以即刻难把他具体讲出，以后如有人能致力于此，我相信总要有很多发明罢。船山学术，二百多年没有传人，到咸、同间，罗泽南、曾文正等始稍受其影响。晚清之末，三四十年间，立宪、革命两派主要的人物，如我的朋友谭嗣同，他就是最得力于船山的。

　　四、朱舜水　他在国内几乎没有人知道；然而却在外国生莫大的影响。他也是浙江余姚人，而为阳明、梨洲的胞同乡。我们研究他的传记，知道他曾在舟山和梨洲同事一年；但他俩却是不曾相识，说来总算奇怪了。我们推测这种原因：当时梨洲才华很好，早有声名，而舜水韬光匿名，不事表暴，而且他又不喜阳明学派，因此两人遂相隔阂。梨洲不知舜水，舜水亦复看不起梨洲，也未可知。梨洲晚年曾有过记两异人的一篇文章，其中一个就是朱舜水；但他把"朱"误记为"诸"，姓就记错了。舜水在遗老中，最为激烈，最初阮大铖和军人方国安想收罗舜水，他就逃跑到舟山，随后又逃到日本。福王失败，鲁王以郑成功力支撑十五年，十余年中，舜水时而跑到日本，跑到安南，跑到暹罗，时而返回国内，来往舟山、厦门各地，天天奔走国事。他曾和张苍水（煌言）在舟山共事，他曾入四明山助王完勋（翊）练寨兵，他又曾随郑成功入长江北伐。他想联络安南、暹罗、日本那些华侨，以图恢复，中间所历艰难危险，多到不可名状。有一次安南王莫氏想攻黎氏，听说舜水的学问文章很好，将召之去做他的"秘书"官，教他拜礼，他不干；当时曾杀了好多人来当面威吓他，他仍然不少屈。他的坚强卓绝，可想而知了。

到了最后，明事百无可为，他又抵死不肯剃发，只得亡命日本以终老。当时日本排斥外人，不许居住，有几位民间志士，很敬重舜水，设法破例留他住在长崎。他自食其力，种菜为生。后来因为他的人格的高尚，学问的渊博，渐为人所知。在长崎住了七年，日本宰相德川光国迎他到东京，待以宾师之礼。德川光国亲自受业为弟子，其余藩侯请业的也很多。这很像我们中国春秋时代诸侯延聘客卿的样子。光国对于舜水真是恭敬极了，他每经过舜水门前，便弃轿步行，时或问疾，也是柔声下气，不敢惊动。舜水对他们随便讲说，间或笔谈，现在舜水遗书，即系德川光国为之收集刊刻。舜水以极光明俊伟的人格，平实淹贯的学问，和肫诚和蔼的感情，给日本全国人以莫大的感化。日本史家盛称的"德川二百余年太平之治"，其最大功绩就在舜水。后来德川光国著一部大日本史，专标"尊王一统"之义，五十年前，德川庆喜归政，废藩置县，成明治维新之业，光国这部书功劳最多，而实在也就是舜水的影响。前年日本为舜水做三百年纪念，举国若狂，所有的出版物新闻杂志之类，皆标着"舜水号"，可见他感人之深了。他后来死在日本，就葬在日本现在的茨城县太田驿附近水户藩主德川氏墓兆内（现在日本第一高等学校校址，即系德川光国为舜水所置之住宅）。辛亥那年革命之后，我们主张把他老先生的骸骨迁运回国，日人大为反对，此次日本地震，我很怕他的住宅遭了不测，后来还好，听说没有什么，而且地震的时候，还有许多中国留学生，在此处避难的，以我想这些留学生于患难之中，得瞻仰这位老先生的遗迹，对于他那蒙难坚贞的精神，应受不少的感化罢！

舜水一生学问，在中国没人知道，而跑到日本发生这样大影响，他可说是我们中国学界之哥伦布。

晚明遗老，于旧学风站不住的时候，而东冲西突，各自努力去创造一种新学派的人很多；不过其所成就，都比上述四位先生较小。大概从顺治元年起，直到康熙二十年，学术界的状况，都是这种创造的学风，结果只算于学术上开了多方面的门径，实际条理和细密的地方，都是不曾作得成功。

康熙二十年后，形势渐变，遗老大师，都已凋谢，后起的人，对于满洲政府，不似先前那样之激烈反抗的态度。先辈所讲的"经世致用"之学，原是想推翻满洲的，到这满洲政府基础巩固的时候，再想建设一种理想的政治，已是不可能了。本来讲论政治，要当根据现代政治的状况。那时政府既不能与谈自己之理想和主张，而经世致用之学离却了现在，又都成了空话。梨洲、亭林当时还勉强不算为空话者，他们希望有些人能够行其主张，已经知道主张没人行了，那么，与其发为政治的空论，倒不如单讲学术之为愈。康熙中年以后，经世致用的学风，一变而为考证之学，这是学风转变的第一种原因。

清初经过文字狱的险恶时代，大家一开口便罹奇祸，无论如何不畏强御，皆不能不为缄口。当时遗老也就没人敢再轻谈政治，而只得寄精神于考证一途。这是学风转变的第二种原因。

康熙平三藩后，社会安宁，一般人都很安心作学问；但是要谈心性的学问呢，不高兴作；要谈经世致用的学问呢，却又不能作。一个人的聪明才力，没有发泄的地方，遂不能不转一个新方向来治他种学问。这是学风转变的第三种原因。

康熙帝对于学术很努力，而对于各种文化，又都有兴味，声气所拨，大家也都受些影响。这是学风转变的第四种原因。

有了上边四种原因，所以从康熙二十年后的学术，讲到波澜壮阔气象宏大，皆不及前；但是条理的精密和切实处，则远非以前所能有。历来学术史上有种公例，就是在社会乱离的时候，人的力量只能顾到创造一方面，等到社会安定之后，乃把以前之所创造者，加以整理。清代学术，也逃不了这个公例。

康熙中年以后，学术上重要的潮流有五支：

（一）阎百诗（若璩）、胡东樵（渭）一派，承接顾亭林，乾嘉以后之经学，皆其所开。

（二）万季野（斯同）、顾景范（祖禹）一派，承接黄梨洲，开后来之史学。

（三）梅定九（大鼎）、王寅旭（锡阐）一派，努力于天文历学——自然科学，承接晚明耶稣会的利玛窦一派，而开后来之科学。

（四）陆桴亭（世仪）、陆稼书（陇其）、张杨园（履祥）、张稷若（尔岐）一派，承阳明学派之反动，而宗程朱。

（五）颜习斋（元）、李恕谷（塨）、王昆绳（源）一派，他们对于从汉以来之二千余年的学术，都持反抗态度，他们那种大胆的破坏，前此真没有人能及。

他们的学术特色，在排斥一切空谈静坐的枯寂学问，和一切记诵考证的支离学问，而提倡实用和"习动"。他们以为静坐空谈学问，必至厌事，废事，柔脆无用。他们以为谈天说性都是不相干，应该是"振起精神，寻事去做"。像他们这样很具有近代精神的人，我们如果不师其迹，而师其意，在今日还是很适用的。

此外派别很多，不过这五派算其大者罢了。

过此以后，就到了满清全盛时代，——乾嘉时代，各学派皆就停滞，只有考证一派学问盛行。说到这里，就发生了两个问题。

第一，科学一派，既经康熙的提倡，学者的研究，为什么后来忽然中止？

第二，以前学派如此之多，何以后来全就消灭，只留考证和训诂一派？

现在先回答第一问：

科学主要源头为耶稣会，晚明之际，耶稣会的传教士，如利玛窦、阳玛诺、汤若望等到中国来，中国学者如徐光启、李凉庵等都和他们往来。徐、李以学者而兼高位，到清康熙帝又加意提倡，"上有好者，下必有甚焉"，一时风气大开。但到后来发生两个波折，一是关于耶稣会的自身，一是关于中国的内政，科学一派却又中断了。

耶稣会传教的方法，总算巧妙，他们以为初到中国来，急着传教，怕引反感，所以先拿科学的介绍做先导，等到得了信仰，再传他的教，就容易了。他们又徇中国人的习惯，以为中国人拜祖宗，祭天地，和他们教中的"不拜偶像"的宗旨是无冲突的，拜天就是敬上帝 God。罗马教皇听说了这种办法，以为违犯教旨，大发雷霆，乃于一七〇四年，下教令不准耶稣会用这种态度在中国传教，并派特使多尔孟（法人）到中国监督查办。康熙四十四年，教令发布，康熙大怒，把多尔孟押解至澳门，其他各教士亦多被逐出国外。那时正当葡萄牙人与法人争教权而起恶感，适多尔孟为法人，就把多杀却了。耶稣会经了这次挫折，科学的萌芽，也遭了很大的打击，这是科学中止的一个大原因。

此外有官书未载而为故老相传之一事，与这个问题也有关系。康熙末年，第八皇子与太子争位，结果以第四皇子雍正即位。从康熙五十二年起，为着这个问题，闹了好几年，因为他们宫庭的私斗，也随着影响到学术界。原来耶稣会专好结纳那些阔人，所以早和太子结合；雍正则意在夺太子，而联结喇嘛。到后来太子失败，耶稣会也随着一败涂地。雍正元年十二月初四日，浙闽总督满保说是洋鬼子好捣乱，奏请把外国人驱逐出国，于是除在钦天监做事的几个外国人以外，其余尽被解送到澳门去了。康熙六十年来之科学修养，到此根本铲除，而此后与西洋学术界断绝来往者遂二百余年。这是科学运动停顿的第二个原因。

第二，为什么各派学术全就消灭，只余考证、训诂一派？

雍正为人，刻薄残忍，其帝位全为阴谋所得，不能不以手段来治理国家，所以即位之后，杀害兄弟，诛戮大臣，到处派侦探，监督各方面，简直是一个恐怖时代。故事相传：有他的状元王某新年在家玩牌，少了一张，过几天朝见时，雍正问他在家何作，王以实对，雍正随将其所失之一牌与之。像这样人人都谋自保还来不及，那还有力来研究别的东西？

讲到文字狱，清初很闹了几次。康熙末年，为着太子的事情，很不高兴，又有意兴文字狱。雍正二年，汪景祺一案，四年查嗣庭，七年吕留良等案，反株连了很多的人。在前文字狱还得经过告发，现在则完全由雍正自己罗织而成了。

雍正本无学问，而又好出风头，他一生有两种得意的书：（一）《拣魔辨异录》，（二）《大义觉迷录》。前者是同一个和尚开辩论的书，后者是与一个秀才开辩论的书。两书记载的，都是他的宗教政治谈。一位大皇帝同着一个穷和尚穷秀才打笔墨官司，这等事古今中外都很少见。要说为求真理起见，自然也不能限定不教皇帝加入，不过他的态度太不好了。当初法藏（禅宗）的弟子弘忍著有《五宗救》一书，雍正见了大怒，随着《拣魔辨异录》来批驳他，书成，又下了几千字的上谕，教尽焚毁《五宗救》之书，并教法藏一派的和尚返俗，这简直和罗马教皇的派子差不多了。《大义觉迷录》一书更奇怪了！湖南有个秀才名叫曾静的，受了一点民族主义的影响，天天在那里想着赶走满洲人，他上书岳钟琪说他是岳飞之后，教他造反，并数了雍正的杀戮兄弟诛灭宗族的十大罪状。钟琪将他的书原样上给雍正，雍正说他是妄人，亲自提讯曾静，面与驳难，把这种口供录集成书，名《大义觉迷录》。结果将曾静屈服了，并代作一篇归仁说附在书后。他以为曾狂愚不足怪，一面市恩令其无罪返里，一面则族其师吕留良三族。并将《大义觉迷录》一书颁发学官，使大家当作《论语》《孟子》读。乾隆年间，复将此书收回焚板，遂成一种禁书，后来再想谋此书看也殊不易得。大抵其中不少自暴其丑的地方，所以不愿人见了。

雍正在位十三年，对于学术思想，乱事干涉，全国很受些束缚的影响。到了乾隆这位阔少爷，他的学识虽然有些在他祖老太爷之上，而他好慕虚荣，一面要做他的文德武功，一面又要问问各种学问，所以他的猜忌之心，与其父简直不相上下。他对于学术界，一面干涉，一面提倡，从他三十九年到四十七年的几年之中，屡次发表禁书之外，更焚毁了书籍一万三千八百六十二部之多，所谓"黄金时代"的思想之不自由有如此！在这种专制积威之下，一般人聪明才智无所可用，乃不得不攒在这种不生乱子的考据古典的一种学问里去。

记得有部小说说清宫那时演戏，动致闹乱子，演武戏，他说是海盗，演粉戏他说是诲淫，演忠义戏，他说于种族有关系，到了无东西可演的时候，只好拿着《封神演义》和《西游记》上那些"齐天大圣"一类的虚幻飘渺的戏来演。清代的考证学，犹之乎清宫演"齐天大圣"的戏是一样。

清代学术中最重要的是考证学；考证学是清代学术的中坚。清朝一代学术最发达的时期是乾嘉。其实拿学术史的眼光来看，反是清初与晚清有新的气象，乾嘉时代倒是没有什么精彩的。大凡一种社会，进步的起伏都是如波浪的，有高起的时候，有平静的时候。乾嘉的全盛时期是平静的时候，所做的功夫完全是整理。

清学本为晚明阳明学之反动。第一步反动，反动到程朱。在这个反动中间，黄梨洲、孙夏峰是结王学之局的人，王船山、顾亭林是由王学的明学回到程朱的宋学。康熙、雍正两朝是宋学的全盛时代。乾隆时代汉学与宋学对抗，汉学打倒宋学。

宋学全盛的原因是由于最初满洲本无学，进关之后找读书人帮助；如范文程便是一位开国文臣，他是不学无术的。他们自己读性理大全，四书集注，八股，他们教皇帝也用这些东西。皇帝所知道的不外中国的朱熹。皇帝一面做政治事业，一面做道学先生。当时文人之气象好的便与满洲合作。孙承泽、陈名夏都是清初得意的降臣，他们都是明朝的官吏，先降闯王，后又降清，清初只有这样一班人是程朱派学者，可以享很高的地位，终日屈着腰不做什么事，也不必多读书，又不似阳明学者之才气过人而无"乡愿"气，所以能投时主的心理，所以有许多人天天打着程朱的旗帜来骂阳明，这样的人康熙年最多。那时程朱猖獗是一种不好的现象，朝廷利用程朱，民间反抗程朱，结果出来三派：一派是人家越骂阳明，他们越讲阳明，如江西的李穆堂（绂），浙江的全谢山（祖望）。一派是对于二千年来的学问革命的颜习斋（元）。一派是顾亭林（炎武）、阎百诗（若璩）、胡东樵（渭）说"经学即理学"，以汉学抵程朱学。

以地方而论，北方讲程朱者多，江浙则汉学多。康雍五六十年间，都是两方对抗的。乾隆中间，汉学派占全盛，民间学风战胜了朝廷。乾隆开四库馆，动机是这样。最初李穆堂、全谢山曾看见《永乐大典》，《永乐大典》是最笨的类书，用诗韵的第一字为纲，如"大"字下面写"大学之道……", "大……", 它的好处是保存了许多佚书）他们看见即抄。财主如宁波范家的天一阁，扬州马家的舍经堂都是私人的图书馆，雇他们抄佚书，两家的力量集成了二三十部书。后来渐渐有人知道这些书籍宝贵，于是渐渐在北京提倡，想开一个更大的局面，到乾隆三十年，朱筠（竹君）上奏请开四库馆。朱氏是代表汉学派的人。刘统勋（谥文正）是代表宋学的，便大反对。结果是朱胜了，把四库馆开成。这是汉学的战胜宋学，江浙的学风战胜朝廷。乾隆三十八年至四十七年共十年之间，著录书三千四百五十七部，共七万九千零七十卷，分出各地方。第一部在北京禁城之文渊阁（今存），第二部在圆明园之文源阁（咸丰间毁于英法联军），第三部在奉天之文溯阁（今存），第四部在热河之文津阁（今移存北平图书馆），第五部在扬州之文汇阁，第六部在镇江之文宗阁（以上两部都毁于洪杨之乱）。第七部在杭州之文澜阁（经洪杨之乱半毁，现在补钞了许多，但是尚未钞全。）。

编四库全书的时候，内面主持事情者共有三百余人，著名学者如戴东原及各门专家都网罗在内，因之四库馆便成为汉学家的大本营了。结果编成一部《四库提要》；这部书是汉学思潮的结晶点，这部书的面子上很恭维程朱，内容都是不满意他。这是以政府的力量整理书籍的一件最大的成功。用政府的力量整理书籍固然不是从清朝开端的。如刘向校秘书的《序录》，这是政府方面整理书籍成功的著作。此外私人著述的如晁公武之《郡斋读书志》，陈振孙之《直斋书录解题》等书都是。这种著作的体裁虽似《四库提要》，但是《四库提要》的关系特别重大。因刘向所作的序录，并没有时代思潮随在后面，晁、陈的著作又是私人的，而《四库提要》乃是一时代的思潮，又加上政府的力量公布，所以这部书的力量是非常的大。《四库提要》里面每部的意见都是四库馆的公共意见；所以全部有组织，有宗旨，文章也好。借重政府的力量，力量又特别的大，所以做成功了政府反对宋学的局面。于是汉学便变为学阀了。这一点政治与学术也很有关系。

在乾嘉诸老范围之内，可以分为几派：

（一）吴派　惠周惕、惠士奇、惠栋为首领。这一派人讲学专讲好古，无论什么，都是汉朝人的最好，汉以后的便不要了。在考证学初开，一定是这样的。这一派专讲记诵的功夫，博学而以好古为目标。这一派是只有对于程朱的反动，如何组织，尚未讲到。

（二）皖派　戴东原为首领。在戴之前有江永（慎修），所以并称江戴。戴不单讲考证学，又有哲学。戴派学风是"求是"。求是与好古不同。吴派是好古，"古"即是"是"。戴不问古今，惟"是"所在。不过以为事实上的"是"古比今多罢了。这一派是真的考证学，吴派是"纯汉学"。

苏州一带宗惠，安徽江北则宗戴。惠博学而于考证上不十分注意。高邮王氏父子是江北人，所以宗戴。这两派是乾嘉学术的中坚分子。

（三）扬派　这一派发生的地点是在吴皖之间，（扬州）这一派的领袖焦循、汪中是参杂吴皖两派的，不过范围更扩大了。焦、汪又提倡诸子与经一样的看待。

（四）浙东派　浙东全谢山、章实斋是由黄梨洲传下来的史学。章说"六经皆史"，与顾亭林之"经学即理学"一样的大胆。这一派在当时很特别。虽然当时力量不很大，但是到晚清与今日正在增进。

（五）常州派　地理上这一派与苏州很近，但是学风很不同。最初是恽皋闻（鹤生）讲颜李之学。恽初欲拜李刚主（墭）为师，未收，乃更为颜氏弟子。恽极力提倡颜李之学，后来常之读书人皆出其门下。恽是雍正与乾隆初年的人，为乾隆一朝之大学者。这一派至嘉庆时又出了很多的人。

嘉庆时又有庄方耕（存与）提倡今文学，专讲《春秋·公羊传》。以春秋为孔子的政治论，而不是"断朝烂报"。以为一切的经典都可以经世致用，而不是纪载之学。其外孙刘逢禄（中受）是今文经学大师。

又有一派文学——阳湖派古文——与桐城派对抗。这一派的领袖是张惠言、李申耆、洪亮吉，他们做出一派很畅达的文字。李又是史家，研究史地很用功。张研究经与诸子。这三派成功常州学派。

在以上这几派当中，浙东与常州是后起的，是汉学与考证本身上的脱化。浙东是另一种的考据学变成新派。常州也由考证底子而出的新派。

此外又有佛学派。在从前的时候，是先偷佛教教理，因不敢明白承认，反出而骂佛。宋、元、明都是如此的。清代的佛学是明标佛学的。这一派有彭允初（绍升）、汪大绅（罂）。在乾嘉时代，考证学是学阀。这一派反对考证，也不赞成宋明之学，以为宋明之学是仍在佛下的，何以居其实不居其名呢？他们与以前讲佛的不同，晚明是禅宗，清是净土宗。从净土宗入手，不讲高调，一切都脚踏实地，有纯洁的信仰。后来的杨仁山先生便是这样。所以乾嘉时代的重要学派只在长江流域。这一点的地方又分出江、浙、皖各派。所以在文化上是有江南、浙江垄断一切的现象。

这几派的工作如下：

1. 注解经书　一句或一字的训诂，或一件名物，都作成笔记或短篇的论文。此外每部经皆有新疏，《尚书》有三四部，《诗经》有好几部，《公羊传》有几部，《周礼》清末出，《左传》为仪征刘氏作，《尔雅·孟子》也有新疏，都是一个一个的学者毕生精力做成的。

2. 史料之搜补与鉴别　将各朝历史补表补志，或对于前史有未充者补之，错者改之；所作的都好。又喜欢作年谱，几十个大学者大政治家的年谱都成功了。对于本人的当时的背景及后来的经历，作的都好。

3. 辨伪书　清朝学者善怀疑，阎百诗、惠定宇是在先开路的。一部书辨明是伪的，便使学者连带着怀疑其他的书，如阎考证出来古文尚书是伪书，结果是大家对于此书不生信仰，并且怀疑其他的经书。这样伪经伪子都陆续辨明了。

4. 辑佚书　散失佚亡的书籍很多，《四库全书》的做成，便是从《永乐大典》中辑佚，于是自他类书如（《太平御览》，《艺文类众》，《初学记》）中辑佚更有趣味。《竹书纪年》是东晋的时候汲郡人盗发魏襄王墓发现的，是一部很重要的历史；宋初尚未亡，清人在《太平御览文选》注唐人集子里所引，竟辑出一部分。《世本》是《史记》底本之一，清人到处寻找，终找出篇目。这样的子书与经注都找出不少。

5. 校勘　字句错，章节错的审定。最初校勘错本，如顾千里的校勘，后来又有高邮王氏父子，自上下文校勘，自他书所引校勘本文。戴东原校《水经》，先下几个例，后研究经的本文，析成经注，以求与例相合。虽近武断，但是结果，是使人不能不承认他的主张是对的。《墨经》自毕沅、张惠言后，经上、经下才放出一线的光明，使后人才可以着手研究。

6. 文字训诂　初是为注经之用，后来附庸成大国，字义字形的变迁成了一种专门学问。高邮王氏之《经传释词》，德清愈氏之《古书疑义举例》，皆字学的研究。自此发展出来，成今日的语法文法，及文字形义学。

7. 音韵学　本为小学附庸，后来才渐渐地发达。顾亭林之后，学者研究的很多，初限于三代，以后对于音韵的变迁，都有研究，不拘时代，而及于各处的方音；最后成功了注音字母。

8. 算学　清代经师无不习算。乾嘉间校书的结果，得了几部宋元的算书。李尚之（锐），汪孝婴（莱），焦里堂（循），都是在算学上有很大的发明。

9. 地理　地理与史学是否应当合而为一，抑分而为二，是一个问题。但是凡地理上带着讲一点历史的都可以发生很大的兴趣。清之地理为考古，清末专研究边疆地理，如蒙古、西藏。不过交通不便，又无外国书，所以用功虽勤，结果令人不满。

10. 金石　初为顾亭林提倡，清朝的大学者对于他都多少的有点研究，初限于碑版，后加入钟鼎，再后陶器。清末河南发现殷墟骨甲书契，新疆发现竹木汉简，金石的范围更扩大而复杂了。金石之学有一种变为古物学的趋势。再发展则与史学更有很大的关系，或者将来全部的古物发现的时候，中国的全部历史恐怕便不能与现在一样了。

11. 方志之编纂　乾嘉时代的风气，地方官不修志书者则引为大耻，所以著作出来的志书极多；新州县都有志书出来。每编一部志书的时候，都是先找大学者定出体例，然后募人编纂。当时学者的生活是修志书，修族谱，这些学者以劳力取得衣食，是一种很正当的职业。乾嘉时代的志书都好，大约每部志书都可以找出来内面总有著名的学者在内编辑。志书虽然芜杂，但是在史家搜集材料，也是觉得很宝贵的。

12. 类书之编纂　　最初编纂的是梁武帝。后来的一切的佛教，经，史，差不多都是政府之力成功的。清代政府也编纂得不少，如图书集成便是一种这样的类书。也有私人编纂的，也有官署编纂的；阮元为浙江巡抚的时候，编纂出来一部《经籍纂诂》，专门的类书陆续出现。

13. 业书之校刻　　刻书的事业虽然北宋时即有，但是到南宋时代刻书的事业才大大的发达起来，关于刻业书方面，明末刻汲古阁业书，但是当时在审定本子上并不注意。清代刻业书是先校善的本。业书的功用是保存小书，这些小书因字数少，难藏而容易亡佚，于是搜集起来，分类刻成业书，便保存起来了。乾嘉时代大业书都刻起了。不过咸同间因洪杨之乱，所出的都少而不好，到现今还未发达起来。

以上十三条不过大概，也不是科学的分类。但是虽然不能尽包学术的全局，而工作如何，方法如何，成绩如何，也可以看见一点了。

乾嘉时代的考证学至今并未破产，且转一方向与各种学问发生关系。不过乾嘉以后，渐渐脱变而至于衰落。原因由于政治方面。盖当时一班学者之从事考证古典，纯由于政治之压迫。有清一代，最不自由的是雍正一朝。后乾隆初年到三四十年间，束缚思想很厉害，晚年才渐渐松懈起来。当雍正时代，人民排满思想还存在，看《大义觉迷录》即可知。乾隆中叶以后，此种思想日渐消灭，汉人同化于满者已十之七八，当然用不到再极力地实行其压迫政策。满人威权至乾隆已达于最高，乾隆自谓道高五帝，德迈三王，其实末年已财穷政弊，康熙一朝培植成的元气，雍正一朝整理好的政绩，至此已扫地无余。乾隆本来和梁武帝、唐明皇有相似处，武帝、明皇后皆衰落，而乾隆能继承祖业，不过因他虚荣心太重，把皇帝所能享的快乐名誉，完全享尽，所以把清代元气也亏损尽了，大乱之机已伏于此。乾隆因为做皇帝的年代，不愿超过皇祖，所以只做了六十年的皇帝，后来又当了五年的太上皇，因为受的恭维太多，年老不能管事，所以使和珅得以专权十几年，闹到宫廷之间，贿赂公行，把康雍两朝的政绩，及他本身前四十年的好气象，到晚年完全破坏，所以大乱之根也就伏于此了。至于不能立刻就乱的原故，却是全靠康熙。康熙确是一位理想中的皇帝,培养的根底很厚,所以不致骤行破裂。乾隆死后,几乎全局尽裂,幸得嘉庆、道光两个平稳皇帝极力维持,并且把乾隆所为的改革不少,处处往收敛朴素处做,(道光时有旧衣料比新衣料贵之说)。前此剩下了一点余绩,这二人又很稳健,故大乱未发。但是各地闹匪,四十多年无一日安宁,社会在阴郁不安的状态之中,也困难得很。在这时候,学术界虽仍继续用他们的考证功夫,但有一不同之点。以前康熙至乾隆四十年止一百年间,对于政治绝口不谈,最初是不与满洲合作,后来是不敢谈,恐怕政治妨碍到自己身上。但是到了乾隆四十年以后,学者便渐渐地关心政治了。如经学家王怀祖(念孙)做御史的时候,因弹劾和珅而降官;史学家洪稚存(亮吉)新点翰林,因应诏直言,被充军到伊犁。都是很明显的例。一部明儒学案中的学者最喜干政,个个关心国事,而清康、雍、乾三朝绝无谈者,这是一般学者态度上的一个大变迁。是应当注意的。

常州学派在考证学中本是一小旁支,而到了嘉道之间,范围就扩张得很大,几乎附庸蔚为大国,恽皋闻(颜李之学)、庄方耕(经学)、张惠言李申耆(古文)、洪稚存(史地之学)四个源头汇而为一,成为常州学派。嘉道间该派代表:一为杭州龚定庵(自珍),一为湖南魏默深(源),他们的学问四源皆有,其思想上是颜习斋,讲的是古文经学,文章体裁很解放,并讲佛学。因思想新,文章好,在乾嘉考证学的基础上,发生出来一种经世致用之学。此二人之著述。在当时并没被人看重,而至光绪年间,影响于青年之思想很大。我青年的时候最喜欢读龚定庵的书,到三十岁以后,才因其浅薄而讨厌它。现在龚集差不多还可以背诵,此外魏默深的《圣武记》及《海国图志》(后一种是很奇怪的书),这都是我欢喜读的。

为什么常州派能到后来发挥光大呢?其原因有三:

(一)因考古工作大部分被前辈做完,后起者不能不走别的路,如研究文史及西北地理,如蒙古地理;不如此则无新路可走。

(二)当时政治不安,大家渐觉长此以往大不得了,自然不能不研究救济之法。

（三）雍乾两代满洲威严很强，处处干涉人民的思想。嘉道无此野心，中央政府之权威渐落，大家对于政治社会种种批评皆起。由此转头而过渡到新的局面。

在这个时代，因中央政府的威权低落而致思想解放，常州学派便因此起来，作为正统学派与后来西学输入中间的过渡期间的学问。在当时戴东原、段玉裁、王念孙一班的考证学已经成为一种学阀了。

乾隆晚年种下的毒，经嘉道两朝的弥缝，勉强支持，至咸丰、同治间乃大为爆发。咸丰十一年间和同治十三年间，要算清代最大的厄运。洪、杨之乱，大江南北闹了十几年，跟着，捻匪、回匪、苗匪大起，北方又有英法联军之乱，闹得全国之内几无一片干净土。在此状况之下，政治变动很大；单就学术论，受的恶影响亦复不少。至今杭州、南京、镇江等处尚能见洪杨之屠杀痕迹，此外如庐山千年的古迹，一炬而尽。其害实不可以胜道。人谓秦始皇之焚书，不如项羽之屠咸阳，我看洪杨之乱也赶得上这两桩祸害了。当时号称文化中心的各省受摧残特甚。所以藏书及文人的著作消灭不少，实在可惜；许多学者之生命不能维持，青年亦不得安心向学，其影响于学术界者当然不少。咸同之间，所谓乾嘉诸老已成为历史上的人了。当洪杨乱事之前后，社会思想变迁，开出三条新路：

1. 宋学的复兴　乾嘉学者门户之见颇深，比晚明还要厉害，大家看不起宋学，以学阀势力压制他种学问。汉学中的几个大师创造之力虽大，而趋炎附势者多，不得不腐败，故嘉道间之汉学，已成为熟而烂之学派了。因为后来支离破碎，不能创造，偏是气焰很高，当然要引起别人的厌恶。此时讲宋学的最重要的一人即罗罗山（泽南），在湖南乡下教书，很受王船山的影响。他的朋友江岷樵（忠源）也讲宋学。洪杨之乱，亏得这班人出来平定。彼时曾国藩丁尤在家，自出办团练，成大功。罗也是自己练兵成的功。罗罗山的好友刘霞仙（蓉），郭筠仙（嵩焘）及罗的门生李续宾、李续宜等一群无用的书生，专靠宋学的修养功夫，把人格修得极正，精神也很好，所以能统兵成功。洪杨乱起，汉学家束手无策，只等待人被杀而书被焚，而研究宋学的先生们能提刀出马，与匪相打。从此社会上对汉学的评价就变了。

2.**西学的萌芽** 雍正元年把耶稣教赶出，同欧洲断绝关系。道光时鸦片之争，咸丰朝英法联军入北京，经过这两次痛苦，虽麻木不仁之中国人民，亦不能不感觉剧烈的刺激。洪杨乱后，曾国藩等极力提倡"洋务"。中国几千年来同外来民族之接触少，其原因，因为东方诸国除印度外，其他各国的文化皆远在吾民族之下，这也是地势使然。因为外来民族文化程度很低，于是更觉得中国的文化最好。耶稣教输入后，才有西学之目。当时所谓西学，除天文，算法，测量，地图外，主要者即是制大炮，所谓"红衣大将军"。明朝打满洲时，即在南边找外人制炮。康熙朝打吴三桂，征准噶尔，皆临时聘外人制炮。后来不用炮了，也就不用外国学问了。此亦西学中断之一因。咸丰以后，讲西学之动机亦由于此。自香港失后，五口通商，烧圆明园，渐渐感觉到自强之必要，又看到外人之船坚炮利，所以曾国藩在南洋，李鸿章在北洋，沈葆桢在福建，极力提倡，上海有江南制造局，福建有马尾船政厂，皆为制船炮而设。于此可见当时讲西学者之心理了。此外，因言语又与外国公使的事情太多隔阂，想说几个 Yes，no，也非要翻译不可。于是在总理衙门开同文馆，上海开方言馆。接着又挑选了些十岁上下的孩子到美国去跟了洋奶妈学话，唐绍仪就是这第一期留学的老学生。第一期的西学不过如此，当然在学术界不发生影响。但江南制造局成后，有些忠实学者，译出的科学书不少。国际公法也译出几部。在今日看那种学问，固然很普通，但确合当时之用，译的也很好，如李壬叔（善兰）、华蘅芳（若汀）的书现在还存在，

比今日之志在卖钱的贩卖品的译书匠要忠实得多了。此后渐知"洋鬼子"船坚炮利之后尚有东西，观念又为之一变，但也不过少数，一般士大夫仍极力排斥。欲知当时情状，可看郭筠山（嵩焘）之《养知书屋集》。曾国藩之出山，即由于郭之致辞，曾的许多后台戏，都是郭唱的。第一任英国公使就是郭，第二任是曾纪泽，第三任是薛福成。英国方面看到中国初派的公使就是这样的了不得，他们哪里知道全国仅仅有这么一个人才呢？因他最了解外国情况，回国后，很想有所兴革，而大家群起反对，结果也站不住了，遂回到家去了，看他的

书可知当时情况。

3.排满思想的引动　洪秀全之屠杀实在不对，不过他的旗号很正大，与一部分人的心理相契合，战将甚多，文人亦不少，如钱江，王韬，都是"了不得"的人物。政治经济如李秀成，李的政治经济不下李文忠、王韬创的申报馆，他是洪秀全开科取士的状元，逃安南，随外国人走欧洲，亡命上海。我去看他，已老将死。洪的得人心，在于用驱逐胡人的旗号，他的失人心，在于造天符天书，并创造一种"四不像的基督教"，谓耶稣是他哥哥，他排行第二，杨秀清是老三，等等怪话。一方面又非常残酷，曾国藩等反抗他，即由他非"仁义之师"。虽然洪秀全是胡闹，但是他的旗号确是革命的旗号。因此，洪杨之乱不能与一般流寇同样看待，在历史上不能不认其有特别的价值。

咸丰十一年间，无时不在纷乱中。同治元年，洪秀全亡，此后十三年中，完全在继续恢复的时代，精力全消耗在这里边，当然文化无大发展。光绪即位，经过隆冬，开春发芽，此一朝之考证学又走了几条新的窄路：

一、金石学以前固有，现在更进步。
二、元史、蒙古史，西北地理的研究。
三、周秦诸子。

以上这三路便是考证学者所走的新路。当时宋学也很有些人讲它。光绪初年，国内秩序虽渐恢复，而外部压迫日紧，从六年改订《伊犁条约》起，中法、中英各种交涉相继而来，已给留心国事者不少刺激。二十年与日本战。把台湾、辽东半岛割去，兼赔偿军费；接着德、法、俄争辽东，丧失又甚钜。因此，把全国空气搅得很乱，思想界根本动摇。青年们天天想中国积弱之因及补救之法，种种问题旋转于脑中。——因政治之变迁引起思想界之变迁，互为因果，以至于今。

思想之发生因为伏有种子：将种子晒干放入瓶中，一点也不动，拿来种入地中，仍可发芽。大思想家的话不管当时发生效力与否，他也总可藏在一般人的下意识中，遇机会就可发动。清初几位大师——黄、顾、朱、王之流——的许多话，在二百年内无人理会，而光绪末年大为爆发。他们所倡的经世致用之学，其具体办法，当然因时代不同而异，但他们极力提倡此等李问，其精神实超汉宋学而上之。他们的话对汉宋学大为解放，读之可受大刺激。他们最恨的是科举，至光绪二十余年，根本妨害思想的科举已非铲除不可。他们反抗满人之言论，已经过二百年太平歌舞时代，继因满人将中国人之脸面丢尽，麻木不仁者忽然觉悟到一班大师们反抗君主专制的言论，实与人以极大的光明（黄梨洲的《明夷待访录》对于君主专制政体很有批评），于是反抗旧政体的猛烈运动骤起。光绪三十年内，波浪一天壮阔似一天，内容一天丰富似一天。这不能不说是大师们的思想复活了。那时新思想之急先锋，即康南海先生。他从常州派经学出身，打着经世致用的旗帜，并有极奇特激烈的思想，但不大喜欢对人讲说。当他以布衣（秀才）上书时，大家都痛骂他。那时我与陈千秋正在学海堂中做学问，很好奇，听到康氏之行动，很想去见他，一见之后，异常佩服，于是从之学。因之一面从他，又一面在学海堂不时地发议论反对汉学。我们正在青年时候，得了他的激烈思想的暗示，遇事都爆发出来。

第一次群众运动是甲午战后，三月马关议和的时期。彼时正在京应试，共有万把人聚考，尚未发榜，乃联合多人反抗条约，做一种不负责任的运动，使李文忠不割台湾，不退让。南海先生做请愿书，到处找人签名，跑到都察院，号称两千人，递呈子，虽无效，却统算得起中国人民干群众运动的第一次。

后来八九月间，我们在北京组织了一个团体，——强学会——地址在后孙公园安徽会馆之旁，袁世凯也加入了，很赞成。强学会有沈子培等五六人发起，公推南海先生主讲。当时我和汪大燮还够不上发起人，只能当书记而已。袁氏因朝鲜事办坏，见李鸿章，被李鸿章用鞋底打了嘴巴，于是想利用强学会走翁同和的门路，自己捐助千元，并引出两位各捐五百元者。拿这项款子把上海所译的书搬来，买地球仪，人身图，及可看微生物之显微镜，又加上些中国书，乱七八糟，到北京来开博览会。又办报馆，当时除申报之外，统中国无铅字，政府公报用白术刻版，我们用面粉压平刻字。我自己兼主笔，访员，印刷，无人买看，即赠送于人。报上除所译香港带来半月以前之路透电，及百字的论说，即骂满洲的话，别无新闻。几个月后，闹得满城风雨，竟被封门。余洋千余元，又跑到上海办时务报，销售很多，大倡变法维新之说，以为废科举，办学校，立刻可以富强。对于那时候的学阀大事攻击。后来又讲君民共主之说，以为现代一等国为民主，如美、秘鲁等国，二等国为君民共主，如英国、德国，君主国为第三等国。我们这时候活泼泼的精神，颇有兴致。

后在湖南办了一个时务学堂，内中只有四十个学生，两班，共八十人，蔡松坡即第一班最幼者，第二班有范静生等，学生很用功，半年工夫，名誉很好。当时有许多不敢发表的话都在讲堂上说，又批学生的劄记时候大发议论。年假一个月中，学生回家，大事宣传其"大逆不道"之学说，闻者咸视为洪水猛兽，家家皆阻止学生再行前往，而学生则非来不可。湖广总督张之洞招致一班汉宋学者来反驳，遂引起学问上之争，当然又牵连到政治上去。南海先生在北京因翁同和的引荐，遂有戊戌的维新。中间打击最大者，即因湖南时务学堂的札记中"大逆不道之语"被人举发，为西太后所知，结果闹出"政变"，我们亡命日本，演成一出悲剧。

"政变"以后，不惟仇视新学，兼仇视外人。义和团的胡闹，将中国人的脸面丢尽。此后他们（清廷）也闹起变法维新来了。不过有一件在历史上非记不可的事，即是废科举。

其后清廷政治，日渐紊乱，亡命者日多，留学者日众，新思想的中心遂移到东京去，大家竭力主张革命。主要潮流有几支：

（一）我自己　继续奋斗，主张革命，改革政治，并且无限度输入外国学问，并且使固有的思想复活。

（二）章太炎　他是考证出身的浙东人。很受黄黎洲、全谢山、章实斋的影响，偏于讲民族革命。能把考证学引入新的方向。功很不小。

（三）严又陵　他是西学出身，汉学很好。译出许多代表功利主义的书籍。

（四）孙逸仙　他是社会主义。他虽然不是学者，却有很敏锐的眼光。

这四个人性情也不同，教法也不同，各向各的方面发展，全无合作之可言，但是清末七八年间，这四个人实在是思想界的重要人物。

同时尚有当注意者，范静生办的速成师范，速成法政等，影响也大得很，前后约有二万人左右。革命成功之快，这群学生之力最大，现在的教师，四五年前的议员官吏，大率都是此类人。

大概清末四十年间，考证学虽有相当的进步，不过已移到吸收外来思想方面，学阀偶像已破坏了。在这四十年内，日趋维新，气象总算很好。

其不好处就在于：

（一）混杂——无计划，无组织。
（二）肤浅——不深入。

以上这两层毛病到现在还是如此的。我想这毛病是思想初解放时所不能免的，将来总希望能免去此弊。虽然这个时候做不到像清朝乾嘉时代的学问那样的条理，希望新思想输入有清初开山老祖之气象，大胆开出几条有规模的路来，给后人种下许多种子，以便将来有人去做。（但是现在真能拿自己精神从根本上做一种学问功夫者尚少）。此外再把固有的好的思想使之复活，也是很要紧的事！

　　上系民国十二年十一月梁任公先生在北京师范大学公开讲演之短篇论文，原题为清代"学术与政治之交互的影响"，以其文简单明了，可以通观清代大势，刊之卷首以代序文。

中华民国十七年三月八日王桐龄自志

序论

第一节　近世史之参考书

近世史为有清一代之历史。有清之正史，自民国初年创立清史馆以来，迄今已逾十余载。照官修史书例，唐宰相魏徵等以七年以上（贞观三年至十年）之时间成《隋唐纪传》五十五卷。宋宰相薛居正等以一年零八个月之时间（开宝六年四月戊申至七年闰十月甲子）成《五代史》一百五十二卷。元丞相托克托等以一年之时间（至正三年四月至四年三月）成《辽史》一百十六卷，又以二年零七个月之时间（至正三年四月至五年十月）成《宋史》四百九十六卷，《金史》一百三十五卷。明学士宋濂等以七个月（洪武二年二月至八月）又加六个月（洪武三年二月至七月）之时间成《元史》二百十卷。清大学士张廷玉等以十五年（雍正二年至乾隆四年）之时间成《明史》三百三十六卷。应早已脱稿。只以大总统袁世凯创立史馆意见，不为修清史，而专以笼络旧式人才；馆长一职，不畀之年富力强、淹贯国学之某文豪，而畀之年逾古稀、衰老疲癃之某遗老；多数馆员，不聘专门研究史学之宿学，而聘八股、律诗、律赋、小楷出身之前清老翰林；于各部、院、厅、署以外，添一新武衙门，专一位置二三路小名流；凡资格较老，头脑较旧，交际不甚熟炼，不能位置于总统府秘书处者，一概安插于清史馆。用豢养主义，牧畜手段，为八股先生设一啖饭处。以做官之目的，当差使之手段，来敷衍清史馆，遂至荏苒复荏苒，蹉跎复蹉跎，因循十年，迄无成效。老大国家

1086

之官僚，总不能脱苟且偷安习惯，官办事业之末路如此，可慨也！

现在欲编中国近世史，苦无正史可遵循，自不能不迁就而思其次。《东华录》一书为清朝列祖、列宗实录，当然认为一等史料；然太祖、太宗、世祖三朝实录，经乾隆朝修改，抹去事实不少，已不得称为实录矣。有清初年，私人著述之野史甚多；康、雍、乾三朝，大兴文字狱，销毁（焚其书之全部）或抽毁（焚其书一部分）之书亦不少；凡关于清初掌故，有不堪发表者，一概删去，而惟留其可以公开者；阅禁书总目（凡数千种），可以知其大凡也。然焚书之举，难于彻底实行，乡间之老师、宿儒，外国之汉学家，当然有保存其一部分者；清末至民国初年，陆续发表，若上海广智书局出版之《近世中国秘史》，商务印书馆出版之《明季稗史》，广益书局出版之《满清稗史》等；皆其中之一部分也。日本汉学家稻叶岩吉，研究清朝掌故十余年，采集书类数百种，民国三年，发表《清朝全史》一书。其中持平之论固多，稍偏之论亦间有；特殊之见解固多，考证不充分而有待于订正增补之处亦不少；英人濮兰德、白克好司所著之《清室外纪》亦然。外人代表之中国史，固不能一一适合于我国之国情也。汪荣宝之《清史讲义》，叙述颇详明，然政治史料多，文化史料少；其政治史之取材，关于军事及外交方面者多，其他方面均少。此书脱稿于光绪末年，其时多数史料尚未发表，无从搜集，不得不从阙略也。萧一山之《清代通史》，内容极为丰富，取材亦颇精密；然卷帙太繁，宜作参考书，不适于作教科书也。商务印书馆编辑之《清史纲要》，藻思堂出版之《清鉴易知录》，文明书局出版之《清代通鉴辑览》，为编年体史书；进步书局出版之《清史纪事本末》，为纪事本末体史书；条理颇不谨严，叙事间有错误、挂漏、重复之处。会文堂出版之《清代史论》，为史评体史书，亦嫌其琐碎而不能得要领。本编以《东华录》及皇朝三通为根据，参以清朝一代各种野史及近人著作，与外国史学家关于中国之著作，删繁就简，择取人人注意之一代大事与人人不甚注意之时代背景，用统括的形式，指点说明，期于简单明了；其中疏漏错误之处想当不少，大雅君子有以教正之，幸甚！

第二节　近世史之特殊局面

外族之入主中国者，前有五胡十六国及后魏、北齐、北周，后有辽、金、元。五胡皆短命帝国，不足论矣；魏、齐、周、辽、金奄有中国之半，传世亦较久。然南方尚有汉族创立之帝国，号称正统，此数国者，不能不被屏诸僭国之列也。有元混一华夏，且跨越欧亚矣；然传祚太短，不能与汉、唐、宋、明比隆也。清室以满洲民族，崛起东北，入主中国；传十世，二百六十八年，西北二方面拓地各数万里，创前此外族入主中国者未有之局面。及其衰也，东南方面藩篱尽撤，门户洞开，凡欧美日本壤地不相接之乡，瀛海从古未通之国，莫不高掌远蹠，联袂偕来；较周之俨狁，汉之匈奴，唐之突厥、吐蕃，宋之契丹、女真、蒙古、明之鞑靼、瓦剌等文化程度高逾倍蓰，因应之难亦增加数倍；卒以因应失宜，由外患引起内乱，遂以亡国，亦前此未有之现象也。本编据事直书，对于清之盛世，不以其为外族而故加贬辞；对于清之衰世，亦不因其代表中国而曲加讳饰。

第三节　清室兴亡之原因

清室之统一，大半由于侥幸，非清之实力能以亡明，明室君主之庸暗、宦官之恣横、大臣之泄沓、学者之迂阔，有以自取灭亡之道也。清室之衰亡，大半由于自取；非外人之力，亦非民党之力，能以亡清，清室君民之隔阂，上下之蒙蔽，满汉之倾轧，国家全体之麻木不仁，有以促成清室之亡也。

吾尝闻昔日山西富人之家庭教育矣，恐其子弟之沾染嗜好也，则为之早婚以防其嫖，劝之吸鸦片以防其赌，禁之不使出里门，不使入学校，不使求新知识，不使与外人交际，以防其沾染外边习气；其为防弊计则得矣，而子弟一无所知，一无所能，身体惰弱，脑筋愚昧；日用饮食起居之事，委之管家，经理财产之事，委之掌柜；自己安富尊荣，毫不过问，除去饮食男女，满足其生活欲及生殖欲之外，无所事事；终至大权旁落，太阿倒持，譬之婴儿，绝其哺乳，立可饿死；破家荡产概由于此。清室以东北一小部落，崛起龙飞，入主中夏；以数十万之客族，驭数万万之主民，其不能无彼我之见存者，势使然也。自吴、耿、尚三藩，以降将开府闽、粤、滇南，成尾大不掉之势；竭全国之力，仅乃荡平之，而后威权始统于一。加以准噶尔之跋扈，和硕特之猖獗，回教徒之反覆，西北边无宁宇，使清廷为之旰食。故清室列祖、列宗政策，专注意于防家贼；以科举笼络汉人，以宗教愚弄蒙藏，其终也国民脑力日趋于愚昧，体力日趋于惰弱；假使闭关自守，犹可多敷衍几时；而环境所迫，强之使不得自安于固陋；维新诏下，涂饰中外人耳目，私冀苟且偷安于一时；而大势所趋，固不许尔尔；国民之发愤求自强者，起而议改革，清廷复不能因势利导之，遂起内争，清室因以不祀。可慨也！民国成立，仍百般泄沓，毫无进步。除去军阀内讧，复演汉末之州牧、郡守，唐末之藩镇一段故事以外，一切仍循前清故辙。解放与改造，呼吁多年，丝毫无效果。谁生厉阶，至今为梗，清室之压制政策，自误兼以误人，读史者不能不叹息痛恨于清初佞臣之作俑也！

清室政治腐败之原因，说者皆指为吏，隶，例。吏与隶无官之责，有官之权；官或自顾考成，彼等则惟知谋利，依草附木，怙势作威。宫廷宦官，亦隶之一种，其弊尤甚，妨贤乱政，蠹国病民，清室之亡，实与有力。清室敬祖，凡事必则古称先；老师宿儒、猾胥劣吏辄持例以挟制君主长官，而当局者不敢与抗。同一事也，得贿则引相似之例以促其成，不得贿则引相反之例以促其败；有利于己，则引相似之例以促其成，无利于己，则引相反之例以促其败。朝廷偶有举措，祖宗无此例，虽良法美意而不敢遽从；祖宗有此例，虽恶习陋规而不敢遽革；变更之难如此；德宗维新之失败，孝钦变法之粉饰，盖莫不由于此也。

民国十五年十二月八日脱稿

第一章

清初之外征

第一节　朝鲜之征服

　　先是明神宗万历四十七年，经略杨镐四路出师攻满洲之时，后朝鲜光海君晖在位，遣其将姜功烈等，引兵二万，会明将刘綎兵，由东南路深入；战败，功烈以余兵五千降清。太祖归其部将十余人，遗书光海君，令自审去就；不报。其后清兵攻东海之瓦尔喀部（在今吉林延吉道东部），朝鲜兵复出境拒战；太祖崩，亦不遣使吊问；明总兵毛文龙率辽东遗民数万，守鸭绿江口外之皮岛，与朝鲜犄角；屡出师袭沿海城寨，牵制清兵；于是清廷对于朝鲜恶感日深。天聪元年（明熹宗天启七年，西历纪元一六二七年）正月，清太宗遣二贝勒阿敏（显祖之孙，庄亲王舒尔哈齐之子，太宗之侄）伐朝鲜，败毛文龙子铁山（在今朝鲜义州南），文龙走还皮岛，遂克义州、定州及郭山城。进渡清川江，克安州及平壤。进渡大同江，驻中和；遣使致书令引咎请和，期留军五日待之，朝鲜不答。二月，进克黄州，朝鲜大震。时国王仁祖绲在位，留兵守京城，自携妻子走江华岛，遣使诣清军谢罪请和。清军进驻平山，遣副将刘兴柞等航海至江华岛议和。仁祖遣族弟原昌君觉诣平山，献布帛皮币各若干。三月，和议成，定议春秋输岁币，互市于鸭绿江畔，约为兄弟之国。

已而袁崇焕杀毛文龙，诸岛无主，太宗将乘机攻之，征舟师于朝鲜，仁祖不应。孔有德等以舟师自登州来降，复遣使征粮，亦不与。又加筑京畿、黄海、平安三道十二城。及大军平察哈尔，得传国玺，内外诸王贝勒议上尊号；太宗遣使谂于朝鲜，朝鲜群臣争言不可，且以兵劫使臣；仁祖复谕边将戒严，阴备决绝。崇德元年（明庄烈帝崇祯九年，西历纪元一六三六年）十一月，太宗自将伐朝鲜，留郑亲王济尔哈朗（庄亲王舒尔哈齐之子，太祖之侄，二贝勒阿敏之弟）居守；命睿亲王多尔衮等，统左翼兵，自宽甸入长山口；豫亲王多铎统先锋兵，径捣其国都。清兵渡临津江，前队马塔福等以三百骑潜袭京城，败其精兵数千。仁祖急徙其妻子于江华岛，而自率亲兵渡汉江，保南汉山城。清兵入京城，合军渡江围南汉山城，凡三破其外援，再败其守兵。复分兵破江华岛，虏王妃、王子及宗室、大臣家口。仁祖不得已，请和，出城诣清营请罪，献明室所给敕印，以二子为质，约岁时贡献表贺一如明制，有征伐则调兵扈从，并量献犒师之物。太宗还其君臣家属于京城，敛兵而归。自是以后，直至光绪二十年中日战争以前，后朝鲜为清属国，历二百余年相安无事。

第二节　内蒙古之征服

自后朝鲜服，而后辽东沿海无牵制之忧；自内蒙古平，而后长城以北无道梗之患；二者皆于明清兴亡有重要关系，故特依次述之。自有明中叶以后，蒙古部落大别为四：曰漠南内蒙古，曰漠北外蒙古，曰漠西厄鲁特蒙古，曰青海蒙古。厄鲁特蒙古僻在今新疆，与清廷发生关系最晚，外蒙古僻在漠北，青海蒙古僻在青海，与中国交涉亦甚稀。内蒙古近在长城北，分为二大部落：东部在今热河北部，辽宁西北部，统于科尔沁；西部在今察哈尔，统于察哈尔。此等部落皆在漠南，距辽宁、河北、山西密迩，有连鸡不同栖之势。时或联结囂伦，东略满洲诸部；时或出没塞上，南侵明室北鄙；此兴彼仆，转徙无常。及清室勃兴，统一满洲诸部，奄有辽河流域；乃首臣科尔沁，继平察哈尔，于是内蒙古东西诸部落咸隶版图，世为外藩，直至有清末年无改。兹略述诸部落源流及其归附之次序如下，以供参考：

一、科尔沁之降附

先是有明初年，成吉思汗弟哈布图哈萨尔后裔阿噜台为鞑靼布尼雅锡哩汗大臣，拥众擅国。宣宗宣德九年，为卫拉特酋长脱欢所袭杀，其部众窜居嫩江流域，建科尔沁部，其疆域北界黑龙江，南抵奉天边墙。其后部族繁衍，有分居各地者，若札赉特、杜尔伯特、郭尔罗斯等，皆其支裔也。科尔沁既雄视东方，逼处辽沈，对于清室之勃兴，有卧榻之侧不容他人鼾睡之势；明神宗万历二十一年（西历纪元一五九三年），与叶赫、哈达等九部，合兵攻兴京，为清太祖所败。越数年，太祖自将攻乌拉，科尔沁以兵来援，复为太祖所败；科尔沁惧，与东方诸部陆续遣使清廷修好。是时察哈尔酋长林丹汗士马强盛，横行漠南，破东蒙古之喀喇沁部，灭土默特部，东西驰逐，所至掠夺。诸部不堪其虐，其北走者渡瀚海依外蒙古喀尔喀部，其东走者则依科尔沁。林丹汗既恶科尔沁与清廷交通，又恶其为漠南诸部逋逃薮，乃悉众攻之；科尔沁兵不能拒，清太祖天命九年（明熹宗天启四年，西历纪元一六二四年），其酋长奥巴遂率其昆弟附于清。太宗崇德改元，科尔沁率漠南诸部合词上尊号，礼成册功，诏设札萨克旗长五人，赐亲王、郡王、镇国公等爵。自后清廷有大征讨，科尔沁必以兵从，世为清室懿亲，休戚相共。直至有清末年，科尔沁诸王岁俸，犹居内蒙古二十四部之上云。

二、察哈尔之降附

先是鞑靼达延汗在位，统一漠南漠北，以其地广难治，乃举漠南领土，分封诸子图鲁、巴尔苏、阿尔楚、鄂尔齐，而独留其季子格埒森札赉尔居漠北。达延在位七十四年，以明世宗嘉靖二十二年（西历纪元一五四三年）殂，年八十岁；长子图鲁已先卒，孙博迪立，专辖漠南蒙古，以其近长城故，称为察哈尔。察哈尔者，近接之义也。图鲁之后，又别为浩齐特、苏尼特、乌珠穆沁、敖汉、奈曼诸部；巴尔苏之后，别为鄂尔多斯、土默特二部；阿尔楚之后，为札噜特、巴林二部；鄂尔齐之后为克什克腾部，而察哈尔独为诸部长。自博迪四传至林丹，称胡土克图可汗。天命四年（明神宗万历四十七年，西历纪元一六一九年），林丹汗致书于清太祖，自称"统领四十万众蒙古国主巴图鲁成吉思汗"，而称太祖曰"水滨三万众满洲国主"，语多骄慢。会土默特部有宗族继承之争，旷岁无主，盗贼并起。林丹汗乘机掠夺其土地，势益张，冯陵诸部，于是敖汉、奈曼、札噜特、喀喇沁等先后遣使至清廷通款，乞发兵救护。而明方困守辽西，欲利用察哈尔抵制清，乃岁赂以巨帑，使侵辽东。天聪初年，太宗数遣师袭其边境，俘获无算；以辽西事急，未暇犁其庭；然林丹汗竟以部众解体，威棱日衰。六年（明庄烈帝崇祯五年，西历纪元一六三二年）四月，太宗自将大军，会漠南诸部之归附者征察哈尔。时辽河涨溢，清兵昼夜冒潦，出其不意，逾内兴安岭一千三百里，至其庭。林丹汗谋拒战，而所部皆不为用，乃徙其人畜十余万，自归化城渡黄河西奔，沿途离散其什七八，清兵追至归化城，收其部落数万而还。八年（崇祯七年，一六三四年）林丹汗病痘，殂于青海附近；子额哲率所部奉传国玺来降，太宗以额哲为元室嫡系，封亲王，位冠四十九旗贝勒之上；其众编旗安置义州，内蒙古大部悉平。额哲卒，其弟袭爵；传至布尔尼，当康熙十四年（一六七五年）吴三桂之变，征其兵不至；旋煽奈曼等部拥众同叛。朝廷遣信郡王鄂札（豫亲王多铎之孙，信郡王多尼第二子），大学士图海，率兵征破之，布尔尼走死。乃收其故地置牧厂，隶内务府及太仆寺；移其部众于宣化（今口北道）、大同（今雁门道）边外，分为八旗、二翼，辖以都统等官，号内属游牧部；官不得世袭，事不得自专，与各札萨克君国子民者不同。其故地袤延千余里，在今独石口、张家口边外。

第二章

清初之内治

第一节　入关后之设施

清室以外族入主中国，入关后之内政，自当以收拾民心为第一义；故其所设施，俱不外乎减轻担负，俯顺舆情之笼络术。多尔衮入北京，首先下令禁兵士入民家，百姓安堵，秋毫不犯。又为明崇祯帝后发丧，令官民等服丧三日，谕礼部、太常寺以礼改葬。旋命设明长陵（成祖陵）以下十四陵司香内使各官。葬殉难太监王承恩于思陵旁，给香火地六十亩，建立碑额以旌其忠。又令在京内阁、六部、都察院衙门官员，俱以原官同满官一体办事，其印信俱并铸满汉字。旋命文臣衣冠暂从明制。其被斥官吏非犯赃者，及士为清望所归，与隐居山林而才德而称者，皆征辟录用。兵丁愿从军或愿归农者，皆分别留遣。其大兵经过地方，免钱粮一半；未经过者，免三分之一。鳏寡孤独，谋生无计及乞丐街市者，给与钱粮收养。世祖迁都北京以后，颁诏中外，尽除明季加派，如辽饷、练饷、剿饷诸名目与厂卫诸弊政，除贯耳、穿鼻、割脚筋等酷刑。又诏直省府、州、县学生员，各选文行兼优者，大学二名，小学一名，送入国子监肄业。又命举行武会试。三年正月，诏广本年会试中式额数至四百名，房考官二十员，后不为例。旋诏本年八月再行乡试，来年二月再行会试，其未附地方生员举人来投诚者，准一体应试。五年二月，诏许满汉通婚。于是内外臣民俱服。

清初入关时内治表

一、禁兵士入民家。
二、为崇祯帝后发丧。
三、设长陵以下十四陵司香内使各官。
四、葬殉难太监王承恩于思陵旁以旌其忠。
五、命在京各官员俱以原官同满官一体办事。
六、命文臣衣冠暂从明制。
七、录用废员，征辟名士。
八、兵士愿从军或归农各从其便。
九、减免大兵经过地方钱粮。
十、收养穷民无告者。
十一、免除明季苛税。
十二、免除明季酷刑。
十三、选各省、府、州、县学生员之文行兼优者入太学肄业。
十四、举行武会试。
十五、广会试中式额数。
十六、增加乡试会试次数，其未附地方生员举人来投试者，准其一体应试。
十七、许满汉通婚。

第二节　清初诸王之内治

初，太祖之起兵也，皇次子代善，皇五子莽古尔泰，皇八子太宗，皇侄阿敏，济尔哈朗（皆太祖弟舒尔哈齐之子），皆以近亲拥重兵，屡经战阵，多负勤劳，威名甚重。太祖建国改元，以代善、阿敏、莽古尔泰及太宗并为和硕贝勒，国中称代善为大贝勒，阿敏为二贝勒，莽古尔泰为三贝勒，太宗为四贝勒；四人威名相等，有各不相下之势。太祖有子十五人，元妃佟佳氏生褚英及代善，继妃富察氏生莽古尔泰及德格类，孝慈皇后叶赫纳喇氏生太宗。孝慈殂后，立乌拉纳喇氏为大福金（福金一作福晋，汉语夫人之转音元妃之意也），生子三：长阿济格，次多尔衮，次多铎。乌拉纳喇氏美仪有心计，太祖爱之，欲立其子。太祖崩时，褚英先以罪诛，代善年四十五，莽古尔泰年三十九，太宗年三十四，阿敏年四十二，济尔哈朗年三十一；而多尔衮年甫十四，多铎年甫十二，阿济格年岁稍长于多尔衮，当亦不过十余岁。太祖病笃，遗命代善嗣位，俟多尔衮年长授之。太祖殂后，代善让位于太宗，太宗忌大福金乌拉纳喇氏，假太祖遗命，逼之使殉死。太宗即位，代善、阿敏、莽古尔泰俱以兄行列座同受朝拜，名为君主独裁政治，事实上亦不过四大贝勒之合议政治而已。代善戆直，不足以统御诸弟，故不敢遽摄大位；而阿敏、莽古尔泰皆以粗豪为太宗所忌。天聪四年，（崇祯三年），阿敏自永平败归，坐罪幽禁死。六年（崇祯五年），莽古尔泰卒；九年，德格类卒；从臣冷僧机首告莽古尔泰与德格类生前谋大逆，案验有状，籍二人家，废莽古尔泰子六人为庶人。于是事权始统一。多尔衮巧猾，善于逢迎，不为太宗所忌。崇德改元，封代善礼亲王，济尔哈朗郑亲王，多尔衮睿亲王，多铎豫亲王，皇长子豪格肃亲王，阿济格武英郡王；而多尔衮最蒙宠任。崇德八年（崇祯六年），太宗殂，代善主张立皇长子；豪格知实力不敌多尔衮，力辞；诸将皆欲立太宗子，代善与阿济格不欲干朝政，即起而去；多铎亦无言，多尔衮欲避虚名，收实利，遂倡议立皇九子福临，是为世祖，年甫六岁，不能亲政；多尔衮举郑亲王济尔哈朗为左辅政，自为右辅政，分掌朝政；济尔哈朗专掌兵事，刑赏除拜等大政皆属多尔衮。代善之孙郡王阿达礼（代善第三子，颖亲王萨哈廉长子）心不平，与其伯父贝子硕托（代善次子）密议，欲有所推戴；多尔衮捕而缢杀之，并杀阿达礼之母及硕托之妻。阿济格心以立稚儿为非，托病不朝，多尔衮使人告之曰：“汝虽患病，皇帝丧事，不可不来也。”阿济格恐，扶病入朝。济尔哈朗朴强，不能有所发舒，于是大权遂入于多尔衮。入关之役，多尔衮为首功，加封为皇叔父摄政王，旋尊为皇父摄政王；改号济尔哈朗为信义辅政叔王，收其兵权属于同母弟多铎，进封德豫亲王；旋夺济尔哈朗职，封多铎为辅政叔德豫亲王。

多尔衮自以元辅懿亲，与国同体，君臣之间，不复更存形迹。凡批答章奏，即用皇父摄政王之旨；而大臣启奏，亦必另有副本上于摄政王。又以信符向贮大内，每有调发，奏请不便，悉收入府中。一切政令皆出其手。凡元旦佳节，满汉诸臣朝贺毕，即往朝皇父；群僚臣庶亦惟摄政之意旨是承。出入宫禁，略无避讳；时与帝及皇太后博尔济吉特氏居处，如家人父子。内外臣民无敢斥言其非者。五年三月，贝子屯齐（显祖之曾孙，庄亲王舒尔哈齐之孙，贝勒图伦之子）等讦告济尔哈朗与豪格罪状，多尔衮乘机陷害，夺豪格爵，幽杀之；降济尔哈朗爵为郡王。六年十二月，多尔衮元妃卒，纳肃亲王福晋博尔济锦氏为妃；旋请皇太后下嫁，群臣上贺表，恩诏眷黄，宣示天下。张煌言作满洲宫词，有云：“上寿称为合卺樽，慈宁宫里烂盈门，春官昨进新仪注，大礼恭逢太后婚”者，即指此也。七年十二月，多尔衮卒，年三十九岁；诏追尊为义皇帝，庙号成宗，祔于太庙，丧仪悉用帝礼。旋以近侍苏克萨哈等首告其私制御服，藏匿御用珠宝，指为潜图不轨；郑亲王济尔哈朗、端重亲王博洛（太祖孙，饶余亲王阿巴泰第三子）、敬谨亲王尼堪（褚英第三子）、巽亲王满达海（代善第七子）等合词证成其狱，且及其逼死肃亲王豪格遂纳其妃之罪；于是撤去庙享，其母妻封典悉行追夺，籍没家产，嗣子多尔博（多铎第五子）停袭爵。是时多铎已卒，亦降封为郡王；大学士刚林、祁充格俱以阿附多尔衮置重典；其党何洛会、吴拜、苏拜等俱抵罪，大学士范文程亦革职，追复肃亲王豪格爵，封其子富寿为显亲王。乾隆四十三年，诏雪多尔衮冤，追复睿亲王爵，谥曰忠。命其子孙世袭罔替。（看《啸亭杂录》卷一“雪睿王冤”条）

第三节　清初对汉民之高压政策

　　初，摄政睿亲王之入关也，对于降臣取利用主义，对于汉民用怀柔政策，故文臣衣冠仍从明制，民间剃发与否，悉听其自便。顺治二年六月，始下剃发之令，限旬日以内悉剃发，有仍存明制者杀无赦。陕西河西道孔文镖请免孔氏子孙剃发，奉旨切责，革职为民。于是汉人除僧、尼、道士、妇女外，俱薙发胡服。初入关时，圈近畿民田、民房拨与旗人营业；旋以给事中向玉轩奏，凡民间坟墓，有在满洲圈占地内者，许其子孙随时祭扫。又因御史傅景星奏，凡民房应给旗下者，宽以限期，俟其搬移。四年正月，谕户部："圈拨田屋，著永行业止"；八年正月，谕户部"行文地方官，将原圈地土，尽数退还原主"；于是民间不动产始有保障，民困稍苏。初入关时，汉民游手无赖之人，多投充旗下为奴，借家主势力，夺人之田，攘人之稼。其被攘夺者，愤不甘心，亦投旗下，争讼无已。四年正月，谕户部："投充一事，著永行停止"；于是恶人无处托庇，民向倾轧报复之风稍息。初至京时，明崇祯帝故太子慈烺尚在，朝廷捕得下狱，诬以假冒，杀之；臣民有代太子辩护者皆弃市，内侍杨玉，承审官刑部主事钱凤览以下死者十五人。（参观钱𫗧《甲申传信录》）初入关时，下令："朱氏诸王有来归者，照旧恩养，不加改削。"二年九月，杀明新昌王；三年五月，杀明鲁王等十一人；十年五月，杀明福清王嫡子由杞；十一月，杀明宗室由极及其党二十九人；于是故明宗室皆潜伏不敢动。初入关时，重用明室降臣，冯铨、洪承畴、李建泰、陈名夏、陈之遴、刘正宗、金之俊、高尔俨、党崇雅、王永吉、胡世安、卫周祚等相继入阁；而洪承畴与降将吴三桂、孔有德、耿仲明、尚可喜等皆为统兵大帅。多尔衮卒后，世祖亲政，中国内地各省逐渐削平，不需要为虎作伥之人，始用严厉手段，对付一般降臣。七年五月，李建泰以谋反诛；十一年正月，杀陈名夏；十三年二月，安置陈之遴于盛京（今辽宁沈阳县），卒于配所；十六年正月，革刘正宗职，籍家产一半入官，归入旗下，不许回山东原籍；于是一班希荣固宠，见利忘义，卖国求荣之汉族蛮贼始知内惧。高宗乾隆四十一年，诏于国史内增立《贰臣传》，凡明末被诱奸之降臣皆列入其中，于是降人子孙始内愧矣。顺治八年，御史匡兰兆奏朝祭宜复用衮冕，得旨："一代自有一代制度，朝廷惟在敬天爱民，治安天下，何必在用衮冕。"因衮冕为汉制，与剃发易服令抵触故也。十年，少詹事李呈祥以部院衙门重用满人，障碍甚多，奏请专用汉人。上大怒，革呈祥职，徙之盛京。

是时明室遗民反抗清廷者，多系学者倡导，一班书生附和之；江浙为人文渊薮，故抵抗最力。剃发令下，江、皖、浙三省举义兵抗清者，其首领皆系文人学士；拥立鲁王之张国维、钱乐、张煌言，拥立唐王之黄道周，拥立桂王之瞿式耜、陈子壮、张家玉等，皆学者也，故世祖深恶文人，尤不满意于当时学者，思欲借事加以惩创。顺治九年会试，大举士范文程弹劾第一名进士南海程可则"文理荒谬，首篇尤悖戾经注"。有旨可则除名，主考学士胡统虞降三级，成克巩降一级，同考官左敬祖等夺俸有差。十四年十月，御史任克溥上书，纠本年北闱（即顺天乡试科场）多通关节。诏下同考官张我朴、李振邺、蔡元禧、陆贻吉、项绍芳、举人田耜、邬作霖等于狱，杀之，家产籍没，父母兄弟妻子流徙尚阳堡（在今奉天开原县），牵连被祸者数百人，皆南士也。给事中阴应节希旨，参奏江南主考方犹、钱开宗等舞弊，诏逮犹与开宗，处斩，同考官叶楚槐等十八人处绞，妻子家产籍没入官。举人方域等十四人文理不通，俱革去举人。举人方章钺等八人俱革去举人，责四十板，家产籍没入官，父母兄弟妻子并流徙尚阳堡。刑部审复稽延，尚书以下俱降级。十五年二月，礼部磨勘丁酉科（即十四年八月）乡试朱卷，劾奏违式各官，逮河南、山东、山西考官治罪。又以御史不弹劾为失职，俱下狱，免死，流徙尚阳堡。

十七年正月，给事中杨雍建以江南之苏、松，浙江之杭、嘉、湖士人多立社名，纠集盟誓，奏请申禁，从之；下诏严禁集会结社。其投刺往来，亦不许用同社同盟字样，违者治罪；于是天下士大夫皆钳口结舌。十八年（西历纪元一六六一年）正月初七日，帝崩；遗诏命第三子玄烨即位，是为圣祖。

清初高压政策表

一、下剃发令，有不从者杀无赦。
二、圈近畿民田、民房，拨与旗人营业。
三、杀明崇祯帝故太子慈烺，臣民有代辩护者皆弃市。
四、杀明室诸王及宗室。
五、杀明降臣李建泰、陈名夏等。
六、兴科场诸狱，大杀文士。
七、严禁集会结社。
八、江南奏销案。

第四节　鳌拜之专权与圣祖初年之高压政策

圣祖即位时，年甫八岁，不能亲政；内大臣索尼，领侍卫内大臣苏克萨哈、遏必隆、鳌拜受遗诏辅政。鳌拜阴贼险狠，喜杀戮，对于汉人厉行高压政策，于是大狱迭起。有名之文字狱亦开始于此时矣。

一、江南奏销案

是月二十九日，谕吏部、户部："钱粮系军国急需，今后经管钱粮各官，不论大小，凡有拖欠参罚，俱一体停其升转。尔等即会同各部寺酌立年限，勒令完解。如限内钱粮不完，或应革职，或应降级处分，确议具奏。"三月，定各省官吏征收钱粮未完数处分例。是时江南赋役百倍于他省，而苏、松、常镇尤重，正赋之外有杂项名目二十余种，大约旧赋未清，新饷已近。积欠常数十万。巡抚朱国治强愎自用，造欠册达部，号曰抗粮；凡绅士一万三千五百十七人，衙役二百四十人，敕部察议。部议现任官降二级调用，衿士褫革，衙役照赃治罪。于是两江士绅纷纷发本处枷责，得全者无几；有乡试中式而生员已革，有会试中试而举人已革，昆山探花叶方霭以欠折银一厘谪官，其具疏有云："所欠一厘，准制钱一文也"；民间有"探花不值一文钱"之谣。歙县廪生方光琛中式后被革，亡命至滇，入吴三桂幕府，为之谋主；后撤藩议起，卒劝三桂反，累官至伪大学士。

二、金人瑞哭庙狱

是时江苏吴县知县任维初滥用非刑，贪贿浮征，道路侧目。诸生金人瑞、倪用宾等十八人，于世祖遗诏到苏，巡抚等官哭临之时，聚众千余人，哭于文庙，并至府堂进揭帖。巡抚朱国治等指为震惊先帝之灵，聚众倡乱，摇动人心，请严加法处。诏侍郎叶尼等往勘，皆定为不分首从处斩。

三、庄廷鑨《明史》狱

初，明大学士归安（今浙江吴兴县）朱国桢尝著《明史》，已刊行于世，未刊者为列朝诸臣传。国变后，朱氏家中落，以稿本质千金于湖州（今吴兴县治）庄廷鑨。廷鑨家故富，因窜名己作，刻之；补崇祯一朝事，中多指斥满洲语。康熙二年，归安知县吴之荣罢官，谋以告讦为功，借此作起复地。因白其事于将军松魁，魁移巡抚朱昌祚，朱牒督学胡尚衡，廷鑨并纳重赂以免。乃稍易指斥语，重刊之。之荣计不行，特购得初刊本，上之法司。事闻，遣刑部侍郎出谳狱。时廷鑨已卒，戮其尸，杀其弟廷钺。原任礼部侍郎李令哲曾作序，并杀之，及其四子。序中称旧史朱氏而不名，之荣素怨南浔富人朱佑明，遂嫁祸于佑明，且指其姓名以证；并杀之，及其五子。逮松魁及其幕客程维藩赴京，援八议例，松魁削官，维藩处斩。昌祚、尚衡贿谳者，委罪于初申复之学官；归安、乌程（今并入吴兴县）两学官并处斩，二人免议。湖州知府谭希闵莅官甫半月，事发，与推官李焕皆以隐匿罪，处绞。其余参与校书者、刻书者、鬻书者、买书者、判书价者皆处死刑。吴江名士吴炎（字赤溟）、潘柽章（字力田）等皆与其难。死者七十余人，妇女并给边。而之荣竟以此起用，并以所籍朱佑明之产给之。后仕至右佥都御史而卒。

四、沈天甫等诗集狱

康熙六年四月，江南人沈天甫、吕中、夏麟奇等撰诗二卷，语多忌讳，诡称黄尊素（明御史，后七君子之一，梨洲父也）等百七十人祚，陈济生编集，故明大学士吴甡等六人为之序。天甫使麟奇携是书诣吴甡之子中书吴元莱所，诈索财物。元莱察其书非父手迹，控巡城御史以闻。因下所司鞫讯，天甫等皆弃市，其被诬者不问。

五、苏克萨哈等之冤狱

是时四大臣辅政，鳌拜骄恣专权，遏必隆附和之。内大臣飞扬古与鳌拜有隙，鳌拜诬以罪，矫诏杀之，并其诸子，籍其家。又倡议使镶黄、正白二旗地更换，大学士户部尚书苏纳海、直隶总督朱昌祚、巡抚王登联等交章言其不便，鳌拜怒，矫诏杀之。苏克萨哈与之争，鳌拜诬以罪，并杀之，夷其族。索尼年老多病，不能有为，六年五月，郁郁成疾卒。七月，帝始亲政。鳌拜结党擅权，骄恣日甚。八年五月，帝与索尼之子内大臣索额图密谋，执鳌拜，并其子黜之，籍其家。诛其弟、侄并其党大学士班希尔善等，并免遏必隆官。雪苏克萨哈、苏纳海等冤，并追复原官，予谥，赐祭葬。

第三章

三藩之乱

第一节　三藩之起源

　　初，世祖之定鼎北京也，东南半壁尚为明室所有；朝廷命大学士洪承畴经略湖广、云、贵、两广，而以定南王孔有德徇广西，平南王尚可喜、靖南王耿仲明徇广东，平西王吴三桂徇四川及云南；皆以明朝降将，领所部绿旗兵，外借其招徕，内以补八旗旅之不逮。顺治六年，耿仲明卒，子继茂嗣。九年，孔有德战死于桂林，无子，朝廷以其部将钱国安为广西将军，管定南王藩下官兵；养其女四贞于宫中，食郡主俸，遥执兵柄。及南方略定，洪承畴偕八旗诸将还京；朝廷留吴三桂镇云南，尚可喜、耿继茂镇广东，一府两藩，民疲于供亿，旋移继茂镇福建。康熙五年，钱国安请老，诏以孔四贞之婿孙延龄为广西将军，管定南王藩下官兵。十年，耿继茂卒，子精忠嗣，是为三藩并建之始。耿、尚二藩所属各十五佐领，绿旗兵各六七千，丁口各二万；三桂藩属五十三佐领，绿旗兵万有二千，丁口数万。三藩中，三桂功最高，兵最强，朝廷恩礼亦最侈。破流寇，定陕，定川，定滇，执桂王于缅甸，又平水西土司安氏，四方精兵猛将多归其部下。方其入滇之始，军书旁午，朝廷假以便宜，云贵督抚咸受节制；用人，吏、兵二部不得制肘；用财，户部不得稽迟；其所除受号曰西选，西选之官遍天下。顺治十七年，部臣奏计：云南省俸饷岁九百余万，除召还满兵外，议裁绿营兵五分之二。三桂谓边疆未靖，兵力难减，于是倡缅甸、水西各役以自固。加以闽、粤二藩，运饷岁需二千余万，近省挽输不给，一切仰诸江南；绌则连章入告，赢则不复请稽核，天下财赋半耗于三藩。御史郝浴、杨素蕴，庆阳知府傅宏烈先后奏劾其不法，朝廷欲怀之以恩，晋封三桂亲王，子应熊尚公主，授爵三等子，加少保兼太子太保，留京师。康熙六年，三桂以目疾疏辞总管，罢其除吏之权，而兵饷尚不赀。又自以功高，朝廷终不夺其分地，益固根蒂为不可拔。踞桂王五华山旧宫为藩府，增崇侈丽，尽括沐氏旧庄七百顷为藩庄。通使达赖喇嘛，奏互市茶马于北胜州（土州名，在今云南腾越道永北县东北），于是西番蒙古之马由西藏入滇者岁千万匹。假浚渠筑城为名，广征关市，榷盐井，开矿鼓铸，潜积硝磺；重敛土司金币，厚自封殖。择诸将子弟及四方宾客颖敏者，授以战术，以备将帅之选，散财结士，人人得其死力。专制滇中十余年，日练士马，利器械；水陆冲要，遍置私人；各省提镇多其心腹。子应熊居京师，朝政纤悉，旦夕飞报。挟边防以自重，朝廷渐不能制。

第二节　撤藩议

是时尚可喜老病，康熙十年，奏请以兵事属其子之信。之信酗酒嗜杀，所为多不道，既掌兵柄，即营别宅，擅威福，可喜不得出一令。十二年夏，可喜用其客金光计，疏请归老辽东，留子镇粤，冀得见上自陈。部议言藩镇无乞休子袭之例，应令尽撤藩兵六千，丁口二万余回籍。吴三桂、耿精忠闻之不自安，亦于是年七月疏请撤兵以探朝旨。朝议以撤藩劳费，不如勿徙；惟户部尚书米思翰、兵部尚书明珠、刑部尚书莫洛力请撤藩。是时圣祖亲政数载，春秋日富，习知中外利害与前代方镇得失。以三桂蓄谋已久，不早除之，且为巨患。

况其势已成，撤亦兵，不撤亦反，不若先发制之。又三桂子，精忠诸弟皆宿卫京师，冀其不至为变。遂允其请，徙藩山海关外。

第三节 吴藩之变

三桂初意朝廷下诏慰留，如明沐英世守云南故事。移镇命下，全藩震动，反谋益急。谅中朝诸将无足当己者，惟难于举兵之名；欲立明后以号召天下，则缅甸之役，无可自解。欲行至中原，据腹心始举事，又恐日久谋泄。巡抚朱国治促之急，三桂不能堪，遂以十二年（一六七三年）十一月二十一日举兵反。杀国治，移檄远近，自称天下都招讨兵马大元帅，以明年为周元年，蓄发易衣冠，旗帜皆白。贵州巡抚曹申吉、提督李本深、云南提督张国柱皆从贼。云贵总督甘文焜闻变，以贵阳不能守，欲移驻镇远（今贵州镇远县），为贼党所遮，自杀。经理移藩事务郎中党务礼等，自贵州疾驰十二日，诣阙告变，举朝震动。大学士索额图请诛诸臣之建议撤藩者，上不许；惟驰诏止闽、粤两藩勿撤，削三桂官爵，下其子应熊及家属于狱。命都统巴尔布等，自荆州驰守常德，珠满自武昌赴守岳州，阻其东犯湖广之师。命西安将军瓦尔喀进兵四川，阻其北犯四川之师。命大学士莫洛经略陕西军事，以固西北后路。而以顺承郡王勒尔锦（礼亲王代善之曾孙，贝勒萨哈璘之孙、顺承郡王勒克德浑之子）为宁南靖寇大将军，统兵至荆州，为诸将后援。

三桂既据有云贵，乃遣部将王屏藩攻四川，马宝等自贵州出湖南，十二年除夕，陷沅州；十三年正月，三桂自称周王；遣部将吴应麟、夏国相、张国柱等分陷湖南诸郡，湖南提督桑额自澧州走夷陵，巡抚卢震弃长沙奔窜，官军之屯湖北者皆畏葸不敢前。三桂广布剿书，四出煽动；于是襄阳总兵杨嘉来、副将洪福以襄阳应贼；广西将军孙延龄、提督马雄以桂林应贼；四川巡抚罗森、提督郑蛟麟、总兵谭洪、吴之茂以四川应贼；耿精忠亦于是年三月举兵反，数月之间，云、贵、广西、四川、湖南、福建六省皆陷。惟尚可喜在广东，尚为朝廷固守。三桂驱土司苗猓助军锋，采集四川、湖南之米充军饷，以云南之铜铸钱，文曰利用通宝，伐黔楚大木，造楼船巨舰。自赴常澧督战，使其将吴应麒守岳州，扼洞庭峡口，以当江北官军；而澧州、石首、华容、松滋皆布重兵为犄角；大兵云集荆襄，莫敢渡江撄其锋。三桂部将有谓宜疾渡江，全师北进者；有谓宜直下南京，扼守运河，以绝南北粮道者；有谓宜出巴蜀，据关中，塞淆函自固者；三桂以子孙皆质京师，冀免其诛；又年老更事，欲出万全，不肯轻弃云贵根据；又觊觎朝廷裂土议和，画江为国；故不从其请。初得湖南，即下令诸将，毋得渡江北进；而使达赖喇嘛，奏请裂土罢兵，圣祖知三桂狡诈，不欲苟且息兵，是年四月，杀吴应熊及其长子世霖，以绝三桂之望；而以贝勒尚善（舒尔哈齐之孙，费扬武之子）为安远靖寇大将军，助勒尔锦攻岳州。

第四节　王辅臣之变

三桂以湖北大兵云集，乃避难就易，分兵为二路：一由长沙窥江西，一由四川窥陕西。其江西之兵，入袁州，陷萍乡、安福、上高，与耿精忠兵合，陷三十余城。朝廷命安亲王岳乐（太祖之孙，饶余亲王阿巴泰第四子）为定远平寇大将军，由江西攻湖南；贝勒洞鄂（豫亲王多铎第七子）为定西大将军，与经略莫洛联合，由陕西攻四川；简亲王喇布（郑亲王济尔哈朗孙，简亲王济度子）为扬威大将军，镇江南。

是时瓦尔喀进抵保宁（今四川嘉陵道阆中县），与贼将王屏藩相持，屏藩断官军粮道，瓦尔喀退至广元；官军缺饷，总兵王怀忠部兵哗溃；陕西提督王辅臣阴怀异志，以索饷为名，攻莫洛于宁羌（今汉中道县名），杀之，引兵还据平凉。三桂闻变，急给辅臣犒师银二十万两，授以平远大将军印，而令王屏藩、吴之茂由汉中出陇西，为辅臣应援；遍布檄书，要约党附，所在响应，陕城诸郡多陷。

第五节　耿藩之变

先是十三年春，吴三桂陷湖南全省时，耿精忠亦举兵作乱，执福建总督范承谟，使藩下都统马九玉，总兵曾养性、白显忠分道北犯。养性出东路，寇浙江之温、台、处；九玉出中路，由仙霞岭，寇浙江之金华、衢州；显忠出西路，寇江西之广信、建昌、饶州；沿海震动。又约台湾郑经进兵西渡，诱潮州总兵刘进忠叛，内外夹攻广东；围海澄公黄芳度于漳，执续顺公沈瑞于潮，声援甚盛。浙江总督李之襄闻变，疾驰扼衢州，分兵守常山要路。朝廷闻警，以康亲王杰书（礼亲王代善之孙，镇国公祜塞之子）为奉命大将军，贝子傅喇塔（舒尔哈齐之孙，费扬武之子，尚善之弟）为宁海将军，赴浙进讨。贼围宁都（今江西赣南道县名），势张甚；赣州屯田都督许贞以屯田卒四百人，举义兵赴援，连破贼兵，解宁都围，恢复赣州、抚州所属各县。安亲王岳乐亦遣将击败白显忠，复建昌、广信、饶州；留许贞守建昌，自引大兵西上，窥长沙。是年秋，曾养性窥衢州，李之芳击败之，乘胜复金华属下诸县；十四年，康亲王杰书破养性于金华城外，复处州；傅喇塔复黄岩（台州属县），养性走保温州，浚濠增陴固守。环温皆水，官军不能陆攻，久不下。马九玉踞江山、常山、开化三县，连结数十寨，负山阻水，与李之芳相持。

已而郑经与精忠交恶，取其漳州、泉州、汀州、邵武诸府，精忠撤北犯之兵还救。大军乘之，击败马九玉兵，复江山，常山、长驱入仙霞岭；白显忠势孤，请降。大军至延平，精忠亦降。曾养性闻之，亦以温州归顺。十六年，大军逐郑经回厦门，尽复漳、泉诸府，刘进忠亦以潮州降，福建略定。

第六节　尚藩之变

吴三桂、耿精忠相继作乱，尚可喜在广东终无二志，十二年冬，执三桂使，奏其逆书；十三年，遣次子之孝讨刘进忠于潮州，诏授之孝平南大将军；十四年，晋封可喜平南亲王，广东督抚以下咸受节制。是时广东土寇蜂起，可喜遣兵扑灭之，而刘进忠与郑经联合，掠潮州，惠州；高州镇总兵祖泽清叛，据高州、雷州；三桂使马雄逼肇庆，广东十府失其四，可喜东西受敌，力渐不支，上书乞援。诏将军舒恕，副都统莽依图自江西赴广东，甫至而尚之信从逆，受三桂招讨大将军号，易帜改服，杀可喜谋主金光，幽可喜，移檄广东所属郡县使纳款；总督金光祖，巡抚佟养钜，藩属总兵孙楷宗，水师副将赵天元、谢厥扶等皆叛降于三桂，尚之孝势孤，解兵柄还广州；之信击败舒恕兵，舒恕与莽依图走还赣（音感，水名，发源旧赣州府，穿江西全省下游入江）州，于是广东全省皆陷。十五年春，可喜以忧愤卒，三桂封之信辅德亲王，趣其出师，索其助饷；又以董重民为广东总督，冯苏为巡抚，分守冲要；之信、光祖皆复悔，密通款于江西大军。十六年六月，唆督标兵噪饷，执重民，率军民反正。七月，三桂遣马宝、胡国柱出韶州（今广东岭南道曲江县）攻之；会江西大军已复吉安（今江西庐陵道吉安县）、南安（今赣南道大庾县），莽依图遂逾大庾岭援韶州。韶居五岭脊，为江西、广东咽喉，贼志在必得，尽锐攻之，列营莲花峰，俯瞰发炮，女墙尽坏。会江宁将军额楚来援，与城中兵夹击贼兵，破之，贼退走，复追击破之于乐昌（今岭南道乐昌县）；于是叛镇佟国卿以琼州降，祖泽清以高、雷、廉三州降，广东亦略定。

第七节　陕甘之平定

先是宁羌变后，定西大将军贝勒洞鄂走西安，是时援兵尽集西安，诏分千人赴守兰州，千人赴守延安，洞鄂及总督哈占皆留不遣，于是陕甘诸郡相继陷；惟甘肃提督张勇，凉州总兵孙思克，西宁总兵王进宝，宁夏总兵陈福，各斩贼招降之使，举兵拒敌，故河西及陕西未全陷。十四年，洞鄂督诸将复秦州，张勇分遣部将复兰州、延安、巩昌；自守巩昌、秦州，以断蜀贼陇贼之交通路。洞鄂进攻平凉，与王辅臣相持一年，不下。辅臣又煽惑宁夏标兵作乱，杀陈福；诏遣天津总兵赵良栋驰驿赴宁夏代统其军，捕斩首恶数人，余不问，军始定。十五年二月，以大学士图海为抚远大将军，总辖陕西全省，洞鄂以下咸受节制。五月，大破辅臣兵于平凉城北，辅臣降；张勇、王进宝等屡破贼兵，王屏藩、吴之茂遁还汉中，关陇略定。

第八节　广西之平定

初，孙延龄之叛也，其妻孔四贞以世受国恩，不愿从贼；前庆阳知府傅宏烈时谪戍梧州（令广西苍梧道苍梧县），因乘机说延龄反正，延龄然之；命宏烈往南宁（今南宁道邕宁县），联合交趾，接应大兵，以图反正；宏烈因募兵于思州、泗城、广南、富川诸土司及交趾界，得义勇兵五千人；遂移檄讨贼，通款于赣州大军。十六年，迎大军于韶，诏授宏烈广西巡抚、抚蛮灭寇将军，使增募义兵，便宜行事；命莽依图以兵八千人，尚之信分藩兵三千人，助宏烈经略广西。之信不遣兵，又不为莽依图具舟舰，师久不集；而叛将马雄方与延龄交恶，治兵相攻；宏烈遂独领所部兵万余乘机先进，克梧州、浔州（今苍梧道桂平县）、郁林（今苍梧道郁林县），所向皆捷。惟新兵皆无马与大炮，屡借于尚之信，不应。十七年二月，莽依图军至，始合兵围平乐（今桂林道平乐县），距桂林百余里，则桂林已为贼将马宝、吴世琮所陷，孙延龄被害，贼兵水陆数万来援平乐，先犯宏烈营，莽依图阻于水，不能救，宏烈兵溃，退保梧州，所复郡县复陷于贼。诏尚之信出兵援广西，又诏将军舒恕自赣州，额楚自肇庆兼程赴援，十八年正月，宏烈合诸军大破贼兵于梧州城外，乘胜长驱复桂林，复破之于南宁城外，吴世琮负重伤，仅以数十骑遁，广西略定。十九年，降将马承荫复据南宁谋叛，诱执宏烈送贵阳，宏烈骂贼死；莽依图合诸军攻承荫，执送京师，诛之；广西复定。

第九节　川、湖、云、贵之平定

先是宁羌变后，吴三桂欲由秦蜀入犯，乃亲至松滋督师，布船于虎渡口（澧水入江之口，在今湖北荆南道公安县）上游，截荆岳大兵咽喉；遣将联合杨来嘉、洪福，掠谷城、郧阳（今郧县）、均州（今均县）、南漳，欲以通兴安汉中之贼。朝廷命安亲王岳乐由袁州趋长沙，袭三桂后路；简亲王喇布移军江西，为岳乐后援。岳乐使奇兵袭破袁州，连克萍乡、醴陵，进攻长沙，湖南震动。三桂回军援长沙，诏勒尔锦、尚善渡江夹攻，二将迁延不敢进。三桂使部将高大节等出醴陵、萍乡，陷吉安（今江西庐陵道吉安县），断安亲王军后路；诏简亲王喇布由南昌赴援。喇布与贼将韩大任相持于吉安，久不下；会耿精忠、尚之信相继反正，大任走福建降，江西略定。十七年，安亲王岳乐复浏阳、平江，招降湘潭；将军穆占拔永兴、茶陵等十二城，诏简亲王喇布进守茶陵。

是时三桂年已六十七岁，失陕西、闽、粤三大援，又失江西，大兵云集湖南湘间，疆宇日蹙，且军兴调发，财用耗竭，川湖赋税不足以供兵饷，恐四方见轻，情竭势绌，乃思窃帝号自娱。以衡州当兵冲，自长沙徙都之。是年三月，三桂僭号，以永兴为衡州门户，相距仅百余里，尽锐攻之；都统伊里布、副都统哈克山相继战没，前锋统领硕岱等入城死守，贼三面环攻，昼夜不息，简亲王喇布屯茶陵，不敢救；穆占自郴州遣兵来援，亦不敢进；城坏于炮，囊土补之，且筑且战，凡二十日，濒危者数矣，八月二十一日忽拔营去，则三桂已死，诸贼将皆召赴衡州。十月，立其孙世璠。十八年正月，大兵复岳州，连下湖南诸郡，征安亲王岳乐还京，以贝子彰泰（太祖之曾孙，饶余郡王阿巴泰之孙，贝子博和托之子）代为定远平寇大将军，湖广总督蔡毓荣为绥远将军，由湖南攻贵州；都统赉塔为平南大将军，由广西攻云南。

是时赵良栋、王进宝等由陕西分兵四路攻四川，恢复汉中、保宁、成都等郡，王屏藩自杀，吴之茂被擒。诏王进宝留镇四川，赵良栋以勇路将军，兼云贵总督，由四川攻云南。诸将连破贼兵，十九年十月，复贵阳，吴世璠走云南；二十年十一月，克云南，世璠自杀，党羽皆伏诛，三藩之乱平，首尾凡九年（一六七三至一六八一）。

三藩之乱表

藩名	首祸者	根据地	进兵路
平西	吴三桂	云贵	命部将王屏藩由云南攻四川，马宝等由贵州攻湖南。复命将由湖南窥江西，由四川窥陕西
定南	孙延龄	广西	桂林
靖南	耿精忠	福建	命部将马九玉出仙霞岭，攻金华、衢州，曾养性攻温、台、处州，白显忠攻广信、建昌、饶州
平南	尚之信	广东	

清室自开国至削平三藩，中间凡数十年，凡领兵大将及议政大臣，例以宗室诸王当其选，兹列诸王表于下以供参考。

清初开国诸王表

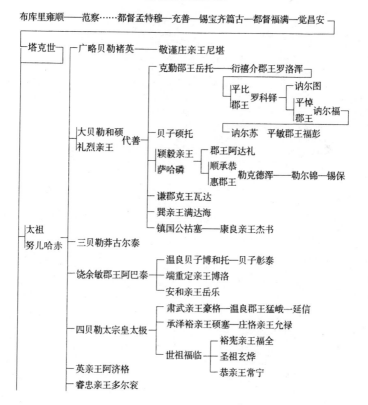

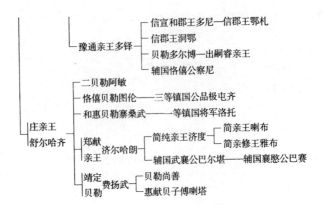

信宣和郡王多尼—信郡王鄂札
信郡王洞鄂
豫通亲王多铎 — 贝勒多尔博—出嗣睿亲王
辅国恪僖公察尼

二贝勒阿敏
恪僖贝勒图伦——三等镇国公品极屯齐
和惠贝勒寨桑武——一等镇国将军洛托
庄亲王 郑献 济尔哈朗 简纯亲王济度 简亲王喇布
舒尔哈齐 亲王 简亲修王雅布
辅国武襄公巴尔堪——辅国襄愍公巴赛
靖定 费扬武 贝勒尚善
贝勒 惠献贝子傅喇塔

第四章

台湾之内属

第一节　台湾开辟小史

台湾亘闽海中，衷二千八百里，横五百里，与福建故福州、兴化、泉州、漳州四府相对，距彭湖约二百里，厦门约五百里。其山北起鸡笼，南尽沙马埼，千里有奇，形如鱼脊。山东西两面皆沃野，自海至山，浅阔相均，约各百里，大于琉球，亚于吕宋。旧为马来人分布地，蜀汉后主建兴八年（吴大帝权黄龙二年，西历纪元二三〇年），吴大帝权使将军卫温、诸葛直等将甲士万人浮海求之，得其民数千人而还，是为中国与台湾交通之始，史书称之曰夷洲（据《三国志·孙权传》，《后汉书·东夷传注》引沈莹《临海水土志》）。隋炀帝大业初，遣使招抚之，不从。大业六年（西历纪元六一〇年），遣虎贲郎将陈棱、朝请大夫张镇州率兵自义安（今广东潮安县，即故潮州府）浮海击之，斩其王渴刺兜，虏其民数千人而还，是为中国与台湾第一次接触，史书上称之曰流求（据《隋书·炀帝本纪》及《陈棱传》《流求传》）。元末，设巡检司于彭湖，隶福建泉州府同安县，是为彭湖设行政机关之始。明太祖洪武五年（西历纪元一三七二年）命汤和巡海上，徙彭湖民于漳、泉二府，废巡检司，空其地。宣宗宣德五年（一四三〇年），宦官郑和率舟师航南洋诸岛，遇风漂着于台湾，携药草以归，献于皇帝，是为台湾第三次与中国接触。世宗嘉靖四十二年（一五六三年），海贼林道乾引倭寇掠福建，总兵官俞大猷、副总兵戚继光连破之于海上，追至彭湖，道乾遁台湾。大猷以海上险远，留兵屯彭湖而还，道乾逃之占城，乃召还彭湖守兵（据《台湾记事》）。明神宗万历四十四年（一六一六年）以后，倭寇推颜思齐为首领，占据台湾（据《方舆纪略》）。熹宗天启二年（一六二二年），荷兰人既据南洋诸岛为根据地，欲求商港于中国，乃谋以兵舰十七艘犯澳门。时澳门已为葡萄牙人极东贸易根据地，与中国合兵拒荷人，荷人不得志，退入彭湖，筑城以居，侵掠福建沿海，要求租借地如澳门例；旋为明兵所逐，土人复起攻之，乃以天启四年（一六二四年）退据台湾，筑安平城（Fort Zealandia）及赤嵌城（Fort Provintia）（皆在今台南）以居。逐倭人于海外。六年（一六二六年），西班牙人占领鸡笼（今基萨厅），荷人屡与冲突，卒降其众，于是台湾全岛皆归荷有；乃改革行政，传布基督教，授土人以荷语，成绩渐著。是时中国内地多故，避地海外者日多，于是台湾境内中国移民逐渐繁衍，卒以大英雄郑成功之力驱逐荷人，恢复其地为中国领土。

第二节　郑成功小传

郑成功者，福建泉州府南安县（今属厦门道）人，明南安伯芝龙之子，其母田川氏，故日本肥前平户（今九州长崎县北松浦郡平户岛）人也。初为南安县学生员，唐王即位，成功年二十二，以材武得幸，赐国姓，封忠孝伯，恩宠日盛，世谓之国姓爷。清兵下福州，唐王走汀州，被执不屈死。清兵下泉州，田川氏抗节死，芝龙迎降，成功恸哭谏，不从；乃慨然弃儒服，招集忠义，航海走南澳（岛名，在今广东潮循道澄海县东南大海中）；遥奉桂王年号。清廷数以芝龙书招之，成功不屈，以舟师出没闽海，与定西侯张名振舟山之师相犄角。顺治七年，徙屯厦门（今福建厦门道思明县），遣使朝桂王于湖南，桂王封为延平郡公。十年，清

廷封芝龙同安侯，成功海澄公，芝龙之弟鸿逵奉化伯，授芝豹左都督
以招来之，成功不受命，屡下福建、浙江沿海各郡。十四年，桂王遣
使航海授为招讨大将军，进爵延平郡王，便宜封拜。成功益治兵谋大
举，戈船之士十七万，以五万习水战，五万习骑射，五万习步击，万
人来往策应，万人披铁甲，当前锋，专砍马足，矢铳不能入。是时张
名振已卒，兵部尚书张煌言代领其军为向导，攻浙江，下温州、台州
二府；会遇飓风，水起立，碎巨舰数十，漂流士卒数千，成功乃还守
厦门。十五年，清廷大发兵分三路攻桂王于云南，成功闻之，急引
兵攻江南以图牵制。十六年六月，由崇明入江，时沿江要害皆置重
兵，设大炮，横铁索，防守甚严；张煌言令人泅水断铁索，遂乘风潮
以十七舟径进，破瓜洲，攻镇江，大破诸路援兵于镇江城下，遂克镇
江。成功留五日，引兵而西，部将甘辉请北取扬州，断山东之师，南
据镇江，绝两浙之漕，严扼咽喉，号召各部，南畿可不战自困；成功
不听。七月，抵江宁。谒孝陵；煌言别率所部，由芜湖进取徽宁；太
平、宁国、池州、徽州、广德、无为、和州等四府三州二十四县望风
纳款，东南大震。两江总督郎廷佐佯使人请和以缓攻，成功信之，按
兵仪凤门（令江宁城西面最北之门赴下关之通路也）外。崇明总兵梁化凤赴援，
乘成功无备，大破其兵，杀甘辉，成功走还厦门。张煌言兵亦溃，走
徽宁山中，出钱塘江入海。成功崎岖海上十余年，屡谋恢复，不能成
功，乃议取台湾为根据地。

第三节　郑氏之兴亡

郑芝龙初为海盗，附颜思齐，家于台湾，思齐败去，芝龙以其人
众舟楫横于海。明庄烈帝崇祯中，巡抚沈犹龙招降之。会福建大旱，
芝龙言于巡抚熊文灿，以舶徙饥民数万至台湾，人给三金一牛，使垦
岛荒，渐成邑聚。其后郑氏去台湾，惟荷兰人二千居城中，中国移民
数万散居城外，荷兰专治商舶，不敛田赋，与移民耦居无猜。鸿荒甫
辟，土壤膏腴，一岁三熟，厥田惟上上，漳、泉之人赴之如归市。

顺治十七年，成功还自江宁，使其子经留守厦门，自引舰队向台湾。是时荷人哥依德（Coyet）守台湾，怒岛人与成功相通，下令捕治，中国移民皆不服。会其部下财政官亏帑钜万，恐发觉无以偿，乃走报成功，请为向导。十八年六月，成功自安平附近上陆，断安平与赤嵌之交通路，赤嵌城先下，哥依德告急于荷兰东方根据地之巴达维亚（Batavja 今爪哇岛首府）。巴达维亚总督遣兵舰七艘、兵七百人来援。会清朝大吏致书哥依德，请合兵先逐成功偏师之扰大陆沿海者，然后攻其本营，荷人乃分兵舰五艘应之；成功乘机尽锐攻安平，断其水道，安平被围九阅月，兵士死者千六百余人，哥依德势不支，以城降。自天启四年荷人占领台湾以来，至是凡三十七年，台湾复入于中国人之手。

成功既取台湾，聘处士陈永华为谋主，辟屯垦，修战械，制法律，定职官，兴学校，起池馆以居明宗室遗臣之渡海来归者。以赤嵌城为承天府，招徕漳、泉、惠、潮之民，汗莱日辟。又派兵守金门（今福建厦门道金门县）、厦门二岛与相犄角，通使菲律宾群岛，结好于西班牙驻斐总督，欲以得海上之应援。清廷知成功终不可致，乃杀其父芝龙及其诸弟之在北京者，徙福建沿海三十里内之居民于内地，禁渔舟商船出海，将以坚壁清野法困之；于是沿海各县商民多流离失业。康熙元年，吴三桂入缅甸，执桂王而弑之，杀其从臣百余人；成功发愤成病而卒，长子经袭职。靖南王耿继茂、福建总督李率泰贻书招经。经请如琉球、朝鲜例，不登岸，不剃发易衣冠。不报。三年，继茂、率泰与降将海澄公黄梧、福建水师提督施琅，联合荷兰夹板船合攻厦门、金门二岛，克之；南澳守将亦降，经走还台湾，犹奉桂王永历年号。

三藩之乱，耿精忠据福建，乞援于郑氏，许以漳、泉二府酬之；经引兵西渡海，与耿氏合纵。既而精忠背约，不肯割漳、泉，经遂与精忠冲突。福建故多郑氏旧部曲，海澄镇总兵赵得胜与其属刘国轩、广东潮州镇总兵刘进忠皆降于经，经遂取漳、泉、潮州；复乘精忠与清兵相持，尾其后取汀州、邵武、兴化等府。精忠前后受敌，势不能支，乃请降于清。康熙十六年，引康亲王杰书、贝子傅喇塔兵攻经，复漳、泉、邵武、兴化；刘进忠以潮州降，经退守厦门。十七年，复遣刘国轩等攻沿海诸郡。十八年六月，克海澄，围漳、泉，杰书屯兵福州不敢救。福建巡抚吴兴祚、将军赖塔，出安溪间道，解泉州围；总督姚启圣、提督扬捷，连破国轩兵，解漳州围；国轩还据海澄，固守一年不下。是时吴三桂已卒，岳州已复，清廷分湖南水师二百艘，使水师提督万正色率之，由海赴闽，与启圣、兴祚等合攻海澄；十九年三月，克之。经遂弃厦门，归台湾，使国轩守彭湖。赖塔与经书曰："自海上用兵以来，朝廷屡下招抚之令，而议终不成；皆由封疆诸臣执泥削发登岸，彼此龃龉。台湾本非中国版籍，足下父子自辟荆榛；且眷怀胜国，未常如吴三桂之僭妄；本朝亦何惜海外一弹丸地，不听田横壮士逍遥其间乎！今三藩殄灭，中外一家，豪杰识时，必不复思嘘已灰之焰，毒疮痍之民；若能保境息兵，则从此不必登岸，不必剃发，不必易衣冠，称臣入贡可也！不称臣不入贡亦可也！以台湾为箕子之朝鲜，为徐福之日本，于世无患，与人无争，而沿海生灵永息涂炭，惟足下图之。"经报书请如约，惟欲留海澄为互市公所，姚启圣持不可，议遂寝。启圣以灭郑氏为己任，屡遣刺客谋暗杀经，皆无效。康熙二十年，经卒，王位继承之争起，郑氏遂败。

先是郑经连年用兵在外，用陈永华言，以长子克𡒉监国。克𡒉长而才，然乳婢出也，成功在时已有构之者，谓克𡒉孽贱，不当为世孙辱国。及克𡒉监国，礼贤恤下，谨法令，物望归之，而群小惮其明察，不利其立；侍卫冯锡范先以计罢永华兵柄，永华郁郁死，克𡒉失助。成功妃董氏复入闲言，袭杀克𡒉，而立其次弟克塽，年幼不能亲政，事皆决于锡范，人心益失。姚启圣闻其内乱，奏请遣水师提督施琅攻台湾。二十二年六月，以战舰三百，水师二万先攻彭湖，破刘国轩兵，克彭湖，进泊鹿耳门（在令台南西岸海中），台人大震；八月，国轩、锡范奉克塽出降，郑氏亡。自顺治十八年成功入台湾起，凡传三世，二十三年（一六六三至一六八四）；自顺治三年成功举义起，共传三十八年（一六四六至一六八四）。

台彭与外界接触表

一、蜀汉后主建兴八年，吴大帝权遣将军卫温、诸葛直浮海求夷洲，得其民数千人而还。
二、隋炀帝大业六年，遣虎贲郎将陈棱浮海击流求，斩其王渴剌兜，虏其民数千人而还。
三、元末，设巡检司于彭湖。
四、明太祖洪武五年，徙彭湖民于漳、泉二府，废巡检司。
五、明宣宗宣德五年，宦官郑和航南洋诸岛，遇风漂着于台湾，携药草以归，献于帝。
六、明世宗嘉靖四十二年，总兵俞大猷追海贼林道乾至彭湖，道乾遁台湾。
七、明神宗万历四十四年，倭寇推颜思齐为首领，据台湾。
八、明熹宗天启二年，荷兰人据彭湖。
九、天启四年，荷兰人弃彭湖，据台湾，逐倭寇于海外。
十、清世祖顺治十八年，郑成功取台湾。
十一、清圣祖康熙二十二年，福建水师提督施琅克台湾，灭郑氏。

第四节　朱一贵之乱

台湾既平，廷议以其孤悬海外，易薮贼，欲弃之，专守彭湖。施琅以为："中国东南形势，在海而不在陆，陆之为患有形，海之薮奸莫测，台湾虽一岛，实腹地数省之屏蔽；弃之则不归番，不归贼，而必归于荷兰。彼恃其戈船火器，又据形胜膏沃为巢穴，是藉寇兵而资盗籹。且彭湖不毛之地，无台湾则彭湖亦不能守。"乃置台湾一府，诸罗、台湾、凤山三县，彭湖一厅，设兵备道统民政，设台湾总兵，彭湖副将，统兵万人镇守其地。

其后承平日久，守土者恬熙，不以吏治民生为意，防范疏阔。康熙六十年，台湾知府王珍税敛苛虐，滥捕结会及私伐山木者二百余人处以死刑；凤山县民黄殿等因人心不平，遂谋作乱，奉朱一贵为首领，称明裔以号召，不逞之徒争趋附之。总兵欧阳凯因应失机，贼遂大炽，是年五月，先陷凤山，继陷府城，凡七日而全台皆陷，凯遇害，兵备道梁文煊及王珍弃城渡海西遁。六月，水师提督施世骠、南澳镇总兵蓝廷珍，先后自厦门渡海，会于彭湖。时台中闽人、粤人互争雄长，各地乡兵义勇争起拒战，官军乘之，直捣鹿耳门，进克安平，遂复府城；执一贵及其党羽，槛送京师，诛之；台湾平。

第五节 林爽文之乱

一贵之乱既平，朝廷以诸罗地方辽阔，割其北境置彰化县，又北置淡水厅；特命满汉御史各一员，岁巡台湾，察民疾苦；地大物博，漳、泉、惠、潮之民赴之如归市，寄籍分党，蘖芽其间，守土官又日朘削之，于是民轻视吏。及其树帜械斗，人数动以万计，将士不能弹治，惟以虚声胁之，于是民轻视兵。近山土沃，民垦日广，巡抚杨景素立界限之，将界外良田尽畀生番，生番不知耕，仍为内地游民偷垦，地既化外，易薮奸宄；又狱有不能结者，辄诱杀生番以归狱；于是既殴民以归番，又殴番以党贼。有林爽文者，居彰化之大里杙，地险族强，豪猾挥霍，聚群不逞之徒，结秘密社，号曰天地会，横行数十年，将吏务为覆蔽，不之问，其党日盛。高宗乾隆五十一年，总兵柴大纪使知府孙景燧、彰化知县俞峻等率兵捕之，驻营五里外之大墩，勒村民擒献，先焚邻近无辜数小村以怵之；爽文因众怒，举兵反。十一月二十七日，陷彰化；十二月六日，陷诸罗；凤山民庄大田举兵应爽文，陷凤山；遂围府城。五十二年正月，大纪累战破贼，解府城围，复诸罗而守之。是时正当漳、泉二府人械斗之后，爽文本漳籍，故泉人不从乱；福建水师提督海澄公黄仕简、陆路提督任承恩，浙闽总督常青、福州将军恒瑞先后引兵渡海来援，惮贼强，不敢进；贼得以暇蚕食各村，威胁泉人使从乱，其势日炽。诸罗为府城北障，贼众数万人尽锐攻之，志在必得。大纪善战，以兵四千人与城民固守，相持半年不下。诏改诸罗为嘉义县以旌大纪之忠，解仕简、承恩、常青、恒瑞职，以福康安为将军、海兰察为参赞，率师援大纪。是年十一月，海兰察破贼兵，解嘉义围；十二月，进攻大里杙，执爽文及其党羽，皆诛之；台湾平。福康安嫉大纪功名，谮之于帝，逮至京，杀之；而对于拥兵逗遛不进诸大帅皆从轻典，仕简、承恩皆免死夺职，恒瑞谪戍伊犁，常青无罪。赏罚失当如此，清廷之政衰矣。（看《啸亭杂录》卷三"台湾之役"条）

第五章

西力东渐之矯矢

第一节　葡人之东渐

明清之交，中国历史上渐开一亘古未有之变局，即西力之东渐是也。东西交通之矯矢，始于东汉初年，定远侯班超平定西域，遣掾甘英使罗马，至安息，为所阻，未至而还，是为中国试行与欧洲交通之始。汉桓帝延熹九年（西历纪元一六六年），大秦王安敦，即罗马皇帝 Marcus Anrelius Antoninus 遣使自日南徼外，献象牙、犀角、玳瑁（《后汉书·西域传》）；吴大帝黄武六年（二二七年），大秦贾人字秦论至交趾（《梁书·诸夷传》）；晋武帝大康五年（二八四年），大秦遣使贡献（《晋书·西夷传》）；是为罗马与中国交通之始。然交通之地点仅至现在法领越南北部，尚未至中国内地也。元初，威尼斯（Venice）商人尼哥罗博罗（Nicolopalo）、马哥博罗（Marco polo）父子来中国，马哥博罗留仕元室，淹居中土几二十年，其所著之游记，一时颇耸动欧人耳目；然此不过艰苦卓绝之旅行家，旷代一至，于国际上无甚关系也。东西交通之就绪，实在印度航路发见以后。而发见此航路者，为葡萄牙政府之力，故交通中国者，亦以葡萄牙人为最先。

古代东西交通表

一、东汉初年，西域都护班超遣甘英使罗马，至安息而还。
二、汉桓帝延熹九年，大秦王安敦遣使自日南徼外，献象牙、犀角、玳瑁。
三、吴大帝黄武五年，大秦贾人字秦论至交趾。
四、晋武帝太康五年，大秦遣使贡献。
五、元初，威尼斯商人尼哥罗博罗、马哥博罗至中国，马哥博罗留仕元廷。

先是欧洲中古时代，威尼斯、热内亚（Genoa）商人之往来印度者，其航行之路有三：一由地中海东岸，溯 Orontes 河，至 Antiochia（在亚尔美尼亚南，西临地中海）；陆路经过欧夫拉底士、底格里士两河间之谷地，至报达；沿底格里士河，顺流出波斯湾；海路赴印度。二由黑海东南岸之 Trebizond 港登岸，经过小亚细亚、亚尔美尼亚、美索波达米亚，沿底格里士河，顺流出波斯湾，海路赴印度。三由埃及之亚力山大港，通过运河二百海里至改罗，溯尼罗河上流，过沙漠，至红海之亚丁，海路赴印度。东罗马亡后，地中海、红海、黑海之通路为土耳其人所扼，欧人之经营东方商业者不得不更觅他途。是时航海之术日精，欧洲各国政府亦多以奖励航海为事；葡萄牙王约翰一世，王第五子显理尤极力提倡。自一四一六年以后，屡次派人探险非洲西岸，一四八六年，其臣 Bartholomew Diaz 始达非洲南端，其时严寒凛烈，风涛怒吼，遂转舵北归，命名曰大浪山；归国复命，国王约翰二世喜甚，更名曰喜望峰。一四九八年，其臣 Vasco da Cama 通过喜望峰，至南印度马拉巴尔海岸之 Calicut，是为欧亚两洲直接由海路交通之始。

自此以后，葡王以马弩利一世东略之志益锐。弘治正德间，遂县卧亚（Goa），略马剌加（Malacca），置印度总督以掌贸易拓殖之务，置主教以综理东洋布教之事，势力及于苏门答腊、爪哇诸岛。明武宗正德十一年（一五一六年），葡人 Rafael Perestrello 附帆船至中国，是为欧洲船舶内渡之始。十二年，印度总督 Albuquerque 遣使臣比勒斯至广东，求与明廷缔约；遣卧亚市长 Ferdinand Andrade 至广东，测量中国港湾；地方官颇欢迎之，使碇泊上川岛（Shangchan 即欧人所谓圣约翰岛 St.John's Island）。十三年，Ferdinand 之弟 Simon Andrade 至，有暴行，大为吏民所恶；武宗怒，下比勒斯于狱，坐以间谍；十六年（一五二一年），下令放逐葡人于境外。未几，令弛，葡人来者益多。嘉靖中，广东附近有葡人居留地三：一上川岛（在今粤海道台山县南大海中），二电白（Lambacao）（在今高雷道电白县南海边），三澳门（Macao）（在今粤海道香山县南境）。最初十余年间，电白贸易为诸港之冠，葡商寄居者常达五六百人，及澳门兴盛，遂驾电白而上之。福建之泉州，浙江之宁波，亦多葡商出入。居宁波之葡商，或结党四出，诱掠妇孺；居民大愤，争起复仇。嘉靖二十四年（一五四五年），屠教徒万有二千，焚葡船三十七艘；而泉州之葡人，亦于二十八年（一五四九年）为吏民所逐；于是澳门遂为葡人极东经商之要港。澳门互市之起源盖在嘉靖十四年（一五三五年），是时都指挥黄庆者，得葡人巨贿，为请于上官，始以濠境（澳门本名）为通商地，年科地租二万金。三十二年（一五五三年），葡船有遭风涛之害者，以贡品被水为辞，请于海道副使汪柏，乞地暴之；自是展境益广。三十六年，葡政府初在澳门设官以理侨民。神宗万历九年（一五七三年），中国政府始于澳门附近筑境壁为区划。葡人屡要求减租，十年，规定每年地租五百金，至清宣宗道光间仍旧云。

葡人东渐表

一、一四八六年，葡人 Bartholomew Diaz 发见大浪山。更名曰喜望峰。
二、一四九八年，葡人 Vasco da Cama 通过喜望峰，至南印度马拉巴尔海岸之 Calicut.
三、明弘治正德间，葡人县卧亚，略马剌加，置印度总督，掌商务及殖民事务。
四、明武宗正德十一年，葡人 Rafael Pezestrello 附帆船至中国。
五、十二年，印度总督遣使臣至广东，求与明廷缔约。又遣使臣测量中国港湾，使臣之弟有暴行，武宗怒，下令驱逐葡人于境外。
六、嘉靖中，葡人寄居广东者有三处：一上川岛，二电白，三澳门；而澳门最盛。

第二节　西人之东渐

当葡人开辟印度航路，垄断东洋贸易权时，西班牙政府亦发见美洲，取墨西哥为殖民地。正德十四年（一五一九年），其臣麦哲伦（Magellan）始率舰队航大西洋，通过南美洲南端之麦哲伦海峡，进达太平洋；凡航行三十三阅月，至马来群岛之息布（Cepu），是为大西洋、太平洋间航路开通之始。麦哲伦为土人所杀，部将亦多遇害，仅余残卒十八人，以嘉靖元年（一五二二年），越印度洋喜望峰归国，是为环游世界之始。西王加罗一世以太子非利布之名，名麦哲伦所至群岛为菲律宾。终加罗之世，西班牙舰队凡至菲律宾者三。嘉靖三十五年（一五五六年），非利布即位；四十四年（一五六五年），使其将 Legaspi 占领菲律宾群岛，以马尼剌为首府。是时中国商人往来南洋，获利甚钜；沿海无业游民或以武力恣其暴取；及西班牙人至，菲律宾群岛遂为两国国民冲突之场。有李马奔者，泉州人，故海贼渠魁，数出没远近，从事劫夺。会海上有帆船来自马尼剌者，为马奔所掠，马奔即以捕虏为向导，率武装帆船六十二艘，水陆兵各二千，妇女千有五百，进攻菲律宾。万历二年冬（一五七四年十一月二十九日），至马尼剌湾，使部将日本人庄公将兵六百先入。时暴风起，舟多覆，溺杀几二百人；庄公以残兵薄马尼剌城外，破西班牙兵，杀其副将，西人走保 Satiago。会援军至，庄公引退，与李马奔合，阳历十二月三日，复引兵千五百人登岸，纵火市街，围其堡垒，而舰队自港外发炮助攻；西军殊死战，庄公阵殁，马奔复发兵五百继之，终无功而退。乃收余众航吕宋岛西岸，数日，至 Agno 河口，降服土人，得河上四里地，筑城以居；西人复来攻，马奔知不敌，乃留兵城中牵制敌军，而乘间出海遁。其留者走匿深山中，至今菲律宾有 Igorrots Chinese 者，其苗裔也。

当时福建总督闻李马奔势盛，发舰队侦察其踪迹；西班牙人闻中国舰队至，欲乘机与订通商条约，乃邀舰员至马尼剌，谒其知事。以宣教师马丁拉达等为使，赍书翰赠品，附闽舰内渡，求缔商约，是为西班牙遣使中国之始。万历八年（一五八〇年），西班牙王非利布复遣 Martin Ignatius 来申前请，而先后并为葡人所间，不得要领。惟中国商船往来菲律宾者甚多，于是马尼剌遂为两国之市场。

西人东渐表

一、明武宗正德十四年，西班牙人麦哲伦率舰队航行大西洋，通过南美洲南端之麦哲伦海峡，进太平洋，至马来群岛之息布，为土人所杀。
二、明世宗嘉靖四十四年，西班牙王非利布使其将 Legaspi 略取菲律宾群岛，以马尼剌为首府。
三、明神宗万历初年，马尼剌知事遣马丁拉达附闽舰内渡，求通商。八年，非利布复遣 Martin Ignatius 来申前请，俱不得要领而还。

第三节　荷人之东渐

是时东洋商利为葡萄牙人所独擅，其经营拓殖专以暴力制胜，及拓地既广，国力不足以维系之，故不久即衰，荷兰人、英人代之而起。荷兰旧为西班牙领土，以宗教纷争之故，于万历九年（一五八一年）宣告独立。是时葡国京城里斯本为东洋百货所萃，荷商就其地为稗贩之业，西班牙王非利布兼王葡国，禁止荷人出入里斯本；荷人不得已，始欲自辟商路，直接与东方诸国贸易。万历二十三年（一五九五年），亚摩斯德登诸商始创私立东印度会社，从事探险。是年，Cornelius Houtman 率舰队通过喜望峰，经苏门答腊，至爪哇西岸，巡览而归，自是荷船东渡者不绝。万历三十年（一六〇二年），东印度会社得政府允许，有于殖民地置兵除吏及与所在国君主宣战媾和之权；遂逐葡人，略取苏门答腊、爪哇、摩鹿加诸岛。万历四十七年（一六一九年），建巴达维亚府于爪哇，以为东洋贸易根据地。于是西自印度之马拉巴尔海岸。东至日本之长崎，其商港相接，海上权力为当时诸国冠。

是时中国南部商业为葡人所独占，清世祖顺治十三年（一六五六年），巴达维亚政府遣使至北京，请通商。廷议许荷船八年一至，船数以四艘为限，他所请皆不得行。其后郑氏取台湾，荷人数遣舰队助清兵攻金厦，削郑氏势力。圣祖康熙三年（一六六四年），复遣使至北京议约，终无所得而返。

荷人东渐表

一、万历二十三年，亚摩斯德登诸商始创私立东印度会社。
二、是年，Cornelius Houtman 率舰队通过喜望峰，经苏门答腊，至爪哇而还。
三、万历三十年，东印度会社逐葡人，略取苏门答腊、爪哇、摩鹿加诸岛。
四、四十七年，建巴达维亚府于爪哇，为东洋贸易根据地。
五、明熹宗天启二年，荷兰人犯澳门，据彭湖，为明兵所逐。四年，移据台湾。
六、清世祖顺治十三年，巴达维亚政府遣使至北京，请通商。
七、十七年，郑成功克台湾，荷兰守将降。
八、圣祖康熙三年，荷兰复遣使至北京议约，终无所得而返。

第四节　英人之东渐

英人从事东方探险，殆与荷人同时，万历七年（一五七九年），Thomas Stephens 始至印度，英人得自其通信中知商务之概况。万历十六年（一五八八年），西班牙之无敌舰队为英军所灭，英人海上之势力骤增；而是时西葡合并，葡人之东洋商利为西班牙财赋所从出，故英人欲乘战胜之威，夺取东洋贸易权。会荷兰勃兴，南洋贸易为所把持，其商品之销行欧洲者价腾至倍蓰，英人益不平。万历二十七年（一五九九年），伦敦商人组织东印度公司与荷兰竞争，资本金仅七万镑，经营东洋贸易；在南洋群岛始终受荷人排斥，不能得志；在印度大陆所在成功，势力远出他国之上。

万历二十四年（一五九六年），英女王伊利萨伯始遣使来明廷修好，舟行遇飓风，遂中止。其后英人经略印度，屡与葡人冲突，连破其兵；葡人不得已，与英人议和，允许英船有出入澳门之权利。崇祯十年（一六三七年），英人 Wedell 率舰队至澳门，葡人拒不纳，Wedell 乃思与广东大吏直接交涉，葡人复从中挑拨；英舰至虎门（地名，在广东东莞县西南海中，有炮台当珠江入海之口），守者发炮击之，英人攻破炮台，遣使奉还中国以求通商，许之，会明亡，乃止。康熙三年（一六六四年），东印度公司遣商船一艘至厦门，无功而还。郑经在台湾，与英人订约，以安平及厦门为通商地，台湾无物产，安平贸易不久即废，惟厦门独盛。

英人东渐表

一、万历七年，Thomas Stephens 始至印度。
二、二十七年，伦敦商人组织东印度公司，经营东洋贸易。
三、思宗崇祯十年，英人 Weddell 率舰队至澳门，旋攻破虎门炮台以求通商。
四、清圣祖康熙三年，东印度公司遣商船一艘至厦门。

第五节　基督教之输入

基督教之初入中国，在唐太宗贞观十年（一六三六年），波斯人阿罗本（Olopen）赍其经典来长安，太宗优遇之，为建波斯寺，玄宗天宝四年，改号大秦寺，称其教曰景教，是为 Nestorian 派入中国之始。武宗会昌五年（八四五年），禁止一切外教，景教亦同归于尽。蒙古勃兴，欧洲基督教各国颇欲联络蒙古，以压回教徒势力。宋理宗淳祐五年（一二四五年），罗马教皇 Innocent 四世遣柏朗嘉宾（Plano Carpini）东谒定宗。世祖即位，遣使西谒教皇，请派教士来中国。至元二十七年（一二九〇年），John of Monte Corvino 航海东来，得元廷许可，建教会堂于大都，宣布圣教，是为罗马加特力派入中国之始。

元亡以后，中国境内之布教事业亦衰。东西航路既通，欧人东渡者日众，商业所及，宗教随之。是时欧洲新旧两教之争甚烈，旧教徒在欧洲失败，乃谋扩张势力于东洋，于是耶稣会（Jesuit 派）之教徒相继东渡。嘉靖二十一年（一五二四年），耶稣会东洋布教总长 Francis Xavier 至卧亚；后六年，赴日本传教，留四年而归；三十一年（一五五二年），赴中国，至上川岛而卒。万历八年（一五八〇年），意大利人利玛窦（Matteo Ricci）至广东，留肇庆府，服僧人衣，学华语以说教。已而道广州，经南昌，诣南京，以儒服谒留都士大夫，士大夫咸重其人。二十八年（一六〇〇年），与其友庞迪我（Didacus de Pantoja）至北京，献方物，神宗优礼之，准其在京师内外建教堂。朝廷大臣徐光启、李之藻等咸服其说，利玛窦与光启、之藻译著《几何原本》《职方外纪》等书，泰西科学传入中国自此始。利玛窦善属文，其生平传教一徇中国旧俗，故信从者众。三十八年（一六一〇年），利玛窦卒，朝议颇非难天主教徒，四十四年（一六一六年），神宗下逐客令，光启上书争之，天启二年（一六二二年），遂弛禁。是时传教师留京者，有庞迪我、熊三拔（Sabbathinus de Ursis）、龙华民（Nicolaus Longobardi）、阳玛诺（Emmanuel Diaz）、邓玉函（Joannes Terrenz）等，而德国人汤若望（Joannes Adam Schall Von Bell）又以后至能继其业，诸传教师多通天文、历法及各种制造，能纠正钦天监之误，朝廷遂以传教师掌钦天监，又命铸造火器以佐军用，故其传教事业亦因之少所阻害。崇祯末年，信徒达数千人，上自宫庭、宦寺、宗室、达官皆与焉。

清兴，汤若望以历学受世祖知，掌钦天监事。康熙四年（一六六五年），回回教徒新安人杨光先上书攻击汤若望，免官，其徒皆连坐禁锢。圣祖亲政，诸连坐者皆以大赦被释，于是南怀仁（Ferdir an dus Veriest）复疏论钦天监推算乖谬状，八年（一六六九年），以南怀仁为钦天监监副，凡教堂毁者概行修筑，凡外交通译及测量境土之事，皆委之诸传教师；诸传教师亦谨守利玛窦遗规，不强中国信徒尽变中国习俗礼式；以故康熙初年，天主教盛极一时，全国信徒不下数十万人云。

基督教输入中国表

一、唐太宗贞观十年，波斯人阿罗本赍景教经典来长安，朝廷为建波斯寺，后改大秦寺。
二、宋理宗淳祐五年，罗马教皇 Innocent 四世遣柏朗嘉宾东谒蒙古定宗。
三、元世祖至元二十七年，John of Monte—Corvino 航海东来，建教会堂于大都，宣布旧教。
四、明世宗嘉靖三十一年，耶稣会东洋布教总长 Francis Xavier 赴中国，至上川岛而卒。
五、明神宗万历八年，意大利人利玛窦至广东。二十八年，至北京，建教堂传教。
六、清兴，以传教师汤若望掌钦天监事。康熙八年，以南怀仁为钦天监副。

第六章

清初对俄之交涉

第一节　清俄接触之始

俄罗斯为北方大国，包拓亚、欧二洲北部，其都城在欧洲波罗的海滨，而其东部领土直抵比令海峡，包围中国满洲、蒙古、新疆北境。清兴，黑龙江畔满蒙混血族之索伦、达瑚尔（皆契丹苗裔）等部悉来归附，而俄罗斯之远征军亦越外兴安岭东下，直抵鄂霍次克海岸，南与外蒙古之车臣汗、土谢图汗二部为邻，时与蒙人贸易。崇祯十一年（一六四三年），俄国属部可萨克人 Poyarkoff 自雅库次克省南下，历阿勒丹、精奇里诸河流域，至黑龙江下游，周览其山川部落，三载而归，具以所见报告雅库次克省政府，请派兵往经略。顺治七年（一六五〇年），富商 Khabaroff 募义勇兵数百人，至黑龙江北岸之雅克萨，击败索伦兵，筑城于雅克萨河口，名曰阿勒巴金（Albajin 即雅克萨城）。复引兵东略黑龙江下流流域，至乌苏里江口，有部落曰阿枪者请救兵于中国，宁古塔都统使章京海色以兵二千赴援，无功而还。

俄政府闻 Khabaroff 兵纪律不整，顺治十一年（一六五四年），征 Khabaroff 还，以 stepanoff 代领其众；是年五月，复沿黑龙江东下，剽掠各部落。都统明安达礼击破之于松花江口，Stepanoff 退守哈马喇河。

是时叶尼赛斯克长官 Parkkoff 发兵侵略贝加尔湖东岸，顺治十年（一六五三年），略取什尔喀河流域，筑城于尼布楚河口，名曰 Nerchinsk。十五年（一六五八年），自将屯尼布楚为后继，命 stepanoff 当前敌。stepanoff 以所部可萨克兵五百人出松花江，抄掠村落，宁古塔都统沙尔呼达率舰队四十七艘，拒战于松花江与瑚尔哈河间，Stepanoff 败死，残兵遁入雅库次克，退还尼布楚者仅十七人而已。

俄人远东侵略表

一、明思宗崇祯十一年，可萨克人 Poyarkoff 至黑龙江下游探险。
二、清世祖顺治七年，俄商 Khabaroff 募义勇兵东下，击败索伦兵，筑城于雅克萨。复东略黑龙江下流流域，至乌苏里江口。
三、十年，叶克长官 Pakkoff 侵略什喀河流域，筑城于尼布楚。
四、十一年，俄将 Stepanoff 东侵，都统明安达礼击破之于松花江口。
五、十五年，Stepanoff 出松花江，宁古塔都统沙尔呼达击斩之。
六、康熙二十二年，俄将模里尼克至爱珲，黑龙江将军萨布素击擒之。

第二节 清俄之交际及其冲突

顺治十一二年间，俄人两次遣使臣赍方物，上书以请互市为名，至北京觇虚实。康熙九年（一六七〇年），朝廷以俄纳我逃人，又连年寇边，乃遣使至莫斯科，责令还我逃人，且禁止侵掠。莫斯科人无能解我国书者，乃遣使偕中国使臣同来北京，欲与中国订界约，开贸易，交换俘虏。政府宣言：非还我逃人，则所请皆无庸置议，议卒不成。俄人筑塞精奇里上流，将席卷黑龙江东北数千里之地；圣祖以其地近陪都，不可滋蔓，康熙二十一年（一六八二年），命副都统郎坦以行猎为名，渡黑龙江侦察雅克萨城形势，郎坦归言俄兵少不足虑，圣祖乃决议北伐：筑墨尔根（今黑河道爱珲县）、齐齐哈尔（今龙江道龙江县）二城，置十驿，通饷运；以萨布素为黑龙江将军，驻瑷珲；命车臣汗绝俄贸易。二十二年（一六八三年），俄将模里尼克以可萨克兵六十余人，自雅克萨移营黑龙江下流，至瑷珲附近，萨布素遣兵要击之，虏其全军。二十三年，遣使至雅克萨谕降，不从。二十四年（一六八五年），命都统彭春率陆军万人，携巨炮二百门，水师五千人，舰百艘，攻雅克萨城，俄将 Alexei Tolbusin 以四百五十人固守，六月，彭春攻破之，毁其城而还；Tolbusin 奔尼布楚。会俄将 Perton 率可萨克兵百人来援，乃与合军而东，至雅克萨旧址，筑土垒以守。二十五年（一六八八年）八月，萨布素引兵八千，载大炮四百门，复围雅克萨，相持二月，Tolbusin 中流弹死，Perton 代之坚守，逾年不下，俄兵存者仅六十余人，城旦夕且下，会两国和议成，乃罢兵。

第三节　尼布楚条约

是时俄皇大彼得即位，年幼不能亲政，其姊 Sofia 摄政；以战地距国悬远，应援不及，亟欲与中国和。圣祖初平三藩，疮痍未复，亦不愿劳师于外。康熙二十五年，因荷兰人致书俄皇论曲直，俄皇复书言："前者中国数赠书本国，无能通解者，今已知边人构衅之罪，即遣使臣诣边定界，请先释雅克萨之围。"朝廷许之。二十六年（一六八七年），俄全权公使费要多罗（Feodor Colovin）至色楞格斯克，遣使至京师告至，约以是地为两国使臣会议所。二十七年五月，诏以内大臣索额图、都统一等公佟国纲等为钦差大臣，会俄使议约；以耶稣会传教师张诚（Gerllon）、徐日升（Pereira）为通译，随带精骑万余，军容甚盛。至外蒙古界，会土谢图方与准噶尔构兵，道阻不得前，乃更议以尼布楚为会场。命都统郎坦发兵一万，自爱珲水陆并进，为使臣后援。

二十八年八月二十四日，两国使臣会于尼布楚，张幕城外为会场，俄使发议：欲划黑龙江为国界，江南归中国，江北归俄国。索额图谓："黑龙江一带原属中国领土，自俄人东侵，始被蚕食；今宜东自雅克萨，西至尼布楚、色楞格斯克，凡俄领黑龙江及后贝加尔殖民地，尽以还我。"议遂梗。次日，复会，索额图请以尼布楚为分界，俄使难之，议复梗。张诚、徐日升周旋两使间，执调停之役，往复数次，索额图始议北以格尔必齐河及外兴安岭，南以额尔古纳河为界，俄使仍不允，索额图遂停议，表示决裂；八月晦，拔营向尼布楚城，且夕且宣战；俄使不得已，应命。九月九日，两国公使各以国文约书相交换，而副之以拉丁语译文，约书文义彼此有出入者，以拉丁译文为标准，兹录其概略于下以供参考：

一、自黑龙江支流格尔必齐河，沿外兴安岭以至于海，凡岭南诸川注入黑龙江者属中国，岭北属俄国。

二、西以额尔古纳河为界，河南属中国，河北属俄国。

三、毁雅克萨城，雅克萨居民及物用听迁入俄境。

四、两国猎户人等毋许擅越国界，违者送所司惩罚。

五、两国彼此不得容留逃人。

六、两国彼此境内现住之他一国人民，仍得居住原处。

七、两国商旅持有护照者，得自由在他一国经商。

约成，用满、汉、蒙古、拉丁及俄罗斯五体文字，勒碑于格尔必齐河东及额尔古纳河南为界标，又派兵屯田于精奇　里河口。自此以后，俄人对中国专以平和为旨，数遣留学生至北京，学官话，或派商队至沿边贸易，直至咸丰八年（一八五八年），两国界约如故云。

第四节　恰克图条约

尼布楚条约成立以后，喀尔喀三汗相继内附，于是俄蒙交界一变而为中蒙交界。俄人故与喀尔喀土谢图部通商，至是喀尔喀之主权为中国所操，于是中俄通商之问题起。康熙五十八年（西历纪元一七一九年），俄皇彼得第一遣正使义斯麻伊儿（Ismailoff）、副使兰给（DeLange）赍国书来京师，请改订商约，朝廷依违不答。义斯麻伊儿不得已，归国；留兰给驻北京，委以改正商约事，是为俄使驻华之始。

兰给数以议约为请，朝廷未允。雍正三年（一七二五年），彼得第一 殂，皇后加他邻（Catharina）第一即位。五年，遣使臣拉克青斯奇来 申前请，且欲会议蒙古与西伯利亚之疆界。诏遣副将军嘻尔喀郡王额 驸策棱、内大臣四格、理藩院侍郎图理琛与俄使议约，以后贝加尔省 布拉河地方为两国使臣会议所；各遣勘查委员审定边境，以是年八月 议定《恰克图条约》，兹录其概略于下以供参考：

一、两国边吏当互查彼此逃人，捕送本国。但逃亡在订约以前 者勿论。

二、以恰克图为两国通商埠，自额尔古纳河岸至齐克达奇兰以 楚库河为界；自此以西，以博木沙奈岭为界；各立界标志之。

三、以乌特河地方为两国中立地，彼此不得侵占。

四、俄国商人得三年一至北京通商。员数以二百人为限，留京 不得过八十日，往来当由官定之路径，不得迂道他往；违者没收货 物。

五、京师俄罗斯馆听嗣后俄人来京者居住。俄国使臣欲于京师 建会堂，中国当予以补助，听俄国教徒居住。教徒得依本国例规， 于堂内读经礼拜。

六、递送公文者来往当由恰克图。

七、两国边界各置长官，秉公办理一切。

约成以后，两国国书往返均不用皇帝名，中国用理藩院，俄国用 萨那特衙门名义，代表两国政府。内地商民以烟叶、茶叶、缎布、杂 货，往库伦及恰克图贸易者日多；高宗乾隆二年（一七三七年），准监督 俄罗斯馆御史赫庆之条奏，停止俄人在北京贸易，令统归恰克图；于 是其地百货云集，市肆喧阗，繁盛甲于漠北。朝延常命土谢图部亲王 台吉等监理其事，二十七年，设库伦办事大臣二人，一由在京满蒙大 员内简放，一由外蒙古札萨克内特派，以理边务。凡中俄往复公文， 必经办事大臣之手。

第五节 恰克图增订商约

恰克图通商以后，两国彼此均不榷税，已而俄国违约，私收货税。又两国边民互失马匹，其数不可稽，而俄人辄以少报多，移文责偿。乾隆二十九年，诏命闭恰克图埠，与俄绝市；然办事大臣等乘间无弊，仍私与交易。三十年，削土谢图亲王桑齐多尔济爵，诛办事大臣丑达，厉行闭关策。三十三年，办事大臣庆桂以俄人恭顺情形入奏，遂通商如初。四十四年，以俄国边吏庇护罪犯、不即会审之故，复闭关绝市；逾年得解。五十年，俄属市哩雅特种人入边行劫，诏复绝市。五十七年，俄人悔过乞恩，乃增订商约五款，严禁俄商负债，发生纠葛及俄人入边行劫诸不法事，由库伦办事大臣松筠、普福等与俄官色勒裴特在恰克图中俄交界处互换。自是以后，两国通商如故。

清俄交涉表

一、顺治十一二年间，俄人两次遣使臣至北京觇虚实。
二、康熙九年，朝廷遣使至莫斯科，责令还我逃人，禁止侵掠；俄遣使报聘至北京，欲与中国订界约，开贸易，交换俘虏；双方俱不得要领而还。
三、二十一年，命副都统郎坦渡黑龙江，侦察雅克萨城虚实。
四、二十四年，命都统彭春攻雅克萨，毁其城而还。
五、二十五年，黑龙江将军萨布素复围雅克萨。
六、二十八年九月，内大臣索额图与俄使费要多罗结尼布楚条约。
七、雍正五年，副将军额驸策棱与俄使拉克青斯奇结恰克图条约。
八、乾隆五十七年，库伦办事大臣松筠与俄官色勒裴特增订恰克图商约。

第七章

准噶尔之役

第一节　准噶尔之起源

准噶尔亦蒙古也，元亡，蒙古分为三大部，曰漠南内蒙古，曰漠北喀尔喀蒙古，皆元室后裔；曰厄鲁特蒙古，在喀尔喀以西，天山以北，其地故元代牧场，分驼马牛羊四部，称为四卫拉特。卫拉特者，译言大部。元衰，其强臣猛可帖木儿据有其地，明代谓之瓦剌，即卫拉特之音转也。正统中，瓦剌极强，其酋长也先数寇北边，为明室巨患。也先死后，瓦剌中衰，其地复分为四部：曰绰罗斯，牧伊犁（今伊犁道）；曰都尔伯特，牧额尔齐斯河流域（今塔城道北部）；曰土尔扈特，牧塔尔巴哈台（今塔城道）；曰和硕特，牧乌鲁木齐（今迪化道）；是为厄鲁特四大部。和硕特为元太祖弟哈布图哈萨尔后裔，绰罗斯、土尔扈特、杜尔伯特皆元太师脱欢之后。明末，和硕特部固始汗袭据青海，又以兵入藏，灭藏巴汗，略取其东部喀木地（今西康省）。绰罗斯部长巴尔图浑台吉游牧阿尔泰，恃强凌胁诸部，土尔扈特部酋长和鄂尔勒克恶之，挈其族西走，越哈萨克，投俄罗斯，屯牧窝瓦河滨，绰罗斯地遂与喀尔喀邻，势俱张甚。康熙初，巴尔图浑台吉死，子僧格立，异母兄车臣、卓特巴巴图尔争属产，与僧格有隙，劫杀之。僧格同母弟噶尔丹时方在西藏为喇嘛，康熙十二年（一六七三年），归国举兵，讨杀车臣、卓特巴巴图尔，并杀僧格之子索诺木阿拉布坦，自立为准噶尔汗。旋娶青海和硕特车臣汗鄂齐尔图女，而袭杀车臣汗；复南攻天山南路回部城郭诸国，皆下之，威令行至卫（今前藏）、藏（今后藏），又欲兼并喀尔喀，乃自伊犁徙居阿尔泰山麓，使都尔伯特部屯田，且耕且牧以峙其食。

厄鲁特四大部表

部名	牧地	今地	祖宗
绰罗斯	伊犁	伊犁道	脱欢
都尔伯特	额尔齐斯河流域	塔城道北部	同
土尔扈特	塔尔巴哈台	塔城道	同
和硕特	乌鲁木齐	迪化道	哈布图哈萨尔

第二节　喀尔喀之内属　准噶尔之东侵

喀尔喀在今外蒙古，有明中叶，元太祖十五世孙达延汗游牧其地。明世宗嘉靖中，达延汗徙幕辽东，其季子格呼森札赉尔留居故土，析众万余，分授七子为七旗，是为喀尔喀各部之祖。其孙阿巴岱赴西藏，谒达赖喇嘛，请藏经归漠北，部众尊信之，奉以为汗，是为土谢图汗之始。土谢图汗部据土拉河流域，而其东西又别为两部，东为车臣汗部，位于克鲁伦河流域；西为札萨克图汗部，位于杭爱山麓；其地东界黑龙江，西界厄鲁特，南尽瀚海，北界俄罗斯。太宗崇德元年（一六三六年），大兵征服漠南察哈尔部，遣使宣捷于喀尔喀，喀尔喀遣使来修好，岁献白驼一，白马八，号为九白之贡。顺治初年，曾与中国冲突；十二年，三汗各遣子弟来乞盟，诏赐盟宗人府。

康熙二十三年（一六八四年），土谢图汗执杀札萨克图汗而夺其妾，三部内讧；朝廷遣使及西藏达赖喇嘛之使和解之，噶尔丹使其族人随而觇焉，故使谩骂土谢图汗以激其怒，土谢图汗执而杀之；噶尔丹遂藉词报复，扬言借俄罗斯兵且至，土谢图探之，无其事，守备懈；噶尔丹潜遣喇嘛千人游牧其地，土谢图亦不以为意。初，喀尔喀世雄漠北，及中叶以后，专佞喇嘛，习梵呗，懈武事；又部族嗜酒，自相陵蔑，遂为准噶尔所觊觎。康熙二十七年（一六八八年）夏，噶尔丹率劲骑三万，逾杭爱山，突袭其帐，游牧喇嘛从中应之，土谢图汗仓卒拒战，败绩，悉众东走。噶尔丹击破车臣汗及札萨克图汗兵，又劫其大喇嘛哲卜尊丹巴胡土克图之帐，三汗部落数十万众，尽弃牲畜帐幕，投漠南请降；诏发仓储并赐茶布牲畜十余万以赈之，暂借内蒙古科尔沁部水草地使游牧，于是噶尔丹尽据外蒙古。

第三节　乌兰布通之战

噶尔丹既并喀尔喀，遣使以入贡为名，要求清廷执送土谢图汗。圣祖知两部构兵，曲在土谢图，然以其穷蹙来归，势不可令失所。二十八年，遣使谕噶尔丹罢兵，返喀尔喀侵地，且约达赖喇嘛亦遣使调停之。噶尔丹不奉诏，驻兵克鲁伦河流域，窥伺漠南。二十九年（一六九〇年），以追讨三部为名，侵略内蒙古，尚书阿尔尼以蒙古兵要击之，战不利，噶尔丹深入乌珠穆沁、（内蒙古锡林郭勒盟五部之一，在古北口东九百二十三里）境。是时朝廷已平三藩，收台湾，和俄罗斯，境内无事；圣祖以噶尔丹势炽，其志不在小；是年六月，下诏亲征，以皇兄裕亲王福全（世祖第二子）为抚远大将军，皇长子提副之，出古北口；皇弟恭亲王常宁（世祖第五子）为安北大将军，简亲王雅布、信郡王鄂札副之，出喜峰口；车驾亲幸边外以节制之。常宁遇敌于乌珠穆沁境，战不利，噶尔丹遂长驱而南，深入乌兰布通（山名，在热河赤峰县治东南），距京师七百里。是时裕亲王福全屯乌兰布通三十里外，诏常宁引兵会之。八月朔，进军乌兰布通，大军火器精利，敌用驼万余，缚足卧地，背加箱垛，蒙以湿毡，环列如栅以为障蔽，自晡至暮，敌死伤甚众，噶尔丹乘夜遁。

第四节 昭莫多之战

是年，噶尔丹联合厄鲁特诸台吉与达赖喇嘛，请上尊号。三十一年，又遣使至归化城，声言入贡，男女接踵至者几二千人。诏并却之。三十三年，诏约噶尔丹来会盟，不报，而遣兵侵掠喀尔喀；又阴诱内蒙古诸部使叛归己，科尔沁、土谢图亲王以闻，上密令复书伪许内应，而预调士马刍粮以待。三十四年（一六九五年），噶尔丹率骑三万入寇，沿克鲁伦河东下，侵掠至巴颜乌兰（驿名，在外蒙古车臣汗西部右翼中前旗），自秋徂冬，踞之不去。三十五年春，诏黑龙江将军萨布素率东三省兵出东路，遏其前；抚远大将军费扬古、振武将军孙思克率陕甘兵出宁夏西路，邀其归；上亲统禁旅，由独石口出中路，度漠。抵克鲁伦河，遣使告知噶尔丹；噶尔丹登高望见御营，大惊，拔营宵遁；上自将追之，不及而返。费扬古、孙思克邀击之于昭莫多（蒙古语大树林也，即明成祖破阿鲁台地，在肯特岭之南，图拉河之北，汗山之东，平旷饶水草，回望大岭，千仞如屏，为自古漠北战场），时敌军至者仅万人，然皆百战之余；费扬古兵循翁金河而来，沿路草地皆为敌所焚，大军迂道秣马，粮运阻雨，士卒饥疲，马僵其半，士多徒步。费扬古等议马力不能驰击，非反客为主，以逸待劳不可。距敌三十里即止营，据形胜地列阵以待；先遣前锋诱敌，佯败以致之；自日中至暮，两军激战胜负未决；费扬古出奇兵绕出阵后，袭敌辎重；敌军溃，杀其可敦阿奴，噶尔丹以数十骑遁。

第五节 噶尔丹之末路

噶尔丹之篡位也，僧格次子策妄阿布坦与其父旧臣七人逃居吐鲁番，遣使来请降，圣祖受之，使协防噶尔丹。噶尔丹连年东侵，策妄阴谋恢复父业，潜回伊犁，收集散亡，都尔伯特诸台吉从之，辟地至额尔齐斯河，遂有准部大半。昭莫多败后，噶尔丹精锐牲畜亡失殆尽，回部青海皆乘机叛去。噶尔丹窜居塔米尔河（鄂尔坤河之西支流）畔，欲西归伊犁，则畏策妄阿布坦之逼；欲南投西藏，则道阻不能至；欲北投俄罗斯，而俄罗斯拒不受；闻翁金河畔有费扬古军余粮，乃遣兵数千自山谷中突出掠之，为护粮兵所败；欲掠喀尔喀之出边游牧者，闻有备亦不敢犯；所属部落从者或仅千人，或数百人，皆老羸，自相盗羊马，势日益蹙。圣祖幸归化城，遣使招噶尔丹来降，许以待喀尔喀之礼待之，卒倔强不至。

三十六年（一六九七年），二月，圣祖幸宁夏，诏费扬古等两路进兵，追讨噶尔丹。噶丹遣子征粮哈密，为回人所擒献；所猎之地，野兽已尽；左右亲信相率引去，或密附大军，请为向导；策妄阿布坦拥劲兵，伏阿尔泰山间，将擒以献功；噶尔丹进退无路，乃以闰三月十三日饮药自杀，所部皆降，于是自阿尔泰山以东皆隶版图，拓喀尔喀西境千余里，返土谢图等三汗于漠北，增编其部属为五十五旗，漠北平。

第六节　阿拉善蒙古之内属

贺兰山厄鲁特者，俗所称阿拉山蒙古也。阿拉山即贺兰山，亦讹为阿拉善，皆语音之转。其地在河套以西，东宁夏，西甘州，南凉州，北瀚海，袤延七百余里，山阳为内地，山阴为蒙古游牧。汉武威张掖西北境，唐吐蕃，宋西夏，明为边外地。清初，青海和硕特固始汗兄子车臣汗鄂齐尔图游牧其地，固始汗季子巴延阿玉什生子十六人，其四人居青海，其和罗理等十二人亦牧套西，是为二部分地之始。顺治初，鄂齐尔图遣使入贡。康熙十六年，噶尔丹娶鄂齐尔图女；旋以兵袭杀鄂齐尔图，破其都；和罗理族避居大草滩，求达赖喇嘛表，请游牧阿拉山，以距边六十里为界；诏许之。三十一年，给札萨克印，编一旗，封郡王一，镇国公二，自是永为不侵不叛之臣。

第八章

西藏之内属

第一节　黄教之起源

西藏古吐蕃地，元明为乌斯藏，其地分三部：曰康，今西康省，为前藏，亦白喀木；曰卫，即布达拉（译言孤山，亦作普陀，在西藏拉萨之北，孤峰特起，五里有奇，高万余尺，因山筑楼十三层，金碧辉煌，为达赖坐床之所，寺内喇嘛二万人）及大招寺（在布达拉山东五里之拉萨城，唐文成公主所建，高楼四重，殿宇栏杆皆铜鎏金。左廊有吐蕃赞普弃宗弄赞，文成公主及白布国王安塑像，正殿供释迦牟尼佛像，系公主自唐请来者；殿门外有唐穆宗长庆中唐蕃会盟碑，旧为驻藏大臣与诸贝子及大喇嘛议公事之所），本吐蕃赞普建牙之所，今达赖居之，为中藏；曰藏，即札什伦布（译言吉祥山，距布达拉寺七百余里，倚山面江，气势雄阔），本藏巴汗所治，今班禅居之，为后藏。又并极西之阿里则称四部云。自唐太宗以文成公主下嫁吐蕃赞普弃宗弄赞，好佛，立寺庙，西藏始通于中国。元世祖封西番高僧八思巴为帝师，大宝法王以领其地，后嗣世袭其号，称萨迦胡土克图。萨迦者，释迦之音转；胡土克图者，译言再世也。其教先娶妻生子，有后则不入室，始登法座。其服饰本印度袈裟旧式，衣冠皆赤，后世称为红教。明初，以西番地旷人稀，欲利用宗教之力以羁縻之，凡元代法王国师后人来朝贡者，辄因其故俗，许其世袭；对法王者八，授西天佛子者二，灌顶大国师者九，灌顶国师者十有八。法王等死，其徒辄自相承袭，岁一朝贡，略与土司等；嗜茶贪贡市，冀保世职，故终明世无西番患。其后红教徒专持密咒，流弊至以吞刀吐火炫俗，尽失戒定慧宗旨，不能厌人民之欲望。有宗喀巴者，蒙古人，一名罗卜藏札克巴；明成祖永乐十五年（一四一七年），生于西宁卫（今甘肃西宁道）；八岁（一四二四年）出家；二十四岁（一四四〇年）赴西藏；三十四岁（一四五〇年）得道于甘丹寺，即会众自黄其衣冠，后世称为黄教。成化十四年（一四七八年），年六十二岁，示寂；遣嘱二大弟子达赖喇嘛（译言无上），班禅额尔德尼（译言光显），世世以呼毕勒罕（译言化身）转生，演大乘教。其教皆重见性度生，斥声闻小乘及幻术下乘。当有明中叶，势力已远出红教上，未尝受封于中国，中国亦莫之知。达赖一世敦根珠巴，即吐蕃赞普之裔，世为番王者；舍位出家，始以法王兼藏王事。二世根敦嘉穆错，生于后藏；自置第巴（译言政务官）等代理兵刑赋税，其弟子称胡土克图，分掌教化。三世锁南嘉穆错，生于前藏；名益著，青海、河套诸蒙古罔不向服，顺义王谙达曾亲入藏，迎往青海，顶礼膜拜；于是红教诸法王皆俯首称弟子。改从黄教。化行诸部，东西数万里，诸番王徒拥虚位，不复能施号令。四世云丹嘉穆错，生于蒙古图古隆汗族，早卒，迹不甚著。然河套青海诸部守其戒，稀犯明边。漠北喀尔喀诸部以所处僻远，不得亲承达赖命，乃自奉宗喀巴第三弟子哲卜尊丹巴为大胡土克图，居之库伦，总理外蒙古教务，位与班禅相亚。五世罗卜藏嘉穆错，生于前藏，适与清太宗同时。崇德二年，太宗因卫拉特使赍之书，于是达赖、班禅及札什伦布藏巴汗，青海固始汗先后遣使通贡，绕塞外数万里，以七年达盛京。次年，清廷报使，存问达赖、班禅，称为金刚大士。是为清与西藏及青海交通之始。世祖顺治初年，清自关外入主中国，达赖、班禅及固始汗复各遣使表贡。三年，诏赉以甲胄弓矢皮币，并遣使迎达赖。九年冬，至京，世祖厚礼之，并加册封（授金册封西天大善自在佛，领天下释教普通鄂济达赖喇嘛）。命亲王以八旗兵送之归。

第二节　第巴桑结之挑衅

达赖、班禅世居拉萨，故其教盛行于前藏；而札什伦布以西，自元代以来，向为红教根据地；其西境之拉达克酋长藏巴汗为之护法，势力尚足与黄教相颉颃。罗卜藏嘉穆错用其近亲桑结为第巴，桑结恶藏巴汗与黄教反对，乃以达赖五世之命，招致厄鲁特蒙古以逐之。于是和硕特部固始汗引兵入后藏，击杀藏巴汗，以其地居班禅，与达赖分主二藏。尽逐红帽花帽诸法王，皆南遁不丹、尼泊尔境，于是红教益微。

桑结既借和硕特兵力驱除红教，又恶和硕特干涉藏事，阴结准噶尔汗噶尔丹，嗾其袭破青海，以杀和硕特部势力，于是藏事一决于桑结。康熙二十一年，达赖五世卒，桑结秘不发丧，矫其命以行事，威震全藏。噶尔丹曾入藏为喇嘛，与桑结相昵，归篡其国，自称受达赖封为准噶尔博硕克图汗。喀尔喀部土谢图汗与札萨克图汗内讧，桑结嗾噶尔丹乘机侵外蒙古，大破喀尔喀诸部兵。及喀尔喀部三汗内附，圣祖复命达赖遣使准噶尔谕令罢兵；而桑结所遣之使僧济隆，反阴嗾噶尔丹使南侵。乌兰布通之役，噶尔丹几不免；而济隆代为讲款，误中国追师。圣祖固疑达赖若存，不当出此，屡遣京师喇嘛入藏觇之；以事无左证，不能穷也。三十三年，桑结矫达赖命入贡，因言已年迈，国事决第巴，乞锡之封爵，诏封桑结为图伯特国王。三十五年，圣祖亲征噶尔丹，至克鲁伦河，俘厄鲁特部众；具得桑结发纵指示及达赖脱缁已久、桑结矫命状。赐书诘责，令执济隆来献，并召班禅入朝，词甚峻厉。桑结奏言："众生不幸，第五世达赖于壬戌年示寂，转生静体今又十五岁矣，前恐唐古特人民生变，故未发丧，今当以丑年十月二十五日出定坐床，乞大皇帝勿宣泄。班禅因未出痘，不敢至京。济隆当竭力致之京师，乞全其身命戒体。"圣祖允其所请，姑待至十月宣示内外。是时策妄阿布坦已奉诏出师，协擒噶尔丹，而桑结乃遣使要诸途，宣言达赖已厌世，尔部落毋得妄行，策妄哭而归。噶尔丹旋以穷蹙自杀，于是桑结失外援，和硕特部之势复振。

先是和硕特固始汗既击杀藏巴汗，割西藏东部喀木之地为其领土，以长子达延鄂齐尔汗留镇拉萨，次子达赉巴图尔台吉佐之，垄断西藏政权。顺治十三年，固始汗卒，康熙九年，鄂齐尔汗卒，达赉巴图尔嗣位，内为桑结，外为准部所挟制，威望坠地。三十六年，达赉巴图尔卒，固始汗之孙拉藏汗嗣位，以议立新达赖六世事，与桑结交恶。四十四年，桑结谋毒杀拉藏汗，不遂，欲以兵逐之。拉藏集众讨诛桑结，因奏废桑结所立之假达赖，而立巴达克山之伊西嘉穆错为第六世达赖；青海诸蒙古复不信之，而别奉里塘（在打箭炉西六百八十里，今西康理化县）之噶尔藏嘉穆错为真达赖，迎至青海。请赐册印，与藏中所奏互相是非。圣祖虑两部构衅，诏噶尔藏嘉穆错暂居西宁之塔尔寺（在西宁城西南四十里宗喀巴瘗胞衣处，黄教神圣地）以调停之。海藏争议未决，而策妄阿布坦扰藏之事起。

第三节　策妄阿布坦之扰藏

先是噶尔丹灭后，策妄生聚未盛，中国方乘屡胜之势，若骤进大军，收其部落，涣其羽翼，戍以偏师，立可郡县其地；圣祖以其旷莽辽隔，费转输，而策妄方表示恭顺，遂划阿尔泰山以西至伊犁河流域捐俾游牧，复成西域大部落。策妄既有准部，思有结婚政策，并吞四卫拉特。先娶土耳扈特阿玉奇汗女，乃离间阿玉奇子散札布台吉，使之携众万五千户至而没入之；旋阻其贡道，禁其入藏熬茶，阿玉奇遂全部投俄罗斯。又娶和硕特拉藏汗之姊，而赘其子丹衷于伊犁，不令归。上以厄鲁特狙诈，敕拉藏毋恃亲疏防，拉藏毫而嗜酒，不以为意。布达拉西北三百里有腾格里海，译言天湖，有铁索桥天险，为由准赴拉萨必由之路，拉藏亦不之守。五十五年十月，策妄遣台吉大策零敦多布，引精兵六千，自伊犁西南行绕大戈壁，逾和阗南境之昆仑山，涉险冒瘴，昼伏夜行，五十六年七月，由腾格里海突入，击破拉藏汗兵，诱其众为内应，遂陷拉萨，杀拉藏汗，幽伊西嘉穆错。圣祖以西藏屏蔽青海、四川、云南，苟准夷盗据，将边无宁日。五十七年，以皇十四子允禵为抚远大将军，出屯青海；富宁安为靖逆将军，出巴里坤；傅尔丹为振武将军，出阿尔泰山，威胁准夷后路；延信为平逆将军，出青海；噶尔弼为定西将军，出四川，两路捣藏。西藏人民以达赖法座久虚，又遭准部蹂躏，意颇厌乱；乃合词请于朝，承认西宁之新达赖为真实呼毕勒罕，乞中国兵护之入藏。噶尔弼以副将岳钟琪领前锋，用以番攻番计，招川边诸土司为前驱，击破准部偏师，遂入拉萨。大策零敦多布时方与延信相持于青海，闻警，兵溃，走还伊犁。延信遂以九月八日送噶尔藏嘉穆错入拉萨，即六世达赖位；诛厄鲁特喇嘛之助逆者，留蒙古兵二千镇之，以拉藏汗旧臣贝子康济鼐掌前藏，台吉颇罗鼐掌后藏，于是西藏始直隶于中国政府。世宗雍正初年，青海罗卜藏丹津作乱，青海诸大寺喇嘛多从逆，藏中噶布伦（统理兵马刑名之官）三入聚兵杀康济鼐，谋降准部，颇罗鼐起兵讨诛之，诏以颇罗鼐为贝子，总藏事；留大臣正副二人，领川陕兵二千，分驻前后藏以镇抚之；是为大臣驻藏之始。五年冬，策妄阿布坦卒，子噶尔丹策零立，请赴藏煎茶，又声言欲送还所虏拉藏二子；诏严兵备之，收前藏东西之巴塘（今西康巴安县）、里塘归四川，设宣抚土司治之；其中甸（今云南腾越道中甸县）、维西（今云南腾越道维西县）隶云南，设二厅治之；惟察木多（今西康昌都县）以外各土司仍隶西藏。高宗乾隆十五年，颇罗鼐子朱尔墨特谋叛，驻藏大臣傅清、拉布敦诛之；旋为逆党所害，达赖六世举兵靖内乱，擒逆党以闻。至是西藏始不封汗王贝子，以四噶布伦分其权，而总于达赖。

第九章

康熙时代之内治

第一节　学术之提倡

一、圣祖之勤学

圣祖好学出于天性，年十七八岁时，读书过劳，至于咯血，而不肯少休。康熙十六年，以近侍内无博学善书者，特于翰林内选择二员，常侍左右，讲究文义；因设南书房，命侍讲学士张英供奉内庭，加高士奇内阁中书衔，在内书写。先是日讲之始，隔日一开；圣祖以人主临御天下，未有不以讲学明理为先务者，遂令学士日日进讲，即避居瀛台亦未尝间断。及三藩乱起，翰林院议奏："机务繁重，请隔日进讲。"圣祖不听。康熙二十三年，帝南巡，泊舟燕子矶，夜至三鼓，犹不废读；侍讲学士高士奇请稍节养，亦不听。临摹法帖多至万余，写寺庙匾额多至千余，每与大学士李光地谈易至子夜，诸侍从多枕戈以待；孜孜求学之心，自幼至老不倦；康熙六十年之致治，皆此种精神所酿成者也。

二、学者之奖励

康熙初年，海内新定，明室遗臣多有存者；士大夫或以逸民自居，著书立论，常慨然有故国之思。圣祖欲以恩礼罗致之。康熙十七年，诏举博学鸿儒，备顾问著作之选。令在京三品以上及科道官员，在外督抚布按及学政，各就所知学行兼优，文辞卓越之人，不论已仕未仕，举荐送部，户部月给俸廪。次年三月，集诸被举者一百四十三入于体仁阁，试以赋诗，取中一等二十名（朱彝尊、汪琬、汤斌、汪霦在内），二等三十名（毛奇龄、施闰章、尤侗在内），俱授为翰林院官，纂修《明史》。翰林学士徐元文奏征耆儒黄宗羲，不至；诏浙江巡抚录其书有关史事者以进。康熙二十一年，三藩既平，圣祖以天下稍安，召内阁翰林等官九十三员宴于乾清宫。特敕笑语无禁，畅饮极欢，有沾醉者，令内官扶掖以行，名曰升平嘉宴，仿汉柏梁体作诗纪之。寻避暑瀛台，召诸臣侍游钓，故一时儒臣皆以为荣。三十三年，命大学士举长于文章、学问超卓者来京修书。四十二年，巡阅河工，值五十诞辰，诸臣献鞍马等物。上不受，曰："朕素嗜文学，诸臣有以诗文献者，朕当留览焉。"对于纂修《明史》极为注意，若材料之搜集，体例之更正，屡有所言，以补史臣之阙。五十年，编修桐城戴名世南山集之狱起，同邑进士方苞亦罹祸。一日，上谓大学士李光地曰："汪霦死，无能古文者。"光地以"惟戴名世案内方苞能"对。上即赦出苞，召入南书房，旋命编校乐律历算等书，遂以文臣起家至卿贰。

又欲博采群书，以统一天下思想。二十五年，谕礼部翰林院购求遗书，因谕："自古经史书籍，所重发明心性，裨益政治，必精览详求，始成内圣外王之学。朕披阅载籍，研究义理，凡厥指归，务期于正。诸子百家泛滥奇诡，有乖经术。今搜访藏书善本，惟以经学史乘，实有关修齐治平，助成德化者，方为有用。其他异端稗说概不准录。"于是宏奖理学，表章程朱，御著几暇余篇，阐明性理。尝出理学真伪论以试词林，又刊定《性理大全》《朱子全书》等以广流传，五十一年，特命以朱子配祀十哲之列。居常讲论，以朱子之学为正宗。当时廷臣，如大学士李光地、尚书汤斌等，皆以宋学家跻身清要。一时朝野之人，无不以宋学相砥砺云。

三、书籍之编纂与学术之进步

圣祖好学性成，上自天文、地理、历算、音乐、法律、战术，下至骑射、医药、蒙古西域拉丁文字无一不习。当时御纂诸书，种类甚多。

当时学术发展，其特可记述者为数学及地理知识之进步。先是宋元以来，中国以天元为最高之算法，至明而失其传。圣祖幼习算术，常于内廷教授诸大臣。时西洋代数学已输入中国，上先学其术，译曰借根方。尝以是术授梅瑴成，谓："西人名此为 Algebra，译言东来法也。"瑴成通其术，疑与天元相似，复取天元各书读之，乃涣然冰释，知两法名异而实同；于是天元一术，遂因借根方而复明于世。又前此中国地图皆不施经纬度线，记里多误。圣祖费三十余年之力，制皇舆全览图；分命西洋客卿中之测绘学者测量极度，极高差一度，为地距二百里；故当时舆图精密远过前代。又于山脉河流能穷其原委，而加以系统的研究；是实科学思想渐次发达之一征也。

康熙御纂书籍表（录《清代通史》卷上之二原稿）

书名	卷数	编纂年代	主撰者	内容提要
周易折中	二二	康熙五四	李光地等	参考群言，务求至当实，不偏主一家
书经传说汇纂	二四	六〇	王顼龄等	于集传择其可从者，其不可从者必附录旧说以明古义
诗经传说汇纂	二〇序二	六〇	王鸿绪等	于小序集传斟酌持平，凡旧说合理者必附录其文
春秋传说汇纂	三八	三八	王掞等	对于胡传随事驳正足，破陋儒门户之私
孝经衍义	一〇〇	二一	张英等	分八大纲，五十六子目，凡征事考言皆引经据典
性理精义	二一	五六	李光地等	就胡广性理大全删繁举要
朱子全书	六六	五二	李光地等	分类排缉，厘为一十九门，就异说而存真削伪

书名	卷数	编纂年代	主撰者	内容提要
律吕正义	五	五二		凡三编，上编二卷，曰正律审音。下编二卷，曰和声定乐。续编一卷，取西洋律吕证以古法
康熙字典	四二	五五	张玉书等	凡十二集，一百十九部，每字详其声音训诂
音韵阐微	一八	五四	李光地等	部分一如官韵，惟文部别出殷字为子部，存广韵之旧
平定朔漠方略	四八	三五	温达等	纪征噶尔丹之始末
历代事纪年表	一〇〇	五一	王之枢等	上起帝尧下讫元末，编年系月条列其大事
历象考成	四二	五二	胤禄等	上编十六卷，曰揆天察纪。下编十卷曰明时正度。又表十六卷以致用
数理精蕴	五三	五二		上编五卷，以立纲明体；下编四十卷，以分条致用。又表八卷别分四
星历考原	六	五二	李光地等	因曹振圭历事考原重加厘定
佩文斋书画谱	一〇〇	四七	孙岳颁等	首论书论画次帝王书画，次书画，家传等
渊鉴类函	四五〇	四九	张英等	本俞安期唐类书而博采诸书益以诗文事迹，实古今类书渊海
骈字类编	二四〇	五八		所采诸书词藻凡一千六百有四字，分隶十三门
分类字锦	六四	六〇	何焯等	亦类书之一，与前书皆称巨制
子史精华	一六〇	六〇	吴士玉等	撷子史之精华别类分门，以大书挈纲领细书具始末
佩文韵府	四四三	四三	张玉书、陈廷敬等	以韵府群玉五车韵瑞所已载者列前，而博征典籍补所未备列于后
古文渊鉴	六四	二四	徐乾学等	所录上起左传，下讫宋人，以有关风化有益世用者为主
历代赋汇	一四〇	四五	陈元龙等	分三十类，凡有关于经济学问者皆以次登载，尚有外集逸句补遗，共四十六卷。洪纤毕具，为赋家大观
全唐诗	九〇〇	四六	曹寅等	就唐音统签而删补之所采二千二百余家，得诗四万八千余首
咏物诗选	四八二	二四五		分四百八十六类，计一万四千六百九十首，条分件系，各极摹形绘状之工
历代题画诗	一二〇	四六	陈邦彦等	凡宋诗七十八卷，元诗八十一卷，明诗一百二十八卷
四朝诗	三一二	四八	张豫章等	仿声画集例增分三十类，州居部列各有条理
全金诗	七四	五〇		就郭元釪稿本增修，较中州集诗多一倍

书名	卷数	编纂年代	主撰者	内容提要
唐诗	三二附三	五二		总括四唐，权衡六义，别体正声，以立风雅之轨范
历代诗馀	一二〇	四六	沈辰垣等	自唐及明词凡千五百四十调，九千余首，为百卷；又人名爵里十卷，词话十卷
词谱	四〇	五四	王奕清等	凡八百二十余调，二千三百余体，均以字数多寡为序
曲谱	一四	五四	王奕清等	首载诸家论说，次北曲谱，次南曲谱，次以失宫犯调诸曲别为一卷

第二节　治河之绩与南巡、北巡、西巡之典

河道之变，古今凡六次；然至元以前，河自为河，治之尚易；至元以后，河即兼运，治之较难。清初，河淮同流，淤沙渐积，淮水入海之路壅塞，黄河淮水横流四溃。康熙十六年，以靳辅为河道总督，专任治水之事。辅创蓄清敌黄束水攻沙之法，挑清江浦以下，历云梯关（在江苏山阳县东北二百里大河北岸，为黄河入海故道即淮水入海之口）至海口一带河身之土，筑两岸之堤，所谓"寓浚于筑，一举两得"者也。辅本此意见，在任十年，进行不懈；后辅坐事免官，继其后者若张鹏翮、陈鹏年等皆宗辅遗规，于是河患稍息。

帝以黄河屡决，久为居害，欲亲至其地，相度形势，察视堤工；又以东南民情未洽，故国之思潜萌，思有以震慑之；又欲周知地方风俗，小民生计，故屡举南巡之典。康熙二十三年十月，幸山东，登泰山；南至宿迁，阅黄河北岸堤，命靳辅增修堤防。由扬州至镇江，乘沙船（江中战船）顺流东下，抵苏州；还至江宁，祭明太祖陵；还至淮安，阅高家堰（在今淮安县西南四十里洪泽湖东北，后汉陈登筑，明陈瑄重修）堤工；遂幸曲阜，谒孔林，赐衍圣公以下书籍裘服有差；是为第一次南巡。二十七年正月，溯运河而南；二月，至杭州，渡钱塘江，谒禹陵；三月，回京；是为第二次南巡。是时黄河连年溃决，圣祖念水之不治，由于洪泽湖水势太大，又加黄运合并，故益不可制；因欲导河稍北，使不得侵入淮水；再疏泄洪泽湖以杀其势。三十八年二月，复奉皇太

后南巡。三月，渡河，相地高下，指示方略；谕河道总督于成龙测量水土，绘图以进。车驾至杭州而还，命截留漕粮，宽免江浙各省积欠以纾民困；是为第三次南巡。四十二年，复南巡，至杭州而还；遍阅高家堰、徐家湾（在今江苏宿迁县境）、翟家坝（在洪泽湖东岸，扼淮水使不得溃入宝应湖）各处堤工，命蠲免山东去年被灾各县钱粮，并以漕米二万石运赴充、济平粜；是为第四次南巡。四十四年，复南巡，至济宁；浙抚疏请幸两浙，许之；是为第五次南巡。四十六年正月，复南巡，阅视溜淮套（在今安徽泗县西）。四月，自杭州还；是为第六次南巡。往返供亿悉发内帑，沿途行官不施采缋，每处所费不过一二万金云。

圣祖除六次南巡而外，尚有巡幸五台山与塞外之举：康熙二十二年，奉太皇太后幸五台；二十三年，幸口外；三十年、三十一年，复幸边外；三十七年，四十一年，复幸五台；四十二年，复幸边外，西巡至太原洪洞等处而还；凡幸五台三次，边外四次。先是世祖升遐，俗传为避世五台；圣祖三幸五台，俗传为定省世祖；其巡幸边外，则经略蒙古也。

第三节　大臣之植党

康熙初年，辅政大臣鳌拜专权；鳌拜黜后，索额图以元辅之子，皇室懿亲（索额图从女为圣祖皇后，生皇太子胤礽），又有黜鳌拜之功，八年八月，入阁。惟倨傲贪黩，广树党羽，朝士非暗自结持，官不得达。凡会闱榜出，索择名下士，遣私人喻意，令拜门下；强项者抑之下第。常与其党额库礼、江潢等私议国事。十八年七月，京师地连震，左都御史魏象枢入对，涕泣劾索额图、明珠植党专权，排忠良，引金壬以剥蒸黎之罪。会索家人告发，经查搜江潢家，得与索往来密书甚多，乃罢其政柄，改授内大臣。四十二年，以索额图党于皇太子，命免官交宗人府拘禁，卒于幽所。

索额图罢政后，明珠益用事。明珠初为尚书，以撤藩议结主知，康熙十六年七月入阁，久在政府，招权纳贿，大学士勒德洪、余国柱、李之芳，尚书佛伦等皆附之。凡会议会推，佛伦把持，余国柱为之囊橐；阁中票拟，皆明珠指挥，轻重任意，他阁臣皆承其风旨。督抚藩臬缺出，余国柱等辗转贩卖，必满欲而后已。甚至学道期满应升者，亦往往议价；九卿公然希旨，派缺预定。御史李时谦屡疏称旨，吴震方颇有论劾，明珠借事诬陷之。江南蠲租起，国柱时为户部尚书，以部费为名，索金四十万；巡抚汤斌不与，国柱衔之。比大计，外吏辇金于明珠门者不绝，而斌属吏独无。明珠有宠仆出京，所至自大府监司以下皆郊迎。过苏，谒斌，斌令门卒为主人，具酒食享之。仆以为大辱，归诉之明珠，明珠欲倾斌，念在外无从得事端，会皇太子出阁讲学，乃荐斌掌詹事府。屡与廷臣摭拾蜚语劾斌。上素重斌，不罪也；而斌竟郁郁无以自明以卒。勇略将军赵良栋平滇功第一，以弹劾明珠从子、将军吴丹救建昌失律故，为明珠所排挤，免官不得叙爵。二十七年，御史郭琇疏劾明珠，诏改授明珠内大臣，罢其政柄。其党修怨，二十九年，诬琇以罪，免其官，并夺其父封典。

汉大臣中若尚书徐乾学、少詹事高士奇、左都御史王鸿绪、侍讲学士王顼龄等，皆以文学结主知，自负博雅，互相标榜，猎取声誉，而以乾学为之魁。屡与明珠党龃龉，互相抨击，时有南北党之目。乾学轻财好客，为士类所归向，交游太广，其家人门客时夤缘为奸利。其弟大学士元文，右中允秉义，皆鼎甲出身，以文学负盛名。元文久任左都御史，敢于言事，群臣侧目。郭琇劾明珠，乾学实阴讽之，明珠罢相，其党修怨，二十九年，潜免乾学官，予元文休致，秉义亦乞假归。郭琇劾高士奇、王鸿绪等植党营私，诏予士奇休致。

第四节　诸王之倾轧与储位之废立

圣祖享国之久，为秦汉以来中国历史上所仅见，子孙曾孙同时及见者百五十余人，然其晚年有一极拂意之事，则储位之废立是也。圣祖诸子中胤禔最长，然非嫡出，孝诚仁皇后赫舍里氏生皇次子胤礽（音仍，福也），康熙十四年，立为皇太子，命大学士张英、李光地、熊赐履等教之，凡南北巡狩，未尝不令从行。三十七年三月，封皇长子胤禔、三子胤祉为郡王，四子胤禛、五子胤祺、七子胤祐、八子胤禩（古祀字）为贝勒；由是诸皇子各自开府。希图非分，内则要结亲贵以侦探消息，外则招纳门客以弋取声誉，植党暗争甚剧。皇太子性疏直，率易任情，无矫饰；于至尊前礼节颇多疏忽。尝侍上疾，无忧色；闻皇十八子胤祄疾笃，无戚容；又尝殴挞大臣，渐失帝欢。四十七年九月，有为蜚语闻于上者，谓皇太子昵比匪人，诏废胤礽，幽禁之；并诛审其近臣。旋以胤禩营谋为皇太子甚力，并黜其爵。已而诚郡王胤祉发喇嘛巴汉隆为直郡王胤禔用魔术压胤礽事，上命夺胤禔爵，幽于第；召胤礽入见，使居咸安宫。四十八年正月，复立为皇太子。五十一年十月，复废允礽，锢之咸安宫。自此以后，群臣有请立太子者，辄被严谴。六十一年（西历纪元一七二二年）十一月，帝崩，皇四子雍亲王胤禛即位，是为世宗。雍正二年，胤礽卒，追封为理亲王。以奉使口北，迁延不行罪名，革皇十弟敦郡王胤䄉爵，禁锢宗人府。四年，以结党营私罪名，削皇八弟廉亲王胤禩籍，改名阿其那（满语狗也），交宗人府幽杀之；夺皇九弟贝子胤禟爵，幽之西宁；旋更名为塞思黑（满语猪也），幽杀之于保定；夺皇十四弟抚远大将军郡王胤禵官爵，幽之马兰峪；六年，降皇三兄诚亲王胤祉为郡王，禁锢其子弘晟。八年，革胤祉王爵，禁锢景山永安亭。十二年，胤禵卒于幽所。于是圣祖晚年以来结党倾轧之诸王皆罹祸，宗室王公及大臣牵连被害者甚众。

圣祖末年诸王倾轧表

太祖努儿哈赤　　太宗皇太极　　世祖福临　　圣祖玄烨

—皇长子贝子品级允禔（初封直郡王，后以罪废）

—皇次子理密亲王允礽（初立为皇太子，后废）

—皇三子诚隐郡王允祉（初封诚亲王，世宗时降）

—皇四子世宗胤禛（初封雍亲王，后袭帝位）

—皇八子允禩（初封贝勒，世宗即位进封廉亲王，后夺爵，改名阿其那，幽杀之于宗人府）

—皇九子允禟（初封贝子，世宗时夺爵，改名塞思黑，幽杀之于保定）

—皇十子辅国公允䄉（初封敦郡王，世宗时夺爵，高宗即位封辅国公）

—皇十四子恂隐郡郡禵（初封贝子，世宗时夺爵，高宗即位封恂郡王）

第五节　康熙时代之文字狱

康熙初年，有庄廷钺《明史》狱，沈天甫诗集狱，其时当国者为辅政大臣鳌拜，其人残暴苛刻，故二狱株连者颇多，然故非圣祖之意也。圣祖仁厚矜察，简刑省罚，然文字狱为有清一代特色，虽圣祖时亦有一二案点缀，兹略述其事迹于下。

一、朱方旦《秘书》狱

朱方旦，湖北汉阳人，号尔玫，又号二眉道人；自诩前知，与人决休咎，朱道人之名噪于遐迩。顺承郡王勒尔锦以大将军驻节荆州，方旦出入其军，甚见尊宠；勒尔锦榜其堂曰圣人堂，里曰至人里。湖广巡抚张朝珍赠以匾额，颜曰圣教帝师。后方旦游江浙，翰林院侍讲王鸿绪得其所著《中质秘书》，康熙二十一年，上疏劾之曰："朱方旦自号二眉道人，阳托修炼之名，阴挟欺世之术，广招党羽，秘刻密书。其书有曰：'古号为圣贤者安知中道？中道在我山根之上，两眉之间。'其徒互相标榜，有顾齐宏者，曰：'古之尼山，今之眉山也。'陆光旭则曰：'孔子后二千二百余年，而有吾师眉山夫子。程朱精理而不精术，大儒之用小；老庄言道而不言功，神仙之术虚'等语，皆刊书流布，蛊惑庸愚；乞正典刑以维世道。"乃诏九卿会议，方旦立斩，齐宏等监候，朝珍已死，革其世职；勒尔锦见在羁禁，勿问。

二、戴名世《南山集》狱

方旦以左道惑众，罪止杀身，圣祖可谓宽厚矣；其文字狱中之较为复杂者，则为戴名世南山集狱。名世，安徽桐城人，好读《左氏传》及《太史公书》，留心有明一代掌故，时访明季遗老考求故事，兼访求明季野史参互考订，以冀成一家言。邑人方孝标，尝以科第起家，官至学士。后因族人方猷主顺治丁酉（十四年）江南试，得罪牵连去官遣戍，遇赦归。吴三桂反，孝标入滇，为翰林承旨。三桂败，孝标先迎降，得免死。所著《纯斋文集》《滇黔纪闻》，多述明末清初事。名世购得其书,与门人舒城、余湛考其异同,采用其说,作《南山集》。康熙四十一年,门人尤云鄂为刊版行世。四十四年,名世应顺天乡试,中式;四十八年,复举会试,以殿试一甲二名进士授翰林院编修,于是《南山集》流传于都下。五十年,左都御史赵申乔据以弹劾,下九卿议,牵连至数百人;时方孝标已死,并议戮其尸。上不以为然,因诏"戴名世从宽处斩,方孝标之子登嶧、孙世樵等俱免死,并妻子充发黑龙江,其余案内干连人犯,俱宽免治罪,著入旗"。于是得全活者三百余人,时康熙五十二年二月也。

第十章

青海之内属

第一节　青海和硕特之起源

青海，古西海郡，在西宁县西三百余里。其水周七百余里，群山绕之，潴而不流。中有二岛，不通舟楫，惟冰合时可通。环海而居者皆藏族，分左右二境，下界海岸，上界湟水。其地西回疆，南卫藏，北玉关，袤延二千余里。本汉时鲜水诸羌也，唐以前为吐谷浑所属，唐初并入吐蕃，于是崇佛成俗，始隶于卫藏。明置西宁、河州诸卫，领以番酋，授以国师、禅师之号，不相统属，以涣其势。其后一并于套酋俺答，再并于和硕特部固始汗，于是始变为蒙古。和硕特为元太祖次弟哈布图哈萨尔后裔，与内蒙古科尔沁等八部同族，十九传至固始汗，自西域入据青海。分部众为二翼，子十人领之，除分附察哈尔一旗及分牧阿拉善山一旗外，余八家皆为青海和硕特蒙古。清太宗崇德中，固始汗强盛，击灭唐古特藏巴汗，遣使自塞外通贡，并请发币存问达赖喇嘛，是为青海与清室交际之始。顺治初，又导达赖入觐，诏封遵文行义敏慧固始汗，赐金册、金印、弓矢、甲胄，是为青海汗入朝之始。顺治十三年，固始汗卒，其苗裔分二支：在藏者为拉藏汗，在青海及河套者为车臣汗，阿拉善王。康熙五年，六年，十四年，青海和硕特诸部屡谋入寇，皆奉达赖檄谕而止，献驼马牛羊谢罪，盖于中国尚仅羁縻也。十六年，准部噶尔丹袭杀西套车臣汗鄂齐尔图，青海诸台吉惧，挈帐避居大草滩，渐为内附之始。二十九年，大军击败噶尔丹于乌兰布通，青海诸台吉附达赖喇嘛表上尊号，却之。三十六年，大军珍灭噶尔丹，青海诸台吉入朝京师，诏封固始汗子达什巴图为和硕亲王，余授贝勒、贝子、公爵有差，于是青海始为近藩。五十五年，准部酋长大策零敦多布袭破前藏，朝廷发兵四路讨之，命青海蒙古兵从平逆将军延信深入，击破准部兵，奉新第六世达赖入藏。

第二节 罗卜藏丹津之叛

是时达什巴图已卒，子罗卜藏丹津立，从大军入藏归，以青海西藏皆和硕特部属，而已为固始汗嫡孙，阴觊复先人霸业，总长诸部。世宗雍正元年，诱诸部盟于察罕托罗海（青海海中岛名），令各仍故号，不得复称王贝勒公等爵，而自号达赖浑台吉以统之。亲王察罕丹津、郡王额尔德尼等不从，挈众内奔河州关外。朝廷遣驻西宁之侍郎常寿往谕丹津，反为丹津所执。初，青海有大喇嘛曰察罕诺们汗，出自西藏，世居西宁之塔尔寺，为青海黄教徒宗，威望等于外蒙古之哲卜尊丹巴。丹津诱使从己，于是远近风靡，游牧番子喇嘛等同时骚动，西宁戒严。是年十月，诏以川陕总督年羹尧为抚远大将军，驻西宁；四川提督岳钟琪参赞军务。羹尧分兵北扼布隆吉尔河（在青海北部），防其内犯；南守巴塘、里塘，断其入藏之路；又请敕驻巴里坤将军富宁安屯吐鲁番及噶斯泊（在罗布泊东），断其通准部之路；复遣诸将分攻各堡，溃其党羽；各部贝勒贝子公台吉多自拔来归，丹津惧，归常寿请罪，不许。

二年正月，羹尧集兵二万余，分四路进攻，期以四月草生时前进。钟琪以为"青海广漠，番众尚不下十方，我军深入，贼若散而诱我，击此失彼，四面受敌，此危道也。不如乘春草未生，以精兵五千，马倍之，兼程捣其不备"。廷议以为然，诏授钟琪奋威将军，专任西征事。二月，出师，沿途歼敌侦骑，蓐食衔枚宵进，直抵敌帐，敌军惊溃，罗卜藏丹津遁，虏其母弟及妹。大军恐其入藏，自河源西南穷追至桑骆海，在河源西七百余里不及而返；而丹津则已自噶尔逊河在布隆吉尔河之北横越戈壁，北投准噶尔矣。自出师至贼巢凡十五日，往返两月，献俘京师，诏封羹尧一等公，钟琪三等公。青海悉定，分其地赐诸部之不从逆者；不设盟长，置西宁办事大臣以统辖之。

青海和硕特蒙古对清廷关系表

一、清太宗崇德中，青海固始汗遣使自塞外通贡。
二、世祖顺治初，导达赖入觐。
三、康熙五年，六年，十四年，青海诸部屡谋入寇，皆奉达赖檄谕而止，献驼马牛羊谢罪。
四、二十九年，大军击败噶尔丹，青海诸台吉表上尊号，却之。
五、三十六年，大军殄灭噶尔丹，青海诸台吉入朝，诏封王公世爵有差。
六、五十五年，大军救西藏，青海蒙古兵从将军延信深入，击破准噶尔兵。
七、雍正元年，青海和硕亲王罗卜藏丹津叛，二年二月，奋威将军岳钟琪击破之；罗卜藏丹津奔准噶尔。

第十一章

西南夷改土归流之役

第一节　西南各省土司之由来

川湖云贵之交，为苗族分布地，唐虞以前之九黎，唐虞时代之三苗，周之荆蛮，战国末年之百越，汉之西南夷，唐之南诏，后五代时之天兴、义宁，皆此族创立之国；四川境内之獠，僰（步劾切，音馥。《炎缴纪闻》：僰人在汉为犍为郡，在唐为于矢部，盖南诏东鄙也，或称摆夷），贵州境内之苗，湖南、广西境内之瑶、侗，云南境内之猓猓、野人，广东境内之黎、蜑（音但，一作蛋。《后山业谈》：二广居山谷间不隶州县谓之瑶人，舟居谓之蜑人；岛上谓之黎人），皆此族之后裔也。在宋为羁縻州，在元为宣慰、宣抚、招讨、安抚、长官等土司，而元明赏功授地之土知府、土知州、土知县亦错出其间。明代麓川思氏、田州岑氏、播州杨氏、永宁奢氏、水西安氏之乱，皆动大军数十万，殚天下之力而后铲平之，故云贵川广恒视土司为治乱。清初，因袭明制，分设土官，属平西定南诸藩镇抚之。三藩之乱，诸土司颇为吴三桂利用；及乱平，朝廷亦放任之，无暇深究。至雍正初年，始有改土归流之役。

历代苗族创立之国家表

国名	时代	区域
九黎	唐虞以前	
三苗	唐虞	两湖及江西
荆蛮	周	同
百越	战国末年	江南、浙东
西南夷	汉	川南、贵西、云南
南诏	唐	云南
天兴	后五代	同
义宁	同	同

当代苗族杂居地及其种族名表

杂居地	族名
四川	獠，僰
贵州	苗
湖南，广西	瑶，侗
云南	猓猓，野人
广东	黎，蜑

第二节　鄂尔泰改土归流议

先是明太祖洪武中，未下滇，先平蜀，招服诸蛮，故乌蒙（今云南滇中道昭通县东二十里）、乌撒（今云南滇中道镇雄县、贵州贵西道威宁县）、东川（今云南滇中道东川县）、芒部（故城在今云南镇雄县西南）四军民府，旧属云南者，皆改隶四川。然诸土司皆去川远，去滇黔近；滇黔有可制之势而无其权，四川有可制之权而无其势。土人不耕作，专以劫杀为生，边民世受荼毒。疆吏屡请改隶，而枢臣动诿勘报，弥年无成画。雍正四年春，以鄂尔泰巡抚云南，兼总督事。鄂尔泰奏言："云贵大患无如苗蛮，欲安民必先制夷，欲制夷必改土归流；而苗疆多与邻省犬牙相错，又必归并事权，始可一劳永逸。东川乌蒙镇雄皆四川土府，东川至滇省城四百余里，距四川成都千有八百里；乌蒙至滇省城亦仅六百余里。自康熙五十三年，土官禄鼎乾不法，钦差督抚会审毕节（今贵州贵西道毕节县），以流官交质始出，益无忌惮。其钱粮不过三百余两，而取于下者百倍；一年四小派，三年一大派，小派计钱，大派计两。土司一婆子妇，则土民三载不敢婚。土民有罪被杀，其亲族尚出垫刀数十金，终身无见天日之期。东川虽已改流三十载，仍为土目盘踞，文武长寓省城，膏腴四百里无人敢垦。若东川、乌蒙、镇雄改隶云南，俾臣得相机改流，可设三府一镇。此事连四川者也。广西土府州县峒寨等司五十余员，分隶南宁（今南宁道邕宁县）、太平（今镇南道崇善县）、思恩（今南宁道武鸣县）、庆远（今柳江道宜山县）四府，多狄青征侬智高，王守仁征田州（今南宁道武鸣县）时所留设。除泗城上府（今田南道凌云县）外，余皆土目横于土司。黔粤向以牂牁江为界，而粤之西隆州（今田南道西隆县）与黔之普安州（今贵西道普安县）逾江互相斗入，苗寨辽阔，文武动辄推诿，应以江北归黔，江南归粤。此事连广西者也。滇边西南界以澜沧江，江外为车里（今英领缅甸澜沧东诸地）、缅甸（今英领缅甸中部）、老挝（今法领印度支那西北部）诸土司，其江内之镇沅（今云南普洱道镇沅县）、元江（今普洱道元江县）、新平（今普洱道新平县）、普洱（今普洱道宁洱县）、茶山（在今云南腾越道腾冲县北，高黎贡山之西）诸夷，巢穴深邃，无事近患腹心，有事远通外国，自元迄明代为边害。论者谓：江外宜土不宜流，江内宜流不宜土。此云南宜治之边夷也。贵州土司向无钳束群苗之责，苗患甚于土司，而苗疆四周几三千余里，千有三百余寨，古州（今贵州镇远道榕江县）踞其中，群砦环其外，右有清江（一名清水江，源出贵州都匀县西之云雾山名。马尾屈曲东流为清水江，由镇远入湖南境为沅水可北达楚，右有都江源出都匀县境之苗岭山脉，东南流经都江、榕江二县境，合古州江入广西为柳江）可南通粤，皆为顽苗所据，梗隔三省，遂成化外。如欲开江路以通黔粤，非勒兵深入，遍加剿抚不可。此贵州宜治之边夷也。臣思前明流土之分，原因烟瘴新疆，未习风土，故因地制宜，使之乡导弹压。今历数百载，相沿以夷制夷，遂至以盗治盗，苗猓无追赃抵命之忧，土司无革职削地之罚；直至事大上闻，行贿详结，上司亦不深求，以为镇静；边民无所控诉。若不铲蔓塞源，纵兵刑财赋事事整饬，皆治标而非治本。其改流之法：计擒为上，兵剿次之；令其自首为上，勒献次之。惟制夷必先练兵，练兵必先选将，诚能赏罚严明，将士用命，先治内，后攘外，必能所向奏效，实云贵边防百世之利。"世宗以为然，即诏以东川、乌蒙、镇雄三土府改隶云南。旋以鄂尔泰为云贵广西总督，命实行改土归流策。鄂尔泰使游击哈元生经略东川、乌蒙，镇雄，改设二府、一州，使总兵石礼哈搜讨贵州广顺州（今黔中道广顺县）之长寨（今黔中道长寨县），招服黔边东西南三面生苗二千余寨。用知府张广泗招抚古州，辟苗疆二三千里，几当贵州全省之半。先后劾黜云南霑益土州（今滇中道霑益县）安氏，镇沅土府刁氏及赭乐长官司，威远州，广南府（今蒙自道广南县）各土目，悉定澜沧江以东地。永昌（令腾越道保山县）边外之孟连土司献银厂，维西（今腾越道维西县）边外之怒江野夷输皮币，老挝（即南掌）、景迈（即八百媳妇国，今入于暹罗）皆来朝，威震缅甸。广西诸土司自泗城土府岑映宸以下，亦先后檄敕印，纳军器二万余。自雍正四年至九年，三省土司大部分改流，苗民归化，鄂尔泰以功封襄勤伯。

第三节　台拱之变

苗疆之初勘定也，贵州诸郡县防兵率移戍其地，内地守备颇疏。雍正九年冬，征鄂尔泰为保和殿大学士，十年，以张广泗为宁远副将军，出镇巴里坤；以元展成巡抚贵州，尹继善总督云贵。先是鄂尔泰用兵招抚，只及古州、清江（今镇远道剑河县），未及台拱（今镇远道台拱县）之九股苗，有司辄称台拱愿内属，展成易视苗事，遽于十年设营驻兵；九股苗皆叛，围大营。十三年春，苗疆以征粮不善，远近各寨蜂起，聚集清江、台拱间，袭陷黄平（今镇远道黄平县）以东诸城，焚掠及于镇远（今镇远道镇远县）、思州（今镇远道思县）。诏以哈元生为扬威将军，湖广提督董芳副之，发滇、蜀、楚、粤六省兵会剿。又命刑部尚书张照为抚定苗疆大臣，副都御史德希寿副之，察其利害。副将冯茂贪功，诱杀降苗六百余，头目三十余，苗人抵抗之志益坚，或手刃妻女而后出战，蔓延不可复制。董芳专主招抚，与哈元生龃龉；张照又密奏改流非策，首倡弃地之议；以故大兵云集数月，旷久无功，贼势益炽。张广泗、鄂尔泰先后上书引咎辞职，中外畏事者争咎前此苗疆之不常辟，目前苗疆之不可守；全局几尽变。十四年八月，世宗崩，高宗即位；授张广泗七省经略，节制诸军；逮张照、哈元生、董芳、元展成治罪。广泗分兵攻台拱之九股苗，而自将攻清江下流各寨，是年冬，刻期并举，所向克捷。乾隆元年春，复增兵分八路，尽破诸寨，其逋逃者尽窜牛皮大箐。箐居苗巢之中，为一大森林，盘亘数百里，北丹江（今黔中道丹江县），南古州，西都匀（今黔中道都匀、平舟二县），八寨（今黔中道八寨县），东清江，台拱。危岩切云，老樾蔽天，雾雨濛濛，泥潦蛇虺所国，虽近地苗蛮，亦无悉其幽邃，穷其荒阻者；故首逆诸苗咸蛰伏其中，俟官军退复图出没。广泗檄诸军分扼箐口以坐困之，自四月至五月，诸将冒险搜捕，斩获万计。六月，后乘兵威搜剿附逆熟苗，先后毁除一千二百二十四寨，赦免三百八十八寨，斩首捕虏四万余人，得兵仗无算，苗疆平。诏书豁免新疆钱粮，永不征收，以杜官胥之扰；其苗讼仍从苗俗处分，不拘律例。自是西南夷不复反。

第十二章

雍正时代之内治

第一节　庶政之革新

一、储立密建法

康熙末年，诸皇子觊觎皇太子位置，各树朋党，互相倾轧。世宗即位，深知储位不定，不足以维系国本；而明立太子，又不免陷本人于骄矜失德之地。且左右逢迎，奸宄谗构，皆为历代纷乱之源；乃创储位密建法。雍正元年八月，召王公大臣及文武诸臣，谕以"诸子尚幼，建储一事，必须详加审慎。今朕特将此事亲写密封，藏于匣内，置之乾清宫正中'正大光明'匾额之后，以备不虞。又别书密旨一道，藏诸内府，为异日勘对之资"。自是以后，此制遂为清朝家法。

二、军机处之设立

清初因明旧官制，通政司受内外章奏，有敷奏封驳之权；内阁票拟批答，为承旨立法之府；其有军国重务，不由阁臣票发者，则由议政大臣组织之会议裁决之。世宗以通政司职权太重，扼中外庶政之要，主之者不得其人，或与政府因缘为奸；乃别设奏事处，命内外诸臣，有机密事，改用摺奏，直达御前；自是通政司为闲曹（看《啸亭杂录》卷二《摺子条》）。又以议政诸大臣皆贵族世爵，不谙国务；而内阁在太和门外，入直者或有漏泄机密之弊；雍正七年，于隆宗门内设军机房，十年，改称军机处。简阁部院大臣及亲贵中热谙政体者兼摄其职，名曰军机大臣；又选内阁侍读、中书及部曹为僚属，名曰军机章京；赞理机务，票拟谕旨。凡谕旨之明发者，皆下内阁，以次及于部科。其有指授兵略、诰诫臣下及查核刑政之失当者，则密封交兵部驰递，谓之廷寄。自军机处设立，内阁之权遂轻，议政之制亦革；犹留议政大臣之名为满大臣兼衔，乾隆中，遂废（看《啸亭杂录》卷二《军机大臣条》及《议政大臣条》）。

三、旗制之改革

清初八旗之制，皇帝亲将者三：一镶黄，二正黄，三正白，名曰上三旗。诸王分将者五：一镶白，二正红，三镶红，四正蓝，五镶蓝，名曰下五旗。下五旗户籍皆为王公僚属，其关系若奴隶之于主人。承平日久，诸王习于骄侈，御下多不法，如两广总督杨琳故敦郡王胤䄉属下，王遣近侍赴广州，据署搜索。世宗习知其弊，即位以后，禁宗藩与外吏交通，非廷见不得私谒。其王府属下，惟护卫诸官得由本府迁擢，余悉改隶有司；以所属值宿护军撤归营伍。自是诸王皆懔然奉法（看《啸亭杂录》卷一《禁抑宗藩条》，卷二《王府属下条》）。当时宗室八旗子弟往往挟亲贵之势，恣为威福。诏特设学校以教育之：二年闰四月，设宗学二，觉罗学八，以教宗室子弟。成安宫、景山官学各一，八旗官学八，以教八旗子弟。皆简大臣综其事，以进士、举人为之教习。于是宗室八旗中彬彬然多文学之士（看《啸亭杂录》卷二八《旗官学条》）。

四、朋党之戒饬

明季亡于朋党。圣祖末年，诸皇子各树朋党，互相残害。世宗深知其弊，即位以后，诰诫群臣数百言，皆以朋党为戒。御制朋党论，驳欧阳修"君子有朋"之说，颁示满汉诸臣；大意谓舆论当以朝廷之赏罚为是非，而人臣尤当以君心之好恶为好恶；极而言之，则人臣不当以己意为好恶，而当以君心为是非；此言可谓极专制之能事，然其措词颇工巧。又以明季大臣，往往要结言官，反对朝旨；而六科给事中，以自为一曹，无所隶属故，益得纵情自恣；故对于言官之陈白特为注意，又命六科给事中改隶都察院以抑其权；于是言路党争之弊绝。

五、吏治之整顿

世宗久居藩邸，人情世态无不洞悉。康熙末年，圣祖以省事为政，故不免失之宽大，疆吏州县玩忽者多。世宗御极之初，颁谕旨十一道，训饬督抚、提镇以下文武各官，词旨严厉，以勤求吏治，严绝贿赂为主。又以各省督抚事繁任重，势必延聘幕客；但幕客有不肖之徒，勾通内外，肆行作弊，败本官之清节，彼则饱囊而去，应即严行查察；而纵容书吏差役，狐假虎威，无恶不作者，亦饬令督抚痛自革除。当时各部皆有陋规，名曰部费，凡各省题奏事件，不讲部费不能结案，盈千累万，遂小人无厌之求；下诏严行禁止。又以各部书吏惯于作弊，已经满秩者，改换姓名，窜入别部。甚至有一种缺主名称，握一司之事，盘结其中，居然世业。乃诏各部堂官，于各本部书吏五年考满，勒令回籍候选；如有前项情事，立行驱逐。于是政治肃清，官吏懔然奉法。

六、贱民阶级之革除

雍正年间，建设之政甚多；而尤为有清一代特色，开人道主义之先路者，为贱民阶级之革除。先是明建文鼎革之际，山西、陕西志士不附燕兵，成祖恶之，即位以后，均贬入教坊乐籍，使世执贱业，不得与平民为伍。雍正元年四月，诏各属禁革，使改业为良。浙江绍兴府有惰民籍，或言系宋将焦光瓒部属，以叛宋投金故被斥，元人谓之怯怜户，明太祖定户籍，贬其户曰丐户。或言系陈友谅将士苗裔，为明太祖所贬。其执业与乐籍无异。雍正元年九月，诏令削除。江南徽州府有伴当，宁国府有世仆，本地呼为细民，其执业与乐户、惰民同。甚至有两姓丁户村庄相等，而此姓为彼姓服役，有如奴隶。究其主仆关系起自何时，则茫然无考。五年四月，诏一律免为良民，革除世仆等名目。广东有蜑户，以船为家，捕鱼为生，生齿繁多，粤民视为卑贱之流，不容登岸居住。七年，诏蜑户准于近水村庄居住，与齐民一同编列甲户，不得欺凌驱逐。苏州府常熟、昭文二县（今并为常熟县）旧有丐户，与惰民无异。八年五月，从江苏巡抚尹继善请，削除其籍。此外若江西、浙江、福建所属山县内之棚民，世以冶铁、造纸为业，亦先后列入保甲，视为编氓。高宗乾隆三十六年，诏广东之蜑户，浙江之九姓渔户（九姓渔船惟浙东有之，人有谓为陈友谅部曲之子孙者。凡九姓，不与齐民结婚，始以渔为业。继而饰女应客使为妓，仍居舟中间，有购自良家者。盖友谅败于鄱阳，其部曲九姓悉远窜至严州之建德，而拿舟往来于杭州、严州、金华、衢州也）及各省凡有似此者，一律免为良民。于是中国之奴隶制度革除殆尽矣。

七、江浙浮粮之蠲免

先是南宋末年，贾似道倡议买公田，浙西所得独多。明太祖灭张士诚，恶浙西人民为士诚固守，籍诸富民田以为官田而收其租，故江南之苏州、松江，浙江之嘉兴、湖州四府，租税之重甲于天下。明宣宗以后，屡次酌减，然仍为各省冠。雍正三年三月，吴民以为请，命酌减苏州正额银三十万两，松江十五万两。五年十月，减嘉兴、湖州额征银各十分之一，共八万七千二百两有奇。于是浙西民困稍苏。

八、直隶水利之兴治

直隶水道庞杂，时有泛溢之患，永定河自高原下流，尤为难治。三年九月，命怡亲王胤祥、大学士朱轼往查勘。胤祥等绘图陈奏，请于滦、蓟等处各设营田，得旨允行。于是近畿水利兴而河患渐减。

第二节　年羹尧之狱与隆科多之狱

初，胤礽初之为皇太子也，诸皇子之希冀非分者，或为秘密运动以倾陷之；就中运动最力者为胤禩，而胤禵、胤禟、胤䄉附之；圣祖之意似颇眷注允禵，故此五人皆为世宗所嫉；雍正改元以后，相继被祸。世宗性情苛察，相传其得国不以正（世传圣祖弥留时，手书遗诏，传位十四子；世宗时侍疾，密盗之，潜改十字于为字；故深疾胤禵），理藩院尚书隆科多、川陕总督年羹尧实左右之，故即位以后，优遇二人备至。命隆科多以吏部尚书总理事务，袭一等公，旋加一等阿达哈哈番，以其长子岳兴阿袭；而以年羹尧为抚远大将军。雍正元年，授羹尧二等阿达哈哈番，加其父遐龄尚书衔，又加隆科多与羹尧太保。二年二月，青海平定，进羹尧爵一等公，别授精奇尼哈番，令其子斌袭；封遐龄一等公，加太傅。十月，羹尧入朝，加一阿达哈哈番，令其子富袭；又与隆科多同赐双眼孔雀翎，四团龙补服，黄带，紫辔。羹尧才气凌厉，师出屡有功，颇骄纵；行文诸督抚，书官斥姓名；请发侍卫从军，使为前后导引，执鞭坠镫；入觐，令直隶山西督抚跪道送迎；至京师，行绝驰道，王公大臣郊迎不为礼；在边，蒙古诸王公见必跪，额附阿宝入谒，亦如之；以故怨之者众。羹尧常劾四川巡抚蔡珽，上逮珽诣京师，召见，备言羹尧贪暴诬陷状。上特宥珽罪，而摘羹尧奏疏中，将朝乾夕惕字书作夕惕朝乾，认为有意倒置，三年四月，降补杭州将军。寻下吏部议处，议应罢任留爵，上以隆科多有意徇庇，削太保衔及一等阿达哈哈番世职，谪往阿兰善等处修城垦地；十二月，革羹尧职，逮至京，赐死；夺遐龄及羹尧兄希尧官爵，杀羹尧子富，诸子年十五岁以上皆戍极边。罢隆科多尚书，谪往阿尔泰料理边务；复召还，夺爵禁锢，六年，卒于禁所。

第三节　雍正时代之文字狱

年羹尧、隆科多及诸王胤禩、胤禟、胤祯、胤禵等相继获罪，其门客党羽散布中外，流言四起；甚或藉文章著述，发为不平之鸣，诽谤朝政，指斥君主。世宗苛察，当然不能相容，遂小题大做，藉端以兴大狱。兹略述其事迹如下。

一、汪景祺《西征随笔》狱

汪景祺，浙江杭州举人，年羹尧西征时，景祺为记室；常将日所见闻及一时对政治之感想笔之于书，是为《西征随笔》。羹尧败后，议政大臣等题参羹尧大逆罪中，有"见汪景祺《西征随笔》不行参奏"语，世宗以《西征随笔》中有"皇帝挥毫不值钱"诗讥讪圣祖，又有"功臣不可为"论挑拨年羹尧，乃杀景祺，其妻子发往黑龙江，给与穷披甲之人为奴；其期服之亲兄弟侄，俱革职发遣宁古塔；五服以内之族人俱革职，令本籍地方官约束不许出境。时雍正三年十二月也。

二、钱名世诗狱

钱名世，江苏武进人，康熙进士，官至翰林院侍讲学士。年羹尧败后，世宗因名世作诗称颂羹尧平藏功德，亲书"名教罪人"匾额，令地方官张挂其居宅。又令朝士赋刺恶诗，并谕旨一道，交名世刊刻进呈，凡直省学校所在各颁一部。时雍正四年四月也。

三、查嗣庭试题狱

查嗣庭，浙江海宁人，名儒查慎行初白先生弟也。康熙中，第进士，见知于隆科多，累官内阁学士，礼部侍郎。雍正四年，典江西试，以"维民所止""君子不以言举人"二句，"山径之蹊间"一节命题。言官讦参：谓维止二字，系取雍正字去其首。时当行保举，世宗又谓末二题为讽刺时事；遣人搜其寓，得日记二册，其中批评康、雍朝政，触忌讳之处甚多。世宗以嗣庭为隆科多党，嫉之，乃毙嗣庭于狱，戮其尸；长子上克下狱死，次子澐处斩，幼子及亲兄弟侄等俱流三千里，家产充公。江西巡抚汪漋、布政使丁士一、副考官俞鸿图俱获罪，贬窜有差。浙东诸家桥镇有关羽庙，老学究某作一联榜其门曰："荒村古庙犹留汉，野店浮桥独姓诸。"为嗣庭采入笔记中，案发，坐死。世宗以景祺、嗣庭皆浙人，遂谓浙江风俗浇漓，嗣庭尤心行虚狡，有辱科名，诏停浙江乡会试，以光禄寺卿王国栋为浙江观风整俗使以化导之。时雍正五年五月也。

四、邹汝鲁《河清颂》狱

四年十二月，河道总督齐苏勒奏睢宁（今江苏徐海睢宁县）黄河清。王大臣等请御殿受贺，不许，而普加文武官一级。太常寺卿邹汝鲁进《河清颂》，内有"旧染维新，风移俗易"语，世宗以书经有"旧染污俗，咸与维新"句，不当引用，指为悖谬讥讪，发往荆州府沿江堤工处效力赎罪。时雍正五年正月也。

五、陆生楠《通鉴论》与谢济世《大学注》狱

陆生楠，广西举人，以军功选知江苏吴县，改工部主事。谢济世狱兴，世宗以生楠与济世同乡，疑其为党，夺职遣戍。谢济世，广西全州人，康熙壬辰进士，雍正四年改御史。以弹劾河南巡抚田文镜不法事，世宗疑为党，夺职，令往阿尔泰军前效力。七年六七月间，振武将军顺承郡王锡保先后奏报：济世注释大学，毁谤程朱，于见贤而不能举两节，有抒写怨望之词。生楠细书《通鉴论》十七篇，中有论封建、立储、兵制等事，多抗愤不平语。廷议以为诽谤朝政，是年十二月，杀生楠，罚济世充当军中苦差。

六、徐骏诗集狱

翰林院庶吉士徐骏上书言事，于陛下之陛字误书作狴，帝怒其粗率，斥职放归。检其诗集，内有"清风不识字，何得乱翻书"之句，帝指为讥讪，八年十月，命正法。

七、吕留良遗集狱

吕留良，浙江石门（今钱塘道崇德县）人，善属文，顺治间，应试为诸生。补廪后，始坚持民族主义，绝意仕进。后讲学乡里，学者称晚村先生。尝以博学鸿儒及山林隐逸荐，誓死不就，剃发为僧。著书立论，排斥满洲不遗余力，有论夷夏之防及井田、封建等篇，又有"清风虽细难吹我，明月何尝不照人"之句。康熙二十年卒，弟子严鸿逵、再传弟子沈在宽等祖述其学说，发为词章议论，种族之见益深。

湖南永兴（今衡阳永兴县）诸生曾静应试州城，得见留良遗书，深为倾倒。遣弟子衡州（今衡阳县）张熙至留良家，求其遗著，留良次子毅中悉以父遗书授之，静读之益倾服，遂与鸿逵、在宽等往来投契，常赋诗相赠答。年羹尧死后，岳钟琪为川陕总督，谣传钟琪为南宋鄂忠武王飞后，两次请陛见，诏不允行，钟琪深自危疑云云。七年五月，静遂遣熙至陕，投书钟琪，劝其举事；钟琪大惊，具以闻。诏逮静、熙及毅中、鸿逵、在宽等至京廷讯，毙鸿逵于狱，十年十二月，诏以留良罪大恶极，与其长子葆中及鸿逵俱戮尸，毅中、在宽处斩，子孙发往宁古塔，给披甲人为奴，妇女入官。案内自称私淑门人之黄补庵，刊刻吕氏书籍之车鼎丰、车鼎贲，私藏吕氏书籍之孙用克、周敬舆，设祠奉祀留良之广东连州知州朱振基，学正王奇勋等俱坐死，父母祖孙兄弟妻女坐发给为奴者二十三家。以静、熙为乡僻陋儒，惑于邪说，免罪释放还家。录静等口供及历次所降谕旨，刊为《大义觉迷录》，颁行天下。十三年，高宗即位，逮静、熙，磔于市；收回《大义觉迷录》，于是此案始告一结束。

第四节　世宗侦察之严密

世宗性情苛察，尝密设缇骑，四出侦探，凡闾阎细故无不上闻；又好为微行，里巷之间，间有皇帝踪迹。相传有引见官某欲买新冠，路逢人问其处，次日入朝，免冠谢恩，世宗笑曰："慎勿污汝新帽也。"某年元旦早朝后，修撰王云锦归邸舍，约友人作叶子戏，已数局矣，忽失一叶，遍觅不获，遂罢而饮。一日蒙召封，上问以元日何事，具以实告，上笑曰："不欺暗室，真状元也。"因袖中出一叶与之，即云锦所失者也。按察使王士俊将赴任，大学士张廷玉荐一健仆，供役甚谨。后数年，王将入都陛见，仆豫辞去，士俊问故，仆曰："汝数年无大咎，吾亦入京面圣，为汝先容地。"始知为侍卫某也。(看《啸亭杂录》卷一"察下情"条) 天津周人骥，雍正丁未进士，以礼部主事视学四川三年，操守洁，无苛且。先是本部堂官荐一仆，甚勤敏；至任满，数请先行。人骥曰："我即日回京复命，汝当随往。"其人曰："我亦欲回京复命耳。"惊询之，乃曰："某实侍卫某也，特来伺公，公考试好，某将先期奏闻矣。"人骥归，果蒙优旨。内阁供事蓝某，富阳(今浙江钱塘道富阳县)人，在阁当差有年，颇勤慎。雍正六年元夕，同事者皆归家，蓝独留阁中，对月自酌。忽来一伟丈夫，冠服丽都。蓝疑为内廷值宿官，急起迎，捧觞致敬。其人欣然就座，笑问曰："君何官？"曰："非官，供事耳。"问何姓名？具以对。问何职掌？曰："收发文牍。"问同事若干人？曰："四十余人。"问皆何往？曰："今日令节，皆假归矣。"问君何独留？曰："朝廷公事綦重，若人人自便，万一事起意外，咎将谁归。"问当此差有何好处？曰："将来差满，冀注选一小官。"问小官乐乎？曰："若运好，得选广东一河泊所官，则大乐矣。"问河泊所官何以独乐？曰："以其近海，舟楫往来，多有馈送耳。"其人笑颔之。又饮数杯，别去。次日，上视朝，召诸大臣问："广东有河泊所官乎？"曰："有。"曰："可以内阁供事蓝某补授是缺。"诸大臣领旨出，方共骇诧间，一内监密白昨夜上微行事，乃共往内阁宣旨。蓝某闻命，瞪目咋舌久之。

尝密取刑部大门之匾额，藏之。次日，问刑部堂官，大门有无匾额？皆以有对。世宗命出匾额示之，曰："是额在此已久，汝辈皆不知，平素出入时之疏忽可知。"因大加诘责。凡此诸事，世宗时屡见，当时朝野上下大小臣工，皆有洋洋乎如在其上，如在其左右之恐惧，故多勤于职事，谨于操守。虽颇伤繁琐，然亦可谓明察矣。

世宗在位十三年，勤于为政，精严综核，披阅章奏，或秉烛至午夜；所批动辄万言，洞中窍要，万里之外如在目前。坊间所刻朱批谕旨，书三百六十卷，人二百二十三，尚不过十中之三四；其余未刻者尚堆积保和殿东西庑中。（看《啸亭杂录》卷一《朱批谕旨》）雍正十三年（西历纪元一七三五年），帝暴崩（世传帝为吕留良女孙某女侠所刺），皇四子宝亲王弘历即位，是为高宗。

第十三章

天山北路之内属

第一节　雍正时代西方之用兵

一、科舍图岭之役

噶尔丹策零立后，狡黠好兵，屡侵喀尔喀诸部。雍正七年（西历纪元一七二九年），诏以傅尔丹为靖边大将军，屯阿尔泰山，自北路进；岳钟琪为宁远大将军，屯巴里坤，自西路进；期以明年会攻伊犁。八年五月，策零遣使来请和，谕傅尔丹、岳钟琪暂缓出师，来京会议方略；以副将军巴赛、参赞军务四川提督纪成斌分摄两路军事。时西路牲畜屯牧科舍图岭（在哈密巴里坤中间，南至哈密，北至巴里坤，各三台，蒙古谓碑为科舍图，因岭上有唐裴行俭西征碑也），当贼来路，距大营远；守将副参领查廪不设备。是年冬，策零遣兵一万袭劫牲畜，查廪弃军逃；总兵樊廷、副将治大雄以兵二千拒战，总兵张元佐来援，转战七昼夜。击退敌兵，夺回驼马大半。（看《啸亭杂录》卷五《岳威信获罪始末条》）

二、和通泊之败

九年四月，傅尔丹进屯科布多（雍正八年筑城在科布多河南，哈喇乌苏湖西），策零知西路牲畜缺乏，不能进击，遣其将大策零敦多布、小策零敦多布以兵三万犯北路，至科布多西博克托岭（阿尔泰山之东干），先遣谍佯为我获，诡言"厄鲁特大队未至，其前队千余，驼马二万，在博克托岭，距我军三日程"。傅尔丹勇而寡谋，即以兵万余往袭，诸将交谏，不听。六月二日，与敌前军遇，转战一日，杀伤相当。次日，进至和通泊（在科布多西二百里），前锋四千人为敌伏兵所围，傅尔丹以后军往援，以众寡不敌，败绩，副将军巴赛、查纳弼以下皆战死，傅尔丹走还科布多。（看《啸亭杂录》卷三记辛亥败兵事）

三、鄂登楚勒河之战 赛音诺颜部之成立

朝廷闻警，降傅尔丹振武将军，仍驻科布多；以顺承郡王锡保代为靖边大军，屯察罕庚尔（在今外蒙古札萨克图部中右翼末旗境内，察罕泊旁，在科布多东南三百余里，康熙年间筑城）。是年九月，大小策零敦多布谋乘胜东犯喀尔喀，以科布多察罕庚尔均有备，乃取道阿尔泰山南深入，进至赛音诺颜境。郡王额驸策凌伏兵拒战于鄂登楚勒河，大破其兵，大小策零敦多布走还。时土谢图汗滋生至三十八旗，赛音诺颜仍隶土谢图汗，至是诏晋封策凌亲王，授大札萨克，分土谢图汗二十旗隶赛音诺颜部，与车臣汗、土谢图汗、札萨克图汗对立，于是外蒙古分为四大部。

四、额尔德尼昭之战

朝议以察罕庚尔大营偏北，而敌每绕山南路东犯，乃于推河、翁金河、拜达里克河三处各筑城（三河并在赛音诺颜境内，推河在鄂尔坤河西二百里，拜达里克河在推河西二百里，翁金河在推河东二百里），与察罕庚尔大营犄角；以马尔赛为抚远将军，守拜达里克城，以扼山南之冲。十年七月，噶尔丹策零亲率大众入寇，绕避科布多、察罕庚尔大营，取道山南，潜至鄂得尔河源（在乌里雅苏台东北），锡保檄策凌拒之于本博图山（在乌里雅苏

台东南)。噶尔丹零策侦知策凌西出，袭击其帐于塔密尔河(下流流入鄂尔坤河)，尽掠子女牲畜。策凌闻警，告急锡保，请兵夹攻；急调蒙古兵三万人还救，乘夜由间道绕出山后，黎明自山顶驰下，袭破准兵；追至喀喇森齐泊，大战二日，准兵大败，而锡保援兵不至；沿途转战十余次，追至额尔德尼昭(汉名光显寺)，其地右阻杭爱山，左阻鄂尔坤河，道狭不容大众，又横亘以大寺，准兵无走路，逼入河中死者大半，噶尔丹策零乘夜突围绕山遁推河。策凌急檄马尔赛于拜达里克河邀其归路，时拜达里克城中有兵万三千，诸将整兵待发，而马尔赛主张闭门不出，噶尔丹策零遂遁归。事闻，赐策凌号超勇亲王，锡黄带；以牧地被掠，赐马二千、牛千、羊五千、白金五万，赈所属失业者；并命城塔密尔，建第居之，诛马尔赛，免锡保官，夺爵；以平郡王福彭代为靖边大将军，驻乌里雅苏台；策凌为定边左副将军，屯科布多，十二年，移屯察罕庾尔。是年，准噶尔上书乞和，诏策凌来京与议，使命往返二载，至高宗乾隆二年，始议定以阿尔泰山为界，厄鲁特游牧不得过界东，尽罢西北两路兵。计自康熙五十六年备边以来，旋罢旋调，先后糜饷七千余万，劳师十余载，至是始勉就和平之绪。(看《啸亭杂录》卷三《书光显寺战事条》)

第二节　准噶尔之内乱

乾隆十年，噶尔丹策零卒，次子策妄多尔济那木札尔以母贵嗣汗位，童昏无行，同母女兄乌兰巴雅尔稍约束之，稍长遂以谗幽其女兄，屡杀大将。十五年，女兄之夫赛音伯勒克与诸台吉攻杀之，立其庶兄剌麻达尔札，故外妇出也。部众不服。

大小策零敦多布皆准部同族台吉，以谋勇为策妄父子两世将兵，南破卫藏，东摧蒙古，国人畏服。至是大策零之孙达瓦齐、小策零之子达什达瓦谋立噶尔丹策零少子策妄达什，剌麻达尔札觉之，杀策妄达什与达什达瓦，达什达瓦部将萨喇尔率千余户来降。达瓦齐与其党阿睦尔撒纳奔哈萨克(国名，今俄领乞而吉思荒原)。

阿睦尔撒纳者，故西藏拉藏汗之孙，丹衷之子，而策妄那布坦之外孙也。策妄以女赘丹衷于伊犁而杀之，丹衷之妻先生子班珠尔，丹衷死后，复有遗腹，改适辉特部（姓伊克明安，本都尔伯特属部）长，生阿睦尔撒纳。长而狠戾阴狙，见准部内乱，欲构使内讧，而己乘其衅。至是剌麻达尔札遣兵三万追捕达瓦齐与阿睦尔撒纳，阿睦尔撒纳遁回旧游牧地，潜简精锐千五百人，由山僻小路，裹粮昼伏夜行，突入伊犁，杀剌麻达尔札，迎立达瓦齐为汗。达瓦齐族贵而无能，小策零之孙济噶尔与争位，击走达瓦齐，二人各征兵于诸部，诸部莫知适从，国内大乱。阿睦尔撒纳诱杀济噶尔，迎达瓦齐还伊犁，恃功益跋扈。

是时阿睦尔撒纳为辉特部台吉，居塔尔巴哈台（今新疆伊犁道塔城县）；其同母兄班珠尔为和硕特台吉，居库尔乌苏（今新疆伊犁道乌苏县）；又胁降都尔伯特台吉纳默库，而徙帐于额尔齐斯河（回语遵紧之谓，言其水流湍急也，在阿尔泰山之南二百里，科布多之西三百余里，塔尔巴哈台之东，乌鲁木齐之北，各八百余里）；令行三部，遂侵掠伊犁边境，达瓦齐三遣兵讨之，皆不克；乃自将精兵三万，压额尔齐斯河，使骁将玛木特将乌梁海兵八千东西夹攻。阿睦尔撒纳知势不敌，乃与班珠尔、纳默库率所部兵二千，口二万东奔，十九年秋，款关内附。上素知其为部众所畏服，可驱策向导；乃诏安置其部众于赛音诺颜部之札卜堪河（即匝盆河，在赛音诺颜西北境），而征三人入朝。阿睦尔撒纳备言伊犁可取状，上大喜，封亲王；班珠尔、纳默库并封郡王。玛木特见诸台吉先后内附，必召大兵，知准噶尔事不可为，达瓦齐不可辅，亦脱身来归；于是准部爪牙腹心皆至中国。

第三节　伊犁之平定

乾隆二十年（西历纪元一七五五年）二月，两路出师，以班第为定北将军，出北路；阿睦尔撒纳副之，科尔沁亲王额驸色布腾巴尔珠尔、内大臣玛木特等为参赞。永常为定西将军，出西路；领侍卫内大臣萨喇尔副之，班珠尔、内大臣鄂容安等为参赞。两副将军皆准部酋长，各领三千人为前锋，将军参赞继之。西路出巴里坤，北路出乌里雅苏台，所至准部各部落皆望风降附，师行数千里，无一人抗颜行者。是年五月，大兵入伊犁，达瓦齐走保格登山（在伊犁西北一百八十里）。降将阿玉锡率二十余骑先驱，乘夜直薄其营，搴纛大呼，敌众崩溃，达瓦齐宵遁，余众皆降。达瓦齐逾天山，南走回疆，以百余骑投乌什城（今阿克苏道乌什县），城主霍吉斯执之以献，天山北路悉定。

第四节　阿睦尔撒纳之叛

高宗用兵伊犁，初非欲郡县其地；将俟准部戡定后，仍厄鲁特四卫拉特之旧，设都尔伯特、和硕特部如故，设辉特部以补土尔扈特，设绰罗斯部以代准噶尔，各以降人为之汗，令如喀尔喀四部例，长为外藩。伊犁既平，班第、鄂容安与阿睦尔撒纳、萨喇尔留办善后，色布腾巴尔珠尔随凯旋兵还朝。诏阿睦尔撒纳以九月赴热河行宫行饮至礼，偕诸部台吉受封；而阿睦尔撒纳必欲总长四部，专制西域；特欲出自朝命则无后患，自昵于色布腾，私以己意乞代奏，期七月下旬俟命。隐以总汗自处，擅诛杀虏掠，擅调兵，不服赐衣翎顶，不用副将军印。自用浑台吉菊形篆印，移檄各部落讳其降，言"统领满汉蒙古兵来平此地"；又阴使哈萨克、布鲁特（国名，今俄领七河省及费尔干等省）流言，非"己总四部，边不得安"。班第、鄂容安密以其事奏闻，诏即军中诛之；而是时大兵已撤，留屯者仅五百人，余皆厄鲁特降人，班第等遂不敢发；惟趣之入朝，欲就内地执之，令喀尔喀亲王额林沁多尔济与之偕行。阿睦尔撒纳沿路逗留，俟色布腾代为之请，而色布腾不敢奏。至八月中旬尚无后命，疑事中变，反谋始决。十九日，行至乌伦古河（在科布多南境），距札卜堪河游牧地不远，诡言暂归治装，以副将军印交额林沁使先行，而自由额尔齐斯河（在乌伦古河北下流入俄领托穆斯克省斋桑淖尔湖）间道北逸。遣使至札卜堪河迎妻子，则上已密谕乌里雅苏台军营，并其兄班珠尔收之。伊犁诸喇嘛、宰桑（管事官）闻阿睦尔萨纳脱走，蜂起作乱；是时阿睦尔撒纳部下从逆者仅二千余人，屯伊犁东北之博罗塔拉河（距伊犁三百里）。而定西将军永常屯乌鲁木齐（今迪化县），有兵数千人，附近台吉、宰桑皆来投效，可以驱策奔走，兼程援伊犁。永常反迟疑，退屯巴里坤；故北路无声援，贼益猖獗。班第、鄂容安、萨喇尔率五百兵，由伊犁且战且退，走二百余里，至崆吉斯河，为贼所围，萨喇尔先遁，军溃，班第、鄂容安自杀，伊犁复陷。玛木特以疾留伊犁，被执，不屈，见害。（看《啸亭杂录》卷六《信勇公条》）

　　朝廷闻警，革色布腾爵，赐额林沁自尽，逮永常治罪，以策楞代之，玉保、富德、达尔党阿为参赞，率师进讨。沿路击败乱党，二十一年正月，长驱至特勒克河（在伊犁道南境，源出天山下游，入伊犁河），距阿睦尔撒纳所在仅一日程，玉保领前锋，为贼谍所绐，纵之远飏。二月，大兵至伊犁，阿睦尔撒纳奔哈萨克。五月，褫策楞、玉保职，以达尔党阿为定西将军，富德副之，追捕阿睦尔撒纳，以兆惠为定边右副将军，率师为后援。达尔党阿击败哈萨克兵，阿睦尔撒纳易服潜遁；达尔党阿屯兵哈萨克边境，交涉数月，不得要领。

　　是时喀尔喀车臣汗部郡王青滚杂布作乱，撤所部驿站，朝廷与西师消息中断。诸从征降人见达尔党阿可欺，又闻外蒙有警，蜂起作乱，诱杀都统和起。阿睦尔撒纳闻之，亦自哈萨克归，会诸部于博罗塔拉河，欲自立为汗，准部复大扰乱。朝廷闻警，以赛音诺颜部亲王成衮札布（策凌子）为定边左副将军，讨青衮杂布，诛之。逮达尔党阿，使侍卫图伦楚率巴里坤兵二千，由间道援兆惠。

　　是时兆惠驻防伊犁，有兵一千五百人，诸部叛后，伊犁陷入重围，是年十一月，兆惠拔营转战而东，沿途且战且退，杀贼数千人。二十二年正月，至乌鲁木齐，诸贼皆会，军食且尽，连日数十百战，无不一当百。二十二日，至特讷格（今迪化道阜康县），会大风雪，驿传声息格不相闻，乃结营自固。三十日，图伦楚兵来援，围乃解。是年三月，命成衮札布出北路，兆惠出西路，讨叛党。会诸部内乱，自相吞噬，痘疫流行，死亡相望；兆惠兵长驱至，各乌合贼皆散走，逆首先后授首，阿睦尔撒纳复奔哈萨克。兆惠追至哈萨克东部，其汗阿布赉遣使入贡，誓擒阿睦尔撒纳。阿睦尔撒纳走入俄罗斯边界，患痘死，天山北路复定。诏成衮札布归镇乌里雅苏台，命兆惠与参赞大臣富德留军度冬。

是时阿睦尔撒纳余党尚分四支，每支各一二千，伺间出没，袭击官军，始终无降服之意。而迎降之各部落，过辄复叛，并诱杀都统满福。朝廷不得已，命兆惠、富德分兵两路，痛剿之。次年，兆惠、富德南征回疆，以赛音诺颜亲王车布登札布（策凌子，成衮札布弟）为定边右副将军，继之。次年，车布登札布佐兆惠攻叶尔羌，以参赞大臣舒赫德、阿桂等继之。自二十三年至二十五年，大军先后合围纵杀，搜山网谷，狝剃不遗。计准部二十余万户，六十余万口中，先痘死者十之四，继窜入俄罗斯与哈萨克者十之二，卒歼于大军者十之三，是为厄鲁特一大劫。朝廷于伊犁、乌鲁木齐及塔尔巴哈台，分派满兵驻防，汉兵屯种，置伊犁将军以统辖之，内地商民移住者日众，遂成西北一重镇。（看《啸亭杂录》卷三"西域用兵始末""萨赖尔之败"二条）

清廷与准噶尔冲突表

一、康熙二十七年，噶尔丹击并喀尔喀，遣使入贡清廷，要求执送土谢图汗，诏不许。
二、二十八年，遣使谕噶尔丹罢兵，返喀尔喀侵地；不奉诏。
三、二十九年，噶尔丹侵略内蒙古，安北大将军恭亲王常宁与战乌珠穆沁，不利。抚远大将军裕亲王福全与战于乌兰布通，大破之。噶尔丹北遁。
四、三十四年，噶尔丹复侵，至巴颜乌兰。三十五年春，上自将征之，噶尔丹西遁。抚远大将军费扬古邀击之于昭莫多，大破之，杀其可敦阿奴；噶尔丹走死。
五、五十五年十月，策妄阿布坦遣大策零敦多布袭西藏。五十六年七月，陷拉萨。五十七年，朝廷大发兵分四路讨之。副将岳钟琪击破其兵，复拉萨。大策零敦多布走还伊犁。
六、雍正七年，诏大将军傅尔丹出北路，岳钟琪出西路，会攻伊犁。
七、八年五月，噶尔丹策零遣兵袭西路兵于科舍图岭，虏其牲畜而还。
八、九年四月，傅尔丹与准噶尔将大、小策零敦多布战于和通泊，败绩。
九、九月，大、小策零敦多布侵喀尔喀，赛音诺颜郡王额驸策凌拒战于鄂登楚勒河，大破之；大、小策零敦多布走还。
十、十年七月，噶尔丹策零自来袭塔尔密河，虏赛音诺颜部子女、牲畜。策凌引兵还救，败其兵于喀喇森齐泊，追至额尔德尼昭，大破之。噶尔丹策零遁还。
十一、乾隆十年，准噶尔将萨喇尔来降。
十二、十九年秋，准噶尔将阿睦尔撒纳、玛木特来降。

十三、	二十年二月，以班第为定北将军，出北路；永常为定西将军，出西路；会攻伊犁。五月，入伊犁，执其可汗达瓦齐。
十四、	是年八月，降将阿睦尔撒纳反，陷伊犁，将军班第，参赞大臣玛木特、鄂容安死之。
十五、	以策楞为定西将军，王保为参赞大臣，讨阿睦尔撒纳。二十一年正月，击败其兵，阿睦尔撒纳奔哈萨克。
十六、	是年五月，喀尔喀车臣汗郡部郡王青滚杂布作乱，阿睦尔撒纳复入寇。诏遣定边左副将军成衮札布讨青滚杂布，诛之。右副将军兆惠讨阿睦尔撒纳，阿睦尔撒纳走死。

第五节　乌梁海之内属

乌梁海为蒙古别部，其人容貌类突厥民族，而其言语、风俗、宗教则全与蒙古无异，自称曰唰瓦，分布于乌鲁克穆河、贝克穆河流域及库苏古尔湖之周围。其住民之大多数以捕鱼为业，间有从事畜牧或耕作者，则仅十分之二而已。其知识程度在蒙古诸部以上，然役属于喀尔喀及准噶尔，常应兵役，纳赋税。策妄阿布坦跋扈，颇利用乌梁海人以牵制中国。康熙五十四年，喀尔喀札萨克博贝建议征乌梁海以分准噶尔之势，自是以后，北路大军控扼要冲，以渐剿抚，降附者日众。准部平后，其所属之乌梁海尽入版图，分其众为唐努乌梁海、阿尔泰乌梁海、阿尔泰淖尔乌梁海三部，各与酋长以官职，使统治所部，隶于定边左副将军及科布多参赞大臣。唐努乌梁海最大，其余二部仅占有科布多之一部分而已。

第六节　土尔扈特之归化

土尔扈特者，故四卫拉特之一，元臣翁罕之后。八传至和鄂尔勒克，居塔尔巴哈台。值准噶尔强盛，和鄂尔勒克畏其逼，明庄烈帝崇祯三年（一六三〇年），率其子书岱青等，引部众二十余万人，移入俄罗斯境，经过乞而吉思荒原北，占领窝瓦河流域，进掠

Astrakhan, Saratof 等地，又东侵西伯利亚，掠 Tobolsk 府。是时俄国方与波兰构兵，无暇东顾，和鄂尔勒克益骚扰不休，卒以战死。顺治十一年（一六五四年），书岱青等始附属于俄，然仍遣使朝贡中国。书岱青之孙阿玉奇在位，以女妻准噶尔汗策妄阿布坦，策妄离间其子散札布台吉，使率所部万五千户至伊犁，尽没入之，而逐散札布归俄罗斯；又绝其贡道与赴藏熬茶之路。康熙五十一年（一七一二年），阿玉奇遣使假道俄境，来贡方物。圣祖欲察其国情，遣内阁侍读图理琛赍敕往报。图理深取道蒙古、西伯利亚而至其国，往返经三载，因述其所经之道路山川民风物产，为《异域录》二卷，是为清初西北纪行之名著。

　　乾隆中叶，土尔扈特杂居俄国已久，休养生息百余载，户口繁盛，窝瓦河两岸广漠，饶水草，土尔扈特以河东岸为王庭，而居其台吉鄂托克（汗之部属）等于河西。土尔扈特游牧国，与俄罗斯之居国不同；俄罗斯与欧洲诸国构兵，屡征土尔扈特兵助战，死伤甚众；又欲强迫其信希腊教，阿玉奇之孙乌锡巴即位，俄政府久不行册命；土尔扈特人滋不悦。乾隆二十二三年，王师克定伊犁，各部厄鲁特之逸入俄境者，皆安置于乌锡巴部下，是为新土尔扈特。附牧伊犁之土尔扈特台吉舍楞亦往投之，盛言伊犁空虚可取状，新投之人多附和之，乌锡巴为所惑，遂与台吉喇嘛定议，传谕河南河北各部戒严，俟冰合时同渡东徙。适冬暖，冰久不合，乌锡巴不能待，乾隆三十六年十一月，率南岸十六万口启行，沿途破俄国边城四，俄出兵追之，不及。途中假道哈萨克，哈萨克倾国力战拒之；改道布鲁特，布鲁特人千百为群，环攻其辎重牲畜；土尔扈特进退无路，不得已，改道各国边界戈壁之地，绝水草旬日，皆饮牛马血，人畜死亡大半。三十七年六月，始抵伊犁，仅存七万余口，茌羸无人形。伊犁将军舒赫德严兵备边，遣人迎诘之，乌锡巴与其台吉等计议数日，始以慕化归附为词。事闻，廷议以降人中有舍楞，前曾逛害我副都统，疑其有诈；且我受俄国叛藩，恐启衅。高宗以舍楞前审俄时，我固再檄索之，而俄人不与，是我理直有词。土尔扈特既背其上国而来，傥复犯我，彼将焉往。且数万乏食之人既至近界，驱之使去，将有他变。乃决计受降，给马牛羊二十六万，供畜牧；发茶、米、麦、裘、布、毡、棉等各数万以赈之，共费帑金二十万有奇，封乌锡巴为汗，以所部为旧土尔扈特部；舍楞为郡王，以所部为新土尔扈特部。于是蒙古民族皆入于中国。

第十四章

天山南路之内属

第一节　天山南北路之形势

　　阿睦尔撒纳窜死，天山北路入于中国，而南路诸回城，故隶准噶尔势力之下，至是因准噶尔已灭，又度中国方以全力经营伊犁，未暇南进，乃思乘新旧势力交代之际，集兵守险，为独立运动；于是中国复有回疆之师。回疆即天山南路，天山为葱岭正干，袤数千里，抵哈密。其左右为准、回两部，回部即《汉书》城郭三十六国，非北路诸行国比。南北分路于哈密：其由巴里坤逾山，或吐鲁番逾山，经乌鲁木齐，赴伊犁者为孔道；其由乌什、阿克苏，逾冰岭，赴伊犁者为捷道。雪山之阳，冬夏涌流数十川，贯穿于南路各城，而汇于蒲昌海（今罗布淖尔）。其间大小回城数十，回庄小堡千计；汉书西域诸小国，或仅数百户、千余户，胜兵或数十人、数百人。康熙中上谕所称：准噶尔攻取回子千余城，皆并回庄回堡数之也。由甘肃酒泉县西行，出万里长城最西之嘉峪关，经过安西县之古玉门关，敦煌县之古阳关，而入新疆境。西行至哈密，为古伊吾。避白龙堆大戈壁之险，西行至鄯善，为古楼兰。又西北行至吐鲁番，为古车师前部，汉戊己校尉所治，唐西州，明火州治皆在焉。又西北行至迪化，为古车师后部。唐北庭都护府，元别失八里元帅府皆在焉。又西北行经过昌吉、绥来、乌苏、精河，而至绥定，为旧伊犁府附郭首县，汉乌孙王庭，元阿力麻里元帅府皆在焉。是为天山北路形势。由吐鲁番县西南行，至焉耆，为古危须、焉耆二国故地，唐焉耆都督府在焉。又西南至车尔楚军台，为汉乌垒城，都护治焉。又西至轮台，为汉兵屯田地。又西南至库车，为古龟兹，唐安西都护府，龟兹都督府皆在焉。又西北经赛里木城，至拜城，为汉姑墨国。又西南至阿克苏，为汉温宿国。自此分为三道：一西行至乌什，为汉尉头国。一西稍偏南行，经过巴楚，至喀什噶尔（今疏勒县），为古疏勒国，东汉班超为西域将兵长史时驻扎地，唐疏勒都督府在焉。一由巴楚西南行至叶尔羌（今莎车县），为古莎车国。自此南渡玉河（今叶尔羌河），东南行，经过叶城，至皮山，为古皮山国。又东南行至和阗，为古于阗国，唐于阗都督府在焉。是为天山南路形势。此外《汉书》所载西北各小国，若休循、捐毒、盘陀等，大抵皆今环回疆之布鲁特各部；无君长，不比数。其南各小国，若渠勒、精绝、戎卢、小宛等，今并淹没无踪，意沦入瀚海矣。

新疆地名简表

今名	旧名	汉名	唐名	元名	明名
哈密县	哈密厅	伊吾庐	伊州		哈密卫
鄯善县		楼兰国			柳城
吐鲁番县	吐鲁番厅	车师前王庭	西州		火州
迪化县	迪化府	车师后王庭	北庭都护府	别失八里元帅府	
绥定县	伊犁府	乌孙王庭		阿力麻里元帅府	
马耆县	焉耆府	危须，焉耆二国	焉耆都督府		
车尔楚军台		乌垒城，都护治所			
轮台县		轮台，屯田地			
库车县	库车州	龟兹国	安西都护府 龟兹都督府		
拜城县		姑墨国			

今名	旧名	汉名	唐名	元名	明名
阿克苏县	温宿府	温宿国			
乌什县	乌什厅	尉头国			
疏勒县	喀什噶尔	疏勒国，长史治所	疏勒都督府		
莎车县	叶尔羌	莎车国			
皮山县．		皮山国			
和阗县	和阗州	于阗国	于阗都督府		

第二节　回教徒之东渐　和卓木之建国

回疆东西二千余里，南北千余里，西南北皆大山界之，唐以前皆佛教，其以回教著者，则萌芽于唐而盛于元以后。元太祖创立蒙古帝国，封次子察合台于中亚，天山南路隶于察合台。有元末年，察合台汗国内乱，国分为二，天山南路隶于东部之喀什噶尔汗国。有明初年，帖木儿帝国勃兴，并吞西部之汗国，喀什噶尔汗国附庸于帖木儿。帖木儿帝国全盛时代，西方回教徒之文人学士，争集其国都撒马尔罕，教祖穆罕默德后裔有称为和卓木者（译吉圣裔），尤得尊信。有明中叶，和卓木子加利宴、伊撒克兄弟，始自撒马儿罕移居喀什噶尔，各集弟子说教，自汗以下咸崇奉之。明世宗嘉靖中，喀什噶尔汗撒伊特数用兵东向，悉定天山南路地，回教势力随之增长。加利宴之门徒称白山宗，伊撒克之门徒称黑山宗，各习师说相标榜。顺治初，喀什噶尔汗伊思麦鲁崇奉黑山宗，排斥白山宗，白山首领和卓木亚巴克亡入西藏，欲借喇嘛之援恢复势力。康熙十七年，噶尔丹遂以五世达赖之命，举兵入喀什噶尔，立亚巴克为汗，而迁故汗于伊犁，于是和卓木之裔始以教主兼君主。

是时天山南路尚分裂为若干小国，喀什噶尔主权虽已入于回族之手，而其东叶尔羌、吐鲁番、哈密诸城皆为蒙族所分据。顺治初，哈密有巴拜汗，叶尔羌有阿布都汗，吐鲁番有苏勒坦汗，并入贡中国，自称成吉思汗裔。中国以其久习回教，遂以宗教之名名之，称其城曰回城，汗曰回酋。及准噶尔强盛，并吞天山南路，康熙中，哈密内附中国；雍正初，吐鲁番徙居嘉峪关外古瓜州（在今安西县南），其余各国陆续为回族所有，间接以服属于准噶尔；天山南路蒙族之势力遂完全消灭矣。

清初新疆境内主权者表

顺治初	家世	康熙中	家世	雍正初
哈密巴拜汗	元裔	内附中国		
叶尔羌阿布都汗	同			
吐鲁番苏勒坦汗	同			后居古瓜州
喀什噶尔伊思麦鲁汗	同	亚巴克汗	和卓木	

第三节　大小和卓木之变

噶尔丹征服天山南路以后，以回族为保护国，征租税，课徭役，干涉其宗教上之纷争，质其酋长阿布都里实特及其子玛罕木特于伊犁。噶尔丹败后，阿布都里实特父子自拔来归，圣祖优遇之，遣人护至哈密，送还叶尔羌。策妄阿布坦在位，排斥白山党，执玛罕木特，幽之伊犁，羁其二子博罗尼都、霍集占，即所谓大小和卓木者，使率回民数千垦地输赋。达瓦齐在位，准噶尔有内乱；天山南路诸黑山党闻之，企图独立，求援于葱岭以西诸回教国，尽逐准噶尔驻防兵。

乾隆二十年夏，大军定伊犁。阿睦尔撒纳欲利用白山党，以买回教徒欢心；释博罗尼都，与以兵，使归定天山南路；留霍集占居伊犁，使统率天山北路之回教徒。博罗尼都南归，喀什噶尔、叶尔羌诸黑山党，联兵拒战于乌什，博罗尼都击败之，悉定天山南路地。霍集占率天山北路之回教徒，助阿睦尔撒纳与勤王之台吉宰桑战。二十一年，王师再定伊犁，欲藉战胜之余威，羁縻南路；遣侍卫托伦泰往定贡赋，未得要领。同时霍集占自北路遁归，与其兄共商事大与独立之利害。博罗尼都欲集所部受中国约束，霍集占谓强敌已灭，中国在伊犁势力尚未巩固，不以此时自立，而长为他人奴仆，非计。博罗尼都以为然，乃召集部众，自立为巴图汗；传檄各城，使集士马，峙糗粮器械以待；回户数十万从风而靡。惟库车、拜城、阿克苏之城主鄂对等不从，相率奔伊犁。定边将军兆惠遣副都统伊敏图招抚回部，命鄂对等偕行。中途鄂对等闻亲族被戮，各城响应，库车守备已具，请急归待大军而后进。伊敏图不从，以满兵百人驰入库车，被害；鄂对等皆驰还。

第四节　黑水营之战

是时兆惠正引兵搜剿厄鲁特余党，无暇兼顾回疆；乃以雅尔哈善为靖逆将军，二十三年五月，自吐鲁番进攻库车。博罗尼都兄弟引兵来援，领队大臣爱隆阿等连破其兵，博罗尼都等敛余兵入保城。鄂对请于城外险要处伏兵，防其遁走；雅尔哈善不以为意。博罗尼都等开西门夜遁，守西门之副都统顺德讷不追；提督马得胜使绿营兵穴地攻城，为敌人所觉，战死者六百余人。八月，守城之回酋复突围夜遁，余众开门降。诏以诸将屡失机，诛雅尔哈善、顺德讷，马得胜以徇。

是时阿克苏、乌什城主皆闭城拒博罗尼都兄弟，博罗尼都乃走据喀什噶尔，霍集占走据叶尔羌，东西犄角，为背城一战之计。朝廷使兆惠移军而南，时兵皆未集，惟引步骑四千先行，留副将军富德剿余贼，沿途招抚阿克苏、乌什以下诸城，使鄂对招抚和阗。转战至叶尔羌城东，击败敌兵，以兵少不能攻城，营于城东叶尔羌河畔。叶尔羌河蒙古语谓之哈喇乌苏，译言黑水，故当时称之为黑水营。兆惠部兵既寡，敌以大兵数万尽锐攻之，兆惠力战，相持三月不下。富德在北路，闻兆惠被围，急率所部兵三千余人冒雪赴援。二十四年正月，至呼尔璊（在叶尔羌城东北三百七十里），击败敌兵，转战四昼夜，得渡叶尔羌河，距黑水营尚三百里，敌愈众，不能进，于是富德亦被困。

是时爱隆阿奉兆惠檄，赴阿克苏催援军，途遇参赞大臣阿里衮，有兵六百人，马三千匹，驼七百匹，而爱隆阿部下有兵千余人，遂合军西行。乘夜张两翼薄敌军，大呼奋击，声尘合沓，敌军惊溃，遂解富德之围；乘胜追逐，复解兆惠之围；合军还屯阿克苏。二十五年四月，诸军渐集，凡三万人，分为二路，兆惠由乌什取喀什噶尔，富德由和阗取叶尔羌，博罗尼都兄弟不敢战，弃城西走巴达克山，富德追之急，巴达克山素尔坦沙执杀之以降，天山南路平。(看《啸亭杂录》卷三"平定回部始末"条)

第五节 乌什之变

回部既平，朝廷设参赞大臣，驻喀什噶尔，统辖天山南路，受伊犁将军节制。诸城大者设办事大臣，小者设领队大臣，治军事；皆以满员任之。各城皆设阿奇木伯克(回部官名)，治民事，刑事；以回人任之。自三品至六品，各随年班入觐，不得专生杀。租税二十分取一，视准噶尔征额大减。然地既边远，又当新附之后，办事大臣等往往借战胜之威，奴隶所属；而伯克等又助之为奸。故征服未几而有乌什之变。乌什为回疆大都会，居民数万。大军初定伊犁，其伯克霍吉斯擒达瓦齐以献，受封为郡王。大小和卓木之变，霍集斯颇持两端，朝廷虑其反复，召入京，而以哈密伯克阿布都拉代之。阿布都拉暴戾，其所役之哈密回众，又以客民鱼肉土著。办事大臣苏成纵酒好色，愦愦不治事，回民愤怨无所诉。乾隆二十九年二月，聚众作乱，杀苏成、阿布都拉以下官吏。阿克苏办事大臣卞塔海，库车大臣鄂宝先后赴援，皆战败。喀什噶尔参赞大臣纳世通、伊犁将军明瑞各以兵赴援，合围乌什，七月，贼内溃，尽缚首逆以降。官军入城，诛其党羽，徙老弱万余口于伊犁，而徙他城回户以实之。

第六节 张格尔之乱

乌什之变以后，朝廷常慎选边臣，回民赖以休息。其后保举渐弛，多用侍卫及口外驻防，视换防为利薮，以瓜期为传舍。所属司员章京，益乘之与各城伯克因缘为奸。朝廷岁征钱粮土贡，不过数十取一，而官吏轹于正供之外，需索百端；又广渔回女，奴使兽畜，回民滋怨。博罗尼都死后，其子萨木克奔浩罕，有三子。次子张格尔以诵经祈福为名，传食诸部落，诸部落多崇奉之。仁宗嘉庆二十五年，参赞大臣斌静荒淫失众心，张格尔乘机纠布鲁特流民数百寇边。头目苏兰奇入边报警，章京绥善叱逐之，苏兰奇怒，走出塞从贼。斌静以苏兰奇交通逆裔聚众滋事入奏，诏命伊犁将军庆祥往勘，得斌静罪状，褫职逮问。宣宗道光二年，以永芹代之。张格尔屡寇边，内地回民多为其耳目，官兵往捕辄遁。五年九月，领队大臣色彦图以兵二百人，出塞四百里掩之，不遇；乃纵杀游牧布鲁特妇孺百余人而还。其酋汰列克愤甚，引所部二千人，追覆官兵于山谷。西四城回民闻之，皆变，贼遂猖獗。朝廷乃以大学士长龄为伊犁将军，而以庆祥为喀什噶尔参赞大臣。张格尔乞援浩罕，得其兵二三千人，以为亲兵。六年八月二十日，攻陷喀什噶尔，庆祥战死；英吉沙（今英吉沙县）、叶尔羌、和阗三城同时俱陷，群回响应。

朝廷闻警，以长龄为扬威将军，陕甘总督杨遇春、山东巡抚武隆阿为参赞大臣，发兵会阿克苏进讨。军未集而西四城已陷，贼兵进攻阿克苏，乌什、库车戒严。办事大臣长清拒战于浑巴什河（距阿克苏城四十里），击败敌之前锋；库车、哈拉沙（即喀喇沙尔，今焉耆县）守将各引兵来援，东四城始无恐。七年二月六日，长龄率师一万九千人进讨，留兵一万一千五百人，分屯库车、阿克苏、乌什、巴尔楚等处以防后路，并护运道。连破敌兵，三月一日，复喀什噶尔；五日，复英吉沙；十六日，复叶尔羌及和阗；张格尔走出塞。六月，诏杨遇春引兵九千人凯旋以省粮运，以杨芳代为参赞，留兵八千人防喀城。十二月，杨芳击擒张格尔于喀尔铁盖山（在塞外），回疆平。

第七节 玉素普之乱

回疆平后，征长龄还京，以那彦成为钦差大臣，代筹善后。严定各办事，领队大臣岁终考核之制，俾互相纠察，又总考核于伊犁将军及喀什噶尔参赞大臣；并增其廉俸，许其携眷，定其役使。印房章京由京简派以重其选。严赂补伯克之弊，定其资格，慎其保举，制其回避。绝浩罕互市，严禁茶叶大黄出卡，以窘其生计，尽逐内地流夷以断其耳目，收抚各布鲁特以翦其羽翼，回疆粗安。而安集延流寓各夷被逐出卡，愤怨思报复；道光九年秋，奉张格尔之兄玉素普为和卓木，纠党数千人入寇，击败南路参赞大臣札隆阿兵，围喀什噶尔、叶尔羌二城，大掠附近回庄回堡。伊犁参赞大臣容安引兵四千五百赴援，逗留不进；诏逮容安，以哈丰阿代领其众。十一月，破贼兵，贼饱掠出塞，城围始解。浩罕乞援于俄，俄人不允；玉素普慈善，不欲为浩罕所利用；浩罕不得已，乃请和，送还被虏兵民，诏仍许互市如故。

第八节 七和卓木之乱

浩罕与中国和后，连年与布哈尔构兵，国内大乱。道光二十七年，国内悍徒奉和卓木族加他汉等七人，募集同志，联合布鲁特人寇边。驻喀什噶尔之浩罕贸易事务官那墨特，复为煽动内地回民，使起内应。回民屡遭浩罕虏掠，惩于往事，不愿附和。加他汉等侵掠喀、叶二城附近，不能得志；十一月，伊犁兵赴援，遂不战而遁，是为七和卓木之乱。

回疆变乱表

时代	首领	侵略范围地	讨平之将帅
乾隆二十一年	博罗尼都，霍集占	天山南路	兆惠，富德
二十九年		乌什	明瑞，纳世通
道光五年	张格尔	西四城	长龄，杨遇春，杨芳
九年	玉素普	喀什噶尔，叶尔羌	哈丰阿
二十七年	加他汉等七人	同	

第十五章

葱岭以西诸国之内属

天山南路既平，中国余威震于殊俗，于是葱岭以西各国陆续内属。新疆内地以天山为纲，南为回部，北为准部；外地以葱岭为纲，东为新疆，西为属国。属国中复有二：由天山北路而西北，为哈萨克，为东布鲁特，由天山南路而西南，为西布鲁特，皆游牧之国。再西为浩罕，西南为巴达克山，再西南为爱乌罕，皆城郭之国。准、回两路平后，先后称臣入贡，兹分述其事迹如下。

一、哈萨克

东北界科布多所辖之乌梁海，东南界塔尔巴哈台及伊犁，南界布鲁特、塔什干，西北界俄罗斯，即今俄领乞而吉思荒原地。旧分三部：左部曰鄂尔图玉斯，在伊犁西北，汉为康居国王冬治乐（音洛）越匿地到卑阗城，南北朝时为结契与者舌接壤地，唐为黠戛斯，元为乞儿吉思。右二部曰齐齐玉斯、乌拉玉斯，亦称中部、西部，在左部之西稍偏南，汉为康居小王窳匿城等地，南北朝时为者舌、粟特境，唐为石国及突厥可萨部地，元为康里、乞儿吉思及察赤（即塔什干）等地，明为月即别部所役属。左部西北境有伊尔吉自河（即额尔齐斯河），地苦寒，其汗盛夏居之，余时逐水草游牧。乾隆二十年，准部荡平，阿睦尔撒纳奔哈萨克左部，诱其汗阿布赉合兵拒战，为王师所破，乃请降，中西两部亦相继纳款，皆授王公台吉世爵。三年一贡，岁一市，以马牛羊易锻布，而税其百分之一。哈萨克为行国，逐水草游牧，与准部同俗，奉回教。右二部有城郭。右二部之北，别有部曰北哈萨克，以冠钞为俗，后俱为俄国所征服。

二、布鲁特

东接新疆，西界浩罕，西南界巴达克山，北邻哈萨克，跨葱岭立国，分东西部。东部在天山北，准部西南，近葱岭。在汉为乌孙西鄙，故塞种休循、捐毒二国，北魏为波路。西部在山南，回部喀城西北，在汉为乌秅、西夜、蒲犁等国，北魏为权于摩、朱俱波、竭槃陀、钵卢勒等国，唐为大小勃律。每部皆以鄂拓克为名，部长称比。东部五，旧游牧特穆图泊（今伊斯色克库里湖，一作色穆尔图淖尔。在俄领七河省上承吹河水）左右，为准部所逼，西迁寓浩罕东部之安集延。王师定伊犁，始复故地。乾隆二十三年，兆惠追厄鲁特至其地，东部各比率众归附。西部十有五，乾隆二十四年，大军追回党至其地，各部皆降，设二品至七品头目。布鲁特为游牧之国，奉回教，人贫而悍，轻生重利，喜虏掠，乾隆以后，边吏抚驭失宜，往往生变。道光四年张格尔之乱，同治三年金相印之乱，布鲁特屡出兵援之。后俱为俄国所征服。

三、浩罕

东接布鲁特，东南邻巴达克山，西南二面俱邻布哈尔，北邻哈萨克。凡八城，城各有伯克，而浩罕城伯克额尔德尼为之长。其东八十里为那木干，又东八十里为玛尔噶朗，又东一百八十里为安集延，东南为窝什，西南为霍占，西为科拉普，西北为塔什干，全境皆在锡尔河流域平原。在汉为大宛，后分裂。元魏时，浩罕城为东安国王所治之汗城。唐高宗显庆中，以喝汗为木鹿州，拜其王为刺史。那木干古渠搜国，元魏时为破洛那，唐为拔汗那，居西鞬城。太宗贞观中，移渴塞城。高宗显庆三年，以渴塞城为休循州，授其王刺史。玄宗开元二十七年，册拜奉化王。天宝三载，改其国号宁远。窝什，汉贰师城故地，唐为东曹国。霍占，唐为俱战提，元为苦盏城。塔什干与可萨克西部毗连，汉为大宛西北鄙，与康居接界，后隶康居。元魏时为者舌，隋为石国，唐高宗显庆三年，以为大宛都督府，拜其王都督。乾隆二十四年，大军追霍集占，霍集占欲投安集延，安集延不纳。其王额尔德尼旋奉表入贡。其后霍集占兄弟为巴达克山所歼，博罗尼都次子萨木克逃赴浩罕，浩罕藉其和卓木之名，居为奇货。安集延人长于心计，好贾远游，新疆南北各城皆有其足迹。性贪而狠，子女玉帛之所在，刻刻垂涎。至道光初年，遂拥张格尔、玉素普弟兄相继作乱，攻掠天山南路西部诸城。光绪二十九年，为俄国所灭，置费尔干及锡尔达利亚省。

四、巴达克山

东北至喷赤河（发源葱岭下流入阿母河），南至痕都古士山，西南界阿富汗，西北界布哈尔。汉为乌秅，唐为竭槃陀，元为巴达哈伤，明为巴答黑商。乾隆二十四年，博罗尼都兄弟奔巴达克山，其王素尔坦沙诱杀之以降，遣使入贡。其地有城郭，负山抱河，田地肥美，户十余万，耕而兼牧猎。后为阿富汗所灭。

五、博罗尔

在巴达克山东，东接葱岭，西接喷赤河，南接痕都古士山，北接葱岭。有城郭，户三万余。乾隆二十四年，与巴达克山同内附。人皆高鼻深目，浓髭绕喙，男多女少，恒兄弟四五人共一妻，生子女次第分认，无兄弟者与戚里共之。土半沙卤，故苦贫。称其酋曰比，以人口为赋税，生子女，纳其半，卖于各回城为奴婢。后亦为阿富汗所并。

六、爱乌罕

即阿富汗，东界印度，西界波斯，南界俾路芝，北界布哈尔，回部大国也。汉为大月氏，隋为吐火罗，唐时属波斯，后隶东大食，宋时属花剌子模，元属伊儿汗国，明属莫卧儿帝国，清初，独立为王国。乾隆二十七年，入贡。分七大部，西境有沙碛，余皆沃壤，物产丰富，人皆土著，其人勇猛朴诚出天性，屡受英、俄胁迫，卒不为所屈，至今犹为独立国。

七、布哈尔

东界巴达克山，东南界印度之克什米尔，南界阿富汗，西南界波斯，西至咸海，北界浩罕及锡尔河，回部大国也。汉属康居、大月氏，晋属康居、粟弋，南北朝时属哒、粟特，唐为何、曹、康、米、安、史、挹怛等国地，南宋时属西辽及花剌子模，元为阿母河行省，明初为帖木儿帝国发祥地，明末建布哈拉汗国，乾隆二十九年，因巴达克山内附。其地东境多山，西界有大戈壁，有城郭而兼游牧，户口不繁。气候多炎，冬无大雪，俗长骑射。后为俄国所并。

清代西域属国表

国名	何种国家	分儿部	汉代地名	后魏地名	隋代地名	唐代地名	宋代地名	元代地名	明代地名	对清关系	今为何地	四至
哈萨克	游牧	左部	康居国王冬治乐越慝地到卑阗城	结骨与者舌接壤地	石国及奚厥可萨部	黠戛斯		乞儿吉思		受王公台吉世爵，三年一贡，一岁一节。	俄领公而吉思荒原	东北界乌梁海，东南界塔尔巴哈台，伊犁，南界布鲁特，塔什干，西北界俄罗斯
		中部	康居小厶匿城	者舌，栗特		康里乞儿昔思蔡赤	属月即别部					
		西部	同	同		同		同	同			
布鲁特	游牧	东部五	休循，捐毒二国	波路		大、小勃律				受封为二品至七品头目	属俄国	东接新疆，西界浩罕，西南界巴达克山，北邻哈萨克
		西部十五	乌秅，西夜，蒲犁	权于摩未俱波渴槃陀等								
浩罕	城郭	浩罕	大宛	渴汗城		木鹿州				奉表入贡	为俄国所灭，置费尔干及锡尔达利亚省	东接布鲁特，东南邻巴达克山，西南二面邻布哈尔，北邻哈萨克
		那木干	同	破洛那		拔汗那，休循州						
		窝什	贰师城			东曹国						
		霍占	大宛	俱战提		俱战提	苦盏城					
		塔什干	大宛西北鄙	者舌	石国	大宛都督府						
		玛尔噶朗	大宛									
		安集延	同									
		科拉普	同									

国名	何种国家	分几部	汉代地名	后魏地名	隋代地名	唐代地名	宋代地名	元代地名	明代地名	对清关系	今为何地	四至
巴达克山	坡郭		乌秅		竭槃陀		巴达哈伤	巴答黑商		入贡	为阿富汗所灭	东北至喷赤河，南至土山，西南界阿富汗，西北界布哈尔
博罗尔	同	不分部						内附	同			东接葱岭，西界喷赤河，南界痕都古土山，北接葱岭
爱乌罕	同	七大部	大月氏		吐火罗	属波斯及东大食	属花剌子模	属伊儿汗国	属莫卧儿帝国	入贡	独立	东界印度，西接波斯，南界俾路芝，北界布哈尔
布哈尔	坡郭兼游牧		属康居及大月氏	属嚈哒及粟特		何、曹、康、米、安、史等国	属西辽及花剌子模	阿母河行省	帖木儿帝国	内附	为俄国所并	东界巴达克山，东南界克什米尔，南界阿富汗，西南界阿富汗，西界波斯，西至咸海，北界浩罕及锡尔阿锡尔阿

第十六章

缅甸之役

第一节　缅衅之起源

天山南北路平后，高宗狃于屡胜，边将又思乘衅侥幸邀功，遂兴缅甸之役。缅甸在中国西南，蛮部大国也；其地北界西康，东北界云南，东界暹罗，西南二面临孟加拉海湾，西北连东印度。其都城曰阿瓦，距云南省三十八程。怒江（一名潞江，一名大金沙江）、伊拉瓦底江自云南来，贯穿于其国中，流入 Martaban 海湾。为南北交通孔路。其地古为朱波，汉通西南夷后谓之掸，唐谓之骠，宋、元谓之缅，元世祖至元中，前后三次遣兵征之，俱未能得志。明为缅甸宣慰司，与大古剌、底马撒、靖定、平缅、木邦、孟养、八百、车里、老挝九宣慰司，并称西南十慰。世宗嘉靖中，宣慰使莽瑞体英武，并吞大古剌（在缅甸南境伊拉瓦底江下流，一名白古）；万历中，复并吞孟养、本邦；遂偪强于西南。其子应裹嗣位，自称西南金楼白象王，侵略滇边诸土司，尽取其地。十二年，窥云南，陷顺宁（旧顺宁府，今腾越道顺宁县），逼姚关（在湾甸土州北怒江东岸）。腾冲游击刘綖以兵捣阿瓦，击破之；巡抚陈用宾又约暹罗夹攻，屡破之；缅始不敢内犯。明亡，桂王由榔奔缅甸，其遗臣李定国遣使约古剌（时大古剌复独立）、暹罗夹攻之；未及举兵，吴三桂已入缅，执王而还，定国忧愤成疾而卒，二国之兵失望而返。雍正九年，缅与景迈（在缅甸东，户十万，即明八百宣慰司，与缅为世仇）交哄，景迈畏缅之逼，欲通中国以自重，遣使至普洱（今普洱道宁县）求入贡，云贵总督鄂尔泰疑而却之，是为中国第一次失机。木邦、孟艮之间有独立部曰卡瓦，地饶矿产。乾隆初，云南石屏州（今蒙自道石屏县）民吴尚贤得部长蜂筑之许可，设厂开采，聚众至数十万，多材勇，有警，辄率众出御，一时茂隆银厂之声势倾动诸部。尚贤说蜂筑内属，朝廷许之；复遣使说缅甸内属，十八年，缅王莽达拉（一作麻哈祖）称臣入贡。云贵总督硕色嫉尚贤功名，捕下狱，诬以罪，毙之；茂隆银厂为解散，滇边失一重镇，是为中国第二次失机。

次年，白古部长撒翁破阿瓦，杀奔达拉。木梳（在伊拉瓦底江中流，阿瓦北方）部长雍藉牙起兵击走白古，据阿瓦，征服各部；桂家部长官里雁不服，与木邦连兵拒之，兵败，奔近边之孟连土司，谋内附中国。桂家者，故从桂王入缅甸官吏家属之后裔，世据波龙（在龙川江之南，孟密土司之东南）银厂，雄于赀；云贵总督吴达善艳其富，索重贿，官里雁不与，乃下令放逐之。孟连土司刀派春复乘机没收其兵器，虏掠其财货，又欲占有其妻囊占，囊占怒，乘夜袭杀刀派春，奔孟养。吴达善诱执官里雁，布政使姚永泰谓："官里雁为缅甸所嫉，今代敌戮仇，不可。"达善不听，杀之。木邦部长罕奔底势孤，亦为缅甸所败，走死。于是缅甸坐大，滇边诸土司皆为所胁服。是时雍藉牙已卒，子莽纪觉立，囊占自孟养转徙至缅甸，怨吴达善杀其夫，欲借缅甸力复仇，乃改嫁莽纪觉弟孟驳，阴伺隙劝之与中国构衅，是为中国第三次失机。

先是滇边诸土司之近缅者，皆于缅私有岁弊；及雍藉牙自立，诸土司以其故等夷，不复馈献，缅人以兵力勒索之，于是滇边多故。缅初意本在责诸土司岁弊，初无意与中国为难；边吏贪功轻敌，遂开衅于缅甸，代土司受祸；是为中国第四次失机。乾隆三十年，莽纪觉卒，孟驳立，并吞西南结些、白古诸部落，遂一意专力东北；屡发兵侵略九龙江（普洱府境内澜沧江之称）方面诸土司，官军防战，三路皆败。

三十一年正月，云贵总督刘藻忧惧自杀，诏以杨应琚代之。

应琚至边，会瘴疠大作，缅兵渐退，官军得以其间收复车里、孟艮、整欠诸地。腾越副将赵宏榜希应琚旨，首言："缅甸新造、木邦、蛮莫诸部皆愿内附，缅酋势孤易取。"边吏附和之，遣人诱各部长献土，或招致其子弟及所属小土司代献；皆言所属地一二千里，户十数万；应琚悉据以入奏。其实土地户口皆悬在缅地，中国不能有也。应琚恐空言不足以塞责，欲实行一二以自解。是年八月，移驻永昌，移檄缅甸，言天兵数十万陈境上，不降即进讨。又遣赵宏榜进据蛮莫之新街（今八幕）。新街扼大盈江（伊拉瓦底江上流）水口，为缅与中国互市处，据阿瓦上游，为缅必争之地。缅以舟师溯江而上，抵新街；宏榜兵少，不敢战，烧器械辎重，走还铜壁关（在腾越县西南大盈江上游）。缅兵数万尾而入，提督李时升调兵分路出边，缅佯遣人议款，而分兵绕入万仞关（在铜壁关北），围永昌，腾越各边营泛，应琚不以上闻。三十二年正月，敌兵围猛卯，侍卫傅灵安前奉诏赴滇视应琚疾，具以敌军入塞，官军败退之状入奏，上怒，逮应琚，赐死；以明瑞为将军，兼总督，额尔景额为参赞大臣，发兵二万余人进讨。

第二节　第一次缅征之役

是年九月，分兵二路：明瑞由宛顶向木邦攻东路，额尔景额由虎踞关向孟密，出新街水路，两军约会于阿瓦。额尔景额卒于军，诏以额尔登额代之。十一月，明瑞至木邦，守将望风先遁，获其粮，留参赞珠鲁额以兵五千守之，通饷道。自将兵一万二千渡锡箔江，至蛮结，击破缅兵，大获粮械。缅人烧村寨，敛积贮，坚壁清野以抗王师。道途险远，牛马乏刍，多死；野无所掠，军粮垂竭。进至象孔，迷失道；度不能至阿瓦，乃旋师向孟笼以迎北路军，且因其地之屯粮。

是时大军深入已二千余里，会岁除，北路之师无消息；谍报大山、波龙多积谷，乃议取道大山土司，向木邦以归。缅人知我粮尽，悉众来追；官军且战且退，每日先以一军拒战，即以一军退至数里外成列以待，比拒战之军退至其处，则成列者复迎战；明瑞与领队大臣观音保、总兵哈国兴更番殿后，步步为营。每日行不过三十里。至蛮化，官军营于山巅，敌军营于山半，次日凌晨，明瑞令官军吹波伦者三（起营口号），而尽出营伏箐中以待；敌军闻波伦声，悉起来追，官军逆击，敌军大败，死者甚众；自是每夜遥屯二十余里外，不敢近。

是时敌别将已攻破木邦，杀珠鲁讷，断明瑞归路。额尔登额进至老官屯，为敌兵所阻，不能进。上以明瑞久绝军报，促额尔登额移兵援之，额尔登额迂道回铜壁关，于是老官屯之敌亦萃于明瑞军。明瑞行至小猛育，距宛顶粮台二百里，敌军猬集数万，而额尔登额援军不至。明瑞令军士乘夜趋宛顶，而自与诸领队大臣及巴图鲁侍卫数十人，率亲兵数百断后；凌晨，血战万贼中，无不一当百，敌军死伤甚众；以众寡不敌，力战而死，亲军歼焉。时三十三年二月十日也。

第三节　第二次征缅之役

事闻，上震怒，诛额尔登额，以大学士傅恒为经略，协办大学士阿里衮、尚书阿桂为副将军，大发兵伐缅。傅恒、阿里衮将大军由伊拉瓦底江上游之戞鸠江（一曰兰鸠江，一曰槟榔江）西岸进，经孟拱、孟养两土司地，陆行直捣阿瓦；阿桂率偏师，由东岸夹江而下，进取孟密；而造舟于蛮暮，以通两军声势。傅恒急于出师，谓："师劳则气懈，不如及其锐用之，且出缅不备。"遂以三十四年七月二十日启行。时缅方秋成刈获，未暇集兵，又孟拱、孟养非其腹地，故历二千里皆不血刃；而士马触暑雨，已多僵病，阿里衮亦病，乃议两军并归一路，由蛮暮出伊拉瓦底江。十月，大破敌军于江口，而傅恒亦病；乃议不向阿瓦，姑取老官屯以报命。老官屯临伊拉瓦底江，敌军夹江为营，官军以全力攻其东寨，不克；而阿里衮卒，士卒染疫死者过半，水陆军三万一千，仅存一万三千。傅恒以闻，乃诏罢兵，征傅恒还，至京而卒，留阿桂驻云南，时三十五年二月也。

三十六年，缅与暹罗构兵，相持甚急，阿桂请乘机大举，上怒，免其官，是为中国第五次失机。四十一年，两金川平，缅惧，始请入贡。是时孟驳已卒，嗣王赘角牙立；四十三年以后，与暹罗构兵，屡为暹罗所败。四十六年，暹罗遣使来入贡献捷。四十七年，孟驳之弟孟鲁弑赘角牙而自立；国人又杀孟鲁，而立雍藉牙季子孟云；内乱屡作，国势渐衰。五十一年，朝廷册封暹罗嗣君郑华为国王；于是缅益惧。五十三年，遣使款关求入贡。五十五年，遣使贺高宗八旬万寿，乞赐封，并乞开关市，许之。敕封孟云为国王，定十年一贡。

明与缅甸关系表

一、万历十二年，缅甸寇云南，陷顺宁，腾冲游击刘𥪡以兵捣阿瓦，破之。
二、明亡，桂王由榔奔缅甸；吴三桂引清兵入缅，执王而还。

清对缅甸失机表

一、雍正九年，缅与景迈构兵，景迈遣使入贡，却之。
二、乾隆初，云南人吴尚贤创茂隆银厂，在卡瓦开矿，云贵总督硕色嫉尚贤，杀之。
三、乾隆十九年，缅甸与木邦及桂家构兵，桂家部长宫里雁求内附，云贵总督吴达善诱而杀之；木邦部长罕莽底败死，于是缅坐大。
四、缅人以兵责诸土司岁币，边吏贪功轻敌，遂代土司受祸。乾隆三十年，缅侵九龙江方面诸土司，官军败绩，云贵总督刘藻自杀。
五、三十一年八月，云贵总督杨应琚信副将赵宏榜言，出兵新街，欲招来缅甸境内诸土司纳土。缅人入寇，围永昌、腾越各边营泛。应琚不以上闻，上怒，赐应琚死。
六、三十二年九月，明瑞、额尔登额两路出师，伐缅。明瑞深入至象孔，粮尽，引还；至小猛育，战死。额尔登额进至老官屯，为敌所阻，不能进，引还铜壁关；诏诛之。
七、三十四年七月，傅恒、阿里衮、阿桂大发兵伐缅，途中触暑雨，士卒疫死者过半，阿里衮卒于军，傅恒以病引还，留阿桂镇云南。
八、三十六年，缅与暹罗构兵，阿桂请大举兵征之，上怒，免其官。

第四节　暹罗之内属

缅甸之请和，由于暹罗内属；暹罗者，南方大国，其地东界越南，南临暹罗海湾，西南连马来半岛所属各小国，西界缅甸，西北界南掌（即老挝，本中国属国，今入于法）。其都城曰盘谷，傍湄南河，水深阔，容海舶出入，沿河一带极富庶。其国古称扶南，隋唐时代为赤土，后分暹与罗斛二国；北部曰暹，地多山，土瘠不宜耕种；南部曰罗斛，地平衍肥沃而多稼；暹乃合并于罗斛，称暹罗国。明代屡入贡中国，与缅甸世仇。清初，屡入贡。乾隆三十六年，与缅甸构兵，败绩，王被杀。四十三年，暹罗遗臣郑昭（中国广东潮州府人）举义兵拒敌，连破缅甸，恢复旧日领土；国人推昭为君主。四十六年，遣使入贡。四十七年，卒，女婿养子华策格里嗣位，改名郑华，屡破缅兵，缅势益衰。五十一年，入贡，册封暹罗国王，终有清一代，为不侵不叛之臣，与中国相安无事。

缅甸、暹罗地理简表

国名	都城	河流	四至	历代国名
缅甸	阿瓦	伊拉瓦底江	北界西康，东北界云南，东界暹罗，西南二面临孟加拉海湾，西北连东印度	古为朱波，汉谓之掸，唐谓之骠，宋元谓之缅，明为缅甸宣慰司
暹罗	盘谷	湄南河	东界越南，南邻暹罗海湾，西南连马来半岛所属各小国，西界缅甸，西北界南掌	古称扶南，隋唐称赤土，后分暹与罗斛，复合并为暹罗

第十七章

金川之役

第一节　金川之形势　大小金川之起源

金川在今四川西川道西南境，大渡河之上游也。其源有二：一曰大金川，源出松潘县西北境之巴细土司；一曰小金川，源出理番县西境之雪山。二水合流于懋功县崇化屯，下流为大渡河，因临河皆有金矿，故名金川。汉为冉駹外徼地，隋置金川县，唐隶维州（因姜维始筑城得名），明隶杂谷安抚司。其地万山业矗，中绕汹溪，皮船笮桥，曲通一线，深寒多雨雪，惟产青稞、荞麦。番居皆石碉，与绰斯甲布、革布什札、巴旺、丹坝、沃日、瓦寺、明正、木坪等土司接壤，俗信喇嘛教。明时其部人有哈伊拉木者，为金川寺方丈，敕封演化禅师，世领金川流域。后分为二部：其居大金川流域者曰促浸，居小金川流域者曰攒拉；促浸者，译言大河滨；攒拉者，小河滨也。顺治七年，小金川土司卜儿吉细归诚，授原职；康熙五年，大金川酋嘉勒巴归诚，授演化禅师；俾分领其众。

金川地理简表

川名	发源地	部落名	历代地名	首领清封之始受
大金川	松潘县西北境之巴细土司	促浸	汉为冉骁外徼地，隋置金川县	卜儿吉细
小金川	理番县西境之雪山	攒拉	唐隶维州，明隶杂谷安抚司	嘉勒巴

第二节　第一次金川之役

康熙五十九年，嘉勒巴庶孙莎罗奔从岳钟琪征西藏羊峒番，有功，奏授安抚司，居大金川；而旧土司泽旺居小金川。莎罗奔势强，谋并吞邻近各部落，以女阿扣妻泽旺。乾隆十一年，劫泽旺归，夺其印，四川总督檄谕之，始还泽旺于故地。十二年，又攻革布什札（在大金川西南）及明正（在小金川西南），巡抚纪山遣副将率兵弹治，莎罗奔不受约束，反伤官军。诏以张广泗为四川总督，相机剿治；是年六月，广泗进屯小金川之美诺（今懋功县），以泽旺弟良尔吉为向导，锐意灭贼。

是时莎罗奔居勒乌围（在大金川河东岸偏北，距噶尔崖一百二十里），其兄子郎卡居噶尔崖（一名刮耳崖，在大金川河东岸偏南），皆西滨大金川，东阻雪山，地势险阻。土人长于防御工事，能以石筑垒，高于中土之塔，名曰战碉，大小林立，皆当要路，难攻易守。广泗调兵三万，分攻河东河西，专用以卡逼卡、以碉攻碉之法，得一碉辄伤数十百人，相持经年，卒无效果。

十三年春，诏以大学士讷亲为经略，起岳钟琪为四川提督。讷亲至军，下令限三日取噶尔崖，总兵任举、参将贾国良战死。举，良将也；官军夺气。广泗与讷亲不协，故以军事诿之，将相不和，士皆解体。广泗所用之向导良尔吉，专为沙罗奔耳目，官军动静辄密报贼，使预为之备；钟琪密奏请诛之，而广泗信汉奸王秋言，坚任之不疑。自是年五月至八月，未得寸进。诏以大学士傅恒为经略，逮广泗至京，杀之；赐讷亲死。十二月，傅恒至军，诛良尔吉、王秋以绝间谍，撤各处围碉兵，为直捣中坚之计，留少数兵围

碉以护饷道，自将由卡撒（在小金川西噶尔崖东）攻噶尔崖，使钟琪由
党坝（即丹霸，在大金川北，距勒乌围五十余里）攻勒乌围。守碉番兵闻官军
深入，各怀内顾，人无固志，相继溃散；两路兵连克碉卡，军声大
振。莎罗奔惧，乞降于钟琪，钟琪轻骑诣其巢，次日，携莎罗奔父
子诣傅恒大营投降，金川平。时乾隆十四年正月也。（看《啸亭杂录》卷
三"金川之战"条）

第三节　第二次金川之役

莎罗奔降后，归土司侵地，献凶酋，纳军械，归兵民，供徭
役，川边稍安。已而伊犁军事起，朝廷专力西北；莎罗奔老，郎卡
掌金川事，复乘机生衅。二十三年，逐泽旺及革布什札土司（在大金
川西南），总督开泰檄谕，郎卡不听。三十一年，诏总督阿尔泰檄九
土司环攻之。九土司中：巴旺、丹坝（皆在大金川北），皆弹丸，非金
川敌；瓦寺（在理番县南）、明正（在小金川西南），亦形势阻隔；其兵力
堪敌金川，而地相逼者，只有绰斯甲布（在大金川西）与小金川（在大金
川东）。阿尔泰姑息，谕郎卡返诸土司侵地，即以安抚司印给之；且
许其与绰斯甲布结姻，而以女妻泽旺之子僧格桑；由是两金川狼狈
为奸，诸小土司皆不敢抗，而边事急矣。时泽旺老病不知事，郎卡
亦旋卒，郎卡之子索诺木与僧格桑分主两金川事，连兵侵沃日（一作
鄂克什，在小金川东南）。三十六年，索诺木诱杀革布什札土官，僧格桑
复攻沃日，官军往援，僧格桑遂与官军战。上以阿尔泰历载养痈，
至是又按兵打箭炉（今西康康定县），半载不进，罢其职，赐死。命大
学士温福由汶川（今西川道汶川县）攻其东，以桂林为川督，由打箭炉
攻其西南。索诺木潜遣兵助逆，三十七年五月，桂林前锋薛琮以兵
三千，裹五日粮深入，敌截其归路，桂林不赴援，败没，全军歼
焉。诏罢桂林，以阿桂为参赞大臣，出南路。是年十二月，阿桂克
复小金川，擒泽旺，僧格桑奔大金川；官军檄索诺木缚献，不应。
诏以温福为定边将军，阿桂、丰伸额为副将军，分兵三路攻大金

川。温福刚愎，屯兵木果木（大金川东境），袭张广泗以碉攻碉之故智，修筑千计，所将兵二万余，大半数于各卡，每逾数日当奏事，即派兵扑碉，不计地势之难易，得不偿失，士心解体。三十八年六月，索诺木阴使小金川头目煽动降番，则潜兵袭破木果木大营，杀温福，各守卡官军皆溃，小金川复陷。（看《啸亭杂录》卷三《木果木之败条》）

阿桂闻警，全军退屯翁古尔垄。诏授阿桂定西将军，丰伸额、明亮为副将军；阿桂由沃日攻其东，明亮由玛尔里入，攻其南，连战克捷，十月，克复小金川；乃分兵三路，进攻大金川：一军由小金川攻其东，阿桂督之；一军自党坝渡大金川上流攻其西北，丰伸额、明亮先后督之；一军渡大金川下流，自革布什札攻其西南，参赞大臣富德督之。自三十九年正月至七月，阿桂屡克要塞，距勒乌围渐近；索诺木惧瞑，鸩杀僧格桑，献其尸及其妻妾头目至军，乞赦己罪，阿桂不应。十月，进克墨格山，距勒乌围可二十余里；而雨雪载途，军不能进。四十年四月，始与明亮西北路军联络。八月，攻破勒乌围，莎罗奔、索诺木已先期奔噶尔崖。是时土兵尚分道拒战，河西两军颇为所苦；及阿桂近逼噶尔崖，诸方土兵次第惊溃，于是明亮、富德两军亦所向破竹。十二月，三军合围噶尔崖。四十一年二月四日，莎罗奔、索诺木率家族以下二十余人出降，金川平。诏以小金川为美诺厅（今懋功县），大金川为阿尔古厅（今绥靖屯），隶于四川省；而于勒乌围驻重兵以防守之，川边诸土司始得安堵。

金川之役简表

一、乾隆十一年，大金川土司莎罗奔执小金川土司泽旺。十二年，攻革布什札及明正。诏以张广泗为四川总督，讨之，不克。
二、十三年春，以大学士讷亲为经略，讨之；官军败绩，总兵任举战死。
三、是年八月，逮讷亲、张广泗，诛之。以大学士傅恒为经略。十二月，四川提督岳钟琪击破贼兵，莎罗奔降。
四、二十三年，大金川土司郎卡逐泽旺及革布什札土司。三十一年，总督阿尔泰檄九土司环攻之，不克。

五、三十六年，大金川土司索诺木、小金川土司僧格桑作乱，诱杀革布什札土官。侵沃日。官军讨之，不克。诏诛阿尔泰，命大学士温福，川督桂林讨之。	
六、三十七年五月，桂林兵败绩，诏罢桂林，以阿桂为参赞大臣，讨之。	
七、是年十二月，阿桂克小金川，擒泽旺，僧格桑奔大金川。诏以温福为定边将军，阿桂、丰伸额为副将军，分兵三路攻大金川。	
八、三十八年六月，温福兵溃于木果木，小金川复陷。诏以阿桂为定西将军，丰伸额、明亮为副将军，讨之。	
九、是年十月，克复小金川。四十一年二月，克复大金川，莎罗奔、索诺木出降。	

第四节　金川难下之原因

先是乾隆二十年，平定天山南北路，辟地约当内地五六行省，而用兵五年，用帑银三千万余两；两金川之地仅抵内地五六县，人不满三万户，而用兵亦五年，用帑银至七千万两。事倍功半，难易迥殊者，则以天时之多雨久雪，地势之万夫莫前，土兵之同心效死，兼天时地利人和三者而有之，而官军则具此三种困难也。其地尺寸皆山，摩天插云，羊肠一线小路纡折于悬崖峭壁中，虽将军参赞亦多徒步，非若沙漠之地可纵骑驰突也。当要路处必有战碉，甃以石而窍于墙垣间，以枪石外击；旁既无路进兵，官军须从枪石中过，故一碉中敌人守兵不过数十人，官军万夫皆阻。其破之之法，必步步立栅自护，以次进逼，轰大炮击碉，使敌守兵不能立足，官军即随炮入毁而杀之。其有碉多径阻，必不能攻克者，则用绕道别进之法：视危严绝巘，无可措足，敌所不备处，乘昏夜扪萝攀石，手足并行，如蝼循条，猿引臂，以出其后，夹攻之。（看《啸亭杂录》卷六"梁提督"条）官军常分路各进，每一二百人，或三四百人为一队，敌伺隙于业箐深涧，每队常不过数十人，即突出来搏；自用兵以来，官军环攻者不下七八万人，从未有立大阵，辟战场一决胜负者。其地雨多晴少，泥深路滑；冬季大雪封山，遇峭壁深涧，人马辄陷没，馈运之艰，或数石而致一石；京营旗兵所至，以数夫而供一夫。非乘国家全盛之物力，固烈不臻此；非前狃于岳钟琪之宽大受降，后激于温福之偾辕失律，亦劳不至此。然则穷兵黩武，固非朝廷本心；抑亦见当时承平日久，武备已不尽足恃；而前此西北诸役，其所遇固多非劲敌也。自金川削平，中国始知山碉设险之利；湖南师之以制苗，滇边师之以制猓夷，川边师之以制野番，而川陕剿教匪时，亦师之以坚壁清野而制流寇。

第十八章

安南之役

第一节　安南建国小史

安南在中国南部，其地东至东京湾，东南至中国海，西南界柬埔寨，西界暹罗，西北界南掌，北接广西、云南，南方大国也。国内大河有二：一曰富良江，即红河，发源云南，流入其国东北境入海；一曰湄公河，即澜沧江下流，发源青海，经由川边、云南，流入其国西境，至柬埔寨入海。其都城曰东京，在富良江下游，距东京湾密迩，交通极便。其地古为越裳氏，秦并百越，隶象郡；汉初，隶南越；武帝灭南越，置交趾、九真、日南三郡，隶交趾刺史部；后汉改交州，唐隶安南都护府，宋初，丁部领据地自立，称大胜王，称臣入贡于中国；自是以后，安南始列为外藩，不入中国版籍。传三世为大将黎桓所篡，桓传三世为大将李公蕴所篡，累世皆受中国封，为静海军节度使，安南都护，交趾郡王。安南南部有国曰占城，本后汉日南郡象林县故地，顺帝时，功曹区怜作乱，略取日南南境，自立为林邑王。传数世，男统绝，外孙范熊代立。晋武帝时，入贡于中国，传二世，为奴范文所篡。文传五世，国内乱，大臣范诸农自立。传至镇龙，以唐太宗贞观十九年，为其臣摩诃慢多加独所弑，夷其族，国人讨杀乱党，迎立王婿诸葛地为王。肃宗至德后，更号环王；徙国于占，遂以占城为国号。宋神宗熙宁初，交趾郡王李公蕴孙日尊在位，击破占城，虏其王，国势骤张；始自称皇帝，建国号曰大越，朝廷进封之为南平王。宋孝宗淳熙元年，日尊曾孙天祚在位，进封安南国王，是为安南国号之始。又传二世至昊昰，无子，传位于次女佛金，佛金禅位于其婿陈日煚。日煚传十四世至奆，以明惠帝建文年间，为国相黎季犛所篡，成祖大发兵讨之，虽扫穴犁庭，而终不能有其地。宣宗宣德初年，国人黎利自立，称大越皇帝。传九世至椅，以明世宗嘉靖中，为大将莫登庸所逐，奔清华，依大将阮淦。国分为二：中部北部为莫氏所据，称安南都统使司；南部清华、义安、顺化；广安四道仍奉黎氏为主，称大越皇帝。又传三世至维潭，英武有大略，乘莫氏之衰，蚕食其领土；明神宗万历二十年，使大将郑松攻莫氏，大破之，杀其都统使莫茂洽，莫氏遗族窜据高平。二十八年，维潭卒，子维新立，封郑松平安王；阮淦之子太尉端国公阮璜愤郑氏专权，据顺化，自立为国，称广南王。清初，维新之子维祺入贡，高平莫氏之君主元清亦遣使来朝，并受封册。康熙十三年，维祺之子维禧在位，乘中国有吴三桂之乱，攻克高平，灭莫氏；于是安南北部中部复为黎氏所统一，而南部仍为广南阮氏所据。

第二节　安南之内乱

清高宗乾隆中，广南王阮福峤建西贡府，封其族人为侯。击柬埔寨，破之，略取其领土大半，广南国势日张。大越献宗黎维禑微弱，大权入于摄政郑栋，栋阴谋篡位，忌广南富强，惧其干涉，阴嗾广南土豪阮文岳兄弟使叛福峤。乾隆三十年，福峤卒，子福顺立；文岳与其弟文惠、文虑举兵作乱，郑氏亦乘衅来侵，四十年，破顺化，福顺奔西贡。文岳自立为交趾王，史称之曰新阮，以别于广南之阮氏。以文惠为龙骧大将军，与文虑率兵攻下交趾，杀福顺及其从子福晋政，遂灭广南。文岳三分广南地；自称大帝，统中交趾，治平定州；文惠称东京王，统上交趾，经略安南；文虑称永定王，统下交趾。

第三节 孙士毅之丧师

五十一年，郑栋卒，子宗嗣职专国，人心不附；阮文惠乘机破东京，杀郑宗，灭郑氏；维禟遣使犒师，赐以两郡，且妻以女。五十二年，维禟卒，嗣孙维祁立，文惠尽取辎重，载归广南，使安南故将贡整留镇都城。整思扶黎拒阮，以王命夺回辎重。文惠遣其将阮任攻杀整，维祁出亡，任遂据东京，有自王意。五十三年，文惠复攻杀任，请维祁复位；维祁危之，匿不敢出。其旧臣扈其孥避难，走投广西太平府龙州（今镇南道龙州县）边，两广总督孙士毅以闻，诏士毅出兵讨之，安南土司及未陷各州官吏军民争起义兵为声援，士毅以八千兵渡富良江，直捣王京，大破文惠军，遂入东京。诏封维祁为安南国王。命士毅班师，士毅贪俘文惠为功，不即还；又轻敌，不设备；散遣士兵义勇，悬军东京月余。文惠谍知虚实，于岁暮倾国来袭；五十四年正月朔，士毅兵溃，走入镇南关，提督许世亨以下皆战死，官军死亡过半。文惠惧再见讨，谢罪乞降，改名光平，遣兄子光显赍表入贡，且请明年入觐。高宗以维祁再弃国，不堪扶助，乃允其请。五十五年，光平来朝，受封归；维祁亦内渡，编入旗，黎氏亡；安南皆入于新阮。

安南历史地理简表

都城	河流	四至	古国名	秦地名	汉初	武帝以后	后汉	唐	宋初
东京	富良江湄公河	东至东京湾，东南至中国海，西南界柬埔寨，西接暹罗，西北界南掌，北接广西、云南	越裳氏	象郡	隶交州	分交趾、九真、日南三郡，隶交趾刺史部		隶安南都护府	丁部领称大胜王
太宗时	真宗时	神宗时	孝宗时	明惠帝时	宣宗时	世宗时	神宗时	清圣祖时	高宗时
黎桓篡立，称交趾郡王	李公蕴篡立，称交趾郡王	李日尊并占城，称大越皇帝	陈日煚受禅，称安南皇帝	黎季犛篡立，朝廷发兵讨平之，置交趾布政使司	黎利据交趾，称大越皇帝	莫登庸篡立，称安南都统使，黎椅奔清华	黎维潭复国，莫氏窜高平。阮璜据顺化，称广南王	黎维禑克高平，灭莫氏	阮文岳、文惠兄弟作乱，灭广南及安南，两广总督孙士毅讨之，败绩

第十九章

廓尔喀之役

第一节　廓尔喀之起源

自康熙五十九年以后，西藏隶中国版图，于是清室领土直抵喜马拉亚山北麓，而山之南麓尚为诸小国所分据。自四川打箭炉（今西康康定县）西行二十余驿至前藏（今西康省），十二驿至中藏（今前藏），又十二驿至后藏，又二十驿至济陇之铁索桥，为后藏极边地，逾桥而西则为廓尔喀。廓尔喀一名尼泊尔，木巴勒布国，地形狭长，东西约二千里，南北约五百里。旧分叶楞、布颜、库本三部，雍正九年，各以金叶表文贡方物，居民务农商业，与西藏、印度通贸易。乾隆三十二年，其西境克什米尔之廓尔喀族侵入，并吞三部，建立尼泊尔王国。

第二节　沙玛尔巴之挑衅

乾隆四十六年，第六世班禅来朝，祝高宗七旬万寿，得朝廷锡赉及内外王公大臣庶民布施无虑数十万金，其余珍品不可胜计。班禅病痘卒于京师，次年，遗骸西归；其徒随之，拥巨资以行。班禅兄伸巴胡土克图故为班禅管内库，尽攘其财，既不布施各寺庙与唐古特兵士（印西藏土兵，属达赖所统辖者），又摈其弟沙玛尔巴为红教徒，不使分惠。沙玛尔巴愤甚，遂入尼泊尔，说廓尔喀人使入寇。

是时廓尔喀王拉特纳巴都尔在位，年幼不能亲政，叔父巴都尔萨野摄政。巴都尔萨野好武，以侵略邻境为国是。五十五年三月，借商税增额、食盐糅土为词，兴兵犯边。援剿将官侍卫巴忠，将军鄂辉、成德等按兵不战，阴令藏人私许岁币万五千金议和，达赖坚持不可，而巴忠擅以贼蹙乞降入奏，讽廓尔喀人入贡受王封。七月，廓尔喀遣使表贡，鄂辉恐发觉前事，屏不奏。五十六年，藏中岁币复爽约，于是廓尔喀以责负为名，大举深入。

第三节　福康安之出师

札什伦布天险，本可扼守；驻藏大臣保泰一闻敌至，遽移班禅于前藏，而奏请移达赖班禅于内地，欲以藏地委敌；仲巴胡土克图挈资先遁，众心遂溃。敌大掠札什伦布，分军以其半运资财回国，以其半屯界不去，全藏大震。诏以福康安为将军、海兰察为参赞，调兵进讨。五十七年，福康安等由青海入后藏，击败敌兵，尽复藏地。六月，分兵三路，进攻尼泊尔：海兰察将前军，击败敌兵于距济陇八十里之铁索桥，遂入敌境；连破敌兵，至雍雅山，廓尔喀遣使乞降，不许。复三路进攻，六战六捷，深入七百余里，距其国都阳布仅一日程。前临大河，两岸皆山，大军攻夺其北岸之山，海兰察欲扼河立营，福康安不可，逾桥攻其南岸之山，冒雨上山行二十余里，至陡绝处为敌众所乘，死者甚众。廓尔喀再遣使卑词乞哀，时大军方挫，而敌境愈险，且逾八月即大雪封山，归途阻绝；乃允其降，责令归还所立合同及所掠藏中财宝，交还俘虏及祸首沙玛尔巴之尸，贡驯象、番马、乐工等，遂班师。自是以后，廓尔喀为朝贡之国，至光绪末年犹入贡。

第二十章

清室之理藩策

西北民族历来为中国患：周困于猃狁、西戎；汉病于匈奴；晋乱于五胡；唐逼于突厥、回纥、吐蕃；宋逼于契丹、女真、蒙古；明病于鞑靼、瓦剌。有清三百年间独不大受其患者，则理藩政策比较得宜故也。中国历代之对外策不外威服与羁縻，有清之理藩策当然不能外此例；然二者只能收效于一时，不能维持于永久。有清则于威服、羁縻之外，更进一步作维持永久方法。

一曰众建策

内蒙古二十五部，五十一旗，每旗设札萨克一人，管理民政军政；分为东四盟，西二盟。东四盟之中，一曰哲里木盟，分四部，十旗：曰科尔沁，六旗，受盛京将军监督；曰札赉特，一旗；曰杜尔伯特，一旗；曰郭尔罗斯后旗，受黑龙江副都统监督；曰郭尔罗斯前旗，受吉林副都统监督，在洮昌道与吉长道，龙江道境内。二曰卓索图盟，分二部，五旗：曰喀喇沁，三旗；曰土默特，二旗，在现在热河南境，受热河都统监督；曰喀尔喀多罗贝勒游牧，一旗，附属卓索图盟，受热河都统监督。三曰昭乌达盟，分八部，十旗：曰敖汉，一旗；曰奈曼，一旗；曰巴林，二旗；曰札鲁特，一旗；曰阿鲁科尔沁，一旗；曰翁牛特，二旗；曰克什克腾，一旗；曰喀尔喀左翼，一旗，在现在热河北境，受热河都统监督。四曰锡林郭勒盟，分五部，十旗：曰乌珠穆沁，二旗；曰浩齐特，二旗；曰苏尼特，二旗；曰阿巴噶，二旗；曰阿巴哈纳尔，二旗，在现在察哈尔北境，受察哈尔都统监督。西二盟之中，一曰乌兰察布盟，分四部，六旗：曰四子部落，一旗；曰茂明安，一旗；曰乌喇特，三旗；曰喀尔喀右翼，一旗，在现在绥远北境，受绥远城将军监督。曰归化城土默特，一部，二旗，附属乌兰察布盟，受绥远城将军监督，曰伊克昭盟，鄂尔多斯一部，七旗，在现在绥远南境黄河套内，受绥远城将军监督。此外察哈尔南境尚有两翼，八旗，直隶于都统，不设札萨克。外蒙古分四大部，八十二旗，曰车臣汗部，二十一旗，在外蒙古东部。曰土谢图汗部，二十旗，在外蒙古中部偏东。曰赛音诺颜部，二十二旗，附厄鲁特二旗，在外蒙古中部偏西。曰札萨克图汗部，十九旗，附辉特一旗，在外蒙古西部。每部设大札萨克，每旗设札萨克，掌政权，受定边左副将军监督。此外若青海蒙古分五部，二十九旗，受西宁办事大臣监督；西套蒙古分三旗，受宁夏将军监督；唐努乌梁海四部，五旗，受定边左副将军节制；科布多四部，二十旗，受科布多参赞大臣节制；塔尔巴哈台四部，六旗，受塔尔巴哈台参赞大臣节制；伊犁四部，十旗，受伊犁将军节制。

二曰结婚策

内蒙古之科尔沁部，外蒙古之赛音诺颜部皆皇室懿亲，其余各部亦多通婚姻；历代皇后、皇妃与王、贝勒福晋多出于蒙族，公主、郡主、县主及宗女亦多下嫁于蒙族，故满蒙感情融洽。

三曰利用宗教策

西藏自吐蕃以来，崇奉佛教，元代封帝师，明代封法王以羁縻之。有明中叶以后，顺义王谙答迎达赖三世至青海，于是内外蒙古皆崇奉黄教，化千年犷悍之习为柔顺。清初，因势而利导之，借其力以羁縻蒙藏，其所崇奉之大喇嘛有五：

一、达赖喇嘛　宗喀巴大弟子，居拉萨，为前藏之教主。

二、班禅额尔德尼　宗喀巴第二大弟子，居札什伦布，为后藏之教主。

三、哲卜尊丹巴胡土克图　宗喀巴第三大弟子，居库伦，为外蒙古之教主。

四、章嘉胡土克图　第五世达赖大弟子，居多伦诺尔（今察哈尔多伦县），为内蒙古之教主。

五、察罕诺们胡土克图　居西宁，为青海之教主。罗卜藏丹津之叛，青海诸寺喇嘛蜂起应之，察罕诺们从逆；世宗谓玷辱宗门莫此为甚，及青海平后，乃收各寺册印，定庙舍限制，于是察罕诺们之尊严骤替。

蒙古藩属表

	盟名	部名	旗数	受何长官节制	在今何地	备考
内蒙东四盟	哲里木盟	科尔沁	六旗	盛京将军	辽宁洮昌道，吉林吉长道，黑龙江龙江道境内	
		札赉特	一旗	黑龙江副都统		
		杜尔伯特	一旗	同		
		郭尔罗斯	后旗	同		
		同	前旗	吉林副都统		
	卓索图盟	喀喇沁	三旗	热河都统	热河南境	
		土默特	二旗			
	昭乌达盟	喀尔喀多罗贝勒游牧	一旗	同	同	附属卓索图盟
		敖汉	一旗	热河都统	热河北境	
		奈曼	一旗			
		巴林	二旗			
		札鲁特	一旗			

	盟名	部名	旗数	受何长官节制	在今何地	备考
内蒙东四盟	昭乌达盟	阿鲁科尔沁	一旗			
		翁牛特	二旗			
		克什克腾	一旗			
		喀尔喀左翼	一旗			
	锡林郭勒盟	乌珠穆沁	二旗	察哈尔都统	察哈尔北境	
		浩齐特	二旗			
		苏尼特	二旗			
		阿巴噶	二旗			
		阿巴哈纳尔	二旗			
内蒙古西二盟	乌兰察布盟	四子部落	一旗	绥远城将军	绥远北境	
		茂明安	一旗			
		乌喇特	三旗			
		喀尔喀右翼	一旗			
		归化城土默特	二旗	同	同	附属乌兰察布盟
	伊克昭盟	鄂尔多斯	七旗	同绥远南境黄河套		
		察哈尔两翼	八旗	察哈尔都统	察哈尔南境	直隶于都统
外蒙四部		车臣汗部	二十一旗	定边左副将军	二外蒙古东部	
		土谢图汗部	二十旗	同	外蒙古中部偏东	
		赛音诺颜部	二十二旗	同	外蒙古中部偏西	
		厄鲁特	二旗	同	同	附属赛音诺颜部
		札萨克图部	十九旗	同	外蒙古西部	
		辉特	一旗	同	同	附属札萨克图部
青海蒙古		五部	二十九旗	西宁办事大臣	青海	
西套蒙古		三旗		宁夏将军	西套	
唐努乌梁海蒙古		四部	五旗	定边左副将军	乌梁海	
科布多蒙古		四部	二十旗	科布多参赞大臣	科布多	

	盟名	部名	旗数	受何长官节制	在今何地	备考
	塔尔巴哈台蒙古	四部	六旗	塔尔巴哈台参赞大臣	塔尔巴哈台	
	伊犁蒙古	四部	十旗	伊犁将军	伊犁	

黄教大喇嘛表

尊称	出身	驻锡地	位置
达赖喇嘛	宗喀巴第一大弟子	拉萨	前藏教主
班禅额尔德尼	宗喀巴第二大弟子	札什伦布	后藏教主
哲卡尊丹巴胡土克图	宗喀巴第三大弟子	库伦	外蒙古教主
章嘉胡土克图	第五世达赖大弟子	多伦诺尔	内蒙古教主
察罕诺们胡土克图		西宁	青海教主

第二十一章

乾隆时代之内治

第一节　乾隆初年之宽猛相济法

康、雍以来，朝廷抚驭臣民之法，宽严凡数变。圣祖仁厚，在位六十余年，以宽大为治；臣下奉行不善，至于人心玩愒，诸事废弛，官吏不知公事，宵小不知畏法。世宗英明，承之以严，期于整顿积习；臣下奉行不善，至于政令繁苛，每事刻核，大为闾阎之扰累。高宗即位，深维宽猛相济之道，欲减去繁苛，与民休息；又恐臣下误会朝旨，以纵弛为宽，复蹈康熙末年之弊。乃用宽猛相济法。即位之初，诏：凡文武官员，现在议降、议罚及住俸戴罪者，俱著宽免。旋诏：现在议革者亦准宽免。乾隆元年三月，赦雍正年间以文字狱被杀之汪贵祺、查嗣庭兄弟族属回籍；九月，宽免剿抚苗疆失机之扬威将军哈元生、副将军董芳、抚定苗疆大臣尚书张照等罪，予元生副将衔，发往西路军营效力；芳发往云南，以副将用，命照直武英殿，修书；二年三月，释征准噶尔丧师之定边大将军傅尔丹、参赞大臣陈泰、遭谗被谴之宁远大将军岳钟琪于狱（看《清代轶闻》卷二第四十七页"岳钟琪、纪成斌冤狱"条转载之《礼亲王昭梿笔记》），以示恩于群臣。即位之初，诏：各省民欠钱粮，凡逾十年以上者，悉行蠲免。旋诏：雍正十二年以前民欠一并宽免。漕运总督顾琮奏请蠲免江南苏、松二府浮粮，禁关税赢余逐年加增陋习；果亲王胤礼密奏请免江南等省漕项、芦课及学租、杂税等银；皆嘉许之。又诏：各省督抚及地方官，不得假开垦之名，行加赋之实，将升科钱粮飞洒于现在地亩中；禁止在乡镇村落中征杂物落地税，免芜湖县杂办、江夫、河篷钱粮岁征银二千三百零四两，免雍正十二年以前两淮灶户旧欠，免贵州三年内耗羡银两，免山东泰山、湖北太和山进香税，免山西大同所属之偏关、老营、水泉三泛兵丁徭银，谕各省督抚严饬地方官，不得于正项钱粮之外，任意加征耗羡；除陕西地丁火耗五分，以加惠于百姓。又诏：有司善劝业主，俾以蠲免税中十分之五分惠佃户，以加惠于农民。又诏：停止西北用兵以来所开之捐纳，以杜绝士子侥幸心。增加教职俸，提高国子监助教以下各官品级，以鼓励师儒责任心。沙汰僧、尼、道士，凡各戒僧，全真道士，由部给与度牒；勒令应付僧人（有妻子之僧人），火居道士（有妻子之道士）还俗，其老迈残疾，既难受戒，又难还俗者，由地方官查明给与度牒，命看守寺庙以终天年，永不许招受年少生徒；妇女年逾四十，方准出家，年少者严行禁止；以制裁社会上之惰民。谕各省地方官，严禁盗贼、赌博、打架、娼妓四大恶，以制裁间里间之莠民。又恐大臣玩法，乃惩治一二以儆其余：乾隆元年，户部侍郎李绂以保举新进士过多，降补詹事；前任甘肃巡抚许容以隐匿灾荒，营私树党，革职，解京治罪；二年，刑部侍郎俞兆岳以前在江西巡抚任内巧取、派捐、受馈各款革职；三年，工部尚书赵宏恩以纳贿革职；吏部尚书刘于义以前在陕西总督任内，徇庇属员，糜费军需，革职；陕西巡抚张楷、河南巡抚尹会一以保举所属教官过滥，交部议处；四年，宗人府议奏庄亲王胤禄等结党营私罪，夺胤禄亲王双俸，理亲王弘晳以下革爵拘禁有差；六年，御史仲永檀劾提督鄂善受俞姓贿银一万两，查明，赐死；山西学政喀尔钦以贿卖生童，纵仆营私，违禁渔色等款为御史所劾，得旨正法，以示威于大臣。凡所设施，一以执两用中为主，朝廷称治。（看《东华录》乾隆卷一至卷八）

第二节 乾隆时代之文字狱

高宗对待臣民虽用宽猛相济法，而对于士大夫则往往吹毛求疵，失之过严。即位之初，逮吕留良案内之曾静、张熙至京，杀之，是为雍正时代文字狱之余波，而为乾隆时代文字狱之矫矢。自此以后，借种种题目，屡兴文字狱，以钳民之口。兹略述其梗概于下。

一、杭世骏时务策狱

杭世骏，字大宗，浙江仁和（今并入杭县）人。乾隆元年，中博学鸿词，授编修。性伉爽，好面责人过，同官皆严惮之。八年二月，考选御史，试时务策。世骏对策中有云："意见不可先设，畛域不可太分；满洲贤才虽多，较之汉人仅十之三四；天下巡抚常满汉参半，总督则汉人无一焉，何内满而外汉也？三江两浙为天下人才渊薮，边隅之士间出者无几；今则果于用边省之人，而十年不调者皆江浙之人，岂非有意见畛域。"帝阅策，大怒，下诏诘责，免其官。（参看《清鉴易知录》卷八，《清代轶闻》卷五）

二、世臣诗稿狱

盛京礼部侍郎世臣以微罪谪戍黑龙江，检阅其诗稿中有"霜侵鬓朽叹穷途""秋色招人懒上朝""半轮明月西沉夜，应照长安尔我家"等句。诏责其疏懒鸣高，且卿贰崇阶，有何途穷之叹；盛京为丰沛故乡，世臣系满洲世仆，竟忘根本，居心更不可问。十九年九月，降诏切责，并戒伤百官。（看《东华录》乾隆卷四十）

三、胡中藻《坚磨生诗钞》狱

胡中藻，江西广信府人，大学士鄂尔泰门生，累官至内阁学士，督湖南学政，因事落职。其所著《坚磨生诗钞》中多失检语，乾隆二十年，经人告发，诏以："坚磨出自鲁论，孔子所称磨涅，乃指佛胕而言；胡中藻以此自号，是诚何心？集内所云'一世无日月''又

降一世夏秋冬''一把心肠论浊清''天匪开清泰''斯文欲被蛮''与
一世争在丑夷''相见请看都盎背，谁知生色属裘人'等句，俱涉诽
谤。'南斗送我南，北斗送我北，南北斗中间，不能一黍阔''再泛潇
湘朝北海，细看来历是如何''虽然北风好，虽用可如何''撅云揭北
斗，怒窍生南风''暂歇南风竟两两'等句俱近挑拨。其'浯溪照景
石'诗中，用'周时穆天子，车马走不停'及'武皇为失倾城色'两
典故，皆寓讥刺讪谤。'老佛如今无病病，朝门闻说不开开'之句，
尤为奇特。'记出西林（鄂尔泰字）第一门'之句，攀援门户，恬不知耻。
至其所出试题内，孝经义有'乾三爻不象龙'说，龙与隆同音，其诋
毁之意可见。"是年四月，逮下狱，弃市。鄂尔泰犹子甘肃巡抚鄂昌
援引世谊，与中藻往复唱和；其所作"塞上吟"中称蒙古为胡儿，诏
斥为"党逆忘本"，赐自尽。鄂尔泰已卒，撤出贤良祠。旋降严旨禁
止满洲人学习汉文，及与汉人唱和，论同年行辈来往。（看《东华录》乾隆
卷四十一，《清朝野史大观》卷三"胡中藻诗钞"之狱"条）

四、段昌绪收藏吴三桂檄文、彭家屏收藏《明季野史》狱

段昌绪，河南夏邑（旧属归德府，今属开封道）人，县学生员。乾隆
二十二年，高宗南巡，夏邑乡绅、原任江西布政使彭家屏接驾，召见
时面奏夏邑等四县被灾情形，命同巡抚图尔炳阿往查赈。帝至徐州，
夏邑民张钦、刘元德相继遮道陈诉：地方官查灾，散赈不实。上疑其
有主使，严行询问，供出段昌绪。命侍卫成林往查，在昌绪卧室中搜
出吴三桂檄，昌绪为之浓圈密点，加评赞赏。供系得自司存存，存存
抄自司淑信，淑信得自郭芳寻家。上大怒，是年六月，杀昌绪，存
存、淑信俱论斩，芳寻已死，免究。上疑家屏亦有此书，召问真相；
家屏供出其家旧有抄本《明季野史》《潞河纪闻》《日本乞师》《豫变
纪略》《酌中志》《南迁录》，天启、崇祯年间政事等书，诏大吏往搜，
其子传笏已先闻风烧毁，上以传笏意图灭迹；又家屏所刻之族谱，取
名"大彭统纪"，上以大彭二字类似国号，指为狂悖；又谱中凡明神
宗万历年号之历字，皆不阙笔，上以其犯御名，指为不敬；赐家屏自

尽，传笋论斩，家产籍没入官。（阅《东华录》乾隆卷四十五，四十六）

五、赖宏典书中隐语狱

赖宏典，秦州知州，托人行贿求升官，书中填写隐语有"点兵交战，不致有失军机"等字样。上以其语涉悖逆，二十九年九月，论斩。（看《东华录》乾隆卷六十）

六、齐周华书狱

齐赤若，字周华，浙江台州府天台（今属会稽道）诸生，原任礼部侍郎齐召南从子。雍正九年，坐吕留良党，永远监禁。乾隆改元，得释，此后遂倘佯山水间。已而刻所著书。乾隆三十二年，巡抚熊学鹏摘其中忌讳语以闻，并诬召南徇隐逆词等罪。是年十二月，诏磔周华，落召南职。（看《清稗类钞》第八册一一四页，《清史纪事本末》卷二十，第三页）

七、王锡侯《字贯》狱

王锡侯，字韩伯，江西瑞州府新昌县（今为庐陵道宜丰县）举人，著有《字贯》一书，依《康熙字典》例分部。乾隆四十二年，同县人王泷南呈控锡侯删改《康熙字典》，另刻《字贯》，与叛逆无异。巡抚海成以闻，帝阅其进到之书，第一本序文后凡例，将圣祖、世宗庙讳及高宗御名悉行开列，指为大逆不法，逮至京，与其子三人、孙四人俱论斩，家产籍没。侍郎李友棠曾作古诗一首，赞美《字贯》，刻于卷首；诏革职。原任大学士史贻直曾为《王氏家谱》作序文，尚书衔原任刑部侍郎钱陈群曾为锡侯所作之《经史镜》及《唐人试帖详解》作序文，因二人已故，从宽免究。两江总督高晋坐失察，降一级留任；巡抚海成革职论斩，布政使周克开，按察使冯廷丞俱革职交刑部治罪。原版及已出版之书并锡侯他种著作，一并查禁销毁。（阅《掌故业编》第一辑，第二辑，第三辑，《清稗类钞》第八册，第一百二十四页）

八、徐述夔《一柱楼诗》狱

徐述夔，江苏东台县（旧属扬州府，今属淮阳道）举人，著有《一柱楼诗》。乾隆四十三年，如皋县（旧属通州，今属苏常道）民童志璘呈控其书有应究语，江苏学政刘墉以闻。其诗中咏正德杯云："大明天子重相见，且把壶儿搁半边。"上谓壶儿即胡儿，意存诽谤。又有"明朝期振翮，一举去清都"之句，上谓其显有兴明朝去清朝之意。时述夔已卒，诏戮其尸；其子怀祖以刊刻遗诗罪，戮尸；孙食田、食书及列名校对之徐首发、沈成濯俱拟斩。尚书衔原任礼部侍郎沈德潜曾为述夔作传，称赞其品行文章；时德潜已卒，诏夺其官爵谥典，撤出乡贤祠，毁御赐祭葬碑文。江宁布政使陶易、幕友陆炎坐隐匿徇庇罪，拟斩；扬州府知府谢启昆，东台县知县涂跃龙革职。（看《掌故业编》第四辑、第五辑、第六辑，《东华录·乾隆卷》八十八，《清史纪事本末》卷二十第三页，《清朝野史大观》卷三"徐述夔诗狱"条）

九、沈德潜黑牡丹诗狱

德潜，江苏长洲（今并入吴县）人，乾隆四年进士，以诗学受知于高宗，累迁礼部侍郎。十四年，予告归，帝以御制诗集委之改订，颇多删润。徐述夔一柱楼诗案发，命搜德潜遗诗，则平时为帝点窜及捉刀之作咸录焉，帝大怒。寻阅其咏黑牡丹诗云："夺朱非正色，异种也称王"；帝以为意存诽谤，命剖其棺。（阅《清史纪事本末》卷二十第三页，《清稗类钞》第八册第一百二十六页，《清朝野史大观》卷三"沈归愚诗狱"条）

十、韦玉振刊刻其父行述狱

韦玉振，江苏赣榆县（旧属海州，今属徐海道）生员，为其父刊刻行述，内有"于佃户之贫者，赦不加息"，并"赦屡年积欠"之语；乾隆四十三年，经其叔韦昭告发，巡抚杨魁奏闻。诏以"韦玉振身列官墙，乃于行述家谱内，妄用赦字及世表二字；当治以僭妄之罪，杖一百，徒三年"。（阅《清稗类钞》第八册第一百二十六页，《清史纪事本末》卷二十第四页，《清朝野史大观》卷三"韦玉振文字之祸"条）

十一、尹嘉铨书狱

尹嘉铨，直隶博野县（旧属保定府，今属河北保定道）举人，累官大理寺卿，休致。乾隆四十六年二月，高宗南巡，至保定；嘉铨遣子赟奏：为其父原任工部侍郎会一请谥，并从祀孔庙。高宗怒其狂妄，逮至京治罪。检查其所著书籍，有"朋党之说起，而父师之教衰，君亦安能独尊于上哉"之语，上谓其颠倒是非；又有"为帝者师"之句，上谓其目无君上；又所著《名臣言行录》一书，将清初大臣列入，上谓不应标榜当代人物，妄生议论，变乱是非，命处绞。（阅《东华录》乾隆朝卷九十三，《清朝野史大观》卷三"尹嘉铨文字之狱"条）

十二、程明禋寿文狱

程明禋，湖北孝感县（旧属汉阳府，今属江汉道）生员，在河南桐柏县（旧属南阳府，今属汝阳道）教读。乾隆四十六年三月，富人郑友清生日，戚友浼明禋撰寿文。明禋以友清原籍湖北兴国州（今江汉道阳新县），在桐柏经商起家，故文内有"绍芳声于湖北，创大业（用《易经·系辞》"富有之谓大业"成语）于河南"二句，又以其生日在三月初一日，故文中引用秦昭王上巳置酒故事，有"捧河中之剑，似为添筹"等句。友清疑有违碍，贴红签于上；明禋怒，其门人杨殿才等殴友清之侄万青以泄忿。友清持幛自首，巡抚富勒浑奏请；明禋照大逆律，凌迟处死；弟明珠拟斩，妻子给功臣家为奴。杨殿才等斥革衣顶，杖八十；桐柏教谕黄怀玉革职。（看《清稗类钞》第八册一百二十九页，《清朝野史大观》卷三"程明禋寿文之狱"条）

十三、方国泰藏匿祖诗狱

方国泰，安徽歙县（旧徽州府治，今属芜湖道）生员，其祖贡生方芬著有《涛浣亭诗》，中多失检语。乾隆四十七年五月，巡抚谭尚忠具疏弹劾，谓集中"征衣泪积燕云恨""林泉不共马蹄新""乱剩有身随俗隐，问谁壮志足澄清""蒹葭欲白露华清，梦里哀鸿听转明"等句，语意狂悖，请戮芬尸，国泰立斩。诏国芬已死，免戮尸；国泰从宽，

杖一百，徒三年。（看《清稗类钞》第八册第一百三十五页，《清朝野史大观》卷三，"方国泰藏匿五世祖诗集之狱"条）

此外若华亭（今并入沪海道松江县）举人蔡显以诗论斩，门下士遣戍者二十四人（看《清稗类钞》第八册第一百一十五页）；锦县（今属辽沈道）生员金从善以条陈建储奏疏中有"大清不宜立太子，岂以不正之运自待耶"二语被诛；山西举人王尔扬为同邑李范作墓志，于考字上用皇字；为巡抚巴延三所参，下狱（看《清史纪事本末》卷二十第三页）；广东韶州丹霞寺僧澹归以所著《遍行堂集》多谤讪清朝语，身后获重谴，寺僧死者五百余人（看《清稗类钞》第八册第一百二十四页）。其余类此者尚多，兹不具述。

清代文字狱表

帝号	兴狱年月	西历	祸源	肇祸者	肇祸者籍贯	告发人
世祖	顺治九年三月	一六五二	试策	程可则	广东南海	大学士范文程
	顺治八十年	一六六一	哭庙	金人瑞	江苏长洲	苏抚朱国治
圣祖	康熙二年	一六六三	明史	庄廷钺	浙江归安	知县吴之荣
	康熙六年四月	一六六七	诗集	沈天甫	江南人	吴元莱
	康熙二十一年	一六八二	密书	朱方旦	湖北汉阳	侍讲王鸿绪
	康熙五十年十月	一七一一	南山集	戴名世	安徽桐城	左都御史赵申乔
世宗	雍正三年十二月	一七二五	西征随笔	汪景祺	浙江杭州	刑部等衙门
	雍正四年四月	一七二六	上年羹尧诗	钱名世	江苏武进	
	雍正四年九月	一七二六	试题日记	查嗣庭	浙江海宁人	言官
	雍正五年正月	一七二七	河清颂	邹汝鲁		世宗
	雍正七年五月	一七二九	吕留良文集	曾静	吕留良浙人曾静湖南人	川督岳钟琪
	雍正七年六月	一七二九	注释大学	谢济世	广西全州人	顺承郡王锡保
	雍正七年七月	一七二九	细书通鉴论	陆生楠	广西人	顺承郡王锡保
	雍正八年十月	一七三〇	诗集	徐骏		

帝号	兴狱年月	西历	祸源	肇祸者	肇祸者籍贯	告发人
高宗	乾隆八年二月	一七四三	时务策	杭世骏	浙江仁和人	高宗
	乾隆十九年	一七五四	诗稿	世臣	盛京礼部侍郎	
	乾隆二十年	一七五五	坚磨生诗钞	胡中藻	江西广信人	
	乾隆二十二年六月	一七五七	吴三桂檄文明季野史	段昌绪彭家屏	河南夏邑人	
	乾隆二十九年九月	一七六四	书中隐语	赖宏典	秦州知州	
	乾隆三十二年十二月	一七六七	著作	齐周华	浙江天台人	浙抚熊学鹏
	同年	同年	所作诗	蔡显	江苏华亭人	松江知府钟某
	乾隆四十年闰十月	一七七五	遍行堂集	澹归	韶州丹霞寺僧	南韶连兵备道李璜
	乾隆四十二年十月	一七七七	字贯	王锡侯	江西新昌人	江西巡抚海成
	乾隆四十三年五月	一七七八	李范墓志	王尔扬	山西人	山西巡抚巴延三
	乾隆四十三年七月	一七七八	呈词	金从善	奉天锦县人	高宗
	乾隆四十三年八月	一七七八	一柱楼诗	徐述夔	江苏东台人	江苏学政刘墉
	乾隆四十三年八月	一七七八	黑牡丹诗	沈德潜	江苏长洲人	高宗
	乾隆四十三年	一七七八	其父行述	韦玉振	江苏赣榆人	韦昭
	乾隆四十六年二月	一七八一	著作	尹嘉铨	直隶博野人	高宗
	乾隆四十六年三月	一七八一	郑友清寿文	程明禋	湖北孝感人	郑友清
	乾隆四十七年五月	一七八二	涛浣亭诗	方国泰	安徽歙县人	皖抚谭尚忠

第三节　高宗之右文

一、高宗之好学

高宗性耽书画，好吟咏。弱冠时，以自著诗文刊《乐善堂集》；即位以后，时与群臣唱和；巡幸所至，亦到处留题。故御制诗至二三万首。好用僻典以夸渊博，每一诗成，令儒臣注释；不得原委者，许归家涉猎，然多有翻撷万卷，莫能解者。酷好书画，当时名家有以书画进呈者，皆珍藏之。（看《啸亭杂录》卷一"高宗渊博""高宗赏鉴"二条）写字效董其昌，惟少气魄；骨力不逮圣祖，才气不逮世宗，亦性格使然也。清朝国语（满语）研究颇深，惟对于西洋科学知识，则淡然漠视。故实际上之学术，远不如圣祖绰有心得云。（看《清代通史》卷中之一，第二十六页）

二、人才之搜集

高宗即位之初，以国家久道化成，文人蔚起，申谕各省督抚，速行保荐人才，应博学鸿词科，定一年内候试京师。乾隆元年九月，试被荐者一百七十六人于保和殿，取中刘纶等十五名；次年，试续到被荐者于体仁阁，取中万松龄等四名；各授翰林院编修、检讨、庶吉士等有差。十四年十一月，以翰苑中寡经术士，特旨：令大学士九卿督抚，选举潜心经学，纯朴淹通之士，不拘资格，务精勿滥。十六年，得顾栋高、陈祖范、吴鼐、梁锡璵等四人，并授国子监司业。祖范以老辞，即家授职。栋高就职后，旋以老辞归，即家擢国子监祭酒。（看《啸亭杂录》卷一"重经学"条）寻诏国史馆特立儒林传，以表彰经明学粹之士。车驾巡幸所至，辄召诸生试诗赋，与以科目出身。又开阳城马周科，以征士之不得志而隐栖岩穴，或伏人门下者。前后得人之盛逾于康熙时代。翰林院重修工竣，帝亲临赐宴，送掌院学士鄂尔泰、张廷玉进院。率儒臣饮酒赋诗，极一时之乐。又以督抚参奏属员及题请改教本章，往往有"书生不能胜任"及"书气未除"等语，下诏剀切晓谕，谓修己治人之道备载于书，果足以当书生，则邑县蒙其休矣。人无书气，即为粗俗市井气。自己二十年来，讲论未尝少辍，实一书生也云云。其推崇读书人可谓至矣。（看《清代通史》卷中之上第二十五页）

三、群书之编纂

高宗表扬文治，颇效圣祖，而又思突过之。乾隆六年正月，命直省督抚学政，采访近世著作，随时进呈。其时编纂之书籍甚多，兹列表于下以供参考（见下表）。

乾隆御纂书籍表（录《清代通史》卷中之二原表）

书名	卷数	编纂年代	主撰者	内容提要
周易述义	一〇	乾隆二〇	傅恒等	本折中而推阐之大旨，谓易因人事以立象，故不涉虚渺之说与术数之学
诗义折中	二〇	二〇	傅恒等	依据毛郑溯孔门授受之渊源，使事必有征，必有本，一切虚谈咸与湔除
周官义疏	四八	一三		郑康成以下说《周礼》者明典制，王安石以下说《周礼》者阐义理，各有所偏，是书兼赅并包集二派之成
仪礼义疏	四八	一三		《仪礼》一书学者多苦其难读，故至宋、元以来湮晦四五百年，至是始就郑贾之精义，群儒之异说，纲举目张，厘然昭析
礼记义疏	八二	一二		自陈澔《礼记集说》大行于世而古义浸微。是书补正澔书讹漏，俾横经之士知议礼不可以空言也
春秋直解	一六	二三	傅恒等	序谓阐尼山之本意而揭胡安国之臆断附会，以诘朝下，实则亦以私意为归，与从前之强经从己者同一支离，故不可谓直解也
律吕正义后编	一二〇	一一		凡分十类：曰《祭祀乐》，曰《朝会乐》，曰《宴飨乐》，曰《导迎乐》，曰《行幸乐》，曰《乐器考》，曰《乐制考》，曰《乐章考》，曰度《量权衡考》，曰《乐问》。盖《律吕正义》，阐声气之元，此编备器数之用
西域同文志	二四	二八	傅恒等	分四大纲：曰《地》，曰《山》，曰《水》，曰《人》。首列清文，次列汉文，次列三合切音，次列蒙古、西番、托忒回字，使比类可求
清文鉴	三二	三六	傅恒等	因圣祖旧本，补辑每条标清语为纲，左列汉字切韵，右列汉语，又右音以清文，复有补编四卷，总纲八卷，补总纲一卷
满洲蒙古汉字三合清文鉴切音	三三	四四	阿桂等	以清语、蒙古语、汉语通贯为一，使互相音释
同文韵统	六一	五	允禄等	以印度五十字母、西番三十字母参考同异而音，以汉字用清语合声之法为准
叶韵汇辑	五八	一五	梁诗正等	以《佩文诗韵》为主，而注释加详，今韵虽各为部，古韵相通者亦类附之
音韵述微	一〇六	三八		合声、切字一本音韵阐微，而体例不同字亦多所增加，盖阐微重在字音，此则重在字义也

书名	卷数	编纂年代	主撰者	内容提要
明史	三六〇		张廷玉等	是书以王鸿绪《明史》稿为底本,而鸿绪又得之于万斯同者也列正史中。始编于康熙十八年,雍正二年。诏诸臣续葳其事,乾隆四年始告成,四十年左右又以其中考究未详者命刊正之,为新本
通鉴辑览	一一六	三三	傅恒等	以李东阳所修《通鉴纂要》多所舛漏,乃命详考史传定著此编,事赅辞简,条理晰然,在官修书中比较有价值者也
开国方略	三二	三八		记开国以来至顺治入关,编年分述,每多饰肇
平定金川方略	三二	一二	来保等	记征大金川之始末,起于九姓之构衅,讫于郎卡之归命
平定准噶尔方略	一七二	三七	刘统勋等	记西域用兵始末,冠以《御制纪略》一篇,以下三编按年月记载,《前编》五十四卷,述圣祖以来西征事;《正编》八十五卷,述削平伊犁及定回疆事;《续编》三十三卷,述善后事
平定两金川方略	一五二	四一	阿桂等	记金川二次用兵事
临清纪略	一六	三九	舒赫德等	记戡定王伦乱事,伦起事于寿张而被杀于临清,故名
兰州纪略		四六		记戡定番回苏四十三始末,苏倡新教于循化,啸众聚党于河州,其覆败之地则兰州龙尾山也,故名
续通志	六四〇	三二	刘墉、稽璜等	体裁一仍郑樵《二十略》之旧,记宋、辽、金、元、明五朝之事
续文献通考	二五〇	一二	同前	体裁、一仍马端临二十四门之旧而续以宋、辽、金、元、明五朝事
续通典	一四四	三二	同前	门目体例一仍杜佑之旧,惟别兵、刑为二篇,多取材于《通志通考》
皇朝通志	一二六	三二	同前	二十略之目一仍《郑志》,惟无《纪传》《年谱》,故四库著录于"政书类"(《通志》《续通志》皆入"别史类")
皇朝文献通考	三〇〇	一二	同前	别立《群庙考》一门,故列为二十五门。初与《续通考》为一书,嗣以体例互异奏各为编
皇朝通典	一〇〇	三二	同前	门目体例与《续通典》同,专纪清代典章者
国子监志	六二	四三	梁国治等	就《太学志》删定,凡一十五门
历代职官表		四五		每一曹司为一表,以清朝官制为纲,历代官制列于下表,后详述建置,凡今有古无、古有今无与名实同异者并为考证

书名	卷数	编纂年代	主撰者	内容提要
大清会典	一〇〇	二三	允裪、傅恒等	康、雍二修，至是三经考订，踵事加详，凡官制、职掌无不胪载
大清会典则例	一八〇	同前	同前	旧本《会典》以则例散附诸条下，至是分为两编。观于《会典》可知法守之常经，参以《则例》可知变通之大用
大清通礼	四〇	二二	傅恒等	乾隆元年敕撰，越二十一年告成。五礼之次悉本《周官》，条分缕析各以类从
皇朝礼器图式	二八	二四		凡六门：曰《祭器》，曰《仪器》，曰《冠服》，曰《乐器》，曰《卤簿》，曰《武备》。并绘图于右，系说于左
国朝宫史	三六	七		首《训谕》，次《典礼》，次《宫殿》，次《经费》，次《官制》，次《书籍》，禁闱制度一一胪载
满洲祭神祭天典礼	六	四二		录满洲旧制相沿之祀典，凡祭期、祭品、仪注、祝词一一详载
大清律例	四八	五	三泰等	凡《律目》一卷，《诸图》一卷，《服制》一卷，《名例》三卷，《六曹律》三十四卷，《总类》七卷，《比引律条》一卷。盖因三朝旧本而斟酌损益，增入新例一千余条
天禄琳琅书目	一〇	四〇		以经史子集为纲，书则以宋、元、明刊版朝代为次
经史讲义	三一	一四	蒋溥等	乾隆诏翰詹科道轮奏经史讲义，日月积累简编此帙
大清一统志	五〇〇	二九		先是八年纂辑成书，嗣勘定西域金川，拓地甚广而州县并改亦有异同，乃重修是书
满洲源流考	二〇	四二	阿桂等	凡四门：一曰《部族》，述肃慎以下源流分合；二曰《疆域》，附宫室建置古迹；三曰《山川》；四曰《国俗》。附以官制及文字
授时通考	七八	八		凡八门：曰《天时》，曰《土宜》，曰《谷种》，曰《功作》，曰《劝课》，曰《畜聚》，曰《农余》，曰《蚕桑》
医宗金鉴	九〇	四	鄂尔泰等	凡《订正伤寒论》十七卷，《订正金匮要略注》八卷，《删补医方论》八卷，《四脉要诀》一卷，《运气要诀》一卷，《诸科心法要诀》五十一卷，《正骨心法要旨》四卷。并有《图说方论》及《歌诀》
历象考成后编	一〇	二		初世因《历象考成》为《日躔》《月离》二表，然无说明、无算法，因增补成书
仪象考成	三二			凡《玑衡抚辰仪》二卷，《经纬度表》三十卷，皆考究岁差，以定天运

书名	卷数	编纂年代	主撰者	内容提要
协纪辨方书三六	三六	四	允禄等	凡《本原》二卷，《义例》六卷，《立成》《宜忌用事》各一卷，《公规》二卷，《年表》六卷，《月表》十二卷，《日表》一卷，《利用》二卷，《附录》《辨讹》各一卷，尽破术家附会拘泥之说，断以五行生克之理
秘殿珠林	二四	九		始以书画品之涉于仙佛者，自为一书，冠以《四朝宸翰》，次《历代名迹》及《印本刻绣》之类，次《臣工进本》，次《石刻》《木刻》《经典》《语录》《科仪》及《供奉》
石渠宝笈	四四	九		分《书册》《画册》《书画合册》《书卷》《画卷》《书画合卷》《书轴》《画轴》《书画合轴》九类。其《笺数》《尺寸》《款识》《题咏》《印记》《跋尾》与《品评》旨胪载
西清古鉴	四〇	一四		就内府古器绘图，列说体例，虽仿考古诸图，而辨别款识，考证精核，为近来古董家所宗
西清砚谱	二四	四三		凡《陶之属》六卷，《石之属》十五卷，共砚二百，为图四百六十四，《附录》三卷；每砚皆正背二图，亦间及侧面
钱录	一六	一六		所列古钱前十三卷自伏羲至明崇祯，十四卷为《外域》，十五六卷为《吉语》，异钱厌胜诸品
唐宋文醇	五〇	三		初，储欣因茅坤《八家文钞》，益以李翱、孙樵定为十家，至是删除芜杂，定为斯编，各家品评以黄、红、绿、紫诸色别之去取，颇谨严
皇清文颖	一二四	一二		康熙时陈廷敬奉敕纂辑，雍正续修，至是乃勒为此帙
四书文	四一	元	方苞等	以《明化治》为一集，《正嘉》为一集，《隆万》为一集，《启祯》为一集，"清朝之文"自为一集。以清真雅正为宗，盖为科举而发也
唐宋诗醇	四七	一五		于唐取李白、杜甫、白居易、韩愈四家；宋取苏轼、陆游二家。大旨以李杜为正宗，而白之平易近情，韩之奇辟有法，苏之天才超妙，陆之人工精密用为羽翼

此外乾隆年间纂辑之书，属于经部者：若钦定璠译四书，五经（皆

乾隆二十年撰），诗经乐谱全书，乐律正俗（皆乾隆五十三年撰）等；属于史部者：若世宗宪皇帝圣训（五年编），钦定八旗满洲民族通谱（九年撰），皇清职贡图（十六年撰），钦定盘山志（十九年撰），钦定皇舆西域图志（二十七年撰），南巡盛典（三十五年撰），钦定日下旧闻考（三十九年撰），钦定胜朝殉节诸臣录（四十一年撰），钦定蒙古王公功绩表传（四十四年撰），钦定盛京通志（四十四年撰），辽、金、元三史国语解（四十六年撰），钦定明臣奏议（四十六年撰），钦定宗室王公功绩表传（四十六年撰），钦定热河志（四十六年撰），钦定河源纪略（四十七年撰），古今储贰金鉴（四十八年撰），石峰堡纪略（四十九年撰），台湾纪略（五十三年撰），钦定八旬万寿盛典（五十四年撰）等；属于集部者：若乐善堂全集（二十三年编），御制交初集，二集，余集，御制诗初集，二集，三集，四集，五集，余集，钦定千叟宴诗（五十五年撰）等；皆四库著录之书。其余不著录者尚多，兹不具述。（看《清代通史》卷中之一第三十四页）

四、《四库全书》之编纂

吾国类书之缉，由来已久；最古者为秦相国吕不韦辑之《吕氏春秋》一百六十篇，汉淮南王安辑之《淮南子》二十一篇；次为唐虞世南辑之《北堂书钞》一百六十卷，欧阳询辑之《艺文类聚》一百卷；又次为宋李仿等辑之《太平御览》一千卷，王钦若等辑之《册府元龟》一千卷；又次为明解缙等辑之《永乐大典》二万二千九百卷。大抵古代者较简单，愈近愈复杂。康熙年间，编纂《图书集成》，兼收并录，极方策之大观。然所引用诸书，率属因类取裁；势不能书载全文，使阅者沿流溯源，一一征其来处。（看《钦定四库全书总目》卷首《圣谕一》）《永乐大典》采掇搜罗，颇称浩博；然书中别部区函，编韵分字，意在贪多务得，不出类书窠臼；是以踳驳乖离，体例未协。（看《钦定四库全书总目》卷首圣谕三）乾隆年间，学者对于类书不满意，发生一种新要求，间接为编纂《四库全书》之原动力。三十八年，安徽学政朱筠条奏搜辑遗书事宜，中有一条谓"《永乐大典》多古学，世未见者，请开局使阅校"。首相刘统勋力阻其议，谓非为政之要；次相于敏中善其议，固争之。是年二月初六日，核准。派皇子永瑢、永璇、永瑆及宰相刘统勋、于敏中等为总裁，尚书梁国治、曹秀先等为副总裁，尚书德保、周煌等为总阅官，侍郎纪昀、大理寺卿陆锡熊为总纂官，而实际任编纂者为昀与锡熊，二人皆博闻强记，而昀实始终其事。参与馆事者三百五十九人，多海内绩学之士，著名学者任大椿、戴震、邵晋涵、姚鼐、朱筠、翁方纲、王念孙等皆与焉。（看《钦定四库全书总目》卷首开列之在事诸臣职名）其编纂之目的：系将《永乐大典》详细检阅，并将图书集成互为校核；其有实在流传已少，尚可衰缀成编，其书足资启牖后学，广益多闻者，即将书名摘出，撮取著书大旨，叙列目录进呈，候钦定后，汇付剞劂。其有书无可采，而名未可尽没者，只须注出简明节略，以佐流传考订之用，不必将全部付梓。（看《钦定四库全书总目》卷首圣谕二，圣谕三）其采集之原料约分六种：

一、敕撰本　清初奉敕编纂者。约二百余种。

二、内府本　康熙以来宫廷收藏之书籍。存书约二百二十六部，存目约三百六十七部。

三、《永乐大典》本　明成祖时所编，存于翰林院者。辑出存书存目约五百余种，其著名者为旧五代史，续资治通鉴长编，建炎以来系年要录，岭外代答宋朝事实等。

四、各省采进本　最多者为浙江，凡四千五百二十三种，五万六千九百五十五卷，不分卷者约二千九十二册。

五、私人进献本　浙江范懋柱、鲍士恭、汪启淑，两淮马裕所献者最多，各约五百种以上；诏各赏《图书集成》一部。江苏周厚堉、蒋曾莹、浙江吴玉墀、孙仰曾，朝绅黄登贤、纪昀等次之，各在一百种以上。诏各赏初印《佩文韵府》一部。进到之书，誊写以后，仍还本家，俾其子孙世守，以为稽古藏书者劝。

六、通行本　世间流行之书籍。

总上六种。汇成总目，分三等方法处置：

一、应刻　付印者。乾隆三十九年起，以活字版从新排印，命名曰武英殿聚珍版。

二、应钞　由馆臣誊录者。

三、存目　不存其书，只将书中简明节略录出者。其体例分经、史、子、集四一部：

甲、经部　分"易""书""诗""礼""春秋""孝经""五经总义""四书""乐""小学"等十类。

乙、史部　分"正史""编年""纪事本末""别史""杂史""诏令奏议""传记""史钞""载记""时令""地理""职官""政书""目录""史评"等十五类。

丙、子部　分"儒家""兵家""法家""农家""医家""天文算法""术数""艺术""谱录""杂家""类书""小说家""释家""道家"等十四类。

丁、集部　分"楚词"、"别集一"（汉至五代）、"别集二"（北宋）、"别集三"（南宋）、"别集四"（金、元）、"别集五"（明）、"别集六"（清）、"总集"、"诗文评"、"词曲"等十类。

乾隆四十七年正月，全书告成；总计存书三千四百五十七部，七万九千七十卷；存目者六千七百六十六部，九万三千五百五十六卷。每书俱撰有提要，粘贴卷目，将一书原委撮举大凡，并详著人世爵里，使阅者一目了然；汇为一书，名《钦定四库全书总目提要》。又以提要卷帙浩繁，翻阅不易，别刊《四库全书简明目录》一编，只载某书若干卷，某朝某人撰；俾学者先查目录，再查提要，然后再阅原书，可以省去许多检查时间。全书各缮七份，分存于各处：

一、文渊阁　在宫廷内文华殿后，派大学士二人为领阁事，内阁学士四人为直阁事，选文为校理等官，以司典掌之责。

二、文溯阁　在奉天行宫。

三、文津阁　在热河避暑山庄。

四、文源阁　在京西圆明园。

五、文汇阁　在扬州大观堂。

六、文宗阁　在镇江金山寺。

七、文澜阁　在杭州西湖孤山麓。

以上文渊、文溯、文津、文源为内廷四阁，以供御览；文汇、文宗、文澜为江浙三阁，公开阅览，并准借抄。（看《啸亭杂录》卷二三"分书"条）论者谓北方虽有四阁，而士子无观摩机会；南方虽仅三阁，而士子有研究机会；后来江浙文风远在河北以上，此亦原因之一。顺、康、雍以来之文字狱，江浙士大夫罹祸者独多；有此三阁图书，差足以间接偿其损失。其后屡经兵燹，四库之书半遭焚劫，识者慨焉。今列举其结果于下，以供留心国故者参考：

一、文渊阁　今存。

二、文溯阁　今存。

三、文津阁　民国初年，移存京师图书馆。

四、文源阁　咸丰末年，毁于英法联军。

五、文汇阁　咸丰年间，毁于洪杨之乱。

六、文宗阁　咸丰年间，毁于洪杨之乱。

七、文澜阁　洪杨之乱，颇有散失，乱后补抄，非复当年旧帙。今存浙江图书馆。

民国九年，政府议欲影印《四库全书》，嗣以库款支绌，中止。当时曾派国学家陈垣就京师图书馆，实地调查册页确数，以为入手办法。兹录其确数于下以供参考：

部别	架数	函数	册数	页数
经	二〇	九六〇	五四八二	三六三六〇四
史	三二	一五八四	九四七六	六九七二八七
子	二二	一五八四	九〇五五	五六四一六〇
集	二八	二〇一六	一二二六一	六六五八六五
总计	一〇二	六一四四	二六二七五	二二九〇九一六

古今类书表

书名	卷数	成书年代	编辑者姓名
《吕氏春秋》	一百六十篇	战国末年	吕不韦
《淮南子》	二十一篇	西汉	淮南王安
《北堂书钞》	一百六十卷	唐初	虞世南
《艺文类聚》	一百卷	同	欧阳询

书名	卷数	成书年代	编辑者姓名
《太平御览》	一千卷	宋初	李昉等
《册府元龟》	一千卷	北宋	王钦若等
《永乐大典》	二万二千九百卷	明成祖时	解缙等
《渊鉴类函》	四百五十卷	清圣祖时	张英等
《佩文韵府》	四百四十三卷	同	张玉书、陈廷敬等
《图书集成》	一万卷	同	蒋廷锡等

第二十二章

清室衰乱之原因一　内政之腐败

第一节　高宗之怠荒

一、巡游之无度

清室全盛时代，实在高宗之时，然衰亡之机已伏于当日。高宗在位，事事效法圣祖：康熙十二年，诏举山林隐逸；十七年，诏举博学鸿儒；高宗则一开博学鸿词科，二开阳城马周科，三开经学科·，得人之盛，逾于前代。康熙二十五年，下诏购求遗书；自此以后，屡命群臣编纂书籍。乾隆六年，亦命各省督抚学政，采访近世著作，随时进呈；而钦定及御纂书籍之多亦逾于前代。康熙时代，南巡江浙，北巡塞外，东幸盛京，西幸五台。高宗循其旧例，踵事增华，凡南巡江浙者六，东巡山东者五，东幸盛京者三，西巡五台者六，幸河南者一；至于热河避暑，木兰（今热河围场县，本内蒙古喀喇沁敖汉翁牛特诸旗地，清初献以供猎，周一千三百余里，康熙以后诸帝，每岁八月在此行围，是为秋狝）秋狝，近游天津，远谒东陵，车驾时出，纪不胜纪。所过地方，虽亦减免租税，增广学额，优礼耆年，召试文学；而地方有司以办差华美，求工取悦为得计，往往争繁斗丽，夸奢竞靡；供亿烦苛，居民不堪其苦。康熙时，黄河泛滥为灾，故圣祖南巡，亲阅治河及导淮工程，并指授机宜。乾隆时，河决江苏、河南境内者凡二十次，高宗屡次南巡，未尝身临其地，相度形势；乃游金焦，幸苏杭，跸路所经，戏台、彩棚、龙舟、镫舫等物沿途点缀。水行巨舟千百艘，四围皆侍卫武职，役夫乘势逞威，强向人民勒索。舟过扬州，于支港、汊河、桥头、村口各设卡兵，禁民舟出入。计纤道每一里安设站兵三名，令村镇民妇蹐伏瞻仰，于应回避时，令男子退出，不禁妇女。街道尽铺锦毡，周围百十里，露天蒙以绸帐，所费甚巨。命薪炭商供给薪炭，材料山积，顷刻无余。命粪商于沿塘遍置盆盎，上加木盖，备纤夫便溺，每县动置千万；御舟一过，即为役夫所破，鲜有完者；及御舟再经，则重新购置。二者皆名当役。两淮盐商本属富有，捐资修建行宫，一输动至数十万。淮扬道章攀桂司行宫陈设，以镂银丝造吐盂，其举动之奢华类如此。康熙时巡幸各处，每处所费不过一二万金；乾隆时，每处供设至二三十万金不止。合御路所经全体言之，为数不赀。况一而再，再而三，官吏其何以供给，商民其何以捐输耶？（阅《清稗类钞·巡幸类》第六页，第七页）圣祖巡幸五台，相传为谒世祖（参观吴梅村《清凉山赞佛诗》）；高宗则全为娱乐，故供御用之物皆珍品。光绪庚子，两宫西巡，驻跸太原巡抚署；一切御用器具，俱系乾隆时巡幸五台旧物，收藏严密，焕然如新；慈禧太后叹为宫中所未有。（见阮梦桃《啼红惨绿轩杂识》所载《王文韶家书》）圣祖北巡，大率为抚绥蒙古；高宗则半为游观，半为娱乐。巡幸之时，蒙古诸台吉及四十八部盟长例于出哨之后恭进巡宴，习武合欢。有所谓塞宴四事者：一曰诈马，选幼孩竞走也；二曰什榜，番乐也；三曰布库，相扑为戏也；四曰教驰，驯名马也。（阅《清朝野史大观》卷二"塞宴四事"条）每年夏季，避暑热河，设避暑山庄七十二处；圈地数十里，杂置时花，间以亭榭，所费亿万。（阅《清史纪事本来》卷三十五第二页）兹试列乾隆时代巡幸表于下以供参考。

乾隆六年七月，帝奉太后幸木兰行围。自是以后，每年七月畋于木兰，至九月或十一月始还京，岁以为常，兹不具载。

八年九月，奉太后幸兴京（今辽宁东边道兴京县）、盛京（今沈阳县）。十月，还京。

十年七月，奉太后幸多伦诺尔（今察哈尔多伦县）。九月，还京。

十一年七月，奉太后西巡。幸五台山。

十三年二月，奉太后东巡，皇后从行。驻赵北口（属河北任丘县）阅水围；至曲阜，谒孔林；至泰安，诣东岳庙，登岱。三月，还至济南，幸趵突泉、历下亭。还至德州，后暴崩于舟次。（看《清朝野史大观》卷一"孝贤皇后之死"条下）

十五年二月，奉太后西巡，幸五台山。三月，还京。

是年十月，奉太后幸河南，诣中岳庙，登嵩山，驻开封阅兵，幸古吹台。十一月，还京。

十六年正月，奉太后南巡。二月，渡河，阅天妃闸、高家堰，经过淮安，以城北内外皆水，命改建石工以资保障。三月，至杭州，幸观潮楼，阅兵；渡钱塘江，祭禹陵；还驻杭州，召试诸生，赐谢墉等三人举人，授内阁中书。还至江宁，祭明陵，阅兵，召试诸生，赐蒋雍等五人举人，授内阁中书。四月，还至泰安，祀东岳。五月，还京。

二十一年二月，东巡，谒孔林。三月，还京。

二十二年正月，奉太后南巡。二月，幸苏州、杭州；免江浙三省民欠及直隶、山东、江南境内经过地方额赋十分之三。三月，还至江宁。四月，还至曲阜，释奠孔庙，遂还京。

是年五月，幸热河避暑，木兰行围。九月还京。自是以后，岁以为常。

二十六年二月，奉太后西巡，幸五台山。三月，至正定，阅兵，至平阳淀，行猎；遂还京。

二十七年正月，奉太后南巡。二月，至镇江，阅兵，幸焦山。免江浙三省节年缓征及未完地丁各项，经过地方免额赋十分之三。三月，至浙，临海宁，阅海塘，幸观潮楼，阅福建水师。四月，还至河，命庄亲王胤禄等奉太后由水路回京。帝登陆，至徐州、阅河，至曲阜，谒孔林；至泰安，祭岱庙。五月，还京。

三十年正月，奉太后南巡。闰二月，至苏州、杭州；命修筑海宁石塘。蠲免额赋如前。皇后乌喇纳拉氏忤旨，剪发。三月，还幸焦山，驻江宁。四月，还京。

三十二年二月，幸天津。三月，还京。

三十五年三月，奉太后谒陵，幸天津。寻还京。

三十六年二月，奉太后东巡。三月，谒岱庙，登泰山，谒孔林。四月，还京。

四十一年二月，奉太后东巡。三月，登泰山，谒孔林。赐山东等省召试诸生黄道畟等三人举人，举人窦汝翼等二人内阁中书。四月，还京。

四十三年七月，幸盛京。八月，还京。

四十五年二月，南巡，幸焦山、苏州。三月，至海宁观潮，幸尖山，至杭州，还至江宁，召试举人汪履基，诸生召光复等，赐以内阁中书，举人等有差。五月，还京。

四十六年二月，西巡，幸五台。三月，还京。

四十八年八月，幸盛京。九月，还京。

四十九年正月，南巡。二月，至曲阜，谒孔林。三月，幸金山、焦山、苏州、海宁、尖山、杭州；仍还苏州。五月，还幸江宁，遂还京。

五十一年二月，西巡，幸五台。三月，还京。

五十三年二月，幸天津，寻还京。

五十五年二月，东巡，至泰安，登岱；至曲阜，谒孔林。五月，还京。

五十七年，西巡，幸五台。

五十九年三月，幸天津。四月，还京。当时朝臣中尽有呼号阻驾，力请回銮者，然一经抗论，严谴随之：编修杭世骏疏论时事，中有谓"巡幸所至，有司一意奉承，其流弊皆及于百姓"。帝大怒，命置重典；侍郎观保力救，乃免其官，放归田里。侍郎尹会一视学江苏还，奏言"上两次南巡，民间疾苦，怨声载道"。严谕诘之曰："汝谓民间疾苦，试指出何人疾苦？怨声载道，试指明何人怨言？"坐谪戍。侍读学士纪昀尝从容为上言："东南财力竭矣，上当思所以救济之。"

上怒，叱之曰："朕以汝文学尚优，故使领四库书馆，实不过以倡优蓄之，汝何敢妄谈国事？"内阁学士尹壮图疏言："督抚藉词办差，勒派属吏，遂致仓库亏耗，民间蹙额兴叹。"上大怒，诏问："蹙额兴叹，究属何人？"壮图回奏："系下吏怨及督抚，小民怨及牧令。"上怒稍解，命革职。自是以后，朝臣皆缄口结舌，以求容身保位，无复有为民请命者矣。

乾隆时代黄河决口表（录《清代通史》卷中之一原表）

江苏境内			河南境内		
年月	决口处	何时合龙	年月	决口处	何时合龙
七年七月	铜山石林口等处	本年十二月	十六年六月	阳武十三堡	十七年正月
十年七月	阜宁陈家浦	本年十月	二十六年七月	杨桥等处	本年十一月
十五年六月	清河豆班集	本年七月	四十三年七月	仪封等处	四十五年二月
十八年八月	张家马路	本年十二月	十四十五年七月	考城五堡芝麻庄	本年八月
十九年八月	孙家集	二十一年十月	同年同月	张家油房	本年十二月
三十一年八月	韩家堂	本年十月	四十六年七月	焦桥	本年本月
三十八年八月	陈家道口	本年十月	同年同月	青龙岗	四十八年三月
三十九年八月	老坝口	本年九月	四十九年八月	睢州	本年十一月
四十五年六月	睢宁郭家渡	本年九月	五十二年六月	睢州十三堡	本年十月
四十六年六月	魏家庄	本年八月			
五十年七月	李家庄	本年十月			

二、万寿庆典与千叟宴

乾隆十六年十一月二十五日，太后万寿，由西华门至西直门外之高梁桥，经棚剧场相属于道。各省供奉皆穷极工巧，尤以广东、湖北、浙江三省为最钜丽：广东贡翡翠亭，高三丈余，广可二丈，悉以孔雀尾为之。湖北贡黄鹤楼，形制悉仿真者，惟规模稍小；重楼三层，千门万户，不用一土一木，惟以五色玻璃砖砌成；日光照之，辉映数里。浙江贡镜湖亭，以大圆镜一，径可二丈许，嵌诸藻井之上；四围以小圆镜数万，鳞砌成墙垣。人入其中，一身可化百亿，真奇观也。（阅《春冰室野乘》第七页"乾隆朝万寿庆典之盛"条）二十六年十一月，太后七旬万寿，帝以后喜江南风景，于京西万寿寺傍造屋，仿江南式，市尘坊巷备具，长至数里，奉銮舆往来游行，名曰苏州街。（看《啸亭杂录》卷一"苏州街条"，《清史纪事本末》卷三十五第二页）

圆明园福海之东有同乐园，每岁赐诸臣观剧于此。每新年，园中设有买卖街，凡古玩、估衣以及酒肆、茶馆无不备，甚至携小筐售瓜子者亦备焉。各大臣入园买物，或集酒馆、饭肆哺啜；帝过肆门，闻走堂者呼菜，店小二报账，司账者核算，众音杂遝，纷然并作；帝每顾而乐之。（看《清朝野史大观》卷一"同乐园买卖街"条，《清史纪事本末》卷三十五第二页）

康熙五十二年癸巳，圣祖六旬，开千叟宴予乾清宫，预宴者一千九百余人。乾隆二十六年辛巳，高宗五旬，开千叟宴于乾清宫，预宴者三千九百余人，各赐鸠杖。嘉庆元年丙辰春，高宗八十六，内禅礼成，开千叟宴于皇极殿，六十以上预宴者五千九百余人。百岁老民以十数计，皆赐酒联句。（看《啸亭续录》卷一"千叟宴"条，《清稗类钞》第三册《恩遇类》第五十四页）

三、微行与色荒

世宗好微行，欲以侦察官吏贤否，人民状况；高宗亦尝微行，则多纵色欲矣。京师有妓曰三姑娘者，所与狎皆贵人，声气通官禁，达官显宦奔走钻营，仰其鼻息者，户限为穿。九门提督以私怨下令驱逐诸妓，限一日全出境，违者逮捕治罪。诸乐户纷纷远移，独三姑娘若无事者。提督以责属官，属官实告曰："伊待出令者来也。"提督怒，亲率缇骑捕之；时已夜半，缇骑破扉入，闻三姑娘与狎客将眠矣。提督挥军，欲入房中搜索；三姑娘徐起，隔窗问："何事如此汹汹？若

惊贵人，谁敢担其罪耶？"呼人出止之，且曰："有凭信在此，但持去
阅之，自能觉悟，幸勿悔猛浪也！"提督得纸观之，玺文朱墨，上书：
"尔姑去，明日自有旨！钦此。"提督大惊，踉跄而归。（看《清代野叟秘
记》，《清代声色志》卷下"三姑娘"条）

都察院笔帖式觉罗炳成者，满洲老名士也，为清肇祖都督孟特穆
之后，家世贵显，熟于宫中掌故（看《清代野记》卷下"满洲老名士"条）。尝
言回部灭时，俘回酋之妃（按《东华录》原文，乾隆二十五年正月，将军兆惠函送霍
集占首级；二十八年三月，巴达克山素勒坦沙献出博罗尼都尸骸并伊妻子；则此妃当为博罗尼
都妻。炳成谓为霍集占妻，误，今改正）至京师，下刑部狱。妃有绝色，帝夙知
之。一日夜半，直班提牢司员将寝矣，忽传内庭有朱谕出，命内监二
人提叛妇某氏。司员大骇曰："司员位卑，向无直接奉上谕之例；况
已夜半，设开封有变，且奈何？谁任其咎者？"内监大肆咆哮，提牢
吏曰："无已，飞马请示满正堂可耳。"乃命吏驰马抵满尚书宅，尚书
立起，随至部，验朱谕无误；遂命开锁，提叛妇出，至署外，则二监
已备车久候矣。次日，召见大臣，满尚书将有言；帝知其意，即强颜
曰："回酋屡抗王师，致劳我兵力，实属罪大恶极；我已将其妇糟蹋
了。"言毕大笑。嗣封为妃，妃思乡井，尝郁郁不乐；帝于皇城外建
回回营以媚之，一切居庐风俗服用皆使回人为之，特编二佐领以统其
众。又于皇城内建宝月楼（今为南海正门）为妃之梳妆楼，高亘墙外，俾
得望见回回营，以慰其思乡之念。（看《清代野记》卷上"糟蹋回妇"条）

乾隆十三年三月，孝贤纯皇后富察氏暴崩于德州舟次，说者谓帝
纵欲败度，因与后口角，逼后坠水。（看《清史稿后妃传》，《清朝野史大观》卷
一，《清代轶闻》第二册"孝贤皇后之死"条）进贵妃乌喇纳拉氏为皇贵妃，摄
六宫事。十六年，立为皇后。三十年，从幸杭州。忤旨，后剪发，
三十一年七月崩，命丧仪视皇妃礼。（看《清史稿后妃传》，《清代轶闻》第二册，
《清朝野史大观》卷一"纳兰后为尼"条，《啸亭杂录》卷六"阿可寇"条）说者谓后英毅
有智略，而才色稍逊，帝颇严惮之。乾隆中叶以后，帝自喜功高，渐
怡情于声色，后时谏诤。帝固好名，初亦容之；继乃由厌倦生恶怒，
辄以他故拒谏，后不能平。帝苦宫闱森严，后又执祖宗家法相责备，
无以免其烦，因作狎邪游。所眷妓曰三姑娘者，为后之叔父某提督所

逐，帝疑为后所嗾使；适后闻而力谏，遂益恶之。帝南巡，后请从，未许；后强附太后以行。入山东境，帝忽思管仲设女闾三百事；小太监某知上意所在，至济南，征名妓四五十人至御舟奏技，留最丽者六人侍寝。后知之，中夜起坐，作一谏草；薄明，直入御舟。时帝方拥妓酣眠，见后薄怒，立命左右挟之出。后正色力诤，持谏草跪不肯起。帝览其奏，过于切直，大怒，起批后颊，掷其疏于地，命宫监曳之出。后大呼列祖列宗者三，帝命速幽之。太后左袒帝，命小监送后入某庵，后乃削发皈依净土（参看《清代野叟秘记》）。对于结发者犹如此，他可知矣。

高宗怠荒表

一、巡游之无度	南巡江浙者六，东巡山东者五，东幸盛京者三，西巡五台者六，幸河南者一。木兰秋狝，自乾隆六年以后，每年七月举行。热河避暑，自乾隆二十二年以后，每年五月举行。其余近游天津，远谒东陵等事甚多，不能备载。
二、万寿庆典	乾隆十六年十一月二十五日，太后六旬万寿；二十六年十一月二十五日，太后七旬万寿；皆广收四方贡献，盛行铺张。
三、千叟宴	乾隆二十六年辛巳，高宗五旬，开千叟宴于乾清宫，预宴者三千九百余人。嘉庆元年丙辰春，高宗八十六，内禅礼成，开千叟宴于皇极殿，六十以上预宴者五千九百余人。
四、色荒	甲、三姑娘；乙、香妃；丙、乾隆十三年三月，孝贤纯皇后富察氏暴崩于德州舟次疑案；丁、三十年，皇后乌喇纳拉氏忤旨剪发事件。

第二节　和珅之乱政

乾隆初年，大学士鄂尔泰、张廷玉以先朝军机大臣，同受顾命辅政。二人久居政府，位重有功，帝眷甚厚，群臣依附者众，浸成门户之见。高宗恶之，事无大小悉由独断，廷玉虽二十年旧相（廷玉以雍正四年入阁，七年入军机，乾隆十四年致任，为宰相二十四年），仅以谨慎自将，传写谕旨为尽职。乾隆十年，鄂尔泰卒，大学士讷亲以贵戚世臣辅政。十三年，讷亲以经略金川失律伏诛；十四年，廷玉致仕。大学士傅恒以贵戚（孝贤纯皇后富察氏胞弟，高宗内弟）任军机大臣领班，辅政，直军机处二十三年（十一年至三十五年），以勤慎得上眷；敬礼士大夫，翼后进使尽其才，行军与士卒同甘苦，帝尤贤之；三十五年，以劳瘁卒。大学士尹继善、刘统勋、刘纶以军机大臣辅政。尹继善久任封疆，颇以汲引人才为务；毅而能扰，机牙四应，凡盘错事他人不能了者，上辄以命之；所理大狱，不妄戮一人。统勋久居朝堂，强直清节，遇事敢谏；料事识人，能洞鉴其将来；居相位二十二年，十七年至三十八年朝廷倚之如股肱。纶器度端凝，不见有喜愠色；直军机二十年（十五年正月至十六年九月，十八年八月至二十一年四月，二十三年正月至三十年正月，三十二年三月至三十八年六月），以清俭自持。三十六年四月，尹继善卒；三十八年六月，纶卒；十一月，统勋卒。大学士于敏中、舒赫德以军机大臣辅政。舒赫德老成端重，夙夜在公，不事家人生产，四十二年，卒。敏中遂专国政。敏中柔佞，居政府二十年（二十五年至四十四年），内则结纳宦官，窥伺帝之举动，先事希旨；外则交结疆吏，黩缘舞弊；树党植货，略无顾忌（看《啸亭杂录》卷六，《清代轶闻》第一册第六十七页"于文襄之敏"条）。四十四年十二月，敏中卒；大学士阿桂以元勋上公，任军机大臣领班，辅政。阿桂屡将大军，知人善任，开诚布公，能得士卒死力，谋定而后动，故战无不胜；为宰相二十五年（二十八年正月至三十年闰二月，四十一年四月至嘉庆二年八月），能持平举大体，不肯枉法以徇上意。是时上年高倦勤，嬖人和珅有宠，四十一年三月，先阿桂一月入政府；阿桂虽为首辅，屡奉敕赴各省督师，治河，赈灾，谳狱，久劳于外，席不暇暖；于是政府实权遂入于和珅手。和珅者，正红旗满洲人，乾隆三十四年，以文生员袭三等轻车都尉。三十七年，挑补粘竿处侍卫；以奏对称旨，荐擢御前侍卫，授副都统。四十一年，授户部侍郎，在军机大臣上行走；旋授总管内务府大臣，兼任步军统领。四十五年，擢户部尚书，御前大臣，领侍卫内大臣，兼都统；其子丰绅殷德指尚十公主。四十九年，协办大学士；五十一年，授大学士；在政府二十四年（乾隆四十一年至嘉庆四年），权势熏灼。性敏给，遇事机牙四应，善揣人主喜怒，一时向用之专殆无其匹；达官贵人咸奔走其门，鬻爵卖官，招权纳贿；每值珅下值时，朝士伺立道左，惟恐或后；时人称其宅前为补子胡同。督抚司道畏其倾陷，不得不辇货都门，结为奥援。当时方面大员，如山东巡抚国泰、甘肃布政使王亶望等，赃款累累，屡兴大狱；侵吞公款，钞没赀产，动至数十百万。其始诸人皆和珅之党，迨罪状败露，和珅不能为力，则亦相率伏法。然诛殛愈众，贪风愈炽，或且揣惴焉惧罗法网，益图攘夺剥削，多行贿赂，隐为自全之地；故乾隆中叶以后，墨吏独多（看《庸庵笔记》卷三"入相奇缘"条）。和珅宠眷既隆，出入内廷，遇所好之物，径取之出，不复关白。四方贡南献，辄以上者入坤第，次者入宫中（看《清朝野史大观》卷六"和珅之贪黩"条）。其家人差役亦到处招摇，横行无忌。乾隆四十五年，步军统领衙门差役杜成德等为暴于山东，博山知县武亿捕而杖之；大吏劾奏亿，和珅请免亿官。五十一年，御史曹锡宝奏："和珅家人刘全服用奢侈，器具完美，恐有借端撞索情事；应密行侦访，严加惩创。"时上方在热河，命留京王大臣查办；王大臣多有为和珅地者，锡宝遂得罪，革职留任（看《国朝先正事略》卷二十一《钱南园通副事略》）。五十八年，两淮盐运使柴桢以挪移商人盐课银二十二万两，补填前在浙江盐道任内亏空案伏诛；录其簿书，中有"馈福公金一千两"语；实系馈尚书福长安者。和珅与浙江巡抚福崧有隙，嗾其私人两淮盐政戴全德坐赃于福崧；逮至京。中途赐死（看《清史纪事本末》卷三十四第一页，《啸亭续录》卷二，《清朝野史大观》卷六"吴雅中丞"条）。左都御史窦光鼐性伉直，尝发和珅私事，和深衔之。六十年会试，光鼐为正总裁，会元王以铻、亚元王以衔，皆浙人，兄弟也；和珅在上前指出，上疑其有弊，命大臣复试，罚停以铻殿试，夺光鼐职，与副总裁同交部议处。阅八日，进呈殿试前十名卷；拆视弥封，第一名乃以衔也；乃不深究（阅《清朝野史大观》卷六"兄弟同榜"条）。仁宗嘉庆元年，御史谢振定巡视东城，有乘违制车招摇过市者，询之则和珅妾弟，其人怙势横甚，振定痛杖之，焚其车于通衢。事闻。诏振定指实；则车已焚，无左验，坐免官（看《国朝先正事略》卷二十一《钱南园通副事略》）。朝野士大夫无敢与之抗者，和珅益得以窃弄威福，甚至行文各省，令凡有摺奏，先具副封白军机处，然后上闻（看《清朝野史大观》卷六"入相奇缘"条）。又以阿桂与己不合，阿桂在朝，则办事多不在军机，而自移于他处。御史钱澧疏论之，上下诏饬责，命澧稽查军机处。和珅忌澧，凡军机劳苦事多委之，以劳瘁卒（看《国朝先正事略》卷二十一《钱南园通副事略》）。每预文字之役，忮刻特甚；凡得卷非其属意者，先视笔误挖补处抉去之；其无笔误者，则吹毛求疵，以指甲深划之；与诸大臣会同阅卷，和珅辄专决取舍（阅《清朝野史大观》卷六"和珅忮刻"条）。乾隆六十年，立皇十五子嘉亲王颙琰为皇太子。次年正月，帝传位于太子，太子即位，是为仁宗，改元嘉庆。尊帝为太上皇帝，仍总万机。和珅自居拥戴功，骄恣益甚；外而封疆大吏，领兵大员，内而各部院翰詹科道大小臣工，顺其意则立荣显，稍露风采，折挫随之。专政既久，吏治益坏，卒酿成川楚教匪之变。和珅更任意稽压军报，授意各路将帅，虚张功级以邀奖叙；而已亦得封公爵。又于核算报销时勒索重贿，以致将帅不得不侵克军饷；教匪乘之，蔓延几不可收拾（看《清朝野史大观》卷六"入相奇缘"条）。嘉庆四年正月，太上皇崩，御史广兴、郑葆鸿，给事中广泰、王念孙等交章劾和珅罪状，诏革职逮问；旋赐死，籍其家；金玉珠宝之多逾于大内（阅《庸庵笔记》卷三，《清朝野史大观》卷三"查抄和珅家产清单"、卷六"和珅之家财"条）。

第三节 官吏之贪黩

高宗即位之初，提督鄂善、山西学政喀尔钦相继以受贿伏诛，然官吏苞苴请托之习迄未能革。乾隆十三年，浙江总督喀尔吉善奏劾巡抚常安贪婪。问实，论绞（看《清鉴易知录》正编八第十二页）。二十二年，山西布政使蒋洲（原任大学士廷锡之子）亏帑二万余金，勒派通省属员弥补。事发，论斩（看《清鉴易知录》正编九第七页，《清朝野史大观》卷六"记蒋洲"条）。三十五年，贵州巡抚良卿以执法贪赃伏法，其子发往伊犁，给厄鲁特为奴（看《清鉴易知录》正编十第四页）。四十五年，云贵总督李侍亮以贪纵营私，革职拿问（看《清鉴易知录》正编十第十一页）。然此皆未兴大狱者，其兴大狱者尚多，兹略举于下以供参考。

一、两淮盐引案

乾隆三十三年，尤拔世任两淮盐政，风闻盐商积弊，居奇索贿，未遂。乃奏言："上年普福奏请预提戊子三十三年纲引，仍令每引缴银三两以备公用，共缴贮库银二十七万八千有奇。普福任内所办玉器古玩等项，共动支过银八万五千余两；其余见存十九万余两，请交内府查收。"朝廷以此项银两，历任盐政并未奏闻，私行支用；检查户部档案，亦无造报派用文册；且自乾隆十一年提引后，二十年来，银数已过千余万，其中显有蒙混欺蚀情弊；密派江苏巡抚彰宝会同拔世清查。旋据彰宝等查复：节年预行提引，历任盐政运使等均有营私侵蚀等弊，其数共约一千一百余万。乃革运使赵之璧职，逮前任盐政高恒、普福，运使卢见曾下狱，处绞；历任运使何煟、吴嗣爵等降级调任有差。现任两江总督高晋，前任总督尹继善均以不能觉察，交部严加议处。（看《东华录·乾隆朝卷》六十七、六十八）

二、甘肃捏灾冒赈侵蚀监粮案

甘肃地瘠民贫，布政使王亶望怂恿总督勒尔谨，奏请开捐监生，积粮备荒。一面勾通全省地方官吏，折收银两，以低价勒买民间粮食。又将各属县灾赈，历年捏开分数，侵冒监粮逾数十万。亶望升任浙江巡抚，布政使王廷赞踵其辙。四十六年，甘肃回民作乱，廷赞奏缴积存廉俸四万两以资兵饷；亶望亦捐银五千两，办理浙省海塘工程。上以甘省地方瘠薄、何以藩司金称美缺？廷赞仅任甘省藩司，何以家计充裕？若云有营私贪黩之事，何以声名甚好？亶望在甘省藩司任内，亦未闻其勒索属员；何以到浙未久，即能坐拥厚赀？因思甘省收捐监粮，其中必有私收折色，多得平余情弊。是年五月，诏钦差大臣大学士阿桂、署陕甘总督李侍尧严密访查，尽得诸情弊。诛亶望，赐勒尔谨死，廷赞处绞；甘肃全省现任及前任府州县官吏，侵冒赈银至二万以上者处斩立决，二万两以下者处斩监候；死者自首府蒋全迪，首县程栋以下凡二十余人，其余分别情罪轻重，充军、监禁者四十余人；而诏书屡云"不为已甚去已甚"，则当时犯罪者之实数尚

不止此数也。（看《东华录·乾隆朝卷》九十三、九十四）

三、国泰勒索属员亏空库款案

国泰者，和珅私人，乾隆四十三年，任山东巡抚（看《清史稿·疆吏年表六》），贪纵营私，勒派所属州县，亏帑数十万；各州县效之，每处亏款多者亦至数万，全省共亏款约二百万。布政使于易简（原任大学士，敏中之弟）与国泰朋比为奸，纵情攫贿。四十七年四月，御史钱沣上疏劾之，诏和珅与左都御史刘墉前往查办，令沣从行。沣不俟和珅，先数日行，微服止良乡。见干仆乘良马过，索夫役其张；迹之，则和珅遣往山东赍信者也。沣详审其貌，未几，仆还，沣路遇之；搜其身，得国泰私书，具言借款填库备查等事，中多隐语，立奏之。和珅极力交欢沣，沣谢却之，知不可以私干，又谋已泄，不便回复；乃具实奏闻。（看《国朝先正事略》卷二十一《钱南园通副事略》）诏赐国泰、易简死，前任济南知府吕尔昌、冯埏经手勒索，前任按察使叶佩荪，现任按察使梁肯堂同城密迩，未能早日陈奏；国泰之兄国霖遣使为其弟送信，均逮问，降革治罪有差。各州县亏款者，从宽留任，令其上紧弥补。（看《东华录·乾隆朝卷》九十五）

四、陈辉祖查抄王亶望家财抽换抵兑案

王亶望在甘藩、浙抚任内时，屡次贡献器物，宫廷只收数件，余俱发还。亶望得罪，诏浙闽总督兼管浙江巡抚事陈辉祖（协办大学士大受之子）查抄其任所赀财，发还之物无一存者；上疑其不实不尽。四十七年七月，诏新任布政使盛住密查。旋据盛住奏：升任粮道王站住首先随同抄籍，有将金易银，挪掩情弊。诏大学士阿桂、侍郎福长安往查。旋查出辉祖与前任布政使国栋通同舞弊，以银易金，隐匿玉器，抽换朝珠；前任布政使李封，按察使陈淮、王果知情不举；知府王士瀚、杨仁誉经手检查、代造伪册；知县杨先仪、张翥代交铺户、买银卖金等情弊。诏赐辉祖死，国栋、王士瀚、杨仁誉拟斩监候，杨先仪、张翥发往新疆，充当苦差；李封、陈淮革

职，发往河南，在河工上效力赎罪；王果免官。（看《东华录·乾隆朝卷》九十七）此外若浙闽总督富勒浑纵容家丁殷士俊、李士荣关通婪索，营私舞弊案（五十一年事，见《东华录·乾隆朝卷》一百三、一百四），闽浙总督伍拉纳，福建巡抚浦霖（看《啸亭杂录》卷一"诛伍拉纳"条），前任总督富勒浑，雅德婪索盐务陋规，属员馈送，赃累钜万，以致通省仓库钱粮亏空案等（六十年事，见《东华录·乾隆朝卷》一百二十），皆侵渔至数十百万；上自督抚，下至胥吏，合通一气。一省如此，他省效尤，已经发觉者如此其多，未经发觉者更不知凡几。甚至全省亏空，令官吏赔补，则桀骜者更以快其饕餮之私，清廉者不得不望属员之助，吏风益坏，国势益偷，小民益苦，而乱机乃潜伏于下矣。（阅《东华录·乾隆朝卷》一百十二十一月上谕宣布之尹壮图奏）

乾隆时代贪吏表

贪吏姓名	告发人姓名	论罪之年月	罪状	处刑
提督鄂善	御史仲永檀	乾隆六年正月	受俞姓贿银一万两	赐死
山西学政喀尔钦	御史	同年七月	贿卖生童，纵仆营私，违禁渔色	正法
浙江巡抚常安	浙江总督喀尔吉	十三年二月	贪婪	论绞
山西布政使蒋洲	军机大臣会奏	二十二年十一月	亏帑二万余金，勒派通省属员弥补。	论斩
前两淮盐政高恒、普福，前两淮盐运使卢见曾。	两淮盐政尤拔世	三十三年	自乾隆十一年后，预提纲引，仍令每引缴银三两以备公用，二十二年来，其数共约一千一百余万。	论绞
贵州巡抚良卿		三十五年正月	执法婪赃	伏法
云贵总督李侍尧		四十五年正月	贪纵营私	斩监侯后奉特赦
陕甘总督勒尔谨，布政使王亶望、王廷赞以下数十人	上自觉察	四十六年五月	捏灾冒赈，侵蚀监粮	赐勒尔谨死，诛亶望，廷赞处绞，其余处死刑者二十余人，监禁者四十余人

贪吏姓名	告发人姓名	论罪之年月	罪状	处刑
山东巡抚国泰，布政使于易简	御史钱沣	四十七年四月	勒索属员，亏空库款	赐死。同官坐降革者数人
浙闽总督陈辉祖	上自觉察	同年七月	查抄王亶望家财抽换抵兑	赐辉祖死，同官坐降革充发及斩监候者九人
浙闽总督富勒浑		五十一年	纵容家丁关通婪索，营私舞弊	
浙闽总督伍拉纳，福建巡抚浦霖，前总督富勒浑，雅德		六十年	婪索盐务陋规，属员馈送，赃累巨万	

第四节 吏治之败坏

官吏既贪黩，吏治自败坏，此当然之因果。乾隆盛时，法严令行，然吏治固未能极端整饬；及和珅当国，吏治乃愈不可问矣。二十八年，大学士刘统勋奉命查勘河南杨桥漫工，河吏以刍茭不给为辞，月余事未集。统勋微行河干，见乡民舆送刍茭者，大小车凡数百辆，皆弛装困卧，有泣者；问之，则主者索贿未遂，置而不收也。即令缚主者至，数其罪，将斩之；巡抚为固请，乃杖而荷校以徇。薪刍一夕收立尽，逾月工遂竟（看《清史稿·列传八十九》，《春冰室野乘·大臣微行条》，《清朝野史大观》卷六"刘文正塞杨桥决口"条）。五十一年，朝廷因浙江州县仓库亏空，特派大学士阿桂，户部尚书曹文埴，刑部侍郎姜晟，工部侍郎伊龄阿等先后驰往查办（据《清史稿·部院大臣年表三》），留伊龄阿为巡抚，而密诏学政窦光鼐据实陈奏。光鼐严劾平阳（旧属处州府，今属瓯海道）知县黄梅借弥补仓库为名，科敛肥囊，赃款累累。命阿桂等查复，则谓并无其事；伊龄阿又诬光鼐以种种罪状，诏褫光鼐职，逮问。诏未到杭，伊龄阿先遣人监视学政衙署；忽有归安诸生王以衔、王以镆兄弟，以门生投刺来谒，脱留棉袄一件而去。光鼐拆视其中，则皆黄梅勒捐之田单印票，图书收帖二千余张，光鼐大喜过望，因奏："黄梅以弥补亏空为名，在任捐钱，户给官印田单一张。在任八年，侵赃二十余万。"因将田单印票图书收帖各检一纸呈递。上谓："凡事可伪，而官印与私记不可伪；且断不能造至二千余张之多。况字帖俱有业户花名排号，确凿可据。"因命光鼐同阿桂往审讯，尽得实状；诛黄梅，伊龄阿与前抚福崧革职，阿桂等交部议处（看《清朝野史大观》卷三《浙江州县仓库亏款案》）。五十八年，宗室长麟巡抚浙江，闻仁和令有贪墨声，乃微行访察之。一夕遇令于途，问何适？以巡夜对。麟曰："时仅二鼓，出巡无乃太早；盍从我行乎？"乃悉屏从人，徐步入一酒肆，据坐沽饮。问酒家迩来得利何如？对曰："利甚微，重以官司科派，动多亏本。"问："汝一细民，科派胡以及汝？"酒家颦蹙曰："父母官（指县令）爱财如命，不论茶坊酒肆，每月悉征常例。蠹役假虎威，且取盈焉。小民何以聊生！"因历述令之害民者十余事。麟略饮数杯，付酒钱出；笑谓令曰："小人言多已甚，我不轻听，汝亦勿怒也。此时正好微巡，盍分道行矣。"令去，麟复返至酒家，叩门求宿。夜半，剥啄声甚厉，启视，则里胥县役持朱签来拘卖酒者。麟出应曰："我店东也。"役拘麟与酒家同至县署，令一见大骇，免冠叩首。麟升座，索其印去（看《春冰室野乘·大臣微行条》）。乾隆末年，海盗渠魁某横行浙江洋面，崇明副将杨天相擒之，江南提督陈大用飞章入告，仓猝未会两江总督衔。总督某（按《清史稿·疆臣年表二》，乾隆五十二年以后，书麟任总督最久，苏凌阿，福宁亦曾任之，未详为何人）耄而贪，衔大用独奏，思有以中之。有旨命总督审明正法，盗以十万金贿总督，竟以诬良为盗定案；出盗于狱。杀天相于海口，戍大用军台；提协两标兵俱击鼓呼冤，愿罢伍归农，几酿大变。上海民为天相焚纸钱，灰如山积。逾年，盗诣山东巡抚衙门自首，巡抚不欲兴大狱，诛盗而讳其事（看《清代轶闻》卷一"杨天相之冤狱"条）。

　　是时和珅贪横于内，福康安豪纵于外，督抚习为奢侈，致库藏空虚。五十五年十一月，内阁学士尹壮图还自云南（省亲归），上疏其言其事，语侵和珅。珅怒，请令壮图盘查各省仓库，而令侍郎庆成监之；举动辄为成掣肘，无由察实，反劾壮图妄言。帝大怒，革壮图职；于是终高宗世，无复敢言和珅者。（看《东华录·乾隆朝卷》一百十二、卷一百十三，《清朝野史大观》卷六"尹阁学"条，《清史纪事本末》卷三十四第一页）

第五节　军官之豪侈

当时军官豪侈，酿成风气，诸将帅皆然，而以福康安为尤甚。福康安以贤相傅恒之子，孝贤纯皇后之侄，其兄福灵安、福隆安，弟福长安皆尚主；福灵安早卒，福隆安、福长安俱以尚书充军机大臣。福康安少贵，不知稼穑之艰难。初以副都统从定西将军阿桂征金川，有功，超封三等嘉勇男。自是以后，出将入相杖钺专征二十年，高宗奇宠之，每战辄妙选人才以为之佐，而以福康安尸元帅之名。功成以后，福康安膺上赏，而诸将帅反居其次（看《清朝野史大观》卷三"福文襄被异数有十三"条）。其征甘肃石峰堡叛回也，大学士阿桂为将军，福康安与领侍卫内大臣海兰察为参赞。乱平以后，阿桂由一等诚谋英勇公加一轻车都尉，海兰察由一等超勇侯加一骑都尉，福康安则由二等嘉勇男超封一等嘉勇侯（看《清史稿·诸臣封爵世表》，《圣武记》卷七《国朝甘肃再征叛回记》，《满汉大臣列传》卷三十《福康安传》）。其征台湾逆匪林爽文也，福康安为将军，海兰察及台湾总兵升任福建陆路提督，义勇伯柴大纪为参赞。功成以后，福康安超封一等公，海兰察则仅晋封二等公，柴大纪则以守诸罗，功高，朝廷待之恩礼厚，又以出迎将军时，不执橐鞬之仪，为福康安所嫉，诬以罪，逮至京，弃市（看《清史稿·诸臣封爵世表》，《圣武记》卷八《乾隆三定台湾记》，《福康安传》）。其征廓尔喀也，福康安为将军，海兰察以参赞领前锋，屡战屡胜，福康安志得意满，不听海兰察持重之谋，自将大军轻进，为敌所乘，败绩；赖海兰察以后队应援，始免全败。及廓尔喀请和，诸将班师，福康安进号忠锐嘉勇公，加一轻车都尉，海兰察仅晋封一等公。其生平战绩皆恃海兰察，海兰察又为其征金川时故帅（征金川时，海为参赞，福为领队大臣），故极力周旋之；海兰察亦顾全朝廷大体，不与计较功勋高下，甘居其下（看《清史稿·本纪十四》，《清朝野史大观》卷六"福康安周旋海兰察"条）。其征湖南叛苗也，时海兰察已卒，福康安及和珅之弟四川总督和琳为帅。督七省官兵，与苗相持一年余，专以招抚为策。降苗受官弁者百余人，月给盐粮银者数万人，旋抚旋叛。朝廷焦劳，日盼捷书，晋封福康安忠锐嘉勇贝子，旋以病卒于军，赠郡王；追封其父傅恒为郡王，照宗室例，使其子袭贝勒，孙袭贝子，曾孙袭镇国公，减至未入八分公止，世袭罔替（看《圣武记》卷七《乾隆湖贵征苗记》，《福康安传》）。其人既系贵胄出身，性情豪华奢侈，富于纨裤习气：其用兵时，大军所过，地方官供给动逾数万。福康安既至，则笙歌一片，彻旦通宵。又善歌昆曲，每驻节辄手操鼓板，引吭高唱；虽前敌开仗，血肉横飞，而袅袅之声犹未绝（看《清稗类钞》第二十四册豪侈类"福康安享用之豪"条）。征台湾凯旋时，自二衢（浙江故衢州府）方舟下严陵（浙江故严州府），江（由富春江下钱塘江）舟设重楼，陈百戏，中军鼓吹竞作，从官舟衔舳舻，并两岸直下，军容之盛为史策所未有（看《清朝野史大观》卷六"嘉勇贝子"条）。其督两广时（乾隆五十四年），寄书湖北按察使李天培，索购材木；巡漕御史和琳劾之，下诏诘责，罚俸（《看福康安传》）。尝过九江，召匠剃发；其奏刀簌簌如风，令人如不觉。剃毕，命赏五十金去。剃发匠出告人曰："吾生平为人剃发多矣，无如此之难者！"盖福康安剃发时，坐卧任意，又倏忽转侧，一不留意，则易致伤损，深惧获罪也（看《清朝野史大观》卷六"剃发"条）。出行坐轿，用轿夫三十二名，分四班更替执役，轿行若飞。日驰百里。其出师督阵亦坐轿，轿夫每人须良马四匹，凡更役时辄骑马随从。轿夫皆壮狡者，颇暴横，骚扰民间。征廓尔喀时，强入良民家，攫妇女钗珥；巡视都司徐斐诃禁之，其党伍捽徐下马，痛殴之，冠服皆裂。随营成都知府姚令仪捕轿夫，杖毙之以示众；福康安怒，撤令仪差。时令仪已保升川东道，摺已缮，并寝其摺（看《清朝野史大观》卷六"姚令仪轿夫及福康安舆夫之横暴"条）。其西征时，声势赫弈，所经州县以办差不善登白简者不一而足（看《清朝野史大观》卷六"陬邑办差"条）。凯旋以后，户部书吏索其军需报销部费，上刺请见，贺喜求赏。福康安大怒，厉声诘问，对曰："索费非所敢，但用款多至数千万，册籍太多，必多添书手，日夜迅办，数月之间全行具奏；上方赏功成，必一喜而定。若无巨资，就本有之人分案陆续题达，非三数年不能了事；今日所奏乃西军报销，明日所奏又西军报销，上意厌倦，必干诘责；物议因而乘之，必兴大狱。此乃为中堂计，非为各胥计也。"福康安大悦，遂饬粮台与以二百万。其司阍奴亦分得门包十万（看《清朝野史大观》卷六"部吏口才"条）。其征苗也，令总兵花连布结一营当大营前以御贼，悉以剿事委之；而日置酒高会，或杂以歌舞。花连布昼夜巡徼，饥不及食，倦不及寝。苗人知福康安不愿战，乃兽骇豕突，或一日数至；花连布竭力堵御，贼退始敢告福康安知。如此百昼夜，须发尽白；而卒不能成功（看《啸亭杂录》卷八，《清朝野史大观》卷六"花老虎"条）。其人本非将帅才，高宗以宠爱之故，必欲王之；因绌于家法，乃令其攘阃外之功，以为分封之基础。嘉庆年间，屡下诏追责福康安滥费（看《福康安传》），然军营习惯已成，不能改。

　　当时军需固皆发帑，无加赋，而州县吏私派之弊实不能免，边省尤甚。乾隆征缅之役，调满洲、索伦兵各五千，每站夫马倍给雇价，然多供有司浸润，民间不沾实惠。赵翼《檐曝杂记》曰"镇安府（今广西田南道天保县）应兵夫马，皆民间按田均派，每粮银一两科至六两余。因藩库例不先发，令有司垫办；有司亦令民垫办，俟差事毕始给；及差毕而给否，莫敢过问矣。至黔苗应徭役，一家出夫，则数家助之；故夫役尤多"云云。此皆令典所无，甚有军需告竣，而已加之费更不肯减，遂沿为成例，逐年征收；非积久，发愤上控不能裁革。乾隆时代犹如此，嘉、道以后更可知矣。（看《圣武记》卷十一《武事余记·兵制兵饷》）

第六节　财政之虚耗

　　顺治初年，除明季三饷（辽饷、练饷、剿饷），而东南各省尚未入版图，大兵四出，供亿钜万。顺治八九年间，岁入额赋仅一千四百八十五万，而诸路兵饷岁需一千三百余万，加以官俸各费二百余万，计岁出一千五百七十三万四千；出浮于入者八十七万五千有奇。十三年以后，增饷至二千万，嗣又增至二千四百万，除存留款项外，仅入额赋一千九百六十万；缺饷额至四百万，而各项经费犹不入焉。世祖终不稍加一赋，惟躬节俭，汰冗员、冗费，且蠲赈岁书，悉取给于节省之余。此见大学士张玉书所述者如此。

康熙初年，三藩作乱，云、贵、川、湖、闽、粤、陕、浙、江西各省变动，天下财赋复去三分之一。开捐例三载，仅入二百万，则其时海内之歉啬可知。今见于方略者，若裁节冗费，改折漕贡，量增盐课杂税，稽查隐漏田赋，核减军需报销，亦皆所裨无几。而其时领兵将帅，藉夫马、舟船、器械、刍茭为名，需索苛派；甚至辇金置产，隔省购妾，无一不达上听；则其供亿之浩繁又可知（看《圣武记》卷十一《武事余记·兵制兵饷》）。帝政尚宽，自元年至四十四年，所免钱粮共九千万有奇；五十一年，又免地丁银三千三百万有奇；自准部兵事暂定以后，海内承平，国库贮存逐渐增加，至四十八年，户部库存银达五千余万两（见吴熊光《伊江笔记》）。晚年兵事再起，库银需用殆尽，所存者仅八百万两而已。

世宗即位，承圣祖疏节阔目之后，命怡亲王允祥、尚书隆科多、大学士白潢、左都御史朱轼等设立会考府。命各省督抚严查历年亏空，限三年以内填补。更进而讲求增加收入之法，兹将其最著者列下以供参考。

一、火耗归公　火耗之制始于明，于正税之外加征几分，以为官吏经手费。清初屡设厉禁，而实际仍不能止。康熙时，朝廷默许一分，然有加至二三钱者。雍正二年，山西布政使高成龄奏请耗羡归公，用以充官吏之养廉，许之。自是地方公费胥取给于火耗，国家减一重大担负。

二、常例捐输　康熙时开捐，三年间所得不过二百万两，所捐知县达五百人。雍正初年，西北用兵，复开捐例，至末叶每年收入可达三百万云。

三、增收盐课　顺治初年，每年盐税仅五六十万两，末年，渐增至二百万两；康熙中，增至三百万两；乾隆时，增至七百余万两；雍正时代之收数可以比例推知。

四、整顿关税　清初，关税入款官吏任意侵蚀，每年不过四百余万两。雍正时，着意清理，每年增加一倍有奇。

世宗躬行节俭，整饬吏治，及其末年，库存见银达六千余万两。西北两路用兵，动支大半；乾隆初年，库存不过二千四百余万两。（据阿桂疏）

高宗好大喜功，在位时代，四方用兵，威力所及，西南至廓尔喀，东北至库页岛；军费所需，历代无比。乾隆十二年，金川事起，军费银七百七十五万两；十九年至二十五年，平定准回，军费银二千三百十一万两；三十一年至三十四年，前后二次征缅甸，军费银九百十一万两；三十六年至四十二年，第二次征金川，军费银六千三百七十万两；五十一年至五十二年，征台湾，军费银米千余万（福建本省先用九十三万两，邻省拨五百四十万两，又续拨二百万两；本省用米三十万石，邻省拨米一百一十万石，加以运脚，约共千余万）；五十二年至五十三年，征安南，军费银百余万两，加以五十五年至五十七年征廓尔喀之役，共用军费约一万二千万两以上。以当时国库收入每年仅三千余万两比例推之，岁出之额不为不巨。然当承平日久之后，又加以雍正时代整理财政之结果，民殷物阜（看《清代通史》卷中之二，第一篇第四章第二十五《中衰之原因四》），四十一年，诏称库存六千余万；四十六年，诏称库存增至七千八百万；且普免天下钱粮四次，普免七省漕粮二次，巡幸江南六次，共计又不下二万万两；而五十一年诏书，仍称库存七千余万两（看《圣武记》卷十一《武事余记·兵制兵饷》）；是为清朝库岁极富时代。高宗自恃充裕，任情挥霍，大兵大役征调频繁，颇难为继。乾隆十年，梁诗正任户部尚书，疏言：“每岁天下租赋，除官兵俸饷各项经费外，惟余二百余万；实不足备水旱兵戈之用。今虽府库充盈，乞皇上以节俭为要，勿兴土木之工，黩武之师，庶以持盈保泰。”（看《清史稿列传》卷九十《梁诗正传》，《啸亭杂录》卷八“舒梁阿三公远见”条）上不能用。

先是雍正年间，定制直省绿营官亲丁名粮：提督八十分，总兵六十分，副将三十分，参将二十分，均马步各半；都司十分，守备八分，千总五分，把总四分，均马一步四；此武官应得之虚粮也。乾隆四十七年，诏以：“即位之初，户库贮银不及三千万两，今已增至七千八百万两；尚何不足而不散财藏富？近今各省兵丁赏恤红白银约四十万，准作正项开销，无庸裁扣。又京师增兵四千九百余，陕甘增兵万二千九百余，其马步粮饷约计五十万；共计二项，岁支尚不及百万。至各省武职名粮马乾等项，其即挑补实额，别设养廉，岁支亦不及二百万。庶官员既无拮据，而各省复增兵力。"大学士阿桂上疏争之曰："国家经费有常，若岁增额三百万，核计二十余年，即须用七千万。水旱军需，事所常有，请酌增滇、黔、川、广边省之兵，其腹地无庸概增实额。"旋经户部驳议，谓："每年度支约余银五百余万两，今即增费三百万，尚岁余二百万；一切开支尚属裕如。"于是增兵额六万，岁增饷银三百万两；而营伍积习相沿，仍属有名无实，缺额依然。嘉庆十八年，户部尚书英和奏言："武职名粮岁增百万，三十余年即三千余万，请敕下部臣详查，酌量裁减。"诏从之，然卒不能仍复原数，遂为清室财政上之一大漏卮。

嘉庆初年，川楚军需逾万万两，以屡次开捐所收七千余万两（嘉庆六年工赈例收银七百余万两，九年衡工例收银一千一百二十余万两，十一年捐输例收银七百余万两，十三年土方例收银三百余万两，十五年续增土方例收银三百五十九万两，川楚善后例收银三千余万两，豫东例收银七百五十余万两）抵之，尚不及新疆、金川两次之数。乃嘉、道两朝，撙节倍昔，而司农告绌者，其原因复有二端：

一、宗禄之增加　顺治初，宗室从龙入关者二千余人，道光中叶，增至三万余人，岁縻廪禄数百万。

二、民欠之增加　康熙五十年至雍正四年，民欠地丁银八百十三万两，每年平均仅欠六十万两。道光年间，钱粮奏销七成以上得免考成，每年拖欠不下二百万，有亏于官，蚀于胥吏者，亦有欠于民者，皆冀十年恩免一次；不数年复积千余万。（看《圣武记》卷十一《武事余记·兵制兵饷》）

顺治时代岁入岁出表

年代	岁入	岁出	出浮于人
八九年间	一千四百八十五万	兵饷一千三百余万，官俸各费二百余万，共一千五百七十三万四千	八十八万四千
十三年以后	一千九百六十万兵	饷二千万至二千四百万	缺饷二百万，各项经费犹未算入

康熙初年整理财政表	雍正时代整理财政表
一、裁节冗费	一、火耗归公
二、改折漕贡	二、常例捐输
三、量增盐课杂税	三、增收盐课
四、稽查隐漏田赋	四、整顿关税
五、核减军需报销	

有清盛时免征钱粮表

年代	所免钱粮数
康熙元年至四十四年	免钱粮共九千万有奇
同五十一年	免地丁银三千三百万有奇
乾隆时	普免天下钱粮四次普免七省漕粮二次

有清盛时库存银数表

年代	库存银数	原因
康熙四十八年	五千余万两	准部定后，海内承平已久，库存逐渐增加
同晚年	八百万两	兵事再起，库银需用殆尽
雍正末年	六千余万两	世宗躬行节俭，整饬吏治
乾隆初年	二千四百余万两	西北两路用兵，动支大半
同四十一年	六千余万两	承平日久，民殷物阜
同四十六年	七千七百万两	同
同五十一年	七千余万两	同

有清前半期捐输岁入表

年代	数目	年代	数目

康熙时	三年间所得不过二百万两	雍正末年	每年收入三百万两
嘉庆六年	工赈例收银七百余万两	嘉庆九年	衡工例收银一千一百二十余万两
同十一年	捐输例收银七百余万两	同十三年	土方例收银三百余万两
同十五年	续增土方例收银三百五十九万两	又	川楚善后例收银三千余万两
又	豫东例收银七百五十余万两		

有清前半期盐课岁入表

年代	数目	年代	数目
顺治初年	每年五六十万两	顺治末年	每年二百万两
康熙中	每年三百万两	乾隆时	每年七百余万两

乾隆时代军费表

年代	战役	费银
十二年	第一次金川之役	七百七十五万两
十九年至二十五年	平定准回	二千三百十一万两
三十一年至三十四年	前后二次征缅甸	九百十一万两
三十六年至四十六年	第二次金川之役	六千三百七十万两
五十一年至五十二年	征台湾	银米千余万两石
五十二年至五十三年	征安南	百余万两
五十五年至五十七年	征廓尔喀	未详

雍乾年间绿营官亲丁名粮表

提督八十分，总兵六十分，副将三十分，参将二十分，均马步各半。
都司十分，守备八分，千总五分，把总四分，均马一步回。

嘉、道两朝财政困难原因表

一、宗禄增加　顺治初，宗室二千余人。道光中叶，增至三万人，岁糜廪禄数百万。
二、民欠增加　康熙五十年至雍正四年，民欠地丁银八百十三万两，每年平均仅欠六十万两。道光年间，钱粮奏销七成以上得免考成，每年拖欠不下二百万两。

第七节 八旗生计之困难

清室初入关时，京师禁旅与各省驻防旗兵合计约二十万人。旗人受王府之命，四方经商，或以出卖人参为名，骚扰地方，甚招汉民反感。政府为维持风化计，禁止旗人经营商业。从此满汉分居，汉人得安其农、工、商贾之业者二百余年（看《清朝全史》第三册第五十章《满洲八旗之不长于生产》）。说者谓降臣洪承畴实建以汉人养旗人，不令旗人营生计之策（看《清代轶闻》卷二"洪承畴有功汉族"条），又谓降臣金之俊建议，凡旗人不得经营商业，王公不得私离京城（看《清朝野史大观》卷三"金之俊限制满洲法"条），其事迹然否？疑莫能明也。旗兵既受朝廷优待，月给银，岁给米，饷糈颇厚；余丁亦给与腴田，使之耕种；国家有典礼时，必沐恩赐；且时常与以特别补助。吴三桂平后，朝廷发帑银五百六十万两，代旗兵偿积负（看《圣武记》卷二《康熙戡定三藩记》）。康熙四十二年，设官库于各旗，由户部拨银六百五十五万两为官库资本，使各旗大臣管理之，以为救济旗人之用；同时又免欠纳租银数百万两。然而大多数旗人受政府豢养已久，盲于生产事业。据雍正五年谕旨云："从前先帝轸念兵士战功，为其偿还债务，发帑金五百四十万两。一家平均赐给数百两；然未闻置有何等产业，一二年间，荡然无余。其后先帝又赐六百五十余万两，亦如前次立即用尽。朕即位以来，八旗兵丁，每回赐给三十五六万，已有数次；不待十日，又悉妄用。此库银非百姓之膏脂乎？彼等将来若不改恶习，虽加以恩惠，终于无益。"（看《清朝全史》第三册第五十章《生计困难之二因》）同时并下诏书：禁止八旗人员销毁制钱，制造器皿；禁止滥制衣服（看《东华录·雍正卷》十五年正月上谕）。高宗亦谓"彼等金钱入手，径赴市上滥买绸缎，不知爱惜。一般兵士常先借一年之俸饷，至次年又借半年，以为习惯。此旗人生计所以益陷于困穷也"云云。（看《清朝全史》第三册第五十章《生计困难之二因》）

八旗生计困难之原因：固由于不善节俭，抑亦生齿浩繁所致。世祖时，京师八旗定额甲士八万，圣祖时，增为十二万。一甲之丁，积久而为数十丁，数百丁，非复一甲之粮所能赡。计八旗丁册：乾隆初年已数十万，道光末年至数百万；而所圈近京五百里之旗地，大半尽典于民；政府出资赎回旗丁屯卫田，官佃收租，津贴疲丁，岁不下数十百万两。赎回旗人旧圈田，归官收租，于岁终分赏旗兵一月钱粮，约岁需银三十八万两（看《圣武记》卷十一《兵制兵饷》）。聚数百万不士、不农、不工、不商、不兵、不民之人于京师，而莫为之所，虽竭海内之正供不足以赡。世宗有见及此，议移旗入于东三省，终未实行。乾隆中叶已患人满，舒赫德、梁诗正（看《清史稿·列传九十》）、孙嘉淦、张芳桂、沈起元诸臣先后上疏。或言"盛京、宁古塔、黑龙江沃壤数千里，仅为牧场闲田，请移八旗散丁数万屯东三省，以实旧都而还淳朴，分京师生齿之繁"。或言"独石口外七十里之红城子，再百里之开平，即元上都地；襟山带河，城塘犹在，膏腴不下数万顷。张家口外七十余里之兴和城（今察哈尔张北县），又西百余里之新平城（当系今兴和县），川原广沃，更胜开平；可耕之地亦不下数万顷。请移满兵万人分驻四处，屯垦牧猎"。又言"在京旗人情愿下乡种地者，将畿内八旗公产及赎回旗产，每人给种一二百亩。其汉军罢仕，情愿在外成家者，许其呈明置买田产，听地方官吏约束"。或请"改省城守营驻防"。或请"听闲散汉军出旗"。诸臣条奏，有未准行者，有准行而下未奉行者，有奉行而终无成效者（看《圣武记》卷十四《军储篇四》）。乾隆六年，采用梁诗正议，先以八旗余丁三千人，分派于拉林（河名，发源于吉林滨江道摩天岭，流经五常、双城等县，入松花江。河中流北岸有拉林城，在双城县境内）、阿勒楚喀（河名，发源于吉林滨江道长寿县帽儿山，下流经阿城、滨江等县，入松花江。中流南岸有阿勒楚喀城，今为阿城县）二地。此二处土地肥饶，交通便利，可以经营农业。政府给银为治装费，沿途供给车马川资，到屯后给与房屋、田地、资本与牛、犁、种子；计一户支出费银百余两，总共费银数万两。乃屯田之始，旗人即无意永住，仍以放荡为生活；阅时未久，即盗卖田地于汉人，陆续逃回京师。高宗大怒，命逮捕逃丁，加以惩治；然卒未能实行（看《清朝全史》第三册第五十章《京营八旗移住之议》）。于是八旗生计问题遂迁延至今未能解决。

八旗生计困难原因表

一、政府功令，禁止旗人经商。
二、旗人受政府优待，不劳而获厚饷，故浪费特甚。
三、旗人游手好闲已久，不愿务农，故屯田不能成功。

有清盛时救济旗人生计表

一、吴三桂平后，朝廷发帑银五百六十万两，代旗兵偿积负。
二、康熙四十二年，设官库于各旗，由户部拨银六百五十万两为官库资本，以为救济旗人之用。
三、同时免旗人欠纳租银数百万两。
四、世宗即位以后，每回赐给八旗兵丁三十五六万两，凡数次。
五、同时禁止八旗人员销毁制钱，制造器皿，滥制衣服。
六、乾隆年间，政府出资赎回旗丁屯卫田，官佃收租，津贴疲丁，岁不下数十百万两。赎回旗人旧圈田，归官收租，于岁终分赏旗兵一月钱粮，约岁需银三十八万两。
七、乾隆六年，分派八旗余丁三千人。在拉林、阿勒楚喀屯田，官给房屋、田地、资本与牛、犁、种子；计一户支出费银百余两；总共费银数万两。

乾隆年间诸臣筹划旗人生计计划表

一、请移八旗散丁数万屯田东三省。
二、请移满兵万人屯田于独石口外之红城子、开平；张家口外之兴和城，新平城。
三、凡在京旗人有愿下乡种地者，请将畿内八旗公产及赎回旗产，每人给种一二百亩。其汉军罢仕，情愿在外成家者，许其呈明置买田产。
四、改各省城守营驻防。
五、听闲散汉军出旗。

第八节　八旗满人之汉化

　　自来文化较低之民族与文化较高之民族杂居时，例被同化。满汉杂居，当然不能外此例。满人同化于汉族，本一种向上心理之表示，乃可庆之事，非可忧之事。然以少数征服之满族与多数被征服之汉族杂居，国民性沦亡，民族自归于消灭，主权亦不能保守；清室列祖列宗深忧之，乃设种种方法，以防止满人被同化。雍正二年，吉林地方官赵殿最奏请于该地建造太庙，设立学校，教满汉子弟读书应考。帝览之，不悦；下诏却其奏（看《清朝全史》第二册第四十二章"满洲国俗渐坏"条）。清朝初入关时，王大臣无不挽强善射，国语纯熟。居久渐染汉习，多骄逸自安。高宗知其弊，凡射不中法者，立加斥责；或命为贱役以辱之。乡会试必先试弓马合格，然后许入场；故勋旧子弟熟习弓马。尝谓近臣曰："周以稼穑开基，国朝以弧矢定天下，何可一日废武。"满洲旧旗有命名如汉人，或译国姓为汉姓者，帝深鄙之；亦深恐忘本故也（看《啸亭杂录》卷一，《清朝野史大观》卷二"不忘本"条）。明将军亮为孝贤纯皇后犹子，少时尝入闱乡试；高宗偶问其从父大学士傅恒，"汝家有与试者无？"傅恒以实对。上曰："世家子弟何必与文士争名？"擢明亮蓝翎侍卫，命从征西域；明亮甫出闱，即匆匆就道（看《啸亭续录》卷一，《清朝野史大观》卷六"明参政"条）。后立功金川，又平定川、湖、陕教匪，为乾、嘉间名将。然同化力之强为汉族特色，周之獯鬻、犷狁，春秋时代之山戎、北狄，秦汉时代之匈奴，三国两晋南北朝时代之鲜卑，唐之突厥、回纥、沙陀，宋之契丹、女真、蒙古，凡北方民族侵入中国，与汉族杂居者，无一不被汉族同化；八旗子弟当然不能外此例。抑所谓八旗子弟者，本一极驳杂之团体，其中有黑龙江之蛮人，有豆满江之野人，有栖息于松花江上流地方深林中之女真人，行猎于嫩江流域之达瑚尔人及索伦人，概冠以新旧满洲之名称。有在尼布楚俘归俄国捕虏百余名，亦编一佐领，列入旗籍。此外有蒙古八旗，汉军八旗。汉军本汉族降人，无所谓被同化。满、蒙旗人本无固有之宗教道德伦理，足以维持其民族思想；一旦杂居中国内地，凡典章、制度、语言、文字以及衣食住等一切风俗习惯无一不摹仿汉族，日久自然同化；康、雍、乾三代虽设法极力防止，然终归于无效。乾、嘉以后之满洲皇室，不过寄居中国本部一客体而已（看《清朝全史》第二册第四十二章"满洲国俗渐坏"条）。

　　嘉庆元年二月，镶黄旗都统查出该旗汉军秀女内有缠足者，衣袖宽大，竟如汉人装饰；诏各旗严行晓示禁止。道光十八年，复下诏谓："近来旗人妇女，往往衣袖宽大，甚至一事不可为，而其费亦数倍于前。

至仿效汉人缠足，尤属违制。此等恶习，于国俗人心关系甚钜。著八旗都统、副都统等随时详查，一经查出，即将家长指名参奏，照违制例治罪。倘仍复因循从事，不能实力奉行，定将该都统等一并严惩，决不宽贷。"然习俗已成，迄不能改。

清室防止满人汉化表

一、雍正二年，吉林地方官赵殿最奏请于该地建造太庙，设立学校，教满汉子弟读书，诏不许。
二、高宗提倡骑射，凡八旗人员射不中法者，立加斥责。
三、高宗禁止满人命名如汉人，译国姓为汉姓。
四、高宗禁止世家子弟入乡闱，与文士争名。
五、仁宗禁止汉军秀女缠足，衣袖宽大。
六、宣宗重申禁止八旗妇女缠足及衣袖宽大。

第二十三章

清室衰乱之原因二　汉族之反动

第一节　明末遗民文字之鼓吹与清廷对于汉族学者之压制

汉族本位思想始于上古之时，汉人自称曰华，曰夏，而称四围民族为蛮、夷、戎、狄，即此种思想之表示也。南北朝时，南谓北为索虏，北谓南为岛夷；蒙古勃兴，称汉人为蛮子，汉人称蒙人为鞑子，亦此种思想之表示也。有清初年，满洲以少数未开化民族入主中国，汉族当然发生反感。一班仁人志士竞起义师，反抗清廷，为汉族争人格；家破身亡，终不少悔。少数孑遗之遗老，或逃窜山僻，或混迹闾阎，或避地异域，著书立说，发为不平之鸣，以文字鼓吹排满。余姚黄宗羲，明天启朝御史忠端公尊素之子，南京陷后，屡起义兵，偕钱肃乐、张煌言等抗清师，濒于九死。明亡，始绝意国事，奉母乡居。著述甚多，有《明夷待访录》一书：其中《原君》一篇反对帝王专制，《原臣》一篇划清臣子义务。昆山顾炎武，江南世家，昆山城陷，其母抗节死。炎武奔走南北，通观形势，阴结豪杰以图复明。半世生涯，大半消磨于旅行中。既而知事不可为，乃绝意进取；定居陕西华阴，专以著述为事。著有《日知录》《天下郡国利病书》《帝王宅京记》《肇域志》等书，以寄托其耿耿之志；其惟一之目的在唤醒汉人，使知行己有耻，实事求是。衡阳王夫之，曾助瞿式耜抗清兵，明亡，不肯剃发，转徙苗瑶山洞中，终身不出。著述甚多，其《读通鉴论》中有云："即使桓温辈功成而篡，犹胜戴异族以为中国主。"余姚朱之瑜，明宗室，隐居不仕。南京陷后，起义兵抗清师，奔走国事十五年，明亡，走日本乞师，遂不返。日人待以宾师之礼，所著《舜水文集》中有《阳九述略》一篇，内分致虏之由，虏祸，灭虏之策等条，末题"明孤臣朱之瑜泣血稽颡谨述"（阅梁启超《近三百年学术史》）。降臣钱谦益（江南常熟人，福王礼部尚书，顺治二年迎降，三年引疾归）著有《初学集》《有学集》二诗集，指斥满人语甚多，以剃发及国语两事为最伙。其文集中有《赠愚山子序》一篇，中有云："九州十道并为禹迹，燕代迆北杂处戎胡，厥后茹血衣毛，奄有中土，肃慎孤竹，咸事翦除，皆马国之杂种，幽冀之部落。"又有《一匡辨》一篇，排斥满人甚烈（看《春冰室野乘·钱牧斋诗案条》）。此外若《戴名世山南集》《吕留良文集》，皆反对满人。清廷以强力镇压之，顺、康、雍、乾四朝，叠兴文字狱，康熙五十二年，杀戴名世（看本编第九章第五节）；雍正十年，戮吕留良尸（看本编第十二章，第三节）；乾隆三十四年，毁钱谦益集（看《贰臣传》卷十本传），又以购求遗书为名，广搜野史、诗集、文集之关于指斥者，一律销毁。乾隆三十九年八月，谕两江、浙闽、两广、湖广各省督抚，遴派妥员，检查藏书之家。四十一年，据江西巡抚海成奏，"各属搜买以及民间缴呈应毁禁书，前后共有八千余部"之多。自乾隆三十九年至四十七年，据兵部所报：天下销毁之书，共二十四次，五百三十八种，凡一万三千八百六十二部。五十七年，复严谕各督抚云："江西、江苏、浙江等省份较大，素称人文之渊薮，民间书籍繁多；所以不能禁绝者，皆由督抚等视为等闲耳。"（看《清代通史》卷中第一章《五书籍之颁禁》）则当时施行之严厉可知，而遗老之著述，有关于前朝遗事之纪载，或眷怀故国，反对蛮夷猾夏之诗文集，俱付之一炬矣。

清初排满著作表

著作者	书名
黄宗羲	《明夷待访录》
顾炎武	《日知录》《天下郡国利病书》《帝王宅京记》《肇域志》
王夫之	《读通鉴论》《宋论》
朱之瑜	《阳九述略》
钱谦益	《初学集》《有学集》《赠愚山子序》《一匡辨》
戴名世	《南山集》
吕留良	《晚村文集》

第二节　满汉待遇之不平

以上原因为时势所造成，非清廷本意；然而有清对待汉族，颇有伤感情者，即满汉待遇不平等是也。朝廷大吏参用满汉，汉人则任重而品低，满人则位尊而权重。清初内阁大学士满汉各半，满人一品，汉人二品；雍正初，并定为正一品，然首相必用满人；虽汉相位重年尊，然列衔例在首席满相之下；至光绪年间，李鸿章始一破例。军机大臣亦如此，其领班者为事实上之首相，照例用亲王或满大学士充之；汉大学士充军机大臣者，虽资深望重，然列衔例在领班满大学士下也。六部尚书及都察院左都御史：旧制满员一品，汉员二品；侍郎，满员二品，汉员三品。雍正八年，满汉尚书都御史俱定为从一品，侍郎从二品；然满员掌印，汉员主稿，终有清一代如此；满员权力重，汉员义务重也。内阁学士、中书，各部司员、翰、詹、科、道及各寺堂司各官，或满汉同数，或满多于汉。宗人府、内务府、理藩院等衙门，大体皆满缺，无汉缺也（偶有一二汉缺非重要位置也）。外官：巡抚以下间用汉人，总督则不多觏也。武官：将军、都统、副都统以下旗营将官皆用满人，提督、总兵以下绿营将官始参用汉人也。故有清一代民政、财政、军政大权皆在满大员手，汉大员仅听指挥，供奔走之役（看《清史稿·职官志》《大学士年表》《军机大臣年表》《部院年表》《疆臣年表》）。

惟满人中既少治平之才，复多贪黩之辈，是以为政窳败，其弊亦甚著。顺、康之时，有侃侃直陈时务，以申论满汉偏见之不当者：马世俊殿试策有云："唐贞观时，天子问山东关中同异；而其大臣曰：'王者以天下为家，不宜示同异于天下。'裴度既平蔡，即用蔡人为牙兵；而曰：'蔡人即吾人。'今天下遐迩倾心，车书同轨，而犹分满人、汉人之名，恐亦非全盛之世所宜也。"储方庆殿试策有云："今日三公九卿，为陛下之疑丞辅弼者，莫不并列满汉之名。督抚大臣，则多寄于满人，而汉人十无二三焉。……陛下既为天下主，即当收天下才，供天下用；一有偏重于其间，臣恐汉人有所顾忌，而不敢尽忠于朝廷；满人又有所凭藉，而无以取信于天下矣。"（看周寿昌《思益堂日札》卷五）朝廷不能用。乾隆八年，考选御史，试时务策，编修杭世骏对策中有云："意见不可先设，畛域不可太分。满洲贤才虽多，较之汉人仅十之三四；天下巡抚尚满汉参半，总督则汉人无一焉，何内满而外汉也？"上大怒，革世骏职。（参阅本编第二十一章第二节）

朝廷有大征讨，往往以满员充仗钺秉旄之任，而以汉员服冲锋陷阵之劳；及其成功，则满员以元帅资格受上赏，汉员以偏将资格居其下。平滇之役，勇略将军赵良栋为首功；及论功行赏，则抚远大将军图海封三等公，平南大将军赉塔追封一等公，良栋仅封一等子，乾隆时始追封一等伯也（看《国朝先正事略》卷二《图文襄公事略》，卷五《赉襄毅公事略》，卷十一《赵襄忠公事略》，《啸亭杂录》卷五"赵勇略"条）。平青海之役，奋威将军岳钟琪为首功；及论功行赏，则抚远大将军年羹尧（汉军镶黄旗人，湖北巡抚遐龄之子，左都御史希尧之弟，世宗敦肃皇贵妃年氏之兄也）封一等公，加一精奇尼哈番（后改为子爵），钟琪仅封三等公也（看《清史稿》卷八十二《年羹尧传》，卷八十三《岳钟琪传》）。第一次征金川之役，四川提督岳钟琪为首功；及论功行赏，则经略傅恒（满洲壤黄旗人，户部尚书米思翰之孙，察哈尔总管李荣保之子，孝贤纯皇后之弟也）封一等忠勇公，钟琪仅复三等威信公也（看《清史稿》卷八十三《岳钟琪传》，卷八十八《傅恒传》）。凡同等战功，照例满员赏厚，汉员赏薄。乾隆湖贵征苗之役，福康安、和琳以七省官军，当铜仁、永绥、乾州、凤凰数县之苗，劳师糜饷年余，卒以招抚政策，敷衍了事；及论功行赏，则福康安由一等忠锐嘉勇公晋封贝子，追赠郡王，子袭贝勒，孙袭贝子，曾孙袭镇国公，世袭罔替；和琳封一等宣勇伯，追封一等宣勇公；都统额勒登保封威勇侯，将军明亮封襄勇伯，护勇统领德楞泰封继勇子，何其优也！（看《国朝先正事略》卷二十二《福文襄公事略》《额忠毅公事略》《德壮果公事略》，《圣武记》卷七《乾隆湖贵征苗记》）及苗人再叛，地方长官力不能讨，中央困于川楚陕白莲教匪之乱，亦无力顾及；凤凰厅同知傅鼐用坚壁清野策，练乡勇数千，驱策熟苗以攻生苗，经营十年，苗疆大定，朝廷未出一兵，未折一矢，坐收苗疆千里之地；及论功行赏，仅补𪸩辰沅永靖兵备道，加按察使衔，又何其薄也！（看《国朝先正事略》卷二十三《傅廉访事略》，《圣武记》卷七《嘉庆湖贵征苗记》）川湖陕教匪之役，经略勒保、额勒登保、参赞德楞泰，倚知县刘清、乡勇罗思举、桂涵之力以成功；及论功行赏，额勒登保封一等威勇侯，德楞泰封一等继勇侯，勒保封一等威勤伯；而刘清仅擢四川按察使，旋以勒保弹劾，降补刑部员外郎；罗思举仅擢太平协副将，桂涵仅擢夔州协副将也（看《清史稿》卷三十一《勒保、额勒登保、德楞泰传》，卷三十四《罗思举传》，《国朝先正事略》卷二十三《刘天一方伯事略》，《圣武记》卷九、卷十《嘉庆川湖陕靖寇记》）。道光重定回疆之役，将军长龄以恢复西四城，擒张格尔功，封二等威勇公，赏不为不优；同治西征之役，钦差大臣左宗棠平定陕甘二省回匪，恢复天山南北路，论功行赏，仅由一等恪靖伯晋封二等恪靖侯，赏又何其薄也！（看《国朝先正事略》卷二十二《长文襄公事略》《中兴名臣事略》、卷五《左文襄公事略》）石峰堡之役，朝廷发大兵恢复一城，福康安以参赞封一等嘉勇侯，赏何其优（看《圣武记》卷七《国朝甘肃再征叛回记》）。太平天国之乱，钦差大臣曾国藩以自练之湘军，与部将李鸿章所练之淮军，保障东南十余省，剪灭太平天国，亦仅封一等毅勇侯，赏又何其薄也！（看《中兴名臣事略》卷一《曾文正公事略》）乾隆三定台湾之役，福康安有功而公，柴大纪有功而戮（看《清史列传》中《福康安传》《柴大纪传》）。嘉庆平定川湖陕教匪之役，战时乡勇居前，绿营汉兵次之，旗兵殿后；战胜则旗兵受大赏，绿营兵次之，乡勇不得与；战死则旗兵必当具奏，蒙优恤；绿营兵亦须咨部，乡勇则募人另补，不必上闻；平时饷糈，旗民最优，绿营兵次之，乡勇最下（看《圣武记》卷九《嘉庆川湖陕靖寇记四》）。赏罚不公如此，而欲汉人心悦诚服，何可得也！

满汉待遇不平表

一、清初，朝廷大吏参用满汉，汉人则任重而品低，满人则位尊而权重。
二、雍正以后，满员汉员官职同者品级亦同；然满员掌印，汉员主稿，满员权力重，汉员义务重。
三、京师各衙门官缺：或满汉同数，或满多于汉，或有满无汉。
四、外官：巡抚以下间用汉人，总督则不觏。
五、武官：驻防旗营皆用满人，绿营将官始参用汉人。
六、朝廷有大征讨，往往以满员充仗钺秉旄之任，而以汉员服冲锋陷阵之劳。及其成功，则满员以元帅资格受上赏，汉员以偏将资格居其下。
七、凡同等战功，照例满员赏厚，汉员赏薄。
八、川湖陕教匪之役，战时乡勇居前，绿营汉兵次之，旗兵殿后。战胜则旗兵受上赏，绿营兵次之，乡勇不得与。战死则旗兵必须具奏，蒙优恤，绿营兵亦须咨部，乡勇则募人另补，不必上闻；平时饷糈，旗兵最优，绿营兵次之，乡勇最下。

第三节　秘密会党之结合

一、三合会

明末起义兵者既已陆续失败，遗民之有志图恢复者，乃秘密结合，创为带有宗教性之会社，以潜寄排满复明之宗旨。惟年湮代远，事绩多失传；至今可考者，仅三合会、哥老会而已。三合会一名天地会，又称三点会，其起因颇近神话。相传创立者为福建福州府莆田县九连山中之少林寺僧蔡德忠、方大洪、马超兴、胡德帝、李式开等五人，称为前五祖；加入者为湖广境内壮士吴天成、洪太岁、姚必达、李式地、林永超等五人，称为后五祖。会中誓言曰"如天之长，如地之久，历千万年，必复此仇"，故称天地会。教祖郑君达之妻郭秀英，妹郑玉兰，为清兵所逼，殉难三合河（三合，今县名，属贵州黔中道，有天河、大河、马场河合流，故名），故又名三合地。会中以反（隐清字）复（隐明字）为宗旨，自称洪门（隐洪武字及朱姓），所创立之支部，名称多用水字旁（如江彪部、洪麟部、汩龄部、淇麟部等皆是），故又名三点会。其头目称总理、大元帅或大哥，第二头目称香主或二哥，第三头目称白扇、先生或三哥，第四头目称先锋，第五头目称红棍，普通会员称草鞋。会章有三十六誓、二十一则、十禁、十刑等，团结力极强。乾隆五十一年，其头目林爽文举兵台湾，声势浩大；虽不久即破灭，而余党潜匿各处，乘机思动。嘉庆十四年，会员胡炳耀等十七人谋起兵于江西崇义县（旧属南安府，今属赣南道），事泄，被戮。二十二年，会员千余人集合于梅岭（大庚岭），与广东兵战。道光十二年，会员与瑶人联合，攻官军于湖广。瑶人得贿退兵，三合会独立苦战，败绩，死者甚众。是时三合会以福建为根据地，蔓延及于台湾、两广、湖南、江西等省。道光二十九年，会员举兵攻两广，粤寇洪秀全乘之，蹂躏东南十余省，卒为曾国藩等所歼灭。三合会员乃结合同志，阴图再举；于是南洋群岛相继有分会创立。光绪十二年，三合会员三千人起兵于广东惠州府宁山，二十四年，头目李立亭、洪振年等起兵于广西梅林、南宁，二十六年，头目郑弼臣与兴中会首领孙文联合起兵于惠州，虽不旋踵即破灭，然民国创业伟人孙中山先生毕生之革命事业发轫于此时，是为民国发祥之始。

二、哥老会

哥老会以复明为宗旨，当时清室已统一中国，极目神州，已无片土为明人根据地，乃设为理想的国家，以海上主人翁自命；名其秘籍曰海底，机关部曰码头，会中首领曰掌舵，会员称洪家兄弟，彼此初见时，往往询“老哥喝的哪一路水？”哥老二字为会之总名称，其狭义之名称则各地不同，然必暗合哥老二字或洪字以明系统：两湖、河南、陕西等省称江湖（取洪字偏旁及哥字之半嵌入之），云、贵、四川三省称工口（拆哥字之半成之，今讹为公口），河北称混混（取洪字偏旁与昆字合之昆兄也），江浙称洪帮（今讹为红帮），江西称洪江会，广东称三点会（取洪字偏旁）。有清末年，统计会中人数全国不下七十余万。首领称正龙头，其下有副龙头，次为坐堂、陪堂、刑理堂、执堂，谓之五堂；又有盟证及香长，共称内八堂；皆为老大。次为心腹及圣贤，皆老二；次为当家，老三；次为管事，老五；次为福禄，老六；次为巡查，老八；次为大九、小九，皆老九；次为大幺、小幺，皆老十（通称老幺）；称为外八堂。会中无老四、老七，相传谓为曾会出而反对者，故不设；其事迹然否？疑莫明也。每码头之掌舵，例以老大充之，总管码头事务，有指挥一切之权；每有命令，众兄弟无不遵办。老三经理内部事务，老五经理对外事务，老六以下但供奔走之役而已。

会章极严，凡身家不清白者与剃发匠、轿夫、伶人皆不许入会。光绪十七年，会员关熙明、李丰谋举事，事泄，被杀。二十六年，头目李云彪、杨鸿钧与兴中会、三合会领袖联合举兵于惠州，败绩。三十年，头目马福益谋举兵于湖南，事泄，被杀。三十二年，福益部下头目复率萍乡矿夫举兵，破醴陵、浏阳，将长驱以攻长沙；以子弹不继，败绩。及革命党起，与之结合，哥老会员遂多数加入革命军矣。

第四节 清初汉族之革命运动

清初汉人之起兵者，大都被政府加以叛逆之名。然名义上称为叛逆者，事实上即为反清独立，当然认为革命运动。顺治五年五月，天津妇人张氏自称天启后，与其党王礼、张天保等私制玉印令旗，谋为不轨，事泄，被诛。是为第一次革命运动（看《清鉴易知录·正编一》第十五页）。十一月，降将大同总兵姜瓖叛，陷朔州；明故将万练据偏关，刘迁据雁门关，王永强据榆林应之。宁武、苛岚、保德、代州、繁峙、五台、浑源相继陷没，太原、西安同时告急。诏英亲王阿济格、睿亲王多尔衮先后统大众征之，六年八月，大同城中食尽，诸将杀瓖以降，练、迁等亦先后败死，是为第二次革命运动（看《正编一》第十六页，《逆臣传》卷四《姜瓖传》）。七年二月，降臣李建泰据太平（今山西汾城县）反，讨诛之。是为第三次革命运动（同第十六页）。十八年十月，山东于七反，命将军济世哈剿之；次年五月，平。是为第四次革命运动（《正编二》第十六页、《正编三》第二页）。康熙二年八月，福建王铁佛作乱，扰延平、建宁，官军讨擒之。是为第五次革命运动（《正编三》第三页）。十二年十二月，吴三桂反，孙延龄、耿精忠、王辅臣、尚之信等蜂起应之，二十年十一月，平。是为第六次革命运动（看本编第三章《三藩之乱》）。十二年十二月，杨起隆诈称朱三太子，与其党以白布裹头，约于京城内外放火举事。潜聚降将周全斌家，全斌之子公直等与焉。监生郎廷枢首告其事，都统图海、祖承烈等以兵围公直家，生擒其党数百人，惟起隆遁去。是为第七次革命运动（《正编三》第十五页）。十九年八月，杨起隆复起事于陕西，被获，凌迟处死。是为第八次革命运动（《正编四》第六页）。二十七年六月，武昌被裁之督标兵作乱，推夏逢龙为首，戕巡抚、藩司，连陷嘉鱼、蒲圻、咸宁、汉阳诸县，犯德安。诏遣都统瓦岱赴援，七月，复黄州。提督徐治都败贼于赤矶山之鲤鱼壕，逢龙军溃，亡命黄岗，为官军所擒，伏诛。是为第九次革命运动（《正编四》第十五页，《圣武记》卷八《康熙武昌兵变记》）。四十六年，云南昆明人李天极等谋反，官军擒斩之。是为第十次革命运动（《正编五》第十四页）。四十九年，福建陈五显起，官军讨平之。是为第十一次革命运动（《正编六》第二页）。六十年五月，台湾民朱一贵反，提督施世骠、总兵蓝廷珍讨平之。是为第十二次革命运动（《正编六》第十二页，《圣武记》卷八《康熙重定台湾记》）。乾隆三十九年五月，山东寿张县民王伦作乱，陷寿张、堂邑、阳谷，趋临清；大学士舒赫德讨平之。是为第十三次革命运动（《正编十》第八页，《圣武记》卷八《乾隆临清靖贼记》）。五十二年二月，台湾彰化县民林爽文作乱，次年正月，将军福康安等讨平之。是为第十四次革命运动（《正编十一》第四页，《圣武记》卷八《乾隆三定台湾记》）。革命运动如此频繁。一有机会，动辄思逞，当然为反清复明思想之一种表示。至乾隆末年，和珅专政既久，内政腐败已极，大爆发之机乃成熟矣。

清初汉族革命运动表

起事年月	起事者	响应者或同党者	起事地	侵略范围地	结果
顺治五年五月	张氏	王礼，张天保。	天津		事泄，被诛。
同年十一月	姜瓖	万练，刘迁，王永强	大同	山陕北部	败死
同七年二月	李建泰		太平		败死
同十八年十月	于七		山东		败死
康熙二年八月	王铁佛		福建		被擒
同十二年十二月	吴三桂	孙延龄，耿精忠，尚之信，王辅臣	云南	扬子江、西江流域大半及陕西	败灭
同年同月	杨起隆	周全斌	京师		事泄，遁去
同十九年八月	同		陕西		被获，诛死
同二十七年六月	夏逢龙		武昌	湖北北部	败死
同四十六年	李天极		昆明		被擒，诛死
同四十九年	陈五显		福建		败没
同六十年五月	朱一贵		台湾		败死
乾隆三十九年五月	王伦		寿张		败死
同五十二年二月	林爽文		彰化		败死

第二十四章

清室衰乱之原因三　回族之反动

第一节　河西之变

　　回族杂居中国，已历千年，然始终未与汉族完全同化。清室入关以后，对于回民与以平等待遇，对于回教表示相当敬礼，借以联络回教徒之感情（看《清朝全史》第二册第四十二章第四十九页《优容回教徒条》）。然回族对于满洲朝廷，仍时常发生隔阂。顺治五年四月，河西回米剌印、丁国栋，奉明故延长王朱识𨮁作乱，陷甘州、凉州；渡河而东，连陷兰州、岷州、临洮，遂围巩昌（今陇西县）。号召土寇众十万，关辅大震。陕西总督孟乔芳时治固原，乃驰扼秦州（今天水县）；遣副将马宁、赵光瑞救巩昌，击破贼兵，解巩昌围。复遣宁、光瑞与副将张勇分路进讨，连破贼兵，复河东诸城，遂渡河而西。五月，张勇擒朱识𨮁，斩米剌印，复凉州。八月，进围甘州，破贼兵于城下。贼食尽请降，逾月，复叛，西破肃州，立土伦泰为王，据城拒守。六年春，官军复甘州，丁国栋走肃州。十一月，张勇、马宁等复肃州，诛土伦泰、丁国栋及其党羽，河西平。

第二节　马明心之变

初，撒拉尔黑帽回者，居西宁番地，俗介番回，鸷悍好斗；所奉墨克回经，旧皆默诵。有循化厅（今西宁道循化县）回马明心者，归自关外，见西域回经皆朗诵，自谓得真传，遂授徒号新教，与老教相仇。乾隆四十六年三月，其徒苏四十三聚党杀老教徒百余人。兰州知府杨士机、河州协副将新柱以兵往捕，遇害。总督勒尔谨以标兵五百驰扼狄道州，调各镇兵剿贼，捕马明心，下兰州狱。贼兵二千余陷河州（今导河县），宵济洮河，径犯兰州。时兰州只有督标兵八百人，逆战，失利。贼断黄河浮桥以拒援师，绕城噪索马明心甚急。布政使王廷赞诛明心，凭城拒守。勒尔谨遣兵复河州，留兵断狄道，驰回兰州。诏发京师健锐、火器营兵，命大学士阿桂，领侍卫内大臣海兰察先后赴援，连破贼兵，是年六月，破其巢穴华林寺（在兰州城西南华林山上），乱平。

第三节　石峰堡之变

兰州贼平后，总督李侍尧查治新教余党，吏胥肆扰，于是伏羌县阿浑（回教师之称号）田五等藉词为马明心报复，仍兴新教。四十六年冬，葺通渭县（旧属巩昌府，今属渭川道）之石峰堡为巢穴。四十七年。聚谋礼拜寺，造旗帐兵械。四十八年四月，复聚众作乱；先徙其家属于石峰堡，而分屯伏羌县（在通渭县南，旧属巩昌府，今属渭川道）之麁卢山，静宁（在通渭县东北，旧属平凉府；今改县，属泾原道）之底店山、潘陇山扼险，号召不过数百人。提督刚塔等剿之，战于伏羌城外，田五中创死。李侍尧杀妇孺千余，贼党马四圭、张文庆等流言官兵欲剿绝回众，煽党四出。李侍尧逗遛靖远（属兰山道），不亲赴督剿；刚塔又误用贼谍，向导官兵于无贼之地。五月，贼遂从靖远渡河，陷通渭，胁从数千。诏逮李侍尧、刚塔，命大学士阿桂与福康安、海兰察讨之。七月，破石峰堡，诛首逆，释妇孺三千余，乱平。自是永禁回民不得立新教。

清初回族反动表

起事年月	起事者	党羽	起事地	侵略范围地	结果
顺治五年四月	米剌印、丁国栋	朱识镣，土伦泰	甘肃河西	甘肃河南	败死
乾隆四十六年三月	马明心	苏四十三	河州	兰州府	败死
同四十八年四月	田五	马四圭，张文庆	石峰堡	通渭，伏羌	败死

第二十五章

清室衰乱之原因四　苗族之反动

第一节　湘、黔苗疆之形势

湖南、贵州之交，为武陵山脉支脉之腊耳山脉（据白眉初《中华民国省区全志》第五编第三卷第六章第五节，《苗疆杂记》云："猎耳山介楚、黔之间。其山自贵州正大营起，北分老凤、芭茅、猴子诸山，东接栗林、天星、鸭保、岑头诸坡；故苗之介居凤凰、乾州、永绥三厅及松桃、铜仁间者，往史统谓之腊耳山。腊耳山苗寨落：分隶铜仁、松桃者为黔苗，分隶乾、凤、绥、永、保五县者为楚苗；其性情风俗无甚区别"）；地处万山之中，为苗人集居地。又为武陵、黔中二郡边地及五溪蛮，唐为锦州，明为红苗地及乾州哨千户所，永顺、保靖两军民宣慰使司，白崖峒、铜仁两长官司及桑植安抚司，分隶湖广、贵州都指挥使司。永乐十一年，以铜仁长官司为铜仁府，隶贵州布政使司。清初因之。康熙四十三年，尚书席尔达，偏沅巡抚赵申乔经略湖南，降生苗百四十寨，以故乾州哨千户所为乾州直隶厅（今乾城县），故红苗地南部为凤凰直隶厅（今凤凰县），隶辰州府（今属辰沅道）。于是腊耳山脉东麓始内属。雍正初，鄂尔泰经略西南，断行改土归流策，云、贵、广西诸土司陆续勘定，永顺、保靖等处各土官慑其余威，相继纳土；诏置永顺府以永顺宣慰司治所为永顺县，白崖峒长官司治所为龙山县，保靖军民宣慰司治所为保靖县，桑植安抚司治所为桑植县，皆隶永顺府（今属辰沅道）。又于乾州之北故红苗地北部增设永绥厅（故城在今城南，今改县，属辰沅道），隶辰州府；其西故红苗地西部增设松桃厅（今改县，属镇远道），隶贵州铜仁府；于是腊耳山麓苗地悉受治于流官之下。（看《大清一统志》卷二八四，二八六，三九九，《清代通史》卷中，第四章，五湖贵苗地之沿革）

湘黔苗疆地名变迁表

地名	属何处	今地名	属何处	汉地名	唐地名	明地名	何时改流官	何人所收抚
乾州直隶厅	湖南辰州府	乾城县	湖南辰沅道	五溪蛮	锦州地	乾州哨千户所	康熙四十三年	赵申乔
凤凰直隶厅	同	凤凰县	同	同	同	红苗地南部	同	同
永顺县	湖南永顺府	永顺县	同	沅陆、零阳二县地，属武陵郡	溪州大乡县治	永顺军民宣慰使司	雍正初	鄂尔泰
龙山县	同	龙山县	同	同	溪州大乡县地	白崖峒长官司	同	同
保靖县	同	保靖县	同	迁陵县，属武陵郡。	溪州三亭县	保靖军民宣慰使司	同	同
桑植县	同	桑植县	同	武陵郡充县地	溪州慈利县地	桑植安抚司	同	同
永绥直隶厅	湖南辰州府	永绥县	同	五溪蛮	锦州地	红苗地北部	雍正初增设	

第二节　石柳邓之乱

其始苗畏隶如官，畏官如神，有司利之，往往以纤芥之争讼病及全寨。乾隆五十六年，激成石满宜之变，虽不久扑灭，而祸机已伏矣。永绥厅孤悬苗巢中，环城外寸地皆苗，改流以后，不数十年尽占为民地。黯苗倡言逐客民复故地，而乱端兆矣。六十年正月，铜仁府

苗石柳邓举兵作乱，焚掠松桃厅正大营；永绥黄瓜寨苗石三保，镇筸
（凤凰厅治所）苗吴半生、吴陇登、吴八月及乾州三岔坪苗聚众应之；围
永绥，陷乾州，分兵攻掠保靖、酉阳、秀山（二县名，今属四川东川道）、铜
仁等地，苗疆大震。诏云贵总督福康安、四川总督和琳会湖广总督毕
沅、福宁（是时湖广设二总督），及湖南巡抚姜晟讨之。福康安以贵州兵解
松桃围，和琳以四川兵定秀山县，闰二月，会攻石柳邓所据之大寨，
破之；乘胜焚苗寨四十余，降二百四十余，石柳邓奔黄瓜寨。贵州苗
略定。乃遣总兵花连布引精兵三千援永绥，三月，转载至城外，解永
绥围。湖南提督刘君辅以兵二千，自保靖攻永绥东北，复花园（泛名，
今为永绥县治）；进至隆团、鸭保（二地在故永绥城北，今永绥县治南），为苗兵所
阻，饷道不通；花连布护贵州粮以饷，中途遇伏，失利；苗兵复围永
绥，昼夜急攻两月余，副将富志那告急，福康安遣四川提督穆克登阿
往援，刘君辅亦自隆团转战入。八月，围始复解。

　　是时乾州为苗巢穴，福康安、和琳将大军由贵州铜仁府属之正大
营，缘腊耳山脉而东，自正面攻之；道途险远，苗兵扼险死守。福康
安屯兵大乌草河，累月不能进。刘君辅献五路进兵策，福康安欲专其
功，不肯从。福宁以兵役六千，欲由泸溪（县名，在乾州东）复乾州，中
途为苗所遮，败绩，仅以身免；自是无敢从东路进者。是年四月，都
统额勒登保、护军统领德楞泰等克黄瓜寨，覆石三保巢穴；进克高多
寨，擒吴半生；石柳邓、石三保奔吴八月。八月据平陇（一作平隆，在乾
州西三十里），自称吴王。九月，官军进至牛练糖，为鸭保（距平陇七十里）
贼兵所阻，累月不能进。福康安不得已，乃专以招抚为事。十一
月，吴陇登诱擒吴八月以降，八月子廷礼、廷义仍据平陇，与陇登
相仇杀。

　　是时福康安、和琳将七省官兵，与贼相持一载，始既奏贼么麽不
足数，及劳师旷日，则频以暴雨山潦涨阻为辞；而饷道崎岖，先后益
兵数万，降苗受官弁者百余人，月给盐粮银者数万人，旋抚旋叛。军
士不习水土，中暑毒死者日众，数省转输，费巨万计。嘉庆元年五
月，福康安卒。六月，额勒登保等复乾州，进攻平陇。和琳与毕沅、
福宁、姜晟等筹善后策；奏请：民地归民，苗地归苗，尽罢旧设营

泛，分授降苗官弁以羁縻之。九月，和琳卒。毕沅以湖北、四川教匪甚剧，力请罢兵；诏书切责，不许；命将军明亮往会剿。十月，克平陇。十二月，斩石柳邓及吴廷义等，遂奏报苗疆平；而伏莽遍地，朝廷固无暇过问也。

乾隆末年苗疆之乱表

祸首	起事地	侵略范围地	清廷将帅	起事年月	戡定年月	结果
石柳邓	铜仁府	松桃厅正大营	云贵总督福康安，四川总督和琳，湖广总督毕沅、福宁，湖南巡抚姜晟，都统额勒登保，护军统领德楞泰，将军明亮	乾隆六十年正月	嘉庆元年十二月	祸首虽被杀，而伏莽遍地，旋抚旋叛，苗疆卒不能制
石三保	永绥厅黄瓜寨	围永绥，陷乾州，分兵攻掠保靖，酉阳，秀山，铜仁				
吴半生	镇篁					
吴陇登	同					
吴八月	同					
未详	乾州厅三岔坪					

第三节　傅鼐之苗疆善后策

捷报至京，诏额勒登保移征湖北，明亮、德楞泰移征川东，留官兵二万分防，移湖南提督驻长州，与绥靖、镇篁二总兵分领之。裁留土塘苗兵三万七千，月给盐粮银如故以羁縻之。毕沅、姜晟一意主抚，而苗四出劫掠，边无宁日；借口"苗地归田"之约，蔓延永绥、乾州、凤凰三厅地；姜晟倡"以苗为民"之议，议尽应其求。时凤凰厅治镇篁，当苗冲；同知傅鼐有文武材，知苗愈抚且愈骄，而兵罢难再动；乃思用坚壁清野，寓抚于剿计策以强民弱苗。镇篁镇总兵富志那尝从征大小金川，习知山碉设险之利，以授鼐；又举岁给降苗例饷数万畀之，故鼐得以豢苗者蠚苗。日招流亡，附郭栖之，团其丁壮，而碉其要害；十余碉则堡之，年余犄角渐密。苗防出没，死力攻阻；鼐以乡勇东西援救，且战且修。其修之之法：近其防闲，遥其声势，边墙以限疆界，哨台以守望，炮台以堵敌，堡以聚家室，碉卡以守以战，以遏出，以截归；边墙亘山涧，哨台边中墙，炮台横其冲，碉堡相其宜。凡修此数者,近石以石,远石以土,或外石中土,留孔以枪,掘濠以防。又日申戒其民曰:"勉为之,不可失也!是有三利:矢不入,火不焚,盗不逾;有三便,族聚故心固,扼要故数敷,犄角故势强。"民竞以劝,百堡皆作。三年,苗大出,焚掠下五峒;大吏将中蕭以开边衅罪。兵备道田灏阿大吏意,各出纳以旁掣之;事且败。四年,黑苗吴陈受聚众数千犯边。诏书诘问湖南大吏,以楚苗久奏戡定,何复有纠众数千,连犯边卡之事;责姜晟严获首贼。蕭为擒之,始奏加知府衔俸。是年,碉堡成。五年,边墙百余里亦竣。每有警则哨台举铳角,妇女、牲畜立归堡,环数十里戒严,于是守备始固。时镇篁左右营黑苗最患边,适谍晒金塘苗因乏食出掠泸溪,即夜分兵三路捣毁其巢,仍伏兵要路,歼其归师,苗气始夺。六年,贵州苗作乱,蕭以乡勇千五百人驰赴铜仁。贵州巡抚伊桑阿至,叱其越境邀功,乃还楚界。伊桑阿以招抚勘定奏,回贵阳。时首逆枪械皆未缴,各寨方沸然;边民赴愬云贵总督琅玕,琅玕至,急檄蕭会剿,三日尽破诸寨。琅玕奏上其功,诏加蕭道衔,总理边务。仿湖南法,为贵州苗疆建碉堡;以永绥孤悬苗巢,形如釜底,乃建议迁城于花园;又议悉缴苗枪械以绝后患,永绥生苗、凤凰黑苗抗不缴械,蕭以乡勇千余、苗兵二千往讨,连战破其巢穴,余寨乞降,永绥苗一举平。由是师行所至,万山詟服,纳兵恐后。

十一年,贵州大吏乞蕭并檄黔寨勒缴枪械,苗疆平。

第四节 赵金龙之乱

苗疆既平,越二十余年,湖南南部复有瑶乱,以老将罗思举处置得宜,月余即行戡定,以视福康安之旷日持久、劳师糜饷、妒贤嫉能、养贼自重者迥不侔矣。然而论功行赏,征苗之役,共封一郡王（福康安）,一公（和琳）,一侯（额勒登保）,一伯（明亮）,一子（德楞泰）;征瑶之役,不过封两轻车都尉而已（罗思举及总督卢坤）!国家之爵赏人岂得谓之平哉?湖南衡、永、郴、桂四府州（今并为衡阳道）,界广东连州（今岭南道连县），广西全州（今桂林道全县），踞五岭（邓德明《南康记》云：大庾岭，一也；桂阳骑田岭，二也；九真都庞岭，三也；临贺萌渚岭，四也；始安越城岭，五也）之脊。民瑶杂错，深谷重巇，风气戆骜，与华不通。华民欺其愚，攘夺侵侮，官吏辄右奸民以朘瑶，积怨则变，今昔一辙。有赵金龙者，湖南永州锦田瑶，与衡州常宁瑶赵福才以巫鬼神其众。时楚粤奸民结天地会，屡强劫瑶寨牛谷，党联官役，瑶无所愬。于是金龙倡言复仇，道光十一年十二月，使赵福才纠广东散瑶及湖南九冲瑶共六七百人，焚掠两河口（当在江华县境内），杀会匪二十余人。十二年正月，永州镇总兵鲍友智调兵七百，合乡勇千余人进剿，毁贼巢，毙贼三百余，贼窜蓝山之五水瑶山，沿路裹胁，众至二三千，图据九疑山巢穴（在蓝山县城西）。友智调宝庆兵，拟分道进攻。巡抚吴荣光劾友智轻进疏防，檄宝庆兵尽赴蓝山，而檄提督海凌阿由宁远赴援。海凌阿不侦探地势，率五百兵，由山僻小路冒雨深入。二月十四日，中途为贼所邀，败绩，全军歼焉。贼遂猖獗，虏胁将万人，分为三路，赵金龙、赵福才、赵文凤各将一路，犄角出没。诏两湖总督卢坤、湖北提督罗思举赴剿。思举为征白莲教匪宿将，善用兵。是月，鲍友智击斩赵福才，赵文凤部下解散过半。三月十日，罗思举至永州，以蓝山、宁远、江华，俱入粤门户，隘口不一；乃议大兵由新田后路蹑贼，遏其南窜，命鲍友智兵由桂阳夹攻，并分派诸将扼其西通道州零陵、祁阳小路。于是三路瑶四五千人，妇女二三千人，为官兵驱逼出山，东窜常宁之洋泉镇。其地为入山水口，有溪通舟，市长数里，垣墙坚厚。思举以贼逼归一路，且失其翻山长技，乃渐移各守隘兵进逼合围，四月二十二日，破之，诛金龙，瑶平。

第二十六章

白莲教匪之乱

第一节　白莲教之起源

中国秘密结社始于满洲侵入以后，而萌芽于东汉之时。东汉末年，钜鹿张角以妖术教授，号太平道；咒符水以疗病，遣弟子煽惑四方，聚徒众数十万作乱，时人称为黄巾贼。是为以邪教惑众倡乱之始（看第二编第一期第十五章第一节）。张角败后，巴郡张修以妖术疗病，令病家出五斗米，聚众寇掠郡县，时人谓之米贼。沛人张鲁自祖父陵以来客蜀，世奉五斗米道；乘刘璋暗弱，据汉中，取巴郡，朝廷力不能讨，就宠鲁为镇南中郎将，领汉宁太守。是为教徒据地之始（看第二期第一章第七节）。有元末年，栾城人韩山童以白莲教会烧香惑众，倡言天下大乱，弥勒佛下生，河南及江淮愚民翕然信之；官捕之急，山童就擒，其党刘福通遂奉其子林儿作乱，连陷河南、山东、山西及塞外州郡，称宋帝，时人称为红巾贼；是为白莲教名称出现之始（看第三编第二期第五章第一节）。明永乐间，山东蒲台县（旧属武定府，瓜属济南道）民林三妻唐赛儿自称佛母，以幻术惑众。十八年，据益都（旧青州府治，今属胶东道）卸石栅（在县城西南）寨作乱，攻下莒（旧属沂州府，今属济宁道）、即墨（旧属胶州，今属胶东道），围安丘（旧属青州，府今属胶东道）；都指挥佥事卫青讨平之（看《资治通鉴纲目》三编卷七永乐十八年"蒲台妖妇唐赛儿作乱"条）。有明末年，蓟州人王森复倡白莲教，自称闻香教主；其徒有大小传头及会主诸号，蔓延畿辅、山东、山西、河南、陕西、四川。后森为有司所诛，其子好贤与钜野（旧属曹州府，今属济宁道）徐鸿儒、武邑（旧属冀州，今属大名道）于宏志等奉行其教，徒党不下二百万。天启二年，鸿儒举兵反，自称中兴福烈帝，党徒以红巾为识，连陷郓城（旧属曹州府，今属济宁道）及邹、滕、峄三县（旧属兖州府，今属济宁道），官军讨诛之（看《资治通鉴纲目》三编卷三十二天启二年五月"山东白莲贼徐鸿儒作乱"条）。自此以后，白莲教徒复销声匿迹；有清中叶，安徽人刘松复倡白莲教，假治病持斋为名，伪造经咒，惑众敛财。乾隆四十年，以河南鹿邑（旧属归德府，今属开封道）邪教事发，被捕，遣戍甘肃。复分遣其党刘之协、宋之清授教传徒，遍川、陕、湖北。日久党益众，遂谋不靖。倡言劫运将至，以同教鹿邑王氏子曰发生者，诡朱明后裔，以煽动流俗。乾隆五十八年，事觉，复被捕，各伏诛；王发生以童幼免死戍新疆，惟刘之协远飏。有旨大索，州县吏奉行不善，逐户搜缉，胥役乘之骚扰；武昌府同知常丹葵奉檄荆州、宜昌，株连罗织数千人，富有破家，贫者陷死，时川、湖、粤、贵人民方以苗事困于征发，而无赖之徒亦以严禁私盐、私铸失业，至是益仇官思乱；于是刘之协未获，而荆宜之民遂公然发难矣。（看《圣武记》卷九《嘉庆川湖陕靖寇记一》，《日本及日本人》第五百六十九号《支那革命党及秘密结社》第一章《白莲会》，《清代通史》卷中第一篇第六章叁肆）

中国历代教匪表

教魁	教名	根据地	年代	目的	侵略范围地	史上名称	结果
张角	太平道	钜鹿	东汉灵帝时	谋反	河南，河北	黄巾贼	败死
张修	五斗米道	巴郡	同	寇掠		米贼	未成功而消灭
张鲁	同	汉中	东汉献帝时	割据	巴郡	为曹操击降	

教魁	教名	根据地	年代	目的	侵略范围地	史上名称	结果
韩山童 刘福通	白莲教	栾城	元顺帝时	谋反	淮南、淮北、山东、山西、河南、陕西及察哈尔、热河、辽宁、朝鲜	红巾贼	败死
唐赛儿		益都御石寨	明成祖时	谋反	莒、即墨、安邱县		败死
王森	闻香教	苏州	明熹宗时	谋反	郓城、邹	白莲教匪	败死
徐鸿儒		钜野			滕、峄县		
刘松	白莲教	安徽	清高宗末	惑众		白莲教匪	遣戍甘肃
刘之协	同	同		谋反	同		被捕伏诛
李文成	天理教	滑县嘉庆	十六年九月初七日	作乱	长垣、东明、曹、定陶、金乡	天理教匪	败死
林清	同	大兴黄村	同九月十五日	同	禁城		伏诛

第二节 湖北教匪之起事 福宁之杀降

嘉庆元年正月，荆州之枝江、宜都，宜昌之长乐（今改五峰）、长阳，二月，宜昌之东湖，荆门之当阳、远安等县乱党蜂起，率以官逼民反为词，数月之间，蔓延湖北西半部襄阳、郧阳、荆州、宜昌、施南五府及荆门州地，南及于四川之酉阳（旧直隶州，今属东川道），北及于河南之邓州（旧属南阳府，今改县，属汝阳道）、新野（旧属南阳府，今属汝阳道），而襄阳贼数万最猖獗。其渠魁自刘之协外，有姚之富及教首齐林之妻王氏，皆骁悍出群盗之上。湖广总督毕沅、湖北巡抚惠龄、西安将军恒瑞各率兵进剿，朝廷命都统永保，侍卫舒亮、鄂辉至军，又调陕西、广西、山东兵会剿，先后奏报杀贼数万，而贼起益炽。于是始定分地任事之策：毕沅、舒亮当荆门、宜昌等江北方面，惠龄及总兵富志那当荆州江南方面，永保、鄂辉、恒瑞与将军明亮当襄阳方面，陕甘总督宜绵、直隶提督庆成当郧阳方面。五月，毕沅围当阳，不下；惠龄剿枝江贼，亦无效；襄阳贼分道出随州（旧属德安府，今改县，属江汉道）、安陆（旧为德安府治，今属江汉道）、钟祥（旧为安陆府治，今属襄阳道），进逼孝感（旧属汉阳府，今属江汉道），距汉阳仅百余里，武昌戒严。幸为大潦所隔，不得进。上以毕沅、惠龄屯兵久，六月，命永保总统诸军，先靖襄阳，而后分攻孝感。七月，宜绵、庆成破郧阳贼，歼其首从；毕沅、舒亮复当阳，惠龄破贼枝江，而明亮亦歼贼孝感（看《啸亭杂录》卷三《孝感之战条》），汉阳始无恐。新补四川总督福宁、荆州将军观成破龙山（在江陵县西北十五里）贼于旗鼓寨，投出二千余人，福宁诱令入城领衣粮，尽坑之，以临阵歼戮奏，诏加太子太保；于是被胁从者皆自危，不敢降，贼势转盛。八月，永保会诸军围钟祥。襄阳贼既南犯不遂，乃折而西北，或窜入河南界。是时湖北境内贼徒，北惟襄阳，南则归（今秭归县）宜，势渐蹙。至十月而四川达州（旧绥定府治，今东川道达县）奸民徐天德等激于胥役，复与太平（今东川道万源县）、东乡（今东川道宣汉县）贼王三槐、冷天禄等并起，于是形势一变。（看《圣武记》卷九《嘉庆川湖陕靖寇记一》，《中国历史教科书·本朝史》第三编·第二十一章）

第三节　四川教匪之起事

先是金川之役，官军溃于木果木，其逃卒之无归者，与失业夫役、无赖悍民散匿川东北，以剽掠为生，世称之啯匪。及官捕之急，则以白莲教为逋逃薮。达州知府戴如煌老病贪墨，胥役等假检查邪教为名，遍拘富户为勒索地；而徐天德等反以行贿得释（看《圣武记》卷九《嘉庆川湖陕靖寇记四》所载《嘉庆四年春之诏书》）。至是襄阳败贼之一部窜入川东，天德等乘之，遂聚众举事。四川总督英善、成都将军勒礼善剿之，陕西巡抚秦承恩防御兴安（旧府名，今汉中道安康县），皆无敢疾驰掩其乌合者；贼遂由太平入陕，分扰兴安府属县，势日炽。（看《嘉庆川湖陕靖寇记一》，《本朝史》第三编第二十一章）

第四节　永保、景安之失机　襄贼之北窜与川楚教匪之会合

是时永保总统诸军，当追剿襄贼之任。惠龄、福宁等与宜昌贼相持于长阳附近，河南巡抚景安驻兵南阳，防襄贼北窜。永保军最众，然其对贼方略，惟尾追，不迎击；贼往来枣阳、光化、谷城（三县旧属襄阳府，今属襄阳道）间，横行无忌。十一月，朝廷逮永保治罪，命惠龄总统诸军。惠龄建议：严守汉水及其支流白河、唐河等，断贼东西通路；徐分兵四出以蹙之。而景安拥兵四千屯南阳，不出一卒截击；贼窥北路可乘，遂以二年正月，分三队（一，王廷诏；二，李全；三，姚之富、齐王氏）趋河南，蹂躏二十余州县，虏胁日众。其对官军方略：不整队，不迎战，不走平原，惟数百为群，忽分忽合，忽南忽北，以牵制官军兵势。由内乡（旧属南阳府，今属汝阳道）、卢氏（旧属陕州，今属河洛道）诸山，进逼商州（旧直隶州，今改县，隶关中道）、雒南（旧属商州，今属关中道），复有商南（旧属商州，今属汉中道）新起贼五六千应之；连兵西上，将由陕入川，与川贼相会合。（看《嘉庆川湖陕靖寇记》一、二，《本朝史》第三编第二十一章）

是时陕甘总督宜绵讨徐天德于东乡，将军明亮、都统德楞泰赴达州，东乡乡勇罗思举等亦举义兵，助官军剿贼；先后杀贼不下数万，徐天德、王三槐所拥残众只二千余矣。而襄阳贼入陕，以西北阻秦岭，不敢向西安；乃并三队为一，将由洵阳（在兴安县东偏北汉水北岸，旧属兴安府，今属汉中道）渡汉。时官兵乡勇已扼汉而守，贼不得渡；乃由北岸趋紫阳（在兴安县西汉水北岸，旧属兴安府，今属汉中道），夺船渡汉水上游，遂以六月分道入川。于是达州屡败之贼及云阳、万县（二县皆在扬子江北岸，旧属夔州府，今属东川道）间新起之贼同时响应，众屯数万。上以惠龄、恒瑞等追贼不力，防汉不严，尽夺世职、孔雀翎，命戴罪效力。以宜绵总统川陕军务，惠龄等悉听节制。宜绵方督诸将分道要截，欲蹙群贼于一隅，以为聚歼之计。而襄阳贼以川北路险，人烟少，无所掠食，欲回湖北富庶之地。时川陕间通路已为官军所扼，贼遂不复北窜，而分犯万县、云阳、大宁（在奉节县北，旧属夔州府，今改巫溪县，属东川道），号召叛党而东。（看《嘉庆川湖陕靖寇记二》，《本朝史》第二编第二十一章）

第五节　襄贼之东西驰突　明亮之坚壁清野策　齐王氏、姚之富之败死

是时贼酋惟李全留川，与王三槐合。姚之富、齐王氏引众二万余东下，突破官军防线；王廷诏引众万余继之，先后自夔州（今东川道奉节县）趋巴东（在扬子江南岸，旧属宜昌府，今属荆南道）、归州（在扬子江北岸，旧属宜昌府，今改秭归县，属荆南道），陷兴山（在秭归县东北，旧属宜昌府。今属荆南道）。自此分为二路：齐王氏向东北，由保康（旧属郧阳府，今属襄阳道）、南漳（旧属襄阳府，今属襄阳道）趋襄阳，王廷诏向东南，由远安、当阳（二县旧属荆门州，今属襄阳道）窥荆州。于是惠龄、恒瑞等留川当李全；明亮、德楞泰等自川东蹑群贼，转战至宜昌、远安间，数破王廷诏军，扼荆门州以阻其东下。总兵王文雄逆击齐王氏于南漳，败之；贼东走宜城（在汉水西岸，旧属襄阳府，今属襄阳道）、钟祥。八月，分三路北犯，明亮等邀击之于宜城东北，适都统阿哈保等以木兰进哨兵赴援，夹击贼军，败之；贼窜入山。是时江汉沿岸之殷富市镇，若沙市（在江陵城东南十五里）、樊城（在襄阳城北汉水北岸）等皆新建堡寨，防卫甚严，贼无可掠；齐王氏、王廷诏合兵窥房县、竹山（二县旧属郧阳府，今属襄阳道），佯走陕西，欲引官兵追入山，而乘间北渡汉。是时汉防甚固，贼不能北渡，乃一意西窜，蔓延及白河（在洵阳县东汉水南岸，旧属兴安府，今属汉中道）、洵阳。九月，留川之贼首李全复自巴州（旧属保宁府，今改巴中县，属嘉陵道）与王三槐分党，欲出陕旧路还楚，沿汉东走；与齐王氏、王廷诏等会于兴安汉水南岸，亟谋北渡。而王三槐、徐天德等亦据巴州，欲断川东川北运道以困官军，贼势日张。（看《本朝史》第三编第二十一章）

自襄贼起事，骚扰皆在汉北，及贼由川还楚入陕，复经汉南之宜昌、荆门、安陆、襄阳、郧阳，焚掠十八州县，而房县、保康、竹山、竹溪（旧属郧阳府，今属襄阳道）疮痍尤重。明亮、德楞泰奏言："臣等自楚入陕，所经村庄皆已焚烬，盖藏皆已搜劫，男妇皆已虏掠，目不忍见。已扰者固宜安恤，未扰者尤宜提防。查各州县在城之民，有城池以保障，是以贼匪皆不攻城。其村落市镇，仅恃一二隘口，乡勇或远不及防，或间道失守，仓皇逃避，不但衣粮尽为贼有，且备卫之

火药器械，反以藉寇而资盗。而各贼所至之处，有屋舍以栖止，有衣食、火药以接济，有骡马刍草以夺骑，更换有逼胁之人，为之乡导负运；是以自用兵来所杀无虑千万，而贼不加少。且兵力以保城为急，则村市已被虔刘；以保荆襄为急，则房竹安康已难兼顾。为今之计，欲困贼必须卫民；莫若饬近贼州县，于大镇市劝民修筑土堡，环以深沟；其余因地制宜，或十余村为一堡，或数十村为一堡；贼近则更番守御，贼远则乘暇耕作。如此以逸待劳，贼匪所至，野无可掠，夜无可栖，败无可胁；加以大兵乘压其后，杀一贼即少一贼，灭一路即清一路。近日襄阳绅士梁有谷筑堡团守，贼屡攻不能犯，此保障之成效。至川东各属多有险峻山寨，只须令乡民临时移守其中，一如守堡之法；于以御贼安民，必可刻期扑灭。"奏上，上以筑堡烦民，不听。

（看《嘉庆川湖陕靖寇记二》）

先是宜绵虽为总统，而劲兵健马俱在明亮、德楞泰一路；其所剿姚之富、齐王氏二贼尤教中渠魁；诏书责二人奋勉立功，不得因有总统总督稍存观望。及贼渠李全还陕，惠龄、恒瑞等蹑其后，川中兵力日薄；于是宜绵奏言："近日诸将皆入陕，惟臣一人在川，各贼齐扰川东北运道，嘉陵江防孔亟；欲赴保宁（今嘉陵道阆中县），则川东千里无人调度；请别简大臣总督地方，使臣得督师专一办贼。"诏以勒保为湖广总督，赴川代宜绵总统军务；以宜绵为四川总督，兼理军需；仍谕诸将各办各贼，不相统属。是时东西两路追贼官军云集兴安，群贼阻汉不得渡，十一月，合军西窜；欲乘冬期水涸，自沔县（在南郑县西汉水北岸，旧属汉中府，今属汉中道）、宁羌（州名，在沔县西南汉水南岸，旧属汉中府，今改县，属汉中道）间徒涉汉源。官军追之甚急，十二月，贼分道阳折而南，引官军入川；而别令贼酋高均德等间道折回宁羌，乘虚偷渡汉水。明亮、德楞泰等议：以贼情则齐王氏首逆，以地势则高均德将东惊兴安，蹂躏全陕，蔓延豫、楚。乃舍齐王氏不追，率大兵八千驰回汉中。三年二月，齐王氏乘虚率马步二万人，由西乡（在南郑县东南汉水南岸，旧属汉中府，今属汉中道）、洋县（在南郑县东北汉水北岸，旧属汉中府，今属汉中道）分路渡汉，密令高均德引大兵东北追，而自与李全、王廷诏等乘虚由城固（在南郑县东汉水北岸，旧属汉中府，今属汉中道）、洋县、老林，逾秦岭山脉，北出宝鸡、岐山（二县旧属凤翔府，今属关中道），攻郿县（在宝鸡县东渭水南岸，旧属凤翔府，今属关中道），掠盩厔（在郿县东渭水南岸），将乘胜直捣西安（今长安县）。总兵王文雄以兵勇三千逆战，大破之；贼始不敢东犯。三月，折而东南，自山阳（在商县东南，旧属商州，今属汉中道）趋湖北。明亮、德楞泰以大军蹑其后，郧西（旧属郧阳府，今属汉中道）乡勇扼其前，贼不得脱，齐王氏、姚之富坠崖死，余众为官军所歼，惟李全、高均德、王廷诏等尚率其余烬，窜扰川陕。（看《嘉庆川湖陕靖寇记》二、三，《本朝史》第三编第二十一章）

第六节　勒保之邀功　诸将之泄沓　罗其清、再文俦之败死

是时四川境内叛徒蜂起，宜绵以所部兵东西驰逐，日不暇给；乃自陕西咨调恒瑞，自湖北咨调额勒登保、福宁入川会剿。三年正月，朝廷以川省军务日亟，乃命勒保以总统兼督四川以一事权，宜绵移督陕甘，英善、福宁会理四川军饷，景安总督湖广。是时川贼之主要者：川东则王三槐、徐天德，以达州为根据；川北则罗其清、冉文俦，以巴州为根据；彼此相援系，急则并攻一方，暇则分道旁出，蹂躏州县十余。襄贼余党张汉潮、刘成栋一股，出没于川、湖、陕三省边境，众尚万余；李全、高均德等一股，欲东出武关，还湖北；中途为官军所遮，折奔宁羌，谋与川北贼合纵，以故川东北形势益恶。六月，诏以陕楚群贼均逼入川，诸道将帅顾此失彼，当为之分定责成；命宜绵、额勒登保专剿刘成栋、张汉潮；明亮、德楞泰专剿李全、高均德；惠龄、恒瑞专剿罗其清、冉文俦；勒保专剿王三槐、徐天德；景安守湖北，防川东贼之窜入；各专责成，互相援应，勿东驰西击，各不相顾。勒保仍兼侦各路贼情，相机布置，以副总统之实。然当时任事诸将大部受和珅讽旨，专以劳师糜饷、杀胁众、冒功赏为目的。及此谕下，诸将又稍变其方略，一意诱擒首逆，而置余贼于不问。先是勒保任总统半年，无尺寸功，屡被严旨切责；至是年七月，忽有生擒王三槐之事。先是四川牧令以南充（旧顺庆府治，今属嘉陵道）知县刘清为循良最，教匪发难以后，清数以乡

勇从征；贼素重清名，遇之辄引避。宜绵督川时，常命清遍入王、徐、罗、冉各营，广行招抚；清携三槐俱还约降，及释归则复叛，至是勒保思复用旧策，以贡生刘星渠曾随清至贼寨，遣往说三槐。三槐故狡谲，恃前此出入军中无忌，因留星渠为质，而自诣大军。勒保遂以生擒首逆张皇入奏，诏封勒保一等威勤公，晋封军机大臣大学士和珅公爵，尚书福长安侯爵，勒保弟永保前以剿匪失机下狱，至是亦蒙恩得释。而三槐部众尽为其党冷天禄所有，抗拒如故。徐天德亦屡寇川东州县，气焰不稍衰。是年十一月，额勒登保、德楞泰合兵击擒罗其清于石洞，十二月除夕，德楞泰、惠龄合兵袭斩冉文俦于通江（旧属保宁府，今属嘉陵道），川北三巨贼皆平。此外若宜绵则终岁屯驻无贼之地，曾未一战；景安为和珅族孙，专以趋附逢迎为事，军事更非所问矣。（看《嘉庆川湖陕靖寇记三》，《本朝史》第三编第二十一章）

第七节　庙谟之革新　勒保、永保之失机　冷天禄之败死

嘉庆四年正月，和珅伏诛，诏以和珅压阁军报，欺国擅专，致各路领兵大臣恃有和珅蒙庇，冒功糜饷。姑念更易将帅，一时乏人，勒保仍以总统授为经略大臣，用陕、湖北、河南督抚及领兵各大将咸受节制。明亮、额勒登保均授为参赞大臣，别领官军，各当一路。罢惠龄、宜绵，逮景安与遇敌退缩之陕西巡抚秦承恩及肇祸地方官戴如煌、常丹葵分别治罪。优擢刘清与四川循吏知巴县赵华，知渠县吴桂以从民望。而革新剿抚方略如下：

一、下哀痛之诏　谓："自古惟闻用兵于敌国，不闻用兵于吾民。其宣谕各路贼中被胁之人，有能缚献贼首者，不惟宥罪，并可邀恩，否则临阵投出，或自行逃散，亦必释回乡里，俾安生业。"

二、实行坚壁清野策　命勒保会同川、陕、河南、湖北各督抚，晓谕州县居民，预掘沟濠，垒土山，扼要团练，与官军犄角，使贼无可房掠。

三、定优恤乡勇之制　先是各路官军临阵，辄令乡勇居前，绿营

兵次之，旗兵又次之；而贼营亦先驱难民抗我颜行，其真贼皆在后观望；故乡勇日与难民交锋，而兵贼常不相值。战胜则后队弁兵攘以为功，而冲锋陷阵之乡勇反不得与。至是诏：嗣后乡勇有功一例保奏，阵亡一例议恤，以收敌忾同仇之效。

四、开群贼自新之路　是时各路教匪仅止往来掠食，并无僭号据城之事。诏许悔罪投诚，不复咎其既往。

是时勒保屯梁山（旧属忠州，今属东川道）、大竹（旧属达州，今属东川道）适中地，调度督率；命额勒登保、德楞泰合剿徐天德、冷天禄，檄明亮剿张汉潮，肃清陕西。二月，额勒登保击斩阆中（旧保宁府治，今嘉陵道治）贼酋萧占国、张长庚于营山（旧属顺庆府，今属嘉陵道），斩冷天禄于岳池（旧属顺庆府，今属嘉陵道），四月，连败仪陇（旧属顺庆府，今属嘉陵道）贼首张子聪于梁山、忠（旧直隶州，今属东川道）、万（旧属夔州府，今属东川道）、云阳（旧属夔州府，今属东川道），所向有功。而德楞泰一军，则与徐天德角逐川东，转战入郧阳境。明亮一军，则崎岖秦岭山脉间，东自商、雒（今关中道商县雒南县），西至秦州（今甘肃渭川道天水县），往返千余里，以陕西巡抚永保不肯夹攻，迄未获贼。而川北贼之在广元（旧属保宁府，今属嘉陵道）宁羌间者，且西寇阶州（旧直隶州，今改武都县，属渭川道），犯巩昌（旧府名，今为陇西县，属兰山道），折奔秦州，蔓延甘肃东南。高均德等又分队取道川东，思乘间还楚。六月，福宁奏言："贼以胁从而日增，兵以分防而见少。据川东北各府厅州县禀报，多者万余，少者数千，其不知首逆姓名者尚不知凡几，新起之贼实多于剿除之数。地方之伤残更甚，黎庶之疾苦更深，贼愈剿而愈炽，饷徒糜而罔益，乞特申乾断，早定大计。"诏褫永保职，七月，逮勒保入京，以明亮代为经略，魁伦署四川总督。（看《嘉庆川湖陕靖寇记》三、四，《本朝史》第三编第二十一章）

第八节　张汉潮、高均德之败死　魁伦之失机　嘉陵江、梓潼河之陷　马蹄冈之战

是时诸将中战功卓著者无逾额勒登保、福宁。勒保尝交章荐其知

大体，得士卒死力；至是更易经略，上念无逾额勒登保者；特以其不识汉字，于军书旁午不宜；而明亮老于用兵，资望为诸将冠，故姑用以代勒保，而意实未惬也。八月，以明亮剿张汉潮迟延，免其官，以额勒登保代为经略，命军机大臣工部尚书那彦成赴陕，监明亮军。九月，明亮击斩张汉潮于五郎（今关中道宁陕县，乾隆以前为五郎厅），而上入永保之讦告，逮明亮与永保入京，以那彦成代为参赞。

额勒登保奏言："教匪本内地编氓，原当招抚以散其众；然必能剿而后可抚，且必能堵而后可剿。从前湖北教匪多，胁从少；四川教匪少，胁从多；今楚贼尽逼入川，其与川东巫山、大宁接壤者，有界岭之险可扼；是湖北重在堵而不在剿。至川、陕交界，自广元至太平千余里，随处可通；陕攻急则折入川，川攻急则窜入陕，是汉江南北则剿堵并重。川东川北，有嘉陵江以限其西南，余皆崇山峻岭。居民大半依山傍水，向无村落；惩贼焚掠，近俱扼险筑寨，大者数千人，小亦数百家，团练守御；而川北形势更便于川东。若能驱各路之贼逼归川北，必可聚而歼旃；是四川重在剿而不在堵。虽贼匪未必肯逼归一处，但使所至俱有堡寨，星罗棋布；而官兵鼓行随其后，遇贼即迎截夹击；所谓以堵为剿，宁不事半功倍；此则三省所同。臣已行知陕、楚，晓谕修筑；并定赏格，以期兵民同心蹙贼。至从征官兵，每日遄行百十里，旬月尚可耐劳；若阅四五年之久，无冬无夏，即骡马尚且蹄毙，何况于人。而续调新募之兵，不习劳苦，更不如旧兵之得力。臣之一军所以尚能得力者，实以兵士所到之处，亦臣所到之处；兵士不得食息，臣亦不得食息；自阖营将弁以及士卒，无不一心一力。而各路不能尽然，近日不得已，将臣所领之兵与各提镇互相更调，以期人人精锐。"有诏嘉奖。

是时高均德与其党冉天元等屯聚兴安南境，欲由紫阳、西乡上游渡汉。十月，德楞泰自湖北逐徐天德等入陕，急引兵赴之；生擒均德于西乡，尽驱群贼而南。诏授德楞泰参赞大臣。天元故以雄黠善战豪于贼中，至是统残众入川北与徐天德合。额勒登保急引兵迎击，十二月，与天元战于苍溪（旧属保宁府，今属嘉陵道）。翼长穆克登布恃勇轻进，绕出贼前，短兵接战，官军不利，陷死副将以下二十四人，兵勇二百余人。贼以全力攻经略大营，血战竟夜，贼却走开县（旧属夔州府，今属东川道）。额勒登保以病留太平（旧属绥定府，今改万县县，属东川道），遣左右翼长杨遇春、穆克登布与德楞泰会剿，以必克为期。而川北贼首王廷诏等乘间逾老林入汉中，犯甘肃，陕南群贼随之而西，势大张。额勒登保、德楞泰急引兵北行，留魁伦代统四川防务。

五年正月朔，魁伦受事，八日方发，十五日尚在达州界；而徐天德已分股犯郧阳，冉天元收残贼数百，由开县西犯，沿路虏胁由定远（旧属夔州府，今改武胜县，属东川道），夺渡嘉陵江，贼众已逾万人，重庆、成都同时震动。诏德楞泰由广元、昭化（二县旧属保宁府，今属嘉陵道）回军赴援，起明亮为领队大臣，驰赴湖北；勒保为四川提督，驰赴四川；责魁伦危守潼河（即梓潼河，源出四川平武县山溪，东南流经梓潼、盐亭，入涪江）。

魁伦不直趋渠县（旧属绥安府，今属东川道），而绕梁山，赴邻水（旧属顺庆府，今属嘉陵道），二十日始至，由顺庆（今南充县）渡嘉陵江。时贼兵已掠蓬溪（旧属潼川府，今属嘉陵道），魁伦遣总兵朱射斗等以兵三千迎战，约自以后队四千继进。及射斗被围，魁伦拥兵不救，射斗力战死。射斗，良将也；官军夺气。二月，贼进掠南部（旧属保宁府，今属嘉陵道）、盐亭、射洪（二县旧属潼川府，今属嘉陵道），魁伦以防潼河为名，退屯潼川（今嘉陵道三台县）。贼焚绵州（旧直隶州，今改绵阳县，属西川道），犯梓潼（旧属锦州，今属西川道）、江油（旧属龙安府，今属西川道），将趋龙安（旧府名，今为平武县，属西川道），与阶（今武都县）、岷（今岷县）诸贼合。德楞泰兼程赴援，邀击冉天元于江油之西，伏贼环攻官军前、左、右三营，德楞泰自将中军驰救，内外夹击，鏖战至暮，杀贼过当，围乃解；贼退守马蹄冈。

三月，德楞泰进攻马蹄冈，罗思举以乡勇领前锋，已过贼伏数重，始觉，俄伏起，八路来攻，人持束竹湿絮以御矢铳，鏖战三昼夜，贼更番迭进不退；官军饥疲，数路皆败。德楞泰率亲兵数十，下马据山岭，誓必死。冉天元督众登山，直取德楞泰。德愣泰乘高险，大呼冲击；罗思举率乡勇回援，以乱石击退贼兵，擒冉天元。贼众尚万余，走剑州（旧属保宁府，今改剑阁县，属东川道）；窥魁伦守梓潼不严，宵渡河，焚大和镇（在射洪县东南），成都戒严。上以魁伦两次纵贼渡江，使川西无完地，褫职逮问，赐死；以勒保署四川总督。

是时大兵云集潼川，贼不敢犯成都；乃分为二股：一留潼西缀官兵，一渡潼趋嘉陵江上游以通阶岷诸贼。勒保议以潼西贼付德楞泰，而自任潼东追剿事。两军前后杀贼数千，肃清嘉陵江以西。而甘肃贼复自阶、文（今渭川道文县）侵入龙安，分掠松潘番地（旧松潘厅，今松潘县），川西再震。于是德楞泰自剑州进扼广元，绝川陕通路，而勒保并将魁伦兵，回剿龙安贼；相持数月，贼以堡寨险、乡勇劲，无所掠食；五月，自番地走秦州，川西解危。（看《嘉庆川湖陕靖寇记》三、四，《罗壮勇公年谱一》，《本朝史》第三编第二十一章）

第九节 甘肃之肃清 教主刘之协之伏诛 王廷诏、徐天德之败死

自王廷诏窜入甘肃后，额勒登保移师追剿；同时那彦成亦以张汉潮旧部余匪窜入秦岭山脉者，付陕西巡抚台布搜剿，而自引兵西行；两军会于伏羌（旧属巩昌府，今属渭川道），并力邀击。五年三月，陇州、贡昌间群贼尽被官军逼归渭水南，复分道狂窜，或东趋商雒窥河南，或南出阶文迫川西。额勒登保倍道逐贼还陕，那彦成逐阶州贼出境，以道险（即阴平入蜀路也）不敢穷追，亦踵经略而东；上责那彦成剿贼不尽，严旨召还。额勒登保驻军镇安（旧属商州，今属汉中道），分兵扼贼东窜河南、湖北之路；又布成栈道要隘，杜绝川、陕、甘三省之交通路；贼局促汉北，其数日减。

六月，河南布政使马慧裕访获教主刘之协于叶县（旧属南阳府，今属汝阳道）。槛送京师，诛之。诏以"但治从逆，不治从教"之旨宣示中外。

六年正月，德楞泰以川东北堡寨林立，足制贼死命，乃以肃清余事属勒保，而自赴额勒登保军。议并力先清汉北贼，而后移军汉南，清川陕交界。二月，杨遇春击擒王廷诏于西乡县之老河口，余党多窜湖北。五月，德楞泰追击徐天德于均州（旧属襄阳府，今改县，属襄阳道）之两河口，覆其舟，天德溺死。余党陆续破灭，仅存二万四千余，皆散匿川、湖、陕边界，苟求幸免。诏以明亮老病，命解军事还京。又诏

各路征兵驰驱五载，其伤病未愈及家无次丁者，量遣归营，别简精锐以作士气。（看《嘉庆川湖陕靖寇记》四、五，《本朝史》第三编第二十一章）

第十节　三省之肃清　教匪之歼灭

六月，额勒登保、德楞泰会军平利（在安康县东南，旧属兴安府，今属汉中道），议一军自东北，一军自西南，驱贼至三省之交，聚而歼之。自七月至十月，陆续搜捕，余贼尚称大队者凡六，每队千余人，皆逼入四川境。其分匿陕西、湖北者皆无名之贼，都不过六七千。而满汉官兵共七八万，额勒登保议将京营兵及各省官兵次第撤回原防，令三省提镇各尽本省兵力，分地搜除。又令地方官联合堡寨乡勇，以数十寨为一组，佐兵力所不及。时川东各贼败窜老林者，皆冰雪冻馁之余，更无斗志。惟川北贼苟文明纠合残众，尚二千余，驰突陕甘，亘半岁不灭。诸军百计搜捕，七年七月，斩苟文明于秦岭山脉之花石岩（在关中道柞木县西）。至十二月，川省首逆已尽，惟残匪千余，归善后事宜筹办；额勒登保、德楞泰会同三省督抚告成功，诏封二人皆一等侯，勒保、明亮以下赐爵有差。

时三省腹地虽已肃清，而山林边界余孽犹有存者，额勒登保等不敢遽还朝，复分道扫荡，至八年七月，始会奏肃清。德楞泰、额勒登保更迭入朝。于是官兵凯旋，各营之随征乡勇皆当缴械回籍。乡勇故多骁桀亡命，无家可归；至是遣散，所得归资不足用；其尤桀悍者，遂纠合余贼，戕兵官，聚散出没为患。此曹皆百战之余，具悉官军号令及老林径路，故数虽仅少，而三省不得解严。德楞泰、额勒登保复先后出都，劳师转战者又一年有奇，至九年九月事始大定。自军兴至此，阅时九载，费帑银几二万万两，所奏杀贼以数十万计，而官兵、乡勇之阵亡与五省良民之被害者无得而稽焉。（看《嘉庆川湖陕靖寇记》五、六、七，《本朝史》第三编第二十一章）

川、湖、陕教匪之乱始末表

一、嘉庆元年春，湖北教匪大起。
二、是年六月，命永保总统诸军，先攻襄阳。
三、是年七月，福宁、观成破贼于旗鼓寨，诱杀降民二千余人；于是胁从者皆自危，不敢降；贼势转盛。
四、八月，襄阳贼窜扰河南。
五、十月，四川达州奸民徐天德，东乡贼王三槐、冷天禄并起。
六、十一月，逮永保，命惠龄总统诸军。河安巡抚景安驻屯南阳，观望不战。二年正月，襄阳贼分三路北犯，陷河南二十余州县，遂趋陕南，夺船渡汉水上游，六月，分道入川。
七、夺惠龄职，以宜绵总统川陕军务。襄阳贼以川北路险，人烟少，野无可掠；乃留李全一股与王三槐合，余党姚之富、齐王氏与王廷诏连兵东下，由川东复寇湖北。
八、八月，分三路北犯，将军明亮邀击之于宜城东北，败之；贼西窜，入郧阳境。留川之贼首李全北上，与王廷诏、齐王氏等会于兴安汉水南岸。王三槐、徐天德等据巴州，欲断川东、川北运道以困官军。将军明亮，都统德楞泰奏请行坚壁清野策，不听。
九、命勒保代宜绵总统军务，十一月，贼西窜，欲自沔县、宁羌徒涉汉源，官军追之急，十二月，贼分道，阳折而南，引官军入川；而别令贼酋高均德间道折回宁羌，乘虚偷渡汉水。
十、明亮、德楞泰驰回汉中，追高均德。三年二月，齐王氏、李全、王廷诏等乘虚由西乡、洋县偷渡汉水，逾秦岭山脉，寇陕西。总兵王文雄逆战，大破之；贼始不敢东犯。
十一、三月，贼自山阳趋湖北，明亮等追击之，齐王氏、姚之富坠崖死。
十二、是年七月，勒保诱执王三槐；其党冷天禄拒守不下。
十三、四年正月，和坤伏诛，下哀痛诏，招抚贼中被胁从者，实行坚壁清野策，定优恤乡勇制。
十四、二月，额勒登保击斩冷天禄于岳池，七月，罢勒保。八月，以额勒登保为经略大臣。
十五、十月，德楞泰生擒高均德于西乡，诏授德楞泰参赞大臣。
十六、五年正月，贼酋冉天元夺渡嘉陵江，犯川西；总兵朱射斗逆战，败绩，死之。三月，德楞泰邀击贼于马蹄冈，擒天元。
十七、六年二月，额勒登保部将杨遇春击擒王廷诏于西乡县之老河口。五月，德楞泰击斩徐天德于均州之两河口。余贼陆续破灭。
十八、七年七月，额勒登保部将捕杀川北贼酋苟文明，教匪之乱平。

川、湖、陕教匪渠魁表

姓名	起事年月	起事地	派别	败死年月	败死地	今属何处	擒斩之将帅
刘之协	嘉庆元年二月	襄阳	教主	五年六月	叶县	汝阳道	马慧裕
姚之富	同	同	襄贼	三年三月	郧西	汉中道	明亮,德楞泰
齐王氏	同	同	同	同	同	同	同
徐天德	同年十月	达州	川东贼	六年五月	两河口	均县	德楞泰
王三槐	同	太平	同	三年七月			勒保
冷天禄	同	东乡	同	四年二月	岳池	嘉陵道	额勒登保
李全	齐王氏党		襄贼				
王廷诏	同		同	六年二月	老河口	西乡县	杨遇春
高均德	同		同	四年十月	西乡	汉中道	德楞泰
罗其清		巴州	川北贼	三年十一月	石洞		勒保,德楞泰
冉文俦		同	同		通江	嘉陵道	德楞泰,惠龄
张汉潮	齐王氏党		襄贼	四年九月	五郎	宁陕县	明亮
刘成栋	同		同				
萧占国		阆中	川北贼	四年二月	营山	嘉陵道	额勒登保
张长庚		同	同	同	同	同	同
张子聪		仪陇	同				
冉天元	齐王氏党		襄贼	五年三月	马蹄冈	江油县	德楞泰,罗思举
苟文明			川北贼	七年七月	花石岩	柞水县	额勒登保

第十一节　宁陕新兵之变

　　三省肃清以后,尚有一事为军事之尾声者,即宁陕新兵之变是也。白莲教匪之役,国家既以满汉官兵不足恃之故,而广募乡勇,佐临时之战守。又以川、湖、陕三省边地形势阻奥,建置疏阔,艰于统治之故,而议增设郡县营汛,保将来之治安。即以各营随征之乡勇,挑补各地增设之兵额,谓之新兵。于是增设湖北提督,驻襄阳,而移襄阳镇总兵于郧阳；凡增兵三千五百。升四川达州为绥定府，设副将一，驻太平，而移太平营都司于城口（旧属绥定府，今属东川道）；其余保宁、夔州所属要害地各增设守备，凡增兵千。就中陕西宁陕一镇扼秦岭之腹，尤为要害。先是乾隆中，巡抚毕沅奏于其地置五郎厅。嘉庆五年，改为宁陕厅；置宁陕镇总兵，节制子午、华阳、黑河诸营汛；以从征乡勇五千充新兵，地险兵悍，为汉北第一雄镇。初，额勒登保奏："南山内食粮价贵，请于例饷外月给盐米银五钱，俟三年后减给四钱。"十年六月，届减给之期，陕西布政使朱勋以未奉到部文，并四钱停给；又借给苞谷（即玉蜀黍）二千余石抵三月粮。新兵大哗。时陕西提督杨遇春入朝，宁陕镇总兵杨芳赴固原署提督事，副将杨之震护宁陕镇总兵；遇兵士诉者，不晓谕，辄笞治；于是左右二营兵陈达顺、陈先伦谋变。七月，纠党二百余，焚掠新旧二城，戕副将、游击，劫库狱以叛。以杨芳素得士心，先护送其家属赴兴安。遇春行次西安，闻变，驰赴宁陕，尽调各汛新兵之未叛者归大营，以绝其响应。杨芳以固原兵二百驰守石泉（旧属兴安府，今属汉中道），扼贼南窜之路。诏以成都将军德楞泰为钦差大臣，由四川赴陕督剿。叛兵招集党羽万余，推蒲大芳为首领，攻华阳，破洋县，掠石泉、孝义，分队窥子午峪；杨芳驰扼峪口。德楞泰使杨遇春与护军统领札克塔尔由洋县入山击贼，战于方柴关，官军溃还。杨芳议以："叛兵皆百战之余，骁悍习地利。而官兵勤劳九载，疮痍未复；且与叛兵多同功一体之人，以兵攻兵，终无斗志。而贼每战遇二杨，辄辟易，尚有旧部曲谊。"乃请遇春按兵缓攻，而芳单骑入贼垒，晓譬百端，声泪俱下，万众感动。越二日，蒲大芳诱执陈先伦、陈达顺等以降，德楞泰令尽释归伍，而以叛贼震慑兵威，穷蹙乞命入奏。上大怒，责德楞泰专擅废法，纵叛损威，罢其御前大臣、领侍卫内大臣及一切差使；降杨遇春宁陕镇总兵，戍降卒二百于新疆，以杨芳平日驭兵不严酿变，遣戍伊犁，使率降卒出关；而置停折银、发苞谷、激变酿乱之朱勋不问。是年十二月，四川复有绥定府新兵之变，守备王国雄弃城走，副将桂涵驰至，掩捕殆尽。

十一年正月，复有西乡瓦石营新兵之变，太平协副将罗思举星驰击败之。贼窜巴山，乞降；诏以新兵效尤，皆宁陕纵叛所致，悉诛无赦。论者谓宁陕之役，叛兵习流贼故智，议将分道突秦、陇、楚、蜀。使芳招抚之议迁延数日，其祸将不知所终极。芳以奇勋获罪，与勒保之诱降邀功而蒙上赏，永保、景安之纵敌，福宁之杀降而不蒙显戮者成反比例；仁宗赏罚不明如此，清室之政衰矣。（看《圣武记》卷八《嘉庆宁陕兵变记》，《本朝史》第三编第二十一章）

第二十七章

东南海疆之乱

第一节　艇盗之扰

清室自康熙二十二年，克台湾，平郑氏。二十四年，大开海禁，闽、粤、浙、吴航天万里，鲸鲵不波。及嘉庆初年而有艇盗之扰，艇盗者始于安南，阮光平父子以力征经营得国，师劳财匮，乃招纳濒海亡命，资以兵船，诱以官爵，令劫掠近海商舶以济兵饷，夏至秋归，踪迹飘忽，大为粤地商民患。继而内地土盗凤尾帮、水澳帮亦附之，遂深入闽浙，土盗倚夷艇为声势，夷艇恃土盗为向导；三省洋面数千里，我南则彼北，我北则彼南，我当夷艇则土盗肆其劫，我当土盗则夷艇为之援；且夷艇高大多炮，即遇亦未必能胜；土盗狡，又有内应，每暂遁而旋聚；而是时川陕教匪方炽，朝廷方注意内地，未遑远筹岛屿；以故贼氛益恶。

嘉庆元年，福州将军魁伦、两广总督吉庆先后奏言：获乌艚船海盗陈天保等，有安南总兵及宝玉侯敕印；敕安南国王阮光缵查奏，尚谓国王不知也。四年，广南旧阮王与新阮构兵，擒送海贼莫扶观等；皆内地奸民，受安南伪封东海王及总兵；朝廷始知安南薮奸海盗之罪。五年六月，夷艇三十余，水澳、凤尾各六七十艘萃于浙，逼台州，将登岸。巡抚阮元、提督苍保，奏以定海镇总兵（驻舟山岛）李长庚总统三镇水师。贼泊龙王堂松门山下，飓风雷雨大作，贼船撞破，覆溺殆尽，获安南伪总兵四人，诛之，以敕印掷还其国。会广南旧阮王后裔福映灭新阮，受朝廷约束，尽逐国内奸匪，于是艇盗无所巢穴，其在闽者皆为漳盗蔡牵所并。

第二节　蔡牵之乱

蔡牵者，福建同安（旧属泉州府，今属厦门道）人，奸猾善掉阖，能用其众。既得夷艇夷炮，又并水澳、凤尾余党，乃以闽海为根据，凡商船出洋者勒索通行税四百元，入港者倍之；又结纳陆地会匪阴济船械硝磺米粮，以故其势日炽。是时官修战舰笨窳不能放洋，转雇商船为剿捕之用；广东总督长麟仿商船之式，捐修米艇数十，剿贼有效。于是阮元率官商捐金十余万，付李长庚赴闽造大船三十艘，铸大炮四百余配之，名曰霆船。是年冬，擢长庚浙江提督。

八年正月，牵至定海，进香普陀，长庚掩至，牵仅以身免。长庚昼夜穷追至闽洋，牵粮硝尽、篷索朽，长庚兵又据上风，牵不能遁；乃伪乞降于浙闽总督玉德。玉德遽檄长庚收港勿出，牵得间遁去，长庚追败之于三沙、于温州，凡夺舟、沉舟、烧舟者六。贼畏霆船甚，厚赂闽商，更造大于霆船之船，先后载货出洋以遗牵，伪报被劫。牵连得大海船，遂能渡横洋。九年夏，劫台湾米数千石，分济粤盗朱渍；连舟八十余，猝入闽，闽师不敢击。会浙江温州镇总兵胡振声以二十四艘，运造舟木于闽，玉德遽檄振声击之，而不发兵为援，振声战死。诏以李长庚总统浙闽水师。

是年八月，牵、渍合兵犯浙，李长庚合诸镇兵击破之于定海北之渔山。牵责渍不用命，渍怒，遂与牵分。牵还福建，刷新战具，号召党羽，十年冬，复聚百余艘犯台湾，沉舟鹿耳门（在今台南西岸海中），塞援兵入口路，结土匪万余人攻府城，惟二汕二港尚通小舟。十一年正月，长庚以浙兵三千赴援，分兵扼南北二汕，别以小澎船五十，令总兵许松年、王得禄，由大港绕安平港入攻之，焚获三十余船，俘贼千余，水陆并进，五战皆捷，围牵于鹿耳门。牵以重贿赂闽兵，闽兵阴为牵地。二月七日，风潮骤涨，北汕所沉舟为风浪掀起漂去，牵以残舰三十余艘夺门遁，浙兵追获其舟十余艘。卒以闽师不助扼各港，浙兵少，不敷分配，故牵得遁去。

是时福建吏治军政历年废弛，历任总督如雅德、伍拉纳等率贪冒不法。玉德媢嫉，阴掣长庚肘。于是长庚奏言："蔡逆未能歼擒者，实由兵船不得力，接济未断绝所致。臣所乘之船较各镇为最大，及逼近蔡牵坐船，尚低五六尺；其余诸镇之船更为不及。曾与三镇总兵愿预支养廉，捐造大船十五号，海门金坛二镇亦愿捐造十五号，而督臣以造船需数月之久，借帑四五万两之多，不肯具奏。且海贼无二载不修之船，亦无一年不坏之桅料；桅柁折则船为虚器，风篷烂则寸步难行。乃逆贼在鹿耳门窜出，仅余三十船，篷朽硝缺；一回闽地，装篷燂洗，焕然一新，粮药充足，贼何日可灭？"上褫玉德职，逮问治罪，以阿林保代之。闽中文武官吏，以平素不协剿，不断岸奸，俱获罪，交谮长庚于阿林保；阿林保三疏密劾长庚。时阮元以忧去，上密询继任浙江巡抚清安泰。清安泰奏言："长庚熟海岛形势，风云沙线，每战自持柁，老于操舟者不能及。且忘身殉国，两载在外，过门不入。以捐造船械，倾其家赀。所俘获尽以赏功，故士争效力。且身先士卒，屡冒危险，八月中剿贼渔山，围攻蔡逆，火器瓦石雨下，身受多创，将士亦伤百有四十人，鏖战不退，故贼中有不畏千万兵，只畏李长庚之语，实水师诸将冠。惟海艘越二三旬若不燂洗，则苔粘蛎结，驾驶不灵，其收港并非逗留。且海中剿贼全凭风力，风势不顺，虽隔数十里犹数千里，旬日尚不能到也。是故海上之兵，无风不战，大风不战，大雨不战，逆风逆潮不战，阴雨蒙雾不战，日晚夜黑不战，又飓期将至，沙路不熟，贼众我寡，前无泊地皆不战；及其战也，勇力无所施，全以大炮相轰击，船身簸荡，中者几何？我顺风而逐，贼亦顺风而逃，无伏可设，无险可扼，必以钩镰去其皮网，以大炮坏其柁牙篷胎，使船伤行迟，我师环而攻之，贼穷投海，然后获其一二船；而余船已飘然远矣。贼往来三省数千里，皆沿海内洋；其外洋灏瀚，则无船可掠，无礁可依，从不敢往；惟遇剿急时始间以为捕逃之地。倘日西沉，贼直窜外洋，我师冒险无益，势必回帆收港；而贼又遗诛矣。船在大海之中，浪起如升天，落如坠地，一物不固，即有覆溺之忧。每遇大风，一舟折桅，全军失色，虽贼在垂获，亦必舍而收泊，易桅竣工，贼已远遁，数日追及，桅坏复然；故尝屡月不获一贼。夫船者，官兵之城郭营垒车马也；船诚得力，以战则勇，以守则固，以追则速，以冲则坚。今浙省兵船皆长庚督造，颇能如式；惟兵船有定制，而闽省商船无定制；一报被劫，则商船即为贼船，愈高大多炮多粮，则愈足资寇。近日长庚剿贼，使诸镇之兵隔断贼党之船，但以隔断为功，不以擒获为功。而长庚自以己兵专注蔡逆坐船围攻，贼行与行，贼止与止。无如贼船愈大，炮愈多，是以兵士明知盗船货财充足，不能为擒贼擒王之计。且水陆兵饷例止发三月，海洋路远，往反稽时，而事机之来间不容发；迟之一日，虽劳费经年，不足追其前效；此皆以往之积弊也。非尽矫从前之失，不能收将来之效；非使贼尽失其所长，亦无由攻其所短；则岸奸济贼之禁，尤宜两省合力，乃可收效。"奏入，上切责阿林保，而以剿贼事责成长庚，并饬造大同安梭船三十备剿。长庚感上知遇，益努力奋战，连破牵兵。十二年十二月，偕福建水师提督张见升等追牵入澳，穷其所向，至黑水洋，牵仅存三舟，官军数十倍于贼，长庚自以火攻贼船，贼发炮击中长庚喉而陨，见升遽麾舟师退，牵乃遁入安南海。

事闻，上震悼，追封长庚三等壮烈伯，谥忠毅；而以其部将王得禄为福建提督，丘良功为浙江提督，嗣长庚任，勉以同心敌忾，为长庚雪仇愤。是时蔡牵粮械资储荡尽，十三年，自安南回航，朱渍助以资，与之合帮入浙，并与土盗张阿治联合。时阮元复任浙江巡抚，纵反间计离间牵、渍，渍乃舍牵窜闽，为许松年击毙；牵亦为丘良功击败，于是张阿治率众五百，以炮八十余乞降，浙江土盗平。十四年，朱渍弟渥率其余众三千人，以船四十二艘、炮八百余降于福建。王得禄、丘良功合剿蔡牵于定海之渔山，俱乘上风，贼惧，东南遁；转战至绿水洋，逼贼船火攻之，夜半，风浪甚剧，不得登贼船，贼且战且逃，次日傍午，追至黑水洋，良功恐贼远遁，乃以己船骈于贼舟东，而呼令得禄骈于己舟东，决死战。牵船仅余三十，炮弹已尽，用番银代之；良功、得禄俱受伤，不退。牵知不能免，乃举炮自裂其船沉于海，闽洋平。

嘉庆初年海疆之乱表

一、嘉庆元年，福建广东大吏奏获海盗陈天保等，有安南总兵及宝玉侯敕印。
二、五年六月，安南夷艇与水澳、凤尾帮海贼连兵寇台州，浙江巡抚阮元奏以李长庚总统三镇水师，获安南伪总兵四人，诛之。
三、广南旧阮王灭新阮，艇盗多并于蔡牵。
四、阮元捐金造霆船三十艘。
五、八年正月，李长庚破蔡牵于定海，穷追至闽洋。浙闽总督玉德檄长庚退兵，牵乃遁去。
六、九年夏，蔡牵与粤盗朱渍连兵寇福建，玉德使总兵胡振声击之，败死。诏以李长庚总统浙闽水师。
七、是年八月，牵、渍合兵寇福建，李长庚击破之于渔山。
八、十年冬，蔡牵寇台湾，李长庚赴援，大破之。闽兵受重贿，纵牵遁。诏饬玉德职，以阿林保代之。阿林保三疏劾长庚，诏切责阿林保，并饬造大同安梭船三十艘备剿。
九、十二年十二月，李长庚大破蔡牵于浮鹰岛，穷追至黑水洋，贼发炮击杀长庚，福建水师提督张见升纵牵遁。诏以长庚部将王得禄为福建提督，丘良功为浙江提督，讨牵。
十、十三年，蔡牵、朱渍连兵寇浙江，总兵许松年击杀渍，渍弟渥以余众降。十四年，王得禄、丘良功大破蔡牵于渔山，穷追至黑水洋，毙之。闽盗平。

第二十八章

天理教匪之乱

第一节　李文成之变

嘉庆七年，川陕戡定；十四年，靖闽粤海寇；十六年春，仁宗举行西狩之典，幸五台，示得意；越二年而有天理教匪之乱。天理教者，本名八卦教，亦白莲教一支派；聚众敛财，愚民苦胥吏者争与焉，而河南滑县李文成、直隶大兴林清为之首。十六年秋，彗星见西北方，钦天监奏移十八年闰八月于十九年二月。诸教徒以为豫兆，又以其经中有"二八中秋，黄花落地"语，遂附会其说，谓清朝不宜闰八月，应在十八年秋九月十五日午时举事。（看《清朝野史大观》卷四转载之礼亲王昭梿记"嘉庆癸酉之变"条）时文成党数万最盛，而清则密尔京邑，贿通内侍，外倚文成之众为援，将乘驾幸木兰秋狝回銮时，伏莽行在。谋定而中外莫知也。十八年八月十五夜，滑县老安司巡检刘斌饮聂监生所，酒半，聂私语曰："是邑将有变，君急去官，可免。"斌因微服行村中，闻治兵仗声甚厉，侦铁工，具知其谋，奔告知县强克捷，克捷密封白河南巡抚高杞、卫辉府知府郎锦骐，请兵掩捕，皆不应。克捷知事急，乃率吏役捕文成严讯，刑断其胫，文成及其党二十四人皆具服。贼党以事迫，不能俟期，遂于九月初七日聚众三千破滑，强克捷、刘斌皆遇害，两家家属殄焉（看《清朝野史大观》卷四记刘巡检首破李文成事，"强忠烈破李文成之功"条）。直隶之长垣、东明（二县旧属大名府，今属大名道）、山东之曹、定陶（二县旧属曹州府，今属济宁道）、金乡（旧属济宁州，今属济宁道）同时响应，杀官围城；而曹、定陶皆破。事闻，诏直隶总督温承惠会同山东巡抚同兴与高杞督剿，而禁门之变遽作。

第二节　林清之变

林清者，本籍浙江人，久居京邸，住京南宋家庄。幼为提督王柄家童，随柄居苗疆久，颇解武术，彼教推尊为法祖。自以智谋过人，掌教久，积银米，家颇富，遂蓄不轨之志。太监刘金、刘得才等，家中素习八卦教；选入禁中，遂与茶房太监杨进忠结合，秘密传教；阴为林清耳目，党羽颇众。进忠阴于宣武门外铁市中铸刀数百柄，林清结党数千人，豫王府庄头祝现与焉。祝现之弟祝富庆颇不善兄所为，赴豫王府告密。豫王裕丰因曾宿林清家，畏罪不敢举发。卢沟司巡检陈某因居民逃窜，访知其谋，申报宛平县。县令某已有检派弓兵，会同擒剿之札，既而不果。步军统领吉伦，贪吏也，营员久已申报，吉伦以事干禁御，不肯究。托言迎驾白涧，驺从出都门。左营参将某攀舆以告曰："都中情形叵测，尚书请留。"吉伦厉色叱逐之，挥舆竟去。林清尝步行街衢，风开其袂，露悬坎卦腰牌，为市人所见；又于街肆沽饮，醉后露大逆语。有司皆以株连太监，不敢究。清党曹福昌欲于九月十七日起事，以是日上驻跸白涧，诸王大臣皆往迎驾，乘其间也。而清狃于经言，不肯改期，约于九月十五日午时，入禁城起事。欲聚数百人入，诸内监以大内地不广阔，难容多人，遂以二为额（看《清朝野史大观》卷四转载之礼亲王昭梿记"嘉庆癸酉之变"条）。及期，林清使其党二百人由宣武门潜入内城，藏兵械，混酒肆中。日晡，分犯东华门、西华门，以白布裹头为号。太监刘金等引其东，高广福等引其西，阎进喜等为内应，清自居黄村，尚觊河南贼集而后进；而河南贼以仓猝起事，竟不暇赴清约也。东华门甫入数贼，即为护军关门格拒奔散。入西华门者八十余贼，反关门以拒官兵，由尚衣监、文颖馆斩关入，侍卫急闭隆宗门，贼至不得入。皇次子绵宁在上书房闻变，急取兵器，贼有手白旗攀垣，将逾养心门入者，绵宁发鸟枪殪之，再发再殪，贝勒绵志亦以铳殪贼，贼乃不敢越垣而进。将火隆宗门，而留守京师诸王大臣率禁兵自神武门入卫，败贼中正殿门外。薄暮忽大雷电，数贼震死武英殿之御河，余党股栗窜匿，先后就擒。十七日，擒林清于黄村。十九日，车驾还宫，人心始定。诛清及通逆太监共百余人，禁门之变平。

第三节　天理教匪之平定

李文成既据滑，以脰创甚，不能出四方为流寇；遂出兵围浚（旧属卫辉府，今属河北道），而萃精锐于道口镇。道口距滑十八里，临运河，有积粮，贼恃以战守。温承惠军大名，高杞军浚，皆按兵不动。同兴闻报，逾旬不发兵，盐运使刘清力争，始发。诏以陕甘总督那彦成代温承惠，节制直隶、山东、河南兵讨贼，陕西提督杨遇春副之。十月，遇春至卫辉，即日率亲兵八十人进觇道口，遇贼数千，奋击败之，贼众夺气。二十七日，那彦成与遇春会攻道口，克之，进围滑。刘清将山东兵大破贼兵于定陶之仿山，复定陶；复连破之于韩家庙、扈家集，山东贼略尽。十一月，尚书托津，副都统苏尔慎将索伦兵破贼于汤二庄，直隶之贼亦略尽。官兵围滑急，李文成轻车奔辉县山，那彦成使总兵杨芳追击之，文成自焚死。十二月十日，官军克滑县，俘贼首牛亮臣等，槛送京师，诛之。天理教匪之乱平。

第二十九章

嘉、道两朝之内治

第一节　仁宗之优柔

仁宗仁厚，宣宗恭俭，皆贤君也！然皆短于才具，与圣祖之英明、世宗之阴鸷成反比例。嘉庆一朝，教匪扰攘，满兵不竞，绿营腐败，积习已成，提镇则养尊处优，不习劳苦，营务一委之参游；参游则因循忨愒，训练无方，遇事又委之千把。将弁多冒食空粮，私役兵士。和珅兼步军统领时，兵士在其宅内供厮役者竟有千余名之多，协尉、笔帖亦有坐甲十数名，是以辇毂之下盗贼横行，外省更何堪问？（看《清代通史》卷中第一篇第五章三十“教乱声中之政令”）嘉庆三年，大考翰詹，御试征邪教疏，编修洪亮吉应诏上书，谓欲平邪教，必须厉行四事：一肃吏治，二贷胁从，三专责守，四信赏罚，立论切中时弊，人争传诵（看《清朝全史》第三册第四十九章内所载之《洪亮吉意见书》）。为时相所忌，以弟丧陈情归。四年，和珅伏诛，大学士朱珪招之入都，欲荐于朝。亮吉上书军机王大臣，陈言时事，于福康安之奢费及附和和珅之人皆有所指摘，末复有“群小荧惑，视朝稍宴”等语。成亲王永瑆以闻，部议照大不敬律，拟斩立决，诏免死戍伊犁，旋赦回原籍（江苏阳湖），终身不用。而装潢其书，常置左右以作良规。信其言而放弃其人，可谓善善而不能用（看《国朝先正事略》卷三十五《洪稚存先生事略》。《清史稿》列传一百四十三《洪亮吉传》）。又诏以："贼起四载，楚、蜀、秦、豫靡有宁宇，皆由诸臣防剿不力，或逼往邻境以塞责，或偶获贼首以邀功，甚至拥兵避贼，养寇殃民，积薪不熄，遂至燎原。"特罪状永保纵贼湖北，景安纵贼河南，宜绵、秦承恩纵贼陕西，英善、勒保纵贼四川，惠龄纵贼渡汉江，责罚有差（看《圣武记》卷九《嘉庆川湖陕靖寇记五》）。又以："教匪强半胁从，何以终不就抚？闻福宁在湖北，杀旗鼓寨降人二千余邀功，谅各路若此者多，坚贼党从逆之心，失朝廷招抚之信。"命逮交刑部治罪（同上）。然诸臣皆不久旋起用，富贵寿考，以功名终（看《清史稿》列传一百三十一《勒保传》，三十二《永保、惠龄、宜绵、英善、福宁、景安、秦承恩传》）。较之高宗因征金川无功，诛纳亲、张广泗，征回疆失机，诛雅尔哈善、顺德讷、马得胜，征缅甸失机，诛杨应琚、额尔登额者固迥异其趣，亦可谓恶恶而不能去矣。

平定苗疆之凤凰厅同知傅鼐，平定教匪之南充知县刘清，洵阳知县严如熤皆一时名臣，屡蒙特旨简擢，帝知之最深者也。然鼐在苗疆十五年（乾隆六十年至嘉庆十四年），仅由辰沅永靖兵备道擢湖南按察使，嘉庆十六年，鼐卒于官，始赠巡抚。清在四川行营十余年（嘉庆元年至教匪平定后），仅由建昌道擢四川按察使；旋因勒保弹劾，左迁刑部员外郎。滑县之变，清以山东盐运使将兵讨贼有功，加布政使衔；旋以与大吏不合，自奏请改武职，授登州镇总兵。道光二年，以疾乞休；七年，卒。如熤在南山二十年（嘉庆六年至二十五年），仅由定远厅（今汉中道镇巴县）同知擢汉中知府。道光元年，始擢陕安兵备道；五年，擢陕西按察使；六年，卒。三子者皆久于其任，受知最深，然皆未尽其才而死，帝固不果于用人（看《国朝先正事略》卷二十三《严乐园廉访、刘天一方伯、傅重庵廉访事略》）。四川东乡（旧属绥定府，今改宣汉县，属东川道）乡勇罗思举、桂涵皆当时名将，平定川陕教匪，屡立大功。及其成功，仅各补副将；终帝之世，位不逾总兵，道光初年，始各擢提督。然其人则已老，亦可谓用人未尽其才矣。（看《清史稿》列传一百三十四《罗思举传》）

仁宗优柔表

一、善善而不能用	编修洪亮吉上书切直，戍之伊犁；而装潢其书常置左右以作良规。
二、用而未尽其才	凤凰厅同知傅鼐、南充知县刘清、洵阳知县严如煜，皆一时能臣，帝知之最深，然终未获大用而死。东乡乡勇罗思举、桂涵，皆一时名将，终帝之世，位不逾总兵。
三、恶恶而不能去	讨教匪之总统永保，河南巡抚景安，陕甘总督宜绵，陕西巡抚秦承恩，四川总督英善、经略勒保，湖北巡抚惠龄，皆以纵贼获罪；四川总督福宁以杀降获罪，然帝终不能去之也。

第二节 宣宗之谨慎

嘉庆二十五年七月，帝崩于热河避暑山庄。八月，皇次子智亲王绵宁即位，是为宣宗。军机大臣敬拟遗诏，中有"高宗降生避暑山庄"之语。越月余，宣宗检读实录，始知高宗实于康熙辛卯八月十三日诞生于雍和宫邸。而高宗御制诗，凡言降生雍和宫者三见集中。因传旨诘问。枢臣回奏：称《仁宗御制诗初集》第十四卷、第六卷诗注，均载纯皇帝以辛卯岁诞于山庄都福之庭。上责其巧辩。谕云："朕恭绎皇考诗内语意，系泛言山庄为都福之庭，并无诞降山庄之句，当日拟注臣工误会诗意。且皇祖诗集久经颁行，不得诿为未读。"遂降旨托津、戴均元退出军机，与卢荫溥、文孚均镌级有差。时宣宗临御甫匝月，而谨小慎微如此，盖天性也。后来曹振镛劝帝挑剔疑误错字以缄谏臣之口，盖窥破帝之性格也。（看《清朝野史大观》卷一"宣宗临御初年之谨小慎微"条）

即位之初，御史多有条陈弹奏时事者，下军机大臣及部议时，上多裁去衔名及折尾年月。或条陈数事，只议一事，则裁去前后之文，不欲令人知之，恐其取怨也。湖北道袁长铣陈奏一折，闻有十事，上裁出核赋课、平刑法、广教化三条，下大臣会议；余俱留中，不知何事也。（看《清朝野史大观》卷一"宣宗矜恤言官"条）

宣宗谨小慎微表

一、仁宗崩后，军机大臣敬拟遗诏，中有"高宗降生避暑山庄"之语。上责其误用掌故，命军机大臣托津、戴均元退出军机，与卢荫溥、文孚均镌级有差。
二、即位之初，御史有条陈，弹奏时者者，下军机大臣及部议时，上多裁去衔名及折尾年月。或条陈数事只议一事者，则裁去前后之文。

第三节　仁宗之去奢　宣宗之崇俭

故事凡外省督抚大臣觐见或遇庆典嘉节，则必呈进贡物，借邀宠眷，京中大吏亦如之。故金玉玩好之器、古董斑斓之品、钟鼎书画之伴、食用服饰之物，充陈于前，广置内府。爱异者则奖赏有加，平庸者或赏赐臣下，于是竞奇斗巧，献媚宫庭；内阉权幸等从中渔利，而群僚亦久视为定规。乾隆年间曾两次明谕禁止，然群臣视为具文，呈进如故。仁宗既恨和珅以递进如意泄漏机密，和珅既诛，乃宣谕严禁贡物，并蠲除年节呈进如意之例。此虽小节，而关系于隐微之中者亦颇不细；各省官吏固有以呈进贡物为名，强行勒索者，似又未可以苞苴献纳独责权臣也。（看《清代通史》卷中第一篇第五章三十《贡物之禁止》)

宣宗御宇三十年，服用之俭为史册所罕见：所服套裤，当膝处穿破，辄令所司缀一圆绸其上，俗所云打掌是也。于是大臣效之，亦缀一圆绸膝间。一日召见军机大臣，时曹振镛跪近御座，宣宗见其缀痕，问曰："汝套裤亦打掌乎？"对曰："易作甚费，故亦补缀。"宣宗问曰："汝打掌须银几何？"曹愕眙久之曰："须银三钱。"宣宗曰："汝外间作物太便宜，吾内府乃须银五两。"又宣宗尝问振镛曰："汝家食鸡子，须银若干？"对曰："臣少患气病，生平未尝食鸡子，故不知其价。"（看《清朝野史大观》卷一"补缀套裤"条)

即位之初，内务府循例备御用砚四十方，砚背镌道光御用四字。上以所备过多，闲置足惜，因命分赐诸臣。御用笔向皆选取紫毫之最硬者，笔管皆镌天章、云汉等字。上以其不合用，命户部尚书军机大臣英和以外间习用者进试之，取纯羊毫、兼毫二种，命仿此制造。又以管上镌字，每多虚饰，命以后各视其笔，但镌纯羊毫、兼毫而已。

（看《清朝野史大观》卷一"宣宗俭德"条）

每年内务府岁出之额不过二十万，堂司各官皆有臣朔饥欲死之叹。上一日思食片汤，命膳房进之；次晨，内务府即递封奏，请添置御膳房一所，专供此物；尚须设专官管理。计开办费若干万金，常年经费又数千金。上乃曰："无尔，前门外某饭馆制此最佳，一碗直四十文耳，可令内竖往购之。"半日，复奏曰："某饭馆已关闭多年矣。"上无如何，但太息曰："朕终不以口腹之故，妄费一钱而已！"

（看《春冰室野乘·内务府糜费条》）

中年以后，尤崇节俭，尝有御用黑狐端罩，衬缎稍阔，令内侍将出，四周添皮。内务府呈册需银千两，乃谕勿添。明日，军机大臣入侍，谕及兹事；自是京官衣裘不出风者十有余年。（看《清朝野史大观》卷一"宣宗节检"条）

道光二十九年，圣躬不豫，自夏徂冬，犹力疾视事。三十年正月十四日，皇四子奕詝（即文宗）始代阅章奏，召见大臣事甫毕，而宣宗龙驭上宾。盖以七十天子，笃疾半载，其不躬亲庶政者仅弥留之顷也。（看《清朝野史大观》卷一"宣宗勤政"条所载之《曾文正公日记》）

宣宗俭德表

一、套裤打掌。
二、分赐御用砚于群臣。
三、不食片汤。
四、不穿出风毛。
五、衣非三浣不易。
六、每年内务府岁出之额不过二十万。

第四节　宣宗之偏听　曹振镛之逢迎　士风之丕变　穆彰阿之弄权

宣宗在位三十年，衣非三浣不易，其俭德实三代后第一人。然而吏治日偷，民生日困，势穷事极，酿成兵祸，外扰海疆，内兴赭寇，遂以开千古未有之变局。所以然者，由言路之壅塞致之；而言路所由壅塞，则皆大学士曹振镛一人之力也。上晚年颇倦勤，而一时言官多好毛举细故，相率为浮滥冗琐之文以塞责。上初犹勉强延纳，久益厌之，欲惩戒一二以警其余，则又恐言路为之阻格。振镛以汉首相直军机，上一日从容语及之，振镛因造膝密陈曰："是无难，凡言官所上章疏，无问所言何事，但摘出一二疑误破体之字，交部察议，惩戒一二人；言者必骇服圣衷之周密，虽一二笔误犹不肯轻易放过，况其有关系之大者。嗣后自不敢妄逞笔锋，轻上封事矣。在上无拒谏之名，而可以杜妄言者之口，计无便于此者。"上大喜，如其所言。未几，言官相戒以言事为厉禁，而科道两署，七八十人皆寒蝉仗马矣。振镛巧伺人主意旨，借公论以逞私意者率皆类比。上天性仁厚，以其外观忠谨也，绝不之疑；虽有言其奸者，上亦不肯信。及其殁也，犹痛惜之，赐恤恩旨，有"献可替否而人不知"之语，盖其所以固宠者深矣。

嘉庆以前，殿廷考试，大臣奉派阅卷，皆先文词而后书法，未有摘一二破体字而抑高文于劣等者。至振镛始用此术衡文，不但文词之工拙在所不计，即书法之优劣亦不关重要；但通体圆整，无一点画讹错，即可登上第。盖当时承乾嘉考证学派之余波，士子为文皆以博奥典实相尚。振镛素不学，试卷稍古雅者辄不得其解，故深恶而痛绝之。后来主文衡者乐其简易，相率效尤，于是文体颓而学术因之不振矣。道、咸两朝功令文字最为卑陋，皆振镛启之也。祁隽藻入政府，以小学提倡后进，辇下学派始稍稍振起，然远逊乾、嘉之盛矣。（原注"此条闻诸文道希学士"。看《春冰室野乘·曹杜两相得谥文正之由条》，《清代轶闻·名人轶事上》，《清朝野史大观》卷七"曹振镛之误清"条）

振镛柔佞阴险，宣宗即位之初，即任首相。道光六年，大学士蒋攸铦由直隶总督召入军机,主眷甚优渥,振镛嫉之。时两江总督琦善以外交失败,奉旨降调。帝召军机大臣问曰:"两江乃重任,当求资深望重、久历封疆者与之,顾谁堪当其选者?"振镛对曰:"以臣观之,似那彦成为最。"帝曰:"西口正多事,何能他移?"振镛不语。少顷,帝乃指攸铦曰:"汝即久历封疆,非汝无第二人。"议遂定。攸铦出,语人曰:"曹之智巧,含意不申,而出自上意,当面排挤,真可畏也。"阮元亦不为振镛所喜。帝一日偶问曰:"阮元历督抚已三十年,甫壮即升二品,何其速也。"振镛对曰:"由于学问优长。"帝曰:"何以知其学问?"对曰:"现在云贵总督任内,尚日日刻书谈文。"帝默然,遂内召。盖振镛知帝重吏治,恶大吏政务废弛,故借此挑之,以触帝之怒也。(看《清朝野史大观》卷七"曹文正嫉忌"条)

道光十五年,振镛卒,穆彰阿以满大学士充军机大臣,当国。顺德罗惇衍、泾阳张芾、云南何桂清三人同年登第入翰林,年皆未弱冠。芾、桂清皆附穆彰阿,独惇衍绝不与通。散馆后,初考试差,三人皆得差。命既下,惇衍往谒汉首相潘世恩,世恩问见穆中堂否?曰:"未也。"世恩骇然曰:"子未见穆相,先来见我,殆矣。"惇衍少年气盛,不信其说,亦竟不往。次日,忽传旨:"罗惇衍年纪太轻,未可胜衡文之任,著毋庸前往。"另派某去。人皆知为穆彰阿所为也。实则张芾、何桂清年皆小于惇衍,特上不注意耳。(登第之年惇衍十九,芾十八,桂清十七)

道光二十二年,对英结五口通商之约,穆彰阿一人实主其事。汉大学士、军机大臣王鼎力争,上不听;鼎自杀以殉,遗疏严劾穆彰阿。穆大惧,用门下士户部主事军机章京聂沄策,使张芾以同乡(鼎,陕西蒲城人;芾,陕西泾阳人)世谊(鼎为芾座师,芾为鼎门生)关系,以千金啗鼎子伉,且以危词胁之,遂取其遗疏去,而别易一稿以进。户部尚书、军机大臣祁隽藻尚力争,然隽藻在军机为后进,且汉大臣不能决事,故穆彰阿愈得志。传闻和局既定,上退朝后,负手行便殿阶上,一日夜未尝暂息,侍者但闻太息声。漏下五鼓,上忽顿足长叹。旋入殿,以朱笔草草书一纸,封缄甚固。时宫门未启,命内侍持往枢庭。戒之曰:"俟穆彰阿入直,即以授之。"并嘱其毋为祁隽藻所知。盖即谕议和诸大臣画押订约之廷寄也。自是上遂忽忽不乐，以至弃天下。(看《春冰室野乘·穆相权势之重条》，《清稗类钞》第二卷帝德类"文宗雪林则徐之冤"条)

第五节　将帅之欺罔

川湖陕教匪作乱时，福宁以杀旗鼓寨降人二千余功，加太子太保(看本编第二十六章第二节)；勒保以诱执四川贼首王三槐功，封一等威勤公(看本编第二十六章第六节)；前文既言之矣。嘉庆二年，湖北襄阳道胡齐仑与总兵马瑜，诬杀夹河洲难民二百余，诡称教匪，冒功(看《圣武记》卷九《嘉庆川湖陕靖寇记五》)。罗思举初起兵时，劫王三槐于达州东乡之丰城，以一夫走贼数万人，名震川东，乡勇从之者如归。于是自成一队，屡杀贼有功，而某弁冒其功受赏。嫉思举，谮诸官，夺其器械，散其旅。七年，思举大破贼于东乡，斩贼酋张天伦、魏学胜，又擒刘朝选于老林，破齐国点于通江，又与总兵罗声皋擒张简、罗道荣于巴州，勒保皆以其功与他将(看《圣武记》卷十《嘉庆川湖陕乡兵记》)。八年春，经略右翼翼长穆克登布率兵搜剿南江(旧属保宁府，今属嘉陵道)老林，为猾贼熊老八所戕，严诏捕熊老八，期必获。六月，武弁陈弼贿降俘，取贼尸，冒称熊老八以献，勒保奏闻，立擢弼参将。其后罗思举擒熊老八于太平之仙女池，额勒登保大喜，分己身廉俸重赏思举及其兵士，而不敢以上闻。(看《罗忠勇公年谱》卷二，《圣武记》卷十《嘉庆川湖陕靖寇记七》《嘉庆川湖陕乡兵记》，《清史稿》列传一百三十六《穆克登布传》)

李长庚奉诏讨蔡牵，以灭贼为己任。阿林保初至闽，置酒款长庚，谓曰："大海捕鱼，何时入网？海外事无左证，公但斩一酋以牵首报我，我即飞章告捷，以余贼归善后办理。公受上赏，我亦邀次功，孰与穷年冒风涛侥幸万一哉？"长庚不听，阿林保嫉之，遇事掣肘，故长庚卒战死。(看《圣武记》卷八《嘉庆东南靖海记》附载之礼亲王昭梿《啸亭杂录》，《清史稿》列传一百三十七《李长庚传》)

道光十一年十二月，湖南永州锦田瑶赵金龙作乱。十二年正月，广东连州(今岭南道连县)八排瑶之黄瓜寨被奸民、官役房掠，讼于官。

连州知州蔡天培讯之，断民役偿瑶千二百金。民役不履行官判。瑶遂出掠报复，蔡天培遂以湖粤瑶响应告变。两广总督李鸿宾命广东提督刘荣庆、署按察使庆林以兵二千堵御；荣庆以瑶无逆状，且寨峒险，难攻，主抚；庆林力主剿，议不合。四月，赵金龙平，在事出力将官自两湖总督卢坤、湖北提督罗思举以下皆邀懋赏；粤中大吏羡之，新任按察使杨振麟亦主剿。五月十三日，李鸿宾、刘荣庆率兵六千，分三路进八排；瑶首八人出山跪迎，请缚黄瓜寨逆瑶以献；鸿宾收斩之，奏称杀贼七百。于是瑶皆负隅死拒，官军三路皆败，死者千计。鸿宾以行营硝药失火，误焚伤亡奏，而劾荣庆老病。上褫鸿宾职，遣钦差大臣户部尚书宗室禧恩、盛京将军瑚松额由湖南赴广东，而以余步云为广东提督，率总兵曾胜等，调湖南、贵州兵进剿。禧恩、瑚松额先奉诏征赵金龙，甫抵衡州，卢坤、罗思举已奏捷；诏与坤、思举一等轻车都尉世职，而禧恩、瑚松额以无战功，不给赏；故二人深不满意于坤、思举。至是以为有机可邀功，锐意用兵。及探知瑶峒天险，难深入，乃于二十五日，伪报大木根大桥头之捷；二十七日，伪报六对冲瑶之捷；所奏杀贼皆数百计，然必需有首逆，始能蒇事。于是振麟日遣人入寨招抚，瑶惩八人前事，不肯出；官兵又惩前败，不敢入；旬日不得见一瑶之面。诏移卢坤总督两广，计程将至。禧恩急责振麟，克期招降，否即严劾。振麟乃复悬赏购募，并令熟瑶为质，始偶有出山者，果大得洋钱、盐、布以归。于是瑶贪利踵至，旬日得数百人，乃缚黄瓜寨附近瑶三人以献。诸将驰往受降，酌留两广兵三千，令曾胜防守连山。时禧恩暂署两广总督，俟卢坤至，以善后事委之，交印即行。诏封禧恩辅国公，瑚松额、余步云均世袭一等都尉，曾胜加提督衔，袭云骑尉，鸿宾、荣庆均逮戍新疆。（看《圣武记》卷七《道光湖粤平瑶记》）

有清中叶将帅欺罔表

一、嘉庆元年七月，福宁杀旗鼓寨降人二千余以邀功，加太子太保。
二、二年，湖北襄阳道胡齐仑、总兵马瑜，诬杀夹河洲难民二百余，诡称教匪，冒功。

三、三年七月，勒保诱降贼酋王三槐，以生擒首逆奏，封一等威勤公。
四、罗思举初起兵时，劫王三槐于丰城，以一夫走贼数万人，潼绵营游击罗定国冒其功，受上赏。七年，思举大破贼于东乡，斩贼酋张天伦、魏学胜，又擒刘朝选于老林，破齐国点于通江，又与总兵罗声皋擒张简、罗道荣于巴州；勒保皆以其功与他将。
五、八年六月，陈弼伪称获贼酋熊老八，勒保奏闻，擢弼参将。其后罗思举擒熊老八于仙女池，额勒登保分己身廉俸重赏思举，而不敢以上闻。
六、李长庚奉诏讨蔡牵，总督阿林保至闽，置酒款长庚，劝以伪报擒渠，长庚不听。阿林保嫉长庚，遇事掣肘，故长庚卒战死。
七、道光十二年正月，广东连州八排瑶之黄瓜寨与奸民互掠，知州蔡天培以瑶谋反上报，总督李鸿宾往剿，瑶首八人出迎，鸿宾收斩之，奏称杀贼七百。及官军败绩，乃以行营失火，误焚伤亡入奏。钦差大臣禧恩、瑚松额惧瑶峒天险，不敢进兵，乃悬重赏劝瑶降，而伪奏捷以邀功，二人并受上赏。

第六节　军政之废弛

清室初起兵时，以满洲八旗为劲旅；然入关以后，实赖吴三桂、孔有德、耿仲明、尚可喜等诸降将之兵力，克成统一之功。三藩乱时，旗兵已不足恃。大将军顺承郡王勒尔锦奉命南征，驻军荆州，劳师数载，无尺寸功，惟安坐索督抚司道馈送。贝勒尚善、察尼、鄂鼐等攻岳州，奉命以舟师断贼饷道，动以舟楫未具、风涛不测为辞，拥兵观望。贝勒洞鄂出兵陕西，为经略莫洛后援，迟延绕道，致莫洛孤军遇变。及王辅臣所部兵逃散过半，辅臣仅偕数百人走秦州；洞鄂复不蹑击而径回西安，致辅臣得据平凉，而汉中复陷于贼（看《圣武记》卷二《康熙勘定三藩记上》）。当时满洲诸将，自贝勒尚善一路外皆怀二心。有欲举襄阳以北降者，赖蔡毓荣持之以免。故屯兵岳州城下，八年不战（看《啸亭杂录》卷七"衣衣道人"条）。其所以克奏肤功者，实赖张勇、赵良栋、王进宝、蔡毓荣、姚启圣、李之芳、傅宏烈、许贞等诸汉将之力，满洲诸将惟居应援辅助之地位而已。乾隆时代，绿营汉兵亦渐腐败。金川之役，讷亲、张广泗败衄于前，温福覆军于后。此后教匪作乱，诸大将皆以乡勇为前锋，绿营兵次之，八旗及索伦兵在最后。将军成德尝以裨将从征金川，有战功。乾隆六十年，福宁以湖广总督统诸军，成德领偏师，受其节制，株守经年，无尺寸功。尝发愤叹曰："若此草窃，较之金川番匪十不当一，何难灭此朝食？而当轴辄养贼自重，不解何心？ 老夫功名终于此矣！ ”因潸然泪下。遂以疾告归（看《啸亭杂录》卷六，《清朝野史大观》卷六“成将军”条）。嘉庆四年，经略勒保奏言：“健锐、火器两营京兵，不习劳苦，不受约束，征剿多不得力；距达州七十里之地，行二日方至。与其久留糜饷，转为绿营轻视；请全撤回京，无庸续调。”朝廷采用其言，其后讨贼成功，皆赖乡勇之力。（看《圣武记·嘉庆川湖陕靖寇记四》）

第七节　军需之糜费

军事莫重于转饷，而转饷莫难于塞外。乾隆西师之役，用兵五载，转输万里，而以肃州粮台为中外之关键，大学士陕甘总督黄廷桂任之。其时羽檄星驰，士马刍粮器械万端倥偬。廷桂令藩、臬、道、府、州、县承办军需者皆同馆一所，廷桂竟日危坐其中，每邮骑至，直入馆院。廷桂启视，应付何司者立时分派，目击其录稿钤印毕，即以咨复。故一切神速，毫无留滞，五年用帑仅三千万两（看《啸亭杂录》卷六“黄文襄设幕馆事”条）。平金川则已用至七千万两，平川楚教匪，则中原腹地，而用帑至万万以外，视西征绝微反数倍过之（看《圣武记》卷十一《武事余记兵制兵饷》）。嘉庆四年正月，和珅以罪下狱，诏以：“川楚军需，三载经费至逾七千余万，为从来所未有。皆由诸臣内恃和珅护庇，外踵福康安、和琳积习，在军惟酒肉笙歌自娱，以国帑供其浮冒。而各路官兵乡勇，饷迟不发，致令枵腹无裈，牛皮裹足，跣行山谷。此弊始于毕沅在湖北，而宜绵、英善在川相沿为例。今勒保任经略，福宁理军饷，其严行察核。”（看《圣武记·嘉庆川湖陕靖寇记四》）湖北襄阳道胡齐仑以冒功侵饷，逮交刑部治罪。总督倭什布籍没胡齐仑家资，得其支放军需簿，馈送提用动以万计，毕沅、永保数尤多。诏各籍其家。革毕沅子孙官职。（看《圣武记·嘉庆川湖陕靖寇记五》）

宗室副都统东林从征川楚教匪十余年，据云：“军中糜费甚众，帑饷半为粮员侵蚀，滥行冒销。有建昌道石作瑞，侵蚀帑银至五十余万两。延诸将帅会饮，多在深箐荒麓间，人迹罕至之所。鱼蟹珍馐之属，每品用银五六两，一席多至三四十品；而赏赐优伶，犒赍仆从者不与焉。有某阁部初至，作瑞馈珍珠三斛、蜀锦一万匹，他物称是；故所侵蚀者皆荡尽，至死无羡费；人皆快之。"（看《啸亭杂录》卷七，《清朝野史大观》卷七"军营之奢"条）凡粮台所在地，玉器裘锦成市，馈献赂遗赌博挥霍如泥沙。理饷之员皆干没巨万。闻将军明亮言："昔随明瑞征乌什回部时，军中大帅，惟有肉一截、盐酪数品而已。"事未逾数十年，而变易至此，作俑者可胜诛乎？（看《圣武记》卷十一《武事余记》）

第八节　河患之频仍

和珅秉政，任河督者多出其门，先纳贿然后许之任。故皆利水患，借以侵蚀中饱，而河防乃日懈，河患乃日亟。兹将嘉庆年间各河漫口次数列表于下以供参考。

漫口年月	漫口处	合龙年月	堵筑状况	备注
嘉庆二年七月	永定河	同年八月		以雨诏停秋狝
二年八月	砀山境内杨家坝河		苏凌阿等驰往堵筑	
同上	曹泛坝河	同年十二月		次年截江西漕米四十万赈曹县等卫水灾，又截漕粮二十七万石
三年九月	睢州上泛河	四年正月	并疏浚下游	截祥符米豆十二万石备赈
四年七月	砀泛邵家坝河	同年十一月		颁河神庙匾
六年六月	永定河桑乾河各四处	同年十月	费荫等分勘水灾，褫总督姜晟、河道王念孙职	京师大雨，宫门水深数尺。下诏自责，发帑赈恤
八年九月	衡家楼河	九年三月	刘权之、那彦宝驰勘	河督请开衡工捐例，允行
十一年六月	王家营减坝河	十二年三月		赏戴均元、徐端太子少保
十一年七月	宿南厅郭家房河	同年十二月	军机大臣铁保等往勘	

漫口年月	漫口处	合龙年月	堵筑状况	备注
十三年正月	南河陈家浦等处	同年二月	频溢命长麟、戴衢亨往勘	
十三年六月	荷花塘运河	同年九月	十二月合而复蛰	铁保下部议处，那彦成降职
同前	七里沟运河			
十五年七月	永定河	同年九月		
十五年十月	高堰山圩两厅			褫徐端翎顶
二十年二月	睢州二堡	同年月		
二十四年七月	永定河	同年九月	吴椿那、彦宝驰堵	
二十四年八月	仪封北岸黄河		吴椿弛往会琦善堵筑	南岸复刷成漫口续塌至百余丈

当时治河之人毫无建树，既不审大势以规划久远，复好贪小功而贻害目前，故河工甫竣，辄有坍塌淤垫之事；辗转之间，糜帑至于无算。嘉庆十三四年间，开浚海口，改易河道，费银至八百万。合计南河修堵等费，数年之中，总共不下四千余万。上疑其有弊窦，十六年正月，派军机大臣尚书托津等前往查办，托津仅查工员账簿，空言入奏。上降诏切责，谓账簿多系捏造，何足为凭。其余滥用虚糜，妄与工段及浮冒侵蚀等处确实具奏。二月，托津查明南河节年银款工程，分别纠参，历任河督降革有差，然舞弊侵蚀之事仍不少减。（看《清代通史》卷中第一篇第五章三三）

第九节　官吏之奢华　帑藏之虚耗

官吏之贪黩，其原因固因奉承和珅。然一般政界人物趋于奢华，实乾隆中叶以后普遍现象，至嘉、道时尤甚。当时内官以内务府、崇文门税关、户部三库及仓场为最富，外官以盐务、河道、漕运及关税为最肥。先是康熙年间，河患甚剧，朝廷妙选人才以治之。总督如靳辅、张鹏翮、陈鹏年等皆一时能臣，故治河有相当成绩。乾隆中叶以后，河道总督多斗筲之器，率以升官发财为目的，不为久远计；故河患滋甚。铜瓦厢（地名，在河南兰封县西北。咸丰四年，黄河决于此，夺大清河以入海，而入淮之故道遂湮）河决以前，治河有两总督，北督驻济宁（今山东济宁县），南督驻清江浦（在今江苏淮扬道淮阴县境内）。北河事简费绌，繁剧迥逊于南河（看《清朝野史大观》卷十一"道光时河工之奢侈"条）。南河河工岁修费银四百五十万，决日漫溢不与焉。浙人王权斋熟于外工，谓采买竹木薪石麻铁之属与在工人役一切费用，费帑金十之二三，可以保安澜；十之三四，可以书上考；其余三百万，除各厅（即管河同知）浮销外，则供给院（即河道总督）道（即管河分巡道），酬应戚友，馈送京员过客，降至丞、簿、千总、把总、胥吏、兵丁凡有职事于河工者皆取给焉。岁修积弊各有传授，筑堤则削滨增顶，挑河则垫崖贴腮，买料则虚堆假垛，即大吏临工查验，奉行故事，势不能亲发其藏。当局者张皇补苴，沿为积习，上下欺蔽，瘠公肥私，而河工不败不止矣。故清江上下数十里，街市之繁，食货之富，五方辐辏，肩摩毂击。曲廊高厦，食客盈门，细縠丰毛，山腴海馔，扬扬然意气自得。青楼绮阁之中，悲管清瑟，华烛通宵，不知其几十百家。梨园丽质，贡媚于后堂，琳宫缁流，抗颜为上客；长袖利屣，飒沓如云，不自觉其错杂不伦也（看《清稗类钞》卷二十四"河员之汰"条）。首厅必畜梨园，有所谓院班、道班者，嘉庆一朝尤甚，有积赀至百万者。绍兴人张松庵尤善会计，垄断通工之贿赂。凡买燕窝皆以箱计，一箱辄数千金；建兰、牡丹亦盈千，霜降后则以数万金至苏召名优，为安澜演剧之用；九、十、十一三月，即席间之柳木牙签，一钱可购十余枚者，亦报至数百千；海参、鱼翅之费，则更及万矣。其肴馔则客至自晨至夜半，不罢不止，小碗可至百数十；厨中煤炉数十具，一人专司一肴，自不旁及；其所司之肴进，则飘然出而狎游矣。河厅之裘率不求之市，皆于夏秋间各赍数万金出关，购全狐皮归；令毛匠就其皮之大小，各从其类，分大毛，中毛，小毛，故毛片颜色皆匀净无疵杂。

苏杭绸缎，每年必自定花样、颜色，使机房另织，一色五件，盖大衿缺衿一裹圆外褂马褂也。宅门以内，上房之中，无油灯，无布缕；金玉珠翠不可胜计。

衙参之期，各官群坐官厅，商贾云集，书画玩好无不具备。（看《清朝野史大观》卷十一"河厅奢侈"条）

道光中叶，天下无事，物力丰厚，南河奢侈之风益甚。岁修经费每年五六百万金，实用之工程者不及十分之一，其余以供文武员弁之挥霍，大小衙门之酬应，过客游士之沾润，凡饮食衣服车马玩好之类，莫不斗奇竞巧，务极奢侈。豆腐有二十余种，须于数月前购集物料，挑选工人；猪肉有五十余种，豚脯一碗，杀数十豚，每豚只取其脊肉一脔，其余全体皆放弃；鹅掌一盘，杀数十鹅，食其掌而弃全鹅；驼峰一碗，杀三四驼，食其峰而弃全驼；又有猴脑、鱼羹等珍怪之品，一席之宴，历三昼夜之长不能毕，往往酒阑人倦，主客自引去，从未有终席者。

各厅署内，自元旦至除夕，无日不演剧，自黎明至夜分，虽观剧无人，而演者自若也。每署幕友数十百人，游客或穷困无聊，乞得上官一名片，以投厅，汛各署，各署无不延请，有为宾主数年迄未识面者。幕友终岁无事，主人夏馈冰敬，冬馈炭金，佳节馈节敬，每逾旬月必馈宴席；幕友有为棋博摴蒲之戏者，得赴账房领费。每到防泛紧急时，有一人得派赴工次三日、五日者，则争羡以为荣，主人必有酬劳，一二百金不等。其久驻工次与在署执事之幕友沾润尤肥，非主人所亲厚者不能得也。新点翰林有携朝贵一纸书谒河督者，河督为之登高而呼，万金可立致。举人拔贡有携京官一纸书谒库道者，千金可立致。当时频年河决，皆官吏授意河工，掘成决口，以图报销保举。竭生民之膏血以供贪官污吏之骄奢淫佚，欲天下长治久安，何可得也！

（看《清朝野史大观》卷十一"道光时河工之侈奢"条）

两淮盐政以阿克当阿为尤侈，任淮鹾十余年，人称为阿财神。过客之酬应，至少无减五百金者，交游遍天下。仁宗亦深眷之，派查河，派查赈，视如星使。阿之书籍字画值三十万金，金玉珠玩二十余万金，花卉食器几案近十万，衣裘车马逾二十万，僮仆以百计，幕友以数十计。每食必方丈，除国忌外鲜不演剧，鼻烟壶一种不下二三百枚，无百金以内物，宋、元团扇多至三千余，一扇值四五两。一处如此，他处可知；一人如此，他人可以类推矣。（看《清朝野史大观》卷七"阿

财神"条）

内务府人员，各库库丁，吏部、户部书吏，其豪长皆岁入数十万。然其人率不事家人生产，每岁所得悉糜于声色狗马诸玩好；故凡歌楼妓馆中传呼某某等至，则群呼大爷或二爷，其音盈耳，如向日六部司员参谒堂官者然，其乞怜之状可掬也！而以内务府中人为尤甚。狎优狎娼，为之脱籍，万金不惜；饮食起居拟于王侯，日挥千金不惜也（看《清朝野史大观》卷十一"清季内务府之豪侈"条，《清稗类钞》卷二十四豪侈类"继禄享用拟王侯"条）。相传承平时，内务府堂郎中岁入可二百万金，总管大臣往往由堂郎中积资升擢。乾隆朝，军机大臣汪由敦一日召见，上从容问："卿昧爽趋朝，在家亦曾用点心否？"对曰："臣家计贫，每晨餐不过鸡子四枚而已。"上愕然曰："鸡子一枚需十金，四枚则四十金矣，朕尚不敢如此纵欲，卿乃自言贫乎？"由敦不敢质言，则诡词以对曰："外间所售鸡子，皆残破不中上供者，臣故能以贱价得之，每枚不过数文而已。"上乃颔之。（看《春冰室野乘·内务府糜费条》）

榷税之关以崇文门为最侈且暴，言官屡劾，谕旨屡戒，而积习如故。商贾行旅、赴试士子均莫敢或抗。凡外吏入都，官职愈尊，则需索愈重；大臣展觐，亦从无与较者。过客或有食物，群攫食之；黠者或故意饷以病菌，关吏受其毒，后乃稍戢。（看《清代轶闻》卷七"崇文门关吏需索之苛"及"崇文门兵役苛索"条）

户部各差以银库郎中为最优。三年一任，任满，贪者可余二十万，至廉者亦能余十万。其下司库书役人等无不肥美，皆满缺，无一汉人也。其中尤以库兵一项为诸役冠，亦三年更替，皆满人，虽有汉人，亦必冒满名；役满，人可余三四万金不等。每届点派时，行贿于满尚书及尚书左右，一兵须费六七千金。贿托既定，然后满尚书坐大堂，唱名派充。每三年一次，仅四十人。每逢开库日，入库服搬运之役。每月开库堂期九次，又有加班堂期，多少不等，计月总有十四五次；或收或放，出入累千万。每一兵月不过轮班三四期，每期出入库内外者，多则七八次，少亦三四次；每次夹带江西十两圆锭十枚八枚不等，皆纳之肛门中，每应差一日可赚数百两；堂司官明知其弊，不过问也。外省解饷送部验收，例有部费，费既纳，即小有过失，亦无人挑剔。领饷之费更甚于解饷。库兵之业皆世袭，至老年无不患脱肛、痔漏症，以其纳银太多也。（看《清代野记》卷上"库兵肛门纳银"条）

　　道光以前，军需报销部费皆加二成。以福康安之有宠，其征廓尔喀凯旋时，户部书吏犹讹索报销费二百万两，其他将帅可知矣。（看《清朝野史大观》卷六"部吏口才"条）

第十节　官吏之舞弊

　　雍正及乾隆之初，君相明察，官吏不敢因缘为奸。及和珅当国，而官常曰替。乾隆五十五年，高邮州书吏有私雕印篆，假给串票，重征厚敛之事，经巡检陈倚道访获禀报，知州吴焕意存袒庇，耽搁不办至数月之久。倚道通详上司，巡抚闵鹗元亦置之不问，反令倚道采办硝斤，藉图销弭。倚道转托侍郎韩镔代奏，严诏查办，巡抚以下皆革职拿问，总督书麟亦遭严谴。当时一省大小官员通同舞弊，罔上行私至于如此。上皇崩后，仁宗亲政，和珅伏诛，然积习已成，不易挽救。兹举其大而奇者一二事，以见当时吏风之一斑。

一、私造假印虚收税粮案

　　嘉庆十一年八月，直隶布政使庆格具奏究出司书私雕假印，勾串舞弊一案，据称："司库历年出入银数，缪辀不清；司书狡黠枝梧。因吊齐粮册档案，详悉稽复，竟有假印贴改诸弊。随查传承办司书王丽南等，隔别研讯。历年以来，有将司发库收小数，贴改大数者；有将领款抵解钱粮，又蒙混给发者；有串通银匠，给与假印批收者；共虚收过定州等十九州县地粮正耗杂税等银二十八万余两。"诏协办大学士费淳、尚书长麟驰驿赴保，严行究办。审讯结果，查明自嘉庆元年起至十一年止，地丁羡耗杂项款下俱有虚收、虚抵、重领、冒支等弊。计二十四州县，共侵盗银三十一万六百余两。此内竟有与州县讲明，每虚收、重抵、冒支银一万两，给与司书及说事人使费银二三千两不等。除此之外，尚有幕友、长随、知情分赃，州县借领应解之款，每赂书吏将案卷销毁，或诓印库收，挖改数字等弊。因将书吏王丽南、州县官陈锡钰等二十余抵法，家产查抄。其失察之督抚、藩司等，各以其任内虚收数目，分别治罪。已而湖北藩司亦查出武昌等五县节年解司地丁正耗银两，亦有任意侵欺，私将库收照票洗改等事。数旬之间，连破两案，可见外省积习颠顸，平日并不认真综核，书吏等乘机舞弊，肆意侵吞，所在多有也。(看《清代通史》卷中第一篇第五章三一《私造假印之舞弊上》)

二、私造假印冒领库银案

工部书吏王书常及蔡泳受等私雕假印，冒领库银；或于钦派岁修工程，假捏大员名姓，重复向户部支领；或移咨户部，经户部凭文办札，交领三库银两物料，计得款共十四次，数目不下千万。嘉庆十四年，为工头某告发，书常等伏诛，历任经手画诺之户、工二部尚书、侍郎等均降黜有差。(看《啸亭杂录》卷八，《清朝野史大观》卷四《私造假印案》，《清代通史》卷中第一篇第五章三一《私造假印之舞弊下》)

三、兵部失印案

嘉庆二十五年春，仁宗恭谒两陵，兵部奏失行在印信，命留京王大臣等审讯，月余未得端倪。后鲍姓胥吏供：系前秋巡幸木兰时，在行帐中遗失，随从司员隐匿未报等情。将堂官、司员降黜有差，移文古北口提督等处访拿正凶，终未缉获。然闻主事何炳彝言：是日收印时适伊值日，亲同满员手封存库，实未尝失也。或言：有人觊觎非分，赂鲍姓者窃去，意存叵测。事未即发而谋败，诸大臣恐兴大狱，故借行帐中遗失为辞，消弭其事耳。(看《啸亭续录》卷二，《清朝野史大观》卷四"兵部失印事"条)

四、杀官灭口案

当时官吏之贪黩既如上述，然尤有骇人听闻之事，则官员之公正清廉，不肯同流合污者，彼辈或惧其告发，往往杀之以灭口是也。嘉庆十四年，江南总督铁保以淮安报灾办赈，派候补县李毓昌赴山阳（旧淮安府治，今改淮安县）往查。山阳知县王伸汉捏报户口，浮冒赈款三万金。毓昌亲行乡曲，查点户口，廉得实情，具清册将揭诸府。伸汉探知惧，赂以巨金，却之；倩淮安府知府王毂代为缓颊，亦不从。乃谋窃其册，使仆包祥与毓昌仆李祥、顾祥、马连升合谋。李祥曰："稿册收行箧，钥挂主人身，当先盗钥乃可。"包祥曰："是无庸，吾观此人，不可以利动，不可以哀求，欲灭口，计惟有死之耳。"次日，毓昌饮于山阳廨，归寓渴甚，李祥等以信末投汤中进，毓昌寝，苦腹痛起，李祥等自后持其颈，马连升解己所系带缢杀之。伸汉搜焚册及禀稿，而以疯疾自缢呈报知府王毂。毂遣仵作往验，还报尸有血；毂怒，杖验者，遂据伸汉呈文以上。毓昌叔父泰清来迎丧，厚赆之。归检行箧，旧书内有焚余残稿半纸曰："王令冒赈，以利啗毓昌，毓昌不敢受，恐上负天子。"盖禀稿毁而未尽者也。也查见皮衣有血迹，心疑身死不明，因自行开验，见尸身青黑；因走京师诉都察院。朝廷震怒，逮伸汉来京，命军机大臣会同刑部熬讯，具得串谋实状。诏李祥、顾祥、马连升俱凌迟处死，包祥处斩，伸汉、毂皆伏诛，总督以下贬官有差。赠毓昌知府衔，御制悯忠诗排律三十韵，勒石墓前。（看《啸亭杂录》卷八"李毓昌"条，《清代通史》卷中第一篇第五章三一"杀官灭口之奇案"条）

乾隆时代官吏舞弊表

案名	舞弊者	通同舞弊者	告发者及上奏者	告发年月	侵盗银数
私雕印篆，假给串票，重征厚敛案	高邮州书吏	知州以上至巡抚	巡检陈倚道，侍郎韩𫓶	乾隆五十五年	
私造假印，虚收税粮案	直隶布政衙门司书王丽南等	州县官陈锡钰等	直隶布政使庆格	嘉庆十一年八月	三十一万六百余两
同	湖北司书	武昌等五县官吏	湖北布政使	同年	
私造假印，冒领库银案	工部书吏王书常、蔡泳受等		工头某	嘉庆十四年	千万

名	舞弊者	通同舞弊者	告发者及上奏者	告发年月	侵盗银数
部失印案	鲍姓胥吏?		兵部	嘉庆二十五年	
杀官灭口案	山阳知县王伸汉	包祥、李祥、顾祥、马连升、及淮安知府王毂	候补县李毓昌及其叔父泰清	嘉庆十四年	三万两